Die Religionen der Menschheit

Friedrich Heiler

Die Religionen der Menschheit

Neu herausgegeben von
Kurt Goldammer

Mit 98 Abbildungen

Philipp Reclam jun. Stuttgart

4., durchgesehene Auflage 1982

Umschlagentwurf: Hanns Lohrer, Stuttgart
Gesamtherstellung: Reclam, Ditzingen. Printed in Germany 1982
ISBN 3-15-010291-X

Die Verfasser der Beiträge

Professor Dr. Kurt Goldammer, Marburg
Religion in prähistorischer Zeit – Religiosität der schriftlosen Völker der Neuzeit – Religion der Griechen – Römer – Religionen des orientalisch-hellenistischen Synkretismus – Religion der Germanen – Kelten – Slawen und Balten

Professor D. Dr. Friedrich Heiler, Marburg
Erscheinungsformen der Religion – Religion der Chinesen – Indoeuropäische Religion – Indoiranische Religion – Vorarische Religion Indiens – Indische Religionen – Judentum in nachchristlicher Zeit – Christentum – Versuch einer Synthese (Durchgesehen und ergänzt von Dr. Bettina Bäumer, Wien; Dozentin Dr. Eva K. Dargyay, Wien; Prof. Dr. Kurt Goldammer, Marburg; Privatdozent Dr. Ulrich Kellermann, Münster; Dr. Käthe Neumann, Marburg)

Professor Dr. Franz Hesse, Münster
Israelitisch-jüdische Religion in vorchristlicher Zeit

Professor Dr. Günter Lanczkowski, Heidelberg
Religionen der vorkolumbischen Hochkulturen Amerikas – Religion der alten Ägypter – Religionen der vorderasiatischen Kulturen – Religion der Etrusker – alten Iranier – Manichäismus – Religion der Mandäer

Dr. Käthe Neumann, Marburg
Religion der Japaner

Professor Dr. Dr. Annemarie Schimmel, Bonn / Cambridge (Mass.)
Islam

Inhalt

Vorwort

Die Menschheit stellt in ihrem Geistesleben eine große Einheit dar. Dies gilt gerade für jenes Gebiet, welches an die tiefsten Wurzeln des menschlichen Seins rührt, die Religion. Die moderne Religionswissenschaft hat dieses Gebiet mit denselben Methoden zu durchleuchten versucht wie andere Geisteswissenschaften das der Sittlichkeit, des Rechtes, der Kunst und Philosophie. Die Schwierigkeit dieses Bemühens liegt darin, daß infolge der Differenzierung und Verfeinerung der wissenschaftlichen Methoden ein einzelner Religionsforscher kaum mehr imstande ist, das gesamte Gebiet der Religionsgeschichte, geschweige denn der Religionswissenschaft überhaupt, zu überblicken. Auch bei ausgedehnten sprachlichen Kenntnissen vermag er nur bei einem Teil der von ihm studierten Religionen den unmittelbaren Zugang zu den Originaltexten zu gewinnen. Aus diesem Grunde ist es mehr und mehr üblich geworden, die Darstellung der gesamten Religionsgeschichte in die einzelnen kulturwissenschaftlichen und philologischen Gebiete aufzuteilen und von Kennern eines solchen engeren Fachgebietes behandeln zu lassen. Auf diese Weise entsteht eine Reihe von zumeist trefflichen Einzeldarstellungen, die freilich die jeweilige Religion mehr unter literar- und kulturgeschichtlichem als religionswissenschaftlichem Gesichtspunkt betrachten. Vor allem geht dabei die Einheit der Auffassung und Darstellung verloren, und es heißt hier: »Die Teile habt ihr in eurer Hand, fehlt leider nur das geistige Band.« Ja, bisweilen sind es nicht einmal die Teile, weil der Sinn für die Besonderheit des Religiösen fehlt, ohne welchen es keine tieferdringende Religionswissenschaft gibt.
Aus diesen Gründen wird in der vorliegenden Darstellung der Religionen ein anderer Weg eingeschlagen. Die einzelnen Abschnitte sind sämtlich von Forschern verfaßt, deren eigentliches Fachgebiet die Religionswissenschaft ist und die engere Mitarbeiter des Herausgebers sind. Auf diese Weise ist eine einheitliche Auffassung des religiösen Phänomens gewährleistet. Die einzelnen haben aber jene Gebiete behandelt, die ihrer Spezialforschung am nächsten liegen. Auf diese Weise wurde versucht, sowohl Einheitlichkeit wie Genauigkeit der Darstellung zu erreichen.
Da dieses Werk sich zur Aufgabe setzt, die Religionen der Menschheit in Vergangenheit und Gegenwart darzustellen, mußte den lebenden Religionen ein größerer Raum zugebilligt werden als den toten. Diese hinwiederum wurden vor allem im Hinblick auf ihre Nachwirkungen in den lebenden Religionen behandelt. Im Unterschied von anderen Darstellungen sind hier die israelitische Religion und die christliche Religion einbezogen. Damit aber eine zu große Ausdehnung des Bandes vermieden wurde, mußte der Raum für das Christentum, das schon auf Grund der Zahl seiner Anhänger (etwa eines Drittels der Menschheit) einen größeren Raum hätte beanspruchen müssen, beschränkt werden. Bei der Darstellung des Christentums wurden besonders seine Beziehungen zu den anderen Religionen ins Licht gerückt. In diesem Abschnitt wurde auf die Wiedergabe von Texten im allgemeinen verzichtet, da sie leicht auffindbar sind. Die Literatur konnte nur in einer Auswahl angeführt werden; dabei mußte im allgemeinen eine Beschränkung auf deutsche, englische und französische Werke erfolgen. Die beigegebenen Bilder beschränken sich auf die nichtchristlichen Religionen, da die in

Frage kommenden Bilder der christlichen Kunst teils bekannt, teils leicht zugänglich sind.

Durch die Überwindung der räumlichen Schranken der Menschheit sind auch ihre Religionen einander viel näher gerückt. Eine splendid isolation ist heute nicht mehr möglich. Die Auseinandersetzung der einzelnen Religionen ist unausweichlich. Sie darf jedoch nur im Geiste strenger Sachlichkeit und unbeirrbarer historischer Kritik geschehen, zugleich aber im steten Bewußtsein der Einheit der ganzen Menschheit, also im Geiste der Aufgeschlossenheit und brüderlichen Liebe. Hier gilt Augustins Wort: *Res tantum cognoscitur, quantum diligitur* (»Eine Sache wird nur so weit erkannt, als sie geliebt wird«). Jede Apologetik der eigenen Religion, die in anderem Zusammenhang berechtigt sein mag, muß hier ebenso vermieden werden wie jeder Versuch einer Herabsetzung der Fremdreligionen, ohne daß jedoch dabei die Wahrheit verletzt wird, welche ein Verschweigen von Entartungserscheinungen verbietet. Für die Abfassung dieses Werkes war der Grundsatz maßgebend, den König Aśoka, der große Förderer des Buddhismus (272–231 v. Chr.), in einem seiner Felsenedikte ausgesprochen hat:

> »Wer immer seine eigene Religion preist und die anderen Religionen tadelt, und zwar alles aus Hinneigung zur eigenen Religion und um die eigene Sache zu verherrlichen, der schädigt, wenn er so handelt, seine eigene Religion um so mehr. Einigkeit allein frommt, daß nämlich ein jeder die andere Religion höre und gerne höre.«

Das Werk sei dem Andenken jener beiden Religionsforscher gewidmet, welche die deutsche Religionswissenschaft am stärksten befruchtet haben, Nathan Söderblom und Rudolf Otto.

Marburg, am 27. Todestag Nathan Söderbloms, 12. Juli 1958

Allen denen, welche an der Herausgabe dieses Werkes mitgeholfen haben, sei hier aufrichtig gedankt. Insbesondere schulde ich Dank meinem Kollegen für Sinologie an der Universität Marburg, Dr. Alfred Hoffmann, der die Abschnitte über chinesische Religion und über chinesischen und japanischen Buddhismus überprüft und mir wertvolle Fingerzeige gegeben hat, ebenso Herrn Pfarrer i. R. Dr. Paul Schorlemmer, Bad Nauheim, welcher dasselbe für das Kapitel über das nachchristliche Judentum getan hat. Meiner Frau und meiner Sekretärin Frau Anni Boymann sowie Fräulein Hilde Velleuer, der Sekretärin der Religionskundlichen Sammlung, danke ich für das Mitlesen der Korrekturen und Herrn Erwin Gerbig für die Herstellung des Registers. Der größte Dank gebührt meiner Mitarbeiterin in der Religionskundlichen Sammlung der Universität Marburg, Dr. Käthe Neumann. Sie hat nicht nur auf Grund ihrer großen Sprachkenntnisse die Abschnitte über chinesische und indische Religion und Buddhismus nachgeprüft und das Literaturverzeichnis für diese zusammengestellt, sondern auch während meiner Studienreise durch Ostasien und Indien die Hauptlast der Korrekturen getragen.

Kalkutta, 3. Februar 1959

In der Neuauflage wurden einzelne kleinere Berichtigungen und Hinzufügungen im Text vorgenommen; vor allem wurde die Bibliographie ergänzt und teilweise neu geordnet. Gemäß dem Wunsch einzelner Kritiker wurden die Literaturangaben über das Christentum erweitert. Die Neuauflage bietet außerdem vier neue Bilder von Gegenständen, welche ich auf meiner Asienreise für die Religionskundliche Sammlung in Marburg erworben habe.

Marburg, 7. August 1962 *Friedrich Heiler*

Vorwort zur Neuauflage

Am 28. April 1967 ist Friedrich Heiler nach einem reich erfüllten Gelehrtenleben in seiner Vaterstadt München heimgegangen. Er hatte nach seiner Emeritierung in Marburg an der Münchener Universität in der Philosophischen Fakultät, die ihn einst promoviert und habilitiert hatte, seine Lehrtätigkeit noch für einige Jahre gastweise fortgeführt und war damit gleichsam zu seinen wissenschaftlichen Ursprüngen zurückgekehrt.

Auf Bitten des Verlags und im Einvernehmen mit Frau Anne Marie Heiler hat der Unterzeichnete die Redaktion der vielfach gewünschten neuen (dritten) Auflage des Werkes übernommen, das in veränderter Gestalt, aber mit der gleichen Grundsubstanz nunmehr erscheinen kann. Glücklicherweise konnten die übrigen Mitarbeiter die von ihnen verfaßten Beiträge samt Bibliographien selbst überprüfen und ergänzen. Die Beiträge Heilers wurden im wesentlichen, vor allem in ihrer Formulierung, in der bisherigen Form belassen. Wünschenswert erschienen jedoch einzelne kleine Veränderungen und Anpassungen an den weiterentwickelten Forschungsstand in den Artikeln über Indien und über den Buddhismus, die freundlicherweise von Frau Dr. Bettina Bäumer, Wien, und Frau Dozentin Dr. Eva K. Dargyay, Wien, mit aller Behutsamkeit vorgenommen wurden. Dabei schuldet der Herausgeber noch besonderen Dank verschiedenen Hinweisen, die Herr Prof. Dr. Rau, Marburg, aus seiner indologischen Sachkenntnis heraus gegeben hat.

Wenig verändert, abgesehen von einzelnen kleinen Berichtigungen und Ergänzungen, blieben die Heilerschen Beiträge zur Phänomenologie (»Die Erscheinungsformen der Religion«) und zu den »Versuchen einer Synthese der Religionen«, in denen nicht nur der Religionshistoriker, sondern auch der Theologe spricht, der die ihn beschäftigenden Ergebnisse der Theologie und Religionsphilosophie zu einer ihm eigenen Gesamtschau verarbeitet hat. Hier tritt eine geschichtlich gegründete Wesensschau und Theologie des Christentums und der Religionen zutage, die nicht immer die Zustimmung einzelner Fachvertreter finden wird, die indes ein ureigenes Produkt Heilerscher Sicht der Religion, ihrer Gesamtgeschichte und der Geschichte des Christentums ist, die ganz von seinem Personalstil geprägt ist und an der deshalb nichts zu ändern war. Die »Synthese« ist m. E. eines der bemerkenswertesten Resultate der jahrzehntelangen Arbeit und der inneren Entwicklung dieses Mannes.

Ebenfalls in ihrer Substanz erhalten und mit nur ganz geringfügigen Ergänzungen und Berichtigungen versehen wurden Heilers Abschnitte über das Christentum, die ein kleines Meisterwerk in der Verknüpfung kirchengeschichtlicher, konfessionskundlicher und ökumenologischer Betrachtungsweise sind. Die Heiler eigentümliche Sicht des Christentums, insbesondere des Katholizismus und der römisch-katholischen Kirche, und sein Bestreben, die Entwicklung des Christentums und seiner Gedankenwelt in Verbindung mit der allgemeinen Geschichte der Religionen zu verstehen, finden hier einen besonders charakteristischen Ausdruck, den man akzeptieren oder dem man widersprechen kann. Sie ist unübersehbar durch Heilers Herkunft aus dem katholischen Modernismus geprägt, entfaltet eine Gesamtschau der geschichtlichen Entwicklung des Christentums, wie sie heute nur noch ganz wenige zu geben vermögen, und stellt in jedem Falle eine Anregung und Bereicherung unserer Gedanken dar, die so belassen werden mußte, wie sie formuliert wurde: als eine souveräne Verbindung historischer und phänomenologischer, deskriptiver und verstehend interpretierender Darstellung. In den Einzelheiten werden aus der intimen Kenntnis der christlichen Kirchengeschichte, wie sie Heiler besaß, oft Tatsachen und Vorgänge unterbreitet, die nicht einmal allen Fachleuten auf diesem Gebiet immer geläufig sind. Das erhöht den Wert der Darstellung, wie auch immer sie heute Theologen aller christlichen Konfessionen beurteilen mögen. Dies gilt vor allem auch für den römischen Katholizismus, der hier vorwiegend in seiner »vorkonziliaren« Gestalt erscheint, wie sie sich in neunzehn Jahrhunderten entwickelt und immerhin nahezu unverändert vom Tridentinum in der Mitte des 16. Jahrhunderts bis weit in die sechziger Jahre unseres Jahrhunderts bestanden hat. Heiler war einer der kompetenten Kenner und Interpreten dieser Formen des Katholizismus, die heute, in der »nachkonziliaren« Epoche, nicht einfach vergessen werden sollten. Sie gehören vielmehr als ein ganz wesentliches und keineswegs obsolet gewordenes Element in die Geschichte des Katholizismus hinein.

Die Überprüfung und Ergänzung der Heilerschen Beiträge zur Religion der Chinesen hat freundlicherweise Frau Dr. Käthe Neumann, Marburg, zum Judentum in nachchristlicher Zeit Herr Privatdozent Pfarrer Dr. Ulrich Kellermann, Münster, übernommen.

Die Verfasser und Bearbeiter haben die Bibliographien zu den jeweiligen Abschnitten ergänzt und dabei der Flut der neu erscheinenden Literatur, die natürlich nur in Auswahl aufgenommen werden konnte, gerecht zu werden versucht. Die Abbildungen wurden vermehrt. Dem Verlag sei für seine Hilfe und Geduld bei der Vorbereitung der Neuauflage gedankt.

Dank gebührt auch den Mitarbeitern meines Instituts für manche Hilfe, vor allem bibliographischer Art. Ganz besonders verdient um die Überprüfung der Literaturangaben, um die Herstellung des Registers und um die Korrekturen hat sich mein Mitarbeiter Herr Edmund Hermsen, M. A., gemacht. Herr Dr. Johannes Laube hat freundlicherweise eine Reihe von bibliographischen Hinweisen zu den Abschnitten über das Christentum, insbesondere über den römischen Katholizismus, gegeben. Herr Dr. Martin Kraatz von der Religionskundlichen Sammlung in Marburg hat hilfsbereit bei der Beschaffung und Herstellung von Vorlagen für die Abbildungen aus Beständen der Sammlung mitgewirkt. Gedacht sei der steten anregenden und tätigen Anteilnahme der am 17. Dezember 1979 verstorbenen Witwe Friedrich Heilers, Frau Anne Marie Heiler, an dieser Neuauflage, in der sie ein Vermächtnis ihres Gatten gesehen hat.

Marburg, an der Jahreswende 1979/80 *Kurt Goldammer*

Die Erscheinungsformen (Phänomenologie) der Religion

Das Wort »Religion«

Das Wort »Religion« entstammt der vorchristlichen Sprache, ging aber frühzeitig in den christlichen Sprachgebrauch ein; es erscheint sowohl in der lateinischen Bibelübersetzung wie bei den lateinischen Kirchenvätern. Von *religere* »sorgsam beachten«, dem Gegensatz von *negligere* »vernachlässigen« abgeleitet, bedeutet es den heiligen, »numinösen«, d. h. mit übernatürlicher Kraft erfüllten Gegenstand, der im Unterschied vom profanen *tabu* ist, dem man darum nur mit Vorsicht nahen darf. In der sekundären Bedeutung ist *religio* die ehrfürchtige Haltung des Menschen gegenüber einem solchen heiligen Gegenstand, die fromme Scheu. Dementsprechend bekommt das Adjektiv *religiosus*, das ursprünglich einen Ort oder Tag als heilig kennzeichnet, die Bedeutung »gottesfürchtig«, »fromm«. In dieser zweiten Bedeutung hat das lateinische Christentum das Wort »Religion« als eines seiner Kernworte übernommen. Als *religio* in der höchsten Steigerung erscheint der mittelalterlichen Christenheit das monastische Leben in Armut, Ehelosigkeit, Gehorsam und stetem Gebet; *religiosus* in überragendem Sinne ist der Mönch und die Nonne; der *status religionis* ist der *status perfectionis*. In der modernen Religionsphilosophie hat sich das Wort »Religion« als Bezeichnung für die Beziehung des Menschen zur übersinnlichen und ewigen Welt eingebürgert.
Wie die ursprüngliche Bedeutung von »Religion« im Lateinischen auf ein Objektives abzielt, so auch die Ausdrücke für »Religion« in anderen Sprachgebieten. In China heißt Religion *chiao*, d. h. Lehre; in Indien *dharma*, d. h. die feststehende Weltordnung; in Arabien *dīn*, d. h. das Geschuldete, die göttliche Bestimmung, das göttliche Gericht; im alten Germanien *ê*, d. h. das Herkömmliche, das göttliche Gesetz, die göttliche Ordnung (davon unsere Worte »Ewigkeit« und »Ehe«). Schon die Etymologie dieser Worte für »Religion« läßt die Verfehltheit des Sprachgebrauchs der dialektischen Theologie erkennen, die in der Religion im Gegensatz zum Worte Gottes eine rein subjektive psychologische Erscheinung erblickt.

Die Erscheinungswelt der Religion

Das *Numen*, das Heilige und Göttliche, ist jenseits der sinnlichen Wahrnehmung; es wird aber sichtbar und hörbar in einer Fülle äußerer Erscheinungen, vorstellbar in einer Menge von Phantasiebildern, erfahrbar in bestimmten seelischen Erlebnissen. Die äußere Erscheinungswelt, die innere Vorstellungswelt und die Erlebniswelt der Religion bilden drei konzentrische Ringe, die alle dem einen Mittelpunkt, der religiösen Gegenstandswelt, d. h. dem Heiligen und Göttlichen, zustreben. Dabei besteht auch eine Korrelation dieser verschiedenen Kreise in ihren einzelnen Abschnitten. Die Intensität und Tiefe der religiösen Erfahrung ist jedoch nicht gleichlaufend mit der Abstoßung der äußeren Erscheinungsformen und inneren Vorstellungen der Religion, also mit einer fortschreitenden Abstraktion; vielmehr ist eine lebendige und innerliche Erfahrung des Göttlichen möglich auch in Verbindung mit einem äußeren Kult und

einer anschaulichen religiösen Bildwelt. Selbst das geistigste mystische Erlebnis, die Ekstase, wird einerseits von äußeren Praktiken, Zeichen und Bildern angeregt, andererseits kann sie nur in sinnenförmigen Vergleichen aus dem Naturleben wie auch dem menschlichen Liebesleben festgehalten und verständlich gemacht werden. Der absolute Spiritualismus ist in der Religion durchaus anormal. Auch für die Religion gilt der Grundsatz der Erkenntnistheorie: *nihil est in intellectu quod non prius fuerit in sensu* (»nichts ist im Geistigen, was nicht vorher im Sinnlichen war«).
Die Religion erweist sich in allen drei Aspekten (Erscheinungs-, Vorstellungs- und Erlebniswelt) als innere Einheit. Nicht nur die verschiedenen, auf einer und derselben Höhenlage befindlichen Religionen, sondern auch die auf verschiedenen Stufen stehenden sind von einem einheitlichen Band umschlungen: die niederste und die höchste, die unvollkommenste und die vollkommenste, die sinnlichste und die geistigste Religion sind letztlich eins. Dabei ist das zauberhafte Element mit dem religiösen aufs engste verbunden; die Idee des Zaubers hinwiederum ist von der Idee des Wunders nicht zu trennen. Gleichwohl muß zwischen Religion und Magie unterschieden werden; Magie im eigentlichen Sinne ist eine erlernbare Technik, die auf rationalen Gesetzen beruht, sozusagen eine »vorwissenschaftliche Wissenschaft«; sie ist der esoterische Besitz gewisser Kenner und ermangelt wegen ihres berechnenden Charakters des eigentlichen religiösen Elements, der Ehrfurcht vor dem Heiligen. Auch ist sie vornehmlich eine individuelle, keine gesellschaftliche Angelegenheit. Häufig ist die Magie eine Entartung der Religion, zumal wenn sie religiöse Riten und Formeln für ihre Zwecke mißbraucht.

Der heilige Gegenstand

An der Spitze der heiligen Objekte stehen Naturgegenstände, die wegen ihrer Größe, Absonderlichkeit und Unheimlichkeit Ehrfurcht und Staunen im beobachtenden Menschen wecken. Der primitive Mensch betet solche Objekte an; er vermag nicht klar zu unterscheiden zwischen dem äußeren Gegenstand und der übernatürlichen Macht, die in ihm wohnt oder in ihm sich kundgibt. Die höhere Frömmigkeit setzt vielfach den Kult solcher heiliger Objekte fort; häufig aber tritt an die Stelle der äußeren Verehrung des heiligen Gegenstandes sein Gebrauch in der Bildsprache.
Dies wird schon an dem rohesten Kultobjekt deutlich, dem heiligen *Stein*. In der kanaanäischen Religion heißt der heilige Stein geradezu *Bethel*, »Haus Gottes«. Steinhaufen bezeichnen die Kultstätte. Der Kult eines heiligen schwarzen Steines ist aus der altarabischen Religion in den Islam übergegangen und hier zum ehrwürdigsten Anbetungsobjekt im Zentralheiligtum, der *ka'aba* zu Mekka, geworden. Als Bild begegnet uns der Fels im Mithras-Kult – Mithras gilt als aus dem Felsen geboren. Der Fels ist eine Bezeichnung Jahwes in der Sprache der Psalmisten (18,3). Christus erscheint als der »Eckstein«, die an ihn Glaubenden als »lebendige Steine«, die sich »zum geistigen Hause bauen« (1. Petr. 2,5). Das Bild vom Stein wird schließlich zurückverwandelt in die ursprüngliche Sinnlichkeit, wenn Franz von Assisi den Stein deshalb liebt, weil Christus als der Eckstein bezeichnet wird. Allenthalben werden Berge als heilig verehrt, sie gelten als Kraftzentren der Erde. Sie sind auch die bevorzugten Stätten des Gebets, für die hinduistischen Eremiten wie für Jesus und seinen Jünger Franziskus. Der Berg ist aber auch ein Lieblingsbild der religiösen Sprache. Die Welt wird in der

Mythologie als Berg vorgestellt; die Mystiker bezeichnen Gott als Berg und den Heilsweg zu ihm als Aufstieg zum heiligen Berge. Besonders heilig ist die *Mutter Erde* als der Mutterschoß aller Lebewesen, der Pflanzen, Tiere und Menschen. Quellen und Flüsse werden für heilig geachtet, weil sie Leben und Fruchtbarkeit spenden. In den Fluten des Ganges glauben Scharen von Pilgern Entsühnung zu finden; ihm wird auch die Asche der Toten anvertraut. Neben dem natürlichen Quell- und Flußwasser dient zur Reinigung das geweihte *Wasser*, das im katholischen Kult einen wichtigen Platz einnimmt. Die machthaltige Substanz des Wassers wird häufig zur Wassergottheit. Wasser, Quelle und Brunnen sind schließlich beliebte Bilder für die Gnadenkräfte, die aus Gott strömen. Die Flut erscheint sowohl im kosmologischen wie im eschatologischen Mythus. Das *Feuer* ist heilig als Zaubermittel zur Sicherung des Sonnenlaufs, als dämonenvertreibendes Element und als Herdfeuer im Mittelpunkt des Hauses, schließlich als unauslöschliches Stammes- und Volksfeuer. Es bildet den Hauptbestandteil des altindischen und altiranischen Kultes. In Ampeln und Kerzen brennt es auf Gräbern, vor Götterbildern, in Tempeln, in Synagogen, Moscheen und Kirchen. Der uralte Feuerkult erneuert sich im Dichter des *Sonnengesanges*: »Gepriesen seist du, mein Herr, durch unseren Bruder, das Feuer.« Das Feuer wird hypostasiert zur Gottheit oder erscheint als deren Lebenselement; so ist Jahwe ursprünglich ein Feuer- und Vulkangott. Als Gerichtsfeuer erscheint es auch in der Enderwartung der *Edda*, der Stoa und der jüdisch-christlichen Apokalypse. Es ist das Symbol Gottes und seines Geistes in der Sprache der alttestamentlichen und urchristlichen Frommen wie der christlichen Mystiker. Der göttliche Seelengrund wird als das »Fünklein« bezeichnet.

Alle atmosphärischen Kräfte (Blitz, Donner, Wind) werden als Erscheinungsformen des Göttlichen oder als selbständige Götter angesehen. Von größter Bedeutung für Kult und Frömmigkeit ist die *Sonne*. Durch nachahmende Riten, z. B. das Rollen brennender Räder, sucht man ihren Lauf zu beeinflussen; in zahlreichen Mythen wird dieser Lauf beschrieben. Große Sonnengötter werden in der indogermanischen wie in den semitischen Religionen hymnisch verherrlicht. Auch der monotheistische Jahwe wird als Sonnenheld gepriesen, Christus als *sol salutis*. Neben der Sonne steht in Kult und Mythus der *Mond*, der im Mondattribut der Gottesmutter wie auf der Fahne der Muslime in die monotheistischen Religionen hineinragt. Der *Sternenkult* war mit den Göttern so eng verbunden, daß das Schriftzeichen für »Stern« im Sumerisch-Babylonischen zugleich das Ideogramm für Gott ist. Die in Babylonien beheimatete Astrologie sucht die Sternenschrift des Himmels zu entziffern und den Zusammenhang von Sternenlauf und Menschenschicksal zu erfassen. In der griechisch-römischen Welt wird sie zu einer Religion des Fatalismus, die tiefe Spuren auch in der mittelalterlichen Christenheit zurückließ und in der Renaissance von neuem auflebte. Selbst in der christlichen Frömmigkeit ist der alte Sternenkult noch erkennbar, so in der Anrufung Christi als des Morgensterns und Marias als des Meersterns. Die verschiedenen uranischen Erscheinungen sind zusammengefaßt im Kult des *Himmels*, der für viele primitive Religionen, insbesondere für die ur-indogermanische Religion, kennzeichnend ist. Weil das Licht als Lebenselement der Gottheit gilt, darum haben Manichäismus und Neuplatonismus eine ganze Lichtmetaphysik geschaffen, und darum durchdringt die Lichtsymbolik auch die Sprache des Neuen Testaments und der christlichen Liturgie.

Neben der unbelebten Natur wird die belebte Natur als Erscheinung des Göttlichen verehrt: *Baum* und *Pflanze*. Im Maibaum und Richtbaum lebt der alte Baumkult bis in unsere Zeit fort. Mannigfach sind die Umbildungen des Baumkultes: Baumgeister und Baumgottheiten werden verehrt; Bäume werden zu Attributen der Gottheit; Zeus trägt geradezu den Beinamen *Dendrítēs* (»der mit dem Baum Verbundene«). Die Mythologie schuf die Vorstellung eines Welten- und Paradiesesbaumes; ja, selbst das Kreuz Christi wird als Baum des Lebens vorgestellt. Die mittelalterlichen Mystiker sprechen sogar von Gott als dem »blühenden minniglichen Baum des ewigen Lebens«. Auch das Samenkorn gilt als heilig, ebenso bestimmte Pflanzen: bei den Germanen und Kelten die Mistel, bei den Indern die Lotosblume, die zu einem kosmischen Symbol geworden ist.

Noch größere Bedeutung hat der Glaube an die Heiligkeit des *Tieres* erlangt. Seine primitivste Form ist der Totemismus, die Anschauung von der Verwandtschaft zwischen einer sozialen Menschengruppe und einer bestimmten Tiergattung, dem Totem-Tier, das nicht gejagt, sondern nur in einer sakramentalen Mahlzeit verzehrt werden darf. Als heilig gelten vor allem Tiere, denen wie dem Stier besondere Kraft oder, wie dem Fuchs und der Schlange, besondere Schlauheit eigen ist. Schlange, Schmetterling, Maus und Vogel werden als Seelentiere angesehen. Der ursprüngliche Tierkult durchlief große Wandlungen; heilige Tiere wurden zu unreinen *Tabu*-Tieren, wie in der jüdischen Gesetzgebung, oder zu Kult- und Opfertieren. An die Stelle der wirklichen Tiere traten Tierbilder wie das goldene Kalb und die eherne Schlange der Israeliten oder die goldene Schlange in den Eleusinischen Mysterien. Zahlreiche Götter, besonders im alten Ägypten, werden tierköpfig dargestellt. Bestimmte Tiere sind Attribute oder Begleiter von Gottheiten, z. B. das Pferd des Odin, der Stier des Śiva; andere sind Inkarnationen von Gottheiten, z. B. der Eber, die Schildkröte des Viṣṇu. Priester und Priesterinnen tragen Tiernamen, Eingeweihte Tiermasken (Büffel-, Gorilla-, Antilopenmasken usw.). Kosmische Vorgänge werden in Tiersagen dargestellt, Sterne mit Tiernamen bezeichnet (Zodiakus). Zahlreiche Tiersymbole leben in der christlichen Kunst fort, so die Taube als Bild der Seele, des Heiligen Geistes und der Eucharistie, der Fisch als Zeichen des eucharistischen Christus, der Pfau und der Phönix als Sinnbild der Unsterblichkeit, Drache und Schlange als Erscheinung Satans. In den höheren Religionen führt der Glaube an die Heiligkeit des Tieres zu seiner Schonung. Das Rind ist das heilige Tier im Mazdaismus und Hinduismus; Buddhismus, Jainismus und Hinduismus fordern für alle Lebewesen *ahiṃsā* (»Nichttöten«), schon im Hinblick auf die mannigfachen Reinkarnationen der menschlichen Seele. Buddhistische Fromme und christliche Heilige wetteifern in der Liebe zu zahmen wie wilden Tieren. Das Aufhören der Wildheit der Tiere, wie sie schon der alttestamentliche Prophet (Jes. 11,6 ff.) für das kommende Friedensreich verkündet hatte, bedeutet für die christlichen Heiligen die Rückkehr zum paradiesischen Urzustand.

Die ganze *Natur* wird für die Religion zur Trägerin des Göttlichen. Für den Monotheismus ist sie Gottes Schöpfung, die zum Lobpreis des Schöpfers aufgerufen wird, für den Pantheismus »der Gottheit lebendiges Kleid« – »Gott in Natur, Natur in Gott« (Goethe).

Aber nicht nur Dinge der Natur, sondern auch von Menschenhänden gefertigte Gegenstände werden Objekte der Anbetung, so Waffen und Hammer, vor allem aber *Fetische* (portugies. *feitiçio*, von lat. *factitius*), Holz- oder Steinklötze, die in roher Weise menschenförmig gestaltet sind und oft nur ein menschliches Antlitz andeuten. Aber auch der Stab (der entblätterte Baum), der Spiegel, die Scheibe, das Rad (Sonnensymbole) und der Ring (Zauberfessel) gehören zu den Kultobjekten und Zauberinstrumenten, ferner die Darstellung der menschlichen Geschlechtsteile, besonders des männlichen Phallus (hinduist. *liṅga*), als zauberkräftige Fruchtbarkeitsmittel. Das Kreuz als kosmisches Symbol der vier Himmelsgegenden ist ein uraltes heidnisches Kultzeichen, das dann wegen der Beziehung zum Tod Christi in der christlichen Kirche als Erlösungszeichen zum Kultobjekt geworden ist. Eine besondere Form des kosmischen Kreuzes ist das Hakenkreuz, das als Glück- und Lebenszeichen bei zahlreichen Völkern von Vorder- bis Ostasien besondere Bedeutung besitzt; doch steht seine ursprüngliche Bedeutung (Symbol der Sonne, des Feuerquirls, des Embryo usw.) nicht fest. Die größte Wichtigkeit aber erlangte das *Götterbild* oder *Idol*, das die Gottheit vorwiegend in menschlicher Gestalt darstellt. Der übernatürliche Charakter desselben wird auf verschiedene Weise zum Ausdruck gebracht: durch ungewöhnliche Größe und Farbe, durch theriomorphe Züge (Tierleiber, Flügel, Tierattribute), durch Hervortreten des Geschlechtlichen (ithyphallische Darstellung männlicher und Vielbrüstigkeit weiblicher Gottheiten, auch Doppelgeschlechtlichkeit), durch Vielheit der Sinnesorgane (Drei- oder Vierköpfigkeit, Vielarmigkeit), durch Fratzenhaftigkeit des Antlitzes, durch zauberhafte Ingredienzien im Inneren und schließlich durch die Weihe vermittels einer Epiklese (zauberhaften Herbeirufung der Gottheit). Im Bild wird die gegenwärtige Gottheit angebetet, in Prozessionen umhergetragen, gebadet, geschmückt, gespeist, mit Musik und Tanz unterhalten. In verkleinerter Form erscheint das Götterbild in der Devotionsstatuette und auf den Münzen, die ursprünglich eine kultische Bestimmung als Ersatzopfer hatten (»heiliges Geld«).

Die Stellung der höheren Religionen zum Bilderkult ist sehr verschieden; am bilderfreundlichsten sind die indischen Religionen, der Jainismus und Buddhismus wie der Hinduismus. Einzelne primitive Religionen wie die alte shintoistische, die urindogermanische und frühindische sowie die älteste buddhistische, waren bildlos. Die prophetischen Religionen sind dem Wesen nach bilderfeindlich: das Judentum, der zoroastrische Mazdaismus, das Christentum, der Islam und die islamisch-hinduistische Mischreligion der Sikh. Das spätere Christentum öffnete sich jedoch dem Bilderkult. Er wurde zuerst von den östlichen Mönchen propagiert und sowohl durch die platonische Theorie von Abbild und Urbild wie durch den christlichen Inkarnationsglauben gerechtfertigt; er setzte sich nach dem vorübergehenden, islamisch beeinflußten Bildersturm (8. und 9. Jh.) in der Ostkirche endgültig durch, in etwas abgeschwächter Form auch in der westlichen katholischen Kirche. Die puritanischen Gruppen des reformatorischen Christentums, an ihrer Spitze der Calvinismus, verwarfen den Gebrauch der Bilder, während das konservative Luthertum sie als Anschauungsmittel beibehielt.

Zu den heiligen Objekten gehört auch das *Kleid*, in welches die Seelenkraft und Zaubermacht des dieses tragenden Menschen eingeht und das darum zur Übertragung dieser Kraft auf andere dient. Das Kleid gewinnt auch Heiligkeit durch den Gebrauch im Kultus; die Priester tragen eine besondere liturgische Kleidung. Auch das Kleid wird zum Bild Gottes, aber auch der Seligkeit und der Heiligkeit. Sakralen Charakter trägt schließlich die *Farbe*; die Religionen kennen eine Farbensymbolik: Weiß als Farbe der Reinheit und Heiligkeit, Rot das Symbol des Lebens, darum die Zauberfarbe schlechthin (das deutsche Wort »Zauber« bedeutet ursprünglich den roten Farbstoff zum

Bestreichen von Zaubergegenständen), auch eine Toten- und Dämonenfarbe, desgleichen Schwarz. Schon die babylonische Religion wie auch das Judentum und das Christentum kennen einen förmlichen Farbenkanon.

Heiliger Raum, heilige Zeit, heilige Zahl

Der heilige Gegenstand ist eng verknüpft mit dem heiligen *Raum*. Heiligtümer sind ursprünglich abgegrenzte Räume in der Natur (Steinkreise, Berge, Hügel, Haine, Gräberstätten und Höhlen), später mit Menschenhand errichtete Gebäude, sei es das menschliche Haus mit Schwelle, Türe, Herd und Vorratskammer oder das besondere Gotteshaus. Mit dem Fortschritt der menschlichen Baukunst trat an die Stelle der Fetisch- oder Geisterhütte der kunstvolle *Tempel*, der dem königlichen Palast nachgebildet ist (daher die Bezeichnung »Großes Haus«, sumer. *e-gal*, babylon. *ekallu*, hebr. *hēkāl* für »Tempel«). Er ist in seinem Allerheiligsten die Stätte des Gottesbildes, in seinem Vorhof die des Kultes, in seinem äußeren Bau ein Abbild des Kosmos, so die nach oben sich verjüngenden babylonischen Türme. Die höheren Religionen übten Kritik an dem primitiven Tempelglauben und faßten die Gegenwart Gottes geistig auf: die Seele oder die Gemeinschaft der Gläubigen ist der wahre Tempel. Die äußeren Stätten des Gebetes (jüdische Synagoge, islamische Moschee und christliche Kirche) erlangten jedoch bald wieder den Charakter der dinglichen Heiligkeit. Die Tora-Lade mit der Richtung nach Jerusalem, die Gebetsnische mit der Orientierung nach Mekka und der Altar (später Tabernakel) wurden zum sichtbaren Unterpfand der Gegenwart Gottes. Der reformatorische Puritanismus nahm den Kirchen wieder die äußere Heiligkeit, während das Luthertum fortfuhr, den Altar als Sinnbild der göttlichen Gegenwart zu werten. Die Verknüpfung der Gegenwart Gottes mit einem sichtbaren Heiligtum führte zur Sitte der Wallfahrt und der Inkubation (des nächtlichen Tempelschlafes), welche der Erlangung einer Gottesoffenbarung in einem visionären Traumerlebnis dient, wie auch zur Gebetswendung nach dem Zentralheiligtum (Rom, Jerusalem, Mekka). Neben dem Glauben an Gottes Gegenwart in einem begrenzten Raum steht der Glaube an sein Wohnen im Himmel, weswegen der Beter Angesicht und Hände dorthin erhebt. Die Ausweitung der Vorstellung von der örtlichen Gebundenheit Gottes führte im Spätjudentum dazu, daß Gott als Raum schlechthin bezeichnet wurde.

Wie der heilige Raum vom profanen abgegrenzt wird, so die heilige *Zeit* von der gewöhnlichen. Wie der heilige Raum, so ist auch die heilige Zeit durch Tabu-Vorschriften geschützt, vor allem durch das Verbot von Arbeit, durch die sie »entheiligt« wird. Primitive Völker verknüpfen ihre Feste mit dem Leben der Natur, nomadisierende Herdenbesitzer mit der Erstgeburt der Tiere, Ackerbauern mit Aussaat und Ernte. Dazu kommen die mit dem Lauf der Gestirne verbundenen Feste: Sommer- und Wintersonnenwende, Voll- und Neumond. Die Naturfeste gingen in den orientalisch-hellenistischen Mysterienreligionen wie im Judentum und Christentum in heilsgeschichtliche Feste über. So wurde das jüdische Passahfest aus einem Fest der Erstlinge der Herden und des Erntebeginns zur Erinnerung an den Auszug des Volkes Israel aus Ägypten, das christliche Osterfest aus diesem wie aus dem heidnischen Fest des wiedererstehenden Vegetationsgottes oder der Frühlingssonne (Ostara) zum Gedächtnis der Auferstehung des Erlösers. Wie das Judentum, so gestaltete auch das Christentum ein ganzes heiliges Jahr, an dessen Festen die einzelnen Akte der heilsgeschichtlichen Vergangenheit zur lebendigen Gegenwart wurden. Auch Buddhismus und Hinduismus kennen heilsgeschichtliche Feste (Geburts- und Todestag des Buddha, Geburtstag des Kṛṣṇa). Wie der Raum im Judentum, so wurde die Zeit als solche in mehreren indogermanischen Religionen zu einer Gottheit hypostasiert.

Raum und Zeit werden gemessen durch die *Zahl*, die an der Heiligkeit und Kraft der beiden teilnimmt. Sie verleiht den Größen, die durch sie gemessen werden, übernatürliche Kraft. Die einzelnen Zahlen haben ihre besondere Bedeutung: Eins ist die Zahl des Göttlichen, Zwei die Zahl der mann-weiblichen Polarität, Drei die göttliche Zahl in überragendem Sinne, das Symbol der göttlichen Fülle – die Religionsgeschichte kennt unzählige metaphysische, kosmische, ethische und liturgische Triaden –, Vier ist die kosmische Zahl, Fünf die Hochzeitszahl, Sechs die Zahl des Makrokosmos, Sieben – neben der Drei die häufigste der heiligen Zahlen – das Symbol der Ganzheit, Neun die Zahl der Vollendung, Zehn die Zahl der Weisheit, Zwölf wiederum eine kosmische Zahl, Dreizehn zugleich heilige und Unglückszahl, Vierzig die Zeitzahl, Sechzig die Grundzahl des Sexagesimalsystems, Siebzig eine Verbindung der Sieben- und Zehnzahl, Neunundneunzig eine Kombination der verdreifachten Dreizahl, Tausend die Zahl der Vollkommenheit. Die Zahlensymbolik besaß bereits in der babylonischen und israelitischen Religion wie in der indischen und griechischen Weltanschauung hohe Bedeutung. Augustin begründete auf der Zahlensymbolik der Bibel eine christliche Theologie der Zahl: *numeri in scripturis sacratissimi et mysteriorum plenissimi.* Die Kabbala schuf mit Hilfe des Alten Testaments eine jüdische Zahlenmystik. Gottes Harmonie drückt sich in Zahlen aus, er übersteigt aber schließlich als der *anaríthmētos* (»unzählbar«) alle Zahlen.

Die heilige Handlung

Der religiöse Mensch begnügt sich nicht damit, das Heilige in Raum, Zeit und Zahl anzuschauen, er will mit ihm sich berühren und einigen, um so an seiner Kraft teilzunehmen. Die sinnenfällige Form des Umgangs mit dem Heiligen ist der Kultus, der die drei Stufen der Mysterienriten umfaßt: Reinigung, Schau oder Erleuchtung, Einigung oder Vergottung.

Viele *Reinigungs*riten tragen apotropäischen Charakter, d. h., sie sollen gefährliche Tabukräfte und böse Geister vertreiben oder fernhalten. Dies geschieht durch Anzünden von Feuer, Bildung eines Zauberkreises, durch Zaubergestus und Zauberblick. Neben den apotropäischen Riten stehen die eliminatorischen, durch welche Tabustoffe, in erster Linie die magisch gefaßten »Sünden«, beseitigt oder abgeleitet werden sollen: Entblößung und Nacktheit, aber auch Verhüllung, Reinigung mittels machthaltiger Potenzen wie Feuer, Wasser (Waschung, Bad und Taufe, d. h. Untertauchen) und Blut. Alle Reinigungsriten sind in der höheren Frömmigkeit zu Bildern der Sündenvergebung und Erlösung geworden; an die Stelle des entsühnenden und bannenden Blutes von Menschen und Tieren trat in der christlichen Erlösungslehre das Blut des gekreuzigten Christus; die ausgedehnten jüdischen Blutriten erscheinen in der Opfertheologie des Hebräerbriefes als umfassende Vorbereitung der einen großen Sühnetat Christi.

Reinigende und dämonenbannende Kraft besitzt auch die Enthaltsamkeit von Schlaf (nächtliche Vigilien), Speise (Fasten) und Geschlechtsumgang; die geschlechtliche Askese ist teils eine zeitweilige (vor Kultakten oder in heiligen Zeiten), teils eine dauernde (priesterlicher oder mönchischer Zölibat).

Enthaltsamkeit ist bereits ein Stück *Opfer*, Hingabe der eigenen Lebenskraft und des eigenen Willens an die Gottheit. Das Opfer besteht nicht nur in der Darbringung von bestimmten Gaben (Speisen, Getränken, Wohlgerüchen, Tieren und Menschen) an eine persönlich gedachte Gottheit, sondern oft nur in der Vernichtung eines Lebewesens, durch welche auf zauberhafte Weise Fruchtbarkeit und Lebenskraft gesichert werden soll. Das Opfer dient auch nicht nur dazu, die Gottheit zu erfreuen, sondern ihr Zauberkraft mitzuteilen, damit sie wiederum den Menschen beschenken kann – *do ut des*. Dieser magische Sinn des Opfers ist besonders deutlich in dem germanischen Wort *blóta* »mit Macht erfüllen, kräftigen«, und zwar sowohl den Opfergegenstand wie die Gottheit. Das Erstlingsopfer von Pflanzen, Tieren und Menschen ist nicht nur Anerkennungs- und Dankopfer, sondern auch magische Sicherung der Fruchtbarkeit. Ständig verschlingen sich im Opfer anthropomorphe und zauberhafte Gedankenreihen. Eine besondere Form des Menschenopfers ist das Königsopfer; der alternde oder vom Unglück heimgesuchte König wird geopfert, damit seine Zauberkraft in seinem jungen Nachfolger weiterlebe. Das Totenopfer besteht vielfach in der Beigabe lebender Angehöriger oder Untergebener bei der Bestattung des Verwandten oder Herrn. An die Stelle der Menschen- und Tieropfer traten später vielfach Ersatzopfer (Menschen- oder Tierfiguren, Opferkuchen, Opfergeld) oder symbolische Opferhandlungen, z. B. an die Stelle des Königsopfers die Vertreibung (*regifugium*). Weitere Formen des Ersatzopfers sind das Haaropfer (das Haar als Sitz des Lebens vertritt den ganzen Menschen) und das Keuschheitsopfer: die Beschneidung, die Kastration und die sakrale Prostitution, letztere teils als priesterlicher Dauerberuf (die männlichen und weiblichen Prostituierten hießen im semitischen Bereich »Heilige«, hebr. *qedešīm* und *qedešōt*, in Indien hießen die Tempelmädchen *devadāsī* »Gottes-Sklavinnen«), teils als allgemeine voreheliche Hingabe der Frauen im Tempel.

Die höhere Religion, sowohl die philosophische wie die mystische und prophetische, hat an dem zauberhaften und blutigen Opferwesen scharfe Kritik geübt, aber gleichwohl das Opfer nicht beseitigt, sondern umgedeutet und vergeistigt: das Lob- und Dankgebet, das Studium der heiligen Schriften, die Bußgesinnung, die sittliche Tat und die Hingabe des eigenen Willens an den göttlichen werden als wahre Opfer gewertet. Nicht nur der Mensch, sondern auch Gott selbst wird als sich opfernd vorgestellt; der menschgewordene Gottessohn erscheint in der christlichen Erlösungslehre als der Hohepriester, der sich selbst Gott dem Vater als vollkommenes Opfer am Kreuze darbringt. Nach der vom hellenistischen Mysterienwesen beeinflußten Vorstellung wird dieses Opfer unblutig dargestellt im sakramentalen Akt der Eucharistie. Der geistigste Erlösungsglaube kleidet sich hier in uralte Vorstellungen der ganzen Menschheit.

Von der Reinigung erhebt sich der Fromme zur Schau und Erleuchtung. Im *Mysteriendrama* betrachtet er die Handlungen und Schicksale der Gottheit, die in nachahmenden Handlungen aufgeführt werden. Von besonderer Wichtigkeit ist die Nachahmung des Sterbens und Auferstehens des Fruchtbarkeitsgottes (Osiris, Adonis, Attis). Aus dem antiken Mysteriendrama ist nicht nur das weltliche Schauspiel hervorgegangen, sondern

auch das Heilsdrama der christlichen Liturgie, wie es zusammengedrängt ist in der Feier des Abendmahles (das geradezu als *mystikón drãma* und *pneumatikón théatron* bezeichnet wird), zeitlich zerlegt in den Festen des Kirchenjahres.
Die tiefste Sehnsucht nach Einigung mit dem Göttlichen erfüllt sich in den verschiedenen *Kommunionriten.* Der heilige Gegenstand (Stein, Altar, Gottesbild usw.) wird berührt, umfangen und geküßt, wobei seine Machtsubstanz in den Verehrer übergeht. Auch der wechselseitige Kuß der Menschen ist religiös-magischen Ursprungs, insofern er einen Austausch der Seelenkräfte bewirkt. Als Andeutung des Kusses dient die Kußhand. Andere Formen der göttlichen Kraftmitteilung sind die Ölsalbung (Königs- und Priestersalbung, Firmung und Krankensalbung, Altarsalbung) und Handauflegung (z. B. bei der Weihe und Krankenheilung), die auch in die christlichen Sakramente übergegangen sind, und vor allem der Tanz, der nicht nur eine apotropäische und nachahmend-dramatische, sondern auch eine mystisch-ekstatische Funktion hat; die Einigung mit dem höheren Wesen wird besonders veranschaulicht im Maskentanz. Die *unio mystica* vollzieht sich vielfach auch in den geschlechtlichen Riten der »heiligen Hochzeit« – seien diese nun eine wirkliche sexuelle Einigung oder nur angedeutet oder sinnbildlich vollzogen. Die substantielle Einigung mit dem Göttlichen erfolgt im Genuß der heiligen Opferspeise und des heiligen Rauschtrankes. Das christliche Abendmahl steht in geschichtlichem Zusammenhang mit der jüdischen Segnung von Brot und Wein wie mit den Mahlzeiten der Mysterienkulte und den heidnischen Opfermahlzeiten überhaupt; es bewirkt nicht nur die Einigung mit Christus und dem ganzen Leib Christi, d. h. seiner Gemeinde, sondern auch die Vergottung und Erlangung der Unsterblichkeit. Den verschiedenen Formen der substantiellen Einigung steht die Willenseinigung gegenüber, die ihren Ausdruck in einem Vertrag und Bundesschluß der römischen Religion (*pax*) und israelitischen Religion (*berīt*) findet. Alle diese Einigungsriten sind zu beliebten Bildern der höheren Frömmigkeit geworden; das *drṓmenon* (»Handlung«) ging über in das *legómenon* (»Rede«). Sowohl die Liebes- und Sakramentsmystik wie die prophetische Frömmigkeit ziehen ihre Kraft aus den primitiven Kultformen.

Das heilige Wort

Die heilige Handlung ist begleitet vom heiligen Wort. Sein numinoser Charakter wird schon in der äußeren *Form* erkennbar: im magischen Gesang (daher *incantare* »bezaubern«, *carmen* »Zauberlied«), im Flüster- oder Murmelton, im dichterischen *Parallelismus membrorum*, im responsorialen Wechsel von Vorbeter und Gemeinde, und schließlich in der archaischen, oft fremden Sprache (Kult- und Kirchensprache). Neben der festgeprägten Form des heiligen Wortes steht die freie charismatische Rede, deren affektivste Form das »Zungenreden« ist, d. h. die Rede in einer Phantasiesprache oder im Lallton. Besondere Heiligkeit besitzt der Gottesname, in welchem der Träger desselben ebenso gegenwärtig ist wie im Götterbild, der darum oft geheimgehalten oder überhaupt nicht ausgesprochen wird, wie der Jahwe-Name in Israel. Die Kundgabe des göttlichen Willens geschieht durch das *Orakel*, das teils durch äußere Manipulation (durch Würfel, Stäbchen, Pfeile, Lose, Beobachtung des Vogelfluges, Eingeweideschau), teils durch priesterliche und prophetische Verkündigung erteilt wird. Der

Mythus ist das »Machtwort«, in welchem das göttliche Tun und Wirken in die Form einer bildhaften Erzählung gebracht ist; es gibt theogonische, kosmogonische, kosmologische, anthropologische, soziologische, Kult-, Erlöser-, Jenseits- und Endzeitmythen. Der Mythus lebt auch in der höheren Religion und Theologie weiter; er wird aber für die fortgeschrittene Geistigkeit zu einem ernsten Problem; sie sucht es zu lösen durch »Entmythologisierung«, die bisweilen in einer radikalen Abstoßung, zumeist aber in einer »Interpretation« oder Umdeutung sich vollzieht. Verwandt mit dem Mythus ist die *Legende*, deren Gegenstand der heilige Mensch in seinem Umgang mit Gott, den Menschen und Kreaturen und deren wichtigstes Motiv das Wunder ist. Legendenmotive haben ihre Wurzel in tatsächlichen außerordentlichen religiösen Erfahrungen, aber sie haften nicht an bestimmten Menschen, sondern wandern von einem religiösen Milieu in ein ganz anderes (s. S. 230). Auch die ungeschichtlichen Legenden sind in gewisser Hinsicht wichtige religiöse »Geschichtsquellen« (Adolf von Harnack). Mit dem prophetischen Wort berührt sich das Meisterwort der Lehre, das durch Gleichnis und Allegorie veranschaulicht wird und seinen Gipfel im Evangelium, der »frohen Botschaft« von der Erlösung, der Gnade und dem Reich Gottes erlangt. Die charismatische Form der Verkündigung geht in die kirchliche Form der Predigt über.

Das Wort von Gott an den Menschen findet seinen Widerhall im Wort des Menschen zu Gott, dem Gebet. Zu numinosen *Urlauten* (wie altind. *om*, griech. *iō iō*, islam. *hū* in *Allāh hū*) und zur Nennung des Gottesnamens tritt der *Segen*, die positive Wunschäußerung, und der *Fluch*, die negative Wunschäußerung; beide werden als Kraftstoff vorgestellt, welcher die Macht der Realisierung in sich trägt. Eine Abart des Fluches ist der *Eid* als bedingte Selbstverfluchung; für den Fall der unwahren Aussage oder der Nichterfüllung eines Versprechens ruft der Schwörende auf sich selbst ein schweres Unglück herab. Durch die Verbindung von Segenswunsch, Fluch oder Eid mit einem Gottesnamen (Gott möge...) nähert sich das Wunschwort dem Gebet. Magischen Charakter trägt ursprünglich auch die *Beichte* oder das Bekenntnis der Sünde. Sie stellt durch die Aussprache vor Gott oder einem Menschen eine Elimination der Sünde dar, wie die verschiedenen Sühneriten. Eine weitere Form des heiligen Wortes ist die Dämonen*beschwörung*, in welcher böse Geistwesen aufgefordert werden, sich zu entfernen oder aus einem von ihnen Besessenen auszufahren. Die freie Beschwörung geht über in die feste Form des exorzistischen Ritus. Im Unterschied zum Beschwörenden zeigt der Beter eine demütige Haltung gegenüber dem angerufenen höheren Wesen. Er bittet es, herbeizukommen, er bekennt ihm seine Sünde und fleht um Vergebung, er beugt sich anbetend vor der Macht und Herrlichkeit des gegenwärtigen *Numen*, er preist sein Wesen und seine Werke, er dankt ihm für seine Gnadengaben und Hilfen, er bekennt seinen Glauben, er erfleht von ihm Hilfe und Glück.

In der höheren Gebetsfrömmigkeit wird die Bitte um äußere Güter entweder völlig beseitigt oder in die Randzone abgedrängt; im Mittelpunkt des Betens steht hier die Bitte um Gott selbst und um die Aufrichtung seiner Herrschaft in aller Welt. Einen breiten Platz in ihm nimmt die liebende Fürbitte für alle Menschen, ja für alle Wesen ein. Vor allem betrachtet die reinere Frömmigkeit das Gebet nicht mehr als menschliche Leistung oder als Mittel zur Gewinnung und Umstimmung Gottes, sondern als Geschenk der zuvorkommenden göttlichen Gnade, als eine Wirkung des Gottesgeistes, der in uns betet (Röm. 8,26). Der Gebetsruf des Menschen an Gott ist umgekehrt

Gottes Ruf an den Menschen, »in jedem Ruf ›o Gott‹ sind hundert ›hier bin ich‹« (Ǧelāl ed-dīn Rūmī).
Wie der Raum, die Zeit und die Zahl wird auch das heilige Wort zu einem göttlichen Wesen hypostasiert: altind. *brahman* (Opferformel) und *vāc* (»Rede«), hebr. *memrā* (»Wort«), iran. *Ahuna vairya* (Anfangsworte des Hauptgebetes der Mazdayasna), griech. *Logos* (»Wort«), arab. *Amr* (»Befehl, Wort«).
Wie das Wort, so wird auch sein Gegenteil, das *Schweigen*, zum Träger der Heiligkeit. Neben dem magischen Schweigen, das die heilige Formel vor anderen verbirgt, dem kultischen Schweigen, das die Wirksamkeit der heiligen Handlung schützt, und dem asketischen Schweigen, das der Sammlung der Seelenkräfte dient, steht das anbetende Schweigen, das Verstummen angesichts der Unaussprechlichkeit des Göttlichen, und das theologische Schweigen, das gerade im Verzicht auf jede Aussage über Gott dessen Geheimnis zu erfassen sucht. Das Schweigen wird schließlich zur Urgottheit hypostasiert, in der christlichen Gnosis zur *sigḗ*, aus welcher der *Logos* (das Wort) geboren ist.

Die heilige Schrift

An der Heiligkeit des Wortes hat die Schrift Anteil, in der dieses bleibende Bedeutung erhielt. Ähnlich wie die Zahlen werden die Buchstaben der Schrift als göttliche Wesen angesehen; der verbreitete Alphabetzauber lebt nicht nur in der jüdischen Kabbala-Mystik, sondern auch in der christlichen Liturgie weiter (bei der Kirchweihe schreibt der Bischof das griechische und lateinische Alphabet in ein Aschenkreuz). Geschriebene heilige Formeln werden als Talismane und Zaubermittel gebraucht, so in den tibetischen Gebetszylindern und Gebetsmühlen und in den jüdischen *Mezuzót* (s. S. 399). In den höheren Religionen werden die heiligen Schriften als Ausdruck der verpflichtenden höchsten Wahrheit angesehen. Diese kanonischen Urkunden sind der altindische *Veda*, das buddhistische *Tripiṭakam* in seiner ceylonesischen und weit umfangreicheren chinesischen Form, aus dem die einzelnen buddhistischen Schulen bestimmte Bücher als zentral herausheben, das *Avesta* des persischen Mazdaismus, die *Tora* der jüdischen Gemeinde, das *Neue Testament* der frühchristlichen Kirche, das *Ginzā* (»Schatz«) des Mandäismus, die sieben Werke des *Mani* im Manichäismus, der *Ḳorān* des Islam und der *Granth* der Sikh. Die Vorstellungen von dem göttlichen Ursprung der heiligen Bücher sind zum Teil mechanisch; so gelten die *Veden* als entstanden durch göttliche Schöpfung, göttliche Aussprache, durch Emanation aus Gott oder durch übernatürliche Geburt der Verfasser, *Tora* und *Ḳorān* als irdische Abschriften von den im Himmel befindlichen ungeschaffenen Büchern. Daneben bestehen psychologische Vorstellungen: die Verfasser werden als inspiriert angesehen, insofern sie »im Geist«, d. h. in einem ekstatischen Zustand, die heiligen Worte vernommen oder geschaut und gleichsam nach himmlischem Diktat niedergeschrieben haben. Obgleich diese psychologische Inspiration nur auf einzelne Teile der heiligen Schriften zutrifft, haben verschiedene Religionsgemeinschaften aufgrund eines Werturteils eine solche Inspiration der Gesamtheit der heiligen Schriften zugeschrieben. »Jede Schrift ist von Gott eingegeben« (2. Tim. 3,16). Aus der göttlichen Herkunft haben dann die Theologen die Irrtumslosigkeit der kanonischen Schriften abgeleitet. Um ihrer

Göttlichkeit willen ist den heiligen Schriften sogar kultische Verehrung erwiesen worden, so den avestischen Büchern, den kanonischen Schriften des buddhistischen Mahāyāna, dem *Granth* der Sikh und den *Tora-Rollen*, auch der christlichen Bibel. Da der Sinn der Schriften sehr vieldeutig ist, sind sie von den Gläubigen und Lehrern sehr verschieden interpretiert worden. Die theologisch-dogmatische Schrifterklärung trägt die Glaubenslehren der späteren Schulen in die heiligen Schriften zurück; sie zieht dabei zur Hilfeleistung die »Tradition« heran, durch welche die Schrift ergänzt werden soll. Die mystische Exegese betrachtet diese als Bilderbuch der mystischen Erlebnisse, indem sie den wörtlichen Sinn allegorisch umdeutet. Die wissenschaftliche und historisch-kritische Exegese bemüht sich, mit Hilfe der Philologie und Geschichtskritik die historische Entstehung des kanonischen Schrifttums aufzudecken und die ursprüngliche Meinung der Verfasser aus dem zeitgeschichtlichen Milieu heraus zu verstehen. Eine lebendige Religion sucht immer wieder die Fesseln eines Biblizismus und einer Bibliolatrie zu sprengen, denn »der Buchstabe tötet, aber der Geist macht lebendig« (2. Kor. 3,6).

> »Die Schrift ist Schrift, sonst nichts, ich suche Wesenheit,
> Und daß Gott in mir spricht das Wort der Ewigkeit.« (Angelus Silesius)

Der heilige Mensch

Als Träger der Heiligkeit erscheint schließlich der Mensch selbst. Jeder Mensch ist nach der primitiven Vorstellung in bestimmten Zuständen von der heiligenden Kraft erfüllt und darum »unrein« und *tabu*: im Krieg und auf der Jagd, im geschlechtlichen Zustand der Zeugung, Menstruation und Geburt und im Tode. Bestimmte Menschen ragen als erfüllt von besonderer göttlicher Kraft aus der Allgemeinheit hervor: der Vater, der als Familienoberhaupt zugleich priesterliche Funktionen in seinem Hause ausübt, der Häuptling und König, der als sichtbarer Gott oder Beauftragter des Gottes angesehen wird, der darum, wie die Gottheit, von einer Wolke des *tabu* umgeben und sakrosankt ist und der als priesterlicher Mittler zwischen Gott und Mensch angegangen wird; schließlich der Beamten- oder Berufs*priester*, der zunächst in Vertretung des Herrschers den regelmäßigen Dienst am Heiligtum der Gottheit verrichtet; auch er ist ein sichtbarer Stellvertreter Gottes, der dessen Willen den Menschen im Orakel vermittelt, der die göttlichen Segenskräfte mitteilt und Kranke heilt. Er ist gleichzeitig der Stellvertreter der Menschen, deren Bitten und Opfergaben er der Gottheit übermittelt. Seine sekundären Aufgaben sind die Kulturarbeit: Rechtspflege, Wissenschaft (Astronomie und Geschichte) sowie der Gebrauch der Schrift. In vielen Völkern sind ganze Priesterkasten entstanden mit einem Hohenpriester an der Spitze. Die priesterliche Würde und Macht beruht teils auf dem Blut, teils auf dem Orakel, teils auf einem Weiheakt; sie wird erhöht durch den temporären oder dauernden Zölibat. Die hohen Religionen sind zum Teil priesterlos: der Jainismus und ursprüngliche Buddhismus, das Judentum nach der Zerstörung des Tempels, das Urchristentum, der Islām und die Sikh-Gemeinde. Im späteren Buddhismus und im katholischen Christentum entstand eine neue Form des Priestertums, während im Judentum Lehrer (*Rabbi*), im Islām Moscheevorsteher (*Imām*) und Rechtsgelehrte (*Ulema*) eine leitende Stellung erlangten. Der größte Teil des reformatorischen Christentums verficht das allgemeine Priestertum aller Gläubigen und verwirft ein besonderes sakramentales Amtspriestertum; doch besitzen fast alle evangelischen Kirchen und Gemeinschaften geistliche Diener, welche durch Handauflegung und Gebet für ihr Amt »ordiniert« werden.

Während die Heiligkeit des Priesters auf Geburt oder Weihe beruht, gründet sich die des *Mönches* und der *Nonne* auf dem freien Entschluß und heroischen Verzicht. Das klassische Land des Mönchtums ist Indien, wo bereits in vorchristlicher Zeit die großen Mönchs- und Nonnenorden der Nirgrantha, der Jaina und Buddhisten entstanden, um die sich eine Tertiarenschaft von Laienanhängern scharte. Im Spätjudentum begegnet uns ein Mönchtum bei den Essenern und Therapeuten. Das christliche Mönchtum trug ursprünglich eremitischen Charakter und nahm später koinobitische Form (Zusammenleben unter geistlicher Leitung) an. In der abendländischen Kirche bildeten sich große, nach ihren Stiftern benannte Mönchsorden, von denen jeder sein besonderes Gepräge trägt. Im Islām entstanden im Zusammenhang mit der mystischen Strömung des Sufismus männliche und weibliche Ordensgemeinschaften. Die Lebensform des Mönchs besteht in der Besitz- und Ehelosigkeit wie in der Unterordnung unter einen geistlichen Oberen sowie in der steten Pflege der Askese und des kontemplativen Lebens, wozu meistens ein aktives Wirken in Predigt und Seelsorge, im Judentum, Christentum und späteren Buddhismus auch die Hand- und Kulturarbeit tritt. Das reformatorische Christentum wie der japanische Amida-Buddhismus lehnten das Mönchtum als Stand der Vollkommenheit ab.

Die Heiligkeit des *Propheten* ruht auf einer gänzlich anderen Grundlage; sie entspringt der unmittelbaren Ergriffenheit durch den göttlichen Geist. Der Prophet, d. h. »der anstelle eines Anderen (Gottes) Redende«, ist das Sprachrohr Gottes, der in einem überwältigenden Berufungserlebnis ihn erwählt und beauftragt hat. Aus der weitverbreiteten Begeisterungsmantik entstand in Israel ein ethisches Prophetentum, das Gottes sittliche Forderungen an das Leben des Volkes, und zwar gerade an das soziale und politische, verkündete. An die Stelle des Unheils-Prophetentums, das dem ungehorsamen Volk den Untergang vorhersagte, trat im babylonischen Exil eine Heilsprophetie, welche das gebeugte Volk durch die Ankündigung der Wiederkehr des nationalen Glückes aufrichtete. Das aus der Geistergriffenheit hervorbrechende Prophetentum lebte in der urchristlichen Gemeinde auf und offenbarte sich hier in enthusiastischem Verkünden und Beten. Auch nach der Verfestigung des Kirchenwesens traten in der Christenheit immer wieder Propheten auf, so Montanus im 2. Jahrhundert, Joachim von Fiore und Savonarola im Mittelalter, Luther, Calvin und George Fox in der reformatorischen Christenheit. Die beiden außerchristlichen monotheistischen Schrift- und Gesetzesreligionen, Mazdaismus und Islām, sind die Schöpfung überragender Prophetengestalten, Zarathuštra und Mohammed, von denen letzterer als der Gesandte gilt, desgleichen der von Mani begründete Manichäismus. Im japanischen Buddhismus entstand eine prophetische Bewegung durch den Gerichtsprediger und Reformator Nichiren.

Wie die Propheten weisen auch die *Mystiker* häufig außerordentliche visionäre und ekstatische Erlebnisse auf. Das Ziel des mystischen Heilsweges, der mit der Loslösung von der äußeren Welt und der Überwindung der Leidenschaften beginnt und in der Meditation und Kontemplation sich fortsetzt, ist die völlige Einigung mit dem Transzendenten, die sich jedoch nicht notwendig im Zustand der das normale Ichbewußtsein aufhebenden Ekstase vollzieht. Die Mehrzahl der Mystiker, allen voran Gotama Buddha, verharren nicht im Zustand der weltabgeschiedenen Innerlichkeit, sondern wirken die höheren Erkenntnisse des kontemplativen Lebens in einem aktiven Leben der geistigen und auch leiblichen Hilfe an den Mitmenschen aus.

Unter den verschiedenen menschlichen Trägern der Heiligkeit steht der *Märtyrer* als derjenige, der für sein Glaubensbekenntnis Verfolgung, Folter und Tod erleidet. Der *Heilige* schlechthin ist die Verkörperung der vollkommenen Gottes- und Bruderliebe. Mit dem christlichen Heiligkeitsideal berührt sich eng das Ideal des jüdischen *ḥassīd* und *ṣaddiḳ*, des islamischen *ṣūfī* und des buddhistischen *bodhisattva*. Als heilig wird aber nicht nur der dienende und helfende, sondern auch der hilfsbedürftige Mensch angesehen. Der griechische Zeus trägt den Beinamen *Xenios*, *Phyxios* und *Hikesios*, d. h. der als Fremdling, Flüchtling und Schutzflehender erscheinende Gott. Buddha wünscht in seinen kranken Mitbrüdern gepflegt zu werden. Nach Jesu Gerichtsweissagung (Mt. 25,35 ff.) ist der Messias verborgen in allen Hungernden, Dürstenden, Nackten, Fremdlingen, Kranken und Gefangenen; jeder diesen erwiesene Liebesdienst gilt ihm selbst. Der Humanismus wird zu einer religiösen Größe gemäß dem Wort *homo homini Deus* (»der Mensch ist dem Menschen ein Gott«).

Ebenso wie der Mann ist auch die *Frau* Trägerin der Heiligkeit in intensiver Form. In allen mutterrechtlich beeinflußten Kulturkreisen übt die Frau als Zauberin, Seherin, Prophetin, Feuerhüterin (Vestalin) und Priesterin dieselben Funktionen aus wie sonst der Mann; sie haben sich weithin auch in vaterrechtlichen Kulturen erhalten. In den höheren Religionen, im Hinduismus und Buddhismus einerseits, im Judentum, Islām und Christentum andererseits, wurde die Frau zeitweise als minderwertig angesehen und darum von religiösen Funktionen ausgeschlossen. In allen diesen Religionen finden sich jedoch klare Zeugnisse für die Gleichberechtigung der Frau, gerade in ihrer Ursprungszeit, ganz besonders im Urchristentum. Aber auch dort, wo der Frau die priesterliche Tätigkeit verwehrt wurde, hat sie als Mystikerin, Prophetin, Nonne und Heilige starke religiöse Wirkungen ausgeübt. Im uralten Kult der göttlichen Mutter und Himmelskönigin, der in der Verehrung der *Kuan-yin* auch im Buddhismus, in der Verehrung der Gottesmutter Maria im Christentum Bürgerrecht erlangte, hat die Heiligkeit und Göttlichkeit der Frau ihren stärksten religiösen und künstlerischen Ausdruck gefunden.

Nicht nur die Lebenden, sondern auch die *Toten* sind als erfüllt von göttlicher Kraft Gegenstand der Verehrung geworden: im Bereich der Familie die Ahnen, im Bereich des Volkes die Herrscher und Helden, im Bereich der höheren religiösen Gemeinschaften die *Heiligen*. Der Heiligenkult hat auch in den Buddhismus, das Christentum und den Islām Eingang gefunden und hier dem Wiedereinströmen alter Götterkulte die Tür geöffnet. Der Kult der Heiligen besteht für die Volksfrömmigkeit in der Verehrung ihrer Gräber und Reliquien wie in der Anrufung ihrer Hilfe, für die höhere Frömmigkeit in der Nachahmung ihres vollkommenen Wandels und in der geistigen Gemeinschaft mit ihnen.

Die heilige Gemeinschaft

Wie der einzelne Mensch, so ist auch die menschliche Gemeinschaft in ihren Formen Trägerin der Heiligkeit geworden. Als sakrale Gemeinschaft erscheint erstlich die Ehe, dann die Familie und Sippe, weiterhin der Clan, die Kaste, der Stamm und schließlich der Volksstaat und das Großreich. Die Höherentwicklung der Religion bedingte jedoch eine Scheidung der eigentlich religiösen Gemeinschaft von der sakral gewerteten politischen Gemeinschaft. Bestanden schon in der primitiven Welt geheime Genossenschaften, Männer- und Frauenbünde, so bildeten sich auch auf höherer Stufe Mönchs- und Nonnenorden, Mysterienbruderschaften und Kirchen. Die mystischen Erlösungsreligionen wie die prophetischen Offenbarungsreligionen überschritten die nationalen Grenzen und entwickelten sich zu Weltreligionen: der Buddhismus, die hellenistisch-orientalischen Mysterienkulte, das Diaspora-Judentum, das Christentum, der Manichäismus und der Islām. Das umfassendste religiöse Gemeinschaftsgebilde der Geschichte ist die christliche Kirche, die ihr Wesen in dem Wort »katholisch«, d. h. »ganzheitlich, universal, ökumenisch«, ausdrückt. Noch mehr als die anderen Weltreligionen zerfiel freilich das Christentum in eine Reihe von getrennten Konfessionskirchen, ja in eine Unzahl von kleineren und kleinsten Gemeinschaften. Seine Geschichte zeigt eine stete Spannung zwischen Volkskirche, Konfessionskirche, Sekte und Weltkirche. Die christliche ökumenische Bewegung sucht eine übergreifende Einheit der vielen Kirchen und Gemeinschaften. Über die Grenzen der angestammten Religionsgemeinschaft (Hinduismus, Buddhismus, Islām) hinaus streben eine Reihe von Gemeinschaften, welche die Weltreligionen in einer höheren Synthese zu verbinden suchen (s. S. 549 ff.). Die weiteste Gemeinschaft stellt die Menschheit dar, die im Tiefsten eine religiöse Größe ist, zumindest jedenfalls von vielen höheren Religionen als eine solche verstanden wird.

Die Vorstellungswelt der Religion

Der Gottesumgang, der in der äußeren Erscheinungswelt der Religion konkret wird, hat stets bestimmte Vorstellungen von *Gott*, Welt und Mensch als Hintergrund. Die göttliche Wirklichkeit, auf die aller Kult abzielt, erscheint in dreifacher Weise: als die geheimnisvolle übermenschliche Macht, die von der modernen Religionswissenschaft mit den Worten primitiver Völker, dem melanesischen *mana*, dem polynesischen *tabu*, dem indianischen *orenda* bezeichnet wird, denen im semitischen Bereich das hebräische *'ēl* (»Kraft«) und *kabōd* (»Herrlichkeit«), das arabische *baraka* (»Segenskraft«), im indogermanischen Bereich das indische *brahma* (»Zauberkraft«), das persische *hwarenāh* (»Herrlichkeit«), das griechische *dynamis* (»Kraft«) und *charis* (»Gnade«), das germanische *Heil* entsprechen. Mit dem Machtbegriff kreuzt sich der durch das Erlebnis der Ekstase, des Traumes und Todes gewonnene Begriff der Seele in seinen verschiedenen Variationen (Hauch-, Blut-, Schatten-, Namenseele), der dann aus dem menschlichen Erfahrungsbereich in die Gegenstände der äußeren Welt hineingetragen wird (Animatismus und Animismus). Mit diesen beiden Vorstellungskomplexen zusammenhängend und zugleich über sie hinausragend ist die vielfach im Sinne eines Urmonotheismus verstandene Vorstellung eines Hochgottes (Himmelsgottes, Schöp-

fers und Gesetzgebers), dem außer Primitialopfern zumeist kein eigentlicher Kult erwiesen und der nur in äußerster Not angerufen wird, nicht selten aber als ein dem Weltgetriebe ferner *Deus otiosus* erscheint. Durch die Verbindung dieser drei verschiedenen Komponenten entstehen die polytheistischen Vorstellungen von vielen Natur-, Funktions-, Lokal- und Individualgottheiten. Über die mannigfachen anthropomorphen Göttergestalten erhebt sich das unpersönliche Weltgesetz (chines. *tao*, ind. *ṛta*) oder Schicksal (griech. *týchē*, *heimarménē*, germ. *urd*). Der Polytheismus wird wieder vereinheitlicht und überwunden durch die hymnische Lobpreisung eines Gottes als des Höchsten, durch das pantheistische Einheitserlebnis und durch die prophetische Erfahrung von dem Anspruch des einen Gottes auf Einzigartigkeit und Ausschließlichkeit.
Der Fortschritt des sittlichen Denkens führt mehr und mehr zur Versittlichung der numinosen Macht und zur Auffassung des Göttlichen als der ewigen Wahrheit, Gerechtigkeit und Liebe. Im anthropomorphen Gottesumgang werden auf die höheren Mächte die menschlichen Sozialbeziehungen der Knechtschaft, Untertanenschaft, Kindschaft, Freundschaft und des Gattenverhältnisses übertragen; dabei wird die Gottheit teils als männlich (Vater, Herr, König), teils als weiblich (Mutter, Königin, Herrin), vielfach aber auch doppelgeschlechtig (Vater-Mutter) vorgestellt. Die Mystik ist tief durchdrungen von der Unzulänglichkeit aller Bilder und Aussagen von Gott, dem schlechthin Erhabenen, ganz Anderen, dessen Wesen *via negationis* (Gott das »Nein-Nein«, das »Nichts«) und *via eminentiae* (Gott das höchste Gut, das »Übergute«, »Überschöne«, »Überseiende«) ausgedrückt werden muß. Die Verbindung der Einheit und Fülle des Göttlichen wird in der Lehre von der Dreieinigkeit ausgesprochen, als *sat cit ānanda* »Sein, Erkennen, Wonne« im *Vedānta* Indiens, als Vater (Sein), Sohn (Logos), Geist (Liebe) im Christentum.
Das Hervorgehen der phänomenalen Welt aus dem göttlichen Urgrund wird teils als zauberhafte Wirkung, teils als Gestaltung einer chaotischen Urmaterie, teils als *Schöpfung* aus dem Nichts, teils als Zeugung aus der göttlichen Lebenssubstanz oder als Differenzierung derselben oder als Emanation aus ihr vorgestellt. Bisweilen werden wie im alten Buddhismus, im Marcionitismus und Manichäismus die Sphäre der Schöpfung und die Sphäre des Heils völlig auseinandergerissen. Neben dem Göttlichen stehen in den höheren Religionen die zahllosen guten und bösen Geistwesen, die Engel und Dämonen. Aus der Schar der letzteren hebt sich die einheitliche Gestalt eines weltbeherrschenden Bösen hervor, der indische *Māra*, der persische *Aṅgra Mainyu*, der hebräische *Satan*, der griechische *diábolos*. Unter den Geschöpfen stellt der Mensch die Verbindung von Geist und Materie am vollkommensten dar; sein Geist wird als göttlich oder gottebenbildlich aufgefaßt. Als Ursache von Sünde, Leid und Tod wird irgendein Verhängnis oder der Sturz aus ursprünglicher Reinheit und Glückseligkeit angesehen, sei er nun durch den ungestümen Lebenstrieb, den »Durst« oder »Eros«, oder durch die Abkehr vom göttlichen Willen im menschlichen Hochmut verursacht. Das Böse wird in den höheren Religionen sehr verschieden aufgefaßt, im Manichäismus als eine Substanz, in der neuplatonischen und christlichen Mystik als das schlechthin Nichtseiende, im Buddhismus und monistischen Vedānta als *māyā* (»Illusion«), in der jüdisch-christlichen und islamischen Frömmigkeit als Abkehr des geschöpflichen Willens von dem göttlichen Willen.
Dem suchenden, kämpfenden und leidenden Menschen offenbart sich die Gottheit teils, indem sie eine irdische Erscheinung annimmt, teils, indem sie ihren Willen durch

Boten kundgibt. Während in den mystischen Erlösungsreligionen die Erscheinung Gottes vielfach als ein Stück der großen Weltillusion *(māyā)* angesehen wird, greift Gott nach der Auffassung der prophetischen Offenbarungsreligionen real in die Geschichte ein. Der stärkste Einbruch Gottes in die raum-zeitliche Endlichkeit ist nach christlichem Glauben die Inkarnation des ewigen Logos, die in seinem Kreuzestod und in seiner Auferstehung ihre Vollendung findet. Der christliche *Inkarnations*glaube verband sich mit der weitverbreiteten Vorstellung von einer übernatürlichen jungfräulichen Geburt der Gottgesandten und Heilande. Die frühchristliche Theologie schaute diese Geschichtsoffenbarung auf dem Hintergrund des Glaubens an eine universale Offenbarung des Logos, an dem die ganze Menschheit Anteil hat. Ein ähnlicher universaler Offenbarungsgedanke findet sich auch im Mahāyāna-Buddhismus und Hinduismus, im Manichäismus und im Islām.

Der Offenbarungsgedanke ist eng mit dem *Erlösungs*gedanken verbunden. Das Heilsstreben Indiens und des griechischen Orphismus geht auf die Erlösung vom leidvollen Kreislauf der Geburten, das israelitisch-christliche und das muslimische Heilsverlangen zielt auf die Lebens- und Liebesgemeinschaft des Einzelnen mit Gott, die zur Voraussetzung die Vergebung der Sünde hat, sowie auf die Beseligung des ganzen Volkes und der ganzen Menschheit durch das Kommen des Gottesreiches, die Erlösungssehnsucht im japanischen Amida-Buddhismus auf die Vergebung der Sünden und den Eingang ins Paradies des »Buddha des unermeßlichen Lichtglanzes«. Die Erlösung wird nach christlicher Auffassung bewirkt durch den Opfer- und Sühnetod Christi am Kreuze, nach dem japanischen *Jōdo* und *Jōdo-shin-shu* durch das vorzeitliche Gelübde des *Amida Buddha.* Nach der Lehre des ältesten Buddhismus erlangt der Mensch das Heil durch Beschreiten des Heilspfades, der zur Erkenntnis des Ursachenzusammenhanges und zum »sichtbaren Nirvāṇa« führt, nach dem Mahāyāna-Buddhismus durch das Gnaden- und Opferwirken der *buddha* und *bodhisattva*, nach der Auffassung der indischen *bhakti*-Mystik durch die Gnade des Erlösergottes (Viṣṇu, Kṛṣṇa, Śiva), nach christlicher Auffassung durch die unverdiente Gnade Gottes in Christus. Die Lehre des *Amida*-Buddhismus von der Alleinwirksamkeit des Glaubens an die göttliche Gnade berührt sich aufs engste mit dem lutherischen *solā fide* und *solā gratiā.*

Das Heil wird in den höheren Religionen bereits in dieser Welt erlangt, aber nach dem Tode in der *jenseitigen* Welt vollendet. Auf primitiver Stufe wird das Leben nach dem Tode sehr verschieden vorgestellt: als Fortdauer im Grab oder im Gräberreich, als Steigerung des irdischen Lebens in einem jenseitigen Reich, als Verschlechterung des jetzigen Lebens zu einem Schattendasein in der Unterwelt oder als Wiedergeburt in menschlicher oder tierischer Existenz auf dieser Erde (Seelenwanderung). Die Idee der Fortsetzung des irdischen Lebens verbindet sich vielfach mit der sittlichen Idee einer Vergeltung: im jenseitigen Leben oder in der nächsten Daseinsform auf dieser Erde findet ein Ausgleich zwischen sittlicher Tat und Schicksal statt. Über die primitiven und sittlichen Jenseitsvorstellungen erhebt sich der Unsterblichkeitsglaube der Heilsreligionen. Nach der Lehre der vedischen Upaniṣaden geht die erlöste Seele beim Tode in das unendliche *Brahma* ein; die menschliche Individualität löst sich in der göttlichen Unendlichkeit auf. Dieser Jenseitsauffassung entspricht auch die altbuddhistische Idee von dem »vollkommenen Nirvāṇa«. Von der unpersönlichen Unsterblichkeitsauffassung unterscheidet sich die Auffassung der Unsterblichkeit als einer personalen Gottesgemeinschaft, wie sie in der indischen *bhakti*, d. h. Glaubensfrömmigkeit, lebt; die dem Kreislauf der Geburten entronnene Seele geht zu dem persönlichen Erlösergott ein, um ewig in ihm zu wohnen. Mit dieser Auffassung berührt sich die des Mahāyāna-Buddhismus vom Paradies des Buddha *Amitābha* und die orphisch-platonische Lehre von der Himmelsseligkeit der vom Kerker der Leiblichkeit befreiten Seele. Im Unterschied von den verschiedenen individualistischen Jenseitsauffassungen haben die großen Prophetenreligionen eine universelle Eschatologie vertreten. Nach der Lehre des Mazdaismus stehen am Ende der Zeiten die Toten auf und werden in einem Feuerordal geläutert. Nach dem Endkampf werden alle bösen Mächte vernichtet; die ganze Welt ist dann nur noch von göttlichen Wesen erfüllt, die in die himmlische Vollkommenheit eingehen. Diese Vorstellungen drangen ins Spätjudentum ein und wurden vom Frühchristentum übernommen. Die großen Theologen des Ostens (Origenes und die Kappadokier) lehrten die »Wiederherstellung aller Dinge« (*apokatástasis hapántōn*), bei welcher alle geschaffenen Geister, selbst die Dämonen, zur Seligkeit gelangen. In der katholischen Kirche des Ostens und Westens setzte sich jedoch die Vorstellung von der Ewigkeit der Höllenstrafen durch; doch hielten zahlreiche unabhängige Denker an der origenistischen Theorie fest. Mit der universal-eschatologischen Lehre des Frühchristentums kreuzte sich ständig die platonische Unsterblichkeitsauffassung. Als Ausgleich zwischen diesen verschiedenen Gedankengängen entstand im Osten die Lehre von einem »Zwischenzustand« der Seelen zwischen dem individuellen Tod und der allgemeinen Auferstehung, der entweder als Seelenschlaf oder als Wartezustand, sei es im irdischen Paradies oder an einem unterirdischen finsteren Orte, gedacht wird; im Westen entwickelte sich die Lehre vom Fegfeuer, in welchem die mit leichteren Sünden Behafteten kürzer oder länger geläutert werden. Der Islām übernahm die frühchristliche Auffassung vom Seelenschlaf und der Auferstehung sowie der Belohnung der Gerechten im Paradies und der Bestrafung der Bösen in der Hölle.

Die Erlebniswelt der Religion

Den Untergrund der vielgestaltigen Vorstellungen vom göttlichen Sein und Wirken bildet die religiöse Erlebniswelt, d. h. die religiösen Gefühle, Affekte, Willensimpulse und Wertungen. Mit ganz verschiedenen Kulthandlungen und religiösen Vorstellungen können gleiche religiöse Erlebnisse verbunden sein. So sind die mystischen Erlebnisse innerhalb bestimmter Typen dieselben in den verschiedensten Rassen, Völkern und Kulturen, Religionen und Konfessionen; sie können sich mit *Tao*, *Ātman*, *Brahman*, *Viṣṇu*, *Kṛṣṇa*, *Śiva*, *Kālī*, *Isis*, *Attis*, *Jahwe*, *Allāh* und *Christus* verbinden. In ähnlicher Weise kann das psychische Erlebnis des Glaubens und Vertrauens auf ganz verschiedene »Heilstatsachen« sich gründen: das vorzeitliche Gelübde des *Buddha Amitābha*, Israels Auszug aus Ägypten und Christi Kreuz. Ja, ein solches Erlebnis kann sich sogar auf rein profane Begebenheiten stützen; an einer suggestiven politischen Persönlichkeit kann sich ebenso ein Glaubenserlebnis entzünden wie an einem geliebten Menschen ein mystisch-ekstatisches Erlebnis des *summum bonum*. Es gibt religiöse, erotische und künstlerische Ekstasen, und es gibt psychische Massenepidemien auf politischem wie auf religiösem Gebiet. Der Unterschied des religiösen Erlebnisses vom profanen liegt ausschließlich in der Bezogenheit auf das überirdische, transzendente, jenseitige, heilige Objekt.

Das religiöse Erlebnis ist im wesentlichen identisch auf allen Stufen; auf den höheren Stufen unterscheidet es sich von den niederen lediglich durch die größere Feinheit und Differenzierung. Aber schon auf primitiver Stufe finden sich rein individuelle, nicht durch die Gemeinschaft bedingte Erlebnisse wie das spontane Gebet und der Nagualismus, d. h. das visionäre Erlebnis eines persönlichen Schutzgeistes. Es wäre jedoch falsch, das primitive religiöse Erlebnis auf solche Erfahrungen einzelner Menschen zu beschränken. Alle Kulthandlungen, religiösen Vorstellungen und Kunstwerke sind Ausdrucksformen und Reflexe von wirklichen Erlebnissen und Anreiz zu neuen.

Das noch undifferenzierte religiöse Grunderlebnis und Substrat aller übrigen ist die Ehrfurcht (engl. *awe*) oder heilige Scheu. Sie umfaßt Furcht, Schauer, Selbstverdemütigung, Bewunderung, Liebe, Sehnsucht und Hingabe. Ihr spontaner Ausdruck ist der Gebetsgestus des Sichniederwerfens. Die Ehrfurcht verengt sich zur Furcht und Angst, wenn Bewunderung und Liebe zurücktreten. Ein großer Teil der primitiven Religion ist durch Furcht vor *tabu*-Objekten und Totengeistern bedingt. Aus der ungeheuren Ausdehnung der Furcht in der Religion erklärt sich das römische Dichterwort: *timor deos fecit.* Obgleich das Furchterlebnis auch in der höheren Religion einen wichtigen Platz einnimmt, vor allem die Furcht vor zeitlicher und ewiger göttlicher Strafe, hat alle hohe Religion die Tendenz, die Furcht zurückzudrängen, bis sie auf dem Gipfel der Mystik wie der Glaubensfrömmigkeit völlig beseitigt wird (1. Joh. 4,18). Neben der Furcht vor dem zürnenden und richtenden Gott steht die aus dem Gefühl der Gottverlassenheit fließende Angst, wie sie ebenso der israelitischen Psalmenfrömmigkeit (Ps. 22) wie der Mystik eigen ist, in welch letzterer die »Dürre«, die »dunkle Nacht«, die »Verbannung des Herzens« und die »zeitliche Hölle« als Reaktionen auf ekstatische Seligkeitserlebnisse auftreten.

Den Gegensatz zu den Furcht- und Angsterlebnissen bilden Glaube, Vertrauen und Geborgenheit in der Gegenwart, zuversichtliche Gewißheit und Hoffnung im Blick auf die Zukunft. Der Glaube steigert sich zum kühnen Trotz gegen alle Widrigkeiten des Schicksals wie gegen alle äußere und innere Anfechtung, zum »Hoffen wider alle Hoffnung« (Röm. 4,18) und zur Bereitschaft für das Martyrium.

Mit dem Glaubenserlebnis berührt sich das Erlebnis der Gottesliebe, die teils als *Agápē*, demütig-dankbare Ergebenheit, erscheint, teils als *Eros*, Sehnsucht nach dem höchsten Gut, der göttlichen Wahrheit, Schönheit und Liebe. Wie die Agápē der Glaubensfrömmigkeit ihr Sinnbild in der Kindesliebe zu den Eltern findet, so der Eros der Mystik in der geschlechtlichen Liebe, und zwar vorwiegend der andersgeschlechtlichen, im islamischen Sufitum jedoch zumeist in der gleichgeschlechtlichen. Die Gottesliebe findet ihre Ausstrahlung in der Liebe zu den Mitmenschen und Mitgeschöpfen, die selbst die Feinde umfaßt.

Glaube und Liebe führen zu einem seelischen Dauerzustand des Friedens. Erlebnismäßig trägt dieser Friede eine verschiedene Färbung: in der Mystik erscheint er als Leidenschaftslosigkeit (*apátheia*), »Gleichmut« und »Gelassenheit«, in der Glaubensfrömmigkeit als eine in der Gewißheit der göttlichen Liebe gegründete Geborgenheit, deren hohes Lied der 91. Psalm ist. Erstere wird durch die stufenförmige Meditation, Kontemplation und Versenkung, letztere durch die schlichte Gebetsaussprache, das »Ausschütten des Herzens« (Ps. 42,5) herbeigeführt. Mit dem Frieden verbindet sich die Freude. Während diese auf den niederen Stufen vor allem durch den festlichen Kult, zumal den Tanz, genährt wird, erwächst sie auf den höheren Stufen aus der Versenkung und dem Gebet. Die Geschichte der Religion ist auf weiten Strecken eine Geschichte der Freude. Entsprechend der Verschiedenheit der Typen erscheint die mystische Freude teils als stille Seligkeit, teils als dionysische Wonne. Sowohl auf niederer wie auf höherer Stufe treffen wir eine Leidensfreudigkeit; die ši'itische, sufistische wie die christliche Mystik haben eine förmliche Passionsfrömmigkeit entwickelt; Franz von Assisi definiert die vollkommene Freude geradezu als Bereitschaft zum Ertragen größter Unbilden.

Neben diesen ordentlichen Formen des religiösen Erlebnisses stehen die außerordentlichen, welche zur Voraussetzung eine besondere Veranlagung haben. Sie begleiten gerade die entscheidenden Erlebnisse der religiösen Führergestalten. In den Visionen und Auditionen nimmt die mit dem religiösen Erlebnis verbundene Phantasievorstellung die Intensität sinnlicher Wahrnehmung an, wobei diese der jeweiligen Vorstellung vom göttlichen Wesen entspricht. In der Ekstase erfährt der von der äußeren Sinnenwelt wie vom eigenen Ich völlig abgelöste Fromme seine Identität mit einem höheren Wesen. Andere außerordentliche Erlebnisse sind plötzliche Bekehrung und Erleuchtung, prophetische Zukunftsschau, Kardiognosie (Schau der fremden Herzen) sowie geistige, als »wunderbar« aufgefaßte Kräfte, die ins Leibliche hineinwirken: Macht über den eigenen Leib (Verklärung des Antlitzes, Levitation, Bilokation, Anästhesie beim Martyrium), über den fremden Leib (Krankenheilungen), über Tiere, insbesondere wilde, und schließlich über die leblose Kreatur. Alle diese Phänomene erscheinen in den Legenden der verschiedenen Religionen teils gesteigert und phantasiemäßig ausgeschmückt, teils auf andere Personen übertragen. Auch diese Erlebnisformen finden sich auf allen Stufen der Religion, bei primitiven Magiern wie bei den Propheten, Mystikern und Heiligen hoher Religionen.

Im Bereich der letzteren, insbesondere in der Mystik, schließt sich an das religiöse Erlebnis die psychologische Beobachtung und Beschreibung an. Die feinste Analyse und Klassifikation mystischer Erlebnisse finden wir in der aus dem Yoga hervorgegangenen buddhistischen wie in der abendländischen Mystik. Die stärksten psychologischen Fähigkeiten unter den christlichen Frommen haben Augustinus (in seinen *Confessiones*), Teresa von Jesus und Madame de la Mothe-Guyon (s. S. 446 f.) entfaltet.

Das Wesen der Religion

Obgleich die religiösen Erlebnisse stets subjektiv gefärbt und beschränkt erscheinen und die phantasiemäßigen Gottesvorstellungen eine Projektion derselben sind – jeder Gott ist nach Ulrich von Wilamowitz der »Exponent eines religiösen Gefühls« –, sind diese Erlebnisse für den Erlebenden selbst keine Illusionen, die religiösen Vorstellungen keine Fiktionen, sie zielen vielmehr auf die letzte und höchste Realität hin, auf die »Wirklichkeit der Wirklichkeit« (*satyasya satyam*) der Upaniṣaden, auf das »wahrhaft Seiende« (*to óntōs on*) Platons, auf das »Ich bin, der ich bin« des Gottes Moses (2. Mose 3,14), auf den, »der da war und der da ist und der da kommt« der neutestamentlichen Apokalypse (Offb. 4,8), auf das *ens realissimum* der christlichen Scholastiker. Diese Wirklichkeit ist die *coincidentia oppositorum* (das »Zusammenfallen der Gegensätze«), die Einheit des *Deus absconditus* (»verborgenen Gottes«) und des *Deus revelatus*

(»offenbaren Gottes«), der zugleich unerkennbar und erkennbar, fern und nah, schauervoll und wonnevoll, zürnend und liebend, dem Menschen »unähnlich und ähnlich« (Augustinus) ist. Gleichwohl ist Religion nicht eine dialektische Lehre von dieser Wirklichkeit, sondern eine lebendige Erfahrung von ihr, ein Umgang, Verkehr, eine Gemeinschaft mit ihr. Diese Wirklichkeit ist »das Heilige«. Sie erschöpft sich nicht in der Kategorie der Persönlichkeit, sondern ist zugleich überpersönlich, und zwar ebenso auf der primitiven Stufe wie auf der Stufe der höchsten Mystik. Das Persönliche, das Du an Gott, ist nur das »Kap der guten Hoffnung, das Vorgebirge eines Bergstocks, der sich mit seinem Massiv den Blicken verliert im ewigen Dunkel« (Rudolf Otto). Dieser Umgang mit dem Heiligen beruht nicht auf der menschlichen Initiative, sondern auf der zuvorkommenden göttlichen Gnade. »Du hast mich zuerst erregt, daß ich dich suchte«, betet der Verfasser der *Nachfolge Christi*. Und Pascal vernimmt von Gott die Antwort: »Du würdest mich nicht suchen, wenn du mich nicht schon gefunden hättest.« Als Umgang mit dem Heiligen vereint die Religion »Anbetung und Heroismus« (Friedrich von Hügel), das Niedersinken vor dem unfaßbaren Mysterium und die Bereitschaft, um der Liebe zu diesem Mysterium willen jedes Opfer zu bringen.

Weil die in der Religion erfahrene göttliche Wirklichkeit nur *eine* ist, darum ist auch im Grunde nur *eine* Religion. Aber weil diese Wirklichkeit die Fülle schlechthin ist – in der Sprache der neutestamentlichen Gnosis das *Plērōma* –, darum zeigt sich die *eine* Religion in einer unabsehbaren Mannigfaltigkeit von Erscheinungsformen. Die Religionswissenschaft kann nur von dieser Mannigfaltigkeit Zeugnis ablegen – Zeugnis aber auch von der die Menschenherzen beseligenden Kraft dieser Wirklichkeit. Sie kann jedoch den nach dem Sinn, dem Wert und der Wahrheit der Religion Fragenden nur bis an die Schwelle des Heiligtums geleiten, aber nicht selbst die Pforte öffnen, ja nicht einmal entscheiden, durch welche Pforte er in jenes eingehen soll; denn es sind viele Pforten und viele Vorhöfe, obgleich es nur *ein* Allerheiligstes gibt, in welchem der unsichtbare Ewige thront. Nur die Gnade schließt dieses dem suchenden Menschen auf; denn nicht der Mensch sucht Gott, sondern umgekehrt Gott den Menschen. Aber ehe nicht der Mensch in dieses innerste Gemach eingegangen ist, das nichts anderes ist als der tiefste Grund seiner Seele, kann er nicht den »Frieden« erlangen, der »höher ist denn alle Vernunft« (Phil. 4,7). Von diesem Frieden kündet eines der meistzitierten religiösen Worte, das am Anfang von Augustins *Confessiones* steht, das nach dessen Absicht ein Zeugnis seines christlichen Glaubens sein soll, das aber in gleicher Weise aus dem Munde eines Neuplatonikers, der ja Augustin vor seiner Bekehrung war, hätte kommen können, ja, auch aus dem Munde eines Taoisten und Buddhisten, eines hinduistischen *bhakta*, eines jüdischen *ḥassīd* und islamischen *ṣūfī*: *Inquietum est cor nostrum, donec requiescat in te* (»Unruhig ist unser Herz, bis es ruhet in dir«).

Religion in prähistorischer Zeit

Wohl für keinen anderen geschichtlichen Raum ist die Festlegung und Abgrenzung so schwierig wie für die sogenannte Vorgeschichte. Natürlich handelt es sich hier auch um »Geschichte«, allerdings um Geschichte, die nicht schriftlich aufgezeichnet ist und die ausschließlich aus nichtschriftlichen Denkmälern erschlossen werden muß, wie sie hauptsächlich der Spaten des Ausgräbers oder manchmal der Gelegenheitsfund zutage fördert. Sie steht dann jeweils in Beziehung zu einer nachfolgenden, durch schriftliche Urkunden dokumentierten Geschichte im engeren Sinne, ist also im wesentlichen die Geschichte der schriftlosen Zeit der sogenannten Kulturvölker.
Insofern ist »prähistorische« Religion mit den »historischen« Schriftreligionen verknüpft und kann von da aus interpretiert werden. Allerdings gibt es auch völlig erloschene vorgeschichtliche Religion, die ohne erkennbare »geschichtliche« Folgen geblieben ist. Der Bereich des »Prähistorischen« erstreckt sich heute, nachdem er zunächst vorwiegend in Europa und im Vorderen Orient erforscht worden war, praktisch über die ganze Welt und bezeichnet nicht unbedingt nur die vor der literarisch dokumentierten Geschichte der Kulturvölker liegende Zeit.
Es liegt nahe, anzunehmen, daß die vorgeschichtliche Kultur einschließlich ihrer Religion eine gewisse Verwandtschaft zur Kultur und Religiosität der »Naturvölker« oder »Primitiven« der Neuzeit aufweist, die ja sozusagen noch vor ihrer geschichtlichen Epoche stehen. Andererseits können wir nicht mit Sicherheit behaupten, ob und wie diese schriftlosen Völker der Gegenwart eine geschichtliche Schriftkultur von sich aus, ohne den Einfluß der sie überlagernden Schriftkulturen im Zusammenhang mit Veränderungen der Religiosität, entwickelt hätten. Immerhin besteht hier die Möglichkeit, Menschen zu beobachten und über ihre religiösen Vorstellungen zu befragen, die uns zu einem Vergleich mit den ausgestorbenen prähistorischen Schichten der Menschheitskulturen anregen können. Die Frage der vorgeschichtlichen Religion berührt sich natürlich mit der nach der *Urreligion* der Menschen überhaupt und nach einer bisweilen vermuteten *vorreligiösen Epoche* in der Menschheitsgeschichte. Beide Problemkomplexe, der des Urreligiösen und der des Präreligiösen, sind methodisch exakt und generell nicht zu klären. Vor allem muß bedacht werden, daß die Riesenzeiträume der Vorgeschichte alles Maß unserer Anschauung überschreiten und unendlich viele Möglichkeiten der Entwicklung offenlassen, die sich unser an die kurzen Perspektiven der »Geschichte« gewöhnter Geist nicht so recht vorstellen kann. Rechnet man doch heute mit einem Menschheitsalter von etwa 600 000 Jahren, unter denen die 5000 bis 6000 Jahre der Schriftgeschichte ein verschwindend kleiner Abschnitt – ein Hundertstel nur – sind.
Überhaupt sind die Methoden und das Quellenmaterial der Vorgeschichte für die Erforschung religiöser Tatbestände nur bedingt geeignet. Die Sprache der Bodenfunde ist häufig zu vieldeutig, wenn es um die Erfassung von religiösen Vorstellungen und von geistig-seelischen Erlebnissen geht. Der oft angenommene religiöse Sinn einzelner Fundobjekte ist nicht in allen Fällen sicher. Man wird deshalb immer sehr vorsichtig bei ihrer religionsgeschichtlichen Auswertung sein müssen. In der Regel gewähren gewisse feststellbare kultische Praktiken und die Totenpflege die meisten Aufschlüsse. Im

übrigen versagt unsere Vorstellungskraft angesichts der gewaltigen Perioden vollständig, und es ist sinnlos, hier systematisieren und im Religiösen entwicklungsgeschichtlich schematisieren zu wollen.

Jagd- und Kampfzauber

Einen großen Umfang scheinen von Anfang an die magischen Riten besessen zu haben, die vor allem der Sicherstellung des leiblichen menschlichen Lebens auf zeremoniellem Wege dienten. Der Zauber ist eine so wesentliche und lebensnotwendige, existenzberührende Übung, daß man ihm wohl religiösen Charakter zusprechen muß. Zahlreiche prähistorische Funde lassen uns Ausübung und Charakter solchen Zaubers erkennen.

Da die steinzeitlichen Wirtschaftsformen hauptsächlich Sammeln und Jagd waren, erstreckte sich die Magie zuerst darauf. Insbesondere die berühmten und heute in beträchtlichem Umfange bekannten steinzeitlichen Höhlenmalereien scheinen das zu

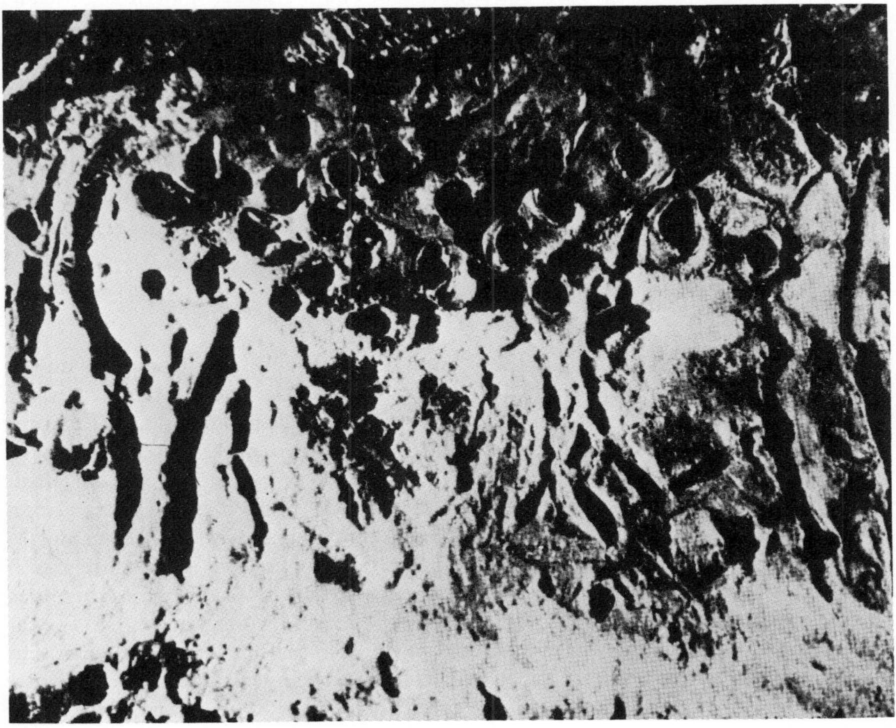

Wildpferd mit Einschüssen (zu magischen Zwecken?). Höhle von Montespan, Haute Garonne

zeigen, wennschon die Interpretation dieser Bilder vorsichtig verfahren sollte. Die Zahl der Jagd- und Tierszenen darunter ist sehr groß, ja überwiegend. Sie sind uns bereits aus dem späteren Paläolithikum geläufig. Wir sehen etwa eine Tiergruppe, auf die mit Pfeil und Bogen bewaffnete Jäger schießen, z. B. in der Cueva de los Caballos in der Valtorta-Schlucht (Spanien). Die Tiere sind mit zahlreichen Pfeilen besteckt. Viel mehr als eine realistische Jagdschilderung legt sich ein Akt der Jagdmagie nahe: das Bild sollte den realen Jagderfolg beschwören. Oder uns wird der Erfolg der Jagdhandlung vor Augen geführt: so etwa in den Bärenbildern aus der Grotte von Trois-Frères (Ariège), die uns anscheinend die gewaltigen getroffenen Tiere beim Verbluten zeigen. Andere Bilder – darunter die Bärenplastik der Höhle von Montespan – haben sogar Einschuß- oder Einstichstellen, die die Vornahme einer sogenannten Analogiezauber-Handlung beweisen dürften. Damit ist der Versuch einer zauberischen Einflußnahme auf das Leben und Geschehen in sehr früher menschheitlicher Vergangenheit offenkundig. Vereinzelt haben sich auch Kampfszenen erhalten, die uns die gleiche Vorstellung von der magischen Beeinflussung des Kriegsgeschehens vermuten lassen können. Es handelt sich um einen uns auch bei den Naturvölkern wohlbekannten Sympathie- oder Analogiezauber in Form der Bildmagie, der bei diesen Völkern der Neuzeit gern für die Beschaffung und Sicherung von Nahrungsmitteln und Wirtschaftsgütern angewendet wird: also für die Erhaltung des Lebens und des Lebensnotwendigen.
Unsere Funde führen uns mit derartigen religiös-magischen Praktiken zumeist ins jüngere Paläolithikum. Wie es in den ältesten uns bekannten Zeiten der menschlichen Gesellschaft damit bestellt war, können wir nicht genau sagen. Die kultischen Verhältnisse sehen dort ein wenig anders aus. Jedoch kann kein Zweifel daran bestehen, daß schon damals derartige Zauberriten gebräuchlich und die Vorstellung von der geheimen Sympathie zwischen menschlichem Tun und Geschehen in der Außenwelt geläufig war.

Riten und Ritualkenner

Diese Jagdmagie ist vermutlich ein Ausschnitt aus einem größeren Komplex von fest eingeführten Riten gewesen. Auch diese sonstigen Riten in ihrer Gesamtheit waren wohl vorwiegend magischen Charakters. Insbesondere fallen unter ihnen Tanzriten und Tierimitationen auf. Sie haben sicherlich z. T. wieder der Beschwörung des Jagdglückes gedient und stellen eine fortgeschrittenere, »vergeistigte« Form der Magie gegenüber dem primitiven Zauberschießen und dem Abbilden von Tötungen dar. Mehrfach sind steinzeitliche, zumeist tierisch maskierte Tänzerfiguren in Zeichnungen erhalten, so auf dem Hirschhornstab von Teyat (Dordogne), wo wir Gemsentänzer sehen, oder in der Grotte von Trois-Frères, wo uns der berühmte »Große Zauberer« in Hirschgeweihmaske mit Wolfsschwanz und Gemsenbart (?) begegnet.
Tanzen und Schreiten, mimische Tierimitation in Habitus und Gestus, dramatische Darstellung des Verhaltens von Tieren und von Menschen gegenüber Tieren (bei der Jagd z. B.) dürften die hauptsächlichen Riten steinzeitlicher Religion zum Zwecke der Beschwörung gewesen sein. Wahrscheinlich ist schon Musik dabei verwendet worden: Gesang, das Murmeln oder Brüllen von magischen Urlauten, die Nachahmung von Tierstimmen, Töne von Instrumenten oder primitiven Geräuschquellen. Man benutzte

vielleicht das Schwirrholz aus verschiedenen Materialien, jenes berühmte rhombenförmige oder spitzovale Instrument, das an einem Faden geschwungen wurde und seltsame Töne erzeugte, welches wir von manchen neuzeitlichen Primitiven, aber auch aus dem jungpaläolithischen Magdalénien in La Roche (Dordogne) kennen (vor 10 000 v. Chr.). Beinerne Flöten begegnen uns ebenfalls in Höhlenfunden. Möglicherweise besaß man bereits Formeln, die als Keimzellen des Gebets bezeichnet werden können. Die Riten selbst haben sich wohl weithin in den Höhlen mit ihren Zeichnungen, Malereien und Plastiken, von denen man einige geradezu als unterirdische »Kultsäle« ansprechen kann, abgespielt. Noch bis in die spätantiken Mysterien (Mithras) hinein hat sich ja der Gedanke des unterirdischen Kultraumes, der heiligen Höhle, erhalten. Andere Zeremonien werden im Freien vollzogen worden sein.

Die Rituale hatten zweifellos schon ihre besonderen Kenner und Techniker. Zumindest dürfen wir sie in denen vermuten, die in tierischer Maskierung als Tänzer, Musikanten oder Beschwörer auftreten. Die Tierkostümierung, die Geweihe als Kopfschmuck erinnern lebhaft an das Äußere der arktischen und subarktischen Schamanen in der Neuzeit. Schon im Jungpaläolithikum findet sich in der Höhle von Lascaux bei Montignac (Dordogne) die Abbildung eines Gerätes, das sibirischen Schamanenstäben und den Vogelstangen auf Schamanengräbern der neueren Zeit gleicht und die Urform einer schamanistischen Kultstandarte sein könnte. Der »Große Zauberer« von Trois-Frères entspricht in vielem der Gestalt sibirischer Schamanen.

Altsteinzeitliche Kultszene (?). Gespeerter Bison, fallender Mensch (Beschwörer in Ekstase?), Vogel auf Stange (Schamanenstandarte?). Höhle von Lascaux bei Montignac

Idole und ihre Bedeutung

Die kultischen Handlungen haben ihren Wert in sich selbst. Natürlich steht hinter ihnen die Vorstellung von einer heiligen Macht. Deren Art und Funktion sind wohl zunächst unklar. Man könnte vielleicht von einem »heiligen Mechanismus« sprechen, der das Ganze regiert, einer »sakralen Gesetzlichkeit«, einer »numinosen Funktion«, die das Weltbild dieser Urmenschen durchzieht und den Platz unseres Gottesbildes einnimmt. Sie drückt sich hauptsächlich in den Problemen um die »Wirtschaftsprodukte«, die »Lebensmittel« und damit um das Leben selbst aus. Wir würden es eine abstrakte Vorstellung vom Göttlichen nennen, die es freilich für diese Menschen kaum war, welche ja doch konkret dachten. Das Konkrete wird in mythischen Erzählungen gegeben gewesen sein, die uns für immer verschlossen bleiben müssen.
Es lag aber nahe, aus dem kultisch umworbenen Tier auch das heilige Objekt selbst zu machen. Wir hörten von Tierbildern, die Einschußstellen zeigen, also beschossen oder »verwundet« wurden. Auch neuzeitliche afrikanische Negerstämme trieben Nägel und Eisenstücke in ihre Fetischbilder, verletzten sie also, um damit »etwas zu erreichen«. Der Fetisch, besonders der menschengestaltige, ist ein Idol, die Vergegenständlichung eines *numen*.
Das mag entsprechend von einem Teil der eiszeitlichen Tierbilder gelten, die wir auch auf kleinen Steinen oder Knochenmaterialien gelegentlich eingraviert antreffen. Die tiergestaltige Gottheit bereitet sich vor. Noch deutlicher, oft aber auch schwieriger, wird die Sache dort, wo wir menschliche Figuren gemalt, geschnitten oder modelliert vorfinden, was in den späteren Steinzeitperioden immer häufiger wird. Die Erklärungsmöglichkeiten für derartige Figuren reichen sehr weit, von der Abbildung lebender Menschen, Kinderspielzeug, »Puppen« über Ahnenfiguren und Totenbildnisse bis hin zu Götterbildern. Mit ziemlicher Sicherheit kann man wohl sagen, daß nicht alle diese Figuren die gleiche Bedeutung haben. Bestimmte einzelne davon lassen jedoch vermuten, daß es sich um Kultbilder, um echte Idole handelt, die Gegenstand ritueller Behandlung und ein Versuch der Vergegenwärtigung heiliger Mächte waren. Diese Bestimmung wird um so deutlicher, je näher wir an die Periode des Neolithikum herankommen, aus der uns eine ziemliche Menge solcher Idole vorliegt, unter denen auch die phallischen Bildnisse auffallen und an Kultobjekte des fruchtbaren Lebens denken lassen. Der »Götzen«-Kultpfahl von Ahrensburg-Hopfenbach mit seinen spärlich angedeuteten menschlichen Merkmalen und der Kultpfahl mit dem Ren-Schädel von Stellmoor bei Hamburg weisen auf Verehrung genießende Idole im Mesolithikum um 10 000 v. Chr. eindeutig hin, weniger auf den Opfergedanken.
In eindrucksvoller Weise wird in der Entwicklung des Idols auch der Zug zur Herausbildung menschengestaltiger *numina* deutlich, neben denen allerdings die urtümliche magische Darstellung von Tiergestalten und ein in ältester Zeit der Sammlerkulturen wohl ebenfalls bestehender Vegetationskult fortgedauert haben dürfte.

Fruchtbarkeitssymbolik und Ahnenkult

Mit den Idolen stellt sich gleichzeitig eine andere Frage: die nach dem spezifischen Sinn der vielen weiblichen Bildnisse, vor allem der Statuetten, die sich durch den größten

Teil der Steinzeit ziehen, in denen man oft – wohl zu Unrecht von der Mentalität des vorgeschichtlichen Menschen aus – eine Überbetonung des Sexuellen beobachtet haben wollte. Für den frühen Menschen steht das Erotisch-Sexuelle in unlösbarer Beziehung zur Fruchtbarkeit.

Schon für die Jägerkulturen war – im Unterschied zu den sammlerischen Wirtschaftsformen der Urstufe – die Frage der Fruchtbarkeit der jagdbaren Tiere von hohem Interesse. Dieses Interesse wuchs in den tierezüchtenden Hirten- und Bauernkulturen. Nahrungsmittel und Wirtschaftsprodukte zu erhalten und zu mehren, war vornehmste Aufgabe des Lebens, die auch religiös ihren Ausdruck finden mußte. Hinzu trat die Hervorbringung von Nachkommenschaft, der ebenfalls die Sorge des Menschen galt. So ist es kein Wunder, wenn die Frau in ihrer mütterlichen Bestimmung, der Zeugungstrieb des Mannes und das geschlechtliche Leben des Menschen, nicht selten auch das der Tiere, zum Sinnbild für die Fruchtbarkeit des Gesamtlebens wurden.

So werden bereits in der Altsteinzeit Stier und Kuh miteinander abgebildet. In der Höhle von Tuc d'Audoubert (Ariège), wo wir die Paarungsszene von Bisons in besonders klarer Weise plastisch dargestellt finden, hat man auch phallische Tonskulpturen entdeckt, die auf Fruchtbarkeitsriten schließen lassen. Es gibt Begattungsszenen und die Hervorhebung genitaler Merkmale an den abgebildeten Tieren. Dazu kommen dann die erwähnten Frauenbildnisse eiszeitlicher Künstler, die über Europa und das Mittelmeergebiet und Teile Asiens (Sibirien) verbreitet sind, von der berühmten Venus von Willendorf und den Frauen von Laussel (Dordogne) über die von Savignano bis zu merkwürdigen abstrakt-geometrischen Formauflösungen des weiblichen Körpers, wie wir sie aus Rußland und Mähren kennen. In der Jungsteinzeit setzt sich diese Entwicklung der Frauenstatuetten verstärkt fort. Das Geschlechtsmerkmal ist unverkennbar Mittelpunkt (Brüste, Bauch, Gesäß, Schenkel) und erfährt sorgfältige Darstellung. Ob diese Bilder auch Gegenstand oder Mittel kultischer Manipulationen waren, läßt sich kaum feststellen. Die Deutung schwankt zwischen Ahnmüttern und Fruchtbarkeitssymbolen.

Denn zum Gedanken des fruchtbar zeugenden und gebärenden Lebens mag der einer Verehrung der Stammesvorfahren, insbesondere der Stammes- oder Familien-Urmutter, hinzugetreten sein, also ein bestimmtes Element des Toten- und Ahnenkultes. Es ist nicht unmöglich, daß in den Frauenstatuetten und weiblichen Symbolen beides zusammenfließt und sich – vor allem in ruhigeren bäuerlichen Siedlungs- und Kulturverhältnissen der Jungsteinzeit – bereits zur Vorstellung einer göttlichen Mutter verdichtet hat, etwas Ähnlichem wie der »Mutter Erde«, wie wir mit späterer Terminologie und in begrifflicher Sprache sagen würden. Daß der Wohnsitz dieser göttlichen Mutter in Verbindung mit den Toten und dem aufkeimenden Vegetationsleben zumindest in der jüngeren Periode in der Erde gesucht wurde, ist wahrscheinlich, ebenso daß man sie im Zusammenhang mit Gedeih und Verderb der Nahrungsmittel sah. Neben diese vorzugsweise abgebildeten »Urmütter« treten in der Jungsteinzeit zunehmend männliche Fruchtbarkeitsdämonen mit entsprechenden, teilweise noch tierischen (Hörner) Merkmalen.

Bemerkt sei, daß nach einigen Hypothesen auch an Vorstellungen von einem androgynen, mann-weiblichen, zwitterhaften Gottwesen in der Steinzeit gedacht werden kann, das irgendwie doppelgeschlechtig ist und so die Fülle des fruchtbaren und sexuellen Lebens in sich vereint. Gewisse Tatbestände aus frühgeschichtlicher Zeit in den

Hochkulturen und aus dem Bereich der Ethnologie moderner Primitiver stützen diese Vermutung. Auch darin ist ein Versuch der Lösung des Problems von Fruchtbarkeit und Kultus der Urahnen zu sehen.

Tier- und Opferkult

Von der magischen Behandlung der Tiere hörten wir mehrfach. Ein Tierkult und eine Tiergestaltigkeit des Göttlichen ist damit zwar noch nicht allenthalben gegeben, da, wie wir sahen, die göttliche Macht zunächst in einer neutralen, abstrakteren Sphäre, in einem gewissen, nicht näher definierbaren Fluidum liegt. Ob das Tier Gott ist, kann man im Einzelfall kaum feststellen. Wohl aber taucht die sakrale Bedeutung des Tieres überhaupt auf. Das magisch umworbene Tier wurde wahrscheinlich auch rituell zerlegt und gegessen. Vielleicht kam es ferner zur rituellen Schlachtung von lebendig gefangenen Tieren. Die Darstellung von Tieren in Fallen besitzen wir. Auch wunde Tiere konnten gefangen werden. Ihre Tötung war wahrscheinlich ein besonderes rituelles Problem, im Unterschied zu der bereits toten Jagdbeute, die natürlich andere Riten erforderte. Damit ist der Ansatzpunkt für den Opferkult gegeben.

In einer der ältesten eiszeitlichen Kultstätten, die wir näher kennen, haben wir anscheinend bereits Spuren des Tieropfers vor uns. Es ist das sogenannte Drachenloch, 2445 m ü. d. M., in der Ostschweiz bei Ragaz, mit seinen reichlichen Depots von sorgfältig gerichteten Höhlenbärenschädeln. Ähnliches gilt von der Petershöhle bei Velden (Mittelfranken). Auch andere Stellen gibt es, wo Bären oder andere Tiere regelrecht beigesetzt wurden, z. B. Pech-Merle bei Cabrerets, Lot (Frankreich) oder, wie in Meiendorf bei Hamburg, durch Belastung mit einem Steinblock sozusagen festgehalten wurden. Es dürfte sich weithin um rituelle Bestattungen nach zeremonieller Schlachtung handeln oder doch um Fixierung eines toten Tieres.

Der Sinn des Opfers ist in ähnlichen Bereichen wie beim Tierritual und Jagdzauber zu suchen. Es diente wohl dem gleichen Zweck: der Gewogenheit der heiligen Macht, dem Jagdglück usw. Die Symbole des Tierkultes bleiben dann in den bäuerlichen Kreisen der jüngeren Zeit, etwa in den Zeichen für den heiligen Stier, die uns entgegentreten: neue Sinnbilder der Fruchtbarkeit, des zeugenden Lebens und der Naturstärke im viehzüchterisch-agrarischen Vorstellungsbereich. Indizien für Menschenopfer zeigen sich erst in neolithischer Zeit. Ob damit rituelle Anthropophagie (Menschenfresserei) verbunden war, läßt sich nicht einwandfrei klären.

Kosmische Symbolik

Seit wann der Mensch seinen Blick mit religiösen Empfindungen von der Erde zum Himmel erhoben und dort die geheimnisvollen Mächte gesucht hat, die über seinem Leben walten, wissen wir nicht. Kultisch lassen sich diese Dinge schwerer als alles andere auf den frühesten Kulturstufen ausmachen. Die Anlagen, die in die Richtung dieser Art von Religiosität weisen, gehören späteren Schichten der vorgeschichtlichen Gesamtkultur an. Immerhin ist dieser Zeitpunkt eingetreten, da die Kräfte des Kosmos

als regulierende Gewalten über dem Menschenleben empfunden und dementsprechend geehrt wurden.
Am deutlichsten sehen wir diesen Zug zur Verehrung der kosmischen Mächte in den neolithischen Großsteinanlagen, die mit bretonischen Wörtern als *Menhire* (aufgestellte »Langsteine«) bzw. als *Cromlechs* (»Kreisstelle«) bezeichnet werden. Unter den kreisförmigen Steinsetzungen ist die bekannteste und berühmteste das sogenannte Stonehenge bei Salisbury, aber auch die Bretagne beherbergt gewaltige Anlagen (Carnac). Diese Großsteinheiligtümer waren offenbar für umfangreiche kultische Feiern vorgesehen. Sie gehören an sich mit der Hoch-Zeit des Fruchtbarkeitskultes und der weiblich-mütterlichen Symbole zusammen, verkörpern aber wohl eine etwas andere Richtung der Religiosität. Einzelne Merkmale der Orientierung in diesen Megalith-Anlagen sowie Zeichnungen auf den Steinen lassen ein Hervortreten des Interesses für die Himmelskörper und für die kosmisch-atmosphärischen Vorgänge erkennen. Wir sehen Sonne und Sterne (Rad, Kreis, Rosette, Asterisk) und den Axtträger, den Vorläufer des frühgeschichtlich-metallzeitlichen Wettergottes mit der Axt, vielleicht sogar auch den Sonnengott. Damit ist der Platz des Himmels im religiösen Vorstellungskreis endgültig gesichert. Ein kosmischer Mythus kann sich bilden.

Totenkult und Fortleben

Daß der tote Mensch in der frühzeitlichen Religionsgeschichte eine Rolle gespielt hat, wie überall in den historischen Bereichen der Religion bis zum heutigen Tage, kann nicht bezweifelt werden. Daß Tod und Tote eine der wichtigsten Quellen für religiöse Erfahrungen waren, dürfte unbestreitbar sein. Zu erschließen ist die Einstellung dazu aus dem Bestattungsbrauch und dem damit verbundenen Totenkult. Zwei Hauptmomente werden hier von Anfang an deutlich: Abwehr des bedrohlichen Toten bis hin zur Vernichtung des Leichnams (Leichenzerstückelung, Aussetzung, Nekrophagie usw.) und verehrende Pflege der sterblichen Reste. Beides schließt einander nicht aus. Dabei ist es auffallend, daß die frühesten bisher bekannten altsteinzeitlichen Beisetzungen nicht unbedingt auf Totenabwehr schließen lassen, sondern eine geordnete Bestattung mit gewissem Zeremoniell, sorgfältiger Pflege und teilweise sogar Orientierung der Leiche zu erkennen geben. Später treten auch Beigaben hinzu. Oft ist die Bestattung mit Wohnhöhle und Herd verbunden: der Grabplatz liegt nicht selten unter der Feuerstelle in der Höhle, also im kultischen Zentrum des Wohnraumes. Vereinzelt läßt sich allerdings auch eine Bannung des Toten durch Fesselung oder Enthauptung vermuten. Auch die Herdbestattung kann diesem Zweck gedient haben. In anderen Fällen wird eine Art von Totenopfer und Totenmahl angenommen. Daß irgendeine Form der Fortexistenz der Toten geglaubt wurde, ist nicht zu bezweifeln. Derartige Vorstellungen stehen wohl auch hinter den kultischen Verwendungen von Schädeln. Man hat in Höhlen des Mittelmeergebietes – Gibraltar und Guattarigrotte am Monte Circeo bei Neapel und anderswo – zeremoniell beigesetzte Schädelteile gefunden, die offenbar Kult genossen. Im Jungpaläolithikum gibt es zu Bechern verarbeitete Schädelkalotten. Manches scheint schon auf urtümliche Formen von Totenverehrung zu deuten, die also irgendwie »höheren Wesen« gilt. Die Frage des kultischen Kannibalismus taucht dabei auf.

All dies drängt zu der Vermutung, daß die Behandlung der Toten schon in früher Steinzeit den Glauben an ein Machtwesen, an ein Etwas im oder am toten Menschen voraussetzt, das wir vielleicht »Seele« nennen würden, das hier aber noch mit den Vorzügen besonderer Mächtigkeit ausgestattet ist. In der Jungsteinzeit werden die Dinge dann deutlicher. Die Megalithanlagen sind als Sitze oder Throne für die Toten bzw. ihre Seelen gedeutet worden. Gelegentlich treffen wir in den Großsteingräbern auf sogenannte Seelenlöcher, die vielleicht eine Art von Ausschlupföffnung für die bewegliche Seelensubstanz der Toten darstellen sollten, denn eine immaterielle Seelenvorstellung ist damit natürlich noch nicht gegeben. Damit stehen wir an der Schwelle zu den bekannten frühgeschichtlichen Vorstellungen vom Seelenvogel usw., wie sie uns etwa aus Ägypten und Altgriechenland überliefert sind.
Dabei ergibt sich gleichzeitig die Frage des Jenseits bzw. des Totenreiches, das nicht etwa nur einen kollektiven Aufenthaltsort der Toten meint, sondern überhaupt eine Stelle außerhalb des Grabes, an die sich der Tote bzw. seine »Seele« begibt. Sie wird durch die »Seelenlöcher« und die postmortale Beweglichkeit des Lebenssubstrates nicht etwa schon positiv beantwortet. Man muß sich – gerade auch bei den Vorstellungen von der geflügelten, vogelartigen Seele – vor zu weit gehenden Hypothesen hüten. Besagen sie doch zunächst nichts weiter, als daß die Lebenskraft des Toten, damit sein Gefährliches, »irgendwohin« verschwindet. Im ganzen scheint es für die prähistorischen Todesvorstellungen bezeichnend zu sein, daß das Lebens- und Seelensubstrat mit Leichnam und Grabstätte verbunden bleibt, so daß man geradezu von »Totengefängnissen«, vor allem für die Megalithkulturen, gesprochen hat. Von den paläolithischen Anlagen gilt im Grunde, trotz der teilweise freundlichen Ausstattung, Ähnliches. Die Behandlung und Lösung des Jenseitsproblems blieb einer späteren Zeit vorbehalten.

Die vorgeschichtliche Religion bietet nach dem heutigen Stande der Kenntnisse bereits interessante Einzelheiten. Ein tieferes Eindringen in das Innenleben des prähistorischen Menschen ist jedoch einstweilen nicht möglich. Die Quellen, die wir besitzen, sind zu bescheiden, als daß wir von ihnen aus zu eindeutigen Feststellungen gelangen könnten. Im wesentlichen bleiben wir auf Indizienketten der Prähistoriker angewiesen. Kein Wort, fast kein eindeutiges, unmißverständliches Zeichen oder Bild spricht zu uns. Fast alles ist verschiedener Deutungen fähig. *Das* Weltbild oder gar eine Weltanschauung *des* Eiszeit- oder Steinzeitmenschen darlegen zu wollen, wäre unmöglich und vermessen. Man kann darüber kaum Genaueres beim bronzezeitlichen Menschen aussagen.
Das gilt insbesondere von der Gottesidee bzw. von den Heiligkeitsvorstellungen. Man hat den Animismus ebenso wie den Monotheismus in der Vorgeschichte gesucht. Das kann man aber im Grunde nur durch vage Analogieschlüsse von den Religionen neuzeitlicher Naturvölker aus. Ein prähistorischer Monotheismus ist wenig wahrscheinlich. Möglich ist, daß sich gegen Ende der vorgeschichtlichen Zeit und am Übergang zur Frühgeschichte, um die Wende von der Steinzeit zur Metallzeit, schon vielfach gestalthafte Gottheiten herausgebildet hatten. Vielleicht gab es eine Art von Polytheismus innerhalb dieses Deismus. Dämonen verschiedenster Art hat man wohl gekannt, ebenso wie die Herrschaftsmächte der Magie und des Kosmos und die numinosen Toten. Klar ist dies alles indes nicht. Wir stehen erst am Aufgang und an der Vorstufe des Gottesglaubens.

Religiosität der schriftlosen Völker der Neuzeit

Noch vor wenigen Generationen waren weite Teile der Erde mit Menschen bevölkert, die man nach ihrem Kulturzustand als »Primitive« oder »Naturvölker« bezeichnete, womit ihre Ursprünglichkeit und die Naturnähe ihrer Lebensformen gegenüber den Hochzivilisationen ausgedrückt werden sollte. Seit dem ausgehenden 19. Jahrhundert hat die Religiosität dieser Menschen in wachsendem Maße das Interesse der Ethnologie und der Religionswissenschaft gefunden, weil man hier entsprechend auch eine Urtümlichkeit der religiösen Erfahrungen und Vorstellungen vermutete und auf diese Weise der ältesten Religiosität oder »Urreligion« bzw. »Naturreligion« der Menschheit nahezukommen hoffte.

Dieses Interesse stammte im Grunde aus der Zeit der Aufklärung, die die »natürliche Offenbarung« oder Naturreligion suchte und in Gegensatz zu den geschichtlich gewordenen »positiven Religionen« stellte. Der Wunsch, das Einfachste, allen Gemeinsame und alle Verbindende an Religion zu finden, hat hier zweifellos mitgewirkt. Die Bekanntschaft des Abendlandes mit den Religionen der »Primitiven« ist aber weit älter. Sie geht zurück bis ins Entdeckungszeitalter, als religiöse Vorstellungen bei den Völkern Amerikas, Afrikas und Asiens gefunden wurden, ja bis ins Mittelalter, da die Mongolenfahrten von Europäern zu Berührungen mit der alten zentralasiatischen Religiosität führten. Freilich war das Interesse an diesen Erscheinungen der Religion zunächst nicht allzu groß, da man sie nicht sehr hoch bewertete und aus der Perspektive der Universalreligionen und des Monotheismus als Kuriosum oder bestenfalls als Götzendienst ansah, und so wurde eine sorgfältige Erforschung dieser Bereiche mit wissenschaftlich genauen Methoden erst möglich, seitdem christliche Missionare und Völkerkundler dem Leben der »Naturvölker« und der »primitiven Menschen« ihre Aufmerksamkeit zuwandten. Und das ist erst seit wenigen Generationen der Fall. Das erwachende Interesse der Völker Europas an der Mission hat auch eine Rolle dabei gespielt. Allerdings ging dem Auftreten dieser Forscher zur Seite die innere Auflösung des ursprünglichen Lebens- und Kulturgefüges der Naturvölker unter dem übermächtigen Druck der europäischen Zivilisation. Die Religionen der schriftlosen Völker sind heute – gleich ihren Kulturen – sterbende Religionen. So ist vieles von dem, was die Berichte dieser Männer enthalten, bereits trümmerhaft, ungenau und möglicherweise schon entstellt, teilweise auch durch Christlich-Europäisches gefärbt. Es ist also gerade hinsichtlich der Ursprünglichkeit dieser Religiosität eine gewisse Vorsicht am Platze. Wir sind nicht genau informiert, wie lange jeweils bereits die Beeinflussung dieser primitiven Geistigkeit durch die Hochkulturen im Gange ist. Nur bei sehr wenigen Reservaten kann man für die Zeit um die Jahrhundertwende noch eine gewisse Abgeschlossenheit und Unberührtheit annehmen.

Damit ist aber etwas Entscheidendes zur Frage der hier anzutreffenden Religiosität gesagt: Sie ist zwar »primitiv« im Sinne von »unverbildet«, und wir haben es hier besonders leicht, Elementarformen des religiösen Lebens und Verhaltens zu beobachten. Aber diese Elementarformen sind nicht unbedingt das Primäre, Ursprunghafte, Uranfängliche der Religion. Sie haben schon eine lange – uns unbekannte – Geschichte hinter sich. Trotzdem haben diese Formen der Religiosität ihre besondere Bedeutung

für unsere Erkenntnis des Aufbaues und des Wesens der Religion. Trotz ihrer langen geschichtlichen Entwicklung können wir an ihnen noch ablesen, wie sich urtümlichste religiöse Erlebnisse aufbauen, wie ihre Einzelbestandteile aussehen.
Das Entscheidende und Unterscheidende aber ist die besondere, auch im Bereich des Religiösen sich auswirkende Denkart dieser Menschen, die weder die Hochentwicklung der abendländischen Zivilisation noch die der asiatischen Hochkulturen erlebt haben und daher noch in einem ganz anderen Verhältnis zu ihrer Umgebung leben, sowohl zu ihren Mitmenschen, mit denen sie in einem Gruppenbewußtsein verbunden sind, wie zu der sonstigen Umwelt, zu der sie andere Kontakte haben als wir Heutigen. Das ergibt ein andersartiges religiöses Lebensgrundgefühl.
Hierzu sind – vor allem seit der Entstehung einer Ethnosoziologie und -psychologie im Rahmen der französischen Soziologenschule – verschiedene, teilweise anerkannte, teilweise stark umstrittene Theorien aufgestellt worden, die sich mit der *mentalité primitive* befassen. Sie beruhen auf richtigen Beobachtungen. Wieweit sie verallgemeinert werden können, bleibt offen. Auch wenn sich ihre Urheber, vor allem Lucien Lévy-Bruhl, später ihrer Hypothesen in Einzelheiten selbst nicht mehr sicher waren, bleibt doch die Tatsache, daß hier grundsätzlich richtige Ansätze im Versuch einer Deutung dieser besonderen geistig-religiösen Situation vorliegen, die sich eben von der des durch wissenschaftlich-rationales Analysieren und durch technische Umweltbewältigung bestimmten Menschen der neuzeitlichen Schrift- und Hochkulturen unterscheidet. Man wird allerdings heute stärker auf die jeweilige Besonderheit der geistigen Horizonte einzelner »Primitivkulturen« achten müssen.
Die gebietsmäßige Verteilung der Religionen der schriftlosen »Naturvölker« umschreibt man zunächst am einfachsten negativ: es sind die Religionen der Menschen, die außerhalb des Gürtels der Hoch- und Schriftkulturen leben oder lebten, der sich im wesentlichen in der nördlichen gemäßigten und subtropischen Zone (in Amerika ehedem teilweise auch der tropischen Zone) von Japan westwärts bis nach Zentralamerika (vor der spanischen Eroberung) erstreckt; oder es sind Religionen, die sich in diesem Rahmen als Substrukturen bzw. als insulare Bestände oder Reste erhalten haben. Diese Massen schriftloser Völker sind in sich rassisch-biologisch und kulturell-entwicklungsgeschichtlich natürlich sehr verschieden strukturiert. Es gibt darunter besonders interessante Gebiete und solche von besonders altertümlichem Charakter. Teils handelt es sich um verhältnismäßig komplizierte und formenreiche Kulturen und Religionen, teils um solche, die durch ihre Archaismen bemerkenswert sind. Zu letzteren gehören etwa die ethnologisch alten Bestände Australiens und der umliegenden Inseln mit ihren aussterbenden Stämmen, ferner die Pygmäenkulturen Afrikas. Die höheren negerischen Kulturen Afrikas, die indianischen Amerikas, in sich recht uneinheitlich, und schließlich die der Südseeinseln zeigen dagegen schon oft ziemlich entwickelte Verhältnisse mit differenzierten religiösen Vorstellungen und Gebräuchen. Gleiches gilt von Zentral-, Insel- und Südasien und von den subarktischen und arktischen Gebieten. Dabei ist übrigens vorerst nur an das äußere Bild der jeweiligen Religiosität gedacht. »Kompliziert« können durchaus auch sehr »primitive« kultische Systeme im Inneren ihrer Vorstellungswelt sein.
Die Quellen sind neben Nachrichten bei Autoren des Altertums, des Mittelalters und der Frühneuzeit vor allem Berichte von Missionaren und Ethnologen, die sich wiederum auf Beobachtungen der Menschen solcher Kulturen und ihre Erzählungen

stützen. Hinzu treten Kultobjekte, Kunstgegenstände, Symbole und Ritualanlagen. Die Interpretationsschwierigkeiten sind hier besonders groß. Die Frage des rechten Verständnisses durch die modernen Europäer erhebt sich. Manches wird auch von den »Eingeborenen« verschleiert oder geheim gehalten (sog. Arkandisziplin). Anderes wurde vielleicht an die hohen Religionen der Umgebung angepaßt und uminterpretiert. Immerhin kennen wir den primitiven Mythus und Ritus heute hinreichend. Die im vorigen Jahrhundert, im Anfang der Auseinandersetzung mit der europäischen Zivilisation, gegebenen Zustände sind festgehalten und bilden für alle Zukunft eine reiche Quelle, wenn auch der Zustrom frischer Kenntnisse allmählich versiegt.

In ihrer quellenmäßigen Erfassung stellen diese Religionen also ein schwieriges Problem dar. Sie können nicht etwa nur als gegenwärtige Größe, sondern müssen als vorwiegend historisches Phänomen betrachtet werden, da die Kulturen und die sozialen oder politischen Einheiten, welche diese Religionen getragen haben, in starken Veränderungen begriffen sind, ebenso ihre Religionen selbst, soweit sie noch nennenswert bestehen. Darstellungen aus neuerer und neuester Zeit sind teilweise von hohem Interesse, haben aber nicht selten mehr oder weniger interpretativen, theoretischen oder gar spekulativen Charakter, was nicht ausschließt, daß sie unter Verwertung wichtigen Materials und bedeutsamer Beobachtungen zustande gekommen sind. Das gilt besonders auch für Deutungen des religiösen Selbstverständnisses durch die heutigen gebildeten und an westliche Zivilisation und Wissenschaft angepaßten oder darin aufgewachsenen Vertreter von Völkern, die aus den alten Stammeskulturen hervorgegangen sind.

Bemerkt werden muß noch, daß die Elemente primitiver Religiosität sich auch heute noch in den Religionen der Hochkulturen und in den Universalreligionen finden. Sie leben dort im volkstümlichen religiösen und abergläubischen Brauchtum und im Unterbewußtsein der höheren Frömmigkeit und eines selbst bei Gebildeten verbreiteten Aberglaubens fort, allerdings gebrochen durch das Medium des hochzivilisatorischen Menschenbildes und seiner geistig-seelischen Struktur. Dieser Tatbestand ist gelegentlich eine nicht unwesentliche Verständnishilfe.

Die Hauptformen des Religiösen bei den schriftlosen Völkern

Es ist in unserem Zusammenhang nicht möglich, aber auch nicht nötig, die Religionen der verschiedenen primitiven Stämme und Völker je für sich zu behandeln. Man kann z. B. nach Kontinenten oder Kulturkreisen gruppieren. Dies würde zur Ausbreitung einer Fülle verwandten Materials führen. Zuviel Ähnliches ist jeweils vorhanden und verbindet räumlich und zeitlich weit auseinanderliegende Menschengruppen. Die schriftlosen Völker als Ganzes untersucht man in ihrer Religiosität im Rahmen einer solchen knapp zusammenfassenden Darstellung deshalb am besten phänomenologisch, indem man die wichtigsten Elemente und zentralen Phänomene zusammenstellt. Man entdeckt dann die großartige Einheit dieser Religiosität über die ganze Welt hin, die schon früh zu einem Ausgangspunkt der Analyse und Interpretation naturvolklicher Religion wurde.

Ähnlich wie in der vorgeschichtlichen Religion hat man auch hier eine »prädeistische Stufe« verzeichnet, auf der noch keine persönlichen Götter oder Dämonen bekannt waren, sondern nur das Wirken heiliger Mächte, die in bestimmten ethnischen Bereichen unter Bezeichnungen wie *mana* und *tabu* erkenntlich sind, die in Totems, heiligen Gegenständen und beschwörenden Riten als Potenzen wirksam werden. Da man als eine früheste Vorform des persönlichen Gottesglaubens (Deismus oder Theismus) ehedem den *Animismus*, den Seelen- und Geisterglauben, ansah, bezeichnete man das prädeistische Stadium der Religion im engeren Sinne auch als *Präanimismus* oder als *Animatismus*, d. h. den Glauben an die geheimnisvolle Belebtheit der verschiedensten Naturerscheinungen und scheinbar leblosen Objekte.

Hinter den Präanimismus zurück führt die bereits berührte Frage des *präreligiösen Zustandes* der Menschheit überhaupt, dessen Vorhandensein theoretisch immer wieder einmal behauptet, gleichzeitig aber ebenso heftig bestritten worden ist. Wissenschaftlich exakt läßt sich darüber nichts ausmachen. Zu dem geschichtlichen Bild des Menschen gehört als eine wesentliche Äußerung des Menschseins das Religiöse, entweder in seiner Ausübung oder in seiner Ablehnung und Bekämpfung, so daß man nicht annehmen kann, der Mensch als solcher sei je ohne Religion gewesen. Die Versuche älterer Ethnologen, unter den schriftlosen Naturvölkern solche ohne Gottesvorstellung bzw. Religion zu entdecken, müssen als gescheitert angesehen werden, da sie sich entweder von falschen Informationen und Mißverständnissen oder von einem unzureichenden Religionsbegriff leiten ließen.

Über dem Präanimismus bzw. Prädeismus erheben sich dann die verschiedenen *deistischen* oder *theistischen Formen* der primitiven Religion, die erstaunlich reich sind, wenn man von einem evolutionistischen Schema religionsgeschichtlichen Werdens ausgeht. Sie bewegen sich zwischen polydämonistischem Bevölkern der Umwelt mit Machtwesen und polytheistischen Gottesvorstellungen einerseits und Ansätzen zum monotheistischen Hochgottglauben andererseits. Ziemlich schnell vollzieht sich dann der Aufstieg zu frühen Kulturformen der Religion, die sich insbesondere durch den Umfang des Kultischen und Mythischen auszeichnen und über einen beträchtlichen technischen Apparat verfügen, der auch schon beachtliche denkerisch-spekulative Leistungen erkennen läßt. Die eindrucksvollsten Beispiele haben wir im präkolumbischen Zentral- und Südamerika, ferner im vorbuddhistischen Zentralasien, in einigen Gebieten Afrikas und der Südsee.

Trotzdem wäre es verfehlt, in diesen verschiedenen Schichten und Strukturformen primitiver Religiosität ein Modell religionsgeschichtlicher Entwicklung zu sehen. Sie bilden nicht notwendig ein zeitliches Nacheinander, sondern treten faktisch als ein Nebeneinander auf, jedenfalls für unser heutiges Erkennen. Das hat schon Nathan Söderblom mit seiner genialen polygenetischen Theorie vom »Werden des Gottesglaubens« klarzumachen versucht.

Magie – Fetischismus

Wir sahen, daß schon in vorgeschichtlicher Zeit das magische Walten und Inanspruchnehmen irrationaler Kräfte im menschlichen Daseinsraum als eine frühe, vielleicht früheste, Form der Religiosität festzustellen ist. Diese Kräfte finden wir auch bei den schriftlosen Völkern der Neuzeit als Gegenstand der Vorstellung und des religiösen Handelns. Sie regieren das Dasein des Menschen, sie können, richtig verwendet, auch hilfreich und förderlich sein. Der Mensch muß sie nur in seine Hand bekommen. Dann sind sie ihm behilflich zu Gesundheit und langem Leben, zum Erwerb und zur Mehrung von Gütern, von Sieg und Beute, zum Reichtum an Vieh und Kindern, zur Fruchtbarkeit des Ackers.

Das deutsche Wort »Zauber« (von ahd. *zoupar,* zu altnord. *taufr, töfr* gehörig) hat im Angelsächsischen die Entsprechung von *tēâfor*, was soviel wie »rote Farbe, Mennige« bedeutet, im Englischen von *tiver*, d. h. »Ocker«. Das Beschmieren, Färben oder Bemalen mit roter Farbe oder Ocker ist ein uralter Ritus zur Weihe und Verehrung heiliger Objekte, deren Kraft auf diese Weise aktiv gemacht oder erhalten werden soll. Damit zeigt sich die religiöse Seite der Magie, die zumeist auf dem Wege über irgendein Medium, durch eine Manipulation mit oder an jemandem oder etwas eine bestimmte Wirkung zu erzielen versucht, wie sie später vom Kult, vom Gebet oder von der Meditation erwartet wird. Die Magie ist Erfahrung von Macht und Handeln mit Macht, Bewältigung der Umwelt mit Hilfe geheimer Macht. Darin liegt zumindest eine Nähe zur Religion, von der andererseits manche Autoren die Magie scharf abgegrenzt haben.

Die Wissenschaft hat viele Theorien zur Entstehung und Klassifizierung der Magie entwickelt. Unter ihnen sind die vom Analogiezauber (der imitativen oder homöopathischen Magie, die aus der Ferne durch eine Art von Parallelhandlung wirkt) und die vom kontagiösen oder Berührungszauber (der durch eine gleichsam körperliche Machtübertragung, durch Berührung oder »Ansteckung« vollzogen wird) besonders wichtig. Die eine Methode vollführt z. B. die Beschädigung oder Vernichtung eines Bildes und glaubt, damit den Feind zu treffen. Wenn ein Südostaustralier Quarzstücke in die Fußspur seines Feindes steckt und sie so in seinen Körper zaubern will, dann ist dies analogisch wirkender Fernzauber. Wenn uns aber Konrad Theodor Preuß von den Tama in Kolumbien berichtet, wie ein Medizinmann den in die Brust eines Kranken gezauberten Splitter angeblich mit der Hand herausholt, so ist das Kontaktmagie. Ein ganz eigenes Verhältnis verbindet den magisch denkenden und agierenden Menschen mit der außermenschlichen und außerpersönlichen Welt, die für ihn nicht einfach Objekte und andere Personen in unserem Sinne enthält, sondern mit der er eine Fülle von Beziehungen hat, die in unser modernes wissenschaftliches Weltbild nicht passen.

Religiös gerahmt sind alle diese Manipulationen, als religiös erfüllen sie das Bewußtsein der Menschen, die damit umgehen. Wird dann das Kraftfluidum, mit dem der Zauber rechnet, verdinglicht, in einem Gegenstande fixiert und gleichsam dauerhaft gemacht, so haben wir ein Objekt vor uns, das man als »Medizin«, als »Amulett« oder »Talisman« oder, wenn es irgendwie gestaltet, bearbeitet ist, etwa bildlich-figürlich, als *»Fetisch«* bezeichnet (von portugies. *feitiço*, aus mlat. *factitius* »künstlich gemacht«). Diese Objekte sind so wichtig, daß sie verschiedene Arten magischer Behandlung und kultischer Verehrung genießen. Sie können sogar eine zentrale Stellung im Kult als Individual- und Gruppenfetisch, Orts-, Landes- oder Volksfetisch einnehmen. Man hat früher diese oft greulich erscheinenden Gebilde magischer »Götzen« in ihrer hohen Altertümlichkeit nicht recht erkannt. Unsere heutigen Beobachtungen aus der Prähistorie lassen vermuten, daß solche magischen Kultgegenstände und Medien schon in frühesten Zeiten der menschlichen Kulturgeschichte existierten. Auch damit stehen wir inmitten der Religion, stoßen aber gleichzeitig wieder auf das Besondere, das den

Hintergrund des magischen Denkens und Manipulierens ausmacht, das die Religionswissenschaft seit einigen Jahrzehnten beschäftigt. Es ist das eigentliche Zentrum der magischen Vorstellungswelt, des zauberischen Handelns.

Dynamismus (Tabu und Mana)

Die Berichte der Reiseschriftsteller, die über die Südsee schrieben, waren früher voll von seltsamen Erlebnissen, die mit dem *tabu* von Orten, Personen, Sachen und Handlungen zusammenhängen. Wir hören etwa in Stevensons Buch über die Südsee mehrfach davon, wie Menschen, die einen »verbotenen« Ort betraten oder einen Gegenstand, über dem der Meidungsbann lag, berührten, plötzlich erkrankten, womöglich gar starben, weil sich die *tabu*-Kraft der Stelle oder des Objekts an ihnen gerächt hatte. Die Straffolgen (Sanktionen) des *tabu* machen sich wie elektrische Schläge bemerkbar.

Das Wort *tabu*, polynesischen Ursprungs, heißt soviel wie »das besonders Gemerkte« oder »zu Merkende«, häufig einfach gleichbedeutend mit »verboten«. Der Gegensatz ist *noa*, d. h. »gewöhnlich«, »normal«. *tabu* wird sowohl zur Kennzeichnung religiöser wie auch rechtlicher und wirtschaftlicher Ansprüche und Tatbestände verwendet. Dabei erhält es auch eine große soziale und moralische Bedeutung. Sein Kern aber ist ein religiöser Anspruch. Wir erkennen ihn z. B. daran, daß die zum Christentum übertretenden Maori (Neuseeland) als eine Art von Bekenntnisakt das Tabu-Tier ihres persönlichen Schutzgottes verzehrten und damit die Brechung der Mana-Kraft des Tabu-Gesetzes durch Christus bewiesen, weil sie nun nicht tot umfielen, wie man früher erwartet hätte. Die religiöse Bedeutung des Tabu fließt aus dem Mana-Charakter der tabuisierten Objekte. Denn diese enthielten nach der Vorstellung dieser Menschen das, was ein melanesisch-polynesisches Wort als *mana*, d. h. »wirksam«, »mächtig«, bezeichnet. *mana* ist allgemein ein Ausdruck für Machtverhältnisse, insbesondere aber für solche religiöser Art. Denn diese Wirkmächtigkeiten hängen mit der kultischen und mythisch-sozialen Sphäre zusammen. In anderen Kulturen gibt es ähnliche Ausdrücke für den gleichen Sachverhalt: z. B. *orenda* bei den Irokesen, *manitu* bei den Algonkin, *wakanda* bei den Sioux, *hasina* auf Madagaskar.

Wir lernen hier, daß auf Frühstufen die Macht-Vorstellung ein ganz wesentlicher Aspekt des Religiösen ist bzw. daß alle Objekte religiösen Glaubens und Handelns mit Macht-Ideen zusammenhängen. Die rational nicht erklärbare, sondern unkausal vorhandene Macht hat in bestimmten Personen, Wesen, Gegenständen, Orten Platz genommen, hat sie ergriffen und macht sich unversehens in der mit ihrer Nicht-Respektierung eintretenden Sanktion bemerkbar. Diese Dinge sind dann von sakraler Würde erfüllt, abgesondert von der Normalwelt und vom gewöhnlichen, regelmäßigen Leben, werden mit Scheu betrachtet. Hier sind die Ansatzpunkte für die Entstehung bestimmter Aspekte und Teile der Gottesvorstellung gegeben.

Freilich kann diese Mana-Macht auch verlorengehen. Eben deshalb konzentriert sie der primitive Mensch an bestimmten Stellen, in Menschen und Gegenständen, in Naturobjekten, in Waffen und Geräten, in Reliquien und Gräbern. Deshalb handelt er mit ihr zaubernd und bindet er sie an seine Zaubermittel, Talismane und Fetische. Noch in den hohen Religionen finden wir diesen Mana-Gedanken, etwa im Sakramentswesen, in den Heiligtümern, heiligen Bildern und Reliquien, in der Wertung der heiligen Bücher.

Die Vorstellungen von Mana und Tabu sind ein Versuch, mit den als real und objektiv empfundenen Mächten der Außen- und Umwelt fertig zu werden und sie in ein Ganzes scheinbar logisch geordneter und theoretisch erklärbarer Bezüge einzuordnen. Insofern steckt hinter solchen Theorien schon ein gut Stück primitiver »theologischer« Leistung. Die Magie fügt das aktive, handelnde Eingreifen des Menschen hinzu. Diese Mächte sind unableitbar und weithin mit der Heiligkeitssphäre der Religion deckungsgleich.

Totemismus

Mana- und Tabu-Vorstellungen sind auch im sogenannten Totemismus wirksam, einer sehr komplizierten und offenbar lange entwickelten, aber auch sehr archaischen Theorie und Praxis, die stärkste Bezüge zur Welt des Religiösen hat.

Der Totemismus der Naturvölker, eine recht vielseitige Erscheinung, ist allerdings durch politisch-soziale Elemente tiefgreifend geprägt, zumal da er zumeist als Gruppenerscheinung auftritt. Das seit 1778 bekannte Wort *totem* (*totam*) ist indianischen Ursprungs und bedeutet in der Sprache der nordamerikanischen Odjibwä-(Chippeway-)Indianer aus den Algonkinstämmen zunächst die Clan-Beziehung zwischen Menschen, d. h. Sippen- und Blutsverwandtschaft. Es wird zur Bezeichnung für Symbole kultischer Art, vor allem tierische, die meist gruppengebunden sind und zu ihren Verehrern in einem bestimmten funktionalen Verhältnis stehen. Urtümlichste Formen des Totemismus finden wir bei alten zentralaustralischen Stämmen. Dort wird deutlich, was es mit dem Totem als Ausdruck für Blutsverwandtschaft auf sich hat. Denn das unter dem (tierischen) Symbol verstandene Totemwesen ist ein mythischer Urahn der Menschen und ihrer Gruppe, eine geheimnisvolle Manifestation für innige Beziehungen über die Generationen hinweg, die gleichzeitig eine Schutzbeziehung sind.

Solche Schutzverhältnisse begründen natürlich eine besondere Respektierung des Totemwesens oder -objektes, das als *tabu* gilt. Totemtiere dürfen nicht immer gegessen bzw. nur zu gewissen Zeiten rituell verzehrt werden. Den Totemgemeinschaften sind bestimmte Gesetze auferlegt, zu denen gelegentlich die Verpflichtung gehört, nur außerhalb der Gruppe zu heiraten (Exogamie). Auch hier ergeben sich dann komplizierte Regeln, welche die soziale Bedeutung dieses religiösen Konzeptes verdeutlichen. Die religiöse Seite zeigt sich aber in der rituellen Verehrung des Schutzwesens, das oft in den Totemzeichen oder -wappen manifestiert wird, etwa in den häufig gewaltigen und eindrucksvollen, künstlerisch nicht selten vollendeten Totempfählen nordamerikanischer Indianer, insbesondere an der Nordwestküste (z. B. bei den Haida). Hier zeigt sich, daß der Totemismus ein Ausschnitt aus größeren religiösen Konzepten ist und daß aus den geheimen Beziehungen dieses Systems alles auf eine Verwirklichung und Manifestation von Gedanken hindrängt, die nachmals als Gottesvorstellung ihre endgültige Formung fanden. Das gibt auch deutlich der vereinzelt vorkommende Individualtotemismus zu erkennen, der einen Einzelmenschen zu einem Schutzwesen (*nagual*, nach einem Ausdruck zentralamerikanischer Indianer) in enge Beziehung setzt und ihn damit auch in ekstatisch-visionärer Weise in Verbindung treten läßt (sog. Nagualismus).

Der Totemismus ist nichts Einheitliches. Er ist gestaltenreich und wandlungsfähig. Die unter diesem Namen zusammengefaßten, über die ganze Welt der schriftlosen Völker verbreiteten, in schwachen Spuren noch in den Bereichen der höheren und hohen Kulturen nachlebenden Praktiken und Vorstellungen zeigen aber wieder eine Form der Verdichtung des Glaubens an irrational wirksame Kräfte, die sich hier vorwiegend auf politisch-sozialem Gebiet bemerkbar machen und deshalb manche Forscher in der Deutung dieser Phänomene irregeleitet haben. Die spätere Selbstvergöttlichung der politischen Gemeinschaft, des Volkes, der Nation und ihrer Symbole hat hier wohl eine ihrer historischen Wurzeln. Ob man deshalb den Totemismus als ein vorwiegend politisches oder soziales Struktursystem auffassen kann, bleibt offen. Sicher ist er keine durchgängig anzutreffende Entwicklungsstufe in der Geschichte der Religionen.

Tier- und Pflanzenkulte

Soweit sich der Totemismus tierischer und pflanzlicher Sinnbilder bedient, weist er auf ältere Kultformen hin, in denen die heilige Macht dem Menschen in der Gestalt tierischen oder pflanzlichen Lebens entgegentrat, in Gestalten, die dann erst die totemistische Symbolik ermöglichten. Es sind die Sammler, Jäger und Viehzüchter und schließlich auch die ackerbauenden höheren Naturvölker, die eine derartige Symbolik entwickeln. Das, was ihnen Nahrung und damit Leben gab, bot ihnen zugleich das Bild des Heiligen. Es stand zu ihnen auch in anderer Beziehung als zum heutigen Menschen, da für den Primitiven offenbar nicht unsere moderne Subjekt-Objekt-Beziehung zwischen Individuum und Umwelt, Mensch und Nicht-Mensch gilt.
Die Griechen nannten Dionysos den »Tausendgestaltigen«. Auch bei ihm treffen wir sowohl pflanzen- wie tiergestaltige Züge, die als Symbole der Gottheit Jahrtausende hindurch eine Hauptrolle spielen. Die Gestaltung des Göttlichen als Tier bezeichnet man als *Theriomorphismus* oder *Animalismus*. Häufig hat man dabei nicht ein Einzelexemplar des betreffenden Tieres, sondern die Gattung oder eine ganze Gruppe im Auge, als deren Repräsentant das Einzelwesen dann erscheint.
Es sind alle möglichen Tiere, die religiös geschätzt werden, vor allem natürlich starke, mächtige, überlegene und rätselhafte. Die Eweer in Togo verehrten etwa die Riesenschlange, den Schimpansen, die Hyäne, den Sägefisch. Andere – wie der Drache – werden mythisch durch Kombination verschiedener Tiere konstruiert. Man schreibt ihnen teilweise eine merkwürdige Verbindung mit dem Menschen zu. Die Neger in Wam Pamu in Westafrika glaubten z. B., daß ein Teil des Menschen in einem bestimmten Tier lebe. Zwischen Mensch und Tier entdeckt man zahlreiche Gemeinsamkeiten, Verwandtschaften. Die Tiergestaltigkeit des Göttlichen ergibt dann die *Tiermagie*, die *Tierkulte* und die *Tiermythen*, die in großer Zahl blühen und sich in Tiermärchen, Sage und Legende der höheren Kulturen fortsetzen, aber auch in den Gottesgestalten. Selbst hinter der griechischen Götterwelt schimmert oft noch die ursprüngliche Tiergestalt durch. Wichtig sind die Tiere als Gegenstand von heiligen Mahlzeiten und Speisesakramenten. Im Kult treten sie auf, wenn ihre Stimmen und Gebärden imitiert und ihre Masken getragen werden. Die Tiermaske ist weitest verbreitet. Das Tierbild ist oft Götterbild.
Ähnlich ist es mit den *Pflanzenkulten*. Im Pflanzlichen war die Macht wachstümlichen

und dauerhaften Lebens nicht selten noch deutlicher als im Tier. Überdauert doch die Pflanze häufig das Leben von Mensch und Tier, wenn sie auch nicht jene Züge des Willens und die Fähigkeit des Handelns und der kaum beschränkten Fortbewegung aufweist wie das Tier. Insbesondere wird das Pflanzliche den ackerbauenden Völkern zum Sinnbild von Leben, Wachstum und Fruchtbarkeit, das gern mit dem Weibe in Verbindung tritt. Pflanzengeister können aber auch die Gestalt des männlichen Dämons hervorbringen. Einzelne Pflanzen liefern teilweise narkotische Rauschgetränke oder Rauschgifte (Agave, Peyotl, Haschisch, Wein, Bier usw.), die zu kultischen oder mystisch-meditativen Erlebnissen anregen. Der in den Hochreligionen entwickelte reiche Pflanzenmythus setzt bei den »Primitiven« ein.

Die heilige Seele – Der heilige Mensch

Als Theorie zur Erklärung der Religiosität der Naturvölker ist stets der *Animismus* von hohem Ansehen gewesen, eine wissenschaftliche Hypothese, die der englische Gelehrte Edward B. Tylor schuf und 1871 in seinem großen Werk *Primitive Culture* entwikkelte, die nach ihm viele andere namhafte Forscher vertraten und die auch der deutsche Völkerpsychologe Wilhelm Wundt entfaltete. Diese Theorie ging von der Beobachtung aus, die man vor allem im indischen Archipel machte, daß im Glauben vieler Naturvölker Geister- und Gespenstwesen eine große Rolle spielen, die u. a. auch mit lebenden und toten Menschen und mit ihrem Persönlichkeitszentrum, das wir »Seele« zu nennen pflegen, zusammenhängen. Entsprechend werden auch Tieren, ja Pflanzen und »unbelebten« Wesen »Seelen« zugeschrieben, so daß die Welt von einer Vielzahl solcher mehr oder weniger wichtigen und mächtigen »Seelen« bevölkert ist.

In der Tat hat wohl von je her beim Menschen der Umstand Aufmerksamkeit erregt, daß seine und anderer Menschen Person im Traume sozusagen »immateriell« auf Wanderschaft geht und dabei seltsame Dinge erleben und vollbringen kann. Der »Hauch« des Wortes, der lebenspendende Atem und der letzte seufzende Atemzug des Sterbenden haben ihn ebenso wie der Fötus im Mutterleib und wie das Schattenbild auf den Gedanken eines geheimnisvollen Doppelgängers des Menschen bringen können, der auch selbständig als »Außenseele« (*external soul*) existiert. Selbstverständlich sah man an einer solchen »Außenseele« Fähigkeiten, die der körperliche Mensch selbst nicht besaß, und als Substrat eines entseelten Toten entzog sie sich völlig der Kontrolle der Lebenden. Nichts lag also näher, als solche Seelen zu machtvollen, verehrten und gepflegten und womöglich gezähmten Geistern zu erheben, um deren Gunst man warb, deren Können man in den Dienst des eigenen Glückes stellen wollte. Da sie dem Menschen ähnlich waren, erhielten sie Gaben, Opfer, Speise, kurz: alles, was ihrem Leben und Wohlbefinden nach dem Vorbild des menschlichen dienlich sein konnte. Schließlich legte man den »Seelen«-Gedanken in Naturvorgänge und kosmische Erscheinungen und belebte und personifizierte auf diese Weise die machtvollen und wesentlichen Erscheinungen der Welt, aus denen später die persönlichen Götter werden. Dieser Vorgang weist deutlich auf die bereits besprochenen Macht- und Mana-Vorstellungen hin. Die Wissenschaft spricht deshalb bei dieser weiteren Fassung des animistischen Seelenglaubens, die die Unzulänglichkeit und Unvollständigkeit der alten animistischen Theorie zu überbrücken trachtete, von »Dingseelen«.

Uli-Figur aus Neu-Mecklenburg (Neu-Irland)

Der Animismus als Theorie war zweifellos eine bequeme entwicklungsgeschichtliche Erklärung des Werdens von persönlichen Gottesvorstellungen, insbesondere des polytheistischen Götterhimmels, und damit der Religion im klassischen Sinne überhaupt. Aber sie sind doch nicht allein aus dem »Seelen«-Gedanken zu erklären. Gewiß sind derartige Erlebnisse weit verbreitet und vermutlich auch von sehr hohem geschichtlichem Alter. Ob sie an den Anfang des geschichtlichen Werdens der Religion zu stellen sind, bleibt ungewiß. Sicher kann das nicht generell angenommen werden. Vielmehr ist die »Seele«, also das mehr oder weniger persönlich und den Leib überdauernd gedachte immaterielle und vom Körper unabhängige Wesen des Menschen, ein Ausdruck für den Glauben an wirksame Kräfte und Mächte, die sich am Persönlichkeitssubstrat des Menschen bemerkbar machen. Der Mensch (wie auch andere Wesen) kann Träger von unsichtbaren Kräften und Mächten sein, die sich mit seinem »Ich« verbinden. Entsprechend der Vielfalt des menschlichen Wesens kann der Mensch auch viele solcher »Seelen« haben. Die Batak auf Sumatra glaubten z. B. an etwa sieben Seelen. Sie manifestieren die Vielzahl von Seelenvorstellungen überhaupt.
Der Animismus führt uns also die persönlich wirkende Form der heiligen Macht, des Mana, der Zauberkraft und der unsichtbaren Potenzen vor Augen, die sonst mehr unpersönlich erscheinen. Er zeigt sie vor allem am Menschen, am lebenden wie vornehmlich am toten, auf, der hier in besonderer Weise als Individualität, als Vernunft- und Willenswesen, in den Mittelpunkt religiösen Nachdenkens tritt. Damit ist hier, in den vielfältigen Seelenvorstellungen der Naturvölker, zwar nicht die älteste und wichtigste Form primitiver Religiosität, aber doch ein wesentlicher Schritt auf dem Wege zur Entstehung des persönlichen Gottesgedankens gegeben.

Die Toten

Am deutlichsten äußert sich der Animismus im Totenglauben und Totenkult. Nichts ist natürlicher, als daß der Mensch religiöse Gedanken angesichts des Todes und eines Toten und seiner Rätselhaftigkeit faßt. Sie finden ihren äußerlich erkennbaren Niederschlag zunächst in der Pflege der Toten. Fast nirgendwo ist der Kultus so reich wie dort, wo er sich mit den Abgeschiedenen befaßt, wenn man von gewissen Ausnahmen absieht.
Ähnlich wie in der prähistorischen Zeit sind die *Methoden der Totenbehandlung* recht verschieden. Sie lassen sich auf zwei Hauptformen reduzieren: Vernichten und Bannen oder Konservieren und Verehren. In der Praxis mischen sich die Motive. Alle irgendwie konservierenden und pflegenden Formen kommen aber zu Kulthandlungen zugunsten der Toten, zu Opfern, Mahlzeiten usw., die teilweise in Verbindung mit Tod und Bestattung, teilweise in regelmäßigen Abständen nach dem Tode, teilweise auch als jährlich (mehrfach) stattfindende kollektive Toten- oder Seelenfeste veranstaltet werden.
Verschieden sind auch die *Vorstellungen von Fortexistenz und Jenseits*, die darin zum Ausdruck kommen. Sie reichen von der Annahme eines Verweilens am Grabe oder Leichnam über die Neueinkörperung der »Seele« bis zu Ausmalungen eines kollektiven Totenreiches oder Paradieses. Im allgemeinen sind die Gedanken über das Dasein nach dem Tode düster. Die »Seele« hat eine traurige und nicht begehrenswerte Existenz. Sie

ist in der Erde, im Walde, an nicht geheuren Orten. Vielleicht wandert sie, verwandelt oder reinkarniert sich. Sie lebt, um erneut zu sterben, bei den Dayak etwa noch dreimal oder siebenmal. »Sie geht um«, wie nach den Vorstellungen der Papua die Geister ruhelos Abgeschiedener. Sie »offenbart« sich in Träumen. Zumeist fürchtet man sich vor ihr. Seltener werden bei den Naturvölkern die Toten wirklich geliebt und aus Liebe herbeigesehnt, obwohl auch dafür die Beispiele nicht fehlen. Die gewöhnlichen Toten versammeln sich nach den Vorstellungen der Papua auf einer kleinen Insel, nachdem sie erst eine Zeitlang bei ihrem Leichnam verweilt haben. Manchmal – wie bei den Papua – wird die Seele von den schon früher Verstorbenen in ein Totenreich abgeholt, wo alles ist wie im Diesseits, wo das irdische Dorf seine jenseitige Entsprechung hat und wo der Mensch seiner alten Tätigkeit nachgehen kann: Fischen, Jagen, Kriegführen, Feiern usw., nur daß die Fortsetzung des irdischen Lebens an diesem Ort viel schöner ist und daß die Totengeister zu einer Art von höheren Wesen, von Geistern werden, denen man dann auch Verehrung erweist. Bei den alten Eweern von Togo befindet sich der endgültige Aufenthaltsort der Toten in der Unterwelt oder in der Sonne, wo sie sogar angebetet werden. Vielleicht haben Gedankengänge der Hochreligionen auf diese Ansichten eingewirkt. Könige und Häuptlinge aber wohnen im Ahnenstuhl, wo ihnen Verehrung zuteil wird. Der Totendienst steigert sich zum Heroenkult, der manchmal einige Generationen lang andauert.

So drängen auch diese Kultformen nach der Schaffung und Prägung eines Gottesbildes. Die beiden Seiten eines entstehenden oder bereits vorhandenen persönlichen Gottesgedankens zeichnen sich hier schon ab: die gute, freundliche, hilfreiche und die strenge, aggressive, ja böse. Denn der Tote vereinigt nun einmal in sich die Doppelpoligkeit des menschlichen Wesens, die auch zur Polarität des Heiligen wird: Güte und Bosheit, und in dieser Doppelgestalt geht er auch in das Jenseits und in die verklärenden Deutungen des Totenkults über. Natürlich kann der Totenkult noch lange neben einem bereits voll entwickelten Götterkult gleichberechtigt weiterbestehen, wie wir das oft bei den schriftlosen Völkern finden. Der primitive Glaube an die vergöttlichten, heiligen Toten und ihre Verehrung hat jedenfalls größte Bedeutung in der Entwicklung unserer Kulturgeschichte. In den Hochreligionen lebt er in den verschiedensten Formen der Verehrung von Helden und politischen Führern nach ihrem Tode fort, oder im Heiligen- und Märtyrerkult, oder schließlich in der einfachen Fürbitte für den Abgeschiedenen und sein Schicksal und im ehrfürchtigen Gedenken an ihn.

Polytheismus und Hochgottglaube

Der Gottesglaube gehört im allgemeinen höheren kulturellen Entwicklungsstufen an. Insbesondere finden wir das, was wir als *Polytheismus* bezeichnen, in der Regel im Bereiche großer und verfeinerter Kulturen. Wo wir den ausgebildeten Vielgötterglauben bei den Naturvölkern treffen, erhebt sich stets die Frage, wie weit sich hier der Einfluß der hohen Kulturreligionen bemerkbar macht, den wir ja ganz klar in den Ausstrahlungsgebieten der indischen Kultur bemerken können. Trotzdem war die Vorstellung einer Mehrzahl von Göttern wohl schon mit dem Augenblick gegeben, da die heilige Macht, die dem Menschen begegnet, den Charakter des persönlichen »Du« erhielt, mit dem der Mensch sprechen kann, und da der Mensch die Zuständigkeit dieser heiligen Macht auf die verschiedenen Gebiete seines Lebens aufgliederte bzw. sie dort jeweils verschieden und gesondert antraf. Man redet hier von »Sondergöttern«, »Funktionsgöttern«, ja »Augenblicksgöttern«, die häufig nur von Fall zu Fall in Aktion treten. Sie haben zunächst wohl mehr dämonischen Charakter und beleben die Naturerscheinungen, treten als Schutzwesen für Personen, Gruppen, Sachen und Orte auf, ehe sie systematisiert werden. Die Entwicklung des Animismus zum Polydämonismus können wir häufig studieren, so z. B. bei den Batak auf Sumatra, wo der Seelenglaube – offenbar nicht ohne indischen Einfluß – eine Mehrzahl von Dämonenklassen erzeugt, über denen schließlich eine Mehrzahl von oberen Gottheiten steht. Ob und wie das in einem zeitlichen Nacheinander geschieht, wissen wir nicht. Ein System, wie sich bestimmte Göttergruppen in bestimmter Abfolge aus anderen entwickelt haben, läßt sich zumeist nicht aufstellen. Diese Götter tragen dann häufig die Gestalt der ursprünglichen Machtwesen, aus denen sie hervorgingen, manchmal nur noch in Resten und Attributen: vor allem Tier- und Pflanzengestalt. Geschlechtliche Bestimmung findet in der Regel statt.

Besonders wichtig ist die Frage nach den *Hoch- und Obergöttern* der Naturvölker, mit denen sich oft das Problem eines *primitiven Monotheismus* verbindet. Sie treten in verschiedenen Formen auf, teils als Schöpfer und Kulturbringer, als Urväter von Göttern und Menschen wie der Schöpfergott Moma bei den Uitoto und verschiedene Gestalten der höheren präkolumbischen Religionen Amerikas, teils als oberste Himmelsväter wie der Himmelsgott *Mawu* bei den Eweern in Togo, der seinen gewaltigen Leib mit dem Lichte des Firmaments salbt, dessen Kleid und Schmuck die Wolken sind, oder wie der Himmelsgott *Tengri* (*Tägri*) der alten Mongolen. Es ist umstritten, ob derartige Gestalten ursprünglich sind, welches Alter sie haben, ob sie sich aus den »Seelen« und Geistern des Animismus und Polydämonismus heraus entwickelt haben oder ob sie unter hochreligiösen Einflüssen entstanden sind. Natürlich stirbt neben ihnen der Polytheismus und Polydämonismus nicht aus. Oft treten sie als *dei otiosi* (»untätige Götter«) in den Hintergrund. Die Theorien des »Urmonotheismus« haben ihnen ein sehr hohes Alter zugeschrieben und haben auf dem Grunde anderer primitiver Religionsformen ebenfalls diesen Ein- und Hochgottglauben gesucht. Daran ist vor allem methodisch vieles umstritten. In jedem Falle geben die primitiven Hochgottgestalten ein eindrucksvolles Bild von der Zielrichtung des religiösen Bewußtseins auf das Einheitliche im Gottesbegriff.

Mythus

Unter einem Mythus wird zwar häufig die ausgebildete religiöse Erzählung, die Göttergeschichte etwa im Sinne der Griechen und ihrer religiösen Epiker, verstanden. Tatsächlich finden wir aber schon auf sehr frühen Stufen bei den Naturvölkern die Elemente des geschichtlich referierenden oder eine Art von Geschichte sein wollenden Mythus, etwa einen totemistisch-magischen Mythus bei den Aranda- und Loritja-Stämmen Zentralaustraliens. Viele magische Manipulationen werden von mythischen Erzählungen begleitet. Der Kult und die Symbole werden in kleinen Mythen interpretiert. Daneben entsteht ein Naturmythus, der der Erklärung der Naturerscheinungen gilt. Er hängt oft mit dem zauberischen Handeln zusammen. So erzählen die Kai-Leute im ehemaligen Deutsch-Neuguinea »Sagen«, um das Gedeihen der Jams-Felder zu fördern. Das sind natürlich rituelle Erzählungen. Auch die Welt versucht man zu erklären, das, was vorher gewesen ist und was nachher kommt, auch den Aufbau der Welt, die Struktur des Kosmos. Erst recht macht man sich Gedanken über den Menschen, seine Herkunft und seine Bestimmung. Von den Totenreichs-Mythen hörten wir schon. Die Herkunft der Kultur (z. B. Feuer, Ackerbau, Handwerke, Künste) spielt eine große Rolle. Ferner werden soziale und politische Mythen (Entstehung von Volk, Stamm, Sippe, Familie, Ehe, Krieg) konzipiert, wie sie bereits die ältesten totemistischen Systeme auszubilden scheinen.

Der primitiven Mythenbildung wohnt häufig eine gewisse Gesetzmäßigkeit inne, eine Systematik und Logik, nach der sich eines aus dem anderen ergibt. Uns mag davon vieles ungereimt oder schwer verständlich erscheinen. Schon die spätere Antike verwendete ja den Ausdruck *Mythus* für »unsinnige Fabeln«. Darauf hat – wenn auch einseitig – der Völkerkundler Leo Frobenius hingewiesen. Ganz gewiß kann man aber u. a. Analogie, Kontradiktion, Umkehr, Wiederholung, Imitation, Periodisierung, Kreislauf als Motive ansehen, die einzelnen Mythen zugrunde liegen. Die Fabulierlust und das natürliche Gestaltungsbedürfnis – gerade des primitiven Menschen – spielen eine beträchtliche Rolle dabei. Oft ist sicherlich die komplizierte Mythologie höherer Naturvölker der Neuzeit – etwa der Batak auf Sumatra, der südamerikanischen Indianer – überschichtet durch Mythen der Hochreligionen. Aber sie stammt in ihren Grundbeständen nicht von dort, sondern muß irgendwie entstanden sein. Der Polytheismus hat zweifellos einen besonders fördernden Einfluß gehabt und erhebt die Mythologie sozusagen in ihr »klassisches« Stadium.

Mit der Bildung des Mythus haben die schriftlosen Völker – ebenso wie wohl schon unsere prähistorischen Vorfahren – einen entscheidenden Beitrag zum Werden unserer Gesamtkultur geleistet, die sich auf dem mythischen Bewußtsein aufbaut und damit heute noch in der gesamten Menschheit untrennbar verbunden ist.

Kultus und Priestertümer

Der Kult unter Anwendung verschiedenster ritueller Formen ist das Wesentliche der primitiven Religion. Die regelmäßigen Hauptformen dieses Kultus ergeben sich aus den Gottes- und Heiligkeitsvorstellungen. Alle sind sie mehr oder weniger durch die Gesetze der heiligen Macht, des Tabu, des Zaubers bestimmt. Urformen des Opfers haben wir im Salben, Einreiben und Besprengen heiliger Gegenstände. Wo Tiere und Pflanzenprodukte geopfert werden, treten heilige Mahlzeiten hinzu. Zauberische und totemistische Riten werden durch Tänze, mimische und gestische Vorführungen, Maskierungen, Reinigungen, Waschungen, Beschwörungen, Gesänge, Musik, Umzüge u. dgl. ausgeführt. Alle diese Veranstaltungen haben ihren tiefen Sinn im magischen System und Weltbild. Sie werden nach einer ihnen eigenen Logik vollzogen. Die Symbolik und Liturgie des Kultus ist oft sehr reichhaltig. Die Abfolge kultischer Feiern wird durch ein schon früh entstandenes sakrales Jahr geregelt. Bestimmte Feste werden fixiert, das Natur- und Wirtschaftsjahr bietet dafür die Grundlage. Zu den einfachen Opfern treten höhere, in denen die magische Vorstellung durch den Huldigungs- und Geschenkgedanken zurückgedrängt wird. Tiere und Menschen sind ihr Gegenstand.

Die Riten werden kompliziert. Mit dem Opfer verbinden sich Sühne- und Weihezeremonien. Es wird in viele Teile und Akte differenziert. Seine Beseitigung durch Feuer oder Vergraben oder Ins-Wasser-Werfen oder Verzehren wird wichtig. Große Mahlzeiten knüpfen sich daran.

Je komplizierter diese Riten werden, desto wichtiger ist die Rolle der Personen, welche die heiligen Handlungen vollziehen. Denn ihnen ist eine besondere Gottesnähe auferlegt, sie haben es unmittelbar und dauernd mit den anspruchsvollen heiligen Mächten zu tun und müssen alles vermeiden, was dem Kult seine Wirksamkeit nehmen könnte. Zunächst sind es anscheinend freilich die Familien- und Sippenhäupter, denen diese Aufgabe als »Hauspriestern« zufällt, aber schon früh dürften sich eigene Ämter, ein

Afrikanische Tieropferung (neuzeitliche abessinische Malerei)

»berufliches« Priestertum herausgebildet haben, wie wir es bis heute allenthalben in verschiedenen Formen bei den Naturvölkern antreffen, wie es auch durch die Vielfalt und die Größe der Aufgabe notwendig wurde. Die »Hauspriester« sind daneben nicht ausgestorben. Die Priester sind teilweise Zauberer, die die magischen Riten und Techniken kennen, teilweise Medizinmänner, die über eine bestimmte heilige Materie verfügen, um Krankheiten zu heilen und – was vor allem wichtig ist – das Wetter und die Fruchtbarkeit, den Krieg und den Frieden zu beschwören, zu prophezeien, Orakel zu erteilen, Unheil abzuwehren. Sogenannte Schamanen erfüllen diese Aufgabe bei den zentral- und nordasiatischen Völkern und in der arktischen und subarktischen Zone auf dem Wege der Ekstase und Vision. Teilweise sind solche Priestertümer erblich oder übertragbar. Manchmal werden sie in einem ganz bestimmten Berufungserlebnis, womöglich ekstatischer Art, übermittelt und in Einführungsriten oder Weihen (»Initiationen«) den Kandidaten zugeteilt, wie im arktischen Schamanismus. In der Regel werden ihre Techniken erlernt. Es gibt Priestertümer, die eng mit dem obrigkeitlichen Amt verbunden sind, schließlich ganze priesterliche Systeme und Hierarchien, wie wir sie etwa aus Indonesien oder Afrika kennen. Neben den Priestern können noch andere heilige Personen, vor allem Ekstatiker oder inspirierte Propheten, in den höher entwickelten Religionen erscheinen.

Für den Kult, seine Riten und seine Objekte, gibt es Kultstätten, Anbetungs- und Opferplätze, Opfermatten und Altäre, Hütten, Kult- und Gemeinschaftshäuser oder – wie bei den Zentralaustraliern – heilige Höhlen, die an steinzeitliche Verhältnisse erinnern, in denen die Zeremonien vollzogen oder die Kultgeheimnisse und Kultgegenstände aufbewahrt werden.

Weihen, Mysterien, Kultbünde

Unter den heiligen Handlungen, die Sache der Ritualkundigen, der Kultfunktionäre sind, heben sich gewisse Weiheakte hervor, die – an wichtigen Stellen des Lebens des Einzelnen und der Gemeinschaft stehend – als *rites de passage* (»Durchgangsriten«) bezeichnet werden. Solche Lebensweihen sind neben der Geburts- und Namensweihe vor allem die wichtigen Jugendweihen und Mannbarkeitsriten (man nennt sie nach ihrem sozialen Rahmen auch »Altersklassen«), die mit allerlei asketischen Übungen, Quälereien, Mutproben, Beschneidungen, Brandmarkungen und sonstigen Kennzeichnungen (z. B. Abfeilen und Schwarzfärben der Zähne bei den Batak) verbunden sind und dem Initianden (Weihekandidaten) gleichzeitig allerlei Lebenskunde vermitteln. Der Lebensabschnitt, in den er nun eintritt, wird gleichsam als ein neues Leben angesehen.

Wichtig sind natürlich dann auch die Eheweihen und Hochzeitszeremonien als Höhepunkte des Lebens und Mysterien der Fortpflanzung und menschlichen Fruchtbarkeit. Dazu kommen Berufs- und Funktionärsweihen, wie vor allem die Häuptlings- und Königsweihen mit sinnreichen Riten, bei denen Opfer eine große Rolle spielen. Nicht minder bedeutsam sind Krieger- und Kriegsweihen, die mit magischen und asketischen Praktiken und Analogiezauberhandlungen die Kräftigung der Krieger erzielen wollen. Vielfach gibt es Beichtriten und Sündenbekenntnisse, die der Festigung des Einzelnen und der Gemeinschaft dienen.

Ein entscheidendes religiös-soziales Element stellen bei vielen höher entwickelten Naturvölkern die Bünde und geheimen Gesellschaften dar, die das fortsetzen und vertiefen, was die Weihen begonnen hatten. Diese »Klubs« kennen wir aus der Südsee, wo ihnen prächtige Gemeinschaftshäuser zur Verfügung stehen, und von der westafrikanischen und nordamerikanischen Küste. Sie sind meist Männerbünde, gelegentlich auch konkurrierende Frauenvereinigungen, und entwickeln einen ungeheuren Einfluß, oft sogar Macht. Sie scharen sich um das Zentrum eines Kultgeheimnisses und heiliger Riten und treten neben die natürlich-biologisch gewachsenen kultischen und sozialen Gemeinschaften. Die Männerhäuser sind oft Mittelpunkte politischer Machtkämpfe und terrorisierender oligarchischer Gruppen gewesen und insofern auch religionssoziologisch von hohem Interesse.

Vereinzelt kommen bei den Naturvölkern auch rituelle Begehungen in Kultgemeinschaften vor, die bereits den »Mysterien« der hohen Religionen ähneln und ein Kultdrama von vorbildlicher Bedeutung und »erlösender« Wirkung zum Inhalt haben, wie etwa der interessante Mandwa-Kult der Nyaruanda, eines Bantu-Volkes in Uganda. Solche Riten sind die Fortsetzung der Weihen und kultischen Bünde, wenngleich auch hier wieder Einflüsse der Hochreligionen vermutet werden können.

Die neuzeitlichen Religionen der schriftlosen Völker bilden bis heute für die Wissenschaft ein schwieriges Problem; wir wissen zu wenig über ihr Woher, denn nur von einzelnen können wir annehmen, daß sie sich unberührt von den hohen Kulturen bis auf die Gegenwart erhielten und eine geradlinige Verbindung bis in jene Zustände besitzen, die der Prähistorie der Hochkulturen in etwa entsprechen. Aber auch hier fehlt die Sicherheit. Die meisten haben zweifellos ihre vom großen Welt- und Kulturgeschehen nicht unberührte Entwicklung genommen. Aber es leuchtet uns aus ihnen, wenn auch gebrochen, immer noch das Bewußtsein ursprünglichen religiösen Verhaltens entgegen, das in den innersten religiösen Regungen des modernen Menschen manchen geheimen Widerhall findet, weil es zutiefst menschlich ist, mögen uns Heutigen auch seine Äußerungen auf den ersten Blick fern und fremd erscheinen.

Die Religionen der vorkolumbischen Hochkulturen Amerikas

Mit der spanischen Conquista des 16. Jahrhunderts wurde die Entwicklung der amerikanischen Hochkulturen abgebrochen, deren vornehmste Träger damals die Azteken im Hochtal von Mexiko, die Maya in Guatemala und Yucatan und die Inka des andinen Hochlandes waren. Im Jahre 1521 gelang dem Conquistador Fernando Cortez die endgültige Eroberung Mexikos, 1532 überwand Francisco Pizarro das Inkareich, während sich die letzten heidnischen Maya, gegen die erstmalig 1523 Pedro de Alvarado gezogen war, erst 1697 der spanischen Übermacht beugten.
Die Christianisierung durch die Spanier bereitete dem offiziellen Bekenntnis zu den einheimischen Religionen und der Ausübung ihrer Kulte ein Ende. Dennoch können die Kulturreligionen des vorkolumbischen Amerika nicht schlechthin als »tot« bezeichnet werden. In Ländern, die, im Gegensatz zu Nordamerika, einen verhältnismäßig hohen Anteil der indianischen und besonders der Mischlingsbevölkerung erhalten haben, besteht einmal die Möglichkeit der Wiedererweckung alter Traditionen im Gefolge politischer Emanzipationsbewegungen. Tiefgreifender dürfte die Beeinflussung des Christentums durch autochthone einheimische Vorstellungen sein. Es ist noch Aufgabe der Forschung, im einzelnen herauszuarbeiten, wie in Zügen der christlichen Heiligenverehrung und in der christlichen Kunst das Erbe der vorchristlichen Religionen weiterlebt.
Kunde von den Religionen der Azteken, Maya und Inka haben wir aus verschiedenen Quellen. Wir besitzen einmal spanische Berichte aus dem Kreis der Conquistadoren und der in ihrem Gefolge ins Land gekommenen christlichen Missionare. Von den Azteken und den Maya sind einige Bilderhandschriften mit Hieroglyphen erhalten geblieben. Eine Fülle wertvollsten Materials ist uns ferner durch Aufzeichnungen in den einheimischen Sprachen überliefert, die in christlicher Zeit angefertigt wurden. Zu dieser Überlieferungsgruppe gehören die umfangreichen aztekischen Relationen, die der Pater Bernardino de Sahagún nach Berichten aztekischer Priester und Adliger zusammenstellte, und das in der Quiché-Sprache verfaßte *Popol Vuh*, das die heiligen Überlieferungen eines Teiles der Maya enthält. Schließlich haben moderne archäologische Forschungen unsere Kenntnisse der Religionen der amerikanischen Hochkulturen ergänzt und erweitert.

Die Religion der Azteken

Die aztekische Religion war gekennzeichnet durch eine außerordentlich große Zahl von Gottheiten, deren schillernde Vielfältigkeit das Verständnis dieser Religion erschwert. Als höchster, im Hintergrunde des Pantheons stehender und der kultischen Verehrung entzogener Schöpfergott galt *Tonacatecutli* (»Herr unseres Fleisches«, d. h. des Maises), der auch als *Ometecutli* (»Herr der Zweiheit«) bekannt war; dieser Name weist auf die enge Gemeinschaft mit seiner Gemahlin *Omeciuatl* (»Frau der Zweiheit«), mit der er zu einem himmlischen Elternpaar vereint war, als dessen Wohnort *Omeyocan* (»Ort der Zweiheit«) galt, der oberste, dreizehnte Himmel.

Eigentlicher Stammesgott der Azteken war der kriegerische *Uitzilopochtli* (»Kolibri des Südens«), vielleicht ein später mythologisierter Mensch, der die Wanderungen der Azteken geleitet und sie auf das Hochland von Mexiko geführt hatte. Er galt als Sohn der Erdgöttin *Coatlicue* (» die mit dem Schlangenhüfttuch«) und hatte mit der Tötung seiner feindlichen Schwester, der Mondgöttin *Coyolxauhqui* (»die im Gesicht mit Schellen Bemalte«), symbolisch den Ritus der Menschenopfer begründet.
Zu den wichtigsten Göttern der Azteken gehörte auch *Tezcatlipoca* (»der rauchende Spiegel«), der wohl ursprünglich Schamanencharakter hatte und später als allwissend und damit als Gott der Strafe, Belohnung und Sündenvergebung angesehen wurde. Er war zugleich Gott des Nachthimmels und des Todes, der Jagd und des Krieges. Unter seinem Schutz stand die Schule des Krieges, *telpochcalli* (»das Jungmännerhaus«). Ein Jüngling, der jeweils für die Dauer eines Jahres als Verkörperung Tezcatlipocas gelebt hatte und verehrt worden war, wurde diesem alljährlich geopfert.
Sowohl Uitzilopochtli als auch Tezcatlipoca waren eng mit dem Sonnengott *Tonatiuh* verbunden. Gott des Regens und des Donners war *Tlaloc*, dessen Name vielleicht »Rauschtrank (*Pulque*) der Erde« bedeutet. Seine Schwester *Chalchihuitlicue* (»die mit dem Smaragdhüfttuch«) war Herrin der Seen und Gewässer. Als Göttin der Geburten wurde *Cihuacoatl* (»die Schlangenfrau«) verehrt. Für die Erhaltung des Stammes war auch der Maisgott *Cinteotl* von Bedeutung. Gott des Feuers war *Xiuhtecutli* (»der türkisfarbene Herr«), der auch *Huehueteotl* (»alter Gott«) genannt wurde. Im Totenreich (*mictlan*) herrschte *Mictlantecutli*. Das Pantheon der Azteken kannte ferner eine größere Anzahl von Blumengöttern, *Pulque*-Göttern und Todesgottheiten.
Eine eigenartige Gestalt unter den aztekischen Göttern war *Quetzalcoatl* (»die grüne Federschlange«), weil er die blutigen Menschenopfer der Azteken verabscheute. Als später vergöttlichter Kulturheros der toltekischen Stämme, die vor den Azteken das Hochland von Mexiko beherrscht hatten, lebte er in der toltekischen Stadt Tula, bis ihn feindliche Mächte, der Gott Tezcatlipoca oder Zauberer und Dämonen, zum Verlassen des Landes nötigten. Auf seinem Wege nach dem Osten soll er dem Volk der Maya Religion und Kultur gebracht haben; und in der Tat trägt der Maya-Gott *Kukulkan*, dessen Name ebenfalls »Federschlange« bedeutet und der unter den Maya als Gesetzgeber und Begründer des Kalenders verehrt wurde, durchaus verwandte Züge. Glaube der Azteken war es, daß Quetzalcoatl einst aus dem Osten zurückkehren werde. In dieser Prophetie war der durch das überlieferte fremdartige Aussehen des Gottes unterstützte Irrtum der Azteken und vor allem ihres Herrschers Motecuçoma II. begründet, in den spanischen Eroberern zunächst wiederkehrende Götter zu sehen. Die Spanier ihrerseits hielten den aztekischen Glauben an Quetzalcoatl für eine Erinnerung an ein früheres Wirken des Indienapostels Thomas in »Westindien«.
Eine Ausnahmeerscheinung in der aztekischen Religionsgeschichte bildete der im 15. Jahrhundert (1418–72) herrschende Fürst von Tezcoco, *Nezalhualcoyotl* (»der fastende Präriewolf«), dem sein christlicher Urenkel Don Fernando Alva de Ixtlilxochitl ein literarisches Denkmal gesetzt hat. Der Fürst soll sich, darin dem ägyptischen König Echnaton vergleichbar, gegen den Polytheismus gewandt und außerdem die blutigen Opferriten verschmäht haben.
Hervorstechendes Charakteristikum der aztekischen Religion waren die blutigen Menschenopfer, die im allgemeinen vor dem Götterschrein auf den Pyramiden (*teocalli*) vom Priester durch Herausreißen des Herzens vollzogen wurden. Andere Formen der

sakralen Tötung waren die Erschießung mit Pfeilen, das Schind- und das Feueropfer wie die Tötung in einer Art Gladiatorenkampf.

Die von Cortez in einem seiner Briefe an Kaiser Karl V. stark betonte Opferung kleiner Kinder war eine Sitte, die sich tatsächlich fast nur auf den Gott Tlaloc und andere Regengötter beschränkte. Die üblichste Art des Menschenopfers war die Darbringung von Kriegsgefangenen. Zu diesem Zweck wurde von Motecuçoma I. (1440–69), dem Urgroßvater des jüngeren Motecuçoma, der »Blumenkrieg« (*xochiyaoyotl*) zur kultischen Institution erhoben. Es war ein sakraler Kampf, dem Abmachungen zwischen verschiedenen Stämmen vorausgingen und der grundsätzlich nicht der Veränderung territorialen Besitzes, sondern allein der Gewinnung von Gefangenen diente.

Die Priester, in deren Hand der Vollzug der kultischen Riten lag, lebten in der Nähe der Heiligtümer in klösterlichen Gemeinschaften und waren hierarchisch geordnet. Die ranghöchsten Priester waren der Oberpriester des *Uitzilopochtli* und der des *Tlaloc*; beide trugen den Titel *Quetzalcoatl.*

In priesterlicher Hand waren auch die hochentwickelte Kalenderwissenschaft und das Orakelwesen. Den Orakeln lag kein rein deterministisches Denken zugrunde, weil ihre Entscheidungen in Abhängigkeit von der sittlichen Qualität der Betroffenen gesehen wurden. Die Azteken kannten den Begriff der Sünde und eine aus ihr resultierende irdische Vergeltung durch Unglück oder Krankheit.

Dagegen hing das jenseitige Leben, an das die Azteken glaubten, nicht vom irdischen Verhalten während des Lebens, sondern allein von der Todesart ab. In das Reich des Sonnengottes, wo sie tagsüber als Kolibris oder als Schmetterlinge, nachts als Sterne lebten, gelangten im Kampf gefallene Krieger und den Göttern Geopferte. Ertrunkene, vom Blitz Erschlagene und von Hautkrankheiten Befallene gingen ein in das auf wolkenumhüllten Bergen liegende Paradies des Regengottes Tlaloc. Die Mehrzahl der Toten kam nach *Mictlan*, in die Unterwelt, das Reich des Gottes *Mictlantecutli.*

Die Religion der Maya

Im Gegensatz zu den Azteken, deren Reich bei Ankunft der Spanier eine geschichtlich noch junge Erscheinung war, reicht die Maya-Kultur in verhältnismäßig frühe Zeiten zurück. Als staatliche Bildungen der Maya unterscheiden wir ein Altes Reich (317–981 n. Chr.), das in der Zone feuchten Tropenwaldes lag und dessen Tempelstädte zur Zeit der Conquista schon größtenteils Ruinen waren, und ein Neues Reich (Ende des 10. Jh.s bis 1441) im stromlosen Karstland von Yucatan. Die Gründe, die die Maya des Alten Reiches zum Verlassen ihrer Städte und zum Auszug nach Yucatan veranlaßten, sind uns noch unbekannt.

Möglicherweise sind die Maya ursprünglich aus dem Norden ins Land gekommen oder von Einwanderern aus Mexiko beeinflußt worden. Hierfür sprechen die dem mexikanischen Quetzalcoatl analoge Gestalt ihres Gottes *Kukulkan* sowie Berichte im *Popol Vuh*, die von Einwanderern aus der toltekischen Stadt Tula erzählen. Auch die in sechs bis sieben Untergruppen aufzugliedernde Sprache der Maya, die früher für isoliert gehalten wurde, wird heute gelegentlich mit dem Aztekischen in Verbindung gebracht.

Dennoch ist die Maya-Kultur ein selbständiges Gebilde, was vor allem an der ausge-

Älteste bekannte Tempelpyramide des Maya-Bereiches, Uaxactun (Guatemala)

prägten Eigenart ihres Kunststils deutlich wird. Auch die Religion der Maya darf nicht einfach aus Parallelisierungen zur aztekischen verstanden werden. Sie ist weniger bekannt als die aztekische. Das liegt daran, daß Berichte aus der Zeit der Conquista nicht in gleicher Weise wie in Mexiko aus der lebendigen Tradition schöpfen konnten. Es ist uns noch nicht gelungen, die Götter dieser Berichte mit denen der drei erhaltenen Bilderhandschriften (heute in Dresden, Madrid und Paris) in Einklang zu bringen. Eine phonetische Lesung der Maya-Hieroglyphen ist bislang nicht geglückt. Archäologisch ist, trotz bedeutsamer Bestrebungen in jüngster Zeit, erst ein geringer Teil der Ruinenstädte erforscht.

Erschwerend für das Verständnis der Maya-Religion ist auch die Tatsache, daß ihre ausgesprochen dualistische Weltanschauung sich nicht allein in einer Antinomie gütiger und feindlicher Mächte äußert, sondern den Gegensatz oft durch eine Doppelnatur der Götter zum Ausdruck bringt. So ist der in den Handschriften am häufigsten dargestellte Regengott *Chac* nicht nur ein wohltätiges Wesen, der Spender des fruchtbaren Regens und Beschützer des Maisgottes, sondern auch der Träger von Todessymbolen. Diese gegensätzliche Konzeption der gleichen Göttergestalt mag im geschichtlichen Ablauf der Maya-Kultur in zwei klimatisch völlig unterschiedlichen Gebieten begründet sein: im wasserarmen Yucatan wurden Regengüsse als Segen empfunden, während sie vordem im tropischen Waldland zuweilen unheilbringend sein konnten.

Hinsichtlich der Häufigkeit seines Vorkommens in den Handschriften steht an zweiter Stelle der Gott *Itzamna*, seiner Bedeutung nach die Hauptgestalt unter den Maya-

Göttern. Er ist Herr des Himmels und wurde wahrscheinlich auch als Sonnengott angesehen. Zugleich galt er als Kulturheros und Herrscher der Urzeit. Er war der Sohn des *Hunabku*, eines im Hintergrunde stehenden Hochgottes, der als unkörperlich und unsichtbar angesehen und daher nicht bildlich dargestellt wurde und auch keine kultische Verehrung genoß. Als Gattin des Itzamna ist die Mondgöttin *Ixchel* bekannt.

Mit der mexikanische Einflüsse nahelegenden Gestalt des Gottes *Kukulkan* wurde die Gründung von Chichén Itzá, der bedeutendsten Stadt des Neuen Reiches in Yucatan, in Verbindung gebracht. Im übrigen vereinigt Kukulkan eine Reihe von Attributen, die auch dem Itzamna eigen sind.

Die Maya verehrten einen Maisgott, der zugleich Schützer der Ehe war. Sein Feind war der Todesgott. Eine seltsame, nur dem Maya-Pantheon eigene Gestalt war *Ixchab*, die Göttin der Selbstmörder, die diesen zum direkten Eingang ins Paradies verhalf. Kriegsgötter scheinen bei den Maya eine gegenüber den Azteken weitaus geringere Bedeutung besessen zu haben.

Auch das kultische Zeremoniell der Maya war unblutiger als das aztekische. Es wurden Früchte und Blumen geopfert, allerdings auch Vögel, Truthähne und Hunde. Sakrale Tötung von Menschen war seltener; hierbei war neben den aztekischen Formen des Opfervollzugs vor allem das Ertränken in heiligen Gewässern üblich.

Die Gruppe der Opferpriester nahm im Priestertum der Maya nur eine untergeordnete Stellung ein. Die ranghöheren Priester, deren Verbindung mit den Fürstengeschlechtern offenbar nicht ganz gelöst war, widmeten sich wissenschaftlichen Aufgaben auf den Gebieten der Schriftkunde, der Kalenderwissenschaft und Himmelskunde sowie der Medizin und der sakralen Baukunst, deren Bemühung vor allem der Errichtung der den gestuften Himmel symbolisierenden Tempelpyramiden galt. An der Spitze der Priesterschaft stand der »Schlangenfürst«, der die übrigen Priester einsetzte, die *Ahkin* (»die von der Sonne«); mit dem Titel Ahkin werden noch heute im Land die katholischen Kleriker bezeichnet.

Sehr wesentlich unterschieden von den aztekischen Vorstellungen waren auch die Anschauungen der Maya über die Bedingungen für das Fortleben im Jenseits. Nach dem Glauben der Maya war hierfür das sittliche Verhalten während des Erdenlebens entscheidend. So wurde als Sühne für ein sündhaftes Leben die Verbannung des Toten in die Unterwelt (*mitnal*), deren Herrscher der Gott *Hunahau* ist, angenommen; als Lohn für ein gutes Leben galt das himmlische Paradies.

Die Religion der Inka

Das Inkareich *Tahua-ntin-suyu* (»Gesamtheit der vier Weltgegenden«), auf das die spanischen Eroberer nach acht Jahren erfolgloser Suche 1532 stießen, sah auf kein hohes Alter zurück. Aufbauend auf älteren Kulturen und mit fortschreitender Unterwerfung von deren Trägern, hatten die Inka, ein Stamm unbekannter Herkunft, vom Ende des 12. nachchristlichen Jahrhunderts an mit dem Zentrum im Hochtal von Cuzco einen Staat begründet, der nach den Eroberungen des 15. Jahrhunderts seine größte Ausdehnung gewann und Peru, Teile von Ecuador, Bolivien und Argentinien umfaßte und nach Kolumbien und Brasilien hineinragte. Dieses Reich war straff organisiert. Es wurde zusammengehalten durch die von den Inka eingeführte Staatssprache des Quechua, die später von den christlichen Missionaren weiter verwandt und noch verbreitet wurde. Ein technisch hervorragend ausgebautes System von Straßen diente vornehmlich der schnellen Übermittlung von politischen und militärischen Nachrichten. Das innere Gefüge des Reiches war gekennzeichnet durch eine planmäßige Aufgliederung und Heranziehung des Volkes zu gemeinsamen Arbeitsvorhaben, der eine hochentwickelte soziale Fürsorge korrespondierte. Der wesentlichste Faktor für den Bestand des Reiches aber war die Religion der Inka, die, unter duldsamer Einfügung vorgefundener Kulte in ihr System, Grundlage eines sakralen Herrschertums war.

Die theokratische Staatsidee beruhte auf der Annahme der Göttlichkeit der *Inka*. Mit diesem Titel, der bis heute im Land als Bezeichnung der Dorfältesten lebendig geblieben ist, wurde sowohl der inkaische Adel bezeichnet wie auch der Herrscher selbst, der *Sapay Inka* (»Einziger Inka«), der als irdische Inkarnation des Sonnengottes *Inti* galt und daher *Intip Cori* (»Sohn der Sonne«), bezeichnenderweise aber auch *Huaccha Coyac* (»Freund der Armen«) hieß; seine schwesterliche Gemahlin trug den Titel *Mama Quilla* (»Mutter Mond«).

Vom Sonnengott direkt stammte nach inkaischer Vorstellung der erste Inka der Königslisten, der sagenhafte Kulturheros und Begründer der Dynastie ab, *Manco Capac*; das Wort *Manco* ist nicht inkaisch, *Capac* bedeutet »mächtig«. Eine entscheidende Förderung erfuhr die Sonnenreligion mit ihrer Intention der Vergöttlichung des Herrschers wohl in der Regierungszeit des neunten Inka, des Usurpators *Pachacutic* (»Weltenwende«, 1438–71), mit dem die zuverlässige Geschichte des Inkareiches überhaupt beginnt.

Der Sonnengott *Inti* war der älteste Sohn des Schöpfergottes, des »Vaters der Sonne«. Dieser wurde unter zwei Namen verehrt, die das Problem aufwerfen, ob es sich vielleicht ursprünglich um zwei unterschiedliche Göttergestalten gehandelt habe. Unter dem Namen *Pachacamac* wurde er als »Welterhalter« verehrt; der zweite Bestandteil seines Namens *Viracocha*, *cocha*, bedeutet »See« und bezieht sich zweifellos auf den heiligen Titicacasee im Hochgebirge. Das Wort *vira*, das mehrere Bedeutungen hat, heißt vielleicht im vorliegenden Zusammenhang »Lava« und würde dann darauf hinweisen, daß der Schöpfergott die Welt aus vulkanischer Lava bildete.

Stammte der lebende Inka als Sohn des Sonnengottes indirekt vom Weltenschöpfer ab, so galt seine Hauptgemahlin und Schwester als Verkörperung der Mondgöttin *Mama Quilla*. Zu den verschiedensten Naturkräften, die göttliche Verehrung genossen, gehörten ferner vor allem der Blitz-, Donner- und Regengott *Illapa* und die Fruchtbarkeitsgöttin *Pachamama* (»Erdmutter«), die noch heute angebetet wird.

Die Aufnahme vorinkaischer Lokalgottheiten in das System der Staatsreligion war durch die *Huaca*-Verehrung legitimiert. Als eine *Huaca* konnte jeder heilige Gegenstand oder Ort angesprochen werden. Vielleicht ist die Wurzel dieses Glaubens im Totenkult zu suchen; noch heute werden Begräbnisplätze als *Huaca* bezeichnet.

Die zentrale Kultstätte für alle Gottheiten des Inkareiches war der Tempel *Curicancha* (*curi* »Gold«; *cancha* »Umzäunung«); der Ort, auf dem sich aus der alten Zeit nur wenige Ruinen erhalten haben, ist heute im Besitz des Dominikanerordens. Der Tempel bewahrte einst das goldene Bild der Sonnenscheibe, die Darstellungen anderer Götter und die auf goldenen Thronen sitzenden Mumien der verstorbenen Inka-

Herrscher; die sichtbare Darstellung ihrer Göttlichkeit im Haupttempel ist vielleicht erst im Zuge der Verklärung des Inkatums durch Pachacutic erfolgt. Zum Tempelkomplex gehörten ferner Opferplätze und Priesterwohnungen.

An der Spitze der Priester (*villaviza*), die von staatlichen Arbeiten und vom Kriegsdienst befreit waren und hinsichtlich ihrer unterschiedlichen Funktionen in zahlreiche Gruppen aufgegliedert wurden, stand »das heilige Handlungen verrichtende Oberhaupt« (*villahuma*). Es gab auch Priesterinnen, die »auserwählte Frauen« (*aclla*) genannt wurden und in der Gemeinschaft von Klöstern (*acllahuasi*) lebten.

Der Hohepriester der Inka (links) verrichtet ein Brandopfer

Unter den Opfern überwogen Trank- und Speiseopfer und besonders kultische Darbringungen von Llamas bei weitem die Menschenopfer, die, im Gegensatz zu Mexiko, stets Angehörige des eigenen Volkes betrafen. Man glaubte, daß Kinderopfer das Leben des Inka verlängerten.

Für die Lebensdauer des Inka wurden auch Gebete gesprochen und öffentliche Beichten abgelegt. Die Religion der Inka kannte den Begriff der Sünde (*hucha*), der sich in erster Linie auf Mord, Diebstahl und Sittlichkeitsverbrechen bezog.

Von den Vorstellungen über das Leben nach dem Tode wissen wir nur so viel, daß es, wie in der altägyptischen Religion, offenbar von der Erhaltung des Körpers abhängig war. Deshalb galt als härteste Strafe die Verbrennung, und es ist aus diesem Grunde verständlich, daß sich der letzte Inka *Atauhualpa* (»Bringer des Kriegsglücks«) im August 1533 nur deshalb taufen ließ, um dem Scheiterhaufen zu entgehen und zum Tode durch Erdrosseln begnadigt zu werden.

Die Religion der Chinesen

Die alte Reichsreligion

Wie in Indien, so ragt auch in China eine uralte Religion bis in die jüngste Vergangenheit herein. Ja, der Zusammenhang mit einer fernen Urzeit ist in China noch deutlicher zu erkennen, vor allem an der Schrift, die – in ihrer ältesten Form eine Bilderschrift – sich bis heute erhalten hat, während die anderen alten Bilderschriften längst zu toten Dokumenten geworden waren, welche die Wissenschaft mühsam neu entziffern mußte, oder sich in einer Buchstabenschrift bis zur Unkenntlichkeit gewandelt hatten. Auch die einsilbige Sprache, die an Variationsmöglichkeit hinter den indogermanischen und semitischen Sprachen weit zurückbleibt, trägt noch etwas von der Primitivität einer Urkultur in sich.

Die alte chinesische Religion hat ihren Niederschlag gefunden in den fünf kanonischen oder, richtiger, klassischen Schriften (*wu ching*), am reinsten in dem uralten, in das mythische Altertum zurückreichenden zauberhaften »Buch der Wandlungen« (*I-ching*), dessen Ursprung dem mythischen Kaiser Fu-hsi zugeschrieben wird und das als eines der wichtigsten aller heiligen Bücher gilt; dazu kommen in einer konfuzianischen Umarbeitung das »Buch der Urkunden« (*Shu-ching*), das eine aufschlußreiche Sammlung von Urkunden aus der Zeit vom 11. bis 7. Jahrhundert v. Chr. darstellt, das »Buch der Lieder« (*Shih-ching*), das auch Opferlieder und Hymnen enthält, und das in unserer Zeitrechnung abgeschlossene »Buch der Riten« (*Li-chi*), das den stärksten konfuzianischen Einschlag trägt, schließlich die von K'ung-tzŭ (Konfuzius) abgefaßten »Frühlings- und Herbstannalen« (*Ch'un-ch'iu*). In allen diesen Werken, mit Ausnahme des ersten, haben die profanen Stoffe das Übergewicht über die religiösen.

Der Grundbegriff der chinesischen Religion ist das *Tao*, d. h. die Bahn, der Weg, auf dem sich das All bewegt, das lenkende Prinzip oder im Sinn der alten matriarchalischen Kultur die »Führerin«, die mütterliche Macht des Weltalls. Der Gedanke der großen Gesetzmäßigkeit der Naturerscheinungen ist nicht erst ein moderner europäischer, sondern ein uralter chinesischer. Gleichwohl ist dieser Begriff nicht ein rationaler, sondern vom Hauch der Mystik umwittert. Dieses geordnete Weltall umfaßt ein männliches, hartes, lichtes, aktives Prinzip (*yang*) und ein weibliches, weiches, dunkles, passives (*yin*) – »das *yin* des Alls und das *yang* des Alls sind das *Tao*«. Sonne und Mond, Himmel und Erde, Mann und Weib, Fürst und Untertan, Frühling und Sommer einerseits, Herbst und Winter andererseits sind die Erscheinungsformen dieses *yang* und *yin*. Der Mensch als Mikrokosmos im Makrokosmos ist ein Glied dieser großen Weltordnung. Wie es ein Himmels-*Tao* und ein Erden-*Tao* gibt, so auch ein Menschen-*Tao* (*jên-tao*). Das Glück des Menschen besteht darin, in Harmonie mit dem *Tao* zu leben. Dies geschieht in doppelter Weise: durch Erkenntnis des *Tao* und demütige Unterwerfung unter dasselbe.

Neben dem *Tao* oder, richtiger, im *Tao* stehen die personal gefaßten göttlichen Wesen, an ihrer Spitze *Shang-ti*, der ursprünglich mit dem Polarstern verbunden war und später in einer volleren Bezeichnung *Huang-t'ien Shang-ti* (»der erhabene Himmel, der Herrscher in der Höhe«) genannt wurde. Er zeigt große Ähnlichkeit mit den Himmelsgottheiten primitiver Völker; auch seine Bezeichnung »Herrscher in der Höhe« teilt er mit einzelnen von diesen. Sein Verhältnis zum *Tao* ist ein ähnliches wie das des vedischen *Varuṇa* zu *ṛtam* (s. S. 142), das des griechischen *Zeus* zu *Moira* oder *Haimarménē*. Die Ordnungen der Welt erscheinen als Gesetze des Himmels, das Schicksal als sein »Befehl«. Dieses bestimmt der Himmel dem Menschen in voller unparteiischer Gerechtigkeit. Den Guten sendet er hundertfaches Glück, den Bösen hunderterlei Unglück. Der Himmel ist allwissend und allweise, aber auch treu und gütig. Anthropomorphe Züge fehlen nicht – der Himmel »schaut herab«, »hört«, »freut sich« in seinem Herzen; aber diese Züge treten sehr zurück. Zu einer eigentlichen Mythologie, insbesondere einer Schöpfungsmythologie, finden sich nur schwache Ansätze.

Die Haltung des frommen Menschen gegenüber dem Himmel ist die der tiefen Ehrfurcht; »der Himmel ist hoch, wir wagen nur gebückt zu stehen« (*Shih-ching*). Die Anrufung des Himmels steht jedermann offen; aber sein geordneter Kult wurde vom Kaiser als »Sohn des Himmels« am »Altar des runden Hügels«, dem Himmelstempel zu Peking, einem offenen, terrassenförmigen Tempelgelände, vollzogen. Das Gebet zum Himmel wird in leidenschaftsloser, feierlicher Weise vorgetragen. Das Problem der Theodizee, das auch die chinesischen Frommen beschäftigte, fand seinen Ausdruck in Klagegebeten zum Himmel.

Obgleich der chinesische Himmelskult einen monotheistischen Eindruck erweckt, ist er doch nur henotheistisch, weil ihm noch zahlreiche andere göttliche Wesen zur Seite stehen. Aus dem Gott des Erdbodens, näherhin des feudalen Territoriums (*Shê*), und dem Gott der Ernten (*Chi*), dem jede Familie opferte, scheint der Patron des Ackerbaus *Hou-chi* hervorgegangen zu sein. Dazu treten die mannigfachen Naturgeister, Berge, Flüsse, Sonne, Mond, die fünf Planeten, die zwölf Sternbilder des Tierkreises, Wind, Regen, Blitz, Rauch usw. Entsprechend der animistischen Anschauung gilt die ganze Welt als von Geistwesen beseelt. Als sinnenfälliges Zeichen ihrer Gegenwart dient eine »Geistermatte«, ähnlich der Opferstreu in der indogermanischen Religion (s. S. 138), oder eine Bank.

Ebenso große Bedeutung wie den verschiedenen Naturgeistern kommt den Ahnengeistern zu. Nach chinesischer Auffassung hat der Mensch – ähnlich wie nach ägyptischer – zwei Seelen, eine Leibesseele (*p'o*), die am Schicksal des Leibes im Grabe teilnimmt, und eine geistige (*hun*), die nach dem Tode in den Himmel fährt. Ursprünglich beschränkte sich der Ahnenkult auf die Verehrung der Glieder der kaiserlichen Familie und verdienter Persönlichkeiten (Astronomen, Rechtsgelehrte); später wurde sie verallgemeinert. Die Gegenwart der unsichtbaren Ahnen wird greifbar im Totenknaben und später in der Ahnentafel, auf welcher die postumen Namen des verstorbenen Vorfahren eingeschrieben sind.

Mit allen höheren Wesen stand das chinesische Volk in Kontakt. Der Kult war streng geregelt. Die Riten galten als »Grundlagen des Reiches« (*Shu-ching*). Der Kaiser selbst brachte als Hoherpriester die Opfer dem Himmelsgott und seinen Ahnen dar, die Lehensfürsten der Erde, den Strömen und Bergen ihrer Provinz, die Mandarinen die Kollektivopfer an die Geister, der Hausvater die Ahnenopfer. Dem Erdgott opferten die Familien gruppenweise. Neben den Beamten, welche den öffentlichen Kult vollzogen, standen noch Schamanen und »Beter«.

Gegenstand des Opfers waren vorwiegend Tiere, in früherer Zeit auch Menschen;

daneben wurden Früchte, besonders Hirse, süßer Wein, Seidengewebe und Jade dargebracht. Der Opfernde mußte sich durch Enthaltsamkeit, Abgeschiedenheit und Konzentration für das Opfer heiligen. Dem Opfer lag die Idee einer Speisung der höheren Wesen zugrunde. Frühzeitig wurde es jedoch vergeistigt und als Ausdruck der Ergebenheit und Ehrerbietung aufgefaßt; insbesondere galten die Ahnenopfer als Bezeugung der fortdauernden kindlichen Pietät (*hsiao*). Die das Opfer begleitenden Gebete zeigen eine zeremoniöse Feierlichkeit und Steifheit und gleichen den Berichten eines Beamten an den Herrscher. Einen spontaneren und intimeren Charakter zeigt der Gebetsumgang mit den Ahnen, besonders den Eltern.

Neben dem Opferkult stand ein ausgedehntes Orakelwesen. Auf der Gesetzmäßigkeit des Naturablaufs mit dem wechselnden Spiel des *Yin*- und *Yang*-Elementes baut sich die Mantik auf. Der Gehorsam gegenüber dem *Tao* fordert geradezu Respekt vor dieser Mantik. Die Beachtung des Kalenders, dessen Bearbeitung in der Hand der Staatsbeamten lag, galt als religiöse Pflicht. Bestimmte Tage werden teils als geeignet, teils als ungeeignet angesehen für Eheschließung, Wohnungswechsel, Hausausbesserung, Saat, Ernte, Jagd, Geschäft, Reise, Opfer usw. Der Enträtselung der Zukunft diente in alter Zeit der Panzer der Schildkröte, in den verschiedene Löcher gebohrt wurden. Später trat an seine Stelle das Stäbchenorakel. Die Stengel der Schafgarbe, die als besondere Wohnung der Allseele gelten, repräsentieren das *Yang*-Element, geknickt das *Yin*-Element; je nachdem sie kombiniert werden, ergeben sie die verschiedensten Trigramme und Hexagramme, die dann eine Antwort auf die Fragen hinsichtlich der Zukunft ermöglichen.

Die chinesische Reichsreligion gehört in den Bereich der primitiven Religionen; doch hat sie sich nicht nur in die Breite, sondern auch in die Tiefe fortgebildet, und zwar einmal durch den Gedanken der kosmischen Harmonie, den »Universismus«, sodann durch eine starke Ethisierung, die in der Sittlichkeit den wahren Kult erblickt – »nur die Tugend bewegt den Himmel; nichts ist so fern, das sie nicht erreichen könnte« (*Shu-ching*).

K'ung-fu-tzŭ und die konfuzianische Staatsreligion

Eine noch stärkere Ethisierung und Rationalisierung erfuhr die chinesische Religion durch die Reform, die an ihr K'ung-fu-tzŭ – meist einfach K'ung-tzŭ, d. h. Meister K'ung, genannt – und seine Schüler vornahmen. Zu dem kanonischen Schrifttum der *wu ching* (der fünf kanonischen Bücher) trat ein deuterokanonisches Schrifttum von vier *shu* (»Schriften«): die Gespräche des K'ung-tzŭ (*Lun-yü*), die von K'ung-tzŭ's Enkel Tzŭ-ssŭ verfaßte »Lehre der Mitte« (*Chung-yung*), »das große Studium« (*Ta-hsüeh*), eine philosophische Begründung der konfuzianischen Lehre, und die sieben Bücher des Popularphilosophen Mêng-tzŭ.

K'ung-tzŭ (551–478 v. Chr.) war nach einer Lehrtätigkeit nur kurze Zeit im Staatsdienst beschäftigt und führte dann ein Wanderleben. Wie andere »Religionsstifter« hinterließ er keine Schriften; seine Gespräche wurden von seinen Schülern aufgezeichnet. K'ung-fu-tzŭ wollte kein Neuerer sein, sondern ein Verteidiger und Wiederhersteller der Tradition – »ich bin ein Überlieferer, kein Schöpfer, ich glaube an das Altertum und liebe es«. K'ung-fu-tzŭ war begeistert für das *I-ching* und das *Li-chi*.

Von ersterem sagte er: »Wäre mir eine Vermehrung der Lebensjahre beschieden, so würde ich fünfzig von ihnen dem Studium des *I* widmen, damit ich keine großen Irrtümer mehr begehe.« Die Riten (*Li*) bezeichnete er als die »Wurzeln des großen All, das sich in Himmel und Erde teilt«, »die große Bresche zum Verständnis des himmlischen *Tao*«. Die alten Urkunden des *Shu-ching* und *Shih-ching* sichtete er und schied dabei aus, was ihm als nicht passend erschien. Dadurch ist freilich gerade im *Shih-ching* viel Volkstümliches verlorengegangen.

K'ung-fu-tzŭ war kein religiöser Reformator, sondern ein Sittenlehrer, dessen ethische Grundhaltung in die Tiefen des religiösen Fühlens hinabreicht. Sein Ideal ist *jên*, was man mit »Sittlichkeit, Menschlichkeit, Humanität« wiedergeben kann. In dieser Sittlichkeit findet der Mensch den Frieden. Sie liegt ganz und gar im Willen – »sobald wir die Sittlichkeit wünschen, ist sie da; wenn der Wille auf Sittlichkeit gerichtet ist, gibt es kein Böses«. K'ung-tzŭ's Ethik ist getragen von dem optimistischen Glauben an die Kraft des guten Willens, der durch keine Erbsündlichkeit geschwächt ist. Sittlichkeit ist unlöslich mit Gerechtigkeit verbunden – »der Edle hält Gerechtigkeit für das Wesentliche, mit Schicklichkeit übt er sie, mit Bescheidenheit äußert er sie, mit Aufrichtigkeit führt er sie zu Ende«. Die Gerechtigkeit schließt in sich die Güte, die jedoch nicht bis zur Feindesliebe sich erhebt. »Nur der Menschliche vermag andere zu lieben«, aber er vermag auch »andere zu hassen«, nämlich die sittlich Schlechten. Auf die Frage »Was würdest du sagen, wenn man Unrecht mit Güte vergelten wollte?« antwortete K'ung-tzŭ: »Womit willst du dann Güte vergelten?« »Mit Gerechtigkeit vergelte man Unrecht, aber Güte mit Güte.«

In dieser Sittlichkeit liegt K'ung-fu-tzŭ's Religion. Was eine moderne abendländische Religionsphilosophie als »charakteristische Religion« bezeichnet hat, ein konkreter Gottesumgang des Menschen, ist K'ung-tzŭ fremd. Er kennt keine andere Selbstoffenbarung Gottes als die große kosmische Gesetzmäßigkeit: »Die vier Jahreszeiten gehen ihren Gang, alle Kreaturen werden hervorgebracht, redet etwa der Himmel?« Auch das naive Bittgebet hat in K'ung-tzŭ's Weltbetrachtung keinen Platz. Als einer seiner Schüler für den schwerkranken Meister eine Litanei beten lassen wollte und auf K'ung-fu-tzŭ's Frage »Gibt es so etwas?« auf einen Vers des *Shu-ching* sich berief: »Wir beten zu euch, ihr Götter oben und ihr Erdengeister unten«, antwortete K'ung-tzŭ in einem mehrdeutigen Wort: »Mein Gebet ist lange«, d. h. entweder »lange ist es her, daß ich gebetet habe« oder »so habe ich längst gebetet« oder »mein Gebet ist ununterbrochen«. Dem jenseitigen Leben nach dem Tode gegenüber zeigte K'ung-fu-tzŭ völlige Interesselosigkeit. Auf die Frage seines Schülers nach dem Wesen des Todes erklärte er: »Wenn man noch nicht das Leben kennt, wie sollte man den Tod kennen?« Trotz dieser Zurückhaltung gegenüber allen landläufigen religiösen Vorstellungen übte K'ung-tzŭ das ererbte gottesdienstliche Zeremoniell. Als er einmal das königliche Heiligtum betrat, erkundigte er sich nach jeder einzelnen Verrichtung. Als jemand erstaunt äußerte: »Wer will behaupten, daß der Sohn des Ts'u die Religion kennt, da er sich beim Betreten des großen Tempels erst nach jeder einzelnen Verrichtung erkundigt?«, sprach K'ung-tzŭ: »Eben das ist die Religion.« In der tiefen Ehrfurcht vor dem kosmischen Gesetz, vor dem sittlichen Ideal, vor dem Geheimnis des Lebens und Todes, vor allem menschlich Großen ist K'ung-fu-tzŭ's Religion beschlossen: »Der Edle hat dreierlei, wovor er Ehrfurcht empfindet, er empfindet Ehrfurcht vor den Fügungen des Himmels, vor den großen Männern, vor den Worten der Heiligen.«

Diese tiefe Ehrfurcht ist ein Stück Mystik, das K'ung-fu-tzŭ von der alten religiösen Tradition Chinas ererbt hat. Darum wird derjenige ihm nicht gerecht, der in ihm nur einen trockenen Morallehrer erblickt. K'ung-fu-tzŭ ist ein religiöser Ethiker und als solcher ein geistiger Erneuerer seines Volkes gewesen, das in ihm ein Spiegelbild seiner selbst erblickte.

Zu Lebzeiten oder in den ersten Jahrhunderten nach seinem Tode ist K'ung-fu-tzŭ allerdings noch nicht zu Ehren gekommen. Erst viel später haben chinesische Kaiser seine religiöse Ethik zur Staatsreligion gemacht und ihn selbst vergottet, und zwar Schritt für Schritt. 140 v. Chr. wurden seine Schriften in den Schulen eingeführt und seine offizielle Verehrung angeordnet. Im 1. nachchristlichen Jahrhundert wurden für K'ung-fu-tzŭ Opfer in den kaiserlichen Schulen geboten, aber erst im 6. Jahrhundert allgemein. Im 7. Jahrhundert wird ihm der Titel »höchster Meister« verliehen und die Erbauung von Tempeln zu seinen Ehren befohlen. Zu seiten des Meisters wurden die Tafeln seiner Schüler aufgestellt. Im 11. Jahrhundert erhielt K'ung-tzŭ den Titel »Fürst« und »Heiliger«. Im gleichen Jahrhundert begründeten zwei Brüder Ch'êng Hao und Ch'êng I eine neukonfuzianische scholastische Dogmatik, die im 13. Jahrhundert Chu Hsi in der Abwehr der buddhistischen Lehre vollendete – man hat ihn als den »Thomas von Aquino des konfuzianischen Kirchenstaates« bezeichnet (Otto Franke). Chu Hsi wurde unter die zwölf unmittelbaren Schüler des Meisters eingereiht; seine Lehre wurde zur Staatsdoktrin erhoben und blieb für die folgenden sechs Jahrhunderte herrschend. Als sie bereits von der Auflösung bedroht war, wurde K'ung-fu-tzŭ noch 1906 als dem Himmelsgott gleichwesentlich erklärt und ihm so eine Stellung eingeräumt, wie sie Jesus im christologischen Dogma besitzt.

Die konfuzianische Staatskirche hat aber auch noch andere Gestalten in ihr Pantheon aufgenommen. Der Kaiser hielt sich für befugt, Menschen oder mythische Genien zu Göttern zu erheben. So wurde im 14. Jahrhundert ein alter Gestirngeist zum »Gott der Literatur« (*Wên-ch'ang*) ernannt; ebenso wurde ein schon früher vom Volk verehrter »Gott der Stadtmauer« (*Ch'êng-huang-shên*) sanktioniert. Auch ein volkstümlicher geschichtlicher Heros wurde im 16. Jahrhundert zum »Gott des Krieges« (*Kuan-ti*) erhoben.

Der Zusammenbruch der Mandschu-Dynastie 1911 machte nicht nur dem vom Kaisertum getragenen alten Reichskult ein Ende und verwandelte den ehrwürdigen Himmelstempel in Peking in eine bloße nationale Erinnerungsstätte, sondern schien auch den Konfuzianismus zu entwurzeln, der im Kaisertum eine seiner stärksten Stützen hatte, zumal ja schon vor dessen Sturz ein starker Widerstand gegen die konfuzianische Lehre bestanden hatte. Gleichwohl erfolgte eine Erneuerung des Konfuzianismus, zu der nicht nur der Christ Sun Yat-sen, sondern besonders der ehemalige Buddhist Liang Sun-ming beitrugen, welch letzterer im kraftvollen *jên* des K'ung-fu-tzŭ Chinas Ideal erblickte. Auch die beiden neukonfuzianischen Schulen, die idealistische *Lu-Wang*-Schule wie die rationalistische Schule des *Li-hsüeh*, wurden neu belebt. Der Philosoph Hsiung vertrat einen konfuzianisierten buddhistischen Idealismus. Die kommunistische Regierung hat zwar den nationalen Gedächtnistag des K'ung-tzŭ abgeschafft; gleichwohl hat Mao Tse-tung seine Parteigenossen ermahnt, von K'ung-fu-tzŭ und Sun Yat-sen ebenso zu lernen wie von Marx und Lenin.

Lao-tzŭ und der Taoismus

Der größte religiöse Geist, den China hervorgebracht hat, ist Lao-tzŭ. Der chinesische Historiker Szŭ-ma Ch'ien kennzeichnet ihn als einen »Edlen, der in der Verborgenheit lebte«. Er war Beamter im kaiserlichen Reichsarchiv. Als er den Verfall der damaligen Dynastie sah, verließ er Amt und Heimatland. Beim Überschreiten der Grenze schrieb er, der Überlieferung nach, auf Bitten des Paßwächters ein Buch von etwas mehr als fünftausend Worten, das den Titel *Tao-tê-ching* (»Buch vom höchsten Wesen und von der Tugend«) erhielt; »dann ging er fort, und niemand weiß, wo er geendet«.*

Das Buch, das den starken Einfluß des Orakelwerkes *I-ching* zeigt, bot schon den chinesischen Interpreten große Schwierigkeiten. Es tritt jedoch in helleres Licht, wenn es mit den Dokumenten der Mystik aller Zeiten und Religionen verglichen wird.

Wie alle Mystiker mahnt Lao-tzŭ erst zur Rückkehr in das eigene Innere, zum »Verschließen der Eingänge und Ausgänge der Seele« (56), sodann zur »Begierdelosigkeit« und »Gemütsruhe«, zum »Abnehmen«, »Schwachwerden«, zum »Stillsitzen« bis zum völligen »Nichttun« (*wu-wei*) – ein Terminus, den Lao-tzŭ der älteren Überlieferung entnommen hat (1f.10.37.40.48) – also zu jenem mystischen Prozeß des »Entwerdens«, der dazu führt, »wie ein neugeborenes Kind zu werden« (10). Diese völlige »Entselbstung« führt aber zur »vollkommenen Selbstbehauptung« (7) in der Erkenntnis des *Tao*.

Dieses ist nicht nur die große Gesetzmäßigkeit, sondern das Absolute als das Mysterium schlechthin. »*Tao* ist etwas Verborgenes, mit keinem Namen zu Bezeichnendes«, ein »Unergründliches«, »Geheimnisvolles«, »Unbegreifliches«; »es wird des Gestaltlosen Gestalt, des Bildlosen Bild genannt«; »geht man ihm entgegen, so kann man es nicht sehen; folgt man ihm nach, sieht man nicht sein Ende« (1.14.21.41).

Wie nach der Lehre anderer Mystiker wird dieses Mysterium durch Nichterkennen erkannt, durch Schweigen ausgesprochen und angebetet. »Die Nichtwissenheit wissen ist das Höchste« (71). »Wer Kenner des *Tao* ist, macht keine Worte, wer Worte macht, der ist Nichtkenner« (56).

Neben der Negation im Wort wie im Schweigen kennt Lao-tzŭ noch ein weiteres Ausdrucksmittel des Mysteriums, die Antithese und Kontrastharmonie. Das Göttliche ist die Vereinigung und Aufhebung der Gegensätze, *coincidentia oppositorum*. »Das *Tao* ist inhaltslos, und doch, wenn einer Gebrauch von ihm macht, wird er es nicht aufbrauchen« (77). »Das *Tao* macht kein Geschäft und schafft doch unaufhörlich« (37). »Ewig anspruchslos, kann es als das Kleinste unter dem Kleinen genannt werden. Alle Wesen kehren zu ihm zurück, und es verhält sich nicht herrisch abweisend. So gebührt ihm der Name des Größten unter dem Großen« (34).

Zur Verneinung und Gegensatzpaarung tritt in der Mystik noch ein drittes Mittel für die Umschreibung des Göttlichen: die Höchstwertung. Auch für Lao-tzŭ ist *Tao* »das höchste Gut der Welt« (62) – ein Lieblingsausdruck der Mystik aller Religionen.

Die *Tao*-Idee Lao-tzŭ's ist kein ausgeklügelter philosophischer Gottesbegriff, sondern eine von den religiösen Urgefühlen der Ehrfurcht und Seligkeit inspirierte Schau des

* Eine nähere Datierung des Lebens Lao-tzŭ's ist nicht möglich. Die Anschauungen der Forscher schwanken zwischen 840 und 300 v. Chr. Die neuere Forschung neigt dazu, das *Tao-tê-Ching* in das 4. Jahrhundert anzusetzen.

Der Lao-tzŭ reitet auf dem Büffel nach Westen

Herzens. Aber wie bei allen spekulativen Mystikern knüpfen sich an diese wunderbare Erfahrung der verborgenen Gottheit metaphysische Gedankengänge, welche die Brücke schlagen vom göttlichen Geheimnis zur äußeren Welt. *Tao* ist Ursprung und Quelle alles Seienden und aller Werte. Das Hervorgehen der Welt aus ihm wird als ein fortschreitender Emanationsprozeß gedacht. Mit dem theophanistischen Emanationsgedanken vermischt sich jedoch der theistische Gedanke einer Schöpfung und Erhaltung der Welt. Auf diese Weise empfängt *Tao* den Charakter einer persönlichen Gottheit, die aus Liebe die Welt und die Menschen ins Dasein gerufen hat und in gleicher Liebe sie erhält. »*Tao* liebt und versorgt alle Kreatur und läßt sie *nicht* seine Herrschaft fühlen« (34). »Das *Tao* ist wie der Urvater aller Dinge« (4). Zumeist veranschaulicht aber Lao-tzŭ, welcher aus einem mutterrechtlichen Kulturgebiet stammt, diese persönliche Seite des Göttlichen mit dem Bilde der Mutter. »*Tao* ist die Mutter des Himmels und der Erde«, »die Gebärerin der zehntausend Wesen« (1); es »nährt und schirmt die Wesen«, es »erkennt seine Kinder und rettet die Sünder«. »Die Welt hat einen Urgrund; er wird als die Mutter der Welt angesehen. Wer seine Mutter gefunden hat, kennt damit auch seine Kindschaft« (52).

Aber noch in anderer Weise wird die unendliche Gottheit dem Menschen vertraubar; sie beugt sich demütig zur Erde herab und dient ihren Geschöpfen. »Das große *Tao* ist überaus schlicht; es ist ewig anspruchslos« (52); »es gleicht sich dem Staube an« (4). Sein irdisches Abbild ist das Wasser, das »sich dadurch auszeichnet, daß es aller Welt nützt und anderen den Platz nicht streitig macht, daß es sich dahin setzt, wo die Menschen nicht wohnen mögen« (8).

Wie die Mannigfaltigkeit des Seienden dem göttlichen Ursprung entströmt ist, so muß es zu ihm wieder zurückkehren. »Zu seinem Ursprung zurückkehren, heißt zur Ruhe kommen, zur Ruhe kommen heißt, seine Bestimmung erfüllt haben« (16). Aber nicht nur zurückkehren soll der Mensch zum ewigen *Tao*, nicht nur in ihm ruhen, sondern er soll selbst wie *Tao* werden, »sein Wesen dem *Tao* angleichen« (23), dem *Tao* »sich verähnlichen« (56).

Diese Sehnsucht nach der Vergottung wird freilich gehemmt durch das Bleigewicht des Körpers. Darum klagt Lao-tzŭ wie Platon. »Daß wir schwer geplagt sind, kommt daher, daß wir einen Leib haben; sind wir einmal des Leibes ledig, was soll uns plagen?« (81) Die Befreiung von diesem körperlichen Dasein im Tode ist darum der Eingang in das ewige Leben Gottes. »Wer wie das *Tao* ist, der dauert fort« (16). »Nützt man dessen Lichtquelle, wendet man sich immer wieder zu seinem Glanze zurück, so hat man nichts zu verlieren, wenn das Leibesleben zugrunde geht. Das heißt in das Ewige eingehen« (52).

Diese wunderbare Erfahrung des göttlichen Geheimnisses ist aber nicht die Frucht menschlicher Bemühung, sondern die Wirkung des Ewigen an der menschlichen Seele. Das tiefe Wissen um Gott und Welt fließt aus göttlicher Offenbarung und Gnade. »Woher weiß ich denn, daß es mit der Welt sich also verhält? Durch dieses (*Tao*) selbst« (21).

Mit dem Begriff des *Tao* verbindet Lao-tzŭ den der »Tugend« (*tê*). Diese ist aber für ihn nicht die bloße Erfüllung moralischer Gesetze oder die Verwirklichung eines Humanitäts- und Sozialideals, sondern das Wandeln auf dem mystischen Heilspfad, das Gottförmigwerden. Dieser Gebrauch des Wortes »Tugend« entspricht der mystisch-magischen Urbedeutung im Chinesischen. Wie die griechische *aretē*, so bedeutet auch *tê* die ausstrahlende magische Kraft, dann die mystische Kraft, schließlich allgemein Kraft und Tüchtigkeit.

»Die höhere, durch das *Tao* bestimmte Tugend ist nicht Tugend (im gewöhnlichen Sinn), darum ist sie wahre Tugend. Die Tugend zweiten Grades (das gewöhnliche Sittlichkeitsideal) will immer Tugend sein, darum ist sie nicht vollkommene Tugend. Die höhere Tugend besteht nicht in Werktätigkeit und hat keinen äußeren Beweggrund.« (38)

Das erste Kennzeichen der Tugend ist die gottgleiche Demut, die sich selbst erniedrigt, um erhöht zu werden.

»Der Weise betrachtet sich nicht als erleuchtet, darum erleuchtet er; er macht nichts, darum zeichnet er sich aus; er brüstet sich nicht, darum erwirbt er sich Verdienste; er überhebt sich nicht, darum ragt er hervor.« (22)
»Darum nennen die Fürsten und Könige sich selbst ›Waisenknabe‹, ›Wenigkeit‹, ›Taugenichts‹. Sie begehren nicht wie ein feingeschliffener Edelstein zu glänzen, sondern lassen sich herab, so daß sie (gewöhnlichem) Gestein gleichen.« (39)

Die Demut ist verschwistert mit der allumfassenden, unparteiischen Liebe.

»Der vollendete Weise ist gegen den einen wie den anderen gleichgesinnt; er erweist dem einen Menschen das gleiche wie dem anderen, als handelte es sich um eine Strohpuppe.« (5)
»Wer gut ist, den behandle ich meinerseits gut; wer nicht gut, den behandle ich auch gut. Tugend ist Güte. Gegen den Aufrichtigen bin ich aufrichtig, gegen den Unaufrichtigen bin ich gleichfalls aufrichtig. Tugend ist Aufrichtigkeit.« (49)

Wie Buddha und Jesus fordert Lao-tzŭ die heroische Feindesliebe: »Feindseligkeit ist mit Wohlwollen zu vergelten« (63).
Alle diese Eigenschaften des *Tao* sollen aber nicht nur das individuelle religiöse und sittliche Leben eines Weisen durchstrahlen, sondern Normen des gesellschaftlichen Lebens werden. Das mystische Nichttun (*wu-wei*) wird bei Lao-tzŭ zum Prinzip einer Soziallehre. Der Mystiker darf nicht in der tatenlosen Ruhe des Einsiedlers verharren, sondern muß aus seiner Innerlichkeit erneuert und verwandelt in die Gesellschaft der Menschen zurückkehren. Wie in Platons *Staat* der Philosoph, so hat nach Lao-tzŭ der Weise die Aufgabe, die menschliche Gesellschaft zu lenken: »Der vollendete Weise wird der vorzüglichste aller Beamten« (28). Dieses Lenken geschieht aber nicht dynamisch durch die rastlose Tat, sondern statisch durch das »Nichttun«. Dem Aktivismus chinesischer Staatsmänner stellt Lao-tzŭ den mystischen Quietismus als Geheimnis der Herrschaftskunst gegenüber.

»Wessen Regierung sich nicht viel zu schaffen macht, dessen Volk gedeiht.« (58)
»Darum hat ein vollendeter Weiser gesagt: Ich mache nichts, so wird das Volk von selbst anders; ich verhalte mich am liebsten ruhig, so fügt sich das Volk von selbst der Ordnung; ich mache keine Geschäfte, so wird das Volk von selbst wohlhabend; ich halte mich frei von Begehrlichkeit, so wird das Volk von selbst einfach.« (57)

In gleicher Weise soll die mystische Tugend der demütigen Unterordnung nicht nur im Umgang mit der Gottheit und im Verkehr mit den einzelnen Mitmenschen, sondern auch im Zusammenleben der Völker und Staaten verwirklicht werden.

> »Was einen Staat groß macht, das ist, daß er das unterste Stromgebiet ausmacht; daß er im Reich die Rolle des Weibes spielt. Das Weib wird stets dadurch, daß es sich ruhig fügt, Meister über den Mann. Darum, wenn der Großstaat sich den Kleinstaaten unterordnet, so gewinnt er die Kleinstaaten für sich, wie die Kleinstaaten durch Unterordnung den Großstaat für sich gewinnen.« (61)

In einer solchen Völkergemeinschaft müssen kriegerische Auseinandersetzungen ausgeschlossen sein. Lao-tzŭ beschränkt den Verteidigungskrieg auf die Wiederherstellung von Ruhe und Ordnung und fordert vom Sieger Demut, Mitgefühl und Verzicht. Das Ideal aber ist die Überwindung aller gegnerischen Mächte durch die Waffen des Geistes und Gemütes. Durch mystische Gelassenheit, »Reinheit und Seelenruhe«, soll »die Welt von innen her zurechtgebracht werden« (37.45). Darum wendet sich Lao-tzŭ auch gegen den äußeren Kulturfortschritt und predigt dem Volk »Rückkehr zur Kindlichkeit«; es soll »wieder wie Naturholz werden« (28). Sein Ideal ist ein kleinstaatliches Volk, das von mystischen Weisen regiert, keinen Verkehr mit den Nachbarstaaten hat und keine Kriege führt. In der Verwirklichung der mystischen Ideale liegt also die Lösung aller innen- und außenpolitischen Fragen. »Wenn die Könige und Fürsten des *Tao* Hüter zu sein vermöchten, so würde die Welt aus innerem Triebe anders werden« (37).

Mit dieser mystischen Weisheitslehre stieß Lao-tzŭ schon zu seinen Lebzeiten auf Mißverständnis und Ablehnung. Er klagt bitter darüber, daß »niemand seine leicht zu verstehenden und leicht zu befolgenden Worte zu verstehen und zu befolgen vermöge« (70) und daß man ihn als »Schwachsinnigen« und »Wirrkopf« brandmarke (20). Aber er tröstet sich damit, daß er die Sache der Gottheit selber vertrete: »Die Worte kommen von einem ehrfurchtgebietenden Vater, die Werke kommen vom Herrn. Nur darum, weil er nicht verstanden wird, versteht man mich nicht« (70).

Lao-tzŭ steht einsam auf ragender Bergeshöhe. Er hat keine Jünger und Apostel wie Buddha, Jesus und Plotin. Erst nach ein paar Jahrhunderten erstand ihm ein Geistesverwandter in Chuang-tzŭ (350 v. Chr.). Dieser gab den mystischen Grundgedanken des Meisters eine noch konsequentere Formulierung; auch benutzte er in stärkerem Maß das bildhafte Gleichnis und den dramatischen Dialog als Ausdrucksmittel seiner mystischen Erfahrungen. Mit psychologischem Scharfblick verstand es Chuang-tzŭ, das den Prozeß des mystischen Werdens krönende Erlebnis der Ekstase zu beschreiben. Zuerst hört »die Scheidung der Dinge« auf, dann das »Außen«, schließlich »schreitet« der Mystiker »über das eigene Sein hinaus« und »schaut das Wesen, sein Ich von Angesicht zu Angesicht«. Er wird »ohne Vergangenheit und Gegenwart und betritt das Reich, wo Tod und Leben nicht mehr sind«. Die Unfaßbarkeit und Unaussprechlichkeit des *Tao* bringt Chuang-tzŭ mit den der östlichen und westlichen Mystik geläufigen Termini der »Leere« und des »Nichts« zum Ausdruck. Aus diesem »Nichts« ist das eine Formlose hervorgegangen, aus dem Formlosen die Form. Noch stärkeres Gewicht als Lao-tzŭ legt Chuang-tzŭ auf das ewige Leben der Seele, das in seiner Unbegrenztheit ein kosmisches ist. »Im Gegenwärtigsein entspringen alle Wesen dem Staub und kehren zum Staub zurück. Ich aber will dich durch die Pforte der Ewigkeit ins Reich des Unendlichen geleiten.« »Leben und Tod sind allgewaltig, aber sie können dem Geist nichts anhaben. Himmel und Erde mögen zusammenfallen, aber ich werde bleiben.« Als Chuang-tzŭ dem Tode nahe war und seine Schüler ihm ein großes Begräbnis zu geben wünschten, sagte er: »Ich werde Himmel und Erde als Sarg und Hülle haben, Sonne und Mond werden meine Jadesteine (Totenlampen) sein, Sterne und Sternbilder meine Perlen und Juwelen, und die ganze Schöpfung wird mir das Trauergeleite geben. Was wollt ihr noch hinzufügen?« Der Fechnersche Gedanke, daß die in die Ewigkeit eingegangene Seele einen kosmischen Leib erhält, ist hier vorweggenommen.

Die Mystik des Lao-tzŭ und Chuang-tzŭ entfaltete eine gemeinschaftsbildende Kraft. Es bildete sich eine taoistische Kirche, deren Gründer nach der Überlieferung Chang Tao-ling ist (1. Jh. n. Chr.) und die in den Kaisern der Han-Dynastie Förderer fand. Sie kam unter die Leitung von »Päpsten«, die sich als »Himmelsmeister« (*t'ien-shih*), später als »wahrhaftige Menschen« (*chên-jên*) bezeichneten und ihr Amt auf ihre Söhne weitervererbten. Dieses taoistische Papsttum erhielt sich bis ins gegenwärtige Jahrhundert.

Die taoistische Gemeinschaft erfuhr eine starke Beeinflussung durch den chinesischen Buddhismus (s. S. 197f.). Der Berggott *T'ai-shan* wandelte sich in den buddhistischen Totenrichter, der die abgeschiedenen Seelen belohnt oder bestraft. Seine Tochter *Pi-hsia yüan-chün* (»Göttin der rotglühenden Wolken«) nahm die Züge der *Kuan-yin* (s. S. 205) an als der Heilerin der Kranken, Spenderin der Kinder und Geburtshelferin. Auch die Vorstellung vom »westlichen Paradies« (s. S. 202) fand Eingang in den Taoismus. In Nachahmung des buddhistischen *Tripiṭakam* (s. S. 197) schuf sich der Taoismus ebenfalls ein kanonisches Schrifttum, genannt *Tao-ts'ang*. Dem Buddhismus entstammt wohl auch die meditative Technik, welche die magischen Fähigkeiten der »Levitation« (mit dem Winde fliegen, auf den Wolken reiten, fremde Gestalt annehmen usw.) vermitteln soll. Es ist möglich, daß auch das nestorianische Christentum einen Einfluß auf den Taoismus ausgeübt hat.

Noch stärker als der buddhistische Einfluß war jedoch der der Volksreligion. Zahlreiche ihrer Gestalten (Natur-, Lokal- und Patrongottheiten wie Heroen) fanden neben den taoistischen Heiligen Eingang in das sich bildende Pantheon. An dessen Spitze trat der »reine Erhabene«, dessen Inkarnation Lao-tzû ist. Die meist verehrten Gottheiten sind die »acht Genien« (*pa hsien*), von welchen einzelne historische Persönlichkeiten aus der zweiten Hälfte des 1. nachchristlichen Jahrtausends waren.

Das eigentliche Kennzeichen des Taoismus aber wurde jene Magie, welche eine Unsterblichkeit im Sinne der Verlängerung des physischen Lebens erstrebte, nicht nur mittels mystischer Weltabgeschiedenheit (*wu-wei*) und Konzentration, sondern vor allem mittels künstlicher Lebenselixiere, besonderer Speisen und einer aus den fünf Elementen (Wasser, Feuer, Erde, Metall und Holz) bereiteten Medizin sowie mittels der Einführung des Sonnen- und Mondlichtes in den Körper durch Spiegel. Es sind vor allem zwei taoistische Schulen, in welchen die Magie blühte: einmal die »südliche Schule« oder »Sekte der Alchimie«, welche als Unsterblichkeitsmittel eine Goldpille gebraucht, um durch Vereinigung von *yin* und *yang* die kosmische Energie im Körper des einzelnen Menschen zu konzentrieren; ferner eine »nördliche Schule« oder »Sekte des Talismans«, in welcher die magischen Anrufungen der Geister des Himmels, der Erde und des Wassers den wichtigsten Platz einnehmen. Die taoistischen Priester üben

Ahnentafel für einen Heiligen des Taoismus

außerdem die gewinnbringende Kunst der Geomantik, genannt *fêng-shui* (»Wind-Wasser«), eine Abart des chinesischen Orakelwesens. Die Dienste dieser Zauberpriester nahm in früheren Zeiten sogar der Staat bei Notlagen in Anspruch. Im Gegensatz zu dem Gebrauch dieser magisch-mechanischen Mittel trat Lü Tung-pin für den Gebrauch geistiger Methoden, des Gebetes, der Gewissenserforschung und Beichte, ein. Im ganzen aber zeigt der Taoismus ein gewaltiges Absinken von der Höhe der reinen Mystik und hehren Ethik des Lao-tzŭ und Chuang-tzŭ auf die Stufe primitiver schamanistischer Magie. Auf diese Weise verlor er immer mehr an Lebenskraft. Heute ist er nach kundigem Urteil »dem Auslöschen nahe« (Wing-tsit Chan).

Mo Ti, der Theologe der Liebe

Ein Geistesverwandter Lao-tzŭ's war der Philosoph des 5. Jahrhunderts, Mo Ti. Auch er forderte die universale Liebe (*chien-ai*, d. h. vereinigende, zur Einheit zusammenfassende Liebe). Er gründete sie auf den Glauben an die allumfassende Liebe des Himmels.

> »Die Liebe des Himmels erstreckt sich auf die ganze Welt; er sucht alle Wesen seiner Wohltaten teilhaftig zu machen. Dies ließe sich nur leugnen, wenn es in der Welt die geringste Kleinigkeit gäbe, die nicht vom Himmel geschaffen wäre.«
> »Nichts ist besser, als den Himmel sich zum Vorbild zu nehmen. Die Wirksamkeit des Himmels ist allumfassend, ohne selbstisch zu sein. Man muß tun, was der Himmel wünscht, und unterlassen, was er nicht wünscht. Er wünscht, daß die Menschen einander lieben, daß sie einander nützen, und wünscht nicht, daß die Menschen einander hassen und berauben.«

Wie K'ung-fu-tzŭ findet auch Mo Ti sein Ideal im mythischen Altertum vorgebildet. Er führt aus dem *Shu-ching* das Beispiel des Königs Wên an, der »wie die Sonne und der Mond war, indem er plötzlich sein Licht nach allen Richtungen ausstrahlen ließ«. Er erklärte diese Worte in folgender Weise: »Das bedeutet, daß die umfassende Liebe König Wên's so groß war, daß sie der Sonne und dem Monde glich, die allen leuchten, ohne irgendeinen in der Welt zu bevorzugen.«
Wie Lao-tzŭ verurteilte auch Mo Ti den Angriffskrieg. Er sah in ihm eine schwere Ungerechtigkeit – wenn schon das Töten eines oder mehrerer Menschen Unrecht ist, dann ist es unmöglich, daß die Vernichtung ungezählter Menschen durch Angriffe auf Nachbarstaaten kein Unrecht sei. Wie Lao-tzŭ stieß aber auch Mo Ti mit solchen Auffassungen auf Widerstand. Seine universale Liebesforderung wurde als undurchführbar, ja sogar als Verletzung der Pietät gegenüber den Eltern bezeichnet. Im Unterschied von Lao-tzŭ sammelte jedoch Mo Ti schon zu Lebzeiten zahlreiche Schüler. Nach seinem Tode schlossen sich seine Anhänger in einer Vereinigung zusammen..

Der chinesische Synkretismus

Während der Konfuzianismus und Taoismus auf dem Boden der alten Reichsreligion gewachsen sind, war der Buddhismus in China eine Fremdreligion, ebenso das Christentum, der Manichäismus, der Mazdaismus und der Islam. Die Lage des heimischen Taoismus wie aller dieser Fremdreligionen war ganz von der kaiserlichen Gunst abhängig. Sooft die Kaiser sich zu Werkzeugen des konfuzianischen Staatskirchentums machten, wurden alle anderen Religionssysteme eingeschränkt oder gar verfolgt. Die furchtbarste Verfolgung fand in den Jahren 843 und 845 statt, in welchen der Mazdaismus und Manichäismus völlig ausgerottet, der Buddhismus und das nestorianische Christentum schwer unterdrückt wurden. Trotz aller Widerstände, denen auch der Taoismus wie der Buddhismus ausgesetzt waren, konnte sich aber keine scharfe Absperrung der konfuzianischen Staatsreligion gegenüber diesen beiden anderen Religionen durchsetzen. Der Taoismus gründete ja tief in der heimischen chinesischen Überlieferung, und der Buddhismus schlug – zunächst mit Hilfe des Taoismus – tiefe Wurzeln im chinesischen Erdboden und formte sich ganz zu einer chinesischen Religion (s. S. 196 f.). Mehr und mehr drang die Auffassung durch, daß »China drei (Religionen) umfaßt und daß diese drei eins sind« (*han san wei i*). Es entstanden auch theologische Systeme, welche eine förmliche Synthese dieser drei Religionen schufen: so das des Chên Tun (987), in welchem der Taoismus vorherrschte, und das des Chou Tun-i (1017–73), in welchem die konfuzianische Tradition das Übergewicht hatte. Die Masse der Chinesen folgt nach der Feststellung eines modernen chinesischen Kenners »nicht drei getrennten, parallel laufenden und einander zu gleicher Zeit ausschließenden Religionen, sondern einer synkretistischen Religion, die vom alten Kult als Grundlage ausgeht und in zweiter Linie buddhistische und taoistische Züge trägt. Auch wenn diese Chinesen einen streng buddhistischen oder taoistischen Tempel aufsuchen, tun sie dies nicht als Buddhisten und Taoisten, sondern als Angehörige der Volksreligion« (Wing-tsit Chan). Dieser Zug zum Synkretismus hat sich in den letzten fünfhundert Jahren noch weiter verstärkt. Das Bewußtsein der Einheit der drei Religionen hat seinen schönsten Ausdruck in der gemeinsamen Darstellung der Schöpfer der drei Religionen gefunden, K'ung-tzŭ, Lao-tzŭ und Buddha.

Nach dem Buddhismus haben auch die drei anderen Weltreligionen, der Manichäismus, das Christentum und der Islam, in China Fuß gefaßt. Die syrisch-nestorianischen Missionare, welche im 7. Jahrhundert nach China kamen, haben es verstanden, die christlichen Gedanken in chinesische Formen zu kleiden. Der Stein von Hsi-an-fu vom Jahre 781, der von der Einführung der »großen strahlenden Religion in China aus *Ta-Ch'in*« (Syrien, Westen) berichtet, ist mit seiner Symbolik ein Zeugnis dieser Verschmelzung. Trotz der harten Verfolgung im 9. Jahrhundert gelangte das nestorianische Christentum im 12. Jahrhundert nochmals zu einer Blüte, um dann zu verschwinden. Auch die Jesuitenmission, die im 16. Jahrhundert begann, zeigte ein starkes Maß von Anpassung an die chinesische Geisteswelt. Selbst der Islam hat trotz der langandauernden Isolierung von seiner Umwelt den Zugang zum nationalen Leben Chinas gefunden und auf typisch islamische Gebräuche wie die Beschneidung und den Frauenschleier verzichtet.

Durch die Machtergreifung des Kommunismus sind alle Religionen in China in ein kritisches Stadium getreten. Der antireligiöse Kampf richtete sich am stärksten gegen das Christentum, dessen Missionare wegen ihrer Verbindung mit den ausländischen »imperialistischen« Mächten der Landesfeindschaft bezichtigt wurden. Dennoch gelang es bisher den Kommunisten nicht, eine mehrtausendjährige religiöse Tradition zu entwurzeln. So verworren die heutige religiöse Lage Chinas sein mag – sie war schon in den zwanziger Jahren mit einem »wogenden Meer« verglichen worden (Otto Franke) –, so blicken doch einheimische Kenner der chinesischen Geschichte optimistisch in die Zukunft. Wing-tsit Chan erklärte 1955: »Alles, was wir sagen können, ist, falls die Geschichte sich wiederholt, daß die chinesischen Gelehrten weder eine Staatsreligion noch einen wissenschaftlichen oder ästhetischen Religionsersatz haben werden. Sie werden ihre eigene Art von Religion lebendig erhalten, und sie werden diese Religion als eine freie erhalten.«

Inzwischen hat sich die Lage der Religionen wesentlich verändert. Mao Tse-tung wollte zunächst bei der Abschaffung der Religionen keine Gewalt anwenden, sondern er

Nestorianertafel von Hsi-an-fu

hoffte, daß sie von selbst verschwinden, wenn ihre Ursachen beseitigt würden. Unter den Ursachen verstand er Ausbeutung und Unterdrückung des Volkes durch die oberen Klassen, besonders die Großgrundbesitzer, sowie Angst vor Naturkatastrophen, die häufig zu Hungersnöten führten, und die Unwissenheit. Um Widerstand zu vermeiden, wollte Mao behutsam vorgehen mit Verhöhnen und Lächerlichmachen der religiösen Lehren und Kulte. Durch diese Propaganda sollte das Volk dazu gebracht werden, selbst die Tempel und Götterfiguren zu zerstören, was auch an einzelnen Orten geschehen ist. Es kamen aber auch gewaltsame Übergriffe durch örtliche Funktionäre vor. Durch die Bodenreform von 1950 bis 1952 wurden den Tempeln und Klöstern der Landbesitz und damit ihre Einkünfte genommen. Priester und Mönche mußten sich durch Arbeit auf den Feldern oder als Handwerker ihren Lebensunterhalt verdienen. Zahlreiche Tempel und Klöster wurden für Schulen, Versammlungshäuser oder Regierungsbüros beschlagnahmt. Das allgemeine Programm von 1950 wie auch die Verfassung von 1954 legten fest: »Die Bürger der Volksrepublik China genießen die Freiheit des religiösen Glaubens.« Das bedeutet aber, daß die Bürger nichts glauben und tun dürfen, was der kommunistischen Lehre und der kommunistischen Führung widerspricht.
Der gewaltsame Sturm auf die religiösen Systeme und Einrichtungen setzte mit der großen Kulturrevolution durch die Rote Garde 1966 ein. Diese drang auch in die Häuser ein, raubte Wertgegenstände und zerstörte die Kultgegenstände. Die Bewohner wurden gezwungen, Mao-Bilder aufzuhängen. Vielfach wurden die Bewohner mit Schimpf und Spott aus der Stadt getrieben. Bücher, auch solche aus wissenschaftlichen Bibliotheken, wurden verbrannt. Die Buchverlage und die Theater wurden unter Zensur gestellt. Es scheint, daß seitdem auch der häusliche Kult im geheimen nicht mehr möglich war. Nach dem Ende dieses Aufstandes der Roten Garde, der wahrscheinlich nicht spontan entstand, sondern von der Partei gelenkt und kontrolliert wurde, setzte eine verstärkte Propaganda ein. Durch die Kindergärten, Schulen, Universitäten und Volksversammlungen sollte das Volk umerzogen werden. An die Stelle des religiösen Kultes trat der Dienst am Volk, und anstelle der Verehrung der Götter und des Konfuzius trat die des »großen Lehrers, des großen Vorsitzenden, des großen Heerführers« Mao. Seine Bücher wurden in Milliarden Auflagen gedruckt und mußten in Schulen, Hochschulen und sogar in den wenigen erhaltenen Klöstern studiert werden. Eine Anthologie daraus, das kleine rote Buch *Worte des Vorsitzenden Mao Tse-tung*, wurde zur roten »Bibel«, die jedermann bei sich trug. Kritik an Maos Worten war ein Verbrechen, das mit dem Tode bestraft wurde. Seine Worte besitzen magische Kraft, durch ihre Rezitation beseitigt man alle Schwierigkeiten, innerer und äußerer Art. Riesengroße, geschmückte Bilder Maos wurden in Prozessionen durch die Straßen getragen und in Versammlungsräumen aufgestellt. In Liedern wurde der große Vorsitzende verherrlicht. Doch bald nach dem Tode des Mao Tse-tung (1976) unter seinem Nachfolger Hua Kuo-feng, der Beziehungen zu den Staaten des Westens anknüpft und einzelne demokratische Neuerungen einführt, lassen sich seit 1978 auch Zeichen für eine Toleranz gegenüber den Religionen und ihren Gläubigen erkennen. Die Werke des Konfuzius sind wieder in den Buchhandlungen zu haben, und seine Grabstätte in Ch'ü-fou, die von den roten Garden zerstört wurde, wird wiederaufgebaut. Es gibt wieder Koranschulen, und ein katholischer Bischof ist geweiht worden. Auch in der Kommunistischen Partei sind Bestrebungen im Gange, volle Glaubensfrei-

heit wiederherzustellen. Menschenrechtsgruppen wie die »Tauwetter-Gesellschaft« und der »Pekinger Frühling« werden geduldet und finden auch Anhänger in der jüngeren Generation.
In Nationalchina auf Taiwan und bei den Überseechinesen haben sich die alten Religionen Chinas erhalten, allerdings in den modernen Lebensverhältnissen angepaßten Formen.

Chinesische Religion in Europa

Längst ehe die europäische Bildungswelt sich für die indische Erlösungsmystik begeisterte, übte die chinesische Weisheit eine starke Anziehungskraft auf westliche Geister aus. Es waren die jesuitischen China-Missionare, welche nicht nur als erste im Abendland die Kenntnis der chinesischen Religion verbreiteten, sondern auch die Begeisterung für sie den aufgeklärten Kreisen vermittelten. In einem von vier Jesuiten 1687 in Paris herausgegebenen Werk wird K'ung-fu-tzŭ als der »Allerweiseste« und als »Meister der Moralphilosophie wie der Politik« gerühmt; kein europäischer Philosoph habe eine solche Autorität wie K'ung-fu-tzŭ; auch stehe er keineswegs im Gegensatz zur Lehre des Evangeliums. Leibniz, der mit den jesuitischen Missionaren in China in lebhaftem Briefwechsel stand, sprach sogar den Wunsch aus, es möchten chinesische Missionare nach dem Westen gesandt werden, welche diesen »über den Wert und die Ausübung der natürlichen Theologie belehren könnten«, wie umgekehrt westliche Missionare der geoffenbarten Religion nach dem Osten. Aus dieser wechselseitigen Ergänzung sollte die »große Harmonie« eines friedlichen Weltreiches hervorgehen. In seinen Spuren wandelnd, hielt Christian Wolff seine berühmte Prorektoratsrede *De Sinarum Philosophia practica* (1721), in welcher er den »sehr tugendhaften und gelehrten Konfuzius« als den »Wiederhersteller der chinesischen Weltweisheit« pries, der »von der göttlichen Vorsehung den Sinensern geschenkt« sei, »um China aus dem Verfall zu retten«. K'ung-fu-tzŭ's hohe Weisheit fand Wolff gerade in der Übereinstimmung seiner einzelnen Lehren mit der natürlichen Vernunft. Wolff schreibt es »billig einer höheren Vorsorge zu, daß uns in den gegenwärtigen Zeiten, in welchen leider die meisten, die sich Christen nennen, von der christlichen Tugend sehr weit entfernt sind, die Weltweisheit der Sinenser bekannt geworden ist«. Zu den Bewunderern der konfuzianischen Ethik und der chinesischen Kultur überhaupt gesellte sich auch Voltaire: »Der größte unserer Heiligen hat nie einen himmlischeren Grundsatz ausgesprochen als Konfuzius, da er schrieb: ›Der Himmel hat mir die Tugend gegeben, ein Mensch kann mir nicht schaden‹.« K'ung-fu-tzŭ's Moral ist für Voltaire »ebenso rein, streng und gleichzeitig menschlich wie die des Epiktet«. Er fand bei K'ung-fu-tzŭ gerade das, was er in der christlichen Kirche vermißte, nämlich eine Vernunftreligion und Vernunftethik ohne Offenbarung, Mysterium, Wunder. Die chinesische Lebensweisheit übte einen großen Einfluß auf das französische Geistesleben im Zeitalter des Enzyklopädismus aus, ebenso die chinesische Dichtung auf das deutsche Geistesleben in der Aufklärungszeit. Für die abendländischen Rationalisten wurde K'ung-fu-tzŭ neben Sokrates und Mohammed zum Musterbild der natürlichen und vernünftigen Religion. Damals entstand eine so große Vorliebe für chinesische Vorstellungen und Ideale, daß man von einer förmlichen Chinoiserie in der schönen Literatur sprach, gegen die sich dann eine Reaktion erhob. Der alternde Goethe wurde von der tieferen mystischen Seite des chinesischen Geistes erfaßt, wie seine Nachdichtungen »Chinesisches« und seine Gedichte der »chinesisch-deutschen Jahres- und Tageszeiten« (1825) zeigen. Im 20. Jahrhundert war es der ehemalige China-Missionar und spätere Gründer des China-Instituts in Frankfurt, Richard Wilhelm, der durch zahlreiche Übersetzungen und die Zeitschrift *Sinica* weiteren deutschen Kreisen den Zugang zum altchinesischen Geistesgut geöffnet hat.

Erst im 19. Jahrhundert wurde Chinas tiefstes mystisches Weisheitsbuch, das *Tao-tê-ching* Lao-tzŭ's, dem staunenden Abendland erschlossen. Nachdem Abel Rémusat in einem Pariser Akademie-Vortrag eine Verwandtschaft Lao-tzŭ's mit Pythagoras und Platon behauptet hatte, reihte sich im Abendland eine Übersetzung an die andere, und den Übersetzungen folgten zahlreiche Nachdichtungen. Die Übersetzer sparten nicht mit Worten höchster Bewunderung. So kennzeichnet der Amerikaner P. Carus Lao-tzŭ als »einen der merkwürdigsten Denker der Menschheit«, dessen Buch »mit den heiligen Schriften der Buddhisten und dem Neuen Testament verglichen zu werden verdient«; ja, die Ähnlichkeit der Lehre Lao-tzŭ's mit den Lehren Buddhas und Christi mache »das *Tao-tê-ching* zu einem unentbehrlichen Buch für jedermann, der sich mit Religion beschäftigt«. Wieder andere haben Lao-tzŭ's Gedanken denen Meister Eckharts an die Seite gestellt. Einer der neuesten Übersetzer, Erwin Rousselle, der viele Jahre in China selbst die Weisheitslehren dieses Volkes studiert hatte, bezeichnet das *Tao-tê-ching* als »einzigartiges Buch der Geistesgeschichte der Menschheit« und erklärt: »Dieses Buch gehört zu den wenigen der Menschheit, in denen die Gottheit sich selber entschleiert und dem Lauschenden – und nur dem Lauschenden – offenbart.« »Weil zeitlos gültig«, wird nach Rousselle die »Geistigkeit Lao-tzŭ's noch auf ferne Jahrhunderte wirken.« Ja selbst christliche Theologen beugten sich bewundernd vor der Größe dieses Mystikers. Der katholische Systematiker Herman Schell bekannte: »Unter allen Schriften, in welchen die religiöse Forschung der Menschheit außerhalb des Kreises der alttestamentlichen und neutestamentlichen Inspiration ihre mühsam errungenen Ergebnisse niedergelegt und der Zukunft als Vermächtnisse überliefert hat, wird wohl kaum eine zu finden sein, welche dem Büchlein Lao-tse's den Primat streitig machen dürfte.« Der evangelische Professor für Altes Testament, Julius Grill, der in seiner großen Sprachkenntnis zu einem der besten westlichen Interpreten des *Tao-tê-ching* wurde, erkannte, daß wir in Ansehung Lao-tzŭ's »vor einer der merkwürdigsten Tatsachen der Geschichte des menschlichen Geistes stehen«. »Unter den verkannten Größen der Menschheitsgeschichte steht er in vorderster Reihe.« Nach Grill hat die chinesische Mystik in Lao-tzŭ über die alttestamentliche Gesetzgebung und Prophetie zur lichten Höhe der neutestamentlichen Ethik sich erhoben. Grill glaubte den Nachweis zu erbringen, daß »wir bei Lao-tzŭ auf die merkwürdigste Vorausnahme der ethischen Grundgedanken Jesu stoßen«. Durch die von ihm aufgedeckten 81 neutestamentlichen Parallelen wurde Grill zu der Ansicht geführt, daß dieses Büchlein geeignet sei, »den Theologen zu erneuter Prüfung des Offenbarungsbegriffes zu veranlassen«. Die Einsamkeit Lao-tzŭ's hat sich nach Grill »als ein Stück seiner Macht erwiesen«. »Es könnte sein, daß, weil er in seiner Zeit nicht ganz verstanden worden ist, seine Zeit überhaupt erst im Kommen ist, daß er nicht ein Mann und ein Name der Vergangenheit ist, sondern eine Kraft der Gegenwart und Zukunft. Er ist moderner als die Modernen und lebendiger als viele Lebende.«

Die Religion der Japaner

Die alte Stammesreligion der Japaner bekam erst im 6. Jahrhundert den sino-japanischen Namen *Shin-tō* oder, rein japanisch, *Kami no michi* »Weg der Götter«, zum Unterschied vom Buddhismus, der sich *Butsu-dō* »Weg des Buddha« nannte. In der Geschichte des Shintoismus lassen sich drei Perioden unterscheiden: Auf die frühe Periode bis zur Einführung des Buddhismus im 6. Jahrhundert folgt die der Auseinandersetzung und Verschmelzung mit dem Buddhismus und darauf die Periode der Erneuerung des reinen Shintoismus seit dem Anfang des 18. Jahrhunderts. Doch in den Grundformen, Naturverehrung und Ahnenkult, hat sich der Shintō von der frühesten Zeit bis zur Gegenwart erhalten.

Den frühen Shintoismus lernen wir aus den heiligen Schriften kennen, die zugleich auch die ältesten Literaturdenkmäler der Japaner sind. Sie wurden allerdings erst in buddhistischer Zeit gesammelt und aufgeschrieben und zeigen daher schon Spuren des Einflusses der chinesischen Kultur. Es sind drei mythologische Sammlungen, die von den Japanern als Geschichtswerke angesehen werden, zusammengefaßt unter dem Titel *Sam-bu-hon-sho* »die drei Hauptbücher«: das *Ku-ji-ki* »Geschichte der Begebenheiten in der Urzeit« (620 n. Chr.), das *Ko-ji-ki* »Geschichte der Begebenheiten im Altertum« (712 n. Chr.) und das *Nihon-gi* »Japanische Annalen« (720 n. Chr.). Das *Kujiki*, dessen ursprünglicher Text, von dem Prinzen Shōtoku Taishi verfaßt, schon im Jahre 645 verbrannte und in viel späterer Zeit neu geschrieben wurde, kann zwar nicht mehr als authentische Quelle gelten, doch die anderen beiden Werke sind in ursprünglicher Form erhalten. Sie erzählen von der Entstehung der Welt und der Götter und von deren Taten und von dem Ursprung der religiösen Bräuche. In beiden Büchern findet sich der Bericht über den göttlichen Ursprung des japanischen Kaiserhauses. Eine Ergänzung zum *Nihongi* bildet ein kleines Buch, das *Kogo-shui* »gesammelte Reste alter Geschichten«, das 808 von Hironari, einem hohen Kultusbeamten, verfaßt wurde. Alle diese Erzählungen von dem japanischen Götterzeitalter gehen jedoch über den bloßen Mythus hinaus und mögen Erinnerungen an wirkliche historische Begebenheiten enthalten. Sie geben vor allem ein ungefähres Bild des Kulturzustandes der vorgeschichtlichen Japaner. Weitere Quellen für den frühen Shintō sind drei Zeremonialbücher, die im 9. und 10. Jahrhundert zusammengestellt wurden und die Grundlage der kultischen Handlungen bis heute bilden: das *Kōnin-shiki* vom Jahre 820 n. Chr., das *Jōgwan-shiki* (871) und das *Engi-shiki* (927). Besonders wichtig ist das letzte durch die Texte der 27 Rituale, *Norito*, und die Liste der staatlichen Schreine mit ihren Gottheiten, durch die Ordnung der Feste, des Baues der Schreine und der Priesterschaft.

Im *Kojiki* und im *Nihongi* finden sich die alten Mythen des Shintoismus von der Entstehung der Welt und der Menschen und dem Ursprung der Götter, allerdings untermischt mit Elementen der chinesischen Mythologie. Danach stand am Anfang ein Götterpaar *Izanagi* »der einladende Herr« und *Izanami* »das einladende Weib«. Diese vermählten sich und erzeugten die schönen acht großen Inseln des Reiches Japan, zuerst die herrliche fruchtbare Insel Yamato. Dann wurde ihnen eine Reihe göttlicher Kinder geboren, der Gott des Meeres, der Beherrscher der Flüsse, der Gott der Bäume

und eine Göttin der Pflanzen. Als sie nun sahen, daß sie das Reich der acht Inseln geschaffen hatten mit Bergen, Flüssen und Pflanzen, beschlossen sie, auch jemand zu erzeugen, der Herr der Welt sei. Ihr nächstes Kind war eine Tochter, die sie wegen ihrer strahlenden Schönheit *Ama-terasu* »die am Himmel Leuchtende« nannten. Dieser gaben die Eltern die Herrschaft über das Reich des Lichtes, einschließlich des Himmels und der Erde, und schickten sie an den Himmel hinauf. Das folgende Kind war ein Sohn, der nicht weniger schön war als *Amaterasu*. Den sandten die Eltern ebenfalls nach dem Himmel, wo er neben ihr herrschen sollte. Das war der Mondgott *Tsukiyomi* »Mond-Beherrscher«. Ein Sprößling wurde ihnen geboren, der war häßlich und böse, darum verbannten ihn die Eltern in die Unterwelt. Er hieß *Susa-no-o* »Mann des Ungestüms« und wurde der Sturmgott, der ständig heult und mit seinem Atem das Land ausdörrt und häufig die Bewohner tötet. Danach gebar *Izanami* noch die Erdgöttin, die Wassergöttin und den Gott des Feuers, bei dessen Geburt sie starb.
Im Rate der Götter wurde dann beschlossen, den acht Inseln einen Herrscher zu geben. Die Sonnengöttin *Amaterasu* sandte ihren Enkel *Ninigi* hinab in »das Land der frischen Ähren des üppigen Schilfgefildes« (d. i. Japan) mit dem Befehl, es zu beherrschen, und gab ihm die Verheißung mit: »Möge das Blühen und Gedeihen der himmlischen Dynastie wie Himmel und Erde ohne Ende dauern.« Sie gab ihm mehrere Götter zur Unterstützung mit, schenkte ihm die *Yasaka*-Krummjuwelen, die ihr teuer waren, und das Grasmähe-Schwert und überreichte ihm ihren Spiegel mit den Worten: »Betrachte hier diesen Spiegel ganz so, als wäre er meine erlauchte Seele, und verehre ihn ehrfürchtig, gleich wie wenn du mich selber verehrtest.« Dieser Spiegel wird noch im Heiligtum der Göttin in Ise verehrt; in anderen Tempeln der Sonnengöttin werden daher Spiegel als ihr Symbol aufgestellt. (Nach Paul Hass und Binko Matsuoka.)
Der Urenkel des *Ninigi*, der in der Provinz Yamato seine Residenz aufschlug, eroberte die ganzen Inseln und wurde der Gründer des japanischen Reiches. Dieser erste Kaiser erhielt im 8. Jahrhundert n. Chr. den postumen Ehrennamen *Jimmu-tennō* »Göttlicher Krieger-Kaiser«. Nach der erdichteten Chronologie des *Nihongi* fand die Thronbesteigung des *Jimmu* im Jahre 660 v. Chr. statt, und damit endet nach der Meinung der Japaner das »Zeitalter der Götter« und beginnt die Geschichte ihres Kaiserreiches. Doch gehören die Berichte über das 1. Jahrtausend in Wirklichkeit noch in den Bereich des Mythus und der Sage und enthalten nur geringe historische Bestandteile.
Der Shintō besteht aus einem polytheistischen Naturdienst und einem ausgedehnten Ahnenkult. Einfach und schlicht sind die religiösen Vorstellungen des Volkes. Schon in den alten Mythen treten die ursprünglichen Naturgottheiten in großer Zahl auf, dazu kommen später die irdischen Lokal- und Familiengötter. Bereits in den alten Erzählungen wird von den »80 oder 800 Myriaden Göttern« gesprochen; die Japaner nennen daher ihr Land gerne *Shinkoku* »Land der Götter«. Die Bezeichnung für die Götter ist *Kami*, was »der Obere, der Höhere« bedeutet, in chinesischer Schrift wiedergegeben durch das Zeichen für *shên* (»Geistwesen, göttlich, übernatürlich«), was dann entweder *kami* oder sino-japanisch *shin* (daher *Shin-tō*) gelesen wird. Die *Kami* sind höhere Wesen, denen der Mensch Ehrfurcht schuldet, die er sich aber durchaus in menschlicher Gestalt und von menschlicher Art wenig verschieden vorstellt.
Man denkt sich die ganze Natur bevölkert von diesen höheren Wesen, die oft auch unbestimmten Charakter haben. Alles in der Natur, was auf das Gemüt Eindruck macht, wird als göttlich verehrt: die Sonne, der Mond, die Sterne, der Sturm, die

Winde, das Meer, die Flüsse, das Wasser, der Regen, der Donner, die Berge, die Bäume, die Erde, das Feuer usw. Aber auch einzelne Bäume, die besonders auffallen, merkwürdige Tiere, einzelne Steine und ähnliche Dinge werden als *Kami* angebetet und ebenso hervorragende Menschen, verstorbene und sogar noch lebende, die Ahnen und besonders der Kaiser. Der Kaiser wird als lebendiger, auf Erden wirkender Gott angesehen und als solcher verehrt. Für einzelne verstorbene Kaiser wurden Tempel errichtet, z. B. für den ersten Kaiser *Jimmu Tennō* und für Kaiser *Meiji* (1868–1912). Der Kaiser *Ōjin*, der im 3. Jahrhundert n. Chr. gelebt haben soll, wurde zum Kriegsgott *Hachiman* oder *Yawata.* Einzelnen Menschen, die sich durch besondere Taten auszeichneten, Helden der Geschichte, Staatsmännern, Generalen, Dichtern und Gelehrten, wurden ebenfalls bis in die moderne Zeit Schreine gewidmet, z. B. dem General Nogi (gest. 1912) und sogar Robert Koch. In Tōkyō wurde 1869 ein Schrein, der *Yasukuni-Jinja*, für die Geister aller im Kriege Gefallenen gegründet, an dem zweimal im Jahr unter persönlicher Teilnahme des Kaisers ein Fest gefeiert wird.

Aber auch die Verstorbenen der Familie, besonders die Ahnen, sind höhere Wesen, wenn sie auch an Rang nicht so hoch stehen wie die alten Götter und die kaiserlichen Ahnen. Zum mindesten in den rein shintoistischen Gegenden des Landes, in den Provinzen Izumo im Nordwesten und Satsuma im Südwesten, wo der Buddhismus kaum Einfluß gewann, wird jeder Verstorbene zum *Kami*, dem Verehrung und Opfer gebührt. Der Japaner fühlt sich ständig von seinen Ahnen umgeben, sie schützen und segnen das Haus und geben Kindersegen. Die Toten gehen in das unsichtbare Dasein ein und leben darin weiter als gute oder böse Geister. Nach alter Anschauung wohnen sie im Lande *Yomi*, dem Hades. Lohn und Strafe nach dem Tode, Himmel und Hölle gibt es nicht. Auch die Gräber werden als Aufenthaltsort der Toten gedacht, man besucht sie, um den Ahnen besondere Ereignisse der Familie mitzuteilen. Man glaubt aber auch die Seele gegenwärtig in einem kleinen Holzschrein, *Mitamaya* »Haus der erlauchten Seele« genannt, den man vor dem Begräbnis im Hause der Familie aufstellt.

Unter den großen Naturgottheiten ist die bedeutendste *Amaterasu*, die Sonnengöttin, die täglich angebetet wird. Sie ist die Ahnfrau des Kaiserhauses und die Beschützerin des Landes. Ihr Haupttheiligtum steht in *Ise*. Der Mondgott, den man noch in Vollmondnächten verehrt, tritt hinter ihr sehr an Bedeutung zurück. Der Sturmgott *Susano-o* wird in neuerer Zeit hauptsächlich im Lande *Izumo* verehrt, wo er seinen Haupttempel hat. Am meisten Verehrung findet *Inari*, der Reisgott und Gott der Landwirtschaft, der aber in moderner Zeit noch andere Funktionen übernommen hat und in vielen häuslichen und gewerblichen Nöten angerufen wird. Er wird als bärtiger Mann, der zwei Reisbündel trägt, dargestellt oder auf einem weißen Fuchs reitend. Fuchsfiguren stehen auch vor seinen Tempeln. Ursprünglich war der Fuchs nur ein dem Reisgott heiliges Tier, doch allmählich ist er an seine Stelle getreten. Dem Fuchs werden jetzt Opfer gebracht, und seine Figur steht auf dem häuslichen Göttersims.

Die Anschauungen über das Wesen der Gottheiten sind ganz unbestimmt. *Amaterasu* z. B. ist der Sonnenball, aber auch der göttliche Geist, der die Sonne lenkt, zugleich ist sie eine göttliche Frau und Ahnmutter des Kaiserhauses. Nach den alten Legenden wohnen die Götter zusammen im »hohen Himmelsgefilde«, daneben wird aber auch jedem ein bestimmter Ort zugewiesen. Ihr Geist (*Mi-tama*) kann aber auch in den Tempeln und Hausschreinen Wohnung nehmen. Er heftet sich dann an Gegenstände wie Spiegel, Schwert, ein Kleinod, die als sein Substrat (*Mitama-shiro*) oder sein Gottesleib (*Shin-tai*) angesehen werden. Diese *Shintai* werden im Allerheiligsten der Tempel aufgestellt, mehrfach in kostbare Stoffe gewickelt. Zuweilen werden sie in einer chinesischen Truhe in Prozessionen umhergetragen, aber niemals werden sie dem Auge des Laien sichtbar. Die in vielen Schreinen offen aufgestellten Spiegel sind nur Wiedergaben des heiligen Spiegels, den die Sonnengöttin ihrem Enkel schenkte, sie werden aber von den Gläubigen vielfach für die Gottheit selbst gehalten. Götterbilder kannte der Shintoismus ursprünglich nicht, erst unter dem Einfluß des Buddhismus im gemischten Shintō des Mittelalters und der Neuzeit wurden Figuren in einzelnen Tempeln aufgestellt. Auf dem Göttersims im Hause stehen häufig kleine Figuren der Glücksgötter: *Dai-koku*, des Reichtumsgottes und des Gottes der Fischer, *Ebizu*, der die tägliche Arbeit und Nahrung gibt. Auch Rollbilder mit shintoistischen Darstellungen finden sich in den Häusern.

Einfach und schlicht sind auch die Shintō-Schreine, *Miya* »vornehmes Haus, Palast« oder *Yashiro* »Einfriedigung« genannt. Sie liegen in gepflegten, meist eingezäunten Hainen; auf dem Wege zum Schrein stehen ein oder mehrere frei stehende Tore (*Torii*), die in ihrer leichten, heiter und zugleich feierlich wirkenden Bauart den Charakter der Religion andeuten, die sie symbolisieren. In ihrer einfachsten und ursprünglichsten Form bestehen sie aus zwei runden Pfosten, über die zwei runde Balken gelegt sind, die an beiden Seiten die Pfosten überragen. Steinlaternen, die von Gläubigen gestiftet werden, säumen die Allee, die zum Heiligtum führt. Vor diesem befindet sich ein Wasserbecken für die rituellen Waschungen. Das Heiligtum besteht aus zwei Gebäuden, die häufig durch einen gedeckten Gang verbunden sind. Die Gebäude werden aus dem rohen Holz des Hinokibaumes erbaut und müssen etwa alle zwanzig Jahre erneuert werden. Manche Tempel, wie die des *Inari*, sind rot angestrichen. Bei dem alten Shintō-Baustil stehen die Tempelgebäude auf Pfählen, eine Treppe führt zu einer Veranda, hinter der sich eine Doppelflügeltür zur Halle öffnet. Sie sind mit Binsen oder Schindeln gedeckt; charakteristisch sind an den Dächern die gekreuzten Giebelbalken. Das erste größere Gebäude ist die Gebetshalle (*Haiden*), in der Gebete gesprochen und Opfergaben niedergelegt werden. Am Eingang hängt eine Glocke oder ein Gong, durch die sich der Gläubige der Gottheit bemerkbar macht, dort steht auch der Opferkasten für Geldspenden. Das zweite Gebäude dahinter ist das Allerheiligste, *Honden*(»Hauptbau«) oder *Shinden* (»Gotteshaus«) genannt, in dem das *Kami*-Substrat, das *Shintai*, aufbewahrt wird und das die Gläubigen niemals betreten. Heilige Plätze werden mit dem Strohseil (*Shime-nawa*) abgesperrt. In großen Tempelanlagen finden sich noch besondere Gebäude für rituelle Tänze und für die Aufbewahrung von Geräten, Votivgaben und Tempelschätzen und oft auch noch kleinere Schreine für andere Götter. Auch die Wohnungen der Priester und Gärtner gehören zum Tempelgebiet.

Wie die Götter haben die Tempel eine Rangordnung. Die vornehmsten Schreine sind die von *Ise*, wo die Sonnengöttin und auch die Nahrungsgöttin verehrt werden, der von *Atsuta* bei Nagoya, und die Reichsschreine, die den göttlichen Ahnen oder einzelnen Kaisern und hervorragenden Persönlichkeiten geweiht sind. Diese sind auch die beliebtesten, weil in ihnen die prächtigsten Feste und Zeremonien stattfinden.

Auch bei den Priestern, die »Gottesbeamte« heißen, unterscheidet man verschiedene Rangklassen. Die Priester heiraten und vererben ihr Amt gewöhnlich in der Familie. Sie

Modell eines Shintō-Tempels (Honden)

üben neben ihrem Amt noch einen bürgerlichen Beruf aus. Die Priestertracht, ein weißes, langes und loses Gewand mit weiten Ärmeln und einer Mütze aus schwarzem Taft, tragen sie nur bei den kultischen Handlungen. In den großen Tempeln sind Töchter der Priester angestellt, um den heiligen *Kagura-Tanz* bei den Festen vorzuführen. In früheren Zeiten gab es auch Priesterinnen, besonders solche, die, von den Göttern inspiriert, weissagten. Im Schrein von *Ise* hütete eine jungfräuliche kaiserliche Prinzessin bis zum 14. Jahrhundert den Spiegel der Sonnengöttin.

Wenn der Gläubige einen Tempel aufsucht, zieht er die Glocke vor der Gebetshalle, verneigt sich mehrmals und spricht mit kurzen Worten seine Bitte oder seinen Dank aus. Er betrachtet die göttlichen Wesen ausschließlich als Spender irdischer Güter: Wohlhabenheit, reiche Ernte, Gesundheit, Kindersegen, Abwendung von Unheil werden erbeten. Sünde und Schuld, Reue und Erneuerung sind nicht Gegenstände des Gebetes.

Auch das tägliche Morgen- und Abendopfer der Priester in den Schreinen ist ein einfacher Vorgang. Feierlicher und komplizierter ist der Gottesdienst an den großen Festen (*Matsuri*), den Monats- oder Jahresfesten der Schreine. Die heilige Handlung beginnt mit einer Reinigungszeremonie (*harai*) auf einem abgegrenzten Platz beim Tempel, auf dem ein *Himorogi* – ein Zweig des heiligen Kirschbaumes (*Sakaki*) mit daran hängenden weißen Papierstreifen auf einem Tisch mit Geländer – aufgestellt ist. In das *Himorogi* wird die Gottheit des Reinigungsortes herabgerufen; durch Schwenken eines Wedels aus Papierstreifen und Ausstreuen von Reiskörnern werden der Ort und die Menschen gereinigt, wird reine Luft gemacht. Dadurch werden die Gläubigen von jedem Schmutz befreit, vom körperlichen und auch vom geistigen, und ihre Fehler werden getilgt. Dann werden die zahlreichen Opfergaben einzeln auf kleinen Holzgestellen von einer Reihe von Priestern langsam und sorgfältig unter Musikbegleitung in das Allerheiligste getragen und auf kleinen Tischen niedergelegt: es sind Speiseopfer aller Art, Seide – als Kleidung für den Gott gedacht –, ein Sakakizweig mit Edelsteinen, Schwert und Spiegel daran, und ein großer *Gohei*. Gohei sind Stöcke, an denen weiße Papierstreifen, die zickzackförmig geschnitten sind, hängen, die stets in den Tempeln und auch in der Kultnische des Hauses stehen. Sie sollen ein symbolischer Ersatz sein für die früher üblichen wertvollen Stoffe, die man als Opfergaben an die Bäume hängte. Darauf werden die alten rituellen Gebete, die *Norito*, von dem Oberpriester rezitiert, und eine Geldspende wird von einem Regierungsbeamten überreicht. Heilige Tänze werden von Mädchengruppen und von Männergruppen aufgeführt, um böse Geister zu vertreiben und Segen herbeizuziehen. Nachdem die Opfergaben wieder feierlich zurückgetragen wurden, werden die Speisen, aus denen die Gottheit die geistige Essenz genossen hat, von den Priestern verzehrt. Damit ist die Zeremonie beendet, und es folgt nun ein fröhliches Treiben im Tempelhain bis in die Nacht. In den Schaubuden werden Erfrischungen angeboten, Amulette und allerlei Kram mit glückbringender Bedeutung.

Die großen, mittleren und kleinen Shintō-Feste, *Matsuri* genannt, die einen Monat, drei Tage oder einen Tag dauern, sind Dankopfer für die Wohltaten der Götter oder Bittopfer um Bewahrung vor Schaden. Von größter Bedeutung sind die Feste, die mit der religiösen Verehrung des Kaiserhauses in Verbindung stehen. An diesen Nationalfeiertagen verrichtet der Kaiser selbst die Kulthandlungen in der »heiligen Halle« des kaiserlichen Palastes. Beim Neujahrsfest ist der 1. Januar der »Anbetung der vier

Himmelsrichtungen« gewidmet, wobei der Kaiser die Sonnengöttin und alle übrigen himmlischen und irdischen Götter um Glück für das Volk und um Frieden bittet, während er am 3. Januar, dem »Anfang der Regierungstätigkeit«, einen Bericht über die Angelegenheiten des Ise-Tempels seiner göttlichen Ahnmutter anhört und die Ahnen um eine friedliche Regierung bittet. Eine Anbetung der kaiserlichen Ahnen ist auch mit dem Frühlingsfest (21. März) und dem Herbstfest (24. September) verbunden. Am 17. Oktober bietet der Kaiser den göttlichen Ahnen den neu geernteten Reis dar, und am 23. November opfert er ihn den sämtlichen Göttern. Am 11. Februar wird die Begründung der Dynastie durch *Jimmu-tennō* gefeiert und am 3. April dessen Todestag. Im 11. Monat wird ein großes Fest zur Einweihung des neuen Kaisers gefeiert. Das »Seelenbeschwichtigungsfest« soll das Leben des Kaisers verlängern und seiner Seele Frieden schaffen. Kleinere Feste sind einzelnen Göttern gewidmet, z. B. dem Wassergott, der schädliche Regengüsse verhüten soll, oder den Windgöttern zur Verhütung von Stürmen. Ein »Blumenberuhigungsfest« soll Seuchen vertreiben und ein anderes die bösen Geister verscheuchen.

Jede shintoistische Familie besitzt, gewöhnlich im Wohnzimmer, einen *Kami-dana* (»Götter-Sims«), ein Brett an der Wand, auf dem ein oder mehrere kleine Schreine (*Miya*) aus rohem Holz als Wohnungen der Gottheiten stehen und Täfelchen mit den Namen der am meisten verehrten *Kami*, auch wohl kleine Figuren der Glücksgötter und Geräte für die häuslichen Opfer. Täglich werden dort unter Verneigungen Speiseopfer niedergelegt. An den Festtagen wird das Sims mit *Sakaki-* und Kiefernzweigen und dem heiligen Strohseil (*Shime-nawa*) geschmückt, und Reiswein und Reiskuchen werden den Göttern vorgesetzt. Die Ahnen der Familie werden aber nicht zusammen mit den Göttern verehrt. Die Ahnen- oder Totentafeln (*Ihai*) stehen entweder auf dem *Butsu-dan* (»Buddha-Sims«), den viele Familien neben dem *Kami-dana* besitzen, oder auf eigenem Sims in einem anderen Raum. Vor den *Ihai* betet man an bestimmten Tagen und stellt Speiseopfer für die Ahnen nieder.

Ein wichtiger Teil des Kultes ist die rituelle Reinheit. Im Zusammenhang damit zeigen sich auch Ansätze zu einer sittlichen Entwicklung, während eine höhere Ethik fehlt. Die Scheu vor Unreinheit ist der wesentlichste Begriff der Shintō-Ethik. In den alten Ritualen, den *Norito*, aus dem 9. Jahrhundert findet sich das Gebet der »Großen Reinigung« (*ōharai no kotoba*), das eine Aufzählung alles dessen gibt, was als unrein und zugleich sündhaft gilt, wodurch wir einen Einblick in die primitive Ethik der alten Japaner bekommen. Als himmlische Sünden werden Störungen des Landbaus, z. B. das Durchbrechen der Dämme an den Reisfeldern und Absperrung der Bewässerung derselben, das Schinden von Tieren bei lebendigem Leibe, die Beschmutzung rituell reiner Orte genannt. Unter den irdischen Sünden finden sich neben den Vergehen auch Gebrechen und Plagen, die als von den Göttern verhängte Unreinheiten gelten: Körperverletzung, Leichenschändung, Blutschande und Sodomie, Töten fremder Tiere, Behexung, Albinismus, Auswüchse und auch Schlangenbisse, Blitzschlag und andere Plagen. Zweimal im Jahre, am 30. Juni und am 31. Dezember, findet das Fest der »Großen Reinigung« statt, bei dem dieses Gebet rezitiert wird, um alle Unreinheit des ganzen Volkes zu beseitigen und zu sühnen. Dabei bekommt jeder Gläubige vom Priester ein Stück weißes Papier, das in Form eines Kleides geschnitten ist und *Katashito* (»Repräsentant der Gestalt«) genannt wird. Man schreibt darauf sein Geburtsdatum und sein Geschlecht, haucht seinen Atem darauf und reibt das Papier über den Körper, wodurch die Unreinheit in das Papier übergehen soll. Von den Priestern werden diese Papiere dann in den Fluß oder das Meer geworfen, wo sie von den Reinigungsgöttern in die Unterwelt fortgeführt und vernichtet werden.

Äußere Reinheit verlangen die Götter von ihren Verehrern. Ohne Reinigung würde man sich ihrem Zorn und dem Unglück aussetzen. Man glaubt auch, daß Schmutz die bösen Geister anzieht. Vor jedem Gebet im Hause oder in der Gebetshalle wäscht der Japaner wenigstens die Hände und spült den Mund, vor dem Gottesdienst bewegt der Priester einen Wedel aus Papierstreifen durch die Luft, um reine Luft zu machen. Beim Aufstellen und Abtragen der Opfergaben haben die Priester weiße Papierstreifen vor den Mund gebunden, damit ihr unreiner Atem nicht die Speisen berühre. Vor den großen Opferfeiern wird eine umständliche Reinigungszeremonie ausgeführt (s. S. 94). Auch das Feuer, das im Tempel oder für die Öllampe auf dem *Kamidana* gebraucht wird, muß rein sein. Reines Feuer wird durch Reibung zweier Hölzer vom heiligen *Hinoki*-Baum erzeugt. In Kyōto wird solch reines Feuer an die Gläubigen ausgeteilt, die damit ihr erstes Herdfeuer im neuen Jahr entzünden.

Die Scheu vor Unreinheit zeigt sich in vielen Gebräuchen, die von alters her und z. T. bis in die moderne Zeit geübt werden. Als unrein gelten vor allem Geburt und Tod. Daher wurden für die Niederkunft besondere Gebärhütten errichtet, die nachher verbrannt wurden. Für die Toten gab es Trauerhäuser, in denen sie bis zur Bestattung aufgebahrt wurden. In dem Haus, in dem ein Toter liegt, wird das *Kamidana* verhängt und bleibt so während der ganzen Trauerzeit. Für die nächsten Verwandten ist in dieser Zeit der Besuch der Tempel verboten. Wer an einem Begräbnis teilgenommen hat, darf ebenfalls für eine gewisse Zeit die Tempel nicht betreten. Wenn im Tempelbezirk ein Mensch starb, darf dort dreißig Tage lang keine kultische Handlung stattfinden. Wer bei einer Verletzung einige Tropfen Blut verlor, muß ein Bad nehmen, bevor er einen Tempel betritt. Denn Blut gilt als besonders unrein, wie alle körperlichen Ausflüsse. Auch Krankheit und Unfälle gelten als unrein. Für alle Unreinheiten, die mit *Tsumi* bezeichnet werden, was »Schuld« und auch »Unheil« bedeutet, gibt es Reinigungszeremonien, z. B. Waschungen mit reinem Wasser, Salzstreuen, Anspucken, Anhauchen durch den Priester und Schwingen des Wedels, für schwere Fälle auch Sühnopfer.

Dieses Bild des reinen Shintō der frühen Periode verändert sich unter dem Einfluß des Buddhismus, der im 6. Jahrhundert von Korea nach Japan kam (s. S. 212 ff.), und erstand erst wieder nach 1700 zur Zeit der Erneuerung des Shintō. Während des Mittelalters war der Shintoismus dem Buddhismus fast erlegen, nur an den Hauptschreinen von *Ise* und *Izumo* bestand er auch damals isoliert fort. So schnell wie in keinem anderen Land faßte der Buddhismus in Japan Fuß. Er antwortete auf die Sehnsucht nach persönlicher Vollendung und nach Erlösung des Menschen über das zeitliche Dasein hinaus, während dem Shintoismus solche Gedanken gänzlich fehlten. Auch machte er die Japaner mit der höheren chinesischen Kultur und der Schrift bekannt. Es war besonders die Oberschicht und sogar die kaiserliche Familie, in denen der Buddhismus sich schnell und erfolgreich durchsetzte, während das ungebildete Volk länger an den alten Traditionen festhielt. Allmählich entwickelten sich verschiedene Mischformen aus beiden Religionen, in denen aber doch das buddhistische Element überwog, der sogenannte *Zoku-Shintō* (»vulgärer Shintō«).

Einige buddhistische Priester schufen einen Ausgleich zwischen den widerstreitenden Lehren des Shintoismus und des Buddhismus, indem sie die buddhistische Lehre vom

Urbild und der Transformation (*Honji* und *Suijaku*) auf die beiden Religionen anwandten: sie identifizierten die *Kami* mit den Buddhas, den *Hotoke*; demnach sind die alten Shintō-Götter zeitweilige Manifestationen der indischen Buddhas.
Zuerst vertrat der Bonze *Gyōgi* (geb. 678) diese Auffassung. Schon etwa hundert Jahre später entstand daraus mit Erlaubnis der kaiserlichen Regierung ein Mischkult. Buddhistische Priester wirkten in den Shintō-Schreinen mit, buddhistische Geräte und Schriften wurden dort aufgenommen. Schließlich wurden in einigen Provinzen, sogar in *Ise*, kombinierte Tempel errichtet.
Eine vollkommene Verschmelzung beider Religionen wurde im 9. Jahrhundert durch Gründung zweier neuer Sekten vollzogen. Der *Sannō-Shintō*, der auf den Bonzen *Saichō* (*Dengyō Daishi*, gest. 822) zurückgeht, ist aus der *Tendai*-Sekte (s. S. 215 f.) entstanden und der *Ryōbu-Shintō* oder *Ryōbu-Shūgo-Shintō* (»der aus beiden Teilen assimilierte Shintō«), begründet durch den Bonzen *Kūkai* (*Kōbō Daishi*, gest. 843), aus der *Shingon*-Sekte (s. S. 216). In beiden Sekten wurden immer mehr Shintō-Götter in das buddhistische Pantheon aufgenommen. Nach der Ryōbu-Lehre entsprachen die sieben Buddhas der Vergangenheit den sieben Himmelsgöttern des Shintō, die fünf Buddhas der Gegenwart den fünf Erdengöttern. Kūkai ließ sogar in den buddhistischen Tempelbezirken Shintō-Schreine errichten.
Im 15. Jahrhundert wurde ein erster Versuch unternommen, den reinen Shintō wiederherzustellen mit der Gründung des *Yui-itsu Shintō* (des »ausschließlichen Shintō«) durch Yoshida Kanetomo (1435–1515), einen Priester des *Yoshida*-Schreines in Kyōto. Er verwarf Buddhismus, Konfuzianismus und Taoismus und erklärte die *Kami* Japans als »allgenugsam«. Aber schon in der theoretischen Begründung seiner Reform und noch mehr in dem neuen Zeremoniell, das er einführte, zeigte sich Kanetomo stark abhängig von der buddhistischen *Shingon*-Sekte. Trotzdem wurde sein Ritus, bei dem keine Bonzen mitwirken durften, an vielen Schreinen eingeführt.
Der chinesische Konfuzianismus mit seiner Philosophie und Morallehre war in Japan seit langem bekannt, war aber in seinem Einfluß auf die oberste Klasse beschränkt. Schon Shōtoku Taishi (6.–7. Jh., s. S. 89, S. 212) schätzte ihn und benutzte seine Staatstheorien, in denen die Beziehungen zwischen Herrscher und Untertan mit denen zwischen Himmel und Erde verglichen wurden, um seinen politischen Reformen eine ethische Grundlage zu geben. Im 17. Jahrhundert, zur Zeit der *Shōgune* (Hausmeier) aus der *Tōkugawa*-Familie, kam es zu einer Renaissance des Konfuzianismus. Damals entstand ein Ehrenkodex der Ritter (*Bushi* oder *Samurai*), der *Bushi-dō*, (»Weg der Krieger«). Dieser beruhte auf einer Synthese zwischen Buddhismus und Konfuzianismus. Seit dem 13. Jahrhundert war der Buddhismus in allen Schichten des Volkes verbreitet und hatte auch unter den Samurai zahlreiche Anhänger gefunden, besonders in der Schule des Zen (s. S. 217 f.). Der Zen-Buddhismus vermittelte ihnen eine stoische Ruhe und Kaltblütigkeit gegenüber Gefahren und Unglück, eine Geringschätzung des Lebens und eine stille Ergebenheit in den Tod. In der Morallehre des Konfuzius fanden sie die Anweisungen für ihre praktische Lebenshaltung: die absolute Loyalität und den Gehorsam bis zum Tode gegenüber dem Lehnsherrn. Die Treue zum Kaiser, die Liebe zum Vaterland und die Verehrung der Ahnen sind die Grundelemente ihrer Tugend, die aus dem Shintō stammen. Die sieben Tugenden der Krieger, die sie aus den Religionen geschöpft haben, sind Elemente einer echten Moral: Rechtschaffenheit, Mut, Güte, Höflichkeit, Wahrhaftigkeit, Ehre, Treue. Grundlage für die Befolgung

dieser ethischen Forderungen ist die Selbstbeherrschung. Diese Selbstbeherrschung in Verbindung mit dem Ehrgefühl zeigt sich im freiwilligen Selbstmord, dem *Seppuku* (oder *Harakiri*), durch Aufschlitzen des Leibes. Nur in Konflikten zwischen Ehre und Treue im Verhältnis zum Lehnsherrn wurde der freiwillige Tod gewählt und in einer feierlichen, rituellen Handlung unter Zeugen vollzogen. Die Tugenden der Samurai werden in zahlreichen Erzählungen geschildert, die jeder Japaner von Jugend auf kennt, sie werden im Theater und später im Kino gezeigt und beeinflussen so das ganze Volk. Die Selbstbeherrschung ist ein Charakterzug der Nation geworden.

Auch Reformschulen gingen im 17. Jahrhundert von Konfuzius aus. Hervorragende Gelehrte, die auch Ratgeber der Shōgune wurden, arbeiteten ein System aus, das konfuzianischer Shintō genannt werden kann: Fujiwara Seika (1561–1619), Hayashi Razan (1583–1657), Yamazaki Ansai (1619–82), Kikkawa Koretaru (1616–94), Arai Hakuseki (1657–1725). Durch sie gewann auch der Shintoismus als Weltanschauung neues Ansehen.

Der Renaissance der chinesischen Wissenschaften im 17. Jahrhundert folgte als nationale Reaktion eine solche des japanischen Altertums. Die Führer dieser nationalen Bewegung waren Gelehrte wie Kada Azumamaro (gest. 1736), sein Schüler Kamo Mabuchi (gest. 1769), Motoori Norinaga (gest. 1801) und Hirata Atsutane (gest. 1843), die sich dem Studium der japanischen Philologie und Archäologie widmeten und den Shintoismus in seiner ursprünglichen Form erforschten. Hirata besonders bemühte sich in Wort und Schrift um die Wiedereinführung des reinen Shintō, betonte vor allem die Göttlichkeit des Kaiserhauses und dessen alleiniges Recht auf die Herrschaft. Mit seiner Propaganda gegen die Shōgune aus der Tōkugawa-Familie, die seit 1615 die Regierung führten, half er die politische Restauration von 1868 vorzubereiten. Die neue kaiserliche Regierung in Tōkyō nahm dann auch den Shintō als Staatsreligion an, vornehmlich in der Form, die Hirata lehrte. Hiratas Shintoismus hatte allerdings chinesische Elemente, besonders in die Ethik, aufgenommen.

Zu einer Vertiefung des religiösen Inhalts des Shintō hat diese nationale Bewegung nicht beigetragen. Doch entstanden daneben shintoistische Sekten, die ein religiöses Bedürfnis erkennen lassen. In ihren Lehren zeigen sie z. T. buddhistische, z. T. auch christliche Einflüsse. Die *Fuji*-Gemeinschaft, *Fuji-kō*, die auf Hasegawa Tsunoyuki (gest. 1646) zurückgeht, zerfiel später in zwei Sekten, die *Jikkō-Kwai* (»Gemeinde der praktischen Übung«) und die *Fusō-Kyōkwai* (»Fuji-Gemeinde«). Die erstere lehrt einen trinitarischen Monotheismus: es gibt nur einen Gott, der sich in eine männliche und eine weibliche Kraft teilt, und diese drei sind eins. Der Wohnsitz des Gottes und zugleich der geistige Mittelpunkt der Schöpfung ist der Berg Fuji. Die zweite verehrt neben der Trinität noch vier untergeordnete Gottheiten, darunter die Sonnengöttin *Amaterasu*. Die möglichst häufige Besteigung des heiligen Berges Fuji ist die wichtigste Übung des Kultes der beiden Sekten.

Die *Kurozumi*-Sekte wurde von einem Priestersohn Kurozumi Munetada (gest. 1850) begründet, der durch die Kraft der Sonne von seinem Lungenleiden geheilt wurde. Für ihn war Amaterasu die einzige Gottheit, die er und seine Anhänger jeden Morgen anbeteten. Um Leib und Seele gesund zu erhalten, fordert er Wahrhaftigkeit und Abkehr von Unglauben, Zorn und Ärger, Hochmut, Selbsttäuschung, Trägheit, Heuchelei. Wer so im Herzen mit Amaterasu eins ist, für den gibt es keinen Tod.

Ein Shintō-Priester Inoue Masakane (gest. 1849) verkündete die Lehre vom Reinigungsbade (*Misogi*), nachdem er dessen Wunderwirkung an sich selbst erfahren hatte. Für ihn ist Amaterasu der Weltgeist, daneben verehrt er noch andere Götter, solche der Schöpfung, der Reinigung, der Unterwelt, die er in Klassen einteilt. Er fordert ernste Sittlichkeit und besonders Buße und Demut. Fasten und Beten, Atemanhalten und besonders Reinigung von Leib und Seele sind die Wege, die zum Heil führen. Seine Anhänger nennen sich *Misogi-Kyōkwai* (»die Sekte der Lehre vom Reinigungsbade«).

Von weit größerer Bedeutung als die vorgenannten ist die Sekte *Tenrikyō* (»Lehre der himmlischen Vernunft«), die von der Bauernfrau Nakayama Mikiko (1798–1887) aus Tambaichi bei Nara gegründet wurde. Nach langer Krankheit fühlte sie sich von dem Herrn des Himmels angerufen und folgte nach langen Kämpfen der Berufung und sammelte bald eine Gemeinde um sich. Durch das schnelle Anwachsen der Gemeinde zog sie sich die Feindschaft der buddhistischen und der shintoistischen Priester zu, und durch ihre Methoden des Gesundbetens, Dämonenaustreibens, des Verteilens von Amuletten und des Opfertanzes war sie Verfolgungen durch die Polizei ausgesetzt. Mehr als vierzigmal hatte sie im Gefängnis gesessen, bis ihre Gemeinde unter dem Namen *Tenri-Kyōkwai* 1885 als shintoistische Sekte von den Behörden anerkannt wurde.

Ihre siebzehn Offenbarungen, auf denen ihre Lehre beruht, schrieb sie mit geschlossenen Augen in Versen nieder und gab ihnen den Titel *O-fude-saki* (»des Pinsels Spitze«). Eine zweite Schrift *Go-Koki* (»Aufzeichnung alter Dinge«) schrieb sie noch selbst mit fünfundachtzig Jahren nieder. Außerdem verfaßte sie zwölf Lieder und die Melodien dazu für ihre *Kagura*-Tänze. Zu dem heiligen Kanon ihrer Gemeinde gehört noch eine weitere Schrift mit dem Titel *Osashizu* (»Weisungen«), die sie ihrem Nachfolger Iburi, einem Zimmermann, nach ihrem Tode offenbarte. Die *Tenri*-Lehre ist eine seltsame Verbindung von Monismus, Dualismus und Pluralismus. Der »Große König der himmlischen Vernunft« ist eine Person und zugleich eine Zweiheit von männlichen und weiblichen Schöpfergottheiten, zu denen wieder je vier weitere Gottheiten gehören, so daß er eine Einheit von zehn Gottheiten bildet. Diese Gottheiten haben Namen aus der alten Mythologie, sonst aber keine Ähnlichkeit mit den alten Göttern. Jede lebt in einem Himmelskörper und hat die Gestalt eines Tieres. Jeder ist eine bestimmte Himmelsrichtung zugeordnet, eine bestimmte Tages- oder Nachtzeit, auch bestimmte Naturvorgänge, die für die Landwirtschaft wichtig sind, und bestimmte Teile und Funktionen des menschlichen Körpers sowie bestimmte seelische Eigenschaften und Gebiete des sozialen Lebens. So ist z. B. der Sonnengöttin Blut, Feuer, Licht, Milde, Wärme, Erbarmen zugeordnet. Durch dieses System weiß man, welche Gottheit für die verschiedenen leiblichen, seelischen und sozialen Nöte anzurufen ist. Alle Menschen sind Kinder der großen Gottheit der himmlischen Vernunft und haben Leib und Seele nur als Lehen von Gott. Durch Beschmutzung mit achterlei Staub (Geiz, Habsucht, Haß, falsche Liebe, Zorn, Groll, Hochmut, Selbstsucht) ziehen sie sich, ihren Kindern und ihrer nächsten Existenz Krankheit und Unheil zu. Jedes menschliche Dasein soll in einer bestimmten Ordnung verlaufen; wer dieser Ordnung folgt, kann einen höheren Zustand erreichen. Dazu ist Ausharren in Selbsterkenntnis und Reue nötig und vor allem selbstlose Hingabe alles Eigenen zur Rettung der Mitmenschen. Alle diese Handlungen sollen in Freude und sonniger Lauterkeit getan werden, wie es in den munteren Tänzen und Gesängen des Gottesdienstes symbolisch dargestellt wird. Eine große Rolle spielt im *Tenrikyō* die Heilung von Krankheiten. Diese haben nicht nur eine körperliche Ursache, sondern sind stets Mittel des göttlichen Erbarmens, das den Kranken belehren, antreiben, reinigen oder strafen will. Die geistige Erlösung hilft auch gegen Krankheit und alle Nöte des privaten und des öffentlichen Lebens. Trotz mancher Seltsamkeiten hat diese Sekte starke ethische Kräfte entfaltet und besonderen Opfermut gezeigt.

Während die übrigen shintoistischen Sekten nur auf Kreise des einfachen Volkes Einfluß gewannen, breitete sich die *Tenrikyō*-Sekte auch unter den Gebildeten aus. In dem Heimatort ihrer Stifterin in Nara liegt ihr Hauptheiligtum, in dessen Umgebung sich eine eigene Stadt, *Tenri-shi* (Tenri-City) entwickelt hat, bestehend aus weiträumigen Tempelanlagen, Schulen für Kinder, Seminaren für die Ausbildung der Priester, einer Universität mit einer reich ausgestatteten Bibliothek, mit Heimen für Studenten und Pilger, einer Schule für Missionare, an der viele fremde Sprachen gelehrt werden, und einem ethnographischen Museum. Dazu gehören auch Einrichtungen der sozialen Fürsorge, wie Kindergärten und -heime, Waisenhäuser, Kliniken, ein Tuberkulose-Sanatorium und ein Tuberkulose-Forschungsinstitut. Eine geschickte Mission, verbunden mit ausgedehnter sozialer Tätigkeit, hat zu einer schnellen Ausbreitung dieser Sekte geführt und sie zu einer der lebendigsten religiösen Kräfte in Japan gemacht. Sie besitzt auch Anhänger in Korea, Hongkong, auf Taiwan sowie in den Vereinigten Staaten mit der Zentrale in Los Angeles, in Mittel- und Südamerika und in Kongo-Brazzaville. Die Zahl der Anhänger beträgt zur Zeit zwei bis drei Millionen.

Weit mehr als eine halbe Million Anhänger zählt die ausgesprochen monotheistische *Konkō*-Religion (*Konkō-kyō*), gegründet von dem Bauern *Konkō-Daijin* (1814–69). Gemäß einer Offenbarung verkündet er den im Volksglauben gefürchteten Metallgott (Konjin oder Kane no Kami) als den großen Vater-Gott (*Ō-oya-gami*) und nennt ihn *Tenchi Kane no Kami* (»Metallgott Himmels und der Erde«). Gottesgnade und Gotteskindschaft sind die Zentrallehren dieser äußerst einfachen Religion, Nächstenliebe und Pflichterfüllung im Alltag bilden den Inhalt ihrer Ethik. Nach der *Konkō*-Lehre fordert Gott Toleranz gegenüber den anderen Religionen; eines seiner Offenbarungsworte lautet: »Ihr dürft nicht engherzig in eurem Glauben sein. Denkt von der Welt mit weitem Herzen; denn die Welt existiert in eurem Herzen.«

Neben diesen entstand noch eine Reihe anderer shintoistischer Sekten von geringerer Bedeutung. Im ganzen waren es dreizehn solcher Sekten, die nach der nationalen Restauration unter der Bezeichnung »Sekten-Shintoismus« offiziell als Religionen anerkannt wurden.

Die vitalste der neuen Religionen, die am meisten Mitglieder gewinnt, ist *Sōka gakkai* (»die Studiengemeinde zur Schaffung von Werten«), die eine moderne Form des Nichiren-Buddhismus (s. S. 221 ff.) darstellt. Sie entstand schon 1930, wurde während des Zweiten Weltkrieges unterdrückt, aber danach durch Jōsei Toda neu gegründet. Ihr Ziel ist es, den Nichiren-Buddhismus zur Staatsreligion zu machen. Durch pseudowissenschaftliche Argumente sucht sie zu beweisen, daß alle anderen Religionen falsch sind.

Nach der nationalen Restauration 1868 wurde der Shintoismus wieder zu Ehren gebracht und seitdem unter staatlicher Förderung als allgemeiner nationaler Kult gepflegt. Der Mythus von der göttlichen Herkunft des ersten Kaisers, von dem in ununterbrochener Folge der jeweilige Kaiser abstammt, und von der Verheißung der göttlichen Ahnfrau (s. S. 90) war die Grundlage des modernen Shintō. Dieser Glaube an die Göttlichkeit und Ewigkeit des Kaiserhauses führte zu dem Glauben an die Ewigkeit des Landes und des Volkes und damit zu der Überzeugung von der Einzigartigkeit seines Staates (*Kokutai*). Diese Überzeugung hat die noch nie erlebte Entschlossenheit bewirkt, mit der das japanische Volk damals in die Weltgeschichte eintrat. Im Mittelpunkt des nationalen Kultes stand als oberster Priester wie als oberster Verehrungsgegenstand der Kaiser. Die Anerkennung der göttlichen Abstammung des Kaisers und die Teilnahme an den großen Staatsfesten war für jeden Japaner verbindlich. In der Verfassung von 1889 wird aber außerdem die Religionsfreiheit gewährleistet; neben dem Staatskult, der »Schrein-Shintoismus« genannt wurde, konnte jeder Japaner noch einer beliebigen Religion anhängen. So sind die Japaner größtenteils sowohl Shintoisten als auch Buddhisten. Durch die Niederlage von 1945 fand allerdings der Staatsshintoismus ein jähes Ende; der Shintoismus wurde wieder eine Religion. Doch war seine Wirkungsmöglichkeit zunächst beschränkt durch das Verbot seiner Förderung und Verbreitung, das General MacArthur am 15. Dezember 1945 erließ, und durch eine Funkrede, in der Kaiser Hirohito am Neujahrstag 1946 erklären mußte, daß er selber nicht göttlichen Ursprungs sei. Doch entstand im Volk eine starke Neigung für den Shintō als Religion. Die Priester, denen jetzt jede Unterstützung durch den Staat fehlte, gaben sich große Mühe in ihren religiösen Pflichten für die Gläubigen. 1953 wurde der Tempel von Ise wiederaufgebaut mit Spenden, die von mehr als 50 Millionen Einzelpersonen und Gruppen gestiftet wurden. Ein Schrein-Hauptamt (*Jinja-honchō*) wurde geschaffen, zu dem 1961 über 80 000 Tempel und Tempel-Verbände gehörten. Eine besondere Rolle spielt der im Jahre 1869 errichtete *Yasukuni-jinja* (»der Schrein des friedlichen Landes«) in Tōkyō, in dem die Geister der Krieger verehrt werden, die seit 1853 für den Kaiser gefallen sind. Auch hier ruhte der Kult seit 1945. Doch sind seit Jahren Bestrebungen im Gange, selbst von der Regierung, den Schrein zu verstaatlichen, um eine nationale Gedenkstätte für die drei Millionen Toten des Zweiten Weltkrieges zu schaffen. Schon 1969 fand dort eine nationale Gedenkfeier für die Toten des Zweiten Weltkrieges statt, an der der Kaiser und die Kaiserin, Ministerpräsident Satō und die Kriegsopferverbände teilnahmen. Alle Religionsgemeinschaften – der Buddhismus, der Sekten-Shintō, die neuen Religionen und die Christen – erklärten sich gegen die Verstaatlichung des Schreines, während der Bund der Kriegshinterbliebenen und die Rechtsextremisten dafür stimmten.

Die Intellektuellen der Nachkriegsgeneration verachten die alten wie die neuen Religionen und wenden sich vielfach dem Kommunismus zu, den sie als humanitären Altruismus auffassen. Die große Masse dagegen wendet sich den neuen Religionen zu, die aus etwa 700 verschiedenen Sekten mit etwa 25 Millionen Anhängern bestehen. Diese beruhen im Grunde auf der alten religiösen Grundlage und weisen als wesentliches Merkmal einen Synkretismus auf.

Das Christentum wurde 1549 durch den Jesuiten Franz Xavier nach Japan gebracht. Seine Missionsmethode ging freilich nicht in die Tiefe; die Bekehrten erlernten oft nur ein paar – noch dazu lateinische – Gebete sprechen. Auch verstand er es in keiner Weise, bei der Verkündigung an die reichen religiösen Traditionen Japans anzuknüpfen; er erklärte geradezu den Japanern, daß alle ihre Ahnen zu ewigen Höllenqualen von Gott verurteilt seien. Dennoch ermöglichten politische Umstände ein rasches Wachstum der katholischen Kirche in Japan. Politische Verwicklungen waren es aber auch vor allem, welche einen starken Widerstand gegen die christliche Mission hervorriefen. Schon am Ende des 16. Jahrhunderts brach eine heftige Verfolgung aus, während der 26 japanische Christen in Nagasaki gekreuzigt wurden. 1640 wurde das Christentum in Japan verboten. Dennoch erhielt es sich bei Tausenden im geheimen; sie verehrten Maria im Bild der buddhistischen Kwannon (s. S. 224), kennzeichneten sie lediglich als Mutter Christi durch ein kleines Kreuz auf ihrer Brust. Als 1859 wieder katholische Priester nach Japan kamen, traten die Christen aus ihrer Verborgenheit hervor, wurden aber zunächst neuen Verfolgungen ausgesetzt. Im gleichen Jahr kamen auch die ersten protestantischen Missionare aus den Vereinigten Staaten nach Japan. Aber erst 1872 wurden auf Drängen der ausländischen Gesandten die öffentlichen Anschläge entfernt, welche das Christentum bei Todesstrafe verboten; 1876 wurde dieses Verbot formell aufgehoben. 1899 erklärte die Regierung, daß der Staats-Shintō keine Religion und die Verneigung vor dem Kaiserbild kein religiöser Akt sei, und ermöglichte es so auch Staatsbeamten, sich als Christen zu bekennen. Die nach der Meiji-Restauration einsetzende Hinwendung zu allem, was mit westlicher Kultur zusammenhängt, führte zu einem erneuten Wachstum des Christentums in Japan, besonders des protestantischen. Diese Christen kommen hauptsächlich aus den Kreisen der Intellektuellen. Lehren und Gottesdienstformen blieben freilich in den verschiedenen christlichen Kirchen Japans rein westlich. Ein großer Teil der japanischen Christen nimmt heute eine exklusive Stellung gegenüber den heimischen Religionen ein und setzt sich so in starken Gegensatz zu jener Toleranz, welche heute – zumal unter dem Einfluß des Buddhismus – für die japanische Geisteswelt kennzeichnend ist.

Wie die verschiedenen protestantischen Denominationen in den Vereinigten Staaten einen »Bundesrat« der christlichen Kirchen gebildet haben, so schufen 1930 die verschiedenen Religionsgemeinschaften Japans einen »Rat für interreligiöse Zusammenarbeit«, dem außer den größeren Gruppen des Shintō und Buddhismus auch einzelne christliche Persönlichkeiten sich anschlossen. Das Ziel des Rates ist, zum Wohl der Menschheit beizutragen mittels der Förderung des Weltfriedens durch gegenseitiges Verstehen der Bekenner der verschiedenen Religionsgemeinschaften in Japan und darüber hinaus in der ganzen Welt. Er erstrebt letztlich die Schaffung eines »Weltrates der Religionen«, welcher das geistige Rückgrat der United Nations Organization (UNO) bilden soll.

Die Religion der alten Ägypter

Vom alten Ägypten, seiner Kultur und Religion, wußte Europa bis zum Beginn des 19. Jahrhunderts nichts aus direkten Quellen, sondern nur durch das Medium antiker Schriftsteller, vor allem des Herodot, Strabo und Plutarch. Dadurch entstand ein einseitiges, an der Anschauung verhältnismäßig später Erscheinungen gewonnenes Bild der ägyptischen Religion, das, da diese Religion keine statische Größe war, den weiter zurückliegenden Entwicklungen nicht gerecht werden konnte. Im Götterglauben traten Isis und Osiris in überhöhter Bedeutung hervor. Vor allem mußten die abstrusen Züge des spätzeitlichen Tierkultes, die einst den Spott antiker Geister und den Zorn christlicher Bekenner hervorgerufen hatten, ein verzerrtes Bild von der altägyptischen Religion geben.

Da gelang im Jahre 1822 dem Franzosen François Champollion die Entzifferung der altägyptischen Hieroglyphenschrift. Der Weg zu den primären Quellen war damit geöffnet. Auf ihm haben wir ein ungleich besseres und detailliertes Bild Altägyptens, seiner Geschichte und Religion gewonnen. Mit dem Fortschreiten unserer Kenntnisse verschob sich auch der Akzent des Interesses. Die zunächst besser bekannten späten Zeiten traten zurück gegenüber der Beschäftigung mit der eigentlich schöpferischen Epoche des Werdens, in der sich die für ägyptische Kultur und Religion charakteristischen Züge bildeten.

Die ägyptische Geschichte, in deren Ablauf auch die Wandlungen der ägyptischen Religion eingeordnet werden müssen, ist in einem in Auszügen bei Josephus erhaltenen Geschichtswerk des spätägyptischen Priesters Manetho im 3. vorchristlichen Jahrhundert in dreißig Dynastien aufgegliedert worden. Wir fassen sie zu größeren, profan- und religionsgeschichtlich voneinander unterschiedenen Epochen zusammen, deren jeweiliger Sondercharakter bereits den alten Ägyptern bekannt war. Die drei großen Epochen oder »Reiche« der ägyptischen Geschichte waren durch zwei Zwischenzeiten (mit teilweise sich überschneidenden Dynastien) getrennt; voraus ging ihnen die Frühzeit der thinitischen Herrscher, und am Ende der ägyptischen Geschichte stand die Periode der sogenannten Spätzeit. Nach den heutigen chronologischen Ansätzen ergibt sich folgende Zeittafel:

1.– 2. Dynastie:	Thiniten- oder Frühzeit	um 3000–2778
3.– 6. Dynastie:	Altes Reich	2778–2263
7.–10. Dynastie:	I. Zwischenzeit oder Herakleopolitenzeit	2263–2040
11.–12. Dynastie:	Mittleres Reich	2130–1786
13.–17. Dynastie:	II. Zwischenzeit oder Hyksos-zeit	1785–1562
18.–20. Dynastie:	Neues Reich	1562–1085

Die Spätzeit wird bis zur Eroberung durch Alexander (332 v. Chr.) angesetzt; auf sie folgt die Ptolemäerzeit (bis 30 v. Chr.). Schwankungen der chronologischen Angaben durch neue Funde oder Berechnungen sind noch immer möglich.

Die Weltordnung des Alten Reiches ist durch die Idee vom sakralen Königtum gekennzeichnet. Für sie ist der Gott-König eine Macht, die das ordnungsgemäße Spiel der Lebensmächte in Gang hält, der notwendige Angelpunkt der weltlichen und göttlichen Sphäre, der »einzige selbständige Faktor auf irdischer Seite gegenüber der Götterwelt« (Hermann Kees). Er ist »mit Leben begabt« und daher »Spender des Lebens«; er ist es, »der die Herzen am Leben erhält«. Der König ist der Realisator der *Maat*, »Herr der *Maat*« und »Vollstrecker der *Maat*«; mit dem Wort *Maat* ist der zentrale Begriff der Weltordnung des Alten Reiches bezeichnet, die Norm, die durch Übersetzungen mit »Gerechtigkeit« oder »Wahrheit« in ihrem komplexen Charakter nur ungenügend umschrieben ist.

Die Göttlichkeit des Königs kommt auch darin klar zum Ausdruck, daß er nach alter Vorstellung eine Erscheinungsform des Falkengottes *Horus* ist. Horus, dessen Name wahrscheinlich »der Ferne« bedeutet, ist ein Himmelsgott, der mit seinen Flügelspitzen die Grenzen der Erde berührt. Zugleich ist er Königsgott und der letzte in der Reihe jener am Anfang der ägyptischen Geschichte als Herrscher stehenden Götter, von denen in späterer Zeit am ausführlichsten der Turiner Königspapyrus berichtet. Die Einheit des Königs mit dem Gotte kommt auf künstlerischem Gebiet am eindringlichsten in der lebensgroßen Dioritstatue des Königs Chefren (4. Dyn.) zum Ausdruck. Diese stellt dar, wie das Haupt des Königs von den Flügeln des Falken geschützt, ja geradezu mit dem theriomorphen Numen in eins gesehen wird.

Die Göttlichkeit des lebenden Königs kommt auch sonst auf mancherlei Weise zum Ausdruck. Seine Kronen sind machtgeladene Zeichen eines sakralen Herrschertums; als »die beiden Mächtigen« (*śḫmtj*) wird die Doppelkrone von Ober- und Unterägypten geradezu bezeichnet. Durch die Mehrzahl seiner Titel wird der König mit Göttern in Beziehung gebracht. Die Krönung des Königs wie ihre Erneuerung im *Sed*-Fest sind sakrale Handlungen. Vor allem ist der König, der freilich im Hinblick auf die zunehmende Zahl der Heiligtümer Priester zu diesem Dienst delegieren kann, nach orthodoxer Meinung der einzige, der im Kult mit den Göttern in Verbindung treten darf.

Es verwundert nicht, daß die Machtsphäre des Königs für den gewöhnlichen Menschen tabu ist; in den alten Worten der Königsprozession: »Es kommt der Gott – Schutz der Erde«, findet das seinen knappsten, prägnantesten Ausdruck. Eine unnahbare und für den gewöhnlichen Menschen gefährliche Sphäre magischer Kraft umgibt den Herrscher des Alten Reiches: Als ein Würdenträger eines der Szepter des Königs bei einem Fest versehentlich mit dem Fuß berührt, ruft der König sofort einen Heilswunsch aus, um die Gefährlichkeit des Machtzeichens zu bannen und den Betroffenen vor unmittelbarem Tode zu bewahren.

Auf Anschauungen vom Tabu-Charakter des Herrschers wird auch die frühe Sitte der sakralen Tötung von Gefolgsleuten beim Königsbegräbnis schließen lassen. Sie hat sich im Gegensatz zu Sumer, wo sie in Kisch und vor allem in den Schachtgräbern von Ur I zutage tritt, für Ägypten nur im nubischen Ausstrahlungsbereich länger gehalten, aber im Lande selbst ist sie nach der Frühzeit nicht mehr geübt worden. Dafür können wir von der ersten Dynastie an die Sitte verfolgen, daß nach ihrem natürlichen Tode die Mitglieder der Königsfamilie und des Hofes in der Umgebung des Königsgrabes beigesetzt werden, um im Kreis der lebenerhaltenden Kraft des Herrschers zu bleiben.

Die vielleicht treffendste Formulierung der Anschauung von der Göttlichkeit des ägyptischen Königs ist uns erst aus späterer Zeit überliefert; wir lesen sie in der Autobiographie des Rechmirē, der unter Thutmosis III. (18. Dyn.) Wesir war: »Was ist der König von Oberägypten? Was ist der König von Unterägypten? Er ist ein Gott, durch dessen normative Handlungen man lebt; er ist Vater und Mutter aller Menschen, einzig durch sich, ohne seinesgleichen.«

Vor allem aber geben bis heute die überlieferten Zeugen des königlichen Totenkultes ein eindrucksvolles Bild vom sakralen Herrschertum. Die monumentale Form des Königsgrabes, die aus dem rechteckigen, meist mit schrägen Wänden versehenen Grabhügel, der sogenannten *Mastaba* (arab., »Bank«), entstandene Pyramide (ägypt. *mr*) ist vor allem für das Alte Reich seit der 3. Dynastie charakteristisch; die größten Pyramiden sind die bei Gizeh (am Westufer des Nils gegenüber Kairo) gelegenen Bauwerke aus der 4. Dynastie, die Pyramiden des Cheops, Chefren und Mykerinos, von denen die Cheops-Pyramide mit einer Höhe von 146,59 m die gewaltigste ist. In Pyramiden, wenn auch später ungleich geringerer Größe, haben sich die ägyptischen Könige bis in die Zeit der 17. Dynastie bestatten lassen, während im Neuen Reich Felsgräber gebräuchlich waren, die seit Thutmosis I. (18. Dyn.) im Tal der Könige (arab. *Biban el Moluk*) hinter Deir el Bahri (Westtheben) angelegt wurden. Eine späte Zeit sah, wie uns Herodot (II,124) bezeugt, in den Pyramiden das Ergebnis einer durch Despotie erzwungenen Sklavenarbeit; tatsächlich sind sie Ausdruck eines echten religiösen Anliegens, das dem Glauben an die uneingeschränkte Gottnatur des Königs entsprang.

Neben den architektonischen stehen die literarischen Zeugnisse für das sakrale Königtum des Alten Reiches. Es sind die 1881 entdeckten Pyramidentexte, die zuerst der letzte Herrscher der 5. Dynastie, König Unas, und nach ihm die Könige der 6., das Alte Reich beschließenden Dynastie in der Sargkammer und den zu dieser führenden Gängen und Räumen ihrer bei Sakkara in der Nähe des alten Memphis errichteten Pyramiden aufzeichnen ließen. Das Spruchgut der Pyramidentexte wurde aber als Ganzes nicht erst unter Unas geschaffen, sondern enthält, z. T. nachweisbar, sehr altes Gut. Die Pyramidentexte dienten der Sicherung des unsterblichen Lebens des Königs und seines Eintritts in die Gesellschaft der Götter. Es sind die ältesten Auferstehungstexte der Welt, die wohl bei den Begräbniszeremonien des jeweiligen Königs rezitiert wurden und in seiner Pyramide so angebracht waren, daß er sie selbst bei seiner Auferstehung lesen konnte.

Mit Hilfe mythischer Bezugnahmen, durch die der königliche Tote seinem Schicksal die Analogie des göttlichen Geschehens verleiht, sichern die Pyramidentexte die Unsterblichkeit des Herrschers. Diese mythischen Anspielungen sind nicht einheitlich. Oft teilt der Herrscher das Schicksal des Osiris, seinen Tod und seine Wiederbelebung. Daneben findet sich die hiermit logisch unvereinbare Vorstellung eines himmlischen Jenseits im Reiche des Sonnengottes *Rē*.

Die Pyramidentexte heben den Gott-König weit über den irdischen Bereich hinaus: »Deine Väter sind keine Menschen, deine Mütter sind keine Menschen« (Pyr. 809). Aber auch die Götter erschrecken und geraten in Furcht beim Nahen des Verklärten: »Aufregung ist im Himmel. ›Wir sehen Neues‹, sagen sie, die urzeitlichen Götter« (Pyr. 304). Die Übermächtigkeit des Königs Unas findet in dem mit Recht berühmten »Kannibalenhymnus« (Pyr. 273 und 274), der dem Einfluß der afrikanischen Komponente der ägyptischen Kultur zuzurechnen ist, ihren gewaltigen und grausamen Ausdruck:

> »Der Himmel ist wolkenschwer, die Sterne sind verfinstert, das Himmelsgewölbe erbebt, die Knochen des Erdgottes erzittern – nachdem sie König Unas gesehen haben, glänzend und machtvoll als der Gott, der von seinen Vätern lebt und seine Mütter verspeist ... Die Herrlichkeit des Königs Unas ist im Himmel, seine Macht im Lichtreich, wie die seines Vaters (des Gottes) Atum. Der hat ihn geschaffen, aber er (Unas) ist mächtiger als er ... König Unas ist der Stier des Himmels, der einst Mangel litt und sich darum entschloß, von der Gestalt jedes Gottes zu leben, und ihre Eingeweide verzehrte, als sie, den Leib mit Zauberkraft gefüllt, von der Flammeninsel kamen. König Unas ist einer, der wohlversehen ist, der sich die Götter einverleibt hat ... König Unas ist einer, der Menschen ißt und von Göttern lebt, der Boten besitzt und Befehle erteilt ... (Der Gott) Chonsu, der die Herren schlachtet, schneidet ihnen die Kehle für König Unas ab und nimmt ihre Eingeweide heraus, der Keltergott zerlegt sie für den König Unas und kocht von ihnen eine Mahlzeit in seinen Abend-Kochherden. König Unas ist es, der ihre Zauberkräfte ißt und ihre Geister verschluckt ... König Unas ist die große Macht, die Macht hat über die Mächte ... Wer von König Unas gefunden wird auf seinem Wege, den ißt er auf, Stück für Stück. König Unas ist ein Gott, älter als die Ältesten ... Nicht werden die Würden des Königs Unas von ihm genommen werden, da er das Wesen jedes Gottes verschluckt hat. Die Lebenszeit des Königs Unas wird die Ewigkeit sein, seine Grenze die Unendlichkeit ...«

Eine erste Erschütterung der Idee vom sakralen Königtum brachte der Aufstieg des aus dem Kreis der kosmischen Götter des Ostdeltas stammenden heliopolitanischen Sonnengottes *Rē*. Er hat wesentlichen Anteil an einer Vermenschlichung des Herrschers, weil mit dem Bekenntnis zu ihm an die Stelle der vormaligen Identität des Königs mit dem Herrschergott die Filiation (Sohnschaft) tritt. Hatte man den König vordem als Verkörperung des Falkengottes *Horus* betrachtet, so wird er allmählich zum ersten und höchsten Geschöpf, zum Sohn des Sonnengottes. Die im Papyrus Westcar enthaltene spätere legendäre Ausschmückung erzählt das Emporkommen der Rē-gläubigen Könige der 5. Dynastie in einer dem Cheops erteilten Weissagung von der Ablösung seines Geschlechts und in der Geburtsgeschichte dreier zu dem »trefflichen Amt« der Königswürde bestimmter und von Rē gezeugter Söhne der Frau eines heliopolitanischen Priesters. Tatsächlich hat die 5. Dynastie den Rē-Glauben zur Staatsreligion erhoben und ihm auf dem Westufer des Nils in der Nähe der königlichen Nekropolen (besonders bei Abusir) Sonnenheiligtümer errichtet, deren jeweiliger Kultmittelpunkt ein Obelisk war, auf dessen Spitze, dem Pyramidion, sich morgens die ersten Sonnenstrahlen niederlassen. Mit der Erhebung des Sonnenglaubens zur Staatsreligion hatte die 5. Dynastie offiziell eine Bewegung anerkannt, für deren Vorgeschichte wir bereits in königlichen Rē-Namen der 2. Dynastie Zeugnisse haben. Mit dieser Anerkennung aber war eine Erschütterung des Gott-Königtums, wie sie dann in der Zeit Phiops' II. (6. Dyn.) voll in Erscheinung tritt, und mit ihr der Verfall des Staates des Alten Reiches eingeleitet.

Das Alte Reich ist in einer Katastrophe unerhörten Ausmaßes zusammengebrochen. Literarische Kunde hiervon haben wir vor allem in den als »Admonitions« bekannten

Reden des Ipu, jenes leidenschaftlichen Vertreters der alten Ordnung, der in grellen Farben den Verfall seiner Zeit schildert:

> »Sehet, Dinge sind getan worden, die sich seit fernsten Zeiten nicht zugetragen haben. Der König ist von den Elenden gestürzt worden. Sehet, der als (königlicher) Falke(ngott) Begrabene ist aus dem Sarge gerissen. Was die Pyramide verbarg, ist ausgeleert. Sehet, es ist so weit gekommen, daß das Land des Königtums beraubt worden ist durch wenige Ignoranten. Sehet, es ist so weit gekommen, daß man sich aufgelehnt hat gegen das Schlangendiadem des Rē, der die beiden Länder (Ägyptens) in Ruhe hielt. Sehet, das Geheimnis des Landes, dessen Grenzen man nicht kannte, ist entblößt. Die Residenz ist in einer Stunde überwältigt worden ... Sehet, die (heilige) *Ḳrh.t*-Schlange ist aus ihrer Höhle genommen; das Geheimnis der Könige von Oberägypten und Unterägypten ist aufgedeckt.«

Die erste Zwischenzeit, die dem Untergang des Alten Reiches folgt und durch die Bildung des Mittleren Reiches abgeschlossen wird, ist eine Epoche politischer Schwäche, aber lebhafter weltanschaulicher Auseinandersetzung gewesen. Die uns erhaltenen Dokumente dieser literarisch äußerst fruchtbaren Zeit geben ein gutes Bild der damals lebendigen, sicher zumindest teilweise auf Strömungen im Alten Reich zurückgreifenden religiösen Intentionen, deren weitere Entwicklung dann durch die Epochen der ägyptischen Geschichte verfolgbar ist.
Eine prinzipiell erste Reaktion auf die Erschütterung, wie sie die Katastrophe des Zusammenbruchs des Alten Reiches mit sich brachte, ist die Skepsis, der menschliche Zweifel an allen Werten. Der Zerfall menschlicher Bindungen wird im »Lebensmüden« beklagt. Aber diese Skepsis gegenüber den Mitmenschen hat ihre Wurzel in einem religiösen Zweifel. Aus dem Zusammenbruch der sakralen Ordnung des Alten Reiches wird auf eine Unvollkommenheit der göttlichen Schöpfung geschlossen. Auch die Jenseitshoffnung des Menschen wird in Frage gestellt. In Vertretung des sterblichen, angesichts des Todesproblemes skeptisch gewordenen Menschen sagt Osiris zu dem Urgott *Atum* im »Gespräch zwischen Atum und Osiris« (Totenbuch, Kap. 175):

> »Atum, was soll es, daß ich in eine Wüste hinziehen muß? Sie hat doch kein Wasser, sie hat doch keine Luft, sie ist sehr tief, völlig dunkel und grenzenlos! ... In ihr kann man keine Liebesfreuden finden.«

Die für den Skeptizismus typische Diesseitsgestaltung, der Hedonismus, findet sich in vollendeter Ausprägung in den »Harfnerliedern«, deren älteste Version ebenfalls aus der ersten Zwischenzeit stammt und sich im Grabe eines wohl der 11. Dynastie angehörenden Königs Antef findet.
Als Gegenwehr gegen ein materialistischen Zielsetzungen verhaftetes Denken brechen in der ersten Zwischenzeit Strömungen positiven religiösen Bekenntnisses und religiöser Lebensgestaltung auf. Sie äußern sich zuvörderst im Gottesbild. In der 1914 zutage gekommenen Lehre des Königs Achtoës II. (10. Dyn.) für seinen Sohn Merikarē ist stets nur von »Gott« (*nṯr*) die Rede, nicht aber von den zahlreichen Numina eines polytheistischen Pantheons. Dort heißt es:

»Wohlbehütet sind die Menschen, die Herde Gottes. Er hat Himmel und Erde zu ihrem Gefallen geschaffen. Er hat des Urwassers Kraft gebändigt; er hat Lebensodem für ihre Nasen geschaffen. Sie sind seine Ebenbilder, hervorgegangen aus seinem Leibe. Er geht am Himmel auf für ihre Herzen und fährt einher, sie zu schauen. Er hat für sie die Pflanzen und Tiere geschaffen, die Vögel und Fische, um sie zu ernähren ... Er hat ihnen Herrscher schon im Mutterleib erschaffen als Gebieter, um den Rücken des Schwachen zu stützen ... Er hat die Frevler unter ihnen getötet ... Siehe, Gott kennt jeden Namen.«

In einem Sargtext spricht der göttliche Allherr in ähnlicher Weise:

»Ich wiederhole euch das Gute, das mein eigenes Herz mir eingegeben hat ... Ich habe die vier Winde geschaffen, daß jedermann zu seiner Zeit atmen kann ... Ich habe die große Flut (der Nilüberschwemmung) geschaffen, daß der Geringe wie der Große daran Anteil haben ... Ich habe geschaffen jeden Mann wie seinen Nächsten; es war nicht befohlen, daß sie Unrecht tun sollten, sondern ihre Herzen haben das verletzt, was ich gesagt habe ...«

Die Geistigkeit der Gottesvorstellung, die in diesen Texten zum Ausdruck kommt, kennzeichnet auch die Prädikate, die dem Gott *Amun* gegeben werden, der von der 12. Dynastie ab offiziell im Mittleren und später im Neuen Reich als höchster Gott gilt. In einem Amun-Hymnus aus der Zeit Ramses' II. (19. Dyn.) wird der Gott als »der Ersterstandene, dessen Wesen man nicht kennt«, gepriesen. Er ist von »geheimem Wesen und leuchtender Gestalt, der wunderbare Gott mit den vielen Erscheinungsformen«. Er ist »das Herz des Alls«. »Er ist zu geheimnisvoll, als daß man sein Wesen zu enthüllen vermöchte, er ist zu groß, als daß er sich erforschen ließe, zu mächtig, als daß man ihn erkennen könnte.«
Ist somit die Intention zur Vereinigung göttlicher Prädikate auf einen einzigen Gott für den weiteren Verlauf der ägyptischen Religionsgeschichte charakteristisch geblieben, so ist die zeitliche Ansetzung des frühesten Vorkommens dieses Hochgottglaubens noch ein offenes Problem. Schon im Alten Reich findet sich der singularische Gebrauch des Appellativums *nṯr* (»Gott«) und die Rede vom »großen Gott«. In spezieller Weise ist das Problem verbunden mit der in der Ägyptologie noch umstrittenen Datierung des sogenannten »Denkmals memphitischer Theologie«, eines aus der Zeit des Äthiopenkönigs Schabaka (25. Dyn.) überlieferten, aber auf weitaus ältere Vorlagen zurückgehenden Textes. Hermann Junker, einer der Erforscher dieses Schabaka-Textes, datiert ihn in den Anfang des Alten Reiches. Das Denkmal memphitischer Theologie preist *Ptah*, den Hauptgott von Memphis, der Residenz des Alten Reiches, als alleinigen Schöpfer, der die Welt auf rein geistige Weise mit Hilfe des Herzens als Sitz der Erkenntnis und der Zunge als Prinzip des Willens und des befehlenden Ausspruchs geschaffen habe.
Es gehört zur Eigenart des ägyptischen Denkens, daß diese eindeutigen theologischen Aussagen nicht isoliert, sondern im Rahmen des weiterhin beibehaltenen Polytheismus stehen. Anstelle eines nach unserer Logik zu erwartenden Monotheismus stehen wir daher dem Fortbestehen der zahlreichen lokalen Götter der Städte und Gaue und ihrer Kulte gegenüber und den verschiedenen Versuchen priesterlicher Spekulation zur Systematisierung der Vielheit von Göttern. Nach der großen Götterneunheit von

Heliopolis stand an der Spitze der Urgott *Atum*, der durch das Ausatmen von Luft und das Ausspeien von Feuchtigkeit das Götterpaar *Schu* (Luft) und *Tefnut* (Feuchtigkeit) schuf. Beide brachten ihrerseits den Erdgott *Geb* und die Himmelsgöttin *Nut* hervor; deren Kinder sind *Osiris* und *Seth* mit ihren schwesterlichen Gemahlinnen *Isis* und *Nephthys*.

Der hundsgestaltige Gott Anubis

Echnaton und seine Familie bei der Verehrung Atons

Der Neunheit von Heliopolis stand die Achtheit von Hermopolis gegenüber, jener mittelägyptischen Stadt, die ägyptisch als *Ḫmnw* (»Stadt der Acht«) bezeichnet wurde. Die Götterachtheit bestand aus vier, die Urmächte verkörpernden Paaren: *Nun* und *Naunet* (Urgewässer), *Huh* und *Hauhet* (Endlosigkeit), *Kuk* und *Kauket* (Finsternis), *Amun* und *Amaunet* (Unsichtbarkeit).

Es ist eine der bezeichnendsten Erscheinungen der ägyptischen Religionsgeschichte, daß der Versuch, den Polytheismus radikal auszurotten, mißlang. Dieser Versuch wurde unternommen von dem König Amenophis IV. (18. Dyn.; um 1361–40 v. Chr.), dem Sohn Amenophis' III. und der Königin Teje, dem Gatten der Nofretete. Es ist sicher, daß politische Gründe bei seiner religiösen Reform eine Rolle spielten: der Kampf gegen die mächtige Amunpriesterschaft von Theben, der Versuch einer erneuten starken Konzentration der Religion auf das Königtum, das Bemühen wohl auch, die verschiedenen Völker der ägyptischen Großmacht des Neuen Reiches religiös anzusprechen und zu binden. Dennoch werden der bis heute in ihrer Wertung umstrittenen Reform und dem Pathos, mit dem sie durchgeführt wurde, echte religiöse Motive nicht abzusprechen sein, wenn diese uns auch heute gegenüber früheren Bezeugungen eines ägyptischen Hochgottglaubens epigon erscheinen mögen. Der König verließ in seinem sechsten Regierungsjahr Theben und gründete in Mittelägypten eine neue Residenz, die er, nach dem Namen des von ihm verkündeten alleinigen Gottes, der Sonnenscheibe *Aton*, *Achet-Aton* (»Horizont der Sonnenscheibe«) nannte (heute Tell el-Amarna). Er änderte seinen Namen *Amenophis* (»Amun ist zufrieden«) in *Echnaton* (»Es gefällt dem Aton«). Mit überstürzter Eile und radikaler Konsequenz wurde das Andenken der alten Götter ausgemerzt, vor allem das des mächtigen *Amun* und der *Mut*. Selbst den Plural »Götter« ließ der König auf den Denkmälern ausmeißeln. Ausdruck der geforderten alleinigen Verehrung Atons sind die formenschönen Verse, die der König seinem Gotte dichtete, und die Darstellungen der Sonnenscheibe in der schöpferisch reichen, naturalistischen Amarna-Kunst: die Strahlen der Sonne enden in Händen, die das Schleifenkreuz halten, das hieroglyphische Zeichen für »Leben« (*'nḫ*). Der Tod des Königs leitete die erfolgreiche und schnelle Reaktion der traditionellen Mächte der ägyptischen Religion und die rücksichtslose Verfolgung des Andenkens an den »Ketzer von Amarna« ein.

Wie für das Gottesbild, so lassen sich auch für die Ethik die Linien von der Umbruchzeit nach dem Untergang des Alten Reiches aus gut verfolgen. War im Alten Reich der zentrale Begriff der *Maat* eine Größe, die auf den Gott-König und die sakrale Ordnung des Staates bezogen war, eine Norm, deren Realisation in einem der rechten Ordnung im Staat entsprechenden Handeln vollzogen wurde und deren Gegenbegriff die Unordnung war, so werden in der ersten Zwischenzeit als das Gegenteil von *Maat* die Begriffe »Sünde« (*'ij.t*), »Lüge« (*grg*) und »habgierig« (*'wn 'ib*) bevorzugt. Erstmals wird eine persönliche ethische Entscheidung betont. In dem für diese Umwälzung charakteristischen Literaturwerk, das unter dem Titel der »Klagen des Bauern« bekannt geworden ist, steht die Mahnung: »Bewege dein Herz, daß du die *Maat* kennenlernst.« Das spricht für eine Qualität, die dem Denken und Wollen des Einzelmenschen erschließbar ist und nunmehr erst unserem Sinne von »Wahrheit« entspricht. Im gleichen Text wird als ein »schönes Wort, das aus dem Munde des *Rē* selbst kommt«, der Ausspruch verkündet: »Sprich die Wahrheit, tue die Wahrheit; denn sie ist groß, sie ist mächtig, sie ist dauernd.«

Andere Quellen für die ägyptische Ethik sind die Weisheitsliteratur und die negativen Sündenbekenntnisse der Biographien und des Totenbuches. Sie enthalten vornehmlich kasualethische Anweisungen, die als Gebote oder – in den Versicherungen von Schuldlosigkeit und Tugendhaftigkeit der negativen Sündenbekenntnisse – als grundsätzliches Bekenntnis zu einer sittlichen Ordnung und ihren Forderungen zum Ausdruck kommen. Die Einleitung des 125. Kapitels des Totenbuches, die ihren Ursprung in den Idealbiographien des Mittleren Reiches hat, enthält in Form negativer Aussagen tatsächlich die ethische Konfession eines detaillierten Bildes des rechten Verhaltens, vor allem gegenüber den Mitmenschen:

> »Ich habe nicht hungern lassen. Ich habe nicht weinen gemacht. Ich habe nicht gemordet. Ich habe nicht zu morden befohlen. Ich habe niemand Leid verursacht. Ich habe die Speisen in den Tempeln nicht geschmälert ... Ich habe die Opferbrote der Toten nicht geraubt. Ich habe nicht Ehebruch begangen ... Ich habe das Kornmaß weder vergrößert noch verkleinert.«

Auch in der Lehre für König Merikarē finden sich Gebote der Nächstenliebe:

> »Beruhige die Weinenden, quäle keine Witwe, verdränge keinen Mann von der Habe seines Vaters, schädige die Räte nicht an ihren Sitzen, hüte dich davor, ungerecht zu strafen ...«

Es spricht für die hohen moralischen Forderungen des Textes, daß seine Gebote in einer auf den Gotteswillen bezogenen Gesinnungsethik gipfeln, die einer sich in kultischen Handlungen erschöpfenden Frömmigkeit entgegengesetzt wird:

> »Empfangen wird (von Gott) lieber die Tugend des Rechtschaffenen als das Opferrind des Sünders.«

In besonderer Weise wird in Ägypten das menschliche Verhalten hinsichtlich der Gottesverehrung durch das Gebot des Schweigens gekennzeichnet, das in der Spätzeit, in der das Verhältnis zwischen Gott und Mensch unmittelbarer und persönlicher geworden ist, am stärksten hervortritt. Die Weisheitslehre des Amenemope unterscheidet zwischen dem frommen Verhalten des »Schweigenden« und dem unfrommen des »Hitzigen«, dessen Grab die Flamme sein wird. Und in der Lehre des Anii lesen wir:

> »Die Wohnung Gottes verabscheut Geschrei. Bete du mit liebendem Herzen, dessen Worte alle verborgen bleiben.«

Die Erfüllung ethischer Gebote ist teilweise auch als wesentlich für die Art des Fortlebens nach dem Tode angesehen worden, womit die Ägypter sich wie kein anderes Volk der Erde beschäftigt haben. In den »Klagen des Bauern« wird gesagt, daß die Wahrheit bis in Ewigkeit währt und mit dem, der sie tut, ins Jenseits geht. Auch die Bezeichnung des »gerechtfertigten« Toten (*maa-ḫrw* »wahr an Stimme«), die seit dem Beginn des Mittleren Reiches jedem Verstorbenen beigelegt wird, bekundet ethische Motive.

Mit dieser ethischen Konzeption verbunden ist eine vergeistigte Auffassung des Jenseits. Im »Gespräch zwischen Atum und Osiris« gibt der Urgott Atum dem Osiris auf seine düstere Jenseitsschau die Antwort: »Ich habe Verklärtheit gegeben an Stelle des Wassers, der Luft und der Lust und Seligkeit an Stelle von Brot und Bier.« Offenbar ist diese Jenseitsvorstellung mit einem zukünftigen himmlischen Dasein verbunden, dem der Rē-Glaube zugrunde lag; so beschreibt der »Lebensmüde« seine Hoffnung auf eine bessere Existenz in der Umgebung des Sonnengottes:

»Wer dort ist, der wird ein lebender Gott sein,
und wird die Sünde strafen an dem, der sie tut.
Wer dort ist, wird im Sonnenschiff stehen,
und er wird das Beste darin den Tempeln verleihen.
Wer dort ist, wird ein Weiser sein, und man hindert ihn nicht,
Rē anzuflehen, sooft er redet.«

Durchgesetzt hat sich aber gegenüber der vergeistigten und ethisch bedingten Vorstellung vom Jenseits die magische. Ihr Ziel ist es, das irdische Leben für die Unendlichkeit zu konservieren. Dem dienen das Grab und seine Ausstattung als Summe des irdischen Lebens des Verstorbenen, die Mitgabe der für ihn im Jenseits arbeitenden Dienerfiguren, der *Uschebtis* (»Antwortende«), und die Mumifizierung. Alt ist die Vorstellung, daß die vogelgestaltige *Ba*-Seele des Toten im Grab aus und ein geht, während die Ganzheit seines Wesens in der *Ka*-Statue verkörpert ist.
Die magische Jenseitsvorstellung ist offenbar verbunden mit *Osiris* und dessen Unterweltreich, in das das Totengericht verlegt wird, bei dem das Herz des Toten auf einer Waage gegen die »Wahrheit« abgewogen wird. Wie der Gott Osiris, der nach ägyptischem Mythus von seinem feindlichen Bruder Seth ermordet, mit Hilfe seiner Gattin Isis aber zu neuem Leben erweckt wurde, so hoffte der Mensch, durch magische Identifikation mit dem Gotte, auf eine dessen Schicksal analoge Auferstehung.
Wie für die Osirianisierung der Jenseitsvorstellungen, so ist auch für die Usurpation der königlichen Totentexte die Zeit nach dem Ende des Alten Reiches entscheidend gewesen. Die umfangreiche Literatur magischer Zielsetzung, die uns in den Sargtexten und im Totenbuch vorliegt, entsteht, indem sich nach dem Zusammenbruch des Alten Reiches eine sozial breitere Schicht der ehemals königlichen Totenliteratur bemächtigt. Die Nachfolgeliteratur der Pyramidentexte dient aber nicht mehr rituellen Erfordernissen beim kultischen Begräbnis eines sakralen Königs, sondern allein magischen Absichten, die mit Hilfe mythischer Bezüge erreicht werden sollen. Jedoch sind die mythischen Gegebenheiten nicht mehr zentrale und alleinige Mittel zur Sicherung der Unsterblichkeit, sondern zu ihnen treten Gedanken hinzu, die einer frühen »naturwissenschaftlichen« Beobachtung des vegetativen Kreislaufs entspringen. Das wird sehr deutlich an einem Sargtext, der das osirianische Geschick mit der Berufung auf diese vegetative Unsterblichkeit verbindet:

»Ich lebe, ich sterbe, ich bin *Osiris*. Ich bin hervorgekommen aus dir, ich bin eingetreten in dich, ich bin fett geworden in dir, ich bin gewachsen in dir, ich bin in dich gefallen, ich bin auf meine Seite gefallen. Die Götter leben von mir. Ich lebe, ich wachse als (der Korngott) *Nepre*, der die Ehrwürdigen (Toten) (mit sich) herausnimmt. (Der Erdgott) *Geb* hat mich verborgen. Ich lebe, ich sterbe, ich bin die Gerste – nicht vergehe ich.«

Nicht in gleicher Weise wie die individualeschatologischen Vorstellungen sind in Ägypten universaleschatologische vertreten worden. Das im ganzen zyklische Geschichtsbild der Ägypter ist nur in der Zeit zwischen dem Alten und Mittleren Reich teilweise durchbrochen und durch ein eindimensionales mit dem Gedanken der endzeitlichen Weltvernichtung ersetzt worden. Kunde hiervon geben die »Geschichte des Schiffbrüchigen«, das mythische »Buch von der Himmelskuh« und die Zukunftsschau des Atum im »Gespräch zwischen Atum und Osiris«.

Das alte Ägypten, sein Staat, seine Kultur, seine Sprache und Religion sind Erscheinungen, die der Geschichte angehören. Das Reich der Pharaonen verging nach mehreren Fremdherrschaften endgültig, als Alexander im Jahre nach der Schlacht bei Issos Ägypten eroberte (332 v. Chr.). Mit der Einbeziehung des Landes in die ökumenische Kulturwelt des Hellenismus verlor auch die ägyptische Kultur ihre Bedeutung als bildende Macht der Menschen des Nillandes. Ihr Erbe wurde bis zur Christianisierung Ägyptens noch ängstlich und fanatisch, aber unschöpferisch in exklusiven Priesterschaften gehütet. Am längsten hielt sich die letzte Stufe der altägyptischen Sprache, das Koptische, das in einigen Dörfern noch um 1600 als lebende Sprache nachweisbar war, während die letzte fest datierte hieroglyphische Inschrift aus dem 12. Jahr des Kaisers Diokletian (296 n. Chr.) stammt. In der römischen Welt lebten die letzten Bekenner des altägyptischen Glaubens bis ins 6. Jahrhundert. Aber sie waren sich bewußt, am Ende einer Epoche zu stehen, und erhoben klagende Stimmen über den Untergang ihrer Religion:

> »Eine Zeit wird kommen, wo es scheinen wird, als hätten die Ägypter vergebens fromm und eifrig der Gottheit gedient ... Denn die Gottheit wird von der Erde zu dem Himmel zurückkehren, und Ägypten wird verlassen dastehen, und das Land, das der Sitz der Religion war, wird die Götter nicht mehr beherbergen ... O Ägypten, Ägypten, von deinem Glauben werden nur Fabeln übrigbleiben, die den späteren Geschlechtern unglaublich dünken, und nur Worte werden übrigbleiben auf den Steinen, die von deinen frommen Taten erzählen.« (Pseudoapuleius Asclepius 24)

Diese pessimistische Untergangsschau der ägyptischen Religion hat sich nicht voll bewahrheitet. Wohl ist die Religion des alten Ägypten in ihrer Gesamterscheinung keine lebendige Größe geblieben. Aber eine auswählende Übernahme religiöser Anschauungen Altägyptens wurde schon durch den hellenistischen Synkretismus der Spätantike vollzogen und erfolgte vor allem im Christentum. Sowohl über den Hellenismus wie über die religiöse Welt des Alten Testaments, die frühe Beziehungen zu Ägypten aufweist, drangen ägyptische Vorstellungen ins Christentum ein. Noch ein dritter Weg christlicher Tradierung ägyptischer Elemente ist festzustellen. Er betrifft den Sondercharakter der koptischen und äthiopischen Kirchen, die, teilweise direkt, teilweise vielleicht auf dem Umweg über die Gnosis, ägyptischen Einflüssen ausgesetzt waren. In Gedanken der alttestamentlichen Psalmen und der Weisheitsliteratur, der Königs- und Messiasvorstellung wie in Zügen der Heiligenverehrung ist, wenn auch in Einzelfragen oft noch umstritten, auf das Fortleben ägyptischen Gutes hingewiesen worden.

Aber nicht nur die Feststellung solcher Einzelzüge gibt der ägyptischen Religion eine über den Untergang des Pharaonenreiches hinaus weiterwirkende Bedeutung. Die Kenntnis des altägyptischen Glaubens ist vielmehr auch in systematischer Hinsicht für die Erfassung des Gesamtphänomens »Religion« wichtig. Das ist darin begründet, daß wir in Ägypten die religiöse Entwicklung von sehr frühen Zeiten über die Blüte der

Osiris als Totenrichter

Hochkultur bis zur späten Epoche des Verfalls verfolgen können. Vor allem die Periode der Bildung der ägyptischen Kultur ist dabei prinzipiell interessant, weil sie uns Aufschluß über Fragen nach dem Werden des Gottesglaubens, der Ethik und des Kultes verspricht. Freilich erreichen wir mit dem erhaltenen Material, dessen Bearbeitung noch im Fluß und dessen wissenschaftliche Deutung nicht einheitlich ist, keineswegs die Anfänge schlechthin. Aber wir stehen einer relativ sehr frühen Zeit schriftlicher Bekundung religiöser Anschauungen gegenüber.

Die Religionen der vorderasiatischen Kulturen

Die vorderasiatischen Kulturen des Altertums bilden keine geschlossene Einheit, und auch ihre Träger waren sprachlich und rassisch durchaus unterschieden. Dennoch lassen sich Gemeinsamkeiten feststellen, die vor allem auf dem kulturell bestimmenden Einfluß Mesopotamiens und damit auf dem geistigen Erbe des Sumerertums beruhen. Mit der von den Sumerern entwickelten Keilschrift sind die Sprachen der meisten vorderasiatischen Kulturen, im ganzen zwölf verschiedene Idiome, geschrieben worden. Auf religiösem Gebiet ist in neuerer Zeit eindringlich auf Gemeinsamkeiten hinsichtlich der Pflege von Fruchtbarkeitskulten verwiesen worden. Das Studium Vorderasiens und seiner Religionen führt zu den Anfängen auch unserer heutigen Zivilisation und ist besonders wichtig für die Kenntnis der Umwelt des Alten Testaments. Über das Fortleben insbesondere irrationaler religiöser Vorstellungen, auch auf den Gebieten des Aberglaubens und der Mysterien, fehlen bis heute noch eingehende Spezialuntersuchungen. Der um die Jahrhundertwende teilweise vertretene Panbabylonismus mit seiner ausschließlichen Betonung der kulturellen und religiösen Bedeutung Mesopotamiens für die Geschichte der Menschheit gilt heute mit Recht als einseitig und überholt.

Die Religion der Sumerer

Im südlichen Mesopotamien, am Unterlauf der Ströme Euphrat und Tigris, die damals noch nicht vereinigt den Persischen Meerbusen erreichten, sondern getrennt mündeten, entstand die erste Hochkultur des Zweistromlandes und vielleicht die älteste Hochkultur der Menschheit überhaupt. Ihre Träger waren die Sumerer, ein Volk unbekannter Herkunft, das vermutlich vom Osten ins Land kam. Archäologische Funde, anthropologische Gesichtspunkte und typologische Beziehungen des bislang noch isoliert dastehenden Sumerischen zu den dravidischen Idiomen sprechen für die Annahme früher Verbindungen mit dem vorindogermanischen Indien. Von ihren Stadtstaaten aus organisierten die Sumerer die wirtschaftliche Nutzung des Landes, die, wegen des Regenmangels, die geordnete Instandhaltung von Kanälen, die das Frühjahrshochwasser den Äckern zuführen, zur Voraussetzung hatte. Ökonomischen Bedürfnissen diente auch vornehmlich die Schrift, deren Erfindung die Sage Enmerkar, dem Begründer Uruks, zuschreibt. Die überwiegende Mehrzahl der Texte auf den etwa 250 000 wiederaufgefundenen Tontafeln ist wirtschaftlichen Inhalts. Die Sumerer sind vielleicht die ersten gewesen, die den Gedanken des Schreibens gedacht haben, und ihre Schrift, die um 3000 v. Chr. entstand, ist möglicherweise die älteste Schrift der Menschheit. Sie war ursprünglich eine Bilderschrift und entwickelte sich zu der später auch für andere Sprachen und in anderen Kulturen Vorderasiens verwandten schematisierten Keilschrift, einer phonetischen Silbenschrift, die eine Reihe von Ideogrammen beibehielt und zur Unterscheidung von Bedeutungsgruppen nicht mitzulesende Determinative verwandte.

Im Ablauf der sumerischen Geschichte des Zweistromlandes unterscheiden wir mehrere Epochen. Am Beginn steht die *Uruk*-Zeit (um 3000–2800), deren archäologische Zeugnisse sich vornehmlich in der vierten Kulturschicht von Uruk (Warka) finden und die daher auch als Uruk IV bezeichnet wird. Es folgt die kulturell bis nach Ägypten ausstrahlende *Djemdet-Nasr*-Periode (2800–2600) und die *Mesilim*-Zeit (2600–2500). Da sich die Hauptfundstätten für die folgende Epoche in Ur finden, bezeichnet man sie als *Ur-I*-Zeit (2500–2360); in ihr herrschten die 1. Dynastie von Ur und daneben die Dynastie von Lagasch. Die kontinuierliche eigenstaatliche Entwicklung des Sumerertums wurde durch die politische Machtnahme semitischer Einwanderer unterbrochen, die unter Sargon I. von Akkade (um 2350) das erste semitische Großreich der Geschichte begründeten und bis nach Kleinasien ausdehnten. Auf diese *Akkad*-Zeit (2350–2150) folgte die Fremdherrschaft der westiranischen Gutäer (2150–2070). Sie wurde durch die sumerische Renaissance der *Ur-III*-Zeit (2065–1950) abgelöst, in der die 3. Dynastie von Ur und Gudea von Lagasch herrschten. In der weiteren Geschichte Mesopotamiens geht die politische Führung auf die Semiten über, die jedoch das geistige Erbe der ihnen rassisch und sprachlich völlig fremden Sumerer weitgehend bejahen und auch auf religiösem Gebiet, trotz tiefgreifender Unterschiede, sumerisches Gut übernehmen und weiterbilden.

Die ältesten Zeugnisse des sumerischen Glaubens aus der Frühzeit der sumerischen Kultur verdanken wir der Archäologie. In der Glyptik, der Reliefkunst und der Vollplastik herrschen religiöse Motive, ebenso natürlich in den kultischen Bauten. Die Motive dieser Kunstdenkmäler machen es wahrscheinlich, daß die Aussagen der religiösen Literatur, die vornehmlich der Zeit der sumerischen Renaissance entstammt, auch für die frühe Zeit Gültigkeit haben. Mit Ausnahme des babylonischen Weltschöpfungsepos sind anscheinend alle mythisch-epischen Dichtungen der Semiten Mesopotamiens sumerischer Herkunft. Wenn auch die Endredaktion des *Gilgamesch-Epos* das Werk der Semiten war, so bestanden doch bereits sumerische Teildichtungen, von denen bis jetzt fünf bekannt geworden sind. Die Sintfluterzählung, die die 11. Tafel des babylonischen Gilgamesch-Epos ausmacht, gehörte im sumerischen Bereich noch nicht zu dem Kreis um Gilgamesch. Aus sumerischen Mythen, die von Götterreisen zu Lande und mit dem Schiff erzählen, können wir auf politische Ereignisse der Landnahme und religiöse der Kultübertragung schließen. Neben den Mythen hat uns die religiöse Literatur Sumers Hymnen überliefert, deren bedeutendste die Tempelbauhymne des Gudea von Lagasch ist, ferner in vielfachen Wiederholungen abgefaßte Klagelieder, Beschwörungen und Gebete mit ihrer eigenartigen Sonderform der Gottesbriefe.

In der religiösen Literatur Sumers findet sich mit weit über 1000 Namen eine ungeheuer große Zahl von Göttern. Die Sumerer selbst nahmen, wenn sie als Gesamtzahl 3600, also das Quadrat der Grundzahl ihres Sexagesimalsystems, angaben, die Existenz unendlich vieler Götter an. Ursprünglich hatte jeder Stadtstaat seinen eigenen Gott, der das Prinzip numinoser Macht personifizierte. Erst eine zunehmende Theologisierung, die die Götter nach Analogie menschlicher Verwandtschaften in ein System brachte, differenzierte die einzelnen Göttergestalten nach unterschiedlichen Qualitäten und Machtbereichen; diese Differenzierung traf stärker die männlichen Götter als die weiblichen. Die Vorstellung der Gottheiten war anthropomorph, und auf Abbildungen wurden sie in Menschengestalt dargestellt. Die Sumerer nahmen an, daß die Götter die Menschen geschaffen hätten, damit diese durch Opfer und Tempelbau für ihren

Ziegenbock mit Lebensbaum

Prozessionsstraße und Ischtartor der babylonischen Zikkurat zur Zeit Nebukadnezars II. (Modell)

täglichen Unterhalt und ihre Wohnung sorgten. Wurden so die Menschen als Sklaven der Götter begriffen und befanden sich ihnen gegenüber in einer schlechthin abhängigen Lage, so waren auch die Götter nicht vollkommen frei. Ihre Macht fand an unumstößlichen Gesetzen ihre Grenze. Solch numinose Ordnungsbegriffe waren das »Schicksal« (*namtar*), die »Regel« (*gischchur*) und die »sakrale Kraft« (*me*). Auch das »Land ohne Wiederkehr« (*kurnugea*), die Unterwelt, hatte seine festen Gesetze, denen sich auch die Göttin *Inanna* bei ihrem Hinabstieg ins Totenreich fügen mußte.

An der Spitze des sumerischen Pantheons stand die Götterdreiheit von *An*, *Enlil* und *Enki*. Höchster Gott war der Himmelsgott An. Das Schriftzeichen seines Namens, ein Stern, war zugleich Wortzeichen und Determinativ für »Gott« (*dingir*). *An* wohnte in einer für gewöhnlich unerreichbaren Ferne und trat im praktischen religiösen Leben wenig hervor; in seiner Stadt Uruk hatte seine göttliche Tochter *Inanna* größere Bedeutung gewonnen. Die Gattin des An war *Ki*, die Erde.

Als Sohn des An galt der »Herr Sturm«, *Enlil* (später: *Ellil*) von Nippur, der Gott des Luftraumes und der Katastrophen, der Verursacher der Sintflut. Auf ihn wurde die Trennung von An und Ki, von Himmel und Erde, am Anfang der Zeiten zurückgeführt. Zuweilen wurde er als gnädiger »Hirte der Schwarzköpfigen« (Sumerer) angesehen. Seine Gattin war *Ninlil*, die »Herrin Sturm«.

Das Frömmigkeitsleben der Sumerer richtete sich vor allem auf den gütigen Gott *Enki* von Eridu, den »Herrn des Unteren«, d. h. des Grundwassers, das der Erde Leben gibt. Enki ist Herr der Weisheit, der Künste und magischen Beschwörungen. Er rettet den Bestand des Menschengeschlechts, indem er den Ziusudra von der Sintflut unterrichtet. Seine Gattin ist *Ninki*, die »Herrin des Unteren«.

In einer jüngeren Göttergeneration stehen der Sonnengott *Utu*, der Mondgott *Nanna*, der Kriegs- und Jagdgott *Ninurta*, der Nimrod der Bibel, der kriegerische Gott *Ningirsu* von Lagasch, die Herrin der Kanäle *Nansche*. Der Gott der Unterwelt ist *Nergal*, seine Gattin *Ereschkigal*; beide werden in dem »Lande ohne Wiederkehr« von den sechshundert *Anunnaki*, den Geistern der Tiefe, umgeben.

In den Bildgedanken nicht nur der sumerischen, sondern überhaupt der vorderasiatischen Kunst treten Motive aus dem *Inanna-(Ischtar-)Dumuzi-(Tammuz-)*Kreis stark hervor. *Dumuzi* (»wahrer Sohn«) ist der göttliche Hirte, der die Rinder schützt, er ist das Prinzip der lebenerhaltenden Macht, mit dem sich die Darstellung des Lebensbaumes verbindet. Als Vegetationsgott lebt Dumuzi nicht ununterbrochen. Er vergeht in der Sommerhitze und muß hinabsteigen zur Unterwelt. Sein Tod auf Erden wird in Klageliedern, wie sie im Alten Testament Hesekiel (8,14) erwähnt, betrauert. Nach einer Version seines Mythus scheint die Liebesgöttin Inanna den Dumuzi aus der Unterwelt errettet zu haben. Damit ist mythologisch das wiederaufkeimende Leben symbolisiert. Zweifellos umspannt der chthonische Kreislaufgedanke der *Inanna-Dumuzi*-Religion nicht die ganze sumerische Religion; aber er war ein bedeutender und fortwirkender Bestandteil.

Das sumerische Denken kannte keine eigentlich weltliche Sphäre, da auch die staatliche Ordnung ein religiöses Anliegen war. Die Stadtstaaten Sumers waren hierarchisch geführte Tempelstädte, an deren Spitze ein Priesterkönig stand, der den Titel *ensi* (frühere Lesung: *patesi*) trug. Er vereinigte, wie es dem theokratischen System entsprach, geistliche und weltliche Macht und war somit Oberpriester, Richter und Feldherr. Alles Land des Stadtstaates war Gottesland. Seine Bebauung, die Verteilung der Arbeiten und alle wirtschaftlichen Organisationen waren im Tempel zentriert, der mithin nicht nur Kultort, sondern auch Regierungssitz und Verwaltungsgebäude war.

Neben den gewöhnlichen Tempeln kannte die sakrale Baukunst Sumers die unter der babylonischen Bezeichnung *Zikkurat* bekannten Stufentürme, die das Urbild für die biblische Vorstellung vom Turm zu Babel waren. Auf der obersten Plattform der Zikkurat haben wir einen Hochtempel anzunehmen, der vielleicht als Brautkammer für den *hieros gamos*, den Vollzug der heiligen Hochzeit diente.

Der kultische Akt der beim sumerischen Neujahrsfest vollzogenen heiligen Hochzeit stand im Zusammenhang mit der vegetativen Erneuerung der Erde und war ein Fruchtbarkeitsritus des Vorstellungskreises um Inanna und Dumuzi. Als Sinnbilder des göttlichen Paares agierten bei der Kultfeier der König und die Hohepriesterin. Durch den Vollzug des Ritus gewann der König göttliche Eigenschaften; vor die Namen der sumerischen Herrscher wurde infolgedessen das Gottesdeterminativ *dingir* gesetzt. Seine durch die heilige Hochzeit gewonnene Lebenskraft teilte der König auch seinem Gefolge mit, wenn dieses, wie uns die Königsgräber von *Ur I* zeigen, mit dem Herrscher in den Tod ging. Aus der unverkrampften Haltung der mitbestatteten Höflinge kann geschlossen werden, daß deren wohl durch Gift bewirkte sakrale Tötung auf Freiwilligkeit beruhte.

Auch der Vollzug der übrigen Kulthandlungen war in erster Linie Aufgabe des Priesterkönigs; ihm standen aber Priester zur Seite. Die *Inanna-Dumuzi*-Religion hatte

auch Priesterinnen, die eine von der Normalsprache des Sumerischen dialektisch unterschiedene Kultsprache gebrauchten. Die priesterlichen Funktionen betrafen vornehmlich die Darbringung pflanzlicher und tierischer Opfer. Weihwasser und Räucherungen wurden im Kult verwendet. In alter Zeit wurde die Darbringung des Opfers in ritueller Nacktheit vollzogen.
Vornehmlich im Kult der Tempel hatten auch die sumerischen Gebete ihren Platz. Eine eigenartige Sitte der Vornehmen war es, Beterstatuetten an den Längswänden der Kulträume des Tempels aufzustellen, Abbilder der betreffenden Personen, die sich damit selbst des ununterbrochenen Gebetes vor der Gottheit versichern wollten.

Drei Beterfiguren aus Tell Asmar, Mari und Chafadja

Den kultischen Handlungen fehlte im alten Sumer das ethische Motiv. Im Gegensatz zur semitischen Welt, auch der der späteren mesopotamischen Geschichte, spielte für den sumerischen Menschen der Begriff der Sünde im irdischen Leben keine Rolle, und wir wissen nicht, ob eine Vergeltung im Jenseits angenommen wurde.
Zugrunde lag wohl diesem Zurücktreten des ethischen Moments die Annahme weitgehender Gleichgültigkeit der großen Götter gegenüber menschlichem Geschick. Deshalb traten auch in der privaten Frömmigkeit die großen Götter des Landes, vor allem der jeweilige Stadtgott, zurück gegenüber den Schutzgottheiten der einzelnen Familien.

Eine bedeutende Rolle spielten auch Mantik und Magie. Aufgabe der Orakelpriester war es, aus dem Lauf der Sterne, der Schafleber, dem Losfallen und aus Träumen zu wahrsagen. In der Hand der Beschwörungspriester lag die Hilfeleistung gegen die von dem Sumerer allerorts vermuteten Dämonen, die größtenteils als schädliche und schreckhafte Mächte angesehen wurden. Sie hatten ihren Ursprung in Totengeistern, von denen die sieben *Udug* die bekanntesten waren. Auch *Lilit*, die nach talmudischer Vorstellung als erste Frau Adams gilt, war eine sumerische Dämonin.
Der Glaube an ein Fortleben nach dem Tode ist früh bezeugt durch Beigaben, die den Bestatteten ins Grab gelegt wurden. Auf dem Wege in die Unterwelt setzte ein schweigender Fährmann die Toten über den Unterweltfluß *Chabur*. Aber das Totenreich war ein freudloses Land ohne Rückkehr. Und aus dieser Vorstellung erklären sich die häufigen Gebete um lange irdische Lebensdauer.

Die Religion der Babylonier und Assyrer

Die sumerische 3. Dynastie von Ur wurde durch das zweite politische Auftreten der Semiten in Mesopotamien abgelöst. Um 2000 v. Chr. faßten semitische Gruppen der kanaanäischen Wanderungswelle im Zweistromland Fuß und gründeten mehrere Kleinstaaten, in Südmesopotamien die Herrschaften von Isin und Larsa. Zur Vorherrschaft gelangte eine ostkanaanäische Dynastie, die Babylon zur Hauptstadt machte und deren bedeutendster Herrscher Hammurabi (um 1700) war, der sechste König der Dynastie. Diese erste Dynastie von Babylon endete um 1530. Vorderasien stand zu jener Zeit unter der Vorherrschaft der wenigstens teilweise in ihren Führerschichten indogermanischen »Bergvölker«. Sie begründeten in Babylonien die Herrschaft der Kassiten. Zur Zeit ihrer politischen Machtausübung, die freilich unter dem Einfluß der überlegenen babylonischen Kultur stand, festigte sich im Norden des Landes das assyrische Reich, ein semitischer Staat, dessen Charakter durch vorhergehende churritische Fremdherrschaft und die Oberhoheit des Mitannireiches beeinflußt war, und gewann als straff organisierte Militärmacht unter Tiglatpilesar I. (1116–1077) erstmals die Vorherrschaft in Vorderasien. Nachdem die assyrische Macht unter dem Druck der Aramäer für eineinhalb Jahrhunderte auf das Stammland beschränkt war, konnte sie sich unter Assurnassirpal II. (884–859) wieder über die vordem eroberten Gebiete ausdehnen, das assyrische Großreich begründen und unter Assarhaddon (681–669) zeitweise sogar Ägypten erobern. Die assyrische Macht erlag dem Druck der Meder, die aus dem iranischen Hochland hervorbrachen und 612 Ninive zerstörten. Im Bunde mit ihnen stand die chaldäische Dynastie (625–538), das aramäische Herrschergeschlecht der neubabylonischen Zeit. Ihm wurde die Ablösung der medischen Oberhoheit Irans durch die Perser zum Schicksal. Der Versuch Nabonids (555–538), des letzten Herrschers der chaldäischen Dynastie, die ältere babylonische Kultur und Religion neu zu festigen, wurde gewaltsam abgebrochen, als der Achämenide Kyros, von der Priesterschaft des babylonischen Gottes Marduk begünstigt, in Babylonien einfiel und mit der Eroberung der Hauptstadt (539) der staatlichen Eigenständigkeit des Zweistromlandes im Altertum ein Ende bereitete.
Wesentliche Grundfragen nach dem religiösen Charakter des mesopotamischen Semitentums stehen noch in den Anfängen der Erforschung. Sie betreffen das Verhältnis des

altsemitischen Erbes zur geistigen Tradition des Sumerertums, die Unterschiede zwischen der Religion Babyloniens und Assyriens und die Frage nach der historischen Entwicklung. Das letzte Problem ist deshalb schwierig, weil uns die meisten literarischen Quellen in akkadischer Sprache, dem Idiom der Semiten Mesopotamiens, undatiert überliefert sind; sie entstammen zum großen Teil den Tontafeln aus der Bibliothek Assurbanipals (669–630), des letzten großen assyrischen Herrschers, und enthalten vielfach Abschriften von Texten, deren Entstehungszeit viel weiter zurückliegt.

Viele Götter des babylonisch-assyrischen Pantheons gingen auf sumerische Vorbilder zurück. Die Toleranz gegenüber der Tradition verhinderte aber nicht ein teilweise unterschiedliches Verständnis. Vor allem war den Semiten die gewaltige Zahl der sumerischen Götter unbegreiflich. Sie reduzierten sie erheblich und sahen in den verbliebenen Göttergestalten zuweilen vornehmlich Aspekte eines einheitlichen numinosen Machtwillens.

Nach der theologischen Spekulation standen an der Spitze des Pantheons drei kosmische Gottheiten. Gott des Himmels war *Anu* (sumer. *An*), der in hellenistischer Zeit mit Zeus identifiziert wurde. Als Beherrscher der Erde und als Gott der Berge wurde *Ellil* verehrt, dessen Prototyp der sumerische Luftgott *Enlil* war. Wie der sumerische *Enki*, so war auch der babylonische *Ea* ein Herr der Wasser und wurde, wie im sumerischen Bereich, zugleich als Gott der Weisheit, der Beschwörungen und als Freund der Menschen angesehen. Allerdings erscheint er im *Adapa*-Mythus, von dem uns auch aus dem ägyptischen El-Amarna Fragmente erhalten sind, als listenreich und betrügerisch. Er widerrät seinem Sohn Adapa, die diesem von Anu dargebotene Lebensspeise anzunehmen, und Adapa verliert daraufhin durch seine Weigerung die Möglichkeit, die Unsterblichkeit zu erlangen.

Neben der kosmischen Triade kannte die babylonisch-assyrische Religion eine astrale. An ihrer Spitze stand der Mondgott *Sin*, der in Ur und Harran Kultstätten hatte. Mit der Erneuerung seiner Verehrung wollte, wie wir es aus dem propagandistischen »Strophengedicht von den Freveltaten Nabonids und der Befreiung durch Kyros« wissen, der letzte babylonische Herrscher, der Harranier Nabonid, die alte semitische Kultur Mesopotamiens in der Auseinandersetzung mit den Persern zu neuer Kraft beleben.

Als Sohn des Sin galt der Sonnengott *Schamasch*. Dieser bei den Westsemiten besonders angesehene Gott war Schützer des Rechts und göttlicher Gesetzgeber. Als solcher erscheint er in dem umfassendsten Gesetzeswerk der altorientalischen Zeit, dem zu Anfang dieses Jahrhunderts in den Ruinen von Susa wiederaufgefundenen Codex Hammurabi. Der große babylonische König gab, auf der Grundlage älterer Gesetzessammlungen, von denen uns heute der Codex des Bilalama von Eschnunna und das in sumerischer Sprache verfaßte Recht von Lipit-Ischtar aus der Dynastie von Isin bekannt sind, im Namen des Gottes Schamasch seinem Reich in etwa dreihundert Paragraphen ein Talionsrecht, das durch ein soziales Dreiklassensystem spezifiziert war. Hammurabi, der wahrscheinlich den Brauch der heiligen Hochzeit abschaffte und die Vergöttlichung der Könige außer Kraft setzte, war damit zugleich ein religiöser Reformator; denn die göttliche Macht ist in seinem Gesetzeswerk nicht nur als übermenschliche Kraft unsterblicher Wesen, sondern als ethisch fordernder Wille begriffen.

Als Tochter des Sin und Schwester des Schamasch wurde die Göttin des Morgen- und Abendsterns, *Ischtar*, verehrt, die Muttergöttin, aber auch Herrin der Fruchtbarkeit und der sinnlichen Liebe war; besonders von den Assyrern wurde sie zudem als Kriegsgöttin verehrt. Bekannt ist ihr Tor, das am Beginn der Prozessionsstraße in Babylon stand. Der Mythus von Ischtars Fahrt in die Unterwelt, dessen akkadische Fassung zumindest teilweise auf sumerischen Vorlagen beruht, berichtet, wie nach dem Hinabstieg der Ischtar ins Reich der Ereschkigal alles Leben auf Erden erlischt und dann der Gott Ea, hierüber besorgt, die Befreiung der Ischtar veranlaßt.

Von der Hammurabi-Dynastie wurde *Marduk* (sein Name aus sumer. *Amar-Utuk* »Sonnenkind«), der Stadtgott von Babel, der ursprünglich ein Frühlingsgott war, zum universalen Weltgott erhoben und als »Herr« (*Bel*) schlechthin angesprochen.

Literarisches Zeugnis dieser Erhöhung ist die Endform des nach seinen Anfangsworten *Enuma elisch* (»Als droben . . .«) genannten babylonischen Weltschöpfungsepos, des Textbuches zum babylonischen Neujahrsfest. Der Text berichtet, wie Marduk von den Göttern gewählt wird, um gegen die Chaosmacht der *Tiamat* und gegen *Kingu*, den Usurpator der Götterherrschaft, in den Kampf zu ziehen. Ihm gelingt es, das Wasserungeheuer Tiamat zu spalten. Aus den beiden Teilen ihres riesigen Körpers bildet er die Himmelshalbkugel und die Erde. Das Blut des ebenfalls von ihm getöteten Kingu vermischt er mit Erde und formt daraus die Menschen, die zum Dienst der Götter bestimmt werden. Nach Abschluß seines Werkes feiern ihn die anderen Götter und verleihen ihm fünfzig göttliche Namen. Durch die Identifikation Marduks mit deren ehemaligen Trägern kommt eine Gleichsetzungstheologie zum Ausdruck, die, neben der Erhöhung Marduks zum obersten Gott des babylonischen Pantheons, die Reduktion der gewaltigen sumerischen Götterzahl zum Ziel hat. Diese Gleichsetzungstheologie findet ihre konsequenteste Anwendung in einer Götterliste aus dem Ende der Hammurabi-Zeit, in der alle Götter als Hypostasen des jeweils verehrten angesprochen werden.

Eine der Machtfülle Marduks zur Zeit der Hammurabi-Dynastie entsprechende Stellung nahm bei den Assyrern ihr Nationalgott *Assur* ein, bei dem kriegerische Eigenschaften überwogen, die die Feldzüge der Assyrer rechtfertigten. Als Gott des Landes und der mit ihm namensgleichen ersten Hauptstadt wurde er im »Haus des Weltenberges« verehrt. Die Assyrer bemühten sich, ihm universale Geltung zu verleihen. Diese Verehrung des Gottes Assur, die besonders von dem König Sanherib (705–681), der ihn im Weltschöpfungsepos an die Stelle Marduks setzen wollte, gefördert wurde, stellte einen Sonderzug innerhalb der im übrigen von Babylonien stark beeinflußten Religion der Assyrer dar.

Das Verhältnis der Menschen zu den Göttern ist durch einen außerordentlich großen Abstand gekennzeichnet. In der pessimistischen Stimmung der akkadischen Version des *Gilgamesch-Epos* kommt dies am deutlichsten zum Ausdruck. Diese akkadische Version des Gilgamesch-Epos stammt wahrscheinlich aus dem 12. vorchristlichen Jahrhundert. Sie geht teilweise zurück auf eine ältere Sagenbildung um Gilgamesch, die bereits in der sumerischen Zeit einsetzte. Wir sind über das Datum ihrer Anfänge nicht genau orientiert. Doch dürften diese sumerischen Versionen die Gestalt, in der sie uns durch Abschriften überliefert sind, etwa um 2100 v. Chr. gefunden haben. Gilgamesch, ein sagenhafter König der Stadt Uruk, besteht mit seinem Freunde Enkidu mehrere gefährliche Abenteuer. Als aber Enkidu an einer Krankheit stirbt, bricht in

Gilgamesch die Erkenntnis des Todes auf, und in seiner Erschütterung hierüber macht er sich auf die Suche nach der Unsterblichkeit. Er gelangt zu Utnapischtim, einem weisen Greis, dem zur Zeit der Sintflut von den Göttern Unsterblichkeit verliehen wurde. Utnapischtim spricht zu Gilgamesch auf dessen Bitten von dem Lebenskraut, das auf dem Grunde des Meeres wächst. Gilgamesch steigt hinab und gewinnt die Pflanze, die ihm aber dann eine Schlange wieder raubt. So steht das Epos unter dem tragischen Gedanken:

»Gilgamesch, wohin läufst du?
Das Leben, das du suchst, wirst du nicht finden!
Als die Götter die Menschheit erschufen,
Teilten den Tod sie der Menschheit zu,
Nahmen das Leben für sich in die Hand.«

Während die Götter durch den Besitz ewigen Lebens ausgezeichnet sind, glaubten die Babylonier nur an ein schattenhaftes Dasein der Verstorbenen in einer trostlosen Unterwelt. Die Ausübung ihrer Religion im Kult, Gebet und ethischen Verhalten war auf das Diesseits ausgerichtet.

Assyrischer Großer im Gebet vor Assur

Der Kult wurde in Tempeln riesigen Ausmaßes vollzogen. Unter den Opferdarbringungen gab es keine sakralen Tötungen von Menschen. Das Priestertum war in dreißig verschiedene Klassen differenziert. Außerdem gab es Priesterinnen, die z. T. Hierodulen waren. Die religiöse Stellung des Königtums trat besonders bei dem zwölftägigen Neujahrsfest zutage, bei dem sich der König in Vertretung des sündigen Volkes demütigen mußte. Strafen und Gefahren, die den König stellvertretend für seine Untertanen trafen, konnten auf einen Ersatzkönig übertragen werden, während dessen Scheinregierung der rechtmäßige König offiziell als Bauer galt; Assarhaddon (681–669) hat einen solchen Ersatzkönig einmal für hundert Tage eingesetzt.

Daß es neben der Institution des Priestertums Propheten gab, deren Verkündigung des Gotteswillens an höchster staatlicher Stelle Bedeutung beigemessen wurde, wissen wir aus den Mari-Briefen, der Korrespondenz des zur Zeit Hammurabis am oberen Euphrat blühenden Reiches von Mari.

Die Gebete hatten, obwohl sie oft persönlicher Innigkeit nicht entbehrten, doch mehr den Charakter von Beschwörungen gegen Unheil, Krankheit und Not und standen im Zusammenhang mit dem Vollzug magischer Rituale, die der Abwehr dämonischer Mächte dienten. Die Furcht vor Hexen und Totengeistern, insbesondere den »bösen Sieben«, war allgemein verbreitet. Der Vorausschau des menschlichen Schicksals war eine sehr umfangreiche Omina-Literatur gewidmet. Aus Sternkonstellationen, Wettererscheinungen und dem Aussehen der Leber der Opfertiere schloß man auf menschliches Geschick. Zweck der Vorzeichenbeobachtung war das richtige Verhalten der Menschen.

Eine besondere und weiterwirkende Bedeutung kam innerhalb der Wahrsagekunst der Astrologie zu, die auf der Annahme eines Kausalnexus zwischen dem astralen und dem irdischen Geschehen beruhte. Im Bereich des Aberglaubens lebt bis heute die Konzeption von der Harmonie des himmlischen und menschlichen Geschehens fort. Die Voraussetzung dieser speziellen Art von Vorzeichendeutung aber bestand in der gründlichen Beobachtung des Sternenhimmels. Und die Wiege dieser sorgfältigen und sich notwendigerweise über Generationen erstreckenden Beobachtung der Gestirne, die in der astronomischen Wissenschaft bis heute gepflegt wird, hat nach einer nie verlorengegangenen Überlieferung im alten Mesopotamien gestanden. Durch Vermittlung der Hellenen ist die Wissenschaft der exakten Beobachtung der Sterne dem Abendland überkommen.

Im allgemeinen herrschte die Auffassung, daß das Leiden eine Strafe für begangene Sünden sei. War das Sündenbewußtsein auch nicht völlig von magischen Bezirken gelöst, so darf die Bedeutung, die es in der babylonischen Religion hatte, doch keineswegs verkannt werden. Zweifellos ist in der außerbiblischen Welt hier der Sündengedanke am stärksten betont worden, und die Vorstellung einer allgemein menschlichen Sündhaftigkeit war lebendig. Uns sind Sündenlisten (»babylonische Beichtspiegel«) überliefert, die dem Kranken zur Gewissensprüfung vorgelegt wurden. Bei der betont ethischen Einstellung, die die babylonische Religion von der sumerischen unterschied, galten auch Mangel an Barmherzigkeit und Unterlassungen als Verfehlung. Die ethischen Gebote, die sich auf die Ehrfurcht vor Gott, den Schutz der Schwachen, das Meiden moralischer Verfehlungen, die Befolgung der Rechtsordnung und ritueller Vorschriften bezogen, wurden vor allem als Verpflichtungen gegenüber dem Gotte Schamasch angesehen.

Die Religion der Hethiter

Durch die 1906 von Hugo Winckler begonnenen Ausgrabungen bei dem türkischen Dorf Boghazköi (östlich von Ankara) und die 1917 von dem tschechischen Orientalisten Bedřich Hrozný entzifferte Staats- und Verwaltungssprache der in dem dort entdeckten Archiv von Tontafeln enthaltenen Keilschrifttexte eines im großen Halys-Bogen zentrierten Reiches haben wir Kenntnis erhalten von Staat und Politik, von Kultur und Religion der Hethiter. Unter den Hethitern verstehen wir die indogermanische Herrscherschicht des Reiches Chatti, der ältesten indogermanischen Großmacht der Geschichte. Die von uns als »hethitisch« (richtig wahrscheinlich »nesisch«) bezeichnete Sprache, deren Urkunden in den beiden Publikationsreihen »Keilschrifttexte aus Boghazköi« (1916–23) und »Keilschrifturkunden aus Boghazköi« (seit 1922) veröffentlicht sind, ist eine ihrer Struktur nach zum westlichen (Centum-)Zweig der indogermanischen Gruppe gehörende Sprache mit einem teilweise nichtindogermanischen Wortschatz.

Das um 1900 v. Chr. von König Labarnas begründete Chatti-Reich, eine Symbiose verschiedener altorientalischer Völker, wurde von den Königen Chattusil I. und Mursilis I. planmäßig ausgebaut und der Herrschaftsbereich besonders nach Nordsyrien vorgeschoben. Zwischen dem Alten Reich und dem im 15. Jahrhundert entstandenen neuhethitischen Reich klafft heute noch eine Bezeugungslücke von etwa fünfzig Jahren. Das Neue Reich fand um 1200 durch den Einbruch der »Seevölker« ein plötzliches Ende. Jedoch kann das Vorkommen von »hethitischen« Hieroglyphentexten in Nordsyrien bis ins 1. vorchristliche Jahrtausend möglicherweise auf ein Fortleben einer der hethitischen verwandten Kultur schließen lassen.

Die hethitische Religion ist einmal durch den Charakter des hethitischen Staates geprägt. Das Reich war ethnisch und sprachlich keine Einheit, sondern durch eine bunte Vielfalt ausgezeichnet; hinzu kam, daß der Raum, den es einnahm, den verschiedensten kulturellen Einflüssen des Alten Orients offenstand. Zu diesen strukturellen und kulturgeographischen Bedingungen trat als zweite Voraussetzung eine umfassende geistige Toleranz, die die Verehrung fremder Götter duldete, ja förderte. Beide Faktoren aber reichen noch nicht aus, die »tausend Götter« des Reiches, von denen die hethitischen Texte reden, zu erklären. Hinzu kommt noch ein eigentümlicher Zug, der in der lokalen Aufspaltung der Götter besteht. Der Vertrag, den der Ägypter Ramses II. in seinem 21. Regierungsjahr mit dem Hethiterkönig Chattusil III. schloß, nachdem die Schlacht bei Kadesch (1285 v. Chr.) die Unbesiegbarkeit jeder der beiden Großmächte gezeigt hatte, demonstriert in besonders deutlicher Weise, wie die Hethiter ein und dieselbe Gottheit nach ihren verschiedenen Kultorten differenzierten.

Im hethitischen Pantheon hatten die weiblichen Gottheiten den Vorrang vor den männlichen. Das gilt vor allem für die bedeutendste Göttin des Reiches, die Sonnengöttin der Stadt *Arinna*. Sie wurde als »Königin des chattischen Landes, Königin des Himmels und der Erde, Herrin der Könige und Königinnen des chattischen Landes, die die Regierung des Königs und der Königin von Chatti lenkt«, gepriesen und hymnisch angerufen:

»Du, Sonnengöttin von Arinna, bist eine angesehene Gottheit.
Dein Name ist unter den Namen angesehen.

Deine Göttlichkeit ist unter den Göttern angesehen.
Groß bist du, Sonnengöttin von Arinna.
Es gibt keine andre Gottheit, angesehener und größer als du.
Gerechten Gerichtes Herrin bist du.
Über Himmel und Erde übst du gnädig die Herrschaft aus.«

Eine Bevorzugung solarer Gottheiten verband sich bei den Hethitern mit der Verehrung von Wettergottheiten. So nahm im hethitischen Pantheon der churritische Wettergott *Teschup*, dessen hethitischer Name vielleicht Zaschapunas war, eine hervorragende Rolle ein; er war »König des Himmels« und »Herr des chattischen Landes«. Seine Gattin war die ebenfalls churritische *Chepat*.

Muttergöttin aus Tell Halaf (Mesopotamien)

Der Wettergott Teschup

Der Charakter einer stark auf die Naturvorgänge ausgerichteten Religion äußert sich auch in den Mythen. Mit dem Lieblingsgott der späteren hethitischen Zeit, dem *Telipinus*, ist der Mythus vom verschwundenen Gott verbunden. Das Leben verdorrt, nachdem Telipinus unauffindbar ist, und kehrt wieder, als eine Biene den Gott entdeckt hat. Mit dem Wettergott verbindet sich der Mythus von der Drachentötung, der Kampf gegen die Schlange *Illujankas*, die Verkörperung aller schädlichen Kräfte.

Die Bedeutung des Wettergottes tritt vor allem in den Mythen um *Kumarbi*, eine Kronos-Gestalt, hervor. Ihr Inhalt ist die Ablösung des Himmelsgottes in der Herrschaft über die Götter, die daraufhin zunächst dem Gott des Luftraums und dann dem Wettergott zufällt.

Das Verhältnis der Menschen zu den Göttern war zweiseitig. Als Diener der Götter waren die Menschen zur Verehrung bestimmt, genossen aber zugleich den Schutz ihrer göttlichen Herren. Die Verehrung der Götter im Opferkult fand in ihren irdischen Wohnungen, den Tempeln, statt. Außer ihnen kannte die hethitische Religion offene Heiligtümer, von denen das Felsheiligtum bei Yazilikaya das bedeutendste war. Die Anrufung der Götter geschah in den Sprachen ihrer Herkunftsländer, und ihr Kult wurde nach einheimischen Ritualen vollzogen.

Ziel des Kultes war es, dem König und dem Volke den Segen der Gottheit zu vermitteln. Eine Vergöttlichung der Könige, deren politische Macht nicht absolut, sondern durch die Adelsversammlung (*pankus*) eingeschränkt war, trat offenbar erst nach deren Tode ein, wenn sich auch die lebenden Herrscher »meine Sonne« nannten.

Die persönliche Frömmigkeit der Hethiter war durch ein ausgeprägtes Sündenbewußtsein gekennzeichnet, dem offenbar ein Wissen von einer allgemeinen menschlichen Sündhaftigkeit zugrunde lag. In den ergreifenden Gebeten, die König Mursilis II. (1334–06) anläßlich einer Pestepidemie spricht, kommt das am deutlichsten zum Ausdruck. Allerdings kannte die hethitische Religion zur Abwehr des Übels auch magische Mittel, die, ebenso wie die Vorzeichendeutung, babylonischer Herkunft waren.

Über Anschauungen, die das Fortleben nach dem Tode betrafen, sind wir unvollständig unterrichtet. Die Wünsche nach einem langen Leben können für pessimistische Ansichten sprechen. Andererseits glaubte man wohl, daß der Tote bei der Feier seiner Bestattung zugegen sei. Die Leiche wurde verbrannt, die Knochen aber, sorgfältig gesammelt und in Leinen gehüllt, wurden auf einen Sitz gelegt. Es ist auf verwandtschaftliche Züge zwischen hethitischen Bestattungsriten und denen der homerischen Menschen hingewiesen worden.

Die Religion der Etrusker

Lange bevor Rom die Herrschaft über die Apenninenhalbinsel zur Basis seines Weltreichs machte und das römische Denken und die lateinische Sprache das geistige Gesicht Italiens prägten, war die Toskana, das Land, das durch die Küste des Tyrrhenischen Meeres und den flachen Bogen des mittelitalischen Apennin begrenzt und im Binnenland von den breiten Tälern des Arno und Tiber durchzogen wird, die Stätte einer eigenartigen Kultur. Seit dem 10. vorchristlichen Jahrhundert saßen dort die Etrusker, ein wahrscheinlich unter Führung kleinasiatischer Einwanderer aus der Verbindung ethnisch verschiedener Gruppen hervorgegangenes Volk. Den Etruskern unterstand zeitweilig die Stadt Rom, und auch das nördliche Ostitalien war etruskisches Ausdehnungsgebiet. Nach dem Höhepunkt etruskischer Macht im 6. vorchristlichen Jahrhundert erfolgte ein allmählicher Niedergang, dem der Aufstieg Roms korrespondierte. Ein entscheidendes Datum der Auseinandersetzung beider Mächte war das Jahr 396 v. Chr., in dem es Rom gelang, die nördliche Rivalin, die südtoskanische Stadt Veji zu erobern. Der Verlust staatlicher Selbständigkeit bedeutete nicht das Ende der etruskischen Geistigkeit. Der durch die Einführung der lateinischen Amtssprache geförderte Prozeß der Romanisierung während der beiden letzten Jahrhunderte der römischen Republik zeitigte zugleich eine Einmündung etruskischen Geistes in eine vom römischen Denken bestimmte Kultur, in der das wesentlichste Charakteristikum des Etruskertums, die typisch etruskische Religion, unter römischem Vorzeichen in mancherlei Weise weiterlebte.

Mit dem Etruskertum hat sich bereits die klassische Antike beschäftigt, und Nachrichten bei griechischen und lateinischen Schriftstellern wie Herodot, Dionysios von Halikarnassos, Livius und Cicero bilden sekundäre Quellen für die Kenntnis der etruskischen Religion. Seit der Renaissance hat sich das europäische Interesse erneut den Etruskern zugewandt und zunehmend eine Erforschung auch der primären Quellen gefördert; im Istituto di Studi Etruschi ed Italici zu Florenz besitzen wir ein zentrales Forschungsinstitut und in den von diesem seit 1927 herausgegebenen *Studi Etruschi* ein spezielles Fachorgan. Archäologische Zeugnisse bieten mit mythologischen Darstellungen auf Spiegeln und Gemmen, mit Sarkophagen und Gräbern sowie zugehörigen künstlerischen Darstellungen und mit der wichtigen Bronzeleber von Piacenza einen Teil der primären Quellen. Ihre Ergänzung durch literarische Zeugnisse hat einen gegenüber der Erforschung anderer alter Religionen geringeren Wert. Denn die in einer dem griechischen Alphabet entlehnten Schrift überlieferten sprachlichen Zeugnisse, deren philologische Zuordnung zu einer der bekannten Sprachfamilien noch immer umstritten ist, beziehen sich fast ausschließlich auf das funeräre Gebiet, und auch die wenigen, etwas umfangreicheren Texte, die Agramer Mumienbinde, der beschriebene Tonziegel aus Capua und die Stele in Perugia, bieten nur geringen religionsgeschichtlichen Aufschluß.

Die Herkunft der Kulturträgerschicht des Etruskertums aus dem Ostbecken des Mittelmeerraumes wie auch die geographische Nähe Etruriens zu den griechischen Siedlungsgebieten Unteritaliens bedingten fremde Einflüsse auf die Kultur der Etrusker. Die etruskische Religion weist deutliche Züge der Religion der ägäischen Völker frühgriechischer und vorgriechischer Zeit auf. Von den Griechen übernahmen die Etrusker die bildliche Darstellung der Götter und ihre Verehrung in Tempeln. Die Synthese dieses religiösen Gutes mit altitalischen Anschauungen ist die zweite Tatsache der etruskischen Geistesgeschichte. Eine dritte besteht in dem Fortleben von etruskischen Vorstellungen in der römischen Religion, wobei die Mittlerrolle deutlich hervortritt, die das Etruskertum für Rom in bezug auf griechisches Gut innehat.

An der Spitze des etruskischen Pantheons steht der Himmelsherr *Tinia*, ein Hochgott, den die Römer ihrem Jupiter verglichen. Er ist Oberherr zweier Götterverbände, eines göttlichen Zwölferrates und der Achtheit der blitzschleudernden Gottheiten, von denen bisher sechs namentlich bekannt sind. Es sind dies drei Götter und drei Göttinnen, deren Qualitäten deutlich werden durch Hinzufügung der entsprechenden römischen Numina, die von den etruskischen teilweise genetisch und, hinsichtlich ihrer Namen, auch etymologisch abhängig sind. Dem Gotte *Sethlans* entspricht der römische Vulcanus, dem *Satres* der Saturnus, dem *Mari* der Mars. Die römische Minerva entdecken wir in der etruskischen *Menrva*, die Juno in der *Uni*, während der Venus die etruskische *Turan* entspricht. Mit einer strikten Beobachtung ritueller Vorschriften begegneten die Etrusker ihren Göttern, in denen sie vornehmlich unheimliche Mächte

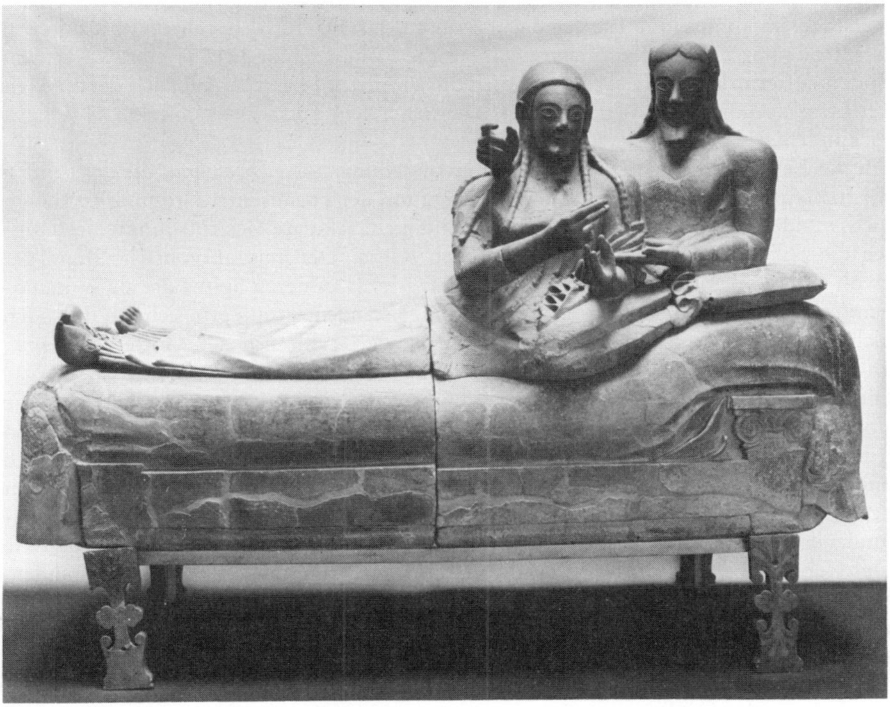

Bemalter Tonsarkophag aus Cerveteri

sahen. In besonderer Weise war der Unterweltsgott *Charun* eine Gestalt des Schrekkens.

Tages, der Enkel des höchsten Gottes Tinia, galt den Etruskern als Begründer einer umfassenden Lehre, die vom Religiösen her ihr gesamtes Leben ordnete und die die Römer als *Disciplina Etrusca* bezeichneten. Tages, so berichtet die etruskische Überlieferung, sei aus dem Acker gepflügt worden, habe den auf dieses außerordentliche Ereignis herbeigerufenen Stadtkönigen der Etrusker, den Lukumonen, die Lehre gesungen und sei unmittelbar danach in die Erde zurückgefallen. Die Lehre wurde von den Etruskern in Büchern festgehalten, die verlorengegangen sind. Überliefert sind uns lediglich erhaltene Reste bei lateinischen Autoren.

Die *Disciplina Etrusca* ist durch eigenartige Zeit- und Raumvorstellungen gekennzeichnet. In ihrem Geschichtsverständnis, der Lehre von den *Saecula*, die einen periodischen und determinierten Abstieg der Völker zum Inhalt hat, berührt sie sich in auffälliger Weise mit jenen Anschauungen moderner Geschichtsphilosophie, die den Italiener Giovanni Battista Vico (1668–1744) zum geistigen Ahnherrn haben. Die *Disciplina Etrusca* nahm für das Nomen Etruscum, den etruskischen Namen, eine Dauer von acht oder zehn *Saecula* an. Es ist uns unbekannt, ob mit diesem stufenweisen Hinabstieg die Forderung zunehmender ethischer Läuterung verbunden war. Jedenfalls hat der Geschichtspessimismus der Lehre bewirkt, daß die Etrusker ihre politische Entmachtung durch Rom hinnahmen und im Zweiten Punischen Krieg die Gelegenheit zum Aufstand im Bunde mit Karthago versäumten, als Hannibal durch die etruskischen Kernlande zog und am Trasimenischen See die Römer schlug (217 v. Chr.). Auf dem Boden der etruskischen Lehre steht auch die Prophezeiung vom Anbruch der Endzeit des Etruskertums, die ein etruskischer Seher nach dem Tod Cäsars im Jahre 44 v. Chr. verkündete.

Für das Leben der Etrusker sind die Raumvorstellungen der *Disciplina*, die das Prinzip der fortschreitenden Vierteilung als Manifestation der kosmischen Ordnung vertraten, nicht minder bedeutsam gewesen. Sakrale und nicht säkulare Gesichtspunkte bestimmten die politische Ordnung im etruskischen Raum. Der amphiktyonische Bund der zwölf Städte oder Völkerschaften (*populi*) Etruriens, an deren Spitze die als Lukumonen (etrusk. *luchume*) bekannten Priesterkönige standen, gruppierte sich um den noch nicht wiederaufgefundenen heiligen Hain des zweigeschlechtlichen Gottes *Voltumna* im Gebiet von Bolsena.

Die Anschauungen von der sakralen Ordnung des Raumes waren vor allem auch die Voraussetzung für die Wahrnehmung göttlicher Zeichen, die Mantik, die Etrurien in frühchristlicher Zeit die Bezeichnung als *genetrix et mater superstitionis* (»Urheberin und Mutter des Aberglaubens«) eingetragen hat. Eine Geheimdisziplin befaßte sich mit dem Vogelflug, der Blitzkunde und der Leberschau. Aus der bei Piacenza wiederaufgefundenen Bronzeleber, die offenbar einst Lehrzwecken diente, ersehen wir, daß die Opferleber in Felder aufgeteilt war, die in Analogie zu himmlischen Bezirken und dem Wirken von Göttern gesehen wurden. Die etruskische Zeichendeutung hat enge vorderasiatische Parallelen, die die Frage nach genetischen Abhängigkeiten berechtigt erscheinen lassen. Neben der sakralen Ordnung des Raumes und der Weissagekunst enthielt die *Disciplina Etrusca* kultische Anweisungen für Gebete, rituelle Vorschriften für Opfer und Ausführungen über die Bestattung der Toten.

Die funeräre Seite der Religion war bei den Etruskern stark ausgebildet. Bilder und

Beigaben in den mit falschem Gewölbe versehenen Grabkammern beweisen den Glauben an ein Fortleben nach dem Tode. Beim Totenmahl wurde, wie uns dessen Darstellungen zeigen, die Gegenwart des Verstorbenen angenommen. Es herrschte der Glaube, daß die Toten zu Schutzgottheiten, aber auch zu unheilbringenden Geistern verwandelt werden konnten. Auf dem Sarkophag ist meist der Tote mit seiner Gemahlin dargestellt. Neben dem Begräbnis unverbrannter Leichen findet sich Totenverbrennung und Bestattung in Helm- und Hausurnen. Grabmalereien bezeugen das Vorkommen von Menschenopfern beim Begräbnis.

Viele Züge der etruskischen Religion lebten in der römischen fort. Rom hatte sich dieser Beeinflussung nicht entzogen, sondern im Gegenteil seine Priester zur Ausbildung im Opferkult und der Mantik nach dem etruskischen Cerveteri geschickt. Für die Übernahme etruskischer Götter ist bezeichnend, daß der römische Feldherr, der Veji eroberte, das Kultbild der Stadtgöttin *Uni* im Ehrengeleit nach Rom bringen ließ, wo ihm ein Tempel errichtet wurde. Durch etruskische Vermittlung sind auch die homerischen Götter nach Rom gekommen. Nach der sakralen Raumordnung der *Disciplina Etrusca* soll der Kern Roms, die *urbs quadrata* auf dem Palatin, erbaut worden sein. Etruskischer Einfluß ist im Tempelbau und der Gestaltung der Kultbilder nachweisbar, ebenso für den Festkalender. In Rom lebten etruskische Dämonenfurcht und Weissagekunst weiter. Auf die sakrale Tracht der Lukumonen führten die Römer die Amtsinsignien ihrer höchsten Beamten zurück.

Vor allem lebte in den römischen Gladiatorenkämpfen, die im Jahre 264 v. Chr. eingeführt wurden, das etruskische Totenopfer fort, bis das kaiserliche Rom die Kämpfe staatlich organisierte und offiziell zu Spielen machte. Vorher bestand in Rom die Sitte, daß die vermummte Gestalt des Unterweltgottes *Dispater* am Schluß der Zweikämpfe die Leichen der Gefallenen vom Schauplatz schaffte. Abzeichen und Aussehen des *Dispater* verrieten dabei eindeutig das Vorbild des etruskischen Totengottes *Charun*: er trug einen Hammer, war mit Pferdeohren und einer abschreckenden Maske versehen. – Ob auf funerärem Gebiet etruskische Unterweltdarstellungen in der mittelalterlichen Dichtung und Kunst fortleben, muß noch Gegenstand zukünftiger Untersuchungen sein.

Die indoeuropäische Religion

Von größter Bedeutung für die Entwicklung der Religion in der Menschheitsgeschichte sind die indoeuropäischen, auch als indogermanisch oder arisch bezeichneten Völker, die Inder, Perser und Armenier in Asien, die slawischen und baltischen Völker im europäischen Osten, die Griechen, Romanen, Kelten und Germanen in Mittel- und Westeuropa, gewesen: sie bilden nicht nur bis zum heutigen Tage eine Sprachfamilie, sondern ihre Kultur und Religion läßt sich zurückverfolgen bis in die jüngere Steinzeit, da sie – wahrscheinlich in Mitteleuropa oder nördlich des Kaspischen Meeres – als einheitliches Volk wohnten. Der Vergleich der verschiedenen indoeuropäischen Sprachen, die archäologischen Funde, dazu der Vergleich der uralten Volkssitten und der ältesten Literaturdenkmäler der Indogermanen machen es möglich, jene indoeuropäische Kultur und Religion einigermaßen zu rekonstruieren. Ein unermeßlicher Reichtum und eine beispiellose Feinheit der Sprache, ein kühnes Heldentum, ein unbändiger Freiheitsdrang, ein Sinn für Treue und Wahrheit, dazu ein lebendiges Naturgefühl und eine tiefe Innerlichkeit sind die seelischen Kennzeichen der Ur-Indoeuropäer. In soziologischer Hinsicht war ihre Kultur eine vaterrechtliche. Ihre Religion war eine Naturreligion; Steine, Bäume, vor allem die Eiche, Quellen und Flüsse wurden als Sitz heiliger Lebenskräfte verehrt; als die heilige Ursubstanz aber galt das Feuer, das als geheimnisvolles Abbild der Sonne immer neu am Jahresbeginn, im Frühling oder an der Sommersonnenwende entzündet wird und deren Lauf im Hüpfen, Schaukeln und Tanzen oder im Rollen von Rädern magisch nachgeahmt wird. Das zentrale Lichtorgan der Welt erscheint unter einer Reihe von Bildern, neben dem des Rades auch dem des Wagens, des Schiffes, der Scheibe, des Balls, auch als männlicher Sonnengott (altind. *Sūrya*, griech. *Hēlios*, röm. *Sol*) oder als Sonnenjungfrau (lett.-lit. *Saule*) oder jungfräuliche Morgenröte (altind. *Uṣas*, griech. *E(s)os*, lat. *Aurora*, altengl. *Eostra*, altgerm. *Ostara* »Frühlingsgöttin«). Neben dem Sonnenkult steht der noch ältere Kult des Mondes als des ältesten Zeitmessers. Mit dem Zurücktreten des Mondes wandeln sich die alten Mondmythen in Sonnenmythen. Der Mond erscheint als Freier der Sonnenjungfrau; häufig aber werden als solche das Zwillingsbrüderpaar der »Himmelssöhne« (altind. *Divo napātā*, griech. *Dioskouroi*) angesehen. Über allen heiligen Objekten auf Erden und allen Himmelskörpern steht ein höchstes Wesen, das teils als unpersönliches Lichtelement, teils als Himmel-Vater (altind. *Dyaus pitā*, griech. *Zeus-patēr*, lat. *Diou-piter* und *Ju-piter*) vorgestellt wird. Das Leuchtende wurde zur generellen Bezeichnung aller göttlichen Wesen (altind. *deva*, iran. *daeva*, lat. *divus*, altir. *dia*, lit. *dievas*). Aber nicht nur Lichtgott ist jenes höchste Wesen, sondern zugleich Wächter und Richter über Gut und Böse, Schützer des Eides und der Treue, Freund der Hilfsbedürftigen. Später haben sich die ursprünglich in ihm vereinten Züge in verschiedene göttliche Wesen zerspalten. Mit dem Himmelvater ist in kosmischer Ehe, dem Urbild der irdischen Ehe, die Mutter Erde (altind. *Pṛthivī mātā*, griech. *Gē-mētēr*, lat. *Terra Mater*, angels. *Folde*) verbunden. Zu diesen kosmischen Hauptgottheiten tritt der Gewittergott (altind. *Parjanya*, lit.-preuß. *Perkuns*, germ. *Fjörgynn*). Neben oder über dem Himmel und den Himmelskräften aber erhebt sich das überpersonale sittliche Weltgesetz (altind. *ṛtam*, altiran. *aśa* oder *arta*, lat. *ritus*, d. h. der rechte Brauch, altgerm. *urd*, d. h. die Schicksalsmacht). Die Erfüllung dieses lichten ethischen Gesetzes ist aber nur möglich im Kampf gegen die finsteren Gewalten des Bösen (altind. *druh*, altiran. *drug*, ahd. *triogan* »Truggebilde«, altnord. *draugr* »Gespenst«). Charakteristisch für die indoeuropäischen Religionen ist schließlich die Neigung zur Schaffung von Funktions- und Tätigkeitsgöttern und zur Personifikation von abstrakten Begriffen, die besonders stark in der altindischen und altiranischen wie in der römischen und lettischen Religion hervortritt. Einer dieser Funktionsgötter ist »der reichlich Spendende« (altind. *Bhaga*, slaw. *Bogu*, welch letzteres Wort zur Bezeichnung für »Gott« schlechthin wurde).

Hinter dem ethischen Charakter der urindogermanischen Religion darf aber ihre zauberhafte Seite nicht übersehen werden. Ihr Kultwesen ruht auf zauberhafter Grundlage. Neben dem Bewegungszauber (z. B. dem Umwandeln des heiligen Feuers nach rechts) steht der Ähnlichkeitszauber (»Ähnliches wird durch Ähnliches bewirkt«); eine Sonderform des letzteren ist der Zeugungszauber – durch die Begattung der Geschlechter an den großen Lebensfesten empfangen Tier- und Pflanzenwelt neue Kraft. Auch das Opfer dient als Zauberhandlung; das geopferte Lebewesen, sei es menschlich oder tierisch, besitzt die Kraft, Gefährliches abzuwehren; wer Geopfertes ißt, wird mit Zauberkraft erfüllt. Vor allem erfüllt der an den Lebensfesten getrunkene heilige Rauschtrank (ursprünglich ein aus Honig gewonnener Met, altind. *madhu*, altiran. *madu*, griech. *methy*, ahd. *methu*, lit. *medùs*) nicht nur den Trinkenden mit göttlicher Kraft, sondern auch die Sonne. Die Zauberhandlung wird unterstützt durch das Zauberwort. Einzelne Zauberformeln (z. B. zur Heilung von Beinbrüchen oder Verrenkung) entstammen der urindogermanischen Zeit, wie der Vergleich des Merseburger Zauberspruchs (»Bein zu Bein, Blut zu Blut, Glied zu Glied« usw.) mit einem Spruch des *Atharva*-Veda (»Mark mit Mark, Glied mit Glied, Haut mit Haut« usw.) zeigt. Der Zauberkult lag ursprünglich in der Hand des Familienvaters und Stammeshäuptlings, später ging er an Einzelpriester und Priesterbruderschaften über (der altlateinische Priestername *flamen* ist wahrscheinlich identisch mit der indischen Priesterbezeichnung *brahman*), der Feuerkult vom Hausherrn und der Hausfrau auf vestalische Feuerhüterinnen.

Eine Eigentümlichkeit der urindogermanischen Religion ist der Glaube an das Fortleben der Toten. Die ältere Form der Erdbestattung, welche der Vorstellung von einem Fortleben der Toten im Grabhaus entspricht, wurde um die Mitte des 2. Jahrtausends v. Chr. weithin von der Verbrennung abgelöst, mit der eine Vergeistigung der Vorstellung des Fortlebens in einem jenseitigen Leben verbunden war. Gleichzeitig trat an die Stelle der Mitbestattung oder Mittötung der Gattin und des Gefolges die Mitverbrennung. Zum Totenmahl wurden die Verstorbenen in einer zauberhaften Aufforderung erst herbeigerufen und dann wieder weggetrieben. Frühzeitig kam bei den Indoeuropäern der Glaube an eine Reinkarnation der Toten in Pflanzen-, Tier- und Menschenleibern auf.

In dieser urarischen Religion liegen die letzten Wurzeln für die reinsten und stärksten Formen der Religion der indoeuropäischen Völker: einerseits der All-Einheitsmystik, wie sie sich auf indischem, griechischem, keltischem und germanischem Boden entfaltete, andererseits des dynamisch-eschatologischen Glaubens, wie er sowohl in der zarathustrischen wie in der augustinischen und reformatorischen Lehre größte Bedeutung erlangte.

Die indoiranische Religion

Nach der Trennung von den übrigen Indoeuropäern lebten Inder und Iranier noch eine Zeit zusammen. Während der eine Teil im Hochland Iran zurückblieb, stieß der andere nach Indien vor. Man muß deshalb von einer indoiranischen Religion sprechen, welche sich in die frühiranische und die vedische Religion differenzierte. Die Gleichheit einer Reihe von Götternamen wie kultischen Bezeichnungen zeigt uns, daß auch nach der Trennung noch lange ein erhebliches gemeinsames Gut in beiden Völkern verblieb, so die allgemeine Gottesbezeichnung (altind. *asura* = iran. *ahura*), der Name für den Gott der Vertragstreue *Mitra* = *Mithra*, die Bezeichnung des Gewittergottes Indra, der als Töter des Wolkendämons den Beinamen *Vṛtrahan* = *Verethragna* trug, des Urmenschen und Totenkönigs *Yama* = *Yima*. Aus einer in Bhogazköi gefundenen babylonischen Urkunde aus dem Jahre 1380 v. Chr. ist zu schließen, daß auch die Gottesnamen *Varuṇa* = *Uruwna* und die der beiden Dioskuren *Nāsatya* = *Nasattia* zum gemeinsamen indoiranischen Besitz gehörten. Ebenso bestanden die Bezeichnungen für das Opfer weiter: *yajña* = *yasna*, für die Opferstreu *barhis* = *baresman*, für den Opfer- und Unsterblichkeitstrunk *soma* = *haoma*, den Zauberpriester *atharvan* = *athravan* und den Hymnenrezitator *hotar* = *haotar*.

Die vorarische Religion Indiens

Die vom iranischen Hochland in das Tal des Indus und Ganges um 1500 v. Chr. vorstoßenden indoeuropäischen Nomaden stießen dort auf eine Bevölkerung, die eine weit höhere materielle Kultur, nämlich eine hochentwickelte Stadtkultur, besaß. Aus der Weiterentwicklung der indischen Kultur mußte geschlossen werden, daß eine Kreuzung zwischen der indoeuropäischen und einer heimischen Kultur stattgefunden hat. Nähere Aufklärung brachten aber erst in den dreißiger Jahren dieses Jahrhunderts die Ausgrabungen in Mohenjo-daro im Industal und Harappa im Panjab: sie förderten eine Kultur ans Licht, die selbst von einem Eroberervolk stammt, das in Beziehung zu den Sumerern oder den vorsumerischen Protoelamiten gestanden hat. Da keine Tempel entdeckt wurden, dürften nur kleinere Heiligtümer bestanden haben. Die in fast allen Häusern vorgefundene Statuette einer fast nackten Frauengestalt stellt wohl die große Allmutter dar; die Kleinheit ihrer Brüste läßt auf ihre Jungfräulichkeit schließen. Die vielen Tiergestalten auf Siegeln und Amuletten, darunter Krokodil und Schlange, deuten auf einen ausgedehnten Tierkult hin, steinerne Standbilder eines großen Stieres auf den in Ägypten und Vorderasien verbreiteten Stierkult; die Taube ist wie im semitischen Bereich als das Tier der großen Muttergottheit aufzufassen. Darstellungen von Bäumen auf den Siegeln weisen auf einen Baumkult hin. Eine auf den Siegeln dargestellte, von Tieren umgebene männliche Gestalt wird mit dem hinduistischen Gott Śiva als dem »Herrn der Tiere« gleichgesetzt; seine hockende Haltung erscheint als Yogasitz. Der Strahlenkranz dürfte ein Symbol der Sonne sein. Als heilige Objekte dienen wie im späteren Hinduismus die männlichen und weiblichen Geschlechtsteile (*liṅga* und *yoni*) – auch in den vedischen Liedern werden die unterworfenen Stämme als *śiśna-deva* (Phallusverehrer) bezeichnet. Votivgaben von Tieren und Menschen sind als Opfer oder Ähnlichkeitszauber zu deuten. Die Siegel scheinen als Amulette benutzt worden zu sein; auf solchen Amuletten findet sich teils ein den sumerischen ähnliches Linienmuster, das die Langlebigkeit symbolisiert, teils das magische, im späteren Indien so viel gebrauchte Hakenkreuz, dessen Ursprung wohl in Elam zu suchen ist. In der Darstellung einer Tänzerin darf man das Urbild der hinduistischen Tempelmädchen *deva-dāsī* (Bajaderen) erkennen. Im einzelnen ist noch nicht deutlich, welche von diesen religiösen und magischen Formen aus Vorderasien gebracht wurden und welche einer noch älteren autochthonen Kultur Indiens entstammen. Mehr Licht wird erst die Entzifferung der Hieroglyphen bringen.

Die indischen Religionen

Die vedische Religion

Die Religion der arischen Eroberer, die in der Zeit von 1500 bis 1000 v. Chr. im Indus- und Gangestal sich niederließen, ist uns deutlich erkennbar durch jenes umfassende heilige Schrifttum, das die älteste Bibel der Menschheit darstellt. Es ist viele Jahrhunderte nur mündlich überliefert worden, ohne daß dadurch die Treue gelitten hätte – bis zum heutigen Tage sind junge orientalische Menschen imstande, riesige Texte im Gedächtnis zu behalten. Dieses gewaltige Schrifttum umfaßt die Zeit vom 3. Jahrtausend bis zum 3. Jahrhundert v. Chr. und vermag deshalb die ganze religiöse Entwicklung widerzuspiegeln, die sich in mehr als zwei Jahrtausenden vollzog. Es war der englische, deutschgebürtige Forscher Friedrich Max Müller, der als erster dieses Schrifttum der abendländischen Geisteswelt erschloß.

Der älteste Teil der Veden ist der *Ṛg-Veda*, d. h. »das Wissen um die Liederverse«. Er enthält Opfer- und Gebetslieder, dazu mythologische und Naturhymnen. Ihre Verfasser sind größtenteils unbekannt; doch werden als solche Barden-Familien genannt. Ihm gehen zur Seite der *Sāma-Veda* (»Wissen um die Melodien«), ein Liedertextbuch, dessen Inhalt zum größten Teil dem Ṛgveda entnommen ist, sowie der *Yajur-Veda* (»Wissen um die Opferformeln«), ein liturgisches Handbuch in Prosa. Zu diesem »dreifachen Veda« tritt später ein vierter, der *Atharva-Veda* (»Wissen um die Zauberformeln«), der ebenfalls einen Teil von Hymnen aus dem Ṛgveda übernommen hat. Er stellt eine priesterliche Bearbeitung der volkstümlichen Zauberformeln und -lieder dar, die großenteils in eine noch ältere Zeit, teilweise sogar in die indogermanische Urzeit zurückreichen. An sämtliche Veda-Texte schließen sich sekundäre Priestertexte an; die ältesten sind die *Brāhmaṇa*, priesterliche Opfertexte, welche liturgische Anweisungen und Deutungen, asketische Regeln und Reflexionen sowie theogonische und kosmogonische Spekulationen bieten. Das wichtigste dieser Bücher ist der »Ritualtext der hundert Pfade« (*Śatapatha-Brāhmaṇa*). Noch stärker tritt das spekulative Element in den »Wald-Texten« (*Āraṇyaka*) hervor, die von priesterlichen Waldeinsiedlern für Waldeinsiedler geschrieben sind. An letzter Stelle stehen die *Upaniṣaden*, d. h. geheime Mitteilungen (wörtlich das »Danebensitzen« des Jüngers beim Meister zum Zwecke der esoterischen Heilsanweisung), deshalb auch *Vedānta* »Ende der Veden« genannt. Neben der göttlichen Offenbarung in den heiligen Schriften (*śruti* »das Gehörte«) stehen noch Traditionsschriften (*smṛti* »Erinnerung«), welche die großen Opfer, die Hauszeremonien und die Rechtsvorschriften behandeln. Die Veden werden auf göttlichen Ursprung zurückgeführt, und zwar auf sehr verschiedene Weise. Die Sänger gelten als von Gott übernatürlich gezeugt oder berufen, ihre Hymnen als von Gott eingegeben oder auch als Erzeugnis des Opfers. In den Upaniṣaden werden sie als Emanation aus den Naturelementen des Feuers, des Windes und der Sonne angesehen. Die späteren philosophischen Schulen entwickelten verschiedene Lehren vom übernatürlichen Ursprung der Veden, die den verschiedenen christlichen Lehren von der Inspiration der Bibel ähneln. Wegen der göttlichen Herkunft der Veden gilt ihr Studium als die wichtigste Frömmigkeitsübung, von welcher selbst das Opfer überragt wird.

Der religiöse Inhalt der eigentlichen Veden ist sehr verschiedenartig. Hatten die Entdecker und ersten abendländischen Erforscher dieses heiligen Schrifttums für die religiöse Poesie der Natur- und Weisheitshymnen sich begeistert, so hat die vergleichende Religionsforschung deutlich gezeigt, daß die Veden nicht nur Zeugnisse jener Zauberreligion sind, die uns allenthalben in der primitiven und antiken Welt entgegentritt, sondern daß in ihnen bereits der Niedergang der urwüchsigen indoeuropäischen und indoiranischen Religion zu jener priesterlichen Ritualreligion sich spiegelt, die in den *Brāhmaṇa*-Texten ihren Niederschlag gefunden hat.

Das vedische Pantheon zeigt eine Reihe von Gottheiten, in denen die Naturgewalten eine anthropomorphe Gestalt angenommen haben. Der häufigst angerufene Gott ist König *Indra*, der den älteren indoeuropäischen Gewittergott verdrängt hat. Seinen Beinamen *Vṛtrahan* (s. S. 138) hat er davon erhalten, daß er mit seinem Donnerkeil, den er mit Zeus und Thor teilt, den Wolkendämon *Vṛtra* »Einschließer« (nämlich der segenspendenden Wasser) erschlug. Er ist zugleich der Kämpfer wider die Dämonen der wachstumsfeindlichen Dürre. Mit seinen naturhaften Zügen vermischen sich Heldenzüge; er ist der kraftstrotzende Schlachtengott, Abenteurer und Raufbold, darum *Śakra* »der Mächtige« oder *Śacīpati* »Herr der Kraft« genannt, zugleich ein riesiger Esser und Trinker, der sich am *Soma* berauscht wie der germanische Thor am Met. Eine personifizierte Naturkraft ist die Lichtgöttin *Uṣas* (s. S. 136), die in prächtigen Hymnen als rosige Jungfrau und als geschminkte Kokotte gefeiert wird. Ursprünglich die Frühlingssonne wie die germanische Ostara, wurde sie zur täglich leuchtenden Morgenröte, die allen Kreaturen Odem und Leben spendet. Der weiblichen Morgenröte folgt wie ein Jüngling den Spuren seines Mädchens der männliche Sonnengott, *Sūrya*, auch *Savitṛ* »Antreiber, Erreger« benannt, der Sohn des *Dyaus* (s. S. 136), der ebenfalls in klangvollen Liedern verherrlicht wird. Nach ihm ist jene heilige Formel *Sāvitrī* (oder *Gāyatrī*) benannt, die bis zum heutigen Tage als Morgengebet von den Lippen zahlloser Inder kommt und zu den häufigsten Gebeten der Menschheit zu zählen ist (RV III 62,10):

> *Tát savitúr váreṇyaṃ bhárgo devásya dhīmahi,*
> *dhíyo yó naḥ pracodáyāt.*
>
> »Dieses vorzügliche Licht des Gottes *Savitṛ*
> wollen wir erlangen,
> der unsere Andacht stärken möge.«

Savitṛ's strahlende Tochter *Sūryā* wird umworben und heimgeführt von den himmlischen Freiern, besonders den beiden Zwillingssöhnen des Himmels, genannt *Aśvin* (»mit Rossen versehen«) und *Nāsatya*, die auf ihrem von geflügelten Rossen gezogenen Wagen den Himmelsraum durcheilen. Sie gelten auch, wie die beiden Zeussöhne und ihre christlichen Nachfolger, St. Kosmas und Damian, als die großen Nothelfer und hilfreichen Ärzte (s. S. 136).

Andere Naturgewalten sind in den *Marut*, den Windgottheiten, personifiziert, die auch in einer Einzelgestalt zusammengefaßt erscheinen, dem *Vāyu* oder *Vāta* (lat. *ventus*, dt. *Wehen* und *Wind*). Die Feindseligkeit und Gefährlichkeit der Urkräfte findet eine konkrete Gestalt in *Rudra*, der als Bogenschütze die giftigen Pfeile von Krankheit und Tod aussendet (vgl. Śiva, S. 139).

Der Naturglaube verbindet sich mit hohen ethischen Vorstellungen in dem Himmelsgott *Varuṇa* (das Wort wurde mit dem griechischen Namen *Uranos* in Zusammenhang gebracht), der die Funktionen des indoeuropäischen *Dyaus* übernommen hat. Wie viele hohe Gottheiten primitiver Völker gilt er als Schöpfer der Welt, wobei seine Schöpferarbeit als Zaubertätigkeit angesehen wird. Er ist zugleich Urheber und Hüter des Sittengesetzes. Ein vedischer Hymnus preist ihn als den Allwissenden in ähnlichen Worten wie ein israelitischer Psalm (139) Jahwe:

> »Wer steht und geht, wer sich seitwärts drückt, sich versteckt und flieht, was zwei beisammensitzend ratschlagen, das weiß König Varuṇa als Dritter. Und diese Erde gehört dem König Varuṇa. Jener hohe, fernbegrenzte Himmel und beide Meere sind Varuṇas Bauch, und auch in diesem kleinen Wasser ist er verborgen. Und wer höher als der Himmel führe bis ans Jenseitsende (der Welt), der könnte dem Varuṇa nicht entgehen. Vom Himmel kommen seine Späher hierher, mit tausend Augen spähen sie über die Erde. Das alles sieht Varuṇa, was zwischen Himmel und Erde und was jenseits ist.« (AV 4,16)

Eine ethische Prägung zeigt auch der Sonnengott *Viṣṇu*, ein Zwerg, der ins Riesenhafte wächst und mit seinen drei Schritten, Symbolen des Aufgangs, Höhepunktes und Niedergangs der Sonne, das Weltall durchmißt. Er gilt als Erhalter von Himmel und Erde und ist im späteren Hinduismus zu einer der wichtigsten Gottesgestalten geworden. Als höchste ethische Gottheit ist *Varuṇa*, der über den Eid wacht, ähnlich wie der iranische Hohe Gott *Ahura Mazdāh* von einer Reihe von abstrakten und ethischen Begriffen umgeben, den *Āditya*, Söhnen der Gottheit *Aditi* (d. h. Ungebundenheit, Unendlichkeit). Wie die iranischen *Ameša Spenta* (»heiligen Unsterblichen«) stehen sie den Naturerscheinungen ganz fern; sie sind im Grunde nur Differenzierungen der ethischen Seite des höchsten Gottes. Mit einem von diesen, *Mitra*, dem Gott der Verträge (s. S. 138), ist *Varuṇa* aufs engste verbunden.
Über die Naturgottheiten und ethischen Gottheiten erhebt sich das überpersönliche, von allem Anthropomorphismus freie sittliche Weltgesetz (*ṛtam* »die Wahrheit«), als dessen Sproß *Viṣṇu* und dessen Wächter *Mitra* und *Varuṇa* erscheinen. Es ist die Summe aller Satzungen und Gebote. Der Gott und Gesetzgeber *Varuṇa* steht zu ihm in einem ähnlichen Verhältnis wie der chinesische *Huang-t'ien Shang-ti* zum *Tao* und der griechische *Zeus* zur *Moira* (s. S. 72).
Neben den Natur- und ethischen Gottheiten kennt die indische Religion zwei Gottheiten des Opferkultes, die nur leichte Personifikationen von Opferelementen darstellen: *Agni* und *Soma*, die in ähnlicher Weise zu einer Zweiheit verbunden sind wie *Mitra* und *Varuṇa*. *Agni* (lat. *ignis*) ist ursprünglich das häusliche Herdfeuer, das später mit Sonne und Blitz in Zusammenhang gebracht wurde. Seine Entstehung wird mythologisch erklärt teils als Geburt vom Himmel oder Wasser, teils als vom Himmel durch den Prometheus (*Mātariśvan*) herabgeholt. Durch die Ritualisierung der Religion wurde *Agni* zur Gottheit des Opferfeuers und Priestertums, zum König der Priester und Vornehmsten unter den halbgöttlichen Priestergeschlechtern (*Aṅgiras*). *Agni* zeigt deutlich den Übergang der indoeuropäischen Naturreligion zur brahmanischen Kultreligion. Der zweite dieses Paares, *Soma*, ist der heilige Rauschtrank der Götter und Menschen. Er wird aus der in den Bergen wachsenden Somapflanze – vielleicht einer Rhabarberart – gepreßt. Seine Herkunft wird ähnlich erklärt wie die des *Agni* – der Adler Indras holt ihn von seinem himmlischen Aufbewahrungsort und entreißt ihn

Der Sonnengott Sūrya

einem eifersüchtigen Dämon. Später wurde *Soma* mit dem Mond in Zusammenhang gebracht. Wie der griechische Nektar vermag er den Menschen zu vergotten und ihm Unsterblichkeit zu verleihen. »Wir haben den *Soma* getrunken, wir sind unsterblich geworden, wir sind zum Licht gedrungen und haben die Götter gefunden. Was kann uns jetzt Mißgunst anhaben, was Bosheit, du Unsterblicher, den Sterblichen?« (RV VIII 48,3.) Noch unpersönlicher als diese beiden Gottheiten ist *brahman* (von *bṛh* »stark sein«, wurzelverwandt mit altisländ. *bragr* »Dichtung, Melodie«), die »Macht«, die im zauberhaften Lied, Opferspruch und Gebet wirksam ist, aber ebenso in dem dieses *brahman* handhabenden Zauberpriester. *Brahman* ist ähnlich wie das melanesische *Mana* und das indianische *Orenda* ein Zauberfluidum, eine magische Potenz, welche vom Aussatz befreit, langes Leben und Nachkommenschaft sichert und vor dem Zorn *Varuṇas* schützt. Es wird zu einer – wenn auch abstrakten – persönlichen Gottheit gestaltet in *Bṛhaspati* oder *Brahmaṇaspati*, dem »Herrn des Zauberwortes«, dem Schöpfer der zauberhaften Gebetsformeln, der neben *Agni* die göttliche Verkörperung des Priestertums darstellt.

Diese mit Einzelnamen bezeichneten Göttergestalten sind umgeben von einem Heer von Geistwesen, die in Klassen eingeteilt sind. Die wichtigsten von ihnen sind die *Apsaras* »Wasserwandlerinnen«, weiblich gedachte nymphenartige Wesen, Baum- und Berggeister von sinnenberückender Schönheit, die *Gandharva* (vielleicht identisch mit den griechischen Kentauren), männliche Naturgeister sowie Geschlechts- und Zeugungsgeister wie die römischen Genien sowie die verschiedenen Dämonengattungen (*rākṣasa*, *yātu*, *piśāca*) in menschlicher, tierischer und pflanzlicher Gestalt, die Krankheiten und Tod verursachen.

Im Lobpreis wird die angerufene Gottheit häufig als die »höchste« und »einzige« bezeichnet; dabei werden Züge anderer Gottheiten auf sie übertragen. Dieser Henotheismus der vedischen Hymnenpoesie, den sie mit der ägyptischen und babylonischen teilt, führt von selbst zu monotheistischen Spekulationen.

> »Er (der Eine) steigt als *Savitar* hinauf zum Himmel und scheint auf des Firmamentes Rücken stehend hernieder.
> Als großer *Indra* verhüllt, geht er zum Gewölke,
> das die Strahlen hergeführt haben.
> Er ist der Schöpfer, er der Ordner, er ist *Vāyu*
> mit aufgetürmtem Gewölk,
> er ist *Aryaman*, er *Varuṇa*, er *Rudra*, er *Mahādeva* (der große Gott),
> er *Agni*, er *Sūrya*, er auch *Yama*, der Große . . .
> Er allein ist der eine, der einzige, nur einer,
> diese Götter da sind in ihm ein Einziges.« (AV 13,4)

Die vedische Hymnendichtung geht aber noch einen Schritt weiter. Die Einheitsschau der Upaniṣaden vorwegnehmend, gelangt sie vom personalen Monotheismus zum impersonalen Theopanismus.

> »Nicht war Nichtseiendes, nicht Seiendes war damals,
> Nicht war Luftraum, Firmament über ihm,
> Was webte damals? Wo? In wessen Schutz? . . .
> Nicht Tod, nicht Leben war da,
> Nicht unterscheidendes Merkmal zwischen Tag und Nacht.

Das (*tad*) atmete, jedoch in eigener Weise,
Ohne Hauch, das Eine.
Von ihm verschieden war sonst nichts vorhanden . . .
Die Götter sind ja selber später als dieses,
Und sind selber durch das Auseinanderschaffen geworden.« (RV X 129)
»*Ein* Sein nur gibt es, die Seher künden es mit vielen Namen.« (RV I 164,46)

Das mythische Denken im Zeitalter der Veden hat noch keine systematische Kosmologie hervorgebracht. Zwei Gedankengänge kreuzen sich: die theistische Vorstellung von der Schöpfung der Welt als eines Machens und Bildens, analog der Arbeit eines Zimmermanns oder Schmiedes, und die magische Vorstellung von der Hervorbringung der Welt durch den Zauber, vor allem den Willenszauber, der durch asketische Kraftanstrengung (*tapas*, wörtlich »Hitze«) hervorgerufen wird. Im vedischen Kult durchdringen sich ständig personal-anthropomorphe Gottesvorstellungen mit impersonal-zauberhaften Vorstellungen. Da die Sünde teils als Erzürnung der Gottheit durch Verletzung ihrer sittlichen Gesetze, teils als magisches, Leib und Seele befleckendes Fluidum angesehen wird, besteht die Sühne sowohl in der Versöhnung dieser personalen Gottheit als in der mechanisch-magischen Beseitigung des Sündentabus. Diese erfolgt durch krafterfüllte Substanzen wie Wasser und Feuer, jene durch Darbringung von unblutigen und blutigen Opfern. Aber die Opfergaben haben nicht nur den Sinn, die göttlichen Wesen zu erfreuen und eben dadurch zu beschwichtigen, vielmehr führen sie diesen zauberhafte Macht zu und verleihen ihnen so die Fähigkeit, die menschlichen Gebetswünsche zu erfüllen.

Das Opfer wurde ursprünglich vom Hausvater, später vom berufsmäßigen Priester vollzogen. Im Lauf der Zeit erfolgte eine Differenzierung der priesterlichen Funktionen in mehrere geistliche Ämter. Dem höchsten derselben, dem des *brahmán*, fiel in späterer Zeit die Beaufsichtigung des gesamten Kultwesens zu. Jedes Opfer erheischte eine sorgfältige Vorbereitung des Opferherrn, d. h. Auftraggebers, und der Priester, die als *dīkṣā* (»Weihe«) bezeichnet wird und in der Beseitigung aller hemmenden und gefährdenden Tabus durch Fasten, geschlechtliche Enthaltsamkeit, Askese und Atemübungen besteht. Eine Reinigung ist jedoch nicht nur vor, sondern auch nach dem Opfer erforderlich; der Konsekration folgt eine Desekration, bei welcher die im Opfer wirksamen übernatürlichen Kräfte ins »Opferbad« herabgetragen werden. Das wichtigste aller Opfer ist das sorgsam vorbereitete *Soma*-Opfer, welches das große Trinkfest der Götter und Menschen darstellt. Sein Hauptzweck ist die magische Öffnung des Himmelsbornes, aus dem der fruchtbringende Regen herabströmt. Ein anderer Höhepunkt des Kultes ist das Roßopfer (*aśvamedha*), eine heilige Hochzeit, die zwischen der Königin und dem getöteten Weiheroß durch symbolisches Nebeneinanderliegen vollzogen wird und deren Wirkung die Vermittlung von Zeugungskräften an die Pflanzen-, Tier- und Menschenwelt ist. Bei diesem Opfer ist das heilige Objekt nicht die Gottheit, sondern das geopferte Tier, das die geheimnisvollen Zauberkräfte in sich trägt. Das Opfer ist hier nicht eine Gabendarbringung an die Gottheit, sondern eine automatische Zauberhandlung aufgrund der Ähnlichkeit.

Neben den öffentlichen Kulthandlungen stehen die häuslichen Zeremonien, deren wichtigste der Hochzeitsritus ist. Der Bräutigam führt die Braut dreimal nach der glückbringenden rechten Seite um das Feuer herum und spricht dabei die Worte: »Ich bin der Himmel, du bist die Erde«, wodurch er die menschliche Ehe als Abbild der kosmischen Ehe kennzeichnet. Mann und Frau versehen zusammen, in Abwesenheit des Mannes die Frau allein, den täglichen Feuer- und Opferdienst. Zu den Hauszeremonien gehören die verschiedenen Schwangerschafts- und Geburtsriten, Namengebung, erster Haar- und Bartschnitt und die Einführung des Jünglings beim Lehrer (*upanayana*).

Alle kultischen Handlungen sind mit Hymnen und heiligen Formeln verbunden. Den Inhalt der Hymnen bilden Lobpreis und Bitte – der Dank fehlt gänzlich. Gegenstände des Gebetes sind vorwiegend irdische Güter, langes Leben, Reichtum an Kindern und Rossen, Wagen und Geld, Sieg über die Feinde. Eine reinere Frömmigkeit redet aus der Bitte um himmlisches Glück wie aus der Bitte um Lösung der Sündenfessel, welch letztere in den Beicht-Hymnen enthalten ist. Das Gebet ist jedoch nicht nur ein personaler Verkehr mit der Gottheit, sondern zugleich ein magisches Mittel, durch welches die »vom Herzen gezimmerte Opferspeise« (RV VI 16,47) den Göttern zauberhafte Lebenskraft zuführt. Von seiner Allgewalt zeugt das Wort: »Gewaltig ist das Gebet (*namas*) . . . das Gebet erhält Himmel und Erde, das Gebet ist für die Götter, das Gebet ist Herr über sie. Auch die getanen Sünden bitte ich durch das Gebet ab« (RV VI 51,8).

Zu dem offiziellen Kult, in welchem personaler Gottesumgang und zauberhafte Kraftwirkung sich miteinander verbinden, tritt die großenteils auf die indoeuropäische Urzeit zurückgehende weiße und schwarze Magie, die mehr und mehr Geheimbesitz der Priester wurde. Mit ihrer Hilfe sucht der Einzelne den mannigfachen Nöten des Alltags zu begegnen. Alle Arten der Zauberei sind hier zu finden: Bildzauber, Berührungszauber, *pars-pro-toto*-Zauber, Reinigungs- und Ableitungszauber, Blickzauber (guter und böser Blick, sowohl aktiv wie passiv), Orakelzauber, Liebeszauber, Kasteiungszauber und Atemzauber. Die Zauberhandlungen werden von dem geflüsterten oder gemurmelten Zauberwort (*mantra*) begleitet, das auch für sich wirkungskräftig ist. Es erscheint in den verschiedensten Formen: als Absage, Befehl, Wunsch, Drohung, Nennung magischer Namen. Es ist gelegentlich von einer mythischen Rahmenerzählung umgeben.

Wie ihre indoeuropäischen Urväter waren die Inder auch im vedischen Zeitalter vom Glauben an das Fortleben nach dem Tode durchdrungen. Die älteste Form des Unsterblichkeitsglaubens scheint auch hier das Weilen der Toten im Familiengrab gewesen zu sein, das sich dann zur »Väterwelt« erweitert (*pitṛloka*), ähnlich wie es im semitischen Reich zur *Scheol* (Totenreich) wird. Dieser Vorstellung entspricht die Erdbestattung, die den Formeln des alten Totenrituals zugrunde liegt. »Wie die Mutter das Kind mit ihrem Gewandzipfel, so umhülle du ihn, o Erde.« Der Verdrängung der alten Erdbestattung durch die Totenverbrennung – einen Vorgang, der, wenn auch nicht in gleicher Ausdehnung, bei den westlichen indoeuropäischen Völkern zu beobachten ist – läuft parallel die Wandlung des Totenglaubens. Beim Tode löst sich der Leib in seine verschiedenen Bestandteile auf, das Auge geht zur Sonne, der Atem in den Wind usw. (RV X 16,3). Dann erfolgt durch die Verbrennung eine Wiedervereinigung der zunächst schattenhaft gewordenen Seele mit ihren leiblichen Gliedern »in herrlicher Kraft« (RV X 14,8). *Agni* als Götterbote und Seelenleiter führt im Feuer Seele und Leib in die Himmelswelt empor, wohin König Yama aus der Unterwelt versetzt ist. Die

Unsterblichkeit selbst aber erscheint als Gottesgeschenk und als Frucht des sakramentalen Rauschtrankes.

> »Wo Vivasvat's Sohn (*Yama*), der König, wo des Himmels festes Gemach, wo jene Wasser, die jungen, sind, dort mache mich unsterblich.« »Wo Friede und Wonne, Genuß und Genießen weilen, wo des Wunsches Wünschen erlangt ist, dort mache mich unsterblich.« (RV IX 113,8 ff.)

Diesem Wandel entsprechend wurde das alte Bestattungsritual den neuen Vorstellungen angepaßt:

> »Geh hin auf den alten Pfaden, darauf früher unsere Väter fortgezogen. Beide Könige sollst du sehen, die an der Seelen Speise sich erfreuen, *Yama* und *Varuṇa*; vereine dich mit den Vätern und *Yama*, mit dem Schatz deiner Opfer und guten Werke, im höchsten Himmel. Im höchsten Himmel laß alle deine Gebrechen dahinten und kehre wieder heim, vereinige dich mit einem (neuen) Leibe kraftgeschmückt.« (RV X 14,7 f.)

Die Religion der priesterlichen Ritualtexte

Zwischen der urwüchsigen Natur- und Zauberreligion der Veden und der hohen Religion der Upaniṣaden liegt ein Übergangsstadium, in welchem die Religion ihre ursprüngliche Naivität verloren, aber noch nicht die Höhe mystischer Kontemplation und metaphysischer Erkenntnis erklommen hat. Hermann Oldenberg charakterisiert sie als »vorwissenschaftliche Wissenschaft« oder »vorphilosophische Philosophie«. Das Wissen erscheint noch als zauberhafte Größe. Im Mittelpunkt dieses Wissens steht das Opfer und seine Zauberkraft. An die komplizierte Opfertheorie schließt sich eine ungelenke Spekulation über Gott, Welt und Mensch. Soweit die individuellen Göttergestalten der Veden noch anthropomorphen Charakter bewahrt haben, sind sie zu amoralischen Wesen herabgesunken, zumeist aber sind sie zu impersonalen Kräften verblaßt, deren Wirken gesetzmäßig erfaßt und darum beeinflußt werden kann; sie werden geradezu mit den Kräften der Natur, des Menschen und des Kultes identifiziert. Die Götter werden uniformiert und in Klassen zusammengefaßt. Die Frage nach dem einen, unbekannten Gott, der schon im jüngeren *Ṛgveda* erwacht war, beschäftigt die priesterlichen Grübler weiter. Aus ihrer Reflexion entsteht die abstrakte Gestalt des Schöpfergottes *Prajāpati* (des »Herrn der Geschöpfe«) als Spitze des brahmanischen Göttersystems.

Neben die Götter treten die impersonalen Substanzen und Kräfte, die Weltgegenden, das Jahr, der Äther (*ākāśa*), die Zeit (*kāla*) – verwandt mit dem griechischen *Aiṓn* und dem iranischen *Zervan* –, die Zahlen, die Zauber- und Wunderkraft (*māyā*), die asketische Willenskraft (*tapas*). Die wichtigste aller Zauberkräfte aber ist die kultische Macht (*bráhman*), die neben *māyā* und *tapas* zur weltschöpferischen Potenz wird. Auch das Opfer, dessen personale Seite als Gabendarbringung ganz hinter seiner zauberhaften Seite zurücktritt, wird zu einer weltschaffenden Kraft. Neben den

Naturkräften stehen die verschiedenen Seelenkräfte, die Atemkraft (*prāṇa*), das Denken, der Geist (*manas*) und die Rede (*vāc*). Alle diese Götter und Kräfte wirbeln durch die ständigen, an Psychopathien erinnernden Identifikationen durcheinander: die *Marut* sind das Wasser, *Prajāpati* ist das Jahr, die Kuh ist der Atem, die Liederverse sind die Erde, das Feuer in seinen verschiedenen Verbrennungsphasen ist *Rudra*, *Varuṇa*, *Indra*, *Mitra* und *Brahmā*. Diese Identifikationen von Göttern, Natur- und Seelenkräften bereiten die Bahn jener letzten metaphysischen Identifikation, in welcher die Mystik der Upaniṣaden ihre Zusammenfassung findet: *tat tvam asi*, »das bist du selbst«, du bist identisch mit dem All.

In der Kosmologie der *Brāhmaṇa*-Texte kreuzen sich drei Vorstellungsreihen: Die Welt entsteht durch Zeugung einer androgynen Gottheit, des *Prajāpati*, der »mittels seines Daumens mit sich selber sich vereinigt«, ferner durch die Paarung dieses Schöpfergottes mit einem weiblichen Prinzip (*Vāc*, d. h. Rede, Logos), und schließlich durch die verschiedenen zauberhaften Kräfte: das Opfer (*yajña*), die Askese (*tapas*), die Meditation (*dhyāna*) und die Gaukelkraft (*māyā*). Auch die *Brāhmaṇa* kennen eine sittliche Weltordnung, die sie als *dharma* (von *dhṛ* »erhalten«, »stützen«) bezeichnen. Das sittliche Ideal besteht in erster Linie in der Opferdarbringung, der Vermeidung des Tabu, in der Askese und im sakralen Wissen. Als Voraussetzung des Opfers gilt die Wahrheit (*satyam*). Auf eine höhere sittliche Stufe führen drei Imperative: *dāmyata* (»zähmt euch«), *datta* (»gebet«), *dayadhavam* (»habt Mitleid«).

Ein wichtiger Bestandteil des großen *dharma* ist die soziale Gliederung, das Kastenwesen. Es geht zurück auf den Gegensatz zwischen den indoeuropäischen Eroberern, die sich *ārya* («Edle«) nannten, und den unterworfenen Einwohnern, welche jene als »Ungläubige« und »Barbaren« (*dasyu* oder *dāsa*) verachteten; letzteres Wort bekommt die Bedeutung von »Sklaven«. Der Ausdruck für Kaste (*varṇa* »Farbe«) weist auf den Unterschied der Gesichtsfarbe zwischen den hellhäutigen Indoeuropäern und der bisherigen dunkelhäutigen Bevölkerung Indiens hin. Die »arische« Volksgemeinschaft gliederte sich entsprechend den Berufen in die kriegerischen Adligen (*kṣatriya*) oder »Königlichen« (*rājanya*) und die Viehzucht und Ackerbau treibenden »Siedler« (*vaiśya*). Mit der Komplizierung des Opferritus entstand neben diesen beiden die Priesterkaste der Brahmanen (*brahmán*), die aufgrund ihres göttlichen Charakters die geistige Führung beanspruchen. »Es gibt zweierlei Götter: 1. die eigentlichen Götter, 2. die Brahmanen, das sind die menschlichen Götter«, heißt es im *Śatapatha-Brāhmaṇa* (II 2,2,6; IV 3,4,4). Die Brahmanen glauben, durch ihre Opfer Macht über die Götter zu besitzen. Die Sonne ginge nicht auf, wenn die Priester nicht am Morgen das Feueropfer darbrächten (SPB II 3,1,5). Die unterste Kaste bilden die einheimischen *śūdra*, die dienende und schmutzige Arbeiten verrichten. Diese vierteilige Kastenordnung erscheint schon in einem jüngeren Hymnus des *Ṛgveda* als göttliche Einrichtung (X 90,12).

Im ganzen muß die Priesterreligion der *Brāhmaṇa* als das Ergebnis eines religiösen Niedergangs bezeichnet werden. Während Max Müller von Begeisterung für die frühvedischen Hymnen erfüllt war, hegte er gegen diese Priesterliteratur eine tiefe Abneigung: »das meiste ist Gefasel und – was noch schlimmer ist – theologisches Gefasel«.

Die Erlösungsmystik der Upaniṣaden

Aus dem Wust priesterlicher Afterweisheit erhebt sich wie die strahlende Sonne aus düsteren Nebelmassen die Erlösungsweisheit der Upaniṣaden, deren esoterischer Charakter schon aus der Bedeutung des Wortes (s. S. 140) hervorgeht. »Dieses Geheimnisvollste soll man keinem kundmachen, der nicht Sohn oder Schüler oder noch nicht völlig leidenschaftslos geworden ist.« Mit Recht hat ihr erster abendländischer Übersetzer, Anquetil Duperron, *upaniṣad* mit *»secretum tegendum«* wiedergegeben. Diese Geheimweisheit ist die Schöpfung von mystischen Sehern, an deren Spitze Yājñavalkya, der eigentliche »Pfadfinder« der indischen Mystik, und Uddālaka Āruṇi stehen. Dennoch ist diese Weisheit nicht ausschließlich eine priesterliche; vielmehr hat auch das Laientum an ihrer Schöpfung einen wichtigen Anteil. In den Dialogen der Upaniṣaden treten Fürsten, Frauen und Angehörige niederer Kasten als Schüler und Fragesteller auf; ja, es kommt vor, daß ein König einen Brahmanen im Redeturnier aus dem Sattel hebt und der Brahmane in die Schule eines Weltmannes tritt. Gleichwohl ist der Zusammenhang der Upaniṣaden mit der priesterlichen Spekulation der *Brāhmaṇa* unverkennbar. Erst in den jüngeren Upaniṣaden löst sich diese Mystik von dem Untergrund der brahmanischen Opfertheologie und findet ein neues Fundament in der Psychotechnik des *Yoga* und in der *Sāṃkhya*-Philosophie.

Die *Upaniṣad*-Mystik ist die Antwort von Sehern auf ein brennendes Erlösungsverlangen. Dieses ist die Folge eines tiefgehenden Wandels des Lebensgefühls. Unter der heißen Sonne Indiens erschlaffte die Lebens- und Tatenfreude des nordischen Erobervolkes und machte einer tiefen Lebensmüdigkeit Platz. Dieser Überdruß wurde noch gesteigert durch den Glauben an die Notwendigkeit des steten Wiedergeborenwerdens und Sterbens: »Der, welcher das Leben satthat, muß immer und immer wiederkehren.« Der uralte Glaube an eine Wiederkehr nach dem Tode in Menschen- und Tierleibern hatte sich auf indischem Boden mit dem sittlichen Vergeltungsgedanken verbunden. »Je nachdem einer handelt, je nachdem einer wandelt, danach wird er geboren« – der gute Mensch in einer glücklichen, der schlechte in einer unglücklichen Existenz. Die sittliche Tat (*karma*) bildet zugleich einen feinen Stoff, der nach dem Zerfall der jetzigen Leibeshülle sich eine entsprechende neue Leiblichkeit schafft. Die frohen und traurigen Schicksale in der Gegenwart sind eine Frucht der guten oder schlechten Taten in früheren Existenzen. Aber obgleich dieser Glaube, der in Indien zu einem feststehenden weltanschaulichen Dogma wurde, die Aussicht einer Verbesserung des menschlichen Schicksals durch gute Werke eröffnete, konnte er die tiefe Lebensunrast nicht stillen. »Errette mich, denn ich fühle mich in diesem Weltlauf wie der Frosch in einem wasserlosen Brunnenloch« (*Maitrāyaṇī-Upaniṣad* I 4), lautet der Ruf eines Erlösungshungrigen an den Weisen, und zur Gottheit steigt das Gebet auf: »Aus dem Nichtsein führe mich zum Sein, aus der Finsternis führe mich zum Licht, aus dem Tode führe mich zur Unsterblichkeit« (SPB XIV 4,1,30).

Aber wo ist das wahre Sein, Licht und Leben zu finden? Der Weg zur Erlösung geht über das eigene Innere. Wer sich von der äußeren Sinnenwelt abwendet, die Leidenschaften seines Herzens zur Ruhe bringt und nur noch vom Verlangen nach dem geistigen Selbst erfüllt ist, dem strahlt im Innersten ein neues Licht auf, der gelangt schließlich in der Ekstase zum Erlebnis der vollen inneren Einheit. Der tiefe Friede und

die unsagbare Wonne dieses das normale Bewußtsein auslöschenden Erlebnisses stellt sich den Mystikern der Upaniṣaden in zwei Vergleichen dar: im traum- und bildlosen Tiefschlaf und in der Liebeseinigung der Geschlechter. Der Ekstatiker erfährt eine ungeheure Wirklichkeit, für die er nur den Ausruf »es ist« (*asti*) hat. In diesem Wirklichkeitserlebnis ist er schlechthin »eins« geworden »ohne ein Zweites«. Alle Wertunterschiede haben für ihn aufgehört, er steht »jenseits von Gut und Böse« (*anyatra dharmād anyatra adharmāt*). Durch die Aufhebung jedes Unterschiedes von Ich und Du, von Subjekt und Objekt weitet sich das Bewußtsein ins Unendliche: »Dieser mein *Ātman* im inneren Herzen, kleiner als ein Reiskorn oder Gerstenkorn oder Senfkorn oder Hirsekorn oder eines Hirsekorns Kern, ist größer als die Erde, größer als der Luftraum, größer als der Himmel, größer als alle Welten.« Die unendliche Leere schlägt über in die unendliche Fülle. Im *Ātman* »erkennt« der Ekstatiker »die ganze Welt«, »alles sieht er an als das Selbst«; »das Selbst ist für ihn die ganze Welt«, und er ruft aus: »Ich bin dieses All.«
Diese Wirklichkeit, Einheit, Unendlichkeit und Allheit, die der vedische Mystiker in sich trägt, ist so gewaltig und wundervoll, daß er dafür kein anderes Wort hat als das Priesterwort für die kosmische Macht, *Brahman*. Seine Einheit mit der höchsten Wirklichkeit vermag er nicht anders auszudrücken als durch eine Reihe von Identitätsformeln: »Dieses ist jenes« (*tad etad*), »*Ātman* ist *Brahman*«, »Das Herz ist das höchste *Brahman*«, »Ich bin *Brahman*« (*brahmāsmi*), »Was du bist, das bin ich«. Die wichtigste dieser Formeln aber, das »große Wort« (*mahāvākyam*) schlechthin ist das *tat tvam asi* (»das bist du selbst«). »Was jene Feinheit ist, das hat diese ganze Welt zur Seele, das ist die Wahrheit, das ist der *Ātman*, das bist du selbst.« Aber nicht ein flüchtiges Erlebnis ist diese ekstatische Einigung, sie wird vielmehr zum Dauerbesitz, zur bleibenden Erkenntnis, zum Himmel auf Erden: »Wer solches weiß, der geht tagtäglich in die himmlische Welt.« In dieser Erkenntnis ist die Erlösung beschlossen. Wer die Einheit des *Ātman* mit dem *Brahman* erkannt hat, ist damit aus dem Geburtenkreislauf ausgetreten, er »wird nicht größer durch gute Werke, nicht geringer durch böse«; er sammelt kein neues *karma* mehr an; beim Tode dauert die Seligkeit der ekstatischen Einheit für immer fort.
Der Weg zu dieser befreienden Erkenntnis geht nur über die esoterische Unterweisung durch einen Wissenden: aber auch er kann den Suchenden nur bis an die Pforte des Allerheiligsten geleiten; die Erfahrung der Einheit von *Ātman-Brahman* ist eine wunderbare Erleuchtung, die letztlich auf göttlicher Gnadenwahl beruht:

> »Nicht durch Belehrung wird erlangt der *Ātman*,
> nicht durch Verständnis und viel Schriftgelehrtheit,
> Nur wen *er* wählt, von dem wird er begriffen,
> ihm macht der *Ātman* offenbar sein Wesen.« (*Kāṭhaka-Upaniṣad*)

An die mystisch-ekstatische Heilserfahrung knüpft sich eine philosophisch-theologische Spekulation über das Wesen des Göttlichen, die in den drei mystischen Wegen, der *via negationis*, *via eminentiae* und *via causalitatis*, verläuft. Dieses ist »unaussprechbar durch die Rede« und »undenkbar durch das Denken«, es ist das »Nein, nein« (*na iti, na iti* »nicht so, nicht so«).

»Nur wer es nicht erkennt, kennt es,
Wer es erkennt, der kennt es nicht,
Nicht erkannt vom Erkennenden,
Erkannt vom Nichterkennenden.« (*Kena-Upaniṣad*)

Zugleich aber ist das Göttliche der höchste, absolute Wert, der erst alle einzelnen Werte (Gatte, Gattin, Söhne, Götter, Welten) wertvoll macht. Seine Fülle wird auch durch die Trinität *sat*, *cit*, *ānanda* (Sein, Erkennen, Wonne) umschrieben. Schließlich ist das Göttliche der Ursprung aller Erscheinungen, die trotz aller Relativität mit ihm identisch sind.

»Gleichwie die Spinne durch ihr Gewebe aus sich herausgeht, wie aus dem Feuer winzige Fünklein hervorgehen, so gehen aus diesem *Ātman* hervor alle individuellen Seelen, alle Welten, alle Götter, alle Wesen. Sein Geheimname ist die Realität der Realität: nämlich die individuellen Seelen sind die Realität, und der *Ātman* ist ihre Realität.« (*Bṛhad-āraṇyaka-Upaniṣad* 2,1,20)

Wie das Wasser, in das ein Stück Salz gelegt ist, in allen Teilen salzig ist, so ist die Welt in allen ihren Teilen göttlich; sie ist durch die Selbsterkenntnis des *Brahman*: »Ich bin Brahman«, entstanden. Zu diesen drei Arten der Umschreibung des Göttlichen tritt eine vierte, die Kontrastharmonie. Gott ist die *coincidentia oppositorum*, »Seiendes und Jenseitiges, Aussprechliches und Unaussprechliches, Gegründetes und Grundloses, Bewußtsein und Unbewußtsein, Realität und Nichtrealität«, er ist »kleiner als das Kleinste und größer als das Größte«.

»Es regt sich und regt sich nicht,
Ferne ist es doch so nah.
In allem ist es inwendig,
und doch außerhalb allem da.« (*Īśa-Upaniṣad*)

Wie der Gottesbegriff, so entspricht auch der Unsterblichkeitsbegriff der ekstatischen Erfahrung. Der Erlöste ist *amṛta* (»todlos«); »nicht wird er wiedergeboren, noch stirbt er«, sein Leben ist eine permanente Ekstase. Aber weil er »einer ist ohne ein Zweites«, allem Dualismus von Erkennendem und Erkanntem entrückt, ist seine Seligkeit eine bewußtlose. Yājñavalkya betont ausdrücklich, daß nach dem Tode des Erlösten »kein Bewußtsein« sei, und vergleicht das Aufgehen des Endlichen im Unendlichen mit dem Salzklumpen, der sich im Wasser auflöst. Ein anderer Weiser vergleicht das Aufhören der erlösten Einzelseele im Göttlichen mit den Säften, welche die den Honig bereitenden Bienen zur Nahrung zusammentragen; »also haben auch alle diese Kreaturen, wenn sie in das Seiende eingehen, kein Bewußtsein davon, daß sie eingehen in das Seiende« (*Chāndogya-Upaniṣad* VI 9,2).
Diese impersonalistische Mystik der *Upaniṣaden* ist die Grundlage aller Erlösungsmystik in Indien. Auch die buddhistische *Nirvāṇa*-Mystik hat in ihr ihre Wurzel, und selbst die theistische *Bhakti*-Mystik ist von ihr beeinflußt. Auf ihr bauen sich die großen metaphysischen Systeme auf (s. S. 153 ff.). Die ganze philosophische Spekulation wie die höhere Frömmigkeit Indiens zehrt von dem Erbe des großen Yājñavalkya. Noch Rabīndranāth Tagore schöpft aus den Upaniṣaden Impulse zu seiner lebensbejahenden Mystik, und selbst ein christlicher Mystiker und Evangelist, Sādhu Sundar

Singh, gebraucht – wenn auch in leiser Umbiegung – ihre theopanistischen Gleichnisse. Über der ganzen Geistesgeschichte Indiens steht gleichsam als Losungswort jenes »große Wort« *tat tvam asi*.

Nachtrag von Bettina Bäumer

Im Streben fremde, vor allem noch lebende, Religionen zu verstehen, tritt in den letzten Jahren neben die im Westen seit langem gepflegte philologisch-historische und phänomenologische Methode eine Betrachtungsweise, die die jeweilige Religion aus ihrer eigenen geistigen Tradition heraus zu verstehen sucht. Was die indoeuropäische Religion betrifft (s. S. 136ff.), die aus den Religionen der verschiedenen indoeuropäischen Völker rekonstruiert wurde, so ist die heutige Forschung sehr zurückhaltend, weil es bis jetzt fraglich erscheint, ob diese je als eine einheitliche Religion bestanden hat.
Die Betrachtung des *Veda* hat sich vor allem insofern geändert, als man einerseits in den vedischen Göttern nicht mehr primär die Verkörperung von Naturgewalten sieht (vgl. Jan Gonda), und andererseits einen anderen Schlüssel zum Opferverständnis gefunden hat. Obwohl es auch ausgesprochen magische Riten gibt (wie wir sie vor allem im *Atharva-Veda* finden), kann man den ganzen Opferkomplex des *Veda* nicht nur als »Zauber« bzw. als magisch-automatisch funktionierende Handlungen interpretieren. Die Grundidee des Opfers in vedisch-brahmanischer Zeit ist ebenso, ausgehend von dem Bund zwischen Menschen und Göttern, der innere Zusammenhang, den die Seher (*ṛṣi*) zwischen göttlichen, kosmischen und kultischen (bzw. menschlichen oder geistigen) Größen entdeckt haben, oder, mit anderen Worten, die Korrelation zwischen Göttern, Mikro- und Makrokosmos. Zur Zeit des *Veda* und der *Brāhmaṇa* geht es im Opfer um eine Interaktion dieser drei Bereiche, die die universale und innere Ordnung der Dinge aufrechterhält (*ṛtam*, s. S. 142) und die auch in der weltlichen Herrschaft zum Ausdruck kommt, während es zur Zeit der *Upaniṣaden* nicht mehr um eine rituelle, sondern um eine erkenntnismäßige Durchdringung dieser Beziehungen geht. Das stärkste Symbol für diesen Vorgang ist der kosmische Urmensch (*puruṣa*) von *Ṛgveda* X 90, aus dessen Selbstopfer die Welt entsteht, der in den *Upaniṣaden* zum »inneren Menschen« wird und der, theistisch verwandelt, bis in die späteren hinduistischen Schulen nachgewirkt hat (vgl. Gonda).
Um die vedische Religiosität zu verstehen, muß man davon ausgehen, daß sie keine Dichotomie zwischen profan und religiös, weltlichen und geistigen Zielen kennt. Der Übergang von den *Brāhmaṇa* zu den *Upaniṣaden* (s. S. 148f.) ist daher weniger kraß zu sehen, als es früher angenommen wurde, so daß das Zitat von Max Müller als überholt betrachtet werden muß. Neuere Untersuchungen (Jean Varenne, H. W. Bodewitz) haben gezeigt, daß die Mystik der *Upaniṣaden* schon durch die Spekulation und Sublimierung des Kultes in den *Brāhmaṇa* vorbereitet wurde, so daß diese nicht mehr als Zeugen eines »religiösen Niedergangs« (s. S. 148) anzusehen sind. Darüber hinaus werden heute die *Upaniṣaden* nicht so sehr als eine einheitliche Lehre dargestellt, sondern als eine Vielfalt von geistigen Ansätzen (Erich Frauwallner, Govindagopal Mukhopadhyaya, Erhardt Hanefeld u. a.).

Die Übungsmystik des Yoga

Zur »Erkenntnismystik« der *Upaniṣaden* tritt die »Übungsmystik«, die »Mystik des schöpferischen Willens«, die Psychotechnik des *Yoga*. Im Unterschied von ersterer hat sie ihre tiefsten Wurzeln in den ekstatischen und schamanistischen Übungen, wie sie in der vorarischen Religion Indiens heimisch waren. Nirgends in der ganzen Welt hat jedoch diese ekstatische Technik eine so konsequente Durchbildung und eine so große Bedeutung für das religiöse Leben erlangt wie in Indien. Schon in der vedisch-brahmanischen Periode finden wir neben asketischen Anstrengungen Sitzübungen, Atemübungen, Übungen in der Murmelmeditation, besonders mit Hilfe der heiligen Silbe *Om* (entstanden aus *a-u-m*, einem Urlaut beim intensiven Ausatmen), die als Abbreviatur aller Veden galt; dazu kommt früh auch eine reine Gedankenmeditation. Diese Psychotechnik erscheint wieder in den jüngeren *Upaniṣaden*. Auch das indische Heldenepos *Mahābhārata* enthält Yoga-Anweisungen. Eine streng systematische Form erhielt der Yoga in dem *Yoga-sūtra* (»Leitfaden des Yoga«) des Patañjali. Wenn auch die Entstehungszeit der jetzigen Fassung nicht sicher ist (möglicherweise erst im 2. Jh. n. Chr.), so scheint der Kern desselben doch in die vorbuddhistische Zeit zurückzugehen.

Die Grundlage des Yoga bildet *yama*, die allgemeine ethisch-asketische Zucht (Überwindung der Feindschaft, Wahrhaftigkeit, Achtung vor fremdem Eigentum, sexuelle Enthaltsamkeit, Abgeschiedenheit), und *niyama*, die spezielle asketische Zucht (Reinheit, Zufriedenheit, Kasteiung, Schriftstudium und Hingabe an den persönlichen Gott). Die körperliche Vorbereitung besteht in einer bequemen, hockenden Haltung (*āsana*) und in der Atembeherrschung (*prāṇāyāma*). Aber erst die Einholung der Sinne (*pratyāhāra*), d. h. die Wendung nach innen, ermöglicht die eigentliche Versenkung, die sich in drei Stufen vollzieht: in der gedanklichen Konzentration (*dhāraṇā*) auf einen Betrachtungsgegenstand (Nabel, Herz, Nasen- oder Zungenspitze oder die heilige Silbe *Om*), in der gleichsam einen Faden fortspinnenden Meditation (*dhyāna*) und in der Versunkenheit (*samādhi*), die teils bewußt, teils unbewußt ist. Auf diesem Wege erlangt der Yoga-Übende höhere Erkenntnisse (*ṛtaṃbharā-prajñā*): neben intuitiven psychologischen und kosmologischen Einsichten die Erinnerung an die eigenen früheren Existenzen und die Schau fremder Seelenzustände; und er erlangt höhere Geisteskräfte (*vibhūti*): Aufhören von Hunger und Durst, Unverletzbarkeit des Körpers selbst durch spitze Gegenstände, übermenschliche Körperkräfte, Unsichtbarmachen des Körpers und Eingehen in fremde Körper (durch Suggestivkraft), Fähigkeit, in Schlamm und Dornen nicht hängenzubleiben, Vernehmen göttlicher Stimmen, Wandel im Äther und Bewältigung der Schöpfung – lauter ekstatische Erlebnisse –, Bewältigung der Urmaterie, alldurchdringendes Wissen und schließlich, nachdem der Yogi selbst auf diese außergewöhnlichen Kräfte verzichtet hat, die vollkommene Isolierung des Geistes von der Materie und die Vernichtung der neues *Karma* sammelnden unterbewußten Seelenkräfte.

Diese Yoga-Lehre wurde zur Grundlage für die Meditationstechnik sowohl des Jainismus wie des Buddhismus und Hinduismus. Je nachdem der eine oder andere Komplex dieses psychotechnischen Systems betont wird, spricht man von einem *Haṭha*-Yoga (»gewaltsamen, groben Yoga«), der die körperlichen Übungen in den Vordergrund

Asket oder Yogi, Mahabalipuram (Südindien)

stellte und ein ganzes physiologisches System schuf, oder von einem *Bhakti*-Yoga, der den Hauptwert auf die liebende Hingabe an den persönlichen Heilandgott legt, einem *Mantra*-Yoga, der die Anbetung des göttlichen Namens betont, einem *Karma*-Yoga, der den Nachdruck auf sittliche Werke legt, einem *Jñāna*-Yoga (»Erkenntnis«-Yoga), der auf die mystische Erkenntnis abzielt, einem *Rāja*-Yoga (»königlichen« Yoga), der *Bhakti-*, *Karma-* und *Jñāna*-Yoga verbindet und als das Wichtigste die Meditation betrachtet, und schließlich einem *Layakriyā*-Yoga (»Vollzug der Vereinigung«), der durch den geschlechtlichen Umgang die mystische Einigung des individuellen Ich (*jīva*) mit dem universellen göttlichen Selbst (*ātman*) herbeizuführen sucht.

Die Erlösungslehre des Sāṃkhya

Das Yoga-System erhielt eine theoretische Grundlage in der außerbrahmanischen, nichtkultischen *Sāṃkhya*-Lehre. Die Verbindung von *Sāṃkhya* und *Yoga*, die schon in den jüngeren Upaniṣaden sich vollzog, ist so eng, daß das *Yoga-sūtra* geradezu als »Verkündigung des *Sāṃkhya*« (*Sāṃkhya-pravacana*) bezeichnet wird. Die *Sāṃkhya*-Lehre fand ihre systematische Zusammenfassung in der *Sāṃkhya-Kārikā* (*Sāṃkhya*-Memorialversen) des *Īśvarakṛṣṇa* (4./5. Jh. n. Chr.). *Sāṃkhya*, d. h. Zahlenlehre, hat seinen Namen von seinem dualistischen bzw. pluralistischen Grundcharakter. Es kennt zwei auseinanderstrebende Weltprinzipien: die Urmaterie (*prakṛti*, auch *avyaktam* »das Unentfaltete«) und den Geist (*puruṣa*). Die Materie differenziert sich analog der Trichotomie der platonischen Philosophie in die drei *guṇa* (»Fäden«, Eigenschaften): *tamas* (das Finstere, Dumpfe, Schwere, Träge, Hemmende, Furchtsame), *rajas* (das Farbige, Bewegte, Affektive, Tätige) und *sattva* (das Seiende, Wahre, Lichte, Leichte, Freudige, Ruhevolle). Unter der Einwirkung des lichten Elementes stehen Erkenntnis, Ichbewußtsein und Phantasievorstellung (*manas*), unter der des Bewegten entstehen die Wahrnehmungsorgane (Gesicht, Gehör, Geruch, Geschmack, Gefühl) und die Tatorgane (Rede, Griff, Gang, Entleerung, Zeugung), unter der Einwirkung des finsteren Elements die fünf feinstofflichen Elemente, die Substrate der Wahrnehmungsorgane; aus diesen hinwiederum gehen die fünf groben Elemente hervor. Außerhalb dieser 23 Weltelemente (*tattva*), aus denen die materielle Welt sich zusammensetzt, und der Urmaterie steht der eigenschaftslose (*nirguṇa*) Geist (*puruṣa*) »rein, lauter, leer, friedvoll, odemlos, selbstlos, endlos, unvergänglich, fest, ewig, ungeboren, frei, in seiner eigenen Majestät ruhend«. Es gibt viele *puruṣa*, von denen ein jeder zu einem »Feinleib« (*sūkṣma-śarīra*) oder »Merkmal-Leib« (*liṅga-śarīra*) in Beziehung steht; dieser bekleidet sich im Lauf der Seelenwanderung mit grobmateriellen Leibern. Das Weltleiden besteht darin, daß der Geist mit den Entfaltungen der Materie zusammentrifft und von ihnen gefesselt wird. Die beiden wandeln miteinander wie ein Lahmer mit einem Blinden. Das Leiden der Materie überträgt sich auf den Geist; wie im reinen Kristall die rote Blüte sich spiegelt und so der Kristall sich rötet, und wie im Schwanken des Seespiegels der Mond selbst dem Blick sich als schwankend zeigt, so nimmt der Geist scheinbar die Eigenschaften der Materie an. Die Erlösung (*mukti*) besteht in der Erkenntnis eben dieses Scheincharakters der Verbindung von Geist und

Materie und damit ihrer faktischen Verschiedenheit, in der Isolierung (*kaivalya*) beider. Sie sind voneinander geschieden wie der Fisch vom Wasser, in dem er schwimmt, und die Fliege vom Baum, auf dem sie sitzt. Die erlösende Erkenntnis wird in der Formel ausgedrückt: »Ein anderer bin ich (der Geist), ein anderer ist sie (die Materie)« (*anyo 'ham, anyā sā*). So tritt der Identitätsmystik des *Vedānta* eine ausgesprochen dualistische Erlösungslehre gegenüber.

Die *Sāṃkhya*-Schule spaltete sich in eine atheistische, welche nur die vielen Einzelseelen bestehen läßt und das Dasein eines göttlichen »Herrn« (*īśvara*) leugnet (*anīśvara-sāṃkhya*), und in eine theistische, welche unter dem Einfluß der *Bhakti*-Mystik einen persönlichen Gott anerkennt, der erlösende Macht besitzt (*seśvara-sāṃkhya*).

Die heterodoxen Erlösungsgemeinschaften

A. Der Jainismus

Indien ist das Heimatland des Asketentums. Dieses hing ursprünglich mit dem Lebensgang eines Brahmanen zusammen, der in vier Stufen (*āśrama*) verläuft. Nachdem der Brahmanenschüler (*brahmacārin*) seine Ausbildung in den Veden empfangen hat, vollzieht er als Hausvater (*gṛhastha*) das Ritual. Wenn seine Kinder erwachsen sind, verrichtet er als Waldeinsiedler (*vaṇa-prastha*) einen beschränkten Opferdienst und meditiert über dessen symbolische Bedeutung. Beim herannahenden Ende gibt er allen Kult auf und sinnt als weltentsagender Asket (*sannyāsin*) nur mehr über die erlösende Einigung mit *Brahma* nach.

Neben diesen brahmanischen Altersasketen gab es in Indien schon frühzeitig selbständige Asketen, welche bereits in den Mannesjahren das ›hauslose‹ Bettlerleben erwählten und unter Verwerfung der Autorität der Veden samt dem ganzen Opferritual nur nach der Erlösung aus dem leidvollen Geburtenkreislauf strebten. Einzelne Asketen sammelten eine Jüngerschaft um sich und schufen so Mönchs- und Nonnenorden.

Der vorletzte von diesen Ordensgründern ist Pārśva, ein Königssohn, der mit dreißig Jahren der Welt absagte und den Männer und Frauen umfassenden Orden der *Nirgrantha* (»Fessellosen«, d. h. der von den Banden des *Karma* frei Gewordenen) schuf; diesem Bettelorden schloß sich eine männliche wie weibliche Laiengemeinde an. Pārśva scheint eine dualistische Metaphysik vertreten zu haben, ähnlich der des *Sāṃkhya*, nach welcher das Weltleiden eine Folge der Verbindung von Geist und Materie ist. Der Weg zur Trennung der beiden und zur Befreiung des Geistes von dem befleckenden *Karma*-Stoff besteht in der Erfüllung der Asketengebote: Nichtverletzung irgendeines Lebewesens (*ahiṃsā*), Wahrhaftigkeit, geschlechtliche Enthaltsamkeit, Eigentumslosigkeit. Wer auf diese Weise das »dreifache Kleinod« des »rechten Wissens, rechten Glaubens und rechten Wandels« erlangt hat, vermag nach der Befreiung von aller Materie am Wohnsitz der Seligen ewiger Allwissenheit und Wonne sich zu erfreuen.

250 Jahre später, im 6. Jahrhundert v. Chr., betrat ein anderer Königssohn, dessen Vater *Siddhārtha* hieß, denselben Pfad des Asketentums, *Vardhamāna* (»Wachsender«) *Nātaputta* (»Sohn des *Nāta*-Geschlechtes«) aus dem Lande Bihār. Nach dem Tode

seiner Eltern verließ er Haus, Gattin und Tochter, legte das Mönchsgewand an und riß sich in fünf Büscheln die Haare aus. Nach einem Jahr warf er auch dieses Gewand ab und wanderte nackt umher. Er schloß sich dem Orden der *Nirgrantha* an, trennte sich aber bald wieder von ihm. Zwölf Jahre lebte er in strenger Askese und Meditation, bis er unter einem *Sāla*-Baum am Ufer eines Flusses bei *Irimbhikagrāma* zur Einsicht in das Wesen des *Saṃsāra* (Geburtenkreislaufs) kam und den Ausweg aus ihm fand. Auf

Mahāvīra, der Religionsstifter des Jainismus

diese Weise wurde er ein *Jina* (»Sieger«), *Tīrthaṅkara* (»Furtenmacher«, d. h. Auffinder einer Furt durch den Strom des Geburtenkreislaufs), ein *Mahāvīra* (»großer Held«), ein *Buddha* (»Erleuchteter«), ein *Bhagavat* (»Erhabener«) – mit diesen verschiedenen Ehrennamen wurde er fortan bezeichnet. Er predigte in der heiligen Sprache des Sanskrit wie in seiner heimatlichen Volkssprache, einem *Māgadhī*-Dialekt, und gewann aus allen Kasten eine Anhängerschaft von Mönchen und Nonnen sowie männlichen und weiblichen Laienjüngern, die nach seinem Ehrennamen *Jina* sich *Jaina* nannten. Indem er den Orden des Pārśva reformierte, schuf er eine neue große »Gemeinde« (*saṅgha*), in welcher die Laienschaft mit dem Mönchs- und Nonnenorden eng verbunden war. Er drang auf strenge Befolgung der Regeln des *Nirgrantha*-Ordens, insbesondere der *ahiṃsā* und der Keuschheit. Nach einer fast dreißigjährigen Predigt- und Seelsorgetätigkeit starb Mahāvīra in Pāvāpurī, nach der Jaina-Tradition 527 v. Chr., nach neueren europäischen Forschungen 477 oder 467. Sein Eingang ins *Nirvāṇa* wurde zum Anfangspunkt der jainistischen Zeitrechnung. Die Jaina-Gemeinde breitete sich rasch in Mahāvīras Heimatland Bihār und in Orissa aus. Später begann ein Teil der Jaina-Mönche die vom Meister eingeführte Sitte des Nacktgehens aufzugeben, während andere sie beibehielten; so schied sich die Ordensgemeinschaft in zwei Gruppen: die *dig-ambara* (»Luftgekleideten«) und *śvetāmbara* (»Weißgekleideten«). Am Ende des 1. Jahrhunderts n. Chr. wurde das Schisma endgültig und wirkte sich auch in anderen Dingen aus.

In der zweiten Hälfte des 1. Jahrtausends gelangte der Jainismus unter der Förderung verschiedener Herrscher in Nordindien, im Dekkhan und in Südindien, zu Beginn des 2. Jahrtausends auch in Gujarat zu hoher Blüte. Die Restauration des Brahmanismus wie das Aufblühen der śivaitischen und viṣṇuitischen *Bhakti*-Frömmigkeit vor und nach der Jahrtausendwende wie auch das Vordringen des *Islām* führten einen fortschreitenden Niedergang herbei, wozu noch die wachsende Hinduisierung des Jainismus unter der britischen Herrschaft kam.

Die Predigt Mahāvīras fand ihren Niederschlag in kanonischen Texten, die nach indischer Art nur mündlich weitergegeben wurden. Der Versuch eines Konzils in Pāṭaliputra (300 v. Chr.), die teilweise verlorenen Texte wiederherzustellen, glückte nur unvollkommen und konnte den weiteren Verfall nicht aufhalten. Aus den Resten der mündlichen Überlieferung wurde auf einem zweiten Konzil der »Weißgekleideten« in Vallabhi (980 Jahre nach Mahāvīras Tod) der Kanon (*Siddhānta*) schriftlich fixiert. Er ist in einer Volkssprache, der *Ardhamāgadhī*, abgefaßt, die als *Jaina-Prākrit* bezeichnet wird, und umfaßt 46 Teile, die *Āgama* (»Überlieferungen«) genannt werden; die ältesten von diesen sind die 11 *Aṅga* (»Glieder«), Mönchsregeln, Lehren und Legenden; das 12. »Glied« gilt seit altersher als verloren. Dazu kommen 12 *Upāṅga* (»Nebenglieder«), dogmatisch-mythologische Werke sowie weitere Werke verschiedenen Inhalts. Die Jaina selbst führen sie in verschiedene Zeiten zwischen dem 5. Jahrhundert v. Chr. und dem 8. Jahrhundert n. Chr. zurück. Nach der historisch-kritischen Forschung reichen die ältesten Stücke des Kanons bis in die Zeit vor 300 v. Chr., möglicherweise noch weiter zurück. Die »Luftgekleideten« betrachten diesen Kanon der »Weißgekleideten« als apokryph. Für sie tritt an die Stelle des nach ihrer Auffassung gänzlich verlorengegangenen alten Kanons ein »sekundärer« Kanon, bestehend aus vier Gruppen autoritativer Schriften, die *Veden* genannt werden und die jainistische Weltgeschichte, Kosmosbeschreibung, Philosophie, Ethik und Liturgie enthalten. Zu den kanonischen Werken kommen in beiden Sekten noch zahlreiche nichtkanonische, systematisch-theologische Werke, Erzählungen, epische und lyrische Dichtungen, Spruchsammlungen und Dramen. Der bedeutendste Schriftsteller des Jainismus, ein Mann von universaler Bildung, ist Hemacandra (1088–1172).

Die *Jaina*-Lehre ist wie die spätere *Sāṃkhya*-Philosophie atheistisch in dem Sinne, daß sie den Glauben an eine Schöpfung der Welt durch Gott ablehnt, und zwar mit scharfsinnigen Argumenten. Gleichwohl kennt auch sie ein Mysterium, nämlich das unendliche Weltensein. Dieses ist unaussprechlich (*avaktavya*) und kann darum nur dialektisch in gegensätzlichen Aussagen umschrieben werden (*syād asti sarvam, syān nāsti sarvam* »das All ist, und zugleich ist es nicht«). Die Welt besteht aus »leblosen Körpern« (*ajīvaka-kāya*) und »Lebewesen« (*jīva*), die beide ewig sind. Erstere sind der Raum (*ākāśa*), die Ursache der Bewegung (*dharma*) und die der Ruhe (*adharma*), die Zeit (*kāla*) und die Materie (*pudgala*). Die »Seelen« sind unendlich viele; sie durchdringen die ganze Welt, sie verkörpern sich in der Erde, im Wasser, im Feuer, im Wind, in Pflanzen, Tieren, Höllenwesen, Menschen und Göttern. Das *Karma*, das als Fluidum gedacht wird, entsteht durch gute oder schlechte Gedanken, Worte und Werke und bildet einen neuen materiellen Leib, sobald das alte Karma aufgezehrt ist. Die Jaina glauben nicht wie die Hindu an einen rhythmischen Wechsel von Weltentstehen und Weltvergehen, sondern an die Unveränderlichkeit des *Kosmos* nach Umfang und Anordnung; der Wechsel bezieht sich lediglich auf »aufsteigende« und »absteigende« Perioden.

Es gibt zweierlei Seelen: im Geburtenkreislauf umherwandernde (*saṃsārin*) und erlöste (*mukta*). Das vom Karma beherrschte Leben innerhalb des Geburtenkreislaufs ist Leiden – ein Leiden, das so groß ist wie der Weltberg, während die Freude so klein ist wie ein Senfkorn. Die Erlösung wird dadurch erreicht, daß durch das Verstopfen der Kanäle das »Einströmen« (*āsrava*) eines neuen *Karma* verhindert wird; dies geschieht durch »rechten Glauben« (*samyag-darśana*), »rechte Erkenntnis« (*samyag-jñāna*) und »rechten Wandel« (*samyak-cāritra*).

Der Weg zur Erlösung kann allein im Mönchsleben beschritten werden. Die Mönche nehmen fünf »große Gelübde« (*mahāvrata*) auf sich: (1) *ahiṃsā* (Nichttöten, Nichtschädigen), welches als »höchstes Gesetz« (*paramadharma*) gilt – auch die kleinsten und niedersten Lebewesen, Insekten und Schlangen, dürfen nicht getötet, ja nicht einmal geschlagen werden; ein Mönch darf deshalb nicht nur kein Fleisch essen, er muß vielmehr durch Abseihen des Wassers, Tragen einer Mundbinde und Abkehren des Weges das Verschlucken oder Zertreten von Insekten verhindern; (2) Wahrhaftigkeit (*satyam*), welche auch die Vermeidung jeder Beleidigung in sich schließt; (3) Nichtstehlen, (4) sexuelle Enthaltsamkeit (*brahma-carya*), welche auch jede Gemeinschaft mit Frauen ausschließt, (5) völlige Besitzlosigkeit.

Über die Gelübde hinaus arbeiten die Mönche für die Aufzehrung des alten *Karma* und gegen die Ansammlung von neuem durch planmäßige Askese (*tapas*). Deren wichtigste Form ist das Fasten. Dazu kommen besondere Übungen in der Abtötung des Fleisches, u. a. der Verzicht auf jede Körperpflege. Die höchste Form des äußeren *tapas* ist das »im Tode endende Hungern« (*maraṇāntikā saṃlekhanā*). Das innere *tapas* besteht in der Sühnung von Sünden. Größere Sünden müssen durch Beichte vor einem Oberen und durch Bußübungen, vor allem durch aufrechtes Stehen in einer bestimmten Körperhaltung, gesühnt werden; besonders schwere Sünden erfordern eine neue Ordination. Die wichtigste Form der inneren Askese ist die Meditation (*dhyāna*), die in vier Stufen den Mönch zur Erlösung vorbereitet: von der Betrachtung einzelner Objekte steigt er auf zur Betrachtung eines einzigen Objektes, dann zu einer subtilen Form der Tätigkeit des Leibes, der Rede und des Geistes; schließlich verläßt er nach Aufhören aller Aktivität den Leib und begibt sich im Geist an die Stätte der erlösten Seelen. Der Vorbereitung der Meditation dienen wie im Yoga eine bestimmte Körperhaltung, *kāyotsarga* (»das Von-sich-Werfen des Leibes«), und die Atemregulierung.

Die Erlösung (*mukti* oder *kevala*, d. h. Alleinsein, Isolierung) wird noch im leiblichen Leben erlangt. Nach Anschauung der »Luftgekleideten« kann der Erlöste ohne jede Nahrung fortleben. Beim Tode gehen die Befreiten in das Nirvāṇa ein, das ist die Stätte ewiger Seligkeit, die auf dem Gipfel des Universums über allen Götterhimmeln liegt. Dort wird ihnen eine Seligkeit zuteil, welche alle Seligkeit der Menschen und Götter weit überragt.

> »Wie ein Wilder, der die vielfältigen Schönheiten einer Stadt kennengelernt hat, sie nicht beschreiben kann, weil ihm ein Vergleich fehlt, so ist auch die Seligkeit der Vollendeten unvergleichlich. Wie ein Mensch, wenn er eine mit allem Wünschenswerten ausgestattete Speise gegessen hat, weder Hunger noch Durst kennt, gleich als hätte er sich am Göttertrank gesättigt, so weilen die Vollendeten, die zum einzigartigen Nirvāṇa gelangt sind, für alle Zeit gesättigt, im Besitz ungestörter Seligkeit ohne Ende.« (*Uvavāiya* 180)

Die jainistischen Bettelmönche leben als Wanderasketen, nur während der Regenzeit nehmen sie in Herbergen (*upāśraya* »Zufluchtsorten«) Wohnung. Ihre Nahrung erbetteln sie bei den Laienanhängern, indem sie täglich einmal den Bettelgang antreten. Außer ihrem eigenen Erlösungsstreben widmen sie sich der Laienseelsorge durch Rezitation heiliger Texte, durch Predigt und Anhören der Beichte der Laien. Die jainistische Mönchsgemeinde ist hierarchisch in einer Stufenleiter von Ämtern organisiert.

Neben dem Mönchsorden steht ein Nonnenorden. Die Ordensschwestern werden von den »Weißgekleideten« *sādhvī* (fem., von *sādhu* »heiliger Mann«) genannt, von den »Luftgekleideten« *āryā* (»Edle«). Das Nacktgehen war auch in der Sekte der »Luftgekleideten« den Nonnen von jeher verboten. In weißer Kleidung wandern die Jaina-Nonnen zu zweien oder dreien umher oder wohnen in ihren Konventen, die unter der Leitung einer Oberin stehen. Auch sie haben neben dem eigenen Studium der Erlösungslehre und der Meditation die Aufgabe der religiösen Unterweisung, und zwar der weiblichen Laien.

Mönche und Nonnen erhalten nach einem sechsmonatigen bis zweijährigen Noviziat die Ordensweihe. Dabei werden ihnen die Haare abrasiert, abgesehen von den fünf Büscheln, die ausgerissen werden, und Asche aufs Haupt gestreut. Die Ausrüstung der Mönche wie der Nonnen besteht in einem Wanderstab, einer Holzschale, einem Topf zum Sammeln von Speise und Trank, einem Tuch zum Seihen des Wassers und einem weiteren zur Verhinderung des Verschluckens von Insekten.

Der Mönchs- und Nonnenorden ist getragen von einer Tertiarenschaft von Laienanhängern, *śrāvaka* (»Hörer«) und *śrāvakī* (»Hörerinnen«). Diese sind zur Haltung der »kleinen« Gelübde (*aṇuvrata*) verpflichtet, die eine beschränkte Form der großen Mönchsgelübde darstellen. *Ahiṃsā* bedeutet für sie das Vermeiden einer wissentlichen Tötung von Lebewesen, *brahmacarya* die Vermeidung von Ehebruch und die Enthaltsamkeit an bestimmten Tagen; in den Tagen der Mondnächte (am 8., 14. und 15. des Monats) leben die Laienanhänger wie die Mönche. Eine Reihe von Berufen ist den Jaina verboten; sie bevorzugen den Kaufmanns- und Bankberuf. Durch ihre Almosen ermöglichen sie den Mönchen und Nonnen ihr Erlösungsstreben. Den »Helden im Geben« (*dāna-vīra*) verdankt der Jainismus auch seine Tempel und Gemeindehäuser. In dem Bestreben, das *ahiṃsā*-Gebot zu verwirklichen, haben sie zahlreiche Tierhospitäler (*pāñjrāpol*) geschaffen; sie kaufen geradezu Tiere auf, um sie vor der Schlachtung zu bewahren, und bringen sie in diese Tierasyle. Durch besondere asketische und Meditationsübungen vermögen auch die Laien der Erlösung näherzukommen. Eines der wichtigsten Hilfsmittel ist dabei die Beichte, die sie ihrem Seelsorger (*guru*) ablegen; manche beichten täglich, andere nur alle vierzehn Tage oder alle vier Monate, einmalige Beichte im Jahr ist das mindeste. Zur Sühne legt der Beichtvater dem Beichtenden eine Buße (*prāyaścitta*) auf.

Die Jaina verwerfen die vedischen Opferriten und überhaupt den vedischen Schriftkanon. Sie haben einen eigenen Kult entwickelt, der zunächst in der Verehrung von Reliquienbehältern (*stūpa*) bestand. Dazu trat, wahrscheinlich schon im 4. vorchristlichen Jahrhundert, die Verehrung der Bilder der Heiligen, der *jina* oder *tīrthaṅkara*, die im »Lotossitz« der Meditation dargestellt sind. Diese Bilder werden durch Umwandeln, Waschen, Salben, Bekränzen, Schwingen von Lampen, Darbringung von Weihrauch, Reis, Früchten und Süßigkeiten verehrt. An die Heiligen werden Hymnen und Gebete gerichtet. Die kürzeste Formel ist der *Parameṣṭhi-mantra*, der täglich mehrmals von jedem Jaina wiederholt wird: »Verehrung den Arhats, Verehrung den Vollendeten, Verehrung den Meistern, Verehrung den Lehrern, Verehrung allen Mönchen in der Welt.« Die Gläubigen wallfahren zu den heiligen Stätten; ursprünglich waren es Höhlentempel, später auch freistehende. Einzelne von diesen Tempeln wie die von Girnar, Mount Abu und Ellora haben durch ihre künstlerische Pracht Weltberühmtheit erlangt. Die strengere Richtung der »Luftgekleideten« verwirft z. T. die Bilderverehrung. Die aus den »Weißgekleideten« hervorgegangene *Loṅka*-Sekte und die von ihnen getrennte noch radikalere Gruppe der *Sthānakavāsī* (»im Gemeindehaus«, d. h. in der Asketenherberge »Wohnende«) verwirft jeden Tempeldienst und beschränkt den Gottesdienst auf Schrifterklärung und Predigt in den Gemeindehäusern. Die drei Symbole der Jaina sind ◡̇ = Erlösung, ··· = die drei Juwelen: rechter Glaube, rechtes Wissen, rechter Wandel, und das Hakenkreuz 卐 = die vier Daseinsstufen: oben Menschenwelt und Götterwelt, unten Höllenwelt und Tierwelt. Ein anderes wichtiges Sinnbild ist das »Rad der Vollendeten« (*siddha-cakra*), ein achtblättriger Lotus, der die großen Tugenden symbolisiert.

Heute finden sich die »Luftgekleideten« hauptsächlich in Maisur und Kannada, auch in Ost-Rajputana und im Panjab. Ihr Name gilt heute nur in beschränkter Weise; schon in der Zeit der muslimischen Herrschaft waren die »Luftgekleideten« gezwungen worden, in der Öffentlichkeit sich zu verhüllen. Die »Weißgekleideten« wohnen in Gujarat, West-Rajputana, Nord- und Zentralindien. Die Jaina haben eine größere Bedeutung im religiösen und kulturellen Leben Indiens, als die ständig abnehmende Zahl ihrer Anhänger (heute etwas mehr als 1 Million) erwarten läßt. Um die Wende des 19. Jahrhunderts entstand eine Bewegung, welche eine Einigung der verschiedenen Jaina-Sekten erstrebt. Es entspricht dem universalistischen Charakter des Jainismus, der von Anfang an als eine missionierende Religion auch unter nichtarischen Stämmen aufgetreten war, daß er am Ende des 19. Jahrhunderts eine Missionstätigkeit auch in den westlichen Ländern begann, vor allem durch den indischen Rechtsanwalt Vīrcand Gāndhī und den zum Jainismus bekehrten Engländer Herbert Warren. Das Zentrum der jainistischen Missionspropaganda im Westen bildet die in London gegründete *Mahāvīra-Brotherhood*.

Nachtrag von Eva K. Dargyay

Da auf der gesamten Welt sich nur wenige Wissenschaftler mit der Religion der Jainas befassen, vollzieht sich der Wandel und die Ausdehnung des Wissens ungleich langsamer als in anderen Gebieten der Religionswissenschaft. Die neueren Arbeiten bemühen sich in erster Linie, zwischen den – im westlichen Sinne – historischen Fakten und dem Glaubensgut der Jainas zu unterscheiden. So wird dem – nach der Überlieferung – vorletzten Tīrthaṅkara, Pārśava, von der westlichen Wissenschaft eine gewisse Historizität zugesprochen. Der Historiker sieht daher in Pārśava den Ursprung jainistischen Gedankengutes, während der Jaina in ihm den letzten Tīrthaṅkara vor Mahāvīra verehrt.

B. Der Buddhismus

Der Buddhismus ist dem Jainismus in vieler Hinsicht außerordentlich ähnlich: in der Geschichte und Legende seines Stifters, in der Lehre vom Heilsweg, in der Verfassung des Ordens und im Kult. Da die beiden Stifter ungefähr zur gleichen Zeit lebten, ist es schwierig, im einzelnen festzustellen, wer der Gebende und wer der Nehmende war. Da aber der Jainismus keine Neugründung war, sondern eine Reform einer längst bestehenden Ordensgemeinschaft, da außerdem der Buddhismus sowohl in seiner Stifterlegende wie in seiner Lehre und Praxis eine ungleich größere Feinheit der Durchführung aufweist, dürfte die Priorität in den meisten Einzelheiten beim Jainismus liegen.
Im Unterschied zum Jainismus besitzt der Buddhismus ein kanonisches Schrifttum, dessen hohes Alter und zuverlässige Überlieferung im allgemeinen unbestreitbar ist; es vermittelt uns in viel höherem Maße als das Schrifttum der Jaina einen Zugang zur Persönlichkeit und Lehre des Gründers. Zwar hatte auch das im ceylonesischen Pāli-Kanon enthaltene ältere buddhistische Schrifttum eine Entwicklung durchlaufen und dabei eine scholastische Ausprägung erhalten. Aber obgleich dieser südliche Kanon wesentlich älter ist als das in Sanskrit überlieferte Schrifttum des nördlichen *Mahāyāna*-Buddhismus, so stellt ersteres doch nicht einfach in allem die getreue Wiedergabe des Lebens und der Lehre Buddhas dar; vielmehr hat sowohl der *Hīnayāna*- oder *Theravāda*-Buddhismus als auch der *Mahāyāna*-Buddhismus bestimmte Keime des Urbuddhismus weiterentwickelt. Aber im ganzen steht die erstere Form der ursprünglichen Gestalt des Buddhismus erheblich näher und ermöglicht es der historischen Forschung, ein annähernd zutreffendes Bild vom Leben und den Lehren des Buddha zu entwerfen.

Der Pāli-Kanon

Obgleich die buddhistische Überlieferung, nach welcher schon unmittelbar nach dem Tode Buddhas ein Mönchskonzil in der Stadt Rājagaha einen Kanon der Heilslehre und der Ordenszucht festgelegt hat, als fragwürdig anzusehen ist, so dürften doch frühzeitig heilige Texte in feststehender Form überliefert worden sein. Ohne solche kanonischen Texte hätte das 2. Konzil, das nach buddhistischer Tradition 100 Jahre nach Buddhas Tode in Vesālī stattgefunden hat, keine Entscheidungen über Irrlehren treffen können. Ein eigentlicher Kanon scheint jedoch erst auf dem 3. Konzil festgestellt worden zu sein, das 236 Jahre nach Buddhas Tode in Pātaliputra stattfand. Nach der Anschauung der ceylonesischen Buddhisten ist dieser Kanon derselbe wie der bis zum heutigen Tage gültige Pāli-Kanon. Aber so nahe auch dieser jenem stehen mag, so kann doch nicht von einer Identität gesprochen werden, weil die Sprache des Kanons von Pātaliputra nicht dieselbe war wie die aus einem nordwest-indischen Dialekt entstandene und in Ceylon, Birma und Siam gebrauchte Literatur- und Kirchensprache des Pāli, sondern der nördliche Māgadhī-Dialekt, in dem Buddha selbst gepredigt hatte. Aber nicht nur in sprachlicher, sondern auch in inhaltlicher Hinsicht weicht der Pāli-Kanon, der in der ersten Hälfte des 1. vorchristlichen Jahrhunderts auf Ceylon fixiert worden ist, von dem älteren Māgadhī-Kanon ab, vor allem weil Stücke aus den Kommentaren in die heiligen Texte eingedrungen sind. Immerhin dürfte die Pāli-Sprache, die zum Sanskrit in einem ähnlichen Verhältnis steht wie das Italienische zum Lateinischen, in ihren Rhythmen und Klängen etwas vom Zauber der Sprache Buddhas bewahrt haben.

Der ceylonesische Kanon trägt den Namen *Tipiṭakam* (Sanskrit *Tripiṭakam* »Dreikorb«) von seiner Einteilung in die drei Hauptgruppen der heiligen Schrift:

I. *Vinaya-piṭaka* (»Korb der Ordenszucht«) besteht aus drei Werken, welche die Ordensregeln, auch eingestreute alte Erzählungen und Bruchstücke der Buddha-Legende enthalten; seine älteren Stücke dürften bis ins Jahr 400 v. Chr. zurückgehen.

II. *Sutta-piṭaka* (»Korb der Lehrvorträge«), das fünf *nikāya* (»Sammlungen«) umfaßt: (1) *Dīgha-nikāya* (»Sammlung der langen Lehrvorträge«), welcher die wichtigsten Lehrstücke enthält, desgleichen den »großen Lehrvortrag« von Buddhas Eingang ins »vollkommene Nirvāṇa« (*Mahāparinibbāna-sutta*); (2) *Majjhimanikāya* (»Sammlung der mittellangen Lehrvorträge«), der ein anschauliches Bild von Buddhas Denk- und Lehrweise gibt; (3) *Saṃyutta-nikāya* (»Sammlung der nach Gruppen, d. h. sachlichen Gesichtspunkten eingeteilten Lehrvorträge«), z.B. das Sutta von der Meditation, vom Versucher; (4) *Aṅguttara-nikāya* (»Sammlung der nach aufsteigender Zahlenfolge geordneten Lehrvorträge«), der mit den Dingen beginnt, die aus 1, 2, 3 (z. B. Kleinodien), 4 (z. B. Meditationsstufen) Teilen bestehen, und schließlich zu den 34 Bestandteilen des menschlichen Organismus und den 37 Kennzeichen der Heiligkeit gelangt; (5) *Khuddaka-nikāya* (»Sammlung der kleineren Lehrstücke«); darunter befindet sich jenes buddhistische Weisheitsbuch, das nicht nur als erstes in eine europäische Sprache, sondern auch am häufigsten übersetzt worden ist, das *Dhammapadam*; ferner die Sammlungen von feierlichen Aussprüchen Buddhas, betitelt *Udānam* (»Aushauch«) und *Ittivuttakam* (»Also sprach der Erhabene«), sowie der *Sutta-nipāta*, eine »kleine Sammlung von Lehrvorträgen«, die zum ältesten buddhistischen Schrifttum gehört, und schließlich die dichterisch wundervollen, von Seelenfrieden und Naturfreude zeugenden *Thera-* und *Therī-gāthā* (»Lieder der Mönche und Nonnen«). Die *Jātaka* (»Geburtsgeschichten«), Legenden von Buddhas früheren Existenzen, in welchen alte Fabeln, Märchen und Mythen in buddhistisches Gewand gehüllt sind, gehören nur in den abschließenden, eine buddhistische Pointe besitzenden Versen zum Kanon.

III. *Abhidhamma-piṭaka* (»Korb der Metaphysik«) enthält die scholastische Anthropologie und Psychologie des Buddhismus; obgleich für abendländisches Empfinden außerordentlich eintönig, verrät er eine Virtuosität der psychologischen Beobachtung und Beschreibung.

Leben und Legende des Buddha

Hinter dieser riesigen Literatur, deren Umfang ein Mehrfaches der christlichen Bibel ausmacht, steht als tragende Persönlichkeit Gotama Buddha. Die ganze alte Tradition spricht von der geschichtlichen Gestalt des Meisters, seinem Leben, Wirken und Sterben. Zwar hat die historische Skepsis vor dieser Gestalt ebensowenig haltgemacht wie vor der der anderen großen Religionsstifter und sie in einen Sonnenmythus aufzulösen versucht; die neuere Forschung hat jedoch an der Geschichtlichkeit Buddhas keinen Zweifel gelassen. Zwar ist sein Leben frühzeitig von einer an Wunderzügen reichen Legende umsponnen worden, die auch einzelne mythische Motive in sich aufgenommen haben mag. Aber aus dieser Legende läßt sich unschwer die geschichtliche Gestalt des Meisters herauslösen. Ja, diese Legende, die ihre anschaulichste Gestalt in den Werken der buddhistischen Kunst gefunden hat, muß in gewisser Hinsicht selbst als Geschichtsquelle gelten. In ihr hat nach den Worten eines der feinsinnigsten abendländischen Interpreten Buddhas »das, was der Buddhismus in seinem innersten Wesen ist, vielleicht den tiefsten Ausdruck gefunden. Diese Geschichte, die zu den schönsten und tiefsten Erzeugnissen der Weltliteratur gehört, enthält nicht nur eine Fülle menschlich und dichterisch ergreifender Züge, sondern sie stellt auch, in äußere Begebenheiten eingekleidet, die Quintessenz der Buddha-Lehre, was der Buddhismus in seinem Innersten ist, in einer viel großartigeren, unmittelbar zu unserem Verständnis und Gemüt sprechenden Weise vor uns hin, als dies bei Lehrtexten der Fall ist« (Hermann Beckh).

Die Buddha-Legende, die sowohl in den *Pāli*-Texten (im *Mahāvagga*, *Majjhimanikāya* und in der *Nidānakathā*, der Einleitung zu den *Jātaka*) wie im Sanskrit-Text des *Lalitavistara* ihre älteste Gestalt gefunden hat, beginnt im Götterhimmel. Der zukünftige Buddha (*Bodhisattva*) empfängt die Mahnung der Götter, zur Erlösung der Menschheit auf die Erde herabzusteigen. Doch nur eine Königin und jungfräuliche Mutter ist imstande, ihn in ihrem Schoß aufzunehmen. Nachdem Māyā, die Gattin des Śuddhodana, ein Enthaltsamkeitsgelübde abgelegt hat, zieht sie sich auf den höchsten Söller des Palastes zurück, wo ein Blumenlager für sie bereitet ist. Während sie in Meditation versunken ist, geht der Bodhisattva in Gestalt eines weißen Elefanten, des Sinnbildes der Milde, zur rechten Seite in den Mutterleib ein, während Māyā das ganze Geschehen im Traume schaut. Bei seinem Herabstieg strahlt ein gewaltiger Lichtglanz von ihm aus, der Sonne und Mond erblassen läßt. Der Bodhisattva ruht nun im Schoße seiner Mutter in Meditationsstellung, ohne ihr Schmerzen zu bereiten. Während der Schwangerschaft werden bei ihrem Anblick von Dämonen Besessene befreit, Kranke, denen sie die Hand auflegt, geheilt. Beim Herannahen der Geburt schließen die Blumen ihre Kelche, Winde schweigen, Flüsse stehen still, das Feuer hört auf zu brennen, Frauen haben leichte Geburten. Während die Natur im herrlichsten Frühlingsschmuck prangt, gebiert Māyā, stehend und nach dem Zweig eines Feigenbaumes greifend, ihren

Sohn Gautama Siddhārtha (Pāli Gotama Siddhattha), der zur rechten Seite, unbefleckt von aller Unreinheit, heraustritt, sich sogleich auf die Erde stellt und sieben Schritte tut, wobei er ausruft: »Ich bin der Erste in der Welt, ich bin der Größte in der Welt, dies ist meine letzte Geburt, enden werde ich das Leiden von Geburt, Alter und Tod.« Wohin immer der Neugeborene seinen Fuß setzt, da sprießt ein Lotus empor. Die Erde erbebt, der Donner rollt bei klarem Himmel, Sandeldüfte durchwehen die Luft, ein Lichtglanz durchdringt die ganze Welt, himmlische Musik ertönt, Freude erfüllt alle Wesen, Blinde werden sehend, Taube hörend, Krüppel gerade, Irre vernünftig und selbst die Verdammten vorübergehend von ihren Qualen befreit. Götterjungfrauen dienen dem Kinde und seiner Mutter. Sieben Tage nach der Geburt stirbt Māyā und wird zum Himmel erhoben. Ihre Mutterstelle nimmt ihre Schwester Mahāpajāpatī ein. Ein heiliger Seher Asita, der den Jubel der Himmelswelt vernimmt, fährt durch die Luft nach dem Palast des Königs und läßt sich von diesem das Kind reichen. Nachdem er ihm als einem Wunderwesen gehuldigt, bricht er in Tränen aus, weil es ihm nicht mehr vergönnt ist, Buddhas Erleuchtung und Predigt zu erleben. In der Schule setzt der Knabe den Lehrer durch die Kenntnis aller Schriftarten in Erstaunen. Unter einem Rosenapfelbaum sitzend, durchläuft er die einzelnen Stufen der Meditation. Durch seine ritterliche Schützenkunst siegt er im Wettkampf, erlangt die Königstochter Gopā zur Gattin und führt mit ihr ein Leben in Freude.

Eines Tages wird sein Vater durch einen Traum erschreckt. Er sieht seinen Sohn im gelben Asketengewande den Palast verlassen. Er bietet ihm alle Lebensfreude und läßt ihm drei Paläste für die einzelnen Jahreszeiten bauen. Zugleich befiehlt er eine strenge Abschließung. Bei der Ausfahrt ins Land ordnet er die Entfernung alles Unerfreulichen von den Straßen an. Gleichwohl begegnet der Prinz einem an einem Stab dahinwankenden, mit allen Altersgebresten behafteten Greis, dessen Gestalt ein Gott angenommen hat. Auf die Frage, ob das Alter ein Weltgesetz (*dharma*) sei, antwortet ihm sein Wagenlenker bejahend, und erschüttert befiehlt der Prinz die Umkehr. Bei der nächsten Ausfahrt trifft er einen ächzenden, in seinem Unrat sich wälzenden Schwerkranken, bei der dritten Ausfahrt einen auf der Bahre liegenden Toten, der umgeben ist von seinen wehklagenden Angehörigen. Und jedesmal erfährt er, daß er selbst wie jeder Mensch diesem Schicksal unterworfen ist. Bei der vierten Ausfahrt bietet sich ihm ein erhebender Anblick: ein Bettelmönch, ohne Leidenschaft und Haß, nach der Ruhe der Seele verlangend und dem geistlichen Leben nachstrebend. Und er preist die Entsagung dieses Asketen, die nicht nur zum eigenen Heil, sondern auch zum Heil anderer Wesen führt. So faßt er selbst den Entschluß, ein solcher Bettelmönch zu werden. Er wird darin bestärkt durch den Anblick der ihn ergötzenden Musikantinnen und Tänzerinnen, die, in später Nachtstunde eingeschlafen, ein Bild der Häßlichkeit bieten, so daß er glaubt, an einer Leichenstätte zu sein. Er erklärt seinem Vater, daß die Zeit des Abschieds gekommen sei. Dieser sucht ihn zurückzuhalten, indem er ihm die Erfüllung aller Bitten verspricht. Aber er kann ihm keinen seiner Wünsche erfüllen: ewige Jugend, unverwelkliche Schönheit, ungestörte Gesundheit und ewiges Leben ebensowenig wie die Befreiung von künftiger Geburt. Da läßt ihn der Vater ziehen. Der Prinz betritt das Gemach seiner Gattin und findet sie mit seinem neugeborenen Sohne in süßem Schlummer; er wagt nicht das Haupt seines Kindes zu berühren, um die Gattin nicht zu wecken. Auf seinem Lieblingsroß reitet er mit seinem treuen Diener davon. Er

legt das gelbe Asketengewand an, schneidet seine Scheitelhaare ab, gibt seinen Schmuck dem Diener und sendet ihn mit seinem Pferd zurück.
Nachdem Gotama »aus der Häuslichkeit in die Hauslosigkeit« gegangen, sucht er sieben Jahre nach dem Heil. In der Schule von zwei *Yoga*-Lehrern erreicht er rasch hohe Stufen der Ekstase. Aber er erkennt, daß die Erlangung von anormalen Bewußtseinszuständen keine erlösende Erkenntnis bringen kann. So versucht er es sechs weitere Jahre mit der strengsten Askese. Fünf Schüler des einen seiner *Yoga*-Lehrer, die ihm gefolgt, beobachten ihn bei seinen physisch-geistigen Gewaltanstrengungen: »Wie ein schwerer Ringer den schwächeren, indem er ihn am Halse faßt, niederringt, so ringt, so quält er mit seinem Geist diesen Körper nieder, bis aus den Achselhöhlen und der Stirn der Schweiß ausbricht und die zur Erde niederfallenden Schweißtropfen in den kalten Winternächten zu Reif erstarren und Dampf von ihnen aufsteigt. Er rauft sich Haare und Bart aus, liegt auf Dornen, läßt Schmutz und Staub seinen Leib bedecken. Er sitzt da, die Zunge gegen den Gaumen gedrückt, mit Gewalt die Gedanken festhaltend, festpressend, festquälend, des Augenblicks harrend, wo die Erleuchtung kommt.« Er unterdrückt die Atemtätigkeit. Aber statt zur Heilserkenntnis zu gelangen, vernimmt er nur infolge der Verschließung der Atemwege lautes Geräusch in den Ohren. Da erscheint ihm seine Mutter vom Himmel und klagt ihr Leid darüber, daß alle Verheißungen an ihm nicht in Erfüllung gegangen seien. Er tröstet sie mit der Versicherung der Gewißheit seiner Erlösung. Nunmehr versucht er es mit strengstem Fasten nach der Art der Jaina: er beschränkt seine Nahrungsaufnahme zunächst auf eine Kolabeere, dann auf ein Reiskorn, weiter auf ein Sesamkorn, bis er bei der völligen Nahrungslosigkeit angelangt ist. Sein Körper welkt dahin; aber die Erleuchtung kommt nicht. Er bricht zusammen; seine Begleiter glauben, er sei tot. Er hat nun die Nutzlosigkeit der harten Askese als eines Mittels der Heilserlangung erkannt. Da erinnert er sich an das Meditationserlebnis, das er als Kind unter dem Rosenapfelbaum hatte, und entschließt sich nun, diesen Weg zu beschreiten. Er nimmt Gemüsenahrung zu sich. Enttäuscht durch seine Preisgabe der Askese, verlassen ihn seine Jünger. Zehn Mädchen bereiten ihm Gemüsespeisen, unter ihnen Sujātā, die in goldener Schale eine aus Reis und dem Rahm der Milch von tausend Kühen zubereitete Speise reicht. Alsbald erlangt sein Leib wieder die ursprüngliche Frische, und ein Kranz von Lichtstrahlen umgibt ihn von neuem.
Während der Bodhisattva am Flüßchen Nerañjarā unter einem Feigenbaum sich niederläßt, nehmen wiederum wie bei seiner Geburt die Götter-, Menschen- und Tierwelt freudigen Anteil. Zahllose Gottheiten sammeln sich aus allen Himmelsrichtungen, um ihm zu huldigen. Doch *Māra* (von demselben Stamm wie lat. *mors*), der Fürst der Todeswelt und die Verkörperung des Bösen, fühlt sich gereizt und führt ein ganzes Heer gegen ihn an. Er schleudert Geschosse, schießt Giftschlangen und wälzt feuerspeiende Berge gegen ihn heran. Aber da sein Herz ganz von Liebe durchdrungen ist, vermag keine Waffe ihm zu schaden; die Geschosse verwandeln sich über seinem Haupte in Blütengewinde, die Berge werden zu Blumenpalästen, die Feuermassen umschweben ihn als Lichtkränze. Nach diesem vergeblichen Ansturm versucht Māra ihn durch das Angebot königlicher Herrschaft von seinem Heilsstreben abzulocken. Aber der Bodhisattva beruft sich auf alle Opfer, die er in früheren Inkarnationen gebracht, und ruft die Erde als Zeugin an. Nunmehr versuchen ihn Māras Töchter, »Lust«, »Sehnsucht« und »Begierde«, mit ihren Verführungskünsten. Aber er bleibt

unbewegt. Noch einmal hetzt Māra sein Heer gegen ihn, aber er widersteht ihm mit dem sieghaften Wort: »Und wenn die ganze Welt voll Teufel (*Māra*) wäre und jeder einen Weltberg als Waffe hätte, so vermöchten sie doch alle nicht, mir ein Haar zu krümmen, geschweige denn mich tödlich zu treffen.« Inmitten der Schlacht erkennt Gotama, daß Māra und sein Heer nur eine Gedankentäuschung (*māyā*) sind. Seine Scharen zerstieben, und der Fürst der Welt muß sich als besiegt erklären.

Im Anblick der gleichmäßig dahinflutenden Wogen des Flüßchens gerät der Bodhisattva in tiefe Versenkung; von der Stufe der meditativen Reflexion steigt er empor zur tiefen Lust der Seele, dann zur matten Lust, und schließlich zum vollkommenen leid- und freudlosen Gleichmut. Auf dieser vierten Stufe werden ihm in nächtlicher Stunde drei große Erkenntnisse zuteil. In der ersten Nachtwache sieht er mit göttlichem, hellsichtigem Auge die Wesen auf ihrer verschlungenen Wanderung im Kreislauf der Geburten, wie sie entsprechend ihrem *karma* emporsteigen in lichte Welten und herabsinken in dunkle Welten. In der zweiten Nachtwache erinnert er sich seiner eigenen vergangenen Verkörperungen durch zahllose Weltzeitalter, seiner vielgestaltigen lust- und leidvollen Erfahrungen in hohen und niederen Lebensständen. In der dritten Nachtwache, beim Dämmern der Morgenröte gelangt er zur letzten und entscheidenden Erkenntnis: der Erkenntnis des Leidens, der Leidensursache, der Zerstörung derselben und des Weges, der zu dieser Zerstörung führt. Als tiefste Leidensursache enthüllt sich ihm die Unwissenheit, welche über die unterbewußten Seelenkräfte, das Bewußtsein, die Individualität, die sechs Sinne, die Berührung mit der Außenwelt, die Empfindung, die sinnliche Begierde, die Befriedigung der Sinnenlust zu Empfängnis und Geburt und schließlich zu Alter und Tod führt. Mit der Vernichtung der Unwissenheit (*avidyā*, Pāli *avijjā*) werden alle anderen Seelenkräfte entwurzelt und damit der Durst, die Gier, die zu Wiedergeburt, Leiden und Tod führt. Mit diesem dreifachen Wissen (*traividyā, tevijjā*) ist der Bodhisattva zur höchsten vollkommenen Erleuchtung (*sammā-saṃbodhi*) gelangt, er ist ein Buddha (»Erleuchteter«) geworden und hat die Gewißheit der Erlösung erlangt, aus der heraus er sprechen kann: »Da ich solches schaute, ward meine Seele erlöst von der Verderbnis der Leidenschaft, erlöst von der Verderbnis des Werdens, erlöst von der Verderbnis des Irrglaubens und der Unwissenheit. Im Erlösten erwachte das Bewußtsein der Erlösung: vernichtet ist die Geburt, erfüllt der heilige Wandel, getan die Pflicht, nicht mehr werde ich zu dieser Welt zurückkehren.« Siegesbewußt ruft der Erleuchtete jener dunklen Schicksalsmacht die Worte zu:

»Den Kreislauf vieler Geburten
habe ich ruhelos durchlaufen,
den Bildner des Hauses suchend;
qualvoll ist die ewige Wiedergeburt.
Nun bist du erschaut, Bildner des Hauses,
kein Haus du mehr bauen wirst;
denn gebrochen sind deine Balken,
und des Hauses Dach vernichtet,
das Herz, frei geworden,
hat alle Begierden getilgt.« (*Dhamma-pada* 153 f.)

Der Erleuchtete war Sieger geworden über die Weltmacht des *karma*, die alle Wesen im

Geburtenkreislauf gefangenhält, wie über jene böse Geistesmacht, die in Māra ihn an der Erleuchtung hindern wollte. Aber auch als Erlöster ist Buddha noch der Versuchung ausgesetzt. Im Zustand seligen Friedens flüstert ihm Māra den Gedanken ein, durch Selbstmord sogleich ins vollkommene Nirvāṇa einzugehen. Nach dem *Mahāvagga* steigt in ihm der Gedanke auf, die in irdischem Treiben befangene Menschheit sei unfähig, die tiefe Wahrheit vom Ursachenzusammenhang zu erkennen; eine Predigt der Heilswahrheit werde ihm daher nur unnötige Beschwernis bereiten.

»Wozu der Welt offenbaren, was ich in schwerem Kampf errang?
Die Wahrheit bleibt dem verborgen, den Begehren und Haß erfüllt.
Mühsam ist es, geheimnisvoll, tief, verborgen dem groben Sinn,
Nicht mag's schauen, wem irdisches Trachten den Sinn mit Nacht umhüllt.«

So neigt denn der Erleuchtete dazu, seine Wahrheitserkenntnis in seinem Herzen zu verschließen und der Welt nicht zu verkünden. Da aber erfolgt eine gewaltige Reaktion im Kosmos: die Winde hören auf zu wehen, die Flüsse stehen still, das Feuer erlischt, die Saaten keimen nicht mehr, die Vögel hören auf zu fliegen. Der bekümmerte Weltschöpfer Brahmā Sahampati steigt vom Himmel herab und beugt vor Buddha die Knie; er stellt ihm den drohenden Untergang der Welt vor Augen und fleht ihn an, die Heilslehre zu predigen; zugleich appelliert er an sein Mitleid:

»Es sind Wesen, die sind rein vom Staub des Irdischen; aber wenn sie die Predigt der Lehre nicht hören, gehen sie zugrunde; sie werden die Lehre verstehen.
So schau hinab, Leidloser, auf die Menschheit,
die leidende, welche Geburt und Alter quält,
wohlauf, wohlauf, streitbarer Held, an Siegen reich,
zieh durch die Welt, sündloser, wegeskundiger,
erheb deine Stimme, Herr; viele werden dein Wort verstehen.«

»Gleichwie in einem Lotosteich die einen Wasserrosen, blaue Lotosblumen, weiße Lotosblumen, im Wasser geboren, im Wasser emporgewachsen, aus dem Wasser nicht hervorragen und in der Tiefe blühen, und andere Wasserrosen, blaue Lotosblumen, weiße Lotosblumen, im Wasser geboren, im Wasser emporgewachsen, bis an den Wasserspiegel reichen, und wieder andere Wasserrosen, blaue Lotosblumen, weiße Lotosblumen, im Wasser geboren, im Wasser emporgewachsen, aus dem Wasser hervorragen und das Wasser ihre Blüte nicht befeuchtet, also auch, wie der Erhabene mit dem Blick eines Buddha über die Welt hinschaute, erblickte er Wesen, deren Seelen rein waren und deren Seelen nicht rein waren vom Staub des Irdischen, von scharfen Sinnen und von stumpfen Sinnen, von edlem Wesen und von unedlem Wesen, gute Hörer und schlechte Hörer, manche, die in Furcht lebten vor dem Jenseits und vor Sünden.«

Da spricht Buddha in feierlichen Worten sein Fiat:

»Geöffnet sei allen das Tor der Ewigkeit!
Wer Ohren hat, höre das Wort und glaube;
vergebliche Mühe zu meiden, habe ich
das edle Wort noch nicht der Welt verkündet.«

Stehender Buddha in varada-mudrā (wunschgewährende Geste der rechten Hand)

Sogleich setzt Buddha seinen Entschluß in die Tat um. Er bricht nach Benares auf; da er kein Geld besitzt, verweigert ihm der Fährmann die Überfahrt; so setzt sich Buddha durch die ihm eigene Wunderkraft selbst über den Fluß. Er wendet sich zuerst an die im dortigen Tierpark weilenden fünf Jünger. Sein leuchtendes Antlitz versetzt sie in Staunen. Auf ihre Frage antwortet der Erhabene: »Ihr Mönche, redet den Vollendeten (*Tathāgata*) nicht mit seinem Namen an und nennt ihn nicht Freund. Der Vollendete ist der heilige höchste Buddha; tut euer Ohr auf, die Erlösung vom Tod ist gefunden, ich unterweise euch, ich predige euch die Lehre.« Nachdem die Asketen ihn um Vergebung wegen ihrer Überheblichkeit gebeten, erwählen sie ihn erneut zu ihrem Lehrer. Er läßt sich auf einem an jener Stelle erscheinenden Thron aus sieben Edelsteinen im Meditationssitz nieder. Wiederum geht von ihm ein Lichtstrahl über die Welten aus, wiederum erbebt die Erde. Alle Geschöpfe werden von Liebe erfüllt, Gottheiten sammeln sich aus allen Weltsphären; eine Himmelsstimme kündigt an, daß der Vollendete nun das »Rad der Heilslehre« (*dharma-cakra*, Pāli *dhamma-cakka*) in Bewegung setzen werde. Ein Bodhisattva reicht ihm dieses Rad. In der dritten Nachtwache beginnt Buddha seine erste Predigt von den beiden Extremen, dem Leben in weltlicher Lust und dem Leben in asketischer Selbstpeinigung; beide Wege sind unwürdig. Der Buddha hingegen lehrt den »mittleren Weg«, der »zur Ruhe, zur Erkenntnis, zur Erleuchtung, zum Nirvāṇa führt«. Es ist der »edle, achtgliedrige Pfad«: »rechter Glaube,rechtes Sichentschließen, rechtes Wort, rechte Tat, rechtes Leben, rechtes Streben, rechtes Gedenken, rechtes Sichversenken«. Der Erhabene verkündet die vier edlen Wahrheiten vom Leiden, die ihm in der Nacht der Erleuchtung aufgegangen. Tief ergriffen von dieser Botschaft erbitten die fünf Mönche von ihm die Mönchsweihe. Er entspricht ihrem Wunsch, und damit ist neben den Buddha und die Heilslehre (*dharma*, Pāli *dhamma*) das »dritte Kleinod« getreten: die Ordensgemeinschaft (*saṅgha*).

Diesen ersten Jüngern folgen zahllose andere; viele Söhne aus vornehmen Familien, Brahmanen, Adelige, Kaufleute und Asketen verlassen ihre Heimat und schließen sich Buddha an. Die neue Ordensgemeinschaft ist aber, wie ihr Gründer es gebot, keine bloße Gemeinschaft von Heilssuchenden, sondern von Heilsverkündern. Buddha sendet seine Jünger zur Predigt der Erlösungslehre aus: »Ziehet aus, ihr Jünger, wandert zum Heil für viele Menschen, zum Glück für viele Menschen, aus Mitleid mit der Welt, zum Segen, zum Heil, zum Glück der Götter und Menschen. Gehet nicht zu zweien denselben Weg. Predigt, ihr Jünger, die Lehre, die am Anfang herrlich ist, die in der Mitte herrlich ist, deren Ende herrlich ist. Im Geiste und im Buchstaben verkündet den ganzen und vollen, reinen Wandel der Heiligkeit. Es sind Wesen, die sind rein vom Staub des Irdischen, aber wenn sie die Lehre nicht hören, gehen sie zugrunde; sie werden Erkenner der Lehre sein« (*Mahāvagga* 1,11).

Buddha führt mit seinen Mönchen ein Wanderleben. Zahlreiche Laienanhänger und Laienanhängerinnen, deren berühmteste die Matrone Visākhā ist, ermöglichen ihnen durch reiche Spenden ihr geistliches Leben. Zunächst wandern sie ohne feste klösterliche Niederlassungen umher; meist halten sie sich in Parkanlagen auf, die ihnen zum Teil geschenkt werden; in der Regenzeit weilen sie in Hallen, aus denen die späteren Klöster hervorgingen. Auf Drängen seiner Pflegemutter gründet Buddha auch einen Nonnenorden, wobei er freilich die pessimistische Voraussagung tut, wie ein vom Mehltau ergriffenes Reisfeld nicht lange gedeihe, so werde auch sein Orden nun nicht länger als fünf Jahrhunderte bestehen. Buddhas Wirksamkeit umfaßt die Predigt vor Mönchen und Laien, die individuelle Verkündigung und Seelsorge wie die Auseinandersetzung mit Angehörigen anderer religiöser Gemeinschaften, zumal der Jaina, bei der er in gleicher Weise Scharfsinn und Güte zeigt. Anfeindungen und Verleumdungen bleiben ihm nicht erspart, auch nicht Spaltung innerhalb seiner eigenen Ordensgemeinschaft. Sein Vetter Devadatta ruft ein Schisma hervor und bekämpft den Meister, ja er scheut sich nicht, einen Elefanten auf ihn zu hetzen; aber Buddha besänftigt diesen durch seine große Liebe. Dem Ruhestörer selber begegnet er mit heiliger Milde. In seiner Umwelt bewegt er sich mit großer Freiheit; er läßt sich von Weltleuten, selbst von Hetären, zu Tische laden und stärkt sie mit seelsorgerlichem Gespräch. Durch sein liebevolles Wesen wie durch die Disziplin seiner Jüngerschaft gewinnt Buddha immer größeres Ansehen unter seinen Zeitgenossen; selbst Könige erbitten seinen Rat.

Nach jahrzehntelanger gesegneter Wirksamkeit naht für Buddha und seine Jüngerschaft die Stunde des Scheidens. Im Anblick der reizenden Landschaft von Vesālī erklärt der 80jährige dreimal seinem Lieblingsjünger Ānanda, da er im Besitz der Geisteskräfte (*ṛddhi*, Pāli *iddhi*) sei, könne er, wenn er wolle, sein leibliches Dasein bis ans Ende des augenblicklichen Weltzeitalters verlängern. Aber Ānanda ergreift nicht die Gelegenheit, ihn darum zu bitten. Da tritt Māra vor Buddha und fordert ihn auf, ins vollkommene Nirvāṇa einzugehen, da seine Lebensaufgabe erfüllt sei. Dieses Mal entspricht er seinem Wunsch und kündet sein Hinscheiden in drei Monaten an. Dann entäußert er sich bewußt der das physische Leben verursachenden Seelenkraft (*jīvitasaṅkhāra*). Wiederum begleiten Erdbeben und Donner diesen wichtigen Augenblick. Nunmehr bittet ihn Ānanda, zum Heil vieler Geschöpfe noch weiter im irdischen Leben zu bleiben. Buddha aber verneint seine Bitte mit der Begründung, daß er das Māra gegebene Versprechen nicht zurücknehmen dürfe. Er erinnert an seine immer wiederholte Lehre, daß alles Geborene, Gewordene und aus den Bildekräften Entstandene dem Verfall unterworfen sei und daß man von allem Lieben und allem, woran das Herz hängt, sich trennen müsse. Dann verkündet er der ganzen Jüngerschaft sein nahes Erlöschen und ermahnt sie zu anhaltendem Streben. Auf Einladung des Goldschmiedes Cunda nimmt Buddha in dessen Mangohain das Mahl ein und genießt ein Gericht von »Eberweich« (möglicherweise eine Pilzart), worauf er an Dysenterie erkrankt. Er zieht weiter nach Kusinārā. Vom Durst geplagt, bittet er um Wasser. Da aber das Wasser in der Nähe durch vorüberfahrende Wagen verunreinigt ist, verwandelt er dieses durch seine Wunderkraft in klares Wasser. Von zwei goldfarbenen Gewändern, die ihm Adelige schenken, läßt er eines sich, das andere Ānanda anlegen. Am Flüßchen Hiraṇyavatī angelangt, läßt er sich unter Zwillingssālabäumen ein Lager bereiten. Obwohl nicht die Jahreszeit der Blüte ist, legen die beiden Bäume Blütenschmuck an und überschütten den Erhabenen mit einem Blütenregen, um ihm Ehre zu erweisen, während himmlisches Saitenspiel und Gesang ertönen. Er aber erklärt, daß ihm nicht dadurch Ehre erwiesen werde, sondern durch den der Lehre gemäßen Wandel seiner Ordensjünger und Laienanhänger. Wiederum strömen Scharen von Gottheiten aus allen Himmelsrichtungen in den Umkreis des Buddha; sie alle nehmen schmerzbewegt an seinem Hinscheiden teil. Mit prophetischen Worten redet dieser von den vier Stätten, an welche künftig seine Jünger pilgern würden: der Stätte seiner Geburt, seiner Erleuchtung, seiner ersten Predigt und seines Eingangs ins vollkommene Nirvāṇa; die, welche auf einer solchen Pilgerfahrt zur Ruhe des Herzens gelangen, würden beim

Hinscheiden aus dem irdischen Leben in die Himmelswelt eingehen. Als Ānanda in lautes Wehklagen ausbricht, erinnert ihn der Erhabene an das unabänderliche Weltgesetz und tröstet ihn mit den Worten: »Du hast lange dem Vollendeten gedient in großer, selbstloser und hingebender Liebe, mit Freundlichkeit in Gedanken, Worten und Werken: bleibe nur fest in angestrengtem Bemühen.« Ein Asket aus einer anderen Gemeinschaft, den der Sterbenskranke noch empfängt, gelangt im Gespräch mit ihm zur Erleuchtung und empfängt von ihm als letzter die Mönchsweihe. An seine Jünger richtet der Buddha die Mahnung: »Es könnte euch der Gedanke kommen, die Lehre sei hinfort verwaist, ihr hättet keinen Lehrer mehr. So sollt ihr aber nicht denken, sondern die Heilslehre und die Ordensdisziplin, in der ich euch unterwiesen habe, sei nach meinem Hinscheiden euer Lehrer.« Und er bittet, daß der, welcher noch einen Zweifel hinsichtlich der Lehre hege, ihn jetzt äußern möge. Das Schweigen der Jüngerschaft bestätigt ihm, daß alle bereits die erste Stufe auf dem Wege der Heiligkeit erreicht haben und der Erleuchtung zustreben. Seine letzten Worte lauten: »Wohlan, ihr Jünger, ich rede zu euch, der Vergänglichkeit unterworfen ist alles, was aus den Bildekräften entstanden ist. Haltet an in strebendem Bemühen (oder: wirket euer Heil mit Eifer).« Dann durchläuft Buddha die gleichen Stufen der Kontemplation (*dhyāna*, Pāli *jhāna*) wie bei seiner Erleuchtung, sodann die Stufen der »abstrakten Versenkung« bis zur »Auslöschung des Bewußtseins und der Empfindung« (s. S. 179), und kehrt zur Ausgangsstufe zurück, um von dort wieder zur vierten *dhyāna*-Stufe des »leid- und freudlosen Gleichmutes« aufzusteigen, auf der ihm die Erleuchtung zuteil geworden war. Von hier aus geht er ins vollkommene Nirvāṇa ein. In diesem Augenblick erzittert die Erde, aus himmlischen Höhen verkünden Gottheiten die Vergänglichkeit des Geschaffenen und die Seligkeit der Erlösung. Mit den Jüngern stimmen die Gottheiten in die Klage ein: »Allzufrüh ist der Heilige in das große Nirvāṇa eingegangen.« Die Adeligen von Kusināra bekränzen seinen Leichnam und veranstalten eine Leichenfeier mit Tanz und Gesang. Dann rüsten sie den Scheiterhaufen, den die Götter selbst entzünden. Der Leichnam verbrennt, ohne daß Aschenteile zurückbleiben. Die Gebeine werden in acht Teilen an vornehme Geschlechter, darunter die Familie des Buddha in Kapilavatthu, geschenkt, die für sie Grabdenkmäler (*stūpa*) errichten.

Über dieser Todeserzählung des *Mahāparinibbāna-Sutta*, deren Zauber eine Übersetzung nur schwach wiederzugeben vermag, liegt eine Ruhe, Reinheit, Feierlichkeit und Harmonie, die empfängliche Gemüter auch von Nichtbuddhisten immer wieder ergriffen hat. Sie bildet den wundervollen Abschluß der an Schönheiten so reichen Buddha-Legende. Wohl entfaltet in dieser eine wunderliebende orientalische Phantasie ihr reges Spiel. Der Glaube, daß Buddha der Lehrer und Erlöser von Göttern und Menschen ist, hat sein ganzes Leben in einen kosmischen Rahmen gestellt und es als große, allumfassende Heilsgeschichte geschaut, in der ständig übersinnliche Kräfte wirksam sind. Die inneren Vorgänge in der Seele des werdenden und vollendeten Buddha sind in dieser Legende dramatisiert und in die Außenwelt projiziert. Wie in zahlreichen Legenden anderer Religionen werden die Erfahrungen des reifen religiösen Menschen mit einem psychologischen Recht in seine Kindheit zurückgetragen. Eine Reihe von Legendenmotiven (vaterlose Empfängnis, Unverletztheit der Mutter bei der Geburt, der das Kind in den Armen haltende Prophet) hat die Buddha-Legende mit der biblischen und apokryphen Kindheitsgeschichte Jesu gemeinsam, wobei es möglich ist, daß die indische Legende als die ältere auf die jüngeren frühchristlichen Erzählungen eingewirkt hat. Dennoch ist der ganze Bericht vom Leben des Buddha zu lebenswahr, als daß er nur das Erzeugnis des frommen Glaubens der Buddha-Gemeinde sein könnte. Wäre er die Erfindung eines begeisterten Gläubigen oder einer Gemeinde, so stünden diese an geistiger Echtheit und Tiefe hinter der dargestellten Persönlichkeit nicht zurück. So bewegen wir uns in dieser Legende in der Tat auf geschichtlichem Boden. Abgesehen davon, daß einzelne archäologische Funde die Geschichtlichkeit der altbuddhistischen Überlieferung stützen, muß eine wirklichkeitsnahe Religionspsychologie hier das Zeugnis erlebnismäßiger Echtheit geben. Und wenn auch der Wortlaut aller einzelnen Reden Buddhas nicht feststeht, so ist doch ihr Gesamtcharakter nach Inhalt und Form als authentisch anzusehen. Auch das hohe Berufungsbewußtsein des Buddha ist nicht der bloße Ausdruck des unerschütterlichen Glaubens seiner Jünger, sondern wurzelt in seinen eigenen religiösen Erfahrungen und hat seine Parallelen im Leben anderer großer religiöser Persönlichkeiten.

Der geschichtliche Buddha wurde um 560 aus dem Geschlecht der Sākya in Kapilavatthu, nahe der heutigen nepalesischen Grenze, geboren. Sein Vater Suddhodana war ein Gaufürst oder adeliger Großgrundbesitzer. Der Name seiner Mutter Māyā und seiner Pflegemutter Mahāpajāpatī dürfen als historisch angesehen werden, ebenso seine Heirat, obgleich der Name seiner Gattin nicht feststeht. Erschütternde Erlebnisse, in denen sich ihm das durch Alter, Krankheit und Tod verursachte Leiden in seiner ganzen Schwere offenbarte, führten ihn zum heimatlosen Leben eines Wanderasketen. Die Namen seiner beiden Yoga-Lehrer (Ārāḍa Kalāpa und Rudraka Rāmaputra) sind ebenso geschichtlich wie die des Ortes der Erleuchtung Urubīlvā (Pāli Uruvelā, heute Urel) bei Gayā an der Nerañjarā und die Namen seiner Lieblingsstätten Śrāvastī, Rājagṛha, Vaiśālī. Der Ablauf der Erlebnisse vor der Erleuchtung (strenge Kasteiung, Atemhemmung, Fasten, Erkenntnis der Nutzlosigkeit der Askese, Versuchung durch die Welt, geistige Meditation) wie nach der Erleuchtung (Versuchung zur Weltabgeschiedenheit, Entschluß zur Verkündigung, erste Predigt, Gründung des Ordens) sind psychologisch so folgerichtig, daß trotz aller legendären Umrankung an ihrer Geschichtlichkeit nicht gezweifelt werden kann. Gerade die Überwindung des Dranges zur Einsamkeit durch das große Mitleid besitzt »wie wenige Punkte der ganzen Buddha-Legende ein gleiches Maß innerer Glaubwürdigkeit« (Hermann Beckh). Ebenso sind die Schilderungen seiner öffentlichen Wirksamkeit durchaus lebenswahr. Die Geschehnisse in seinen letzten Tagen und Stunden sind zwar wieder stärker von Legendenmotiven umgeben, aber der Gang der Ereignisse und selbst der Wortlaut der Reden dürfte mit besonderer Treue von der Überlieferung festgehalten sein. Im einzelnen Fall ist bei allen Worten und Gleichnissen Buddhas ebenso wie bei denen Jesu die Echtheit nicht mit voller Sicherheit zu beweisen; aber »ein Gefühl für die Wahrscheinlichkeit kann durch ein intimes Einleben sicherlich erworben werden« (Beckh). Viele Erlebnisse Buddhas, welche dem modernen abendländischen Menschen als unwirklich erscheinen, wie seine Zwiesprache mit göttlichen Wesen und seine Auseinandersetzung mit Māra, desgleichen seine »Wunderkräfte« müssen gemäß parapsychologischer Betrachtungsweise auf der Ebene des Geistes und in der Sphäre des Yoga als wirklich (wenn auch keineswegs in materialistischem Sinne) angesehen werden. Vor allem aber ist das Charakterbild Buddhas, das durch die alten Pāli-Texte leuchtet, durchaus lebenswahr: seine volle innere Geschlossenheit, seine Konzentration auf das eine Notwendige, seine gänzliche Leidenschaftslosigkeit und gleichbleibende Ruhe, sein hellsichtiger Blick für die Tiefen menschlichen Seelenlebens, seine schweigende Ehrfurcht vor dem letzten Mysterium, seine unendliche Güte und sein abgründiges Mitleid mit allen Lebewesen. Er trägt zu Recht die Ehrenprädikate, welche die alten Texte ihm geben: er ist ein Sieger (*jina*), ein »Sogegangener« (*tathāgata*), ein »Heiliger« (*arhat*), ein »vollkommen Erleuchteter« (*sammā-saṃbuddha*), ein »Wissender der Welt«, einer, »der den guten Gang getan hat« (*sugata*), ein »unvergleichlicher Erzieher der Götter und Menschen«, ein »Erhabener« (*bhagavat*).

Die Lehre des Buddha

Schon die Sprache Buddhas spiegelt den Inhalt seiner Heilslehre wider: aus ihren Klängen und Rhythmen redet eine unerschütterliche Gewißheit, eine fleckenlose Klarheit, eine vollkommene Leidenschaftslosigkeit und unendliche Herzensgüte, zugleich eine gewisse Statik. Wie Jesus ist auch Buddha ein Meister der Gleichnisrede. Vergleiche aus der Natur (die Quelle im Teich, die ins Meer mündenden Ströme, die auf dem Meeresgrund sich bergenden Wunder, das Wachstum des Getreides, die Blätter der Waldbäume) wechseln mit solchen aus dem Tierleben (die des Weges unkundige Bergkuh, die Körperteile des Elefanten) und Menschenleben (das Anreiben der Feuerhölzer, das Spannen der Saiten einer Laute). Neben den Gleichnisworten stehen die feierlichen Weisheitsworte, die mit ihren häufigen Wiederholungen auf sanfte Weise und doch mit unwiderstehlicher Überzeugungskraft in die Seele der Hörer dringen.

Über der Sprache der Worte aber steht das »edle Schweigen«, nicht nur das Schweigen des in der Einsamkeit meditierenden Mönches, sondern auch das gemeinsame Schweigen der ganzen Mönchsgemeinde. Doch nicht nur asketisch und meditativ ist dieses Schweigen, sondern auch erkenntnistheoretisch und metaphysisch. Buddha vertritt einen Agnostizismus, freilich ganz anderer Art als die abendländischen Philosophen. Er lehnt jede Aussage über metaphysische Probleme ab, sei es die Ewigkeit der Welt oder die Fortdauer der menschlichen Persönlichkeit nach dem Tode, nicht weil er mit diesen Problemen sich nicht beschäftigt hat, sondern weil ihre Erörterung den nach Erlösung verlangenden Menschen von seinem Ziele ablenkt. Wer, ehe er den Heilsweg beschreitet, erst die Lösung der metaphysischen Fragen gefunden haben will, gleicht einem von einem vergifteten Pfeil getroffenen Manne, der sich weigert, den tödlichen Pfeil aus der Wunde ziehen zu lassen, ehe nicht alle, auch die kleinsten Fragen hinsichtlich des Schützen, des Pfeiles und Bogens beantwortet sind; wie dieser längst sterben müßte, ehe er die gewünschten Antworten erhalten hätte, so muß auch der Mensch geistig sterben, der die Heilserlangung hinter die Lösung philosophischer Probleme zurückstellt. Die bloß theoretische Philosophie ist für Buddha ein »Dickicht, eine Wildnis der Meinungen«, »voll Leid, voll Verderblichkeit, voll Qual«; »sie bildet nicht den Ausgang des heiligen Wandels, führt nicht zur Weltabkehr, zur Leidenschaftslosigkeit, zur Ruhe, zur Erkenntnis, zur Erleuchtung, zum Nirvāṇa«. Eben darum ist Buddhas Lehre ausschließlich eine Anweisung zum Heilspfad; »wie das große Meer nur von einem Geschmack durchdrungen ist, dem Geschmack des Salzes, so ist auch diese Lehre und diese Mönchsordnung nur von einem Geschmack durchdrungen, dem Geschmack der Erlösung«.

Buddha in Lehrhaltung mit Heiligenschein

Der Heilsweg des Buddha ist kein anderer als jener dreifache Weg, den die Mystiker aller Religionen lehren: der Weg der Reinigung, Erleuchtung und Einigung. Die ethisch-asketische Zucht (*śīla*, Pāli *sīla*) bildet die Grundlage für die Versenkung (*samādhi*), von ihr führt der Weg zur Erkenntnis des Heils (*prajñā*, Pāli *paññā*), und durch die Erkenntnis wird die Erlösung (*vimukti*, Pāli *vimutti*) erlangt.

Den Ausgangspunkt des Heilsweges bildet der Glaube (*śraddhā*, Pāli *saddhā*), d. h. das Überwältigtwerden von der geistigen Kraft Buddhas und das ahnende Erfassen seiner Lehre, also die Antizipation der späteren vollen Heilserkenntnis. Es gibt Fälle, in denen Buddhas eigene Heilserkenntnis in die voll aufgeschlossene Seele des ihm Begegnenden wie ein Funke überspringt und der Heilssuchende die Erlösung *per saltum*, d. h. unter Überspringung der anderen Zwischenstufen in einem Augenblick erlangt. Der normale Weg freilich ist der mühsame und langwierige, der »stetes anhaltendes Bemühen« erfordert.

Die ethisch-asketische Zucht umfaßt im Buddhismus dieselben Forderungen wie im Jainismus; aber das ethische Ideal erscheint im Buddhismus weit mehr verfeinert und verinnerlicht. An der Spitze steht auch hier das Gebot der *ahiṃsā*. Dieses besagt aber nicht nur, daß »man nicht töte noch irgendein Lebewesen töten lasse, noch es billige, wenn es andere töten«, sondern daß »man davon abstehe, den Wesen ein Leid anzutun, sowohl denen, die stark sind, wie denen, die in der Welt zittern«. Aber noch wichtiger als diese negative Seite ist die positive, das Wohlwollen, die Liebe, die Freundschaft (*maitrī*, Pāli *mettā*) zu allen Wesen, die mit mütterlicher Zartheit deren Freude und Leid als eigene Freude und eigenes Leid mitlebt und die bereit ist, sich für das Wohl der anderen Wesen zu opfern: »wie eine Mutter ihr eigenes Kind, ihren einzigen Sohn selbst mit ihrem Leben beschützt, also hege der Jünger Buddhas grenzenlose Liebe zu allen Wesen« (*Suttanipāta* 149). Wie das Neue Testament in 1. Kor. 13, so hat auch der buddhistische Kanon im *Itivuttakam* ein »Hohes Lied der Liebe«, dessen Gedankengang mit dem neutestamentlichen sich berührt.

> »Wie aller Wert des Sternenscheines nicht den Wert eines Sechzehntels des Mondscheins hat, sondern der Mondschein ihn in sich aufnimmt und leuchtet und glänzt und strahlt, so haben auch alle Mittel, um sich religiöses Verdienst zu erwerben, nicht den Wert eines Sechzehntels der Liebe, der Erlösung des Herzens; die Liebe nimmt sie in sich auf und leuchtet und glänzt und strahlt. Und wie im letzten Monat der Regenzeit, im Herbst, der Himmel klar und wolkenlos ist, die Sonne sich über den Himmel erhebt und, alles den Luftraum füllende Dunkel hinwegscheuchend, leuchtet, glänzt und strahlt, so übertrifft auch die Liebe alle anderen verdienstlichen Werke.« (*Itivuttaka* 27)

> »Wer am Morgen, Mittag und Abend ein Geschenk von hundert Töpfen Speise macht, und wer am Morgen, Mittag und Abend auch nur einen Augenblick in seinem Herzen Liebe erzeugt, der zweite hat größeren Nutzen. Deshalb sollt ihr so lernen: die Liebe, die Erlösung des Herzens, wollen wir erzeugen, steigern, befördern, uns aneignen, sie üben und sie gewinnen, sie recht anwenden.«

Diese Liebe findet ihren Ausdruck in dem täglich von Millionen wiederholten Segensspruch, den man als »buddhistisches Vaterunser« bezeichnet:

> »Was immer es für Lebewesen gibt, alle ohne Ausnahme, seien sie beweglich oder

unbeweglich, seien sie lang oder groß oder mittelgroß oder kurz, fein oder grob, seien sie sichtbar oder unsichtbar, seien sie fern oder nah, schon geboren oder erst nach Geburt strebend – alle Wesen seien beglückten Herzens.« (*Sutta-nipāta* 146)

Diese große Liebe hat drei Gipfel: einmal die Liebe zur untermenschlichen Kreatur, zu den Tieren, sowohl den großen wie den kleinen, den wilden wie den zahmen. Der in der Waldeinsamkeit weilende Heilige lebt in engster brüderlicher Gemeinschaft mit den Tieren.

»Auf der Bergeshalde weilend, zog ich Löwen und Tiger durch die Kraft der Liebe zu mir; von Löwen und Panthern, Bären und Büffeln, von Antilopen, Hirschen und Ebern umgeben, weilte ich im Walde. Kein Wesen erschrickt vor mir, und auch ich fürchte mich vor keinem Wesen. Die Kraft der Liebe ist mein Halt.« (*Cariyā-piṭaka*)

Der zweite Gipfel der Liebe ist die Toleranz. Man hat gesagt, daß »keine Religion toleranter sei als der Buddhismus«. Buddha selbst übte diese Toleranz gegenüber den mit seiner Ordensgemeinschaft konkurrierenden und oft feindlichen Sekten. Seine Duldsamkeit ging so weit, daß er einem Jaina, der seine Zuflucht zu *Buddha*, *Dharma* und *Saṅgha* nahm, gebot, weiterhin seine bisherige Religionsgemeinschaft durch Almosen zu unterstützen.

Der dritte Gipfel ist die Feindesliebe, die keine Grenzen kennt. Buddha mahnt seine Jünger:

»Selbst wenn Räuber und Mörder mit einer doppelt gezähnten Säge jemandem ein Glied nach dem anderen abtrennten, so würde dieser, wenn sein Geist von Wut erfüllt würde, eben deshalb kein Befolger meiner Heilslehre sein. Auch in diesem Fall müßt ihr euch hüten und also sprechen: ›Nicht soll unser Geist erregt werden, kein böses Wort wollen wir ausstoßen, freundlich und mitleidsvoll wollen wir bleiben, gütig gesinnt, ohne Haß im Innern, und diesen Menschen wollen wir mit gütigem Geist durchdringen, und von ihm ausgehend wollen wir die ganze Welt mit gütigem Geist durchdringen.‹« (*Majjhima-nikāya* 21)

Die buddhistische Literatur enthält ergreifende Beispiele von Feindesliebe, so das des Prinzen Kunāla, welcher der Frau des Königs, die ihm seine Augen hatte ausreißen lassen, nur Gutes wünschte, oder der Prinz Lebelang, dessen Vater Leidelang samt seiner Mutter vom König Brahmadatta in Stücke zerhauen worden war, und der jeden Rachedurst niederkämpfte, getreu der Mahnung seines sterbenden Vaters: »Nicht durch Feindschaft kommt Feindschaft zur Ruhe, durch Nichtfeindschaft kommt Feindschaft zur Ruhe.«

Auch das zweite Asketengebot des »Nichtstehlens« (*asteya*) hat im Buddhismus eine positive Seite; es fordert grenzenlose Freigebigkeit, wie sie gerade die Laienanhänger verwirklichen. Als ihr Musterbeispiel pries Buddha die Matrone Visākhā, welche Mönche und Nonnen mit Nahrung, Kleidung und Arzneien versorgte.

Das dritte Gebot, *brahma-carya* (»Wandel in der Heiligkeitskraft«), bedeutet für den Mönch und die Nonne volle geschlechtliche Enthaltsamkeit, für den Laienjünger Meidung von Ehebruch und Unzucht. Frauenfeindliche Äußerungen des Meisters, die der buddhistische Kanon ebenso enthält wie die jainistische und christliche Mönchsliteratur, insbesondere Warnungen vor jeder Begegnung mit dem verführerischen Geschlecht, scheinen nicht ursprünglich zu sein, sondern der späteren, viel enger gewordenen Mönchswelt zu entstammen. Buddhas wirkliche Stellung zur Frau ist vielmehr in dem Worte ausgesprochen: »Eine ältere Frau sollt ihr wie eure Mutter ansehen, eine nur ein wenig an Alter überlegene als eure ältere Schwester, eine jüngere als eure jüngere Schwester.«

Das vierte Gebot, die »Wahrheit« (*satya*), hat nicht nur den negativen Sinn des »Du sollst nicht lügen«, sondern den positiven: Du sollst von deinem Nächsten nur Gutes reden. Der Jünger Buddhas spricht nur »eintrachtschaffende, harmlose, angenehme, liebenswürdige Worte«.

Das fünfte Gebot verbietet Mönchen und Laien den Genuß von Rauschgetränken.

Für die Mönche gelten noch fünf weitere Gebote, welche die Laien nur in der Zeit der Neumondsfeier beobachten: (a) nicht zu unerlaubter Zeit, d. h. nur einmal am Tage, zu essen; (b) nicht an Tänzen, Gesang, Musik und Schaustellungen teilzunehmen; (c) sich keiner Kränze, Wohlgerüche und Geschmeide zu bedienen; (d) nur eine auf der Erde ausgebreitete Lagerstätte zum Schlafen zu benutzen; (e) kein Gold und Silber anzunehmen.

Diese zehn Gebote sind nur der erste Teil der buddhistischen Ethik. Der zweite Teil ist das Wirken für die Erlösung aller Wesen, wie es Buddha in seiner Aussendungsrede gefordert hat.

Die zweite Etappe des Heilspfades ist die Versenkung. Sie erfüllt im Buddhismus eine der Funktionen, welche in anderen Religionen dem Gebet zukommt, und entspricht dem »inneren«, »schweigenden« oder »Herzensgebet« der christlichen Mystik. Ihre zentrale Bedeutung erhellt auch der Satz: »Buddhas Jünger sind allezeit wachsam, und Tag und Nacht erfreut sich ihr Gemüt an der Meditation.« Der Meditierende zieht sich in die Einsamkeit zurück, sei es ein menschenleeres Haus, der Wald, eine Bergeshöhe oder eine Leichenstätte. Mit übereinandergeschlagenen Beinen und geradeaufgerichtetem Oberkörper kontrolliert er die Atemtätigkeit, indem er alle kurzen und langen Atemzüge mit Bewußtsein begleitet. Die eigentliche Versenkung wird vom Buddhismus in drei Stufenleitern klassifiziert.

Die erste dieser Stufenleitern gliedert sich in vier Stufen des *dhyāna* (Pāli *jhāna*). Sie haben ihren Ausgangspunkt in dem verstandes- und phantasiemäßigen »Erwägen und Überlegen«. Gegenstand der Betrachtung sind die Vergänglichkeit, Wesenlosigkeit und Leiderfülltheit alles Irdischen, die Häßlichkeit des menschlichen Körpers und seiner Ausscheidungen, der Verwesungsprozeß, aber auch Buddha, die Heilslehre, die Ordensgemeinschaft, die ethisch-asketische Zucht, die Freigebigkeit, der Friede. Auf der zweiten Stufe entschwindet alle Aktivität; die Meditation geht über in die Kontemplation; der sich Versenkende wird von einem tiefen Lustgefühl erfüllt. Dieses blaßt auf der dritten Stufe ab und geht auf der vierten Stufe über in den völlig affektlosen Indifferenzzustand (*upekṣā*, Pāli *upekkhā*). Der Versunkene ist »ganz gesammelt, geläutert, hell, vom Dunstkreis des Irdischen frei, fleckenlos, empfänglich, geschmeidig, stetig und unerschütterlich«.

Die zweite Stufenleiter trägt den Namen der vier »unermeßlichen Gefühle« oder »Brahma-Zustände«. Der Meditierende läßt »die Kraft der Liebe, die sein Herz erfüllt, über eine Himmelsgegend sich erstrecken, ebenso über die zweite, die dritte, die vierte, nach oben, nach unten, in die Quere, nach allen Seiten hin, in aller Vollständigkeit, über die ganze Welt hin läßt er die Kraft der Liebe, die seinen Sinn erfüllt, sich erstrecken, der breiten, unbegrenzten, von Haß und Böswilligkeit freien Liebe«. Dann differenziert er dieses Liebesgefühl, indem er zuerst sein Mitleid, dann seine Mitfreude auf alle Wesen in allen Himmelsrichtungen ausstrahlen läßt. Schließlich nimmt er von allen gleichen Abstand, er hegt gegen alle die gleiche Gesinnung und geht über in den Zustand des vollkommenen Gleichmutes.

Die dritte Stufenleiter bezieht sich auf die formlose oder abstrakte Versenkung (*arūpa-jjhāna*). Hier geht der Meditierende von einem räumlichen Element (Erde, Wasser, Feuer, Luft) aus, dann dringt er zur abstrakten »Raumunendlichkeit« vor, hierauf zur »Bewußtseinsunendlichkeit«, zur »Sphäre des Nichts«, zur »Stätte, wo weder Bewußtsein noch Unbewußtsein ist«, und schließlich zur »Zerstörung von Bewußtsein und Empfindung«. Diese anormalen überbewußten Seelenzustände haben jedoch keinerlei Heilsbedeutung. Die Erkenntnis der Heilswahrheiten, das »dreifache Wissen«, kann nur dem im Gleichmut Vollendeten bei vollem Bewußtsein zuteil werden.

Das erste Wissen bezieht sich auf die Rückerinnerung an die früheren Geburten, das zweite auf die Erkenntnis des großen sittlichen *Karma*-Gesetzes, dem alle Wesen unterworfen sind. Das höchste Wissen aber erfaßt die vier heiligen Wahrheiten vom Leiden, der Leidensursache, der Zerstörung der Leidensursache und dem Weg, der zu dieser führt. Dabei wird eine alte medizinische Formel übernommen. Die wissenschaftliche Erfassung der Leidensursache ist in der zwölffachen Formel des »Ursachenzusammenhangs« (*pratītya-samutpāda*, Pāli *paṭicca-samuppāda*) ausgesprochen, der als »vielverschlungen, eine tiefe Offenbarung enthaltend« gekennzeichnet, aber auf den tibetischen Bildern des Lebensrades anschaulich dargestellt ist: Ein Riesenungeheuer, das Symbol des allbeherrschenden Todesgottes, hält in seinen Tatzen eine Scheibe mit zwölf Feldern: (1) Die tiefste Ursache des Leidens ist das Nichtwissen (*avidyā*, Pāli *avijjā*) der Heilswahrheit, versinnbildlicht durch ein blindes Kamel oder Weib. (2) Wo die Unwissenheit ist, da treiben die unterbewußten Seelenkräfte oder Prädispositionen (*saṃskāra*, Pāli *saṅkhāra*) ihr ungehemmtes Spiel, veranschaulicht durch einen Töpfer, der Tongefäße formt. (3) Aus dem Unterbewußtsein steigt das Bewußtsein empor – ein Affe klettert auf einen Baum. (4) Das Bewußtsein konkretisiert sich in der Individualität, die mit »Name und Form« (*nāma-rūpa*) bezeichnet wird – ein Mann steuert über einen Fluß. (5) Die Individualität ist die Grundlage für die sechs Sinnengebiete – dargestellt durch ein Haus mit sechs Fenstern. (6) Die Sinne ermöglichen einen Kontakt mit der Außenwelt in der Sinnesempfindung – ein Pfeil dringt ins Auge eines Mannes. (7) Aus der Sinnesempfindung geht das Lustgefühl hervor, veranschaulicht durch den Kuß eines Liebespaares. (8) Das Lustgefühl erzeugt den Daseinsdurst (*tṛṣṇā*, Pāli *taṅhā*), der am stärksten in der geschlechtlichen Begierde sich äußert – ein Durstiger setzt seine Lippen an eine Wasserquelle. (9) Der Begehrende »ergreift« das begehrte Objekt und »gibt sich ihm hin« (*upadāna*) – ein Mensch streckt seine Hand aus und pflückt eine Frucht vom Baum. (10) Dem Geschlechtsumgang folgt die Empfängnis, dargestellt durch ein schwangeres Weib. (11) Auf die Empfängnis folgt die Geburt des Kindes, die sinnenfällig auf dem Bilde erscheint. (12) Die Geburt führt schließlich zu Alter, Tod, Kummer, Wehklage, Leid, Trübsal und Verzweiflung – man sieht einen auf einen Stab sich stützenden alten Mann und eine Leiche, die zum Bestattungsplatz getragen wird. Dieser »rechtläufigen« Formel steht eine »rückläufige« Formel gegenüber: durch die Vernichtung der Unwissenheit werden die Bildekräfte vernichtet, durch die Vernichtung der Bildekräfte das Bewußtsein usw. und schließlich durch die Vernichtung der Geburt Alter und Tod.

Neben dieser abstrakt-psychologischen Ursachenkette kennt der Buddhismus auch mythische Kosmogonien mit einer Art von Sündenfallmythus. Die Menschen lebten ursprünglich als Lichtwesen, die nur einen »Geistleib« besaßen, in Reinheit, Unschuld und Wonne im Luftumkreis der Erde, geschlechtslos und ohne Verlangen nach materieller Nahrung, und strahlten ihr eigenes Licht aus. Als auf der zunächst noch wässerigen Erde ein süßer Rahm sich bildete, kosteten einzelne Wesen davon und wurden dadurch vom Daseinsdurst ergriffen. Immer mehr Wesen erlagen der Versuchung. Mit der zunehmenden Verdichtung der Erde wurden die Nahrungsstoffe immer gröber und dadurch die lichtförmigen Geistleiber immer stofflicher. Sie verließen den Luftumkreis der Erde und stiegen zum festen Erdboden herab, ihre Lichtkraft schwand; dafür wurden die Himmelskörper sichtbar, und es entstanden die Zeiten. Die Geschlechter differenzierten sich, und die Begierden führten die Menschen zu schamvollen Handlungen. Es entstanden die soziale Ungleichheit des Kastenwesens und die Notwendigkeit von Rechtssatzungen. Und so kam das Leid in die Welt.

Neben den geistigen Erkenntnissen empfängt der im Gleichmut Vollendete als Dreingabe eine Reihe von höheren Erkenntnissen (*abhijñā*, Pāli *abhiññā*): das »himmlische Gehör«, d. h. die Fähigkeit, Himmelsstimmen und Sphärenmusik zu vernehmen, das »himmlische Auge«, die Fähigkeit zu Licht- und Farbvisionen, die Fähigkeit, mit himmlischen Wesen zu reden, und endlich die Fähigkeit, fremde Herzen in ihrem religiös-ethischen Zustand zu durchschauen (die »Kardiognosie« des christlichen Mönchtums). Dazu kommen die »Geistes- oder Zauberkräfte« (*ṛddhi*, Pāli *iddhi*):

> »Aus einer Person wird er (der Versunkene) zur Vielheit, aus der Vielheit wieder zur einen Person, bald läßt er sich sehen, bald verschwindet er, ungehemmt geht er durch Wände, Wälle, Berge, als wären sie Luft; er taucht in die Erde ein und wieder aus ihr empor, gleich als wäre sie Wasser, auf dem Wasser wandelt er, ohne einzusinken, wie auf festem Boden; auf gekreuzten Beinen sitzend, schwebt er durch die Luft wie der beschwingte Vogel; die beiden zaubermächtigen Himmelskörper des Mondes und der Sonne faßt er mit der Hand an und streichelt sie, ja bis in Brahmas Welt vermag er in leiblicher Gestalt zu gelangen.« (*Dīgha-nikāya* 2,87)

Es handelt sich hier um yogamäßige, telepathische Erlebnisse der Bewußtseinsspaltung, Levitation, Bilokation, der suggestiven Ausschaltung der Wahrnehmung anderer und der kosmischen Bewußtseinsausweitung in der Ekstase.

Mit der Erkenntnis des Ursachenzusammenhangs ist bereits die Erlösung erreicht: wer diesen verborgenen Zusammenhang durchschaut, hat das Nirvāṇa erlangt. Dieses Mysterium der Lehre Buddhas ist von Abendländern, aber auch von einzelnen buddhistischen Scholastikern, als das völlige Nichts mißverstanden worden. Dazu verführt freilich leicht die Etymologie des Wortes, das von der indogermanischen Wurzel *vā* »wehen« kommt und sowohl »Verwehen« wie »Erlöschen« (der Flamme oder des Durstes) bedeutet. Die Sinnlosigkeit einer nihilistischen Deutung sollte aber schon darin deutlich werden, daß eine Religion, welche das Nichts als letztes Heilsziel predigt, niemals Millionen von überzeugten Gläubigen hätte gewinnen können. Schon Max Müller hat gegen die nihilistische Interpretation des Nirvāṇa seine Stimme erhoben. Aber erst die neuere Religionswissenschaft hat den rein religiösen und

positiven Sinn des Nirvāṇa erwiesen, so Nathan Söderblom, wenn er dieses als eine »göttliche Welt ohne Gott, ein Gottesgeschenk ohne Schenker« bezeichnete; so Rudolf Otto, wenn er es unter die Kategorie des »Heiligen« einreihte; so Hermann Beckh, wenn er darauf hinwies, daß die »Sphäre des Nichts« nur eine der vorläufigen abstrakten Meditationsstufen ist, während Nirvāṇa als Heilsziel »die höchste Realität, die Sphäre des Unsterblichen, Ewigen« darstellt und darum »ein Positives«, ein »Transzendentes«, ein »todentrücktes Unendliches«. Daß Nirvāṇa keineswegs als »Nichts« betrachtet werden darf, hat schon Buddha selbst erhärtet, wenn er die Frage entschieden abwies, ob Nirvāṇa Sein oder Nichtsein oder beides oder keines von beiden sei, ob der Vollendete nach dem Tode existiere oder nicht existiere oder ob beides zugleich oder keines von beiden zutreffe. Dazu kommt, daß es nach Buddhas Auffassung ein »Nirvāṇa der sichtbaren Ordnung« (*dṛṣṭa-dharma-n.*, Pāli *diṭṭha-dhamma-nibbāna*) gibt, in welchem die Substrate (*upādi*) der Körperlichkeit fortbestehen (*sa-upādi-sesa-nibbāna*), im Gegensatz zum »vollkommenen Nirvāṇa« (*parinibbāna*), in welchem diese weggefallen sind. In das sichtbare Nirvāṇa geht der Mensch bei der vollkommenen Erleuchtung ein, ins vollkommene Nirvāṇa beim Tode.
Alle Betrachtung des Nirvāṇa muß davon ausgehen, daß dieses »das nie alternde und unvergleichliche Heil« ist. Die alten Texte sprechen mit bebender Scheu von ihm als einem absoluten Mysterium.

> »Den, der zur Ruhe ging, kein Maß ermißt ihn,
> von ihm zu sprechen gibt es keine Worte;
> verweht ist, was das Denken könnt' erfassen,
> so ist der Rede jeder Pfad verschlossen.« (*Sutta-nipāta* 1076)

Dennoch versuchen die heiligen Texte immer wieder zaghaft, dieses Mysterium zu umschreiben und anzudeuten. Vergleicht man ihre verschiedenen Aussagen, so ergeben sich drei Aspekte des Nirvāṇa: ein psychologischer, ein kosmologischer und ein metaphysischer, und jeder dieser Aspekte zeigt sowohl eine negative wie eine positive Seite.
(1) In psychologischer Hinsicht bedeutet Nirvāṇa, negativ ausgedrückt, die Abgeschiedenheit, die Vernichtung von Leidenschaft, Haß und Verblendung, die Zerstörung des »Lebensdurstes«, d. h. des ungestümen Lebenswillens, das Aufhören der Tätigkeit der unterbewußten »Bildekräfte«, die Wunschlosigkeit, die Unbewegtheit, das Ende des Leidens; positiv die Erquickung, wie sie beim Auslöschen einer Flamme oder beim Löschen des Durstes oder bei der Ankunft des Wüstenwanderers in einer Oase verspürt wird, die Ruhe, der Friede, die Freude, Seligkeit und Wonne, ja »höchste Wonne« und »höchstes Glück«. Diese Wonne ist aber nicht eine dionysische Gott-Trunkenheit, sondern eine »heitere Ruhe«, eine stille Seligkeit, die nicht in einer Lustempfindung, sondern umgekehrt in der Empfindungslosigkeit besteht. Unter diesem doppelten, negativen wie positiven Gesichtspunkt erscheint Nirvāṇa als die Vollendung der vierten *dhyāna*-Stufe des »vollkommenen Gleichmutes«, von der aus allein die erlösende Erkenntnis erfaßt werden kann.
(2) Unter kosmologischem Gesichtspunkt bedeutet Nirvāṇa die »Aufhebung der Geburt«, das Heraustreten aus dem »Kreislauf« und damit das »Ende von Alter und Tod«. Darum spricht Buddha nach der Erleuchtung:

»Vernichtet ist die Macht, die zum (physischen) Dasein führt, nicht gibt es hinfort eine Wiedergeburt.« »Gebrochen ist das Rad, der ausgetrocknete Strom fließt nicht mehr fort, das gebrochene Rad rollt nicht weiter.«

Die positive Kehrseite der Beendigung des Geburtenkreislaufes ist das beim leiblichen Tode erfolgende Eingehen in die Sphäre des Transzendenten, der »Unsterblichkeit« oder »Todentrücktheit« (*amṛta-*, Pāli *amata-dhātu*), in das »substratlose Nirvāṇa« (*anupādiśeṣa-nirvāṇa*, Pāli *anupādisesa-nibbāna*). Mit örtlichen Bildern wird diese Sphäre gekennzeichnet als »unbetretene Gegend«, als »liebliches Gefilde«, als »unvergleichliches Eiland«, als »das andere Ufer«, als »der schwer zu schauende, unbewegliche Standort«, als »Ruhestätte«, als »Zuflucht«, als »unsterbliche Stätte«, als »Stätte« schlechthin (*sthāna*, Pāli *thāna*). Der Realitätscharakter dieser Sphäre wird von Buddha in dem feierlichen Wort erhärtet:

»Es gibt, ihr Jünger, jenes Reich, wo weder Erde noch Wasser noch Feuer noch Luft, wo nicht die Sphäre der Raumunendlichkeit, nicht die Sphäre der Bewußtseinsunendlichkeit, nicht die Sphäre des Nichts, nicht die Sphäre jenseits von bewußt und unbewußt, wo nicht diese Welt noch jene Welt, wo weder Sonne noch Mond ist, dort sage ich euch, ist kein Hingehen, kein Fortgehen, kein Verweilen, kein Austreten und Wiedereintreten, keine Grundlage, keine Fortentwicklung, keine Stütze, dort ist das Ende des Leidens.« (*Udāna* 8,1)

(3) Aber Nirvāṇa ist noch mehr als ein psychologischer Zustand und eine überweltliche Sphäre. Es ist eine metaphysische Realität, die negativ beschrieben wird als das »Unendliche«, das »Unermeßliche«, das »Unaussprechliche«, das »Unbezeichenbare«, das »schwer Erschaubare«, das »Ungeborene«, »Ungeschaffene«, »Unbedingte«, »nicht Alternde«, »nicht Angreifbare«, das »Unsterbliche«, das »Fehlerlose«. Den Übergang von der negativen Aussage zur positiven bildet die Kennzeichnung des Nirvāṇa als des »Endes« schlechthin – Ende im Sinne des Aufhörens wie der Vollendung. Über alle negativen Termini aber erheben sich die positiven. Nirvāṇa ist das »Einzige«, das »Subtile«, das »Feste«, das »Sichere«, das »Außerordentliche«, das »Einfache«, das »Vollkommene«, das »Gute«, das »Wunderbare«, das »höchste Gut«, der »Schatz«, das »Kleinod« schlechthin, das »höchste Ziel«. Zwar fehlt der persönliche Terminus Gott ebenso wie der unpersönliche der Gottheit und des *Brahma*; im übrigen aber kehren alle Termini wieder, mit denen die Mystiker aller Religionen »das Eine ohne ein Zweites«, das ewige Göttliche bezeichnen. Nirvāṇa ist dasselbe wie *satyasya satyam*, »das Seiende des Seienden« der Upaniṣaden, *tò óntōs on*, »das wahrhaft Seiende« Platons, *tò apeiron*, das »Grenzenlose« Heraklits, *tò hen*, das »Ureine« Plotins. Es gibt in den Reden Buddhas kein ehrfürchtigeres Wort für das göttliche Mysterium, aber zugleich kein majestätischeres für diese göttliche Realität als das Wort, das im *Udāna* und *Itivuttaka* überliefert ist:

»Es gibt, ihr Mönche, ein Ungeborenes, Ungewordenes, Ungeschaffenes, nicht aus den Bildekräften Entstandenes. Gäbe es nicht dieses Ungeborene, Ungewordene, Ungeschaffene, nicht aus Bildekräften Entstandene, so wäre auch kein Ausweg zu finden aus dem Geborenen, Gewordenen, Geschaffenen, aus den Bildekräften Entstandenen.« (*Udāna* 8,3)

Aus dieser dreifachen Bedeutung des Nirvāṇa erhellt der eminent religiöse und mystische Charakter des Urbuddhismus. Dieser ist keine positivistische oder atheistische Weltanschauung, auch nicht nur eine Lehre der Selbsterlösung. Denn ebenso wie das Mysterium der Einheit von *ātman* und *brahman* in den Upaniṣaden, wird auch die Erfahrung dieses Mysteriums nur in einem spontanen Durchbruch, in einem urplötzlichen Hineinfallen ins Ungewordene erlebt und wird gleichsam als wunderbares göttliches Gnadengeschenk den Menschen zuteil, wie es jedenfalls aus einzelnen späteren Deutungen entnommen werden kann. Wer zum Nirvāṇa gelangt ist, kann mit dem Erleuchteten nur bekennen: »Wie ein Blinder eine Perle findet in einem Haufen Kot, so ist der Gedanke der Erleuchtung in mir entstanden, ich weiß nicht durch welches Wunder« (*Bodhicaryāvatāra* 3,27). Jene aber, die vom Atheismus Buddhas sprechen, müssen an Schleiermachers Worte erinnert werden: »In der Religion steht die Idee von Gott nicht so, wie ihr meint, auch gibt es unter wahrhaft religiösen Menschen nie Eiferer, enthusiastische Schwärmer für das Dasein Gottes; mit großer Gelassenheit haben sie das, was man Atheismus nennt, neben sich gesehen, und es hat immer etwas gegeben, was ihnen irreligiöser erschien als dieses.«

Die Gemeinde Buddhas

Während die Upaniṣad-Lehrer das mystische Geheimnis nur ihren Söhnen und einzelnen innerlich bereiten Heilssuchern geoffenbart haben, kannte Buddha »keinen Unterschied zwischen innen und außen«. Er verkündete seine Heilserkenntnis aller Welt und sandte seine Jünger zur Heilspredigt aus. Aber nicht nur ein »unvergleichlicher Lehrer« war der Erhabene, sondern auch ein Organisator. Obgleich er im Orden der *Nirgrantha* bereits ein Modell für seine Ordensgemeinschaft vorfand, zeigt seine Organisation in ähnlicher Weise wie seine Heilslehre eine weit feinere Durchbildung. Auch wenn nicht alle einzelnen Mönchsregeln des *Vinaya-piṭakam* auf den Meister selber zurückgehen, so zeigen doch die Grundlinien der buddhistischen Organisation seine lenkende Hand.

Das Mönchsleben beginnt mit dem »Hinausgehen« (*pravrajyā*, Pāli *pabbajjā*), dem »Gang aus der Häuslichkeit in die Hauslosigkeit«. Mit dem 15. Lebensjahr ist der Eintritt in das Noviziat möglich; er vollzieht sich durch die Formel des »dreifachen Kleinods« (*triratna*, Pāli *tiratta*):

> *Buddhaṃ saranaṃ gacchāmi,*
> *Dhammaṃ saranaṃ gacchāmi,*
> *Saṅghaṃ saranaṃ gacchāmi.*

> »Ich nehme meine Zuflucht zum Erleuchteten,
> ich nehme meine Zuflucht zur Heilslehre,
> ich nehme meine Zuflucht zur Ordensgemeinschaft.«

Vom 20. Lebensjahr an ist die endgültige Aufnahme möglich, die durch die Ordination (*upasaṃpadā* »Hinzugelangen«) erfolgt. Diese ist keine Einweihung in eine Mysteriengenossenschaft, auch kein sakramentaler Akt wie die Mönchsweihe der christlichen Ostkirche, sondern ein bloßer Rechtsakt. Der Bitte des Novizen folgt vor versammelter Mönchsgemeinde ein Verhör durch den Vorsitzenden, durch welches etwaige Irregularitäten festgestellt werden sollen. Hat die Mönchsgemeinde dem förmlichen Antrag des Vorsitzenden durch Schweigen ihre Zustimmung gegeben, so erfolgt die Ordination durch einfache Feststellung derselben. Dann werden dem neu Ordinierten die Vorschriften der Regel eingeschärft. Die buddhistischen Mönche legen keine »ewigen Gelübde« ab, sie können darum jederzeit aus dem Mönchsleben ins Weltleben zurückkehren.

Die buddhistische Mönchsgemeinschaft ist ein Orden von Bettelmönchen (*bhikṣu*, Pāli *bhikkhu*); sie besitzt keine Ländereien, auch leisten die Mönche keine Handarbeit. Der Einzelne besitzt im Idealfall außer dem gelben Gewande nur einen Betteltopf, eine Nähnadel und ein Sieb zur Entfernung von Insekten im Trinkwasser. Ursprünglich führten die Bettelmönche ein Wanderleben, später wurden aus den Aufenthaltsräumen während der Regenzeit (*vihāra*) Klöster, welche Versammlungsräume, Vorratskammern, Speisehallen und Bäder besaßen. Der Bettelgang wurde auch dann beibehalten. Schweigend hält der Mönch vor den Türen der Häuser seinen Almosentopf und empfängt darin Speise, ohne den Geber anzublicken. Die Mahlzeiten, die nur einmal täglich eingenommen werden, bestehen aus Gemüse, Reis und Wasser; Fleisch und Fisch sind sehr beschränkt, aber nicht völlig verboten. Die Beschäftigung der Mönche bildet ausschließlich die Meditation, die Rezitation heiliger Texte, das Gespräch über die Heilslehre und die Predigt; dazu kam später, als der Übergang von der mündlichen Tradition zur schriftlichen Fixierung des Kanons erfolgt war, das Studium heiliger Texte.

Die alte buddhistische Mönchsgemeinde kennt kein gemeinsames Gebet; die Meditation wird vorwiegend in der Einsamkeit geübt. Zweimal im Monat, zum Neumond und Vollmond, finden sich die Mönche eines Bezirkes in einer Höhle oder in einem Gebäude zur Beichtfeier zusammen. Der älteste Bruder rezitiert die Beichtlitanei (*prātimokṣa*, Pāli *pāṭimokkha* »Verpflichtung«) und fordert diejenigen, welche gegen eine Regel verstoßen haben, zum Bekenntnis auf. Das Schweigen stellt die Erklärung dar, nicht gegen die Regel gefehlt zu haben – »rein sind hiervon die Ehrwürdigen, darum schweigen sie, also nehme ich dies an«. Nach der Regenzeit, vor Antritt der Wanderung, versammeln sich die Mönche eines Bezirkes; mit gefalteten Händen auf dem Boden sitzend, bittet ein jeder, vom Ältesten bis zum Jüngsten, seine Brüder, ihm ein Vergehen zu nennen, das er in der Zeit des Beisammenseins begangen hat, oder einen Verdacht zu nennen, den er gegen ihn hegt. Diese Feier trägt den Namen »Einladung« (*pravāraṇa*, Pāli *pavāraṇā*).

Für den Nonnenorden gelten dieselben Regeln wie für die Mönche; sie tragen auch denselben Namen »Bettlerinnen« (*bhikṣunī*, Pāli *bhikkhunī*). Sie empfangen dieselbe Ordination, führen dasselbe geistliche Leben, haben dieselben Zusammenkünfte. Doch ist es ihnen verboten, allein zu wandern, und auch das Leben in Einsiedeleien ist ihnen untersagt. Die Gemeinschaft der Nonnen ist freilich in allem der Mönchsgemeinschaft untergeordnet. Eine Nonne muß, auch wenn sie seit hundert Jahren ordiniert wäre, vor dem jüngsten der Mönche, der erst an diesem Tage ordiniert ist, die ehrfurchtsvolle Begrüßung vollziehen. Die Nonnengemeinschaft muß die Mönchsgemeinschaft um die Beichtfeier und die Predigt bitten. Nach beendeter Regenzeit muß jede Nonne an die beiden Ordensgemeinschaften die »Einladung« richten, sie einer Schuld zu zeihen. Nonnen, die ein Vergehen begangen haben, müssen sich vor beiden Gemeinden einer

Buße unterwerfen. Auch die Ordination muß von beiden Gemeinden erbeten werden. »Einer Nonne ist der Pfad der Rede gegenüber den Mönchen verschlossen, aber nicht umgekehrt.« Trotz der äußeren Unterordnung werden jedoch die Nonnen den Mönchen als gleichwertig geachtet. Eine Nonne kann in gleicher Weise wie ein Mönch den Heilspfad beschreiten und so zur Erleuchtung gelangen. In den »Liedern der Nonnen« preisen diese die Schönheit des weltabgekehrten geistlichen Lebens. Die heutigen Nonnen aber in den Ländern des Theravāda-Buddhismus (s. S.195) betrachten sich nicht als die *bhikkhunī* der alten Zeit, da die Ordinationskette abgerissen sei, sondern als eine Zwischenform zwischen diesen und den *upāsikā*. Sie sind von den Mönchen unabhängig und unterstehen der Leitung von Äbtissinnen.
Der Mönchs- und Nonnenorden ist getragen von der großen Gemeinde der in der Welt lebenden »Laienverehrer« (*upāsaka*) und »Laienverehrerinnen« (*upāsikā*). Sie halten die gleichen Gebote in einer milderen Form, verschaffen durch ihre Freigebigkeit Mönchen und Nonnen den Lebensunterhalt, helfen den Armen und unternehmen Pilgerfahrten zu den heiligen Stätten. Zum Lohn dafür haben sie die Hoffnung, zu einem seligen Dasein wiedergeboren zu werden und in einer späteren menschlichen Existenz den eigentlichen Heilspfad zu beschreiten und das Nirvāṇa zu erlangen.
So erweist sich das Leben der Gemeinde Buddhas als doppelpolig: »Hausbewohner« und »Hauslose« ergänzen sich gegenseitig; beide sind eins in der Verehrung des erhabenen Meisters, und »beide, aufeinander gestützt«, werden, jeder in seiner Weise, der »guten Lehre« und des »unvergleichlichen Heils« teilhaftig.

Der indische Mahāyāna-Buddhismus

Während in Ceylon die Lehre der *sthavira* (*thera*), der »älteren« Jünger Buddhas, weitergegeben und in ein scholastisches System gebracht wurde, das als *Theravāda* (»Verkündigung der *Thera«*) oder wegen seiner Konzentration auf das individuelle Heil *Hīnayāna* (»kleine Laufbahn«, meist übersetzt als »kleines Gefährt«) bezeichnet wird, entfalteten sich im Norden Indiens die universalistischen Tendenzen, welche in der Verkündigung Buddhas von Anfang an vorhanden gewesen waren, zu einer »katholischen« Lehre, welche *Mahāyāna* (»große Laufbahn« oder »großes Gefährt«) genannt wird. Obgleich diese von der ursprünglichen Verkündigung Buddhas weiter entfernt ist als die südliche Tradition, darf der Zusammenhang mit jener um so weniger aus dem Auge gelassen werden, als ja auch der südliche Pāli-Buddhismus nicht eine einfache Wiedergabe von Buddhas eigener Lehre darstellt.

Die heiligen Schriften des Mahāyāna

Der Mahāyāna-Buddhismus schuf ein Schrifttum, das uns zwar nicht in einem einheitlichen Kanon erhalten ist wie das ceylonesische Schrifttum, aber ebenso als *Tripiṭakam* bezeichnet und verehrt wurde.
Den Übergang von der Hīnayāna- zur Mahāyāna-Literatur bilden mehrere legendäre Darstellungen des Lebens Buddhas: das *Mahāvastu* (»große Begebenheit«), dessen Kern ins 2. vorchristliche Jahrhundert zurückgeht, der reizvoll geschriebene *Lalitavi-*

stara (»ausführliche Erzählung vom Spiel«), dessen älteste Teile wahrscheinlich schon aus dem 2. Jahrhundert n. Chr. stammen und eine Erweiterung eines älteren Hīnayāna-Textes darstellen, und das *Buddhacaritam* (»Wandel des Buddha«) des Aśvaghoṣa (um 100 n. Chr.).
Der älteste Lehrtext des Mahāyāna ist die *Aṣṭasāhasrikā Prajñā-pāramitā* (»die vollkommene Weisheit in 8000 Versen«), die etwa 100 n. Chr. entstanden ist. Ein Jahrhundert später ist das *Saddharma-puṇḍarīka* (»Lotus der guten Religion«) anzusetzen, eines der meistgelesenen Mahāyāna-Werke, das ein Bild von der fortgeschrittenen Buddha-Lehre und Buddha-Anbetung gibt. Etwas späteren Ursprungs sind der *Gaṇḍavyūha* (»wunderbare Ausbreitung des Stengels«) oder *Avataṃsaka* (»Kranz [des Buddha]«), das *Laṅkāvatāra-sūtra*, welches vom »Erscheinen« des Buddha »in Ceylon« handelt, der *Samādhi-rāja* (»König der Versenkung«), das *Suvarṇa-prabhāsa-sūtra* (»Goldglanz-Sūtra«), das *Daśabhūmika-sūtra*, das von den »10 Stufen« der Buddhaschaft handelt, der *Tathāgata-guhyaka* (»Geheimnisse des Vollendeten«), der mit Meditation und Magie sich beschäftigt. Diese Werke bilden zusammen mit dem *Lalitavistara* die im nepalesischen Buddhismus als göttlich verehrten neun *Dharma* (»Religionsbücher«). Großer Verbreitung erfreuten sich auch weitere *Prajñāpāramitā*-Werke, darunter die *Vajracchedikā-Prajñāpāramitā* (»Diamantschneide«), der wohl schon im 2. Jahrhundert entstandene *Sukhāvatī-vyūha* (»ausführliche Beschreibung des Glückslandes«, d. h. des himmlischen Paradieses), in welchem eine fast monotheistisch anmutende Lehre von *Amitābha* entwickelt wird, und der *Avalokiteśvara-guṇa-karaṇḍa-vyūha* (»ausführliche Beschreibung des Korbes der Eigenschaften des Avalokiteśvara). Zu diesen Lehrtexten treten die Werke der großen Mahāyāna-Theologen: Nāgārjuna (Ende des 2. Jh.s n. Chr.), genannt »der zweite Śākyamuni«, Asaṅga und sein von ihm zum Mahāyāna bekehrter Bruder Vasubandhu (4. Jh.), und Śāntideva (7. Jh.), der Verfasser der *Śikṣā-samuccaya* (»Summe der Lehre«), eines Handbuches des Mahāyāna-Buddhismus, dessen von ihm selbst verfaßter Kommentar eine wertvolle Sammlung von Zitaten aus verlorenen Mahāyāna-Texten enthält, und zugleich Dichter des *Bodhi-caryāvatāra* (»Eintritt in den zur Erleuchtung führenden Lebenswandel«), schließlich zahlreiche Hymnen (*stotra*), magische Formeln (*dhāraṇī* »Bannsprüche«) und Yoga- und Zaubertexte (*tantra* »Bücher«) im Geist der gleichnamigen hinduistischen Schriftenklasse.

Die Erlösungslehre des Mahāyāna

Das erste Kennzeichen des Mahāyāna gegenüber dem *Theravāda* ist die Überwindung des religiösen Agnostizismus und die Rückkehr zur Metaphysik, zu einem vollen Gottesbegriff. An die Stelle des schwebenden, von geheimnisvollen Schleiern umgebenen Nirvāṇa tritt das Göttliche, das wieder Gegenstand der philosophisch-theologischen Spekulation wird. Das Mahāyāna lehrt einen Weg der »Weisheit« und »Erkenntnis« (*prajñā-* und *jñāna-mārga*). Die »Unwissenheit« (*avidyā*) ist nicht nur wie im alten Buddhismus das Nichtwissen um die Erlösungswahrheiten, sondern auch die Illusion im Sinne der vedantischen *māyā* als Prinzip der Individuation (s. S. 252). Sie wird verglichen mit dem Winde, der die Wogen des großen Ozeans bewegt; sobald der Wind verweht ist, erscheint der Ozean als eine einheitliche spiegelglatte Fläche. Jenseits der täuschenden Vielheit der Einzeldinge und Einzelwesen liegt das ewige Sein, um dessen Erfassung die zwei Hauptschulen des Mahāyāna sich mühen, die *Mādhyamika-* (»mittlere«) Schule des Nāgārjuna und die *Yogācāra*-Schule des Asaṅga. Die erstere Lehre ist eine Weiterentwicklung der älteren Theorie des *śūnya-vāda* (»Theorie von der Leerheit« oder »Freiheit von aller Relativität«). Das eine Sein wird dialektisch mit doppelter Negation umschrieben, es ist jenseits von »Leerheit und Nichtleerheit«, von Sein und Nichtsein, von Identität und Differenzierung. Die zweite Lehre, genannt *vijñāna-vāda* (»Theorie vom Bewußtsein«), leugnet die Wirklichkeit der Erscheinungswelt. Für sie gibt es nichts als Bewußtsein. Das Absolute ist die *bodhi*, die in der unendlichen Vielheit der Buddhas geoffenbarte Wahrheit. Entscheidend für das Mahāyāna ist die Anerkennung eines Absoluten, das mit den verschiedensten Termini bezeichnet wird, als »Identität des Seins« (*bhūta-tathātā*), als »Ding an sich« (*vastumātra*), als »Realität der Realitäten« (*dharmānāṃ dharmatā*), als »Totalität der Realität« (*dharma-kāya*), als »höchste Wahrheit« (*paramārtha-satya*) und »höchstes Gut« (*kuśalam*). Dieses Absolute ist *causa sui*, »selbstexistierend« (*svayaṃbhū*), und zugleich Ursache aller Erscheinungen, der »Vater der Welt«, darum »allgestaltig« (*viśva-rūpa*). Es ist die Quelle aller Werte, die geistige Sonne, die erleuchtet, nährt und schenkt, und zugleich das Ziel alles Heilsstrebens, die Erlösung, das Nirvāṇa. Im Unterschied zum vedāntischen *Brahman* trägt dieses Absolute des Mahāyāna stärkeren personalen Charakter. Es ist »Erkenntnis« (*bodhi*) und »Weisheit« (*prajñā*) und zugleich »Mitleid« (*karuṇā*). Weil aber Erkenntnis und Mitleid die Eigenschaften des historischen Buddha sind, darum ist das Absolute in seiner personalen Fassung der Archetyp aller Buddhas, der »Urbuddha« (*Ādibuddha*), »vollkommene Urbuddha« (*Paramādibuddha*) oder »große Buddha« (*Mahābuddha*).

Dieser Urbuddha differenziert sich in fünf einzelne Buddha (gewöhnlich *Dhyāni-Buddha* genannt): *Vairocana* (»Sonnen-Buddha«), *Akṣobhya* (»Unerschütterlicher«), *Ratna-saṃbhava* (»Edelsteingeborener«), *Amitābha* (»unermeßlichen Lichtglanz besitzend«) oder *Amitāyus* (»unermeßliches Leben besitzend«) und *Amogha-siddhi* (»dessen Zaubermacht unfehlbar ist«); diese lassen wiederum fünf meditative weltschöpferische Potenzen, die *Dhyāni-bodhisattva*, entstehen: *Samantabhadra* (»ringsum Segensreicher«), *Vajrapāṇi* (»in dessen Hand der Diamant, d. h. der Donnerkeil ist«), *Avalokiteśvara* (»der Herr, der herabblickt«) oder *Padmapāṇi* (»in dessen Hand der Lotus ist«), *Ratnapāṇi* (»in dessen Hand das Kleinod ist«) und *Viśvapāṇi* (»in dessen Hand das All ist«).

Weil das Göttliche zugleich die Ursache der Erscheinungs- und Geisteswelt ist, weltschöpferische Kraft und erlösende Liebe, Anfang und Ende aller Dinge, darum werden im Mahāyāna die beiden getrennten Sphären der vom *Karma* beherrschten Erscheinungswelt und des erlösenden Nirvāṇa wieder als Einheit gesehen: »Dasselbe, was die Qual ist, das ist auch die Erleuchtung, was *Saṃsāra* ist, ist auch *Nirvāṇa*« (*yas kleśas sā bodhi, yaḥ saṃsāras tad nirvāṇam*).

Die wichtigste Eigentümlichkeit des mahāyānistischen Gottesbegriffes aber ist die allumfassende, erlösende Liebe, das »Herz des großen Mitleids« (*mahākaruṇā-cittam*).

> »Mit einem großen liebenden Herzen löscht der Vollendete (*tathāgata*) die durstigen Wünsche aller Wesen mit erfrischender Kühle. Mit einem Mitleid, welches wie der Raum keine Grenzen kennt, denkt er an alle; über die Schöpfung

der ganzen Welt blickt er hin ohne alle parteiischen Gedanken. Mit einem mitfühlenden und liebenden Herzen umarmt er alle lebenden Wesen. Mit Mitteln, die rein sind, fleckenlos und vorzüglich, rettet und befreit er die unzähligen Geschöpfe. Mit unfaßlicher Liebe und mit Mitgefühl liebt er alle Geschöpfe in allumfassender Weise.« (*Gaṇḍavyūha*)

Diese grenzenlose Liebe ist das Prinzip der universalen Offenbarung. Gott »offenbart sich dem ganzen Universum, bis alle die Buddhaschaft erreicht haben«. Diese Offenbarung ist unendlich nach Raum, Zeit und Gestalt, angepaßt der Fassungskraft eines jeden Wesens.

»Der Buddha lehrt alle fühlenden Wesen durch seine religiösen Lehren, deren Zahl unendlich ist wie die Atome. Er mag sich bisweilen in der Welt der Götter offenbaren, bisweilen in der Welt der Schlangen (*nāga*), der Geister (*yakṣa*), der Genien (*gandharva*), der Dämonen (*asura*), der Göttervögel (*garuḍa*), der Fabelwesen (*kinnara*), der Riesenschlangen (*mahoraga*); bisweilen in der Welt der Brahmanen, bisweilen in der Welt lebender Wesen, bisweilen im Palast des Königs der Unterwelt, bisweilen in der Hölle verdammter Geister, Gespenster und Tiere. – Er mag bisweilen die Gestalt eines Schülers annehmen, bisweilen die eines Priesters, bisweilen die eines Asketen, bisweilen die eines guten Arztes, bisweilen die eines Handelsmannes, bisweilen die eines Bettelmönches, bisweilen die eines Künstlers. – Er mag sein Erlösungswerk verschieden beginnen, bisweilen mittels seines Namens, bisweilen mittels seiner Erinnerung, bisweilen mittels der Stimme, bisweilen mittels der vollkommenen Erleuchtung. Wann immer und wo immer die Bedingungen für sein Erscheinen reif sind, wird er nie fehlen, sich selber den fühlenden Wesen zu zeigen und Beweise seiner Größe und seines Glanzes zu geben.« (*Saddharma-puṇḍarīka*)

Das wichtigste Mittel der Offenbarung aber ist das innere Gnadenwirken des göttlichen Geistes, das zu Erkenntnis, Liebe und Tat führt.

»*Dharmakāya* spendet uns Gnaden, indem er uns festen Glauben an die Wahrheit gibt, die alle unsere geistigen Unreinheiten reinigt, indem er uns hilft, die Lehre zu verstehen, durch deren Kraft wir dazu geführt werden, das Ursachengesetz zu erkennen; er beschenkt uns mit göttlicher Schau, die uns befähigt, die Seelenwanderung aller Wesen zu beobachten; er spendet uns Gnade dadurch, daß er uns ungerechte Tat vermeiden läßt, welche den Schatz der Verdienste zerstört; er beschenkt uns mit geistigem Licht, welches die geistigen Blüten aller Wesen entfaltet; er beschenkt uns mit einem Streben, durch das wir befähigt werden, alles zur Buddhaschaft Gehörige zu verwirklichen.« (*Gaṇḍavyūha*)

So offenbart sich *Dharmakāya* an allen Orten und in allen Zeiten, »vom Zenit des Himmels bis zum Grund der Hölle«. Er offenbart sich in allen Religionen, auch den niedersten. Wie der Mond und die Sterne am klaren, wolkenlosen Himmel in jedem Wassertropfen und in jeder Wassermenge auf Erden sich widerspiegeln, in einem trüben und schmutzigen Teiche wie in einem durchsichtigen See, so verherrlicht sich das Herz der Weisheit in seinem Besten, wo immer nur ein wenig Herzenswärme ist. Alle Religionen sind für das Mahāyāna Offenbarungsreligionen. Alle religiösen und sittlichen Führer der Menschheit sind Manifestationen (*nirmāṇa-kāya*) des *Dharmakāya*. Ja selbst die primitive Religion enthält göttliche Offenbarung; Dämonen- und Tierkult, Ahnenverehrung und Naturdienst gehen durchweg auf die Wirksamkeit des *Dharmakāya* zurück, da sie den geistigen Bedürfnissen barbarischer Völker entsprechen. »Der große Herr des *Dharma* wirft nie eine Perle vor die Schweine; er offenbart sich nicht in einer erhabenen geistigen Form einem Volk, dessen Herz noch nicht fähig ist, etwas jenseits des Grob-Materiellen zu fassen« (Daisetz Teitaro Suzuki).

Diese universale Offenbarungsidee bedeutet eine Erweiterung der Lehre von Buddha. Er ist nicht mehr eine bloße geschichtliche Persönlichkeit, die in vorbildlicher Weise zur Erleuchtung gelangt ist, sondern der sich offenbarende ewige Gott. Das Mahāyāna entwickelte eine Lehre von der Gottheit Buddhas, ähnlich der christlichen Lehre von der Gottheit Christi. Wie dieser auf dreifache Weise sich offenbart, als ewiger Gottessohn im Schoß des Vaters, als Mensch Jesus auf Erden und als verklärter und erhöhter Herr im Himmel, so erscheint auch Buddha in »drei Leibern« (*trikāya*): (1) als transzendenter »*Dharma*-Leib« (*dharma-kāya*), d. h. als absolutes Wesen in der »formlosen Sphäre« (*arūpa-dhātu*); (2) als »Genuß-Leib« (*saṃbhoga-kāya*) im himmlischen Paradies (*buddhaksetra* »Wirkungsfeld des Buddha«), in der »Sphäre der Formen« (*rūpa-dhātu*); (3) in einer »Wolke« von »Gestaltungs- und Verwandlungsleibern« (*nirmāṇa-kāya*) auf Erden in der »Sphäre der Begierde« (*kāma-dhātu*). Die beiden letzten Erscheinungsweisen des Buddha werden jedoch entsprechend der Lehre von *śūnyatā* (»Leere«) und *vijñāna* (»Bewußtsein«) doketisch im Sinne eines »Scheinleibes« aufgefaßt; die Verwandlungsleiber beruhen auf einer irdischen Illusion, der Genußleib auf einer kosmischen. Der *Dharma*-Leib allein ist real, weil mit dem Absoluten identisch.

Wie Christus ist auch Buddha vollkommen und sündlos, wie jener allgegenwärtig. Wie Christus in der dauernden *visio beatifica* lebte, so Buddha in der steten tiefen Meditation. Als ewiges Wesen »geht Buddha nicht ins Nirvāṇa ein« (*na buddhaḥ parinirvāti*; Goldglanz-Sūtra*)*; sein irdischer Tod ist nur ein Scheintod zum Besten der Lebewesen. Wie Christus nach seinem Tode den Geistern der Abgeschiedenen in der Unterwelt predigte, so Śākyamuni auf dem Gipfel des Geierberges einer großen Schar geistiger Wesen.

Wie der Begriff des Buddha, so hat auch der des Nirvāṇa im Mahāyāna eine Weiterbildung erfahren. Dieses unterscheidet (1) das »substrathafte Nirvāṇa« als den Zustand des seligen Friedens, der in diesem Leben durch die Erkenntnis der Śūnyatā erlangt wird; (2) das »substratlose Nirvāṇa« als die Befreiung der Buddha-Wesenheit von Geburt und Tod im himmlischen Paradies; (3) das »absolute Nirvāṇa« (*Dharmakāya*); (4) das »Nirvāṇa, das keine Stätte hat«, das »jenseits von *saṃsāra* und *nirvāṇa*« ist, die Liebe ohne Ende (*Vijñāna-mātra-śāstra*). Nirvāṇa ist die Vernichtung der Ichsubstanz und aller Wünsche. Eben darum ist das als individuelles Heilsziel aufgefaßte Nirvāṇa keine Erlösung; wer nach ihm strebt, bleibt in der leidvollen Welt des Geburtenkreislaufes haften, denn Leiden ist nichts anderes als die Verfolgung eines egoistischen Glückszieles.

> »Der Bodhisattva sehnt sich stark nach dem Nirvāṇa, gleichwohl wendet er sich von ihm ab. Er fürchtet die Begierde; aber er vernichtet sie nicht, sondern bewahrt sie, damit alles mögliche Gute daraus erwachse. Wenn er in den Zustand des

Schülers und individuellen Buddha hineinfällt, so ist das sein Tod. Er fürchtet dies viel mehr als in die Hölle hinabzustürzen, da er auch in der Hölle noch die Buddhaschaft erreichen kann, aber nie in diesem Zustand des egoistischen, nur sich selbst erlösenden Asketen und Individualbuddha.« (*Nāgārjuna*)

Damit erhebt sich im Mahāyāna hoch über das Ideal des Individual-Buddha (*pratyeka-buddha*) und Heiligen (*arhat*) das des *Bodhisattva*. Dieser ist die Verkörperung des göttlichen »großen Liebesherzens«.

»Einer Tugend sollen alle Bodhisattva sich hingeben, in ihr aufgehen, das ist das große Mitleid. – Die Liebe ist die Mutter aller Bodhisattva. So wie, wenn das Lebensorgan vorhanden ist, alle anderen Organe in Tätigkeit sind, so sind, wenn das große Mitleid vorhanden ist, alle anderen durch die Erleuchtung bewirkten Tugenden in Tätigkeit.« (*Śikṣā-samuccaya*)

Ein Bodhisattva hegt und übt in jedem Augenblick die große Liebe zu allen Lebewesen. »Ein Bodhisattva soll die anderen Wesen so behandeln, daß er auf sie den Begriff der Mutter, des Vaters, des Sohnes, der Tochter überträgt« (*Aṣṭasāhasrikā Prajñāpāramitā*). Der erste und spontanste Ausdruck dieses Liebeswillens ist das Fürbittegebet, das ähnlich wie das liturgische christliche Fürbittegebet in universaler Weite die Nöte aller Wesen umfaßt.

»In allen Ländern mögen alle Leiden der Wesen aufhören; mögen alle Wesen, die mangelhafte Sinnesorgane haben oder eines Gliedes beraubt sind, jetzt heil und gesund sein! Mögen alle in den zehn Weltgegenden, die krank, schwach, heruntergekommen und schutzlos sind, rasch von ihrer Krankheit befreit werden und Gesundheit, Stärke und ihre Sinnesorgane wieder erlangen! Mögen alle Wesen, die von Königen, Räubern und Soldaten bedroht, zum Tode verurteilt, die durch verschiedene Hunderte von Ängsten in Not geraten sind, von diesen Hunderten der schlimmsten und schrecklichsten Ängste befreit werden! Alle die, welche geschlagen, in den Kerker geworfen, gequält, sich in mannigfachen Nöten befinden, von vielen Tausenden von Mühen bedrängt, die von mannigfachen Gefahren und schrecklichem Kummer heimgesucht sind, diese alle mögen von ihren Fesseln befreit werden; die Geschlagenen mögen von den Schlägen befreit, die mit dem Tode Bedrohten dem Leben wiedergegeben werden und die in Bedrängnis Geratenen von aller Furcht frei sein! Mögen die von Hunger und Durst Gequälten Speise und Trank in Fülle erlangen, die Blinden die mannigfachen Formen und Gestalten sehen, und die Tauben liebliche Geräusche hören! Mögen die Nackten bunte Kleider erlangen! Möge niemand Leiden und Schmerz treffen, mögen alle Wesen sich wohl befinden; von schöner, angenehmer und lieblicher Gestalt, sollen sie stets mit viel Glück überhäuft sein.« (Goldglanz-Sūtra, Kap. 4)

Das Mitleid des Bodhisattva ist aber nicht nur kontemplativ, sondern aktiv: er wird zum Tröster, Helfer und Beschützer aller Wesen.

»Ein Bodhisattva gibt Leib und Leben auf, aber er gibt nicht die gute Heilslehre auf. Vor allen Wesen neigt er sein Haupt und läßt Stolz nicht aufkommen. Mit den schwachen Wesen hat er Geduld und bereitet ihnen kein Hindernis. Den Wesen, die Hunger leiden, gibt er die beste, vortrefflichste Speise; den Wesen, die Furcht haben, gewährt er Sicherheit. Er ist eifrig bemüht um die völlige Heilung der Kranken und befriedigt die Armen durch Reichtümer. An einem Heiligtum des Vollendeten besorgt er das Bestreichen mit Mörtel. Er verkündet den Wesen die frohe Botschaft. Mit den Armen und Unglücklichen teilt er seinen Besitz und trägt die Last derer, die müde und erschöpft sind.« (*Śikṣā-samuccaya*)

Der Bodhisattva gelobt:

»Dem Schutzbedürftigen möchte ich ein Schützer,
Dem Wüstenwanderer ein Führer sein und Schutz,
Und Steg und Brücke denen, die das Ufer suchen;
Und Lampe möchte ich sein für die, die einer Lampe,
Ein Ruhebett für die, die eines Betts bedürfen,
Ein Sklave aller Wesen, die den Sklaven brauchen.« (*Bodhi-caryāvatāra* 3,17 f.)

Um den anderen Lebewesen zu helfen, gibt der Bodhisattva den Schatz seiner eigenen Verdienste hin; er überträgt (*parivarta*) diese auf die anderen ihrer bedürfenden Wesen; ja noch mehr, er leidet für sie stellvertretend. Sein Gelöbnis lautet:

»Ich nehme die Leiden aller Wesen auf mich; ich bin fest entschlossen zu dieser Übernahme. Ich ertrage sie, ich kehre nicht um, ich fliehe nicht, ich schaudere nicht, ich bebe nicht, ich fürchte mich nicht, ich weiche nicht zurück, ich verzage nicht. Und warum das? Weil es notwendig ist, daß ich die Last aller Wesen auf mich nehme. Es liegt nicht in meinem Belieben, denn ich habe das Gelübde getan, alle Wesen zu retten. – Befreien muß ich alle Wesen aus dem Urwald der Geburt, aus dem Urwald des Alters, aus dem Urwald der Krankheit, aus dem Urwald falscher Anschauungen, aus dem Urwald des Verlustes guter Werke, aus dem durch Unwissenheit entstandenen Urwald. – Ich bin nicht bloß auf meine eigene Erlösung bedacht; denn ich muß alle Wesen mit dem Boot des Entschlusses zur Allwissenheit aus der Flut des Geburtenkreislaufes erretten. – Ich bin entschlossen, an jedem einzelnen Ort der Qual endlose Milliarden von Weltzeitaltern zu verweilen. Und warum? Weil es besser ist, daß ich allein leide, als daß alle diese Wesen in die Stätten der Qual versinken. Ich gebe mich selber als Lösegeld hin.« (*Śikṣā-samuccaya* 280 ff.)

Durch dieses grenzenlose Mitleiden vermag der Bodhisattva allen Wesen geistige und leibliche Hilfe zu bringen und so in ihnen alle guten Anlagen zu wecken und zu entfalten.

»So wie das Element des Wassers alle Gräser, Sträucher, Kräuter und Bäume zum Wachsen bringt, so läßt auch der herzensreine Bodhisattva alle Wesen durch die Bezeigung seiner Liebe aufknospen; so verharrend, bringt er alle lichten Eigenschaften aller Wesen zum Wachstum.« (*Kāśyapaparivarta*)

Ja, nicht nur Leiden nimmt der Bodhisattva auf sich, um anderen Wesen zu helfen, sondern Sünde und Schuld, ja Höllenstrafen, die viele hunderttausend Weltzeitalter währen, wenn er auf andere Weise ihnen nicht zu helfen vermag. Als Musterbeispiel hierfür wird ein Brahmanenschüler genannt, der das Keuschheitsgelübde, das er 42 Jahre gehalten, aus Mitleid mit einer Frau bricht, weil sie sonst sterben müßte, und dafür lange Höllenqualen auf sich nimmt (*Śikṣā-samuccaya*). Der Grundsatz des Bodhisattva lautet:

> »Ich werde alle Wesen befriedigen, deren Leiber dahinwelken, die sich an die drei Welten klammern, die durch Leiden dahinwelken, die will ich zur Freude bringen, ihre Wünsche erfüllen und ihnen selige Ruhe geben.« (*Saddharma-puṇḍarīka* 5,18)

Das in Mitleid und Liebe bestehende Bodhisattva-Ideal ist nicht an das Mönchsleben gebunden wie das Ideal des *arhat*, sondern kann mitten im weltlichen Leben auch von verheirateten Laien verwirklicht werden. Es gibt schon deshalb keinen prinzipiellen Unterschied zwischen den Buddha und Bodhisattva einerseits und einfachen Menschen andererseits, weil alle in sich die Buddha-Natur tragen.

Aus den unzähligen Bodhisattva heben sich einzelne »große Wesen« (*mahāsattva*) heraus und werden zu Erlösergottheiten. Eine der wichtigsten dieser Gestalten, die sogar geradezu monotheistische Ausschließlichkeit erlangt hat, ist der Buddha *Amitābha* (s. S. 187). Dadurch, daß er unzählige Äonen hindurch die Tugenden eines Bodhisattva geübt hatte, entfaltete er kraft seiner Meditation das »Glücksland« (*sukhāvatī*) des Westens. Dort gibt es weder Finsternis noch Hölle, weder Dämonen noch Gespenster noch Tiergeburten, auch keinen Unterschied von Menschen und Göttern. Herrliche Ströme von unvorstellbarer Breite und Tiefe durchfließen dieses flache Land, deren süße Wasser wie herrliche Melodien rauschen. Edelsteinbäume und Lotusblumen von riesiger Größe glitzern in unzähligen Farben; wundersame Musik ertönt von Instrumenten, liebliche Düfte durchwehen die weiten Räume. Die Seligen genießen alle ihnen erwünschten Speisen ohne jede körperliche Berührung. Sie führen nur geistliche Gespräche über die Heilslehre. Hatten sie fest an Amitābhas Gnade geglaubt, so sitzen sie jetzt auf Lotusblumen; war jedoch ihre Seele nicht frei von Zweifeln gewesen, so blieben sie in den Kelchen derselben stecken.

Eine zweite Gestalt ist der Bodhisattva *Avalokiteśvara* (s. S. 187), eine dritte die Göttin *Tārā* (s. S. 238).

Der das göttliche Mitleid betätigende Bodhisattva ist aber nicht nur Helfer und Retter der anderen Wesen, er wird vielmehr selbst zum Gegenstand ihres Vertrauens, Glaubens und ihrer dankbaren Liebe. Jene *bhakti*, welche im Hinduismus sich auf die persönlichen Heilandgottheiten richtet (s. S. 244), zielt im Mahāyāna-Buddhismus auf die barmherzigen Bodhisattva. Rettung aus irdischer Not und Belehrung zur Abkehr von der Unwissenheit empfangen die Glaubenden als Gnadengeschenk von den Bodhisattva, die sie darum preisen, denen sie danken und von denen sie diese Gnadengaben demütig erflehen. Hatte das Gebet als Ausdruck der vollkommenen Abhängigkeit von den hohen Wesen und als Ausschütten des Herzens in Anbetung, Lob und Dank, Bitte und Ergebung im Theravāda-Buddhismus keinen Platz gehabt, so kehrt es im Mahāyāna-Buddhismus mit seiner ganzen ursprünglichen Kraft wieder.

> »Mich, irrend im wesenlosen, bestandlosen, unguten, höchst schlimmen Rad des Geburtenkreislaufes, kannst du allein herausholen, o Meer der Gnade, darum o Herr, Gnade, Gnade, Gnade! Gnade, Herr, Götterherr, Weltenherr, Sieghafter, der Welt und mir und allen Guten Anbetungswürdiger, Buddha, Bezwinger von Sünde, Leid, Gier und Dunkelheit. Dein Liebender (*bhakta*) allein bin ich, mit

Leib, Wort und Geist. Liebster, allerhöchster Geist, Leidloser, Heiliger, vor aller Welt Hochgerühmter, sei Zuflucht, du Höchster, Gnädiger. Zu deinen Füßen bin ich deiner Knechte Knecht. Deine Gnade gegen die Menschen macht keinen Unterschied; durch sie, o Überwinder, reinige mich, den Sündenverderbten. Völlig werde mein Glück durch sie.« (*Bhakti-śatakam* des *Rāmachandra*; übers. von Rudolf Otto)

»Was ich wünsche, dich wissen zu lassen, das weißt du alles im Großen und Kleinen schon voraus; aber die Art und Weise, in welcher der Unwissende im Übermaß sich ermüdet, wenn er sich aussprechen will, wird für ihn eine Ursache der Zufriedenstellung, so wie vor einer Mutter, die doch alles schon weiß, der Unglückliche, indem er seinen Schmerz wie ein Gift ausspeit, Wohlgefühl für das Herz erlangt.« (Hymnus an *Tārā*; übers. von Karl F. Johansson)

Das Gebet zu den Buddha und Bodhisattva wird schließlich zum Himmelsschlüssel in der Sterbestunde.

»Was immer für Wesen um die Erlangung der Geburt in der Paradieswelt beten werden, allen diesen wird, wenn der Tod naht, der Vollendete, Heilige, vollkommen Erleuchtete, Amitābha erscheinen, umgeben von zahlreichen Scharen der Heiligen. Dann werden diese Wesen, nachdem sie den Herrn gesehen und fromm dahingeschieden sind, ebenso dort in der Paradieswelt wieder erscheinen.« (*Sukhāvatī-vyūha*)

Mit dem Glauben an die Wundermacht des Gebetes verbindet sich die uralte Vorstellung von der Zauberkraft, welche die Nennung des göttlichen Namens besitzt.

»Wenn einer, der zur Hinrichtung hinausgeführt wird, den Namen des Bodhisattva, des großen Wesens *Avalokiteśvara* anriefe, so würden die Schwerter der Henker zersplittern. Wenn irgendein Wesen, sei es schuldig oder unschuldig, mit hölzernen und eisernen Knebeln, Ketten und Fesseln gebunden wäre, so würden durch das bloße Aussprechen des Namens des *Avalokiteśvara* Ketten und Fesseln sich öffnen.« (*Saddharma-puṇḍarīka*)

Das Gebet zu den Buddha und Bodhisattva wurde eingebettet in den Kult der Buddha-Bilder. Der älteste Buddhismus war bildlos; er kannte nur die Verehrung von großen und kleinen Reliquienbehältern (*stūpa*), wie sie durch alle Zeiten weiterlebte. Schon frühzeitig begann aber die buddhistische Kunst die wichtigsten Begebenheiten des Lebens Buddhas symbolisch darzustellen. Die frühesten Kunstwerke von Sarnāth, Sāñcī und Bharhut versinnbilden seine Geburt durch einen Garten mit einem Baum in der Mitte, dessen Zweig seine Mutter ergreift, seine Erleuchtung durch den Feigenbaum, seine erste Predigt durch ein Rad. Beliebt ist die Symbolisierung seiner Gegenwart inmitten anbetender Frommer durch einen leeren Thronsitz oder einen *stūpa*. Im 1. Jahrhundert n. Chr. wagten Buddhisten unter hellenistischem Einfluß Buddha in Statuen teils stehend mit segnendem Gestus, teils sitzend in der Meditationshaltung darzustellen. Ausgangspunkt dieser sogenannten *Gandhāra*-Kunst ist das Peshawar-Tal in Nordwestindien. Daneben fand das ganze Leben des Buddha von seiner Empfängnis bis zu seinem Hinscheiden, ja selbst in seinen früheren Existenzen, in zyklischen Bildern packenden Ausdruck. Ähnlich wie die Statuen der Jina empfingen

auch die der Buddha und Bodhisattva Verehrung durch Blumen-, Reis- und Weihrauchspenden, doch galten diese nur als Meditation über Buddhas Tugenden. Sobald aber unter dem Einfluß des Mahāyāna die Gläubigen die Buddha und Bodhisattva in Gebeten anriefen, waren deren Statuen mehr als bloße Veranschaulichungen, nämlich Träger der sakramentalen Gegenwart der angebeteten »großen Wesen«. Als solche verlangten sie heilige Räume, Tempelgebäude im Sinne der antiken Religionen. So traten an die Stelle der schmucklosen runden Reliquienhügel kunstvolle Tempel, zunächst aus dem Felsen herausgeschlagene, später selbständige Gebäude. Neben den *stūpa* und Tempeln dienten der Aufbewahrung von Reliquien die Pagoden (entstanden aus *dagoba = dhātu-garbha* »Reliquienbehälter«), deren verschiedene Stockwerke die drei Reiche des Sinnlichen, Geformten und Formlosen darstellen. Neben den Reliquien werden in buddhistischen Ländern an bestimmten Orten die angeblichen Fußspuren Buddhas verehrt, in vielen Tempeln auch Nachbildungen derselben.
Mit der Anbetung der Buddha-Bilder nahm der Ritualismus immer größere Ausdehnung an. Zahlreiche hinduistische Bräuche drangen in den Buddhismus ein, und zwar nicht nur in das Mahāyāna, darunter selbst die Verehrung des *liṅga* (Phallus) und der *yoni* (Vulva) (s. S. 234). Die Mondfeste der alten Mönchsgemeinde erweiterten sich unter hinduistischem Einfluß zu einem Festkalender, in dessen Mittelpunkt die Erinnerung an die heilsgeschichtlichen Ereignisse der Geburt, Erleuchtung und des Eingangs ins Nirvāṇa am *Vesak-*(*Visākha-*)Fest, den Vollmondstagen des April, traten. Immer mehr hinduistische Feste, Riten und Zeremonien fanden Eingang in den Buddhismus. Oft genug wurden die alten kultischen Überlieferungen nur leicht durch buddhistische Gedanken verbrämt. So wurde der Buddhismus aus einer puritanischen mystischen Erlösungsreligion zu einer üppig wuchernden Volksreligion. Immerhin sicherten die zum Gottesdienst gehörigen Lesungen aus den heiligen Schriften sowie die Mönchspredigten diesem wachsenden Ritualismus das buddhistische Gepräge.
Aber nicht nur der magischen Volksreligion brachte der Buddhismus in seiner großen Anpassungsfähigkeit seinen Tribut, sondern auch einer seinem Ursprung und Wesen noch fremderen esoterischen Magie, wie sie im Hinduismus in der Literatur der *Tantra* ihren Niederschlag fand (s. S. 251). So trat in der ersten Hälfte des 1. nachchristlichen Jahrtausends zum »Weg der Erkenntnis«, den der Meister beschritten hatte, und zum »Weg der *bhakti*«, den seine späteren Verehrer einschlugen, der Weg des Zauberkultes, *Vajrā-yāna* (»Diamantfahrzeug«) genannt. Als »Träger dieses Diamants« (*vajra-dhara*) erschien der Urbuddha selbst in seiner Gestalt als *Vairocana*; zu den »drei Leibern« des Buddha trat so ein vierter, »der Leib der großen Lust« (*mahāsukha-kāya*). Durch feierliche Initiationsriten (*abhiṣeka*) wird der Jünger von einem Meister (*ācarya*) in mystische Meditationen, Diagramme (*maṇdala*), Zauberformeln (*mantra*) und Fingerhaltungen (*mudrā*) eingeweiht. Den Höhepunkt dieses Geheimkultes bildet die geschlechtliche Einigung (*maithuna*); durch sie erlangt der Fromme Anteil an dem göttlichen Urmysterium, das in der Umschlingung des männlich gedachten Gottes mit seiner weiblich vorgestellten Schöpferkraft (*śakti*) oder Weisheit (*prajñā*) besteht. Nach dieser esoterischen Tradition hat der irdische Buddha selbst vor seinem Eintritt ins Mönchtum diesen Kult mit seiner Gattin vollzogen. Während jedoch alle Ideen des Mahāyāna keimhaft in Leben und Lehren Buddhas vorhanden sind, stellt das *Vajrayāna* einen Fremdkörper im Buddhismus dar; es hat aber in China und Japan eine starke Vergeistigung erfahren.

Die Ausbreitung des Buddhismus

Schon zu Lebzeiten Buddhas war die Schar seiner Ordensangehörigen und Laien gewaltig angewachsen. Nach seinem Tode entfaltete der Orden eine immer stärkere Expansion. Seine Ausbreitung wurde am stärksten gefördert durch König Aśoka, der 273–232 v. Chr. regierte. Er veranlaßte die Abhaltung eines Mönchskonzils in Pātaliputra zur Erneuerung der Ordensgemeinschaft; hier soll der Kanon (*Tripiṭaka*) endgültig festgelegt worden sein. An den historischen Stätten Buddhas errichtete er Erinnerungspfeiler. Das Löwenkapitell eines dieser Pfeiler von Sarnāth ist zum Nationalsymbol der heutigen indischen Republik geworden. Obgleich ganz vom Geiste der Toleranz gegenüber allen Religionsgemeinschaften erfüllt, sandte Aśoka buddhistische Missionare in zahlreiche fremde Länder, anscheinend sogar bis nach Tibet, Zentralasien, Syrien und Ägypten. Unter den nach Ceylon gesandten befanden sich sein eigener Sohn Mahendra und seine Tochter Saṅghamitrā (»Freundin des Ordens«). Aśoka war aber nicht nur ein Patron des Buddhismus, sondern machte in seinem persönlichen Leben wie in seiner Regierung Ernst mit Buddhas Forderungen. Er tat Buße für die Tötungen und Verschleppungen, die bei seinen Eroberungszügen geschehen waren, und mahnte seine Nachkommen, als wahre Expansion des Reiches die Ausbreitung der Religion anzusehen. Er erklärte, daß er alle Menschen als seine Kinder betrachte und wünsche, sie möchten allen Heils im Diesseits und Jenseits teilhaftig werden. Durch Tierschutz suchte er den Grundsatz der *ahiṃsā*, durch soziale Aktivität den der *mettā* in die Tat umzusetzen.

Das erste außerindische Land, das die Religion Buddhas annahm, war Ceylon. Dort wurde unter König Aśoka in Anurādhapura ein Zweig vom Baum der Erleuchtung eingepflanzt; der aus ihm erwachsene Baum wird noch heute als eines der größten buddhistischen Heiligtümer angesehen. Ein anderes Heiligtum ist der Tempel in Kandy mit der Reliquie eines angeblichen Zahnes Buddhas. Ceylon wurde zur Hochburg des *Theravāda*-Buddhismus und ist dies bis zum heutigen Tag geblieben. Der Pāli-Kanon soll dort gegen Ende des 1. Jahrhunderts v. Chr. niedergeschrieben worden sein. Dort blühte neben diesem eine reiche außerkanonische Literatur auf, vor allem von Kommentaren zu den heiligen Schriften. Seit dem 11. Jahrhundert stand dort neben dem König ein Mönch als geistlicher Souverän, ein *saṅgha-rāja* (»Herrscher über die Ordensgemeinschaft«).

In Burma, wohin die Botschaft Buddhas ebenfalls zu Aśokas Zeiten gebracht worden sein soll, bestanden Theravāda und Mahāyāna lange Zeit nebeneinander; seit dem Ende des 15. Jahrhunderts herrschte ersterer ausschließlich. Im Jahre 1871 wurde in Rangoon das 5. buddhistische Konzil gehalten und das *Tripiṭaka* auf steinerne Tafeln eingeschrieben, die in den Tempeln am Fuße des Mandalay-Hügels aufbewahrt werden. Das 6. Konzil (1954–56) fand ebenfalls in Rangoon statt.

Auch in Thailand, wohin Missionare Aśokas den Buddhismus gebracht haben sollen, wurde nach zeitweiligem Einfluß des Mahāyāna-Buddhismus und Hinduismus der *Theravāda* wiederhergestellt. Heute ist er die Staatsreligion des Landes. Auch hier steht dem König ein *saṅgha-rāja* zur Seite. In gleicher Weise gelangte die *Theravāda*-Tradition in Kamboja nach einer Periode des Mahāyāna zur Herrschaft. Aus der Zeit des großen Reiches der Khmer stammen die im 12. Jahrhundert errichteten prunkvollen Tempelbauten von Angkor Vat. Auch in Laos und Vietnam faßte der Buddhismus

Boden. In allen diesen Ländern bestehen Tausende von Klöstern mit zahlreichen Mönchen. Mit Ausnahme von Ceylon treten in ihnen viele Buddhisten einige Monate in die Ordensgemeinschaft ein, um dann zum weltlichen Leben wieder zurückzukehren. In Thailand, Laos und Kamboja bringen die jungen Männer wenigstens eine Regenzeit im Mönchskloster zu. Auf diese Weise hat die buddhistische Religion das ganze Volksleben aufs stärkste durchdrungen.
Im Zusammenhang mit der großen Expansion der indischen Kultur gelangte der Buddhismus in der Mitte des 1. Jahrtausends nach Sumatra und Java, zunächst in der Form des Hīnayāna, die dann seit dem 8. Jahrhundert durch die des Mahāyāna und *Vajrayāna* verdrängt wurde. Dort entstand im 9. Jahrhundert das gewaltigste buddhistische Kunstwerk der Welt, der Terrassentempel *Borobudur* (»viele Buddhas«) in der Nähe von Djokjakarta im mittleren Java. Dieser war bei der Eroberung Javas durch den Islam im 15. Jahrhundert völlig mit Erde überschüttet worden und wurde erst am Anfang des 19. Jahrhunderts wieder ausgegraben. Der Aufstieg über die verschiedenen Galerien, die mit zahlreichen Reliefs aus dem Leben Buddhas geschmückt sind, bis zur obersten Terrasse ist, ähnlich wie der Bau der Pagode, ein Symbol des mystischen Aufstiegs des Buddha-Jüngers aus der Welt der Sinnlichkeit in die übersinnliche Sphäre des Nirvāṇa.
In seinem unaufhaltsamen Vordringen gelangte der Buddhismus nicht nur nach dem Südosten und Osten Indiens, sondern auch nach Norden und Westen. Schon unter Aśoka kam er nach Nepāl, wo dessen Tochter Charumatī ein Nonnenkloster errichtet haben soll, ferner nach Kashmīr und Afghānistān. Ein zweiter Aśoka erstand dem Buddhismus in dem indoskythischen König Kaniṣka, der in Puruṣapura (Peshāvar) residierte und dessen Regierungsantritt in die Jahre 78 oder 128 n. Chr. angesetzt wird. Gleichfalls toleranter Gesinnung, förderte er tatkräftig die Ausbreitung des Buddhismus. Er erbaute zahlreiche buddhistische Klöster und Heiligtümer, auch veranstaltete er ein buddhistisches Konzil in Jālandhara (Kashmīr), dessen Beschlüsse jedoch nur von den Anhängern des Mahāyāna anerkannt werden. An die Blütezeit des Buddhismus in Afghānistān erinnern noch die zahlreichen Denkmäler buddhistischer Kunst, insbesondere die Felsentempel, stūpa und Kolossalstatuen Buddhas in Bāmiyān. Der Buddhismus drang in seinen verschiedenen Formen bis nach Ostiran und Turkestān vor.

Der Buddhismus in China

Für die Weiterentwicklung des Buddhismus hat am meisten China bedeutet. Dort sind die großen Schulen des fernöstlichen Buddhismus entstanden, und dort hat sich das Mahāyāna am stärksten entfaltet. Der Buddhismus scheint dorthin schon im 1. nachchristlichen Jahrhundert gekommen zu sein, in der Zeit der aufblühenden Mahāyāna-Literatur und *Gandhāra*-Kunst, und zwar auf den großen »Seidenstraßen«, welche die chinesischen Kaufleute auf dem Wege nach dem Westen benutzten. Im 2. Jahrhundert bestand bereits eine größere buddhistische Gemeinde in der Hauptstadt Loyang, im 3. Jahrhundert breitete sich die Religion des Buddha über ganz China aus. Die buddhistischen Missionare brachten neben Hīnayāna- vor allem Mahāyāna-Schriften nach China und entfalteten in den jungen Klöstern eine rege Übersetzertätigkeit. Zu den bedeutendsten von ihnen gehörten Dharmarakṣa aus Baktrien (gest. 314), der 50 Schriften übersetzte, und Kumārajīva aus Kucha (in China seit 401). Aber nicht nur durch eine reiche Literatur schafften sie der neuen Religion Eingang, sondern auch durch die Darstellungen in der Kunst.

Die mystische Erlösungslehre des Buddha fand den Boden bereits vorbereitet durch die taoistische Mystik. Andererseits stieß sie auf den entschiedenen Widerstand des rationalen, bürgerlichen und unmönchischen Konfuzianismus. Es begann eine wechselvolle Geschichte, ein stetes Auf und Ab: die einen Herrscher begünstigten oder förderten die Ausbreitung der neuen Religion; einzelne errichteten Buddha-Statuen und -Tempel, kleideten sich in buddhistischer Mönchstracht und ließen Seelenmessen für ihre verstorbenen Angehörigen abhalten. Andere hingegen, die konfuzianisch oder taoistisch eingestellt waren, unterdrückten oder verfolgten sogar blutig die aus der Fremde gebrachte Mönchsreligion, in der sie eine Gefahr für die gesunde Volkskraft erblickten. Die größte Verfolgung fand im Jahre 845 statt, als Tausende von Klöstern dem Erdboden gleichgemacht, Tausende von Tempeln zerstört und Tausende von Mönchen zur Rückkehr ins Weltleben gezwungen wurden. Nach einem Aufschwung des Buddhismus unter lamaistischem Einfluß erfolgte im 18. Jahrhundert ein fortschreitender Verfall. Die Revolution in China 1911 führte zur Einziehung der Klostergüter und zur Verstaatlichung der Klöster und Tempel, die fortan zu Schul- und anderen Zwecken dienen sollten. Die Volksmeinung aber widersetzte sich dem Klostersturm, und in der neuen Religionsfreiheit blühte der Buddhismus unter japanischem Einfluß wieder auf. Die Äbte T'ai-shü (gest. 1947) und Yin-kuang (gest. 1940) riefen bedeutende religiöse Erneuerungsbewegungen hervor. Auch die christliche Mission gab den Anstoß zu neuer Aktivität sowohl auf dem Gebiet der Erziehung wie des sozialen Lebens. Diese Reformbewegungen wurden von Laienorganisationen getragen, vor allem von der »Chinesischen Buddhistischen Gesellschaft«, deren Gründer Yuan-ying eine Vereinheitlichung und Organisierung des Buddhismus erstrebte. Neben der religiösen Erwekkung stand eine Wiederbelebung der idealistischen Philosophie, des *Vijñāna-vāda* (s. S. 187). Das kommunistische China ist nach anfänglicher Verfolgung dazu übergegangen, den Buddhismus in bestimmten Perioden und in Grenzen zu tolerieren, ja ihn als Werkzeug für die Verbreitung des Kommunismus zu gebrauchen. Seiner Propaganda ist es gelungen, nicht wenige Mönche in den Ländern des Theravāda-Buddhismus für die Partei zu gewinnen.

Der Kanon der heiligen Schriften

Der chinesische Buddhismus schuf ein neues *Tripiṭakam* (*san-ts'ang*), das 700mal größer ist als die christliche Bibel. Obgleich dessen Aufbau derselbe ist wie der des Pāli-Kanons – »Gesetz« (*lü*), Lehrtexte (*ching*) und Scholastik (*lun = abhidharma*) –, bilden die aus dem Pāli übersetzten Texte nur eine kleine Zahl. Die meisten Stücke sind aus dem Sanskrit übersetzte Mahāyāna-Werke, wobei viele von ihnen mehrfach übersetzt worden sind. Nicht wenige im indischen Original verlorengegangene Texte sind in diesen chinesischen Übersetzungen erhalten. Der chinesische Kanon wurde im 8. Jahrhundert vollendet; 972 erschien die erste Druckausgabe auf 130 000 Holzblöcken – längst vor dem Abendland war ja in China die Buchdruckerkunst heimisch. Die moderne Drucktechnik machte es möglich, die zahlreichen Bände dieses *Tripiṭakam*

(1097 in der Ausgabe von Kyōto in Japan, 1902–12) auch in einer Privatbibliothek aufzustellen.
Außer den Hauptschriften des Mahāyāna (s. S. 185f.), die teils im Kult, teils in der Privatandacht benutzt werden, haben besondere Bedeutung die folgenden Schriften: das *Śūraṅgama-sūtra*, die Predigt Buddhas auf dem Geierberge, die jeden Tag beim Morgengottesdienst im Tempel rezitiert wird, das *Vimalakīrtinirdeśa*, dem die *Śūnya*-Lehre zugrunde liegt, sowie der dem Aśvaghoṣa zugeschriebene *Abhidharma*-Text *Mahāyāna-śraddhotpāda* (»Entstehung des Mahāyāna-Glaubens«), eines der meiststudierten und noch in diesem Jahrhundert viel benutzten Bücher des Fernen Ostens. Auch die Schriften der großen buddhistischen Kirchenlehrer (s. S. 186) wurden übersetzt. Chinesischen Ursprungs ist das bei Seelenmessen vielgebrauchte *Ta-pei-chang* (»Bußmesse des großen Mitgefühls«). Sogar *Tantra*-Texte (s. S. 251) sind in den chinesischen Kanon aufgenommen worden.
Dieses ausgedehnte heilige Schrifttum ist »nicht bloß ein glänzendes Zeugnis für den Glaubenseifer und die tiefe Gelehrsamkeit, die einst in den Klöstern Chinas geherrscht haben muß, sondern auch eine unerschöpfliche Fundgrube wichtigster Nachrichten über die Geschichte und das geistige Leben von einem großen Teile des asiatischen Kontinents« (Otto Franke).
Die Übersetzung der buddhistischen Termini aus dem feindifferenzierten Sanskrit in das weniger ausdrucksfähige Chinesisch war ein äußerst schwieriges Unternehmen. In der Frühzeit des chinesischen Buddhismus bot dazu eine wesentliche Hilfe der Sprachschatz der taoistischen Mystik (s. S. 76, 81): vereinzelt wurde *bodhi* (»Erleuchtung«) mit *tao* wiedergegeben, *nirvāṇa* mit *wu wei* (»Nicht-Tun«), Mönch mit *tao-jên* (»Leute des *Tao*«), Kloster mit *hsüan-mên* (»geheimnisvolle Pforte«), einem Wort Lao-tzŭ's. Auf diese Weise schuf Hui-yüan (333–416), ein ehemaliger Taoist, eine Synthese von Buddhismus und Taoismus. Kein Wunder, daß die Taoisten im Buddhismus lediglich eine indische Variante ihrer eigenen Religion, in Buddha eine Wiedergeburt Lao-tzŭ's erblickten; letztere Legende geht auf den taoistischen Priester Wêng-fu (265–317) zurück. Umgekehrt erklärten die Buddhisten Lao-tzŭ als einen Schüler Buddhas. Aber auch beim Konfuzianismus machten die chinesischen Buddhisten Anleihen durch Übernahme seiner ethischen Gedanken. Seit Kumārajīva errangen jedoch die Übersetzer der indischen Schriften eine größere Selbständigkeit.

Die Schulen des chinesischen Buddhismus

Die Verschiedenheit der Hīnayāna- und Mahāyāna-Texte, aber auch die Differenzierung der letzteren, stellten die chinesischen Buddhisten vor schwierige Probleme. Die Schwierigkeit steigerte sich noch dadurch, daß die Hunderte von chinesischen Buddhisten, die nach Indien pilgerten, mit den dortigen verschiedenartigen buddhistischen Schulen bekannt wurden, aber auch dadurch, daß die einzelnen buddhistischen Theologen eine bestimmte Mahāyāna-Schrift als Kern und Stern des ganzen Kanons ansahen. Auf diese Weise entstanden in China zehn verschiedene buddhistische Schulen, Abteilungen oder Sekten (*tsung*).
I. *Ch'êng-shih-tsung*, so benannt nach ihrem autoritativen Text, dem *Satya-siddhi-śāstra* (»Lehrbuch der Vollkommenheit der Wahrheit«), einem Dokument des *Śūnya-vāda* (s. S. 187), daher auch *K'ung-tsung* (»Schule der Leerheit«) genannt, wurde

von Kumārajīva um 410 n. Chr. in China eingeführt, erlosch jedoch im 8. Jahrhundert.

II. *T'ien-t'ai-tsung*, so bezeichnet nach dem auf dem *T'ien-t'ai*-Berge gelegenen Hauptkloster, wurde begründet durch Chih-i (538–597). Sie stellte das Schriftstudium sehr hoch, ohne deshalb Meditation und Kult zu vernachlässigen. Sie suchte die Verschiedenheit der heiligen Schriften durch ein künstliches chronologisches Schema zu überwinden, indem sie das Leben des historischen Buddha in fünf Perioden einteilte: (1) In den ersten drei Wochen nach seiner Erleuchtung verkündete Buddha allen Wesen die universale Lehre, wie sie im *Avataṃsaka-Sūtra* (s. S. 186), chinesisch *Hua-yen-ching*, niedergelegt ist. (2) Da Buddha erkannte, daß seine Lehre von den Durchschnittsmenschen nicht verstanden wurde, vereinfachte er sie auf die vier heiligen Wahrheiten und den achtgliedrigen Pfad und predigte zwölf Jahre die Lehre des Hīnayāna, wie sie im Pāli-*Tipiṭakam* enthalten ist. (3) Da er aber sah, daß die Jünger diese Lehre für die ganze Wahrheit hielten, während sie nur eine Einführung war, verkündete er während der nächsten acht Jahre anstelle des *arhat*-Ideals das des *bodhisattva*, wie es im *Vimalakīrtinirdeśa* und in anderen Mahāyāna-Texten dargestellt ist. (4) Weil die Jünger diese Lehre als zu schwer verständlich für den gewöhnlichen Menschen ansahen, belehrte er sie 22 Jahre lang darüber, daß das Hīnayāna nur eine Vorstufe des Mahāyāna sei, als dessen Hauptschriften er die *Prajñā-pāramitā* erklärte. (5) Als Buddha 72 Jahre alt geworden, predigte er die höchste Weisheit des Nirvāṇa, wie sie im *Saddharma-puṇḍarīka* (s. S. 186) und dem *Mahāparinirvāṇa-Sūtra* (einem Mahāyāna-Werk, nicht dem gleichbetitelten Werk des Pāli-Kanons) als den wichtigsten kanonischen Werken ausgesprochen sei.

Die höchste Weisheit besteht in der Erkenntnis der Identität alles Existierenden mit der absoluten Buddha-Wesenheit. In echt chinesischer Weise vertritt die *T'ien-t'ai*-Schule die vollkommene Einheit des Absoluten (der »Leere«) mit der phänomenalen Welt und die Harmonie aller *dharma*, d. h. Seinselemente im absoluten Geist, dem So-Sein und wahren Sein. Daraus folgt, daß die Buddha-Natur auch das Böse umschließt und umgekehrt, daß durch Anteil an der Buddha-Natur auch die Natur des verderbten Menschen gut ist. Chih-i's Lehre übte einen starken Einfluß auf die anderen Schulen aus.

III. Die »Schule der drei Abhandlungen« (*San-lun-tsung*) wurde von Kumārajīva begründet und von Chi-tsang (549–623) zur Blüte gebracht. Dieser lehnte die Unterscheidung einer ursprünglichen und einer vergeistigten Lehre Buddhas wie die Erhebung einer Schrift über alle anderen ab. In seinem Hauptwerk »Die wiederhergestellte Lehre der drei Abhandlungen« schloß er sich an zwei Werke Nāgārjunas und an eines seines Schülers Āryadeva an. Obgleich seine Schule nicht mehr besteht, werden seine Werke noch heute studiert.

IV. *Chü-shê-tsung*, so benannt nach einem Werk *Chü-shê* (Sanskrit *Abhidharmakośa*) des Vasubandhu, das von Paramārtha um 565 und später von Hsüan-tsang übersetzt wurde. Diese Schule verfiel schon um 900, fand aber einen Ableger in Japan (s. S. 215).

V. *Hua-yen-tsung*, die von Tu-fa-shun (556–640) gegründet wurde, hat ihren Namen von dem *Avataṃsaka-Sūtra*, dessen wichtigste Lehre die von der Allgemeinheit der Buddha-Natur ist (s. S. 186), eine Lehre, die sich im ganzen chinesischen Buddhismus durchsetzte. Dieser heilige Text begründete auch den strengen Vegetarismus, der für die chinesischen Buddhisten, und zwar für Mönche und Laien, zur Norm wurde.

Obgleich diese Sonderschule keinen Bestand hatte, wirkten ihre Ideen bis in dieses Jahrhundert nachhaltig weiter.
VI. *Fa-hsiang-tsung*, die »Schule der Eigenschaften der Dinge« (Sanskrit *dharma-lakṣaṇa*), ist eine Gründung des Hsüan-tsang (602–664), der in Nālandā in Indien mit der Lehre des *Yogācāra* (s. S. 187) vertraut geworden war. Er übersetzte von neuem die *Prajñāpāramitā* sowie das zusammenfassende Werk *Prajñāpāramitā-hṛdaya* (»Herz der Weisheitsvollkommenheit«) und entwickelte die Lehre des Asaṅga und Vasubandhu weiter. Des letzteren Werk *Vijñāna-mātra-śāstra*, das er ebenfalls übersetzte, wurde zum Haupttext dieser Schule, nach dem sie auch »Schule des Nur-Bewußtseins« (*Wei-shih-tsung*) genannt wird. Auch dieses System findet bis heute Beachtung, obgleich es nur noch wenige Anhänger in Nordchina hat.
VII. Die »Schule der Disziplin« (*vinaya*, chin. *Lü-tsung*) ist gegründet von Tao-hsüan (595–667). Sie dringt auf strenge Einhaltung der alten Ordensregeln und gibt dem Abt das Recht zur Züchtigung der Mönche; die Halle für die Rezitation der heiligen Texte heißt geradezu »Prügelhalle«.
VIII. Die »Schule der Geheimnisse« (*Mi-tsung*) stellt den esoterischen *Vajrayāna*-Buddhismus (s. S. 194f.) dar, wie er im *Mahāvairocana-Sūtra* seinen Ausdruck fand. Sie stammt aus dem 8. Jahrhundert und wirkte in Kult und Magie bis in die neueste Zeit nach.
Während alle diese Schulen wegen ihrer philosophischen Systematik im breiten Volk nicht Fuß fassen konnten, sind zwei der ältesten Schulen bis zum heutigen Tage wegen ihrer praktischen Ausrichtung sehr volkstümlich.
IX. Die »Meditationsschule« (*Ch'an-tsung*, von Pāli *jhāna*, s. S. 178) wird zurückgeführt auf Bodhidharma (chin. *P'u-t'i-ta-mo*), den letzten indischen Patriarchen, den achtundzwanzigsten in der Reihe von Buddha, der im frühen 6. Jahrhundert nach der Hauptstadt Loyang kam und der erste buddhistische Patriarch Chinas wurde. Nach der Legende saß er neun Jahre ununterbrochen, das Angesicht gegen eine Mauer gerichtet, um ohne jede Zerstreuung ganz der Kontemplation zu leben. Gegenüber der Überschätzung der heiligen Schriften in anderen Schulen forderte er die Versenkung ins eigene Innere, in welchem die Buddha-Natur wurzelt: »Blicke in dein eigenes Herz; dort wirst du Buddha finden.« Die Überlieferung schreibt ihm folgende Mahnung zu:

> »Die Schriften sind nur der Finger, der auf den Mond der Erleuchtung hindeutet. Wenn man den Mond sehen kann, hat der Finger keinen weiteren Zweck mehr. Im Studium und in der Erklärung der heiligen Schriften aufgehen, in anderen Worten auf den Mond zu sehen vergessen, die Erlangung der Erleuchtung vergessen, heißt den Buddhismus auf den Kopf stellen. Sowohl Buddha wie der gemeine Mann haben dieselbe wahre Natur. Um dies klar zu sehen, müßt ihr *dhyāna* üben. Wenn ihr zu der unerschütterlichen Überzeugung gelangt, daß der gemeine Mann und der Heilige eines und dasselbe sind, so werdet ihr künftig nicht mehr nötig haben, den geschriebenen Lehren der Schriften nachzugehen.«

Im Mittelpunkt des ganzen Heilsstrebens steht die planmäßig und zwar gemeinschaftlich geübte Versenkung. Die Methoden dieser Schule waren freilich verschieden von denen des indischen *dhyāna*. Neu waren als Mittel zur Erlangung der Erleuchtung vor allem der Gebrauch paradoxer Redewendungen und die Züchtigung der Meditierenden mit Stockschlägen. Die Erleuchtung besteht in der intuitiven Erkenntnis der eigenen

Bodhidharma überschreitet einen Fluß

Buddha-Natur und damit der Identität alles Seienden mit dem unendlichen göttlichen Sein. Bei der gemeinsamen Meditationsübung in der Meditationshalle muß deshalb der Gedanke an Gotama Buddha ausgeschlossen bleiben. Gegenstand der Konzentration ist ausschließlich die Besinnung auf die ursprüngliche Buddha-Wesenheit der Seele. Obgleich diese Meditationsschule sich in mehrere Unterschulen teilte, übte sie den stärksten Einfluß auf den gesamten chinesischen Buddhismus aus und durchdrang alle anderen Schulen.

X. Für die Volksfrömmigkeit wurde von entscheidender Bedeutung die »Schule des reinen Landes« (*Ching-t'u-tsung*), der die meisten chinesischen Buddhisten angehören. Sie stellt die reinste Ausprägung des Mahāyāna in China dar. In ihrem Mittelpunkt steht die Gestalt des Buddha *Amitābha* (chin. *A-mi-t'o Fo*, von Priestern und Laien meist *O-mi-t'o Fo* gesprochen). Die Lehre von der erlösenden Liebe dieses Buddha und von der Wiedergeburt der Glaubenden in seinem »Glücksland« oder »reinen Land« wurde von dem indoskythischen Mönch *Lokākṣin* bereits im 2. Jahrhundert nach China gebracht, der auch das grundlegende Werk des *Sukhāvatī-vyūha* (s. S. 186) ins Chinesische übersetzt haben soll. Als eigentlicher Begründer dieser Schule gilt Hui-yüan (333–416). Von den mit weißen Lotusblumen übersäten Teichen seines Klosters erhielt seine Schule den Namen »Lotus-Religion« (*Lien-tsung*). Dieser wurde später mit der Bezeichnung »Schule des reinen Landes« vertauscht. Der bedeutendste spätere Lehrer dieser Schule ist Shan-tao (613–681). Obgleich die Grundgedanken der Erlösung durch Gnade und der Seligkeit im himmlischen Paradies schon in den indischen Mahāyāna-Texten, insbesondere im *Sukhāvatī-vyūha*, enthalten waren, fanden sie in der »Schule des reinen Landes« eine noch folgerichtigere Durchbildung. Der Mensch wird errettet weder durch Werke noch durch meditative Anstrengung, sondern *sola fide*, allein durch Glaube und Vertrauen, und *sola gratia*, allein durch göttliche Gnade. Diese gläubige Zuversicht veranschaulicht Shan-tao in einem reizenden Gleichnis:

> Ein Wanderer, der seinen Freund im Westen besuchen will, wird von wilden Tieren und Wegelagerern verfolgt, bis er an einen Strom kommt. Zu seiner Rechten züngeln hohe Flammen, zu seiner Linken tosen mächtige Wellen, zwischen beiden geht nur ein schmaler, weißer Pfad. Beim Versuch, den Fluß zu überschreiten, droht er entweder in die Flammen oder in die Wogen zu stürzen, bei einer Rückkehr von den wilden Tieren oder Wegelagerern getötet zu werden. Da hört er eine Stimme von drüben: »Komm, ich will dich beschützen«, und eine andere Stimme von hüben: »Geh, du wirst gewißlich errettet werden.« Da wird der Wanderer von unerschütterlicher Entschlossenheit erfüllt; er achtet nicht auf die Rufe der Wegelagerer, sondern geht auf dem schmalen weißen Pfad voran, gestärkt durch die hilfreichen Zurufe, und gelangt so sicher an das andere Ufer, wo die Hand des teuren Freundes sich ihm entgegenstreckt.

Das schlichte Preisgebet »Verehrung sei dem Buddha des unermeßlichen Lichtglanzes« (*Namo Buddhāya Amitābhāya*, chin. *nan-mo A-mi-t'o Fo*) besitzt erlösende Kraft, weil durch die Nennung dieses Namens der in der Tiefe der eigenen Seele wohnende Buddha erweckt wird. »Wie ein mächtiges Brausen geht dieses Gebet von Südchina bis zur Mandschurei, von Japan und Korea bis nach Sibirien. In dieses Gebet wird hineingelegt alle Sehnsucht und alles Verlangen des Herzens, alle Not und alle Qual der Verzweiflung wie das Jubellied der Lobpreisung und des Dankes« (Karl L. Reichelt).

Trotz des monotheistischen Charakters kristallisiert sich um die Gestalt des *A-mi-t'o Fo* eine Trinität. *Fo*, d. i. der Urbuddha, wird von zwei weiblichen Hypostasen, *Ta-shih-chih* und *Kuan-yin* flankiert (s. S. 205). Es ist nicht unwahrscheinlich, daß das nestorianische Christentum, welches vom 7. Jahrhundert an in China missionierte und dessen Priester in engem Gedankenaustausch mit den buddhistischen Mönchen standen, die Gnaden- und Trinitätslehre der »Schule des reinen Landes« beeinflußt hat, desgleichen auch die in dieser gefeierten »Seelenmessen«. Der stärkeren Berührung mit christlichen Ideen entspricht auch die größere Intensität des sozialen und karitativen Wirkens, die dieser Schule eigen ist. Sie erklärt aber auch die stärkere Opposition derselben gegen das Christentum, die sich schon gegenüber den Jesuitenmissionaren des 16. Jahrhunderts zeigte. Sie sieht im Christentum nur eine Abart des Mahāyāna-Buddhismus. Selbst ein christlicher Missionar mußte ihr das Zeugnis geben, daß sie »das edelste Reis am Stamm des chinesischen Buddhismus und ihre Anhänger ein Elitekorps« seien (Reichelt).

Entsprechend dem synkretistischen Grundcharakter der chinesischen Religion, welche einem und demselben Gläubigen die Zugehörigkeit sowohl zum Konfuzianismus wie zum Taoismus und Buddhismus ermöglicht (s. S. 84), bestehen auch zwischen den einzelnen Abteilungen des chinesischen Buddhismus keine Scheidewände. Jeder größere Tempel, zu welcher Abteilung er sich auch rechnen mag, besitzt eine Meditationshalle, übt den Kult des »reinen Landes«, und seine Priester vertreten in der Theorie die Lehre der *T'ien-t'ai-* und der *Hua-yen*-Schule. Daher pflegt man zu sagen, der chinesische Buddhismus repräsentiere in der Lehre *T'ien-t'ai* und *Hua-yen*, in der Praxis jedoch die Meditationsschule und die »Schule des reinen Landes«.

Das Pantheon

Das Mahāyāna stellt keinen Polytheismus dar; die Einheit des Göttlichen ist durch die Grundbegriffe des *Dharmakāya*, *Ādibuddha* und *Fo* gesichert. Wohl aber ähnelt der Mahāyāna-Buddhismus dem Polytheismus in seinem Glauben an die Vielzahl der Manifestationen des einen Göttlichen. Die chinesische buddhistische Kunst, welche eine Weiterbildung der *Gandhāra*-Kunst darstellt, macht diese Vielheit anschaulich; zugleich aber verleiht sie in der Stereotypie des Buddha-Antlitzes dem Gedanken des einen »Großen Buddha« Ausdruck. Die Buddhastatue und überhaupt die Götterstatue ist aber mehr als eine Veranschaulichung; sie wird zu einer sakramentalen Repräsentation, einer Inkarnation des dargestellten hohen Wesens, durch einen förmlichen Akt der Konsekration, der in der Öffnung der Pupillen der Augen und in der Einführung einer Schlange durch eine Öffnung im Rücken besteht.

I. Die oberste Klasse in diesem Pantheon bilden die Buddha:

(1) *Śākyamuni* (chin. *Shih-chia-mu-ni*), der historische Buddha, dessen Bild in der Meditationshalle steht. Er wird in meditierender Hockerhaltung dargestellt, seltener stehend, immer mit großen Ohren, dem Zeichen des Lauschens auf die innere Stimme. Beliebt ist auch das Bild seines Eingangs ins Nirvāṇa; hier sind nicht nur die wehklagenden Jünger dargestellt, die den unter den Sālabäumen ruhenden Buddha umgeben, sondern auch die Tierwelt, die Gestirne und die Götterwelt, die alle mit jenen trauern. Auch das Kind Buddha wird gezeigt, wie es im Bewußtsein seiner künftigen Buddhaschaft die Erde mit sieben Schritten durchmißt.

Kuan-yin mit Kind

(2) Das häufigste Buddha-Bild ist das des *A-mi-t'o Fo* (*Amitābha*), eines ehemaligen Mönches, Dharmākara (chin. *Fa-hsing* oder *Fa-tsang*), der unter 48 Gelübden folgendes Gelübde abgelegt hat:

> »Wenn Geschöpfe sind, welche danach verlangen, in meinem Reich wiedergeboren zu werden, und welche in froher Glaubensgewißheit verharren unter zwölffältiger Anrufung meines Namens, nicht eines von ihnen soll diese Sehnsucht vergebens hegen, nicht eines soll davon ausgeschlossen sein.«

A-mi-t'o Fo wird meist aufrecht stehend dargestellt, in der einen Hand eine Lotosblume haltend, die andere weit herabhängend, teils allein, teils zusammen mit den beiden anderen Personen der Trinität, *Ta-shih-chih* zu seiner Rechten und *Kuan-yin* zu seiner Linken.
(3) *Bhaiṣajya-guru* oder *-rāja* (»Lehrer« oder »König der Heilmittel«, chin. *Yao-shih Fo*) ist Buddha als der himmlische Arzt, der alle Krüppel, Blinde, Taube, Aussätzige, Schwach- und Wahnsinnige von ihren Gebrechen heilen will.
(4) *Vairocana* (chin. *P'i-lo Fo*), mit zusammengelegten Händen gezeigt, gilt als Repräsentant der Lehre (*Yogācāra*-Schule).
(5) *Locana* (chin. *Lu-shê-na*), dargestellt mit der rechten Hand im Schoß, mit der linken an der Brust, verkörpert die Gemeinde.
II. Die zweite Klasse bilden die Bodhisattva (*p'u-t'i-sa-to* oder *p'u-sa*), die auf den Eingang ins Nirvāṇa verzichten, um den Geschöpfen helfen zu können. An erster Stelle steht *Avalokiteśvara* (chin. *Kuan-yin*; s. S. 187). Ursprünglich, auch noch auf chinesischem Boden, männlich gedacht als Jünger des *A-mi-t'o Fo*, wurde er um die Wende des 1. Jahrtausends in China verweiblicht. Kuan-yin wurde mit der jungfräulichen Prinzessin Miao-chên vermischt, die nach der Legende sich geweigert hatte zu heiraten und, in ein Kloster geflohen, deshalb von ihrem Vater getötet worden war. Nachdem sie vom König der Unterwelt gebeten worden war, diese wieder zu verlassen, nahm sie auf Buddhas Geheiß ihren Wohnsitz auf der Insel P'u-t'o, die so zu einer Wallfahrtsstätte wurde. Als »Göttin der Barmherzigkeit« nimmt sie im chinesischen Volk die Stelle ein, welche die Gottesmutter in der christlichen Volksfrömmigkeit besitzt. Sie gilt als Heilerin der Kranken, als Patronin der Schiffer, ganz besonders aber als »Jungfrau, welche Leibesfrucht schenkt«, und wird in allen Nöten, insbesondere von Frauen, angerufen. Sie ist die populärste Gestalt des chinesischen Pantheons; es gibt kaum ein Dorf, wo nicht ein Tempel oder eine Statue von ihr steht. Unzählige Male ist sie von der chinesischen Kunst dargestellt worden, teils mit dem Kind im Arme, teils allein mit einem Rosenkranz oder einem Weidenzweig und einem Krug. Meist trägt sie eine Krone, in welcher ein Bild des A-mi-t'o Fo eingefügt ist. Es ist möglich, daß das nestorianische Christentum, das die Verehrung der Mutter Christi pflegte, einen Einfluß auf die Entwicklung des Kultes des Avalokiteśvara ausgeübt hat.
Das Seitenstück der Kuan-yin in der buddhistischen Trinität ist *Mahā-sthāma-prāpta* (»der große Stärke erlangt hat«), der ebenfalls weibliche Gestalt annahm als *Ta-shih-chih* (»die Stärkste«), so genannt, weil sie mit der Macht der Liebe die Kette des *Karma*-Gesetzes durchbrochen und so den Geschöpfen den Ausweg aus dem Geburtenkreislauf eröffnet hat. Sie wird dargestellt, wie sie die Seelen in Gestalt von Blüten im himmlischen Paradies empfängt, während Kuan-yin für diese Fürsprache bei A-mi-t'o Fo einlegt.

Ein weiterer Bodhisattva ist *Maitreya* (chin. *Mi-lo Fo* oder *P'u-sa*), der Buddha der Endzeit. Sein Bild, das auch in Klosterrefektorien und Häusern zu finden ist, zeigt einen fettleibigen Mönch mit fröhlich lachendem Gesicht in hockender Haltung, in den Händen einen Rosenkranz und einen Geldbeutel haltend. Letzterer Zug weist darauf hin, daß Mi-lo Fo mit einem Gott des Reichtums sich vermischt hat.
Wie Avalokiteśvara das Erbarmen, so personifiziert *Mañjuśrī* (chin. *Wen-shu*) Weisheit

Zwei Lo-han (Arhat), Jünger Buddhas

und Versenkung. Sein Bild ist oft verbunden mit *Samanta-bhadra* (chin. *P'u-hsien*), der Verkörperung von universaler Güte und höchster Geisteskraft. Zu ihnen gesellt sich noch *Kṣitigarbha* (»Schoß der Erde«, chin. *Ti-tsang*), wahrscheinlich eine alte Erdgottheit. Er gilt als einer der Totenrichter, der die Höllenwesen errettet.
Die III. Klasse bilden die *Arhat* (chin. *lo-han*), die Jünger Buddhas, die zusammen teils als 16 oder 18, teils als 500 dargestellt werden. Unter den letzteren befindet sich auch der Entdeckungsreisende Marco Polo, nicht ganz mit Unrecht wegen seiner Anerkennung der hohen Heiligkeit Buddhas (s. S. 230). Zu dieser Klasse gehören auch die Patriarchen mit Bodhidharma an der Spitze, deren Bilder in einer besonderen Patriarchenhalle stehen.
Die IV. Klasse bildet das bunte Gemisch der 24 Schutzgötter (*deva*, chin. *t'ien-shen*), von denen je 12 in einer Tempelhalle aufgestellt sind. Unter ihnen befinden sich indische und chinesische, auch taoistische Götter, so der Beschützer der buddhistischen Religion *Wei-t'o* (*Veda*), der Literaturgott *Wên-ch'ang*, der Kriegsgott *Kuan-ti* (s. S. 75) und *K'ung-fu-tzŭ*.

Das Mönchs- und Nonnenleben

Das religiöse Leben des chinesischen Buddhismus wird in erster Linie vom Mönch- und Nonnentum getragen. Nach dem alten buddhistischen Ausdruck heißen die Mönche und Nonnen »Menschen, die aus dem Heim gegangen sind« (*ch'u-chia-jên*), im Unterschied von den »Menschen, die im Heim wohnen« (*tsai-chia-jên*). Wie die christlichen Mönche und Nonnen legen sie ihren Familiennamen ab und nehmen einen Ordensnamen an. Die Motive des Eintrittes in den Orden sind sehr verschiedene. Knaben werden von den Eltern in Klöster gegeben auf Grund eines Gelübdes oder wegen der Schwierigkeit der Ernährung. Weltmüde Menschen, auch Offiziere und Politiker, suchen in ihnen Frieden, bejahrte Menschen Altersversorgung, gefallene Frauen und Verbrecher ein Asyl. Rein religiöse Motive sollen gegenüber den profanen zurückstehen.
Das Mönchsleben beginnt mit dem Noviziat unter Leitung eines Novizenmeisters, der für seinen Schützling ebenso väterlich sorgt wie ein indischer *Guru*. Die Ordination, die nach alter Regel erst nach Vollendung des 20. Jahres erteilt wurde, kann heute schon mit 15 oder 17 Jahren empfangen werden. Der Ordinand muß in einem größeren Kloster, welches die Ordinationsbefugnis hat (früher auf Grund eines kaiserlichen Patentes), sich einem zwei bis drei Monate dauernden Vorbereitungskurs unterziehen. Die Ordination erfolgt stufenweise; zwischen den einzelnen Ordinationsgraden liegen wie in der christlichen Kirche Interstizien (vorgeschriebene Zwischenräume), die heute zumeist wegfallen. Die Ordination wird ähnlich der jüdisch-rabbinischen Ordination und der christlichen Bischofsweihe von einem Abt unter Assistenz von zwei bejahrten Mönchen und von sieben Zeugen erteilt.
Bei der Ordination zum Novizen legt der Weihekandidat das Gelübde auf die fünf allgemeinen *Śīla*-Gebote (s. S. 176ff.) ab. Sein Kopf wird bis auf einen Schopf glatt rasiert.
Der Novizenweihe folgt die Weihe zum Asketen (*śramaṇa*, Pāli *samana*, chin. *shamên*). Nach einem Bußakt und nach Anrufung der Buddha und Bodhisattva verpflichtet sich der Ordinand auf die fünf besonderen *Śīla*-Gebote (s. S. 178f.) sowie auf die

250 Klosterregeln, wie sie in der Beichtformel, dem *Prātimokṣa* (s. S. 184), vorgelesen werden. Dann wird der letzte Haarschopf abrasiert. Der Abt reicht dem zu Weihenden die Insignien, das Kleid eines Bettelmönches, die Gebetsmatte und die Almosenschale, nachdem er alle diese Gegenstände gesegnet hat.

Nach sechs bis zehn Tagen erfolgt die Weihe zum Bettelmönch (*bhikṣu*) in der geschlossenen Tempelhalle unter Ausschluß aller Laien. Nach einem Bad, dem Kleiderwechsel und einem Bekenntnis der Verfehlungen verpflichtet sich der Mönch auf die 58 Regeln des »*Brahma*-Netzes«. Dann werden drei bis zwölf kleine Stücke Holzkohle auf sein Haupt gelegt und angezündet, so daß sie sich in das Fleisch einbrennen. Sie dienen als Zeichen dafür, daß er als ein Bodhisattva Leiden um seiner Mitgeschöpfe willen auf sich nehmen muß. Während der schmerzvollen Prozedur ruft der Geweihte den Namen des A-mi-t'o Fo an. Manche Mönche bezeichnen diese Weihe als »die größte Stunde ihres Lebens«, als ein »unbeschreibliches Erlebnis« (Reichelt). Eine Festmahlzeit beschließt diese Feier.

Die höchste Weihe ist die zum Bodhisattva. Sie findet am Fest der Geburt Buddhas statt. Nach denselben vorbereitenden Riten wie bei der Weihe zum Bettelmönch gelobt der Ordinand, die bisherigen Stufen als bloße Vorstufen anzusehen und nunmehr 1. alle Wesen ohne Ausnahme zur Erlösung zu führen; 2. allen Schmerz und alles Leiden zu beendigen; 3. die Werke der zahllosen Lehrer zu studieren; 4. sich stets zu vervollkommnen, um die höchste Heiligkeit eines Buddha zu erlangen. Dieses Mal wird ihm das Zeichen Buddhas auf die Stirne eingebrannt – ein Brauch, der in Indien seit dem zweiten nachchristlichen Jahrhundert, in China seit dem 8. Jahrhundert eingeführt war. Nach der Ordination verbleibt der geweihte Mönch in einem größeren Kloster zu geistlichen Übungen oder geht auf Pilgerfahrt; er kann auch zu seinem Meister zurückkehren oder priesterliche Funktionen an einem Tempel übernehmen.

Die chinesischen Klöster sind wie die mittelalterlichen abendländischen an schönen Plätzen errichtet und fügen sich harmonisch in das Landschaftsbild ein. Über der Pforte steht der poetische Name des Klosters, wie »Kloster unter dem Geistesschatten«, »Kloster der nephritgrünen Wolke«, »Kloster des himmlischen Friedens«. Die Mönche grüßen den Ankömmling mit gefalteten Händen und mit dem Preisruf »*Nan-mu A-mi-t'o Fo*«. Durch das erste Tor gelangt dieser zu einem Platz mit zwei Teichen; in einem schwimmen Fische, im anderen blühen Lotusblumen, das Bild des buddhistischen Mönchs, der in der Welt, nicht von der Welt ist. An der Pforte des Heiligtums erweisen Mönche und Pilger dem Bild des Mi-lo Fo Anbetung. Die vier Himmelskönige blicken als »Wächter« streng auf den Eintretenden. In der mächtigen Tempelhalle befinden sich drei Buddhastatuen, zumeist *Shih-chia-mu-ni* (Śākyamuni) in der Mitte, *A-mi-t'o Fo* zu seiner Rechten und *Yao-shi Fo* zu seiner Linken, davor ein mächtiger Altar mit Lichtern, Weihrauchgefäßen und Schmuckgegenständen. Rechts und links stehen je zwölf Götterstatuen und je acht *lo-han*, dahinter oder in einer eigenen Kapelle das Bild der Kuan-yin, umlagert von betenden Frauen; in der Seitenhalle stehen die Figuren der fünfhundert *lo-han*. Von diesem im Dämmerlicht befindlichen Raum mit seinen ehrfurchterweckenden Bildern sagt ein kenntnisreicher abendländischer Beobachter: »In einem buddhistischen Tempel wie diesem scheint man in eine andere Welt versetzt zu sein« (James B. Pratt). – Einen ganz anderen Charakter trägt die Meditationshalle (*ch'an-t'ang*) oder »Weisheitshalle«. In der Mitte steht eine Buddhafigur und ein Altar; an den Wänden entlang befinden sich Bänke mit Kissen, auf denen die meditierenden

Mönche sitzen, dahinter eine Plattform, auf welcher sie ihr Bettzeug ausbreiten – die Meditationshalle dient für einen großen Teil der Mönche zugleich als Schlafsaal. – Die Bibliothekshalle birgt in zwölf Büchergestellen das *Tripiṭaka*. Auf Altären brennt ständig Weihrauch. In den Seitenräumen befinden sich die Holzblöcke, von denen früher die heiligen Schriften gedruckt wurden. – Die »Gesetzeshalle« (*fa-t'ang*) dient als Wohnung des Abtes und seiner Vorgänger. – Im Refektorium steht häufig ein Bild des dickbäuchigen Mi-lo Fo. – In der den mystischen Aufstieg versinnbildenden Pagode (s. S. 194), die auch »Halle der Alten« heißt, wird die Asche der Toten aufbewahrt. Wer über das *Memento mori* nachsinnen will, betritt dieses Gebäude, neben dem das aus Stein gebaute Krematorium sich befindet. – Es gibt Einzelzellen für Mönche und für Gäste, daneben besondere Zellen, in welchen sich manche Mönche wie die christlichen Reklusen zum Zwecke der weltabgeschiedenen Meditation für ein bis drei Jahre einmauern lassen. Durch eine schmale Öffnung erhalten sie die Speisen. Zur Einrichtung einer Mönchszelle gehört ein Hausaltar mit einem Bild des A-mi-t'o Fo, eine Räucherschale und ein Büchergestell mit heiligen Texten. Die chinesischen Mönche tragen dunkle, braune, graue oder schwarze Gewänder.
An der Spitze des Klosters steht ein für drei Jahre gewählter Abt, dem als Ratgeber die als »Väter« bezeichneten früheren Äbte zur Seite stehen. Als Zeichen seiner Würde wie seines Züchtigungsrechtes trägt er einen fein geschnitzten Stock. Manche Klöster hatten Landbesitz, andere nur die Almosen der Pilger und die Stipendien für die »Seelenmessen« als Einnahmequellen. Die Mönche üben eine umfangreiche Gastfreundschaft; wie in den abendländischen Klöstern sorgt für die Gäste ein besonderer Gästemönch.
Der Tageslauf in einem Kloster ist streng geregelt. In manchen Klöstern stehen die Mönche um Mitternacht zu einem zweistündigen Studium auf und halten um 5 Uhr den Morgengottesdienst. In anderen erheben sie sich zwischen 2 und 4 Uhr. Glockenklang und Trommelton rufen 10–15 Minuten lang im Abstand von einer oder mehr Minuten zum Morgengottesdienst. Ihnen folgen in immer rascherem Tempo die weichen Töne des Gong und das Geräusch eines Holzinstruments, das wegen seiner Form »Holzfisch« (*mu-yü*) oder auch »Klopffisch« genannt wird. Die Mönche versammeln sich in der Tempelhalle. Sie richten ihr Angesicht zum Altar oder zur Mitte der Tempelhalle oder stehen als Halbchöre (»Ost-« und »Westgruppe«) einander gegenüber. Ein Mönch leitet den Gottesdienst, ein anderer gibt mit einer Schellenstange den Takt an. Auf das Zeichen wirft sich die ganze Schar der Mönche – bisweilen mehrere Hunderte – auf den Boden, erhebt sich und verneigt sich neunmal. Der Instruktor stimmt das *Nan-mu* (»Verehrung sei«) an, und der ganze Chor respondiert mit dem Namen des betreffenden Buddha oder Bodhisattva. Es folgen auswendig vorgetragene Lobgesänge, Gelübde und Gebete im Wechselgesang, an bestimmten Stellen unter Begleitung eines Metall- oder Holzgongs. Die Musik wird als »Wehmutsmelodie« bezeichnet; an Festtagen trägt sie jedoch einen freudigen Charakter. Die Anbetungsgesten wechseln zwischen Stehen, Knien und Sichverneigen, die den *Sūtra* entnommenen Textabschnitte werden teils in chinesischer Übersetzung, teils in phonetischer Transliteration des Sanskrit rezitiert; die letztere Form gilt wegen der Ursprünglichkeit und Altertümlichkeit als besonders heilig. Beim Gottesdienst werden auch Speiseopfer vor den Bildern dargebracht, doch haben sie nur symbolischen Charakter. Die Liturgie schließt nach einer Dauer von 1 bis 1½ Stunden mit einer stillen Prozession; die Mönche schreiten mit gefalteten Händen und halbgeschlossenen Augen durch die Tempelhalle, grüßen die verschiedenen Statuen

und stellen sich zuletzt vor den Hochaltar, wo der Abt sich neunmal verneigt. Der norwegische Missionar Reichelt, der diesen Gottesdienst anschaulich geschildert hat, bekennt den tiefen Eindruck, den er davon empfangen, und berichtet, daß manche ihm erklärt hätten: »Erst, als ich diese ernsten Gottesdienste sah, verstand ich, was Buddhismus ist; ich wurde erneuert.«

Auf das Zeichen des »Holzfisches« hin ziehen die Mönche mit gefalteten Händen in den Speisesaal und setzen sich zum Frühstück an die langen Tische, während der Abt auf einer erhöhten Plattform Platz nimmt. Ein Novize wirft ein Reiskorn in den offenen Garten zum Preis des Himmels, der alle zeugt und nährt – ein uraltes Primitialopfer. Die vegetarischen Speisen werden schweigend genossen. In Prozession verlassen die Mönche wieder das Refektorium. Dann werden bestellte Seelenmessen von zwei bis drei Mönchen, gelegentlich auch von dem ganzen Mönchskonvent, in der Tempelhalle zelebriert. Die Novizen erhalten Unterricht; falls jedoch keine Ausbildungskurse für sie stattfinden, werden heilige Schriften ausgelegt. Um 12 Uhr wird das Mittagsmahl eingenommen. Dann werden Texte verlesen. Um 5 Uhr nachmittags findet die Vesper in derselben Weise wie die morgendliche Mette statt, nur daß die Litanei hinzugefügt wird. An Festtagen werden besondere Gottesdienste abgehalten, in Notzeiten Bittgottesdienste. In vielen Klöstern wird am Spätnachmittag noch eine leichte Mahlzeit eingenommen.

Ein großer Teil der freien Stunden ist für die Meditation und die Schulung in ihr bestimmt; doch ist diese zumeist nicht streng obligatorisch. In manchen Klöstern finden neunmal täglich solche Meditationen statt. Auf den Ruf der Trommel versammeln sich die Mönche und machen zunächst einen Dauerlauf durch die Korridore und dann durch die Meditationshalle. Hierauf setzen sie sich auf ihre Plätze. Der Exerzitienleiter sitzt auf einem erhöhten Platz und hält mit dem »duftenden Baum« in der Hand alle Meditierenden im Auge. Die Meditation dauert so lange, bis eine oder drei Räucherstangen abgebrannt sind, etwa 1 bis 2¼ Stunden – der aufsteigende, feine Rauch ist das Sinnbild für den geistigen Aufstieg in der Meditation. Wenn die Übung vorüber ist, geht der Instruktor zu den einzelnen Mönchen, um sie zu korrigieren oder auch zu schlagen. Einzelne Mönche setzen die Meditation in ihrer Zelle bis in die Nacht hinein fort. Für die Meditation sind die Regeln der »Meditationsschule« maßgebend.

Das Leben der Nonnen, die vor allem der »Schule des reinen Landes« angehören, verläuft in gleicher Weise wie das der Mönche. Sie empfangen die gleiche Ordination und legen die gleichen Gelübde ab. Aber da bereits vor langer Zeit die Überlieferungskette der Bhikṣunī-Gelübde unterbrochen wurde, werden die Nonnen heute nur noch als Novizinnen aufgenommen. Sie unterstehen der Leitung einer Äbtissin und feiern die täglichen gemeinsamen Gottesdienste unter der Begleitung von Musikinstrumenten. Unter dem Einfluß des Vorbildes der katholischen und anglikanischen Nonnen üben sie auch Seelsorgearbeit unter den Frauen aus, unterrichten die Mädchen und sind karitativ tätig. Sie gehen in die Häuser, sammeln Geld und knüpfen viele Bande mit den Gläubigen an. Eine Nonne, die den kennzeichnenden Namen »Strahlendes Wohlwollen« (*Tz'ŭ-kuang*) trägt, nennt den Tag ihrer Gelübdeablegung den glücklichsten ihres Lebens – »nunmehr folge ich mit Freude im Herzen dem Wege Buddhas, ungestört durch weltliche Begierde und Sorge«.

Das chinesische Klosterleben zeigt auffallende Ähnlichkeit mit dem benediktinischen des christlichen Westens, sowohl im Tagesablauf wie im Gottesdienst. Das Mönchtum und Nonnentum besitzt große Bedeutung für das Leben der Laienwelt. Die Zahl der Mönche in China war schon vor dem kommunistischen Umschwung schwer zu ermitteln; sie wurde zwischen 400 000 und 1 Million geschätzt, die Zahl der Nonnen auf ein Zehntel davon. Auch das Urteil von Kennern über den geistigen Hochstand des chinesischen Mönchtums ist nicht einheitlich. Sie betonen einerseits die große Unwissenheit, die Fremdheit gegenüber der modernen Welt, die Mechanisierung des religiösen Lebens und das Vorkommen von Verbrechen, andererseits die geistige Tiefe, die große Freundlichkeit, den religiösen Eifer, die weite Duldsamkeit, nicht zuletzt auch das Durchdrungensein von dem Gedanken der einen großen Menschheitsfamilie. Verfallserscheinungen des Mönchtums schließen auf buddhistischem Boden ebenso wie auf christlichem die Echtheit und den Ernst des monastischen Lebens bei vielen einzelnen wie bei ganzen Konventen nicht aus. Sicher aber hat in China etwas vom Besten des ursprünglichen Buddhismus sich erhalten. Der Amerikaner Pratt sieht die Bedeutung der buddhistischen Mönchsgemeinde für das Leben Chinas darin, daß sie »vor dem Gemüt und der Vorstellung des Volkes das Faktum Religion, die Realität des geistlichen Lebens wachhält«.

Die Laienfrömmigkeit

Zum Unterschied von den Mönchen und Nonnen stehen die Laien zum Buddhismus in einem relativ losen Verhältnis. Im weiteren Sinn muß man als Buddhisten alle diejenigen ansehen, welche buddhistische Mönche mit der Bestattung ihrer toten Angehörigen betrauen und für deren Seelenheil durch jene »Messen« lesen lassen. Im engeren Sinn müssen als Buddhisten die gelten, welche gelegentlich buddhistische Tempel besuchen und dort beten, im engsten Sinne jene, die förmliche Glieder einer Tempelgemeinde sind. Neben den Tempeln der größeren Klöster gibt es viele kleinere Tempel, an denen ein oder mehrere Mönche dienen. Dorthin gehen von Zeit zu Zeit die buddhistischen Laien, besonders die Frauen, um vor den Bildern sich zu verneigen, vor ihnen Opfergaben darzubringen, Kerzen und Räucherstangen anzuzünden, auch Almosen zum Besten der Ordensgemeinschaft zu spenden, vor allem aber um Gelübde abzulegen und zu beten, aber auch, um von den Mönchen sich wahrsagen zu lassen. Auch Wallfahrten zu bestimmten Tempeln, zumal auf heiligen Bergen, sind sehr gebräuchlich. Dabei unterwerfen sich die Pilger oft verschiedenen Kasteiungen, tragen Ketten oder Sträflingskleider. Mögen auch ganze Familien gelegentlich an den Gottesdiensten teilnehmen, besonders am 1. und 15. des Monats, auf die Gesänge der Mönche oder Nonnen lauschen und selbst Preislieder rezitieren, so ist die Andacht der Laien im Tempel doch vornehmlich keine gemeinsame, sondern eine individuelle. Das Gebet der Laien umfaßt alle Stufen, vom naiven Bittgebet über das selbstlose Fürbittegebet bis zur mystischen Anbetung, vom Glauben an die Erhörbarkeit der Bitte bis zur Auffassung des Gebets als eines bloßen Mittels der Versenkung. Das Gebet ist größtenteils formelhaft und besteht in der Rezitation eines Lieblings-*Sūtra*, noch häufiger aber in der 100- bis 5000maligen Rezitation des *Namo A-mi-t'o Fo*, wobei die Zahl durch einen Rosenkranz kontrolliert wird. Das dadurch erworbene Verdienst ist übertragbar; es kann, wie beim römisch-katholischen Ablaß per modum suffragii, anderen, zumal toten Angehörigen, zugewendet werden. Von besonderer Wichtigkeit sind für die chinesischen Laienbuddhisten die für die Toten zu Hause oder in den Tempeln abgehaltenen Gottesdienste, die in der Rezitation aus dem *Sukhāvatī-vyūha*(s. S. 186) bestehen und die Wiedergeburt der Verstorbenen im »reinen Lande« des *A-mi-t'o Fo* bewirken sollen. Diese Gottesdienste werden von den Mönchen, aber auch von den Nonnen gehalten; dem Gebet der letzteren zur barmherzigen *Kuan-yin* wird eine besondere Kraft zugeschrieben. Wenn auch häufig die ganze Familie an einer solchen »Totenmesse« teilnimmt, so ist ihre Anwesenheit doch zur Erzielung des Zweckes nicht erforderlich, da die priesterliche Liturgie *ex opere operato* wirkt.

Obgleich die buddhistische Volksfrömmigkeit in China der Frömmigkeit anderer Religionen in vielem gleicht, ist sie doch durchdrungen von den typisch buddhistischen Idealen, vor allem dem universalen Mitleid. Aber auch die Liebe zum Tier ist eine Frucht des Buddhismus. Gerade »die Gestalt der *Kuan-yin* in ihrer Schönheit und Güte hat einen unschätzbaren sittlichen Wert für die buddhistische Welt Chinas« (James B. Pratt). Die heutige Lage in China ist schwer überschaubar. Buddhistisches Denken und Fühlen hat sich der chinesischen Tradition so eng verbunden, daß auch die kommunistische Umerziehung dieses Volkes es nur schwer wird entwurzeln können (vgl. auch S. 84 ff.).

Der Buddhismus in Korea und Japan

Von China aus strahlte die Lehre des Buddha ihr Licht über die beiden anderen fernöstlichen Länder aus, Korea und Japan. In seiner Blütezeit, im 4. Jahrhundert n. Chr., begann der Buddhismus in Korea sich auszubreiten und wurde bald Staatsreligion. Im 7. Jahrhundert wurde die *Hua-yen*-Lehre (s. S. 199) von der Universalität der Buddha-Natur in Korea heimisch. Auch die *Wei-shih*-Lehre vom »alleinigen Bewußtsein« (s. S. 200) fand Anhänger unter den koreanischen Gelehrten. Zur höchsten Blüte gelangte der Buddhismus im 11. Jahrhundert. Ein Königssohn, der Mönch wurde, verbreitete die *T'ien-t'ai*-Lehre. Den größten Einfluß aber erlangte die *Ch'an*-Schule. Unter dem Einfluß des chinesischen Neu-Konfuzianismus begann im 15. Jahrhundert eine Unterdrückung des Buddhismus in Korea, der zu seiner Verkümmerung führte. Der nach der Annexion durch Japan einsetzende japanische Einfluß gab den Anstoß zu einer Regeneration. Heute stehen nebeneinander die »lesende Schule« (*Kyo-cong*) und die »Meditationsschule« (*Syon-cong*), welch letztere der *T'ien-t'ai*-Schule entspricht. Einen wichtigen Platz nimmt auch in Korea der Kult des *Amitābha* ein. In Seoul entstand ein Zentrum buddhistischer Aktivität.

In Japan wurde der Buddhismus durch eine koreanische Gesandtschaft im Jahre 552 eingeführt, die dem Kaiser eine vergoldete Statue des Śākyamuni samt einem Brief mit einem Lobpreis der Lehre Buddhas überreichte. Der Kaiser soll dabei ausgerufen haben: »Niemals habe ich etwas so Strahlendes und Schönes gesehen wie das Antlitz Buddhas.« 585 erwählte der erste Japaner das Mönchsleben. Am Ende des 6. und Anfang des 7. Jahrhunderts wurden die ersten buddhistischen Tempel erbaut. In dem Regenten Shōtoku Taishi (gest. 621) erstand dem Buddhismus ein japanischer Aśoka, der nicht nur die Ausbreitung der Lehre und Ordensgemeinschaft förderte, sondern der auch selbst Vorträge über buddhistische Texte hielt und im Geiste des Buddhismus eine große soziale Tätigkeit entfaltete. Die buddhistischen Schriften, die durch ihn in Japan bekannt wurden, waren neben dem »Lotus-Sūtra« (s. S. 186) das *Vimala-kīrti-nirdeśa* und das *Śrīmālā-devī-siṃha-nāda-sūtra.* Die Form, in welcher Shōtoku den Buddhismus in Japan einführte, ist die des *Ekayāna* (des »einen einzigen Fahrzeugs«), das über den Gegensätzen von Hīnayāna und Mahāyāna sich erhebt. Nach ihm ist der absolute Buddha, *Dharmakāya*, unendliche Weisheit und unendliches Mitgefühl, das Endziel aller Wesen, und der historische Śākyamuni die Realisierung des *Dharmakāya* in Raum und Zeit. In diesem *Ekayāna* sind auch die Unterschiede zwischen Mönchen und Laien aufgehoben; aus einer Mönchsreligion wurde der Buddhismus in Japan zu einer Religion im Familienleben. In der Nara-Periode (710–783), in welcher der Buddhismus sein Zentrum in und um Nara hatte, entstanden die ersten Abschriften des chinesischen *Tripiṭaka* und die ersten Kommentare zu ihm, desgleichen die ersten typisch japanischen buddhistischen Feste. Durch japanische Priester, die in China studierten, wurden auch die verschiedenen chinesischen Schulen nach Japan verpflanzt; so entstanden dort die ersten buddhistischen Sekten: *Sanron-*, *Hossō-* und *Ritsu-shū* (s. S. 215). Auf

Prinz Shōtoku Taishi

kaiserliche Anordnung rezitierten Priester und Priesterinnen das »Goldglanz-« und das »Weisheitsvollkommenheits-*Sūtra*« als staatsbeschützende Schriften. Unter Kaiser Shōmu war Japan völlig im Buddhismus geeint; der Staat wurde nach dem Ideal des *Dharma* regiert, so daß man von einer »goldenen Periode« des japanischen Buddhismus sprechen kann. In dieser Zeit wurde *Mahā-Vairocana* (s. S. 187, 205) zum Zentral-Buddha. Nach japanischer Vorstellung predigt er die größeren Śākyamuni-Buddha, die dem historischen Gotama Buddha gleich sind, diese wiederum den mehr als hundertmal zehn Billionen »kleineren Śākyamuni-Buddha«, die in jeder von den anderen zehn Milliarden Welten erscheinen und die Heilslehre predigen. Ihm wurde eine Riesenstatue im großen Tempel von Nara errichtet. In den 64 Staatstempeln wurden Statuen der »größeren«, in den übrigen Tempeln des Landes solche der »kleineren Śākyamuni« errichtet. Die Tochter dieses Kaisers, Kōken, verließ zeitweise den Thron, um sich ganz dem Studium des Buddhismus zu widmen, und bestieg ihn erst dann wieder. In der Heian-Ära (794–1184) vollzog sich ein Ausgleich des Buddhismus mit der heimischen Religion des Shintoismus dadurch, daß die alten Götter als Bodhisattva erklärt wurden. Auch die beiden in jener Zeit entstandenen Sekten, *Tendai* und *Shingon*, zeigten eine stärkere Tendenz zur Japanisierung des Buddhismus. In der folgenden unruhevollen Kamakura-Ära (1185–1333) entstanden drei weitere Sekten: *Jōdo* bzw. *Shin*, *Zen* und *Nichiren* (s. S. 217ff.). In den kommenden Jahrhunderten wuchsen diese Sekten weiter, obgleich die Regierung den Konfuzianismus förderte.

Mit der *Meiji*-Restauration von 1868 (s. S. 98ff.) erfolgte eine scharfe Trennung zwischen Shintoismus und Buddhismus, ja eine förmliche Verfolgung des letzteren: die Tempel des *Ryōbu Shintō* (s. S. 97) wurden von Buddha-Statuen gereinigt, Tempelgüter enteignet, Nonnenklöster geschlossen, Zölibat, Abstinenz und Feuerbestattung verboten; Tempel, heilige Texte und kostbare Kunstwerke wurden vernichtet. Nach wenigen Jahren erfolgten jedoch Milderungen, und nach der Gewährung der vollen Religionsfreiheit im Jahre 1889 konnte der Buddhismus von neuem aufblühen. Unter dem Einfluß der christlichen Mission entstand eine Erneuerungsbewegung, die sowohl die Seelsorge wie die soziale Arbeit, die Katechese (»Sonntagsschulen«) und das Theologiestudium umfaßte. Unter der Einwirkung der westlichen Wissenschaft wurde das Studium der Geschichte und Literatur des Buddhismus eifrig betrieben. Es entstand auch eine liberale Bewegung und im Zusammenhang mit ihr eine Bewegung zur Einigung der verschiedenen buddhistischen Sekten Japans untereinander und mit den Buddhisten anderer Länder. Der politische und kulturelle Umschwung nach dem zweiten Weltkrieg war diesen Erneuerungsbewegungen durchaus günstig.

Die Abteilungen des japanischen Buddhismus

Die einzelnen Abteilungen des japanischen Buddhismus zeigen deutlich ihre Herkunft aus China. Aber während dort die verschiedenen buddhistischen Schulen nie scharf voneinander getrennt waren, sondern mehr und mehr ineinander verschmolzen, prägten sie in Japan viel schärfer ihre Eigenart aus und wurden zu selbständigen, zum Teil sogar ausschließlichen Sekten.

I. *Jōjitsu-shū*, eine Fortsetzung der chinesischen *Ch'êng-shih-tsung* (s. S. 198), ging in der »Schule der drei Abhandlungen« auf.

II. Die *Kusha*-Schule (von Sanskrit *Abhidharma-Kośa*), welche mit der chinesischen

Chü-shê-tsung (s. S. 199) im Zusammenhang steht, wurde von der *Hossō*-Sekte absorbiert.

III. *Sanron-shū*, deren Name identisch ist mit dem der chinesischen »Schule der drei Abhandlungen« (s. S. 199), wurde 625 aus Korea nach Japan gebracht und durch japanische Priester, die deren Lehren in China studierten, vertieft. Ihre Grundlage ist die *Śūnya*-Lehre des Nāgārjuna (s. S. 187). Über die Gegensätze von Hīnayāna und Mahāyāna sich erhebend, lehrt diese Schule, daß alle Wesen zur Buddhaschaft gelangen können. Obgleich ihre Lehren heute noch studiert werden, besteht sie nicht mehr als getrennte Sekte.

IV. *Hossō-shū*, »die Schule der Eigenschaften der Dinge«, auch *Yuishiki-shū*, »Schule des Nur-Bewußtseins« genannt (s. S. 200), wurde um 660 von Dōshō, einem Schüler des Hsüan-tsang, nach Japan gebracht. Eine charakteristische Lehre dieser japanischen Schule ist die Annahme, daß es eine Klasse von Wesen gibt, welche niemals die Buddhaschaft erlangen könne, weil sie jeder Spur von Güte ermangele. Diese Schule betont ferner im Sinne des ursprünglichen Buddhismus die Feindesliebe. Entgegen der ererbten Auffassung, daß die Kindespietät Vergeltung von Haß durch Haß erfordere, wird diese Haltung mit dem Versuch verglichen, eine Flamme mit Gras zu löschen, während die Vergeltung von Haß mit Liebe dem Löschen der Flamme durch Wasser gleicht. Die Japanisierung des Buddhismus zeigt sich bei Dōshō und seinem Schüler Gyōgi in ihrer starken kulturellen Aktivität (Brücken-, Damm-, Hafenbau und Errichtung von Gasthäusern). Dadurch, daß Dōshō die Verbrennung seines Leichnams verlangte, führte er die indische Sitte der Leichenverbrennung im japanischen Buddhismus ein. Dabei war das Motiv nicht ein ausschließlich religiöses, sondern auch ein praktisches, insofern diese eine Verbilligung der Kosten für die Bestattung und Errichtung von Grabdenkmälern mit sich brachte. Die *Hossō*-Sekte zählt heute nur etwa 595000 Anhänger, doch ist ihre Lehre von anderen Sekten übernommen worden.

V. Die *Kegon*-Sekte, die der chinesischen *Hua-yen-tsung*, der *Avataṃsaka*-Schule (s. S. 199) entspricht, wurde 740 durch einen koreanischen Priester nach Japan verpflanzt. Obgleich ihre Anschauungen über die Universalität der Buddha-Natur allgemeine Annahme fand, hat sie nur noch etwa 44000 Anhänger.

VI. Die *Ritsu*-Sekte oder *Risshu*, die zurückgeht auf die chinesische »Schule der Disziplin« (s. S. 200), wurde durch den chinesischen Mönch Kanshin (oder Ganshin, chin. Chien-chin) im Jahre 754 nach Japan gebracht. Sie legt entscheidenden Wert auf die Einhaltung der Ordensregeln des *Theravāda*-Buddhismus und auf die korrekte Ordination. Ihre Lehren von dem bloß vorläufigen Charakter des Mönchsideals und von der Universalität der Buddha-Natur sind jedoch mahāyānisch. Die Sekte hatte wohl indirekten Einfluß auf andere buddhistische Schulen, besitzt aber heute nur noch wenige Tempel.

VII. Die *Tendai*-Sekte, die ihren Namen mit der chinesischen *T'ien-t'ai-tsung* (s. S. 199) gemeinsam hat, wurde von einem Mönch Saichō gegründet, der zwanzig Jahre auf dem Berge Hiei als Eremit gelebt hatte und dann nach China gegangen war, von wo er nach dem Studium von *T'ien-t'ai* und *Mi-tsung* im Jahre 805 mit zahlreichen Texten zurückkehrte und mit kaiserlicher Erlaubnis diese Sekte in Japan begründete. In enger Verbindung mit dem Schöpfer der *Shingon*-Sekte (s. S. 216) stehend, übernahm er, wie dieser, eine Reihe von Elementen des esoterischen Buddhismus. Er brach mit der anfänglichen Gewohnheit, die Priester seiner Sekte in Nara nach dem *Theravāda*-Ritual mit seinen 250 Geboten (s. S. 207f.) ordinieren zu lassen, und focht für ein selbständiges mahāyānisches Ordinationsritual. Aber erst nach seinem Tode (820) erlaubte der Kaiser, ein *kaidan* (Pāli *sīmā* »Grenze«), d. h. einen Platz für die Ordinationsfeier zu errichten. Obgleich die *Tendai*-Sekte nicht in allem der Tradition ihrer chinesischen Mutterschule folgte, hielt sie an der Anschauung von den fünf Lehrperioden Buddhas fest und damit am Lotusbuch als dem Ausdruck der höchsten Offenbarung (s. S. 199). Ein Teil ihrer Lehren wurde von allen anderen buddhistischen Sekten übernommen. Heute besitzt sie gegen 4000 Tempel und etwa 610000 (verwandte Schulrichtungen hinzugenommen etwa 5600000) Anhänger. Ihr Mittelpunkt ist der Tempel auf dem Berge Hiei, wo seit Jahrhunderten ein ewiges Feuer brennt.

VIII. Die *Shingon*-Sekte, welche der esoterischen chinesischen Schule (*Mi-tsung*) entspricht, wurde nach Japan verpflanzt durch Kūkai, später Kōbō Daishi (»der große Lehrer, welcher den *Dharma* verbreitete«) genannt. Nachdem er K'ung-fu-tzŭ und Lao-tzŭ kennengelernt hatte, wandte er sich dem Buddhismus zu und studierte die Lehren der verschiedenen Schulen. Dann ging er nach China, von wo er 806 zurückkehrte. Kūkai klassifizierte die einzelnen religiösen Lehren nach ihrer Tiefe in folgender Weise: 1. das Fehlen jeder Lehre; 2. die Lehre des K'ung-fu-tzŭ und Lao-tzŭ; 3. die indische *Sāṃkhya*-Philosophie (s. S. 155f.); 4. *Kusha;* 5. *Jōjitsu;* 6. *Hossō;* 7. *Sanron*; 8. *Tendai;* 9. *Kegon;* 10. *Shingon* als absolute Wahrheit, wie sie im *Mahāvairocana-sūtra* (*Dai-nichi-kyō*) niedergelegt worden ist. Diese wichtigste kanonische Schrift der *Shingon*-Sekte gilt als eine Selbstäußerung des *Dharmakāya* (Urbuddha), den sie unter dem Namen *Dai-Nichi-Nyorai* (*Mahāvairocana Tathāgata*) als transzendente Zusammenfassung aller Einzelwesen verehrt. Diese Lehre kann jedoch nicht durch Schrifttexte, sondern wie die indische *Upaniṣad*-Weisheit nur von einem Lehrer einem reifen Schüler esoterisch übermittelt werden. Damit jeder Mißbrauch von Uneingeweihten ausgeschlossen sein soll, wurden die *Shingon*-Texte chiffriert. Die *Shingon*-Lehre stellt eine Emanationslehre dar, nach welcher aus dem absoluten Buddha fünf *Tathāgata* (s. S. 187) hervorgegangen sind, ferner die ihnen zugeordneten Lichtkönige (*Myō-ō*), welche die Mächte der Finsternis vertreiben, schließlich alle Götter und alle Wesen. Der ganze Kosmos umfaßt die aus *Vairocana*, der göttlichen Weisheit, hervorgegangene »Donnerkeil-« oder »Diamantsphäre« (*vajra-dhātu*, jap. *kongō-kai*) und die aus der Weltvernunft entstandene »Mutterschoßsphäre« (*garbha-dhātu*, jap. *taizō-kai*), die beide durch mystische Kreise (*maṇḍala*, jap. *mandara*) symbolisiert werden. Als Mittel zur Vereinigung mit dem Urbuddha dienen neben der Meditation heilige Silben (*mantra*, jap. *shinon*) und Fingerstellungen (*mudrā*, s. S. 194). Alle im Kult gebrauchten Gegenstände, Früchte und Blumen, Lampen und Weihrauch, vor allem aber der »Donnerkeil« (*vajra*, jap. *kongō-sho*) haben symbolische Bedeutung. Wie alle diese Kultformen entstammt der Initiationsritus der Salbung (*abhiṣeka*, jap. *kwanjō*), die Wasserbesprengung und das Feueropfer (*homa*, jap. *goma*) dem indischen *Tantra*-Kult (s. S. 194). Das Zentrum der *Shingon*-Sekte und seine Hauptwallfahrtsstätte bildet der heilige Berg Kōya mit der großen Nekropole, in der sich das Grab Kūkais befindet. Nach dem Volksglauben ist dieser dort noch lebendig, in tiefer Meditation versunken, das Kommen des Buddha *Maitreya* (jap. *Miroku*) erwartend. Die *Shingon*-Sekte hat heute etwa 12 000 Tempel und etwa 4300000 (alle Richtungen einbezogen etwa 12700000) Mitglieder.

Von noch größerer Bedeutung sind die erst im 2. Jahrtausend entstandenen *Zen-* und *Amida*-Sekten.

IX. Obgleich die Lehren der chinesischen *Ch'an*-Sekte schon seit dem 7. Jahrhundert nach Japan gedrungen waren, entstand erst im 12. Jahrhundert dort auch eine selbständige Meditationsschule. 1191 begründete der Mönch Eisai das *Rinzai-Zen*. Diesem steht das 1244 von dem Mönch Dōgen begründete *Sōtō-Zen* nahe. Noch späteren Ursprungs ist die von dem chinesischen Mönche Yin-yüan (In-gen, 1592–1673) nach Japan gebrachte *Ōbaku*-Schule. Alle diese drei Schulen entsprechen den Unterabteilungen der chinesischen *Ch'an-tsung*. Die *Ōbaku*-Schule hat bis heute ihren ursprünglichen chinesischen Charakter bewahrt.

Das wichtigste Stück im Leben des Zen ist das Sitzen in der Meditation (*za-zen*) nach dem Vorbild des historischen Śākyamuni, der sieben Wochen unter dem Bodhibaume saß. Der Meditierende sitzt auf dickem Kissen an einem ruhigen Platz im Freien oder in der Versenkungshalle (*zen-dō*), dem wichtigsten Platz des *Zen*-Klosters, und zwar in verschiedenen Hockerhaltungen (»Verschränkungssitz«, »Halbverschränkungssitz«, »Sitz der Teufelüberwindung«, »Sitz der Glückseligkeit«), den Oberkörper gerade aufgerichtet, die Zunge am Oberkiefer, Zähne und Lippen geschlossen, Augen geöffnet. Er atmet tief und ruhig ein und aus, erst durch die Brust, dann mit dem Bauch. Er richtet den Geist nicht auf bestimmte Meditationsobjekte, vielmehr kommt es nur auf die gegenstandslose Konzentration und die Befreiung von Begierden und Sorgen an; die Regel lautet: »Nicht denken, das Undenkbare denken.« Er fühlt sich so unbewegt wie das vereiste Hochgebirge, so rein und klar wie das Wasser der Berge, so brünstig hingegeben wie der neben dem sterbenden liebsten Menschen Sitzende. Dabei erfolgt keine Ertötung, sondern nur eine Aufsaugung der Begierden.

Neben der Versenkung steht die Aussprache mit dem Meister, der den Jünger zurechtweist, oft in barscher Form oder gar mit Stockschlägen. Er bietet ihm als Weisheit ein *kō-an* (»Urkunde, Verordnung«), d. i. eine Antwort in paradoxer, oft absurder, grotesker und fast burlesker Form. Dadurch soll der Jünger auf das Mysterium des Irrationalen und »ganz Anderen« hingewiesen werden. Auf die Frage eines Schülers: »Was ist die reinste Gestalt der Wahrheit?«, lautete die Antwort: »Die Heckenwand um den Abort.« »Wie ist es dazu gekommen?« »Als gleißender Löwe.« Der Sinn ist: das Reinste ist nichts anderes als das Schmutzigste, das Höchste nichts anderes als das Niedrigste. Mag die Wahrheit vielleicht äußerlich als schön, gut und wahr erscheinen (als »Hecke«), innerlich umfaßt sie auch alles Häßliche, Gemeine und Unwahre (den »Abort«). Das Bild des »gold-gleißenden Löwen« soll die in sich konzentrierte, angespannte und sprungbereite Kraft der Wahrheit symbolisieren, die stark genug ist, um alle Gegensätze, auch alles scheinbar Wertfeindliche, in sich aufzuheben. Der Schüler soll nicht über etwas Unlehrbares belehrt, sondern geführt, ja gestoßen werden, bis ihm selbst die Intuition aufleuchtet.

Das Ziel aller Meditation wie aller paradoxen Auskunft ist *satori* (»Auffassung, Wahrnehmung«). Diese Erleuchtung ist aber nicht die Erkenntnis der vier heiligen Wahrheiten, auch nicht die Schau eines jenseitigen Geheimnisses, sondern die Erkenntnis der Einheit alles Seins, des Größten und Kleinsten, Heiligsten und Profansten, der Einheit von Unwissenheit und Erleuchtung, von *saṃsāra* und *nirvāṇa* (s. S. 187), der Einheit aller Wesen mit der Buddha-Wesenheit, also eine Einheitsschau, welche der Einheit von *ātman* und *brahman* in den Upaniṣaden (s. S. 150) viel näher steht als der urbuddhistischen *bodhi.* Die *Upaniṣad*-Formel von »Einem ohne ein Zweites« kehrt wieder in dem *kō-an*: »Wenn es keine zwei mehr gibt, so ist alles eines und dasselbe.« Die Weisheit des *Zen* liegt wie die Śākyamunis und aller Mystiker im Schweigen: »Durch tausend Worte und tausend Gedanken bist du nur um so weiter von ihm (dem Einen) geschieden. Erst über alle Worte und alle Gedanken hinaus kannst du es treffen.« Die Blume, die Buddha eines Tages vor der versammelten Jüngergemeinde schweigend hochhielt und dem Jünger Kāśyapa, der sein Schweigen verstand, überreichte, ist das Symbol dieser beredten Predigt des mystischen Schweigens, aber auch das Sinnbild dafür, daß das Alltäglichste und Schlichteste in der Natur die Offenbarung der tiefsten metaphysischen Wahrheit ist. Es gibt keine abgegrenzte sakrale Sphäre, kein besonderes religiöses oder Heilsreich, sondern auch das Profanste ist heilig und göttlich. Alle Menschen, ja alle Tiere, Pflanzen und das ganze Erdreich haben teil an diesem göttlichen Sein, an der Buddha-Natur; »das Eine, Wahrheitsganze, offenbart sich überall, auch im kleinsten Teilchen der Sinnenwelt«.

Weil für *Zen* das Entscheidende die innere Erfahrung der Einheit alles Seins ist, haben die heiligen Schriften, die im Gottesdienst gelesen werden, seien es nun die *Mahāprajñāpāramitā* oder andere *Sūtra* oder *Kō-an*-Sammlungen, nur eine sekundäre Bedeutung. Ein alter *Zen*-Spruch lautet:

»Keine Abhängigkeit von Worten und Buchstaben,
ein besonderes Weitergeben außerhalb der klassifizierten Lehren,
unmittelbarer Hinweis auf den Geist des Menschen,
Hineinblicken in seine eigene Natur.«

Darum wird der Patriarch Bodhidharma dargestellt, wie er einen heiligen Text zerreißt; darum hat ein anderer Patriarch eine Buddha-Statue verbrannt, um so im Winter sich Wärme zu verschaffen.

Weil diese innere Erfahrung der Einheit mit dem Göttlichen allen Menschen und in jeder Lebenslage möglich ist, darum gibt es keinen Wesensunterschied zwischen Mönchen und Laien, zwischen Meditation und weltlicher Arbeit. Der *Zen*-Jünger kehrt mit seiner Erleuchtung ins Alltagsleben zurück; dieses bildet die »Nachübung« zur Übung der Meditation. Die *Zen*-Mönche glauben an die Heiligkeit der Handarbeit und erfüllen das benediktinische *ora et labora*, sie arbeiten besonders in der Landwirtschaft auf Reisfeldern; ihr Fleiß ist sprichwörtlich. *Zen* wurde auch die Schule vieler großer Männer des täglichen Lebens: Staatsmänner, Feldherren, Fechtmeister, Maler, Dichter und Redner schöpften aus dieser Übung Kraft. *Zen* hat ebenso einen entscheidenden Einfluß auf das japanische *Samurai*-(Ritter-)Ideal ausgeübt wie auf die japanische Architektur, Skulptur, Malerei, Musik und Gartenkunst. Auch die Etikette der »Tee-Zeremonie« verdankt ihren Ursprung den Tee-Trinkregeln der *Zen*-Klöster, in welche der Schöpfer des *Zen* den Tee aus China eingeführt hatte. Die Zahl seiner Anhänger beträgt über 19500000, wenn man alle Richtungen zusammennimmt.

X. Noch tiefer in das japanische Volksleben drang der *Amida*-Buddhismus ein. Er war bereits in der Nara-Periode in Japan verbreitet, aber den Anstoß zur Bildung einer eigenen Sekte gab erst Ryōnin (1072–1132), der aus der *Tendai*-Sekte kam. Ihr eigentlicher Schöpfer ist Genkū, mit seinem Priestertitel Hōnen Shōnin genannt (1133–1212), ursprünglich ebenfalls Mönch eines *Tendai*-Klosters. Er warf sich auf das Studium von Texten der chinesischen »Schule des reinen Landes«, besonders des großen und kleinen *Sukhāvatī-vyūha* (s. S. 186) und des *Amitāyur-dhyāna-Sūtra* und kam so dazu, dem »Tor des heiligen Pfades« (*shōdō-mon*, chin. *shêng tao-mên*) das »Tor des Reinen Landes« (*jōdo-mon*, chin. *ching-t'u-mên*) gegenüberzustellen, im Bild näher ausgeführt, der Fußwanderung auf rauhen Pfaden die Fahrt über das Meer auf einem Schiff. Dieses Schiff ist das große vorzeitliche Gelübde, die »Urverheißung« Amidas (s. S. 202). Er hat fünf Weltzeitalter hindurch schwere Bußübungen auf sich genommen und nach Erlangung der Buddhaschaft das Paradies des Westens geschaffen. Dieses Gelübde ist die Heilstatsache, die dem selbst ohnmächtigen sündigen Menschen die Gewißheit gibt, daß er allein aus Gnade aus dem Ozean des Geburtenkreislaufes errettet und in jenem Paradies wiedergeboren werde. In der Todesstunde erscheint ihm Amida, lindert seine Schmerzen und geleitet ihn sicher in das Glücksland. Wenn ein Mensch gläubigen Herzens das *Namu Amida Butsu* (»Verehrung sei dem Buddha des unermeßlichen Lichtglanzes«) (s. S. 202) ausspricht, gehen alle Verdienste des Amida auf ihn über und werden seine Verdienste. »Der hehre Name, werde er auch nur ein einziges Mal ausgerufen, ist reich an Kraft, um alle Sünden zu tilgen und alles Gute zu bewirken.« Hōnen Shōnin soll selbst 60 000 mal an einem Tag diese Anbetungsformel gesprochen haben. Weil es nur auf Glaube und Vertrauen ankommt, darum kann jeder Mensch, nicht nur der Mönch und die Nonne, sondern auch der Grobschmied und Zimmermann, das Heil erlangen. Wer freilich in einem Zweifel an Amidas Gnade stirbt, kommt nur in den Vorhof des Paradieses, wo er 500 Jahre lang im Blumenkelch eines Lotus, dem »Zweifelschloß-Mutterleib«, eingesperrt bleibt (s. S. 192).

Hōnen Shōnins Lieblingsjünger Zenshin, später Shinran genannt (1173–1262), führte die Lehre seines Meisters noch schärfer durch und schuf einen neuen Zweig dieser Sekte: *Jōdo-Shin-shū*, »die wahre Sekte des reinen Landes«, abgekürzt *Shin*. Er wurde zum Prediger der *sola fides* – »das, worauf es ankommt, ist einzig und allein das Herz, das Glauben hat« – und der *sola gratia* – »die Anrufung des Namens Buddhas ist weder ein gutes Werk von seiten des Gläubigen, noch überhaupt eine eigene Leistung«, oder auch nur eine Mittätigkeit. Das *Namu Amida Butsu* ist nur ein Dankgebet für Gottes freies Gnadengeschenk. Dieser Glaube an die *sola gratia* schließt jede Vielheit von Buddha und Bodhisattva aus. Mit monotheistischer Strenge verkündet die Shin-Sekte die Einzigkeit Amidas als des absoluten Wesens, welches das Herz des Weltalls und das innerste Wesen des Menschen ist.

Die wichtigste Neuerung Shinrans war die Verwerfung des Mönchtums als des Standes der Vollkommenheit. Weil es allein auf den Glauben ankommt, darum ist alle Askese und Möncherei überflüssig. *Shin-shū* kennt nur ein Weltpriestertum, und zwar ist der Priester nur Lehrer und Kultdiener; nur im Tempel trägt er die priesterliche Gewandung, sonst ist er dem Laien gleich. Shinran hob – wohl auch in der japanischen Hochschätzung des Familienlebens – den Zölibat auf, desgleichen das Abstinenzgebot. In der *Shin*-Sekte finden auch Trauungen statt, desgleichen eine Weihe des neugeborenen Kindes.

Im 20. Jahrhundert erhielt dieser *sola-fide*-Buddhismus einen neuen Ausdruck in dem weitverbreiteten Shinran-Drama von Kurata Momozō »Der Priester und seine Schüler«. Hier redet aus dem Meister ein tiefes Sündenbewußtsein: »Ich bin der größte Sünder«, aber »Buddhas Erlösung ist für die Sünder«. Dem sterbenden Shinran werden die Worte in den Mund gelegt: »Alles, was ich Böses tat, ist gesühnt, alles ist vergeben. Ich werde rein *durch* meine Sünden – ein Wunder« – das Bekenntnis des *peccator iustus*

Buddha Amida (Amitābha)

aus japanischem Munde. Die erstaunliche Übereinstimmung mit Luthers Lehre und Reform erklärt es, daß die Jesuitenmissionare, die im 16. Jahrhundert nach Japan kamen, erschreckt dem Papst berichteten, die lutherische Häresie sei bereits bis nach Japan gedrungen, und daß umgekehrt ein *Shin*-Lehrer Luther als den »Shinran des Westens« bezeichnete.

Neben *Jōdo* und *Shin* sind noch weitere Sekten aus der »Schule des reinen Landes« hervorgegangen: *Seizan* und *Ji*, welche gleichfalls enge an die Lehre Hōnen Shōnins sich anschließen, während *Yūzū Nembutsu* (die älteste von allen) und *Chinzei* stärker die menschliche Mittätigkeit bei der Erlangung des Heiles betonen.

In *Jōdo*, *Shin* und *Seizan* hat die Musik beim Gottesdienst besondere Bedeutung, im *Shin* auch das lyrische Drama, im *Ji* sogar der Tanz.

Der tiefe Glaube an die erlösende Macht des Amida zeigt sich besonders auf dem Sterbebett. Dem Sterbenden werden, entsprechend dem Rhythmus seiner Atemzüge, die Worte *Namandab* (Abkürzung von *Namu Amida Butsu*) ins Ohr geflüstert; in früherer Zeit wurde an der Hand des Sterbenden eine Schnur befestigt und mit einem an der Wand hängenden Bild des Amida verbunden, eine Parallele zu dem das Kreuz umklammernden sterbenden katholischen Christen. Über 13 Millionen Menschen in Japan bekennen sich zu diesem trostvollen Glauben.

XI. Während alle anderen buddhistischen Sekten mit dem chinesischen Buddhismus zusammenhängen, stellt die »Schule vom Lotus des guten Gesetzes« (*Hokke-shū*), die gewöhnlich nach ihrem Gründer als *Nichiren*-Sekte bezeichnet wird, eine völlige Neubildung dar, die einerseits prophetisch-eschatologisches, andererseits nationalistisches Gepräge trägt. Zen-nichi-mero wurde 1222 in Kominato bei Tōkyō geboren. Mit zwölf Jahren trat er in ein *Tendai*-Kloster ein, das eklektischen Charakter trug, und wurde 1237 zum Mönch geweiht mit dem Ordensnamen *Ren-chō* (»Lotus ewig«). Durch die Zersplitterung des japanischen Buddhismus in Unruhe versetzt, suchte er durch Pilgerfahrten zu den Zentren des japanischen Buddhismus und durch Schriftstudium nach der Wahrheit. In zwölfjährigem Ringen kam er schließlich zu der Erkenntnis, daß die verschiedenen Schulen von der ursprünglichen Lehre Buddhas abgeirrt seien. In einer geschichtsphilosophischen Schau teilte er die Zeit nach Buddhas Nirvāṇa in drei Perioden ein: ein Jahrtausend vollkommener Frömmigkeit, ein zweites Jahrtausend äußeren Glanzes, aber inneren Rückganges, und ein drittes Zeitalter des Verfalls von Religion und Sittlichkeit, das 1052 begonnen habe. Er glaubte die reine Lehre Śākyamunis im *Saddharma-puṇḍarīka* (s. S. 186) gefunden zu haben. Die Weissagung im 15. Kapitel dieser Schrift auf den Bodhisattva *Jō-gyō* (Sanskr. *Viśiṣṭa-cāritra* »dessen Wandel ausgezeichnet ist«) auf sich selbst beziehend, hielt er sich für dessen Inkarnation und den gottgesandten Propheten, der dem Verfall der Buddha-Lehre entgegentreten sollte. »Nun ist die Zeit, um das Lotus-Sūtra zu pflanzen, und ich bin der Bote, den der Ehrwürdige zu diesem Zweck gesandt hat.« Auf einem Felsen am Ufer des Pazifischen Ozeans begann er seine öffentliche Verkündigung, indem er bei Sonnenaufgang in den Ruf ausbrach: *»Namu myōhō-renge-kyō«* (»Verehrung sei der Lotusschrift der guten Heilslehre«), wobei er diese Anbetungsformel jener der *Amida*-Verehrer entgegenstellte. Bei Beginn seiner Predigtwirksamkeit änderte er seinen Namen in *Nichiren* (»Sonnenlotus«). In echt prophetischer Weise verband er seine Verkündigung der göttlichen Wahrheit mit einer schroffen Polemik gegen alle anderen vermeintlich häretischen Formen des Buddhismus. Die Lehre der *Zen*-Sekte brandmarkte er als

Lehre der Dämonen und Höllengeister; die Meditation führe nur in die Leere des eigenen Geistes und sei eine Quelle des Hochmutes. Andere Sekten bezeichnete er als Räuber und Friedensstörer. Seine stärksten Angriffe aber richtete er gegen die *Jōdo*-Sekte. Das Gebet zu Amida brandmarkte er als »Weg zur Hölle«; ein einziges Gebet zu ihm werde mit tausendjährigem Fegefeuer bestraft. Amida sei eine fremde Gottheit, welche den geschichtlichen Śākyamuni verdrängt habe, sein Paradies ein Phantasieprodukt. Er forderte den Regenten zur Unterdrückung aller Häresien und zur Bestrafung ihrer Führer, das Volk zum Bildersturm auf. Wie die alttestamentlichen Propheten griff Nichiren auch in das politische Leben ein und richtete Warnungen an die Träger der weltlichen Macht. Sein religiöses Ideal floß überhaupt mit seinem politischen zusammen: Japan ist für ihn das Land, in dem das Lotus-Sūtra und mit ihm die Lehre Buddhas blühen und das Volk zur Einheit führen soll; sich selbst aber bezeichnet er als das »Auge« oder »Fahrzeug« Japans. Aber obgleich Nichirens Verkündigung eine Ausschließlichkeit und Unduldsamkeit zeigte, wie sie dem Buddhismus bis dahin fremd war, unterschied sich seine metaphysische Auffassung nicht wesentlich von jener des chinesischen und japanischen Buddhismus und des Mahāyāna überhaupt. Alles Lebendige und Leblose ist eine Erscheinung des Urbuddha und gelangt schließlich zur Buddhaschaft. Der historische Śākyamuni hat dieselbe Natur wie der ewige Buddha, das heißt wie die ewige göttliche Wahrheit. Weil die ganze Welt, jedes Wesen und Ding in sich die Buddha-Natur trägt, gibt es nach Nichiren keinen Dualismus einer jenseitigen und irdischen, einer heiligen und profanen Welt, beide sind nur zwei verschiedene Aspekte einer und derselben Wirklichkeit. Darum gilt es im Alltagsleben die Buddha-Wesenheit zu verwirklichen, was gleichbedeutend ist mit dem Wirken des barmherzigen Bodhisattva.

Nichiren fand Anhänger, besonders unter den Rittern und Lehensfürsten. Die Heilkräfte, die er besaß und die ihn befähigten, seine scheintote Mutter ins Leben zurückzurufen, umgaben ihn mit dem Nimbus des Wundermannes. Aber er stieß auch auf heftige Anfeindung und Verfolgung, besonders wegen seiner Abhandlung über die Herstellung von Gerechtigkeit und Sicherheit im Lande (*Risshō ankoku ron*), in welcher er die Unruhe des öffentlichen Lebens auf die religiöse Unsicherheit zurückführte. Viele seiner Zeitgenossen betrachteten ihn als Geisteskranken oder Heuchler. Er mußte aus seiner Heimat fliehen und fand Zuflucht in der Hauptstadt der Shogunatregierung. Da die Tempel ihm verschlossen waren, ging er auf die Straßen, um zu predigen, und lockte die Hörer durch Trommelwirbel an. Nachdem er für drei Jahre verbannt gewesen, nahm er seine Wanderpredigt wieder auf. Wegen seiner Angriffe auf den Regenten wurde er zum Tode verurteilt. Die Legende erzählt, als er sein Haupt beugte, um den tödlichen Streich zu empfangen, sei eine Feuerkugel über den Himmel geflogen und habe den Scharfrichter geblendet, so daß dieser zu Boden fiel und unter den Soldaten eine Panik ausbrach. Nichiren wurde auf die unwirtliche Insel Sado verbannt, wo er alle Härten in Ruhe und Heiterkeit ertrug. Wieder freigelassen, verbrachte er die letzten neun Jahre seines Lebens auf dem Berg Minobu. 1282 starb er, nachdem er noch in den letzten Stunden über sein angefochtenes Buch eine Reihe von Ansprachen gehalten hatte. Seine Asche wurde im Kuonji-Tempel auf dem Minobu-Berge beigesetzt.

Seine Anhänger, die seine eifernde Verkündigung fortsetzten, erwiesen ihm neben Śākyamuni göttliche Verehrung. Merkwürdigerweise huldigten sie keinem Puritanismus, sondern entfalteten im Gottesdienst, zu dem auch die regelmäßige Sonntagspredigt gehört, eine ritualistische Pracht, ja übernahmen auch allerlei abergläubische Gebräuche. Die Nichiren-Sekte, die etwa 2300000, mit allen ihren Unterabteilungen mehr als 31000000 Anhänger besitzt, ist eine religiöse und nationale Macht im modernen Japan. Viele ihrer heutigen Anhänger huldigen dem buddhistischen Prinzip der Toleranz.

Die bedeutendste unter den neu entstandenen buddhistischen Sekten ist *Risshokoseikai*, die in wenigen Jahren mehr als 1 Million Anhänger gewonnen hat. Die Laien derselben nehmen nicht nur am gottesdienstlichen Leben in den Tempeln regen Anteil, sondern werden auch seelsorgerlich ständig betreut. In der Tempelhalle sitzen sie zu Gruppen von zehnen zusammen, um miteinander und mit einem erfahrenen Gläubigen die seelischen Nöte des täglichen Lebens zu besprechen; dabei legen sie nach Art der christlichen Oxford-Gruppenbewegung eine Art Beichte ab.

Das Pantheon oder, richtiger, die Vielheit der Erscheinungen des Urbuddha, wie sie auch in der sakralen Kunst des japanischen Buddhismus sich ausdrückt, ist zum Teil Besitz mehrerer Sekten. Die am häufigsten dargestellten Gestalten sind *Shaka*, der

Buddhistischer Priester

historische Śākyamuni, *Dainichi* (*Mahāvairocana*, s. S. 214), der Urbuddha, mit einer Krone dargestellt, *Amida* mit strahlenumkränztem Haupt, oft flankiert von den beiden weiblichen Hypostasen der Trinität, *Seishi* (chin. *Ta-shih-chih*, s. S. 205), der Personifikation seiner Weisheit, und *Kwannon* (chin. *Kuan-yin*, s. S. 205), der Verkörperung seiner Barmherzigkeit. Die letztere, die buddhistische Madonna, wird in Japan nicht minder häufig angerufen als in China. Der dem chinesischen *Ti-tsang* (s. S. 207) entsprechende *Jizō* (*Kṣitigarbha*), gewöhnlich als Mönch dargestellt, gilt als Geber gesunder Kinder und als Erretter der Seelen aus der Hölle, ja allgemein als Nothelfer, *Yakushi* (*Bhaiṣajyaguru*, s. S. 205) als Arzt und Heiler. Auch die 16 oder 500 *Lohan* (jap. *rakan*, vgl. S. 207) werden häufig dargestellt. Zu den eigentlichen buddhistischen Gestalten kommen die beiden indischen Götterkönige (*Ni-ō*), *Indra* (*Taishaku*) und *Brahman* (*Bon-ten*), weitere indische Gottheiten, darunter die Weisheitsgöttin *Sarasvatī* (*Benzai-ten*) und die Schönheitsgöttin *Lakṣmī* (*Kichijō-ten*), der zum Höllenkönig gewordene *Yama* (*Emma-ō*, s. S. 147) und der japanische Kriegsgott *Hachiman*.
Nicht nur die Darstellung der Göttergestalten, sondern auch die Struktur der Tempel ist in Japan nicht an eine bestimmte Sekte gebunden. Die aus Holz gebauten und mit Ziegeln bedeckten farbenprächtigen Tempelgebäude mit ihren mächtigen Pfeilern und reich verzierten Decken sind von alten Bäumen umgeben; der Tempelbezirk umschließt den Turm mit der Glocke, eine Pagode, einen Brunnen für die Handwaschung der Gläubigen und zahlreiche Steinlaternen. In seinem Innern birgt der Tempel einen Schrein mit einem Buddha-Bild oder der Anbetungsformel. Der Kult besteht in dem Singen der heiligen Texte, das von rhythmischen Schlägen auf einen großen bronzenen Gong und auf den hohlen Holzfisch (s. S. 209) begleitet ist, in der Begrüßung der Bilder mit Händefalten und der Darbringung von Opfergaben und Weihrauch. Ein besonders feierlicher Kultakt ist die Öffnung des tabernakelartigen Schreins und die Enthüllung des darin aufbewahrten Bildes. Das Drehen von Gebetsrädern wird zur magischen Abwendung einer schlechten Wiedergeburt geübt, desgleichen das Drehen eines Buchständers um seine Achse zur Gewinnung von Verdiensten. Die Priester, die hierarchisch gegliedert sind, werden als *bōzu*, in der portugiesischen Wiedergabe »Bonzen« bezeichnet. Sie sind nicht nur in der mönchsfeindlichen *Shin*-Sekte, sondern auch nicht selten in anderen Sekten heute verheiratet. Sie tragen schwarze, graue und weiße Gewänder, beim Gottesdienst auch farbiggestickte. Neben dem täglichen Tempeldienst nehmen sie wie in China die Totenbestattung vor und feiern die von den Angehörigen bestellten »Totenmessen«. Neben ihren liturgischen Aufgaben vollziehen sie auch die Weihen von Feldern und Häusern und allerlei Zauberhandlungen.
Das Leben in den buddhistischen Klöstern Japans verläuft in ähnlicher Weise wie in den chinesischen Klöstern (s. S. 207ff.). Von den etwa 171 000 Mönchen bzw. »Geistlichen« Japans sind etwa 40 000 Frauen. Die Nonnenklöster werden von Äbtissinnen geleitet, die bis in die neueste Zeit zum Teil der kaiserlichen Familie entstammen. Die meisten Nonnen sind bereits mit 10 Jahren in das Kloster eingetreten. Im Unterschied von den christlichen Nonnen, aber auch von denen des alten Buddhismus (s. S. 184f.), sind sie den Mönchen völlig gleichgestellt. Sie tragen dieselben priesterlichen Gewänder und vollziehen alle religiösen Funktionen wie die männlichen Priester (Lesung der *Sūtra*, Predigt, Besuch der Gemeindeglieder, Totenfeier), und zwar nicht nur in ihren Klöstern, sondern auch in den Gemeindetempeln – an vielen von diesen wirkt eine Nonne als »Pfarrer«; oft übernimmt sie den Tempel von ihrem Vater. Sie tragen

Tonsur, verhüllen jedoch den völlig kahl geschorenen Kopf gewöhnlich nicht mit einem Schleier.
Die Frömmigkeit der Laien besteht im eifrigen Tempelbesuch, besonders an Festen. Zu diesen gehören der Geburts- und Todestag Buddhas, die Gedächtnistage der *Kwannon* und der Sektengründer, das für die Tiere bestimmte Fest der »Freilassung alles Lebendigen« sowie ein Allerseelenfest (*Urabon* oder *Bon*, Pāli *Ullambana*). Wie in China ist auch in Japan die Wallfahrt an heilige Stätten sehr gebräuchlich. Die bedeutendsten Wallfahrtsorte sind Koyasan (s. S. 216), Hiei (s. S. 216), Minobu (s. S. 222) und Tai-feki-ji.
Der japanische Buddhismus trägt ein besonderes Gepräge, nicht nur im Vergleich mit dem indischen, sondern auch mit dem chinesischen, aus dem er hervorgegangen ist. In Japan ist der Buddhismus zu einer weltbejahenden und weltfreudigen Religion geworden. Die aktiven Kräfte, die schon im Urbuddhismus wirksam waren, sind in ihm von neuem aufgebrochen, nicht zuletzt die Missionskräfte. In keinem anderen Teil der buddhistischen Welt ist heute der Wille, das Licht des Buddha der ganzen Menschheit leuchten zu lassen, so stark wie in Japan. In der Tat hat der japanische Buddhismus neue Zweige auf Hawaii und in den Vereinigten Staaten Amerikas erhalten.

Der Buddhismus in Tibet

Ist der chinesische Buddhismus der am reichsten gegliederte und der japanische der aktivste, so der tibetische Buddhismus der geheimnisvollste. In seiner Abgeschlossenheit erschien er gerade der westlichen Welt als eine Religion der Mysterien. Obgleich Tibet dem Heimatland des Buddhismus näher lag, kam dieser dorthin später als nach den fernöstlichen Ländern. Nach tibetischer Überlieferung hat zuerst König Srong-btsan-sgam-po als Gatte zweier buddhistischer Frauen den Buddhismus im 7. Jahrhundert in Tibet eingeführt. Im 8. Jahrhundert wirkten dort zwei buddhistische Mönche aus Indien, Śāntirakṣita und Padmasambhava (tib. Pad-ma-'byung-gnas), welch letzterer die *Yogācāra*-Philosophie und die buddhistische *Tantra*-Lehre dort einbürgerte. Die von ihnen begründete Schule wird wegen ihrer regen Übersetzertätigkeit als »alte Übersetzungsschule« bezeichnet. Unter König Ral-pa-can (817–836) wurde die tibetische Literatursprache weiter vervollkommnet. Zahlreiche buddhistische Werke, kanonische wie theologische Schriften, aber auch profane Werke wurden aus dem Sanskrit ins Tibetische übersetzt. Diese Übersetzungen zeichnen sich durch weit größere Genauigkeit aus als die chinesischen und japanischen. Sie bieten eine Ergänzung der buddhistischen Pāli- und Sanskrittexte, die um so wertvoller ist, als manche Originaltexte verlorengegangen sind.
Nach einem Rückschlag, der verursacht war durch die einheimische magisch-dämonistische, dem sibirischen und mongolischen Schamanismus verwandte Religion, genannt *Bon* (d. h. wahrscheinlich »Anrufen der Götter durch magische Formeln«), begann im 11. Jahrhundert ein weiterer Aufschwung des Buddhismus. Der bengalische Mönch Atīśa, der an der berühmten buddhistischen Theologenschule in Vikramaśīlā in Magadha gelehrt hatte, bürgerte in Tibet das tantrische *Kāla-cakra*-(»Rad der Zeit«-) System ein, dem die Idee der Einheit von Makro- und Mikrokosmos zugrunde liegt, und baute darauf den tibetischen Kalender auf. Für ihn war das Hīnayāna die Vorstufe

des Mahāyāna, und dieses wiederum die Grundlage des *Tantra-yāna*, aus dem er freilich das sexuelle Moment und den Rauschtrunk verbannte. Er legte besonderen Wert auf die Moral, die Ordensdisziplin und die Meditationspraxis und schuf mit seinem Schüler Bromston die Grundlage der *bKa-gdams-pa*-Schule (»die dem autoritativen Wort [des Atīśa] Folgenden«). Neben Atīśa vertiefte Mar-pa, der in Nālandā studiert hatte, das buddhistische Denken und Leben. Er gründete die *bKa-brgyud-pa*-Schule (»die den Vorschriften Folgenden«), im Abendland bekannt als die »Sekte der Rotmützen« oder »Rote Kirche«. Er lehrte eine Yoga-Technik, welche einerseits seelische Gesundheit und Freude und andererseits eine gute Wiedergeburt bewirken sollte. Noch heute stehen seine Werke in hohem Ansehen. Sein Schüler Milaraspa, ein strenger Asket, der über starke Geisteskräfte verfügte, wurde der berühmteste Dichterheilige Tibets. Seine an Naturschilderungen reichen, den *Thera-gāthā* verwandten Einsiedlerlieder, die in dem »beliebtesten Volksbuch Tibets« (Helmut Hoffmann), den »100 000 Gesängen«, enthalten sind, werden bis heute gesungen.
Eine andere bedeutende Schule, die im 11. Jahrhundert entstand, hat ihren Namen von dem *Sa-skya*-(»graue Erde«-)Kloster. Sie legte besonderen Wert auf das systematische Studium der buddhistischen Literatur. Ihr bedeutendster Vertreter war der gelehrte Kundga rgyal-mts'an, der den Buddhismus nach der Mongolei brachte. Sein Neffe, der Mönch 'Phags-pa, wurde von K'ubilai Khan mit der geistlichen und weltlichen Herrschaft über Tibet betraut. Das große Werk dieser Schule war die Vollendung des tibetischen buddhistischen Kanons, genannt *bKa-'gyur* (»übersetztes Wort«), zu dem außer dem *Tripiṭaka* eine Reihe von *Tantra*-Texten gehören. Wie in China und Japan, werden zu den wichtigsten kanonischen Büchern das *Prajñā-pāramitā-Sūtra* und das *Mahāparinirvāṇa-Sūtra* (s. S. 199) gerechnet. Zum *bKa-'gyur* tritt eine zweite Sammlung, die aus Kommentaren zu den kanonischen Texten und aus profan-wissenschaftlichen Werken besteht, der *bsTan-'gyur* (›übersetzte Lehre‹). Im ersten Drittel des 14. Jahrhunderts waren die beiden Sammlungen abgeschlossen. In der Druckausgabe umfaßt die erstere 100 oder 108, letztere 225 Bände.
Im 14. Jahrhundert erstand dem tibetischen Buddhismus ein neuer Reformator in bTsong-kha-pa, d. h. »Mann aus dem Zwiebeltal« (1357–1418), der Gelehrsamkeit mit monastischer Zucht und Yogakraft verband. Er ist der Begründer der »neuen« *bKa-gdams-pa* oder *dGe-lugs-pa* (»Tugend«-Schule), die sich in Tibet und in der Mongolei ausbreitete. Er führte in ihr die alte Klosterdisziplin, zumal den mönchischen Zölibat, wieder streng durch. Im Abendland ist diese Schule unter dem Namen »Sekte der Gelbmützen« oder »Gelbe Kirche« bekannt, weil die Mönche gelbe Mützen anstelle der roten tragen mußten. Ihr dritter Groß-Lama, d. h. Oberpriester, erhielt in der Mongolei den Titel *Dalai-Lama* (»Ozeangleicher Lama«, tib. *rGya-mts'o bla-ma* »Weltmeerpriester«). Da bei diesen zölibatären Priesterfürsten im Unterschied von den verheirateten *Sa-skya*-Äbten eine Erbfolge nicht möglich war, verfielen die Mönche auf den Gedanken, daß der Hohepriester als eine Inkarnation des Bodhisattva *Avalokiteśvara* nach seinem Tode in einem männlichen Kinde wiedergeboren werde, das durch Orakel und Teste ausfindig gemacht werden müsse. War dies geschehen, so wurde der neue Dalai-Lama von Mönchen erzogen, bis er seine Funktion als »lebender Gott« und Papstkönig zu erfüllen vermochte. Er residierte in dem riesigen Kloster Potala in Lhasa. Ein Tibeter erklärte: »Die Tibeter lieben ihn nicht so sehr als Herrscher oder Lehrer, sondern vielmehr als Vater, Führer und Beschützer, vor allem aber als großen

Bodhisattva. Seine Worte wirken auf sie wie magische, während seine Persönlichkeit so strahlend und gewaltig ist, daß sie erschüttert und tief bewegt werden, wenn immer es ihnen glückt, in seiner Gegenwart zu sein« (Lobsang Phuntsok Lhalungpa). In ähnlicher Weise wurde der Großabt des Klosters *bKra-śis lhun-po* (Tashilhunpo, »der Segensberg«), genannt *Pan-c'en* (ind. *paṇḍita* »Gelehrter«) *Rin-po-c'e* – in Europa meist als *Tashi-Lama* bekannt –, als Inkarnation des Buddha *Amitābha* aufgefaßt. Er galt als geistlicher Sohn des Dalai-Lama und wird dementsprechend als zweitgrößter Kirchenfürst Tibets angesehen. Im Unterschied vom Dalai-Lama kam ihm nur religiöse, aber nicht politische Autorität zu. Der gegenwärtige Dalai-Lama ist der vierzehnte in der Sukzessionsreihe, der Pan-c'en-Lama der neunte. Die Unterdrückung des Lamaismus, die nach der Besetzung Tibets durch Rotchina (1950) trotz der gegebenen Zusicherung einer Erhaltung der religiösen Einrichtungen einsetzte, zwang schließlich 1959 den Dalai-Lama dazu, aus Tibet zu fliehen und in Indien Zuflucht zu suchen.

Tibet war der größte Kirchen- und Mönchsstaat, den die Welt je gesehen hat. Gleichwohl war durch die Verbindung von Religion und weltlicher Herrschaft die religiöse Lebendigkeit nicht erstickt worden. Zwar hat die heimische *Bon*-Religion dem Buddhismus nicht nur Widerstand entgegengesetzt, sondern ihn auch beeinflußt, wie sie auch umgekehrt vom Buddhismus viel übernommen, ja in einer vollständigen Nachbildung desselben zu einem regelrechten Religionssystem mit einem Pantheon, einem mythischen Stifter, einer Theologie, Mystik und kanonischen Literatur sich entwickelt hat. Mit der ihm eigenen sanften Anpassungskraft hat der Buddhismus die Götter und Geister des tibetischen wie des indischen Volksglaubens in den Dienst der buddhistischen Heilslehre gestellt. Die grausigen dämonischen Gestalten mit ihren vielen Köpfen und Armen wurden in *Dharma-pāla* (»Beschützer der Religion«) verwandelt, die groben volkstümlichen Riten in den Vorhof des Heiligtums verwiesen.

Der lamaistische Kultus ist außerordentlich reich an Symbolen und Zeremonien. Die Kultbilder wie die Tempelgebäude erlangen ihre Heiligkeit durch einen besonderen Weiheakt. Die großen Ähnlichkeiten des kultischen Zeremoniells mit dem römischen Katholizismus (Glocken, Rosenkränze, Monstranzen, Weihrauchfässer, Weihwasser, Tonsur und Mitra) haben – freilich zu Unrecht – auf einen Einfluß von römisch-katholischen oder nestorianischen Missionaren schließen lassen, während sie – zumeist aus indischen Voraussetzungen – sich selbständig entwickelt haben. Besondere Eigentümlichkeiten sind die Zauberkreise (Sanskr. *maṇḍala*, tib. *dkyil-'khor*) sowie die Gebetsfahnen und Gebetsmühlen (Sanskr. *cakra*, tib. *'khor-lo* »Rad«), welche geschriebene Anbetungsformeln, besonders das *Om mani padme hūm*, in sich bergen. Diese letztere Formel wird allgemein als Verehrung des »Kleinods auf der Lotosblume«, des *Avalokiteśvara*, gedeutet, ist aber vielleicht auch als Anrufung der *Śakti* oder *Prajñā*, des den »Lotus in der Hand Tragenden« (*Padma-pāṇi = Avalokiteśvara*), zu verstehen. Der esoterische Tantrismus deutet das Kleinod als *liṅga*, den Lotus als *yoni* (s. S. 251). Eine philosophische Interpretation sieht im Kleinod das *Nirvāṇa*, im Lotus die Welt des *Saṃsāra*. Der täglich fünfmal stattfindende Gottesdienst besteht aus einer von Glöckchen, Trompeten und Tamburinen begleiteten Psalmodie sowie aus der Darbietung von Gaben (Wasser, Reis, Wein, Blumen, Weihrauch, Lampenlicht und wohlriechenden Essenzen). Yogaartige Geheimriten dienen der Erlangung der »inneren Wärme« (*gtu-mo*), welche es ermöglicht, bei großer Kälte nur ein dünnes Baumwollgewand zu tragen oder ganz nackt zu gehen. Die esoterische Geschlechtseinigung, die

nach monatelanger Vorbereitung und schließlich nach einer besonderen Weihe inmitten eines Zauberkreises erfolgt (s. S. 251), bezweckt entweder die Zeugung eines Nachfolgers oder die Erwerbung der von der *Śakti* ausströmenden Zauberkraft. Besondere Bedeutung wird jenen tantrischen Übungen beigelegt, welche auf die »Kunst des Sterbens« abzielen, d. h. die willentliche Bestimmung des Todes und der darauffolgenden Wiedergeburt. Diese Kunst heißt »Übertragung des Bewußtseins«, womit aber auch die Zeremonie bezeichnet wird, welche die Lama nach dem letzten Atemzug eines Sterbenden vollziehen. Vor dem Sterbenden wie vor dem Leichnam, in oder bei dem die Seele drei bis sieben Tage weilend gedacht wird, verliest ein Lama das aus der »alten Übersetzerschule« stammende Buch »Die Befreiung aus dem Zwischenzustand« (*Bardo thos-grol*), im Abendland bekannt geworden als das »Tibetische Totenbuch«.
Trotz aller Abweichungen vom indischen Buddhismus sowohl in seiner Hīnayāna- wie in seiner Mahāyāna-Form hat sich im tibetischen Mönchtum vieles vom Geist des echten Buddhismus erhalten. Die Meditation nimmt einen zentralen Platz ein, obgleich sie den tantrischen Methoden folgt. Sie dient der stufenförmigen Läuterung des inneren Lebens und führt zur vollen Einigung mit dem dreifachen Leibe (*trikāya*) des Buddha (s. S. 189 f.). Auch die subtile mahāyānistische Philosophie des *śūnyatā* wurde in ihrer doppelten Form des *Yogācāra* und *Mādhyamika* (s. S. 187) in Tibet studiert. Aber nicht nur das Mönchtum war dort Träger buddhistischen Strebens, vielmehr wurde der Charakter der Bevölkerung von buddhistischen Idealen geprägt. Dieses rohe, kriegerische Volk wurde durch den buddhistischen Geist des Mitleids und der Liebe förmlich umgewandelt. Immerhin hat die heimische *Bon*-Religion sowohl in ihrer ursprünglichen wie in ihrer buddhistisch umgeformten Gestalt in einzelnen Teilen Tibets, besonders im Norden und Osten, sich bis heute erhalten. Von Tibet gelangte die lamaistische Form des Buddhismus nicht nur in die Mongolei und nach China, sondern auch in die südlichen Randgebiete Ladakh, Nepal, Sikkim und Bhutan.

Nachtrag von Eva K. Dargyay

Im Westen versuchte man das Phänomen »Religion« mit den eigenen Denkstrukturen zu erfassen, in erster Linie also das historische Werden einer Religion. So ist die Gliederung in Urbuddhismus, Hīnayāna und Mahāyāna sowie Tantrayāna in einem historischen Hintereinander – wobei die authentischen Lehrinhalte immer mehr abnähmen – eine Wertung europäischen Geistes, die der einheimischen Tradition zuwiderläuft.
Die Buddhismuskunde befaßte sich in den letzten Jahren in erster Linie mit der Erforschung des Mahāyāna und Tantrayāna. Die wichtigsten Studien verdanken wir auf dem Gebiet der Philosophie u. a. Jan Willem de Jong, J. May, Lambert Schmithausen und Ernst Steinkellner, auf dem Gebiet des Tantrayāna und des tibetischen Buddhismus Stephan Beyer, Herbert V. Guenther und Alexander Wayman, auf dem Gebiet der Kunst Dieter Schlingloff.
Nach den allgemeinen philosophischen Grundsätzen des Mahāyāna ist das Absolute in und hinter allen Phänomenen unauffindbar, die Phänomene sind »leer« an Sein. Diese Leerheit wird aber in der Meditation als Licht, alles durchdringender Glanz, als das Positive schlechthin erlebt. So kommt es zu paradox anmutenden Formulierungen: »Die Suche nach dem unauffindbaren Vater ist eben die Mutter« – d. h. die höchste

Erkenntnis. Der Buddha hat diese Leere unmittelbar erfahren, er ist daher die Leere, das Absolute, das wahre Sein, das kein substantielles Sein ist. Der personale Aspekt dieser letzten Wirklichkeit wird mit dem Begriff *dharmakāya* (»Sein in der Wirklichkeit«) umschrieben. Diese letzte Wirklichkeit ist natürlich auch in jedem Phänomen gegenwärtig, dies wird mit dem Begriff *tathāgata-garbha* (»Buddha-Natur«) benannt. *Dharmakāya* und *tathāgata-garbha* weisen somit auf das Eine, die »Leere«, hin und bezeichnen die jeweilige personale Teilhabe an ihm, jedoch mit dem Unterschied, daß das mit dem *dharmakāya* identische Individuum sich dieser Identität bewußt ist, wogegen das Individuum, das am *tathāgata-garbha* teilnimmt, sich dieser Qualität nicht – oder nur mangelhaft – bewußt ist. *Tathāgata-garbha* ist die Immanenz des Einen in allen Phänomenen.

Dieses Eine, die Leere, ist in der Person eines Buddha in drei Aspekten (*trikāya*) gegenwärtig. Im absoluten, erkenntnismäßigen Sinn eben als *dharmakāya*, im Aspekt spirituellen Mitteilens als *sambhogakāya* und im Aspekt des heilschaffenden Wirkens in der Welt als *nirmaṇakāya*.

Zwar scheinen manche Ähnlichkeiten zwischen der Christologie und der Lehre von den drei *kāya* zu bestehen, dennoch sind deutliche Unterschiede bemerkbar. Alle Buddhas und Bodhisattvas des Mahāyāna sind immer nur Lehrer, keine Erlöser. Der Glaubende wendet sich voll Hingabe an den Buddha, und in diesem Denken verändert sich die gesamte geistige Disposition des Glaubenden: dies ist die Gnade des Buddha. Die Lehre des Karma, wonach jeder die Früchte seiner Taten erntet, bleibt auch im Mahāyāna und Tantrayāna fester Bestandteil buddhistischen Denkens.

Noch ein Wort zum buddhistischen Gebet. Das westliche Wort »Gebet« ist in diesem Zusammenhang inadäquat, denn das Wort enthält immer auch die Bedeutung von »bitten«. In den buddhistischen Gebeten wird jedoch keine Bitte geäußert, sondern es werden Schaubilder entfaltet, die während des Rezitierens vor dem geistigen Auge des Meditierenden erstehen. Höhepunkt dieser Gebets-Meditation ist die mystische Vereinigung mit dem geschauten Buddha oder Bodhisattva. Am Ende der Meditation wird die Bitte ausgesprochen, daß man doch kraft dieses heilvollen Tuns schnell die höchste Erleuchtung erlangen möge, um allen Lebewesen den Weg aus dem Leid in die Freiheit zu zeigen. Eine andere Bitte kennt der Buddhismus nicht, es sei denn auf der Ebene volkstümlichen Glaubens, wobei man sich aber an die zahlreichen Schutz- und Hilfsgeister wendet.

Im Tantrayāna wird die *unio mystica* systematisch eingeübt. Unter der Verwendung einer reichen Symbolwelt dringen alle Rituale und Meditationen auf die große Verwandlung hin: Die Welt der Phänomene – in Wahrheit das Absolute, die Leere – wird als Wirkfeld der Meditation eines Buddha geschaut. Der Meditierende erfährt sich als Epiphanie Buddhas und vereint sich mit ihm – »wie ein Tropfen im Wasser«. Wie auch in der christlichen Mystik werden sexuelle Symbole und Bilder verwendet, um das Geschehen anschaulich zu machen. Bis heute muß es aber als nicht erwiesen gelten, daß diese Texte wörtlich verstanden und entsprechend praktiziert wurden. Im tibetischen Buddhismus sagt die lebendige Tradition, daß in ihrem Rahmen diese Dinge stets nur symbolisch aufgefaßt wurden.

Der tibetische Buddhismus ist nicht nur der geheimnisvollste, er hat auch bis in unsere Tage eine ungebrochene Tradition, die fast eineinhalb Jahrtausende umschließt, wenn man von der etwa sechzig Jahre dauernden Verfolgung durch König gLang-dar-ma im

9. Jahrhundert absieht. Durch die tragische Vertreibung der tibetischen Mönche und Gelehrten aus ihrer stillen Bergheimat im Jahre 1959 erfuhr der Westen erstmals Authentisches über den tibetischen Buddhismus. Es ist unmöglich, in wenigen Worten diese reiche Frucht am Baum des Buddhismus zu skizzieren. Es muß hier auf die einschlägige Fachliteratur (Herbert v. Guenther, David L. Snellgrove, Giuseppe Tucci u. a.) verwiesen werden. Obschon bisher nur ein kleiner Bruchteil des tibetischen Schrifttums erschlossen werden konnte, zeigt es sich, daß die Tibeter nicht nur den Buddhismus aus Indien übernahmen, sondern ihn auch genuin und kongenial weiterentwickelten. Dies trifft vor allem für die Philosophie und Logik wie auch für das Tantrayāna zu. Neueste Forschungen über die Bon-Religion (Per Kvaerne und Snellgrove) zeigen, daß es nicht sicher ist, ob diese die alttibetische, vorbuddhistische Religion oder ob sie nicht eine synkretistische Religion aus dem iranischen Kulturraum gewesen ist, die bereits bei ihrem Eindringen in Tibet mit buddhistischen Elementen stark durchsetzt war.

Der Buddhismus im Abendland

Auch in den christlichen Ländern hat der Buddhismus Eingang gefunden, und zwar zuerst in der Form einer Heiligenlegende. Die Legende von *Barlaam* und *Joasaph* ist nichts anderes als die Buddha-Legende, die in leichter christlicher Übermalung über Persien, Syrien und Byzanz nach dem Abendland wanderte; als *Joasaph* (syrisierte Form von *Bodhisattva*) ist Buddha zu einem christlichen Heiligen geworden, dessen Gedächtnis alljährlich sowohl im Menologion der griechischen Kirche wie im Martyrologium Romanum gefeiert wird. Die Ähnlichkeit des christlichen und buddhistischen Heiligkeitsideals ist in der Tat so groß, daß der Entdeckungsreisende Marco Polo, dem das Abendland die erste nähere Kunde vom Buddhismus verdankt, erklären konnte: »Wäre Buddha ein Christ gewesen, so wäre er ein großer Heiliger unseres Herrn Jesu Christi geworden, so rein und heilig war sein Leben.«

In der Neuzeit hat die Persönlichkeit und Lehre des Buddha eine Reihe großer abendländischer Geister gepackt. Der »erste Apostel des Buddhismus in Deutschland« wurde Schopenhauer, der im Glauben, daß Buddha und er selbst dasselbe lehrten, eine tibetische Buddhastatue auf seinen Schreibtisch stellte. Unter Schopenhauers Einfluß fühlte sich Richard Wagner zu Buddha hingezogen; gegenüber Mathilde von Wesendonk gestand er, daß er »unwillkürlich zum Buddhisten geworden« sei; der Buddhismus sei »eine Weltansicht, gegenüber der wohl jedes andere Dogma kleinlich und borniert erscheinen muß«. Obgleich sein Plan eines Buddha-Tondramas, betitelt »Der Sieger«, unausgeführt blieb, ergossen sich buddhistische Motive in *Tristan und Isolde* wie in *Parsifal.* Anatole France fand in Buddha den »besten Berater und süßesten Tröster der leidenden Menschheit«. Nach dem Leipziger Philosophen Hans Driesch steht der Buddhismus »als Religion und Metaphysik völlig gleichwertig neben dem Christentum«; nach dem Germanisten Bruno Petzold ist »das reine Wasser des Mahāyāna noch imstande, die Menschheit zu kräftigen und zu erfrischen«.

Um die Wende des 19. Jahrhunderts begann eine regelrechte buddhistische Werbearbeit im Abendland, zunächst durch einzelne Persönlichkeiten wie Präsidialrat Theodor Schulz, der im Buddhismus ein Ferment für eine künftige Regeneration des religiösen

Bewußtseins innerhalb des europäischen Kulturkreises sah, das englische Ehepaar Thomas W. und Caroline Rhys Davids, die als bedeutende Forscher und Gründer der *Pāli Text Society* viel zur Kenntnis des *Theravāda*-Buddhismus beitrugen, den Berliner Arzt Paul Dahlke, den Münchener Landgerichtsrat Georg Grimm, den Hamburger Bakteriologen Hans Much, den kongenialen Übersetzer des *Sutta-Piṭakam* Karl Eugen Neumann, den dänischen Verfasser buddhistischer Romane Karl Gjellerup u. v. a. Einzelne Deutsche ließen sich als buddhistische Mönche in einem ceylonesischen Kloster nieder, dessen Leiter Bhikkhu Nyānatiloka (A. Gueth) war, ein Übersetzer kanonischer Pālitexte. Sein Werk wurde durch Bhikkhu Nyānaponika weitergeführt. An vielen Orten Amerikas wurden buddhistische Tempel errichtet. Es entstanden buddhistische Gesellschaften wie die *Mahābodhi-Society*, die von ihrem Zentrum Kalkutta aus nicht nur die Wiederbelebung des Buddhismus in Indien, sondern auch seine Verbreitung in den westlichen Ländern erstrebt, die *Buddhist Society* in England, die von der Amerikanerin Constant Lounsbery gegründete Gesellschaft *Les amis du Bouddhisme* mit ihrer Zeitschrift *La pensée bouddhique* und die amerikanische *Fellowship following Buddha*. In London entstand ein buddhistisches Kloster, in Berlin-Frohnau ein buddhistisches Exerzitienhaus. In England wie in Deutschland bestehen organisierte buddhistische Gemeinden, eine von ihnen ist die von der Tochter Georg Grimms, Maya Keller-Grimm, geleitete »Altbuddhistische Gemeinde« mit der Zeitschrift *Yāna*. Neben den Theravāda-Gemeinden haben sich auch solche gebildet, die dem Mahāyāna folgen, wie der Orden des *Ārya Maitreya Maṇḍala*, der den im Inneren eines jeden Menschen wohnenden Buddha dem Westen verkünden will. Nach der Eroberung Tibets durch China im Jahre 1950 und nach dem Aufstand von 1959 emigrierten viele Tibeter, unter ihnen Mitglieder der lamaistischen Hierarchie. Die seither in der freien Welt lebenden Tibeter wirken als authentische Vermittler der einheimischen Tradition.

In einer großen Mannigfaltigkeit von Richtungen, Schulen und Sekten tritt uns der Buddhismus entgegen, die freilich nur teilweise bis zu einer Gegensätzlichkeit sich steigern. Gleichwohl besteht in dieser Vielheit eine überragende Einheit. Drei Eigentümlichkeiten sind allen verschiedenen Gruppen gemeinsam: (1) die tiefe Innerlichkeit, die systematisch durch die Meditation und das meditative Gebet genährt wird und die am reinsten im Buddhabild sich widerspiegelt; (2) das reine Mitleid mit dem Leiden aller lebenden Wesen und die allumfasssende Liebe, die zum höchsten Opfer bereit ist; (3) das Streben nach Erlösung in einem Zustand vollendeter Ruhe und Seligkeit, sei es im Nirvāṇa, sei es in einem himmlischen Paradies. Zu diesen drei gemeinsamen Merkmalen tritt – abgesehen vom früheren *Nichiren*-Buddhismus und einzelnen Erscheinungen des *Theravāda*-Buddhismus und des Lamaismus – die große Toleranz sowohl gegenüber den abweichenden Strömungen der eigenen Religion wie gegenüber den anderen Religionen. Äußerst selten in seiner Geschichte haben Jünger Buddhas Bekenner anderer Religionen verfolgt. Auch hat der Buddhismus stets es verstanden, mit den heimischen Religionen sich zu verschmelzen. Er hat eine ganze Reihe von primitiven kriegerischen Völkern auf eine hohe sittliche Stufe erhoben und ihnen wertvolle Kulturgüter vermittelt. Angesichts dieser inneren Einheit ist es durchaus natürlich, daß die verschiedenen buddhistischen Sekten und Schulen unserer Zeit ähnlich wie die christlichen Kirchen einen ökumenischen Zusammenschluß gesucht

und zum Teil auch verwirklicht haben, so in der *World Fellowship of Buddhists*, die von dem Professor für Pāli in Ceylon, G. P. Malalasekera, 1950 gegründet wurde. An der Feier des 2500. Todestages Gotama Buddhas in Kathmandu (Nepal) im November 1956 nahmen Buddhisten aus der ganzen Welt teil.
So hochfliegend und abstrakt die buddhistische Philosophie und so subtil die buddhistische Meditationstechnik sein mag, so ist der Buddhismus im Grunde eine sehr einfache ethische Religion, wie sie in dem alten Vers ausgedrückt ist:

sarvapāpasyākaraṇaṃ kuśalasyopasaṃpadā
svacittānurakṣaṇam etad buddhānuśāsanam.

»Jegliches Böse nicht tun, jegliches Gute vollbringen, stets seinen Geist bewachen, das ist die Lehre des Buddha.«

Die nachbuddhistischen Religionen Indiens (Der Hinduismus)

Mit dem allmählichen Rückgang des Buddhismus in Indien gewann nicht nur die vedisch-brahmanische Religion samt der *Ātman-Brahman*-Mystik der Upaniṣaden von neuem Boden, vielmehr lebten zahlreiche Elemente der vorarischen Religion, die durch jene zurückgedrängt worden war, wieder auf. So entstand in der nachbuddhistischen Zeit auf dem Boden der altindischen religiösen Traditionen ein eigenartiges Religionswesen, das als Hinduismus sowohl vom Brahmanismus wie vom Buddhismus unterschieden wird. Kennzeichnend für dieses ist nicht nur die Wiederbelebung uralter Riten und Mythen, sondern auch die Fähigkeit zur steten Assimilation neuer Elemente, wie sie auch der Buddhismus auf seiner Wanderung durch die verschiedenen außerindischen Länder entfaltet hat. Ein deutscher Indienmissionar hat nicht mit Unrecht den Entwicklungsprozeß des Hinduismus mit dem des indischen Banyan-Baumes, der *ficus indica* (indischer Feigenbaum), verglichen. Dieser sendet von seinen Zweigen, sobald sie sich ausbreiten und dem Mutterstamm zu schwer werden, Luftwurzeln nach unten, die sich in den fruchtbaren Boden einbohren, in ihm Wurzeln schlagen, sich dann zu Stämmen entwickeln und die sich immer weiter ausbreitenden Kronen tragen helfen. Dank dieser in großer Zahl sich bildenden neuen Stämme werden dem Banyan-Baum durch mehrere Kanäle, von denen einige immer jung und frisch sind, Säfte und Kräfte zugeführt. Auf diese Weise erhält er sich auch bei hohem Alter frisch und bekommt einen so großen Umfang, daß er schließlich mehr einem kleinen Wald als einem Baum gleicht. So gliedert sich auch die indische Religion immer neue Gebilde an, die ihr als Stützen dienen, wenn ein Teil der alten morsch und kraftlos geworden ist, und die ihr neue Kräfte zuführen, wenn ihre alten Bestandteile dies nicht mehr vermögen. Doch so viele Elemente sie auch im Lauf der Zeit sich angliedern mag, so bleibt sie doch wie der Banyan-Baum eine Einheit, ein Ganzes, mag sie auch in der Ferne als Vielheit erscheinen (Hilko W. Schomerus). Der Hinduismus ist keine Religion mit einer unverwechselbaren Physiognomie, sondern ein Bündel von Religionen, und doch nicht so sehr ein Synkretismus wie der der orientalisch-hellenistischen Religionen im römischen Reich der Zeitenwende, sondern eine Schichtung mehrerer Religionen übereinander. Die alten werden nicht zerstört, sondern leben mit den jungen weiter. Die der vorderasiatischen ähnliche Religion der präarischen Bevölkerung, die urindogermanische Religion, die vedische Religion, der brahmanische Ritualismus, die Mystik der Upaniṣaden, die Technik des Yoga, die jainistische und buddhistische Heilslehre – das alles ist in den Hinduismus eingegangen und hat bis in die Gegenwart sich erhalten. Fünf Jahrtausende leben in der heutigen indischen Religion. Uralte Weisheit ist hier Gegenwart. Hohes und Niederes, Rohes und Reines, Geistiges und Sinnliches, Philosophie und Glaubenserfahrung, Priesterweisheit und Laienfrömmigkeit, Mystik und Prophetismus, geistigste Abstraktion und rohester Fetischismus, esoterische Weisheit und vulgäre Massenreligion – das alles ist im Hinduismus in buntem Gemisch verbunden. Als gewaltige *complexio oppositorum* zeigt er große Verwandtschaft mit dem römischen Katholizismus. Im Unterschied von diesem stellt er jedoch keine einheitliche religiöse Organisation dar, sondern eine Vielheit von Kasten, Sekten, Ordensgemeinschaften und Einzelpersönlichkeiten. Die einzelnen Religionsgemeinschaften, genannt *sampradāya* (»mündliche Überlieferung«) oder *path* (»Heilspfad«), tragen nicht den ausschließlichen Charakter der christlichen Kirchen und Konfessionen. Vielmehr nehmen die Hindu an Feiern von verschiedenen solchen Gemeinschaften teil. Obgleich es auch Beispiele der Verketzerung anderer Richtungen gibt, zeigt im allgemeinen der Hinduismus dieselbe Neigung zur Toleranz wie der Buddhismus. Das einigende Band ist der *sanātana-dharma* (»die ewige Ordnung«) des Kastenwesens, das freilich durch Ordensgemeinschaften und Sekten immer wieder gesprengt wurde. Durch die Proklamierung der Gleichberechtigung aller Staatsbürger in der modernen indischen Republik ist dieser Gesellschaftsordnung die Grundlage entzogen.

Die Götter

Das Wiederaufleben der vorindogermanischen Religion führte zu einer Umgestaltung der vedisch-brahmanischen Religion und Mythologie, die noch den Hintergrund des Buddhismus bildeten. Die uralten zauberkräftigen Naturelemente traten wieder stärker hervor: die Erde, auf welche Gebärende und Sterbende gelegt werden, die Berge, vor allem der geheimnisvolle Himālaya mit dem Kailāsa, die Steine, welche Heilkraft in sich bergen, die Edelsteine: Rubin, Perle, Smaragd, Topas, Saphir und Hyazinth, die man mit den Planeten in Zusammenhang brachte, das Wasser der heiligen Ströme, zumal des Ganges, das sündentilgende Kraft besitzt, die Seen, besonders der Mānasasarovara des Himālaya, das Feuer, das zur Reinigung der Sünden und zur Verbrennung der Toten dient, der Mond, dessen Schutz das Neugeborene anempfohlen wird. Dazu kommen die Pflanzen, die als beseelt und wahrnehmend gedacht werden, in denen vorübergehend die Seelen Wohnung nehmen. Unter den Bäumen gilt als besonders heilig der Banyan-Baum und der Betel-Baum. Die Tiere werden als heilig verehrt, schon weil die Seelen in ihnen Wohnung nehmen. Das heiligste Tier ist die Kuh, die zu töten und deren Fleisch zu genießen als große Sünde angesehen wird. Kuhmilch, Kuhurin und Kuhmist vermögen rituelle Unreinheit zu entfernen. Als heilig gelten auch das Pferd, das ebenfalls reinigende Wirkung hat, der Affe, Tiger, Elefant, Häher, Pfau, Adler, die Schlange, deren Tötung Aussatz, Unfruchtbarkeit und Augenentzündungen nach sich zieht, die Schildkröte und Eidechse. Zu den meistverehrten von Menschenhand

Liṅgam und Yoni. Embleme des Śiva und seiner Gattin

gemachten Idolen gehört die symbolische Abbildung des männlichen Phallus (*liṅga*) und der weiblichen Vulva (*yoni*).
Zahlreiche Zauberhandlungen dienen der Gewinnung heilbringender Kräfte und der Abwehr schädlicher Mächte. Der Zauberhandlung läuft parallel der Zauberspruch (*mantra*), der, wenn er in rechter Weise und mit der nötigen geistigen Konzentration gesungen wird, seine Segenswirkung automatisch hervorbringt. Er besteht teils aus Silben, die mit dem Namen einer Gottheit in Verbindung gebracht werden, teils aus kurzen Anbetungsformeln. Der *mantra* wird auch geschrieben als Amulett getragen. Dieselbe Zauberkraft besitzen auch die symbolischen Zeichen, so die uralten Glückszeichen des Hakenkreuzes (*svastika*), des Mondes und der neun Planeten, die teils in Sand gezeichnet, teils dem Körper aufgemalt oder eintätowiert werden.
Neben den heiligen Objekten und Worten kommt den heiligen Menschen große Bedeutung zu. Zum Brahmanen tritt im Hinduismus der nichtbrahmanische Priester, der das heilige Götterbild reinigt und schmückt. Über dem Priester steht jedoch als

irdischer Repräsentant des Göttlichen der Träger höheren Wissens und persönlicher Heiligkeit, der *guru* (Autoritätsperson, Lehrer), der *sannyāsin* (Asket), der *sādhu* (frommer Mann, Wandermönch) und der *yogin*. Alles, was der Lehrer trägt und berührt, ist heilig, selbst das Wasser, das er trinkt und mit dem er seine Füße wäscht. Er empfängt vom Schüler göttliche Verehrung; er hat unbeschränktes Recht über diesen, sogar über dessen Frau. Viele Asketen unterwerfen sich furchtbaren Selbstpeinigungen, hocken inmitten von mehreren Feuern, halten einen Arm empor, bis er abstirbt, stehen auf einem Fuße, starren in die Sonne, bis sie erblinden, ruhen auf einem Stachelbrett usw. Zu Beginn dieses Jahrhunderts wurden bei der Volkszählung in Indien noch über 2 750 000 Asketen festgestellt. Den Asketen und Yogin werden gewaltige Zauberkräfte zugeschrieben; ihr Fluch hat schauerliche Wirkungen.
Trägerin der Gottheit ist auch die Frau als Vertreterin der »großen Mutter«. Durch die geschlechtliche Vereinigung mit ihr erlangt der Mensch göttliche Zauberkraft. Bis in die jüngste Zeit hatte sich in Indien die uralte vorderasiatische Sitte der sakralen Prostitution in der Institution der Tempelmädchen (*devadāsī*, d. h. Gottesdienerinnen, im Abendland bekannt unter dem portugiesischen Namen Bajaderen) erhalten. Sie verrichteten den Tempeltanz und gaben sich den Priestern und Tempelbesuchern hin, die als Repräsentanten des Tempelgottes galten.
Nicht minder sinnenfällig als die heiligen Naturobjekte, Pflanzen, Tiere und Menschen sind die zahllosen Götterbilder, die der vedisch-brahmanischen Religion noch unbekannt gewesen waren, teils rohe beschmierte Fetische, teils menschen- und tierköpfige Götterbilder. Sie sind mehr als bloße Darstellungen der menschlichen Phantasievorstellungen von den unsichtbaren göttlichen Wesen, sie sind vielmehr Ausdrucksformen der Furchtbarkeit und Herrlichkeit des göttlichen Numen, sakramentale Unterpfänder (*arcā*) der göttlichen Gegenwart, und als solche ebenso irdische Erscheinungsformen der Gottheit wie ihrer heilsgeschichtlichen Inkarnationen (*avatāra*). Diesen sakramentalen Charakter erlangen die Götterbilder durch die Konsekration des *guru* mittels des zauberkräftigen *mantra*. Diese Götterstatuen sind die Spiegelbilder der unerschöpflich reichen hinduistischen Mythologie, die ihren literarischen Niederschlag in den 18 *Purāṇa* (»alten Erzählungen«) gefunden hat. Das Pantheon des Hinduismus hat sich freilich durch das erneute Hervortreten präarischer Vorstellungen gegenüber dem vedisch-brahmanischen stark gewandelt. Manche Gestalten des letzteren, wie Varuṇa und Indra, sind zurückgetreten, andere minder bedeutende oder ganz neue Wesen traten hervor.
Brahmā, der Schöpfergott, wird vierköpfig und vierarmig mit roter Hautfarbe dargestellt, in den Händen die vier Veden haltend.
Zu den wichtigsten Göttergestalten gehört *Viṣṇu*, der im Veda eine völlig untergeordnete Rolle als Gefährte Indras eingenommen und dann dessen Züge übernommen hatte. Er wird als dunkelblauer Jüngling dargestellt mit diademgekröntem Haupt und mit vier Armen, die seine vier Attribute halten: Muschel, Diskus, Keule und Lotusblume, auf der Brust einen Edelstein tragend, auf der Lotusblume, dem kosmischen Symbol, sitzend oder auf der Weltenschlange (*Ananta* oder *Śeṣa*), dem Sinnbild des Chaos, ruhend oder auf dem Göttervogel Garuḍa reitend. Mannigfach sind die *avatāra* (Herabstieg) genannten Gestalten, in denen er sich manifestiert, um die Guten zu belohnen und die Bösen zu bestrafen: als Fisch rettet er in der Sintflut den Stammvater der Menschheit; als Schildkröte trägt er den Weltberg bei der Quirlung des Milchmeeres

durch die Götter; als Eber tötet er einen Dämon und holt die Erde, die dieser in die Meerestiefe geschleudert hatte, mit seinen Hauzähnen wieder herauf; als Mannlöwe erschlägt er den Bruder dieses Dämons, der im Glauben an seine Unverletzlichkeit Götter und Menschen bedrängt hatte; als Zwerg in Brahmanengestalt entreißt er Bali die Weltherrschaft, indem er auf sein Zugeständnis von so viel Land, wie er mit drei Schritten durchmessen könne, zur Riesengestalt wächst und die drei Welten durchschreitet; als Brahmane, genannt »*Rāma* mit dem Beil«, tötet er einen König, der seinem heiligen Vater die Wunschkuh geraubt hatte, und als dessen Sohn diesen erschlug, tötete er alle Angehörigen der Kriegerkaste; als vielbesungener König und Held *Rāma* hat er samt seiner Gattin *Sītā* abenteuerliche Erlebnisse; als Held und Stammesheros *Kṛṣṇa* (der »Schwarze«, so wegen seiner Hautfarbe genannt) wächst er unter Hirten auf und ergötzt sich in allerlei Liebesspielen mit den schönen Hirtenmädchen (*gopī*); als *Buddha* predigt er die Heilslehre; als *Kalkin* wird er am Ende des jetzigen Weltzeitalters mit blitzendem Schwert auf weißem Roß erscheinen, die Bösen vernichten und den Weltuntergang bewirken – eine aus der neutestamentlichen Apokalypse (Offb. 19,11.15) bekannte Vorstellung.

Eine nicht minder große Bedeutung als Viṣṇu Kṛṣṇa kommt dem Gott *Śiva* (dem »Gnädigen«) zu. Sein Name war ursprünglich der Beiname eines brahmanischen Gottes *Mahādeva*, der die Züge des vedischen Sturmgottes *Rudra* (s. S. 141) in sich aufgenommen hatte. Zahlreiche Heldentaten werden von ihm erzählt. Śiva wird einerseits als der halbnackte, mit Asche beschmierte Asket dargestellt, der in seinen vier Armen Dreizack, Bogen, Trommel, Strick oder Keule trägt, und andererseits als der große Tänzer, der durch seinen Zaubertanz die Welt schafft und wieder zerstört. Wie von Viṣṇu werden auch von ihm Heldentaten und absonderliche Abenteuer berichtet.

Brahmā, Viṣṇu und Śiva werden gelegentlich in einer Trinität (*trimūrti*) zusammengefaßt, wobei Brahmā die Funktion der Schöpfung der Welt, Viṣṇu die Erhaltung und Śiva die Zerstörung zugewiesen wird. Häufig werden Viṣṇu und Śiva als *Hari-Hara* zu einer Binität zusammengefaßt.

Eine der populärsten Göttergestalten des ganzen indischen Pantheons ist der Gott der Weisheit und Gelehrsamkeit *Gaṇeśa* (»Herr der Scharen«), ein elefantenköpfiger kleiner dicker Mann mit roter Körperfarbe, der als »Beseitiger« aller Hindernisse gilt und besonders von den Gelehrten bei der Niederschrift ihrer Bücher angerufen wird. Eine andere Lieblingsgestalt des Volkes ist der Affengott *Hanumat*, der kühne Heldentaten vollbrachte und Rāmas Gattin Sītā rettete; er wird in allen Nöten angerufen. In allen Tempeln findet sich das Bild des weißen Stiers *Nandī*, der nicht nur Śivas Reittier ist, sondern auch sein Kämmerer und Musikant sowie der Aufseher über die Geisterscharen. Andere viel verehrte Gottheiten sind der Gott des Reichtums *Kubera*, ein häßlicher Mann mit drei Beinen, der Liebesgott *Kāma*, ein schöner Jüngling, der auf einem Papagei reitet und einen Bogen aus Zuckerrohr mit einer Sehne aus einem Bienenschwarm trägt; der Kriegsgott *Skanda*, ebenfalls ein schöner Jüngling mit sechs Köpfen und zwölf Armen, mit Pfeil und Bogen und dem Pfau als Reittier; der Unterweltsgott und Totenrichter *Yama* von grüner Farbe und mit rotem Gewand; schließlich der Sonnengott *Sūrya* (s. S. 141) und *Indra*, der freilich vom Götterkönig auf die Stufe eines »Weltenhüters« herabgesunken ist, in roter Kleidung, mit einem Donnerkeil, auf einem weißen Elefanten reitend.

Das hinduistische Pantheon umfaßt auch zahlreiche weibliche Gottheiten. Sie sind

Schlafender Viṣṇu auf der Weltenschlange

Varianten der »großen Mutter« der vorarischen Religion Indiens, die auf die vorderasiatische große Muttergottheit zurückgeht. Nur in einzelnen Gestalten freilich hat sich ihre ursprünglich selbständige, den zugeordneten männlichen Gott überragende Stellung erhalten, die der matriarchalischen Kultur entspricht. Am deutlichsten ist die Urmutter in der Gestalt der *Mahādevī* (»großen Göttin«), wie sie in *Pārvatī* (»Bergtochter«), *Umā*, *Annapūrṇā* (»an Speisen Reiche«), *Kālī* (die »Schwarze«), *Durgā* (die »schwer Zugängliche«) und *Caṇḍī* (die »Wilde«) erscheint. Wie die vorderasiatische Ištar ist sie doppelpolig: mit ihrem mütterlich-hilfreichen Wesen kontrastiert das grausig-düstere, das ebenso in ihren künstlerischen Gestaltungen erkennbar ist. *Kālī* gilt als schwarzfarbige blutdürstige Kämpferin, die um ihren Hals eine Kette von Totenschädeln trägt und Waffen in ihren vielen Händen. Ihrem männlichen Partner Śiva ist sie übergeordnet; sie setzt sogar ihren Fuß auf seinen leblos daliegenden Leib. Ihre Selbständigkeit zeigt sich auch in ihren Bezeichnungen *Śakti* (»Kraft«) und *Jagaddhātrī* (»Weltschöpferin«). Auch *Tārā*, die Gattin des *Bṛhaspati*, hat den Charakter der »großen Mutter« bewahrt.

Der ewige Tanz. Krishna und die Hirtinnen

Im Unterschied von diesen mit Siva verbundenen Gestalten erscheinen andere als bloße Gattinnen ihres göttlichen Gemahls; so *Sarasvatī* (die »Wasserreiche«), die Patronin der Rede, der Kunst und Wissenschaft, und *Gāyatrī*, die Hypostasierung des vedischen Versmaßes, beide Gemahlinnen Brahmās, ferner *Śrī* oder *Lakṣmī*, die Göttin der Schönheit und des Glücks, auch *Kamalā* (die »Lotosblüte«) genannt, die Gattin Viṣṇus. Als Partnerin von dessen Inkarnation Rāma trägt sie den Namen *Sītā*, als Gattin oder Hauptgeliebte Kṛṣṇa's den Namen *Rādhā*. Die untergeordnete Stellung dieser Göttinnen zeigt sich auch darin, daß sie, wenn sie mit ihrem männlichen Gott zusammen dargestellt werden, eine weit kleinere Gestalt haben. Neben diesen verschiedenen Muttergottheiten gibt es noch eine Reihe von Krankheitsgöttinnen, so die Pockengöttin, die Pestgöttin und die Göttin *Manasā*, die Bisse giftiger Schlangen heilt.
Während alle diese hohen Gottheiten zumeist in schönen Formen der Kunst veranschaulicht werden, haben die Dorfgottheiten (*grāma-devatā*) ihren sinnlichen Ausdruck in unförmigen Idolen, irdenen Töpfen, mit Zinnober beschmierten Steinen und rohen Holzfiguren. Die hohen und niederen Gottheiten sind umgeben von mehreren

Tanzender Śiva

Klassen guter und böser Geistwesen, die der vedisch-brahmanischen Tradition entstammen (s. S. 144 f.). Aus grauer Urzeit stammt eine Reihe von Sehern und Hymnendichtern (*ṛṣi*), die in einer Gruppe von 7 als die 7 Sterne im Großen Bären am Himmel erscheinen. Die Zahl der göttlichen Wesen ist phantastisch groß. Das Heldenepos *Mahābhārata* zählt 33 333 – eine Erweiterung der Zahl 33 der vedischen Götter, dazu 88 000 Gandharven (s. S. 144). Die südindischen Śivaiten zählen sogar 1 100 000 Götter und Dämonen. Alle diese Gottheiten werden als jugendliche Wesen vorgestellt. Gleichwohl besitzen sie nur eine relative Unsterblichkeit, nämlich in *einer* Weltperiode. Am längsten von allen Göttern lebt Brahmā, nämlich hundert »Brahmā-Jahre«. Da ein

Indische Madonna

»großes Welttheater« (*mahāyuga*) 4 320 000 Menschenjahre umfaßt, tausend Weltalter aber ein *Kalpa* oder einen Brahmā-Tag ergeben, entsprechen diese 100 Brahmā-Jahre 311 Billiarden und 40 Millionen Menschenjahren. Wie die indische Zeitrechnung, so arbeitet auch die indische Raumanschauung mit schwindelnd hohen Zahlen. Das weite Universum umfaßt unzählige Welten, von denen freilich nur 4 oder 14 in den unmittelbaren Gesichtskreis der Menschheit treten. Die Welt Brahmās im siebten Himmel, in der die unsterblichen Wesen leben, ist 1 Milliarde 848 Millionen Meilen von der Erde entfernt. Die hinduistische Kosmologie stellt so eine Antizipation moderner astronomischer Erkenntnisse dar.

Kālī, auf Śiva tanzend

Der Kult

Das Götterbild, das aus Stein, Metall oder Holz gefertigt ist, erfordert als Korrelat den Tempel, die irdische Wohnstätte des im Bild gegenwärtigen Gottes. Im Gegensatz zu der ebenso bild- wie tempellosen vedisch-brahmanischen Religion schuf der Hinduismus im Anschluß an die buddhistische Architektur gewaltige Tempelbauten. Neben die Höhlentempel, deren großartigster der Kailāsa-Tempel von Elūrā ist, der zwischen 700 und 1000 n. Chr. entstand, traten die freistehenden Tempel. Charakteristisch für sie sind die riesigen, nach oben sich verjüngenden Tempeltürme (*śikhara*, *vimāna*) und Tempeltortürme (*gopura*), deren zahlreiche Stockwerke übersät sind mit reliefartigen Darstellungen der indischen Göttersage. Manche dieser Tempel beherbergen das ganze hinduistische Pantheon. Im Gegensatz zu den ausgedehnten Tempelbezirken mit ihren Säulenhallen, Gartenanlagen und Teichen sind die Tempel der Dorfgottheiten winzige quadratische Gebäude aus Ziegelsteinen, Lehm oder Bambus.

Der Kult besteht in der Verehrung der Götterbilder, die unter Rezitation heiliger Sprüche mit Gangeswasser besprengt und mit Farbe angemalt werden – von diesem »Bestreichen« leitet sich die Bezeichnung des Kultes als *pūjā* (»Verehrung«) ab. Die unter Nennung des Gottesnamens im Gebet dargebrachten Opfergaben bestehen aus Milch, Reis, Blumen, Weihrauch und Geld. Nur einzelnen Gottheiten wie der blutdürstenden *Kālī* werden auch blutige Tieropfer dargebracht. Die Götterbilder werden auf Prozessionswagen unter großem Gepränge durch die Stadt gefahren. Am berühmtesten ist die Wagenprozession in Purī (Orissa) mit den drei Idolen des *Jagannātha* (»Herr der Welt«), seines Bruders *Balarāma* und seiner Schwester *Subhadrā*; als besonders verdienstlich galt es, unter den Rädern dieses Prozessionswagens zu sterben. Ein wichtiges Stück des Tempelkultes ist die Musik und der Tempeltanz (*nac*, Sanskr. *nāṭya*), der von Tänzern aufgeführt wird, früher auch von den Bajaderen.

Wie andere Religionen hat auch der Hinduismus ein liturgisches Jahr mit einer großen Anzahl von Festen gestaltet. Es beginnt mit der Feier der Wintersonnenwende Mitte Januar, die im Süden auch als Neujahrsfest (*Pongal*) begangen wird. Zur Erinnerung an den Herabstieg der Flußgöttin Gaṅgā vom Himmel wird in den am Ganges gelegenen Orten ein großes Badefest veranstaltet. Im *Māgha*-Monat (Januar/Februar) wird außerdem das Fest der *Sarasvatī* (s. S. 238) mit Darbringung von weißen Blumen und Verehrung von Büchern gefeiert. In den folgenden Monat *Phālguna*, Februar/März, fällt die *Śivarātrī* (»Nacht des Śiva«); während des Tages fasten die Gläubigen, die Nacht verbringen sie im Tempel, um sein Symbol, das *liṅga*, zu verehren. Das *Holī*-Fest am Vollmond des März ist eine Art Karneval, bei dem man in einem Fruchtbarkeitszauber sich mit rotem Pulver überschüttet. An der *Kṛṣṇa-janmāṣṭamī* (»Geburtsfest des Kṛṣṇa«) werden Darstellungen der Geburt Kṛṣṇas aufgestellt, der nach der Legende wie Jesus im Stall unter Hirten geboren wurde, und Speiseopfer dargebracht. Im Monat *Bhādra* (August/September) wird der Geburtstag des Gaṇeśa (s. S. 236) mit der Darbringung einer Speise gefeiert, die von den Gläubigen in einer Art Kommunion verzehrt wird. Das im Oktober stattfindende neuntägige Fest, daher *Navarātrī* (»neun Nächte«) genannt, wird zu Ehren einer weiblichen Gottheit (*Sarasvatī*, *Lakṣmī* oder *Durgā*, s. S. 238) begangen. Auch das zwanzig Tage hernach stattfindende Lampenfest *Dīvālī* zu Ehren der Lakṣmī dauert mehrere Tage und Nächte. Das *Kṛttikā*-Fest wird im November zur Erinnerung an Śivas Erscheinung in Gestalt einer Flammensäule mit

Illuminationen gefeiert. In manchen Teilen Indiens ist die *Rāma-līlā* (»Spiel des Rāma«) sehr beliebt, bei welcher Episoden aus dem Leben des *Rāma* dramatisch aufgeführt werden. Das große Frauenfest im Monat *Jyaiṣṭha* (Mai/Juni) dient, wie der Name *Sāvitrīvrata* besagt, der Erinnerung an die Königin Sāvitrī, das Musterbild der treuen Gattin, welche durch ihr hartnäckiges Flehen dem Todesgott das Leben ihres Gatten abrang; die Frauen fasten und bringen an ihm ihren Gatten Speisen und Blumen dar.
Wie das Jahr durch eine Kette von Festen, so wird das Leben eines Hindu durch eine Reihe von sakramentalen Handlungen (*saṃskāra*) begleitet (s. S. 145 f.). Vor dem Umzug des jungen Ehepaares in das neue Haus werden in einer Befruchtungszeremonie (*garbhādhāna*) der Gattin Reis und Früchte in den Schoß gelegt, im dritten Monat der Schwangerschaft zur Erzeugung eines männlichen Nachkommen Gerstenkörner. Dreimal in der ersten Schwangerschaft erfolgt die »Scheitelschlichtung« (*sīmantonnayana*). Nach der Geburt wird das Kind mit Honig gespeist, heilige *mantra* werden ihm ins Ohr geflüstert und das Horoskop gestellt. Bei der Namengebung erhält es außer zwei Vornamen noch einen Geheimnamen. Ein wichtiger Akt ist die Einführung (*upanayana*) beim Lehrer, bei welcher der Knabe die einer der drei höheren Kasten entsprechende heilige Opferschnur (*yajñopavīta*) erhält. Die Hauptzeremonien bei der Eheschließung, die früher im Kindesalter erfolgte, sind die uralte Umwandlung des Hochzeitsfeuers und das Ausstreuen von geweihten Reiskörnern über den Häuptern der Brautleute. Die Übersiedlung der jungen Frau ins Haus des Gatten geschah einige Jahre später, nachdem das Mädchen die Reife erlangt hatte.
Wie dem Neugeborenen, so werden auch dem Sterbenden heilige Worte zugesprochen, durch welche die künftige Wiedergeburt beeinflußt werden soll. Die Leichen werden in der Nähe des Flusses auf einem Scheiterhaufen verbrannt; dabei wird der Schädel mit einem geweihten Holz gespalten, damit die Seele den Leib leichter verlassen kann. Die Überreste werden nach vier Tagen in den Fluß geworfen. Spätestens nach einem Monat findet die Totenfeier (*śrāddha*) statt, bei der Reisklöße den Totengeistern geopfert werden. In früheren Zeiten haben sich zuweilen Witwen mit dem toten Gatten zusammen verbrennen lassen in dem Glauben, durch ihr Opfer als *satī* (»tugendhafte Frau«) großes religiöses Verdienst zu erwerben und mit dem Gatten vereint in einem der höchsten Himmel wiedergeboren zu werden. Obgleich dieser Brauch durch die englische Regierung schon 1829 verboten worden war, kamen immer wieder Verbrennungen von Witwen oder Versuche derselben vor. Die Witwen aus den oberen Kasten, die dem Gatten nicht folgten, durften keine neue Ehe eingehen; sie mußten ihre Haare scheren und unter der Vormundschaft der Verwandten ihres Mannes ein freudloses Leben verbringen.
Wie das ganze Leben eines Hindu, so ist auch der Tageslauf der oberen Kasten, insbesondere der Brahmanen, von religiösen Akten begleitet. Die morgens, mittags und abends stattfindende Andacht (*sandhyā*, eigentlich »die Dämmerung« als heilige Zeit) besteht in der Rezitation von Veda-Versen, an deren Spitze am Morgen die *Gāyatrī* (oder Sāvitrī, s. S. 141) steht, sowie in der Wasserlibation an die Götter, Seher und Ahnen. Daran schließt sich die Verehrung der fünf Hausidole (*pañcāyatana-pūjā*), das sind fünf verschiedene Steine, welche die Gottheiten *Viṣṇu*, *Śiva*, *Durgā*, *Gaṇeśa* und *Sūrya* darstellen. Der Hauptmahlzeit geht die *Vaiśvadeva*(»Alle Götter«)-Zeremonie voraus, bei welcher unter Rezitation von Veda-Versen Stückchen der gereichten Speisen für alle Götter ins Feuer geworfen werden. Ihr folgt die »Überbringung der

Opfergaben« (*bali-haraṇa*) an die verschiedenen Götter, Geister und Tiere, die in der Niederlegung von kleinen Mengen gekochten Reises an verschiedenen Stellen innerhalb und außerhalb des Hauses besteht. Von Wichtigkeit ist schließlich die Beachtung der verschiedenen Tabu-Gesetze (zur Vermeidung von Verunreinigung) und der Speisevorschriften.

Die Bhakti-Mystik

Die hinduistische Volksfrömmigkeit weist einen kaum übersehbaren Reichtum an mythologischen Vorstellungen, Kultformen und Lebensregeln auf. Sie bildet den Unter- und Hintergrund für eine Frömmigkeit und Theologie, welche sich hoch über jene erhebt, aber gleichwohl nie den Zusammenhang mit ihr verliert. Sie benutzt sowohl deren mythologische wie kultische Formen als Hilfsmittel des religiösen Denkens und des Heilsstrebens. Sie redet deren Sprache und gebraucht wenigstens teilweise deren kultische Übungen; aber sie gerät nicht in eine sklavische Abhängigkeit von ihr, sondern schmelzt ihr ganzes Wesen um, darin verwandt mit der katholischen Mystik im Christentum, die ebenfalls einen Bund mit der niederen Volksfrömmigkeit geschlossen hat. Umgekehrt hat diese hinduistische Hochfrömmigkeit eine gewaltige Rückwirkung auf die Volksfrömmigkeit ausgeübt, so daß das Verhältnis von niederer und höherer Frömmigkeit eine ständige Wechselbeziehung bedeutet.
Die höhere hinduistische Frömmigkeit ruht auf der *Ātman-Brahman*-Mystik der Upaniṣaden (s. S. 150), die für sie den Kern des ganzen Lebens und Schrifttums bildet. Ihre eigentliche Triebkraft ist jedoch die *Bhakti*, die gläubige und zuversichtliche Liebe zum »Herrn« (*Īśvara*), d. h. dem persönlichen Erlösergott. Diese Bhakti, die in ihren Wurzeln wohl bis in die vorindogermanische Zeit zurückreicht, begegnet uns bereits neben der *Sāṃkhya*-Philosophie (s. S. 155 f.) und der *Yoga*-Technik (s. S. 153 ff.) in den jüngeren Upaniṣaden. Die erste große Urkunde der Bhakti ist das um 300 v. Chr. entstandene Lehrgedicht der *Bhagavad-Gītā*, das im Titel häufig als eine *Upaniṣad* (mystische Geheimlehre) bezeichnet wird und das meistbenutzte Erbauungsbuch Indiens bildet – viele Inder wissen es auswendig. Sie bildet einen Abschnitt des Heldenepos *Mahābhārata* und fügt sich dessen Erzählung ein. Kṛṣṇa, eine Inkarnation des Viṣṇu, begleitet als Wagenlenker den Arjuna aus dem Pāṇḍu-Geschlecht in den Kampf zwischen diesem und der verwandten Sippe der Kuruiden. Arjuna scheut sich, den Kampf gegen die Blutsverwandten aufzunehmen. Doch Kṛṣṇa mahnt ihn, seine Pflicht als Kämpfer zu tun. Er weist ihn auf die mystische Gelassenheit, die durch Yoga erlangt wird. Darüber hinaus zeigt er ihm den Weg des vertrauenden Glaubens (*śraddhā*) und der sich hingebenden Liebe (*bhakti*), durch die der Mensch von Sünden befreit wird, die Ruhe des Herzens erlangt und in den ewigen Frieden Gottes eingeht.

> »Mehr ist Erkenntnis als Bemüh'n, Versenkung noch viel höher steht,
> Noch höh'r Verzicht auf Tatenfrucht; dann ist der Seelenfrieden da.« (12,11)
> »Durch die Liebe (*bhakti*) erkennt er mich in Wahrheit, wer, und wie ich bin.« (18,55)
> »Alle Satzungen (*dharma*) aufhebend, such mich allein als Zufluchtsort,
> Von allen Sünden werd' ich dann dich erlösen.« (18,66)

Das Heil wird vom Menschen erlangt *sola fide* (»allein durch den Glauben«) und von Gott geschenkt *sola gratia* (»allein durch Gnade«).

> »Durch seine Gnad' erlangest du höchsten Frieden und ew'gen Stand.« (18,62)

Dieser Gott, der Gnade und Erlösung schenkt, ist nicht das unpersönliche, eigenschaftslose *Brahman*, sondern der persönliche »Herr«, der »Erhabene« (*Bhagavat*), der sich zum Menschen herabbeugt und ihn voll Liebe anredet: »Du bist mir lieb – sei unbesorgt« (18,65.66). Wohl spricht das Lehrgedicht auch vom Eingehen in das *brahma-nirvāṇa* und vom »Werden zu *Brahman*« (5,24) – möglicherweise liegt hier eine spätere Angleichung an die *Vedānta*-Mystik vor. Aber die eigentliche Erlösungslehre der Bhagavad-Gītā ist nicht eine Identitätsmystik, sondern eine Immanenzmystik. Die Seele geht nicht in Gott auf, sondern wird zu seiner Wohnung.

> »Die liebend mich verehren, die sind in mir, in ihnen ich.« (9,29)

Wie dieses Wort an ein Jesuswort bei Johannes (14,20) anklingt, so auch die Bezeichnung der Jünger als Freunde des Erlösers (Joh. 15,14):

> »Ich bin der Freund des Wissenden vor allem, und er ist mein Freund.« (7,17)

Wohl weiß auch der Dichter der Bhagavad-Gītā von der Furchtbarkeit des verborgenen Gottes. Arjuna bittet Kṛṣṇa, ihn in seinem göttlichen Glanze schauen zu dürfen, und dieser schenkt ihm ein »himmlisches Auge« und läßt ihn seine Unendlichkeit und Majestät schauen. Aber Arjuna erschrickt vor der Furchtbarkeit des »tausendarmigen und allgestaltigen« Gottes und fleht ihn an, sich ihm wieder in der trauten menschlichen Gestalt zu zeigen. Der Mensch vermag den blendenden Glanz des *deus ipse* (»Gottes an sich«) nicht zu ertragen, sondern ihn nur als den Inkarnierten in einer anschaulichen menschenähnlichen Gestalt zu erfassen und mit ihm traute Gemeinschaft zu haben.

Diesem Glauben an einen persönlichen Erlösergott entspricht die Vorstellung von einer persönlichen Unsterblichkeit der Seele. Ewiges Leben bedeutet für den *Bhakta* (»von Gott Geliebten und Gott Liebenden«) nicht das Aufgehen im unendlichen *Brahman*, sondern das Eingehen in Gott und sein Wesen (4,9), »in seinen ewigen Frieden« (6,15; 9,31), ein ewiges »Wohnen in ihm« (12,8). Der vom Kreislauf der Geburten Befreite darf für immer in Gottes Gegenwart weilen; aber schon in seiner jetzigen Existenz hat der Erlöste den Himmel auf Erden (5,19).

Dieser Weg der Erlösung durch die Liebe steht den Angehörigen aller Kasten offen (18,45.46), aber auch den Angehörigen aller Kulte und Religionen.

> »Und welche Gottheit einer auch im Glauben zu verehren strebt,
> Ich sehe seinen Glauben an und weis' ihm an den rechten Platz.
> Wenn er in festem Glauben strebt nach seines Gottes Huld und Gnad',
> Dann wird zuteil ihm, was er wünscht, denn gern wend' ich ihm Gutes zu.« (7,21)

Wer von rechtem Glauben an Gottes Barmherzigkeit und Huld erfüllt ist, wer die Erlösung in Kṛṣṇa gefunden, wird dadurch nicht aus seiner Berufsarbeit herausgerissen, sei diese die eines Brahmanen, Kriegers, Ackerbauers oder Sklaven, vielmehr kehrt er innerlich erneuert zu ihr zurück, um fortan ohne Leidenschaft und »ohne jeden Hang« mitten in der Welt zu wirken und zu handeln. Auch das für den Krieger unvermeidliche

Töten in der Schlacht kann seine Erlöstheit nicht beeinträchtigen; nur der Leib kann ja getötet werden, nicht aber die unsterbliche Seele.

> »Im Tod gehst du zum Himmel ein; siegst du, fällt dir die Erde zu,
> Darum erheb' dich, Kuntī-Sohn, entschlossen wieder zu dem Kampf!
> Gleich achtend Glück und Ungemach, Gewinn, Verlust, Sieg oder Tod,
> Bereite nun zum Kampfe dich, so wird kein Übel dir zuteil.« (2,36 ff.)

Die uralte indogermanische Tat- und Kampfesfreudigkeit vermählt sich in der Bhagavad-Gītā mit dem mystischen Yoga und der mystischen Bhakti zu einer höheren Einheit. Wie im Buddhismus, wenn auch in anderer Weise, geht hier das kontemplative Leben der Mystik in das aktive Leben über.

Die Bhagavad-Gītā, Indiens weitestverbreitetes Lehrgedicht, ist trotz aller Tiefe der mystischen Schau und aller Innigkeit der gläubigen Liebe nur die Eingangshalle in den gewaltigen Tempel der *Bhakti*, den die höhere indische Frömmigkeit von zweitausend Jahren darstellt. Ein noch größerer Reichtum und eine noch stärkere Bildhaftigkeit enthüllt sich in dem *Bhāgavata-Purāṇa*, kurz als *Bhāgavatam* bezeichnet. Es schließt sich enge an das *Viṣṇu-Purāna* an und fand etwa im 13. Jahrhundert n. Chr. seine schriftliche Fixierung. Es wurde frühzeitig aus dem Sanskrit in die verschiedenen indischen Volkssprachen übertragen. Es wird als die »Bibel« der Viṣṇu-Kṛṣṇa-Gläubigen bezeichnet, als »jenes Buch, das mehr als zweihundert Millionen Indern am nächsten steht. In vielen Häusern ist es das einzige Buch. Sowohl von den Weisen Indiens wie von den Kulis wird es sehr geliebt, aber auch den vielen in Indien, die nicht lesen und schreiben können, sind die Geschichten des Bhāgavatam wohl vertraut« (Walter Eidlitz). Auch Frauen und Angehörige niederer Kasten sowie Kastenlose durften stets das Bhāgavatam hören und lesen. Während der Regenzeit wird das umfangreiche Werk von Anfang bis Ende andächtig gesungen, und zu diesem Gesang tanzen die Menschen auf den Straßen.

Was dieses mystische Werk kennzeichnet, ist der strenge Monotheismus, der an die Gestalt des Viṣṇu gebunden ist. Der All-Einheitsgedanke der Upaniṣaden kehrt hier wieder, aber in einer ausgesprochen personalistischen Form. Viṣṇu ist der eine Gott, der Schöpfer, Erlöser und Vollender, aber er offenbart sich in unzähligen Gestalten, nicht nur in dieser Welt, sondern auch in allen anderen Welten. Alle diese Gestalten entspringen dem Spiel (*līlā*), in dem Viṣṇu seine ewige Freude und Liebe auslebt. Sein tiefstes Wesen ist die Liebe, die ins Herz seiner Gläubigen sich ergießt und aus diesem wieder zurückströmt in sein ewiges Sein.

> »Die *Bhakta* sind mein Herz, und ich bin das Herz der *Bhakta*,
> sie kennen nichts als mich, und ich kenne nichts anderes als sie.«
>
> (*Bhāgavatam* 9,4,68; übers. von Walter Eidlitz)

Die Sprache dieser Liebesmystik ist das Gebet, das keinen anderen Gegenstand hat als Gott selbst, die unlösbare Liebesgemeinschaft mit ihm.

> »Nicht Gewalt über die ganze Erde,
> nicht Herrschaft über die schätzestrahlende Unterwelt,
> auch nicht Erlösung,
> das Nichtwiederkehren der völlig Befreiten,

nichts begehre ich, o Gott,
was mich trennt von dir.« (*Bhāgavatam* 6,11,25)

Der Liebende sucht kein Verdienst, keinen Lohn von Gott, er sucht allein ihn selbst. Aber gerade diese völlig motiv- und interesselose Liebe ist es, welche die Seelen aus dem Kreislauf der Geburten befreit, auch die Seelen von Angehörigen der niedersten Kasten und von Kastenlosen. Wer von dieser Gottesliebe ergriffen ist, löst sich dadurch nicht in geistlichem Egoismus von der Menschheit los, er wird vielmehr »voll barmherziger Güte zu allen Wesen«, ja, er »läutert geradezu die Welt« (*Bhāgavatam* 11,14; 17,24).

Das am meisten gelesene und beliebteste Stück dieser Summe der Liebesmystik ist das zehnte Buch, das vom Leben Kṛṣṇas und von seinen Tänzen und Liebesspielen mit *Rādhā* und den *Gopī* (Kuhhirtinnen) wie von deren Liebesdiensten handelt. Kṛṣṇa hatte sich mit einem Hirtengott verbunden, den die wandernden Ahir und Gujara in der Mitte des 1. Jahrtausends ins Gangestal gebracht hatten. Alle diese Erzählungen haben eine allegorische Bedeutung. Die Liebe Kṛṣṇas zu seinen Freundinnen versinnbildet die Liebe Gottes zu den Seelen, und umgekehrt die Liebe der Gopī zu Kṛṣṇa die Gottesliebe der Seelen. Rādhā aber, die Hauptgeliebte und Gattin, ist nichts anderes als die »Urgestalt aller Gottesliebe«, die »Göttin Bhakti« (*bhakti-devī*). Kṛṣṇa spricht:

»O Gopīs, so lauter ist eure Liebe zu mir,
daß ich in vielen Leben meine Dankesschuld
nicht werde abtragen können. Denn mir seid
ihr nachgefolgt und habt die schwer zu lösenden
Fesseln des Saṃsāra völlig zerrissen.
Nicht kann ich diese Liebesschuld begleichen.
Euer eigenes Tun sei euer eigener Lohn.« (*Bhāgavatam* 10,32,1,27)

Den anonymen Dichtern der Bhagavad-Gītā und des Bhāgavatam folgten mystische Persönlichkeiten, die ihre tiefen Erfahrungen in Gebetsliedern an die Nachwelt weitergaben. Aus den »Köstlicher Lobpreis« betitelten Hymnen des Yāmuna Muni spricht eine der evangelischen Frömmigkeit verwandte Gläubigkeit rein personalen Charakters.

»Wer, was, wie immer auch an Leib und Geist
und Eigenschaften ich befunden werde,
was immer ich auch sei, ich nehm' es heut zu Hauf
und leg' es nieder, Herr, zu deinen Füßen.
Was mein ist, Herr, und was ich selber bin,
all das soll dir, o Madhava, gehören.« (Übers. von Rudolf Otto)

Die schönste Blüte entfaltete die viṣṇuitische Bhakti vom 13. bis 16. Jahrhundert im Marāṭha-Land, das im Tempel des Viṣṇu zu Pandharpūr sein religiöses Zentrum hatte. Nām Dev (1270–1350) preist die fürsorgende Liebe Viṣṇus im Bilde der Muttertiere.

»Du bist meine Mutter, ich bin dein saugend Kind,
Ich bin das Kalb bei dir, der Mutterkuh,
verwehre mir nicht deine Milch.
Ich bin das Rehkalb, du bist meine Muttergeiß,

nimm weg von mir der Welten Schlinge.
Du Vogelmutter, ich bin von deiner Brut,
O flieg und bringe mir die Speise.
Ach Herzgeliebte, höre deinen Nāma reden
auf jeder Seite sicherst du mir meinen Weg.«

Nām Devs Haussklavin Janabāī, eine Śūdrafrau, erkennt Viṣṇus Gegenwart mitten im Alltagsleben.

»Aus Gott mein' Speis und Trank ich mache,
Gott ist mein Bett, auf dem ich liege.
Gott ist, was immer ich auch gebe oder nehme,
Stete Gemeinschaft habe ich mit Gott.
Denn Gott ist hier und Gott ist da,
Kein Platz, der von ihm wäre leer.«

Der neben Nām Dev größte Marāṭha-Dichter ist Tukārām (1608–49), ein Kornhändler aus der Śūdra-Kaste. Er lebte ein franziskanisches Leben. Nach der Legende ward er in den Himmel Viṣṇus entrückt. Bei ihm wirkt sich die Bhakti aus in der schlichten, allumfassenden Menschenliebe.

»Gibt es einen Menschen, der von allen sagt,
Mögen sie Leid ihm bringen oder Freude:
›Diese alle sind mein‹?
Das ist der Heilige, acht' wohl auf das Kennzeichen,
Gott wohnet in ihm. Des guten Menschen Herz,
von allen Menschen ist es das zarteste.
Ist jemand hilflos oder zerquält,
mag er Sklave sein oder Sohn,
auf alle blickt gleicherweise sein Erbarmen,
allen schenkt er Liebe gleicherweise.
Wie oft muß ich wiederholen dieses Wort:
dieser Mann ist Gottes eigenes Bild.«

Die Dichtungen der Marāṭha-Mystiker, ganz besonders des Tukārām und Nām Dev, wurden zu gottesdienstlichen Gesängen, die mit Begleitung von Instrumenten in den Tempeln gesungen wurden und so ganz ins Leben des Volkes eindrangen.
Wie im Marāṭha-Land, so entstand auch in Nordindien eine mystische Poesie, die aber im Zusammenhang mit dem Kṛṣṇa-Mythus ausgesprochen erotischen Charakter trug. Unter diesen geistlichen Liebesdichtern ragen hervor die Hofsänger Vidyāpati Ṭhākur (1. Hälfte des 15. Jh.s) und Sūr-dās (1483–1563), der gelehrte Govind-dās (1543–1612), die Prinzessin Mīrā Bāī (1. Hälfte des 15. Jh.s), die nach dem Tode ihres Gatten ganz dem frommen Leben sich weihte, und der Brahmanensohn Harivān (17. Jh.), der, nachdem seine Kinder erwachsen waren, seine Familie verließ und als Asket umherzog. Diese mystischen Dichter vergeistigten völlig die Sexualmystik des Tantrismus (s. S. 251 f.): die Liebe zwischen Kṛṣṇa und Rādhā wurde zum Gleichnis der wechselseitigen Liebe zwischen Gott und der Seele mit ihren mannigfachen freud- und leidvollen Erlebnissen. Rādhā repräsentiert die Gottesliebe, die erlösende Kraft besitzt. Die Gopī

sind die Seelen, die Seligkeit erlangen in der Betrachtung der Liebe von Kṛṣṇa und Rādhā. Die Gegenden, in welchen nach der Legende das Leben Kṛṣṇas sich abspielte, Vrindaban und Gokula, symbolisieren das menschliche Herz und das Paradies, der Fluß Yamunā, der es durchströmt, den Geburtenkreislauf, über den der göttliche Hirte die Seelen hinübersetzt, wenn sie ihm ihren Schmuck überlassen, d. h. die Eitelkeiten dieses Lebens. Die von den Eltern verstoßene »Hure« Rādhā ist das Bild der Seele, welche frei geworden ist von den Banden der Sinnlichkeit. Der heimliche nächtliche Gang Kṛṣṇas zu seiner Geliebten ist das Bild der göttlichen Gnade, die plötzlich und leise zur Seele kommt. Die nächtliche Wanderung Rādhās durch Sturm und Regen, über Schlangen hin zu Kṛṣṇa veranschaulicht die inneren Kämpfe der Seele. Der Schmerz über die Verlassenheit beim Fernsein Kṛṣṇas ist ein Gleichnis für die »dunkle Nacht der Seele«, d. h. des Zustandes völliger Gefühllosigkeit, in welcher der Mystiker die Ferne Gottes erfährt. Rādhā klagt dann:

> »Mein Freund ging in ein fernes Land, ich muß an meiner Sehnsucht sterben,
> Mein Herz versenk' ich tief ins Meer, und keiner wisse mein Verderben.
> Vielleicht auch mit der Kette, die an meines Liebsten Hals gelegen,
> Will wandern als *Yoginī* ich in weite Welt auf dunklen Wegen.«

Die als Gottesgabe empfundenen Seligkeitsgefühle werden zum Sinnbild des Liebesglückes der Wiedervereinten.

> »Das Schicksal ist nun freundlich und hold auf immerdar,
> Sie blicken aufeinander, ein hochverzücktes Menschenpaar.
> Und jedes in den Armen schließt das andere ein,
> Zwei Lippenpaare trinken berauschend süßen Nektarwein.« (Vidyāpati Ṭhākur)

Aus diesen geistlichen Liebesliedern, die bei gemeinsamen Mahlen und Gottesdiensten (*saṃkīrtana*) entsprechend ihrem Stimmungsgehalt in verschiedenen Tonarten gesungen wurden, ist das bengalische Mysterienspiel (*yātrā*) entstanden.

Aber nicht nur Dichter verkündeten in ihren Liedern das Geheimnis des mystischen Liebesumgangs mit Gott, sondern auch Asketen und Prediger. Der größte unter ihnen trägt den Mönchsnamen Kṛṣṇa Caitanya, aus der Schule des Madhva (s. S. 254). Nach einem weltlichen Leben wurde er bekehrt und wanderte nun als ein indischer Franziskus singend und tanzend durch die Lande. Er vereinte Brahmanen und Sklaven, Hindu und Muslime im Kult des Kṛṣṇa. Im Zustand der Verzückung rief er: »ich bin er« (Kṛṣṇa). Wenn jemand diesen Namen rief, vergoß er Tränen. Seine Botschaft entzündete die Menschenherzen wie ein mächtiger Feuerbrand. Er war aber nicht nur praktischer Mystiker, sondern auch mystischer Theologe. Als solcher klassifizierte er die mystischen Zustände als die fünf *rasa* (»Geschmäcke«): kontemplative Ruhe (*śānti*), Knechtschaftsverhältnis (*dāsatva*), Freundschaftsverhältnis (*sākhya*), Kindesverhältnis (*vātsalya*), Liebesverhältnis (*śṛṅgāra*) oder Rausch (*mādhurya*). Er wurde schon zu Lebzeiten als Inkarnation Kṛṣṇas angesehen und als *Gaurāṅga* (Glanzgestalt) oder *Gaura Kṛṣṇa* (»glänzender Kṛṣṇa«) bezeichnet, sein Leben und seine Verkündigung als der »geheime Schatz Indiens«. Eine ganze Literatur von Hymnen, Dramen, Epen und literarischen Werken ist aus dem Kreis seiner Schüler hervorgegangen, darunter das sechsbändige *Sat-Sandarbha* des Jīva Gosvāmī, das als das »indische Gegenstück zur Summa des Thomas von Aquino« gekennzeichnet wurde (Walter Eidlitz).

Eine nicht minder große Wirkung ging von Tulsīdās (1532–1623) aus, der als Indiens größter Mystiker der neueren Zeit gilt. Er trennte sich nach dem Tode seiner Kinder von seiner Frau und wurde ein wandernder Asket und liebender Herold des Rāma. Obgleich aus der Schule des Rāmānuja (s. S. 253) hervorgegangen, stand er als Theologe mit seiner *Māyā*-Lehre und mit seiner Zurückführung des Bösen auf Gott dem Śaṅkara näher. In seiner praktischen Frömmigkeit aber vertrat er eine abgeklärte personalistische Mystik, die ihren Ausdruck in einer schlichten Gebetsweise fand.

»Herr, schau zu mir herab; nichts vermag ich von mir selbst. Wohin kann ich gehen? Wem kann ich meine Sorgen anvertrauen? Ich bin nur eine Opferspende, vor deine Füße hingeworfen. Welche Bitte kann das Spiegelbild zu dem Lebendigen erheben, der vor dem Spiegel steht? Schau zunächst auf dich selbst und gedenke deiner Barmherzigkeit und Macht; dann wirf deine Augen auf mich und gebiete über deinen Sklaven, deinen Leibeigenen! Denn der Name des Herrn ist eine sichere Zuflucht, wer ihn ergreift, ist errettet. Herr, deine Wege erquicken mein Herz, dein allein ist Tulasī. O Gott des Erbarmens, tue mit ihm nach deinem Ermessen.«

Die hohe *Bhakti*-Mystik heftet sich aber nicht nur an die Gestalt des Viṣṇu-Kṛṣṇa, sondern auch, zumal in Südindien, an die andere große Göttergestalt des Hinduismus, an Śiva und an den ihn umgebenden Mythenkranz. Unter den mystischen Sängern (*āḻvār* und *nāyanār*), die ihn verherrlichten, ragt an Wärme des Gefühls und dichterischer Sprachgewalt der Tamule Māṇikka Vāśagar hervor, der im 9. Jahrhundert lebte. Ursprünglich ein genußfroher Hofmann, ein Liebhaber der Frauen, erfuhr er eine Bekehrung und weihte sich ganz der Liebe des Śiva, und verkündete als dessen demütiger »Sklave« und begeisterter Sänger dessen Erlösertat.

»Er offenbart' sich mir und schuf mir Licht,
Zerriß die Fesseln, die mich banden fest.
Mit seiner Gnade stillt' er meiner Seele
Begier, vereinte mich mit seinen Dienern.
Dies große Gnadenwunder fass' ich nicht.«

Immer wieder erfuhr er im Tempel Śivas beim Anblick von dessen Bild die unfaßliche ekstatische Einigung mit ihm und in ihr die höchste Liebesseligkeit.

»Mein Inn'res selbst löst sich in heftigem Verlangen.
Ich sehne mich; der Liebe Strom die Ufer überflutet.
Mein Sehnen all richtet sich nur auf ihn: ›Herr‹, schrei' ich.
Zitternd am Körper, stammelnd in der Rede,
anbetend erfass' ich seine Hand, es öffnet sich das Herz gleich einer Blume.
Die Augen glüh'n vor Freude, Tränen rinnen;
die Liebe, die nicht rastet Tag und Nacht, währt immerfort.
Wie Wachs dahinschmilzt vor dem Feu'r, also schmilzt meine Seele.
Mit solcher Seele bet' ich an, weine ich, beuge mich,
Tanze, schrei' laut, singe und bete ich.«

In gleicher Weise erfährt Māṇikka Vāśagar in Stunden gänzlicher Gefühllosigkeit die Schauer der »dunklen Nacht der Seele«, in der er seine Not seinem Erlöser klagt und sich so zur völligen Ergebung in Gottes Willen durchringt. In diesem wechselvollen Auf und Ab von Seligkeit und Trostlosigkeit erkennt er, daß alles göttliche Gnade ist: auch das Gebet und die in ihm sich ausschüttende Sehnsucht ist letztlich nicht Menschenwerk, sondern Gotteswerk — »du sehntest dich nach mir, wie ich nach dir«. Die im *Tiruvāśagam* zusammengefaßten mystischen Lieder Māṇikka Vāśagars, die zu den Perlen der religiösen Weltliteratur gehören, ertönen bis zum heutigen Tag in den südindischen Śiva-Tempeln.

Achthundert Jahre später ging ein tamulischer Beamter, Tāyumānavar (1705–42) den gleichen Weg. Er wurde ein Wanderasket und mystischer Dichter. Obgleich seine Lieder einen viel stärkeren philosophisch-theologischen und didaktischen Charakter tragen als die des Māṇikka Vāśagar, wurden auch sie Gemeingut der Gläubigen. »Als Fürst der tamulischen mystischen Dichter hat sich Tāyumānavar buchstäblich ins Herz seines Volkes gesungen. Seine Hymnen werden gesungen von Vertretern aller Klassen und Grade, von den Wanderheiligen an bis hinauf zu den Palastmusikern Südindiens, von jung und alt, von Männern und Frauen« (Subramania Pillay).

Die dritte Göttergestalt, mit welcher die hinduistische Mystik sich verband, ist *Śakti*, *Śrīmātā* (»hehre Mutter«) und *Mahārājñī* (»große Königin«) genannt, die Spenderin alles Lebens und aller Freude, das »Schatzhaus des Mitleids«, die Erlöserin von allen Leiden. Wenn alle Götter und Göttinnen ihr Verehrung erweisen, selbst Brahmā, Viṣṇu und Śiva, so erweist sie sich als Erbin jener souveränen »großen Mutter«, welche das vorarische Indien im Verein mit ganz Vorderasien und Ägypten anbetete (s. S. 139). Sie wird in ähnlichen mystischen Gebeten angerufen wie Viṣṇu und Śiva. Ein dem Śaṅkara (s. S. 252) zugeschriebenes »Gebet um Verzeihung« lautet:

> »Mutter, Weltenmutter! Deine Füße hab' ich nicht geehret,
> Dir reiche Gaben nicht gespendet.
> Dennoch hast du Liebe mir gezeigt ohn' Ende.
> Ward doch ein schlechter Sohn schon manchesmal geboren,
> Doch eine schlechte Mutter gibt es nicht.«

Rāma Prasāda (17. Jh.) singt in einem Gebet der Ergebung:

> »Mutter, was ich auch an Leiden
> dulden muß nach deinem Willen,
> es entspringt aus deiner Gnade,
> die du mir das Leid willst stillen.«

Die mystische Einigung mit dieser großen Gottheit vollzieht sich nach der Lehre der *Tantra* (»Bücher«) und der *Āgama* (»Hinzukommen, Überlieferung«) durch die fünf esoterischen Sakramente: *mada* (Rausch), *matsya* (Fisch), *māṃsa* (Fleisch), *mudrā* (Zaubergeste) und *maithuna* (Geschlechtsverkehr). Den Höhepunkt dieser Sakramentsmystik bildet der *hieròs gámos* (»heilige Hochzeit«), in welchem der Mann die Stelle des *Śiva*, die Frau die der *Śakti* einnimmt. In der *Śrīcakra*(»hehres Rad«)-Zeremonie des *Rudrayāmala-Tantra* dienen Frauen jeder Herkunft und Kaste als Vertreterinnen der Śakti. Die Paare sitzen in bunter Reihe in Zauberkreisen (*maṇḍala*); nachdem die Frauen die Weihe erhalten haben, vereinigen sich die Männer mit ihnen. Das *Mahānirvāṇa-Tantra* erlaubt jedoch diese Zeremonie nur zwischen Eheleuten. Die symbolische Form dieses sexuellen Ritus ist die Verehrung des *liṅgam* und der *yoni* (s.

S. 139) als der Zeichen des *Śiva* und der *Śakti*. Diese Frauenanbetung erscheint in vergeistigter Form im *Sahajiyā*-Kult, wie er besonders von Caṇḍīdāsa (Sklave der *Caṇḍī-Durgā*) am Anfang des 15. Jahrhunderts vertreten wurde. Neben den verschiedenen anderen Heilswegen erscheint hier die rein geistige Liebe zu einer Frau, die nicht die eigene Gattin ist, als der »leichte« Weg der Erlösung. Der mystische Eros wandelt sich schließlich zur universalen Agape in Rāmakṛṣṇa's (s. S. 258) Glaube an die Göttlichkeit der Frau: »Ich betrachte jedes Weib als meine göttliche Mutter.« Dieser Kult der großen Muttergöttin in seinen verschiedenen sinnlichen und geistigen Formen besitzt eine so gewaltige Bedeutung für das indische religiöse Leben, daß ein gelehrter Inder zu Beginn dieses Jahrhunderts erklären konnte: »Die lebende Religion des Hindu von heute vom Kap Komorin bis zu den entlegensten Winkeln Tibets ist im wesentlichen tantrisch« (Śrīnivāsa Iyengar).

Die theologischen Schulen

Die in der vorarischen Geisteswelt wurzelnde gefühlsstarke Bhakti kreuzte sich mit jenem Erkenntnisdrang, wie er, aus dem indogermanischen Geiste fließend, schon in den späten vedischen Sängern und in den Sehern der Upaniṣaden gelebt hatte und frühzeitig auch in die buddhistische Gedankenwelt eingedrungen war (s. S. 192). Neben die *āḷvār*, die begeisterten Beter und Sänger, traten die *ācārya* (»Lehrer«). Der höchstverehrte unter ihnen ist Śaṅkara, ein Śiva-Verehrer, der um die Wende des 8. Jahrhunderts lebte. Er verfaßte Kommentare zu den Upaniṣaden, zur Bhagavad-Gītā und zum *Vedānta-sūtra* (einem Leitfaden des Vedānta, s. S. 140) des Bādarāyaṇa, eines frühen Vedānta-Philosophen, sowie selbständige Werke (*Upadeśa-sāhasrī* »Unterweisung in tausend Versen« und *Ātma-bodha* »Erwachen in Ātman«). Śaṅkara zog die letzten metaphysischen Konsequenzen der *Ātman-Brahman*-Mystik und schuf so ein theologisches System des strengen Monismus und Theopanismus. Sein Zentralbegriff ist das *advaita* (»Nicht-Zweiheit«) des absoluten *Brahman*. Dieses ist unpersönlich und qualitätslos; alle Prädikate, die ihm beigelegt werden, sind nur Verneinungen der Endlichkeit. Die Vielheit der Erscheinungswelt ist *māyā* (»Gaukel-, Zauberwerk, Fata Morgana, Illusion«) – ein Terminus, den schon die jüngeren Upaniṣaden gebrauchten. Die Ursache dieser Illusion ist die *avidyā* (»Unwissenheit«), welche die Seele im Kreislauf der Geburten festhält. Sie wurzelt freilich letztlich im Brahman selbst, in *Parameśvara* (dem »Höchsten Herrn«), der mit dem Upaniṣadwort als *māyāvin* (»Zauberer«) bezeichnet wird. Wer zur Erkenntnis der *māyā* der vielfältigen Erscheinungswelt und des *advaita* des reinen Seins gelangt, ist erlöst und geht im Tode ins unendliche Brahman ein. Die Vorstufe zu dieser höheren Erkenntnis ist jedoch die *Bhakti* als vertrauende Liebe zum persönlichen Gott, die sich in der »Verehrung« (*upāsana*), d. h. im Kult, Lobpreis und Gebet ausdrückt. Das dadurch vermittelte Wissen ist freilich nur ein »niederes Wissen« (*aparā vidyā*), das zwar auf der Gnade des »Herrn« (*īśvara*) beruht, aber nur den Eingang zu ihm als dem »niederen Brahman« nach dem Tode bewirkt. Es muß jenem »höheren Wissen« (*paravidyā*) Platz machen, damit die Seele zum »höheren Brahman« und damit zur endgültigen und vollkommenen Erlösung gelangen kann.

Śaṅkara wurde zum Haupt einer großen Schule in Indien. Ein Großteil aller indischen

Gelehrten sieht in ihm die höchste Autorität in philosophischen und theologischen Fragen, in seiner Lehre die »Krone aller Systeme«. Die Śiva-Verehrer betrachten ihn geradezu als eine Inkarnation ihres Gottes, der ihn in übernatürlicher Weise mit einer Brahmanenwitwe gezeugt habe.

Gegen die Verweisung des personalen Gottesglaubens ins Reich der *māyā* erhob sich am Ende des 11. Jahrhunderts Rāmānuja, der an philosophischem Scharfsinn und dialektischer Gewandtheit Śaṅkara ebenbürtig war, an religiöser Kraft und Tiefe aber ihm überlegen. Er war zuerst Schüler eines *advaita*-Lehrers gewesen; aber unbefriedigt von diesem Monismus, wandte er sich unter dem Einfluß der tamulischen *āḷvār* der viṣṇuitischen Bhakti zu. Rāmānuja streitet für den persönlichen Gott und die persönliche Unsterblichkeit mit den Waffen der Logik und der Exegese der heiligen Schriften. Seine Hauptwerke sind Kommentare zum *Vedānta-sūtra* des Bādarāyaṇa (betitelt *Śrībhāṣya*) und zur Bhagavad-Gītā sowie ein polemisches Werk *Vedārtha-saṃgraha*. Im *Śrībhāṣya*, das »eines der gewaltigsten Geisteswerke ist, die Indien hervorgebracht hat«, beobachten wir »ein Schauspiel großen Stils. Zwei ganz große Gegner ringen in Śaṅkara und Rāmānuja, die nur ihre Rollenführer sind: jenes fast unheimlich großartige, weltenaufhebende, letzten Endes irrationale, unfaßbare und undefinierbare All-eins theopanistischer Mystik ringt mit dem Herrn, dem fühlenden, wollenden, persönlichen, rationalen, liebenden und geliebten Gott des Herzens und Gewissens. Nirgendwo in der Weltliteratur sind diese Gegner (sind es Gegner? oder sind es Pole?) so scharf, klar und bestimmt aufeinandergetroffen wie hier« (Rudolf Otto). Dennoch vermochte auch Rāmānuja dem faszinierenden Gedanken der »Zweitlosigkeit« des Absoluten sich nicht zu entziehen. Er übernahm diesen Terminus als Bezeichnung auch seiner Lehre, aber bestimmte diese näher als Lehre von der »unterschiedenen Zweitlosigkeit« (*viśiṣṭa-advaita*): Brahman ist zwar »eines ohne ein Zweites«, aber nicht als das qualitätlose, absolute Sein, sondern charakterisiert durch Geist und Materie, die beide den »Leib Gottes« bilden. Nur mit seinem Leibe entfaltet sich Brahman zur Welt, es selber aber bleibt der Welt überlegen. Die Welt ist nicht trügerische Illusion, sondern Wirklichkeit; das Ich dauert im Erlösungszustand fort; der Mensch wird mit Gott nicht identisch, sondern gelangt zur vollen personalen Gemeinschaft mit ihm. Rāmānuja definiert *Bhakti* als »das beständige Gedenken des Herrn«, das Liebe zur Voraussetzung hat. *Bhakti* schließt in sich das völlige »Sichlassen« (*tyāga*) an den Herrn durch *prapatti* (»Annäherung, Hingabe«). Die Lehre Rāmānujas, der von seinen Schülern als »Herr der Asketen« (*yatīndra*) bezeichnet wurde, breitete sich über Nord- und Südindien aus. Sie differenzierte sich in eine »Nordschule«, genannt »Affenweg«, nach welchem die Erlösung nur möglich ist bei einer Mitwirkung des Menschen mit der göttlichen Gnade, so wie das Affenkind sich an die Mutter klammert, und eine »Südschule« oder »Katzenweg«, nach welchem der Mensch allein durch Gottes Gnade erlöst wird, so wie das Katzenjunge von der Mutter im Maul sich tragen läßt.

Rāmānujas größter Schüler, der Tamule Piḷḷai, der den Ehrennamen *Lokācārya* (»doctor universalis«) erhielt, betonte stärker als der Meister die Immanenz Gottes in der Welt und stellte die »Gelassenheit« (*prapatti*) in den Mittelpunkt der mystischen Frömmigkeit.

Neben der Lehre Rāmānujas entstanden noch zwei weitere theistische *advaita*-Lehren. Nimbārka (12. Jh.) legte mit seinem »dualistischen Monismus« (*dvaita-advaita*) den Nachdruck auf die Verschiedenheit der Materie wie der Seele von Gott. Viṣṇusvāmin

(13. Jh.) vertrat eine »Zweitlosigkeit des Reinen« (*śuddha-advaita*): Das Absolute ist für ihn das »Reine«, d. h. von natürlichen Prädikaten freie und nur mit übernatürlichen Prädikaten versehene Sein. Durch Vallabha (1479–1531) drang diese Lehre in breite Kreise. Der Wanderasket Madhva (1197–1276) hingegen verfocht einen reinen Dualismus (*dvaita*): Gott und die Seele sind unterschieden, ebenso die Seelen untereinander und die Materie von den Seelen.
Alle diese vier Schulen sind viṣṇuitisch. Aber auch in den Śiva-Gemeinden blühte die mystisch-theologische Spekulation, deren Lehrsystem man *Śaiva-Siddhānta* (»endgültiges Lehrsystem der Śivaiten«) nennt. Dieses System nimmt die ewige Existenz von drei verschiedenen Substanzen (Gott, Seele, »Band«, *pati*, *paśu*, *pāśa*) an, und obwohl die Seele durch Śivas Gnade zur Vereinigung mit ihm gelangt, wird der Wesensunterschied zwischen Gott und Seele auch im Zustand der Erlösung nicht aufgehoben.
Trotz des starken Individualismus, welcher der indischen Mystik eigen ist und gerade durch die intensive Pflege der Meditation gefördert wird, ist die mystische Frömmigkeit und Theologie in Indien nicht nur Sache des einzelnen, sondern auch der Gemeinschaft. Gemeinschaftsbildende Elemente sind erstens die Hauptgöttergestalten. Nach ihnen nennen sich ihre Anbeter *Vaiṣṇava*, *Śaiva* und *Śākta*. Aber auch die Namen *Kṛṣṇa*, *Rāma*, *Rādhā*, desgleichen *Brahmā*, *Sūrya* und *Gaṇeśa* wirkten gemeinschaftsbildend. Zumeist verehrten jedoch die Angehörigen einer solchen Gemeinschaft Gott auch unter den anderen göttlichen Namen. Als zweites gemeinschaftsbildendes Moment tritt hinzu die theologische Lehre. Überlieferung (*saṃpradāya*) und »Denomination« (Benennung nach dem Namen der Gottheit) verbinden sich und werden zur religiösen Gemeinschaft, wobei diese jedoch zumeist sich nicht scharf gegen andere Gemeinschaften abgrenzt. Man tut gut, hier den Namen Sekte zu vermeiden, da zum Wesen einer solchen die Scheidung und Sonderung und damit die Exklusivität gehört.
Innerhalb des Viṣṇuismus bestehen vier *saṃpradāya*, für welche die genannten vier theologischen Lehrsysteme maßgebend sind. Aus der Schule des Viṣṇuismus ging die Gemeinschaft der *Vallabhī* hervor; eine Abart von dieser bilden die *Rādhāvallabhī*.
Wie im Viṣṇuismus, gibt es auch im Śivaismus eine Reihe von Schulen und Orden. Eine besondere Gruppe bildet die zahlreiche Anhänger aufweisende Gemeinde der *Liṅgāyat*, so genannt nach dem *liṅga* (s. S. 234), dessen Abbild sie am Halse tragen. Auch die *Śākta* haben sich differenziert, und zwar in einen »linken« und »rechten« Weg (*vāma-* und *dakṣiṇa-mārga*); die Anhänger des letzteren ersetzen die blutigen Opfer durch unblutige und den Wein durch den Saft der Kokosnuß. Eine besondere Gemeinschaft bilden die Anhänger der reinen *advaita*-Lehre Śaṅkaras, genannt *Smārta*, d. h. Anhänger der *smṛti* (Überlieferung s. S. 140).

Der Hinduismus unter islamischem Einfluß

Die Religion der Sikh

In seiner Fähigkeit zur Eingliederung neuer Elemente öffnete sich der Hinduismus dem Islām, der unter der Herrschaft islamischer Fürsten gerade die Bhakti-Frömmigkeit beeinflußte. Rāmānanda (15. Jh.), der aus der Schule des Rāmānuja kam, predigte nicht nur die *Bhakti* in der Volkssprache, sondern sammelte unter Mißachtung der Kastenre-

geln Schüler aus allen Kasten, und nicht nur Hindu, sondern auch Muslime. Sein mit der Gestalt des Rāma verbundener Gottesglaube trug stark personalen Charakter. Die von ihm gegründete Gemeinschaft der *Rāmānandī* hat noch heute zahlreiche Anhänger.
Noch weit stärker ist der islamische Einfluß bei seinem Schüler Kabīr (1440–1518) wirksam, der die Welt verließ und Bettelasket wurde. Islamisch beeinflußt ist seine Lehre von der Erschaffung der Welt durch Gottes Wort (*śabda*), seine alle Kastengesetze aufhebende Verfechtung der Gleichheit aller gottgeschaffenen Wesen, vor allem aber sein Kampf für eine bildlose Gottesverehrung. In prophetischer Weise übte er Kritik an den niederen Formen der hinduistischen Vulgärreligion.

> »Die Rosenkranzkügelchen bestehen aus Holz, die Götter aus Stein, die Yamunā aus Wasser. Besser als Steinbilder sind Mühlsteine, mit denen man Korn mahlt.«

Seine Dichtungen stehen bei allen Hindu in hoher Schätzung. Die von ihm gegründete Gemeinde der *Kabīr-panthi* besteht bis heute.
Hatte schon Kabīr eine Synthese von Hinduismus und Islām vollzogen, so daß nicht mit Unrecht bei seinem Tode Hindu und Muslime um seine Leiche sich stritten, so schuf sein Schüler Guru Nānak (1469–1538), der ebenfalls als Sādhu lebte, eine förmliche Mischgemeinschaft von Hindu und Muslimen, denen er den Namen *Sikh* (von *śiṣya* »Schüler, der sich dem Guru unterordnet«) gab. »Es gibt keinen Hindu und Muslim«, verkündete er; » ich verwerfe alle Sekten und weiß nur von dem einen Gott, den ich auf Erden verehre, im Himmel und in allen Richtungen.« Nānak unternahm weite Missionsfahrten durch Indien und dessen Nachbarländer und bis nach Mekka. Seine Gestalt wurde nach seinem Tode von einem Legendenkranz umgeben.
Sein vierter Nachfolger, Guru Rāmdās (1574–81), machte die Guruwürde erblich und gab so der Sikhgemeinde ein geistliches Oberhaupt. Er schuf auch das Zentralheiligtum *Harimandir* (»Tempel des Hari«), den »goldenen Tempel« in Amritsar (»Teich der Unsterblichkeit«). Sein Sohn Guru Arjun gab den Sikh ihre Bibel, den *Granth* (»Buch«), der in einem Hindidialekt und in Panjabi abgefaßt ist und die Schriften des Nānak, eigene Dichtungen sowie Lieder des Kabīr und Nām Dev (s. S. 247) enthält. Von den Muslimen getötet, wurde er zum Märtyrer seiner Gemeinde. Sein Sohn Guru Har Govind (1606–45) nahm, um den Tod seines Vaters zu rächen, im Widerspruch zu der von Nānak gepredigten Gewaltlosigkeit den bewaffneten Kampf gegen die Muslime auf. Auf dieser Bahn ging Govind Singh, der 10. und letzte Guru (1675–1708), weiter; um seinen Vater, der von den Muslim gemartert worden war, zu rächen, faßte er den Entschluß, die muslimische Herrschaft in Indien zu vernichten. Er schloß alle Sikh in einer Kaste zusammen, die er als *khālsā* (»die Reine«) bezeichnete. Zum Ausdruck der Gleichheit wie des kriegerischen Willens trugen fortan alle Sikh den Beinamen *Singh* (»Löwe«). Govind Singh forderte eine strenge Scheidung der Sikh sowohl vom Islām wie vom Hinduismus. Er verbot die Lesung der Veden, der *Śāstra* (»Lehrbücher«) und des Korān, den Besuch von Tempel und Moschee und den Vollzug der hinduistischen Zeremonien sowie das Tragen hinduistischer Abzeichen. Die Kriegshymnen, in denen er zum Kampf gegen den Islām aufrief, fügte er dem *Granth* als »*Granth* des zehnten Königs« bei. Da diese Erweiterung der heiligen Schrift auf Widerstand stieß, wurde das ältere Schrifttum als *Ādi-Granth* (»Urgranth«) von jenem abgegrenzt. Es glückte jedoch Govind Singh nicht, die hinduistischen Bräuche zu beseitigen. Wohl aber erhielt sich noch lange der kriegerische Geist in seiner Gemeinde.

Der Gottesbegriff der Sikh zeigt eine Verbindung von impersonal-theopanischen mit personalistischen Elementen. Gott wird außer mit den hinduistischen Namen Hari, Rāma und Govinda auch als *Vahguru* (»großer Guru«) bezeichnet und als Vater, Mutter, Bruder und Vetter angerufen. Die mystische Einigung mit Gott wird sowohl in Identitätsformeln (»ich bin er«) wie in Immanenzformeln (»ich bin dein, du bist mein«) ausgedrückt. Neben der *Māyā*-Lehre steht die islamische Lehre von der ewigen Vorbestimmung: Gott, nicht das *karma*, bestimmt das Schicksal. Neben der Erlösung von der Wiedergeburt steht die Vergebung der Sünden. In der Jenseitsvorstellung kreuzt sich die Idee des *Brāhma-nirvāṇa* mit den anschaulichen Paradiesvorstellungen des Islām. Die Frömmigkeit der Sikh zeigt eine starke Neigung zur Vergeistigung und Versittlichung aller religiösen Begriffe.

> »Mache Freundlichkeit zu deiner Moschee, Lauterkeit zu deiner Gebetsschnur, Recht und Gesetz zu deinem Gebetskanon, Bescheidenheit zu deiner Beschneidung, Höflichkeit zu deinem Fasten, dann wirst du ein rechter Muslim werden.«

Auch die hinduistische Askese wird abgelehnt:

> »Sich ein Glied am Feuer verbrennen, im Wasser weilen, fasten, sich der Hitze und Kälte aussetzen, den einen Arm hoch halten, auf einem einzigen Bein stehen, all diese Bußwerke sind Werke der Finsternis.«

Der Kult der Sikh besteht vor allem in der Verehrung des Gottesnamens, in dem Gott selbst gegenwärtig ist. Große Bedeutung besitzt, wie im Hinduismus, die Verehrung des Guru; denn »Gott und der Guru sind eins«. Im »goldenen Tempel« befinden sich keine Götterbilder; aber die auf seidenen Kissen ruhenden Abschriften des Granth werden in ähnlicher Weise verehrt wie die hinduistischen Götterbilder. Aus ihnen rezitieren den ganzen Tag »Bibel«-Gelehrte *(granthī)* Abschnitte. Neben dem Zentraltempel bestehen allenthalben »Hallen der Lehre« (*dharma-sālā*), in denen der *Granth* verlesen wird. Tägliches Morgen- und Abendgebet mit vorausgehendem rituellen Bad ist Pflicht. Neben dem Wortgottesdienst kennen die Sikh zwei Sakramente: einen Initiationsritus, nämlich eine Taufe, bei der nach einem Bad im heiligen Teich Amritsar ein Mischtrank von Wasser, Zucker und Süßigkeit über Haupt und Körper ausgegossen wird, sowie ein heiliges Mahl, in welchem ein aus Butter, Mehl und Zucker hergestellter Kuchen dem Guru geweiht und den Gläubigen mit dem Ruf *»Vah Guru!«* ausgeteilt wird. Seit dem Aufhören der politischen Selbständigkeit hat in der Sikh-Religion der Kampfgeist einem ökumenischen Bewußtsein Platz gemacht. Als Synthese von Islām und Hinduismus weiß sich die Sikh-Gemeinde zur Weltreligion berufen.

Der Hinduismus unter christlichem Einfluß

Wie der Islām in früheren Jahrhunderten, so hat in den letzten 150 Jahren das Christentum einen erheblichen Einfluß auf das indische Geistesleben ausgeübt. Mag auch die Verkündigung des Evangeliums durch den Apostel Thomas in Indien eine Legende sein, so hatte doch schon frühzeitig das syrische Christentum in Indien Fuß gefaßt und in wechselvollen Schicksalen bis in die Gegenwart sich erhalten. Ob von ihm Einwirkungen auf den mittelalterlichen Kṛṣṇa-Kult ausgegangen sind, ist fraglich.

Sicher ist eine solche trotz aller Ähnlichkeiten nicht auf die bereits vorchristliche Bhagavad-Gītā ausgegangen, wie von christlicher Seite behauptet worden war.
Der christliche Einfluß auf die indische Religion wurde erstmals deutlich in dem orthodoxen bengalischen Brahmanen Rām Mohan Rai (oder Roy, 1772–1833), der sich trotz der Ablehnung des christologischen Dogmas für die Persönlichkeit Jesu begeisterte und in dessen ethischer Botschaft eine Quelle der dem indischen Volk nötigen religiösen Erneuerung erblickte. Die höchste Weisheit fand er jedoch in den Upaniṣaden, auf die, wie er glaubte, vom Christentum her neues Licht fiel. Er kämpfte gegen Witwenverbrennung und Bilderdienst. Er gründete 1815 eine Gemeinschaft, die nach protestantischem Muster Gottesdienste mit *Veda*-Lesung, Predigt und Hymnengesang feierte und schließlich den Namen *Brāhma-Samāj* (Gemeinde der Gottesgläubigen) erhielt. Nach seinem Tod übernahm Devendranāth Thākur (1817–1905) die Führung. Dieser vertrat eine auf die Upaniṣaden gegründete stark vergeistigte und rein monotheistische Religion. Obgleich er glaubte, daß das Christentum Indien nichts Neues bieten könne, war seine Frömmigkeit von christlichen Ideen beeinflußt, wie schon seine Gebete zeigten.
Im Unterschied von ihm sah der Bengale Keṣab Candra Sen in Jesus, den er mit höchsten Worten feierte, den Vollender der indischen Religion. Er trennte sich 1865 von Devendranāth Thākur und schuf eine neue religiöse Gemeinschaft, die er 1881 *Nava-Vidhāna-Brāhma-Samāj* (»Gottesgemeinde des Neuen Bundes«) nannte. Weil sie eine »Symphonie der Religionen« darstellen sollte, »in welcher jede ihre eigene Klangfarbe bewahrte«, wurden in den Gottesdiensten hinduistische, buddhistische, zoroastrische, konfuzianische, muslimische und christliche Texte verlesen. Eine rote Fahne mit dem hinduistischen Dreizack, dem muslimischen Halbmond und dem christlichen Kreuz diente als Emblem der neuen Gemeinde. Unter christlichem Einfluß entfaltete Keṣab Candra Sen eine starke soziale Tätigkeit. Aber trotz seiner faszinierenden Persönlichkeit blieb die Zahl der Anhänger seiner Gemeinde klein.
Aus dem *Brāhma-Samāj* ging Indiens gefeiertster Dichter des 20. Jahrhunderts hervor, Rabīndranāth Thākur (oder Tagore, 1861–1941). Obgleich er später diese Gemeinschaft verließ, ging er auf der Straße Rām Mohan Rais und seines Vaters Devendranāth weiter. Die *Ātman-Brahman*-Mystik der Upaniṣaden ist auch für ihn höchste Quelle der Weisheit. Aber er vernimmt aus ihnen nicht so sehr die Weisung zur Erlösung als die Mahnung zur steten Freude. Seine Lieblingsworte sind:

> »Das unsterbliche Wesen offenbart sich als Freude.« (*Muṇḍaka-Upaniṣad 2,2,7)*
> »Aus der Freude werden alle Wesen geboren,
> aus der Freude leben sie,
> in die Freude gehen sie, wenn sie von hinnen scheiden, ein.«
> (*Taittirīya-Upaniṣad* 3,6)

Wie die Mystik Kabīrs, dessen Hymnen Rabīndranāth Thākur neu herausgegeben hat, ist seine Mystik eine schönheitstrunkene und weltbejahende. Die Weltflucht Gotama Buddhas erscheint ihm als Gottesflucht; denn Mutter und Kind, die er verläßt, sind Gott. Christlichen Einfluß zeigt Rabīndranāth Thākurs Passions- und Todesmystik, welche das Leiden als Gottesgabe und den Tod als Eingang in die ewige Freude preist.
Noch stärker als bei Thākur ist der christliche Einfluß bei Mahātmā Gāndhī (1869–1948) zu spüren, Jesus ist diesem der »Fürst der Politiker«, das »Vorbild der passiven

Resistenz«; der Gekreuzigte auf Golgatha ist das Unterpfand des Triumphes der leidenden Liebe über die Mächte des Bösen. Im Glauben an das Ideal der *non-vijolence*, welches das alte indische Asketenideal der *ahiṃsā* ist (s. S. 156), wurde Gāndhī durch die Bergpredigt bestärkt. Sein eithisches Pathos ist prophetisch-christlich. Trotzdem ist Gāndhī echter Hindu geblieben; der Ruf Rāma-Rāma, den er, von Mörderhand getroffen, ausstieß, kam aus der Tiefe seines hinduistischen Gotteserlebnisses. Er bejahte den Hinduismus als die Religion, die jeder »Ausschließlichkeit« entbehrt, weil sie »Raum hat für die Verehrung aller Propheten der Erde« und »mit allen Religionen im Frieden lebt«. Einem christlichen Missionar, der ihm erklärte: »Ich halte Sie auch für einen Jünger Jesu«, antwortete Gāndhī: »Das bin ich auch, wenn auch in einem anderen Sinne, als Sie meinen; denn ich bin auch ein Jünger Buddhas, ein Jünger Kṛṣṇas, ein Jünger Mohammeds.«
In wieder anderer Weise zeigt sich der christliche Einfluß bei Śrī Ghosh Aurobindo (1872–1950), dem Gründer eines Ashrams und eines Erziehungsheims, das sich zu einer internationalen Universität entwickelte. Er verbindet den Glauben an die Wiedergeburt und an die göttlichen *avatāra* samt der Yogatechnik mit einem abendländischen Entwicklungs- und Fortschrittsgedanken, mit einer kosmischen Erlösungsidee und eschatologischen Zukunftshoffnung.
Diese Viel- und Allgestaltigkeit des Hinduismus prägte sich besonders stark in dem größten indischen Heiligen des 19. Jahrhunderts aus, in Rāmakṛṣṇa (Asketenname für Gadādhar Chattopadhyāya, 1836–86). Er war Tempelpriester der Göttin Kālī und lebte viele Jahre als Waldeinsiedler. Er ließ sich im Yoga, in der Lehre der *Śaiva* und in der *Advaita*-Lehre unterweisen; er wurde Schüler eines Muslim und lebte nach den Normen des Christentums. Visionär-ekstatisch veranlagt, hatte er Visionen sowohl Kṛṣṇas wie Jesu. So gelangte er zu der Überzeugung, daß alle Religionen wahr sind und zur Gottesgemeinschaft führen. »Alle Religionen«, bekennt er, »habe ich erprobt, Hinduismus, Islam und Christentum, und ich habe gefunden, es ist derselbe Gott, dem alle auf verschiedenen Wegen zustreben.« Gott ist für ihn zugleich unpersönlich und persönlich. Als nichttätig ist er das absolute *Brahman*, als tätig *Śakti*, die uranfängliche Energie, die »heilige Mutter«, die himmlische Geliebte. Die Du-Anrede des Beters und die Identitätsformel »ich bin er« sind dasselbe. Gott ist auch jenseits von Gut und Böse; »Nārāyaṇa ist im Frommen, Nārāyaṇa ist im Heuchler, Nārāyaṇa ist im Verbrecher und Wüstling«. Das Erlösungsverlangen geht nach der unendlichen ekstatischen Seligkeit, aber die Liebe zu den Mitmenschen ist wichtiger als jenes. Darum betet Rāmakṛṣṇa zu Kālī: »O Mutter, versage mir diese Seligkeit. Möge ich immer in meinem alltäglichen Zustand verharren, um der Welt nützlicher zu sein.« Und Kālī gebietet ihm: »Verharre auf der Stufe des Relativitätsbewußtseins aus Liebe zur Menschheit.«
Rāmakṛṣṇas bedeutendster Schüler war Svāmī Vivekānanda (Narendra Nāth Datta, 1862–1902). Ursprünglich ein Anhänger des *Brāhma-Samāj*, lernte er von seinem Meister verstehen, daß der Hinduismus ein Hochziel verfolgt, das unbewußt alle Religionen suchen. Um auch die westlichen Völker diese Erkenntnis zu lehren, gründete Vivekānanda die »Rāmakrishna-Mission«. Er verkündete die Erlangung der Einheit von *Ātman* und *Brahman* durch den dreifachen *Yoga*: *Rāja-Yoga* (königlicher Yoga), die Konzentration, die zur intuitiven Erkenntnis führt, *Karma-Yoga* (den selbstlosen Dienst im täglichen Leben, der zu einem Gottesdienst wird) und *Bhakti-Yoga*, die Gottesliebe, die sich in kultischen Handlungen oder auch nur in inneren

Gefühlen kundgibt (s. S. 155). In jeder Religion kann auf diesem Wege der Mensch zur Einigung mit Gott gelangen.

Neben diesen christlich beeinflußten Gruppen stehen ausgesprochen national-indische, von direktem christlichem Einfluß freie Religionsgemeinschaften. Die wichtigste von diesen ist der *Ārya-Samāj*, der 1875 von Dayānanda (»Seligkeit des Mitleids«) Sarasvatī (Asketenname des Mūla Śaṅkara, 1824–83) gegründet wurde. Das Ziel dieser Gemeinschaft ist die Wiederherstellung der rein monotheistischen Religion der Veden, die Gottes höchste Offenbarung enthalten und die auch die tiefste Quelle der abendländischen Wissenschaft sind. Die vielen Götternamen sind nur verschiedene Bezeichnungen für den einen Gott. Der *Ārya-Samāj* verwirft Polytheismus, Bilderdienst und Kastenwesen und fordert einen sittlichen Gottesdienst in Wahrhaftigkeit, Gerechtigkeit und Güte gegen alle Mitmenschen. Nach dem Tode Dayānandas spaltete sich seine Gemeinde in eine fortschrittliche »*College*-Partei« und eine konservative »*Mahātmā*-Partei«.

Die Geschichte der indischen Religion ist mit den Strömungen, die unter christlichem Einfluß stehen, nicht abgeschlossen. Auch das eigentliche indische Christentum ist ein Stück indischer Religion. Im Unterschied von jenem Christentum, das, von den abendländischen Missionaren gepflanzt, nur einen Fremdkörper im indischen Geistesleben bildet, haben indische Christen das neutestamentliche Evangelium mit heimischen religiösen Traditionen verbunden. Seit längerer Zeit scheint es in Indien neben den syrischen Kirchen und den abendländischen Missionskirchen eine geheime Organisation christlicher *Sannyāsin* zu geben, die in tempelähnlichen bildlosen Gebetshäusern zu esoterischen Gottesdiensten sich versammeln und im safrangelben indischen Asketengewand unter der Parole *»Yiṣu Nasrinath kī jai«* (»Jesus von Nazareth gehört der Sieg«) christliche Ideen verbreiten.

Für ein genuin indisches Christentum wirkte bahnbrechend der bengalische Brahmane Brahmabāndhav Upādhyāya (Asketenname für Bhavanī Charan Banerji, 1861–1907). Er war zuerst ein begeisterter Jünger Keṣab Candra Sens und Rāmakṛṣṇas, wurde Mitglied des *Nava-vidhāna* und wirkte eine Zeitlang in Rabīndranāth Thākurs Schule in Śāntiniketan. Er schloß sich zuerst der anglikanischen und dann der römisch-katholischen Kirche an. Er legte das gelbe Gewand eines *Sannyāsin* an und gründete eine streng asketische Gemeinschaft indisch-christlicher Bettelmönche. Er verfocht die Notwendigkeit des Festhaltens an den hinduistischen Kastenregeln. Er versuchte eine indisch-christliche Theologie in der Terminologie des theistischen *Vedānta* Rāmānujas (s. S. 253) zu gestalten. In den Veden erblickte er ein indisches Altes Testament. Nachdem seine kühnen Pläne von der römischen Hierarchie verurteilt worden waren, kehrte er zu seinem Ausgangspunkt, einem christlich beeinflußten Hinduismus im Sinne seiner beiden Meister, zurück.

Ein anderer Bahnbrecher des indischen Christentums war der Brahmane Narāyan Vāman Ṭilak (1872–1919). Auch nachdem er Christ geworden war, betrachtete er die Marāṭha-Mystiker (s. S. 247 f.) als seine *Guru* und ihre Dichtungen als eine »evangelische Vorbereitung«. »Wir achten alle Heiligen der Welt als Propheten Gottes, und die Worte der Hinduheiligen bilden unser Altes Testament.« Narāyan verfaßte christliche Hymnen im Stile des Nām Dev und sang sie nach Art des hinduistischen *kīrtana* tanzend mit Musikbegleitung. Als der »christliche Tukārām« (s. S. 248) begann er ein großes Christusepos nach dem Muster der hinduistischen *Rāmāyana*-Dichtung. Auf

Grund einer Christusvision wurde auch er ein *Sannyāsin* und verkündete in indischen Formen die Nachfolge Christi als des *Guru* schlechthin. Er schuf eine neue Gemeinschaft (*darbār*), welche getaufte und ungetaufte Christusjünger umfassen sollte.
In ähnlicher Weise wie die beiden Genannten suchte auch der Sikh Sundar (geb. 1889, seit 1929 verschollen), der durch eine Christusvision bekehrt worden war, als wandernder Sādhu das Evangelium seinen Landsleuten zu verkünden. Sein kontemplatives Gebetsleben zeigt die Züge hinduistischer Versenkung und Bhakti, sowie eine starke Neigung zum Visionär-Ekstatischen. Seine Evangeliumspredigt ist voll von Gleichnissen, unter denen sich auch uralte Upaniṣad-Gleichnisse befinden. Der südindische Brahmane Devan Bahadur Appasamy Pillai, ebenfalls ein Konvertit, suchte christliche Gebetsfrömmigkeit mit Yoga-Technik zu verbinden. Sein Sohn, Aiyadurai Jesudasen Appasamy, Bischof der südindischen Kirche, faßt die ganze indische Tradition von den Veden bis zu den Tamulen- und Marāṭhen-Dichtern und Tulsīdās als eine Vorbereitung des Evangeliums Jesu und diesen selbst als den Vollender und Erfüller des Hinduismus auf. Eine christliche *Sannyāsin*-Gemeinschaft in Ceylon gebraucht sogar die Hymnen des Māṇikka Vāśagar (s. S. 250 f.) im Gottesdienst, wobei sie den *Śiva*-Namen durch den Christusnamen ersetzt. Mehr und mehr greift nach der Abstreifung der Fesseln des »Europäismus« ein genuin indisches Christentum um sich, dessen Grenze gegenüber einem christlich beeinflußten Hinduismus eine fließende ist.

Indische Religion im Westen

Die hohe indische Religion hat auch die westliche Geisteswelt in ihren Bann gezogen. Der französische Abenteurer Anquetil Duperron (1731–1805), der in die britisch-indische Kolonialarmee eingetreten war, um in Bombay die Weisheit der Parsen (s. S. 274) zu studieren, brachte auch eine persische Übersetzung der vedischen Upaniṣaden mit nach Europa, die der Mogulprinz Dārā Shekoh 1656 hatte anfertigen lassen und um derentwillen ihn sein Bruder Aurangzēb köpfen ließ. Duperron gab sie 1801 in lateinischer Übersetzung mit dem kennzeichnenden Titel heraus: *Oupnek'hat* (verballhornte Form von *Upaniṣad*), *id est secretum tegendum, opus ipsa in India rarissimum continens antiquam arcanam seu theologicam et philosophicam doctrinam*, und setzte ihr als Motto das Upaniṣad-Wort voraus: *Quisquis Deum intelligit, Deus fit* (»Wer Gott erkennt, wird selbst zu Gott«). Diese Übersetzung wurde Schopenhauers tägliches Andachtsbuch, das er als »Ausgeburt höchster menschlicher Weisheit« pries: »Wie atmet doch der *Oupnek'hat* den heiligen Geist der Veden! Wie wird doch der, dem durch fleißiges Lesen das persische Latein dieses unvergleichlichen Buches geläufig geworden, von jenem Geiste im Innersten ergriffen! . . . Und auf jeder Seite treten uns tiefe, ursprüngliche, erhabene Gedanken entgegen, während ein hoher und heiliger Ernst über dem Ganzen schwebt . . . Es ist die belohnendste und erhebendste Lektüre, die (den Urtext ausgenommen) in der Welt möglich ist. Sie ist der Trost meines Lebens gewesen und wird der meines Sterbens sein.«
In seinen Spuren wandelte der Kieler Philosoph Paul Deussen. Er fand in den Upaniṣaden »wenn nicht den wissenschaftlichen, so doch den innigsten und unmittelbarsten Aufschluß über das letzte Geheimnis des Seins«, »philosophische Konzeptionen, wie sie weder in Indien noch vielleicht sonst irgendwo ihresgleichen haben«. Er

stellte die Upaniṣaden auf eine Stufe mit dem neuen Testament und glaubte, daß »diese beiden höchsten Erzeugnisse des religiösen Bewußtseins nirgendwo in einem unvereinbaren Widerspruch stehen, sondern einander in schönster Weise zur Ergänzung dienen«.

Auch die von Schopenhauer und Deussen beeinflußte Malvida von Meysenbug, die Verfasserin der *Memoiren einer Idealistin*, gebrauchte die Upaniṣaden neben dem Neuen Testament als Andachtsbuch. Allabendlich segnete sie ihre Pflegetochter Olga Herzen mit dem »großen Wort« *tat tvam asi* (s. S. 150). Auch sie stimmte ein Preislied auf die Upaniṣaden an: »Wir sehen da in eine tiefe, wunderbare Offenbarung des Welträtsels hinein, daß das Wahre, das Wirkliche von Ewigkeit her da ist und nur in rastlosem Werden und ewig wechselnden Formen erscheint.«

Von der Verbreitung altindischer Mystik erhoffte sie eine sittliche Erneuerung der ganzen abendländischen Welt. »Ich glaube, daß es eine unendliche Wirkung haben müßte, wenn die Überzeugung, daß wir alle eins sind, Raum gewönne, daß Brahma in allem ist, in den Schwarzen, Gelben, Weißen, in allen Tieren, Pflanzen, kurz in der ganzen Schöpfung.«

In ähnlicher Weise fand die *Bhagavad-Gītā* unter großen deutschen Geistern enthusiastische Herolde. August Wilhelm Schlegel gab den Originaltext mit einer lateinischen Übersetzung heraus und richtete in der Einleitung an ihren unbekannten Dichter die überschwenglichen Preisworte: »Allererst grüße ich dich als verehrungswürdig, heiligster Seher und Prophet der Gottheit, . . . durch dessen Offenbarungsworte (*oracula*) der Geist zu allem Erhabenen, Ewigen und Göttlichen mit einer geradezu unaussprechlichen Wonne emporgerissen wird, und immer bete ich an deine Fußspuren.«

Wilhelm von Humboldt, der, selbst des Sanskrit kundig, eine Akademie-Abhandlung über dieses Lehrgedicht schrieb, bekannte einem Freunde: »Es ist wohl das Tiefste und Erhabenste, was die Welt aufzuweisen hat.« »Ich las das indische Gedicht zum erstenmal, und mein ständiges Gefühl dabei war Dank gegen das Schicksal, das mich hat erleben lassen, dieses Werk noch kennenzulernen.«

Ein anderer deutscher Übersetzer, Franz Lorinser, glaubte beweisen zu können, daß der Verfasser der Bhagavad-Gītā »seine reinsten und am meisten gepriesenen Lehren« zum großen Teil dem Neuen Testament verdanke; er kennzeichnet sie als »das schönste und erhabenste didaktische Gedicht, welches als eine der edelsten Blüten heidnischer Weltweisheit betrachtet werden kann«.

Die französische Schriftstellerin Simone Weil gestand: »Als ich diese wunderbaren Worte von einem derartig christlichen Klang las, die einer Inkarnation Gottes in den Mund gelegt werden, da geschah es, daß mich das Gefühl überkam, daß wir der religiösen Wahrheit sehr viel mehr schulden als die Zustimmung, die man einer schönen Dichtung gewährt.«

Außer diesen beiden großen Dokumenten indischer Weisheit haben auch andere mystische Werke Indiens im Abendland begeisterte Interpreten gefunden: das *Gītagovinda* in Friedrich Rückert und neuerdings das *Bhāgavatapurāṇa* in Walter Eidlitz, der während eines mehrjährigen Indienaufenthaltes unter der Leitung eines deutschgebürtigen Guru zu einem begeisterten Künder der Kṛṣṇa-Mystik wurde. Nicht zu vergessen sind die ebenfalls vom frommen Geist Indiens getränkten Werke der schönen Literatur, welche beim Bekanntwerden in Europa gerade bei den größten deutschen Dichtern einen Sturm der Begeisterung entfesselten: das *Śakuntalā*-Drama des Kālidāsa in

Herder, Schiller, Goethe und Wilhelm von Humboldt, Kālidāsas Gedicht *Meghadūta* (der »Wolkenbote«) in beiden letzteren.
Auch große indische Persönlichkeiten des ausgehenden 19. und unseres Jahrhunderts haben eine begeisterte Aufnahme im Westen gefunden: Rāmakṛṣṇa hat in Max Müller und Romain Rolland kongeniale Darsteller erhalten. Rabīndranāth Tagores literarische, dramatische und philosophische Werke haben in abendländischen Übersetzungen zahllose begeisterte Leser gefunden. Mahātmā Gāndhī ist durch Romain Rolland und zahlreiche andere abendländische Schriftsteller der westlichen Welt nahegebracht worden. Der Amerikaner John H. Holmes bekennt: »Wenn ich an eine Wiedergeburt glaubte, würde ich – in aller Ehrfurcht sei es gesagt – in Mahātmā Gāndhī Christus erblicken, der auf die Erde zurückkehrte.«
Romain Rolland apostrophiert am Schluß seines Werkes beide, den indischen Dichter und den Politiker: »O Tagore, Gandhi, Ströme Indiens, die ihr, vergleichbar dem Indus und Ganges, in eurer doppelten Umschlingung das Morgenland und das Abendland umarmt – dieser eine Tragödie der heldenhaften Tat, jener ein unendlicher Traum von Licht – beide ausfließend aus Gottes Gnade auf die Erde, die aufgewühlt worden ist durch die Pflugschar der Gewalt, streut ihn aus, den göttlichen Samen.«
Aber nicht nur »freie Geister« des Westens, sondern sogar abendländische Indienmissionare sind durch die tiefe indische Frömmigkeit gepackt worden. Manche von ihnen wurden Dolmetscher und Künder derselben, wie Alexander Pope, Nicol Macnicol, John N. Farquhar, Charles F. Andrews. Andere gerieten ganz in ihren Bannkreis. Wieder andere glaubten, daß nicht nur das christliche Abendland eine Mission für Indien hat, sondern auch umgekehrt das religiöse Indien für das Abendland. So erklärte der anglikanische Indienmissionar John C. Winslow: »Es ist richtig, zu behaupten, daß wir Westländer ohne Indien nicht sein können; je mehr ich von Indien verstehe, desto tiefer werde ich davon überzeugt, daß das Licht, welches der indische religiöse Genius auf das christliche Denken und Leben werfen kann, beinahe umstürzend in seiner Art sein wird und unser heutiges Verständnis desselben als besonders lückenhaft und unzureichend enthüllen wird.«
Eine ähnliche Missionsaufgabe Indiens verkündete ein gelehrter Hindu, Thanwardas L. Vasvani, auf dem »Weltkongreß für Freies Christentum und religiösen Fortschritt« in Berlin 1910: »Das heutige Indien hat eine Botschaft für die Welt und für das Abendland: die dreifache Botschaft von der unmittelbaren Einigung mit dem selbstoffenbaren Geiste, von der Synthese der Weltreligionen, die *Yoga* oder subjektive Jüngerschaft mit der Verkündigung aller großen Propheten vereint, und von der Bruderschaft der Menschheit, die anzusehen ist als der Sohn Gottes.«

Nachtrag von Bettina Bäumer

Die Darstellung des Hinduismus wäre noch zu ergänzen durch das hinduistische Lebensideal, wie es sich in den religiösen Gesetzbüchern (*Dharma-śāstra*) und in den Epen niederschlägt und das weltliche Erfüllung (*bhukti*) und endgültige Befreiung (*mukti*) zugleich umfaßt.
Während sich innerhalb des Hinduismus die indologische Forschung früher mehr auf den Viṣṇuismus konzentrierte, wurde diese Tendenz in den letzten zwei Jahrzehnten durch eine stärkere Entdeckung der Mythologie und Theologie des Śivaismus ergänzt.

Śiva Dakṣiṇāmūrti, Meister der Weisheit

So kann man, was die Gestalt Śivas betrifft (s. S. 236), wie sie außer in den Purāna auch in den śivaitischen Āgama begegnet, noch folgendes hinzufügen: Śiva ist par excellence der Gott, der alle Gegensätze in sich ereint, einen gnädigen und einen schrecklichen Aspekt, das Vorbild der Askese und Enthaltsamkeit als großer Yogi, und andererseits der ewige Liebende, der meist mit seiner Gattin Umā (Pārvatī) vereinigt ist, der Immanente und der Transzendente. Śia ist der Herr der Seelen (als Paśupati) und der junge Guru, der schweigend die höchste Wahrheit lehrt (als Dakṣiṇāmūrti). Da er in sich das Weibliche und das Männliche vereint, wird er auch als androgynes Wesen (*ardhanārīśvara*) dargestellt. Er besitzt ein drittes Auge, das Auge der Weisheit, das (wie im Falle der Vernichtung Kāmas, des Liebesgottes) vernichtend oder gnädig sein kann. Um die Welt zu retten, schluckt er das zerstörerische Gift, wovon er einen blauschwarzen Hals behält (Nīlakaṇṭha). Viele andere Mythen beleuchten die gegensätzliche und faszinierende Natur dieses Gottes.
Der Śivaismus hat außer dem vor allem in Südindien verbreiteten Śaiva Siddhānta noch mehrere philosophisch-theologische Systeme hervorgebracht, von denen das bedeutendste wohl die in Kaschmir entstandene Trika- oder Pratyabhijña-Schule ist (vgl. Jagadish Chandra Chatterji, Lilian Silburn, Raniero Gnoli, Jaideva Singh). Obwohl sie letztlich einen Advaita (Nichtdualität von Seele und Gott) vertritt, sieht sie auch die dynamische Wirklichkeit der Welt als einen positiven Ausdruck der göttlichen Energie (*śakti*). Die von ihrem Ursprung entfremdete Seele soll durch die Unterweisung der Schriften und des Guru ihr wahres Śiva-Sein »wiedererkennen« (*pratyabhijña*). Der wichtigste Vertreter dieser Schule war der große Mystiker und Philosoph Abhinavagupta (um 1000 n. Chr.), dessen Werke heute schon teilweise in Übersetzungen zugänglich sind (vgl. Literaturverzeichnis).

Nachtrag des Herausgebers zur Ausbreitung und Statistik des Buddhismus

In seinem gegenwärtigen Hauptverbreitungs-, Wirkungs- und Entwicklungsgebiet Japan zählte der Buddhismus nach dem offiziellen staatlichem *Jahrbuch der Religionen* (1978), herausgegeben vom Kulturamt der japanischen Regierung, Tokio (März) 1979 (*Shūkyō nenkan*, 1978, *Bungachō-hen*, Tokio, 3, 1979) im Jahr 1977 etwa 89 000 000 Anhänger, die sich auf die zahlreichen Gruppen und Untergruppen verteilen, wobei Mehrfachmitgliedschaften möglich sind. Die Statistik schwankt sehr stark und läßt nur schwer ein genaueres Bild gewinnen. Für die Hauptgruppierungen des japanischen Buddhismus ergibt sich: Tendai 5 500 000; Shingon 12 600 000; Jodo 20 700 000; Zen 9 600 000; Nichiren 31 200 000; Nara 4 700 000.
Die im Text (S. 215 ff.) zu einzelnen Gruppen gemachten Zahlenangaben sind ebenfalls diesem Jahrbuch entnommen. Der Herausgeber verdankt sie der Freundlichkeit von Herrn Dr. Johannes Laube (z. Z. Kyoto), der sie dem genannten Werk entnommen, übersetzt und interpretiert hat. Für die anderen Verbreitungsgebiete des Buddhismus ist z. Z. zuverlässiges Zahlenmaterial nicht verfügbar.

Die Religion der alten Iranier

Die nationale Religion Irans geht zurück auf die Stiftung des Priesterpropheten *Zarathushtra*; die latinisierte Form des iranischen Namens Zarath-ushtra ist Zarathustra, die gräzisierte Zoroaster. Von der griechischen Namensform des Stifters leitet sich die Bezeichnung der iranischen Religion als Zoroastrismus ab, während mit dem Terminus »Mazdaismus« auf das Bekenntnis zu dem Gotte Ahura Mazdāh hingewiesen wird. Ein dritter Name, Parsismus, deutet auf die Herkunft aus Persien, insbesondere der Landschaft Parsa.

Kenntnis von der Religion Zarathushtras vermitteln verschiedenartige Quellen. Lange Zeit kannte das Abendland nur eine sekundäre Literatur, die Berichte griechischer und lateinischer Autoren. Erst der Franzose Anquetil Duperron, jener Mann, der dem Abendland auch zuerst die Kenntnis der indischen Upaniṣaden vermittelte, erschloß die primäre Quelle, die heilige Schrift der Parsen, das *Avesta*. Ein Teilmanuskript dieses Textes befand sich seit dem Beginn des 18. Jahrhunderts in der Bodleian-Library in Oxford. Dort lag es, mit einer eisernen Kette an die Wand angeschlossen. Es war unlesbar, bis Duperron durch die Nachzeichnung einiger Blätter der Handschrift 1754 zur Indienreise angeregt und dort von zoroastrischen Priestern in den Sinn ihrer heiligen Schrift eingeführt wurde, um dann 1771 in Paris die erste Übersetzung des *Avesta* zu veröffentlichen.

Die Bezeichnung »Avesta« leitet sich von *apastāk* ab, einem Wort der Pehlevi-Sprache, dem Persischen der Parther- und Sasanidenzeit, und bedeutet vielleicht »Grundtext«; möglicherweise ist *apastāk* zu dem armenischen *avandem* »erzählen, überliefern« zu stellen. Von den uns überlieferten Teilen des *Avesta* enthält der *Yasna* (»Gottesdienst, Opfer«), ein im wesentlichen liturgisches Buch, die ältesten Stücke in den *Gāthās* (*Yasna* 28–34; 43–51; 53), die höchstwahrscheinlich auf Zarathushtra zurückgehen oder zumindest in seinem Kreise entstanden sind. Es sind »Verspredigten« in sehr altertümlicher Sprache.

Die übrigen Teile des *Avesta* unterscheiden sich hiervon durch eine jüngere Sprachstufe und teilweise durch Zugeständnisse religiöser Art an Glaubensformen und Götter, deren Verehrung die strenge Reform Zarathushtras nicht kannte. Es sind dies im wesentlichen folgende Schriften: das *Vidēvdāt* (*vīdaēva dāta* »Gesetz gegen die *Daēvas*«), das *Vīsperad* (*vīspe rātavō* »alle Herren«) und das »Kleine Avesta« (*khorda Avesta*) mit den *Yashts* (»Lobliedern«).

Außerordentlich schwierig ist das sprachliche Verständnis des *Avesta* in seinem heutigen Erhaltungszustand. Die heiligen Bücher des Zoroastrismus sind in einem altiranischen Dialekt niedergeschrieben, dem Avestischen, das dem Altindischen verwandt ist und unter den heutigen iranischen Dialekten dem Afghanischen am nächsten steht. Sein Erhaltungszustand in den heiligen Schriften der Parsen ist bedingt durch eine sehr komplizierte Textgeschichte. Nach iranischer Tradition soll bereits in der Zeit der ersten Achämeniden ein abgeschlossener Kanon avestischer Schriften vorgelegen haben, der den Textbestand der uns überlieferten Schriften bei weitem übertraf. Nachdem dieser Kodex in den Kämpfen der Perser mit Alexander d. Gr. verlorengegangen war, erhob sich in der zoroastrischen Renaissance der Sasanidenzeit (226–642) die Forderung nach erneuter Kodifizierung der heiligen Schriften. Sie wurde – bereits in bedeutend knapperer Fassung – unter den ersten Sasaniden erfüllt; aber der damals redigierte Text erhielt, ehe er uns bekannt wurde, noch weitere Schäden während der arabisch-islamischen Eroberung des Iran.

Die relative Dürftigkeit und der vornehmlich durch die komplizierte Textgeschichte bedingte sprachliche Charakter der avestischen Überlieferung haben erhebliche Schwierigkeiten des Verständnisses zur Folge. In besonders hohem Maße ist hier jede Übersetzung zugleich eine Interpretation; und es bestehen daher in der Iranistik gerade über entscheidende Fragen der altiranischen Religion und der Person wie der Verkündigung Zarathushtras tiefgreifende Divergenzen.

Ein wesentlicher Kontroverspunkt ist die Art der religiösen Verkündigung und der Inhalt der Botschaft Zarathushtras. Das Problem ist deshalb so kompliziert, weil es schwer ist, in einzelnen Punkten festzustellen, was jeweils im System des späteren *Avesta*-Glaubens auf die Botschaft des Religionsstifters selbst zurückgeht oder Zusatz der Tradition ist. Daraus folgt, daß auch die Persönlichkeit Zarathushtras sehr unterschiedlichen Wertungen unterworfen wurde. Diese bewegen sich zwischen den Extremen einer Einschätzung als reiner Politiker (Ernst Herzfeld) und als Medizinmann einer schamanistischen Religionsgemeinschaft (Henrik S. Nyberg). Gegenüber diesen gegensätzlichen Charakterisierungen wird die Herausstellung prophetischer Züge Zarathushtras (Nathan Söderblom) wichtig sein, die den iranischen Religionsstifter, trotz mancher Unterschiede und Gegensätze, in die geistige Nachbarschaft der israelitischen Propheten stellen. Wie diese, so war Zarathushtra der Begründer einer persönlichen Religion, die die individuelle Entscheidung jedes einzelnen fordert. Vor allem trug das dieser Verkündigung zugrunde liegende Gotteserlebnis, wie es uns berichtet wird in der Berufungshymne (*Yasna* 43) mit ihrer mehrfachen Wiederholung des Bekenntnisses: »Als den Heiligen erkannte ich Dich da, o *Ahura Mazdāh*«, durchaus prophetische Züge.

Hinsichtlich der Landschaft, in der Zarathushtra lebte und wirkte und die in der einheimischen Tradition mit *Airyana Vaējah* (später: *Iran Vej*) »arisches Land« bezeichnet wird, sprechen gute, wenn auch nicht unbestrittene Gründe für den Osten des Iran. Die geographischen und wirtschaftlichen Bedingungen, die in den *Gāthās* vorausgesetzt werden, scheinen in eine Berglandschaft mit Weide- und Viehwirtschaft zu weisen. Die bäuerliche Bestellung des Bodens, wie sie in Medien und im westlichen Iran früh geübt wurde, war dort ungebräuchlich. Nach dem Osten des Iran weisen auch Sprache und Diktion der *Gāthās* in ihrer engen Verwandtschaft zum vedischen Indisch; es ist wahrscheinlich, daß sich ein Mann der *Gāthā*-Gemeinde einem Manne aus dem Kreis des Rigveda verständlich machen konnte. Für ein Wirken Zarathushtras im Osten des Iran spricht auch eine spätere Überlieferung, nach der er von Turaniern in Balkh getötet wurde. Nicht unmöglich ist es, daß Zarathushtra erst durch eine Flucht, wie sie *Yasna* 51,12 anklingt, aus dem Westen in seine östliche Wirkungsstätte gelangte.

In hohem Grade kontrovers ist die Ansetzung der Lebenszeit Zarathushtras und damit die Frage nach dem Datum des Eintritts seiner Religionsstiftung in die Geschichte. Die unterschiedlichen Ansichten hierüber betreffen im wesentlichen zwei verschiedene Zeitangaben. Nach der einen hätte Zarathushtra ungefähr um 1000 v. Chr. gelebt, nach der anderen zur Zeit der ersten Achämeniden. Die griechischen Schriftsteller versetzten

Zarathushtra in ein phantastisch hohes Altertum und nahmen an, er habe 6000 Jahre vor Platon gelebt; die modernen Vertreter einer zeitlich hohen Ansetzung gehen dagegen nur bis an die Grenze des 2. vorchristlichen Jahrtausends. Aber die Gründe, die dafür angeführt werden, scheinen in keinem Falle unwiderlegbar zu sein. In der Hauptsache wird auf die Altertümlichkeit des *Gāthā*-Dialektes und seine Unterschiede zum Altpersischen der Achämeniden-Inschriften verwiesen. Doch es ist zu bedenken, daß es sich dabei um zwei verschiedene Dialekte und nicht um Entwicklungsstufen desselben Idioms handelt. Auch die Beobachtung, daß das jüngere *Avesta* keine konkreten Angaben über die Lebensumstände Zarathushtras bietet, ist kein durchschlagendes Argument gegen eine relativ späte Chronologie.

Die Tradition der Parsen ist denn auch durchaus anderer Ansicht. Nach ihr hat Zarathushtra 258 Jahre vor Alexander gelebt. Eine Reihe namhafter Forscher hat sich im wesentlichen dieser Datierung angeschlossen. Sie würde bedeuten, daß Zarathushtra im 6. Jahrhundert lebte und ein ungefährer Zeitgenosse der ersten großen Achämeniden war. In der Tat stützt sich auch diese Meinung sehr wesentlich auf die Identifikation eines Achämeniden mit einem Manne gleichen Namens, der in den *Gāthās* erwähnt wird. Aus den Keilinschriften des persischen Großreiches wie aus griechischer Tradition wissen wir, daß der Vater des großen Dareios (pers. *Dārayavahush*, 521–485 v. Chr.) *Vīshtāspa* (griech. *Hystaspes*) hieß. Nun wird in *Yasna* 51,16 von einem *Kavi* (»Häuptling«, »Ritter«) namens Vīshtāspa rühmend erwähnt, daß er die Lehre Zarathushtras angenommen habe.

Die Lösung des Problems, ob von der Identität der Namen in beiden Texten auf die gleiche Person zu schließen sei, hängt zu einem guten Teil ab von einer sorgfältigen Analyse der Stellung der zarathushtrischen Religion im Achämenidenreich. Es fragt sich, ob die Herrscher des persischen Großreichs, einer der imponierendsten und bestregierten Staatsbildungen der Geschichte, sich zum Glauben Zarathushtras bekannten. Eine positive Lösung dieser Frage würde die Vermutung nahelegen, daß die zarathushtrische Religion als ein geistiger Impuls zur Begründung dieses ersten eigentlichen Weltreichs der Geschichte angesehen werden könnte.

Stimmen, die einer zeitlichen und bekenntnismäßigen Zuordnung der Achämeniden zu Zarathushtra widersprechen, können sich, abgesehen von dem Hinweis auf die Altertümlichkeit der Sprache und der Verhältnisse in den *Gāthās*, auf einige bezeichnende Äußerungen achämenidischer Religionspolitik berufen. Es ist deutlich und unbestreitbar, daß die Achämeniden-Inschriften die Verehrung von Göttern tolerieren, die Zarathushtra nicht anerkannte. Daß sich dies nicht allein auf altpersische Götter, sondern auch solche eroberter Völker bezog, lehren das Verhalten des Kyros, der in Babylon die Zeremonie des Ergreifens der Hände des Marduk vollzieht, und die achämenidische Religionspolitik in Ägypten, wo Kambyses, wie wir aus dem Bericht des Oberpriesters Udjahorresnet der Neith von Saïs wissen, im Heiligtum dieser Göttin opfert, als deren Sohn sich dann Dareios in der ägyptischen Version der viersprachigen Kanalinschriften (altpersisch, akkadisch, elamisch und ägyptisch) bezeichnet. Nach Art der Pharaonen wird Dareios in den gleichen Texten auch mit dem ägyptischen Sonnengott Rē in Verbindung gebracht. Wichtig ist auch, daß die offizielle Anerkennung, die später Artaxerxes II. (404–358) zwei altiranischen Gottheiten zuteil werden läßt, dem Mithra und der Ardvī Sūrā Anāhitā, deren Verehrung sich nicht im System

Zarathushtras findet, für ein vorheriges inoffizielles Bekenntnis zu ihnen und damit eine lebendige Bedeutung dieser Götter spricht.

Ein eingehendes Studium der Motive des persischen Handelns zeigt jedoch, daß die Religionspolitik der Achämeniden keine uninteressierte Toleranz oder gar utilitaristisches Entgegenkommen gegenüber der Machtposition der Priesterschaften der unterworfenen Völker war. Es handelte sich vielmehr um eine qualifizierte und religiös interessierte Toleranz, die bewußt Bestrebungen förderte, die den Intentionen der persischen Religion angeglichen werden konnten, und solche abwehrte, bei denen dies nicht der Fall war; die freilich umstrittene Tötung des ägyptischen Apis-Stieres durch Kambyses könnte als deutliches Beispiel negativer Haltung dieser Religionspolitik angesehen werden. Positiv erklärt sich aus ihr die Herausstellung und Aktualisierung solcher Züge der vorgefundenen Religionen, für die die Perser selbst ein Vorverständnis hatten. Hieraus resultierte das Entgegenkommen gegenüber Religionspolitikern wie Esra und Nehemia sowie die schützende Hand, die die Perser in Ägypten über die jüdische Kolonie in Elephantine hielten. Auch profanpolitische Äußerungen der persischen Politik können religiös motiviert sein; jedenfalls sah der spätere Parsismus, wie auch die Auffassung des Islam, im Feldzug des Xerxes gegen Griechenland einen Kampf gegen hellenische Götzenanbetung.

Es ist wahrscheinlich, daß dem Handeln der Achämeniden eine innere Beziehung zur zarathushtrischen Religion zugrunde lag. Fehlt auch auf den Achämeniden-Inschriften der Name des Religionsstifters, so finden sich doch typische Begriffe seiner Verkündigung. Die negative Macht der Lüge (altpers. *drauga*; avest. *drug*) wird zitiert. Vor allem aber findet sich positiv die Berufung auf *Ahura Mazdāh.* Gegenüber dem eindeutigen Bekenntnis zu diesem Gott des Himmels und der Erde hat die philologische Beobachtung, daß sein Name in den altpersisch verfaßten Inschriften in einem Wort geschrieben und dementsprechend dekliniert als *Auramazdā* erscheint, während das Avestische beide Bestandteile des Namens teilt und sie in freier Reihenfolge einander zuordnet, wohl kaum das Gewicht eines kritischen Einwandes. Die große Inschrift des Dareios am hochragenden »Götterort« *Bagastāna* (Behistun) wird gekrönt von dem Symbol des Gottes mit der geflügelten Sonnenscheibe. Vor allem betonen die Achämeniden-Inschriften ausdrücklich die religiöse Sanktionierung des Weltherrschertums durch Auramazdā; die Dareios-Inschrift von Naqsh-i-Rustam beginnt mit den Worten: »Ein großer Gott ist *Auramazdā,* der diese Erde schuf, der jenen Himmel schuf, der den Menschen schuf, der das Glück schuf für den Menschen, der Dareios zum König machte, den einen zum Herrn von vielen.«

Abgesehen von den wissenschaftlich noch immer umstrittenen Fragen nach dem Wirkungsfeld und der Zeit Zarathushtras, vor allem nach seinem Verhältnis zu den Achämeniden, bieten die Quellen für die Lebensumstände des iranischen Religionsstifters verhältnismäßig wenig gesicherte Kunde. Zarathushtra gehörte der offenbar adligen Familie Spitama an und war als Priester (*zaotar*) ausgebildet worden (*Yasna* 33,6). Der Adlige Frashaoshtra gab seine Tochter dem Religionsstifter zur Frau (*Yasna* 51,17). Der Hochzeit der jüngsten Tochter Zarathushtras Pourucistā mit Jāmāspa ist das letzte *Gāthā*-Kapitel (*Yasna* 53) gewidmet. Einblick in das persönliche Leben und Empfinden Zarathushtras geben uns die letzten Strophen des Unglücks-Hymnus (*Yasna* 46), die die Not der prophetischen Einsamkeit und menschlichen Verlassenheit

Behistun, das Symbol Ahura Mazdāhs

ausdrücken; sie beginnen mit den Worten: »In welches Land, um zu entfliehen, wohin, um zu entfliehen, soll ich gehen?«

In einer Welt, die ihm viele Hindernisse entgegensetzte, rang Zarathushtra um die Gabe der Rede (*Yasna* 29). Es war ihm verliehen, mit leidenschaftlicher Kraft und einem echten, tiefen Pathos seine Botschaft zu verkünden. In ihrem Mittelpunkt stand das Bekenntnis zu *Ahura Mazdāh*, dem »Weisen Herrn« (*ahura* »Herr«; *mazdāh* »weise«), den Zarathushtra bildlos als Schöpfer des Himmels und der Erde und als Gesetzgeber des gesamten Kosmos verehrte. Ahura Mazdāh ist nicht der Gott eines polytheistischen Pantheons, seine Person wird von keinem Mythus umrankt, und keine weibliche Göttin gilt als seine Gemahlin. Mit dem Bekenntnis zu Ahura Mazdāh werden von Zarathushtra die vorgefundenen polytheistischen Götter von der religiösen Verehrung ausgeschlossen; mit einem harten Nein, wie es das mystischen Spekulationen verhaftete Brudervolk der Inder niemals sprach, wandte sich in Persien der Prophet Zarathushtra mit seiner alleinigen Verehrung Ahura Mazdāhs gegen die altiranischen Götter, die in ihren Namen und Eigenschaften teilweise denen Indiens verwandt waren, vor allem also gegen Mithra, Anāhitā, Verethraghna, Yima (s. S. 138).

Auch Ahura Mazdāh hat Bezüge zum indischen Pantheon. Der Name *Ahura* entspricht dem indischen *asura*, womit in vedischer Zeit eine Götterklasse bezeichnet wurde, zu der Varuṇa, Mitra und die Ādityas gehörten. Später unterlag das Wort *asura* einem Bedeutungswandel. Es wurde als Verneinung der neben *deva* gebräuchlichen Gottesbezeichnung *sura* verstanden und damit zur Bezeichnung von bösen, schädlichen Dämonen verwandt. Im iranischen Bereich behielt es seinen positiven Sinn, der durch die Verkündigung Zarathushtras absolut gesetzt und anti-polytheistisch verstanden wurde. In dieser entscheidenden Akzentsetzung besteht vornehmlich das Originale der Botschaft Zarathushtras, in einer Umwertung, die er an vorgefundenen Begriffen vornimmt; denn offenbar ist der Name des gāthischen Gottes auch in der Zusammensetzung *Ahura Mazdāh* nicht von ihm geprägt, sondern vorgefunden worden. Er findet sich bereits auf einer Inschrift des Assyrerkönigs Sargon II. aus den Jahren 714–713 v. Chr. Aber Zarathushtra ist es, der ihn zu einzigartiger Bedeutung erhebt.

Dennoch ist die prophetische Verkündigung Zarathushtras nicht der mosaischen gleichzusetzen. Es fehlt ihr im Erlebnis die Ausschließlichkeit des Kreaturgefühls als Reflex der übermächtigen Majestät Gottes. Der Gottesumgang Zarathushtras ist vertrauter und gleicht mehr dem Verhältnis zu einem Freunde. Auch eignet dem Gottesbegriff der *Gāthās* nicht die Exklusivität des mosaischen Monotheismus. Denn für Zarathushtra ist das ganze Dasein durch einen unversöhnlichen Gegensatz gekennzeichnet, der ethischer Natur ist, aber im Metaphysischen begründet liegt. Dem guten Gotte Ahura Mazdāh steht die Verkörperung des bösen Prinzips gegenüber, der Widersacher *Angra Mainyu*, der »böse Geist«. Durch eine uranfängliche Wahl im ethischen Sinne (*Yasna* 30) schieden sich beide Geister, die dann die Welt des Lichtes und die der Finsternis beherrschen und das Leben einerseits, das Nicht-Leben andererseits bewirken. In dieser Vorstellung liegt der schroffste Dualismus begründet, den die Religionsgeschichte kennt. Er findet seinen schärfsten Ausdruck in den Worten von *Yasna* 45,2:

> »Ich will reden von den beiden Geistern zu Anfang des Lebens, von denen der heiligere also sprach zu dem argen: ›Nicht stimmen unser beider Gedanken noch

Lehren noch Absichten noch Überzeugungen noch Werke noch Individualitäten noch Seelen zusammen.‹«

Die unversöhnliche Kluft, die Zarathushtra in seiner Zeit erstmalig zwischen der Welt des Guten und der Welt des Bösen aufreißt, wird in ihrer Tiefe wohl am ehesten verständlich durch die Beobachtung sprachlicher Veränderungen. Wie manche anderen religiösen Umwälzungen, so hatte auch die zarathushtrische sprachreformerischen Charakter. Wie sich die theologische Intention des Mittels der Sprache bedient, zeigt am eindringlichsten der avestische Gebrauch des indoiranischen Wortes für »Gott«, das im Indischen *deva* heißt. Als Protest gegen die vorgefundenen Götter eines polytheistischen Pantheons verkehrt das *Avesta* die Bedeutung der analogen Form *daēva* in das genaue Gegenteil. Dadurch, daß das Wort hier die Bedeutung »böser Geist«, »Dämon« bekommt, werden die Numina der vorzarathushtrischen Zeit nicht nur entwertet, sondern zu feindlichen, schädlichen Mächten gestempelt. Der Riß, den Zarathushtra durch den ganzen Kosmos gehen sieht, tritt aber in der Sprache vielleicht noch augenfälliger da zutage, wo auf profanem Gebiet Synonyme zugunsten des religiösen Zweckes differenziert werden. Für den gleichen Begriff nämlich werden, je nachdem ob er der ahurischen oder der daēvischen Sphäre zugeordnet wird, völlig verschiedene Wörter gebraucht; für den Begriff »Sohn« etwa kennt das Indische zwei Wörter, die im *Rigveda* synonym verwendet werden: *putra* und *sunu*. Das Avestische aber scheidet die Äquivalente beider Wörter scharf: *puthra* wird gebraucht, wenn es sich um ahurische Wesen handelt, *hunu* aber, wenn von solchen des daēvischen Bereichs die Rede ist.

Das Prinzip, nach dem Ahura Mazdāh wirkt, wird im Avestischen mit *asha* bezeichnet. Es ist dies ein schwer übersetzbares Wort, das mit »Recht«, »Gerechtigkeit«, »Wahrheit« oder »Ordnung« in seinem komplexen Charakter nur ungenau umschrieben werden kann (s. S. 136). (Sprachlich ist es mit ind. *ṛta*, altpers. *arta* und teilweise lat. *ritus* verwandt; außerdem ist es mit dem griechischen *Kosmos*-Begriff und der ägyptischen *Maat* verglichen worden.) Die Anhänger des *asha* werden *ashavan* genannt. Ihnen stehen die *drugvan* gegenüber, die Genossen der *drug*, der »Lüge« (*drug* gehört etymologisch zu dt. *Trug*). Mit *drug* ist die *asha* entgegengesetzte, rein negative Wirkungskraft bezeichnet, das schlechte Prinzip, das im Reiche Angra Mainyus eine entsprechende Rolle zur Stellung von *asha* bei Ahura Mazdāh spielt.

Asha ist der umfassendste Begriff unter jenen Prinzipien, die für Wesen und Wirken Ahura Mazdāhs charakteristisch sind. Sie werden später in dem Begriff *amesha spentas* (»unsterbliche Heilige«) zusammengefaßt; in den Predigten Zarathushtras fehlt noch dieser gemeinsame Name wie auch die erst später herausgestellte Siebenzahl. Im jüngeren Avesta haben die *amesha spentas* die Stellung völlig personifizierter Erzengel. Ihre ursprüngliche theologische Bedeutung ist einer der umstrittensten Punkte der *Avesta*-Interpretation. Es geht um die Frage, welchen Grad von Selbständigkeit sie gegenüber Ahura Mazdāh haben, ob es sich um eine Art Göttergestalten, vergöttlichte ethische Abstraktionen, soziale Kollektivbegriffe oder, was für die ursprüngliche Verkündigung Zarathushtras am wahrscheinlichsten sein dürfte, um Aspekte oder Attribute des Ahura Mazdāh handelt.

Neben *asha* oder *asha vahishta*, der »besten Ordnung«, ist *vohu manah* »gutes Denken« die wichtigste Kraft unter den *amesha spentas*; ihr daēvischer Gegensatz ist *aka manah* »böses, schlechtes Denken« oder *acishta manah* »schlechtestes Denken«. *Vohu manah* und *asha* sind eng mit *khshathra* »Reich, Herrschaft« oder *khshathra vairya*, dem »erwünschten Reich«, verbunden; mit diesem Prinzip wird das himmlische Reich Ahura Mazdāhs ebenso bezeichnet wie eine irdische Realisation unter einem gläubigen Herrscher. *Spenta ārmaiti* ist »heilige Harmonie« und »fromme Ergebenheit«. *Haurvatāt* »Gedeihen« und *ameretāt* »Unsterblichkeit« haben nicht die hervorragende Bedeutung der erstgenannten *amesha spentas*. Auch *sraosha* »Gehorsam« tritt weniger stark hervor und ist überhaupt erst in späterer Zeit in das damit zur Siebenergruppe ausgestaltete System aufgenommen worden.

Jungavestische Entwicklung ist auch die Verehrung der Ahnen- oder Folgegeister, der *fravashis*; ihnen ist dann der 13. Yasht gewidmet worden. Noch entscheidender wird das strenge dualistische Prinzip gelockert durch die Wiederaufnahme der einst als *daēvas* daraus verbannten Gottheiten der iranischen und der gemeinsamen indoiranischen Frühzeit.

Vor allem aber erfährt in der späteren Entwicklung der dualistische Gedanke eine entscheidende Einschränkung durch die theologische Spekulation des Zervanismus. Der Name dieser vermutlich erst in sasanidischer Zeit aufkommenden Lehre leitet sich ab von dem Begriff *zervan akarana* »die unerschaffene Zeit«. Der dualistische Gegensatz zwischen den beiden »Zwillingen«, den Geistern des Guten und Bösen, wird hier überbrückt durch die unerschaffene Zeit, deren Priorität angenommen und die als gemeinsamer Ursprung sowohl Ahura Mazdāhs wie Angra Mainyus, der beiden einander feindlichen Mächte, erklärt wird.

Aber das alles ist spätere Lehrentwicklung der Stiftung Zarathushtras. Der Prophet kannte nur die Unvereinbarkeit beider Größen, die für ihn nicht allein dogmatisches Bekenntnis, sondern Grundlage seiner ethischen Forderung, seines sozialethischen Pathos und seiner Reformbestrebungen war. Mit einer Unerbittlichkeit, wie sie dem Geiste des benachbarten Brudervolkes der Inder niemals eigen war, stellte Zarathushtra die ethische Forderung eines harten Entweder-Oder. Im Mittelpunkt der Welt, die er als Schlachtfeld der beiden ewigen Mächte des Guten und Bösen erkannte, stand für Zarathushtra der Mensch. Der Prophet maß ihm eine entscheidende Bedeutung in dem universalen Kampf des Guten und Bösen zu; um den Menschen ringen beide Gewalten, und in zwei feindliche Lager gespalten ist die irdische wie die metaphysische Welt. Zarathushtra setzt den freien Willen des Menschen voraus, wenn dieser in einer »rechten Wahl«, die für ihn offenbar eine grundsätzliche und nur einmalige Entscheidung bedeutet, das sittliche Handeln in »Gedanken, Worten und Taten« (*Yasna* 33,2 u. ö.) verwirklichen soll: »Höret mit den Ohren das Beste, betrachtet es mit klarem Sinn: die Entscheidung zwischen den beiden Wahlmöglichkeiten, Mann für Mann für seine Person« (*Yasna* 30,2).

Zarathushtra hat die Verwirklichung seines ethischen Prinzips in sehr konkreten Forderungen erstrebt. Die Situation der *Gāthās* ist gekennzeichnet durch einen tiefen sozialen Gegensatz. Unterdrückt ist der dritte Stand der Viehzüchter. Die friedlichen Hirten werden belästigt von der Klasse der *kavi*, der Krieger, der Häuptlinge, die das Leben von Raubrittern führen. Die *karapan*, die Priester, sind auf ihrer Seite. Möglicherweise fanden sich unter den Widersachern der Viehzüchter auch umherschweifende Nomaden. In dieser Lage nimmt Zarathushtra eindeutig Partei für die Unterdrückten; seine Gottheit ist die Beschützerin der friedlichen, geordneten Arbeit. Mit ausgesprochen sozialethischem Pathos fordert Zarathustra die gute Tat als Ausfluß der Religion.

Die Wertschätzung friedlicher Arbeit gipfelt im Eintreten für den Schutz des Rindes. Zarathushtra predigt von dem »Jammern«, das angesichts der Willkür des Adels und der Priesterschaft die »Seele des Stiers« (*Geush Urvan*) ergreift (*Yasna* 29,9), und er bezeichnet an einer Stelle der »*Gāthā* vom Stier« (*Yasna* 29), ganz offenbar um dem Schutz dieses Tieres besonderen, religiösen Nachdruck zu verleihen, Ahura Mazdāh ausdrücklich als »Schöpfer des Stiers« (*Geush Tashan*; *Yasna* 29,2).

Mit seinem Eintreten für das Rind wandte sich Zarathushtra zugleich gegen dessen kultische Tötung bei den orgiastischen, nächtlichen Opfermahlen seiner Gegner. Blutige Opfer waren Bestandteil der von Zarathushtra ausgeschlossenen Verehrung altiranischer Götter, insbesondere des Mithra. In diesen nächtlichen Feiern spielte neben dem tierischen Opfer der Genuß des *Haoma* (ind. *Soma*), eines aus einer Pflanze des Berges Elburz bereiteten Rauschtranks, eine hervorragende Rolle. Auch hiergegen eiferte Zarathushtra, wenn er seinen Gott fragte: »Wann wirst Du den Unflat (*mūthrem*) dieses Rauschtranks treffen?« (*Yasna* 48,10.) Das spätere *Avesta* hat, wie in vielen Fällen, auf vor-zarathushtrische Vorstellungen und Gebräuche zurückgegriffen, den gottesdienstlichen Platz des *Haoma* wiederhergestellt und den Trank ausdrücklich als »Todwehrer« bezeichnet.

Als irdisches Ziel seines ethischen Gebotes schwebt Zarathushtra die Vorstellung eines »weidenreichen schönen Wohnens« in einer friedlichen Welt vor, in der die »Erkenntnis des guten Sinnes« sich eingefunden hat (*Yasna* 48,11). Aber das eigentliche Ziel der ethischen Verwirklichung ist nicht säkularer, sondern eschatologischer Art. Zarathushtra weist in seiner Verkündigung deutlich darauf hin: »Wenn ihr euch die Bestimmung merkt, die Mazdāh getroffen hat, ihr Menschen: das Wohlbehagen einerseits und andererseits die Qual, den langen Schaden für die *Drug*-Genossen und den Nutzen für die *Asha*-Anhänger – dann wird es künftig wohl werden« (*Yasna* 30,11). Neben Vorstellungen, die mit Sicherheit auf Zarathushtra zurückgehen, finden sich in der zoroastrischen Eschatologie Zusätze aus jungavestischer Zeit. Gekennzeichnet ist die zoroastrische Eschatologie durch die Vorstellung von einer doppelten Vergeltung in einem Individual- und einem Universalgericht.

Bereits die *Gāthās* kennen die *Cinvant*-Brücke, die Brücke des Entscheiders oder Trenners, die die Guten von den Bösen sondert. Nach dem Tode des Menschen muß die Seele über diese Brücke gehen. Sie ist, nach späterer Vorstellung, scharf und schmal wie eine Messerschneide für die Gottlosen, die von ihr hinunter in die Tiefe fallen. Die Frommen aber überschreiten sie mühelos auf ihrem Wege ins Paradies. Ebenfalls spätere Ansicht ist es, daß zwischen dem Tode und dem individuellen Gericht die Seele drei Nächte beim Haupt der Leiche verbringe. Die fromme Seele befindet sich dabei in Erwartung der Glückseligkeit, während die des Gottlosen ruhelos um die Leiche schwirrt und Klagelieder singt.

Neben diesen individualeschatologischen Anschauungen kennt die zoroastrische Theologie Gericht und Vollendung des Weltganzen. Der Terminus hierfür ist *frashōkereti* »Wunderbarmachung« im Sinne von Fortschritt und Vollendung der Welt. Eingeleitet wird das Weltende, das 3000 Jahre nach Zarathushtra anbrechen soll, durch das Erscheinen des »Retters«, des *Saoshyant*. Mit diesem Begriff werden in den *Gāthās* noch alle tätigen Frommen bezeichnet, später aber wird er spezialisiert auf die

Vorstellung eines eschatologischen Heilands, der auf wunderbare Weise aus dem Samen Zarathustras geboren wird. Auf seen Geheiß kommen aus Himmel, Hölle und dem Zwischenreich *Hamistakān* die Seelen zum letzten Gericht. Es findet statt mittels eines im Iran seit alter Zeit üblichen Ordals. Durch geschmolzenes Metall werden die Frommen und Gottlosen getrennt. Beim Drama des Weltendes entsteht ein See aus flüssigem Metall durch einen Meteor, der herabstürzt und die Metalle der Berge schmilzt. Für die Frommen bedeutet das keine Qual, die Gottlosen aber werden darin entweder gereinigt oder verbrannt. Eine geläuterte Erde wird dann ewig bestehen.

Die Ausbildung und Erweiterung der theologischen Anschauungen, vor allem aber die Ausübung der in nach-zarathushtrischer Zeit allmählich wieder an Bedeutung gewinnenden Riten lag in der Hand eines zunehmend an Einfluß gewinnenden Priestertums. Bekannt sind die zoroastrischen Priester bis heute unter dem Namen *Mobed*, der »Herr der Magier« bedeutet. Aber ihre historische Stellung zum Magiertum der achämenidischen Zeit, das profangeschichtliche Bedeutung in dem bekannten Aufstand des Magiers Gaumāta am Ende der Regierung des Kambyses erlangte, ist umstritten. Kultische Aufgaben der Priester sind in erster Linie der Vollzug des Feuerkultes und die Rezitation der avestischen Texte.

Auf dem Hochland von Iran haben sich nur wenige Anhänger der iranischen Nationalreligion bis heute gehalten. Innerhalb einer jetzt fast vollkommen islamischen Umwelt leben sie in zahlenmäßig kleinen Gemeinschaften in Teheran, Schiras, Yezd und Kirman; insgesamt sind es etwa 10 000 Seelen. Der weitaus größere Teil ihrer Glaubensgenossen wird gebildet von den Nachkommen jener Auswanderer, die angesichts der mit dem Sturz des Sasanidenreiches durch die Araber (642 n. Chr.) allmählich einsetzenden Islamisierung ihrer Heimat das Land verließen, um ihrer Religion unangefochten treu bleiben zu können. In Nordwest-Indien fanden sie eine Zuflucht, und dort leben ihre Nachfahren, etwa 100 000 Seelen, heute vornehmlich in der Gegend von Bombay. Sie sind bekannt für ihre tätige Weltaufgeschlossenheit, ihren Unternehmungsgeist, ihr aktives Interesse für Schulen und Krankenhäuser.

Volkstümlich ist die in der Sache für die Glaubenshaltung der Parsen unzutreffende Benennung »Feueranbeter«. Das Feuer (*ātar*) wird von ihnen nicht angebetet, sondern nur als Mittel der Reinheit und Heiligkeit sowie als Symbol Ahura Mazdāhs angesehen. In einem im übrigen opferfeindlichen Kult bildet das Feueropfer die Hauptzeremonie. Sie wird in Feuertempeln gefeiert, die als Kultstätten schon im Achämenidenreich aufkamen. Lange Rezitationen der heiligen Texte begleiten die kultische Handlung, bei der der Priester den Mund mit einem Schleier bedeckt, um das Feuer vor jeder Unreinheit zu bewahren.

Eine weitere Eigenart der Parsen war die Luftbestattung ihrer Toten; sie ist heute nicht mehr obligatorisch.

In ihrem Glaubensbekenntnis weichen die heutigen Parsen von der ursprünglichen Form ihrer Religion ab. Sie haben unter dem Einfluß des Islams und des Christentums wie auch monotheistischer Strömungen innerhalb des Hinduismus den schroffen Dualismus Zarathushtras gemildert und bekennen sich zu einer Vorherrschaft des Gottes *Ormazd* (avest. *Ahura Mazdāh*) über den bösen Geist *Ahriman* (avest. *Angra Mainyu*).

Mit den parsischen Gemeinden der Gegenwart erschöpft sich jedoch nicht die religionsgeschichtliche Bedeutung der Stiftung Zarathushtras. In der Perserzeit des Altertums und in der hellenistischen Epoche hat ein bedeutsamer Einfluß der iranischen Religion auf das Judentum stattgefunden, der sich auch im Christentum und im Islam auswirkte. Iranischer Dualismus und iranische Eschatologie wurden dem Judentum bekannt, regten seine religiöse Gedankenwelt an und wirkten auf es ein, der Glaube an individuelle Unsterblichkeit und Auferstehung, an das Weltgericht, an Engel und Teufel. Bedeutsam ist vor allem, daß Zarathushtra wohl der erste war, der den geschichtstheologischen Gedanken der eindimensionalen Weltentwicklung und der Vollendung der Geschichte beim Weltende dachte.

Wahrscheinlich haben iranische Anschauungen auch das Griechentum befruchtet, wenn auch die persische Tradition, die unter Alexander siegreichen Griechen hätten ein Exemplar ihrer heiligen Schriften geraubt und daraus ihre sämtlichen Erkenntnisse geschöpft, nur den Wert einer paniranistischen Textlegende hat.

Ferner erscheint es möglich, das dualistische Denken des seiner Abstammung nach iranischen Religionsstifters Mani in formeller Hinsicht aus dem Erbe Irans zu verstehen. Der Gedanke Manis, daß dem Menschen in dem kosmischen Kampf zweier Mächte entscheidende Bedeutung zukommt, ist ebenfalls zuerst von Zarathushtra gedacht worden (s. S. 278).

In eigenartiger Weise lebt der Name des großen iranischen Religionsstifters fort, ja er ist in der Neuzeit weiten Kreisen erst bekannt geworden durch Nietzsches 1885 abgeschlossenes und 1892 in einer ersten Gesamtausgabe erschienenes philosophisches Werk *Also sprach Zarathustra*. Wie Nietzsches Wendung »Jenseits von Gut und Böse« nur rein formal eine altindische Prägung wiederholt, so ist es auch mit der in den heiligen Schriften des Zoroastrismus stereotyp wiederkehrenden Formel »Also sprach Zarathustra«. Inhaltlich hatte die Philosophie Nietzsches nichts mit der altiranischen Verkündigung Zarathushtras zu tun, und sie erhob diesen Anspruch auch nicht.

Der Manichäismus

Die manichäische Religion, die seit Jahrhunderten erloschene Stiftung des Propheten Mani, hat einst sowohl auf Grund des inhaltlichen Gewichts ihrer Botschaft als auch der ökumenischen Ausbreitung ihrer Kirche die Bedeutung einer Weltreligion gehabt. In der spätantiken Welt besaß der Manichäismus in Mesopotamien, Syrien, Ägypten und Nordafrika, vor allem in Karthago, wo er sich auch während der Vandalenherrschaft (429–534) behauptete, zahlreiche Anhänger, ebenso in Spanien und Südgallien. Rom erreichte er zur Zeit des Bischofs Miltiades (311–314). Während des 4. Jahrhunderts stellte er eine ernste Gefahr für die junge christliche Kirche dar, was zu apologetischer Abwehr auf dogmatischem Gebiet wie auch zur Verfolgung der Manichäer durch staatliche Organe führte. Bereits am 31. März 297 hatte Kaiser Diokletian mit seinem von Alexandria aus erlassenen Verfolgungsedikt an den Prokonsul von Afrika Julianus eine Abwehrbewegung eingeleitet; seit dem Jahre 382 stand im Westen auf dem Bekenntnis zum Manichäismus die Todesstrafe.

Länger konnte sich die Stiftung Manis im Osten halten. Das im 154. Kapitel der koptisch-manichäischen *Kephalaia* überlieferte Wort Manis, seine Hoffnung richte sich – im Gegensatz zu den Religionsstiftungen Jesu, Zarathushtras und Buddhas – sowohl auf den Westen wie auch auf den Osten, war in Erfüllung gegangen. Unter der islamischen Dynastie der Omaijaden (661–750) wird der Manichäismus geduldet und erfreut sich in Mesopotamien einer Blütezeit. Im 8. Jahrhundert ist er in ganz Zentralasien verbreitet; dort wird er 763 Staatsreligion des uigurischen Reiches. Damit genießt er auch diplomatischen Schutz am chinesischen Kaiserhof. Trotz einer schweren Verfolgung im Jahre 843 unter dem T'ang-Herrscher Wu-tsung kann er sich in China bis zum 14. Jahrhundert halten; in Innerasien hatte das Mongolenreich seine endgültige Ausrottung gebracht.

Unsere Quellen für die Kenntnis des Manichäismus sind völlig unterschiedlich hinsichtlich ihrer Herkunft und ihres sprachlichen Charakters, aber sie stützen und ergänzen sich, wenn wir die manichäische Praxis berücksichtigen, sich in den Missionsgebieten den Terminologien der herrschenden Religionen anzugleichen, inhaltlich vollkommen. Die moderne Erforschung des Manichäismus war zunächst auf sekundäre Quellen in Form von referierenden Darstellungen bei Bestreitern des Manichäismus und von Auszügen aus Originalschriften bei nicht-manichäischen Autoren angewiesen. Der bedeutendste christliche Polemiker war der Kirchenvater Augustin (354–430), der von 376 bis 384 in dem unteren Rang eines »Hörers« (*auditor*) Mitglied der manichäischen Religionsgemeinschaft war und sich später mit seinen anti-manichäischen Schriften gegen diese wandte. Umfangreiche Auszüge aus manichäischen Texten enthält der arabische *Fihrist* (»Katalog«) des Mohammed ibn an-Nadīm (gest. 995), ebenso das syrische »Buch der Scholien« des Theodor bar Konai (Ende des 8. Jh.s).

Seit dem Beginn des 20. Jahrhunderts sind manichäische Originalschriften bekannt geworden. Sie entstammen den geographisch weit voneinander entfernt liegenden chinesisch-turkestanischen und ägyptischen Verbreitungsgebieten der einstigen Weltreligion. In Ostturkestan wurden in der Oase Turfan manichäische Handschriften gefunden, die sich sprachlich auf die drei iranischen Dialekte Persisch, Parthisch und

Soghdisch sowie auf das Uigurische und Chinesische verteilen. Von Bedeutung ist dabei vor allem eine Originalschrift Manis, das von ihm in persischer Sprache für den König Schahpur verfaßte *Schahpurische Buch* (*Schahpurakan*); sonst hat Mani wohl nur ostaramäisch geschrieben. Ein uigurischer Beichtspiegel und chinesische Hymnen bilden mit vielen Fragmenten verschiedenen Inhalts die uns heute bekannte östliche Textgruppe.

Wesentlich umfangreichere Texte, die wohl im Jüngerkreis Manis nach mündlichen Verkündigungen des Meisters zusammengestellt worden waren, bieten die im subachmimischen Dialekt des Koptischen verfaßten Handschriften aus dem ägyptischen Fayum. Bekannt sind bisher hiervon die *Kephalaia* (»Kapitel«), ein Psalmenbuch und Homilien, die in vier Sermonen eine Klage über den Tod Manis, eine eschatologische Schilderung, einen Bericht über Manis Passion und die Darstellung seines Eintritts in das Lichtreich enthalten. Alle diese Texte geben uns in ursprünglicherer Weise, als es von den sekundären Quellen zu erwarten war, Einblick in die religiöse Eigenart der manichäischen Gemeinden und ihres Bekenntnisses; handelt es sich doch um Texte, die im Leben der manichäischen Kirche als heilige Schriften gewertet wurden.

Aus den Quellen gewinnen wir über die Vita des Stifters und den Inhalt der manichäischen Lehre ein relativ gutes Bild. Mani wurde am 14. April 216 n. Chr. in der Nähe von Ktesiphon als Sohn des vornehmen Persers Patek geboren; mütterlicherseits war er mit der 226 n. Chr. von den Sasaniden abgelösten parthischen Dynastie der Arsakiden verwandt. Durch seinen Vater, der einer den Mandäern nahestehenden Sekte angehört zu haben scheint, wurde Manis Denken früh in religiöse Bahnen gelenkt. Er begann seine öffentliche Wirksamkeit mit einer Indienreise, auf der er in Belutschistan seine ersten Anhänger gewann. Wir wissen nicht, welche politischen Gründe es waren, die ihn zur Rückkehr in die Heimat veranlaßten. Jedenfalls genießt er in der Folgezeit die Protektion des Sasaniden Schahpur (243–273). Von ihm erhält er die Erlaubnis zur Verbreitung seiner Religion im persischen Reich. Am Krönungstage Schahpurs tritt er zum erstenmal öffentlich in der Heimat, in Ktesiphon, auf. Der großköniglichen Gunst erfreut er sich auch unter Schahpurs Nachfolger Hormizd I. (273–274). Während der Regierungszeit dieser beiden Sasaniden kann Mani, dem Vorbild des Apostels Paulus nacheifernd, auf weiten Missionsreisen seine Gedanken verkünden und Anhänger gewinnen. Die Länder, die er damals besuchte, werden in den *Kephalaia* (15,24–16,2) aufgezählt. Die Liste umfaßt die östlichen Gebiete von Indien bis nach Babylonien und reicht bis zu »den Grenzgebieten des Reiches der Römer«.

Unter Bahram I. (274–277) änderte sich für Mani diese günstige Situation radikal. Die Regierung dieses Herrschers förderte die zoroastrische Renaissance, die sie als geistige Grundlage der von den Sasaniden erstrebten Wiedererrichtung des persischen Großreiches der Achämeniden ansah. Damit stieg der Einfluß der Priesterschaft der Magier. Von ihr wird Mani angeklagt und zum Verhör vor König Bahram gebracht; wir besitzen eine lebendige Darstellung des dramatischen Gespräches mit dem König in der dritten koptischen Homilie. Mani verteidigt leidenschaftlich seine Predigt, er führt seine Verkündigung auf göttliche Offenbarung zurück, betont aber die Übereinstimmung seiner Lehre mit einer bereits in früheren Generationen bekannten, jedoch zeitweilig in Vergessenheit geratenen Wahrheit. Aber der König läßt sich nicht beeindrucken. Mani wird mit drei Ketten gefesselt und ins Gefängnis geworfen. Dort ist er am 26. Februar 277 im Alter von sechzig Jahren gestorben. Wir sind nicht genau orientiert, welche Todesart ihm beschieden war; der Jüngerkreis sprach, offenbar in Anlehnung an die Passion Jesu, früh von einer Kreuzigung Manis.

Die Stiftung Manis, der sich »Siegel der Propheten« und »Apostel der letzten Generation« nannte, erhob den Anspruch, letztgültige Wahrheit zu vermitteln. Sie verband diese Intention mit einer charakteristischen Wertung früherer Religionen. Es seien, so verkündete Mani, »von Zeit zu Zeit Boten Gottes gekommen mit der Weisheit und den frommen Werken«. Die früher, besonders von Jesus, Zarathushtra und Buddha verkündeten Religionen aber seien nach dem Tode ihrer Meister verderbt; für das Christentum anerkannte Mani als echte Jünger Jesu nur Paulus und »zwei Gerechte«, wahrscheinlich Marcion und Bardesanes. Die spätere Verderbnis der Religionen Jesu, Zarathushtras und Buddhas sah Mani begründet in dem Fehlen direkter schriftlicher Aufzeichnungen seitens ihrer Stifter. Diese Anschauung, die Mani zu eigenen Niederschriften seiner Lehre veranlaßte, ist durch eine außerordentliche Wertschätzung heiliger Schriften gekennzeichnet. Der Manichäismus wurde als ausgesprochene Buchreligion begründet. Später geht sowohl in ihrer Einschätzung früherer Religionsstiftungen wie auch in ihrer Wertung einer heiligen Schrift die Offenbarungslehre Mohammeds auf Mani zurück.

Die von Mani mit dem Anspruch einer abschließenden Offenbarung verkündete Wahrheit war eine dualistische Gnosis, die kosmologisch, anthropologisch und soteriologisch verstanden und in der Sprache des Mythus ausgedrückt wurde. Sie lehrt, wie die Prophetie Zarathushtras, die uranfängliche Existenz zweier einander schroff gegenüberstehender Prinzipien, die sie als Gott und Materie (*Hyle*) bezeichnet; in der Natur äußern sie sich als die Bereiche des Lichts und der Finsternis. Das Christentum hat mit seiner Lehre von einer göttlichen Schöpfung ohne präexistente Materie (*creatio ex nihilo*) diesen dualistischen Anschauungen des Manichäismus und aller anderen gnostischen Systeme energisch widersprochen.

Nach manichäischer Ansicht ist durch eine von der Materie schuldhaft eingeleitete Vermischung der beiden Prinzipien, mythologisch gesprochen: durch einen Angriff der Dämonen der Finsternis auf das Lichtreich, der Weltprozeß bedingt. Er zielt hin auf eine Wiederherstellung des ursprünglichen Zustandes, bei dem dann aber keine neue Vermischung zugelassen und das böse Prinzip dem guten machtlos gegenüberstehen wird.

Dem Menschen, der, wie die ganze Welt, eine Vermischung beider Prinzipien und damit einen dem Makrokosmos entsprechenden Mikrokosmos darstellt, kommt bei dem Erlösungsprozeß eine hervorragende Rolle zu. Vermöge der ihm eigenen Vernunft, des *Nūs*, hat er in einem Erkenntnisakt die Weltordnung mit ihrer schuldhaften Verstrickung von Finsternis und Licht zu durchschauen. Zugleich aber ist der Mensch, und das erinnert an den universalen Rang, den Zarathushtra der Ethik beimaß, durch sein moralisches Handeln am kosmischen Kampf des Guten und Bösen beteiligt. Durch Erkenntnis wie durch sittliches Tun hat der Mensch die Aufgabe, die in ihm vorhandenen Lichtteile von der Materie zu befreien. Was nach Ansicht des Manichäismus erlöst wird, ist also letztlich Gott selbst; und es war die manichäische Anschauung von der substantiellen Gleichheit der menschlichen Seele mit Gott, gegen die sich Augustin am heftigsten wandte. Auch Jesus, dessen Passion rein doketisch verstanden wird, hat für Mani nur Bedeutung auf Grund seines Vorbildes, nicht aber seines Erlösungswerkes.

Die Ethik des Manichäismus hat völlig asketischen Charakter. Ihre Gebote sind in »drei

Siegeln« zusammengefaßt. Das Siegel des Mundes gebietet Enthaltung von Fleisch, Blut und Alkohol und untersagt das Fluchen. Das Siegel der Hände verbietet jede gegen die Welt des Lichtes gerichtete Handlung. Das Siegel des Busens fordert geschlechtliche Enthaltsamkeit.

Es ist deutlich, daß die strikte Befolgung dieser Gebote nur im mönchischen Leben möglich war. Unter gleichen Bedingungen, wie sie für den Buddhismus gegeben waren, kommt somit der Manichäismus zwangsläufig zu einer Aufteilung seiner Gläubigen in zwei Klassen. Die »Auserwählten« (*electi*) erfüllen in einem Leben als bettelnde Mönche ohne festen Wohnsitz und auf ausdrücklich geforderter ständiger Wanderschaft konsequent alle Vorschriften ihrer Religion. Sie sind angewiesen auf die Unterstützung der Laienanhänger ihrer Kirche, der »Hörer« (*auditores*). Während für die Erwählten der Tod die Vernichtung der Materie ihres Leibes und damit die Wiedervereinigung ihrer Seele mit der Lichtwelt bedeutet, können die Hörer erst dann erlöst werden, wenn sie in den Körper eines Erwählten eingegangen sind. Der Manichäismus bekennt sich also zur Lehre von der Seelenwanderung, die er als »Umgießung« bezeichnet. Eine Wiedergeburt ist, wie nach indischer Ansicht, auch in Tieren möglich. Schließlich kennt der Manichäismus Menschen, die von jeder Erlösung ausgeschlossen sind und nach dem Tode der endgültigen Verdammnis anheimfallen.

Über die Endzeit vertrat der Manichäismus teilweise dem Christentum verwandte und wohl aus dem Neuen Testament entlehnte Anschauungen. Die Parusie Jesu wird das Weltende ankündigen. Ferner kennt der Manichäismus ein Endgericht vor dem »Richter der Wahrheit«. Eigenartig ist die eschatologische Ansicht von der Vernichtung dieser Erde. Sie wird in sich zusammenstürzen, dann aber noch bis zur endgültigen Vernichtung brennen. Als Dauer dieses letzten Reinigungsaktes wird die bisher unerklärte Zahl von 1468 Jahren angegeben.

Da jede Befleckung mit der Materie für sündhaft angesehen wird, kennt der Manichäismus kein Sakrament. Aber er unterscheidet einen verschieden starken Gehalt an Lichtteilen in den Lebensmitteln. Eigenartigerweise nennt er als diejenigen Pflanzen, deren Genuß auf Grund eines besonders hohen Anteils von Lichtsubstanz am verdienstvollsten ist, die Gurke und die Melone.

Von den Festen der manichäischen Kirche ist das zeitlich ungefähr mit dem christlichen Osterfest zusammenfallende *Bēma*-Fest (»Fest des Lehrstuhls«) am bekanntesten. Es wurde gefeiert zum Andenken an die Passion und die sich nach dem Glauben der Gemeinde daran unmittelbar anschließende Himmelfahrt Manis. Man nahm an, daß bei der Feier des Festes, der ein dreißigtägiges Fasten voranging, Mani als Lehrer der Gemeinde im Geiste anwesend sei.

Als Bewahrerin der manichäischen Offenbarung bildete sich in mehrjährigen inneren Kämpfen, die dem Tod des Stifters folgten, und unter wechselnder staatlicher Bedrükkung die Organisation der manichäischen Kirche. Ihr Leiter, der Nachfolger Manis, der als »Führer«, »Oberhaupt«, »Haupt der Religion« oder »König der Religion« bezeichnet wurde, hatte anfangs seinen Sitz in Babylon, seit dem ersten Drittel des 10. Jahrhunderts, veranlaßt durch wachsende islamische Bedrückung, in Samarkand. Ihm unterstand eine geistliche Hierarchie von 12 Aposteln, 72 Bischöfen oder »Lehrern der Wahrheit« und 63 Priestern.

Nach dem Ende der offiziellen manichäischen Kirche lebten manichäische Ideen in verschiedenen Formen weiter. Diese Tatsache kennzeichnet, neben der einst weltweiten Ausbreitung und der Auseinandersetzung mit dem Christentum, eine weitere Bedeutung des Manichäismus. Im Osten ist vor allem auf tibetischem Gebiet die Frage manichäischen Einflusses auf die Bon-Religion wie auf den Buddhismus im einzelnen noch Aufgabe zukünftiger Forschung. In Lichtspekulationen und in dogmatischen Fünferreihen, die im tibetischen Bereich eine Rolle spielen, äußern sich wahrscheinlich ursprünglich manichäische Ideen.

In Europa können wir östliche und westliche Formen eines Neumanichäismus unterscheiden. Auf dem Balkan entstand im ersten Bulgarischen Reich unter dem Zaren Peter (927—969) der Bogomilismus, eine vielleicht von Pop Bogomil begründete Religion, die mit ihren dualistisch-gnostischen Ideen das manichäische Erbe weiterführte, weite Gebiete Südosteuropas und Kleinasiens gewann und sich dort bis zum Ende des 14. Jahrhunderts hielt.

Im Westen lebten im 12. Jahrhundert in der Provence und Oberitalien manichäische Gedanken vor allem in der Bewegung der Katharer (von griech. *katharoi* »die Reinen«; daher dt. »Ketzer«) neu auf; mit ihrem dualistischen Weltbild und der Forderung schroffer Askese vertraten sie manichäische Anschauungen (s. S. 448).

Die Religion der Mandäer

Als »Mandäer« bezeichnen wir die Anhänger einer gnostischen Religionsgemeinschaft des Vorderen Orients, die früher auch unter dem Namen »Johanneschristen« bekannt waren; von ihren arabischen Nachbarn werden sie auf Grund der zentralen Stellung, die im mandäischen Kult die Taufe einnimmt, »die Taucher« (*ṣubba*) genannt. Der Begriff »Mandäer« leitet sich von dem Worte *mandā* ab, das höchstwahrscheinlich mit »Wissen, Erkenntnis, Gnosis« wiederzugeben ist. Innerhalb der mandäischen Religionsgemeinschaft werden jedoch nur die Laien als Mandäer (*mandājē*) bezeichnet; der Ausdruck wird nicht für die Priester (*naṣuraija*) gebraucht, die eine Sonderstellung einnehmen und über geheimstes Wissen verfügen sollen.
Die mandäische Gemeinschaft ist im Besitz umfangreicher heiliger Schriften, die unsere Quellen für die Kenntnis ihrer Lehre und ihres Kults bilden. Diese Texte sind in einem heute unter den Mandäern durch den Gebrauch des Arabischen und teilweise auch des Persischen weitgehend verdrängten ostaramäischen Dialekt verfaßt, den wir mandäisch nennen. Über ihre Entstehungszeit geben die einzelnen heiligen Schriften keinen unmittelbaren Aufschluß. Als sicheres Datum ist dagegen die Epoche der Kanonisierung bekannt, die im 7. und 8. nachchristlichen Jahrhundert erfolgte. Den Anstoß zu der damaligen Zusammenstellung großer Corpora heiliger Schriften wird die Religionspolitik der islamischen Herrscher gegeben haben, die mit einer im Kern auf den Propheten Mohammed zurückgehenden Einteilung der Fremdreligionen scharf unterschied zwischen Bekennern schriftloser Religionen und den »Leuten des Buches« (*ahl al-kitāb*), den Inhabern göttlicher Offenbarungsschriften. Der Schutz, der den letzteren für Familie und Eigentum, insbesondere aber die freie Religionsausübung unter der islamischen Herrschaft gewährt wurde, mag die Mandäer veranlaßt haben, durch umfangreiche kanonisierte Texte den Beweis ihres Schriftbesitzes zu erbringen. Und in der Tat sind die Bestimmungen über die *ahl al-kitāb*, die ursprünglich nur für Christen und Juden galten, von den Muslimen frühzeitig außer auf die Parsen auch auf die Mandäer ausgedehnt worden.
Unter den heiligen Schriften der mandäischen Religion steht hinsichtlich seines Umfangs das *Ginzā* »der Schatz« oder *Sidrā Rabbā* »das große Buch« an erster Stelle. Das »Johannesbuch« trägt seinen Namen nach Johannes dem Täufer, der nach mandäischer Anschauung der vornehmste Lehrer ihrer Religion war. In den mandäischen Liturgien sind vor allem die Stücke über den Ritus der Taufe und der Totenmesse religionsgeschichtlich bedeutsam.
Hinsichtlich ihres inneren Gefüges lassen die mandäischen Schriften jede systematische Ordnung vermissen. Sie enthalten ein wenig übersichtliches Durcheinander von dogmatischen Erörterungen, Mythen, kosmologischen Spekulationen, ethischen Paränesen, Gebeten, Liedern und liturgischen Vorschriften und sind auch formal in ihrem Wechsel von Prosa und Poesie uneinheitlich.
Dennoch läßt sich die Lehre der Mandäer klar erkennen. Es ist eine dualistische Gnosis, die verwandtschaftliche Züge zum Manichäismus zeigt; nach einer frühen Überlieferung soll Manis Vater Anhänger der mandäischen Religion gewesen sein. Wie im Manichäismus und anderen gnostischen Systemen wird im Makrokosmos ein dualisti-

scher Widerstreit zwischen der Welt des Lichtes und den stofflichen Banden der Finsternis gesehen, der im menschlichen Mikrokosmos seine Entsprechung hat: die Seele des Menschen, die einer himmlischen Lichtwelt entstammt, ist auf der Erde gefesselt durch die Materie. Sie harrt der Erlösung, die sich durch eine Wissensoffenbarung vollzieht, indem das »erste Leben«, die höchste Gottheit, den Bringer der Offenbarung, die »Gnosis des Lebens« (*mandā d'haijē*), auf die Erde herabsendet.
Das vornehmste kultische Mittel zur Erlangung der Erlösung ist das mandäische Taufritual. Die Taufe (*maṣbuta*), die möglichst oft vorgenommen werden soll, muß in fließendem Wasser vollzogen werden, das die Mandäer mit »Jordan« (*yardna*) bezeichnen. Es ist umstritten, ob der Begriff »Jordan« im Sinne eines Gattungsbegriffs als »der Fließende« zu verstehen ist und damit geographisch nicht lokalisiert wäre oder auf den palästinischen Jordan zurückgeführt werden muß und dann den mandäischen Anspruch auf Johannes den Täufer stützen könnte.
Neben der Taufe spielt das Sakrament der Totenmesse (*masiqta*) im mandäischen Kult eine hervorragende Rolle. Es wird in der fensterlosen, aus Lehm und Schilfrohr in der Nähe fließenden Wassers errichteten Kulthütte (*bit mandā* »Haus der Erkenntnis«) gefeiert und ist für die Laien unzugänglich. Der Sinn des Rituals scheint die Wiedergeburt der Seele zu sein.
Die mandäische Religion ist in wissenschaftlicher Hinsicht von besonderer Bedeutung. Ihre Erforschung berührt religionsgeschichtliche Probleme, die das Werden des Manichäismus betreffen, und neutestamentliche Fragen, die mit der Vorgeschichte der christlichen Taufe und mit den gnostischen Strömungen der frühchristlichen Zeit in Zusammenhang stehen.
Dagegen ist die aktuelle Bedeutung des Mandäismus gering. In geistiger Hinsicht erlitt er eine erhebliche Einbuße, als im vorigen Jahrhundert eine Epidemie seine Priesterschaft dahinraffte. Auch rein zahlenmäßig stellt er heute keine Macht dar; denn nur etwa drei- bis viertausend Menschen bekennen sich zu ihm. Sie leben am Schatt el-Arab beim Persischen Golf auf irakischem und iranischem Gebiet. Offenbar haben sie dort seit langem ihre Sitze; denn der *Fihrist* des an-Nadīm, jener um die Wende des 1. nachchristlichen Jahrtausends entstandene arabische »Katalog (der Wissenschaften)«, lokalisiert im unteren Mesopotamien die Sekte der »Ablutionisten« (*mughtasila*), worunter zweifellos die Mandäer zu verstehen sind.

Die Religion der Griechen

Den heutigen Europäern ist ein ganz bestimmtes Bild der griechischen Religion mehr oder weniger vertraut, das vor allem große, erhabene, manchmal auch menschlich schwache Göttergestalten mit einem vielfältigen Mythus und Sagenschatz verbindet, wie ihn uns das griechische Heldenepos überliefert hat. Pflegte doch früher die Geschichte der griechischen Religion und ihrer Überlieferung bei Homer und Hesiod zu beginnen. Sie waren die entscheidenden Quellen für den Göttermythus neben den von ihm abgeleiteten Bildwerken der großen Kunst, der als die wichtigste Leistung und der treffendste Ausdruck der griechischen Religion erschien. Denn aus der altgriechischen Religion sind keine heiligen Schriften oder Bücher erhalten, wie sie etwa Indien, der Iran, das Judentum, das Christentum und der Islam hervorgebracht haben. Vergangene Generationen, stärker noch als wir mit der Kultur und mit dem Bildungsgut der Antike vertraut, sahen insbesondere die ästhetische Schönheit dieses mythischen Götterhimmels, und im vollendet Schönen der griechischen Religionswelt schien denn auch der legitime Berührungspunkt mit den Bereichen des Heilig-Göttlichen überhaupt zu liegen.

Inzwischen haben wir aus der fortschreitenden Erforschung des antiken Lebens gelernt, daß der religiöse Alltag der Hellenen nüchterner aussah, als das Pathos des Heldenzeitalters vermuten ließ. Der Blick auf andere Räume hoher Religionen, hauptsächlich in Asien, lehrte uns, daß altgriechische Religiosität in all ihren verschiedenen Gestaltwerdungen keineswegs nur zum Höchsten gehört, was die Welt der Religionen zu bieten hat. Wir entdeckten ferner mit Hilfe verfeinerter moderner Methoden der Analyse von literarischen und inschriftlichen Überlieferungen und von Bodenfunden die mächtige Unterschicht primitiv-religiösen Denkens und Vorstellens, von der aus viele Kanäle und feine Äderchen sich in die höheren Bereiche griechischer Religiosität verzweigen, die uns manchmal fast nur wie ein dünner Kulturfirnis über dem Ursprünglich-Elementaren erscheinen wollen.

Dennoch ist es etwas Eigenes um diese Religion, deren Gestalten, Vorstellungen und Erzählungen ganz wesentlich das Bild der abendländischen Kultur geprägt haben, wo sie uns in bildender Kunst und Dichtung immer wieder entgegentreten. Schon diese Tatsache läßt vermuten, daß es sich um mehr handelt als um eine von höherer Kultur überschichtete Primitivreligion. Das Entscheidende, das auch für den Einfluß dieser Religiosität auf die äußere Gestalt des Christentums so wichtig wurde, ist wohl die *Darstellung personhaften Seins von Gottheit und Menschheit*, die sich hier aus den Hüllen ursprünglicher Heiligkeits- und Machterfahrungen herausgeschält hat. Dieses Wissen war zugleich verbunden mit der Vorstellung von letzter *persönlicher Verantwortung* vor Gott und Mitmensch, die sich in die gesamte Gestaltung des Einzellebens hinein erstreckte. Das alles hat zur Formung eines *religiös fundierten Menschenbildes* geführt, das wir wohl als die eigentliche geschichtliche Leistung der griechischen Religiosität anzusehen haben. Es ist der Mensch in seiner der Gottheit nahestehenden Größe, in seinem letzten denkbaren Adel, aber auch in seinen klar bewußten Grenzen. Das ist der Grund, weshalb dieser mythologische Götterhimmel der »klassischen« griechischen Religiosität immer wieder das Interesse der späteren abendländischen

Kultur auf sich gezogen und sie – bereits von den Römern an – so nachhaltig beeinflußt hat, und weshalb er ein wesentlicher Bestandteil des humanistischen Bildungsgutes bis in die Neuzeit geblieben ist: Er spiegelt das Selbstverständnis des abendländischen Menschen.

Geschichtlicher Überblick

Die weitverzweigten Entwicklungen der altgriechischen Religion in einem historischen Zusammenhang, in allgemeinen geschichtlichen Abläufen darzustellen, ist schwierig, wenn nicht unmöglich. Eine eigene Linie der Religionsgeschichte und ihrer Höhepunkte ist aus der Vielfalt des religiösen Lebens kaum herauszufinden, das eng mit den Vorgängen der politischen Geschichte, der Sozial-, Wirtschafts-, Kultur- und Kunstgeschichte verflochten ist. In ihren äußeren Verläufen ist deshalb die Religionsgeschichte mit der Volks- und Staatengeschichte im wesentlichen gleich. Es ist die Geschichte einzelner Kulte, Kultorte und Kultbereiche. Wenige für die Religion charakteristische oder hochbedeutsame Ereignisse und Daten gibt es, kaum klar abgrenzbare Zeiträume. Das hängt z. T. mit der Quellenlage zusammen. Es ist ein Gewebe von fließenden Zusammenhängen, aus dem sich etwas über die Geschicke der Kultorte, Kultverbände und Heiligtümer herauslöst, die wieder zunächst vorwiegend durch archäologische Daten bekannt sind. Nur so ergeben sich punktuell Vorstellungen von einem zeitlichen Ablauf der Kulte und ihrer Götter.

Eine Religiosität eigenen Gepräges besaß ursprünglich die Kretische Kultur im 3./2. Jahrtausend v. Chr., die ihre Höhepunkte um die Mitte des 2. Jahrtausends bereits in Verbindung mit der Ägäischen Kultur des östlichen Mittelmeerraumes überschritt. Sie endete in der zweiten Hälfte des 2. Jahrtausends mit dem Verfall der politischen Macht Alt-Kretas. Im 2. Jahrtausend erscheint damit verflochten die Kretisch-mykenische Kultur als eine besondere Variante der Ägäischen Kultur, letztere politisch sichtbar in ägäischen Stadtstaaten unter Königen auf den Inseln und auf dem griechischen Festland. Ihre ethnischen Träger waren eine alte indogermanische Invasionsschicht (»Achaier«), die sich mit älteren einheimischen »pelasgischen« Bevölkerungsgruppen vermischten. Religiöse Grundzüge waren die Verehrung von Mutter- und Naturmächten, der Totenkult und eine Heroenverehrung. Die sakrale Rolle des Herrschers ist erkennbar.

Das alles nahm Ende des 2. Jahrtausends ab. Die Bewegungen der »Seevölker« und der thrakischen Stämme im östlichen Mittelmeer- und im Schwarzmeerraum brachten bis zum Anfang des 1. Jahrtausends v. Chr. Unruhe. Griechische Stämme zogen in verschiedenen Wellen nach Griechenland, Kleinasien und den Inseln. Sie hatten eine aristokratische Gesellschaftsstruktur. Wiederum spielte das Stadtkönigtum eine Rolle. Die Städte waren auch kultische Mittelpunkte. Aber auch Familienkulte und »Bruderschaften« (Phratrien) bildeten religiöse Organisationsformen. Gottentstammte Könige und Geschlechterheroen hielten die politische Gruppe religiös zusammen.

Im 9./8. Jahrhundert v. Chr. mag die Komposition der homerischen Epen, wohl aus älterem Sagengut, entstanden sein, das weithin religiöse und soziale Verhältnisse und politische Vorgänge einer idealisierten, mythisch verklärten Vergangenheit behandelt. In ihm lebt der Geist des späten 2. Jahrtausends neben der Gegenwart des frühen

1. Jahrtausends anschaulich weiter. Im 7. Jahrhundert endete zumeist das politische Königtum, besonders in Athen, und damit eine wichtige sakral-politische Führungsinstitution, die sich nur trümmerhaft erhielt. Anders war es in Sparta, wo die politische und religiöse Organisation noch altertümliche Züge bewahrte. Die Phratrien bestanden als religiöse Gruppen fort, verloren aber allmählich ihre politische Bedeutung. So in Athen durch die Verfassung des Kleisthenes (502 v. Chr.). In den Amphiktyonien wurden Bünde auf kultischer Grundlage gebildet. Es entstanden religiöse Mittelpunkte durch Bundes-Heiligtümer mit verschiedenen Einzugsbereichen und Ausstrahlungen.

In *Olympia*, dessen Kult um den heiligen Hain (Altis) mit heiligen Spielen zu Ehren des Pelops aus dem 2. Jahrtausend stammte, wurde im 1. Jahrtausend der Zeus-Kult heimisch. Im 7. Jahrhundert entstanden der um 600 neu erbaute Hera-Tempel, im 6. und 5. Jahrhundert die Schatzhäuser der griechischen Stämme, im 5. Jahrhundert der berühmte dorische Zeus-Tempel mit dem Kultbild des Phidias (um 430), um 400 das Metroon der Göttermutter. Die Bautätigkeit reichte bis in hellenistisch-spätantike Zeit. Mehr provinziell dagegen ist die Bedeutung von *Theben* in Böotien, das mythisch durch seinen Gründer Kadmos und als Geburtsort des Dionysos und Herakles und durch die Ödipus-Geschichten berühmt war. Hier führte eine alte mykenische Anlage bis zur Mitte des 15. Jahrhunderts zurück.

In *Delphi* mit seinem Apollon- und Orakel-Tempel, wie Olympia zu »nationaler«, ja internationaler Bedeutung aufgestiegen, ist der älteste Kultbau aus der Zeit um 600 v. Chr. nachweisbar. Gleichzeitig entwickelte sich die heilige Straße mit ihren Kultbildern. Bei *Didyma* ist im 6. Jahrhundert der Apollon-Tempel mit einer Orakelstätte, das Didymaion, vorhanden, das 494 durch die Perser zerstört und im 4. Jahrhundert durch einen monumentalen Neubau ersetzt wurde. Provinziell ist *Kalaureia* (Poros) mit einem Poseidon-Tempel des 6. Jahrhunderts das Zentrum einer Amphiktyonie. *Dodona* erhielt im 5. Jahrhundert bei seiner heiligen Eiche und Quelle, aus denen man Orakel hörte, ein Zeus-Heiligtum, das aber schon 219 v. Chr. zerstört wurde. In dem nachmals durch die Römer demolierten *Korinth* entstand um 540 v. Chr. ein dorischer Apollon-Tempel.

Über *Athens* Religionsgeschichte sind wir wegen seiner führenden Rolle und wegen der reichlich vorhandenen literarischen Erwähnungen besser orientiert. Sie darf aber deshalb – noch weniger als im Falle der Stadt Rom – nicht einfach mit der griechischen Religionsgeschichte identifiziert werden. Die aus mykenischer Zeit stammende Akropolis war seit dem 6. Jahrhundert ein Kultzentrum, das seit Mitte des 5. Jahrhunderts nach den Perserkriegen als Mittelpunkt des (wohl eingewanderten) Athena-Kultus und der attischen Macht wiedererstand. Seit 448 wurden unter Perikles die durch die Perser zerstörten Baulichkeiten wiederaufgebaut (Baumeister Iktinos, Bildhauer Phidias). Vor allem der Parthenon (447–437), das Erechtheion (438–406) und der Nike-Tempel (425–421) erhielten ihre Gestalt. Die Mysterien von *Eleusis* bei Athen waren wohl schon im 7. Jahrhundert in den offiziellen athenisch-attischen Kult übergegangen. Unter Peisistratos war das alte Mysterienheiligtum mit seiner besonderen Architektur (das Telesterion mit dem Anaktoron) umgebaut worden (Mitte 6. Jh.). Auch hier wurde nach der Zerstörung durch die Perser (480) unter Perikles ein Neubau von Iktinos in Gang gesetzt, der um 330 erweitert wurde. Viel später erst, bis in römische Zeit hinein, entstanden andere Bauten, die Propyläen endgültig im 2. Jahrhundert n. Chr.

Die Perserkriege, beginnend mit den Eroberungszügen der Perser nach Kleinasien und Europa im 6. Jahrhundert, ihre kritischen Höhepunkte und ihr vorläufiges Ende (448) im 5. Jahrhundert erreichend, markierten eine politische, geistige und kulturelle Wende, die auch die Religion und die Kulte berührte. Sie brachte wohl manche religiöse Selbstbesinnung und manchen Erneuerungsvorgang mit sich. Man glaubte, daß man den Sieg den Göttern und Heroen verdanke. Das Gedenken an die Gefallenen beflügelte den Totenkult. Das 6. und 5. Jahrhundert und auch noch das 4. Jahrhundert waren die Zeit der Bündnisschlüsse der griechischen Stämme und Staaten, innergriechischer Fehden und wechselnder Vorherrschaften. Bisweilen hatte die Szenerie religiöse Hintergründe. Auch die griechischen Rand- und Außengebiete waren davon betroffen. Sie beherbergten teilweise große und wichtige Heiligtümer, wie etwa *Ephesos* in Kleinasien, dessen noch bis in die Römerzeit berühmtes Artemision um 560 durch Kroisos vergrößert wurde und als eines der sieben Weltwunder galt. Auch Sizilien und Unteritalien besaßen bedeutende Kultstätten. In *Syrakus*, das 735 v. Chr. von Korinth aus gegründet wurde, entstand um 550 der Zeus-Tempel, im 5. Jahrhundert der Athena-Tempel, in den später die christliche Kathedrale eingebaut wurde. *Selinunt*, eine dorische Gründung von 628, weist u. a. die Reste von sieben großen Tempeln als Zeugen der Bedeutung des Kultus auf. 409 wurde es von den Karthagern, 250 im Ersten Punischen Krieg zerstört. Das um 650 von Sybaris aus gegründete unteritalische *Paestum* hinterließ drei dorische Tempel (um 540, 490 und 450) neben anderen Heiligtümern des 6. Jahrhunderts. *Agrigent*, eine politisch hochbedeutende griechische Gründung des frühen 6. Jahrhunderts, die Geburtsstätte des Empedokles, baute im 5. Jahrhundert prachtvolle Tempel, darunter einen unvollendet gebliebenen gewaltigen Zeus-Tempel. Das alles ist heute noch Gegenstand der Bewunderung der Nachwelt.
Das 6. und 5. Jahrhundert war die Blütezeit einer immer wieder auf religiöse Fragen stoßenden *Philosophie* (»Vorsokratiker«, Sophisten, Platon, Sokrates), die sich im 4. Jahrhundert fortsetzte und den für viele kommende Jahrhunderte religiöse Denkstrukturen der höheren Bildungswelt liefernden Aristoteles ebenso wie die Stoa hervorbrachte, eine Blütezeit der Dichtung und der Dramatik, der bildenden Kunst und Architektur, die nicht minder an der Präsentation und Gestaltung von Religiosität beteiligt war. Auch hier sind Kleinasien und Unteritalien-Sizilien in die geistige Bewegtheit des Griechentums einzubeziehen. Neuere Anläufe einer philosophischen Auseinandersetzung mit religiösen Fragen, oft in kritischer From und damit die Kritik der Vorsokratiker und Sophisten an herkömmlicher Religiosität weiterführend, ergaben sich seit dem späteren 4. Jahrhundert. Gleichzeitig beschäftigten sich zunehmend die »Mythographen« mit der Sammlung und Deutung alter mythischer Überlieferungen. Dem den Boden für religionsgeschichtliche Begegnungen und Synthetisierungsprozesse zwischen Europa und Asien politisch bereitenden *Alexander d. Gr.* (336–323) folgten seit 323 die *diadochischen Reiche* (Ptolemaier in Ägypten, seit 312 Seleukiden in Syrien, seit 283 Antigoniden in Makedonien), die nicht nur eng mit dem Werden des hellenistisch-spätantiken Synkretismus zusammenhingen, sondern auch wichtige Stationen auf dem Wege zur Sakralisierung des Staates und der Vergöttlichung des Herrschertums markierten. Seit 306 wurde für sie die Königstitulatur gebräuchlich. Elemente griechischer Religion und griechischer Göttergestalten breiteten sich über das Alexanderreich und seine Nachfolgestaaten aus – bis hin zu den nordwestindischen Staaten und zu ihren buddhistischen Kulturen. In dem 263 begründeten Königreich

Pergamon in Kleinasien entstand im 3. Jahrhundert v. Chr. ein viel aufgesuchtes Asklepios-Heiligtum, im 2. Jahrhundert n. Chr. ein Asklepios-Tempel, an dem später der größte und wirkungsvollste Arzt der hellenistisch-spätantiken Zeit, Galenos, tätig war. Der berühmte, den »Weltwundern« zugerechnete Zeus-Altar mit seinem 120 m langen, den Kampf der Götter und Giganten darstellenden Fries ist nach 190 v. Chr. unter Eumenes II. als eines der wichtigsten Zeugnisse hellenistischer Religiosität und Sakralkunst entstanden. Von Pergamon, zu den bedeutendsten Heilstätten und Wallfahrtszielen des Altertums gehörend, verzweigten sich Filialen des Asklepios-Kultus, der in Epidauros in Argolis am Saronischen Golf (seit dem 5. Jh. v. Chr.) und in Kos ebenfalls bedeutende Zentren besaß.
Das Ende einer selbständigen griechischen Staatengeschichte wird im allgemeinen mit der Zerstörung Korinths 146 v. Chr. durch die Römer angesetzt. Die Römerzeit brachte allerdings mit der zunehmenden Hellenisierung der römischen Kultur und Bildung, mit dem römischen Interesse für griechische Religion und mit dem Fluktuieren der Staatsmänner und Beamten und des Tourismus eine Fülle von Neubauten der griechenlandbegeisterten Eroberer und ihrer einheimischen Vertreter oder Verbündeten, so in Athen und Eleusis. In Pergamon entstand im 2. Jahrhundert n. Chr. ein neuer Asklepios-Tempel, im 3. Jahrhundert n. Chr. wurde der Dionysos-Tempel durch Caracalla erneuert. Vielfach waren es allerdings weltliche Bauten, mit denen die Griechenstädte geschmückt wurden. Zwischen 160 und 180 n. Chr. verfaßte Pausanias, der weit gereiste und viel Bildungsgut sammelnde *Perieget*, seine »Beschreibung Griechenlands«, in der vor allem religions- und kultgeschichtliches Material für den Gebrauch Bildungsbeflissener vorgeführt und damit die griechische Glaubensgeschichte rekapituliert wird. Die große hellenistisch-spätantike religionsphilosophische Bewegung des »Neuplatonismus« hat mit ihrem griechisch-athenischen Patron vorwiegend nur den Namen und die Sprache gemeinsam. Inhaltlich mischt sie Griechisches mit Elementen anderer Herkunft.
Nach dem äußeren Sieg des Christentums im 4. Jahrhundert hat noch einmal der philosophierende Kaiser Julianus »Apostata« (der abfällige Beiname ist eine polemische christliche Zugabe) in seiner kurzen Regierungszeit (361–363) im Zuge der von ihm angestrebten Restauration der antiken, vorchristlichen Religion auch und vor allem der griechischen Religion und ihren Göttern seine besondere Aufmerksamkeit zugewandt und ihr nochmals eine Chance zu geben versucht. Der Wiederbelebungsversuch aus dem Geiste hellenistisch-orientalischer, griechisch ummantelter Mysteriosophie scheiterte. Einzelne kurzlebige Erneuerungsbestrebungen im Frühhumanismus Italiens blieben auf einen engsten Kreis von Esoterikern begrenzt. Nur in der allgemeinen Geistigkeit, Kunst und Kultur Europas und Amerikas lebten seit der Renaissance-Zeit und seit dem 18. und 19. Jahrhundert in Form eines ästhetischen und ethischen Humanismus und bestimmter künstlerischer Tendenzen einzelne Elemente der griechischen Religion, vor allem die Götter Griechenlands (ähnlich wie die Roms), wieder auf, teilweise in sehr bedeutender und nachhaltiger Form.

Religiöses Gut der vorgriechischen Mittelmeerwelt

Die Griechen sind ein Volk von Einwanderern. In verschiedenen Schüben haben sich im 2. und 1. Jahrtausend v. Chr. die aus dem Norden kommenden indogermanischen Fremdlinge über ältere, »nichtgriechische« Kulturen in den Rand- und Inselgebieten des Ostmittelmeerraumes gelegt. Wer die vorgriechischen Bewohner Griechenlands, der Inseln und Kleinasiens waren, welcher ethnischen Gruppierung sie zugehörten, wissen wir nicht genau. Wir können annehmen, daß diese alten, seßhaften Kulturen den Eindringlingen überlegen waren. Hingen sie doch mit den damals schon uralten Kulturen des Vorderen Orients und Ägyptens zusammen. Sie lieferten jedenfalls den historischen Hellenen reiches Gut aus ihrer Religiosität. Beispiele dafür bietet heute noch in einem glücklich erhaltenen, unvorstellbaren Reichtum Kreta.
Drei Momente sind es, die in der vorgriechischen Religiosität, wie sie uns vor allem Kreta zeigt, besonders auffallen: die religiöse Funktion der Frau und das Bild göttlicher Weiblichkeit; die dämonische Schlange; das Symbol der Doppelaxt. Hinter allen dreien

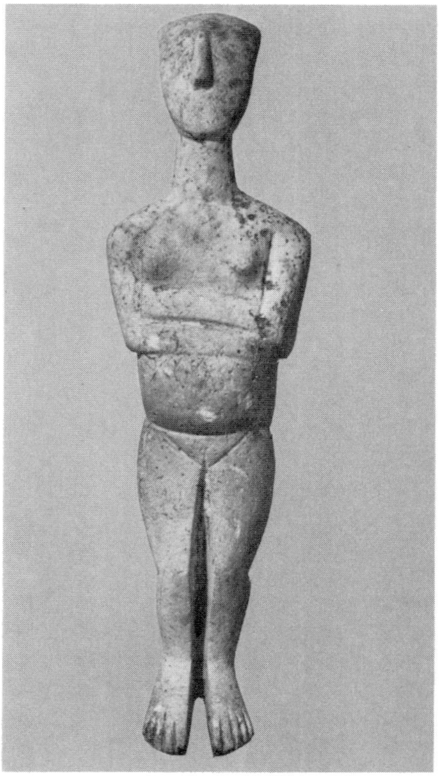

Weibliche Idole in charakteristischer Haltung (Arme unter den Brüsten verschränkt)

scheinen bestimmte Vorstellungskreise religiöser Art zu stehen, die vielleicht innerlich miteinander zusammenhängen. Das Bild der Frau begegnet uns in der Malerei und insbesondere in den berühmten Fayencestatuetten von Kreta. Wenn auch im einzelnen die Deutung der Dargestellten oft fraglich ist, so ist doch bei einigen Figuren der religiös-kultische Sinn sicher, bisweilen auch der Gottheitscharakter. Es ist einmal das Weiblich-Mütterliche, das hier betont wird; sodann scheint die Schlange, die uns in Verbindung mit der Frau oder auch für sich als Idol begegnet, Hinweise auf den Kultus der Erde, der unterirdischen Bezirke und der Toten zu geben. Fruchtbarkeit, Fortleben und Totenreich kommen in dieser Seite des Kultus zum Ausdruck. Die Doppelaxt dagegen dürfte – abgesehen von ihrer altertümlichen Bedeutung als selbständiger Fetisch und als kultisches Gebrauchs- und Machtobjekt – auf einen männlichen Herren hinweisen. Man kann an den vorderasiatischen Sturm-, Blitz- und Gewittergott denken. Außer ihm ist noch ein weiterer männlicher Gott zu vermuten, vielleicht ein Baumgott, ein Vegetationsgeist, der als Partner sich zum Bilde der großen Mutter-, Erd- und Fruchtbarkeitsgöttin fügt, die auch als »Herrin der Tiere« erscheint, der die Tauben ebenso wie die Wild- und Fabeltiere zugehören, die auf dem Berggipfel steht, auch als Waffenträgerin. So zeigen sie die Siegelsteine. Ob der männliche Gott-Partner etwas mit dem Stier zu tun hat, den uns die spätere Sage als Minotauros überliefert, ist ungewiß. Ein heiliger Stier würde als männliches Äquivalent zum Vegetationsdämon und zur Muttergöttin passen.
All das weist uns auf den Vorderen Orient, insbesondere auf westsemitische Kultverhältnisse. Auch sonstige mythologische und symbolische Elemente in der Kunst Altkretas, dämonische Tiere, Fabelwesen usw. legen diese Verbindung nahe, wie andererseits auch ägyptische Motive hervortreten. In Kreta und im vorhellenischen Altgriechenland wird vieles aus dem Osten eingeflossen sein bzw. eine Schicht altmittelländischer Religiosität vorliegen, die einst ziemlich einheitlich war, die aber schließlich von der Religion der geschichtlichen Griechen überlagert wurde. In Mykene zeigen sich ähnliche Vorgänge.

Elemente altgriechischer Volksreligion

Diese vorhellenische Religionswelt ist wohl deshalb so gern übernommen und verarbeitet worden, weil sie sich mit manchem Ursprünglichen der altarisch-griechischen Religiosität berührte. Die beiderseitigen primitiven Elemente wirkten verbindend. Dieses altertümliche Religionsgut, das die einwandernden Griechen mitbrachten und das sich mit dem vorgefundenen Bestand an primitiver Religiosität bei den Eingesessenen des Siedlungsraumes zu einer homogenen Masse verband, blieb bestehen und überdauerte die Jahrhunderte bis zum Ende der griechischen Religion, ja darüber hinaus. Aus ihm und über ihm wuchs erst die höhere griechische Religiosität, die uns vertraut ist.
(1) Wie überall, waren hier die *Probleme um Leben und Tod* die Zentralfrage der Religion. Gerade bei den alten Griechen und in ihrer Volksreligion finden wir besonders schön jene urtümliche Glaubensform, die wir bei den Naturvölkern als Animismus bezeichnen. Erwin Rohde hat sie in seinem berühmten Werk »Psyche« als einen Kernpunkt altgriechischer Religion in verschiedenen Vorstellungen aufgewiesen.

Damit verknüpft ist ein außerordentlich reicher Totenkult. Im Epos und bei den Schriftstellern der klassischen Zeit können wir das noch nachweisen. In den verschiedensten Formen zeigt sich die *Psychḗ* der Toten, die dauerhaft und unzerstörbar ist: in tierischer Gestalt, besonders als geflügeltes, vogelartiges Wesen, als Schatten, als blutleerer, körperähnlicher Schemen von menschlichen Formen. Sie erfordert Pflege, straft ihre Vernachlässigung, rächt im Leben erlittenes Unrecht. Zahlreiche Riten gelten ihr, insbesondere die mit der Bestattung und mit dem Totengedenken verbundenen Mahl- und Speisungsriten. Ganze Feste werden ihr bzw. dem Seelenkollektiv gefeiert. Mit Speisen und Getränken, Salbungen und Kränzen wird der Gedenkstein bzw. das Grab gepflegt. Ihr Aufenthaltsort wird im Grabe oder in einem vielgestaltigen Totenreich, bei dem Unterweltskönig oder der Totenherrin gedacht. Oft ist er – weil schattenhaft, unwirklich – freudlos und daher die Seele auf Rückkehr in die Welt der Lebenden bedacht. Einzelne Tote aber werden zu Heroen erhoben, zu halbgöttlichen Gestalten, die besondere Verehrung genießen, und die oft freundlich und hilfreich in das Leben der Nachwelt eingreifen. Manchmal werden sie, wie Herakles, sogar in die Gesellschaft der hohen Götter gebracht.

(2) Wenn das Salben der Grabsteine zu den normalen Verrichtungen des Totenkultes gehörte, so wird dabei deutlich, daß es nicht nur die Toten und ihre persönlich gedachte Psyche sind, denen der Kult gilt, wenn auch das Salben an die sportliche Körpersalbung und an die kosmetische Herrichtung zum Mahle erinnern mochte, sondern daß dahinter der *Glaube an heilige Objekte und ihre Macht und an ihre Stärkung* steht. Der Kultus und das persönliche religiöse Leben sind voll von Riten, die noch aus der prädeistischen Zeit stammen, die mit Mana-Vorstellungen und Tabu-Vorschriften zusammenhängen. Der Meidungsbann schützt heilige Gegenstände und Orte. Zauber wird durch die Macht des Ritus oder mit heiligkeits-»geladenen« Objekten, Gebildbroten, Geweben, Metallen und sonstigen Dingen, geübt. Der Altar, auf dem später das Opfer verbrannt wird, ist offenkundig ursprünglich selbst das heilige Objekt, der Opferempfänger gewesen, teilweise aufgehäuft aus der Asche und den Resten rituell getöteter Tiere. Das Opfer war ein zauberischer Ritus.

(3) Unter den Begehungen magischen Charakters nimmt einen wichtigen Platz ein Komplex ein, den man als *kultische Katharsis* bezeichnet und der sich mit den Vorstellungen von Befleckung und Reinheit beschäftigt. Die alten Hellenen hielten es, wie alle Angehörigen früher Kulturen, für erforderlich, daß man sich nach der Berührung mit den Mana-Mächten und den unter Meidungsbann stehenden Gegenständen und Orten besonders von anhaftendem Schmutz, von sakral unfähig machender Befleckung reinigen müsse; auch sie betrachteten diese Befleckung (»Sünde«) – so wie ihre Tilgung – als wesentlich »materiell«. So kommen die apotropäischen (Unheil bannenden) und eliminatorischen (Böses entfernenden), kathartischen (reinigenden) und lustrativen (sühnenden) Riten zustande. Geschlechtliche Befleckung, Ehebruch, Krankheit, Tod, Berührung mit sonstigen Tabus machten den Menschen »unrein«. Wer nach einer solchen »Verunreinigung« einen Tempel betreten wollte, mußte sich erst reinigen durch Waschungen und Besprengungen, durch Ölen, durch Schaben, durch Umgänge, durch Schlagen u. dgl. Unrein war das Opfermaterial. Es mußte vor der Darbringung geweiht werden. Unrein war die Wöchnerin, unrein waren die Toten und die Gräber. Man kann sich denken, wie tief sich solche Vorstellungen in das religiöse Leben eines Volkes eindrückten, wie wiederum das gesamte Weltbild und der

Ablauf des täglichen Daseins dadurch bestimmt wurden. Denn der Grieche wollte ja fromm, wollte Kultübender sein. Was dieses kultische Frommsein bedeutet, kommt vielleicht am schönsten im »Frieden« des Aristophanes zum Ausdruck:

»*Die* hältst du für fromm?«
»Warum denn nicht, da alle doch,
Von uns mit Wasser über und über begossen, sich
An denselben Ort zurücke stellen, fromm und gut!«

Die reinigende Wasserbesprengung macht also nach dieser Auffassung »fromm«.
(4) In allen altertümlichen Begehungen leuchten die Beziehungen zur pflanzlichen Natur in vielen Motiven des *Vegetationskultus* hervor. Einmal diente dieser Kult dem Gedeihen der Vegetation, dem Reichtum von Acker und Garten. Sodann werden im Ritus zahllose Bestandteile der Pflanzennatur symbolisch verwendet. Ob es nun der Schutz heiliger Ölbäume oder die Verwendung solcher Bäume als Kultobjekt ist, ob die später dem Zeus verbundene Eiche, ob der wollumflochtene Ölzweig der *Eiresione*, ob Gerste und Hülsenfrüchte, Feigen und Olivenöl, Mohn und Wein, Myrrhen und Lorbeer: all das hat seine Stelle im Kult und im populären religiösen Brauchtum als bedeutsames Zeichen und Material. Himmel und Erde verbinden sich als Paar, um Leben aus der Erde zu zeugen.
Mit dem Tierischen war es nicht anders. So wie bei den Pflanzenkulten wird auch bei den *Tierkulten* nicht nur die prähellenische Schicht nachgewirkt haben, sondern allerlei an Vorstellungen der altarischen Stämme lebendig gewesen sein. Tiere wurden beim Opfer in reichem Maße verwendet. Neben den häuslichen Zuchttieren (vor allem dem Stier, dem Widder, dem Schwein, Geflügel und Kleintieren) kommen auch Wildtiere vor. Reste des Pferde-(und übrigens auch des Menschen-)Opfers sind lebendig. Nicht nur das: die Erscheinung des Göttlichen im Tierbild und im Tiersymbol oder doch wenigstens mit Tierattributen ist völlig geläufig. Ob Zeus (Adler, Stier), Apollon (Wolf), Demeter (Stute), Poseidon (Roß), Athena (Vogel), Hera (Kuh) und viele andere ursprünglich das ihnen zugeordnete heilige Tier selbst gewesen sind, wird sich nicht ohne weiteres entscheiden lassen. In dämonisch-monströsen Zwitterwesen des Mythus und der Sage erscheint das Tier aus offenbar sehr alten Religionsschichten als wesentlicher Bestandteil (z. B. die Schlange in Typhon und in anderen Meerdämonen, in Python; der Vogel in den Sirenen; Vogel und Löwe in der Sphinx; der Fisch in Triton und in manchen Wasserwesen; das Pferd in den Kentauren und Silenen und in Pegasos; der Bock in den Satyrn und in Pan; Kombinationen verschiedener Tiere in den Drachen; vielfältige Tierverwandlungen in Proteus und Thetis), obwohl daran auch später die mythenbildende und dichterische Phantasie gearbeitet haben mag. Die Beziehung zum heiligen Tier muß uralt sein, und sie besagt viel mehr, als man der homerischen mythologischen Fabulierkunst und künstlerischen Imagination zunächst entnehmen möchte.
(5) Ebenfalls alten Bereichen entstammt das *Weissagungs- und Orakelwesen.* Neben den berühmten klassischen Orakelstätten wie denen von Delphi oder Dodona erhielten sich lange Zeit uralte Orakelkulte mit archaischen Riten am Leben, wie z. B. das des Trophonios in Lebadeia oder das des Amphiaraos in Theben. Ersteres war ein geheimnisvolles Höhlenheiligtum, in dem sich Offenbarungen ereigneten, letzteres ein Inkubationsorakel, das den im Heiligtum Schlafenden im Traume Mitteilungen gab.

Beides sind altertümlich-primitive Methoden. Die Zahl der Orakel-Heiligtümer war groß. In der Regel wurde das Weissagungswesen durch »Seher« und »Propheten« geübt, die zumindest teilweise ekstatisch-visionär veranlagt gewesen sein dürften. Sie zählen zwar später oft zu den Kultbeamten in der Staatsreligion (besonders in den offiziellen Orakeln), zeigen aber durchaus Merkmale alter schamanistischer Praktiken. Welche Rolle diese Gestalten der Inspirierten und der Orakelkundigen in der Geschichte und in der Vorstellungswelt der Griechen gespielt haben, können wir etwa an rührenden Figuren in Sage und Dichtung wie Teiresias oder Kassandra erkennen, oder an den späteren »klassischen« Staatsorakeln.

(6) Nicht erst in den griechischen Stadtstaaten, in der Polis, haben sich die reichen *festlichen Begehungen im Jahreslauf* entfaltet, die wir dort antreffen. Sie sind viel älter als die historische Epoche des Griechentums. Zu den vielen Festen mit ihren ausgesprochen zauberischen Reinigungs- und Opferriten, die – wie z. B. die Buphonien in Athen – noch die ursprünglich tierische Gottheit (den Stier) oder sonstige magische Zentren erkennen lassen, treten die Jugendweihen, wie sie etwa in den lakedämonischen Mannbarkeitsriten bemerkbar sind. Die kultischen Sonderbünde, die teils durch soziale Faktoren, teils durch besonders gehütete Kultgeheimnisse geprägt werden, bilden wohl die Wurzel der Mysterien. Das sakral geweihte politische Bündnis, der Freundschafts-, Friedens- und Treuebund, die Tabu-Gemeinschaft ist dabei von hoher Wichtigkeit. Es muß im ganzen eine fröhliche, unbefangene, welt- und lebenzugewandte Frömmigkeit gewesen sein, die sich hier ausgewirkt hat. Sie zeigt alle Eigentümlichkeiten der Religion schriftloser Völker: Geräusche, Lied, Musik und Tanz, Gesten, schauspielerische Darstellungen und Umzüge, Mimik und Maskierungen.

In diesen alten Formen der griechischen Volksreligion erweist sich die ursprünglich durchaus lokale, später regionale Entwicklung der griechischen Kulte. Wir haben es hier mit einzelnen Kultstätten, Kultgemeinden und schließlich Kultzentren zu tun. Von einer völlig einheitlichen Vorstellungswelt, Mythologie oder gar Theologie kann in dieser Zeit keine Rede sein. Man muß dabei auch bedenken, daß die indogermanische Einwanderung sich in verschiedenen Schüben vollzog, daß also die Dauer der Seßhaftigkeit und damit auch die der Entwicklung und Vermischung mit den älteren religiösen Schichten verschieden war. Anders ist die kultische Tradition in Athen, anders in Theben, anders in Lakonien, wieder anders in Thessalien oder auf den Inseln. Die Einheit eines scheinbar gemeinsamen griechisch-religiösen Denkens ist erst später – gleichsam künstlich – hergestellt worden. Allerdings sind viele Lokalkulte miteinander verwandt.

Die Götter- und Glaubenswelt des Epos

Einen tiefen Einschnitt in der Geschichte der griechischen Religion können wir vor allem an der Gedankenwelt des unter dem Namen Homers überlieferten Epos ablesen. Uns tritt hier als Interpretation des geübten Kultus und seiner Gestalten ein hochinteressanter Mythus entgegen, dessen Herkunft in der vorliegenden Form nicht klar und einheitlich ist. Unklar ist auch das Maß der Beteiligung individueller Gestaltungskraft, etwa eines »Homer«, am Inhalt und an den Einzelheiten der Göttergeschichten. Dieser Mythus zeigt in vollendeter, aufs höchste ausgebildeter Form den Götterhimmel als ein

Weihrelief eines Mannes (Lyrinakides) mit Bein, das eine Krampfader zeigt

Spiegelbild der menschlichen Gesellschaft und ihrer Mitglieder. Die Religion gibt sich hier bereits als das, was sie dann im 6. und 5. Jahrhundert v. Chr. allenthalben tatsächlich ist: als Volks- und Staatskult von einer gewissen Einheitlichkeit, als geistiger Gemeinbesitz zumindest gewisser Bildungsschichten. Nur unter der Oberfläche des Offiziellen machen sich verschiedenartige altertümliche Bestandteile bemerkbar.

(1) Kennzeichnend ist das Hervortreten von bestimmten mehr oder weniger klar abgegrenzten *Göttergestalten*. Zwar schwankt ihr Bild oft noch bei näherem Zusehen und mischen sich manche unpassende Elemente ein. Im ganzen haben wir aber ein wohldurchdachtes System vor uns. Es ist – da ein Ordnungsgefüge – hierarchisch gegliedert. Die Götter stehen in Familienbeziehungen zueinander. Die Leitidee ist die patriarchalische unter dem Götter- und Menschenvater Zeus. Als Wohnung wird den Unsterblichen ein Berg – der Olymp im Norden Griechenlands (Thessalien, 2918 m ü. d. M., höchster Berg Griechenlands) – zugewiesen. Manche Gestalten heben sich mehr, manche weniger hervor. Irrig wäre die Annahme, daß alle diese Götter der indogermanischen mythologischen Tradition entstammen. Das ist nur bei einigen der Fall. Andere sind altmittelländischer oder östlicher Herkunft. In wieder anderen mischen sich verschiedene Elemente.

Zu den zweifellos indoeuropäischen Bestandteilen gehören Gestalten wie der Berg-, Wetter- und Obergott und Himmelsvater *Zeus*, der das Schicksal der Menschen in den Händen hält; die Herdgöttin *Hestia*; die Göttin der Morgenröte *Eos*; die ursprünglich rossegestaltigen Zwillingsgötter, die *Dioskuren*. Altarisch ist sicher die Vorstellung von dem über den Göttern und der Welt waltenden heiligen Schicksal (*Moira*, *Aisa*), einer abstrakten, unpersönlichen göttlichen Macht. Zweifelhaft ist die indogermanische Herkunft bereits bei der Gattin des Zeus, *Hera*, bei der athenischen Stadtgöttin *Athena* (*Pallas*) und bei der Jagdgöttin *Artemis*, ferner bei der Erd- und Korngöttin *Demeter*, bei dem Meeresgott *Poseidon*, bei dem unterirdischen Feuergott *Hephaistos*, bei dem Hirten- und Totengott *Hermes* und bei dem Unterweltsgott *Hades*. Sicher nicht griechisch-arischen Ursprunges sind *Apollon-Helios*, der weitverbreitete und geliebte Sonnen-, Heil- und Sühnegott, dem viele Patronate zugeordnet wurden, die Liebesgöttin *Aphrodite* und der aus dem Norden (Thrakien) oder Osten (Lydien oder Phrygien) eingewanderte *Dionysos*. Motive des ekstatischen Orgiasmus, des verzehrenden Kampf- und Vernichtungsgeistes und der Fruchtbarkeit, des erotisch-sexuellen Rausches tauchen hier in der Götterwelt auf. Vorolympische Götter wie die Titanen mit dem zum Vater des Zeus gemachten Kronos an der Spitze rücken – ebenso wie das Urgötterpaar Uranos und Gaia (Himmel und Erde), dessen Zuordnung unklar bleibt – ins Unbestimmte.

Im Homerischen Epos kann man die Uneinheitlichkeit des Olymp wohl noch am ehesten in der verschiedenen Parteinahme der Götter für die Kriegführenden erkennen. Die Verschiedenheit der lokal-regionalen Religionsentwicklung zeigt sich weiterhin an den *Mythenkomplexen*, die uns etwa im Peloponnes (Argonauten), Attika (Theseus), Theben (Oidipus) und in der weithin verbreiteten Heraklessage mit verschiedenen religiösen Vorstellungen und örtlichen Traditionen bekannt machen. Natürlich ist auch der im Epos verarbeitete Göttermythus, wie ihn Hesiod in seiner »Theogonie« systematisiert hat, in zahlreichen örtlichen Varianten als Kultmythus überliefert worden.

(2) Wichtig ist das in diesen Göttergestalten des Epos und in den Mythenkreisen sich

Statuette von Varvakion. Kopie der Athenā Parthenos des Phidias vom Parthenon

äußernde *religiöse Grundgefühl.* So sehr gerade das Epos Züge persönlicher Gestaltung in vielen Einzelheiten trägt, so sehr spricht sich doch in ihm auch allgemeines Empfinden, Stimmungsmäßiges aus, das vor allem von dieser Zeit an Gemeingut der griechischen Religion geworden zu sein scheint. Mehrfach ist allerdings darauf hingewiesen worden, daß die Homerische Theologie eine Art von Seitentrieb oder Nebenzug in der Entwicklungsgeschichte dieser Religion ist. Richtig ist zumindest, daß neben der epischen religiösen Vorstellungswelt noch vieles andere fortbestanden hat, und daß das Epos und seine Frömmigkeit nicht isoliert gesehen werden dürfen.

Die Religiosität des Epos ist die aristokratischer Menschen. Sie wird getragen von einer gesellschaftlichen Oberschicht, die Kriegeradel ist, und die den Maßstab für alle übrigen abzugeben versucht. Es scheint bereits die Religion einer Spätphase zu sein. Ein adeliges Menschenbild selbstgewisser Vollkommenheit und kämpferischer Einsatzbereitschaft steht hinter ihr. Form und Harmonie, Maß und Zucht sind dabei wesentliche Komponenten, die zwar oft verletzt, aber stets gefordert werden. Es ist der im Kampfe strebende, im Siege sich vollendende Mensch, der aber auch in der Niederlage nicht seine Menschenwürde, sein Antlitz verliert. Das Wesen dieses Menschen ist, daß er *sterblich* ist. Seine letzte Niederlage ist der Tod, der wesenhaft zu seinem Menschsein gehört. Wenn der leidvolle Tod dem Menschen sein Ende setzt und hinter ihm mehr eine düstere Schattenwelt denn ein freundliches Elysium sich auftut, so sind die Götter als »Unsterbliche« in ewiger Glückseligkeit diesem Schicksal enthoben. Teilnehmend, aber auch wieder unerbittlich, weil selbst unter dem Weltgesetz des Geschickes stehend, lenken sie das Leben des Menschen, der in ihnen, den »Seligen«, die Vollendung, das Leitbild seines eigenen Strebens und Vorstellens erblicken darf. Die Gottheit stirbt nicht, und das ist ihr eigentlicher Vorzug vor dem Menschen, obwohl dieser Gedanke mit älteren, entgegengesetzten Vorstellungen, wonach auch Götter sterben, nie ganz fertig geworden ist. Hier ist schon eine Kluft zwischen Gottheit und Menschheit aufgerissen. Die Menschlichkeit des griechischen Gottesgedankens hat nicht das Wissen um das »Ganz Andere«, um das »Numinose«, »Heilige« an der Gottheit erstickt.

Daß aber der Gott eine ideale, klare Menschengestalt erhält, daß er aus einem vielgestaltigen Machtwesen zu einem menschenähnlichen »Moralwesen« mit der Bindung an Normen und Ziele und mit der Einordnung in ewig gültige, allgemeine Gesetze wird, ist doch entscheidend. In gleichem Maße spiegelt die Gottheit das verklärte Bild des Menschen und umgekehrt der Mensch das verallgemeinerte Bild der Gottheit wider. Zwar ist nicht unbedingt – wie in der Bibel – der Mensch nach dem Bilde der Gottheit geschaffen. Aber auch die Gottheit ist nicht einfachhin ein Abklatsch des Menschlichen. Sondern in der Gestalt des Göttlichen wird das Bild des Menschen zur vollen, letztgültigen Wirklichkeit, ist dem Menschen ein dauernder Auftrag zur Selbstprüfung und Selbstvervollkommnung, zur Erreichung seiner »Entelechie«, seines ihm innewohnenden Gestaltgesetzes, erteilt. In den griechischen Göttern hat der Abendländer das Geheimnis des Personseins und der personalen Würde und Verantwortlichkeit ahnen gelernt. Gerade diese oft so menschlich-allzumenschlichen Gestalten haben den Menschen gelehrt, sich selbst vor der Ewigkeit recht zu verstehen. Die altertümlichen Heiligkeits- und Machterfahrungen sind hier gewandelt worden in die »Du-Gemeinschaft«, die oft Freundschaft, Kameradschaft, vertraute Wechselbeziehung zwischen Gottheit und Mensch, ein geradezu reziprokes Verhältnis darstellt. Die

Verbindlichkeit des Gottes- und Heiligkeitsanspruches ist dadurch in ihrem Ernste keineswegs aufgehoben, sondern nur gewandelt worden, wenngleich der Grieche mit seinen Göttern gern scherzte.
Andererseits muß bedacht werden, daß über und hinter diesen gestalthaften Göttern der offenbar schon alte indogermanische Glaube an ein unpersönliches Weltengesetz und Schicksal stand, dem auch die Götter sich beugen müssen. Hier liegen die Grenzen des griechischen Gottesgedankens, welche auch die epische Theologie nie völlig befriedigend und klar abgesteckt hat. Zwar sind die Götter dem Sterben und weitgehend dem Leiden enthoben, aber auch ihr Schicksal wird von dieser unpersönlichen kosmischen Macht bestimmt. Bisweilen ist die Gottheit dem Schmerz und dem Leiden ausgesetzt, die sie allerdings bewältigen kann. Das zeigt in geradezu klassischer Gestaltung der »homerische« Demeter-Hymnus (etwa 7. Jh. v. Chr.). Dieser naive »Anthropopathismus« bricht immer wieder einmal durch. Im Ganzen hat aber die »Homerische Theologie« – bei aller an ihr geübten Kritik – wegen ihrer Tiefe und Abrundung etwas Modellhaftes für die Religion nicht nur der Griechen, sondern der gesamten griechisch-römischen Antike bekommen.

Die Mysterien

Diese ganze Frömmigkeit, die im Grunde am Menschenbilde und am Selbstverständnis des Menschen in einer kampfdurchtosten Welt arbeitete, mit ihren oft so rationalen Zügen, mit ihrer unter mittelmeerischem Himmel gewordenen Transparenz, hat aber denjenigen Griechen, die mehr suchten als die bloße naturhafte Elementarreligion und dieses »Mehr« im epischen Anthropomorphismus nicht fanden, offenbar nicht genügt. So ging man an andere Lösungen und Versuche und griff dabei auf die Gedanken uralter Weisheit aus vorgriechischer Zeit zurück. Wir finden sie in den »Mysterien«, in Sonderkulten und Sondergemeinschaften, die einen verhältnismäßig kleineren Kreis von Anhängern als die Volksreligionen um sich scharen. Sie führen hinab in die geheimnisvollen, irrationalen Gründe der Religion, die sich im Unterschied zum Lichte des olympischen Götterhimmels mit dem Dunkel des Erdenschoßes umhüllen. Es handelt sich aber nicht um geheime, sondern um halböffentliche Kulte, die mit dem offiziellen Staatskultus zusammenhingen und als besondere Begehungen innerhalb des Nationalkultus zu betrachten sind. Allerdings ergeben sich hier bald Unterschiede. Denn eine andere Schicht der Mysterien wird exklusiver und inoffizieller, ja wird sogar, weil von auswärts kommend, angefeindet.
Der Sinn der Mysterienkulte ist, daß sie im Rahmen einer Sinndeutung von Menschen-, Natur- und Weltleben allgemein die Frage nach dem menschlichen Schicksal, insbesondere nach dem Schicksal jenseits von Tod und Grab, schärfer stellen und präziser zu beantworten suchen, als dies die Volks- und Staatsreligion konnte. Es geht dabei vor allem um das Problem der Fortexistenz, und zwar einer glücklichen Fortexistenz. Die Antworten und insbesondere die Methoden, die dafür angezeigt werden, sind verschieden. Bei den verwandten Grundfragen, welche die Mysterien beantworten, kommt es aber doch auch zu verwandter Gestaltung in den einzelnen Bereichen.
(1) Der *vegetativ-agrarische Kultkreis* der Mysterien baut auf einem Mythus auf, den wir noch in einer Überlieferung unter den »Homerischen Hymnen« erkennen können.

Mittelpunkt sind hier die Korn- und Vegetationsgöttinnen Demeter und ihre (vom Mythus als Tochter dargestellte) Doppelgängerin *Kore-Persephone*. Sie haben die Menschen die geheimen »Orgien« von Eleusis bei Athen gelehrt, die dann Mittelpunkt eines mit eigenen bestallten Priestern ausgestatteten Landeskultus wurden. Sie sind gleichzeitig mit dem Wachstum der Natur und mit dem Gedeihen und Fruchtbringen vor allem des Kornes verbunden. Männliche Götter treten zu ihnen, insbesondere Hades, der Kore raubt und jeweils für ein halbes Jahr in seinem unterirdischen Reiche gefangenhält, des weiteren auch ein göttliches Kind. Diese Erzählung ist ein Kultmythus, er begründet u. a. die alten Weihen von Eleusis, die dort alljährlich zweimal im Zusammenhang mit Athen gefeiert werden. Wahrscheinlich sind diese Weihen eine besondere Form lokaler attischer Volksreligion, an der sich gewaltige Menschenscharen beteiligten, vor allem im 5. Jahrhundert v. Chr. Besonders wichtig waren die »großen Eleusinien« im Monat *Boëdromion* (etwa unser September) nach der Einbringung der Ernte, bei denen die neu Einzuweihenden und damit in die Gemeinschaft Aufzunehmenden nach einer riesigen Prozession von Athen nach Eleusis im großen eleusinischen Weihetempel mit der Gottheit in Berührung kamen, sakramentale Akte erlebten und göttliche Verheißungen schauten, die ihnen Trost für Leben und Sterben spendeten. Genau kennen wir diese Riten nicht, die hier eine stattliche Kultgemeinde aus aller Welt versammeln konnten. Denn diese Zeremonien waren, trotz ihrer Verflechtung in den Staatskultus, jedermann zugänglich, der die Teilnahmebedingungen erfüllte.

Der Kult von Eleusis ist der bedeutendste unter mehreren verwandten Kulten. Die Mysterien von Samothrake dagegen, die den Kabiren oder Dioskuren heilig waren, wurden stärker noch als durch die unterirdischen Mächte durch das Meer bestimmt. Aber auch hinter diesen mehr männlich geprägten Mysterien steht der Gedanke der fruchtbaren Naturkraft. Hier wie in Eleusis sind dabei ethische Werte hervorgehoben worden, die wohl auch die Repräsentanten der griechischen Geistigkeit oft zur aktiven Teilnahme an den Mysterien anregten.

(2) Ein ganz anderer Mysterienkreis ist der aus der Ferne nach Griechenland importierte des *Dionysos*, eines wohl thrakisch-lydischen Gottes von unruhiger Wesensart. Der junge Gott ist ein später Gast in der Gesellschaft des Olymp. Aus dem Norden und Osten zog er mit seinen Begleitern, den laut begeisterten Männern und Frauen, in fröhlichem Schwarm, dem Thiasos seiner Kultgemeinde, nach Griechenland, allenthalben Unruhe stiftend. Vielleicht war er ein östlicher Vegetationsgott. Naturwesen aus Pflanzen- und Tierwelt sind unter seinen symbolischen Begleitern und Attributen. Trotz starken Widerstandes und anhaltenden Argwohnes hat er sich durchgesetzt.

Es ist die *ekstatisch-orgiastische Weise* des Erlösungs- und Heilsgedankens, die uns bei Dionysos begegnet. War es in den Weihen von Eleusis die Versenkung in ewige Geheimnisse des wachsenden und vergehenden, aber stets neue Fülle spendenden Naturlebens, die den Menschen zur Erkenntnis seiner Bestimmung und zur Anerkennung der Herrschaft großer Gottheiten über das Naturgeschehen führte, so bei Dionysos die Musik- und Tanzekstase, der Weinrausch, das Aus-sich-Heraustreten und die Begegnung und Erfüllung mit dem Göttlichen in heiliger Raserei. Es ist heiliges, trunkenes Leben, das sich hier ausbreitet, Leben in seinen gotterfüllten Urtiefen. Gleichzeitig ist aber Dionysos-Bakchos im Mythus auch ein Sterbender und

Aussendung des Triptolemos

Auferstehender. Leben und Tod sind in dieser Gestalt nahe beieinander. Der Kult wurde als Geheimkult mit reicher vegetativer und teilweise auch tierischer Symbolik geübt. Der Thyrsosstab und der Bock, der Efeu und die Weinpflanze, Flöten und Becken sind kennzeichnende Sinnbilder der Weihen zur Unsterblichkeit.
Zu Dionysos tritt eine andere Gestalt, dem Mythus nach aus Thrakien stammend: der urzeitliche Sänger *Orpheus*, dessen Name über der orphischen Bewegung steht, die in mehr lehrhafter Weise eine *Soteriologie* (Heilsverkündigung) mitteilte. Orpheus ist im Grunde ein Bote des Dionysos; in der orphischen Gemeinde wurde der Mythus von Dionysos Zagreus erzählt, dem in den Menschen fortexistierenden getöteten Dionysos. Orpheus lebt in paradiesischer Anfangszeit unter Pflanzen und Tieren. Spiel und Gesang verleihen ihm Macht über die Natur. Sein Schicksal führt ihn in die Unterwelt

Die Fahrt des Dionysos

als Besieger des Hades. Er wird so zum Sinnbild sieghaften Lebens. Eine umfängliche mythologische und philosophisch-spekulative Literatur knüpft sich an seine Gestalt, bis hin zu Platon, der von diesen Gedanken beeinflußt war. Der Leib als Grab der unsterblichen Seele, der Kreislauf der Geburten und Existenzen und das Aufhören dieses Kreislaufes durch Erlösung aus dem Leibe, der Glaube an Totengericht, Höllenstrafen und Seligkeit sind die Mitte der Spekulation, die rituell in Waschungen, Reinheitsvorschriften und Askese und in einer reichen Symbolik zum Ausdruck kam. Sie ist uns vor allem aus Unteritalien und Sizilien bekannt. Vielleicht ist sogar der Glaube an eine Vergottung des Menschen lebendig gewesen. »Gott bist du aus einem Menschen geworden«, lesen wir auf einem der berühmten sogenannten orphischen Goldtäfelchen.

Tanzende Mänade aus bacchischem Festzug

Die Religion der Politeia – die klassische Zeit

Die Mysterien waren teilweise Bestandteil der offiziellen Religion. Diese offizielle Religion, den Staatskult der bürgerlichen Zeit, der griechischen Demokratien, der aus der Religion der älteren Königs-, Adels- und Heldenzeit hervorgegangen ist, lernen wir im einzelnen griechischen Stadtstaat, in der Polis, kennen. Sie ist Ausdruck der Politeia, des bürgerlichen Gemeinwesens und Gemeinsinnes, und ist natürlich zunächst einmal beschränkt auf den Bannkreis des jeweiligen Einzelstaates. Insbesondere ist es die Religion der Hauptstadt, an die sich das Hinterland angliedert. Die reichste Kenntnis haben wir von den kultischen Verhältnissen in Athen, das uns bei seiner zentralen kulturellen Stellung das beste Quellenmaterial darbietet.

(1) Für den *Staatskult* sind mindestens ebenso wichtig wie die Götter die kultischen Einrichtungen und regelmäßigen Begehungen. Beides ist nicht aus einer bestimmten Theologie erwachsen oder an ihr korrigiert, sondern aus den Tatsachen religiös-kultischer Natur, die sich an Ort und Stelle vorfinden und mit Hilfe der epischen theologischen Tradition halbwegs zu einem System zusammengefügt worden sind. Die Götter dieser Tradition schweben über den noch älteren örtlichen Überlieferungen und Übungen.

Das Auffallendste und für den Ablauf des Volkslebens und Jahres Wichtigste sind die zahlreichen *Feste*, die jeweils ganz bestimmte Gegenstände haben und wichtige Tatsachen des menschlichen Daseins regelmäßig in Erinnerung rufen. Die örtlichen Jahresfeste enthalten viel Bodenständiges an altüberlieferten Kultbräuchen. So weist das große Nationalfest, die *Panathenaien*, das zu Ehren der Stadtgöttin Athene gefeiert wurde, zurück auf den alten Heros Erechtheus. Prozessionen, Opfer, Wettkämpfe führten zu dem Höhepunkt: der Schmückung des Holzbildes der Göttin mit einem jeweils erneuerten kostbaren Gewande. Ein ähnliches Fest in Argos waren die *Hereia* der Ortsgottheit Hera. Einen sehr wichtigen Platz nahmen die allgemeinen Totenfeste der *Genesia*, der *Anthesteria* und der *Epitaphien* (letztere zu Ehren der für das Vaterland Gefallenen) ein. Dies wenige nur als Beispiel für die Fülle der staatskultischen Begehungen.

Daß auch sonstige politische Akte kultisch unterbaut waren, ist selbstverständlich. Die Verzahnung mit dem Staatlichen ergab sich vor allem in den Personen und Funktionen der *Kultdiener*. Daß die höchsten Kultbeamten aus der Einheit von Staatsführung und religiöser Leitung hervorgegangen sind, erhellt allenthalben deutlich. Es leben in den demokratischen Stadtstaaten geradezu Reste des Sakralkönigtums fort, so im athenischen *Archon Basileus* (»Archon König«) und in seiner Gemahlin, der »Königin«, die an der Spitze des attischen Staatskultus stehen. Unter den hauptberuflichen Ritualtechnikern hat man zwischen den in Würde und Ansehen ausgezeichneten, durch Tracht und Lebensführung hervorgehobenen Priestern und Priesterinnen und den sonstigen Kultfunktionären und -gehilfen zu unterscheiden. Groß war die Zahl der neben- und ehrenamtlichen kultischen Verrichtungen. Die Weissagungs- und Orakelfachleute und die persönlich charismatisch veranlagten Propheten traten hinzu.

(2) Alle Handlungen dieses öffentlichen Kultus waren voll von *uralten Zeremonien* aus der indogermanischen Volksreligion und aus den vorgriechischen Religionsschichten. In gleicher Weise behaupteten sich diese Elemente im privaten Kultleben der Bürger. In den privaten religiösen Übungen kamen sie wohl sogar noch stärker zur Geltung. Der

griechische Durchschnittsbürger erscheint uns als abergläubisch fromm (*deisidáimon*).

Die Hauptsorge der Menschen galt weiterhin den Toten und dem eigenen Schicksal nach dem Tode. Dazu gehörten die Träger des Totenkultus, in der Regel die leiblichen Nachkommen, die um einige Generationen zurück die Verstorbenen mit Speiseopfern und Trankspenden, mit dem Besuch und der Pflege der Grabstätten bedachten. Von der Wertung des Todes künden uns die zahlreichen Grabsteine und Votivreliefs, die häufig von der Trauer des Abschieds erzählen, nicht selten aber auch von der Fortexistenz des Toten und von den relativen Daseinsfreuden, welche man ihm in seinem »Jenseits« wünschte. Offenbar waren die Vorstellungen vom Schicksal der Toten mit dem Glauben an die mütterliche Erdgottheit verbunden, die diese Toten wieder in ihren Schoß aufnahm, aus dem auch das junge Leben der Natur hervorging.

Für die Lebenden aber war das Problem der kultischen Reinigung von allerlei feindlichen dämonischen Mächten, die ständig das menschliche Einzel- und Gemeinschaftsdasein bedrohten, von entscheidender Bedeutung. Diese Reinigungen unternahmen nicht nur Einzelne und Familien, sondern sie waren auch Bestandteil des staatlichen Zeremoniells, vor allem bei den großen Festen, bei denen viele »kathartische« Riten vorgesehen waren. In dem allen zeigt sich die gleiche Mentalität wie in den zahllosen Zauberpraktiken, die das Alltagsleben des griechischen Bürgers erfüllten, die als Heil- oder Schadenzauber dem einen helfen, den anderen strafen und peinigen sollten. Die Erzählungen antiker Autoren sind voll von Histörchen darüber.

Merkwürdig ist es auch, wie volkstümliche Religiosität das Leben der Olympier und ihrer dämonischen Trabanten in den Kleinformen des aus dem Kult hervorgegangenen Theaters (Satyrspiel, Posse, Burleske) und in der alltäglichen Gebrauchskunst widerspiegelt. Wir begegnen hier den Hochgöttern in Gestalten, die an die jeweiligen religiösen Urvorstellungen erinnern, welche hinter diesen Göttern stehen, und in denen wiederum die elementaren Fragen des menschlichen Lebens um Nahrung und Gelderwerb, Liebe und Rauschtrank, Kampf, Krankheit und Tod eine große Rolle spielen.

(3) Trotz der Vereinzelung des Kultus in den Stadtstaaten und Orten gab es eine *gemeingriechische Religionsübung*, hinter der auch ein *panhellenisches religiöses Bewußtsein* steht. Wiederum kommt es nicht so sehr in der Einheit einer Theologie, einer Götterlehre oder Religionsphilosophie zum Ausdruck, sondern in gewissen kultischen Begehungen, die dieses religiöse Nationalbewußtsein sichtbar werden lassen. Dazu gehören in erster Linie die gesamtgriechischen Spiele, unter denen die olympischen die heute noch bekanntesten sind, die ihre religiösen Fundamente haben. Waren überhaupt mit den großen Festen uralte rituelle Wettkämpfe verbunden, so lebte sich erst recht das kultisch-sportliche Kampfbedürfnis bei diesen panhellenischen Veranstaltungen aus, die zu Ehren der Götter ausgeführt und unter ihren Schutz gestellt wurden. Nicht minder als die Spiele haben die verschiedenen Orakelstätten, wie die von Delphi und Dodona, die Bedeutung von religiösen Zentren für das Gesamtvolk. Und ebenso wie die Neugierigen, Besorgten und Zukunftsbedachten zu den Orakeln, wallfahrteten die Kranken und Siechen zu den Heiligtümern der Heilgötter (z. B. Epidauros, Pergamon), um dort therapeutischen Rat, Kraft und Hilfe zu empfangen, wie sie Apollon, Asklepios, Machaon und andere erteilten. Diese Einrichtungen hielten das politisch zersplitterte Griechentum im Bewußtsein gemeinsamen Glaubens, gemeinsamer letzter Bindungen und Verpflichtungen zusammen.

(4) Von größter Bedeutung ist der *Ausdruck des Kultisch-Religiösen in der hohen Kunst.* In weltgeschichtlich einzigartiger Weise hat sich die religiöse Vorstellungswelt und die kultische Erfahrung der Hellenen in den Werken verschiedener Kunstgattungen niedergeschlagen, die bis heute die Bewunderung der Menschheit erregen, bei denen man sich aber immer auch ihrer weitreichenden religiösen Hintergründe erinnern sollte. Hier erleben wir aufs neue – ähnlich wie im Epos, aber veredelt, verfeinert – das Gestalthafte der griechischen Götter, die Größe, Schönheit und Ausgeglichenheit ihres menschengleichen Bildes, das manchmal seinen Ursprung in der Religion vergessen läßt.
Die lyrischen und vor allem die tragischen Dichter des 5. Jahrhunderts v. Chr. haben uns den Menschen in seinem Spannungsverhältnis zur Gottheit gezeigt. Ja, sie zeigen ihn, wie er sich aus den rituell bestimmten Gesetzen der politischen Gemeinschaft löst, um eine höhere religiös-sittliche Aufgabe zu erkennen und durchzuführen, auch um den Preis des eigenen Glückes und Lebens. In der *Antigone* des Sophokles erhebt sich die Heldin zu humaner Würde und menschheitlicher religiöser Größe. Immer wieder wird uns das Ringen um das Bild der Götter deutlich, auch dort, wo, wie etwa in der Komödie des Aristophanes, die Fragen der volkstümlichen Religion und des Kultus ironisiert werden.
Das gilt erst recht von den Werken der bildenden Kunst und Architektur. Wenn uns die Kleinkunst mit den populären religiösen Vorstellungen und Praktiken in oft humorvoller Weise bekannt macht, so die hohe Bildkunst wiederum mit jenen Göttergestalten im vollkommenen Bilde des Menschen, das meist nicht mehr die urtümlichen Hintergründe ahnen läßt, aus denen die betreffende Gottheit hervorgegangen ist. Vielleicht zeigt sich noch schüchtern ein Tier- oder Pflanzenattribut, das an alte Elementarreligiosität erinnert, die wir so schön etwa an den Darstellungen der Vasenmalerei studieren können und an manchen Kunstobjekten kultischer Herkunft. Kaum ist noch etwas vom alten kultischen Holzbild, dem Xoanon, zu spüren, geschweige denn vom gestaltlosen Fetisch. Gleiches ist bei der Sakralarchitektur der Fall, die jene monumentalen Tempel in die griechische, kleinasiatische und unteritalische bzw. sizilische Landschaft stellte, welche in ihren klassischen Formen nicht mehr zu erkennen geben, daß ihre Ur- und Musterbilder im Wohnhausbau zu suchen sind und daß der davor im Freien stehende Brandopferaltar teilweise aus dem häuslichen Herd, teilweise aus magischen Asche- und Knochendepots und aus einfachsten Opfervorrichtungen entstanden ist.
(5) Die *Zeugnisse höherer griechischer Religiosität* aus dem Kreise der *Dichter, Philosophen und Staatsmänner*, wie sie uns vornehmlich das große 5. Jahrhundert v. Chr. geliefert hat, sind voll von Überlegungen moralischer Art, die uns die Entbindung aus dem Zwange bloßer ritueller Kult- und Reinheitsvorschriften und die Hinwendung zu einem tieferen Verständnis der sittlichen Aufgaben des Menschen aus der Verantwortung vor den Göttern und vor dem Schicksal zeigen. Demut, Bescheidenheit, Sich-Fügen in die Macht der Götter und des Geschickes, Meiden des frevelhaften Übermutes werden vom Menschen gefordert, die Grenzen irdischen Glücks und die Freude eines guten Gewissens werden aufgezeigt. Gleichzeitig wird aber auch das Ungewisse der Welt im Neide der Götter sichtbar, gegen den sich der Mensch zu wappnen hat, wie es der berühmte, von Herodot überlieferte Brief des Amasis an Polykrates bekundet. In allen Spannungen der Welt, zwischen Glück und Unglück, weiß sich der Mensch doch irgendwie geborgen, wenn er seine kultischen Pflichten erfüllt und dem göttlichen

Gebot Gehorsam erzeigt. »Schlecht ist nichts, wo Götter die Wegweiser sind«, sagt Sophokles. Dann werden die Götter den Menschen auch nicht verlassen und werden ihm vielleicht das Los des guten Todes zuteil werden lassen, wie ihn Solon preist, oder noch mehr: werden ihm die selige Ruhe des Jenseits verleihen, wie es andere ausdrükken, die daran glauben.

Für die Philosophie und für die Geschichtsbetrachtung treten allerdings die menschenhaften Götter in den Hintergrund; ihre Stelle nehmen abstrakte Begriffe ein, wie Schicksal, Göttliches, Gutes, Schönes. Ebenso wird die mythologische Geschichtsbetrachtung, wie sie noch Herodots großen historischen Entwurf beherrscht, von einer religionsphilosophischen bzw. rein philosophischen oder gar pragmatischen abgelöst. Die Dichter, Denker und Geschichtsschreiber haben allerdings nur geringen oder überhaupt keinen Einfluß auf die Religiosität des Volkes genommen. Der Größte unter ihnen, Platon, ist zwar in seiner Entwicklung stark durch religiöse Überlieferung bestimmt, hat in seiner Lehre manches mythische Gedankengut (vor allem aus dem Bereiche der Orphik) verarbeitet und umgeformt, hat theologische Probleme behandelt und ist persönlich zweifellos ein tief frommer Mann gewesen. Seine Sicht des Göttlichen in seinsmäßigen, ästhetischen und ethischen Kategorien, sein »Tugend«-System (sog. Kardinaltugenden) und seine Mythenkritik aber sind, mögen sie noch so sehr Ausdruck griechischer Geistigkeit sein, erst viel später religionsgeschichtlich wirksam geworden: im Hellenismus, in der Spätantike und vor allem in der christlichen Theologie und mystischen Frömmigkeit des Ostens und des Westens. Die Auflösung des menschengestaltigen Götterbildes und die Kritik an der naiv-sinnlichen Gottesverehrung hat schon bei den Vorsokratikern in verschiedener Form und Stärke begonnen und hat sich bis in die klassischen und späten Schulen der griechischen Philosophie erhalten. In der Regel sind diese Angriffe nicht irreligiös gemeint, auch atheistische Äußerungen sind nicht immer ein Zeichen der Religionslosigkeit, sondern nicht selten sogar Ausdruck der Vertiefung des religiösen Empfindens.

(6) Damit sind wir aber bei einem sehr wichtigen Kapitel: dem der *Religionskritik*, die ebenfalls seit dem 5. Jahrhundert in zunehmendem Maße einsetzt und die ganze Antike hindurch sich behaupten kann. Zahllos sind die kritischen Bemerkungen, ob sie sich nun gegen den Gottesgedanken, gegen die Vermenschlichung des Gottesbildes, gegen volkstümliche Religionspraxis oder gegen die Religion überhaupt wenden. Unter den »Vorsokratikern« finden wir eine verschieden motivierte Kritik des Gottesbegriffes, die teilweise auf eine Ablehnung des Anthropomorphismus, teilweise auf einen sittlichen Monotheismus, teilweise auf einen atheistischen Agnostizismus hinzielt. Daneben kann aber eine kosmisch gestimmte Frömmigkeit oder eine religionsartige Seins-Philosophie stehen. Naturphilosophen, Sophisten, Dichter wie Euripides und Aristophanes und sonstige Denker und Erzähler kritisieren mehr oder minder scharf die Volks- und Staatsreligion, ihre Vorstellungen und Übungen. Zu diesen Kritikern gehört auch Platon. Wie gesagt: sie meinen nicht alle dasselbe. Xenophanes, der angebliche Begründer der Philosophenschule von Elea in Unteritalien (geb. im 6. Jh. v. Chr.), kämpft zwar gegen die anthropomorphen und anthropopathischen Vorstellungen von den Göttern mit dem Hinweis, daß die Rosse, könnten sie malen, sich ihre Götter wie Pferde gestalten würden, verehrt aber doch den »einzigen größten Gott«, der »nicht an Gestalt und nicht an Gedanken den Sterblichen ähnlich« ist und den er wohl im Naturwalten sucht.

Besonders wichtig ist hier der Name des Euhemeros von Messene, der für eine ganze Gruppe solcher Kritiker und Skeptiker stehen mag. Hier haben wir einen ersten »wissenschaftlichen« Versuch einer »historischen« Religionserklärung vor uns, die offenbar in absolute Skepsis mündet. Dieser etwa 340 bis 260 v. Chr. lebende Mann hat in seinem Werke *Heilige Inschrift* (*Hièrà Anagraphḗ*) auf die irdische Herkunft der großen Götter verwiesen, die seiner Meinung nach aus den alten Fürstengeschlechtern entstanden sind. So sehr hier offenbar auch die hellenistischen Herrscherkulte und die Heroenverehrung ironisiert werden, so sehr hat doch diese Religionsbetrachtung Schule gemacht und zur historisch-philosophischen Zersetzung der geschichtlich gewachsenen Religion beigetragen.

Der Ausgang – Hellenismus

Trotz dieser selbständigen religionsphilosophischen und theologischen Leistungen, die eine große Anzahl von griechischen Denkern aufzuweisen hatte, trotz der eifrigen Sammlung des Überlieferungsgutes durch die »Mythographen«, mußte doch bei der engen Verzahnung von Religion und politischer Gemeinschaft mit dem politischen Niedergang des Griechentums und der hellenischen Polis eine Umformung der Religion eintreten. Das Verströmen der griechischen Kultur in die weit über Griechenland hinausgreifenden hellenistischen Nachfolgestaaten des Alexanderreiches brachte zwar eine Ausbreitung hellenischer Götter mit sich, gleichzeitig aber auch eine neue Aufnahme fremden Religionsgutes, das sich oft mit den alten Schichten vorgriechischer und altindogermanischer Elementarreligiosität auf dem Untergrund der griechischen Kultur verbündete.

(1) Das auffälligste und historisch wirksamste Datum der späteren griechischen Religiosität sind wohl die *Herrscherkulte*, die, weil mit einer veränderten Staatsauffassung verbunden, für die klassische griechische Tradition etwas Neues waren. Allerdings muß daran erinnert werden, daß im Bewußtsein der Menschen der Glaube an die Heiligkeit des Staates und der sozialen Gemeinschaft immer fortgelebt hat, auch als das alte indogermanische Volkskönigtum und die Adelsherrschaft in den Stadtstaaten durch sogenannte demokratische Machtformen abgelöst worden waren. Von da aus war der Schritt zur Anerkennung der Heiligkeit des Herrschers nicht gar so weit, wenn man erst wieder einmal in einem Monarchen den Repräsentanten des Staatsganzen sah. Denn der König war ja nach alter Vorstellung Herr und absoluter Eigner von Land und Volk, gleichsam seine personale Selbstdarstellung. Eine besondere Sakralität des Fürsten und des hohen Adels, die sich für götterentstammt hielten, hat es wohl schon in den ägäischen Stadt-Königtümern und in homerischer Zeit gegeben. Demgegenüber bedeutete die Grenze zwischen Gottheit und Menschheit, die das Griechentum der klassischen Zeit zog, kein grundsätzliches Hindernis. Man muß sich darüber klar sein, daß sich für das Griechentum, vor allem für das allgemeine religiöse Empfinden des Volkes, der Begriff des Göttlichen nicht in den Gestalten der Olympier erschöpfte, und daß man den Schauer vor der Macht des »Göttlichen« auch angesichts der »Gewalt« des Menschlichen und seiner »Göttlichkeit« empfinden konnte, von der ja Dichter und Denker oft genug gesprochen hatten. Der »göttliche« Mensch ist keineswegs nur eine poetische Floskel! Man kannte ja auch den Heros, den heiligen Menschen der Vergan-

genheit. Es bedarf also nicht des Rückgriffs auf das Vorbild der den Griechen an sich wesensfremden orientalischen Gottkönige oder der Sonnenherrscher Ägyptens, sondern man wird sich, um die Entstehungen dieser Herrscherkulte zu begreifen, an ganz allgemeine menschliche Bedürfnisse, an alte kultgeschichtliche Tatsachen, an Erfahrungen von dem Leben des »Heiligen« im lebendigen und toten Menschen und an weit verbreitete sakrale Herrschaftsformen erinnern müssen, wenn man das bisher so strittige und wenig geklärte Problem der Entstehung der Herrscherverehrung mit dem Aufkommen der späteren, insbesondere der hellenistischen Monarchien zu lösen versucht. Der Vorgang ist im Grunde keine Nachahmung des Orientalischen, sondern eine verspätete Parallele dazu, und der orientalische Herrscherkult ist nicht »orientalisch«, sondern nur kultur- und religionsgeschichtlich altertümlich.

Alexander der Große, dem göttliche Ehren erwiesen wurden, hatte darin schon einige Vorgänger. Über das Wie dieser Vergottung bestand zweifellos lange keine Klarheit. Unter den Diadochen wurde die Sache zum System. Ganz logisch wurden gelegentlich neben den eigentlichen Herrschern auch sonst bedeutende Menschen einbezogen, in denen man Göttliches oder eine bestimmte Gottheit walten sah, z. B. Feldherren. Der Gedanke des »Heilbringers« oder »Erretters« (*Sotḗr*) oder des »erscheinenden« Gottes (*Epiphanḗs*) war in diesem Kult bedeutsam. Das Problem der »Offenbarung« wird dabei berührt. Darin traf sich der Herrscherkult mit dem der *Gesundheits- und Heilgötter*, wie etwa des Asklepios oder des aus Ägypten kommenden Serapis, die auch als derartige *Sotḗres* erschienen, um den Menschen aus der Not zu helfen. Dieses Moment der göttlichen Nothilfe, der Epiphanie der Gottheit aus einer jenseitigen Welt mitten in die Sorgen des Diesseits hinein, hat hier eine große Rolle gespielt. Ein aktualistischer Zug, ein dynamisches Element kommt in das Gleichmaß des kultischen Betriebes hinein. Gott wird als Handelnder, Helfender, Erretter in der konkreten Notlage verstanden.

(2) Immerhin lebte nun auch wirklich *östliches Religionsgut* im griechischen Kultbereich auf. So wie die Griechen ihre Kultur und Kunst, teilweise auch ihre Religiosität, ostwärts trugen, tief nach Asien hinein, bis nach Indien, so erhielten auch asiatische Gestalten und Gedanken Zutritt zum griechischen Glaubensleben. Ob es nun die *Tyche*, die mit den Zügen vorderasiatischer Stadt- und Muttergöttinnen ausgestattete Schicksalsgottheit, war, ob die Muttergottheiten und Fruchtbarkeitsheroen der Mysterien wie *Kybele*, *Anaitis*, *Astarte*, *Adonis*, ob die Spekulation über die Göttlichkeit der Sternenwelt, ob ägyptische Gottheiten in den vielfältigen Wechselbeziehungen zwischen Hellas und dem Pharaonenlande: die Vorstellungen und die »romantischen« Züge des Orients fanden ihren Platz in der religiösen Gedankenwelt der Griechen.

(3) Daneben gibt es dann einen *Weg zurück*, zurück in die Tiefen volkstümlichen und elementaren religiösen Empfindens, das nie erstorben war. Hatten die Denker der klassischen Zeit sich über die Zauberkunst lustig gemacht, so wurde die *Magie* allmählich wieder bei den Philosophen und Theologen hoffähig. Die stoische Religionsphilosophie hat vorbereiten geholfen, was der Neuplatonismus vollendete: das die Welt durchwaltende göttliche Pneuma wirkte nach ihrer Ansicht überall, auch in den niederen Religionsformen. In Zahlenschemen, unter dem geheimnisvollen Namen orientalischer Gottheiten trat seine zauberische Kraft auf, in Amulette und Fluchtäfelchen gebannt, in geheimen nächtlichen Riten aktiviert. Die Wahrsagung in allerlei *Orakelformen* wurde mehr als je geübt. Neben den alten Orakeln tauchten neue auf.

Träume und Visionen wurden gedeutet. Menschen in einer erschütterten Umbruchszeit am Ausgang der Antike, oft in Untergangsstimmung, manchmal Neues ahnend oder erhoffend, suchten die Zukunft zu ergründen. Frieden, Ruhe, Sicherheit, Anwartschaft auf besseres Leben und jenseitige Seligkeit nach einem fragwürdig gewordenen Diesseits schienen ihnen die *Mysterienreligionen* und verwandte Erlösungsbotschaften, meist orientalischen Ursprungs, zu gewährleisten, unter denen eine Heilsreligion, das Christentum, schließlich auch in Hellas siegen sollte, da es weniger den Weg zurück als den Weg vorwärts wies.

(4) Nicht nur der Osten hatte das Griechentum beeinflußt, sondern auch der *Westen*. Die Götter des siegreichen römischen Herrenvolkes hatten sich in den heiligen Bezirken Griechenlands angesiedelt. Kostbare Tempel waren von den römischen Kaisern den hellenischen Göttern in ihrem Mutterlande an hervorragender Stelle gestiftet worden. Das religionsgeschichtliche Schicksal des römischen Reiches besiegelte aber auch das Schicksal der Götter Griechenlands, seit die konstantinische Dynastie nach der Tolerierung des Christentums den zunächst paritätisch behandelten alten Kulten zunehmend ihre Gunst entzog und sie endlich verbot, eine Entwicklung, die im 6. Jahrhundert n. Chr. ihren staatsrechtlichen Abschluß fand. Die griechische Volksreligion hat sich hartnäckig gehalten. 346 wurden die Opfer verboten, 386 durch Theodosius d. Gr. die Tempel geschlossen, 416 unter Theodosius II. die Heiden aus den Staatsämtern entfernt. Unter Justinian (527–565) wurde schließlich das katholische Christentum zur reichsrechtlichen Norm erklärt. Bis in diese Zeit dauerte, wie Verfolgungen, Exzesse und Synodalbeschlüsse zeigen, besonders auf dem Lande, in den Randprovinzen und entlegenen Gebieten das Heidentum an, das griechische oft vermischt mit provinziellen oder orientalischen Kulten. Ein äußeres Symbol war die Auswanderung von Schulhäuptern der neuplatonischen Athener Akademie anläßlich der Schließung der heidnischen Rhetorenschulen durch Justinian im Jahre 529 n. Chr. nach Persien, von wo allerdings die emigrierten Gelehrten bald wieder enttäuscht zurückkehrten. Im Volksglauben der alten griechischen Siedlungsgebiete, vor allem in Griechenland selbst, hat sich aber zahlreiches hellenisches Glaubensgut unter der Hülle des siegreichen Christentums und seines Brauchtums bis zum heutigen Tage erhalten.

Die Religion der Römer

Eines der merkwürdigsten religionsgeschichtlichen Gebilde ist zweifellos der Glaube und Kultus der alten Römer, den die humanistische Erziehung des Abendlandes zumeist in seinen späteren Phasen, in enger Verbindung mit der griechischen Religion, sehen gelehrt hat. Wir kennen ein »griechisch-römisches Pantheon« mit den griechisch-lateinischen Doppelnamen der Götter. Neuere historische und philologische Forschung hat aber zunehmend gezeigt, welche Eigentümlichkeiten die römische Religion trotz dieser späteren griechischen Überlagerung besitzt, und wie die griechischen Götternamen und das griechische Göttersystem nur eine Verkleidung des ursprünglich Römischen darstellen. Dieses Römische hat, bei aller Gemeinsamkeit der indogermanischen Vergangenheit, einen ganz anderen Charakter als die griechische Religion und ist, wie der Nationalcharakter des Lateinervolkes überhaupt, auf Beharrlichkeit und Konservierung angelegt. Die griechische Religiosität hat sich aus eigenem Antrieb zu höheren Formen emporentwickelt, hat sich fortwährend mit ihrem überlieferten Glaubensgut auseinandergesetzt. Das Römertum bedurfte dafür der Anstöße von außen. Aus eigener Kraft hat es seine Religion nur nach innen differenzieren können, und mehr als irgendwo anders schimmert in der römischen Religion unter dem Firnis einer später aufgetragenen höheren Religiosität der urwüchsig-primitive Untergrund durch. Schon der römisch-lateinische Begriff der »Religion« (*religio*) ist ein ausgesprochen naturhafter Tabu-Begriff, der an die ehrfürchtige Scheu vor heiligen Orten, Sachen und Personen, an die gewissenhafte Erfüllung kultischer Pflichten und an die peinliche Beobachtung magischer Vorstellungen und Vorschriften erinnert.
Dafür sind allerdings im Spätstadium der römischen Religionsgeschichte in Rom Kulte und religiöse Vorstellungen aus der ganzen Welt zusammengeflossen und haben in einem Verschmelzungsprozeß, der seinesgleichen sucht, auf diesem Boden Neues vorbereitet. Nur daß eben dieses Neue nicht mehr allzuviel mit der altrömischen Religiosität gemein hatte.

Der zeitliche Verlauf und die Quellen

Noch undeutlicher als in der griechischen sind die geschichtlichen Abläufe und der geschichtliche Kontext in der altrömischen Religion, die dann allerdings seit der republikanischen Zeit einige markante Daten aufweist. Vor den Römern sind als indoeuropäische Gruppen die latinisch-faliskischen und die oskisch-umbrischen Völker seit etwa dem Ende des 2. Jahrtausends v. Chr. bis zur Mitte des 1. Jahrtausends eingewandert, mit denen sich die Römer, ebenso wie mit den spätestens seit dem 8. Jahrhundert vorhandenen Etruskern, auseinandersetzten und verbanden. Lange dauern die inneren Kämpfe zwischen den Stämmen Italiens an, bis sich Rom als führende Macht durchsetzt. Um 600 v. Chr. dürfte in einem älteren Siedlungsgebiet die Entstehung der »Stadt« Rom anzusetzen sein, deren Gründung die legendäre Überlieferung auf 753 festlegt. Im 7./6. Jahrhundert begann die Periode eines über mehrere Jahrhunderte reichenden etruskischen Einflusses, der eine Epoche der stillen Gräzisierung parallel ging und folgte. Die Königszeit war stark durch die Etrusker geprägt, von denen auch das Bild und der Kult der großen Gottheiten Roms mitbestimmt wurde. Der unter den Tarquiniern erbaute Capitolinische Tempel wurde 509/508 nach dem Ende des Königtums geweiht. Im 6. und 5. Jahrhundert wird der Kultus des Apollon und anderer griechischer Götter übernommen. 496 wurde die Trias Demeter, Dionysos und Kore als Ceres, Liber und Libera aufgrund eines sibyllinischen Orakels anläßlich einer Hungersnot eingeführt, 495 ihr Tempel und der des Hermes (Mercurius) auf dem Aventin geweiht. 484 fand die Weihe des Castor-Tempels statt. Die Rezeption des Griechischen kam u. a. durch die Aktivität einzelner interessierter Männer zustande. 295 bringt Q. Fabius Gurges den Aphrodite-Kult, 292 Q. Ogulnius den Asklepios-Kult von Epidauros nach Rom. Der Heilgott erhielt sein Heiligtum auf der Tiber-Insel, wo religiös gegründete Heiltradition sich bis in die christliche Gegenwart im Ospedale di San Giovanni di Dio erhalten hat.

Seit etwa dem Zweiten Punischen Krieg (218–201 v. Chr.) zeichnete sich ein neuer Abschnitt der stärkeren Hellenisierung der römischen Religion und des Einströmens asiatischer Religiosität nach Rom ab. 217 fand das Zwölf-Götter-Lectisternium für sechs herausragende mann-weibliche griechische Götterpaare in der zu ihnen passenden *interpretatio Romana* statt. Im Jahre 204 wurde aufgrund eines Spruches des Sibyllenorakels der Kult der Kybele mit ihrem schwarzen Steinfetisch aus Pessinus in Phrygien (Kleinasien) eingeführt. 191 wurde der Tempel der Magna Mater auf dem Palatin geweiht. 186 machte sich aus restriktiven, praktisch einem Verbot gleichkommenden Maßnahmen ein Ringen um den eindringenden, in Rom und Italien Interesse findenden Dionysos-Kult bemerkbar (der Jahrhunderte zuvor auch in Griechenland auf Widerstand gestoßen war). 139 ließ die Vertreibung der »Chaldäer«, also von Vertretern eines Gestirnkultes aus Asien, dessen Vorhandensein erkennen.

In der letzten Zeit der Republik ist eine Besinnung auf Wesen und Wert der Religion, besonders der römischen, festzustellen, z. B. bei Cicero. Den Beginn einer neuen Epoche kann man mit der Augusteischen Restauration ansetzen. Die Säkularfeiern des Augustus (27 v. – 14 n. Chr.) im Jahre 17 v. Chr. waren durch religiöse Rückblicke und Ausblicke geprägt. Der Gedanke des »Goldenen Zeitalters«, der hier auftauchte, ist religiös gegründet. Im Zuge der Einwanderung orientalischer Religionen trat früh das Christentum hervor. Um 64 n. Chr. (Brand Roms) waren die Apostel Petrus und Paulus in Rom und fand die Neronische Christenverfolgung statt. Aber auch andere orientalische Kulte gewannen an Bedeutung – bis zum Ende des vorchristlichen Römerreiches. Um 80 n. Chr. war ein Isis- und Sarapis-Tempel auf dem Marsfeld vorhanden. Religionsphilosophisches Denken knüpfte an griechische Überlieferung an und gewann weite Horizonte (Epiktet, 50–138 n. Chr.; Marc Aurel, 161–180, mit den *Selbstbetrachtungen* eines Philosophen auf dem Throne).

Seit dem 2. und 3. nachchristlichen Jahrhundert ist eine weitere, verstärkte Orientalisierung der Religiosität zu verzeichnen, die von der Staatsspitze her begünstigt oder gar betrieben wurde. Die Antonine, die Severer und die syrischen Kaiser (Antoninus Pius, 138–161; Marcus Aurelius, 161–180; Commodus, 180–192; Septimius Severus, 193–211; Caracalla, 211–217; Elagabal, 218–222; Severus Alexander, 222–235) vertreten einen aufgeklärten Absolutismus mit gewissen Toleranzzügen, der sich sogar gelegentlich im Kaiserhause für das Christentum interessiert, oder einen deutlichen Synkretismus, der orientalische Götter in den Vordergrund schiebt. Die Ausdehnung des römischen Bürgerrechts auf alle freien Provinzialen durch Caracalla (212) hatte zumindest atmosphärisch auch eine religionsgeschichtliche Bedeutung, darüber hinaus aber schließlich sakralrechtlich. Religionsphilosophische, mystisch-theosophische Spekulation, die für sich große Namen älterer griechischer Philosophie als Legitimation beansprucht, wird in Rom heimisch. Seit 244 lebt bis zu seinem Tode (270) Plotin in Rom, Günstling des Kaisers Gallienus; dort ist der Syrer Porphyrios sein Schüler.

Das Ende der altrömischen und überhaupt der vorchristlichen Religion trat für Rom und für das gesamte Imperium Romanum mit dem Ausklang der »Tetrarchie«, des diokletianischen Herrschaftssystems, ein. 311 erging das Toleranzedikt des Augustus Galerius, 313 wurde unter Konstantin und Licinius den Christen Gleichberechtigung gewährt. 330 und 485 starben mit Jamblichos und Proklos hervorragende Vertreter des späteren Neuplatonismus. Allgemeine Maßnahmen wie das Verbot der Opfer durch Constans und Constantius 346 und das der privaten Götterverehrung 392 trafen auch die römische Religion. 375 lehnte Kaiser Gratian die Pontifikalwürde ab, die bis dahin zu den Kaiserämtern gehört hatte. 382 wurde der Victoria-Altar des Augustus aus der Senatskurie entfernt. Die bewegende Bittschrift des Präfekten Symmachus von 384 (»tertia relatio«) blieb trotz ihrer eindringlichen, idealisierenden Hinweise auf die Verknüpfung von Religion und Gemeinwohl im römischen Staatswesen erfolglos. Es war eben eine wirklichkeitsfern gewordene nostalgische Beschwörung von Illusionen, die die Geschichte dieser Religion in ein verklärendes Licht setzte, das in diesem Sinne nur selten Realität gewesen war. Damit war die Geschichte über die römische Religion als gesellschaftlich-politische Institution und als Lebensform hinweggeschritten.

Die Quellen dieser Geschichte sind recht verschieden. Für die Früh- bzw. Vorgeschichtsepoche und für die Etrusker sind sie weithin archäologischer Art: Bodenfunde, Kunstobjekte, Grab- und Baudenkmäler. Kunst- und Bauwerke haben bis zum Ende der Antike einen teilweise hohen Quellenwert.

Der reiche amtliche Festkalender, geführt vom Pontifikalkollegium und in Form von Tafeln öffentlich ausgestellt, enthält viele staatliche Fest- und Feiertage und sonstige Angaben über den Charakter der Tage. Er zeigt uns die römische Religion als eine sehr weit entwickelte Ritualreligion.

Eine Fülle von Inschriften berührt religiöse Tatbestände. Sie tragen meist privaten, vielfach aber auch amtlichen Charakter. Oft enthalten sie sehr aufschlußreiche Hinweise. Eigentliche heilige Schriften oder Bücher (wie die »sibyllinischen«) sind nicht oder nur in Fragmenten auf uns gekommen. Ähnlich steht es mit den Ritualtexten, die uns nicht in »liturgischen« Büchern vorliegen.

Schließlich bringt die lateinische Literatur einiges. Die *Antiquitates rerum humanarum et divinarum* des Varro als einschlägiges Spezialwerk sind leider nur trümmerhaft erhalten. Aber auch rechtliche, wirtschaftliche (Cato), naturwissenschaftliche (Plinius), philosophische, politische (Cicero) und historische (Livius, Suetonius, *Historia Augusta*) Autoren bieten allerlei Material, vor allem schließlich die Dichter (Vergil, Ovid, Horaz, Gellius, Macrobius u. a.). Dazu kommen die frühen Kirchenschriftsteller (z. B. Tertullian, die Apologeten, Firmicus Maternus, Lactantius, Augustinus), die eine Fülle von Fakten und Überlieferungen häufig ganz nebenbei verzeichnen.

Auf diese Weise ergibt sich ein ziemlich reiches, mosaikartiges, oft nicht leicht zu rekonstruierendes, aber doch auch wieder zuverlässiges Bild.

Das Erbe Italiens

Ähnlich wie die griechische Religion, ist die der Römer aus einem Zusammenwachsen von altitalischen, vorindogermanisch-mittelmeerischen Elementen und von Glaubensvorstellungen der einwandernden Indogermanen entstanden, welche — als »Italiker« – eine gewisse Beziehung zu den nach Griechenland gekommenen Stämmen haben dürften, vor allem in der religiösen Überlieferung. Unter diesen im 2. Jahrtausend v. Chr. eingewanderten Indogermanen erhielt die nachmals stadtrömische Gruppe besondere Bedeutung. Sie prägte auf Grund ihrer gewonnenen politischen Vormachtstellung auch das Gesicht des Kultus. Hinzu trat das Unteritalien und Sizilien schon früh bevölkernde Kolonisationsgriechentum und das keltisch beherrschte Oberitalien, mit dem die Römer wiederum indogermanische Stammesverwandtschaft verband. Das in Italien vorgefundene vorindogermanische religiöse Gut dürfte weithin mit dem des vorhellenischen Griechenland aufs engste verwandt gewesen sein. Die Vorindogermanen waren sicher Ackerbauern, und schon bei ihnen sind die nachmals in der römischen Bauernreligion vorhandenen Züge agrarreligiöser Art zu verzeichnen. Dazu dürfte insbesondere die Verehrung einer großen Muttergottheit gehört haben, die uns als *Terra Mater* lateinisch überliefert und in künstlerischer Gestaltung lebendig ist, die dann in Rom in den verschiedensten Gestalten weiblicher Gottheiten (z. B. *Mater Matuta*, *Fortuna*, *Bona Dea*) auftaucht.

Terrasse der Tempelanlage der Fortuna Primigenia in Praeneste

Rätselhaft bleibt vorerst noch die Kultur der Etrusker (s. S. 132 ff.) samt ihrer Religion, deren Herkunft und Wesen wir zwar nicht genauer kennen, von der wir aber wissen, daß sie auf die römische Religion starken Einfluß genommen hat, zumal da Rom in altem etruskischem Siedlungsgebiet liegt.

So wie die römische Religion sich schließlich darbietet, kann man sie als ein Konglomerat (zunächst noch nicht als einen ›Synkretismus‹) aus altitalischem Material und stadtrömischen religiösen Traditionen und Gottheiten betrachten, in dem die Vorstellungen und Bräuche der Etrusker eine gewisse Rolle spielten, in das auch ziemlich früh die Götterwelt des sprachverwandten und der gleichen indogermanischen Völkerfamilie angehörigen Griechentums einbezogen wurde, mit dem sich die italischen Stämme auf dem Boden Unteritaliens begegneten. Relativ früh wurden auch »ausländische« Kulte aufgenommen. Damit erst begann die Bildung eines eigentlichen Synkretismus, der schließlich die Spätphase der römischen Religionsgeschichte überformt hat.

Dennoch hat es das Volk der Römer verstanden, all diesem religionsgeschichtlichen Erbgut samt seinen eigenen indogermanischen Überlieferungen ein ganz bestimmtes Gepräge zu verleihen und es zu der *religio Romana* zu formen, welche eine der Grundlagen der werdenden imperialen Militärmacht Roms und des römischen Staatsbewußtseins bilden sollte.

Bauernzauber

Die Römer waren zunächst ein Volk von Ackerbauern, ebenso wie die anderen in Italien siedelnden indogermanischen Gruppen. Dem Gedeihen der Saaten und des Viehs galt deshalb ein sehr großer Teil ihrer religiösen Handlungen, die in die prädeistischen Schichten urtümlicher Magie zurückführen. Apotropäische und kathartisch-lustrative Riten sind von Bedeutung für die Erhaltung des Lebens der kultivierten Natur. Das Böse mußte von Häusern, Ställen und Äckern ferngehalten, die unreine Befleckung und damit die Bloßstellung für dämonische Mächte beseitigt werden. Dem dienen einmal zauberische Einzelriten, Opfer, Gebetsformeln und mannigfache Manipulationen etwa bei der Anlage und Vorbereitung von Feldern und Äckern, bei Saat und Ernte, bei Schutzmaßnahmen für Haus, Hof und Land, beim Setzen des Grenzsteines (*terminus*). Vor dem Säen erhält Jupiter ein Speise- und Trankopfer. Beim Bäumeschlagen wird ein Schwein dargebracht, bei der Ernte ein Ferkel, Früchte, Kuchen und Wein. Zauberisch geopfert wird zur Entsühnung des Hauses und Feldes, magisch manipuliert in Krankheit und Not und zur Verfluchung der Feinde. Dazu kommt die Begehung jährlicher Feste, die ursprünglich ebenfalls regelmäßig wiederkehrende Zauberriten sind. So sind die *Parilia* (21. April) und *Lupercalia* (15. Februar) Hirtenfeste, die dem Beginn der freien Weide samt dem Reinigen der Ställe und der Abwehr der Wölfe dienten, während die *Robigalia* (25. April) den Schutz der Äcker vor dem Getreiderost, das *Augurium Canarium* (April) als Opfer roter Hunde die Abwehr sengender Sonnenstrahlen von den Saaten bewirken sollten. In der Institution der Vestalinnen und in ihrem Verhältnis zum Pontifex Maximus scheint etwas von der Idee der heiligen Hochzeit fortzuleben. Besonders reiche Begehungen uralter Agrarmagie sind uns in den Riten der Arvalbrüder erhalten, einer bis zum Ende des heidnischen Rom bestehenden religiösen Gesellschaft, die alljährlich Flurumgänge, Lustrationen,

Opferriten und heilige Mahlzeiten veranstaltete. Unter Kaiser Augustus wurden die Satzungen der Gesellschaft erneuert, die zum Schutze der Saaten und Fluren wirkte. Ihre jährlichen Feiern sind uns aus den Arval-Akten und aus dem Arval-Lied bekannt. Diese Texte waren damals schon so unverständlich, daß sie abgelesen werden mußten. Für das Festhalten des komplizierten Rituals bestand ein Protokollzwang. Die in diesen Niederschriften festgehaltene Vorschrift der Meidung von Eisen deutet auf voreisenzeitliches kultisches Gut. Alle diese magisch-prädeistischen Riten bilden die feste und zentrale Grundlage der römischen Religion.

Politische Magie – heiliges Recht

Die Fruchtbarkeit von Acker, Herde und Mensch, das Gedeihen des wirtschaftlichen Lebens war aber die entscheidende Voraussetzung für das Wohlergehen des römischen Staates und Volkes. Wir stoßen hier auf das Zentrum der römischen Volks- und Staatsreligion, die erfüllt ist von dem Gedanken, daß die exakte Erfüllung der Riten und des Zaubers die unmittelbare Bedingung für alles politisch-soziale Leben ist. Diese Gesinnung äußerte sich in merkwürdigen Vorgängen. Leiseste Fehler und Versehen konnten den Ritus und damit den Staat gefährden. Ein Priester Sulpicius wurde seines Amtes entsetzt, weil ihm beim Opfern die Priestermütze vom Haupte fiel, wie Valerius Maximus berichtet (*Exempla Memorabilia* I,4). Eine Konsulwahl mußte für ungültig erklärt werden, weil der Wahlleiter Q. Tiberius Gracchus sich selbst anzeigen mußte, daß er bei dem heiligen Akte nicht das rituell vorgeschriebene Zelt benutzt habe (ebd. I,3). Dahinter stand die Hoffnung auf besondere himmlische Huld für die treue und gewissenhafte Befolgung der Riten. Valerius Maximus sagt: »Es ist also nicht erstaunlich, daß die ständige Huld der Götter auf die Mehrung und den Schutz dieses Reiches bedacht war, das mit so ängstlicher Sorgfalt sich auch um die geringfügigen Züge der Religion kümmerte. Denn man darf nicht glauben, daß unser Staat jemals die Augen vom genauesten Vollzug der religiösen Zeremonien gewandt habe. Denn unser Staat war stets der Ansicht, *daß alles hinter der Religion hintanzusetzen sei* ... Darum zauderten die Regierungen nicht, dem Kult zu dienen, denn sie zweifelten nicht, daß sie der Leitung der menschlichen Angelegenheiten dann am besten gerecht würden, wenn sie der göttlichen Macht gut und inständig gedient hätten« (ebd. I,8.9). Ähnliches kommt noch einmal in geradezu ergreifender Weise am Ende der römischen Religionsgeschichte in der im Jahre 384 an Kaiser Valentinian II. gerichteten dritten Relation des Präfekten Symmachus anläßlich der Entfernung des Victoria-Altares aus dem Senatssitzungssaal zum Ausdruck, die eindrucksvoll die Bedeutung der altrömischen Religion für Geschichte und Größe des römischen Staates schildert.

Mit pedantischer Treue wurde das Gesetz des Kultus gewahrt, wie es auch in allen möglichen unmittelbaren politischen Riten sichtbar wurde, die vor allem der Segnung des Staats- und Regierungslebens und den Ereignissen von Krieg und Frieden dienten. Oft sind es uralte Zeremonien wie etwa die Springtänze der dem Mars zugehörigen Salier und andere Waffentänze oder das Schleudern der heiligen Lanze durch den Fetialen in das Feindesland bei Kriegsbeginn. Heilige Kleidungsstücke, wie die blutrote Feldherrn- und Königstoga und die ihr nachgebildete *toga praetexta* der Beamten und Knaben, und heilige Geräte sichern ebenfalls das Leben der sakralen politischen

Gemeinschaft. Zur politischen Magie gehören zahlreiche fetischartige heilige Objekte wie Waffen (Lanzen, Schilde) und Fahnen oder Standarten sowie gewisse heilige Steine. Eng war das Sakralbeamtentum mit dem Staat verquickt, und diese Beamten waren Kenner und Aufseher über die Richtigkeit der magischen Riten. Im Namen des Oberpriesters (*pontifex maximus*) schimmert noch die ursprüngliche wirtschaftlich-technisch-politische Bedeutung seines Trägers in Verbindung mit dem Sachverständnis für zauberische Riten hindurch (»Brückenbauer«). Ein anderer oberster Kultbeamter war der *rex sacrorum* (»Kultkönig«), der auf die monarchische Zeit zurückverweist. Damit hängt aber auch der juridische Zug römischer Religion zusammen. Der Kult ist nicht nur Magie, sondern gleichzeitig Rechtsakt, und das Verhältnis des Menschen zu den Göttern ist weithin ein rechtlich-geschäftliches. Der berühmte Grundsatz *do ut des* (»ich [Mensch] gebe, damit du [Gott] [wieder] gibst«) kennzeichnet dieses Verhältnis. Es kommt zum Ausdruck in der Kultsprache, die voll von rechtlicher Terminologie ist, welche sich bis in die lateinische christliche Liturgie römischer Herkunft gehalten hat. Viele Wörter haben zugleich einen juristischen und einen religiösen Sinn. So heißt z. B. *supplicium* sowohl »Bitte« (an die Götter) wie auch »Strafe« des Gesetzes. Nach Ulpianus, dem großen Juristen der Severerzeit, betrifft das öffentliche Recht den Kultus, die Priester und die Magistrate. Diese Auffassung von der Religion als einer Erscheinungsform des Rechtes und vom Recht als einer wesentlichen Formkraft der Religion, die ganz von Rechtsgrundsätzen und -handlungen durchdrungen ist, lebt teilweise im römischen Katholizismus fort. Sie gehört mit zum Bewußtsein des Römertums und ist andererseits gleichzeitig der Grund, weshalb man in Rom schon so frühzeitig die Anreicherung der Religion durch »poetische«, anschauliche, gestalthafte Elemente suchte, die man aus Hellas und dem Orient bezog, also von außerhalb.

Zukunftsschau und Rückschau

Das zauberische Treiben macht sich besonders in einem wichtigen Punkte bemerkbar: in der mit dem gemeinantiken Orakelwesen zusammenhängenden Praxis der Zukunftsschau, für die man vor allem auch etruskische Vorbilder hatte, welche zumindest teilweise wieder auf den alten Orient zurückgehen. Die Römer haben die Orakeltechnik ungewöhnlich kultiviert und sowohl im öffentlichen wie im privaten Leben reichlich angewendet. Die abergläubische Akribie bei der Einhaltung der rituellen Vorschriften macht sich hier besonders bemerkbar. Ein Linien- und Staborakel im Zusammenhang mit den Himmelsgegenden (*auguria*) führt der Augur besonders im Interesse von Staat und Kult durch. Das *auspicium* ist die Beobachtung des Vogelfluges oder von Körner pickenden Hühnern durch Magistratsbeamte. Ganz allgemein wurde auf Vorzeichen (*prodigia*) wunderbarer Art geachtet. Etruskischer Herkunft war die Eingeweideschau der Haruspicin, durch eigene Priester (*haruspices*) vorgenommen, und von dem griechischen Cumae in Unteritalien wurden schließlich schon unter König Tarquinius Superbus (6. Jh. v. Chr.) die mit dem apollinischen Orakelkult zusammenhängenden sibyllinischen Bücher nach Rom gebracht, für die ein eigenes Priester- und Hüterkollegium bestellt wurde.
So wie in die Zukunft, wandte sich das religiöse Denken des Römers aber auch in die Vergangenheit. Es hütete nicht nur die Sakralüberlieferungen der ältesten Zeit aufs

gewissenhafteste, sondern es schenkte vor allem auch den Geistern der Toten (*di manes* oder *Lemures*) seine Aufmerksamkeit, darunter besonders den Eltern und Vorfahren (*di parentes*), deren Pflege, Beruhigung und Abwehr eine ganze Anzahl von privaten oder allgemeinen und öffentlichen jährlichen Totenbegehungen gewidmet war. Neben solchen Toten- und Erinnerungsfesten waren die Grab- und Bestattungsriten wichtig. Trotz der abwehrenden Haltung gegenüber den Seelengespenstern allgemein hat sich doch der Römer den vergöttlichten Ahnen immer in großer Ehrfurcht (*pietas*) und in starkem Familiensinn verbunden gefühlt. Der Totenkult gehört hinein in die religiöse Bedeutung des Geschlechterverbandes (*gens*), in der ein Teil des römischen Geschichts- und Staatsbewußtseins wurzelt.

Vornehmer Römer mit Ahnenbüsten

Der römische Nationalkult

Wir haben bisher eine Reihe von wichtigen Zügen der römischen Religiosität überhaupt beobachtet. Das was hier im einzelnen lebendig war, hat sich zu einem staatskultischen System verdichtet, welches, trotz seiner ursprünglichen Armut an Mythen und anschaulichen Göttergestalten, sich zu einem ziemlich umfangreichen Gebilde entwikkelt hat, dessen Leitung und Kontrolle in der Hand zahlreicher Priester und sonstiger Kultbeamter lag.

Mittelpunkt des Staatskultus, der sich vor allem nach der Königszeit in der Republik entfaltete und später in der Kaiserzeit noch um manches bereichert wurde, war das römische Capitol, das man heute noch als das Zentrum einer uralten staatlich-religiösen Einheit empfindet und von dem aus sich die verschiedenen Hauptkultstätten und Religionsbehörden auf das *Forum Romanum* erstreckten. Das war nicht immer so. Die führende Stellung Roms zunächst im lateinischen Bunde, dann in ganz Italien, hat es erst allmählich zum Kultzentrum von höchster Bedeutung gemacht. Das wird z. B. an der Etablierung des höchsten capitolinischen Gottes, des *Juppiter Optimus Maximus*, sichtbar, der aus verschiedenen Gestalten eines Berg-, Höhen-, Himmels- und Wettergottes zusammengewachsen ist und den mächtigen, in seinen Fundamenten heute wieder erschlossenen capitolinischen Tempel (6. Jh. v. Chr.) erhielt. Er besaß aber z. B. auch als *Juppiter Latiaris* und Schutzherr des Latinischen Bundes auf dem Albanerberge (wie auch anderswo) ein altes und bedeutendes Heiligtum. Zu diesem Obergott treten zwei für die Bereiche des Krieges zuständige Gestalten in *Mars* und seinem Doppelgänger *Quirinus*. Damit ist die Grundlage der späteren capitolinischen Trias (Juppiter Optimus Maximus, Juno Regina, Minerva) gegeben, die anscheinend in der Königszeit von den Tarquiniern in Rom zum Kultobjekt gemacht wurde. Andere wichtige Götter sind *Janus*, der Gott der Tür und der Zeit, *Saturnus*, ein Saatengott, *Liber*, der Gott der Fruchtbarkeit, die Götter des Herden- und Waldlebens *Faunus* und *Silvanus*, der Feuergott *Vulcanus* und der Wassergott *Neptunus*. Unter den weiblichen Gottheiten sind die altarische Herdgöttin *Vesta*, die Erdgöttin *Tellus*, die Korn- und Wachstumsgöttin *Ceres*, die Blumengöttin *Flora*, die Obstgöttin *Pomona* bemerkenswert. In *Juno*, der Gemahlin des Obergottes, der Ehe- und Familiengöttin, sind viele Einzelgottheiten dieses Namens, Schutzgeister der Frauen, zusammengeschlossen (so wie der *Genius* die persönliche Geschlechtskraft des Mannes als Schutzdämon repräsentiert, aber auch auf die Gemeinschaft, etwa die Stadt oder das Volk Roms, übertragen werden konnte). Götter und Kulte der Italiker wanderten nach Rom und erhielten dort ihre Heiligtümer, und umgekehrt wanderten zunehmend, vor allem in der Kaiserzeit, römische Götter aus und wurden außerhalb Roms verehrt.

Die Götter, zusammengefaßt in den litaneiartigen Götterlisten (*indigitamenta*), zeigen ursprünglich ganz verschiedenartige Herkunft und Prinzipien ihrer Entstehung. Abgesehen von den Natur- und Geschichtsbereichen, denen sie entstammen und in denen sie jeweils erlebt wurden, und abgesehen von der Übernahme einzelner aus verschiedenen italischen Kulten, ist das Prinzip der Einteilung auf bestimmte Lebens- und Zuständigkeitskreise wichtig. Der Römer neigte zur Ordnung und zur klaren begrifflichen Abgrenzung auch in den Sphären des Heiligen. So finden wir hier die mit den großen Göttern teilweise zusammenhängenden zahllosen Sondergötter für alle möglichen, oft kleinen Aufgaben und Bereiche, die man z. T. näher als Funktions-, ja sogar als

»Augenblicksgötter« bezeichnet hat, weil gleichsam aus den Bedürfnissen des Augenblicks geboren. Sie erwecken oft den Eindruck der Abstraktion oder Verbegrifflichung aus konkreten Bedürfnissen heraus. So gibt es z. B. Gottheiten wie *Pax* (Friede), *Victoria* (Sieg), *Concordia* (Eintracht), *Providentia* (Vorsehung), *Fortuna* (Glück), *Felicitas Imperii* (Wohlergehen des Reiches) oder gar *Febris* (Fieber). Man spricht auch von Tutelarverhältnissen, im Blick auf *Tutela*, ursprünglich die Personifikation des häuslichen Schutzes. Unübersehbar sind einzelne anonyme Götterkollektive wie die *Laren*, ebenfalls Schutzgeister für Grenzen, Wege, Örtlichkeiten und Familie, sowie die *Penaten*, die Hausgeister, die vom privaten Kult bis in die Kreise der großen und allgemeinen Götter reichen können. Beide Gruppen hängen zumindest teilweise mit dem häuslichen Herde zusammen. Es ist ein merkwürdiges Gewebe von Göttern, Geistern und Dämonen allgemeiner und besonderer, offizieller und privater Natur, das die Religion der Römer durchzieht.

Diese Götter, deren personale Konturen im Unterschied zu den griechischen Göttern nicht immer sehr scharf sind, erhielten natürlich ihren Kultus, der neben den magisch-prädeistischen Riten hauptsächlich das Opfer übte. Im Bewußtsein der späteren Geschichtsschreiber lebte noch die Tatsache fort, daß die ursprünglich bild- und gestaltlosen Götter als numinose Kräfte ehedem keine Tempel besaßen, sondern zunächst an heiligen Orten in der Natur (Hainen, Höhlen, sonstigen Tabu-Bezirken)

Larenaltar (Nische) in einem Haus in Ostia

und an den Kultstellen mit einem Altar verehrt wurden. Zu diesem heiligen Platz des *sacellum* trat wohl erst später die Kapelle (*aedicula*), das Kulthäuschen, mit seinem Namen auf den Gedanken des Wohnbaues für die Gottheit deutend, und noch später der eigentliche Tempel. Letzterer wurde baulich sowohl durch die etruskische wie durch die griechische Tempelarchitektur beeinflußt. Ein bedeutendes, hierarchisch organisiertes Kultpersonal wurde für die Durchführung des Zeremoniells bereitgestellt. Ursprünglich war auch hier wohl der Familienvater Priester des häuslichen Kultus. Dann kamen aber die priesterlichen Funktionäre staatlicher Obrigkeit wie der aus dem Königsamt hervorgegangene *rex sacrorum* oder das Kollegium der *pontifices* mit dem *pontifex maximus* an der Spitze, dazu weiter fachliche Spezialisten wie die *flamines* (ursprünglich die Feueranbläser beim Opfer) und andere Priesterkollegien und Kultgenossenschaften, wie etwa die *Salii* des Mars oder die *Luperci* des Faunus. Die drei Erstgenannten bildeten zusammen mit den Vestalinnen, der Gruppe der jungfräulichen *Vesta*-Priesterinnen am heiligen Staatsherde auf dem Forum, das Pontifikalkollegium. Zahlreich waren die Tabu-Vorschriften, die diese Menschen einengend umgaben. Das Opfer, nach römischer Sitte mit durch die hochgezogene Toga verhülltem Haupte vollzogen, war mit zahlreichen magischen und reinigenden Riten verbunden, war teilweise unblutig (Speise und Trank, besonders Gebackenes; sog. Opferschrot), teilweise blutig, wurde deponiert (eventuell im *mundus*, der Opfergrube) oder ver-

Forum Romanum mit Atrium Vestae (vorn), Tempel von Faustina und Antoninus Pius (hinten links) und Rundtempel des Divus Romulus (hinten rechts)

brannt oder ausgegossen. Wichtig waren die Bauopfer zur Sicherung von Gebäuden. Es versteht sich, daß das Opfer ursprünglich eine magische Analogiehandlung war, wie wir es etwa noch an den *Robigalia* (25. April) erkennen, an denen ein Hund, die Erscheinungsform des durch den Ritus zu vertreibenden Getreiderostes, geopfert wurde, später dann aber noch zusätzlich aus dem Gaben- oder Geschenkgedanken heraus ein Schaf. Das Geschenkopfer war eine weitere dem Römer willkommene Vorstellung, weil er das Verhältnis zur Gottheit so gern rechtlich und kaufmännisch sah. Zu allen Kulthandlungen gehörte das formelhafte Gebet. Alles war ddarauf eingestellt, mit diesen Riten, ob sie nun im Herzen des Staates am Capitol und auf dem Forum oder überhaupt im Sakralbezirk Roms, dem *pomerium*, vollzogen wurden, ob sonstwo auf italischem Boden, ob in den Provinzen, ob in den Heiligtümern des Heerlagers, Bestand und Gedeihen von Volk und Staat zu sichern.

Dioskur mit Pferd am Aufgang zum römischen Kapitol

Die Aufnahme des Griechischen

Die fortlaufende Berührung mit griechischer Kultur und Religiosität war gegeben, schon durch Unteritalien und Sizilien. Die überlegenen Züge der griechischen Religion konnten bei dem jungen Herrschaftsvolk nicht ignoriert werden. So kam es früh – bereits in der Königszeit – zur Aufnahme griechischen Religionsgutes, das eine entscheidende Kraft in der römischen Religion werden sollte. In der griechischen Götterwelt fanden sich die Römer anscheinend selbst wieder, bzw. hier wurde das gemeinsame indogermanische Religionserbe überzeugend formuliert, das ihnen gemäß war. Insbesondere wurden seit der Einführung der sibyllinischen Bücher griechische Götter in die römischen Götterlisten (*indigitamenta*) aufgenommen (*Indigitation*, moderner Fachausdruck). So traten für Ceres, Liber und Libera die griechischen Namensformen Demeter, Dionysos und Persephone ein. Allmählich wurden zahlreiche römische Götter mit entsprechenden griechischen zusammengebracht. Dabei wurden aber auch Eigenschaften der griechischen Gottheiten auf die römischen übertragen. Und schließlich wurden unter latinisierten Namen in Rom Götter heimisch, die dort früher nie existiert hatten. Asklepios erhält einen griechisch eingerichteten Gottesdienst. Teilweise ist dies also durch Kultübertragung geschehen, indem den griechischen Gottheiten in Rom Heiligtümer errichtet wurden. Aber auch spezifisch griechische Kultformen gelangten nach Rom wie etwa die Lektisternien, die Veranstaltung von Mahlen zu Ehren griechischer Götter, die als Puppen auf Speiseklinen lagen. Kein Wunder: leitete doch das erstarkende Rom mythisch seinen Ursprung aus dem griechischen Kleinasien, aus Troja, ab. Einen Höhepunkt bildete 217 v. Chr. die Einführung der aus sechs Paaren bestehenden griechischen Zwölf-Götter-Gruppe in Rom, die nun die entsprechenden Namensträger aus dem römischen Göttersystem aufnahm: *Juppiter–Zeus* und *Juno–Hera*, *Neptunus–Poseidon* und *Minerva–Athena*, *Mars–Ares* und *Venus–Aphrodite*, *Apollo–Apollon* (Helios) und *Diana–Artemis*, *Vulcanus–Hephaistos* und *Vesta–Hestia*, *Mercurius–Hermes* und *Ceres–Demeter*. Eine Weisung des sibyllinischen Orakels spielte dabei eine Rolle. Dieses Einströmen des Griechischen dauerte fort, je enger die politischen und kulturellen Beziehungen zu Griechenland wurden, und in der Kaiserzeit, als Griechenland Bestandteil des Imperium war, war die Schicht des Griechischen in Roms Kulten sehr stark geworden. Sie trug aber viel zur Belebung und Aufrechterhaltung der einer neuen Zeit nicht mehr allenthalben genügenden altrömischen Götter- und Glaubenswelt bei. Die Römer wiederum gaben das Griechische an die Zukunft weiter.

Der Einbruch des Orients

Neben dem Griechischen hat noch ziemlich stark das Etruskische fortgewirkt. Vor allem aber kam es in Rom – wie auch in Griechenland – zu einer Aufnahme von orientalischen Elementen und Kulten in die Religion, da sich dieses Volk dem starken kulturellen Druck des Ostens nicht entziehen konnte. Der Widerstand dagegen war in Rom freilich wohl noch größer als in Griechenland. Auch hier haben die sibyllinischen Bücher wieder eingewirkt. So als 204 v. Chr. der schwarze Fetischstein der Magna Mater Kybele aus Pessinus in Kleinasien nach Rom geholt und dort 191 v. Chr. auf dem Palatin ein Tempel dieser Göttin geweiht wurde. Hier beginnt offiziell die Aufnahme asiatischer Kulte, denen wegen ihres unberechenbaren, aufgeregten ekstatischen Wesens das alte Römertum mißtraute. Um die gleiche Zeit bestand – zunächst geheim – ein orgiastischer Dionysos-Kult in der Umgebung Roms. Je mehr römische Krieger in den weltpolitischen Unternehmungen Roms außeritalische Gebiete kennen-

Altar der Magna Mater und der Navisalvia

lernten, desto mehr sickerte an östlichen Vorstellungen nach Italien und Rom ein. 139 v. Chr. noch wurden östliche Sternpriester vertrieben. Bald aber hatten orientalischer Gestirnkult und astrale Magie festen Fuß gefaßt. In der Kaiserzeit traten dann die orientalischen sog. Mysterienreligionen ihren Triumphzug nach Rom und Italien an. Neben den orientalischen waren es übrigens allmählich auch andere Götter, keltische, donauländische und sonstige provinzielle, die nach Rom kamen und oft in der sogenannten *interpretatio Romana* unter den auf sie einigermaßen passenden römischen Götternamen verehrt wurden.
Schon das letzte Jahrhundert der Republik bot den Anblick eines Chaos auf religiösem Gebiete und eines Niederganges der nationalkultischen Traditionen, bis unter Augustus der große Restaurationsversuch mit der Konsolidierung der Monarchie kam, der dann auch den altrömischen und neueren, speziell auf Rom und auf das römische Reich zugeschnittenen Kulten wieder einen gewissen Auftrieb und sogar Verbreitung außerhalb Roms verschaffte, wie nicht nur der Kaiserkult, sondern auch die Verehrung der Göttin Roma und des capitolinischen Jupiter an vielen Stellen des Imperiums zeigen. Allerdings vermochten die augusteischen Erneuerungen die Überfremdung des Altrömischen in Kultus und Kultur nur zu bremsen, nicht aufzuhalten. Denn die Kaiserzeit und die weltweite Ausdehnung des Reiches begünstigten erst recht die Aufnahme des Fremdländischen, nach dem die ungestillte Sehnsucht einer innerlich immer unsicherer werdenden Zeit verlangte.

Vom Staatskult zum Herrscherkult – die unbesiegte Sonne

Die persönliche Religion des Augustus hatte stark unter dem Vorzeichen des *Apollo-Helios* gestanden und hatte damit ebenfalls östlich-griechische Elemente aufgewiesen, bestimmte religiöse Vorstellungen von der Gestalt des Herrschers. Daß diese Gestalt in der werdenden Monarchie immer mehr in das Zentrum religiöser Überlegungen trat und dabei die Züge des alten sakralen Königtums annahm, welches auch Rom ehedem gekannt hatte, ist verständlich. Dies beginnt schon bei Caesar. Hinzu kam das Vorbild der alten orientalischen Gottkönigtümer und vor allem das des sonnenhaften Weltherrschers Alexander und seiner Nachfolger. Gleichzeitig boten die altrömische und im Grunde allgemein primitiv-animistische Vorstellung vom *Genius* jedes Mannes und die Verehrung der göttlichen Vorfahren Anhaltspunkte. So war es nicht verwunderlich, wenn zunächst offiziell nach dem Vorgang des Augustus tote Kaiser durch Senatsdekret zu göttlichen Ehren erhoben wurden und der Genius des lebenden Kaisers als gottähnlich figurierte, dann aber schließlich, besonders seit dem als Hercules auftretenden Commodus, seit Diocletian auch von Rechts wegen, die lebenden Kaiser in der Praxis mehr und mehr zu göttlichen Kultobjekten wurden, die alle anderen Gottheiten überstrahlten. Die übliche Konsekration der toten Kaiser durch den Senat wurde zur Nebensache, wenn sie auch rechtlich erforderlich war. Die Gewalt der Tatsachen und die Legendenbildung, die in den Kaisern oft charismatische Wundermänner sah, schaffte sich hier Platz. Der Genius der lebenden Kaiser erhielt zunächst in den Kaiserbildern Kultus, vor allem Opfer. Den Kaisern wurden Tempel erbaut. Die Herrscher und Herrscherinnen wurden mit verschiedenen olympischen Gottheiten und Heroen identifiziert. Sie wurden als *divus* (»göttlich«) bezeichnet und gern mit Epitheta wie *Soter* (»Heiland«, Bezeichnung für alte Heilgötter) belegt, obwohl sie selbst im einzelnen dazu verschieden standen. Aber ein Aurelian (270–275) ließ sich selbst *dominus et deus* (»Herr und Gott«) nennen. Er, der ein besonderer Verehrer des syrischen Sonnengottes war, trug, wie auch andere Kaiser der späteren Zeit, die metallene Strahlenkrone um das Haupt, um damit seine Beziehung zur Sonnengottheit

Kaiser Commodus als Herakles mit Löwenmaske

zum Ausdruck zu bringen. So endete das Kaisertum in extrem mythologisierten und ritualisierten Formen im Zeichen jenes Gottes, unter dem Augustus seine Herrschaft begonnen hatte. Die feine Unterscheidung zwischen dem Genius des lebenden Herrschers und der vergöttlichten Person selbst ist zweifellos den breiten Volksmassen nie möglich gewesen.

Helios auf der Sonnenquadriga

Die »unbesiegte Sonne« (*sol invictus*), mit verschiedenen hohen Göttern des griechisch-römischen Pantheons in Verbindung gebracht, in Wirklichkeit aber eine Gestalt des Ostens, wo uns in dieser Zeit zahlreiche altorientalische Gottheiten im solaren Gewande als Lichterscheinungen entgegentreten, war eines der wichtigsten religiösen Symbole des ausgehenden römischen Heidentums geworden, das gleichzeitig der kommenden Religion des Christentums Anknüpfungspunkte bot. Die Züge des *Helios-Sol-Schamasch*, unter dessen Schutz die letzten vorchristlichen Kaiser gelebt hatten, wurden auf Christus übertragen.

Erneuerung und Zerfall

Seit augusteischer Zeit hat es immer wieder Versuche gegeben, auch religiös den altrömischen Geist hochzuhalten. Es war viel Frömmigkeit in römischen und fremdländischen Formen lebendig. Orakel-, Wunderglaube und Mystik waren verbreitet. Freilich steht neben dem orientalischen Einfluß die Zersetzung aus philosophischer Skepsis. Andererseits hat solche philosophische Haltung, z. B. in Kaiser Marcus Aurelius, auch wieder zur Nachdenklichkeit über die Tiefen des Religiösen geführt. Der Restaurator heidnischer Religion nach dem gelungenen Einbruch des Christentums, Kaiser Julian der Abtrünnige (361–363), war selbst nicht Anhänger altrömischer oder griechischer Religiosität, sondern neuplatonischer Religionsphilosoph. Sein Betreiben einer heidnischen Erneuerung kam natürlich der altrömischen Religion ebenso wie der griechischen indirekt zugute. Hatten sich doch im 4. Jahrhundert in Rom, nachdem die christlichen Kaiser dort nur noch gelegentlich erschienen, in konservativen Kreisen das Glaubensgut und der Kultus der Väter besonders zähe gehalten. Lange wogte der Kampf, wie er besonders im Streit um den Altar der Siegesgöttin Victoria im Senatssaal (382 entfernt) deutlich wird. Der Senat und das hohe Beamtentum waren ein Hort des Widerstandes gegen die Christianisierung. Noch im 5. und 6. Jahrhundert wurden heidnische Feste in Rom und Italien gefeiert. Erst allmählich ist es durch kaiserliche Verbote und durch die Aufnahme heidnisch-römischen Brauchtums in die Kirche zum Ende des altrömischen Kultus gekommen. Die aus Kult und Glauben verbannte weltbeherrschende Göttin Roma, die ihr religiöses Recht im Kampfe des Senates mit den christlichen Kaisern gefordert hatte, wurde in allegorisch-symbolischer Weise die Patronin des päpstlichen Rom und schließlich des neuzeitlichen Italien, als die sie uns dort noch allenthalben entgegentritt.

Die Religionen des orientalisch-hellenistischen Synkretismus

Zum Eigentümlichsten, das die Religionsgeschichte kennt, gehört die Religionsmischung *(Synkretismus)* auf dem Boden der hellenistischen Nachfolgestaaten des Alexanderreiches und schließlich des römischen Weltreiches, das die Reste des Reiches Alexanders des Großen einschließlich des westlichen Europa und der von Rom eroberten Teile Afrikas, des Nordens und der Donauländer umfaßte. Hier entstanden in reicher Zahl kultisch praktizierende Religionsgemeinden und literarisch-religionsphilosophische Ideengemeinschaften, die man als unmittelbare Vorstufen zu Weltreligionen ansehen und am einfachsten vielleicht als »universalistische« oder »imperiale« Religionen auf dem Boden und etwa innerhalb der Grenzen eines Weltreiches bezeichnen kann. Sie unterscheiden sich von den bodenständigen alten Volksreligionen in diesem Imperium, mit denen sie allerdings auch wieder vieles verbindet. Sie sind nach dem Freiwilligkeitsprinzip zustande gekommene Wahlgemeinschaften. Mit dem Reich haben sie auch ihr Ende gefunden, da sie seiner Kultur und Geistigkeit verhaftet waren und das Ende des alten einheitlichen römischen Imperium im strengen Sinne ungefähr mit dem Endsiege des Christentums im Wettkampfe der Religionen von damals zusammentrifft. Wir haben hier ein Beispiel dafür, wie Gedeih und Verderb auch von nichtnationalen Religionen mit den Schicksalen der politischen Geschichte aufs engste zusammenhängen kann.
Neben diesen imperial verbreiteten Kulten und religiös-philosophischen, spekulativen Gedankengängen stehen Sonder- und Mischformen der nationalen Religionen, deren Götter im Zuge der Bevölkerungsverschiebungen und Wanderungen, des politischen und wirtschaftlichen Verkehrs von Menschen anderer Nationalität aufgenommen und mit ihrer eigenen Religiosität verbunden wurden. Und schließlich kommt die allgemeine Grundschicht magischen Glaubens hinzu, deren Vorstellungen sich ebenfalls über das ganze Reich hin mischten.

Die »Mysterienkulte«

Wenn im alten Griechentum die Mysterien als Bestandteil fortlebender uralter religiöser Weisheit und Kultpraxis das Leben in der fruchtbaren organischen Natur mit dem Menschenschicksal nach dem Tode in Verbindung brachten und so eine Sinndeutung des Lebens zu geben versuchten, so fügen die hellenistisch-spätantiken Mysterien diesen meist auch bei ihnen gepflegten Gedankengängen noch den Wunsch des Menschen nach *Erlösung* aus einem als mangelhaft empfundenen Erdendasein und die Hoffnung auf himmlische Unsterblichkeit, wenn nicht gar Vergottung, hinzu. Das Problem des *Fortlebens nach dem Tode*, der Verewigung und Unsterblichkeit, von dem die Spätantike zunehmend bewegt, ja besessen wurde, spielt weiterhin eine Hauptrolle. Das Schicksal eines mythischen Kultheros in ferner Vergangenheit ist dafür vorbildlich. Er figuriert im Kult als Urbild und Beispiel des Mysten, der seinem Wege zu Erlösung und Heil folgen soll. Gewöhnlich geht es dabei durch Kampf und Sterben zu Sieg und Leben, erlebt in gleichnishaftem mythischem und kultischem Geschehen. Rituelle

Reinigungen, Sakramente und dramatische Handlungen versinnlichen den Gedankengang ebenso wie eindringliche Symbole. Der Appell an das Gemüts- und Gefühlsleben des Menschen ist hier stärker als sonstwo in der antiken Religiosität. So treten neue Mysterien neben den fortbestehenden altgriechischen mehr und mehr ins Blickfeld vor allem der römischen Gesellschaft.

Die phrygischen und syrischen Mysterien

Die den Griechen und Römern zunächst fremden Formen dieser Mysterien kamen aus dem Osten, aus Kleinasien, Syrien, Persien und Ägypten. Syrien-Kleinasien ist das wichtigste Ursprungsland für derartige, wohl auf alte mesopotamische Wurzeln zurückzuführende Kulte.

(1) Der bedeutendste und in hellenistisch-spätantiker Zeit am meisten verbreitete Kult war der der *Kybele* und ihres Genossen *Attis*. Gestalt, Symbole und Attribute der Kybele und des Attis tragen ebenso wie ihr Kult und ihre Diener recht altertümliche Züge, die teilweise sogar auf Schamanistisches zu verweisen scheinen. Kybele ist eine der sich ewig gleichbleibenden und doch ewig ihren Namen und ihr Äußeres wechselnden mittelmeerisch-vorderasiatischen Muttergottheiten, geschmückt mit der Mauerkrone der vorderasiatischen Stadtgöttin Mâ, der späteren griechischen Tyche, umgeben von den Löwen wie die kretische Göttermutter, in und auf den Bergen wohnend, begleitet von ihrem Partner Attis, der Sohn und Geliebter zugleich ist, der im Mythus teilweise als Stifter und Bringer ihres Kultus erscheint, der in Lydien getötet wird. Nach anderen Versionen des Mythus macht ihn die alternde Göttin wahnsinnig, als er sich in eine junge Nymphe verliebt, so daß er sich selbst entmannt. Er wird in eine Pinie verwandelt, ist also ein Pflanzengott, der mit Füllhorn und Traube als Fruchtbarkeitsgott auftritt, auf den Kultbildern knabenhaft mit der phrygischen Mütze dargestellt. Er ist sterbender und auferstehender Gott und damit ein Natursymbol. Das zeigt auch sein Kult, der seit 204 v. Chr. in Rom mit dem der Kybele eingeführt wurde, wo seitdem die wichtigsten Kultdenkmäler zu finden sind. Attis trat in den Mittelpunkt dieses Kultus, dessen Hauptfeiern zur Zeit der Frühlings-Tagundnachtgleiche stattfanden und der manche Verwandtschaft zur kirchlichen Osterfeier zeigt. Die Trauer um den toten Gott, in Gestalt einer Pinie in Prozession einhergeführt, und sein symbolisches Begräbnis bildeten den Höhepunkt, dem vermutlich auch eine fröhliche Auferstehungsfeier (die *Hilaria*, am 25. März) folgte. Neben diesen öffentlichen Zeremonien standen geheime Einzelweihen. Eine »Taufe« mit dem Blute eines über der Opfergrube geschlachteten Stieres (*Taurobolion*) oder Widders (*Kriobolion*) verschafft den Mysten Wiedergeburt für die Ewigkeit; ein Mahlsakrament, d. h. ein Essen und Trinken aus *Tympanon* (Pauke oder Trommel) und *Kymbalon* (Becken), den uralten kultischen Musikinstrumenten, brachte Mahlgemeinschaft mit dem Kultgott. Anderes trat hinzu. Sakrale Selbstverletzung und -verstümmelung waren gebräuchlich. Alles deutet auf Ritualreste aus fernen Zeiten früherer Zivilisationsstufen. Die Attis-Mysterien in Verbindung mit dem Kult der großen Mutter Kybele haben viel zur Erzeugung einer religiösen Stimmung beigetragen, die der Erlösungssehnsucht des Christentums verwandt war, das Heil allerdings in gewaltsamen Äußerungen ekstatischen Überschwanges und in barbarischen Riten zu gewinnen suchte.

(2) Ein dem Dionysos verwandter Gott rauschhafter Besessenheit ist der phrygisch-

Attis-Heiligtum in Ostia

thrakische *Sabazios*, dessen Gestalt teilweise mit dem jüdischen Sabaoth zusammengeflossen ist. Darstellungen eines römischen Priestergrabes zeigen uns ein Seligenmahl, das durch ein Kultmahl auf Erden vorbereitet wird, als jenseitiges Ziel der Kultgemeinschaft, deren Mitglieder sich aber auch einem Totengericht unterziehen müssen. Zu den Weiheriten gehörte offenbar auch die Berührung mit einer Schlange. Motive aus Pflanzen- und Tierwelt tauchen in diesem ursprünglichen Vegetationskult auf, der wiederum durch Natursymbolik den Tod-Leben-Gedanken und das Hineinwachsen des Menschen in eine bessere jenseitige Welt darstellen will und zur Vergewisserung darüber neben kultisch-sakramentalen Handlungen auch die Ekstase verwendet. Er hat in seiner Geschichte mit verwandten Kulten Berührung gehabt, aber auch zu so Fernliegendem wie dem Judentum Kontakte gesucht.

(3) Im Gebiet Syriens sind noch andere Gottheiten beheimatet, die in hellenistisch-spätantiker Zeit über das ganze römische Reich verbreitet wurden, in Sonderkulten Verehrung fanden und ihren Anhängern Heil und Seligkeit verhießen. Hierher gehört der vorzugsweise von Frauen verehrte, aus dem altorientalischen Tammuz entstandene

Vegetationsheros *Adonis*, der Geliebte der Astarte-Aphrodite, dessen Kult (mit dem Zentrum in Phönikien) wohl den Gedanken einer heiligen Ehe zum Inhalt hat, im übrigen aber, ähnlich wie bei Attis, um das für das Menschenschicksal vorbildliche Sterben und Auferstehen des Gottes kreist, den wir deshalb nicht selten auf Sarkophagen abgebildet sehen. So bringt es das von Frauen aus verschiedenen Sämereien zum raschen Aufkeimen gebrachte »Adonis-Gärtlein« idyllisch-symbolisch zum Ausdruck. Ein dazugehöriger Mythus deutet diese Gedanken. Die *Dea Syria*, auch als Atargatis, Astarte, Derketo auftretend, erscheint wie Kybele als Herrin der Tiere, darunter in Fischgestalt, mit einem männlichen Partner Hadad als Fruchtbarkeitsgöttin altorientali-

Büste eines Gallus (kastrierten Priesters) der Atargatis

scher Herkunft, der in Askese und Ekstase, oft in sinnlichen Riten, gedient wird. Der Kult sucht u. a. das Geschlechtliche in sakraler Prostitution wie in orgiastischer Selbstkastration für das religiöse Erlebnis zu aktivieren und so dem Anhänger Seligkeit und Gottesgewißheit zu bringen. Dieser Kult ist gleichsam eine Dublette zum Adonis-Glauben. Es geht hier im Grunde allenthalben um das gleiche Phänomen, das sich auch in der *Artemis von Ephesos*, einer *interpretatio Graeca* der alten kleinasiatischen Muttergöttin und Göttermutter, und in der *Dea Caelestis*, der *Tanit* von Karthago, zeigt. Letztere fand besonders unter Septimius Severus Eingang in Rom. Demgegenüber haben der *Juppiter-Baal von Doliche* in der syrischen Kommagene und der als *Sol Invictus* (»Unbesiegte Sonne«) vor allem seit dem 3. Jahrhundert n. Chr. gefeierte syrische Sonnengott einen mehr männlichen Zug in die Heils- und Erlösungskulte hineingebracht, obwohl auch sie des weiblich-erotischen Elementes nicht völlig ermangeln. Das Mysterische tritt hier zurück.

Die ägyptischen Mysterien

In Ägypten hatte der Kult des Vegetations- und Baumgottes *Osiris*, der an verschiedenen Orten beheimatet war, und seiner Schwester-Gattin *Isis* schon früh das Geheimnis von Tod und Leben zum Gegenstand. Isis ist eine uralte Muttergottheit, Osiris ein sterbender und auferstehender Kultheros, mit dem sich der Mensch in seinem eigenen Schicksal identifiziert. Ein Sohn, *Horus-Harpokrates*, tritt als göttliches Kind hinzu. In hellenistischer Zeit wurde nun der in Memphis mit dem Stiergott *Apis* verbundene Osiris als *Osiris-Apis* oder *Oserapis* zu einem Reichsgott, zum Mittelpunkt eines unter politischen Gesichtspunkten künstlich geschaffenen Kultus, der dann den Namen des *Serapis* oder *Sarapis* erhielt. Die ägyptische Natur-, Vegetations-, Todes- und Lebensgottheit nahm die Züge griechischer Götter an und wurde zu einem Heilands- und Heilgott (*Sotḗr*), der in Memphis und Alexandria seine großen Kultzentren besaß. Er ist sowohl Himmels- wie Unterweltsherrscher, der zunehmend zu einer Allgottheit wird. Seine Verehrer erwarteten sich wohl ein künftiges »Mahl am Tische des Herrn Serapis«, das sie auch als Kultmahl genossen. An seinen Kultstätten (Serapeien) scheinen Klausner als Gottesgefangene (*kátŏchoi*) in der Hingabe an den Gott gelebt zu haben. Mit diesem Kult waren die Riten der *Isis* historisch verbunden, die allerdings stärker geheimkultisch-esoterischen Charakter trugen und neben öffentlichen Gottesdiensten mit Festen, Prozessionen, Liturgien dem Mysten in Bildern und dramatisch-symbolischen, sakramentalen Handlungen die Mysterien und Verheißungen der großen Allmutter darboten. Der Myste erfuhr an sich anscheinend eine Art von Vergottung als Gipfel seiner Aufnahme in den inneren Kreis des Mysteriums. Den Reichtum dieser rituellen Vorgänge, die auch auf einen kosmischen Charakter der hier gehüteten Anschauungen hinweisen, hat Apuleius von Madaura (2. Jh. n. Chr.) in seinen *Metamorphosen* geschildert. Vom großen Kult mit seinen Tempeln, Kultgeräten, zahlreichen Priestern und Priesterinnen und glänzenden Zeremonien vermitteln uns antike Bilder eine Anschauung, besonders zwei prächtige Wandgemälde im Museo Nazionale zu Neapel. Kein Wunder, daß diese Religionsgemeinschaft, nachdem sie sich gegen viele Widerstände in Rom seit dem 1. Jahrhundert v. Chr. durchgesetzt hatte, dort allmählich festen Fuß faßte und bis zum Ausgang der römischen Religion am Ende des 4. Jahrhunderts n. Chr. ein fester und beliebter Bestandteil des vorchristlichen Glaubens und Kultus blieb. 391 erst wurde das Serapeion von Alexandria zerstört, aber noch 398 fanden dort Isis-Prozessionen statt, und erst um 500 wird der Isis-Kult auf der Nil-Insel Philae beendet. Zu dieser Fortdauer haben wohl nicht wenig die ethischen Anschauungen beigetragen, die hier ausgebildet wurden. Isis hat ihre Anhänger stärker in sittliche Pflicht genommen als die Gottheiten vieler anderer Kulte der Antike; und bei allem kosmisch-universalistischen Glanz, mit dem ihre Verehrer sie umgaben, und bei aller Vergottungs- und Erlösungsmystik erschöpfte sich ihr Kult nicht in einem bloßen ekstatisch-enthusiastischen Wesen und in einem Naturmysterium. Ihre Religion ist insofern von einer gewissen heiligen Nüchternheit.

Die persischen Mysterien

Ein Geheimkult besonderer Art, aus dem Osten gekommen, dort aber nicht sehr verbreitet, dagegen im Westen gern aufgenommen und außer in Rom vor allem im germanischen Grenzgebiet reichlich anzutreffen, ist der des Himmels- und Lichtgottes *Mithras*, einer alten indoarisch-persischen Gottheit. Es ist wohl der jüngste Mysterienkult. Wie er eigentlich aus der iranischen Göttergestalt und ihrem Mythus entstanden ist, wissen wir nicht genau. Züge kosmischer Art, eines Lichtglaubens, astrale Gedankengänge, dualistische Motive eines Kampfes zwischen Licht und Finsternis mischen sich mit alter Vegetations- und Fruchtbarkeitssymbolik und mit dem Heilands- und Erlösungsgedanken. Der Kultheros Mithras bildet den Mittelpunkt. Mit seinem Leben, von seiner Geburt aus dem Felsen an über seinen siegreichen Kampf mit dem Urwesen des Stieres, den er tötet, über sein Mahl mit dem ihm verbündeten Sonnengott bis hin zu seiner Himmelfahrt, haben sich wohl seine Anhänger identifiziert. Sie haben es nachzuahmen versucht. Der Kult gab ihnen dazu Gelegenheit. Wir müssen ihn, wie auch den Mythus, hauptsächlich aus den Kultdenkmälern, vor allem aus den Mithras-Reliefs, erschließen, da schriftliche Überlieferungen nur spärlich sind. Die Mithras-Heiligtümer finden sich in großer Zahl im westlichen römischen Reich, auch auf deutschem Boden (z. B. in Heddernheim bei Frankfurt, Friedberg, Osterburken, Wiesbaden, Stockstadt, auf der Saalburg im Taunus). Es war eine ausgesprochene Soldatenreligion, die wohl unter der einheimischen Bevölkerung nur geringen Anklang

Unterirdisches Mithras-Heiligtum hinter und unter S. Clemente in Rom

fand. Die männlichen Züge eines Vatermysteriums treten hier am schärfsten hervor. In den oft halbunterirdischen, teils grotten-, teils speisesaalartigen Kultbauten wurden Mutproben, Einweihungen und – als Höhepunkt – ein heiliges Mahl vollzogen. Die Anhänger scheinen in sieben Weihegrade abgestuft gewesen zu sein, unter denen Tiernamen (Rabe, Löwe) bemerkenswert sind. Reich ausgebildet waren offenbar die kosmisch-astralen Gedanken und ihre Symbolik. Neben ethischen Verpflichtungen hat der Kult den Mysten wohl auch ihre Zukunfts- und Heilserwartungen in der Gemeinschaft mit dem Lichtgotte und in seinem Reiche vor Augen gestellt. Da dem Mythus des Mithras das weibliche Element fehlt und der Kultus für Frauen unzugänglich war, hat er gelegentlich Verbindung mit der *Magna Mater* gesucht, und so kam es zu merkwürdigen, der Antike aber geläufigen Doppelheiligtümern (z. B. Ostia, Saalburg). Insofern nimmt Mithras eine bemerkenswerte Ausnahmestellung in der späten Antike ein. Mit seinem betonten Mannes-, Licht- und Kosmoscharakter und mit seiner strengen Ethik bot er Anlaß zu Vergleichen mit bestimmten Seiten des Christentums.

Die Fortdauer griechischer Mysterien

Neben diesen Sonder- und Geheimkulten orientalischer Herkunft haben natürlich die alten griechischen Mysterienkulte im römischen Reich fortbestanden. Die Weihen von *Eleusis* blieben bis zum Ende des Heidentums in Funktion und fanden ihre Anhänger

Klinensarkophag in S. Lorenzo in Rom

aus dem ganzen Reich, die sich im Kultbau des *Telesterion* von Eleusis ihre Einweihung erteilen ließen. Freilich war es ein auf seine attische Heimat beschränkter Universalkult, zu dem man wallfahrten mußte, was anscheinend teilweise als Modesache geübt wurde. Die römische Indigitation (s. S. 321) der Demeter als Ceres hat daran nichts geändert: das Mysterium blieb ortsgebunden. Beweglicher war von vornherein *Dionysos* mit seinen Weihen und Orgien, deren Wanderung und Ausübung in Italien, besonders in Rom, wir schon seit dem 2. Jahrhundert v. Chr. spätestens registrieren können. Die Verbreitung dionysischen Gedankengutes erkennen wir vor allem aus zahlreichen Werken der bildenden Kunst, darunter so berühmten Darstellungen wie dem Freskenzyklus in der Mysterienvilla Item in Pompeji, und aus der Grabmalkunst mit ihrer Symbolik. Es war stark verallgemeinert. Es hat Weihen für die Aufnahme in die Dionysos-Gemeinde gegeben und wiederholte ausgelassene nächtliche Feiern, welche die Anhänger des Gottes in der Ekstase vereinigten. Dionysos galt vor allem als Garant für ein glückliches Jenseits und für Unsterblichkeit. Deshalb finden sich seine Symbole so häufig an den Gräbern. Mysterischen Glauben scheinen auch die *thrakischen Reiter* zum Ausdruck zu bringen, die uns auf Relieftäfelchen überliefert sind, die teils die Dioskuren oder die zu den alt- und vorgriechischen Mysterien gehörigen Kabiren, teils einen reitenden Unterweltsheros zeigen. Der hauptsächlich wohl bei den Soldaten beliebte Kult war vor allem nach den Donauländern hin verbreitet und scheint unterirdischen Heilsgottheiten gegolten zu haben, die als Garanten für ein besseres Jenseits in gemeinsamen Mahlfeiern verehrt wurden.

Hellenistisch-spätantike Religionsphilosophie

Das Griechentum hatte bereits in den Anfängen seiner Blütezeit die religiösen Fragen philosophisch durchdacht und hatte mit den Kräften der Vernunft und der Spekulation den im Mythus überlieferten und im Kult verehrten Götterhimmel zu durchdringen versucht. Immer mehr bemächtigten sich die Philosophen der Frage nach der Religion, ja sie wurden zu Schöpfern von religiösen Gedankengängen und Systemen, die wesentlich zur Entwicklung der antiken Religionsgeschichte beitrugen. Die Ausbreitung griechischer Kultur und ihre Vermischung mit dem Orientalischen im Alexanderreich beförderte diesen Vorgang. Neues trat ins Blickfeld der Religionsphilosophen. Natürlich hat es unter den Philosophen fortlaufend auch Religionskritiker und -gegner und Skeptiker gegeben. Uns interessieren hier nur die positiven Beiträge zur Religion, unter denen wir drei Hauptbereiche unterscheiden können: die Stoa, den Neupythagoreismus und den Neuplatonismus.

Die Stoa

Die mächtigste philosophische Bewegung des Hellenismus, die mit ihrer praktischen, lebenzugewandten Richtung die großen spekulativ-metaphysischen Systeme des Platon und Aristoteles abgelöst hat, ist die Stoa. Sie ist so weit verbreitet und so populär geworden, daß man sie als charakteristisch für das Denken der Jahrhunderte um die Zeitenwende bezeichnen kann. Schon die ältere stoische Philosophie war religiös-theologisch interessiert. Zeugnisse einer pantheistisch-monotheistischen Interpretation

des volkstümlichen griechischen Götterhimmels stammen von ihr. Die religionsgeschichtlich bedeutende Leistung der hellenistischen und römischen Stoa ist die Konstruktion eines Weltbildes, in dem das Göttliche als alldurchdringende Urkraft (*Logos* »Wort«, *Pneuma* »Geist«) eine entscheidende Rolle spielt. Aus diesem göttlichen Feuergeist, den u. a. *Poseidonios* (135–50 v. Chr.) lehrte, sind die mythologischen Götter entstanden, die insbesondere in den Naturerscheinungen sichtbar werden, und er erstreckt sich bis in den Menschen hinein, der also Anteil hat an dem die Welt durchdringenden göttlichen Pneuma, vor allem mit seiner Vernunft, die Ausfluß der göttlichen Weltvernunft ist. Der Mensch ist im göttlichen All geborgen und kehrt nach dem Tode wieder in die Urkraft zurück, aus der sich in ständigem Wandel die Elemente herausdifferenzieren. Der Kosmos-Gedanke und das Naturbewußtsein sind in diesem religiösen Monismus mit stark »materialistischen« Zügen lebendig. Der Pantheismus lebt hier fort und führt zu einem ganzheitlichen religiösen Welt- und Menschenverständnis. *Cicero* hat die stoische Grundhaltung an die Römer weitergegeben und ihnen dabei auch das religionsphilosophische Gedankengut nahegebracht. Hinzu kommt – und das hat die Stoa in der späteren Antike populär gemacht – eine eingehende Beschäftigung mit moralischen Fragen, deren Lösung die Ergänzung zu der pantheistischen Weltschau bildete. Hier gab man dem Menschen konkrete Lebenshilfen an die Hand, mit denen er sich in der Daseinswelt zurechtfinden konnte. Die Einordnung in das Welt- und Naturgesetz führt zum Vertrauen auf die alles lenkende Gottheit, die das Schicksal in Händen hält, die aber auch vom Menschen Tugend (*aretḗ*) fordert.
Unter den römisch-spätantiken Stoikern befinden sich große Männer, wie der umfassend gebildete *Seneca* (4 v. – 65 n. Chr.), der feinsinnige *Epiktet* (um 100 n. Chr.) und der philosophierende Kaiser *Marcus Aurelius* (161–180), der als Staatsmann in der Stille der Selbstbetrachtung aus dieser Religions- und Moralphilosophie Kraft schöpfte. Dazu treten zahlreiche populäre Moral- und Religionsprediger, denn es gab auch eine volkstümliche Darbietung dieser Lehre. Die kosmischen Züge und die stoische Naturlehre boten Anknüpfungspunkte für den orientalischen Glauben und seine theologisch-kosmologischen und astralen Spekulationen, wie sie die einzelnen Mysterien und die Gnosis entfalteten. Eine neue Schau des Menschen inmitten der Kräfte und Bezüge des Kosmos bahnt sich hier an.

Der Neupythagoreismus und Verwandtes

Für die Religionsphilosophie der letzten Jahrhunderte der Antike ist der Rückgriff auf Autoritäten früherer Zeiten charakteristisch, am liebsten auf solche, die bereits mit dem Schimmer des Mythus umgeben waren. Die Berufung auf diese glanzvollen Gestalten war üblich und geradezu Stilform. Dazu gehörte der fast sagenhafte Pythagoras (6. Jh. v. Chr.), dessen Bild historisch nicht klar ist, der jedenfalls mit dem Orphikertum Unteritaliens in Zusammenhang gebracht wird. Im Altpythagoreertum spielten offenbar Zahlenspekulationen kosmischer Art, eine Seelenlehre und eine dualistische Ethik die beherrschende Rolle. Ob das Neupythagoreertum der ausgehenden Antike damit historisch tatsächlich zusammenhängt, ist schwer zu sagen.
Mit Philosophie hat die mythologische Spekulation und Morallehre und die zauberisch-mysterische Kultpraxis der Neupythagoreer kaum noch etwas zu tun. Außer dem Religiösen und Ethischen haben wohl allerlei spekulative Lehren aus verschiedenen

antiken Philosophien hier Unterkunft gefunden, in denen sich gleichzeitig der Neuplatonismus ankündigt. Charakteristisch ist eine dualistische Grundhaltung, die Verbindung mit der Welt des Göttlichen in Ritualhandlungen und Offenbarungen, die Hoffnung auf ein Fortleben im besseren Jenseits und die Pflege und allegorische, moralisierende Interpretation der volkstümlichen Kulte. Pythagoras erscheint geradezu als ein höheres Offenbarungswesen. Weissagung, Traumdeutung, Zahlenspekulation und eine asketisch gestimmte Sittlichkeit sind hier zu Hause. Hauptvertreter der Richtung wie der berühmte Wundertäter Apollonius von Tyana (1. Jh. n. Chr.), Numenius von Apameia und Nikomachos von Gerasa (beide 2. Jh. n. Chr.) sind orientalischer Herkunft, als römischer Gewährsmann gilt der Freund Ciceros, Nigidius Figulus (1. Jh. v. Chr.). Neupythagoreisches Gedankengut scheint in Kultgemeinden gepflegt worden zu sein. Den Kultraum einer solchen glaubt man in einer unterirdischen Anlage (»Basilika«) bei der Porta Maggiore in Rom erschlossen zu haben, die durch ihren interessanten Bilderschmuck auffällt.

Eine dem Pythagoreismus nahestehende Gestalt ist der delphische Apollo-Priester Plutarch von Chaironeia (1. Jh. n. Chr.), von dem eine ganze Reihe von Schriften religionsphilosophisch-pädagogischen Charakters erhalten ist, die auch den Einfluß Platons verraten. Zwischen Gottheit und böse beseelter Materie stehen für ihn Götter und Geister oder Dämonen, die vor allem das göttliche Wesen zum Menschen hin vermitteln. Die Himmelskörper werden einbezogen und erhalten einen wichtigen Platz im System. Plutarch schafft eine interessante Seelenlehre. So ist die Welt, in der sich die Geister bewegen, letztlich Schauplatz des Wirkens göttlicher Güte am Menschen, dem auch der Weg zur Unsterblichkeit und in eine ausgleichende bessere Welt offen steht. Der Erlösungs- und Jenseitsgedanke bildet immer wieder den Hintergrund. Verwandt mit Plutarch ist in seiner Lehre der Rhetor Maximus von Tyros (2. Jh. n. Chr.), bei dem ebenfalls vom Aufstieg zur väterlichen Gottheit und von Dämonen und Zwischenwesen die Rede ist.

Der Neuplatonismus

Auf der Grundlage dieser Vorstellungen und unter Berücksichtigung mannigfaltigen östlichen Glaubensgutes, das aus noch ungeklärten Quellen zufloß, ist der Neuplatonismus zu verstehen, die bedeutendste philosophische Leistung des ganzen ersten nachchristlichen Jahrtausends, die freilich entscheidend Religionsphilosophie, ja Religion, und zwar mystische Religiosität, war. Auch er beruft sich auf einen großen alten Namen, den Platons. Mit Recht, denn er trägt dualistische Züge und betont das Ontologische. Hier haben wir nun eine klar erkennbare religiös-schöpferische Persönlichkeit vor uns, die zumindest eine gewaltige synthetische Kraft besaß: Plotinos (203–270 n. Chr.), den größten Denker der Spätantike, der sein System aus dem Erbe seines Lehrers Ammonios Sakkas errichtete. In der religiösen Metaphysik Plotins, die niedergelegt ist in seinen *Enneaden*, entfaltet sich die Welt mit allen ihren Wesen nicht durch Schöpfung, sondern durch »Ausfluß« (Emanation) aus dem »Einen« (*Hĕn*), dem Göttlichen, das »jenseits« aller Dinge und alles Seins steht. Über den Geist (*Nūs*) entwickeln sich die Weltseele (*Psychē*) und die übrigen Geschöpfe bis hin zur Materie (*hýlē*), die der negative Gegenpol des göttlichen Seins ist. Ein eigentlicher Dualismus ist das System Plotins im Unterschiede zu dem Platons jedoch nicht. Auch der Mensch bleibt durch seine Seele in der leiblich-materiellen Existenz immer mit dem Reiche des reinen Seins in der göttlich-intelligiblen Welt verbunden. Plotins Lehre zeichnet sich aber durch das Bestreben aus, das Göttliche in immer größere Fernen vom Menschen, von der Welt, ja vom Sein überhaupt zu rücken, es als Paradoxon hinzustellen, gleichzeitig aber dem Menschen einen Aufstieg, genauer: eine Rückkehr zu dieser ewig-fernen Gottheit durch die gestuften Bereiche des Seins zu ermöglichen, die er schon im Erdenleben in der Ekstase erfahren kann, und mit der er sich auch in seinem Reinigungs- und Vollendungsstreben verbindet. Plotin vergeistigt und abstrahiert die bisherigen philosophischen und mythologischen Ansichten über das Gefüge der Welt und der Seinsordnung und vollendet gleichzeitig das Streben der hellenistischen und späten Antike nach einer Harmonisierung der populären religiösen Anschauungen mit einem philosophisch abgeklärten Religionsbegriff. Gottheit, Götter und Mensch, ja sogar die materielle Sphäre, werden in klare Bezüge gebracht. Die Ethik ist asketisch gestimmt.

Seine Nachfolger und Anhänger haben diese Arbeit intensiviert. Für sie wird die ganze Theologie und Dämonologie der westlichen Antike und des Orients samt dem Mysterienritual, den volksreligiösen Kulten und der niederen Zeremonial-, Orakel- und Zauberpraxis in einem großen mythologisch-theologischen spekulativen System untergebracht, das sich vom Meister Plotin herleitet. Das tat vor allem der Syrer Jamblichos (4. Jh. n. Chr.), ein Schüler des Porphyrios von Tyros, der seinerseits ein Schüler Plotins war. Es gab eine ebenfalls religiös stark interessierte athenische Schule des Neuplatonismus, die bis ins 6. Jahrhundert bestand, und es gab schließlich abendländische Neuplatoniker wie Marius Victorinus (275 – um 362), die auf die religiöse Entwicklung Augustins einwirkten. Im Verein mit einem griechisch-christlichen Neuplatonismus (der in der sogenannten areopagitischen Mystik besonders sichtbar wird) hat so diese Religionsphilosophie die christliche Theologie und Frömmigkeit der Folgezeit nachhaltig beeinflußt, insbesondere die mystischen Strömungen des Christentums. Nicht gering ist auch ihre Einwirkung auf die Mystik und Philosophie des Judentums und des Islam. Bis in die Gegenwart reicht das Fortleben einzelner Elemente dieser folgenreichen Lehre, die im Mittelalter und in der Frühneuzeit Europas oft noch sehr lebendig war. Sie ist mehrfach, ähnlich wie der Aristotelismus, ein Bindeglied zwischen bestimmten theologischen und religiösen Richtungen des Christentums, des Judentums und des Islam geworden.

Hermetische Philosophie

Schließlich sei eine Richtung religionsphilosophisch-mystischer Spekulation erwähnt, weniger wegen ihrer Rolle in der damaligen Zeit als wegen ihrer Bedeutung für die Zukunft: die »hermetische Philosophie«, die sich in einer Sammlung von »hermetischen« Schriften erhalten hat. Das Verbindende ist der darin unter dem griechischen Götternamen Hermes (mit dem Zusatz *Trismégistos* »dreimal Großer«) als Offenbarer auftretende ägyptische Weisheitsgott *Thot*. Er erscheint u. a. als Hirt (*Poimandres*). Zusammengefaßt sind diese Schriften vor allem im *Corpus Hermeticum*. Daneben gibt es noch einige andere Schriften. Wahrscheinlich stammen diese Lehren auch aus Ägypten. Sie wollen dem Menschen »Gnosis« übermitteln, die ihn zur Erkenntnis eines unbekannten Gottes und zu der von ihm ausgehenden Erlösung befähigt. Vom

Urmenschen und vom menschlichen Seelenschicksal ist die Rede, wie überhaupt der Weg der Seele durch Welt und Geschichte auch hier von großer Bedeutung ist. Licht und Leben werden dem Menschen mitgeteilt, Ekstase und Wiedergeburt sind ihm ermöglicht. Ein reiches Welt- und Himmelsbild wird dabei entwickelt. Der kosmische Charakter der Lehre ist bemerkenswert. Das Alter der Schriften ist umstritten, ebenso die Frage einer Abhängigkeit von christlichen Lehren und der Zusammenhang mit heidnisch-orientalischen Kulten und Spekulationen. Fraglich ist auch, ob eine Gemeinde dahinter steht. Sicher aber ist die Nachwirkung in allerlei jüdischen, arabischen und mittelalterlichen Geheimlehren, die bis ins 17. und 18. Jahrhundert hinein gepflegt wurden, vor allem in der Alchemie und in der alchemistisch eingekleideten Theosophie. Der Gedanke der Analogie, des kosmologischen »oben wie unten«, der Parallele zwischem Göttlichem und Menschlichem hat dabei eine wichtige Rolle gespielt.

Die gnostischen Systeme

(1) Bereits die Hermetik kann man unter die »Gnosis« rechnen (von griech. *Gnosis* »Erkenntnis«, Erkenntnislehre), obwohl man unter den Gnostikern gemeinhin nicht nur religiös-spekulative Denker versteht, die gewisse Lehrgebäude entwickeln, sondern Gruppen, Kultvereine geheimen, sektiererischen Charakters in der Spätantike, die derartige Systeme in die Praxis eines gemeinschaftlichen religiösen Lebens umsetzen, sich als Jünger um Meister sammeln und hierarchisch organisiert sind. Charakteristisch ist allerdings, daß jeweils Systemschöpfer, bewegende religiöse Persönlichkeiten am Anfang und im Zentrum der gnostischen Schulen stehen. Das Wesen der Gnosis, die es mit Erlösungslehren zu tun hat und dualistisch gestimmt ist, läßt sich ebenso schwer festlegen wie ihre Entstehung und Herkunft, wobei es vor allem um die Frage des Zusammenhangs mit dem Christentum und um die orientalischen Elemente geht (s. S. 421). Daß in der Gnosis, deren Quellen uns nur aus nachchristlicher Zeit vorliegen, vorchristliches Gut verwendet wird, kann heute ebensowenig bezweifelt werden wie der Zusammenhang mit dem Orient. Im einzelnen ist alles offen. Die gnostische Denkweise hat mit Heidentum, Judentum und Christentum Verbindung aufgenommen, wie die eng verwandte hermetische Spekulation zeigt.
Man scheidet eine Reihe von Schulen und Systemen meist nach bestimmten, von den späteren christlichen Ketzerbestreitern überlieferten Namen der Schulhäupter. Diese Scheidungen sind historisch zweifelhaft. Aus der großen Zahl der Ketzernamen lassen sich die eigentlich gnostischen Bewegungen nur schwer herauslösen. Es sind diejenigen, die der Kirche zu schaffen machten. Sie können uns nur Beispiele liefern. Sie alle sind Varianten eines mehr oder weniger gleichartigen Schemas in der Auffassung von Gottheit, Welt und Menschenschicksal, das wir im Grunde schon ähnlich bei den hellenistischen und spätantiken philosophisch-theologischen Denkern und teilweise auch in den orientalisch-hellenistischen Mysterienkulten finden. Die Gottheit ist fern von der Welt, gilt als »unbekannt«, wird abstrakt-seinsmäßig oder in geheimnisvoll-schaurigen Bildern umschrieben (»Abgrund«, »Schweigen«), ist zweigeschlechtig oder geschlechtslos. Aus ihr differenziert sich ein gestuftes Reich (*Plērōma*) der Intelligenzen oder Mittelwesen (*Aionen*) in Seinsweisen (*Hypostasen*) bis hinab zum Menschen und

zur untermenschlichen Welt, angefangen bei versinnlichten und personifizierten Begriffen wie »Weisheit« (*Sophia*), »Wort« oder »Vernunft« (*Logos, Nūs*), »Wahrheit« (*Alḗtheia*), »Leben« (*Zoḗ*). Teilweise geht dieser Prozeß der Differenzierung durch Paarung (Syzygien) und Zeugung nach Analogie des geschlechtlichen Lebens vor sich. So ist in der ganzen Welt, auch in der materiellen, etwas vom göttlichen Geiste spuren- oder samenhaft erhalten. Über die astralen Sphären des Kosmos senkt es sich als Geistiges und Seelisches hinein in den Menschen. Diese Elemente aber haben die Sehnsucht zurück nach ihrem Ursprung, nach der Welt des reinen Lichtes. Das Ganze sieht dualistisch aus, trägt aber ebenso monistische Züge, da Kosmos und Weltprozeß eben als einheitlicher Ablauf gefaßt werden. Eine Erlösergestalt, ein *Aion*, gleichsam der vor- und urbildliche Mensch, Repräsentant der ganzen Menschheit, vollführt nun in konzentrierter Form den gleichen Weg wie die Seins- und Lichtsubstanzen bis hinab in die gottferne Welt, um dem Menschen den Weg aufwärts zu zeigen, den er in seiner Nachfolge beschreiten kann. Diese Erlösergestalt ist wichtig, vor allem für die christliche Gnosis, die sie mit Jesus Christus identifiziert. Ob sie ursprünglich und unentbehrlich im System ist, steht dahin. Da die Differenzierung der Welt durch Zeugung erfolgt ist, wird häufig der Weg zurück ähnlich durch mystisch-symbolische oder tatsächliche rituelle Liebesvereinigung in der »heiligen Hochzeit« (*hieròs gámos*) beschritten, um die Geist- und Lichtelemente im Menschen freizusetzen zum großen Erkennen, zu fruchtbarer Gestaltung und zur Rückkehr in die ewige Einheit mit dem göttlichen Urgrunde. Andererseits ist dabei Askese beteiligt, weil ja die Befreiung aus der Verstrickung in die sinnliche Welt nach dem Vorbilde des Erlösers erreicht werden muß. Der Gedanke der Analogie, des Parallelgeschehens in himmlischer und menschlicher Welt, ist ebenso wichtig wie der des Kreislaufs, der ständigen Wiederholung dieser großen kosmischen Prozesse.

Die Gnosis bietet die Einsicht in die geheimen Zusammenhänge der Welt, in die Analogie zwischen Vorgängen im himmlisch-jenseitigen und im irdischen Kosmos und in das Erlösungsmysterium. Sie ähnelt hier den Mysterienkulten im engeren Sinne. Eine reiche mythologische Bilderwelt veranschaulicht die Ideen. Zahlenspekulationen und Buchstabenmystik suchen das Denkgebäude wiederum in ein abstrakt-logisch erscheinendes System zu bringen. Beziehungen zur astralen Welt und ihren Himmelssphären und zur Zeitrechnung und ihren Einheiten werden hergestellt und verdeutlichen den kosmischen Charakter. Zauberriten und allerlei Kultakte sakramentaler Art vergegenwärtigen schließlich einer Religionsgemeinde die Heils- und Erlösungsbotschaft in sinnenhafter Form und lassen sie leiblich an den Wahrheiten der Religion teilnehmen. Dieser Niederschlag der Spekulation in einer mysterienartig organisierten Kultgemeinde ist charakteristisch. In ihr sammeln sich die eigentlich bevorzugten und für die Erlösung bestimmten Menschen, die gemäß den kosmologisch-ontologischen Konstruktionen als Pneumatiker, als »Vollkommene« oder »Erleuchtete« von der übrigen Masse der Psychiker und Hyliker, der materiellen Menschen, unterschieden werden.

(2) Nach christlicher Ketzertradition ist im 1. Jahrhundert n. Chr. *Simon Magus* (vgl. Apg. 8) der Urheber der christlichen Gnosis. Die ältere christliche Literatur hat sich für diese Gestalt sehr interessiert. Sie stellt ein Bindeglied zum Judentum und zum Heidentum dar. Bereits hier scheint nach den Berichten der späteren Theologen das Mysterium der Geschlechtlichkeit im Mittelpunkt gestanden zu haben, das Simon mit seiner Genossin Helene vorbildlich ausgeübt haben soll: er als göttliche Inkarnation, sie

als seine erste Hypostase. Mit seinen angeblichen Nachfolgern *Menandros* und vor allem mit *Satornilos* scheint diese Gnosis dem Christentum nähergerückt zu sein. In das 2. Jahrhundert n. Chr. führt eine stärker christlich geformte Gnosis unter dem Namen des *Basileides*, der einen Mysterienverein begründete. Die Stimmung ist hier mehr asketisch, die ethischen Probleme herrschen vor. Die kosmologische Spekulation lehrt das Hervorgehen eines Weltenschöpfers *Árchōn* aus dem Samen der trinitarisch verstandenen und mit Hilfe des Begriffs der »Sohnschaft« in ihren Funktionen gedeuteten Urgottheit. Dieser *Archon* zeugt seinerseits einen Sohn, lebt aber in Unwissenheit und Sünde, bis seine und der Welt Erlösung durch Jesus Christus kommt. Aber auch hier ist der kultische und moralische Erlösungsweg vom Problem der Geschlechtlichkeit und ihrer unpersönlichen, rein zeugenden Ausübung bestimmt. Ebenfalls dem 2. Jahrhundert gehört der aus der christlichen Kirche Ägyptens hervorgegangene und vorübergehend in Rom tätige *Valentinus* an, der schriftstellerisch sehr fruchtbar gewesen sein muß. Bei ihm findet sich ein ausgebildetes System von 30 Äonen, die von einer mannweiblichen Urgottheit ausgehen. In einem heiligen Offenbarungsbuch waren die mystischen Lehren Valentins enthalten, der eine visionäre Persönlichkeit gewesen zu sein scheint. Bei den ebenfalls auf Ägypten hinweisenden *Karpokratianern* hat der Glaube an die Seelenwanderung neben platonisch-kommunistischen Güterlehren und Gemeinschaftsideen, wie sie der mit 17 Jahren verstorbene angebliche Begründer Epiphanes hinterlassen haben soll, eine Rolle gespielt. Eine laxe Ethik wird ihnen neben der Ausübung von Zauber und sonstiger schwarzer Kunst nachgesagt. Sie sollen Bilder der antiken Philosophen und Christi verehrt haben. Noch stärker treten die vorchristlichen Elemente bei der Sekte der *Ophiten* zutage, deren uraltes Mysteriensymbol die Schlange (*ophis*) ist, das Sinnbild für Einheit, All und Ewigkeit, für die man natürlich auch alttestamentliche Beziehungen fand.

Eine stärker jüdisch-christliche Parallelsekte ist die der *Naassener* gewesen, deren Name das gleiche besagt. Hier wird in reichem Maße antike und orientalische Mythologie aufgeboten, um die Entstehung der Welt und damit die Bereiche von Materie und Geist zu erklären. Aus dem Abstieg in die Materie wird der Wiederaufstieg des Menschen in die ursprüngliche Oberwelt mit Hilfe des Logos, der teilweise als Schlange verstanden wurde (unter Verwendung von Joh. 3,14). Die Schlange gilt aber auch als Herr dieser Welt, der den irdischen Bereich im Aufbau des Kosmos abtrennt von den himmlischen und paradiesischen Sphären. Unter den Ophiten treffen sich zahlreiche Gruppen mit verschiedenen mythologischen Konstruktionen, die teilweise starke Beziehungen auf das Alte Testament haben. Die Schlange erscheint bald als freundliches, bald als feindliches Prinzip. Sie soll mit dazu dienen, das Geist-Seele-Materie-Problem zu lösen, von dem auch diese Gnosis wie alle ihre Verwandten beherrscht wird.

Denn man muß sich darüber klar sein, daß es sich hier allenthalben um einen Versuch zur Bewältigung dieser Frage handelt, die für den Hellenismus und die Spätantike zu einer entscheidenden geworden war. Man bemühte sich in diesen Systemen, von denen hier nur einige wichtige erwähnt wurden, mit der Spaltung des Menschen in Leibliches und Geistiges fertig zu werden, indem man unter Zuhilfenahme von antikem, orientalischem, jüdischem und christlichem Mythus Konstruktionen des Welt- und Menschenbildes entwarf und im religiös-kultischen Handeln darzustellen versuchte, die dem Menschen über seine Existenznot und Lebensangst hinweghelfen und ihm ein befriedigendes Dasein verschaffen sollten, das ihm der naive alte Götterglaube weithin nicht mehr gewähren konnte. Dualistische Stimmung steht im Hintergrund, die man zu überwinden trachtet. Die Lösungen sind, ebenso wie der Ausgangspunkt, monistisch. Die christliche Häresie Markions und das iranisch-christliche Mischsystem des Manichäismus (s. S. 276) sind geschichtlich wichtig gewordene Seitentriebe an dem mächtigen Baume der gnostischen Bewegung. Auch die Religion der Mandäer (s. S. 281) kann man als eine gemeinschaftsbildende, ritualisierte Form der Gnosis ansehen. Im Mittelalter lebt das Ganze in den Katharern oder sogenannten Neu-Manichäern wieder auf, vereinzelt aber auch sonst noch in abendländischen Anschauungen, vor allem in einzelnen Literaten, Denkern, Philosophen und Theologen seit dem 15./16. Jahrhundert bis hinein in die Gegenwart.

Provinzielle Kulte

Neben diesen exklusiven Gruppen von Suchenden und neben den schöpferischen oder zusammenfassenden Individualitäten, die neue Kultgemeinschaften und religiöse Systeme begründet haben, steht eine Religionsmischung, die sich innerhalb der nationalen und provinziellen Kulte der Volksreligion vollzieht und auf die Bedürfnisse der breiten Massen abgestimmt ist. Sie findet in den großen Zentren, vor allem in der Welthauptstadt Rom, statt, aber ungehemmter und unkontrollierter in den Provinzen, in denen nicht so sehr strenge obrigkeitliche Kultaufsicht und das Prinzip der Staatsräson den Kult beherrschten. Auch hier waren es weithin größere und kleinere Städte, in denen sich diese Mischung ergab. Denn wir haben es in dieser Zeit mit einer oft nach den Rändern des Reiches drängenden Stadtkultur zu tun. Manches ist sicher auch Ausdruck privater Frömmigkeit und der von ihr bevorzugten Formen.

(1) Im Osten war Ägypten wohl das Land der am reichsten fortlebenden nationalreligiösen Traditionen. Die geheimnisvollen altägyptischen Götter erregten weithin das Interesse der damaligen Menschheit. Sie befanden sich seit langem in einer Synthese, teilweise auch in Verschmelzung mit den griechischen Gottheiten. In der *interpretatio Graeca* wurden sie den Abendländern nahegebracht. Die Volksreligion hat auch stets seitens der politischen Oberherren Pflege gefunden. Alte Kulte blühten wieder auf, die Verehrung göttlicher Tiere wurde weiterhin betrieben. Wenn Ägypten die Phantasie der Römer romantisch beflügelte, so hat Syrien in anderer Weise mythologisch-theologisch gewirkt. Auf diesem kampfdurchtobten alten Kulturboden hat sich bis in die letzten Jahrhunderte des Heidentums mancher religionsgeschichtlich wichtige Vorgang abgespielt. Zahlreiche Städte waren Sitze bedeutender Gottheiten mit alten Traditionen, die auch die Römer gern verehrten oder gar bei sich einführten. Der Synkretismus blühte um Gestalten wie Baal und Hadad. Besonders Dura am Euphrat und Palmyra geben uns reiche Anschauungen von der sich dort vollziehenden Gesellung verschiedenartiger Kulte, vor allem von der Verschmelzung des Juppiter–Zeus mit einheimischen Gottheiten, die in eigenartigen Heiligtümern verehrt wurden. Auch lokale und regionale Götter Vorderasiens tauchen hier auf, altertümliche Gottheiten des Orients leben fort, Gottheiten der Steppe ziehen in die Kulturmittelpunkte ein. So erscheint der syrische *Baal Schamēn* als *Zeus Kyrios*, der arabische Reitergott *Arsu* wird mit den thrakischen Reitern zusammengebracht. Daneben stehen Mysteriengötter, das

Judentum und das Christentum mit ihren Kultbauten in friedlichem Verein. Kleinasien pflegte bedeutende Kulte griechischer Götter, hinter deren Namen, etwa dem des Zeus, der Artemis, des Apollon, der Aphrodite, sich meist alte vorderorientalische Götter verbergen. Unter dem Deckmantel der griechisch-römischen Reichsreligion existiert also auch hier Uraltes.

(2) Im Westen bietet sich ein ähnliches Bild, nur daß es vorwiegend die *interpretatio Romana* ist, welche die Landesgötter dem Herrenvolk zuführt und für die Verehrung geeignet macht. Das gilt besonders von den Kelten in den gallischen Provinzen und im Ostalpenraum. In Aachen etwa ist der keltische *Grannus* dem römischen Apollo gleich, als Mars erscheinen die keltischen Kriegsgötter. Eine Pferdegöttin *Epona* wird weit in das Römische hinein verbreitet. In Noricum, dem heutigen Kärnten, tritt uns die alte keltische Muttergöttin als *Isis Noreia*, *Latobius* als *Mars* entgegen. In Spanien und

Gott Aphlad in militärischer Tracht mit Kultstandarte

Nordafrika lagen die Dinge ähnlich. Ein Sammelbecken der Religions- und Kultmischung ist das von großen römischen Garnisonen besetzte donauländische Gebiet.

In diesem Religionsgemenge haben sich zahlreiche Kultpraktiken elementarster Art, vor allem in Form von Zauberglauben, festgesetzt. Die Götter der Religionsmischung, der orientalischen Religionen, der Mysterien und der Gnosis, wurden in mantische und astrologische Schicksalsdeutung eingebaut und in magischen Riten beschworen, ihre Namen und Gestalten wurden auf Amuletten getragen: etwa der gnostische *Abraxas*, der jüdische *Jao* oder *Sabaoth*. In diesem Ganzen bildete sich das Fluidum, das der Sehnsucht nach einer Erlösungsreligion mit festen Umrissen, klaren Glaubensgehalten, bestimmten ethischen Weisungen und einem eindeutigen geschichtlichen Hintergrund günstig war, wie sie schließlich das Christentum darbot.

Zeus Megistos oder Kyrios als Baal Schamēn mit Verehrer

Die Religion der Germanen

Dunkler als irgendein anderes Gebiet der Religionsgeschichte von Kulturvölkern ist das der indogermanische Sprachen sprechenden Stämme des nördlichen Europa, über deren Herkunft, Zusammenhang und Wesen wir im Grunde heute noch nichts Genaues wissen. Die Zugehörigkeit von Germanen, Kelten und Slaven zu der gleichen großen Sprachfamilie ist bekannt. Seit wann es sie aber in Europa gibt, ob sie dort beheimatet sind, und wer etwa vor ihnen dort gesessen und sich mit ihnen vermischt hat, entzieht sich oft unserer Kenntnis bzw. der genaueren Bestimmbarkeit. Besonders kompliziert sind die Verhältnisse bei den Germanen, also jenen Völkern, deren Hauptsitze zunächst die skandinavischen Länder, einige südliche Randgebiete der Ost- und Nordseee, Teile Deutschlands und Osteuropas waren. Schon in den vorchristlichen Jahrhunderten waren diese Stämme weithin auf Wanderschaft, die sich besonders nach Süden und Osten bewegte. Für die spätere Zeit scheidet man zwischen Nordgermanen, Ostgermanen und Südgermanen (dazu auch West- und Mittelgermanen). Man kann hier noch weiter unterteilen, da diese Gruppierung teilweise zufällig ist und die sekundären Verhältnisse widerspiegelt.

Schwierig ist die Quellenlage. Für die ältere Zeit besitzen wir gar nichts außer einigen archäologischen Befunden. Zu diesem Material, das später reichlicher fließt, tritt schriftliche Überlieferung, zunächst auf Jahrhunderte aus zweiter Hand: Berichte antiker und christlicher Autoren über diese Völkerschaften. Die Sicht ist einseitig. Für die Spätzeit und Endphase der germanischen Religionsgeschichte haben wir schließlich unmittelbare Quellenzeugnisse, unter denen Aufzeichnungen aus dem nordischen Bereich vorwiegen. Auch hier entsteht ein einseitiges und durch die Untergangssituation der altgermanischen Religion und Kultur besonders gefärbtes Bild. Ferner hat man gern volkskundliches Material des Mittelalters und der Neuzeit zur Erhebung und Erklärung altgermanischen Glaubensgutes herbeigezogen. Diese Quellenlage hat übertrieben romantischen Vorstellungen und einer verklärenden Idealisierung der germanischen Religion Vorschub geleistet, wie sie immer wieder einmal vorgekommen ist und schließlich die ganze Frage der germanischen Religionsgeschichte schwer belastet hat. Durch sie ist auch das vorwiegend hochmythologische Gepräge der germanischen Religion im Bewußtsein der Allgemeinheit, das Vorherrschen der Göttergestalten und Göttergeschichten, zustande gekommen, das nicht den historischen Tatsachen entspricht. Die neuere Erforschung unter den Gesichtspunkten der vergleichenden Religionsgeschichte, und d. h. vor allem: der Kultgeschichte, hat uns zunehmend die Riten und die ihnen zugrunde liegenden elementaren Vorstellungen erschlossen, die denen anderer Völker sehr ähnlich sind und zunächst das primitive Grundgefüge der germanischen Religiosität bei gewissen Akzentsetzungen zeigen. Die Untersuchungen von Jan de Vries, Karl Helm und Walter Baetke sind hier besonders wichtig geworden. Darüber legt sich dann allmählich das Gewebe des Mythus, dessen altindogermanische und altgermanische Elemente vor allem die Arbeit von Dichtern und Sängern, also von schöpferischen Einzelnen, weiter ausgesponnen zu haben scheint.

Die prähistorischen Germanen

Art und Umfang der Germanenstämme vorhistorischer Zeit, d. h. praktisch vor der engeren Berührung mit dem Römertum und vor den antiken Nachrichten über sie, sind schwer festzustellen. Offen bleibt die Frage, seit wann sie in den ihnen sicher zuzuweisenden Gebieten Skandinaviens und der südlichen Ost- und Nordseeküsten sitzen. Offen ist damit das Problem ihrer Beziehung zu den prähistorischen Kulturen Europas. Es bleibt die Möglichkeit einer Einwanderung indogermanischer Stämme und einer Überdeckung von älteren eingesessenen Kulturen, die natürlich auch religionsgeschichtlich von Bedeutung ist. Seit der Bronzezeit kann man ihr Vorhandensein annehmen. Aus dieser Zeit stammen bereits Zeugnisse von ihrer Religion, vor allem aus Skandinavien, über die unsere Kenntnisse freilich bescheiden bleiben. Von diesen Räumen aus haben sich einzelne Germanenstämme schubweise und langsam ostwärts, südwärts und nach Westen hin verbreitet.

Ob die jungsteinzeitlichen Megalithanlagen eine Beziehung zu den Germanen haben, ist unklar. Daß der Totenkult in der frühesten Zeit, wie prähistorisch allgemein, eine große Rolle gespielt hat, ist anzunehmen. Daß damit Seelenglaube, Magie und Fruchtbarkeitsriten verbunden waren, ist wahrscheinlich. Aber alle diese steinzeitlichen Kultformen sollten bei der Frage nach der ältesten germanischen Kultur und Religion ausgeklammert werden. Die Germanen der Bronzezeit (vor allem im 1. Jt. v. Chr.)

Weihung einer kultischen Hochzeit mit Axt; kultischer Koitus mit Pfeilschützen

haben wohl ähnliche religiöse Vorstellungen weitergeführt, wie die Steinzeit und wie die übrigen bronzezeitlichen Kulturen sie besaßen. Auch hier ist der Totenkult fortgesetzt worden, wenngleich die Bestattungsform sich durch die Einführung der Leichenverbrennung änderte. Ob damit ein Wechsel in den Fortlebensvorstellungen verbunden war, kann man, wie de Vries mit Recht betont, nicht sicher sagen. Vielleicht hat sich die Ansicht vom Verhältnis Körper/Seele gewandelt. Felszeichnungen und Metallobjekte geben uns Aufschluß über sonstige religiöse Ideen und Riten. Vor allem werden uns kultische Szenen und Gegenstände überliefert. So zeigt das Kivikgrab (2. Jt. v. Chr.) anscheinend Opfer- und andere Ritualhandlungen. Prozessionen und

Weiheakte lassen sich ebenso wie sakraler Tanz und Musik erschließen. Auch Fruchtbarkeitsriten, wie kultische Begattungen oder Hochzeiten, scheinen vorzuliegen. Schiffe und Wagen sind wohl kultisch verwendet worden. Das Pferd dürfte dabei seine Rolle gespielt haben, auch der Hirsch. Der Gedanke an schamanistische Praktiken legt sich manchmal nahe. Sonne, Axt oder Hammer und Phallus begegnen als Symbole, vielleicht auch ein heiliger Baum. Im einzelnen sind die Deutungen der Dinge sehr schwer, wenn nicht fast unmöglich. Ob und seit wann die prähistorischen Germanen gestalthafte, menschenartige Götter besaßen, wissen wir nicht. Es ist dies jedoch wahrscheinlich, wenn man die Verhältnisse in den westindogermanischen Hochkulturen der Griechen und Römer des 1. Jahrtausends v. Chr. und die gemein-indogermanische mythische Überlieferung in Betracht zieht. Sicherlich hat es schon früh Gestalten wie den Himmels- und Lichtgott oder den Wettergott gegeben.
Jedenfalls erschließt sich hier eine ziemliche Mannigfaltigkeit der im 1. Jahrtausend lebendigen religiösen Vorstellungen und Übungen, die dann in die Eisenzeit und damit schließlich in die geschichtliche Periode übergehen. Gleichzeitig werden die Verhältnisse durch anzunehmende Berührungen mit den Kelten verunklärt. Denn wohl ziemlich früh ist eine keltogermanische Mischreligiosität entstanden, aber auch hier kennen wir die Einzelheiten des in die geschichtliche Zeit hineindauernden Prozesses nicht. Die Elemente sind schon deshalb schwierig zu scheiden, weil beide Gruppen miteinander verwandt sind, natürlich auch in ihrer Religion, soweit nicht die Kelten spezifisch Vor- und Außerindogermanisches überliefern.

Die Germanen der geschichtlichen Zeit

Älteste Nachrichten von den historischen Germanen berichten von Zügen nach Südosten (Bastarnen) und Süden (Kimbern und Teutonen, Langobarden). Dieser Drang verstärkt sich. Von den nördlichen Ausstrahlungsgebieten her ziehen in den nachchristlichen Jahrhunderten immer mehr Stämme diese Wege, vor allem den nach Süden (etwa Sueben, Semnonen, Alemannen, Markomannen). Andere gehen nach Westen, wie die Burgunder, andere erst nach Osten, dann nach Westen und Süden (Goten), wieder andere beenden den Südzug schon im nachmaligen Deutschland (Friesen). Um 500 n. Chr. hatte das Germanentum weite Teile nicht nur Deutschlands, sondern überhaupt Europas überzogen, teilweise als Herrenschicht über älteren Volkstümern. Vor allem im Süden wurden enge Bande mit der Kultur des spätrömischen Reiches geknüpft, die dann den relativen kulturellen Hochstand dieser Germanengruppe mit sich bringen, der uns auch die schriftlichen Überlieferungen beschert oder vorbereitet hat. Immer enger wird dabei die kulturelle und religiöse Berührung mit dem römischen Reich und seinen verschiedenen Bevölkerungselementen und Kulten, die auf den Gang der germanischen Religionsgeschichte einwirken mußten.
Die Quellen schriftlicher Art sind zunächst sekundäre: die römischen Berichte, vorab des Tacitus *Germania*. Hier muß man Tendenziöses berücksichtigen. Unabsichtlicher sind zahlreiche andere Notizen antiker Autoren, die sich gegen Ende des Altertums mehren, vor allem bei den Geschichtsschreibern der späteren Kaiserzeit und des beginnenden christlichen Reiches (etwa Jordanes, Prokop, Gregor von Tours, Paulus Diaconus), an die sich einige Schriftsteller des Nordens (z. B. Notker, Widukind von

Corvey) anschließen. Hier, ebenso wie in den wenigen Originaltexten (*Merseburger Zaubersprüche*), treten uns vornehmlich die Süd- und Westgermanen entgegen. Die religionsgeschichtliche Auswertung von biblischen Übersetzungen oder Nachdichtungen ist interessant (germanische Worte für christliche Vokabeln). Für die Nordgermanen haben wir dann chronistische Berichte aus der christlichen Missionszeit, die ebenso wie die großartige Quelle der *Edda* (Heldendichtungen und Götterlieder des 10. bis 12. Jh.s) und anderer nordischer Literatur freilich das Endstadium germanischer Religiosität bezeichnen, an das sich nur noch folkloristische Ausläufer im christianisierten Germanentum anschließen. Auch hier gibt es natürlich allerlei archäologisches Material wie etwa den berühmten Silberkessel von Gundestrup (1.–3. Jh. n. Chr.; keltischen, donauländischen Ursprungs?), römisch-germanische Soldatengrabsteine und Werke der Kleinkunst, die zumeist auch auf fremde religiöse Einflüsse hinweisen.
In dieser Zeit setzt sich der vorgeschichtlich ausgebildete Kultus in Bestattungsbrauch, Fruchtbarkeitsriten, Zauberei und Verehrung heiliger Objekte fort. Die Göttergestalten sind zahlreich und klarer und werden mythologisch umschrieben und bereichert. Auch Gedankengänge spekulativer Abstraktion gibt es. Kultobjekte und Götterbilder sind bekannt, Heiligtümer und Tempelanlagen beherbergen sie, große Kultfeiern und Feste werden unter Leitung einer bedeutenden Priesterschaft durchgeführt. Orakel- und Wahrsagewesen blühen. Reich ist der Opferkultus neben anderen sakralen Riten (Mahlzeiten, Weihen). Eine religiös verwurzelte Ethik hat sich gebildet. Es bietet sich also nunmehr das Bild einer höheren Kult- und Priesterreligion, die den großen priesterlichen Kultreligionen des Alten Orients und der Antike verglichen werden kann, nach der Seite sowohl des Mythus wie des Ritus. Vieles deutet auf einen zumindest partiellen End- und Verfallszustand. In dieser Gestalt hat sich die germanische Religiosität mit dem Christentum auseinandergesetzt und als Unterlegene ihr natürliches Ende gefunden, das früher oder später wohl auch ohne Gewaltmaßnahmen einer Schwertmission eingetreten wäre. Da ihr das Christentum bereits in abgeschlossener Gestalt entgegentrat und sie ihm keine neuen Elemente zu bieten hatte, sind keinerlei nennenswerte Anschauungen in die offizielle siegreiche Religion übergegangen, die sie nicht bereits besessen hätte, abgesehen von Einzelheiten der rituellen und rechtlichen Gestaltung und Anpassung. Aber Frömmigkeit und religiöses Brauchtum haben in den germanischen Ländern ein Gepräge erhalten, das durch Züge altgermanischer Religiosität mitbestimmt wurde.

Die Riten und die ihnen zugeordneten Vorstellungen

Von entscheidender Wichtigkeit sind zunächst, wie überall auf früher Religionsstufe, die Riten, die uns in großer Zahl begegnen, die sich auch in vorgeschichtlicher Zeit gut erschließen lassen. An erster Stelle ist der *zauberische Charakter* der Riten zu nennen. Der gesungene Zauberspruch (*galdr*), uns aus der Spätzeit noch vereinzelt für alle möglichen Zwecke erhalten, ist wohl eine der ältesten und meist verwendeten religiösen Formen im privaten und öffentlichen Leben. Auch die (wahrscheinlich späte) Runenschrift dient zauberischen Aufzeichnungen. Alle Formen des Zaubers wurden geübt, kontagiöse und analogische Magie, für die anscheinend zauberkundige Frauen besonders gern konsultiert wurden, die ihrerseits wieder eine Abart des Priestertums sind.

Sonnenwagen von Trundholm

Auch in den höheren Formen des Kultus finden sich die Grundgedanken des Zaubers wieder. Der magische Gedanke, insbesondere der imitative Zauber, wurde in den *Fruchtbarkeitsriten* angewendet, die uns seit prähistorischer Zeit in eindrucksvoller Weise als ein Hauptbestand germanischer Frömmigkeit entgegentreten. Der *hieròs gámos* (heilige Hochzeit) und seine kultische Weihe (mit Axt oder Hammer) sind nachweisbar. Bis in die Spätzeit verrät uns der Mythus davon. Sicher hat in den Fruchtbarkeitsriten das *Opfer* eine Rolle gespielt, das in reichen Formen auch sonst auftritt: aus dem zauberischen Akt zum Gabenopfer fortentwickelt, als Pferde-, Rind-, Schweine- und Schafopfer, wobei teilweise alte *Tierkulte* und *Tierriten* eingeflochten sind, die wiederum magische Vorstellungen voraussetzen. Auch das Menschenopfer war gebräuchlich, insbesondere das von Kriegsgefangenen. Das feierliche Kultmahl war eng damit verbunden, bei dem das rituelle Trinken eine Rolle spielte. Zu den am meisten verbreiteten Ritenformen gehört das *Orakel* in vielen Spielarten: Losorakel, Beobachtung von Tieren und anderen Naturwesen, Brettspiel, Würfel, Träume, Zweikampf, Weissagung schamanistisch Begeisterter (besonders der nordische *seidr*). *Kultstätten* gab es in verschiedener Art: heilige Orte, die womöglich umfriedet waren, heilige Haine, Hügel und Bergeshöhen, auf denen Opfer dargebracht wurden. Aber auch Tempel mit Götterbildern wurden errichtet, wie etwa die berühmte Hallenanlage von Uppsala. Zu scheiden ist dabei wohl zwischen Opferhaus und Versammlungsgebäude, die im gleichen Komplex erbaut wurden (nord. *hof*). Häufig lagen sie auf den Besitztümern reicher Leute. Vielleicht wurden sie in kosmischer Symbolik gedeutet.

Die Behauptung des Tacitus, die Germanen hätten keine Tempel gekannt, ist ein tendenziöses Märchen, nicht nur im Blick auf die Tatbestände der Spätzeit.
Kultgemeinschaft ist zunächst die natürliche soziale und politische Gemeinschaft, die als Wirkstätte der heiligen Mächte von numinosem Charakter ist. Der Heiligkeitscharakter der Sippe und der Blutsbande bei den Germanen ist oft betont worden. Dabei sollte nicht vergessen werden, daß sich diese Vorstellung auch sonst sehr häufig auf der Frühstufe des Religiösen und Sozialen findet. Der Kultverband war stammesmäßig organisiert. Stämme schlossen sich auf gemeinsamer kultischer Grundlage zu größeren Einheiten zusammen, so die bekannten Ingväonen an der Nordsee, die Isträonen im Nordwesten und die Herminonen im Inneren Deutschlands. Dabei waren *Priestertümer* wichtig, deren es männliche und weibliche gab, die von Tabus (z. B. Verbot des Waffentragens und des Reitens auf einem Hengste) umgeben waren und deren hohe Würde der des Fürstentums nahestand. Der Übergang zum Seher- und Magiertum war wohl gegeben, auch eine Rangordnung und Abstufung. Schamanistische Züge sind vor allem bei weiblichen Kultpersonen erkennbar. Im Jahreslauf gab es zahlreiche *Feste* und periodische rituelle Begehungen, unter denen die kultischen Markierungen der Jahreszeiten und Solstitien besondere Bedeutung besaßen: Frühlings-, Mittsommer- und Mittwinterfeier. Sonne, Feuer, Rad- und Kreislaufsymbole, Opfer- und Fruchtbarkeitsriten werden magisch in Beziehung zueinander gesetzt. Der kosmische Charakter der Feste ist wichtig. Auch sonst wurden *Weiheriten* begangen, wie Geburts-, Jugend-, Ehe- und Kriegsweihe (letztere, ähnlich wie in Altrom, u. a. durch einen magischen Lanzenwurf). Auf Wagen besuchen Götter und Priester Siedlungen und Höfe.
Hinter diesen rituellen Gepflogenheiten stehen in historischer Zeit die Götter, denen sie galten, mit denen sie in Verbindung gebracht wurden. Ursprünglich waren es aber hier auch die uralten Ideen von *Heiligkeitsmächten* und *Mana-Kräften*, die in allerlei Objekten sichtbar werden, in Steinen und geweihten Fetischen (z. B. Waffen), dann vor allem in Naturerscheinungen, den meteorologischen und elementaren Vorgängen am Himmel und auf der Erde, ferner im Organisch-Lebendigen, in Pflanzen und Tieren, wobei Baumverehrung bemerkenswert ist. Der Glaube an die Macht der Seelen, wie sie sich besonders am toten Menschen zeigt, an das Geheimnis des Blutes und des menschlichen Körpers als Lebensträger ist ebenso lebendig wie die Vorstellung von allerlei Geistern und Dämonen. Schließlich hat sich daraus wohl die berühmte abstrakte Größe des göttlichen Schicksals (*wurd, sköp, forlög, audna*) entwickelt, das teils unpersönlich, teils in Verbindung mit Göttern auftritt und bei den Germanen mit einem stärkeren tragischen Akzent versehen ist als bei den südlichen Indogermanen und in der mittelmeerischen Antike. Religionsgeschichtlich ist es nichts Neues. Die Sippe, die Blutsbande, und der Boden empfangen ihren Charakter als numinose Kräfte oder Träger des Heiligen aus dem Verständnis des Kultus und der kultischen Gemeinschaft, wie es auch anderswo der Fall ist.

Die Götterwelt – Mythologie

Die schon in prähistorischen Zeiten anzunehmenden persönlichen Göttergestalten haben sich unter dem Einfluß mythenbildender Phantasie verdichtet und sind vermehrt worden. Historische Nachrichten über germanischen Götterkult aus den Jahrhunder-

ten um Christi Geburt sind aber recht dürftig. Das germanische Wort »Gott« ist ein Neutrum unsicherer Etymologie und weist auf frühe Zeiten des Machtglaubens zurück. Daneben gibt es andere, persönlichere Begriffe für die Götter. An ihnen wird das »Heilige« gestalthaft sichtbar, wenn sie auch in ihrem Verhalten, wie überhaupt bei den Indogermanen, recht menschlich sind. Als alte große Göttergruppen, wohl verschiedenen Bevölkerungsschichten zugehörig, werden *Asen* und *Wanen* in der nordischen Überlieferung bezeichnet, letztere offenbar mehr Mächte des fruchtbaren Naturgeschehens. Ein gemeingermanischer Götterbestand ist aber unverkennbar. Er steht wieder teilweise in Beziehung zum Gemeinindogermanischen. Das Verhältnis der Germanen zu dem einzelnen Gott wird gern durch den Begriff des *fulltrúi*, des vollkommenen Freund(gott)es, bezeichnet. Freilich war diese Freundschaft eine Art von widerruflichem Vertragsverhältnis.
Dunkel nach Herkunft, Alter und Wesen ist die Gestalt des Obergottes und Allvaters *Wodan*, nordisch *Odin*, in der *interpretatio Romana* (Deutung durch die römischen Schriftsteller) *Mercurius*, ein Toten- und Sturmgott, aber auch ein Kulturgott, des Zaubers mächtig, der in der Edda als Ritualmagier im Banne des göttlichen Selbstopfers erscheint. Im Norden sind die Vorstellungen von Odin, teils mit kriegerischen Zügen, reicher. Klarer und vor allem populärer ist *Donar*, nordisch *Thor*, dem antiken Hercules verglichen, die Entsprechung zum vedischen Indra: ein Gewittergott, Herr von Axt oder Hammer, ein gutmütig-wild auftretendes Kraftwesen. *Ziu-Tîwaz*, nordisch *Tyr*, ist Kriegsgott (der römische Mars), gleichzeitig aber wohl auch ein hoher Himmelsgott von größter Bedeutung. Als Lichtgott steht ihm der nordische *Baldr* nahe. Zu den schwer näher bestimmbaren, aber alten nordischen Göttern gehören der Wachstums- und Jahresgott (?) *Ullr* und der Ase *Heimdallr*, der leuchtende Götterwächter und Hornbläser, den man mit dem für die germanische Kosmologie bedeutsamen Weltenbaum (nordisch zumeist als *Yggdrasill* bezeichnet) in Verbindung gebracht hat. Wie so vieles andere ist übrigens dieser kosmische Lebensbaum keine germanische Sondervorstellung oder Eigentümlichkeit, sondern eine Parallele zu vergleichbarem Gut in anderen Religionen. Als Entsprechung zu den indogermanischen Dioskuren werden gelegentlich die ostgermanischen *Alcis* erwähnt. Unter den Wanen des Nordens haben *Freyr* und *Njördr* als Fruchtbarkeitsgötter Rang und Ansehen. Vielleicht ist mit ihnen die südlichere *Nerthus* verwandt, von der Tacitus einiges weiß. *Frija-Frigg* ist die Frau Wodans, *Freya* im Norden ist eine Fruchtbarkeitsgöttin. Viele Varianten der Muttergöttin-Gestalt (*matronae*) tauchen im Süden, teilweise wohl unter keltischem Einfluß, auf. Hierher gehört auch die aus dem Niederrheingebiet bekannte und der Isis nahestehende Naturgöttin *Nehalennia*, die mit einem Schiff verbunden wird. Auch von den *Idisi* des ersten Merseburger Zauberspruches hat Gerhard Eis neuerdings den Muttergottheits-Charakter wahrscheinlich gemacht. Das ganze Pantheon, das natürlich noch zahlreiche andere Gottheiten umfaßt, ist unscharf. Es gibt darunter interessante kultlose, rein mythologische Götter. Einer von ihnen ist *Loki*, eine in ihrer Herkunft dunkle Gestalt von ursprünglich untergeordneter Bedeutung (Diener des Thor? Beziehung zu Odin?), die erst im späteren nordischen Erzählwerk Profil gewinnt, vor allem im Zusammenhang mit dem Mythus vom Weltende. Lokis Wesen zeigt zugleich böse und schalkhafte, humoristische Züge. Verschiedenste Erklärungen wurden versucht (doppelgeschlechtiges Numen, Dämon nichtgermanischen Ursprungs, Kulturbringer, Feuergott, Vegetationsheros) und Parallelen zu manchen Gestalten anderer Religionen

aufgewiesen. Dieser Gott zeigt besonders deutlich die Problematik vieler Figuren der nordischen Dichtung.

Der *Mythus* der Germanen ist uns aus dem Süden, Westen und Osten kaum, aus dem Norden dagegen sehr wohl bekannt. Aber der letztere ist spät überliefert, vielleicht weithin überhaupt Spätprodukt. Neben den kosmologischen Vorstellungen, die ein gewisses Weltbild zeigen, sind die eschatologischen bemerkenswert. Allerdings ist das »jenseitige« Walhall der Helden im Grunde ebensowenig attraktiv wie das grausige Totenreich der Hel. Hinsichtlich der Vorstellungen vom Weltuntergang, der »Götterdämmerung« (*Ragnarök*, eigentlich »Götterschicksal«), wie sie die Edda bzw. die Völuspá in großartiger Form schildert, besteht Streit, wieweit außergermanische Einflüsse, vor allem christliche, verarbeitet wurden. Sie sind durchaus denkbar.

Insbesondere hat man auch an christlich-häretische (manichäische) Einwirkungen gedacht, um den Dualismus zu erklären, der in den Weltuntergangserzählungen sichtbar wird. Ebenso sind Zusammenhänge mit altiranischen eschatologischen Anschauungen konstruiert worden. Man könnte zudem vermuten, daß einzelne dualistische Elemente und Gedankengänge von einer kosmischen Katastrophe aus einer gemeinsamen indogermanischen Vergangenheit sich bei den Germanen wie bei den Iraniern erhalten haben, während sie bei anderen indogermanischen Völkern zurückgetreten sind. Auch an keltische Einflüsse könnte gedacht werden, da dort ebenfalls eschatologisches Gut überliefert ist. Von den eddischen *Ragnarök*-Vorstellungen nimmt man an, daß sie bis ins 1. Jahrtausend v. Chr. zurückreichen. Trotzdem sind sie für das Germanentum der Blütezeit nicht nachweisbar und auch nicht wahrscheinlich. Die Muspellssöhne, die zusammen mit Loki auf dem Totenschiffe Naglfar kommen, hat man beispielsweise mit dem etymologisch dunklen *Muspilli*, einer eschatologischen Bezeichnung der christlichen Südgermanen und des Heliand (teils für eine persönliche Gestalt, teils für den Weltuntergang), zusammengebracht. Aber auch hier war schon längst Außergermanisches wirksam geworden. Die Atmosphäre, in die die eddische Weltuntergangserzählung getaucht ist, läßt nur zu deutlich eine müde Stimmung und ein erschüttertes Lebensgefühl erkennen, die für kulturelle und religiöse Schlußphasen charakteristisch sind, und die auch die Aufnahmebereitschaft für fremdes Mythengut erklären. Insofern wird man diese Züge der späten germanischen Religiosität nicht übermäßig betonen, sondern eher in den Hintergrund stellen dürfen.

So kann auch das Bestehen einer höheren *Ethik* mit Rechts-, Treue- und Pflichtbegriffen, Ehrfurcht vor den Frauen, Wahrheitsliebe und kämpferischer Verantwortungsbereitschaft nicht über manche Mängel und schließlich über Verfallserscheinungen im Gesamtbild dieser Religion hinwegtäuschen, die sich jedenfalls in nichts über die vorchristlichen Religionen ihrer Umgebung erhebt und deshalb in geschichtlich sinnvoller, wenn auch manchmal dramatischer, ja tragisch anmutender Weise dem Christentum Platz machen mußte. Andererseits sind aber auch die hochpoetischen Züge und die schöpferische Gestaltungskraft in den uns bekannten Spätformen des germanischen Mythus unverkennbar, wie sie vor allem seit der Zeit der Romantik Dichtung, Literatur und Musik angeregt haben.

Die Religion der Kelten

Die Religion der Kelten stellt ebenso wie die der Germanen ein schwieriges Problem der europäischen Religionsgeschichte dar, wobei zu berücksichtigen ist, daß die Kelten einst sehr weite Gebiete Europas bis hinein nach Kleinasien besetzt hielten und teilweise während langer Zeiträume geschlossen besiedelten. Dazu gehörten auch große Teile Süd-, Mittel-, West- und Nordwestdeutschlands, Oberitaliens, des Donau- und des Ostalpenraumes, ferner natürlich Frankreich, Spanien und die britischen Inseln. Ein zusammenhängendes keltisches Reich ist allerdings wohl nicht anzunehmen. Dieses den Italikern und Germanen nahestehende indogermanische Volk wurde freilich an vielen Stellen allmählich zurückgedrängt, politisch unterjocht und oft von anderen Völkern und Kulturen überlagert. Die keltische Religiosität ist deshalb u. a. auch in die es später gebietsweise ablösenden germanischen Stämme eingeflossen. In zeitlicher Nähe zu diesem Vorgang liegt die Ausbreitung des Christentums.
Die Prähistorie des Keltentums (im 1. Jt. v. Chr., insbesondere die sog. Latène-Zeit) ist undeutlich. Wenig bekannt sind die vorkeltischen Bevölkerungssubstrate Westeuropas, wie die Iberer der Pyrenäenhalbinsel, die sich mit den Einwanderern zu den Keltiberern vermischten. Natürlich hat auch von hier aus eine religionsgeschichtliche Einwirkung stattgefunden. Wieweit französische und britische Megalithanlagen (wie Carnac und das Stonehenge) mit den Kelten etwas zu tun haben, ist völlig offen. Im übrigen dürften die Elemente der Religiosität ähnlich wie bei den prähistorischen Germanen gewesen sein. Möglicherweise haben schon die später charakteristischen weiblich-mütterlichen Züge bestanden. Starke Entwicklungen gehen mit den keltischen Wanderungen süd- und ostwärts im 1. vorchristlichen Jahrtausend, besonders in dessen zweiter Hälfte, vor sich. Die Quellen für die Religion des älteren Keltentums sind vorwiegend römisch-lateinisch, teilweise auch griechisch. Sie betreffen meist die Gallier und die römisch-keltischen Mischformen. Die Quellen für die Religion des nördlichen Keltentums stammen hauptsächlich aus viel späteren Zeiten Irlands und England-Schottlands. Zugrunde liegt Gemeinsames an altkeltischen religiösen Beständen. Das Keltentum ist zu allen Zeiten an religiösen Fragen außerordentlich interessiert und kultisch sehr aktiv gewesen. Die Situation ist also insoweit der der germanischen Religion verwandt. Archäologisches kommt vor allem in den römisch-keltischen Gebieten in Betracht (Tempel, Altäre, Grabanlagen und -steine).

Gallien und das zentraleuropäische Festland

Die Gottheiten der gallischen und ostalpinen (besonders in Noricum-Kärnten lebenden) Kelten um die Zeitenwende sind uns vornehmlich in der latinisierten Form der *interpretatio Romana* bekannt. Caesar ist ein wichtiger Gewährsmann. So hören wir vielfach von einem *Mercurius* (anscheinend eine Kulturbringer-Gottheit, u. a. wohl im keltischen *Ogmios* zu sehen, vergleichbar dem germanischen Wodan) oder von verschiedenen Formen des *Mars*. Die letzteren sind besonders wichtig, da die Kriegsgottheiten (z. B. *Teutates* und *Esus*) bei den Galliern eine große Rolle spielten. Caesar redet

Reitende Epona, keltische Pferdegöttin

Drei keltische Muttergottheiten

ferner von einem *Vater Dis*, einem Hochgott, der vielleicht mit Juppiter zusammenzubringen ist, gleichzeitig aber Züge eines Unterweltsgottes trägt. *Tanaros* (auch *Taranis*, *Juppiter Taranus*) war ein Himmels-, Donner- und Gewittergott. Die männlichen Gottheiten wurden gern mit weiblichen gepaart: z. B. der Lichtgott *Belenos* und *Belisana*. Tiergottheiten (wie der hirschköpfige *Cernunnos*, der Stiergott *Tarvos Trigarannos* oder die berühmte Pferdegöttin *Epona*) weisen in das Gebiet der Naturverehrung, während die großen Mütter, die weiblichen Urmächte, die in den verschiedensten Formen auftauchen, an die Fruchtbarkeitskulte erinnern. Dreiköpfige Gottheiten bzw. Dreiergruppierungen von männlichen wie von weiblichen Gottheiten (vor allem die drei *matres* oder *matronae*) lassen Triadensysteme erschließen, die hier üblich waren. Der Kult der Naturmächte, verkörpert in jenen Gottheiten, hat also eine große Rolle gespielt, wie auch der Gedanke der Heiligung des Staats- und Soziallebens.
In Kärnten sehen die Dinge etwas anders aus. Aber auch hier scheint in der ursprüng-

lich vielleicht vom Magdalensberg aus beherrschten und dort kultisch zentrierten Religion die Gestalt des Kriegsgottes (*»Mars« Latobius*) wichtig gewesen zu sein, der mit dem Wasser etwas zu tun hatte (*navale* als Bezeichnung des Heiligtums?), ferner weibliche Schutzgottheiten einzelner Orte, die ihre Zusammenfassung in einer *»Isis« Noreia* fanden, der hier ganz besonders hochgeschätzten mütterlichen Obergöttin.
Die ganze Organisation des Kultus dürfte reich gewesen sein, zahlreich die Priesterschaft, umfänglich der Tempelbau, fleißig geübt das Opferwesen. Das Vorkeltische hat sich sicher allenthalben kräftiger bemerkbar gemacht, als wir heute ahnen oder feststellen können.

Britannien und Irland (Inselkelten)

Bei ihnen dürfen wir das Vorkeltische, Präindogermanische noch stärker wirksam vermuten. Die Quellenfrage ist durch die Lage der Spätzeit, durch das Einfließen von Spätantikem und Christlichem besonders verdunkelt. Ein phantastisches, oft traumhaftes Gewebe von märchenartigen Vorstellungen und sagenhaften Vorgängen umkleidet das mythologische Gut der ausgehenden keltischen Kultur im Bereiche der britischen Inseln. Ähnlich wie bei den Sagas und der Edda der Nordgermanen liegt die Entstehung oder letzte Formung der Mythen in christlicher Zeit. Ja, die Gestaltung reicht bei den irischen und noch mehr bei den britischen Chronisten weit tiefer ins Mittelalter hinein als bei den nordgermanischen Sängern. Trotzdem nimmt man an, daß das religiös-mythologische Material darin sehr viel älter ist und daß die hier auftretenden Helden und Herrscher alte Göttergestalten sind. Vielleicht noch mehr als bei den Festlandkelten ist ein blutrünstiger Geist zu verzeichnen, eine Wollust am Grausamen, die oft unvermittelt neben Idyllen, Paradiesessymbolik, zarten Frauengestalten und Hoffnungen auf seliges Leben steht.
Im Hintergrunde des irischen Mythus gewahrt man Überlieferungen von Kämpfen zwischen verschiedenen Volksstämmen, hinter denen vielleicht Göttergruppen zu suchen sind. Die Göttergestalten der Briten scheinen denen der Festlandkelten näher zu stehen als die der Iren. Die vielen Kriegsgötter sind auch hier bezeichnend, wie der irische Schlachtengott *Net*. Als Hauptgott mit kulturschöpferischen Zügen – ähnlich wie bei den Galliern – kommt ein *Dagda* in Frage, zu dem ein jüngerer Sohnesgott *Oengus* tritt. Der gallische *Belenos* erscheint als *Beli* bei den Briten, *Lugus* (nach dem sein gallisches Kultzentrum Lugdunum = Lyon wohl benannt ist) bei den Iren als *Lug*. Wichtiger aber sind die weiblichen Gottheiten, die in besonderem Maße das Bild des Götterhimmels bestimmen. Zu ihnen gehört die große Göttermutter *Anu* oder *Danu* der Iren und *Brigit* oder *Briganti*, eine Göttin mit Kulturfunktionen. Auch weibliche Kriegsgottheiten wie *Morrígan*, die »große Königin«, und die mit ihr zu einer Dreiheit zusammengeschlossenen *Neman* und *Macha* gab es. Amazonenhafte Frauen sind Kriegsanführerinnen in dieser stark unter mutterrechtlichen Vorzeichen stehenden Kultur. Im übrigen wird auch hier die Natur als göttlich belebt vorgestellt, vielleicht noch mehr als anderswo. Sie wird von allerlei halbgöttlichen Zwischenwesen phantasievoll bevölkert.

Charakter des religiösen Glaubens

Die ganze Atmosphäre, vor allem späterer keltischer Legenden, Sagen und Märchen, ist erfüllt von der Macht des Wunderbaren. Wirklichkeit und Unwirklichkeit gehen ineinander über. Eine seltsam irreale Zauberwelt erhebt sich mitten im nüchternen und manchmal nebelgrauen Diesseits. Diese Zauberwelt lebt in tausend mythischen Gestalten, die den Menschen irgendwie gegenwärtig zu umgeben scheinen. Darin ist eine starke Furcht vor den Mächten des Numinosen lebendig. Diese Mächte sind sehr verschiedener Art und Struktur. Wir begegnen da einmal den älteren und primitiveren heiligen Mächten der *Ahnen* und der *Naturkräfte*. Darüber erhebt sich dann eine *hohe Götterwelt*, die mit den sonst bekannten indogermanischen Pantheen verglichen werden kann. In ihr fallen vor allem die wichtigen Kräfte des Weiblich-Mütterlichen auf, die mit den mutterrechtlichen Verhältnissen zusammenhängen könnten, sodann gewisse männliche Lichtgottheiten wie etwa der »hohe Himmel« *Camulos* oder der »Glänzende« *Lucetius* oder der Himmelsgott *Tanaros*. Teilweise werden diese Lichteigenschaften auf das Weibliche übertragen, z. B. in der gallisch-römischen *Rosmerta*. Die keltische göttliche Frauendreiheit scheint bis weit ins Christliche hinein fortgelebt zu haben, insbesondere in der Zusammenstellung von drei weiblichen Heiligen.
Daneben stehen die *grausamen Züge* in der Welt des Heiligen, das Blutrünstige, sich ausdrückend im geheiligten Krieg mit seinen Opfern und in den göttlichen Kriegsherren und -herrinnen, den vielen Kriegsgottheiten, die vor allem auch Menschenopfer fordern. Die kultische und mythische Pflege des Kriegsgedankens schließt aber nicht die religiöse Beachtung des *Kulturproblems* aus, wie sie in den Kulturbringergestalten deutlich wird, etwa in dem mit Herakles oder Mercurius-Hermes oder gar mit dem spätantiken Logos identifizierten *Ogmios* oder in *Lugus* (Lugh), einer prometheischen Gestalt, oder in der Kulturpatronin *Briganti*. Im übrigen sind wohl die personalen Götter der Kelten sehr stark lokal differenziert gewesen: Es gab offenbar viele patronsartige örtliche Schutzgottheiten.
Das Ganze aber ist eingebettet in die *vergöttlichte Natur*, die nicht nur in den Tiergottheiten zum Ausdruck kommt, sondern überhaupt in der Verehrung des heiligen Naturlebens. Dazu gehören die Gestirne, unter ihnen der Mond wohl als Fruchtbarkeitssymbol, vor allem aber das Wasser, das als hochbedeutsames Element in der keltischen Mythologie auftritt, repräsentiert durch Wassergottheiten und vergöttlichte Gewässer. Diese keltische Naturverehrung, der Sinn für die Begegnung mit numinosen Werten im Naturwalten, hat auch das geprägt, was man als *keltische Eschatologie* bezeichnet hat und was man besonders bei den Inselkelten findet, vor allem in rudimentären Vorstellungen in der irischen Märchenwelt. Wir hören da zunächst einmal vom Reich der *Síde*, der Feenwesen, die in Hügeln oder Bergen hausen, und von den Wasserelfen des Meeres, die wunderschöne Inseln bewohnen und die Helden in ihr üppiges Reich locken, aus dem man nur noch schwer entfliehen kann. Von abenteuerlichen Entdeckungsreisen in solche rätselhaften, unwirklichen Länder wird uns berichtet – ein Motiv, das tief ins Mittelalter und in die Neuzeit hinein in der Dichtung lebendig blieb und das Nachsinnen der Menschen beflügelte. Zwischen Sehnsucht nach diesem Paradies und Fluchtverlangen sind die von den herrlichen Herrinnen dieses Paradieses beglückten Helden hin- und hergerissen. Auch hier hat anscheinend Mutterrechtliches und Mutterkultisches eine entscheidende Rolle gespielt.

Darin liegen sicher legitime vorchristlich-altkeltische Gedanken vor. Die Idee der »Inseln der Seligen«, die sich andeutungsweise schon in antiken Nachrichten über die Kelten findet, wird weiterentwickelt. Sie sind ein Totenreich, wo Blüten, Licht und Farbenpracht, wohllautende Musik und himmlische Chöre, Reigentänze, Mahlgenuß und Frauenliebe den Abgeschiedenen erwarten. So schweifte die Phantasie immer wieder zu jener traumhaften, halb irdischen, halb jenseitigen Totenwelt, von der daneben allerdings auch andere, düstere Vorstellungen existieren. Wahrscheinlich

Rosmerta, mit »Mercurius« verbundene Göttin

hängt dieser Glaube mit gewissen Ideen von der Seelenwanderung, der Metempsychose, zusammen, die es, wohl aus gewissen verbreiteten und primitiven urreligiösen Anschauungen heraus entwickelt, bei den Kelten gegeben zu haben scheint. Jedenfalls berichten Caesar, Strabo und Diodor und andere antike Schriftsteller von solchem Glauben der Druiden, der auch noch später im Waliser Heldenepos fortlebt. Seele und Kosmos sollen unzerstörbar sein und immer wieder belebt werden. Wahrscheinlich ist diese Theorie ausgemalt und mit christlichen Paradieses- und Jenseitsvorstellungen vermischt worden und hat so Züge angenommen, die an das antike Elysium, vielleicht

auch an die Jenseitswelt der Etrusker, ebenso wie an den mohammedanischen Seligenhimmel erinnern, gleichzeitig aber auch an das von Muttergottheiten beherrschte antike Totenreich. Jedenfalls sind diese eschatologischen Gedankengänge anders als die tragischen Stimmungen, die bei den Germanen zur Frage von Lebens- und Weltende vorherrschen. Sie zeigen einen sinnlich-naiven Optimismus in der Fortexistenzfrage. Die Weltuntergangsvorstellungen sind uns nur andeutungsweise bekannt.
In diesen Überlieferungen ist der keltische *Mythus* verarbeitet, der in seinen Einzelheiten nicht auf uns gekommen ist. Er hat neben den theologischen und eschatologischen Vorstellungen zweifellos auch Lehren über den Aufbau und das Werden der Welt enthalten. Eine spezielle religiöse *Moral* kennen wir nicht. Jedoch können wir manches von einem harten Heldenethos und von der grausamen Beobachtung der Kult- und Gemeinschaftsgesetze aus den Erzählungen vermuten.

Der Kultus und seine Einrichtungen

Caesars Behauptung vom Ausschluß aus der Kultgemeinschaft als Strafe für religiösen Ungehorsam weist uns auf die große Bedeutung des rituellen Handelns hin. In seinem Mittelpunkt steht die berühmte legendenumwobene Priesterschaft der *Druiden*. Die Etymologie dieses schon von antiken Schriftstellern überlieferten Namens ist dunkel. Angeblich soll er soviel wie »die Wissenden« bedeuten. In römisch-gallischer Zeit hießen bestimmte Tempelpriester *gutuatri*. Ob sie ebenso wie die *sacerdotes* (»Priester«) und *vates* (»Seher, Wahrsager«), von denen wir hören, besondere priesterliche Gruppen oder Synonyme bzw. Abarten zum Druidentum waren, ist ungewiß. Etwas Besonderes scheinen die *Barden* als (religiöse) Dichter und Sänger gewesen zu sein. Den Druiden, von denen man eine ordens- oder bundesartige hierarchische Organisation annimmt, wird vieles zugeschrieben: philosophische Kenntnisse, geheime Weisheit, Sehertum, magische Praxis, inspirativ-ekstatische Veranlagung, Ritualbeherrschung. Ihr Einfluß soll – auch politisch – sehr groß gewesen sein. In den verschiedenen keltischen Gebieten war wohl die Lage auch verschieden. Eine Jüngerschaft sorgte für das Weiterleben des Amtes. Dazu kommt ein weibliches Priestertum (*druydae*) mit stärker visionär-prophetischem Charakter, das auf die schamanistischen Züge der ganzen Gruppe hinweist. Die den Druiden nachgesagten Fähigkeiten bis hin zur Macht über die Naturgewalten und ihre Gesetze erinnern überhaupt in vielem an das asiatische und arktische Schamanentum.
Verbote gegen die Druidenschaft seitens des römischen Staates zeigen starkes Mißtrauen, beruhen aber wohl auch auf dem ausgedehnten Menschenopferkultus, den die Druiden im Rahmen des allgemeinen Opferbrauches übten. Die antiken Schriftsteller deuteten die grausamen Menschenopfer anscheinend als kultischen Kannibalismus. Daneben hat es zahlreiche Riten teils magischer, teils divinatorischer (weissagender) Art gegeben. Dazu gehörten auch magische Heilkunde und Naturbeherrschung (u. a. Wetterzauber) und inspirativ-hypnotische Mantik. Dem Kult mit einem gewissen wiederkehrenden Festkalender dienten Heiligtümer, zunächst vielleicht nur heilige Haine, Bezirke und Hügel mit Opferstellen oder Altären, aber sicher auch schon früh einfache Tempelbauten, die in römischer Zeit nach dem Vorbild römischer Sakralbauten, vor allem des Podiumstempels, gestaltet wurden. In den romanisierten keltischen

Gebieten finden sich teilweise noch Reste mächtiger Tempelanlagen (z. B. in Kärnten, wo auch eigentümliche, offenbar keltische Formen von Heiligtümern neben der Großanlage vom Magdalensberg vorkommen). Auch kultische Rundbauten hat es gegeben, wie überhaupt das Kreisschema rituell wichtig war. Kultbilder, Fetische und Symbole, heilige Waffen, Kultwagen, Geräte und Trophäen (wie Menschenschädel) warenbekannt und wurden z. T. in den Heiligtümern gehütet. Das Römertum hat auf dem Gebiet des Kultischen sicher viel Anregung geliefert, obwohl auch die eigenständige Tradition stark war. Die heiligen Haine weisen auf Baumkultus und auf die neben der Tiergestalt geläufige pflanzliche Form des Heiligen. Eine Rolle spielte bei den Zeremonien der geheimnisumwitterte sakrale Kessel (für Opfer, Mahlfeiern, Magie, Weissagung). Im ganzen kann man die keltische Religion eine ausgesprochene Kultreligion nennen, deren Riten bei aller Seltsamkeit und Grausamkeit noch weit in die christlichen Jahrhunderte hinein ihre Bedeutung und Attraktionskraft für das Volk behielten, vor allem auf den britischen Inseln. Zähe haben sich Rudimente des uralten keltischen Glaubens erhalten.

Religion der Slawen und Balten

Am unsichersten unter allen indogermanische Sprachen sprechenden Völkergruppen ist die religionsgeschichtliche Lage bei den Slawen und den ihnen verwandten baltischen Völkern. Eine vollständige slawische Religion mit Mythus und Kultus ist uns nicht mehr zugänglich, so daß man eigentlich nur von einer Religiosität sprechen kann, die wir kennen. Besonders schwierig ist hier nämlich die Quellensituation. Die alten Quellen – in griechischer, lateinischer und arabischer Sprache – setzen erst im 6. Jahrhundert n. Chr. ein (Prokopios von Caesarea, *De bello Gothico*) und sind sämtlich indirekt, d. h. Berichte von Ausländern über ihre Beobachtungen des Kultus der Slawen. Aus ihnen wie aus einigen volkskundlichen Tatbeständen der späteren slawischen Völker in Verbindung mit sprachwissenschaftlichen Erwägungen und wenigen archäologischen Befunden muß man die Elemente der altslawischen Religion zu rekonstruieren versuchen. Anders kann man es kaum nennen. Noch viel schwieriger sind die Quellenverhältnisse bei den Balten, von denen uns nur Berichte aus der spätesten Zeit des Heidentums vorliegen. Daß die christlichen und muslimischen Gewährsmänner dieser Zeit befangener, verständnisloser und unsachlicher über fremdreligiöse Erscheinungen berichteten als etwa die vorchristlichen Römer über Germanen und Gallier, ist nicht verwunderlich.

Das Interessanteste an der slawischen Religion ist, daß sie offenbar besonders lange einfachste Formen indogermanischer Religiosität konserviert und sich von fremden Einflüssen der anderen europäischen Religionen stärker freigehalten hat als die germanische und keltische Religiosität. Eher sind noch gewisse alte Berührungen mit innerasiatischen Kulten anzunehmen. Die westlichen und vor allem die nördlichen Slawen waren allerdings religiös offensichtlich von den Germanen beeinflußt, zumindest in der Gestaltung ihres Kultus.

Die Herkunft dieses östlichen Zweiges der europäischen Indogermanen, von der Antike gelegentlich mit den Skythen zusammengebracht, ist ungeklärt. Die Gruppen, in die man sie aufteilt, sind auch religiös verschieden, obwohl die Grundvorstellungen, der Kult und die Götter sehr eng verwandt bzw. identisch sind: Ost-, West- und Südslawen. So wie ihre Religion werden aber ursprünglich auch einmal die verschiedenen Teile des Slawentums eine erst später aufgespaltene Einheit dargestellt haben. Unsere ältesten Nachrichten betreffen Südslawen. Zu den Westslawen gehören die im späteren Deutschland ansässigen Slawenstämme (Sorben, Wenden; letzteres – lat. *Veneti, Antes, Wentes* – die älteste überlieferte Bezeichnung für die gesamte Sprachgruppe). Man spricht hier auch von Ostsee-, Elbe- und Oderslawen. Die Balten (Litauer, Preußen, Letten) heben sich sprachlich und ethnisch als besondere Gruppe ab, die aber mit den Slawen verwandt ist.

Toten- und Hausgeister

Die alten Nachrichten und die naiven Berichte der arabischen Reisenden lassen erkennen, daß neben agrarischen Kultsitten und Idolverehrung ganz besonders sorgfältig die rituelle Totenpflege geübt wurde. Sie war so ausgedehnt, daß sie etlichen Gewährsmännern geradezu als charakteristisch erschienen ist. Die Leichenverbrennung war in weitestem Umfange gebräuchlich. Dabei wurden die Toten mit überaus reichen Mitgaben versehen. Ibn Fadlān (10. Jh.) schildert einen komplizierten Bestattungsvorgang, bei dem einmal die Verbrennung des Toten auf und mitsamt einem Schiff auffällt, sodann das dabei geübte umständliche Menschenopfer (nämlich einer Frau als »Mitgabe«), das wohl, wie auch die sonstigen Beigaben, dem Toten in seinem Jenseits dienlich sein sollte. Die Idee des mit Hilfe reicher Grabbeigaben verschönerten Jenseits finden wir noch deutlich im Mittelalter bei den Balten. Die Verschickung von menschlichen Begleitern ins Jenseits durch Tötung ist Allgemeingut bestimmter religionsgeschichtlicher Stufen. Ferner wurden große Totenmahlzeiten (*strava*) veranstaltet, die bei Slawen und Balten noch weit bis in die Neuzeit hinein üblich blieben, dazu kultische Leichenspiele (*trizna*). Vorstellungen von einem – teils angenehm gedachten – Totenreich, von Existenz- und Gestaltwandel bis hin zu einem den Altpreußen zugeschriebenen Seelenwanderungsglauben stehen dahinter.

Dieser Kult setzt voraus und vertieft zugleich eine Verehrung der *Totengeister*, die bei den Slawen auch noch in christlicher Zeit eine große Rolle gespielt haben und meist in bedrohlicher, grausiger Form gesehen wurden, etwa als die Vampire des südosteuropäischen Glaubens, die nächtens Menschen überfallen und aussaugen, oder als die *Russalky*, die Wasserdämonen oder Nixen, die aus Geistern von ertränkten oder erwürgten Kindern entstanden sein sollen. Bei den letzteren, die Antonín Dvořáks bekannter Oper *Rusalka* den Stoff geliefert haben, macht sich ein Zusammenhang mit dem Naturkult und den die Elemente bewohnenden Naturgeistern bemerkbar. Die *Russalky* sind etymologisch aus den *rusalia*, den schon für den antiken Balkan belegten »Rosalien« (dem mit dem Totenkult zusammenhängenden italisch-römischen Frühlings-Rosenfest) entstanden. Mit einem litauischen Namen heißen die Totengeister *veles* oder *velinas*. Die Wald-, Ufer- und Bergdämoninnen *Vily* leben vor allem auf dem Balkan bis in die Neuzeit fort und sind sogar in die klassische Operette eingegangen.

Insbesondere aber sind die *Hausgeister* ein volkstümlich lange (russ. *domovoj*, poln. *ubożе*, wend. *ludki*) weiterbestehendes Ergebnis des Totenkultus und Seelenglaubens. Sie können, oft zwergengestaltig, Segens- und Unheilsspender sein und werden von den alten Schriftstellern mit den römischen Penaten verglichen, wurden anscheinend auch bildlich dargestellt und sind Opferempfänger. Mit dem Totenglauben hängt ferner die Hausschlange zusammen, die uns u. a. bei den alten Litauern gut bezeugt ist.

Naturverehrung

Die Totengeister mögen z. T. als Naturgeister neue Gestalt gewonnen haben. Vor allem aber war es wohl die Natur mit ihrem Leben selbst, die den Menschen zur Bildung von anschaulichen Vorstellungen göttlicher Macht anregte. Diesen Eindruck haben auch die alten christlichen Chronisten von den Slawen gewonnen, denn hier erfahren wir immer wieder entweder von Naturgeistern oder von der numinosen Natur und ihrer kultischen Bedeutung. So sagt uns schon Prokop (6. Jh.), daß die »Sklavenen und Anten« »Flüsse und Nymphen und andere solche Dämonen verehren und ihnen allen Opfer darbringen und bei diesen Opfern die Mantik betreiben« (III, 14). Thietmar

von Merseburg (11. Jh.) weiß von einem zentralen Quellheiligtum *Glomuzi* der Daleminzier, Adam von Bremen von heiligen Hainen und Quellen. Flüsse und Meer, Quellen und Brunnen, Berge, Feuer, Hügel, Haine, Bäume, Felder, Gärten, Steine und Tiere werden lebensvoll vorgestellt und verehrt. Nach Cosmas von Prag (12. Jh.) sind es mit Personifikationen der antiken Mythologie Oreaden, Dryaden und Hamadryaden, Gewässer, Feuer, Haine, Bäume und Steine, die die tschechischen Slawen anbeteten. Teilweise treten dann diese heiligen Naturobjekte in Verbindung mit persönlichen Gottheiten auf, etwa in dem heiligen Hain mit seinen Eichen, der nach Helmold (12. Jh.) dem Gott Prove in Aldenburg (Oldenburg in Holstein) geweiht und von besonders hoher Würde war. Das ist ein ganz natürlicher Zug der Entwicklung.
Eine »animistische« Belebung und Bevölkerung der Natur ist zweifellos die Wurzel für die Bildung von höheren Naturdämonen und -gottheiten gewesen, die nun gleichsam als vergöttlichte Naturgewalten erschienen. Von einem Feuerkult erfahren wir besonders bei den Balten, wo die Litauer nach Hieronymus von Prag neben heiligen Hainen auch Feuerkultstätten besaßen. Ebenso werden die himmlischen Naturkräfte, Sonne, Mond und Sterne, vergöttlicht. Offenbar hat bei den Balten dieser Kult der Naturkräfte sich stärker gehalten und sind dort die personhaft gestalteten Götter zurückgetreten.
In Verbindung mit den animistischen Totengeistern haben sich aus den Naturgeistern viele bösartige Dämonen entwickelt, von denen wir bereits einige erwähnten. Von besonderer Bedeutung aber sind die Schicksalsgeister, vor allem die alter indogermanischer Tradition entsprechenden weiblichen, wie sie in den Geburtsfeen *Roždanice* (*Rodjenice* bei den Kroaten, *dolya* bei den Russen) fortleben, die Hüterinnen des Lebens und des Todes sind. Hinter ihnen verbergen sich wohl alte Muttergottheiten und die »Mutter Erde«. Aber auch einen männlichen Geburtsgenius namens *Rod* (»Geburt«) hat es gegeben. Überall hier können wir Züge zu einer abstrakteren Fassung des Heiligkeits-, Macht- und Gottesgedankens wahrnehmen.

Götter

Die älteste Nachricht über die slawische Religion bei Prokop behauptet, daß die »Anten« einen einzigen Gott, den Herrn aller Dinge und Erschaffer des Blitzes verehrten. Demgegenüber stehen andere Überlieferungen, die anscheinend von einer Art von Dualismus zu berichten wissen. Aus einer Angabe des holsteinischen Helmold (12. Jh.) hat man einen guten und einen bösen (schwarzen) Gott bei den Slawen als Gegensatzpaar vermutet, von denen Helmold nur den bösen, *Zcerneboch*, mit Namen nennt. Sicherlich hat es bei den Slawen, wie bei vielen anderen Völkern, »böse«, d. h. dämonische, negative, und »gute«, freundliche Gottheiten gegeben. Von einem prinzipiellen Dualismus kann hier jedoch ebensowenig die Rede sein wie von einem Monotheismus. Auch wenn Helmold einen *deus deorum* (»Obergott«) erwähnt, der über den anderen steht, kann daraus nicht auf einen Monotheismus geschlossen werden.
Slawische Mythologen, angefangen bei dem polnischen Chronisten Dlugosz im 15. Jahrhundert, haben häufig unter Zuhilfenahme volkskundlichen Materials eine große Anzahl von slawischen Gottheiten zu konstruieren versucht. Der historische Befund läßt nur verhältnismäßig wenige Gestalten als unzweifelhaft alt und echt in klareren Umrissen hervortreten. Ein alter slawischer Name für die Hochgötter lautete

bog. Das Wort läßt sich auch im Persischen nachweisen und geht auf einen indogermanischen Ausdruck für »Spende«, »Reichtum« oder »Spender« zurück. Es ist wohl eine *Mana*-Bezeichnung, die zunächst im Zusammenhang mit dem speziellen Epitheton des betreffenden Gottes zur Charakterisierung seiner Göttlichkeit verwendet wurde. Einen alten, urindogermanischen Hochgott unmittelbar dahinter zu suchen, dürfte kaum berechtigt sein.

Tatsächlich haben wir es – vor allem bei den Westslawen – mit einem zum Henotheismus neigenden Polytheismus zu tun. Es sind zu Hochgöttern personalisierte Kräfte des Naturlebens, des Himmels und der Erde. Bei den Ostslawen, die vermutlich etwas ursprünglichere Zustände der slawischen Religiosität überliefern, erkennen wir im 10. Jahrhundert einen Obergott *Perun* und einen Viehgott *Volos*. Perun ist offenbar ein Himmels-, Blitz-, Gewitter- und Sturmgott aus sehr alter Zeit, entspricht dem litauischen Perkunas und hängt mit der Eiche (*percus*, lat. *quercus*) zusammen. Er stand damals wohl schon im Hintergrund. Sein hölzernes Kultbild, das blutige Opfer erhielt, soll in Kiew einen silbernen Kopf mit goldenem Schnurrbart gehabt haben. *Volos-Veles* war gleichzeitig ein Boden- und Viehgott chthonischen Charakters, also auch für die Toten zuständig. Besonders wichtige Kultgottheiten der Ostslawen aber sind der Feuergott *Svarožič* und der Sonnen- und Opfergott *Dažbog*, also der Herr des himmlischen Feuers. Es sind persönliche Gestaltungen der von den Slawen allgemein

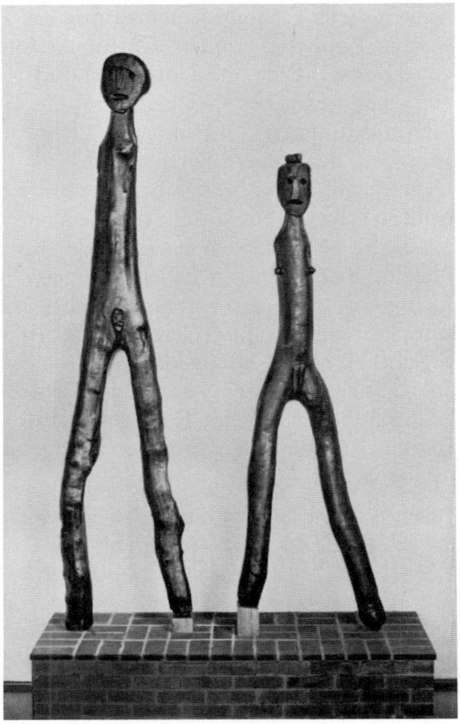

Götterfiguren (Mann und Frau) aus der Eisenzeit

verehrten Naturkräfte. Diese Götter bzw. die ihnen zugrunde liegenden Heiligkeitserfahrungen müssen eine solche bedeutende Rolle gespielt haben, daß sie arabischen Berichterstattern neben dem Totenkult am meisten aufgefallen sind und die Slawen von ihnen als Feueranbeter charakterisiert wurden. Daneben werden noch ein Wind- und Kriegsgott *Stribog*, ein Jagd- und Krankheitsgott *Khors*, ein Wirtschafts- und Handelsgott (-göttin?) *Mkoš* und eine Kältegöttin *Semargla* genannt. Nach den arabischen Berichten könnte man ferner auf individuelle Holzfetische mit Menschengesicht in Pfahlform schließen, welche die göttlichen »Herren« von Einzelpersonen darstellten. Also ein Fortleben primitiver Palladien, von Schutzgottheiten, einer urtümlichsten Form gestalthafter Götter. Germanischer Einfluß auf dem Weg über die Waräger ist möglich.

Bei den Westslawen an Oder, Elbe und Ostsee scheint das Pantheon samt dem Kult und den kultischen Einrichtungen weiter entwickelt gewesen zu sein. Die Götter waren vermutlich – wohl dank des erwähnten germanischen Einflusses – konkreter, individueller ausgestaltet. Hier tritt uns Svarožič als *Zuarasici* (so im 10. Jh. nach Thietmar von Merseburg in Riedegost oder Radigost), als *Svantovit* oder *Jarovit* entgegen, mit reichem Kultus umgeben. Auch hinter dem dreiköpfigen *Triglav*, von dem wir seit dem 12. Jahrhundert hören (Hauptheiligtum in Stettin), wird die gleiche Gottheit zu suchen sein. Götter mit vier, fünf oder gar sieben Köpfen oder Gesichtern, von deren Bildern christliche Chronisten berichten, wie der *Porevit* oder *Rugievit* auf Rügen, scheinen nach dem gleichen monströsen Prinzip den Allcharakter und die kriegerische Schrecklichkeit dieser Obergottheiten ausdrücken zu wollen. Man wird an Götter des hinduistischen Pantheons erinnert. Christliche Allegorien (drei Köpfe als kosmisches Sinnbild von Himmel, Erde und Unterwelt) dürften kaum die Sache treffen. Helmold erzählt von einer weiblichen Gottheit *Siwa*, die in Pluna (Plön in Holstein?) verehrt wurde. Neben den Zügen von Himmels-, Licht- und Obergöttern treten auch die Motive des Irdischen, der unteren Bereiche auf.

Demgegenüber war bei den Letto-Preußen die Verehrung persönlicher Götter anscheinend so schwach entwickelt, daß sie kaum in die Tradition einging. Nichtsdestoweniger dürfte sie vorhanden gewesen sein, wie in neuerer Zeit besonders die Arbeiten von Haralds Biezais gezeigt haben. Letzterer hat neuerdings die Gestalt eines reitenden Lichtgottes *Ūsiņš* genauer herausarbeiten können. Es scheint einen Himmelsgott *Dievs*, eine Sonnengöttin *Saule*, eine Schicksalsgöttin *Laima* und mütterliche Geisterwesen gegeben zu haben. Wenig klar sind Gestalten wie *Kurke*, *Perkunas* oder der Totengott *Sovij*. Innerhalb der Natur- und Dämonenverehrung scheinen Vorstellungen von geflügelten Drachen eine Rolle gespielt zu haben. Die baltische Götterwelt verkörpert eine noch urtümlichere Situation indogermanischer Religion und Mythologie als die ostslawische.

Kultische Einrichtungen

Von einem slawischen Mythus im genauen Sinne wissen wir aus alter Zeit nichts. Eine Erschließung aus Späterem ist wohl kaum möglich. Dagegen war der Kultus bei den Slawen verhältnismäßig umfangreich, besonders bei den Stämmen des Nordwestens. Er ist, da er unter allen alteuropäischen Religionen am weitesten in die christliche Zeit hineinragt, ziemlich gut bekannt und lokalisierbar. Primitive Züge in den Kulteinrichtungen (Pfahlgottheiten, Opfer durch Aufhängen am Pfahl, Medizinmänner) lernen wir vor allem durch die islamischen Gewährsmänner kennen. Hierher gehört wohl auch die merkwürdige Funktion des Schiffes im Totenkult.

Von einfacheren *Kultanlagen* wissen wir aus Rußland, wie von Kiew, wo Wladimir neben seinem Palast auf einem Hügel hölzerne Götterbilder (ohne Tempel?) errichtet hatte (um 980), von komplizierteren aus den Nachrichten etwa über Stettin, wo vier Tempel (drei Versammlungshäuser und ein Opferhaus?) gewesen sein sollen, die mit einem heiligen Baum und mit einer heiligen Quelle verbunden waren. Es handelt sich also auch um heilige Bezirke und Haine. Sie waren mit kultischem Gerät angefüllt. Ein anderer Tempel war in Radigost (am Lucinsee bei Feldberg in Mecklenburg), andere auf Rügen (Arkona). Die Ausstattung der Heiligtümer war reich, ihr Mittelpunkt das *Götterbild*, meist wohl mit zahlreichen Attributen und Ausschmückungen versehen (darunter solchen aus Stoff und Metall: Waffen, Trinkhorn, heilige Fahne) und mit allerlei heiligen Objekten umgeben. Mehrfach gehörte ein heiliges Roß dazu. Überhaupt wurden, wie bei den Germanen, die aus dem Holzpfahl entwickelten Götterbilder zunehmend bedeutungsvoll. Sie dienten u. a. auch Orakelzwecken und erhielten ihre *Opfer (treba)*, die zumindest später als Speise und Trank der Gottheit betrachtet wurden und mit Kultmahlzeiten verbunden waren. Das Menschenopfer war neben dem von Tieren und vegetabilischen Materien durchaus gebräuchlich. Seine Darbringung oblag dem angesehenen *Priestertum*, das durch allerlei Tabus beschwert war (u. a. angeblich ein Verbot des Atmens im Heiligtum). Der Svantovit-Priester soll nach Helmold an Rang über dem König gestanden haben. Eine weitere Hauptaufgabe des Priestertums war neben allerlei Zauber das offenbar sehr ausgedehnte *Orakel- und Wahrsagungswesen* und die Leitung der vorwiegend durch den Ackerbau bestimmten Feste. Im baltischen Gebiet sollen sich Kult und Priester bis zum Ende des Mittelalters gehalten haben.

Im ganzen macht die Religion des Slawentums in religionsgeschichtlicher Sicht trotz vieler altertümlicher Elemente einen verhältnismäßig jungen und lebenskräftigen Eindruck. Obwohl ziemlich unverbildet, ist sie doch für nachbarliche Einflüsse zugänglich gewesen, mit deren Hilfe sie sich an ihre religiös fortgeschrittene und überlegene Umgebung anpaßte. Ob ihre eigene Kraft für eine selbständige weitere Entwicklung sehr groß war, ist zu bezweifeln. Sie ging schnell im Zusammenhang mit der entsprechenden politischen Entwicklung im Christentum auf; doch blieben dabei Teile ihrer religiösen Vorstellungen und kultischen Praktiken in der Volksreligion der slawischen und baltischen Völker in naiver Unbefangenheit lebendig.

Das Judentum

A. Die israelitisch-jüdische Religion in vorchristlicher Zeit

Jahwe, der Gott Israels

Für die alttestamentliche Überlieferung ist *Jahwe* von jeher der Gott Israels. Das heißt: Die Gemeinschaft mit dem Namen »Israel« ist allein auf den Gott mit dem Namen »Jahwe« bezogen, hat schon immer nur diesen Gott verehrt – oder ihn zumindest verehren sollen! –, und umgekehrt: Die Gottheit Jahwe hat sich allein als für diese Gemeinschaft »Israel« zuständig erklärt – oder mit einem alttestamentlichen Terminus: Sie hat *Israel* aus allen Völkern *erwählt*. Es besteht demnach ein Ausschließlichkeitsverhältnis zwischen Jahwe und Israel.

Die spätere alttestamentliche Überlieferung ist zwar des Glaubens, es sei nie anders gewesen, als daß Jahwe der Gott Israels war. Aber der Religionshistoriker ist nicht von der Klärung der Frage entbunden, ob diese Sicht zutrifft oder ob man nicht vielleicht erst von einem bestimmten Zeitpunkt an mit Recht die Formel von »Jahwe, dem Gott Israels« gebrauchen kann. Die Antwort muß lauten: Unsere Formel ist erst von einem Zeitpunkt an möglich, von dem an eine Gemeinschaft »Israel« überhaupt existiert; sie ist weiterhin erst möglich, nachdem Israel in seiner Gesamtheit sich zu diesem Gott Jahwe bekannt hat. Beide Ereignisse sind für uns durchaus noch faßbar; die alttestamentliche Forschung hat allerdings aufgezeigt, daß sie wesentlich später liegen, als die Zeugen, die im Alten Testament zu Wort kommen, glaubten.

Eine Gemeinschaft des Namens »Israel« gibt es erst, seit sich Kleinviehhirten von sehr unterschiedlicher, meist aramäischer Herkunft, die zuvor teils in der syrisch-arabischen Wüste, teils im Negev und weiter südlich nomadisierten, im Kulturland Palästina für dauernd niederließen. Wir bezeichnen diesen Vorgang, der sich vermutlich über ein Jahrhundert und mehr erstreckte und sich etappenweise vollzog, als die *Landnahme Israels*. Vor dieser Landnahme gab es keine Gemeinschaft »Israel«, sondern nur einzelne Sippen und Stämme, die ihr Eigenleben führten. Mithin ist die Formel »Jahwe, der Gott Israels« erst von der Landnahme an möglich.

Es ist freilich nicht ausgeschlossen, sondern im Gegenteil mit Sicherheit anzunehmen, daß einzelne Sippen der späteren Gemeinschaft »Israel« auch vorher schon Jahwe verehrten. Aber die Gesamtheit »Israel« hat Jahwe als die für sie zuständige Gottheit erst anerkennen können, nachdem sie sich konstituiert hatte. Das Alte Testament berichtet, ganz Israel habe auf Veranlassung des Josua tatsächlich die bisher nur von einer Minderheit verehrte Gottheit Jahwe zum Gott Israels erklärt (*»Landtag zu Sichem«*, vgl. Jos. 24). Hier stehen wir, historisch gesehen, vor dem bedeutsamen Akt der Übernahme und Anerkennung einer bisher nur von einer Minderheit verehrten Gottheit durch die neuentstandene Gemeinschaft »Israel«. Von nun an kann Jahwe als der Gott Israels gelten.

Wer sind nun diese beiden Größen, die hier in eine Beziehung zueinander treten? Auf der einen Seite steht *Jahwe*. Was sein Name eigentlich bedeutet, ist immer noch umstritten. Einiger Beliebtheit erfreut sich die Deutung »Er ist wirksam da«. Mehr läßt sich über die Herkunft dieser Gottheit sagen: Jahwe und der Berg *Sinai* gehören zusammen. Wo dieser Berg Sinai, möglicherweise ein – jetzt erloschener – Vulkan, zu suchen ist, ist freilich wieder umstritten; gegenüber der traditionellen Ansetzung auf der später nach dem Berge benannten Sinai-Halbinsel – auf der es aber nie Vulkane gab – hat jene andere Lokalisierung an Boden gewonnen, die den Berg in Nordwestarabien, etwa 200 km südöstlich von el-ʿAqaba sucht. Jahwe ist anscheinend schon längst, bevor es eine Gemeinschaft »Israel« gab, als die Gottheit dieses Berges verehrt worden. Man nimmt gern an, die *Midianiter*, speziell die Keniter, seien vorisraelitische Verehrer des Sinai-Gottes Jahwe gewesen. War Jahwe eine Berg- bzw. Vulkangottheit, so war er an die betreffende Lokalität gebunden; um ihn zu verehren, mußte man sein Heiligtum aufsuchen. Vermutlich war das Heiligtum »Berg Sinai« eine Wallfahrtsstätte für viele in der näheren, aber auch in der weiteren Umgebung zeltende Stämme. So mögen auch in historisch nicht mehr faßbarer Zeit Sippen oder Stämme aramäischer Abkunft, die später in den Verband »Israel« integriert wurden, diesen heiligen Berg als ein vielleicht weithin berühmtes Heiligtum aufgesucht haben. Dort widerfuhr ihnen dann ein Erlebnis, das sie veranlaßte, den Gott Jahwe vom Sinai fortan als ihre Gottheit zu verehren. Die Richtigkeit dieser Sicht – die freilich hypothetisch bleibt – vorausgesetzt, stünden wir vor einem nicht allzu selten zu beobachtenden Vorgang: Eine Gottheit, die an eine bestimmte Lokalität (Berg, Baum, Hain, Quelle u. ä.) gebunden ist, findet dadurch neue Verehrer, daß Menschen, die diese Stätte bisher nicht gekannt oder noch nicht aufgesucht hatten, nunmehr das betreffende Heiligtum besuchen und fortan die kultische Verehrung der dort wohnenden Gottheit als für sich selbst bindend und verpflichtend anerkennen.

Welche der späteren Israeliten sind am Sinai gewesen und haben dort das eben geschilderte Erlebnis gehabt? Zunächst läßt sich eine Antwort negativer Art geben: Die Sinai-Besucher haben nicht zu den sogenannten *Lea-Stämmen* (Ruben, Simeon, Levi, Juda, Sebulon, Issachar) gehört, die bereits in einer ersten Phase der Landnahme in Palästina ansässig wurden. Die Angehörigen dieser Stämme sind bis zum »Landtag von Sichem« offenbar keine Jahwe-Verehrer gewesen. Ob aber jene Israeliten, die Jahwe am Sinai kennenlernten, mit jenen ihrer späteren Stammesbrüder identisch sind, die sich zeitweilig in *Ägypten* aufgehalten haben, sich aber den ihnen dort auferlegten Frondiensten durch die Flucht entziehen konnten, ist nach wie vor strittig. Dagegen spricht, daß die um die Ägypten-Ereignisse kreisenden Erzählungen und die sogenannte Sinai-Perikope anscheinend erst in später Zeit miteinander verbunden worden sind und ursprünglich nichts miteinander zu tun hatten. Diese Annahme, daß sinaitische und ägyptische Verbände des späteren Israel wahrscheinlich nicht identisch sind, hat eine weitere Konsequenz, nämlich im Blick auf die Gestalt des *Mose*. Diese gehört ursprünglich mit hoher Wahrscheinlichkeit zu jenen Sippen, die zeitweilig in Ägypten waren. Ist sie dann aber nicht mit den den Sinai besuchenden Israeliten zu verbinden, dann entfällt für Mose jene Rolle als Religionsstifter, die man ihm lange Zeit hindurch so gern zuerkannte. Aber in diesen Fragen ist das letzte Wort sicher noch nicht gesprochen.

Den Israeliten, die Jahwe an seinem Heiligtum, dem Berge Sinai, kennenlernten, ist es später gelungen, die Verehrung dieser Gottheit auch bei ihren Stammesbrüdern durchzusetzen, die nie am Sinai waren. Voraussetzung ist dabei die Loslösung des Gottes Jahwe vom Sinai. Daß diese Ablösung vom Sinai ein nicht ganz reibungslos verlaufender Vorgang war, läßt die Sinai-Überlieferung noch an manchen Stellen erkennen. Nach vollzogener Landnahme schließlich wird Jahwe die bei allen Israeliten allein verehrte Gottheit.

Die andere Größe in der Formel »Jahwe, der Gott Israels« ist *Israel*, nun als im Lande Palästina ansässig gewordene Gesamtheit betrachtet. Diese Gemeinschaft »Israel« – was die Bedeutung des Namens betrifft, so tappen wir wiederum ziemlich im Dunkel: war es ursprünglich ein mit El (»Gott«) zusammengesetzter Patriarchenname? – ist nicht Volk, nicht Gemeinde. Nach den in neuester Zeit freilich wieder stärker in Zweifel gezogenen Forschungen Martin Noths ist sie ein sakraler, in zwölf Stämme gegliederter Verband, der sich um ein zentrales, also gesamtisraelitisches Heiligtum scharte. Nach Analogie griechischer und altitalischer *Amphiktyonie-Verbände* vermutete Noth, die Zwölfzahl der Stämme hänge mit einer bestimmten kultischen Pflicht zusammen: Jeder dieser Stämme hat für einen Monat des Jahres die Unterhaltspflicht für das zentrale Heiligtum. Möglicherweise haben die schon verhältnismäßig früh in Palästina ansässig gewordenen Lea-Stämme sich – wenn diese Theorie überhaupt stimmt – zu einer Sechsstämme-Amphiktyonie mit einem zentralen Heiligtum nahe Sichem zusammengeschlossen; sie waren allerdings noch keine Jahwe-Verehrer.

Dasselbe Heiligtum wurde aller Wahrscheinlichkeit nach dann erste zentrale Kultstätte des späteren, allein Jahwe zugeordneten Zwölfstämmeverbandes. Nunmehr erschien als heiliger Gegenstand die *Lade*, ein bewegliches Heiligtum, dessen Herkunft für uns im Dunkel liegt. Die Lade wurde jeweils dort aufgestellt, wo heiliger Boden war. Bisher kanaanäischen Gottheiten geweihte Heiligtümer wurden nun Jahwe übereignet. Das erste Zentralheiligtum nahe Sichem war zuvor gewiß irgendeinem Baal geweiht gewesen. Die hier zunächst aufbewahrte Lade war aus uns unbekannten Gründen dann von Sichem nach Bethel, weiter nach Gilgal bei Jericho, schließlich nach Silo gebracht worden, wo sie bis zu den Philisterkämpfen verblieb. In diesen Kämpfen ging sie zeitweise verloren, wurde nach ihrer Rückgabe durch die Philister an verschiedenen grenznahen Orten aufbewahrt, bis David sie nach Jerusalem brachte. Neben der Lade scheint auch noch das alte Heiligtum des *Begegnungszeltes* eine – freilich minder bedeutende – Rolle gespielt zu haben. Die Kreise, die diesen heiligen Mittelpunkt hatten, glaubten anscheinend, die Gottheit komme von ihrem ständigen Wohnsitz nur dann zu ihren Verehrern, und zwar an diese Offenbarungsstätte, wenn sie seiner speziellen Weisungen bedurften. Zelt- und Ladetradition müssen jedenfalls auseinandergehalten werden.

Das Alte Testament bezeichnet später jenen Akt, in dem Israel sich zur Gottheit Jahwe bekennt, als *Bundesschluß*. Dieser wurde nach den jüngeren Überlieferungen alljährlich in einer kultischen Begehung gefeiert. Zu dieser Feier gehört seitens der menschlichen Bundespartner die Verpflichtung auf das heilige Gottesrecht. In solchen Traditionen über bestimmte, feste Ritualien dürfte sich die Erinnerung widerspiegeln, daß Jahwe von Anfang an als ein fordernder, die Seinen zu einem »bundesgemäßen« Verhalten verpflichtender Gott erschienen ist. Ausdruck dieses seines Willens ist in erster Linie das *»apodiktische Recht«*, wegen seiner knappen und gedrungenen Form so genannt. Wahrer und Interpret dieses Gottesrechtes mag in früher Zeit der *»Richter«* gewesen sein; später ist dieses Amt wahrscheinlich auf den *Priester* übergegangen. Wer sich gegen das Gottesrecht vergeht, das den unbedingten Willen der Gottheit kundtut, ist dem Tode verfallen. Bei der Feier des Bundesschlusses bzw. der Bundeserneuerung hat sich Israel – so die Auskunft seiner späteren Traditionen – jeweils in einem Bekenntnisakt neu auf dieses Recht verpflichtet.

Wenn die Sippen und Stämme des späteren Israel nicht von Anfang an die Gottheit Jahwe verehrt haben, ist noch die Frage offen: Wie sah ihre *vorjahwistische* Religion aus?

Hier helfen uns die Erzählungen von den »Vätern«, die wir gewöhnlich die Patriarchen nennen, einen wesentlichen Schritt weiter. Aus ihnen können wir ersehen, daß die Israeliten der Zeit vor der Landnahme, die in vielfältigen, voneinander unabhängigen Stammes- und Sippenverbänden als wandernde Nomaden lebten, jeweils eine – *nur* eine! – dem Stamm, der Sippe zugeordnete Gottheit verehrten. Diese *Stammes-* oder *Sippengottheit* galt als Herr, Anführer, vor allem als Wege- und Schutzgottheit der wandernden Nomaden. Sie wurde als das eigentliche Haupt des Stammes, der Sippe verehrt. Viel stärker als die Bindung an ein lokales Heiligtum schlägt in dieser Religionsform die personale Bindung an die Gemeinschaft, deren Anführer der Gott ist, durch. Diese personale Bindung drückt sich auch in der Benennung aus: Die Gottheit trägt in der Regel keinen Eigennamen, sondern wird nach dem Stammes- bzw. Sippenahnherrn benannt, dem sie, wie man weiß, erstmals erschienen ist: »Gott (El) des X« oder, einfacher: »Gott meines (deines, seines) Vaters«. Es handelt sich hier wie auch dort, wo man beispielsweise vom »Schrecken Isaaks« (1. Mose 31,42), vom »Starken Jakobs« (1. Mose 49,24) sprach, nicht eigentlich um Gottesnamen, eher um Gottesbezeichnungen. Die Tatsache, daß israelitische Stämme und Sippen jeweils eine Gottheit, sie allein, verehrten, konnte man nun mit Hilfe der Formel ausdrücken: Die betreffende Gottheit hat den Ahnherrn und mit ihm bereits seine ganze Nachkommenschaft *erwählt*. Damit war dann zugleich der Grund dafür angegeben, warum der Nomadenverband eben diesen Gott und keinen anderen verehrte. Wenn im Alten Testament der Erwählungsgedanke eine so große Rolle spielt, wenn die Jahwe-Religion später einen so ausgeprägt monotheistischen Zug zeigt, so werden die Wurzeln dafür in diesen Zügen der »Väter-Religion« liegen. Jene Israeliten, die am Sinai der Lokalgottheit Jahwe begegnet waren, haben wahrscheinlich diese neue Gottheit mit der bisher von ihnen verehrten Vätergottheit identifiziert, haben sie fortan als eine Vätergottheit angesehen und angebetet. Ebenso geschah es dann bei den anderen israelitischen Sippen und Stämmen, die sich nach und nach zu Jahwe bekannten, bis hin zu jenem Ereignis am Ende der Landnahmezeit, das hinter der Erzählung vom Landtag zu Sichem historisch zu vermuten ist. Von nun an ist Jahwe, Jahwe allein, der Gott Israels.

Das Verhältnis zur kanaanäischen Religion

Das Land, in dem sich die Israeliten kurz vor 1200 v. Chr. nach und nach ansiedelten, war längst besiedelt, besonders dicht in den Ebenen, spärlicher auf dem Gebirge, auf dem die Neusiedler sich darum vorzugsweise niederließen. Die *Kanaanäer*, wie wir mit einer Sammelbezeichnung die vorisraelitischen Bewohner des Landes zu nennen pflegen, hatten als Kulturlandbewohner intensiven Anteil am politischen, wirtschaftlichen, geistigen und religiösen Leben des antiken Vorderen Orients, zumal Palästina seit jeher Durchgangsgebiet zwischen den beiden großen Kulturzentren Ägypten und Mesopotamien war.

Darum zeigt die kanaanäische Religion stark synkretistische Züge, am stärksten in den

Städten an der Mittelmeerküste, wofür Ugarit (jetzt Ras Schamra) – freilich etwas abseits, weil im hohen Norden gelegen – eindrückliche Belege bietet, im Binnenland weniger. Wie im gesamten Vorderen Orient, so handelt es sich auch hier um einen ausgesprochenen *Fruchtbarkeitskult*. Bei ihm steht die heilige Hochzeit im Mittelpunkt, vollzogen zwischen der Fruchtbarkeitsgöttin als Mutter alles Lebens und dem jungen Gott, der als jeweils sterbender und dann immer wiedererstehender Gott den alljährlichen Wandel im Aufblühen und Dahinwelken der Vegetation repräsentiert und bewirkt. Wirkungskräftig werden die Taten dieses Götterpaares dadurch, daß Menschen die heilige Hochzeit in kultischer Feier nachvollziehen. Von hier aus ist der ausgeprägt sexuelle Zug zu verstehen, der die kanaanäische Religion bestimmt und so stark von der altisraelitischen Religion abhebt. Auf diese Weise nämlich sieht sich der mit dem Ackerbau befaßte Mensch in den Vorgang der Erhaltung der als zutiefst heil angesehenen Welt, in der er lebt, einbezogen; insofern versteht er sich als Gehilfen der Götter.

So sind für die kanaanäische Religion die drei großen *Ackerbaufeste* kennzeichnend. Zu Beginn der Weizenernte brachte man der Gottheit Erstlingsgaben der neuen Ernte dar. Sieben Wochen später feierte man Erntedank. Das dritte und eigentliche Hauptfest lag im Herbst, am Schluß der Weinlese. An diesem markanten Einschnitt, da die alle Vegetation ausdörrende Glut des Sommers ihr Ende fand und der Frühregen bald zu erwarten stand, feierte man den Jahreswechsel. Vermutlich zu diesem Datum hat man auch die große Feier der heiligen Hochzeit begangen.

Über die von den Kanaanäern verehrten Götter, ihre Namen, Eigenarten, ihr Verhältnis zueinander sind wir seit jüngster Zeit genauer unterrichtet. Danach muß die herkömmliche Sicht, als erschöpfe sich diese Religion in der Verehrung von allerlei Lokalgottheiten, Baale genannt, die an bestimmten Geländepunkten ansässig waren, aufgegeben werden. Vielmehr wissen wir jetzt von einem ganzen, wohlgeordneten *Pantheon* kanaanäischer Gottheiten, in dem die Götter *El* und *Baal* die Hauptrolle spielen. El ist Götterkönig, der mit seiner Gemahlin *Aschera* zusammen über dem Pantheon steht. Was seine Eigenarten angeht, so bleibt er freilich merkwürdig blaß. Blutvoller als El, der Schöpfer, ist Baal, der Erhalter der Schöpfung, der die Fruchtbarkeit repräsentiert und bewirkt und der deshalb auch regelmäßig für begrenzte Zeit in die Gewalt des Todesgottes fällt. Die Gemahlin Baals, zugleich seine Schwester, heißt *Anat*. Außer mit dem Todesgott *Moth* hat Baal auch immer wieder mit *Jam*, dem Meeresgott, Repräsentanten der chaotischen Wasserfluten, zu kämpfen. Neben diesen Hauptgöttern ist uns noch eine ganze Reihe anderer Götter mit Namen bekannt. Wir kennen jetzt auch einige kanaanäische *Mythen*, die solche Götterkämpfe schildern. Für die Verehrung der Götter durch die bäuerliche kanaanäische Bevölkerung kamen die »Höhen«, in den Städten die Tempel in Betracht. Charakterisiert war die kanaanäische Religion durch mannigfache Opferbräuche, bei denen Rinder, Schafe, Ziegen und auch Tauben geopfert wurden.

Als Kulturlandbewohner hatten die Kanaanäer auch teil an jenem gemeinorientalischen Recht, dessen vornehmstes Zeugnis der *Codex Hammurabi* ist. Dieses sogenannte *»kasuistische« Recht* kann im eigentlichen Sinne als Rechtskorpus angesprochen werden, während das schon erwähnte apodiktische Recht, auch Gottesrecht genannt, eher mehr aus Lebens- und Verhaltensregeln besteht (»Du sollst nicht töten«; »Du sollst nicht ehebrechen«). Das kasuistische Recht verrät in vielen seiner oft recht umständlich formulierten Satzungen bereits etwas von jener tiefgehenden sozialen Schichtung, wie sie für Kulturlandbewohner kennzeichnend ist: Eine verhältnismäßg dünne Herrenschicht – meist die Gruppe der letzten Einwanderer – hat die Macht an sich gerissen und die bisherige Bevölkerung zu einer in ihrer Freiheit mehr oder weniger beschränkten Untertanenbevölkerung degradiert.

Gegebenheiten solcher Art fanden die Israeliten bei ihrer Landnahme im Kulturland vor; mit ihnen mußten sie sich auseinandersetzen. Die Frage ist nun also: Wie verhalten sich Jahwe-Religion – diese in ihrer Kombination mit der Vätergott-Religion – und die kanaanäische Religion zueinander?

Jahwe mußte, wie die Götter der anderen Völker auch, an *heiligen Stätten* verehrt werden. So war auch die Lade an einem heiligen Ort aufzustellen. Im Kulturland gab es aber keine Jahwe gehörigen Heiligtümer, sondern nur solche kanaanäischer Art. Im Lande Kanaan, wo der bisherige nomadisierende Viehhirte bald dazu übergeht, den Boden zu bearbeiten, will er dann auch der Gottheit für die Gaben des Ackers Dank sagen. Weil es keine Ackerbaufeste für Jahwe gegeben hatte, mußte der Israelit die *kanaanäischen Feste* übernehmen. In der neuen Situation des Kulturland-Daseins gab es viele Rechtsfälle, wie sie bisher noch nicht vorgekommen waren. Um sie zu klären und zu schlichten, bedurfte es solcher Rechtsnormen, die auf die Kulturland-Gegebenheiten paßten. Dazu bot sich das bei den Kanaanäern längst gebräuchliche kasuistische Recht an. Aus diesen Beispielen wird bereits ersichtlich: Das Verhältnis der israelitischen Religion zum »Kanaanismus« ist keineswegs rein negativ zu beurteilen. Israel benutzte fortan die El, Baal und anderen Gottheiten gehörigen Heiligtümer, um an ihnen Jahwe zu verehren. Die einzelnen Begehungen und kultischen Bräuche blieben dabei weitgehend erhalten. Die Israeliten feierten nun auch die Feste kanaanäischer Herkunft. Eines davon, das Mazzotfest, wurde mit dem uralten Hirtenfest Pesach (Passa) kombiniert. Das Pesachfest, im Kulturland sinnlos geworden, wurde freilich bald nicht mehr gefeiert. Erst sehr viel später versuchte man, es wieder zum Leben zu erwecken. Bei Mazzot und den anderen Ackerbaufesten ist zu bezweifeln, daß sich die Formen, in denen diese Feste gefeiert wurden, stärker gewandelt hätten. So ist es durchaus denkbar, daß Jahwe mancherorts so stark in den hergebrachten Formen verehrt wurde, daß man den Eindruck hat, es handle sich bei »Jahwe« nur um eine neue Benennung des hier schon lange verehrten El oder Baal. Gewiß ist der *Prozeß der Kanaanisierung* nicht gleichmäßig verlaufen. Das einfache Volk war der kanaanäischen Art, die Gottheit zu verehren, gegenüber stärker aufgeschlossen, wie ja überhaupt die Verwandtschaft der Religionen im Volksglauben relativ eng ist. Dort, wo man in intensiverer Berührung mit den Kanaanäern lebte, war die Tendenz zur Kanaanisierung sicherlich stärker als anderswo.

Dieser Kanaanisierungsprozeß hatte nicht nur den Charakter der Zwangsläufigkeit – er war in mancher Hinsicht sogar überaus fruchtbar. Die Vorstellung von El als dem *Himmelsgott*, der über der Erde thront, war der von Jahwe überlegen, der auf dem Berge Sinai residiert oder an die Lade gebunden ist. Daß die Vorstellung von Jahwes Wohnsitz sich hier nach der kanaanäischen El-Vorstellung hin wandelte, hat seine kaum zu überschätzende Bedeutung für die spätere Gestalt des jüdischen und christlichen Gottesglaubens. Der Glaube, Baal sei der Besitzer des *Kulturlandes*, der Garant seiner Fruchtbarkeit, wirkte positiv auf die Beantwortung der Frage, wie denn Jahwes Verhältnis zum Kulturland zu bestimmen sei – einer Frage, die auch dann, wenn sie

nicht erst mit der Landnahme auftauchte, sondern schon früher, jetzt erst ihre große und aktuelle Bedeutung bekam. Auch die Übernahme des kasuistischen Rechts durch die Israeliten ist durchaus positiv zu beurteilen, zumal Israel es verstand, diesem Recht eine besonders intensive religiöse Bindung zu geben.
Damit stehen wir schon bei einer weiteren Tatsache, die nun wohl die wichtigste ist: Israel hat sich die kanaanäischen Gegebenheiten in den meisten Fällen so angeeignet, daß es sie dem Jahwe-Glauben einordnete. Im Jahwe-Glauben aber ist von allem Anfang an die Ausschließlichkeit angelegt. Man kann nicht Jahwe und andere Gottheiten zugleich verehren. Ein Pantheon, wie es dem kanaanäischen Glauben lebendig vor Augen stand, konnte es für Israel nicht geben. Stieß man im Vollzug der Landnahme auf andere Gottheiten und die Formen ihrer Verehrung, so gab es nur die eindeutige Ablehnung dieser Gottheiten oder ihre Identifizierung mit Jahwe. Die für die kanaanäische Religion so kennzeichnende Betonung der Sphäre des Geschlechtlichen spielt für Israel überhaupt keine Rolle; gerade in der Diastase zur Anschauung von der Urzeugung der Welt mag Israel zur Ausprägung seines so besonderen Schöpfungsglaubens gekommen sein. Die Ackerbaufeste werden nicht mehr verstanden als Teil eines ewigen Kreislaufes des Werdens und Vergehens, sondern als Mahnung, sich der großen Taten Jahwes in der Geschichte Israels zu erinnern. Dem kasuistischen Recht wird das apodiktische zugeordnet, nicht nur als Ergänzung, sondern zugleich als Korrektur, indem es stets auf Jahwe als den Hüter des Rechtes, darüber hinaus den Herrn über menschliches Rechtverhalten und des Lebens überhaupt hinweist. Auch hier, bei der *Abwehr* dessen, was sich mit der Jahwe-Religion nicht vertrug, werden wir mit verschiedenen Schichtungen zu rechnen haben. Im Volksglauben waren die Abwehrkräfte gewiß nicht so stark ausgebildet wie bei den Höherstehenden; auch wurden in den einfacheren Schichten die Assimilationen gewiß nicht bewußt vollzogen. »Überblickt man den Prozeß der Übernahme im ganzen, so hat man den Eindruck, daß der Jahwe-Glaube – so paradox es klingen mag – in den mancherlei neuen Formen mehr als bisher zu sich selbst gekommen ist und sich noch freier und selbstbewußter auf den Plan stellen konnte« (Gerhard von Rad).

Die frühe Königszeit

Mit der sogenannten *Staatenbildung*, die mit dem Aufkommen der Institution des *Königtums* Hand in Hand geht, treten wir in eine neue Phase auch der Entwicklung des Jahwe-Glaubens ein. Das neue politische Gebilde, der Staat, von einem König regiert, löste nun die ältere Form des loseren Stämmeverbandes ab. Wie war aber jetzt das Verhältnis des Königs zu Jahwe zu bestimmen? Wir müssen hier unterscheiden zwischen dem sogenannten Nordreich, das den Namen des alten sakralen Verbandes *Israel* bewußt beibehält und dessen Königtum sich auch als Fortsetzung des alten Charismatikertums verstehen läßt – wenn solches zeitweise auch fast nicht mehr erkennbar ist –, und dem Südreich *Juda*, das nur für einige Jahrzehnte, unter David und Salomo, in Personalunion politisch enger mit dem Nordreich verbunden war. Um die Stellung des Königs näher zu umreißen, bediente man sich im Südreich Juda wiederum dessen, was im Kulturland üblich war; wir stellen beispielsweise eine auffallende Verwandtschaft zwischen ägyptischem Königszeremoniell und den Formen des »Bundes« fest, den Salomo mit Jahwe schloß. Durch diesen »Bundesschluß« wird der König

Sohn Gottes, von Jahwe durch einen Adoptionsakt angenommen. Als Stadtkönig der bis in die Zeit Davids kanaanäischen Stadt Jerusalem ist der König zugleich Priester des Heiligtums, das dann unter Salomo die Gestalt eines *Tempels* erhält. Der jerusalemische Tempel ist also als königliches Privatheiligtum anzusehen. Nur dadurch, daß Salomo eben jene Lade in den Tempel einbringt, die sein Vater David nach Jerusalem überführt hatte, wird der Tempel gleichzeitig zum Heiligtum des staatlichen Verbandes Juda, darüber hinaus der gesamten Gemeinschaft Israel. Dabei symbolisiert die Lade aber gleichzeitig die Erwählung Davids und seiner Nachfolger durch Jahwe. Sie zeigt die besonders enge Beziehung zwischen *Jahwe* und dem *davidischen König*. Neben die Vorstellung, daß Jahwes Wohnung der Berg Sinai sei, daß Jahwe im Himmel throne, daß Jahwe Besitzer des palästinischen Kulturlandes sei, tritt nun die weitere, sehr folgenreiche, daß der *Zion*, Inbegriff des Jerusalemer Heiligtums, Gottesberg und Gotteswohnung sei. Auch hier sind kanaanäische Vorstellungen auf den Zion übertragen worden. Die Anschauung vom Zion als der Wohnung Jahwes läßt es sich angelegen sein, die Geborgenheit bei Jahwe besonders stark zu betonen.

Die israelitische Geistigkeit tritt nun in ein neues, andersgeartetes Stadium, und das wirkt sich auch in intensiver Weise auf den Gottesglauben aus. Schon die frühen einzelnen Überlieferungen hatten Jahwe durchaus als Herrn der *Geschichte* gesehen, die die Seinen zu durchleben hatten. Während sie es aber nur vermochten, diese Wirksamkeit Jahwes an zahlreichen Wundern und an direkten Anreden, mit denen er Menschen in seinen Dienst stellt, zu demonstrieren, sieht man nun, daß es ein noch viel größeres Wunder ist, wie Jahwe in, mit und unter dem Wirken von Menschen seine Geschichte mit Israel, ja mit der Welt insgesamt vollführt, ohne dabei doch in wunderhaft-massiver Weise in den Lauf dieser Geschichte einzugreifen. Jahwe erweist sich als Herr der Geschichte seines Volkes vorzugsweise daran, daß er die Herzen der Menschen lenkt. Jahwe ist demnach nicht nur Herr des kultischen Bereichs; er wirkt vielmehr in der ganzen Breite allen Geschehens. Das Interesse der frühen israelitischen Schriftsteller richtet sich darum mehr auf den Menschen, sein Tun, sein Reden, seine Gedanken. Dies alles wird hineingenommen in eine großartige *Geschichtsschreibung*, wie wir sie in der Geschichte der Menschheit hier zum ersten Male antreffen. Man bekommt nun auch große Geschichtszusammenhänge in den Blick, weiß sie in der Darstellung organisch durchzugestalten, so daß sich eines aus dem anderen zu ergeben scheint und sich doch zugleich hintergründig Jahwe als Wirker allen Geschehens erweist. Wo dabei die alten Traditionen benutzt werden, werden sie in meisterhafter Weise dieser neuen Geschichtssicht dienstbar gemacht, auch da, wo sie – für sich genommen – ganz anderen Anschauungen Ausdruck gaben. Man hat gesagt, durch diese und viele andere Vorgänge, etwa das breite Einströmen der sogenannten *Weisheit* vor allem von Ägypten her, sei der Jahwe-Glaube säkularisiert worden. Wenn dieser Ausdruck überhaupt sachgemäß ist, sollte man ihn aber in dem Sinne verstehen, daß nunmehr alle Bereiche des Lebens dem Wirken dieses Gottes ein- und untergeordnet werden, auch wenn sein Name nur relativ selten fällt, auch wenn von seinem unmittelbaren Wirken nur wenig die Rede ist. Daß mit solchem Wandel der Anschauungen das Wissen um die Ohnmacht anderer Götter Hand in Hand geht, daß wir mit ihm demnach einen wesentlichen Schritt auf den *Monotheismus* zugehen, ist selbstverständlich.

Widerstände gegen die Kanaanisierung Israels

Eine derartige Entwicklung konnte sich freilich nicht vollziehen, ohne daß es *Widerspruch* gegen bestimmte Tendenzen gab. Dieser Widerspruch ging aber keineswegs nur von restaurativen Kräften aus. Vor allem wurde er aufgenommen und weitergetragen von jenen Männern, die zu den größten Gestalten in Israel, ja in der Religionsgeschichte überhaupt gehören: den *Propheten*.

Aber sie sind es nicht allein, die den Widerstand gegen die verschiedenen Neuerungen verkörpern und tragen. Das Alte Testament läßt an einigen Stellen erkennen, daß es auch noch andere Kreise in Israel gab, die dem »urisraelitischen« Geist sichtbar Ausdruck geben und gegen alle kanaanäisch bestimmten Veränderungen Anerkennung verleihen möchten, die in ihren Augen Verfälschungen waren. So hören wir von den *Nasiräern*, Männern, die sich durch ein Gelübde zu bestimmten Enthaltungen – beispielsweise vom Weingenuß – verpflichteten und dadurch zum Ausdruck zu bringen suchten, daß sie in besonderer Weise Jahwe zugehörten. In späterer Zeit traten die *Rekabiten* auf, ein Kreis von Männern, die auf nomadische Lebensführung Wert legten und damit betonen wollten, daß das Kulturland die Brutstätte alles dessen sei, was zum Abfall von Jahwe verleitet. Wieweit die das Land durchziehenden ekstatischen Prophetenschwärme einen solchen »urisraelitischen« Geist verkörperten, muß allerdings dahingestellt bleiben.

An welchen Punkten mußte sich nun der Widerspruch besonders entzünden? Seit David sein Großreich gegründet hatte, wohnte man mit den Kanaanäern in ein und demselben Staatswesen zusammen. Dadurch ergab sich gegenüber der Zeit unmittelbar nach der Landnahme eine viel intensivere Berührung mit den altansässigen Kulturlandbewohnern, also auch eine stärkere *Übernahme kultureller und religiöser Güter* von ihnen. Als die beiden nach Salomos Tode getrennten Staatswesen Israel und Juda in politische Abhängigkeit erst von aramäischen, dann von assyrischen, schließlich von babylonischen Königen gerieten – das letztere trifft nur noch auf das Südreich Juda zu –, da fanden ganz von selbst oder auch zwangsweise die in den Erobererreichen verehrten *Gottheiten*, die sich als überlegen erwiesen hatten, mitsamt den dazu gehörigen *Kultformen* zumindest in den königlichen Heiligtümern Eingang. Aber bereits der Bau eines *Tempelhauses* selbst mußte von restaurativen Kreisen als nicht dem Willen Jahwes entsprechend empfunden werden. Gegen die Institution des *Königtums* ist offenbar von Anfang an mannigfacher Widerspruch laut geworden, und dieselben Männer, die, von Jahwe beauftragt, einen von der Gottheit Designierten zum König ausrufen lassen, finden wir manchmal bald danach als unerbittliche Gegner dieser von ihnen selbst eingesetzten Männer. Denn die Macht des Königs droht letzten Endes Jahwes Ehre zu verdunkeln, der es sich selbst vorbehalten hat, sein Volk vor äußeren Feinden zu schützen. Ebenso kann man das sich immer stärker ausprägende *soziale Gefälle* vom Land zur Stadt hin, aber auch innerhalb des städtischen Gemeinwesens, nicht als dem Willen Jahwes entsprechend ansehen. Und nicht zuletzt haben wir an den oft auffälligen, oft auch sehr verborgenen, schleichenden *Prozeß der Baalisierung* des Jahwe-Glaubens zu denken, von dem im Alten Testament an vielen Stellen – wenn auch manchmal nur verschlüsselt – die Rede ist. Dadurch wußte man den Ausschließlichkeitsanspruch Jahwes gefährdet: Jahwe und Baal hatten nichts miteinander gemein. Gerade Jahwe und Baal wurden in einem viel stärkeren Maße als Gegner angesehen als z. B. Jahwe und El, die man sehr viel leichter miteinander identifizieren konnte.

Die Botschaft der klassischen Propheten

An dieser Stelle sind nun auch die sogenannten *klassischen Propheten* einzuordnen. Es kann uns nicht darum gehen, nachzuforschen, woher diese Propheten eigentlich kommen, wer ihre Vorläufer in älterer Zeit gewesen sind; hier gibt es noch vieles zu untersuchen und zu klären. Dies eine hat die Forschung der letzten Jahrzehnte jedenfalls klar herausgestellt: Die Propheten sind keine einsamen religiösen Heroen gewesen, die gleichsam aus dem Nichts heraus eine ganz neue Form des Jahwe-Glaubens geschaffen hätten, dabei allenfalls an die angeblich einmalige Tat des »Religionsstifters« Mose anknüpfend – so als sei die Zeit zwischen Mose und den Propheten eine Periode des religiösen Niedergangs, eine für die Religionsgeschichte bedeutungslose Epoche gewesen. Die alttestamentliche Forschung unseres Jahrhunderts hat viel Mühe auf den Nachweis verwandt, wie fest die Propheten in den alten israelitischen *Traditionen* wurzelten. Damit, daß wir die Verwurzelung der Propheten im Hergebrachten betonen, soll aber keineswegs geleugnet werden, daß sie – jeder in seiner Weise – bedeutende und begnadete Persönlichkeiten gewesen sind. Sie haben nicht etwa nur restaurativ gewirkt – im Gegenteil: Sie haben ganz neue Taten ihres Gottes angekündigt und mit ihrer Verkündigung auch *Neues geschaffen*. So haben sie wie alle echten Reformatoren gewirkt: das Alte, vielfach Vergessene und Verschüttete wiederaufnehmend und es zugleich weiterführend, nicht nur erneuernd, sondern auch Neues schaffend.

Wir beschränken uns darauf, einige wesentliche, für das prophetische Wirken insgesamt kennzeichnende Gesichtspunkte herauszustellen und hier jeweils die einzelnen Propheten, deren Verkündigung davon Zeugnis gibt, einzuordnen. Gerhard von Rad hat in seiner *Theologie des Alten Testaments* vier Gegebenheiten genannt, an denen die Propheten mit ihrer Kritik ansetzten: 1. die synkretistische Verwilderung des Jahwe-Glaubens, 2. die Emanzipation vom Angebot politischen Schutzes durch Jahwe, 3. soziale und wirtschaftliche Mißstände, 4. ein politisches Faktum: das Erstarken der mesopotamischen Großreiche. Diese Aufgliederung mag uns auch hier helfen, eine Übersicht über die Hauptakzente prophetischer Botschaft zu gewinnen.

1. Bereits *Elia* hat allem Anschein nach für die *Reinerhaltung des Jahwe-Glaubens* vor der Vermischung mit kanaanäischem, insbesondere vielleicht phönikischem Fremdgötterkult, wie ihn der König Ahab begünstigte, gekämpft. Von den sogenannten Schriftpropheten ist es dann zunächst *Hosea*, der hier mit seiner Verkündigung ansetzt: Israels Gegenüber im Kult ist – wie er immer erneut feststellen muß – längst nicht mehr Jahwe, wenn auch sein Name noch so oft genannt wird, sondern in Wirklichkeit Baal. Während Hosea ausschließlich die Verhältnisse im Nordstaat Israel im Auge hat – hier ist die Kanaanisierung gerade auch des Volksglaubens wohl sehr viel stärker fortgeschritten als im Südreich Juda –, nimmt *Jeremia* ein gutes Jahrhundert später gegen ähnliche Erscheinungen in dem zu seiner Zeit einzig noch bestehenden Staatswesen Juda Stellung. *Hesekiel* (Ezechiel) ist es dann, der die schärfsten Worte gegen die Überfremdung des jerusalemischen Kultes durch Fremdkulte findet. Daß die Gefahr der Beeinflussung, ja Verdrängung des Jahwe gewidmeten Kults durch andere Kulte

und Religionen auch in nachexilischer Zeit nicht gebannt ist, macht die Verkündigung im Buch des sogenannten *Tritojesaja* (Jes. 56–66) deutlich; hinter diesem Namen verbirgt sich wahrscheinlich eine Mehrzahl späterer Propheten.

2. Nach allgemeinem Verständnis hatte der König die Aufgabe übernommen, Israels äußeren Bestand zu garantieren und notfalls im »heiligen Kriege« zu verteidigen. Bei einigen der reformatorisch gesinnten, dabei aber auf die alten Überlieferungen zurückgreifenden Propheten scheint man aber ein solches Verhalten des Königs als Eingriff in ein fremdes Amt angesehen zu haben. Dementsprechend steht man der *Institution des Königtums* oft sehr reserviert gegenüber. Bei *Hosea* ist das besonders deutlich zu spüren. Wenn der König dann vollends durch eigenmächtig-despotische Handlungen gegen das alte Gottesrecht verstößt, begegnet ihm im Jahwe-Propheten ein unerbittlicher Gegner: dem Saul in *Samuel*, dem David in *Nathan*, dem Ahab in *Elia*. Umgekehrt lassen aber auch die Könige ihrem Widersacher, dem Propheten, oft eine alles andere als freundliche Behandlung angedeihen. Der Prophet wird so oft ein Leidender, Verfolgter, wie am deutlichsten am Beispiel des *Jeremia* zu sehen ist. Ein Teil der Propheten – vor allem der im Südreich Juda wirkenden – ist aber nicht prinzipiell gegen das Königtum als Institution eingestellt, sondern weiß sich eher zur Kritik an einzelnen Königen und deren Maßnahmen aufgerufen. In diesem Sinne müssen wir etwa die große Auseinandersetzung *Jesajas* mit dem König Ahas (Jes. 7) verstehen, in der der Prophet den König auffordert, den Schutz seines Staatswesens in bedrohlicher Lage allein Jahwe anzuvertrauen und auf das Schielen nach menschlichen Bundesgenossen zu verzichten.

3. Die *sozialen Mißstände*, wie sie in einer bestimmten Hinsicht bereits *Elia* angeprangert hatte (1. Kön. 21), wie sie sodann vor allem *Amos* und *Jesaja* geißeln, müssen wir freilich als teilweise zwangsläufige Folge des Lebens im Kulturland sehen. Jene soziale Differenzierung, die zur Ausbildung einer wirtschaftlich-sozial schwächeren Schicht und weiter zur Ausbeutung, ja Versklavung der weniger Begüterten führte, war im Nomadenleben undenkbar gewesen. Wenn einige der Propheten als »Sozialreformer« aufzutreten scheinen, so tun sie das nicht nur und gar nicht in erster Linie aus einem humanen Empfinden zugunsten der sozial Schwächeren; ihnen liegt vielmehr daran, dem urisraelitischen Recht, nach dem alle Israeliten gleich sind, wieder die gebührende Autorität zu verschaffen. Vor Jahwe kann es keine sozialen Schichtungen innerhalb Israels geben. So ist Jahwe ungerechten Übergriffen der Mächtigen den Armen und sozial Schwachen gegenüber prinzipiell feind.

4. Am profiliertesten erscheint die Verkündigung der Propheten dort, wo sie zur Völker-, zur damaligen *Weltgeschichte* das Wort nehmen. Nach der verhältnismäßig ruhigen Periode des David- und Salomo-Reiches zwischen 1000 und 900 v. Chr. gerät die Geschichte bald wieder in Unruhe und Bewegung, bis schließlich die kleinen Staatsgebilde in Syrien und Palästina von den Großreichen zermalmt werden. Die älteren Propheten Israels sehen in erster Linie die Gefahr, die von dem erstarkenden neuassyrischen Reich her droht. *Jesaja* und *Micha* erheben hier ihre Stimme und weisen auf die von ihnen – im Gegensatz zu vielen verblendeten Zeitgenossen – klar erkannte tödliche Gefahr hin, die von Assyrien her droht. *Amos* mag in äußerlich noch ruhiger Zeit diese Gefahr schon vorausgeahnt haben. Aber die Propheten begnügen sich nicht mit derlei Hinweisen. Ihre Größe ist es gerade, daß sie es wagen, Vorgänge dieser Art in eine ganz neue, bisher unerhörte *Geschichtstheologie* zu fassen: Wenn Assyrien für

die Existenz Israels offenbar eine tödliche Bedrohung darstellt, gilt es daran zu erkennen, daß Jahwe nicht mehr willens ist, sein Volk zu schützen. Denn dieses Volk ist um seiner vielfachen Versündigungen willen des von seinem Gott gewährten Heiles nicht mehr würdig. Es ist also durchaus nicht gegen Jahwes Willen, wenn die Völker zum entscheidenden Schlag gegen Israel ansetzen – im Gegenteil: Diese *Feindvölker* sind *Werkzeuge* in Jahwes Hand, mit denen er sein Volk seiner Sünde wegen zu vernichten droht. Wo allerdings die Feindvölker den ihnen von Jahwe gegebenen Auftrag überschreiten, wird ihnen derselbe Jahwe der grimmigste Feind werden. Wir sehen, wie hier ein weiterer wichtiger Schritt auf den *absoluten Monotheismus* hin vollzogen wird: Jahwe ist nach prophetischem Glauben nicht nur der Gott, der die Geschichte seines eigenen Volkes lenkt und wirkt, er ist der Herr der *gesamten Geschichte* und benutzt sie, um seine bestimmte Absicht mit Israel durch- und zum Ziele zu führen. Damit gelten die Gottheiten der anderen Völker grundsätzlich als entmächtigt. In der späteren Bedrohung, die die Existenz des Staates Juda durch den neubabylonischen Großkönig Nebukadnezar erfährt, nimmt *Jeremia* diese »politische« Verkündigung wieder auf und unternimmt es, ihre Konsequenzen an ganz konkreten Handlungen und Entscheidungen aufzuzeigen. Auch bei *Zephanja* und *Hesekiel* (Ezechiel) stoßen wir an vielen Stellen auf solch »politische« Prophetie.

Nun wäre unsere Skizzierung des prophetischen Wirkens aber unvollständig, wollten wir uns mit dem eben Ausgeführten begnügen. Das Entscheidende an der Botschaft der alttestamentlichen Propheten ist doch wohl dies, daß sie *Jahwes allgewaltiges Kommen* verkündigen: Jahwe hat sich aufgemacht, sein Volk »heimzusuchen«. Jahwe wird dabei erkannt als ein Gott, dessen furchtbarer Zorn über die Sünde und Verstocktheit seines Volkes entbrannt ist, denn dieses widergöttliche Tun und Treiben kann er als ein Gott nicht dulden, der Recht und Gerechtigkeit liebt und der eifersüchtig über die Ehre seines Namens wacht. So ist denn das *Gericht* unausweichlich, das bei der Größe der angehäuften Schuld nur ein *tödliches* sein kann. Zugleich aber wissen die Propheten doch um die Unverbrüchlichkeit der einst geschehenen Erwählung, und sie sehen darin die Liebe ihres Gottes zu seinem Eigentumsvolk wirksam. Von hier aus ist ein totales Vernichtungsgericht doch wieder eine Unmöglichkeit. Aus diesem *Widerstreit zwischen Zorn und Gnade* Jahwes, zwischen verdientem Gericht und verheißenem Heil gilt es nun einen Ausweg zu finden. Dabei gehen die Propheten sehr verschiedene Wege. Sie sind aber fast alle davon durchdrungen, daß Jahwes Kommen zum Gericht doch zugleich und zutiefst eine gnädige Heimsuchung ist. In das kommende Unheil Israels ist also in seltsamer Weise sein Heil hineinverschlungen. Jahwe macht zwar ein Ende mit dem Israel, wie es bisher war; aber es handelt sich dabei keineswegs um ein totales Ende dieses Volkes, sondern Jahwe hat Israel an einen »Nullpunkt« herangeführt, wo er das große Neue, sein Heil setzt. Der zum Unheil seines Volkes die Völker in Bewegung setzende Jahwe als Heilbringer – um diese dialektische, mit der Logik kaum zu fassende Botschaft kreist recht eigentlich die prophetische Verkündigung. Wenn Jahwe nun kommt, ist »letzte Zeit«. Wenn die Propheten so eine *eschatologische* Verkündigung betreiben, entleihen sie gern die Farben, mit denen sie die kommende letzte Zeit als Heilszeit schildern, uralten mythischen Vorstellungen aus Umweltreligionen. Gerade bei den im Südreich wirkenden Propheten spielt außerdem die Hoffnung auf einen *Heilskönig* aus dem *Davidhause*, der in der »letzten Zeit« regieren wird, eine bestimmte Rolle; aus dieser Botschaft ist dann die *messianische* Bewegung erwachsen, die später so bedeutsam werden sollte. Als die politische Katastrophe 587 v. Chr. in ihrem ganzen Ausmaß Juda und Jerusalem überrollt hat, da sieht *Hesekiel* (Ezechiel), da sieht einige Jahrzehnte später der – mit seinem Namen nicht bekannte – Exilprophet *Deuterojesaja*, den man den »Evangelisten des Alten Bundes« genannt hat (Jes. 40–55), die Stunde gekommen, daß Jahwe sein verheißenes Heil verwirklicht – und er tut es wieder unter Benutzung der von ihm gewirkten weltpolitischen Konstellation (Kyros). Deuterojesaja ist es auch, bei dem sich erstmals der Glaube in vollkommener Weise Bahn bricht, Jahwe sei der einzige überhaupt existierende Gott. Deuterojesaja ist es, der von dem geheimnisvollen, von Gott beauftragten, von Gott geschlagenen, von Gott zu Tode gebrachten *Knecht Jahwes* zu sagen weiß, und doch ist dieser Knecht Jahwes zugleich Gottes Vertrauter, Gottes Bevollmächtigter. Das Rätsel um diesen Gottesknecht bei Deuterojesaja harrt immer noch seiner Lösung.

Die deuteronomische Restauration

Während der Blick der Propheten, obwohl sie in individuell verschiedener Weise an ältere Überlieferungen anknüpfen, in der Hauptsache in die nahe Zukunft gerichtet ist, während ihre Verkündigung darum einen ausgeprägt eschatologischen Zug hat, gibt es andere Kreise in Israel, bei denen stärker *restaurative* Gedanken ausgeprägt sind. Sie wissen des Gottesvolkes Leben dadurch garantiert, daß das Heil Jahwes *da* ist. Es ist da seit dem Sinai-Ereignis, und es kann sich höchstens darum handeln, diese Gottesbegegnung von einst wieder zu aktualisieren, d. h. den alten Ordnungen und dem alten Recht zu neuem Leben zu verhelfen. Wenn das geschieht, dann ist Heil gewährleistet; wenn Israel sich noch einmal von Jahwe zu dem einst auferlegten Recht und in die am Sinai gegebenen Ordnungen rufen läßt, dann kann es kein Gericht geben. Die ruhige Heilsgewißheit solcher Kreise, die darum doch keinesfalls inaktiv genannt werden dürfen, steht also in einer erheblichen Spannung zur prophetischen Verkündigung. Der wichtigste Repräsentant dieser mehr restaurativen als reformatorischen Auffassung ist das sogenannte *deuteronomische Grundgesetz*, das uns im Hauptteil des »Deuteronomiums«, des 5. Buches Mose, erhalten geblieben ist.

Wenn der Verfasser dieses »Ur-Deuteronomiums« Israel als mit dem Gottesvolk vom Sinai – er sagt freilich immer »Horeb« – identisch anredet, dann darf man daraus schließen, daß er bewußt und entschlossen zu den Ordnungen von einst zurück will. Das Israel insbesondere der späten Königszeit, einer – nach Ansicht des Verfassers – als Verfallszeit anzusehenden Periode, wird gleichsam zurückversetzt in die Zeiten seines guten und gottwohlgefälligen Anfangs. Darum gibt unser Autor das von ihm konzipierte Gesetz als Mosegesetz aus, weil er überzeugt ist, daß es mit dem einst durch Mose am »Horeb« übermittelten Willen Jahwes an Israel völlig übereinstimmt. Wie er sein »Ur-Deuteronomium« mit einem Mosegesetz identifiziert, so möchte er – ungeachtet der dazwischenliegenden Zeitspanne – das Israel seiner eigenen Zeit mit jenem »idealen« Israel vom Sinai, das noch aus den frischen Quellen der unmittelbaren Gottesbegegnung lebt, identifizieren.

Da nun der alte Zwölfstämmeverband innerhalb des späteren Nordreichs Israel nach allem, was wir wissen, ungleich lebendiger geblieben ist als im Südreich Juda, haben wir Grund anzunehmen, daß das Deuteronomium *nordisraelitischen* Kreisen seine Entstehung verdankt. Dafür spricht beispielsweise die sehr skeptische Einstellung des Verfassers der Institution des Königtums gegenüber, dafür spricht weiter das Fehlen jeder Reflexion über die Beziehungen Jahwes zu den anderen Völkern, wie auch der Prophet Hosea aus dem Nordreich darüber ebenfalls nichts zu sagen weiß. Übereinstimmung mit Hosea besteht auch in der Überzeugung, daß das Verhältnis zwischen Gott und Volk durch die Liebe bestimmt ist.

Trotz jener ruhigen Heilsgewißheit, die das Deuteronomium kennzeichnet, ist es doch Repräsentant einer aggressiven Glaubenshaltung. Dem kanaanäischen Wesen gegenüber kennt es keinerlei Kompromiß; sich mit ihm auch nur einzulassen bedeutet schlimmsten Abfall von Jahwe. Am liebsten würde das Deuteronomium auch die alte Gegebenheit des »heiligen Krieges« erneuern. Bezeichnend ist, daß die alten Überlieferungen dem Umfang und Inhalt nach feststehen; sie werden nunmehr nur noch interpretiert, nicht mehr erweitert. Die schöpferische Phase der Traditionsbildung ist also endgültig vorbei.

Die Anschauungen des Deuteronomiums haben im nordisraelitischen Raum wegen der politischen Verhältnisse – das Nordreich verschwand infolge der assyrischen Eroberung 721 v. Chr. von der Bildfläche – nicht wirksam werden können. Um so bedeutsamer ist es, daß das Deuteronomium in der Zeit danach auch im Südreich Juda bekannt geworden ist; hier haben es augenscheinlich die außerhalb Jerusalems wohnenden Israeliten zu ihrem Programm erhoben. Da das deuteronomische Gesetz eine merkwürdige Mischung aus Rechtssatzungen und predigtartigen Ausführungen darstellt, wird gern daran gedacht, es mit den *Leviten* in Verbindung zu bringen, die als Erneuerer und Interpreten der alten Israeltraditionen zu gelten haben.

Obwohl das Verhältnis des Deuteronomiums zur Institution des Königtums alles andere als positiv ist, versucht doch ein König des Südreichs einige seiner wesentlichen Bestimmungen in Kraft zu setzen. *Josia* hatte sich, so kann man vermuten, das Ziel gesetzt, das alte davidische Reich wiederherzustellen. Bei solchem Bemühen kam ihm der Nieder- und schließliche Untergang des assyrischen Reiches sehr zu Hilfe. Allerdings kam Josia dann 609 v. Chr. im Kampfe gegen den Pharao Necho II. jäh ums Leben. Dieser Josia hat in einer kultischen Reform die judäischen Heiligtümer außerhalb Jerusalems, auf ehemals nordisraelitischem Boden u. a. auch das Heiligtum von Bethel, beseitigt. Diese Maßnahme kann man am ehesten erklären als Befolgung einer Vorschrift, die im Deuteronomium immer wieder auftaucht: Jahwe will nur an einem einzigen Orte verehrt sein. Dieser Ort konnte nach Ansicht des Königs, überhaupt der maßgebenden Kreise, nur Jerusalem sein. Das Alte Testament berichtet in 2. Kön. 22; 23 ausführlich über diese Vorgänge.

Es sei hier allerdings angemerkt, daß alle hier vorausgesetzten und referierten Thesen in jüngster Zeit wieder stark in Zweifel gezogen worden sind: daß das (Ur-)Deuteronomium nordisraelitischer Herkunft sei; daß es nach dem Untergang des Nordreichs in den Jerusalemer Tempel gelangt und dort zunächst vergessen worden sei, bis es unter dem König Josia wiedergefunden wurde, der es dann zur Grundlage einer großangelegten Reform gemacht habe. Die hier skizzierte Position kann aber noch nicht als durch eine derartige umfassende Kritik ausgehöhlt gelten; so besteht das gute Recht, sie weiter zu vertreten.

Mit dem Deuteronomium, so wie Josia es – nach der eben gegebenen Darstellung – in Kraft setzte, ist nun erstmals in Israel *heilige Schrift* da. Sie, die heilige Schrift des – bald in mannigfacher Weise erweiterten – deuteronomischen Grundgesetzes, ist von größter

Bedeutung für die weitere innere Geschichte Israels, dann der Juden geworden. Auf dem Deuteronomium fußt der in exilischer Zeit lebende Schriftsteller, der die älteren Überlieferungen über die Geschichte des Volkes seit dem Aufbruch vom Sinai (»Horeb«) zusammengefaßt und ihnen in einem selbstverfaßten Rahmenwerk und allerlei Zwischenbemerkungen eine bestimmte »Geschichtstheologie« aufgeprägt hat. Wir nennen ihn den *Deuteronomisten*; auch er hat dann wieder Gefolgsleute gehabt, die sein Werk nach und nach vervollständigten. Seine Geschichtstheologie ist stark vom Deuteronomium her bestimmt (daher die Benennung); das zeigt sich am anschaulichsten in dem Maßstab, mit dem der Deuteronomist die Könige der beiden Staaten Israel und Juda mißt: Sie haben (meist) Jahwes Zorn erregt oder (vereinzelt) unter Jahwes Wohlgefallen gestanden je nachdem, ob sie neben dem legitimen Kult in Jerusalem noch andere Heiligtümer und Kulte duldeten oder nicht. Weil die meisten Könige in dieser Hinsicht versagt haben – im Nordreich alle –, glaubt der Deuteronomist, hier den Schlüssel gefunden zu haben, warum es zu der ungeheuren Katastrophe kommen mußte, die durch Jahwes geschichtliches Wirken eintrat, obwohl Israel doch Jahwes Volk war.

Weitere Charakteristika der israelitischen Frömmigkeit

Wir haben bisher nur einige der charakteristischen Züge der verschiedenen Perioden beschrieben, die die israelitische Religionsgeschichte aufweist. Anderes, für den Fortgang der Entwicklung nicht minder Wesentliches, kann nur im Vorübergehen erwähnt werden. Es liegt in der Natur der Dinge, daß bisher kaum auf die »persönliche« Seite der israelitischen Frömmigkeit hingewiesen werden konnte, auf das Vertrauensverhältnis zwischen dem Einzelnen und seinem Gott, wie es sich in so vielen *Psalmen* und anderen alttestamentlichen Gebeten ausspricht – ein Vertrauensverhältnis, das durch persönliche Not gar manche Krise durchstehen muß. Zwar bewegt sich Form und Sprache der meisten Psalmen in den Bahnen teilweise sehr alter Traditionen, aber die Meinung wäre unrichtig, als sei der Inhalt des in die alten Formen Eingespannten eben auch nur »traditionell« und darum letztlich belanglos. In den Psalmen ist im Gegenteil gar oft geradezu der Herzschlag israelitischer Frömmigkeit zu spüren. Auch die Psalmen haben oft je ihre Geschichte gehabt, und den Wandel in der Frömmigkeit des Einzelnen wie der Gemeinde, in die hinein er sich eingebettet weiß, spürt man vereinzelt sehr stark. Weiter muß mit Nachdruck auf die Anfänge der israelitischen *Weisheit* hingewiesen werden, jener Weisheit, die sich schon seit alters bei den Sumerern und vor allem in Ägypten großen Ansehens erfreute. Schließlich sei noch auf das *priesterliche Recht* aufmerksam gemacht. Wenn wir seine endgültige Zusammenstellung auch erst einem in nachexilischer Zeit wirkenden priesterlichen Schriftsteller zu verdanken haben, so erweist es sich doch dem, der die einzelnen Stränge der priesterlich-kultischen Rechtstraditionen verfolgt, als uralt, teilweise gewiß kanaanäischer Herkunft.

Von Israel zum Judentum

Mit dem *Exil* ist die schöpferische Periode in der israelitischen Religionsgeschichte vorbei. Was noch eigenständige Züge zeigt, kann gleichwohl Epigonenhaftes nicht verleugnen. Das gilt bereits für *Deuterojesaja*, das gilt erst recht für *Haggai* und *Sacharja*, die die prophetische Linie fortzusetzen sich bemühen. »Die Prophetie ist im Begriff, ihr Amt abzugeben und an die Stelle ihres unberechenbar ergehenden charismatischen Wortes gleichmäßig dauernde Normen und Institutionen treten zu lassen« (Walther Eichrodt). *Maleachi*, der letzte in dieser Reihe, ist kaum noch Prophet, eher ein Lehrer, der in der Disputation seine Gegner zu widerlegen sucht. Nunmehr treten die Priesterordnungen in den Mittelpunkt; nicht mehr der Prophet, sondern der Priester ist die zentrale Gestalt in der nachexilischen Gemeinde. Das Oberhaupt dieser Gemeinde ist der *Hohepriester*. Die Gemeinde selbst ist kaum als politische Größe zu verstehen. Jahrhundertelang nimmt sie an den politischen Geschehnissen so gut wie gar nicht Anteil. Erst in der Makkabäerzeit wird das wieder anders.

Weil das priesterliche Denken nun das geistige Leben der Kultgemeinde bestimmt, tritt die *Tora* im Sinne von »Gesetz« in den Vordergrund. Ehemals war »Tora« die knappe Entscheidung des Priesters in einer bestimmten Frage, beispielsweise nach Reinheit oder Unreinheit. Zur Zeit der deuteronomischen Bewegung wird »Tora« zusammenfassender Begriff für die Willenskundgebungen Jahwes. Nach Meinung der Deuteronomiker ist es ein guter und gnädiger Gotteswille, der sich in der Tora kundtut. Allmählich wird dann aber aus der Tora jenes Gesetz, das sich allüberall als Last auswirkt, an dem man keine Freude haben kann. Nun gleicht das Leben des frommen Juden einem schmalen Pfade, den Gott an beiden Seiten mit einem Zaun eingefaßt hat. Die Aufgabe des Frommen ist es, auf dem Wege zu bleiben. Weh ihm, wenn er irgendwo den Gesetzeszaun durchbricht! Durch das Gesetz ist das ganze Leben reglementiert; es wird »zum lückenlosen System aller Frömmigkeitspflichten« (Eichrodt).

Das Deuteronomium hatte dem Gesetzesübertreter Fluch angedroht, dem aber, der Jahwes Willen beachtete, Segen verheißen. Solche Fluch- und Segensworte werden schon in ältester Zeit überall dort gebräuchlich gewesen sein, wo göttliche Forderungen kundgegeben wurden. Demnach ist das Denken in *Vergeltungskategorien* für die israelitische Religion von Anfang an selbstverständlich, ohne daß aber ein besonderer Ton darauf läge. Nun wird jedoch aus dem Vergeltungsdenken ein *Vergeltungsdogma*. Der deuteronomistische Geschichtsschreiber ist mit seinem Werk ein wichtiger Meilenstein auf diesem Wege, versucht er doch, den Verlauf der Geschichte dadurch rational einsichtig zu machen, daß er die einzelnen Ereignisse nach dem Schema Sünde – Strafe – Umkehr – Rettung beurteilt, wobei freilich der Strafcharakter der vielen Unheilsgeschehnisse in Israels Geschichte in den Vordergrund rückt. Die nachexilische Kultgemeinde hat dann das Vergeltungsdogma noch weit stärker betont, hat es zu einem der zentralen Glaubenssätze gemacht: Jahwe mußte seine Frommen lohnen, Jahwe mußte die Gottlosen, die Toren – zwei für die frommen Juden identische Begriffe – mit Verderben strafen; darin, und nur darin, konnte die *Gerechtigkeit Gottes* ans Licht treten.

Die Erfahrung im täglichen Leben belehrte freilich oft eines anderen, und dadurch mußten schwere *Glaubenskrisen* entstehen. Wie einzelne Fromme sich mit ihnen quälten, wie sie sie überwanden oder auch an ihnen – nahezu oder ganz – zugrunde gingen, dafür geben uns die *Hiob-Dichtung* (Hiob 3,1–42,6) und *Psalm 73* – um nur die eindrücklichsten Zeugnisse zu nennen – beredte Belege. Während der Verfasser des »Hiob-Dialogs« zu keiner Lösung findet, aber in erschütternder Weise die ganze Qual dieser Anfechtung vor uns ausbreitet, ist dem Dichter des 73. Psalms zwar nicht eine Lösung, wohl aber die Überwindung dieser Anfechtung geschenkt. Er weiß sich einer dauernden Gottesgemeinschaft gewürdigt, die unabhängig vom äußeren Geschick ist. In anderen Kreisen versuchte man durch die Betonung des schon aus alter Zeit stammenden theologischen Satzes, Gott habe gerade an den Geringen und Ohnmächtigen, den Armen und Elenden Gefallen, die gefährlichen Konsequenzen des Vergeltungsschemas zu neutralisieren.

Es ist noch nicht ganz geklärt, ob der Verfasser des 73. Psalms bereits an ein *Fortleben nach dem Tode* denkt. Im älteren Israel waren dergleichen Gedanken gänzlich unbekannt. Erst in sehr später Zeit gibt es einige wenige Zeugnisse für die Überzeugung, daß die Gemeinschaft mit Gott doch mit dem Tode nicht zu Ende sein kann. Vollends von einem Auferstehungsglauben zeugt das Alte Testament nur höchst vereinzelt; um so mehr zeigt dann das apokryphe und apokalyptische Schrifttum der Juden, wie schnell solche Gedanken plötzlich an Boden gewannen. Es muß dahingestellt bleiben, ob wir bei dem Aufkommen des Auferstehungsgedankens mit außerisraelitischen Einflüssen, etwa von seiten des persischen Mazdaismus (vgl. dazu S. 274), zu rechnen haben. An sich liegt der Glaube an eine Auferstehung der Toten durchaus in der Konsequenz des alttestamentlichen Glaubens an die umfassende, unumschränkte Macht Jahwes über alle Gewalten, also auch über den Tod, so daß es einigermaßen rätselhaft bleibt, warum er sich erst so spät Bahn bricht.

Die Gemeinschaft mit Jahwe ist auch den Juden der nachexilischen Zeit das Wichtigste. Was ist das nun aber für ein Gott, mit dem man es zu tun hat? Jahwe rückt allmählich in die *Transzendenz*. Er ist sehr fern, er ist der Erhabene, der Hochheilige, der ganz Andere. Man beginnt, seinen heiligen Namen durch andere Begriffe wie »Herr«, »Name« zu umschreiben, denn seinen eigentlichen Namen darf man nicht in den Mund zu nehmen wagen. Jahwe wirkt nach Anschauung des nachexilischen Judentums nicht mehr unmittelbar auf das Geschehen ein, sondern er hat Mächte zur Verfügung, deren er sich als *Mittlerkräfte* bedient, um die von ihm geschaffene erhabene Weltordnung aufrechtzuerhalten. Es ist sein zur Hypostase verselbständigtes *Wort*, es ist sein *Geist* oder auch die *Weisheit* als Person, die im Auftrag des überweltlichen Gottes seine Schöpfung in Ordnung halten. Außerdem verfügt Gott über einen *himmlischen Hofstaat*; seine *Engel* stehen ihm zu besonderen Diensten zur Verfügung. Die monotheistische Ausprägung des Gottesglaubens bleibt dabei unerschütterte Selbstverständlichkeit. Sie wird auch nicht durch das Aufkommen von *dualistisch* geprägten Vorstellungen gefährdet: daß es doch wohl einen »Anti-Gott« geben müsse, den *Satan*, da man unmöglich Gott selbst für das Böse in der Welt verantwortlich machen kann. Wo im älteren Israel die Gestalt des Satans bekannt ist – zunächst auch nur als »der Geist« bezeichnet (z. B. 1. Kön. 22,21) –, da stellt er so etwas wie einen Staatsanwalt im Gefüge des göttlichen Gerichtshofes dar. Dieser steht aber ganz unter der Gewalt Jahwes und hat dessen Aufträge durchzuführen: Er hat in diesem Falle verborgene Schuld aufzudecken und vor Jahwes Gericht zu ziehen. Im Hiob-Prolog (Hiob 1; 2) ist er schon eine Art Gegenspieler Gottes, der die Tendenz hat, die Frömmigkeit des Hiob herabzusetzen und in Zweifel zu ziehen. Später wird der Satan vollends der Antipode Gottes, der eigentliche Urheber des Bösen. Auch bei diesen Ansätzen zu einem Dualismus kann man an außerisraelitische, insbesondere iranische Einflüsse denken (vgl. S. 274). Andererseits läßt sich die Anschauung vom Satan als dem Gegenspieler

Gottes, dem Ur-Feind, gut als Ergebnis der Durchdenkung bestimmter theologischer Sätze bis hin zu ihrer letzten Konsequenz verstehen. Jedenfalls hat dieser Dualismus im Judentum – im Gegensatz zur großen geistig-religiösen Bewegung der Gnosis – den monotheistischen Glauben niemals in Frage gestellt oder gefährdet.

Eine der göttlichen Hypostasen ist die *Weisheit*. Dabei handelt es sich aber nicht mehr um jene Weisheit, die schon in alter Zeit als die Fähigkeit des Menschen gepriesen wird, mit deren Hilfe er zu erkennen vermag, daß hinter allen Dingen eine zielbewußte Ordnung waltet. Inzwischen ist der Weisheitsbegriff »theologisiert« worden. Die Weisheit erscheint als Person, als Hypostase: Sie vermag das Heilsgut des Lebens in persona anzubieten, auf solche Weise das Heil Gottes zu wirken (vgl. etwa Spr. 8). Diese Weisheit kann schließlich mit der ebenso hypostasierten Tora oder mit dem schöpfungsmächtigen Wort Gottes identifiziert werden. Wie nahe benachbart aber dieser Weisheit die Skepsis ist, zeigt das Buch des »Predigers« (*Kohelet*). Das Walten Gottes ist nach Ansicht des Verfassers so verborgen, daß keine Weisheit es zu fassen vermag. So lautet die Konsequenz: Handle so, als sei auf überhaupt nichts mehr Verlaß!

Die Weisheitslehrer der Gemeinde haben nur wenig Interesse für ein Gedenken an die heilvollen Taten Gottes in der vergangenen Geschichte ihres Volkes. In anderen Kreisen hingegen ist der Blick auf die *Geschichte*, das vornehmste Wirkungsfeld Gottes, stets lebendig geblieben. Nun stellte sich aber immer dringlicher die Frage: Hatte die gottgewirkte Geschichte ein Ziel? Wie sah dieses aus? Hatten einst die Propheten das Kommen Gottes beispielsweise in der Weise verkündigt, daß die anderen Völker freiwillig zum Berge Zion wallfahrten würden, weil auf dem Zion das Heil Gottes bereitet sein würde (vgl. z. B. Jes. 2, identisch mit Micha 4; man mag hier freilich auch an Spätere denken, die die ihnen vorliegende prophetische Botschaft vervollständigten und aktualisierten), so geht diese »universalistische« Schau jetzt großenteils wieder verloren. Die *anderen Völker* sind nur dazu da, um dem Gottesgericht zu verfallen. Ihr Geschick bildet die dunkle Folie zu dem auch äußerlich um so glanzvolleren Heil, das des erwählten Volkes wartet. So wird die Frömmigkeit der Spätzeit oft von diesseitig-nationalistischen Erwartungen durchglutet, und das ist sicherlich ein wesentlicher Antrieb gewesen für die mancherlei Aufstandsversuche der Juden gegen die jeweilige Eroberer- und Besatzungsmacht, von den Makkabäern an bis in die ersten Jahrzehnte des 2. nachchristlichen Jahrhunderts hinein. Auch die mannigfaltige *apokalyptische* Literatur gibt Zeugnis von solchen Erwartungen.

Die Gemeinschaft von Qumran

Wir finden aber auch die »Stillen im Lande«, deren Glaube und deren Hoffnung ganz anderer Art sind, die sich am liebsten in die Abgeschiedenheit der Wüste zurückziehen – oft aus Protest gegen das angeblich gottlose Treiben in den Städten – und dort in klosterähnlicher Gemeinschaft ihren asketischen Regeln und ihren eschatologischen Erwartungen leben, die bei ihnen nicht weniger glühend sind, wenn sie auch vielleicht nicht so sehr zu aktivem Handeln hinreißen.

Die Texte und die Ausgrabungen von *Qumran* haben uns über eine dieser Gemeinschaften und die Art ihrer Frömmigkeit manchen neuen Aufschluß gegeben. Chirbet (»Ruinenstätte«) Qumran liegt am Nordwestrande des *Toten Meeres*, etwa 10 km südlich von Jericho; die Höhlen, in denen man die *Rollen und Schriftenfragmente* auffand, sind nicht weit davon entfernt. Wahrscheinlich ist aber die Gemeinschaft von Qumran schon längst bekannt, nicht nur durch Beschreibungen antiker Schriftsteller, sondern vor allem durch die Auffindung der *»Damaskusschrift«* im Jahre 1896/97 und durch deren Veröffentlichung im Jahre 1910. Seit der Entdeckung der verschiedenen Schriftrollen und Fragmente in elf Höhlen ist es so gut wie sicher, daß die »Gemeinde des Neuen Bundes im Lande Damaskus«, wie die Gemeinschaft in der Damaskusschrift sich selbst bezeichnet, und die Sekte von Qumran identisch sind.

Diese Gemeinschaft dürfte ebenfalls mit jenen Leuten identisch sein, die bei einigen antiken Schriftstellern – Philo, Plinius d. Ä. und Josephus – *Essener* (*Essäer*) genannt werden. Plinius berichtet beispielsweise, die Essener hätten eine Ansiedlung am Westufer des Toten Meeres bewohnt; das wäre eben dort, wo man die Fundamente des Qumran-Klosters freigelegt hat. Auch was damalige Schriftsteller über Sitten und Eigentümlichkeiten der Essener schreiben, stimmt mit dem, was wir über die Gemeinschaft von Qumran erfahren haben, überein. Freilich bestehen auch einige bisher noch nicht geklärte Differenzen; trotzdem darf die Identität der Essener mit den Qumran-Leuten mit großer Sicherheit behauptet werden.

Höhle von Qumran, in der die wichtigsten Schriftrollen gefunden wurden

Es seien die wichtigsten der bisher gefundenen Schriften genannt: 1. Handschriften aller biblischen Bücher (mit Ausnahme des Estherbuches); davon sind besonders wichtig zwei Rollen mit dem Jesajabuch; 2. Kommentare, an erster Stelle ein Kommentar zu einigen Kapiteln des Prophetenbuches Habakuk; 3. die »Sektenregel«; 4. umfangreiche Fragmente der bereits bekannten »Damaskusschrift«; 5. die »Kriegsrolle« und 6. die »Loblieder«.

Die zur Qumran-Gemeinschaft gehörenden Juden hatten sich bewußt aus den Städten, insbesondere aus dem für gottlos gehaltenen Jerusalem zurückgezogen, um in einer Klostergemeinschaft ein gemeinsames Leben zu führen. Ehe man der Gemeinschaft voll angehörte, mußte man ein *Noviziat* durchmachen. Abgesehen von den Novizen, gab es drei weitere Rangstufen: Priester, Leviten und Mitglieder. Die Priester sind offenbar auch in dieser Gemeinschaft besonders angesehen gewesen. Der engste Kreis lebte in *Ehelosigkeit*; diese war aber nicht für alle Glieder der Gemeinschaft Vorschrift. Voraussetzung des gemeinsamen Lebens war die *Gütergemeinschaft* mit einer gemeinsamen Verwaltung des von den einzelnen eingebrachten Vermögens. Kennzeichen der Vita communis waren gemeinsame *Mahlzeiten*; täglich wurde ein kultisches Mahl mit Benediktion über Brot und Wein gehalten. Die Gemeinschaft kannte auch *Tauchbäder* mit dem sakramentalen Sinn der Sündenvergebung. Die geschlossenen Versammlungen der Angehörigen von Qumran hatten eine eigentümliche Ordnung. Gegen solche, die der Gemeinschaft nicht angehörten, schloß man sich streng ab. Darum wurde die *Lehre*, die allein Gültigkeit beanspruchen durfte, geheimgehalten, wie auch die Schriften, in denen diese Lehre niedergelegt war, Außenstehenden unzugänglich blieben. Einmal im Jahre wurden die einzelnen Mitglieder auf ihr Verständnis des Glaubens und auf ihre Werke hin überprüft. Fiel die Prüfung negativ aus oder machte sich ein Mitglied sonst eines Vergehens schuldig, so konnten Strafen verschiedenen Grades verhängt werden, wobei auch die Todesstrafe nicht ausgeschlossen war. Frauen und Kinder werden mit zur Gemeinde gerechnet. Die genannte Einteilung in vier Gruppen wird durchkreuzt von einer bisher noch nicht recht zu deutenden Gliederung nach militärischen Gesichtspunkten. Überhaupt ist ein *aggressiv-militanter* Zug – wenigstens in der Theorie – für diese Gemeinschaft kennzeichnend.

Man wußte sich, die »Gemeinde des Neuen Bundes«, begründet durch einen »Lehrer der Gerechtigkeit« unbekannten Namens von priesterlicher Abstammung, der offenbar viel Verfolgung hatte erdulden müssen. Er gilt als Verfasser der »Loblieder«. Schon von dem Schicksal des Begründers aus ist die scharfe Distanzierung von den Außenstehenden begreiflich; aber auch davon abgesehen, ist die *Scheidung* von den »Gottlosen« konstitutiver Bestandteil der Lehre der Gemeinschaft. Diese Lehre ist weiter gekennzeichnet durch eine starke Betonung des *Gesetzes* und seiner für das Heil ausschlaggebenden Rolle. Das Gesetz zu studieren und zu erklären ist oberste Pflicht, um so mehr, als das Weltende unmittelbar bevorsteht. Die Woche hatte ihren gewichtigen Akzent im Sabbat, zu dessen Heiligung man sich streng verpflichtet wußte. Der Tag wiederum war gegliedert durch die festgelegten Gebetszeiten, die unbedingt einzuhalten waren. Auf asketische Übungen, auf ein Leben in Reinheit und Zucht wurde größter Wert gelegt.

Das eigentliche Charakteristikum der Lehre sind aber die *eschatologischen*, stark von *apokalyptischem Gedankengut* geprägten Vorstellungen und Erwartungen. Die Gegenwart wird bereits als »letzte Zeit« begriffen. Die »Gemeinde des Neuen Bundes« lebt von der Erwartung eines unmittelbar bevorstehenden Endes. Ehe es einbricht, herrscht freilich noch Kampf, mehr noch: Unterdrückung und Verfolgung. Ein ausgeprägter *Dualismus* ist für die Anschauungen der Gemeinschaft kennzeichnend. Noch ist die Finsternis mächtig, die sich in Gestalten wie den »Männern der Bosheit«, dem »gottlosen Priester« oder dem »Lügenpropheten« verkörpert und schon das Leben des »Lehrers der Gerechtigkeit« bedroht. Immer wieder gewinnt die Finsternis in solchen Vertretern des Bösen, den »Söhnen Belials«, Gestalt. Darum sind die Auserwählten, die »Söhne des Lichts«, zur Zeit noch die Unterdrückten, die Armen, der kleine »Rest«. Aber die »Söhne der Finsternis« werden mitsamt ihrem Heer am von Gott vorherbestimmten Tage vernichtet werden. So wird letztlich der Krieg zwischen den Licht- und den Finsternissöhnen mit dem Sieg der Auserwählten enden. Zu der Stunde, da Gott den »Propheten« mitsamt dem »Gesalbten von Aaron« und dem »Gesalbten von Israel« – drei besonders repräsentative Gestalten – sendet, wird die Gemeinde gerettet und erhält das ihr bestimmte ewige Leben.

Für die Beschreibung des gegenwärtigen Kampfes und des bald zu erwartenden Heilszustandes verwenden die einzelnen Schriften der Qumran-Gemeinschaft jeweils recht verschiedene Bilder. Das Verhältnis dieser Schriften zueinander und ihre jeweilige Zuordnung zu den einzelnen geschichtlichen Stadien, die die Gemeinschaft von Qumran durchlebte, sind freilich noch nicht restlos geklärt.

Denn diese Gemeinschaft hat nun auch ihre über mehr als zwei Jahrhunderte sich erstreckende *Geschichte* gehabt. Das 1951 bis 1956 ausgegrabene Chirbet Qumran läßt *drei Besiedlungsepochen* erkennen. Begründet wurde die Gemeinschaft zur Hasmonäerzeit, etwa 130 v. Chr.; in der Regierungszeit Herodes' d. Gr. (32–4. v. Chr.) hat ein Erdbeben, vielleicht das von 31 v. Chr., die Baulichkeiten zerstört. Kurz nach Beginn des 1. nachchristlichen Jahrhunderts wurde die Siedlung wiederaufgebaut,

Die Beute aus dem Judenkrieg. Relief auf der Innenseite des Titusbogens in Rom

brannte aber später nieder, wahrscheinlich im Zusammenhang mit Ereignissen des Jüdischen Krieges (66–70 n. Chr.). Auch danach scheint der Platz noch einmal bewohnt gewesen zu sein; jedenfalls diente er während des Bar-Kochba-Aufstandes (132–135 n. Chr.) Rebellen als Stützpunkt. In einer dieser vielen Kriegs- und sonstigen Notzeiten, die die Qumran-Gemeinschaft gewiß nicht verschont ließen, hat man die wertvolle Literatur in nahe gelegenen Höhlen verborgen, um sie vor Vernichtung zu retten. Dadurch ist sie auf uns gekommen.

Diese Gemeinschaft von Qumran ist gewiß nur ein Beispiel für eine ganze Reihe jüdischer Gemeinschaften und Sekten, die z. T. abseits der Jerusalemer Kultgemeinde und in Spannung zu ihr ihr Leben fristeten. Durch die reichen Funde in dem Jahrzehnt nach Abschluß des Zweiten Weltkrieges sind wir in der Lage, ihre Eigenart und ihre Geschichte etwas genauer verfolgen zu können. Wenn auch manche parallelen Züge zwischen der Qumran-Gemeinschaft und dem frühen Christentum – insbesondere dem Judenchristentum – unverkennbar sind, so verbietet es sich doch nach allem, was wir wissen, in dieser Sekte von Qumran so etwas wie ein vorweggenommenes Urchristentum sehen zu wollen.

Andere Gemeinschaften, wie sie in den letzten vorchristlichen Jahrhunderten entstanden sind, begegnen uns bei den Schriftstellern Philo und Josephus wie auch im Neuen Testament: Pharisäer, Sadduzäer, Zeloten u. a. m. Auch Johannes der Täufer mitsamt seiner Jüngerschaft dürfte der Art seines Auftretens nach hierhergehören.

So zersplittert auch das geistige und religiöse Leben im nachexilischen Judentum erscheinen, so verwirrend bunt das Bild der verschiedenen Richtungen auch sein mag – ein einigendes Band ist doch in gewisser Weise gegeben durch die *Erwartung des Heiles Gottes* in naher Zukunft. So war die Botschaft *Jesu von Nazareth*, die Königsherrschaft Gottes sei nahe, Antwort auf mannigfache Sehnsüchte, Fragen, Hoffnungen.

B. Das Judentum in nachchristlicher Zeit

Die Geschichte des Judentums

Aus einer Nationalreligion entwickelte sich die israelitische Religion zu einer universalen. Diese lebte nicht nur in den glühenden Bildern der exilischen Heilspropheten, sondern wurde Wirklichkeit in einer über die ganze damalige Welt hin zerstreuten Gemeinde, die in den Synagogen auf Gottes Gesetz lauschte und zu ihm Lobpreis und Bitte emporsandte. Es bewahrheitete sich das Wort der jüdischen Sibylle: »Jegliches Land wird voll von dir sein und jegliches Meer.« Diese »Zerstreuung« (*Diaspora*) blieb aber keine passive, sondern sie wurde aktiv in einer missionarischen Wirksamkeit. Die Predigt des Monotheismus und des göttlichen Sittengesetzes hatte eine werbende Kraft gerade in der hellenistischen Welt. Viele Heiden, »die Fremden der Gerechtigkeit«, ließen sich durch Beschneidung, Tauchbad und Opfer der jüdischen Gemeinde eingliedern; andere, die »Gottesfürchtigen«, hielten sich als Unbeschnittene zum jüdischen Gottesdienst und befolgten teilweise auch die jüdischen Speisegesetze. Gerade in der hellenistischen Welt gewann die jüdische Mission viele solcher »Proselyten«. Die Missionspropaganda der hellenistischen Diaspora wurde besonders vorangetrieben durch die griechischen Übersetzungen des Alten Testaments, vor allem die *Septuaginta*

(3./2. Jh. v. Chr.), so genannt nach der Legende, nach welcher 72 jüdische Gelehrte in 72 Zellen in 72 Tagen gleichzeitig dieselbe Übersetzung der heiligen Bücher schufen. Diese *Septuaginta* enthielt eine Reihe von Schriften, genannt »Apokryphen« (Jesus Sirach, Weisheit Salomos, Tobias usw.), die nicht dem hebräischen Alten Testament angehören. Dazu kamen eine Reihe von z. T. unter dem Namen von Großen der Urzeit Israels pseudonym veröffentlichten Schriften, genannt »Pseudepigraphen«, deren Zweck es unter anderem war, den Beweis zu erbringen, daß Israel »das Licht der Heiden« sei, der große Lehrmeister der Völker. Alle alten Kulturen seien bei Israel in die Schule gegangen, die Philosophen Griechenlands hätten aus der Bibel ihre Weisheit geschöpft, Henoch und Abraham seien die ersten Lehrer der chaldäischen Astrologie gewesen, Mose der Meister der ägyptischen Weisheit, ja der Lehrer des Orpheus. Die jüdische Sibylle, ein Missionswerk des Diaspora-Judentums, wurde als die älteste aller Sibyllen gepriesen, von der Homer den Hexameter gelernt habe.

Schon in den »Apokryphen« des Alten Testaments offenbart sich eine Synthese zwischen jüdischem Gottesglauben und griechischem Geistesleben. Diese erlangte ihren Höhepunkt in der Theologie Philos (um 25 v. – 40 n. Chr.), welcher die jüdische Frömmigkeit und Gesetzestreue mit der platonischen, stoischen und neupythagoreischen Philosophie und insbesondere der platonischen Mystik verband. Der mystische Heilsweg, den Philo weist, führt von der Weltflucht und Affektunterdrückung über die Kontemplation zur ekstatischen Gotteinigung. Gott ist für ihn als echten Mystiker das unerkennbare Sein. »Nur daß Gott ist, können wir wissen, aber was er ist, das ist uns durchaus verborgen.« Der transzendente Gott offenbart sich aber durch den Logos, seinen »erstgeborenen Sohn«, den Mittler und Fürsprecher bei Gott, den treuen Freund und Geleiter der Seele. Diese aber muß über ihn hinausschreiten und selbst ein Gottessohn, ja Gott selber werden. Die Kontemplation steht hoch über der ethischen Aktivität; die »Gottliebenden« (*philótheoi*) überragen die »Menschenliebenden« (*philánthrōpoi*). Diese mystischen Gedanken trägt Philo in das alttestamentliche Schrifttum hinein mittels der von den Griechen bereits in der Homerdeutung geübten Kunst der Allegorese. Auf diese Weise werden die Propheten des Alten Bundes zu »Besessenen« und enthusiastischen »Korybanten«, Mose zum großen »Hierophanten« und »Ekstatiker«, Israel zum »Gottschauer«. Die äußere Heilsgeschichte wird zur Allegorie der mystischen Heilserfahrung, die Erschaffung Evas zum Bild für die Entstehung der Sinnlichkeit, die vier Paradiesesströme zum Gleichnis der vier Kardinaltugenden, der Auszug des Volkes Israel aus Ägypten zum Bild der Loslösung der Seele von der Welt, die Stadt Jerusalem zur Veranschaulichung der gotterfüllten Seele. Gleichwohl schöpft Philo aus dem Alten Testament mehr als bloße anschauliche Symbole der mystischen Erfahrung; es lebt in ihm der unerschütterliche Glaube der israelitischen Propheten an Gottes Gnade und das Bewußtsein von der dem Volke Israel geschenkten höchsten Gottesoffenbarung, von der erst die griechischen Geister ihre Weisheit empfangen haben. Auf diese Weise versteht es Philo, den Griechen die fremdartige jüdische Gottesidee annehmbar zu machen.

Wie die jüdische Diaspora in der hellenistischen Welt der christlichen Botschaft die Bahn bereitete, so wurde Philo wegweisend für die junge christliche Theologie. Seine Logoslehre, seine mystische Spekulation, seine Apologetik, vor allem aber seine allegorische Schriftauslegung wurden von dieser übernommen. Seine Einwirkung auf die Entwicklung des Christentums ist so tiefgehend, daß Hieronymus ihn geradezu in den Katalog der christlichen Schriftsteller aufnahm. Hingegen schien sein Einfluß auf das Judentum zunächst nur vorübergehend zu sein; tatsächlich aber legte er den Grund für die spätere Entwicklung der jüdischen Philosophie und Mystik.

Die große Katastrophe, die mit der Zerstörung der Heiligen Stadt und des zweiten Tempels 70 n. Chr. über das jüdische Volk hereinbrach, und auch das Vordringen des jungen Christentums auf den Bahnen des Diaspora-Judentums erklären es, daß das Judentum allenthalben sich stärker gegen seine Umwelt abkapselte und in seiner palästinischen Heimat wie in dem Zentrum des Exiljudentums, in Babylonien, immer stärker den Geist strenger Gesetzlichkeit ausprägte. An die Stelle des »ökumenischen« Judentums trat ein rassenmäßig und national gebundenes.

Dieses Gesetzesjudentum fand seinen Ausdruck in der Literatur der *Mišnā*, den Ausführungsbestimmungen der *Tannaiten* (»Lehrer«) zur *Tōrā*, die zuerst mündlich weiterüberliefert und um 200 n. Chr. durch Rabbi Jehuda ha-Nasi in schriftlicher Fassung abgeschlossen wurde. Sie umfaßt sechs Ordnungen: 1. *Zeraʿīm* (»Saaten«), die Gesetze über Grund und Boden; 2. *Mōʿēd* (»Feste«), die Gesetze über Sabbat, Feste und Festtage; 3. *Našīm* (»Frauen«), die Ehegesetze; 4. *Nesīqīn* (»Schäden«), die Bestimmungen des bürgerlichen und Strafrechts; 5. *Qodašīm* (»Heilige Dinge«), die Vorschriften für den Tempelkult und die Speisegesetze; 6. *Teharōt* (»Reinigung«), die Bestimmungen über die levitische Reinheit. Aber auch diese Gesetzeserklärung löste noch nicht alle Fragen des praktischen Lebens. Die zahlreichen Erörterungen aller wirklichen und möglichen Einzelfälle wurden durch die Rabbinen in weiteren Schriften festgehalten, die mit den Protokollen moderner Parlamentsverhandlungen verglichen werden können. So entstand die »Vollendung« (*gᵉmārāʾ*) der *Mišnā* durch die Verordnungen (*taqqanōt*) der späteren Rabbinen, der *Amoräer* (»Sprecher«). Neben der *Mišnā* besitzen wir ein weiteres, nicht kanonisiertes Sammelwerk tannaitischer Auslegung: die *Tōsephtāʾ* (»das Hinzugefügte«). Eine Tosefta sind auch die berühmten Aussprüche der Väter (*Pirqē ʾĀbōt*), die sich wegen ihrer ethischen Maximen bei den Tora-Schülern besonderer Beliebtheit erfreuen. Das aus *Mišnā* und *Gemārā* zusammengesetzte Gesamtwerk wurde als *Talmūd* (von *lāmad* »lernen«) bezeichnet. Dieser wird in zwei verschiedenen Rezensionen überliefert: im »Talmud des Volkes Israel« oder »Palästinischen Talmud« (ungenau als »Jerusalemischer Talmud« bezeichnet), der in der zweiten Hälfte des 4. Jahrhunderts entstanden ist, und dem viermal so großen »Babylonischen Talmud«, der im 5. Jahrhundert kodifiziert wurde. Sein Inhalt ist außerordentlich vielgestaltig: Profanes steht neben Religiösem, spitzfindige kasuistische Erörterungen neben erhabenen Weisheitssprüchen und frommen Erzählungen, magische Vorstellungen neben einer geistigen Gottesverehrung. Die Rechtsentscheidungen, die Normen für das Handeln des Juden darstellen, werden *Halākōt* (*halākā* »Gang«) genannt; die religiösen Aussprüche und Erzählungen als *Haggādōt* (*haggadā* »Erzählung«) bezeichnet. Beides wurde nicht nur im Talmud gepflegt, sondern ist immer wieder zu allen Büchern der jüdischen Bibel (*Tenach*) geübt worden. Diese literarische Gattung des Bibelkommentars trägt den Namen *Midraš* (von *dāraš* »suchen, forschen«).

Der Talmud ist die Zielscheibe vieler christlicher Angriffe geworden; er muß jedoch aus der historischen Umwelt begriffen und als Parallelphänomen zur islamischen Rechtswissenschaft (s. S. 518 ff.) wie zur römisch-katholischen Kasuistik gewürdigt werden. Er trug entscheidend dazu bei, daß das über die ganze Welt verstreute Judentum trotz des

Verlustes seines religiösen Mittelpunktes seine rassische und religiöse Einheit bewahrte. Nach dem Wort eines jüdischen Theologen hat der Talmud die Juden »zu einem Leben in ernstem Pflichtgefühl, in sozialer Gerechtigkeit und strenger Sittlichkeit erzogen« (Ismar Elbogen).

Im 8. Jahrhundert bildete sich als Reaktion gegen das Lehrregime des babylonischen Talmudismus die jüdische Gemeinschaft der *Qaräer*, die von den Juden als häretisch angesehen wird. Ihr Name *Qārā'īm* oder *b^enē Miqrā'* (»Anhänger der Lesung«, d. h. heiligen Schrift) im Gegensatz zu den *b^enē Mišnā'* (»Anhänger der *Mišnā*«) besagt, daß sie sich allein auf die Schrift stützten und deren talmudische Auslegung verwarfen. Sie heißen auch Ananiten nach ihrem Gründer 'Anan ben David (um 750), der selbst ein eigenes »Buch der Gebote« (*Sēpher ha-mizwōt*), d. h. eine talmudische Systematik, verfaßte, um der Vorherrschaft der Rabbinen die Grundlage zu entziehen. Noch radikaler verfuhr Benjamin ben Mose aus Nahawendi (Anf. 9. Jh.), der sämtliche rabbinischen Bräuche und Bestimmungen verwarf. Aus Babylonien breiteten sich die Qaräer, die eine starke Missionstätigkeit entfalteten, über Palästina, Ägypten, Nordafrika, Spanien, Griechenland und Byzanz aus, später auch über die Krim, Rumänien, Rußland, Polen und die Türkei. Zwischen ihnen und den talmudtreuen Juden entstand im 9. Jahrhundert eine lebhafte literarische Auseinandersetzung, die ihren Höhepunkt in der Polemik des jüdischen Philosophen Saadja Gaon (882–942) und des qaräischen Gelehrten Salomo ben Jerusalem (885–960) erlangte. Die größten qaräischen Bibelerklärer waren Jephat ben Eli aus Basra (915–1000) und Ahron ben Joseph (um 1235–1300), der größte Religionsphilosoph und Systematiker Ahron ben Elia (1328?–69), dessen Werk »Garten Eden« von den Qaräern der Enzyklopädie des Maimonides gleichgestellt wurde. Obgleich die Qaräer in den islamischen Staaten und später auch in Rußland in ihrer religiösen Freiheit geschützt waren (sie wurden sogar von der nationalsozialistischen Judenverfolgung nicht betroffen), nahm ihre Zahl immer mehr ab. Der Grund ihres Rückganges wird in ihrem Rigorismus vor allem hinsichtlich der Reinheitsgesetze gesehen. Ihre Zahl, die 1932 noch auf 12000 geschätzt wurde, ist heute auf etwa 6000–7000 gesunken.

Auch auf babylonischem Boden erblühte von neuem die jüdische Religionsphilosophie. Saadja ben Joseph Gaon (882–942), der an der rabbinischen Hoschschule in Sura wirkte, verfaßte ein Werk mit dem Titel »Buch vom Glauben und Wissen«, in welchem er den Inhalt der göttlichen Offenbarung mit der Vernunfterkenntnis gleichsetzt. Der Zweck der Offenbarung ist für ihn nur ein erzieherischer, insofern sie den Volksmassen, die zur vernunftmäßigen Erkenntnis der Wahrheit nicht imstande sind, diese in einfacher Weise vermittelt, zugleich aber den selbständig Denkenden eine Richtschnur bietet, die sie vor Irrtümern bewahrt. Diese Theorie vom pädagogischen Zweck der Offenbarung ist von Abälard und auf Grund der Vermittlung durch den jüdischen Philosophen Maimonides auch von Thomas von Aquin und später von Leibniz und den Aufklärungstheologen übernommen worden.

Die Juden genossen im Römischen Reich besondere Privilegien; sie hatten eine weitgehende Selbstverwaltung, Freiheit ihres Gottesdienstes und waren vom Kaiserkult befreit. Diese ihre Privilegien, aber auch ihre großen wirtschaftlichen Erfolge riefen bei den Volksmassen eine antisemitische Haltung hervor, die um die Mitte des 1. Jahrhunderts n. Chr. auch in die römische Literatur eindrang. Der Anspruch der christlichen Kirche, das wahre Israel und die Erbin der göttlichen Verheißungen zu sein, rief bei den

Juden eine schroffe Abwehrhaltung hervor, die sich schon in der Verfolgung des Apostels Paulus als des großen »jüdischen Apostaten« äußerte und später ihren Niederschlag in den herabsetzenden talmudischen Äußerungen über Christus und seine Mutter fand. Die christlichen Theologen nahmen umgekehrt wenigstens zum Teil eine brüderliche Haltung gegenüber den Juden ein; so der weitherzige Origenes, der erklärte: »Die Juden sind und bleiben unsere Brüder, die nur später mit uns vereinigt werden, nämlich, wenn wir durch unseren Glauben und unser Leben sie zum Wettstreit mit uns erweckt haben.«

Die Stellung zum Judentum wandelte sich jedoch bald, nachdem das Christentum zur Staatsreligion geworden war. Zwar blieb das Judentum eine *religio licita*, aber die Juden wurden aus allen Ämtern und Ehrenstellungen verdrängt und sanken zu Staatsbürgern zweiter Ordnung herab. Gewalttaten gegen Juden fanden nicht nur kirchliche Billigung, sondern geradezu Ermutigung; selbst ein Kirchenvater von der Größe des Ambrosius rief zur Synagogenverbrennung auf; und Cyrill von Alexandrien forderte die Vertreibung der Juden aus der Stadt, deren theologische Schule ihrer jüdischen Vorläuferin so viel verdankte. Das Kanonische Recht verlangte die Absonderung der Juden von den Christen; »auf die Söhne des Lichtes soll kein Schatten fallen durch die Vereinigung mit der Finsternis«. Die religiöse Verwerfung der Juden fand sogar Eingang in die kirchliche Liturgie; am Karfreitag wurden die Juden als Mörder des Gottessohnes gebrandmarkt, in der lateinischen Liturgie bis zum Jahre 1959 als *perfidi* (»Menschen, die weder Treue noch Glauben verdienen«) bezeichnet.

Eine weit bessere Behandlung erfuhren die Juden in den islamischen Staaten. Die nahe Verbundenheit im Gottesglauben und Gottesdienst erklärt es, daß die Juden in ihnen eine viel größere Entfaltungsmöglichkeit hatten als die Christen. Insbesondere konnte das Judentum sich im islamischen Spanien zu höchster Blüte entwickeln. Die nachbiblische hebräische Poesie erreichte hier ihre Vollendung in Salomo ben Jehuda ibn Gabirol (um 1022/25–50/58), der in einem beliebten Bild der islamischen Mystik als »fromme Nachtigall« gerühmt wird, »deren Rose Gott ist«, sowie in Jehuda ben Samuel Halevi (1075–1141), dessen »Zionslied« Herder ins Deutsche übertragen hat, da die gesamte christliche europäische Poesie nichts Vergleichbares ihm zur Seite stellen könne. Neben der Dichtung brachte das spanische Judentum auch eine Philosophie hervor, welche für die scholastische Philosophie und Theologie des Mittelalters die größte Bedeutung erlangte. Diese schöpfte besonders aus dem *Fons vitae* betitelten Werk des Salomo ibn Gabirol, der unter dem Namen Avicebron für sie zu einer Autorität fast wie der eines Kirchenvaters wurde. Als größter jüdischer Philosoph ragt Moses Maimonides (1135–1204) hervor. Er verfaßte eine umfassende jüdische Enzyklopädie, betitelt *Mišnē Tōrā* oder *Jad ha-Chazākā* (»starke Hand«). In seinem Werk *Mōre ha-Nebuchīm* (»Führer der Schwankenden«), das auch ins Lateinische übersetzt wurde, schuf er mit aristotelischer Hilfe eine philosophische Grundlegung der jüdischen Offenbarungslehre, welche sowohl für die muslimischen Theologen des Mittelalters wie für die christlichen (Albertus Magnus, Thomas von Aquin, Duns Scotus) wegweisend wurde und noch Spinoza, Leibniz, Kant und Cohen wichtige Impulse gab.

In den christlichen abendländischen Ländern war die Lage der Juden zuerst erträglich. Getreu den Grundsätzen Gregors des Großen schützten die meisten Päpste Leben und Gewissensfreiheit der Juden. Auch die weltlichen Herrscher gewährten ihnen Schutz des Lebens, Eigentums und Handelsfreiheit. Im zweiten Jahrtausend verschlechterte sich ihre Lage zusehends. Auf Betreiben des Klerus wurden ihre Rechte mehr und mehr eingeschränkt; sie wurden zum Wohnen im Ghetto, zum Anhören von Bekehrungspredigten und zum Tragen besonderer Abzeichen (Judenhut und »gelber Fleck«) gezwungen. In steigendem Maße wurden sie durch Abgaben aller Art schamlos ausgebeutet. Mit den Kreuzzügen begannen die blutigen Verfolgungen. In zahlreichen Städten wurden die Juden niedergemetzelt – im Jahre 1298 allein in Deutschland 100 000. Nicht selten wurden sie lebendig in ihren Synagogen verbrannt; damit begann z. B. die Aufrichtung des christlichen Königreiches Jerusalem. Immer wieder wurden sie aus Städten und Ländern vertrieben, häufig aber wieder aus wirtschaftlichen Notwendigkeiten zurückgerufen. In Spanien ließen sich viele Tausende unter dem Zwang taufen, hielten aber im Geheimen an ihren väterlichen Sitten fest, die *'Anūsīm* (»die Vergewaltigten«), von den Christen *Marranos* (»Saukerle«) genannt, und zogen sich dadurch die grausame Verfolgung durch die Inquisition zu. Viele von ihnen kehrten, nachdem sie über Portugal nach Holland ausgewandert waren, wieder zum traditionellen Judentum zurück.

Obgleich die Reformation das Joch der Hierarchie abschüttelte, brachte sie den Juden nicht die ersehnte Befreiung von christlicher Bedrückung. Nach anfänglich freundlicher Stellung gegenüber dem Volke, aus dem Jesus geboren war, wurde Luther am Ende seines Lebens zu einem leidenschaftlichen Aufpeitscher antijüdischer Instinkte. Er forderte nicht nur die Unterdrückung allen talmudischen Unterrichts, sondern die Zerstörung der Synagogen und die Rechtloserklärung der Juden. Die Marburger Theologen verlangten in einem auf Bibelworte gestützten Gutachten eine so harte Behandlung der Juden, daß Landgraf Philipp erklärte, dann wäre eine völlige Landesverweisung noch eine mildere Maßnahme. Auch in den protestantischen Ländern wurden die Juden in ihrer Berufsausübung beschränkt, durch Steuern ausgepreßt und wie in den päpstlichen Kirchen unter Strafandrohung Bekehrungspredigten unterworfen. Besonders schlimm war die Unterdrückung und Verfolgung im russischen Zarenreich, wo sie bis zur bolschewistischen Revolution fortdauerte. Nach den Worten eines jüdischen Historikers »bleiben Dantes Höllenstrafen hinter den Qualen zurück, denen Rußlands Despoten und Beamten die Juden aussetzten«. Der katholische Kirchenhistoriker Ignaz von Döllinger erklärt: »So ist denn die ganze äußere Geschichte der Juden, während fast tausend Jahren, eine Kette von ausgesuchten Bedrückungen, von herabwürdigenden und demoralisierenden Quälereien, von Zwang und Verfolgung, von massenhaften Abschlachtungen, ein Wechsel von Verbannungen und Zurückrufungen. Es ist, als ob die europäischen Nationen wetteifernd alles aufgeboten hätten, um den Wahn zu verwirklichen, daß bis ans Ende der Zeiten den Juden das härteste Helotenthum nach dem Ratschlusse des Himmels bestimmt, und daß die Söhne der Heiden berufen seien, Büttel- und Henkerdienste an Gottes Lieblingsvolk zu verrichten.«

Trotz dieser jahrhundertelangen Verfolgungen und Bedrückungen blieben die Juden der Tora und dem ererbten Gottesdienst treu. Viele erlitten lieber den Märtyrertod oder legten selbst Hand an sich, als daß sie durch die Taufe ihr Leben retteten.

Unter dem furchtbaren Druck schaute das jüdische Volk wie einst in der Zeit des babylonischen Exils nach einem Retter aus. Die messianischen Erwartungen erwachten von neuem, ja selbst das Jahr der Erlösung (1648) wurde vorausgesagt. In diesem Jahr trat in Smyrna Sabbatai Zwi (1626–76) als Messias auf. Am Neujahrsfest 1675 ließ er sich als solcher von seinen begeisterten Anhängern in Jerusalem ausrufen. Zahlreiche

Juden zogen ins Heilige Land in dem Glauben, daß das Davidische Glanzreich nun wiederkehre; ja selbst, nachdem er in der türkischen Gefangenschaft zum Islam übergetreten war, um sein Leben zu retten, hielten viele seiner Anhänger an ihm fest und bildeten die muslimisch-jüdische Mischsekte der *Dönmes*. Ein ganzes Jahrhundert wühlte diese sabbatianische Bewegung das Judentum auf.

Die Abschließung vom außereuropäischen Geistesleben und die christliche Unterdrükkung hatten eine Verengung des religiösen Gesichtspunktes zur Folge. Alle freieren Geister wurden von der Synagoge in ähnlicher Weise verfolgt wie die Ketzer in der christlichen Kirche. Uriel da Costa (1586–1640), ein katholischer Theologe marranischer Herkunft, der zur Religion seiner Väter zurückgekehrt war, wurde wegen seiner Thesen gegen die pharisäische Tradition von der Amsterdamer Gemeinde exkommuniziert und erst nach einer demütigenden Buße wieder aufgenommen. Die gleiche Gemeinde sprach unter furchtbaren Flüchen den Bann wider Baruch Spinoza (1632–77) aus. Er hatte im Anschluß an Giordano Bruno und Descartes, aber auch unter dem Einfluß von Maimonides ein pantheisierendes metaphysisches System entwickelt, welches keinen Raum mehr hat für eine anthropomorphe Gottesvorstellung. Spinoza hatte auch die Grundlagen für die alttestamentliche Kritik gelegt und die Exklusivität der israelitischen Gottesoffenbarung bestritten, damit der Toleranzidee den Weg bereitet. Dennoch bewahrheitete sich an ihm Ernest Renans Wort: »Die Exkommunizierten einer Kirche sind immer ihre Elite.« Spinoza übte auf die Philosophie der folgenden Jahrhunderte, aber auch auf die Dichtung Lessings, Herders und Goethes, auf die liberale Staatsauffassung, ja selbst auf die Theologie Schleiermachers einen starken Einfluß aus. Voll Begeisterung ruft dieser in der zweiten seiner *Reden über die Religion* aus: »Opfert mit mir ehrerbietig eine Locke den Manen des heiligen verstoßenen Spinoza! Ihn durchdrang der hohe Weltgeist; das Unendliche war sein Anfang und Ende, das Universum seine einzige und ewige Liebe; in heiliger Unschuld und tiefer Demut spiegelte er sich in der ewigen Welt und sah zu, wie auch er ihr liebenswürdigster Spiegel war; voller Religion war er und voll heiligen Geistes, und darum steht er auch da, allein und unerreicht, Meister in seiner Kunst, aber erhaben über die profane Zunft, ohne Jünger und ohne Bürgerrecht.«

Erst die Aufklärung brachte einen äußeren und inneren Wandel des Judentums. Moses Mendelssohn (1729–86) gab als erster den Juden eine deutsche Übersetzung biblischer Bücher. Durch seine edle Persönlichkeit und seine philosophische Schriftstellerei errang er die Achtung seiner Zeitgenossen und bahnte der Befreiung des Judentums den Weg. Unter seinem Einfluß entstand Lessings *Nathan*, »das Hohelied der Toleranz« (1779), in dem das ethische Judentum als eine dem Christentum ebenbürtige Religion gepriesen wurde – »Nathan, Nathan, ihr seid ein Christ, ein bess'rer Christ war nie!« Mehr und mehr erhielten die Juden die volle bürgerliche Gleichberechtigung in der westlichen Welt. Die Befreiung aus dem Ghetto öffnete der jüdischen Intelligenz die Pforten zu allen Gebieten des europäischen Geisteslebens. Viele Juden ließen sich in die christliche Kirche aufnehmen oder wurden völlig religionslos. Aber auch in den gläubigen Juden vollzog sich eine Umwälzung. Ein Teil derselben in Europa und vor allem in den Vereinigten Staaten gelangte zu einer freieren Auffassung der jüdischen Religion. Während die orthodoxen Juden streng an den alten Zeremonialvorschriften der Tora und ihrer talmudischen Interpretation festhielten, vertraten die liberalen Juden jene weite und ökumenische Auffassung, welche eine Frucht des israelitischen Prophetismus ist. Für die ersteren blieb die Tora, die ja geschichtlich eine Erstarrung der prophetischen Bewegung darstellt, die höchste und endgültige Offenbarung Gottes. Die letzteren sahen in der Botschaft der Propheten von der Gottes- und Bruderliebe und im Glauben an die universale Gottesherrschaft das Wesen des Judentums und befreiten sich von der äußeren Gesetzlichkeit. Auch die Haltung gegenüber dem Christentum wandelte sich dabei. Jesus wurde als großer, wenn nicht größter jüdischer Prophet anerkannt und viel christliches Gut übernommen. Das liberale Judentum führte unter dem Einfluß des Protestantismus auch bedeutsame gottesdienstliche Reformen durch. Die Orgel wurde zum Musikinstrument auch der Synagoge; die Trennung der Geschlechter im Gottesdienst hörte auf; selbst Gebetsmantel und Gebetsriemen wurden nicht mehr benützt; die Landessprache wurde Gottesdienstsprache, und nur für bestimmte Zentralstücke der Liturgie, wie das *Š^{e}ma‘* (»Höre, Israel«) und der Aaronitische Segen, sowie für Gesänge wurde die hebräische Sprache beibehalten; sehr fortgeschrittene Gemeinden gingen sogar dazu über, den Hauptgottesdienst am Sonntag zu feiern. In Deutschland waren die Wegbereiter des Reformjudentums Israel Jacobson (1768–1828), Sigismund Stern (1812–67) und Samuel Goldheim (1810–60), in den Vereinigten Staaten Isaak Mayer Wise (1819–1900). In diesem Jahrhundert waren die bedeutendsten Führer des liberalen Judentums in England Claude Joseph Goldsmid Montefiore (1858–1938), in Deutschland Leo Baeck (1873–1956). Gegen die Liberalisierung des Judentums setzte sich das orthodoxe Judentum zur Wehr. Der Vermittlung der Gegensätze diente die aufblühende jüdische Geschichtswissenschaft, deren wichtigste Vertreter Leopold Zunz (1794–1886) und Samuel David Luzzatto (1800–65) waren.

Eine andere Form der Reaktion gegen die modernen Emanzipationsbestrebungen war der Zionismus, der die Lösung der Judenfrage nicht in der Angleichung an andere Völker, sondern in der Schaffung eines jüdischen Staates in Palästina erblickte. Diese Bewegung nahm ihren Anfang mit dem Werk *Der Judenstaat* (1896) von Theodor Herzl (1860–1904) und dem ersten Zionistenkongreß in Basel (1897). Der Zionismus stieß nicht nur auf den Widerstand der Orthodoxie, welche ihre Hoffnung auf einen persönlichen Messias gestört sah, sondern auch auf den des Liberalismus, welcher »in Amerika das Jerusalem der Juden und in Washington ihr Zion« erblickte. Die Erklärung des englischen Außenministers Balfour (1917) brachte die Zionisten der Verwirklichung ihrer Pläne näher. Schließlich wurde 1948 der selbständige jüdische Staat unter dem Namen *Eretz Jisrael* ausgerufen. Er trägt jedoch weltlichen Charakter; nur eine Minorität seiner Bewohner sind religiöse und zwar orthodoxe Juden. Die Universität Jerusalem wurde zum Zentrum des Kulturzionismus, dessen Hauptvertreter der Religionsforscher Martin Buber (1878–1965) wurde. Aber auch die wiedererlangte Heimat brachte den Söhnen Israels nicht die ersehnte Ruhe, sondern trotz allen kulturellen Hochstandes ein Leben in steter kriegerischer Bedrohung.

Mit der Ergreifung der Macht in Deutschland durch Hitler hatte die antisemitische Bewegung, die in der Mitte des 19. Jahrhunderts entstanden war, ihren Höhepunkt erreicht und die furchtbarste Judenverfolgung der Geschichte begonnen. Im Unterschied von den früheren Verfolgungen war sie nicht durch die religiöse Wahnvorstellung einer Kollektivschuld der Juden am Tode Christi bedingt, sondern durch die nationalsozialistische Wahnidee von der rassischen Minderwertigkeit des jüdischen Volkes. In der »Kristallnacht« vom 9./10. November 1938 wurden fast alle Synagogen niedergebrannt. 1941 wurden die Juden wiederum ins Ghetto verwiesen und zum Tragen des gelben Judensterns gezwungen. In diesem Jahr begann die planmäßige Vernichtung der Juden Deutschlands und der besetzten Länder durch Vergasung in den Vernichtungslagern. Die Zahl der Opfer wird auf 4,5 bis 6 Millionen geschätzt. Diese Massenmorde bestätigten in ungeahnter Furchtbarkeit das Wort des Kirchenhistorikers Ignaz von Döllinger aus dem Jahre 1881: »Das Schicksal des jüdischen Volkes ist vielleicht das erschütterndste Drama der Weltgeschichte.«

Der jüdische Glaube

Das Judentum hat keine eigentlichen Dogmen geschaffen und auch kein förmliches theologisches System hervorgebracht. Es besitzt trotz des Standes der Weisen oder Lehrer (*Rabbi*) keine priesterliche Hierarchie und kein autoritatives Lehramt, das unfehlbare Glaubensentscheidungen treffen könnte. Der jüdische Glaube wird viel-

Beschneidung

mehr im täglichen Dienst Gottes lebendig, d. h. in der Erfüllung des doppelten Gesetzes der Gottes- und Nächstenliebe, das letztlich allen Einzelbestimmungen der Tora zugrunde liegt.

Der oberste Glaubenssatz ist die Einheit und Einzigkeit Gottes, wie es in dem feierlichsten gottesdienstlichen Wort des Judentums ausgesprochen wird: »Höre, Israel, der Herr, unser Gott, ist ein einiger Herr« (5. Mose 6,4). Dieser Gottesglaube steht einerseits der Vielgötterei der heidnischen Völker gegenüber, welche die Mannigfaltigkeit der göttlichen Wirksamkeit als eine Vielheit von göttlichen Erscheinungsformen ansehen, andererseits dem christlichen Trinitätsglauben, welcher die Einheit des göttlichen Wesens in einer Dreiheit von Hypostasen, Personen oder Seinsweisen auffaßt. Dieser einige Gott ist völlig unanschaulich; er ist weder nach heidnischer Weise faßbar in einem irdischen Bild und Gleichnis, sei es nun menschen- oder tier- oder gestirnförmig (2. Mose 20,4), noch auch nach christlicher Weise in einer menschlichen Inkarnation Gottes, die wiederum zur bildhaften Darstellung drängt. Die einzige Form der Selbstmitteilung Gottes ist das göttliche Schöpfungs- und Offenbarungswort. Dieser Glaube an den einen Gott schließt auch einen Mittler zwischen Gott und Menschen aus; die jüdische Gemeinde kennt keinen Fürsprecher bei Gott, sondern tritt unmittelbar ihrem Herrn und Gott gegenüber.

Der jüdische Gott ist ein eifersüchtiger Gott, der keine anderen Götter neben sich duldet, wie er im Dekalog verkündet (2. Mose 20,3). Wer an Gottes Einzigkeit glaubt, muß gegen die widergöttlichen Mächte (*b*^{e}*ʿālīm*) kämpfen. Für den heutigen Juden sind diese alle irdischen sich selbst verabsolutierenden Mächte.

Die Welt ist für den jüdischen Glauben Gottes freie Schöpfung. Das Heil ist nicht in der Erlösung von der Welt zu suchen, sondern umgekehrt in der Besinnung auf ihren Ursprung aus Gottes Schöpferhand. Der Mensch ist nach Gottes Ebenbild geschaffen (1. Mose 1,27). Diese Gottebenbildlichkeit wurde freilich getrübt durch die Sünde. Aber obgleich das Judentum einen Hang des Menschen zum Bösen »von Jugend auf« anerkennt (1. Mose 8,21), ist ihm doch die Vorstellung einer Vererbung der Sünde fremd geblieben; es kennt nur die eigene Tatsünde, aber nicht eine Erbsünde. Der Mensch vermag den Unterschied von Gut und Böse zu erkennen und ist in seinem Willen frei, zwischen beiden zu wählen. Das Gesetz ist Gottes feierlicher Appell an den freien Willen des Menchen. Es ist für den frommen Juden nicht wie für Luther ein Hammer, der den Menschen zerschmettert, sondern eine Quelle des Trostes und der Freude. Der 119. Psalm, dieser Hymnus auf die Herrlichkeit der Tora, ist der ergreifendste Ausdruck der jüdischen Gesetzesfreudigkeit, die selbst durch die minutiösesten talmudischen Erörterungen hindurchklingt.

Das Judentum ist durchdrungen von dem Bewußtsein der göttlichen Erwählung, es weiß sich als »das Herz der Völker« (Jehuda Halevi). Die unlösliche Verbindung zwischen Israel und seinem Gott beruht auf dem Bundesschluß mit Abraham (1. Mose 17,9 f.), der bestätigt wurde am Sinai durch Mose (2. Mose 34,10). Dieser Bund ist geschlossen für die Dauer der ganzen Weltzeit; er kann durch kein Ereignis, auch durch keine nationale Katastrophe erschüttert werden. Er kann aber auch nicht durch einen »Neuen Bund« im christlichen Sinn überboten oder erfüllt werden. Das sakramentale Zeichen dieses Bundes ist die Beschneidung, durch welche jedes neugeborene Kind in alle auf diesem Bundesschluß beruhenden Rechte eingesetzt und zum Erben der göttlichen Verheißungen wird (1. Mose 17,10 f.). Neben dem Abraham- und Sinaibund kennt das Judentum noch den Noah-Bund, den Gott mit Noah und seinen Söhnen nach der Sintflut schloß und der »alle lebendigen Seelen in allem Fleisch auf Erden«, d. h. die ganze Menschheit einschließt (1. Mose 9,8 ff.). Weil der Bund zwischen Israel und seinem Gott unauflösbar ist, hat auch das in Sünde gefallene jüdische Volk jederzeit die Möglichkeit der bußfertigen »Rückkehr« (*t^ešūbā*); diese Umkehr steht aber auch aufgrund des älteren Bundes allen Menschen aller Zeiten offen. Dem reuig Umkehrenden ist die Vergebung aller, auch der schwersten Sünden verheißen: »Wenn eure Sünde auch blutrot ist, soll sie doch schneeweiß werden, und wenn sie rot ist wie Scharlach, soll sie doch wie Wolle werden« (Jes. 1,18).

Dem Volk der Verheißung war ein furchtbares Schicksal von Gott beschieden, das es als Strafe für die von ihm begangenen Sünden auf sich nahm: die *Gālūt*, d. h. die Wegführung ins Exil. Israel verlor seine nationale Selbständigkeit und wurde über die ganze Erde hin verstreut. Dem babylonischen Exil folgte nach der Zerstörung des zweiten Tempels durch die Römer (70 n. Chr.) eine noch ausgedehntere Zerstreuung. Dennoch starb in diesem zerstreuten Volk niemals die Hoffnung auf die Rückkehr in das Land der Verheißung und die Wiederkehr eines erneuerten Davidischen Königreiches, welches der endgültigen Gottesherrschaft in einer erneuerten Schöpfung vorausgeht. Die Erlösung wird jedoch nicht von menschlicher Bemühung erwartet, sondern von einem wunderbaren Eingreifen Gottes. Diese Erwartung wurde auch in der späteren Judenheit zur Naherwartung wie in der urchristlichen Gemeinde; der fromme Jude lebt so, als würde am kommenden Tag der Messias sein Reich aufrichten.

Modell des herodianischen Tempels in Jerusalem

Während das liberale Judentum die Ankunft des Messias umdeutet in den Anbruch eines Reiches der Gerechtigkeit und des Friedens auf Erden, hält das orthodoxe Judentum an der Persönlichkeit des gottgesandten Messias fest. Den christlichen Glauben, daß in Jesus der Messias bereits erschienen sei, einen Glauben, den auch die am jüdischen Gesetz festhaltenden »Judenchristen« in der alten Kirche bekannten, lehnt das Judentum bis heute ab; dennoch räumen einzelne Juden ein, daß der künftige Messias die Gesichtszüge Jesu von Nazareth tragen könne.

Während das israelitische Volk noch in der Zeit der Propheten nur eine Zukunft des ganzen Volkes Israel kannte, jedoch keine individuelle Unsterblichkeit oder Auferstehung, drangen in der nachexilischen Zeit diese beiden Formen des individuellen Zukunftsglaubens ins Judentum ein, wobei sowohl iranische als auch hellenistische Einflüsse wirksam waren. Aber während noch zu Jesu Zeiten den die Auferstehung bejahenden Pharisäern die sie leugnenden Sadduzäer gegenüberstanden, setzte sich im späteren Judentum der Glaube an das Fortleben der einzelnen Seele im »Garten Eden« (Paradies) oder im *Gehinnom* (einem Strafort nach Art des Purgatoriums) und an die individuelle leibliche Auferstehung am Ende der Weltzeit durch. Uriel da Costa wurde gerade deshalb in den Bann getan, weil er auf Grund der alttestamentlichen Aussagen die sadduzäische Auffassung als die echt jüdische verfocht. Die Vorstellungen des späteren Judentums vom Fortleben der Seele im Paradies während des Zwischenzustandes zwischen dem individuellen Tod und der allgemeinen Auferstehung ähneln denen der östlichen Kirche. Auch das Gebet für die Toten hat im jüdischen Gottesdienst einen Platz erhalten.

Der jüdische Gottesdienst

Das jüdische Volk hatte mit der Zerstörung des zweiten Tempels sein Heiligtum verloren, in dem es das Unterpfand der steten Gegenwart seines Gottes besessen hatte. Mit dem Tempel hörte auch der Opferdienst völlig auf. Den furchtbaren Schlag, den es dadurch empfing, konnte es nur deshalb überwinden, weil es neben dem Tempel allenthalben noch weitere Gottesdienststätten besaß, die »Gebets-« oder »Versammlungshäuser« (Synagogen). Diese Gebetshäuser sind ebenso ein Ersatz des Tempels, wie der in ihnen gefeierte Gottesdienst ein Ersatz des Opferdienstes ist, weshalb er auch wie dieser den Namen *ʿAbodā* trägt. Auch die Synagoge besitzt ein »Allerheiligstes« (*qodeš*) mit der »heiligen Lade« (*ʾarōn ha-qodeš*), nämlich den nach Jerusalem orientierten und mit einem kostbaren Vorhang versehenen Toraschrein, in welchem die Torarollen aufbewahrt werden und vor welchem die »ewige Lampe« (*nēr tamīd*) brennt. Auch der siebenarmige Leuchter des jerusalemischen Tempels (*mᵉnōrā*) fand in den Syngogen eine bleibende Stätte. Der feierlichste Augenblick im Gottesdienst ist die Erhebung der Torarolle, die von einem gestickten Tuch umhüllt und mit einem Schild nach Art des hohenpriesterlichen Brustschildes versehen ist und die in feierlicher Prozession vom Rabbi zum Lesepult (*migdal, bēma*) getragen wird. Dabei küssen die Umstehenden seinen Gebetsmantel.

Der jüdische Gottesdienst spielt sich aber nicht nur in der Gemeinde ab, sondern auch in der Familie, in welcher der Hausvater seines laienpriesterlichen Amtes waltet – eine Erinnerung an jene ferne Zeit, in welcher die einzelne Familie wie Manoah und seine Frau (Richt. 13,19) die häuslichen Opfer darbrachten. Auch das jüdische Haus birgt am

Siebenarmiger Leuchter mit Öllampen auf den Armen

Eingang und an den Türen ein Heiligtum, die *M*^{e}*zuzā*, ein in einer länglichen Kapsel eingeschlossenes Pergamentröllchen, auf dem 5. Mose 6,4–9 (»Höre, Israel«) und 11,13–21 (die Warnung vor der Anbetung fremder Götter) geschrieben stehen und durch eine Öffnung das Wort *Šaddai* (»Allmächtiger«) sichtbar ist. Sie wird beim Ein- und Ausgang ehrfurchtsvoll berührt, worauf der sie berührende Finger geküßt wird. Der einzelne fromme Jude verrichtet, wenn er nicht am Gottesdienst teilnehmen kann, das dreimalige tägliche Pflichtgebet für sich. Beim Gebet verhüllt er sich mit der *Tallīt*, dem Gebetsmantel, der mit einer Kopfhülle verbunden ist, welche später durch ein Käppchen ersetzt wurde. Auch bindet er gemäß der Vorschrift des Deuteronomiums (5. Mose 6,8) an Kopf und Hand die Gebetsriemen (*t*^{e}*phillīm, phylaktēria*), in denen ebenfalls Zettel mit den genannten Sprüchen des Deuteronomiums sich befinden.

Der Tageslauf der frommen jüdischen Gemeinde ist durch drei Gebetszeiten geheiligt: das Morgengebet (*šaḥarīt*), das Nachmittagsgebet (*minḥā*), das, wie schon der Name sagt, das ursprüngliche nachmittägliche Speiseopfer vertritt, und das Abendgebet (*maʿarīb*), dazu kommt an den Sabbaten und Festtagen noch ein Vormittagsgebet (*mūsāph* «Zusatzopfer«).

Das heiligste Stück des Morgen- und Abendgebetes, das den Ausgangspunkt der jüdischen Gebetszeiten bildet, ist die schon im Deuteronomium vorgeschriebene Rezitation des *Š*^{e}*maʿ* (»Höre, Israel«), 5. Mose 6,4 ff., das mit dem Gebet der Achtzehn Bitten (*š*^{e}*monē ʿesrē*), wegen seiner überragenden Bedeutung »das Gebet« schlechthin (*t*^{e}*phillā*) genannt, verbunden ist und das auch das Kernstück des Nachmittagsgebetes bildet. Dieses ergreifende Gebet, dessen einzelne Bitten mit dem christlichen Vaterunser sich berühren, beginnt mit einem anhaltenden Lobpreis des heiligen Gottes und geht nach der Bitte um Sündenvergebung und Fruchtbarkeit der Erde zu seiner

wichtigsten Bitte über: um die Rückkehr der Zerstreuten und Verbannten von den vier Enden der Erde in das Gelobte Land, um die Vernichtung der Feinde Israels und um die Wiederaufrichtung des Thrones Davids und des Opferdienstes im Tempel zu Jerusalem.
Beim Morgengebet, *Minchā* und *Mūsāph*, wird dem 18-Bitten-Gebet das Jesaianische Dreimal-Heilig (Jes. 6,3), genannt *Qᵉduššā*, eingefügt.
Eschatologischen Charakter trägt auch das Schlußgebet, das seit 1300 die Tageszeiten abschließt, nach seinem Anfang *ʿĀlēnū* genannt. Es spricht die Gewißheit von dem Triumph des Gottes Israels über alle heidnischen Mächte aus (alle Texte zitiert nach der Übersetzung von Else Schubert-Christaller):

> »Darum hoffen wir auf Dich, Ewiger, unser Gott, bald die Herrlichkeit Deiner Macht zu schauen, daß Du die Götzen von der Erde vertilgest und die Abgötter ausrottest, die Welt zu vollenden durch das Reich des Allmächtigen, und alle

Juden in Gebetstracht und mit einer Mezuzā beim Gebet an der Klagemauer in Jerusalem

Sterblichen Deinen Namen anrufen, daß Dir sich zuwenden alle Teile der Erde, daß erkennen und wisssen alle Bewohner der Welt, daß Dir sich beuge jedes Knie und schwöre jede Zunge.«

Das Morgengebet beginnt mit der Betrachtung des Anfang- und Endlosen, der da war und ist und sein wird. Den Lobgebeten an den Schöpfer folgen im zweiten Teil Psalmen und die drei Lobgesänge des David (1. Chron. 29,10–13), Nehemia (Neh. 9,6–12) und das Schilfmeerlied des Mose (2. Mose 14,30–15,18). Das 18-Bitten-Gebet wird zuerst von jedem einzelnen leise, dann laut vom Vorbeter gesprochen. Am Montag und Donnerstag werden ein Bußgebet und eine Lesung aus dem Gesetz hinzugefügt.
Besondere Stellung hat das *Qaddīš*, eines der wenigen Gebete in aramäischer Sprache, so beliebt, daß es uns an vielen wichtigen Übergangsstellen des Gottesdienstes begegnet. Es dient auch als Totengebet (»*Qaddīš* der Trauernden«), obgleich in keinem Wort von den Toten die Rede ist. Es entspricht der Eigenart des jüdischen Gottesglaubens, daß der Blick der betenden Gemeinde nicht rückwärts gerichtet ist zu den Dahingeschiedenen, sondern ausblickt auf das künftige Gottesreich.
Das *Minchā*-Gebet beginnt mit dem 145. Psalm. Der *T^ephillā* folgt das Bußgebet. Es endet höchst sinnvoll mit demselben betrachtenden Gebet, mit dem das Morgengebet begonnen hatte, dem Ausdruck der tiefsten Geborgenheit im Ewigen.
Den Höhepunkt des ganzen Lebens und Betens der Woche bildet der Sabbat*(šabbāt)*. Er ist dem frommen Juden noch mehr als der Sonntag dem Christen, nicht nur ein Tag strengster Ruhe von aller Arbeit, sondern auch ein Tag der Freude – »alles ist Freude, Freude in Gott«. Eine christliche Theologin gibt dem wunderbaren Sinn der jüdischen Sabbatfeier Ausdruck: »Das Lieblichste, Holdeste und Traulichste im jüdischen Leben ist der Empfang des Sabbat am Freitagabend. Der Sabbat (er ist im Hebräischen weiblich, wir müßten, um den Eindruck herauszubringen, etwa sagen ›die Ruhe‹) wird als Braut vorgestellt, die feierlich empfangen wird zum Einzug in ihr neues Heim, in die Arme des liebenden und verlangenden Bräutigams« (Else Schubert-Christaller).
Freudenpsalmen bilden die Einleitung zum Sabbatgruß, der dem 16. Jahrhundert entstammt: »Komm, mein Freund, der Braut entgegen, wir wollen die Ruhe empfangen.« In der Mitte der *T^ephillā* werden am Sabbat die dreizehn Bitten weggelassen, an ihrer Stelle wird die Einsetzung des Sabbat mit den Worten der Bibel verkündet. Den Abschluß des Gottesdienstes bildet der *Qiddūš*, die Heiligung des Sabbat durch die *B^erākā* (Segen), welche der Vorbeter über dem hocherhobenen Becher Wein spricht. Er stellt nur eine Antizipation aus dem häuslichen Mahl dar, bei welchem der Hausvater an dem mit Sabbatlichtern geschmückten Familientisch Wein und Brot segnet.
Im Sabbat-Morgengebet wird in Psalmen und einem Hymnus der Lobpreis des Schöpfers gesungen, und zwar im Bewußtsein der Unzulänglichkeit aller menschlichen Gebetsworte.

»Wär unser Mund voll Gesang wie das Meer, unsre Zunge voll Jubel wie das Rauschen seiner Wellen, unsre Lippen voll Rühmens wie des Himmels Weiten, unsre Augen leuchtend wie Sonne und Mond, unsre Hände ausgespannt wie Adler des Himmels und unsre Füße schnell wie Rehe, wir würden nicht genügen zu loben Dich, Herr, unser Gott, Gott unsrer Väter, und Deinen Namen zu preisen für eins von den tausend und aber tausend Milliarden mal, da Du Gutes getan hast an unsern Vätern und an uns.«

Der Tora-Lesung, zu welcher auch Männer aus der Gemeinde aufgerufen werden, folgen eine Propheten-Lesung (*haphṭārā*) und eine Predigt.
Das Abendgebet wird beschlossen durch die *Habdālā* (»Scheidung« zwischen Sabbat und Werktag), bei welcher Segensworte über dem Wein, den in kunstvollen Büchsen enthaltenen Gewürzen (*bosnīm*) und der *Habdālā*-Kerze gesprochen werden.
Der Gottesdienst trägt einen noch feierlicheren Charakter an den Festtagen. Die jüdische Gemeinde hat einen Festkalender. Sie zählt die Jahre seit der angeblichen Erschaffung der Erde (3761 v. Chr.). Im Jahr 1980 beginnt das jüdische Jahr 5741. Das Jahr, das ein Mondjahr ist, zählt zwölf Monate mit je 30 oder 29 Tagen, das Schaltjahr 13 Monate. Der erste und der dreißigste Tag heißen Neumond. Die Monate tragen seit dem Exil die babylonischen Namen: *Nīsān* (April), *'Ijjār* (Mai), *Sīwān* (Juni), *Tammūz* (Juli), *'Āb* (August), *'Elūl* (September, dem der Neujahrstag folgt), *Tišrī* (Oktober), *Marḥešwān* (November), *Kislēw* (Dezember), *Ṭebet* (Januar), *Šebaṭ* (Februar), *'Adār* (März) und im Schaltjahr *'Adār Šenī* (2. Adar).
Die drei Hauptfeste sind alte Naturfeste, die aber einen heilsgeschichtlichen Charakter

Jüdische Kultgeräte

erhalten haben. Dabei wird die Vergangenheit des jüdischen Volkes als unmittelbare Gegenwart erlebt. Der ursprüngliche palästinensische Charakter der Feste ist nicht einmal durch die *Gālūt* (»Verbannung«) verwischt worden. An allen drei Festen wird beim Morgengebet vor der Aushebung der Tora das *Hallel* (der Psalm 113–118 umfassende große Lobgesang) gesungen.

Das Osterfest (*pesaḥ*), das sich über acht Tage (15. bis 22. Nīsān) erstreckt, ist das Fest der Frühernte und dient der Erinnerung an den Auszug aus Ägypten, darum auch »Zeit unserer Befreiung« (*zᵉman ḥērutēnū*) genannt. Das von Gebeten und Schriftlesungen umrahmte Mahl beginnt mit dem Essen der ungesäuerten Brote (*maṣṣōt*, Mazzen) und der bitteren Kräuter (*mārōr*), dem Symbol der bitteren Sklaverei in Ägypten. Viermal wird der Becher mit Wein als Zeichen der Befreiung und Freude geleert. Da die »Festrolle« für die private Lesung das Hohelied ist, klingen die Motive desselben immer wieder in den *Pijjūṭīm* (Gesängen) des Festes an.

Das Wochenfest (*šābūʿōt*) am 6. und 7. Sīwān ist ein Erntedankfest, an dem das Gedächtnis der Gottesoffenbarung auf dem Berge Sinai gefeiert wird, daher auch der Name »Zeit der Verkündigung unseres Gesetzes« (*zᵉman mattan tōrātēnū*). Die Gesänge feiern die Tora unter dem Bild einer Braut, welche Adam und Noah verschmäht, aber schließlich den Mose erwählt hat. Neben der Erzählung von der Offenbarung Gottes auf dem Sinai (2. Mose 19; 20) wird das Buch Ruth gelesen.

Das Laubhüttenfest (*sukkōt*) am 15. Tišrī, auch »Zeit unserer Freude« (*zᵉman simḥatēnū*) genannt, soll die Erinnerung an die Wanderung Israels durch die Wüste wachhalten. Weil das Volk damals in Zelten wohnte, werden an diesem Tag Lauben aus Blättern, Blumen und Zweigen errichtet. Die »Festrolle« ist das Buch *Qohelet* (Prediger). Am 7. Tage, der nach dem immer wiederkehrenden Ruf *Hošaʿnā* (»Hilf doch!«) *Hošaʿnā rabbā* (»das große Hosanna«) genannt wird, finden sieben Prozessionen mit sieben Torarollen statt. Weitere Umzüge werden am letzten Tage gehalten, der den Namen »Torafreude« (*simḥat tōrā*) trägt, dabei singt die Gemeinde: »Wir jubeln, der Tora freuen wir uns, denn sie ist Kraft und Licht für uns.« »Die Tora ist ein Baum des Lebens, für Alle Leben, denn bei dir ist der Quell des Lebens.«

Zu diesen alten Naturfesten treten zwei Feste der ausschließlichen Erinnerung an Begebenheiten der jüdischen Geschichte. Das Fest *Chānukkā* (»Tempelweihe«) am 25. Kislēw dient der Erinnerung an die Wiedereinweihung des Tempels nach dem Sieg der Makkabäer über König Antiochos IV. von Syrien, welcher die Juden zum Götzendienst hatte zwingen wollen. Die achttägige Feier findet ihre Erklärung in der Legende, daß nach der Entweihung des Tempels durch die Heiden das für die Entzündung der Ewigen Lampe nötige unbefleckte Öl nur für eine Nacht gefunden wurde, daß es aber wunderbarerweise für acht Tage bis zur Wiederbeschaffung neuen Öls reichte. An jedem Tage wird deshalb auf dem achtarmigen *Chānukkā*-Leuchter ein Licht entzündet.

Das *Pūrīm*-Fest (»Fest der Lose«) am 14. ʼAdār wird gefeiert zur Erinnerung an die Beseitigung Hamans, des Hauptministers des persischen Königs Ahasver, der alle Juden im Perserreich töten wollte und zur Feststellung des günstigsten Tages das Los geworfen hatte, der aber durch Esther mit Hilfe Mardochais getötet wurde. An diesem Fest wird die Esther-Rolle gelesen; Geschenke werden an Freunde und Arme verteilt und ein festliches Mahl gehalten. Der vorausgehende Tag ist ein Fasttag (Esther-Fasten).

Neben diesen freudigen Festen stehen die beiden »furchtheischenden Tage« (*jāmīm nōrā'īm*): das Neujahrsfest (*rōš ha-šānā*) am 1. und der »Versöhnungstag« (*jōm kippūr*) am 10. Tišrī. Vor den Augen der Gemeinde steht die gewaltige Majestät Gottes – immer wieder kehrt in einem Gebet der Ruf »Du bist schrecklich«. Mit dem Bekenntnis der göttlichen Heiligkeit und menschlichen Sündigkeit verbindet sich aber die vertrauensvolle Bitte an den barmherzigen Gott um Vergebung.

> »Ach, höre doch das Schreien um Gnade! An diesem Tage schau auf das Flehen! Ewiger, ewiger Gott, barmherzig und gnädig, wir nahen uns Dir, auszugießen Gebet, Erbarmen zu suchen und Vergebung. Herr, höre! Herr, vergib! Ach Gott, vergib doch! Verzeih doch! Entschuldige doch! Hab Mitleid! Erbarm Dich doch! Versöhne Dich doch! Tritt nieder Sünde und Schuld!«

Im Vormittagsgebet werden durch die Schriftlesung die uralten Tempelriten des Versöhnungstages wieder lebendig, die Blutbesprengung im Allerheiligsten und das Aussprechen des göttlichen Namens beim Sündenbekenntnis. Obgleich das alte Blutritual nur noch im Wort erscheint, ist die Gemeinde beim Sündenbekenntnis von derselben tiefen Sehnsucht nach Entsühnung erfüllt wie einst die Priesterschaft und die Tempelgemeinde in Jerusalem. In der ganzen Geschichte der Religion tritt uns der Bußgeist und der Glaube an die Kraft der Versöhnungsbitte selten so eindringlich entgegen wie in den Bußgebeten des jüdischen Versöhnungstages. Obgleich an keiner Stelle in einer »Absolution« die Vergebung der Sünden feierlich zugesagt wird und diese der individuellen Erfahrung überlassen bleibt, spricht doch aus der flehentlichen Bitte die Gewißheit der Versöhnung: »Wende dich zu uns in Erbarmen, denn du bist so voll des Erbarmens.« Mit dem Klang des alten Widderhorns schließt dieser einzigartige Gottesdienst.

Der jüdische Gottesdienst bildet die Grundlage des christlichen. Die jüdischen Gebetszeiten sind in das christliche Stundengebet übergegangen: das Morgengebet in die Matutin und Laudes, die *Minchā* in die Vesper und das Abendgebet in das Nachtgebet. Abgesehen von den Psalmen und anderen biblischen Gesängen (*Cantica*) ist eine Reihe von Formeln von der christlichen Gemeinde aus den Synagogen übernommen worden: das »Herr, tue meine Lippen auf« als Einleitung des Stundengebets, das »Wahrhaft würdig und recht« als Einleitung des eucharistischen Hochgebetes (Präfation), die *Qᵉduššā* als das *Trishagion* oder *Sanctus*, der Ruf »Einer ist heilig« als Einladungsruf zum Abendmahl, und die Responsorien *Hosanna, Halleluja* und *Amen*. Die jüdischen Bußgebete haben ihr Echo in den christlichen Bußgebeten gefunden. Vor allem aber ist die jüdische Segnung (*bᵉrākā*) von Brot und Wein beim Sabbatmahl zur *Eucharistia*, dem heiligsten Sakrament der Christenheit, geworden.

Die jüdische Mystik

Wie die christliche und islamische Frömmigkeitsgeschichte auf weiten Strecken eine Geschichte der Mystik ist, so auch die jüdische. Mystische Elemente finden sich bereits im Alten Testament in den Ekstasen und Visionen der Propheten wie in der Darstellung des Gottesumgangs Moses. Obgleich die talmudische Frömmigkeit zunächst die platonische Mystik eines Philon von sich wies, konnte sie auf die Dauer deren Ideen vom Judentum nicht fernhalten. Schon in der Periode des zweiten Tempels war in pharisäischen Kreisen eine esoterische Lehre weitergegeben worden. Aus der hellenistischen Gnosis drang in die jüdische Spekulation neben den Begriffen des *Plērōma* (»Fülle«), der Äonen und Archonten die Idee eines »Aufstiegs« der Seele von der Erde durch die Sphären der Planetenengel zur »Lichtfülle Gottes« ein. Die Betrachtung der Vision des Thronwagens (*merkābā*) Gottes bei Hesekiel ließ im 5. und 6. Jahrhundert eine »Thronmystik« entstehen, die zwar vom mystischen Immanenzgedanken frei war, die aber ein ekstatisches Schauen und Hören vor dem Throne Gottes begünstigte.

Neben dieser visionären *Merkābā-Mystik* stand eine kosmologische Spekulation, die zum großen Teil eine Zahlen- und Buchstabenmystik darstellt. Ihr Hauptwerk ist das »Buch der Schöpfung« (*sepher jeṣīrā*), das zwischen dem 3. und 6. Jahrhundert entstand. Ihr Hauptgegenstand sind die Weltelemente, die in den zehn ersten Elementarzahlen (*sephīrōt*) und den 22 Buchstaben des hebräischen Alphabetes erscheinen; beide zusammmen bilden die 32 »Weisheitswege«. Nach dieser Auffassung hat Gott selbst »die Buchstaben gezeichnet, zugeschnitten, verbunden, gewogen und ausgewechselt und durch sie die ganze Schöpfung und alles, was bestimmt ist, geschaffen zu werden, hervorgebracht.«

Auf deutschem Boden entwickelte sich unter dem Einfluß der Merkaba-Mystik, aber auch der zeitgenössischen christlichen Mystik, eine Mystik der Gottesliebe. Träger dieser affektiven Mystik waren die *Chassīdīm*. Der Name *ḥassīd* bezeichnete ursprünglich die Strenggläubigen der Makkabäerzeit und wurde später eine Bezeichnung der Lehrer und Mystiker. Das Urbild der *Chassīdīm* ist Gott selbst, der »heilig (*ḥassīd*) ist in allen seinen Werken« (Ps. 145,17). Ihre Frömmigkeit umfaßt die asketische Weltentsagung, die tiefe Gottesliebe und die aus ihr fließende geistige Freudigkeit, die selbstlose Nächstenliebe und die willige Ertragung von Unbilden. Ihre Gottesidee ist theopanisch – »Gott das All«, wie sie schon Jesus Sirach (43,27) verkündet und Johannes Scotus Eriugena unter neuplatonischem Einfluß entwickelt hatte. Die Kraft dieser Mystik ist das Gebet, das durch die *Kawwānā* (Intention, Konzentration, »Tiefenandacht«) mystische Intensität erlangt. Hauptvertreter des deutschen Chassidismus waren Samuel der Chassīd, der Sohn des Kalonymos von Speyer (12. Jh.), sein Sohn Jehuda der Chassīd (gest. in Regensburg 1217) und dessen Schüler und Verwandter Eleazar ben Jehuda von Worms (gest. vor 1234).

Gleichzeitig mit dem deutschen Chassidismus entstand in der Provence als Reaktion auf die nüchterne Philosophie des Moses Maimonides die Mystik der Kabbala. Der Name bedeutet »Traditionsweisheit« (*ḥokmat ha-Qabbālā*) oder »esoterische Weisheit« (*ḥokmat mistārā*). Ihr Vater ist Isaak der Blinde aus Nîmes (gest. 1210), der vom Buche *Jeṣīrā* bestimmt war. Sie wurde weitergeführt durch Ariel ben Menachem (gest. 1238), welcher die *Sephīrōt*-Lehre dialektisch begründete, und Abraham Abulāfia (1240– nach 1291), den Vertreter eines »prophetischen Kabbalismus«. Er verfaßte eine Reihe von Werken: »Das Buch des ewigen Lebens«, »Das Licht der Erkenntnis«, »Die Worte der Schönheit«, »Das Buch der Verbindung«. Er gibt Anweisungen zur Meditation, die an die Methoden des indischen Yoga erinnern. Sie sollen zur Ekstase hinführen, in welcher Abulāfia das Mysterium der Prophetie erblickt. Er deutet die Ekstase als ein plötzliches Erkennen des eigenen Ich und ein Vergessen seiner selbst. Die mystische Einigung mit Gott bezeichnet er in einem auch der mittelalterlichen christlichen Mystik geläufigen Ausdruck als »Haften« an Gott (*debequt*). Daneben entwickelte Abulāfia die Buchstabenmystik weiter und begründete eine mystische

Lehre vom Gottesnamen. Den Höhepunkt erlangte die Kabbala in Mose ben Šem Ṭob de Leon (um 1240–1305), dem Vertreter des »theosophischen Kabbalismus«, der mit dem neuplatonischen Schrifttum vertraut war. Er ist wahrscheinlich der Verfasser des anonym geschriebenen Buches *Zohar* (»Glanz« nach Dan. 12,3), welches zum kanonischen Buch der Kabbalisten wurde. Die Lehre des *Zohar* wurde in mehr theoretischer Form weitergebildet durch Mose Cordovero (1522–70), in mehr praktischer Ausrichtung durch Isaak Lurja (1534–72), genannt »Adler der Kabbalisten«, der auch die sabbatianische Bewegung beeinflußt hat.

Das kabbalistische System ruht auf der Grundlage von Philo, dem Neuplatonismus, dem Neupythagoreismus und der Gnosis. Sein Gottesbegriff ist rein mystisch: Gott unanschaulich, unerkennbar, attributlos, was mit der Formel *'ēn sōph* (»ohne Ende«) ausgedrückt wird. Gott manifestiert sich in einer Reihe von Potenzen, den zehn *Sephīrōt* (»Sphären«) oder *Sekālīm*, die einen innergöttlichen Prozeß in der Einheit darstellen und auch aufeinander einwirken:

<table>
<tr><td colspan="2">keter (»Krone«)</td></tr>
<tr><td>bīnā (»Einsicht«)</td><td>ḥokmā (»Weisheit«)</td></tr>
<tr><td>dīn (»Gericht«) oder
gebūrā (»Stärke«)</td><td>ḥesed (»Gnade«) oder
gedūlā (»Größe«)</td></tr>
<tr><td colspan="2">tiph'eret (»Schönheit«) oder
raḥamīm (»Barmherzigkeit«)</td></tr>
<tr><td>hōd (»Hoheit, Glorie«)</td><td>neṣaḥ (»Sieg, Glanz«)</td></tr>
<tr><td colspan="2">jesōd (»Fundament«)</td></tr>
<tr><td colspan="2">malkūt (»Herrschaft«)</td></tr>
</table>

Diese *Sephīrōt* sind zusammengefaßt im »Urmenschen« (*'ādām qadmōn*), d. h. dem himmlischen Urbild des Menschen. Aus dieser geistigen Welt der *Sephīrōt*, genannt »Welt der Strahlung« (*'ōlām ha-'asīlūt*), geht im Zusammenhang einer emanistischen Schöpfungslehre die »Welt der Schöpfung« hervor (*'ōlām ha-berī'ā*), in welcher die »Gegenwart« (*šekīnā*) Gottes thront; aus dieser hinwiederum die »Welt der Bildung« (*'ōlām ha-jeṣīrā*), die Engelwesen und bösen Planetengeister; aus letzterer schließlich die »Welt der Verfertigung« (*'ōlām hā-'asijjā*), die materielle Welt, die in ewigem Wechsel sich befindet und darum eine Welt des Scheines ist. Die Anthropologie der Kabbala ist trichotomistisch. Neben der »vernünftigen Seele« (*nešāmā*) steht die »empfindende Seele« (*rūaḥ*) und die »vegetative Seele« (*nepheš*). Die menschliche Seele ist präexistent kraft ihrer Abstammung aus der höheren Welt, nach der sie wiederum zurückverlangt. Sie bleibt dem Erdendasein so lange unterworfen, bis sie sich in wiederholten Inkarnationen vervollkommnet hat. Den Kreislauf der Geburten (*gilgūl*) lehrte besonders Manasse ben Israel von Amsterdam (1604–57). Neben den zehn *Sephīrōt* des Lichtes stehen zehn *Sephīrōt* der Finsternis; den Gegensatz zum *'Ādām qadmōn* bildet der *'Adām belijja'āl*. Der Grund des Bösen liegt nach der älteren Kabbala in der Entfernung der niederen Substanz von Gott, nach der jüngeren Kabbala im Bersten der Gefäße der *Sephīrōt*, welche Gottes Segensfülle nicht zu fassen vermochten. Der Aufstieg zu Gott geschieht durch das Gebet, dessen zentrale Kraft die *Kawwānā* ist. Im Gebet vereint sich die Seele mit Gott in einem geistigen Kuß und erhebt sich zur »schaffenden Kraft« (*šēkel ha-pōʿel*). Die mystische Gotteinigung der Seele wird als Begattung vorgestellt. Die Heilige Schrift wird von den Kabbalisten wie von Philo und den späteren Talmudisten allegorisch gedeutet. Aber nicht nur die Erzählungen, sondern auch die Buchstaben, Worte und Namen sind Träger verborgener göttlicher Geheimnisse.

Die kabbalistische Mystik trat in Gegensatz zur Gesetzesreligion und gelangte zu einer Verachtung des Talmudismus. Im *Zohar* wird die *Mišnā* als Sklavin, die Kabbala als Herrin gekennzeichnet. Das Talmudstudium wird einem harten, unfruchtbaren Felsen verglichen, der, wenn er angeschlagen wird, nur spärliche Tropfen gibt, das Studium der Kabbala hingegen einer frisch sprudelnden Quelle.

Die Kabbala fand starke Beachtung in den christlichen Humanistenkreisen; sie galt geradezu als eine Brücke zwischen dem Judentum und dem Christentum. Der getaufte Jude Paulus de Heredia suchte zu zeigen, daß alle Hauptwahrheiten des christlichen Glaubens in der Kabbala enthalten seien. Die Humanisten Pico della Mirandola (1463–94), Johannes Reuchlin (1455–1522) und Agrippa von Nettesheim (1486–1535) befaßten sich mit der kabbalistischen Spekulation. Dem Bekanntwerden der Kabbala diente am meisten das umfassende Werk des evangelischen Mystikers Christian Knorr von Rosenroth *Cabbala denudata* (1677–86).

Nach dem Zusammenbruch der schwärmerischen messianischen Hoffnungen blühte in der zweiten Hälfte des 17. Jahrhunderts von neuem die Mystik auf, und zwar in ihrer praktischen Form. Ihre bedeutendsten Vertreter waren Rabbi Israel ben Eliezer, genannt Baal Šem Ṭob (»Meister des guten Namens«), verkürzt Bescht (1699–1760), und sein Hauptjünger Dow Bär von Meseritz (gest. 1773), genannt »der große *Maggīd*« (»Wanderprediger«). Dieser neue Chassidismus stellt eine enthusiastische Erweckung, ein »jüdisches Franziskanertum« dar, das aus der Freude (*simḥā*) in Gott lebt, aber die Askese ablehnt. Er ist durchdrungen von dem Glauben an die Immanenz Gottes in allem Seienden. Sein mystisches Gebet ist ein affektives, das aus dem »Erglühen des Herzens« fließt. Wie die christliche Mystik vereint die chassidische mit dem kontemplativen Leben das aktive und wird darum als die »Ethos gewordene Kabbala« bezeichnet. Die göttliche Freude ist die Quelle der Demut und Nächstenliebe, die sich ausweitet zur Liebe der ganzen Schöpfung. Das Böse wird als die unterste Stufe des Guten aufgefaßt, die Erlösung als Befreiung des göttlichen Funkens. Das Ideal der *Chassīdīm* ist der Heilige, der *Ṣaddīq* (»Gerechte«), der seinen Mitmenschen zum Gottesumgang verhilft, darum mit dem Hohenpriester des Alten Bundes verglichen wird und hohe Verehrung genießt. Aus einem charismatischen Mittlertum wurde freilich die *Ṣaddīq*-Würde zu einem erblichen Amt, ja einer Pfründe. Die chassidische Mystik wie ihre Heiligenlegende ist im 19. Jahrhundert literarisch wieder erweckt worden durch Martin Buber (1878–1965), welcher nicht nur die Erforschung der Mystik gefördert hat, sondern zu einem religiösen Künder hohen Stils geworden ist, dessen Stimme gerade in außerjüdischen Kreisen weithin gehört wird. Diese chassidische Mystik berührt sich noch enger mit der christlichen Frömmigkeit als die kabbalistische. Der in einer chassidischen Umgebung Weißrußlands aufgewachsene jüdische Theologe und spätere anglikanische Priester Paul Levertoff (1878–1954), der als Judenchrist seinen jüdischen Blutsbrüdern das Evangelium verkündete, suchte ihnen Jesus als den idealen chassidischen *Ṣaddīq* näherzubringen.

Das Judentum und seine Tochterreligionen

Das Judentum war um die Zeitenwende eine missionierende Religion gewesen. Es hat jedoch seine Expansion eingebüßt und an das junge Christentum und sechs Jahrhunderte später an den Islam abgegeben. Wohl erfolgten zu allen Zeiten Übertritte von einzelnen, ja selbst kleineren Gruppen zum Judentum. Aber dieses bemühte sich nicht darum; nach jüdischer Regel ist der Proselyt dreimal abzuweisen, ehe er durch die Beschneidung der Abrahamsfamilie eingegliedert wird. Trotz des erbitterten Widerstandes, welchen einst das Judentum gegen den Christusglauben der Urkirche geleistet hat, und trotz der früheren Weigerung der Juden, mit Mohammed gemeinsame Sache zu machen, sind die neueren jüdischen Denker zu der Auffassung gelangt, daß das Christentum und der Islam nicht nur Zweige sind, die aus dem jüdischen Baum hervorgewachsen, sondern daß sie jene Missionsaufgabe übernommen haben, welche das Judentum als ethnisch gebundene Gemeinschaft selbst nicht erfüllen kann und will: die Verkündigung des Eingottglaubens, des Dekalogs und der universalen Herrschaft Gottes in der Heidenwelt. Mehr und mehr entstand in der jüdischen Gemeinde das Bewußtsein eines fortdauernden Mutterverhältnisses zu den Tochterreligionen, wenn auch diese von der Mutterreligion sich abgekehrt hatten. Auch die christliche Kirche und die muslimische Gemeinde werden als Bundesvolk angesehen, obgleich nicht auf Grund des abrahamitischen und mosaischen, sondern des noch älteren noachitischen Bundes. Das neue Judentum wünscht geradezu die Zusammenarbeit mit den auf demselben religiösen und ethischen Boden stehenden Tochterreligionen im Kampf gegen die »Baalskulte« des modernen Materialismus, sei dieser nun kapitalistisch oder kommunistisch. Da auch das neue Judentum nicht aufgehört hat, sich als das auserwählte Volk, d. h. als Träger des ethischen Eingottglaubens zu fühlen, betrachtet es sich geradezu als das Zentrum der Menschheitsfamilie, die in der Anbetung des einen Gottes und in der Erfüllung seines Gesetzes zu *einer* Gottesfamilie sich zusammenfindet. Wie das Judentum fortfährt, auf das Kommen des Messias zu hoffen, wartet es auch weiter auf die Verwirklichung jenes von Jerusalem ausgehenden Friedensreiches, das ein Heilsprophet des Exils verkündet hat:

»Am Ende der Tage wird der Tempelberg
zum Weltenberge werden
und die höchste Höhe auf Erden sein.
Alle Völker werden zu ihm strömen,
viele Nationen werden wallfahren und sagen:
Laßt uns zum Berge des Herren ziehn,
zum Hause von Jakobs Gott.
Er soll uns seine Wege lehren,
damit wir seine Pfade wandeln.
Denn von Zion geht Weisung aus
und Gotteswort von Jerusalem.
Dann spricht er selbst den Völkern Recht,
ist er der Schiedsrichter für viele Nationen.
Da schmieden sie ihre Schwerter zu Pflugscharen um
und ihre Lanzenspitzen zu Winzermessern.
Kein Volk wird mehr zum Schwerte greifen,

und niemand wird mehr lernen,
wie man Krieg führt.« (Jes. 2,2–4; übers. von Emil Balla)

Diesen Glauben an eine Vereinigung aller Völker unter der Herrschaft des einen Gottes spricht die jüdische Gemeinde täglich im Gebet des *ʿĀlēnū* aus:

»Vor Dir, Ewiger, Unser Gott, werden sie knien und niederfallen und der Herrlichkeit Deines Namens die Ehre geben. Sie alle werden annehmen das Joch Deiner Herrschaft, und Du wirst über sie herrschen, bald, für immer und ewig.«

Das Christentum

A. Die Entwicklung des Christentums

Die zahlenmäßig größte aller Religionen, die heute mehr als ein Drittel der Menschheit umfaßt, ist das Christentum. Die meisten seiner kirchlichen und theologischen Vertreter heben es als Träger einer übernatürlichen und letztgültigen göttlichen Heilsoffenbarung aus der Schar aller anderen Religionen heraus oder setzen sogar seine Botschaft in einen radikalen Gegensatz zu jenen, wobei sie in diesen Gegensatz auch einen Teil oder alle seine geschichtlichen Erscheinungsformen einbeziehen. Wie immer auch das Christentum seinen Bekennern und Verfechtern sich darstellen mag, so ist es doch wie alle anderen Religionen eine, wenn auch noch so gewaltige, geschichtliche Erscheinung; es kann aus dem großen Zusammenhang der menschlichen Geistesgeschichte nicht herausgerissen werden; es ist vielmehr trotz aller seiner schöpferischen Kräfte mit der Geschichte seiner jüdischen und heidnischen Vor- und Umwelt aufs engste verflochten. Nicht zu Unrecht trägt die christliche Kirche den Namen einer *haeres gentium*, einer Erbin, nicht nur des Judentums, sondern auch des gesamten Heidentums. Das Christentum ist auch nicht als ein fertiges Gebilde vom Himmel gefallen, sondern hat wie alle anderen Religionen und Erscheinungen der Geisteswelt in einem langwierigen Prozeß sich entwickelt, der in seinen einzelnen Etappen von der Geschichtswissenschaft aufgezeigt werden kann.

Das Urchristentum

Die geschichtlichen Anfänge des Christentums sind freilich bis zum heutigen Tage in ein gewisses Dunkel gehüllt. Zwar hat die kritische Bibel- und Geschichtsforschung eine Unsumme von Mühe und Scharfsinn aufgewendet, um Licht auf den Ursprung des Christentums zu werfen. Aber die vorliegenden literarischen Quellen sind zu spärlich und gleichzeitig zu vieldeutig, als daß ein völlig klares Bild zu gewinnen wäre. Vor allem aber ist die Bindung an dogmatische, nicht selten aber auch an anti-dogmatische Maßstäbe bei vielen Forschern zu stark, als daß sie zu einer völlig vorurteilsfreien Untersuchung aller geschichtlichen Zusammenhänge fähig wären. Das Bild Jesu und der Urkirche zeigt darum große Abweichungen bei den Vertretern der verschiedenen kirchlichen, theologischen und weltanschaulichen Richtungen; es unterliegt einem ständigen Wechsel entsprechend den jeweiligen theologischen und allgemeinen kulturellen Strömungen. Immerhin lassen eine erhebliche Anzahl von geschichtlichen Tatsachen sich erhärten, auch wenn in ihrer Beurteilung die einzelnen Forscher entsprechend ihrer verschiedenen Einstellung voneinander abweichen.
Schon in der Datierung und Auswertung der neutestamentlichen Quellen bestehen starke Gegensätze. Vor allem bieten die paulinischen und johanneischen Schriften noch ungelöste Rätsel. Das Problem der Scheidung von echten paulinischen Briefen und Briefstücken von deutero-paulinischen, d. h. unter seinem Namen gehenden, Schriften konnte nicht mit derselben Schärfe angefaßt werden wie die Probleme der synoptischen Evangelien, da bei der engen Verkettung der Reformation mit dem Paulinismus die

protestantische Theologie vor einer radikalen Fragestellung hier immer wieder zurückschreckte. Das vierte Evangelium hinwiederum berührt sich so eng mit der antijudaistischen Lehre des großen Ketzers Marcion, daß die Verfechter eines biblischen und kirchlichen Christentums vor diesen Zusammenhängen allzuleicht die Augen schließen.
Das Neue Testament, welches den Werdegang des jungen Christentums in den ersten 150 Jahren widerspiegelt, ist jedenfalls nicht jenes einheitliche Buch, als das die meisten kirchlichen Leser es nehmen, sondern umspannt verschiedene Typen christlichen Glaubens. Es ist auch kein bloßes Geschichtsbuch, sondern eine für die Neubekehrten bestimmte Katechese, mag diese nun die Form der Apokalypse (Schilderung der Endereignisse) oder des apostolischen Briefes oder der Evangelienerzählung tragen.
Das Christentum wurde im Zeitalter der jüdischen Eschatologie und Apokalyptik, wie sie gerade in der Qumran-Gemeinde (s. S. 383) blühte, und zugleich im Zeitalter der weltweiten jüdischen Missionspropaganda im Schoß des Judentums empfangen und geboren. Es stellt in seiner Urform eine eschatologisch-messianische Bewegung innerhalb des palästinensischen Judentums dar. Als sein Wegbereiter wirkte Johannes der Täufer, dessen Bedeutung für die Entwicklung des Urchristentums größer ist, als die Zeugnisse der Evangelien erkennen lassen. Johannes war nicht nur der prophetische Herold des Endgerichtes, sondern auch das Haupt einer der Qumran-Gemeinde verwandten eschatologischen Gemeinschaft, und zwar einer Täufersekte, in welcher die Bußtaufe als Symbol der Vergebung und Wiedergeburt die Voraussetung für das Bestehen im nahen Gericht und für den Eintritt ins Gottesreich bildete. Die frühchristliche Apologetik scheint diese Bedeutung abgeschwächt und Johannes zum bloßen Gerichtsprediger und »Vorläufer« Jesu herabgedrückt zu haben.
Den entscheidenden Anstoß zu der gewaltigen Entwicklung des Christentums gab *Jesus von Nazareth*. So gewiß es ist, daß es einen vorchristlichen Glauben an Christus gab (s. S. 328 f.) und daß das Leiden, Sterben und Auferstehen dieses Erlösergottes im Vorderen Orient schon mehr als zweitausend Jahre vor Christus kultisch dargestellt worden war, so unzweifelhaft ist es, daß diese mythische Vorstellungswelt an einen wirklichen Menschen sich geheftet hat, an Jesus. Und so gewiß es ist, daß die frühchristlichen theologischen Interpreten des Neuen Testamentes, ja z. T. die Verfasser der Evangelien selbst, besonders der des vierten Evangeliums, die Erzählungen von Jesu Leben, Leiden und Sterben als Allegorien tiefer überzeitlicher Heilswahrheiten aufgefaßt haben, so steht doch fest, daß die Evangelien einen Kern von geschichtlichen Gegebenheiten enthalten. Die immer erneuten Versuche, die Gestalt Jesu in ein Gewebe von Mythen und Allegorien aufzulösen – zu Beginn dieses Jahrhunderts die Theorien eines Benjamin Smith und Arthur Drews, in den letzten Jahrzehnten die eines Paul Couchoud und Hermann Raschke –, müssen an dem Felsgestein von Jesus-Worten scheitern, die in dieser Form von der Jesus verherrlichenden Gemeinde nicht erfunden werden konnten. Auch die weitverbreitete Auffassung der neutestamentlichen Kritik, daß die Worte Jesu wie die Erzählungen der Evangelien Schöpfungen der an den erhöhten Herrn glaubenden Urgemeinde seien, daß darum kein sicherer Rückgang auf das Lehren und Wirken Jesu selber möglich sei, hat ihre Grenze mindestens in jenen Worten Jesu, welche der dogmatischen Christologie der Gemeinde widerstreiten, z. B. in Jesu Bekenntnis von seinem Nichtwissen des Tages und der Stunde des Endgerichtes (Mk. 13,32).
Jesus, ein einfacher Laie und Handwerker, nahm seinen Ausgangspunkt in der Täufersekte des Johannes. In einem visionären Erlebnis bei der Taufe durch diesen im Jordan

scheint er die Gewißheit erlangt zu haben, nicht nur wie Johannes zur Verkündigung des nahen Endreiches, sondern zur Vollstreckung des göttlichen Willens und zur Aufrichtung seiner Herrschaft berufen zu sein. Von diesem Zeitpunkt an war Jesus von einem messianischen Selbstbewußtsein getragen, d. h. von dem Glauben, zum »Gottessohn« und »Gesalbten«, dem Danielischen »Menschensohn« des Endreiches vorherbestimmt zu sein. Dieses hohe Selbstbewußtsein, das von vielen Kritikern bestritten wird, hat seine Analogien nicht so sehr im Berufsbewußtsein der Propheten Israels und ihres letzten, des Täufers, als vielmehr in dem eines Zarathushtra, Buddha, Mani und Mohammed. Entsprechend seiner eigenen messianischen Berufung bestimmte Jesus auch die von ihm erwählten zwölf Apostel nicht bloß dazu, die Frohbotschaft vom nahen Endreich zu predigen und diesem in der Dämonenaustreibung und Heiltätigkeit

Taufe Christi durch Johannes den Täufer

den Weg zu bereiten (Mt. 10,7 f.), sondern auch mit ihm in diesem Reich zu thronen und die zwölf Stämme Israels zu richten (Lk. 22,30).
Die Botschaft, die Jesus verkündete und die er in demselben Ruf wie der Täufer »Das Gottesreich ist nahe herbeigekommen, tuet Buße« (Mk. 1,15; Mt.3,2) zusammenfaßte, trägt eschatologischen, d. h. endzeitlichen Charakter, wie erstmals Hermann Samuel Reimarus und zu Beginn dieses Jahrhunderts mit besonderer Klarheit Johannes Weiß und Albert Schweitzer erkannt hatten. Jesu Wirksamkeit unterschied sich aber von der des asketischen Gerichtspredigers Johannes durch die größere Freiheit und Lebensnähe. Er ließ sich auf seinen Wanderungen von Frauen begleiten, die ihm und seinen Jüngern dienten (Mt. 27,55). Er scheute sich nicht, Einladungen anrüchiger Menschen zu Tische anzunehmen, weshalb er von den tugendstrengen Pharisäern als »Freund der

Christus als Lehrer bei der Auferweckung des Lazarus

Zöllner und Sünder« (Lk. 7,34) beschuldigt wurde. Vor allem entfaltete er eine große Tätigkeit als Arzt des Leibes und der Seele, heilte Kranke aller Art, insbesondere psychisch Kranke und Geistesgestörte, welche die damalige Zeit als von Dämonen Besessene ansah. In diesen »Krafttaten« erblickte er einen Beweis für die Nähe des Endreiches – »so ich Teufel austreibe mit dem Finger Gottes, so hat das Gottesreich sich euch genaht« (Lk. 11,20). Die Skepsis seiner Landsleute freilich hinderte ihn in seiner Heimatstadt am Wundertun (Mk. 6,5). Seine eigene Familie stand ihm verständnislos gegenüber und hielt ihn für wahnsinnig (Mk. 3,21). Darum erklärte er die Familienbande für zerrissen und bezeichnete seine Jüngerschaft als seine neue Familiengemeinschaft (Mk. 3,31 ff.). Das Gottesreich, das Jesus predigte, kann jedoch nicht durch Menschenhand herbeigeführt werden, sondern nur durch eine Wundertat Gottes. Es ist ein Reich der Gerechtigkeit, des sozialen Ausgleiches, ein Reich der Seligkeit für alle Armen, Elenden, Bekümmerten und Verfolgten. Die vollendete Gottesherrschaft hat freilich zur Voraussetzung die Vernichtung aller satanischen Mächte, in erster Linie des Imperium Romanum, das, wie alle Weltreiche, für Jesus ein Lehensgut Satans ist (Lk. 4,6). Aber auch die Gerechten der vorausgegangenen Geschlechter haben an diesem Reich Anteil durch die Auferstehung, die Bösen jedoch sollen im höllischen Feuer vernichtet werden (Mt. 10,28).

Jesus verkündete nicht nur das kommende Reich, sondern auch die Bedingungen zum Eintritt in dieses. Voraussetzung dafür ist das Tun des Willens Gottes in Reinheit, Demut, Dienstbereitschaft, vergebender, schenkender und helfender Bruderliebe, und zwar universaler Nächstenliebe, in welcher die Fernstenliebe – die Liebe zu Angehörigen eines verhaßten und verketzerten Nachbarvolkes (Lk. 10,33 ff.) – und die Feindesliebe (Mt. 5,44 ff.) eingeschlossen sind. Das sittliche Tun muß jedoch in der innersten Gesinnung begründet sein; Zorn und Haß sind dem Totschlag gleich, selbstsüchtige sinnliche Begierde dem Ehebruch (Mt. 5,21 ff. 27 f.). Die Seligkeit des Gottesreiches ist nicht ein Lohn, auf den der Mensch auf Grund seiner Taten Anspruch hat, sondern ein freies Geschenk der göttlichen Gnade, wie das Gleichnis vom gleichen Lohn der Weinbergarbeiter für unterschiedlich lange Arbeit zeigt (Mt. 20,1 ff.). Jesus predigt nicht eine kalte Gesetzesethik, sondern bringt eine Froh- und Trostbotschaft für die Sünder, die guten Willens sind, für die »geistlich Armen«, d. h. die Menschen des Alltags, die nicht imstande sind, die vielen Gesetzesvorschriften zu kennen und auszuführen. Der bußfertige Zöllner wird gerechtfertigt im Gegensatz zum selbstgerechten Pharisäer (Lk. 18,9 ff.); der verschwenderische Sohn, der das väterliche Haus verlassen, wird vom Vater freudig aufgenommen und beschenkt im Gegensatz zu dem älteren Sohn, der zu Hause geblieben war und dem Vater treu gedient hatte (Lk. 15,11 ff.). Jesus nimmt die Huldigung der öffentlichen Sünderin an und sichert ihr Vergebung zu (Lk. 7,36 ff.); er nimmt die Ehebrecherin in Schutz gegen die Juden, die sie dem Gesetz gemäß steinigen wollen (Joh. 8,1 ff.). Das letzte Kriterium für das Bestehen im Endgericht aber ist die tätige Bruderliebe. Der messianische Richter fragt nur nach dem Liebesdienst an den Bedürftigen und bezeichnet alle einen solchen Empfangenden, Hungernde, Dürstende, Fremdlinge, Nackte, Kranke und Gefangene, als seine Stellvertreter (Mt. 25,31 ff.).

Jesus wollte dieses Gottesreich nur seinen jüdischen Landsleuten verkündigen. Die Mitarbeiter, die er aus dem einfachen Volk gewählt, sandte er auf eine »fliegende Missionsfahrt« aus und beauftragte sie mit der Predigt, Krankenheilung und Seelsorge.

Himmelfahrt Christi

Sie sollten sich auf das israelitische Gebiet unter Ausschluß des samaritanischen und heidnischen beschränken (Mt. 10,5 ff.). Aber überraschende Erfahrungen ließen ihn bei Heiden, wie dem römischen Hauptmann (Mt. 8,5 ff.) und dem syrophönikischen Weib (Mk. 7,24 ff.), einen tieferen Glauben finden als bei seinen Landsleuten; darum verhieß er, daß viele Heiden am Gottesreich teilnehmen würden, während die Söhne Israels aus ihm ausgestoßen würden (Mt. 8,11 f.).

Jesus wollte keine neue Religion oder neue kirchliche Institution gründen, sondern im Rahmen der jüdischen Gemeinde dem Endreich durch Wort und Tat die Bahn bereiten. Er sammelte jedoch um sich eine Bruderschaft, welche der Keim der späteren Kirche wurde. Der Eintritt in diese Bruderschaft geschah wie in der Johannes-Sekte durch die Bußtaufe (Joh. 4,2). Die gemeinsamen Mahlzeiten, die Jesus im Jüngerkreise hielt und bei denen er den Tischsegen sprach (Mk. 6,41), wurden als eine Vorwegnahme des künftigen Festmahles im Gottesreich empfunden.

Durch die Hinrichtung des Täufers wurde Jesu Wirksamkeit unmittelbar bedroht, so daß er auf heidnisches Gebiet auswich. Dann aber entschloß er sich zum Zug in die Heilige Stadt, um die gottwidrigen Mächte herauszufordern und den Triumph des Gottesreiches zu beschleunigen. Er setzte sein Leben als »Lösegeld« für den Eintritt vieler in dieses Reich ein (Mk. 10,45). Die Volksmassen, sowohl die Festpilger wie die Jerusalemer, begrüßten ihn begeistert als den Begnadeten des Herrn, der das Glanzreich Davids wieder aufrichten sollte (Mk. 11,1 ff.). Jesus trat mit göttlicher Autorität im Tempelbezirk auf und reinigte den Vorhof, welcher die gemeinsame Gebetsstätte der Juden und Heiden war (Mk. 11,15 ff.). Das Synedrium befürchtete einen Konflikt mit der römischen Besatzungsmacht und beschloß seine Verhaftung.

Jesus feierte in der Vorahnung der kommenden Ereignisse das Abschiedsmahl mit seinen Jüngern, überzeugt, binnen kurzem mit ihnen das Festmahl im Gottesreich zu begehen (Mk. 14,25). Nach dem Muster der Gleichnishandlungen der Propheten stellte er seinen Tod durch Brechen des Brotes und wahrscheinlich auch durch das Leeren des Kelches dar (Mk. 14,22 ff.) (die auf das Blut bezogene Formel über dem Kelch Luk. 22,20 fehlt in wichtigen Handschriften). Auf Grund des Verrates des Judas, dessen Motiv aber möglicherweise kein selbstsüchtiges war, wurde er verhaftet und vor das Synedrium gebracht, das aber nicht das Todesurteil fällte, sondern Anzeige beim römischen Prokurator erstattete. Von diesem wurde Jesus als politischer Verbrecher zum Kreuzestod verurteilt, und zwar wegen der Bedrohung der kaiserlichen Macht durch die messianische Bewegung, wie die Urteilsbegründung auf der Kreuzesaufschrift »König der Juden« (Mk. 15,26) zeigt. Er starb unter furchtbaren körperlichen Qualen und in der äußersten seelischen Verlassenheit – Jesu himmlischer Vater wirkte kein Schauwunder, sondern ließ seinen Gesalbten allein; so endete er mit der Klage des Psalmisten: *Eloi, Eloi* – »Mein Gott, mein Gott, warum hast du mich verlassen?« (Mk. 15,34).

Der Traum des nahen Gottesreiches schien ausgeträumt. Die Jünger flohen; nur die Frauen, die Jesus gedient und ihn begleitet hatten, harrten in der Nähe des Kreuzes aus (Mk. 14,50; 15,40 f.). Nach einiger Zeit traten die Jünger als Zeugen seiner Auferstehung auf und verkündeten, daß sie ihn gesehen hätten, daß er zur Rechten des Vaters erhöht sei und in Bälde wiederkommen werde, um das verheißene Reich aufzurichten (Apg. 2,32). Es muß etwas Außerordentliches geschehen sein, damit ein so radikaler Wandel in ihren Herzen sich vollziehen konnte – aus feigen Menschen waren mutige und todesbereite Bekenner geworden. Die geschichtliche Forschung kann das Dunkel nicht lichten. Die Auferstehungserzählungen sind außerordentlich widerspruchsvoll, wie schon der heidnische Polemiker Celsus (2. Jh.) erkannt hatte. Das zuverlässigste Zeugnis ist die Aufzählung der Erscheinungen durch Paulus (1. Kor. 15,4 ff.). Im ältesten Evangelium des Markus ist der darauf bezügliche ursprüngliche Schluß abgebrochen (der jetzige Schluß Mk. 16,9–20 ist unecht); nach dem Matthäusevangelium erlebten die Jünger die Erscheinung des Auferstandenen in Galiläa, während Lukas nur jerusalemische Erscheinungen berichtet. Daraus ist zu schließen, daß die Jünger nach einiger Zeit aus Galiläa in die Heilige Stadt zurückkehrten, um dort auf die Wiederkehr ihres Herrn »von den Wolken des Himmels in Kraft und Herrlichkeit« (Mk. 13,26) zu warten, und daß sie dort weitere Erscheinungen hatten; doch lassen alle diese sich zeitlich nicht auf vierzig Tage (Apg. 1,3) begrenzen. In den Abendmahlsfeiern, die ihren Reflex in der Emmaus-Geschichte haben (Lk. 24,13 ff.), erfuhren die Jünger immer wieder die Gegenwart des erhöhten Herrn – »sie erkannten den Herrn am Brotbrechen« (Lk. 24,35). Auch Paulus stellt seine Christus-Vision vor Damaskus auf eine Stufe mit den Erscheinungen des Auferstandenen vor den älteren Aposteln

Grabeskirche in Jerusalem, sogenannte Anastasis

(1. Kor. 15,8). Diese Visionen scheinen ursprünglich einen mehr geistigen Charakter getragen zu haben, worauf das *Noli me tangere* Christi gegenüber Maria Magdalena hindeutet (Joh. 20,17); später scheinen sie verdinglicht worden zu sein, wie das Wort des Auferstandenen »tastet und sehet« (Lk. 24,39) lehrt. Nicht nur Einzelnen, sondern ganzen Gruppen wurden diese Visionen zuteil, wie die Erscheinungen des Auferstandenen vor allen zwölf Aposteln und vor fünfhundert Jüngern (1. Kor. 15,6) zeigen. Die skeptischen Einwände der Juden suchte die junge Christengemeinde zu widerlegen, indem sie alttestamentliche Worte auf die Auferstehung Christi deutete (Lk. 24,27; Apg. 2,25 ff.).

Die Erscheinungen des Auferstandenen führten zur Sammlung der Jüngerschaft in Jerusalem in einer Gemeinde, die durch die Predigt der Apostel rasch vermehrt wurde. Diese war eine eschatologische oder Parusie-(Advents-)Gemeinde. Im Unterschied von der Johannesgemeinde wurde bei der Taufe der Name Jesu ausgerufen (Apg. 2,38; 19,5). Die junge Gemeinde nahm am Tempelgottesdienst teil, daneben feierte sie eigene Gottesdienste in den Häusern, besonders das »Brotbrechen« (Apg. 2,42.47), das in der Vorwegnahme der Herrlichkeit des kommenden Reiches als ihr eschatologisches Sakrament galt. Die Glieder der Gemeinde lebten in Gütergemeinschaft (Apg. 2,45). Sie wurden durch die zwölf Apostel geleitet; an ihrer Spitze standen Kephas, dem als erstem unter den Aposteln eine Vision des Auferstandenen zuteil geworden war, und der Bruder des Herrn, Jakobus, der ebenfalls durch eine besondere Vision des Auferstandenen ausgezeichnet worden war (1. Kor. 15,5.7).

Zu dieser jüdisch-aramäischen Gemeinde in Jerusalem trat eine hellenistisch-jüdische, die durch ein Siebenmännerkollegium mit Stephanus an der Spitze gelenkt wurde (Apg. 6,1 ff.). Durch sie wurde das Evangelium in die griechischen Synagogen getragen. Die Öffentlichkeit der Missionspredigt und die Ankündigung des Endes von Tempel, Gesetzesdienst und Opferkult bei der Wiederkunft Christi führten zum Eingreifen des Synedriums gegen Stephanus, der gesteinigt wurde. Die hellenistische Gemeinde zerstreute sich und trug den Glauben an Christus in die Mittelmeerwelt. Zum Zentrum einer organisierten Missionstätigkeit in der hellenistischen Welt wurde Antiochien, wo eine Gruppe von Propheten und Lehrern, an ihrer Spitze Barnabas und Paulus, tätig war (Apg. 13,2). Bald entstand ein Konflikt zwischen dieser heidenchristlichen Gemeinde und der aramäischen Urgemeinde wegen der von letzterer verlangten Verpflichtung der Heiden auf das jüdische Gesetz. Der Streit wurde dadurch gelöst, daß die Urapostel den freien heidenchristlichen Standpunkt anerkannten, nach welchem die vom Heidentum Bekehrten nicht zur Beschneidung und zur Haltung des jüdischen Zeremonialgesetzes gezwungen wurden (Gal. 2,1 ff.; Apg. 15).

Die christliche Kirche breitete sich rasch in der heidnischen Welt aus, besonders in den Großstädten des Römischen Reiches. Diese Ausbreitung wurde durch drei Umstände gefördert: 1. Der Weg der christlichen Gemeinde war durch die zahlreichen Synagogen gebahnt, die ein Bollwerk des ethischen Eingottglaubens waren und den aus dem Judentum stammenden christlichen Glaubensboten die Möglichkeit der Verkündigung im Gottesdienst boten. 2. Die jungen Gemeinden verbanden alle Völker, Klassen und Stände, Griechen und Barbaren, Freie und Sklaven, miteinander in der engsten religiösen Gemeinschaft (Gal. 3,28) und übten eine umfassende Hilfstätigkeit für alle Armen und Enterbten aus. 3. Die christliche Kirche nahm in Kult und Lehre den Charakter einer Mysterienreligion an. Sie verkündete wie diese einen sterbenden und auferstehenden Erlösergott, mit welchem die Gläubigen in den Mysterien der Taufe und des Abendmahls sich vereinigten und von dem sie die Gewißheit des ewigen Lebens empfingen. Der Kultgott der Urgemeinde war jedoch nicht eine mythische Gestalt wie Osiris, Attis und Mithra, sondern eine geschichtliche Persönlichkeit, die erst vor kurzem auf dieser Erde gewandelt war.

Dieser Prozeß der jungen Kirche wurde am stärksten durch Paulus vorangetrieben. Aus einem Verfolger der messianischen Bewegung war er durch seine Christus-Vision zu ihrem enthusiastischen Herold geworden. Er vertrat die universalistische Auffassung der antiochenischen Lehrer, nach welcher die Verheißungen Gottes an Israel allen an Jesum Christum Glaubenden zuteil werden. Nicht die Gesetzeserfüllung, sondern der Glaube an die Erlösertat des Gottessohnes bringt das Heil. Ein Neues bei Paulus war die Verbindung des eschatologischen Messianismus mit dem Mysterienkult – Tarsos, seine Heimat, war eine Stätte der Mysterienreligionen. In dieser Atmosphäre wuchs der Rabbinenschüler auf und wurde so ein »Schuldner der Griechen und Barbaren, der Weisen und Unweisen« (Röm. 1,14).

In der Perspektive des Mysterienkultes wandelte sich das Bild des Messias, wie es in den Uraposteln lebte. Paulus, der den geschichtlichen Jesus nicht gekannt hatte, richtete seinen Blick auf den Auferstandenen und Erhöhten – »selbst wenn wir ihn nach dem Fleische gekannt haben, von nun an kennen wir ihn nicht mehr; . . . das Alte ist vergangen, siehe, es ist alles neu geworden« (2. Kor. 5,16 f.). Das irdische Leben Jesu ist bei Paulus reduziert auf die Selbstverdemütigung und Selbstentleerung des Gottessohnes, der Menschengestalt annahm (Phil. 2,5 ff.), insbesondere auf das Ärgernis des Kreuzestodes. Dieser Gekreuzigte ist für ihn »von Gott gemacht zur Weisheit, Gerechtigkeit, Heiligung und Erlösung« (1. Kor. 1,30). Christi Opfertod ist die Erlösung vom Fluch des Gesetzes und der Sünde; sie wird veranschaulicht durch die verschiedenartigen Bilder des sakralen Sklavenloskaufes (1. Kor. 6,20) und der Stillung des göttlichen Zornes mittels der magischen Kraft des Blutes (Röm. 3,25). Als Frucht des Kreuzestodes empfängt der Christ die »Rechtfertigung durch den Glauben ohne die Werke des Gesetzes« (Röm. 3,28). Aber nicht nur »gerechtfertigt« wird der Erlöste, sondern mit Christus und seinem ganzen Leibe geeint. Paulus ist der Vater der Christus-Mystik, die sich fortsetzt in einer Kirchenmystik, insofern die Kirche als die Gesamtheit der Christgläubigen den »Leib Christi« bildet (Röm. 12,5; 1. Kor. 12,12 ff.; Eph. 1,23).

Die Eingliederung in diesen Leib Christi erfolgt durch die Taufe, die ein Mitsterben, Mitbegrabenwerden und Mitauferstehen mit Christus darstellt (Röm. 6,4). Diese Gliedschaft an Christi Leib wird immer wieder gestärkt durch das Herrenmahl. In der Urgemeinde, deren Auffassung von der Eucharistie in den Abendmahlsgebeten der Zwölfapostellehre (einer urchristlichen Schrift, die mancherorts zum Neuen Testament gerechnet wurde) nachklingt, hatte das Herrenmahl als Vorwegnahme der Seligkeit des Gottesreiches einen freudigen Charakter getragen; Paulus hingegen legt den Nachdruck auf die Beziehung zum Erlösungstode Christi; dieses Mahl ist »ein Verkünden des Todes des Herrn« (1. Kor. 11,26), d. h. eine reale Darstellung dieses Opfertodes im kultischen Akt. Das eschatologische Sakrament der Urgemeinde geht hier über in ein heilsgeschichtliches und wird auf eine Einsetzung durch Christus zurückgeführt (1. Kor. 11,23 ff.).

Ein gewaltiger Schritt ist damit getan: aus einer eschatologischen Erwartung des

Gottesreiches wandelt sich das Christentum in einen heilsgeschichtlichen Mysterienkult. Diesem Übergang läuft parallel die Entwicklung von der auf die Zukunft gerichteten prophetischen Verkündigung zur esoterischen Mitteilung der erlösenden Erkenntnis, der Gnosis, deren Ansätze schon in den sicher echten Stücken des paulinischen Schrifttums erkennbar sind und die fortgebildet erscheint in den deuteropaulinischen Briefen und Brieffragmenten (Röm. 5–8, Kol., Eph., Hebr.). Hier wird Christus zum zweiten Adam, der anstelle von Sünde, Tod und Gesetz im neuen Aeon Gnade, Gerechtigkeit und Leben bringt. Im Hebräerbrief zeigt diese Gnosis einen kräftigen Zug zum Spiritualismus, ja Doketismus (s. S. 421); Jesus erscheint hier als der sukzessionslose Priester-König Melchisedech, »ohne Vater, ohne Mutter, ohne Geschlechtszusammenhang« (Hebr. 7,3). Auch spricht der Hebräerbrief nicht von der leiblichen Auferstehung Christi, sondern läßt diesen im Tode unmittelbar in die himmlische Herrlichkeit eingehen, wie der Hohepriester am Versöhnungstag in das Allerheiligste eingeht (Hebr. 9,11 ff.). Auch die allgemeine Auferstehung der Toten wird von diesem Gnostiker zu den Anfangsgründen des christlichen Glaubens gezählt, über die der »Vollkommene« hinausschreiten muß (Hebr. 6,2).

Den Gipfelpunkt erreicht die neutestamentliche mystische Gnosis im vierten Evangelium, dem »pneumatischen Evangelium«, wie es Origenes bezeichnet. Es steht in schroffem Gegensatz zum alttestamentlichen Gesetz und Prophetismus – »alle, die vor mir gekommen sind, sind Diebe und Mörder« (Joh. 10,8); die Juden werden geradezu als Abkömmlinge Satans gekennzeichnet – »ihr seid von dem Vater, dem Teufel« (8,44). Die Wunderwerke des Gottessohnes sind hier großartige Allegorien, Veranschaulichungen des geistigen Erlöserwirkens Christi; so ist die Heilung des Blindgeborenen eine Illustration der Wirksamkeit Christi als des »Lichtes der Welt« (8,12). Der Gottessohn ist eins mit dem Vater (10,30) und, wie er, ewig – »ehe Abraham ward, bin ich« (8,58). Seine göttliche Herrlichkeit offenbart sich am machtvollsten in der immer wiederkehrenden Selbstrede antiker Gottheiten »ich bin«. Die eschatologische Erwartung mit dem Blick auf die Wiederkunft Christi ist beseitigt; an ihre Stelle ist die gegenwärtige Gottesoffenbarung getreten: das Gericht ist nicht eine zukünftige Größe, sondern ist bereits in der Scheidung der Gläubigen und Ungläubigen vollzogen (3,19) – »der Fürst dieser Welt ist schon gerichtet« (16,11). Der Tod Christi ist nicht ein Versöhnungstod, sondern eine Offenbarung der Größe der göttlichen Liebe (3,16; 15,13); er ist nicht Qual, sondern Enthüllung der göttlichen Herrlichkeit; Jesus stirbt nicht mit einem Klageruf auf den Lippen, sondern mit dem majestätischen Ruf »Es ist vollbracht!« (19,30). Die Auferstehung Christi ist ein geistiger Vorgang; das materialistische Verlangen nach einem Schauen und Betasten des sinnenfälligen Auferstehungsleibes wird in dem ungläubigen Thomas ad absurdum geführt – »selig sind, die nicht sehen und doch glauben« (20,29). Auch die Auferstehung der übrigen Toten ist nicht ein künftiges Ereignis, sondern im Glauben schon vollzogen – »wer mein Wort hört und glaubt dem, der mich gesandt hat, der *hat* das ewige Leben und kommt nicht ins Gericht, sondern er ist vom Tode hinübergeschritten zum Leben« (5,24). »Ich *bin* die Auferstehung und das Leben, wer an mich glaubt, der wird leben, ob er gleich stürbe« (11,25). Schon in der Gegenwart vollzieht sich die mystische Einigung der Gläubigen mit Christus – »ihr in mir und ich in euch« (14,20). Diese mystische Einigung durchbricht alle örtliche und zeitliche Begrenzung; die wahren Anbeter Gottes beten ihn »im Geist und in der Wahrheit« an (4,24); sie vereinen sich zur »einen Herde« unter dem »einen Hirten« (10,16) und verwirklichen die vollkommene Einheit, das *ut omnes unum* (17,23). Taufe und Abendmahl sind im vierten Evangelium stark vergeistigt – die Taufe erscheint als eine »Wiedergeburt aus Wasser *und* Geist« (3,5); die Worte vom Abendmahl, in dem Christus selbst sich als Lebensbrot und Lebenstrank reicht, sind »Geist und Leben«, d. h. geistig zu verstehen (6,63).

Dieses geistige Evangelium wird in esoterischer Weise mitgeteilt: Jesus ist der »Mystagoge«, welcher seine Jünger in das Geheimnis seiner und ihrer Gotteinigung einführt. Das tiefste Mysterium aber darf nur der an seiner Brust ruhende Lieblingsjünger erlauschen (13,23; 21,20) – das Mysterium, daß »Gott Liebe ist« und »wer in der Liebe bleibt, der bleibt in Gott und Gott in ihm« (1. Joh. 4,16). Und doch ist die Offenbarung des Gottessohnes nicht etwas Abgeschlossenes, sondern schreitet fort. Der Geist als »Paraklet« (Helfer) führt erst nach Jesu Tod seine Jünger ein »in alle Wahrheit« (16,13).

So sind neue Elemente zum Evangelium Jesu bei den Synoptikern und zu dem der palästinensischen Urgemeinde hinzugekommen: ein Mysterienkult, ein heilsgeschichtliches Christusdrama, eine Christus-Mystik, und zwar eine individuelle wie eine korporative und sakramentale, und eine Gnosis. Diese Elemente berühren sich eng mit den Mysterien, den Mythen, der Mystik und der Gnosis der orientalisch-hellenistischen Umwelt (s. S. 327 ff.). Die Bedeutung dieser Mystik und Gnosis im Neuen Testament ist immer wieder unterschätzt worden; diese sind nicht erst später aus dem Platonismus und Hellenismus in das Christentum eingedrungen; sie stellen auch keine bloße häretische Bewegung in ihm dar, sondern sie sind ein Stück Urchristentum. Die großen gnostischen Systeme der frühen Christenheit (Valentin, Basilides, Satornilus, Ptolemäus) haben die schon im Neuen Testament vorhandenen gnostischen Elemente weitergebildet. Neben die auf Platon zurückgehende Idee von dem Wiederaufstieg der Seele in die himmlische Heimat traten hier an Indien erinnernde Gedanken wie die Lehre von der Seelenwanderung (die möglicherweise als eine Theorie schon im Johannesevangelium erwähnt wird, Joh. 9,2), vom »Kreislauf« der Geburten und der »Unwissenheit« als Wurzel des Leidens. Dazu kamen noch viele andere Elemente aus der Welt der antiken Religionen, mythische, kultische und magische, so daß die Gnosis in einem riesigen Synkretismus aufging, in dem das Evangelium Jesu, das der Urgemeinde und auch das paulinische Evangelium, verschlungen zu werden drohte (vgl. S. 338).

Neben dem eigentlichen Gnostizismus erstand eine andere religiöse Bewegung, die manche Ideen mit ihm gemeinsam hatte, vor allem den Doketismus, d. h. die Vorstellung von dem in einem bloßen Scheinleib auf Erden erschienenen Jesus, die aber im Gegensatz zu allen synkretistischen Tendenzen, insbesondere allen kosmologischen Spekulationen, auf das paulinische Evangelium sich streng konzentrierte, der *Marcionitismus*. Sein Schöpfer Marcion (Mitte des 2. Jh.s) wird nicht mit Unrecht als der »erste Protestant« gekennzeichnet. Der Marcionitismus teilt mit dem Johannesevangelium den schroffen Antijudaismus, der dem alttestamentlichen Gott des Gesetzes und Gerichtes den Erlösergott der reinen Liebe entgegenstellt. Dieser gewaltigen Reduktion gab Marcion eine feste Grundlage, indem er an die Stelle des in der christlichen Gemeinde bis dahin gebrauchten alttestamentlichen Kanons einen christlichen Kanon setzte, der aus einem retouchierten Lukasevangelium, der Apostelgeschichte und den paulinischen Schriften (mit Ausnahme der Pastoralbriefe) bestand. Während um die

gnostischen Führerpersönlichkeiten zumeist nur esoterische Schulen entstanden, schuf Marcion eine der Großkirche gegenübertretende Gegenkirche.
Marcions kühne Tat gab der Großkirche den Anstoß, ihrerseits durch eine umfassendere Auswahl aus dem damals vorhandenen Schrifttum einen Kanon zu schaffen, der im wesentlichen unserem Neuen Testament entspricht. Immerhin war noch lange Zeit die Zugehörigkeit einzelner Schriften zum Neuen Testament wie der sogenannten katholischen Briefe und der Apokalypse umstritten; ja einzelne kleinere östliche Nationalkirchen zeigen noch heute Abweichungen von dem neutestamentlichen Kanon der übrigen östlichen und westlichen Christenheit. Dieser ganze Prozeß macht deutlich, daß das Neue Testament eine Schöpfung der christlichen Kirche ist, an der besonders ihre führenden Gemeinden, Rom, Alexandrien, Antiochien und Ephesus

Codex Syro-Sinaiticus

beteiligt waren. Aber auch in inhaltlicher Hinsicht verdankt das Neue Testament sein Dasein der Kirche, insofern der schriftlichen Aufzeichnung die mündliche Verkündigung durch die Kirche vorangegangen war.
Das Neue Testament war das erste Bollwerk, welches der Tendenz der Gnosis nach einer uferlosen Übernahme außerchristlicher Elemente eine feste Schranke setzte. Noch zwei weitere Bollwerke entstanden im zweiten Jahrhundert im Abwehrkampf gegen den Synkretismus: die Glaubensregel, eine kurze Zusammenfassung des schöpfungs- und heilsgeschichtlichen Glaubens, die als Taufbekenntnis in den liturgischen Brauch kam. So entstand das sogenannte apostolische Glaubensbekenntnis. Das dritte Bollwerk ist das Bischofsamt, das durch eine angeblich ununterbrochene Amtsnachfolge und Handauflegungskette mit dem Amt der Apostel in Zusammenhang gebracht und als dessen Fortsetzung angesehen wurde. Wie das Taufbekenntnis wurde diese Nachfolge (*diadochē*, *successio*) als apostolisch bezeichnet. Mit der Entwicklung dieses Amtes, das ursprünglich die kollegiale Form des Presbyteriums besaß, aber frühzeitig eine monarchische Spitze erhielt, wurde das urchristliche Prophetentum, insbesondere auch das weibliche, unterdrückt. Während ehedem die vom Geist berufenen und

erfüllten Propheten und Prophetinnen die Leiter des Gottesdienstes gewesen und in dieser Funktion als die christlichen »Hohenpriester« angesehen worden waren (Did. 13,3), wurden nunmehr die kirchlichen Amtsträger, die Bischöfe und die ihnen untergeordneten Presbyter, die Leiter der Gemeinden.
Obgleich diesen drei Bollwerken (Schriftkanon, Dogma und Amt) nur in einem begrenzten Umfang ein apostolischer Ursprung zukam, machten sie die Kirche zu einer festgefügten Institution, zur Bewahrerin jenes Erbes, das sie aus der apostolischen Zeit glaubte empfangen zu haben. Die dem Paulus zugeschriebenen Pastoralbriefe sind die erste Urkunde dieser Verfestigung gegenüber dem Gnostizismus und Marcionitismus. Ihre Losung lautet: »Timotheus, bewahre die Hinterlage (*parathēkē, depositum*) und meide die profanen leeren (oder modernen) Worte und die Antithesen (Einwände) der fälschlich so genannten (*pseudonymos*) Gnosis« (1. Tim. 6,20) – das letzte Wort enthält vielleicht eine Anspielung auf den Titel eines Werkes Marcions. Die Aufnahme dieser antignostischen und antimarcionitischen Schriften in den neutestamentlichen Kanon lehrt dessen ganze Spannweite: dieser umfaßt ebenso vorgnostische wie gnostische und antignostische Zeugnisse der frühen christlichen Kirche.
Just in der Zeit der Verfestigung der christlichen Kirche lebte der charismatische Enthusiasmus des Urchristentums in dem phrygischen Propheten Montanus und seinen prophetischen Begleiterinnen Maximilla und Prisca auf. Sie fühlten sich durch die Lektüre der Johannesapokalypse berufen, die nahe Herabkunft des himmlischen Jerusalem zu verkünden. Eine prophetische Welle ging über die ganze Kirche und erfaßte selbst den nüchternen afrikanischen Kirchenschriftsteller Tertullian. Aber der Episkopat war bereits zu sehr erstarkt, als daß das prophetische Charisma seinen ursprünglichen Primat vor dem kirchlichen Amt hätte wieder erringen können. Mit dem Fehlschlag des Montanismus endete das Urchristentum. Das Christentum ist nunmehr die katholische Kirche, welche von den Bischöfen als Hütern der apostolischen Überlieferung geleitet wird und aus welcher die Verfechter abweichender älterer Auffassungen als »Häretiker« ausgeschieden werden. Zu den schlimmsten von diesen wurden die Judenchristen gerechnet, welche die Tradition der jerusalemischen Urgemeinde fortsetzten und der ganzen Hellenisierung ablehnend gegenüberstanden, z. B. der Lehre von der jungfräulichen Geburt Jesu aus Maria (Lk. 1,35; Mt. 1,20).

Das alte griechische Christentum

Während die Kirche darum ringen mußte, in der gigantischen Auseinandersetzung mit dem gnostischen Synkretismus eine feste Form zu erlangen, die sie vor der Auflösung schützte, war bereits die schwere Verfolgung von außen im Gang. Das Judentum widersetzte sich leidenschaftlich dem christlichen Glauben an die Messianität Jesu. Bald aber nahm auch das römische Heidentum trotz der ihm sonst eigenen Toleranz gegenüber östlichen Kulten den Kampf gegen die junge Kirche auf. Der Konflikt entzündete sich am römischen Kaiserkult, wie ihn vor allem Domitian forderte. Die Christen hatten die Terminologie dieses Kultes übernommen, um damit das Haupt ihres erhöhten Herrn zu schmücken. Um so weniger konnten sie dem heidnischen Herrscher als einem sichtbaren Gott Anbetung erweisen. Diese wurde ja nicht als bloßer Akt der Treue und Unterordnung unter die Staatsgewalt gefordert, zu welcher sich auch die junge Christenheit bekannte (Röm. 13,1 ff.), sondern als Anerkennung der Sakralität des Imperium Romanum. Der Widerstand gegen den Staatskult wurde darum vom Römischen Reich als Religionsfrevel angesehen und mit dem Tode, in einzelnen Fällen nur mit Vermögenskonfiskation und Verbannung bestraft. Zahlreiche Christen wurden innerhalb von zweieinhalb Jahrhunderten Konfessoren und Märtyrer. Ihr Bekenntnis und Zeugentod trugen jedoch wesentlich zur Ausbreitung des christlichen Glaubens bei, wobei sich das Wort Tertullians bewahrheitete: *sanguis martyrum semen christianorum* – »das Blut der Märtyrer ist der Same der Christen«.

Trotz der Verfolgung von außen schritt die innere Entfaltung des Christentums unaufhaltsam fort. Der Gottesdienst der Urgemeinde erweiterte sich zu einem umfassenden Mysterienkult. Obgleich der Ausgangspunkt, der jüdische Tempel- und Hausgottesdienst, sich nicht verwischen ließ, glich sich dieser Gottesdienst immer stärker den heidnischen Mysterienfeiern an. Nicht nur die Terminologie derselben, sondern auch einzelne Zeremonien wurden übernommen. Wie eng die Zusammenhänge mit dem antiken Mysterienwesen waren, zeigt der Vorwurf, den Justin dem Mithras-Kult macht, daß dieser eine dämonische Nachäffung der christlichen Mysterienfeier darstelle. Ein deutliches Bild von dem christlichen Mysterienwesen des 4. Jahrhunderts vermitteln die dem Cyrill von Jerusalem zugeschriebenen »Mystagogischen Katechesen«, in welchen dieser den Täuflingen den Sinn der Osternachtsfeier zu erschließen suchte. Die »Initiation« in die christlichen Mysterien bildet die Taufe, der eine Reihe von magisch-apotropäischen Salbungen, Zeremonien (wie das Ausspucken vor Satan) und Abschwörungen vorausgingen. Sie wurde durch dreimaliges Untertauchen mit der trinitarischen Formel vollzogen. Ihr folgte die Salbung aller Sinnesorgane mit dem durch die Herabrufung des Gottesgeistes geheiligten Salböl (*myron*) und die Feier der Eucharistie, bei der gleichfalls durch Herabrufung des Gottesgeistes Brot und Wein geheiligt, d. h. in den Leib und das Blut Christi verwandelt wurden. Durch den Genuß derselben wurden die Neugetauften zu einem Leib und Blut (*sýssōmoi kaì sýnaimoi*) mit Christus. Die sonntägliche Feier dieses Mysteriums begann mit einem Wortgottesdienst, der »Liturgie der Katechumenen«, die aus Gebet, Schriftlesung und Predigt bestand. Von der folgenden streng esoterischen »Liturgie der Gläubigen« waren alle Nichtgetauften ausgeschlossen. Der Konsekration der Elemente ging das große heilsgeschichtliche Dankgebet voraus, das durch einen Dialog zwischen Bischof und Gemeinde eingeleitet wurde: »Die Herzen in die Höhe« – »Wir erheben sie zum Herrn« usw. Es endete mit dem dreimal Heilig der jesaianischen Tempelvision (Jes. 6,1 ff.). Vor der Kommunion erklang der Ruf: »Das Heilige den Heiligen!«, der von der Gemeinde beantwortet wurde: »Einer ist heilig, einer der Herr!« Das eucharistische Brot wurde den Gläubigen in die rechte Hand gelegt, die auf der linken aufruhte; ebenso wurde der Kelch in die Hand gereicht. Obgleich die Gebete nach den Zentren der einzelnen Kirchenprovinzen variierten, war die Grundform der Liturgie in den Kirchen des Ostens eine und dieselbe.

Noch stärker ist der Einfluß der hellenistischen Welt spürbar in der werdenden christlichen Theologie. Mit dem Aufstieg des Christentums aus der sozialen Unterschicht in die Bildungsschicht ergab sich die Notwendigkeit einer Verbindung der christlichen Botschaft mit der griechischen Philosophie. Schon Justin, der römische Märtyrerphilosoph (gest. um 165), erkannte in dieser das Wirken des Logos-Christus; im Sinne des Prologs des 4. Evangeliums, nach welchem »der Logos jeden Menschen erleuchtet« (Joh. 1,8), bezeichnete er »alle, die mit dem Logos gelebt haben«, als

Christen, wie Heraklit und Sokrates. Dieser letztere galt der alten Christenheit in seinem Leben und Sterben geradezu als das heidnische Vorbild Christi. Clemens von Alexandrien (150 – um 215), der Leiter der dortigen Katechetenschule, entdeckte allenthalben im menschlichen Geistesleben den »als Samen wirkenden Logos« (*logos spermatikós*). In der griechischen Philosophie sah er nichts Geringeres als eine dem jüdischen Gesetz und Prophetismus parallele »Vorschule Christi« (*propaideía Christoū*), einen »Lehrmeister, der zu Christus hinführt« (*paidagōgòs eis Christón*). Der schlichte christliche Gemeindeglaube war für ihn nur die Vorstufe für die höhere Form des Christentums, die esoterische, mystisch-philosophische Gnosis.
Seine theologische Tätigkeit wurde fortgeführt durch Origenes (um 185–254), den größten christlichen Theologen des Ostens. Dieser war zwar in weit höherem Maße Schrifttheologe als Clemens, insofern das Alte und Neue Testament die Grundlage seines ganzen theologischen Denkens waren; aber in den Spuren Philons von Alexandrien weiterschreitend, verstand es Origenes durch die Kunst der Allegorese, der Bibel einen tieferen, mystisch-philosophischen Sinn abzugewinnen. Von dem Menschen Jesus stieg er empor zu dem ewigen Logos, mit dem die Seele als Braut sich aufs innigste verbindet. Auch Origenes fand das Logoswirken in der ganzen Welt; dem heidnischen Polemiker Celsus, welcher der christlichen Offenbarungslehre vorwarf, daß Gott erst wie der Zeus des griechischen Mythus nach dem Erwachen aus einem langen, tiefen Schlaf seinen Sohn in die Welt gesandt habe, entgegnete er: Gott hat zu allen Zeiten und zu allen Völkern Propheten und Lehrer gesandt, die seinen Willen verkündeten. Ja, Origenes sprach im Unterschied von den meisten Christen mit Ehrfurcht selbst vom heidnischen Kult und warnte seine Glaubensgenossen davor, diesen zu schmähen. Viele der von den Heiden angebeteten Gottheiten betrachtete Origenes nicht als böse, sondern als sittlich gute Dämonen, d. h. Engelwesen. Den Gipfelpunkt aber erreichte das theologische System des Origenes in der Lehre von der Wiederherstellung aller Dinge (*apokatástasis hapántōn*). Christus vermag die Seligkeit nicht zu genießen, solange auch nur ein einziges seiner Glieder noch irgendwie im Bösen oder Leiden verstrickt ist. Alle von Gott geschaffenen Geister, sündige Menschen wie Dämonen, werden, wenn auch nach einer langen Periode der Läuterung, zuletzt zur vollendeten Seligkeit in Gott gelangen. Aber wenn auf diese Weise der gegenwärtige Weltäon seinen Abschluß erreicht hat, beginnt ein neuer Äon mit einem neuen Sündenfall der Engel und Menschen, einer neuen Erlösung und schließlichen Vollendung. Der Einfluß der indischen Lehre von den rhythmisch sich ablösenden Weltzeitaltern ist hier nicht undenkbar, vielleicht auch der des Ideals des *bodhisattva*, der so lange nicht ins Nirvāṇa eingeht, als irgendein Lebewesen unerlöst geblieben ist (s. S. 189 ff.). Die Äußerungen des Origenes über Präexistenz und Reinkarnation legen seine Bekanntschaft mit indischen Ideen nahe – in Alexandrien bestand ja eine indische Kolonie, und der Begründer der alexandrinischen Katechetenschule, Pantaenus, war selbst in Indien gewesen.
Origenes schuf die Grundlage für die klassische griechische Theologie. Die großen Väter des 4. Jahrhunderts stehen alle auf seinen Schultern. Wie er, waren sie Griechen vom Scheitel bis zur Sohle: Athanasius (295–373), dessen tiefstes Anliegen im Streit mit Arius um die Gleichwesentlichkeit (*homousia*) des Gottessohnes mit dem Vater die Inkarnation Gottes und die Vergottung des Menschen war – »Gott ist Mensch geworden, um uns Menschen zu vergotten«; Chrysostomos (354–407) und Gregor von Nazianz (um 330–390), beide tief durchdrungen von dem absoluten Mysterium Gottes

– ersterer schrieb eine Abhandlung über »das Unfaßbare« (*perí akatalēptou*), letzterer dichtete gedankentiefe mystische Hymnen, darunter die mit den Worten beginnende: »Jenseits von allem, was ist (*o pantōn epékeina*), wie anders könnt' ich dich nennen«; sein Freund Basilius (329–379), wegen seiner Beschäftigung mit dem Geheimnis der göttlichen Trinität »Himmelsdolmetsch« (*ouranophántōr*) genannt, der mit ihm zusammen eine Anthologie aus den Werken des Origenes herausgab, trotz seines Mönchslebens ein Liebhaber antiker Bildung, Verfasser einer Schrift »An die Jünglinge, wie sie aus den Büchern der Heiden Frucht gewinnen können«; sein Bruder Gregor von Nyssa (um 330–395), der nach dem Muster von Platons *Phaidon* »über die Seele und die Auferstehung« schrieb und der das Tiefste der platonischen und neuplatonischen Mystik in die christliche Frömmigkeit herübernahm, der auch die origenistische Idee von der *apokatástasis* vertrat, freilich im Sinne einer wirklichen Weltvollendung unter Preisgabe der Idee der steten Wiederkehr der Äonen. Den tiefsten Einfluß auf die östliche und westliche Frömmigkeit und Theologie aber hat jener große Unbekannte um die Wende des 5. Jahrhunderts ausgeübt, der sich als Dionysius Areopagita bezeichnete. Er hat die neuplatonische Gedankenwelt in der christlichen Mystik heimisch gemacht und mit der Mysterienliturgie aufs engste verbunden. Sein neutestamentlicher Name (Apg. 17,34) verlieh ihm für viele Jahrhunderte eine apostolische Autorität, die erst durch den Humanismus und die Reformation im Abendland ins Wanken geriet. Die östliche Mystik fand ihre Vollendung in Symeon, »dem Neuen Theologen« (um 949–1022), dessen klangvolle »göttliche Liebeshymnen« eines der bedeutendsten Zeugnisse der mystischen Weltliteratur sind. Der mystische Vergottungsgedanke der griechischen Welt hat hier seine abschließende christliche Formel gefunden: »Mensch bin ich von Natur, Gott durch Gnade.«

Während die griechische Theologie einen Bund mit der antiken Geisteswelt schloß, fügte die christlich-römische Herrschermacht die Kirche in das feste Gebäude des Imperium Romanum ein. Konstantin gab dieser nicht nur äußere Ruhe nach der langen Verfolgungszeit, sondern einen Ehrenplatz im Reiche; aber er machte sie zugleich zur Staatskirche, welche der Herrscher als »Bischof des Äußeren« lenkte. Ja, noch mehr, das antike Gottkönigtum, das im römischen Kaisertum seine gewaltigste Entfaltung gefunden hatte, lebte im byzantinischen Kaisertum, wenn auch in christlicher Verbrämung, fort; nicht nur die ganze sakrale Terminologie, sondern auch das sakrale Zeremoniell wurde vom heidnischen Kaisertum übernommen. Wie in der antiken Welt war nun auch der christliche Herrscher heilig und göttlich, ein Stellvertreter Gottes, der den Auftrag hatte, das Reich Christi auf Erden auszubreiten. Aber auch außerhalb des oströmischen Kaisertums entstanden christliche Königreiche, in Armenien, Äthiopien und in den slawischen Ländern. Das Christentum blieb aber nicht auf christliche Länder beschränkt, sondern drang über deren Grenzen hinaus. In seiner syrischen Form faßte es in Persien und Indien Fuß; ja selbst im fernen China gelangte es im 7. Jahrhundert zu hoher Blüte (s. S. 84 f.).

Das oströmische Kaisertum gab der christlichen Kirche nicht nur eine feste rechtliche Form, sondern auch ihre dogmatischen Glaubensformeln. Die großen Bischofskonzilien, deren erstes das von Nicaea (325) war, wurden vom Kaiser zusammenberufen und von seinen Legaten geleitet; ihre Mehrheitsbeschlüsse erlangten erst durch seine Bestätigung Gesetzeskraft. Die Widerstrebenden wurden nicht nur als Ketzer aus der Kirche ausgeschlossen, sondern als Staatsfeinde bestraft und verfolgt. So sind die christologischen Dogmen, in welchen mit immer größerer Präzision die göttlich-menschliche Doppelnatur Jesu Christi in feste Formeln gefaßt wurde, von der kaiserlichen Kirchenpolitik herbeigeführt worden; ihre innere Lebenskraft freilich verdankten sie der alten Vergottungsmystik, in der das Erlösungsverlangen der ausgehenden Antike zur Ruhe kam.

Durch die kaiserliche Politik wurde das Heidentum nach anfänglicher Duldung gewaltsam unterdrückt. Heidnische Götterbilder und andere Heiligtümer wurden großenteils ohne jede Ehrfurcht zerstört. Der Appell heidnischer Geister an die Toleranz der Christen fruchtete nicht. Vergeblich rief der Rhetor Quintus Aurelius Symmachus einem Ambrosius zu: »Ein so großes Geheimnis kann unmöglich nur auf einem Wege erreicht werden.«

Aber mochte auch das Heidentum zum äußeren Tode verurteilt sein, so fanden doch mit dem Einströmen der breiten heidnischen Volksmassen auch zahlreiche Vorstellungen und Bräuche der heidnischen Volksreligion Eingang in die christliche Kirche, nachdem Philosophie, Mysterienwesen und Mystik längst Heimatrecht in ihr erhalten hatten. Der Weihrauch, in der Christenheit zuerst verpönt als »Speise der Dämonen« und als Zeichen des Abfalls durch das Opfer vor der Kaiserstatue, wurde ein wichtiges Element in der christlichen Liturgie. Die Prozession, ein wesentliches Stück des heidnischen Gottesdienstes, spielte nunmehr auch im christlichen Volk eine große Rolle. Heidnische Tempel, z. B. das Pantheon in Rom, wurden in christliche Kirchen verwandelt, oder wenigstens ihre Säulen in christliche Gotteshäuser eingefügt; auf ihren Fundamenten wurden solche errichtet; so steht die Geburtskirche in Bethlehem auf einem Adonis-Heiligtum, die Grabeskirche in Jerusalem auf einem Tempel aus der Zeit Hadrians, die Kirche San Clemente in Rom auf einem Mithräum. Der in der Antike verbreitete Reliquienkult, in welchem die stofflichen Überreste großer Männer als Träger übernatürlicher Machtsubstanz verehrt wurden, fand mit der Märtyrerverehrung eine ausgedehnte Verbreitung in der christlichen Kirche. Die Märtyrergräber wie die vermeintlichen Apostelgräber wurden zu Pilgerstätten, an denen wie einst in den heidnischen Wallfahrtstempeln die Frommen durch die Inkubation (Tempelschlaf) Visionen und Orakel zu erlangen und wunderbare Heilungen zu erleben glaubten. Die heidnischen Totenmahle wurden in christliche Liebesmahle an den Märtyrergräbern verwandelt. Zu den Gebeinen der Heiligen traten die Kreuzesreliquien, d. h. Stücke und Splitter von dem angeblichen Kreuz Christi, dessen Wiederauffindung in Jerusalem die Legende der Kaiserin Helena zuschrieb. Christliche Märtyrer und Bekenner wurden zu Nachfolgern heidnischer Götter; an der Stelle der Dioskuren rief man zu den himmlischen Ärzten Kosmas und Damian, anstelle des Poseidon zum heiligen Nikolaus als dem Patron der Seefahrer und als Nothelfer großen Stils. Das Erbe der »großen Mutter« aber trat die Mutter Christi an, die schon in der frühchristlichen Literatur von einem Legendenkranz umgeben worden war, und zwar unter dem Namen *Theotókos* (»Gottesgebärerin«), den schon Hippolyt und Origenes auf sie von der hellenistischen Isis übertragen hatten. Der Silberschmied Demetrius von Ephesus, der als Verfertiger von Statuetten der dort verehrten Artemis wegen der Predigt des Apostels Paulus für sein Handwerk bangte, hatte seine Mitbürger gegen den Fremdling aufgewiegelt mit dem Ruf: »Der Tempel der großen Göttin Artemis droht für nichts geachtet zu werden, und ihre Majestät wird untergehen, sie, die ganz Asien, ja die ganze Welt verehrt«, worauf die Menge schrie: »Groß ist die Artemis der Epheser«

Johannes-Basilika in Ephesus

(Apg. 19,24 ff.). In der Tat befindet sich an der Stelle des berühmten Artemis-Tempels in Ephesus heute ein Sumpfgelände, und aus den Trümmern der Stadt wurden nur noch einzelne Statuen der ephesinischen Artemis geborgen. Aber die Ruinen einer mächtigen Marienkirche legen Zeugnis ab von der Stätte, an welcher die Konzilsväter dem *Theotókos*-Titel dogmatisch verpflichtende Kraft verliehen und das Anathem gegen seinen Kritiker Nestorius ausgesprochen hatten. Jene große Muttergottheit, welche die ganze Mittelmeerwelt seit prähistorischer Zeit verehrt hatte und deren Bild eines der ältesten Idole der Menschheit ist, war nicht gestorben, sondern hatte sich in die jungfräuliche Gottesmutter Maria gewandelt, zu der nunmehr die Christen in allen Nöten flehten, wie die vorchristlichen Menschen einst zu Nina, Ischtar, Hepat, Isis, Kybele, Anāhitā, Artemis, Demeter, Hera usw. Ja, die uralten Bilder der thronenden und der säugenden Muttergöttin mit dem Kinde sind zum Vorbild für die Darstellung der Gottesmutter in der christlichen Kunst geworden. Alte Muttergöttinnenfeste wurden zu Marienfesten. Unter dem Einfluß der Volksfrömmigkeit nahm die Gottesmutter auch in der Liturgie einen breiteren Raum ein. Selbst die nestorianische Kirche, welche der Mutter Christi den Namen Gottesgebärerin nicht zuerkannte, gab ihrer innigen Verehrung der heiligen Jungfrau und »Christusgebärerin« in hymnischen Ehrentiteln und Bildern ebenso Ausdruck wie die griechisch-orthodoxe, die armenische und die äthiopische Kirche, welche beide dem Monophysitismus (der Lehre, daß in Christus nur eine Natur, nämlich die göttliche, sei) zuneigten. Die Legenden, die sich um diese Gestalt wanden, fanden ihre Krönung in der an phantastischen Zügen reichen Erzählung von dem Hinscheiden (*koímēsis, transitus*) Marias in der Anwesenheit der durch die Luft herbeigeeilten Apostel und von der Entrückung ihres Leichnams in das irdische Paradies. Durch die ausgedehnte Marien-Verehrung wurde der männliche Charakter, der dem Christentum von seiner jüdischen Mutterreligion her anhaftete und den nur die gnostische Bewegung vorübergehend hatte mildern können, in weitgehendem Maße korrigiert. Auf der Bilderwand der östlichen wie in der Apsis der abendländischen Kirchen erhob sich das Bild der von Engeln umgebenen thronenden »Herrin«, die nach dem Lobgesang der Chrysostomus-Liturgie »preiswürdiger ist als die Cherubim und ruhmvoller als die Seraphim«.

Im Zusammenhang mit diesem Prozeß einer großen Synthese von Heidentum und Christentum hielten die Bilder Christi, der Engel und Heiligen ihren Einzug in die östlichen Kirchen. Die altchristliche Kirche war, abgesehen von einzelnen gnostischen Sekten, bilderfeindlich wie das Judentum, wenigstens in dem Sinne, daß Bildern keine Verehrung dargebracht wurde. Noch im 4. Jahrhundert zerriß der Kirchenlehrer Epiphanius einen Altarvorhang, an dem ein Christus-Bild angebracht war. Andere Kirchenväter empfahlen die Bilder, die Mönche propagierten sie mit heiligem Eifer. Zwar führte die unter dem Einfluß des Islam wieder erwachende alte jüdisch-christliche Bilderfeindlichkeit im 7. Jahrhundert zu einem Bildersturm. Aber der Widerstand des Volkes, in welchem die heidnische Liebe zum Götterbild fortlebte, war stärker als alle kaiserlichen Gesetze. Der große Scholastiker der Ostkirche, Johannes von Damaskus, rechtfertigte die Verehrung der Bilder mit der platonischen Theorie, nach welcher diese Abbilder der im Himmel befindlichen Urbilder seien und die Verehrung der Abbilder auf die Urbilder übergehe.

Die Verweltlichung der Kirche, die einerseits durch die Massentaufen von Heiden, andererseits durch das entstandene Staatskirchentum bedingt war, rief als Reaktion eine gewaltige Weltflucht hervor. Dem Beispiel des Antonius (um 250–356) folgend, zogen sich zahlreiche Christen von der Welt und der Weltkirche zurück in die Einsamkeit der Wüste und lebten als »Mönche« teils in Einsiedeleien, teils in Eremitenkolonien. Pachomius (292–348) begründete das klösterliche Gemeinschaftsleben (*koinóbion*), dem dann der Kirchenlehrer Basilius seine klassische Ordensregel gab. Bei der Entstehung des Mönchtums verbanden sich die urchristliche Charismatik und die stoisch-kynische Philosophie. Das mönchische Ideal der »Nachfolge Christi« war eine christliche Umformung des antiken Ideals der *apátheia* (Leidenschaftslosigkeit). Das Mönchtum nahm im 5. und 6. Jahrhundert eine riesige Ausdehnung an. Während es in der Anfangszeit der Kirche mit einer gewissen Kritik gegenübergestanden hatte, wurden später die Klöster immer mehr zu »Nerven und Fundamenten der Kirche« (Theodor von Studion), zu Pflanzstätten der Hierarchie und zu Zentren der Seelsorge wie des Kampfes für die Freiheit der Kirche.

Das abendländische Christentum

Das griechische Christentum erwies sich in den meisten Punkten als der schöpferische Bezirk der christlichen Kirche: auf griechischem Boden sind die Mysterienliturgie, die Theologie, das Dogma, das Mönchtum, die Mystik, der Heiligen- und Gottesmutterkult und die christliche Kunst entstanden. Das abendländische Christentum hat alle diese Elemente nach und nach vom Osten übernommen, teilweise sogar zögernd, wie die Verehrung der Gottesmutter. Wohl aber prägte es gegenüber dem östlichen seinen praktischen, juristischen und institutionellen Charakter aus, und zwar zuerst auf afrikanischem Boden. *Tertullian* (160 – um 220) schuf die wuchtige lateinische Kirchensprache mit ihrer Vorliebe für juristische und militärische Bilder. Er prägte die Begriffe des Gesetzes, der Gnade, des Verdienstes, der Genugtuung und Belohnung. In seiner katholischen Periode formulierte er auch den lateinischen Kirchenbegriff – die Kirche als Institution und *disciplina*, getragen durch die *regula fidei* und die *auctoritas* des auf der Sukzession ruhenden bischöflichen Amtes. Auf Tertullians Grundlage baute *Cyprian*, Bischof von Karthago (um 200–258), seinen institutionellen Kirchenbegriff auf. Die äußere kirchliche Institution ist für ihn heilsnotwendig; »außerhalb der Kirche gibt es kein Heil« (*extra ecclesiam nulla salus*), denn »wer die Kirche nicht zur Mutter hat, kann Gott nicht zum Vater haben«. Die Anstaltskirche hat aber ihren Mittelpunkt im Bischofsamt – »wer nicht mit dem Bischof ist, ist nicht in der Kirche«. Dieses Bischofsamt mit seiner Binde- und Lösegewalt ist nach Cyprian von Christus in Petrus begründet und symbolisiert worden. Jeder Bischofssitz ist eine *cathedra Petri*; darum ist jeder Bischof souverän und gleichberechtigt, nur Christus, aber keinem Oberbischof verantwortlich. Die Garantie für die Einheit der Kirche liegt allein in der wechselseitigen Eintracht aller Bischöfe. Obgleich Cyprian der Verfechter des Episkopalsystems ist, wurde er durch die starke Betonung des petrinischen Amtes und des typologischen Primats Petri unter den Aposteln zum Wegbereiter des römischen Papsttums.

Auf dem von Tertullian und Cyprian bereiteten kirchlichen Boden Afrikas wuchs *Augustinus* (354–430) zum größten Lehrer der abendländischen Kirche empor. Sein reicher Genius umspannte drei Geisteswelten: den Manichäismus, dem er viele Jahre angehangen, den Neuplatonismus, durch den er den Weg zum christlichen Glauben gefunden, und den Paulinismus, den er für das Christentum neu entdeckte. In seiner christlichen Frühzeit war er noch ganz durchdrungen von der neuplatonischen Mystik. Die Platoniker, meinte er, brauchten nur wenige Sätze zu ändern, um Christen zu werden. Noch in seinen *Confessiones*, in denen er seine ganze innere Entwicklung aufdeckt, bricht die plotinische Unendlichkeitsmystik immer wieder durch – wohl das ergreifendste Stück derselben, das Gespräch mit seiner dem Tode nahen Mutter Monika über das ewige Leben (Conf. 9,10), ist eine Schilderung der mystischen Ekstase im Sinne Plotins. Aber schon hier zeigt sich, wie Augustinus immer tiefer in der biblischen Gedankenwelt Wurzel faßt, nicht zuletzt in den Psalmen. Die Erfahrung einer wunderbaren Führung seines Lebens öffnete ihm den Blick für das Geheimnis der unwiderstehlichen göttlichen Gnade. Alle guten Werke (*opera*) des Menschen erweisen sich als göttliche Gnadengeschenke (*munera*), ja »unser ganzes Leben ist nichts anderes als Gnade«. Durch sein Gnadenerlebnis fand Augustinus den Weg zu der in der alten Kirche fast verschütteten Gnadenlehre des Paulus, durch deren Wiederbelebung er bahnbrechend für die abendländische Theologie wirkte. Den letzten Grund für die unfaßliche Gnade Gottes entdeckte Augustinus in der schon von Paulus angedeuteten freien göttlichen Gnadenwahl. Gott wählt aus der *massa damnata* der Menschen eine kleine Zahl aus, um die Zahl der Engel, die durch die Empörung eines Teiles derselben gegen Gott sich verringert hatte, wieder aufzufüllen. So findet die Erfahrung der unergründlichen göttlichen Gnade ihre düstere Kehrseite in der Lehre von der doppelten Prädestination zum ewigen Leben und zur ewigen Verdammnis. Nicht minder düster ist die Lehre von der »Erbsünde«, die eine Schöpfung Augustins ist. Sie ist nicht nur allen östlichen Vätern fremd, sondern auch den voraugustinischen abendländischen Theologen, die nur einen »Erbtod« als Folge des Falles Adams kennen, aber keine Erbsünde. Nach Augustinus pflanzt sich die Sünde Adams durch den in der »Begierde« erfolgenden Akt der Zeugung fort. Da sie eine eigentliche strafwürdige Sünde ist, verfallen selbst die ungetauften Kinder der ewigen Verdammnis, wenn auch ihre Strafen gelinder sind als die der Tatsünder. Es kann kein Zweifel darüber bestehen, daß diese Gedankengänge dem manichäischen Erbe, letztlich der uralten Sphäre des Tabuglaubens, entstammen, ein Erbe, das Augustinus auch als Christ mit sich weiterschleppte.

Wie in der Gnadenlehre, so beschritt Augustinus auch in der Lehre von den Gnadenmitteln neue Wege. Im Kampf gegen die Donatisten, welche die sakramentale Mitteilung der göttlichen Gnade an die sittliche Qualität des sakramentespendenden Priesters banden, setzte er für die abendländische Kirche die Auffassung durch, daß in den Sakramenten nicht der Priester, sondern Christus handelt, und daß darum auch die durch unwürdige Priester gespendeten Sakramente Gültigkeit und Gnadenkraft besitzen.

Obgleich jedoch Augustinus in der Kirche eine sichtbare Gemeinschaft erblickte, vertrat er doch einen viel geistigeren Kirchenbegriff als seine abendländischen Vorgänger. Kirche ist für ihn letztlich nichts anderes als »das unsichtbare Band der Liebe«, Schisma und Häresie sind Sünden gegen die Liebe. Katholisch sein bedeutet »in Gemeinschaft mit dem ganzen Erdkreis stehen«. Auch Augustins Ethik erhebt sich über allen äußeren Gesetzesdienst; sie sieht in der Liebe das alleinige Prinzip und gelangt so zu der souveränen Freiheit, die in dem Satze sich ausspricht: *Dilige et quod vis fac* (»liebe, und tue, was du willst«; in ep. Joann. 7,8).

Dieser weiten Auffassung von Christentum und Kirche entspricht auch Augustins

Stellung zur Frage der vorchristlichen Gottesoffenbarung, die er nicht minder entschieden bejaht wie die großen griechischen Theologen.

> »Das, was man jetzt als christliche Religion bezeichnet, bestand bereits bei den Alten und fehlte nie seit Anfang des Menschengeschlechtes, bis Christus im Fleische erschien, von wo an die wahre Religion, die schon vorhanden war, anfing, die christliche genannt zu werden.« (Retr. I 13,3)

Auf allen kirchlichen und theologischen Gebieten erwies Augustinus seine Schöpferkraft, nicht zuletzt auf dem der Geschichtstheologie. In seinem umfassenden Werk *De civitate Dei* schaut er die Geschichte als die große Auseinandersetzung der beiden *civitates*, der *civitas Dei* als der Gemeinde der Prädestinierten, die mit Abel ihren Anfang nimmt, und der *civitas diaboli* oder *terrena*, die mit Kain beginnt. Aber obgleich die heidnischen Weltreiche Babylon und Rom, das »zweite Babel«, die größten Verkörperungen des Welt- und Teufelsstaates sind, die katholische Kirche hingegen die Trägerin des Gottesstaates, decken sich Staat und Gemeinschaft der Bösen ebensowenig wie Kirche und Gemeinschaft der Auserwählten; die Grenze läuft vielmehr quer durch die beiden großen Gemeinschaftsgebilde; ihre Vermischung findet erst ihr Ende bei der Wiederkunft Christi. Dieses gewaltigste Geschichtswerk hat nicht nur die ganze mittelalterliche Geschichtsphilosophie bestimmt, sondern geradezu den Ablauf der Geschichte selber.

Schließlich ist Augustins von der neuplatonischen Gedankenwelt beseelte Gebetssprache für die Gebetsfrömmigkeit der kommenden Jahrhunderte bestimmend gewesen. Aus der Umschlingung von prophetisch-urchristlichem Glauben und neuplatonischer Mystik, wie sie sich in Augustins Seele vollzog, wurde der verbreitetste Typus der höheren abendländischen Frömmigkeit geboren.

So hat Augustins unermeßlich reicher Geist das Christentum des Westens wie kein anderer befruchtet. Die ganze mittelalterliche Kirche zehrt von seinem geistigen Erbe, die grübelnde theologische Spekulation wie die betende Herzensmystik, die rechtsbeflissene Kanonistik wie das weltbeherrschende Papsttum. Alle großen Persönlichkeiten des Mittelalters stehen in seiner Dankesschuld, Päpste wie Gregor der Große und Gregor VII., Theologen wie Anselm von Canterbury, Thomas von Aquin und Bonaventura, Mystiker wie Bernhard von Clairvaux und Thomas von Kempen. »Dieser Priesterkönig ist der stille Papst des Abendlandes gewesen, dessen Geist die Kirche wirklich regiert hat« (Reinhold Seeberg).

Aber das ist das Seltsame, daß dieser Herold der katholischen Kirche zugleich zum Ahnvater der großen Widerstandsbewegungen geworden ist, die aus dem Schoß der römischen Kirche hervorbrachen. Gottschalk (um 803–868), Wiclif und Hus (s. S. 450) entlehnten von Augustinus die spiritualistische Auffassung von der Kirche als der Zahl der Prädestinierten, die sie zum Kampf gegen die äußere Amtskirche antrieb; Ratramnus (gest. nach 868) und Berengar von Tours (gest. 1088) empfingen von ihm die spiritualistische Deutung des Altarsakramentes, die sie zur Leugnung einer Wesensverwandlung der Elemente führte. Luther wurde durch Augustinus zum Verständnis der paulinischen Rechtfertigungslehre geführt; von ihm übernahm er die Idee der radikalen Verderbnis der menschlichen Natur durch den Sündenfall. Nicht minder stark ist Calvin von Augustin bestimmt, sowohl in seiner Lehre von der doppelten Prädestination wie in seiner spiritualistischen Abendmahlsauffassung und in seiner Zentralidee vom Gottesreich. Und wie Augustinus der Lehrmeister der Vorreformatoren und Reformatoren wurde, so auch der Patron der radikalen Verfechter seiner Gnadenlehre in der römischen Kirche, der Jansenisten des 17. Jahrhunderts – die programmatische Schrift des Jansenius trägt den Titel *Augustinus* (1640). So ist der Bischof von Hippo nach der Feststellung eines protestantischen Augustinforschers zugleich der »Gründer des römischen Katholizismus im Okzident wie der Urheber der großen religiösen und kirchlichen Oppositionen im Abendland« geworden (Hermann Reuter).

Die Ausbreitung der abendländischen Kirche

Wie die östliche Kirche, bestand die abendländische Kirche in den ersten Jahrhunderten aus einer Reihe von Kirchenprovinzen, die, um eine Metropole gelagert, sowohl in der Verfassung wie in der Liturgie ihr eigenes Leben führten. Eine geistige Führerrolle kam der afrikanischen Kirche, der ältesten lateinischen Kirche, mit ihrem Zentrum Karthago zu, deren Theologie und Liturgie großen Einfluß im Westen erlangten. Die römische Gemeinde trug ursprünglich griechischen Charakter; erst allmählich wurde dort unter afrikanischem Einfluß die griechische Gottesdienstsprache von der lateinischen abgelöst. Sie war weder in theologischer noch in liturgischer Hinsicht schöpferisch, sondern lediglich auf dem Gebiet der Kirchenleitung. Neben Rom befanden sich aber auf italischem Boden noch zwei mächtige rivalisierende Metropolen: Mailand, das durch Bischof Ambrosius (um 340–397) große Berühmtheit erlangte, und Ravenna. Auch Gallien mit Lyon und Arles, Spanien mit Toledo und Lusitanien (Portugal) mit Braga bildeten kraftvolle Kirchenkörper. Sowohl Gallien wie Spanien standen unter dem Einfluß der östlichen Kirche.

Neue Kirchen entstanden durch die Bekehrung der keltischen und germanischen Stämme. In Britannien, Schottland und Irland blühte eine Mönchskirche empor, in welcher die Klosteräbte, gelegentlich auch die Äbtissinnen, die Leitung hatten und lediglich von Weihbischöfen unterstützt wurden. Diese Mönche bewahrten nicht nur den Zusammenhang mit der vorchristlichen keltischen Geisteswelt, sondern zeichneten sich durch eine hohe klassische Bildung aus; die Bewahrung der Schätze der Antike im Abendland ist großenteils ihr Verdienst. Ihre Wanderbischöfe und Wanderpriester, unter denen sich zahlreiche Heilige befanden, entfalteten eine großartige Missionsarbeit in fernen Ländern, zumal auf dem europäischen Kontinent. Viele Klöster auf deutschem und französischem Boden sind ihre Schöpfungen, darunter das berühmte Großkloster St. Gallen.

Neben den iroschottischen Mönchen verbreiteten gotische Missionare das Christentum unter den germanischen Stämmen. Bischof Ulfilas (um 311–383), der Bekehrer der Goten, hatte in seiner gotischen Übersetzung der Heiligen Schrift den germanischen Stämmen die Bibel geschenkt. Dadurch, daß er in der Christologie einem Halbarianismus huldigte, übernahmen die Goten und die von ihnen bekehrten germanischen Völker (Gepiden, Rugier, Heruler, Vandalen, Burgunder und Sueben) das Christentum nicht in der katholischen Form. Sie bildeten Stammeskirchen, deren Leitung in der Hand eines vom Herrscher ernannten und kontrollierten Oberbischofs lag. Während die Ostgoten untergingen, schlossen sich die Westgoten und die anderen arianischen Germanenstämme der katholischen Kirche an. Dasselbe taten die Franken, Alemannen und Angelsachsen sowie die skandinavischen Germanen. Aber auch in den katholisch gewordenen Germanenvölkern lebte das Stammeskirchentum fort, das seinen stärksten Ausdruck in der Investitur der vom Herrscher ernannten Bischöfe und Äbte mit Ring und Stab fand. Ihm ging das Eigenkirchentum und Eigenklosterwesen zur Seite, auf Grund dessen die Erbauer und Besitzer von Kirchen und Klöstern das Recht der Berufung und Absetzung ohne Befragung des Diözesanbischofs beanspruchten. Im Investiturstreit siegte schließlich die Kirche, welche von 1122 an die Investitur in ihrer Hand hatte, während das Eigenkirchentum in das Patronat umgewandelt wurde, dem nur die Präsentation, aber nicht die Berufung zugestanden wurde.

Das Mönchtum

Die Bekehrung der Kelten und eines Teiles der Germanen zum Christentum wie die Katholisierung der arianischen Germanen war das Werk der Mönche. Das Mönchtum war frühzeitig vom Osten in den Westen gekommen und fand dort eine zweifache Ausprägung: einmal im iroschottischen Mönchtum, das den strengen Asketismus der Wüstenmönche übernahm, dem mönchischen Leben aber ein neues Ideal hinzufügte, das *peregrinari pro Christo* (»Wandern für Christus«). Diese Art des Mönchtums wurde nach und nach verdrängt von dem benediktinischen Mönchtum, dessen Ideal die *stabilitas loci* war. Benedikt von Nursia (um 480–550), den man als den »letzten Römer« bezeichnet hat, verband das altrömische Ideal der *honestas* und *gravitas* mit dem urchristlichen Ideal der Demut, desgleichen die Kontemplation des östlichen Mönchtums mit der abendländischen Aktivität der *militia Christi*, die *virtus romana* und die stoische *apátheia* mit der christlichen *caritas*. Benediktus milderte den strengen Asketismus des östlichen wie des iroschottischen Mönchtums und erschloß damit dem Mönchtum neue Möglichkeiten des Wirkens in der Welt. Obgleich nach seiner Regel das als *opus divinum* (»göttliches Werk«) schlechthin bezeichnete Stundengebet den Vorrang vor allem anderen haben sollte, hat Benedikt doch durch das *»ora et labora«* Gebet und Arbeit harmonisch verbunden. Obwohl als Laienorden gegründet, wurde das Benediktinertum rasch zu einem Priesterorden, der ein gewaltiges Missionswerk unter den germanischen Stämmen vollbrachte. Die hervorragendsten Germanenmissionare waren Benediktiner: Augustinus (gest. um 604), der erste Erzbischof von Canterbury, Willibrord, der erste Erzbischof von Utrecht (658–739), Bonifatius, Erzbischof von Mainz (672–754), und Ansgar, Erzbischof von Hamburg und Bremen (801–865). Bonifatius war freilich nicht so sehr Heidenmissionar als Kirchenorganisator, der unter Verdrängung der älteren iroschottischen Mission die diözesan gegliederte Kirche in Deutschland fest an den Römischen Stuhl kettete. Mit der Mission und Seelsorge verbanden die Benediktinerklöster eine umfassende Wirksamkeit auf den verschiedenen Gebieten der materiellen und geistigen Kultur, nicht zuletzt auf dem der humanistischen Bildung.

Das Papsttum

Mit der Verlegung des Kaisersitzes nach Byzanz und mit der Völkerwanderung beginnt der Aufstieg des römischen Papsttums. Seine Wurzeln reichen freilich zurück ins christliche Altertum. Als Gemeinde der Hauptstadt des römischen Imperiums besaß die römische Gemeinde nach der Zerstörung Jerusalems einen Vorrang vor allen

Lateranpalast und Kirche San Giovanni in Rom

anderen christlichen Gemeinden. Dieser politische Vorrang wurde noch überstrahlt durch den religiösen. Nach einer bis ins 2. Jahrhundert zurückgehenden Tradition war Rom durch die Wirksamkeit der beiden größten Apostel Petrus und Paulus und durch ihren Zeugentod geheiligt. Nach einer späteren Tradition, die in der ältesten römischen Bischofsliste erscheint, haben die beiden Apostel den ersten Bischof von Rom eingesetzt und damit die Sukzession der römischen Bischöfe begründet. Diese Tradition ist jedoch, was Petrus betrifft, schon im Mittelalter von den Waldensern und von Marsilius von Padua bestritten worden. Diese Bestreitung verschärfte sich seit der Reformation durch die historische Kritik. Da die Ausgrabungen unter der Peterskirche in Rom kein Petrusgrab, ja nicht einmal ein mit Sicherheit zu erkennendes Erinnerungszeichen (das von dem Presbyter Gaius um 200 erwähnte *trópaion*) für das Martyrium Petri ans Licht brachten, haben die Argumente gegen die römische Petrustradition sich erheblich verstärkt. Wie immer diese Frage zu beantworten sein mag, der Primat der römischen Kirche vor allen anderen Gemeinden, auch denen apostolischen Ursprungs, gründete sich ursprünglich jedenfalls auf eine angebliche »Doppelapostolizität« und ein »Doppelmartyrium« (Erich Caspar) und wurde erst sehr spät auf Petrus allein zurückgeführt. Der von Cyprian im Hinblick auf jede Bischofskirche gebrauchte Terminus der *cathedra Petri* (s. S. 430) wurde in Rom auf den Sitz des römischen Bischofs beschränkt. Seit Damasus I. (366–384) gründeten die römischen Bischöfe ihren Primat auf die feierlichen Worte Jesu: »Du bist Petrus (der Fels), und auf diesen Felsen will ich meine Kirche bauen« (Mt. 16,18). Dieses Wort war von Origenes und anderen auf alle glaubensstarken Christen bezogen worden; Cyprian glaubte in ihm die Gründungsurkunde des Episkopats zu entdecken. Für die römischen Bischöfe jedoch wurde es das Zeugnis für den göttlichen Ursprung des Primates, der für sie nicht nur ein Ehrenprimat und Primat der seelsorgerlichen Leitung war, sondern ein Jurisdiktionsprimat über die ganze Kirche. Etwa die Hälfte aller modernen kritischen Exegeten bestreitet die Echtheit dieses Wortes und sieht in ihm eine spätere Schöpfung, sei es der aramäischen Urgemeinde, sei es der urchristlichen Petruspartei (1. Kor. 1,12) oder gar eine Erfindung auf dem Boden der römischen Gemeinde. Wieder andere Forscher bringen dieses Wort in Zusammenhang mit der Leidens- und Auferstehungsgeschichte. Der katholisch-modernistische Theologe Ernesto Buonaiuti vermutet den Schöpfer dieses Wortes in Hegesipp, der, aus dem Judentum stammend, im 2. Jahrhundert nach Rom gekommen war und eine römische Bischofsliste zusammenstellte. Auf diese Weise glaubte er den ausgesprochen aramäischen Charakter dieses Jesuswortes an Petrus erklären zu können.

Die politischen Umstände kamen den Primatansprüchen der römischen Kirche entgegen. Durch die Verlegung des kaiserlichen Thrones nach Byzanz fiel dem römischen Bischof eine politische Funktion zu, die in den Wirren der Völkerwanderung sich noch erhöhte. Die römischen Bischöfe suchten nun mehr und mehr die Jurisdiktionsgewalt, die ihnen als Metropoliten der römischen Kirchenprovinz und als einzigen Inhabern eines allgemein anerkannten apostolischen Sitzes im Westen zukam, nicht nur auf die übrigen Gebiete Italiens, sondern auf das ganze Abendland, ja die gesamte Kirche auszudehnen. Durch die Errichtung eines römischen Vikariats in Thessalonike faßten sie auch im Bereich der östlichen Kirche Fuß. Gewaltige bischöfliche Persönlichkeiten wie Siricius (384–399), Innozenz I. (402–417), Bonifaz I. (418–422), Leo der Große (440–461), Gelasius I. (492–496) und Nikolaus I. (858–867) im 1. Jahrtausend, Gregor VII. (1073–85) und Innozenz III. (1198–1216) im 2. Jahrtausend trieben diesen

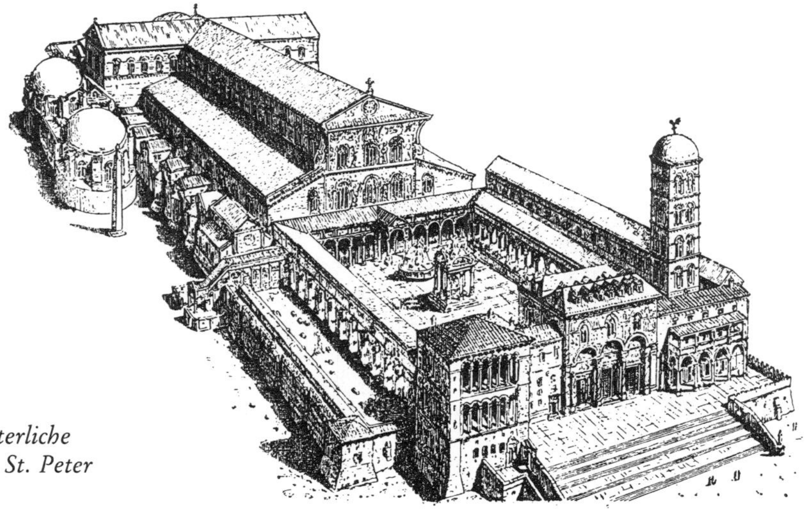

Mittelalterliche Basilika St. Peter in Rom

Entwicklungsprozeß immer weiter voran. Immer ausgedehnter werden die päpstlichen Ansprüche auf Unterwerfung unter ihre Entscheidungen sowohl in Fragen der Kirchendisziplin wie des Dogmas und der Liturgie; immer selbstbewußter wird ihre Sprache, immer entschiedener ihr Pochen auf die *plenitudo potestatis*, die Binde- und Lösegewalt wie die Hirtenaufgabe, welche Christus dem Petrus anvertraut habe (Joh. 21,15 ff.), und auf die *sollicitudo omnium ecclesiarum* (»Sorge für alle Gemeinden«), die ihnen nach dem Apostelwort (2. Kor. 11,28) obliege. Dabei wird der Papst mit Petrus als sein *vicarius* identifiziert. Der Terminus *sedes apostolica*, mit dem in der alten Zeit jede auf einen Apostel zurückgehende Gemeinde bezeichnet worden war, wird dem Römischen Stuhl vorbehalten, der Ehrentitel *papa*, der ursprünglich allen Priestern und Bischöfen zukam, wird auf den römischen Bischof eingeschränkt, ebenso der Titel *vicarius Christi*, der zunächst eine Bezeichnung der Bischöfe und dann der Herrscher, besonders des Kaisers, war. Neben diesen christlichen Titeln führten die Päpste seit dem 5. Jahrhundert den altrömischen eines *pontifex maximus*. In den Erlassen der Päpste tritt seit Siricius an die Stelle der brüderlichen Sprache der Hirtenschreiben die imperiale Sprache der kaiserlichen Edikte.

Die Steigerung der päpstlichen Machtbefugnisse wurde nicht unerheblich durch große Geschichtsfiktionen gefördert, besonders durch die um 800 entstandene »Konstantinische Schenkung«, durch welche die päpstlichen Ansprüche auf Länderbesitz (den sog. Kirchenstaat) gestützt werden sollten, und durch die »Pseudo-isidorischen Dekretalien«, eine Sammlung erfundener Dekrete frühchristlicher Päpste, die zwar nicht in Rom, sondern in Frankreich zur Bekämpfung der Gewalt der Metropoliten um 850 geschaffen worden war, aber in Rom sogleich willkommen geheißen wurde.

Am Ende dieses Entwicklungsprozesses steht jenes theokratische Papsttum, das nicht nur das gesamte kirchliche Leben lenkt, sondern auch das weltliche, das darum nicht nur von den kirchlichen Amtsträgern, sondern auch von den weltlichen Herrschern Gehorsam fordert. Sowohl die kirchliche Rechtswissenschaft (Kanonistik), welche die Dekrete der Päpste kodifizierte und interpretierte, wie die Theologie, besonders die des Thomas von Aquino, welche die päpstlichen Vollmachten in das dogmatische System der Kirche einbaute, haben dem Papsttum, wie es im Mittelalter geworden war, ein festes Fundament in der westlichen Kirche gegeben. Gestützt auf diese Grundlage, konnte Bonifaz VIII. im Jahre 1300 als Dogma der Kirche verkünden, daß es »für jede Kreatur heilsnotwendig« sei, dem römischen Pontifex zu unterstehen.

Die scholastische Theologie

Die abendländische Theologie ist wie die morgenländische aufs tiefste von der antiken Philosophie beeinflußt. Durch Augustinus, der die ganze frühmittelalterliche Theologie und in weitem Maße auch die hochmittelalterliche bestimmt hat, wurde neuplatonisches Gedankengut der mittelalterlichen Spekulation über Gott und seine Offenbarung übermittelt. In noch weit stärkerem Maße war von der neuplatonischen Gottes- und Weltidee der keltische Philosoph Johannes Scotus Eriugena (um 810–877) beeinflußt, ein kühner Denker, welcher der Philosophie der Renaissance und der Neuzeit vorauseilte. Vor allem aber war es Pseudo-Dionysius Areopagita (s. S. 426), der wegen seiner vermeintlichen apostolischen Autorität einen ungeheuren Einfluß auf das mittelalterliche Denken ausübte.

Zu den weiten und freien Geistern des frühen Mittelalters gehört neben Eriugena Peter Abälard (1079–1142), der die Dialektik auf die Fragen des Glaubens anwandte und durch seine Methode des *sic et non* eine Kritik der Tradition herbeiführte. Noch schärfer als Augustin (s. S. 431) betonte er die religiöse Einheit der ganzen Menschheit. Die heidnische Philosophie und Poesie ist für ihn in gleicher Weise Träger der göttlichen Offenbarung wie das Alte Testament. Die bedeutendsten Denker unter den Griechen und Römern sind Vorläufer des Evangeliums, echte Christen vor Christus: Propheten und Apostel haben aus den Werken hellenischer Weisheit manches entlehnt. Jesus, dessen ursprüngliche Lehre in der Bergpredigt zu finden ist, brachte nichts vollkommen Neues, sondern stellte das Ursprüngliche wieder her; er war nicht Stifter einer neuen Religion, sondern Wiederhersteller des reinen Sittengesetzes. Der Unterschied zwischen dem Christentum und der vorchristlichen Religion und Philosophie besteht lediglich darin, daß durch jenes das allgemein bekannt geworden ist, was im Altertum nur wenige besonders begnadete Persönlichkeiten erkannt hatten.

Im Unterschied von der östlichen Theologie zeigte die abendländische trotz aller mystischen Einschläge von Anfang an eine Tendenz zur Rationalisierung und zur schulmäßigen Systematisierung, weshalb diese Theologie den Namen Scholastik trägt. Während jene das Trinitäts- und Inkarnationsmysterium umkreiste, wandte sich die abendländische Theologie der Lehre vom Menschen, von der Erlösung, der Gnade, den Gnadenmitteln und der Kirche zu. Mehr und mehr erlangte die sich entwickelnde kirchliche Rechtswissenschaft (Kanonistik) Einfluß auf die dogmatische Theologie.

In eine neue Phase trat die mittelalterliche Theologie ein, als ihr durch die arabischen Gelehrten die aristotelische Philosophie übermittelt wurde – trotz des scharfen Gegensatzes der christlichen Kirche zum Islam und der schroffen Polemik gegen die Person Mohammeds stand die mittelalterliche abendländische Kultur mit der islamischen in engem Austausch. Nachdem die Frühscholastik an Augustinus und durch ihn an der platonischen Philosophie orientiert war, gebrauchte die Hochscholastik, wie sie am gewaltigsten in Thomas von Aquino sich verkörperte, die aristotelische Erkenntnistheorie und Metaphysik als Grundlage für das zu errichtende theologische System. Diese Hinwendung zu Aristoteles wurde zunächst als eine unerhörte Neuerung dei *moderni* empfunden. Papst Gregor IX., der diese scharf rügte, hielt ihnen die Mahnung entgegen: *Contenti terminis a patribus institutis* (»begnügt euch mit den von den Vätern geschaffenen Termini«). Gleichwohl wagte es Thomas von Aquino (1225–74), in den Spuren seines deutschen Meisters Albertus Magnus ein System der Theologie auf dieser philosophischen Basis zu errichten, und dieses Wagnis gelang. Das thomistische Glaubenssystem wurde zur Norm der römisch-katholischen Philosophie und Theologie, die sogar im Rechtskodex der römischen Kirche verankert wurde.

Das Kennzeichen des thomistischen Systems ist die Harmonisierung aller Gegensätze: zwischen Philosophie und Theologie, Vernunft und Glaube, Natur und Gnade, menschlicher Willensfreiheit und göttlicher Gnadenwahl, natürlicher und übernatürlicher Gottesoffenbarung. Der Dom der christlichen Offenbarungslehre hat eine Vorhalle (*praeambula*) in der natürlichen Gotteserkenntnis: Gott kann durch das natürliche Licht der Vernunft nicht nur erkannt, sondern geradezu bewiesen werden. Diese natürliche Gotteserkenntnis ist universal; sie wird auch allen Heiden zuteil. Sie befähigt jedoch nicht zur Erlösung; diese wird nur durch den Glauben an die übernatürlichen geoffenbarten Heilswahrheiten (Trinität, Inkarnation und Erlösung) geschenkt. Aber auch diese höhere Gottesoffenbarung ist der vorchristlichen Menschheit nicht völlig verschlossen; sie wird ihr teils durch prophetische Persönlichkeiten wie die Sibyllen, teils durch innere Erleuchtung zuteil. Die Vernunft hat aber nicht nur die Aufgabe, dem Glauben, d. h. dem Fürwahrhalten der Heilswahrheiten die Bahn zu bereiten, sie hilft vielmehr auch dem menschlichen Geist, diese im Glauben bejahten Wahrheiten verstandesmäßig zu durchdringen. Aber nicht nur im Verhältnis von Vernunft und

Kardinal Nikolaus Krebs von Cues (Cusanus)

Glaube, sondern ganz allgemein ist die Natur des Menschen, d. h. seine schöpfungsmäßige Ausstattung, die Grundlage für den Empfang der göttlichen Heilsgnade, die in einer Teilnahme des Menschen an der göttlichen Liebe besteht. Die menschliche Natur ist ja im Sündenfall nicht zerstört oder radikal verderbt, sondern nur verwundet und geschwächt worden. Die augustinische Lehre von der Erbsünde ist von Thomas gemildert worden, desgleichen die augustinische Prädestinationslehre. In der Gnadenlehre hält Thomas den Geschenkcharakter des Heiles fest; der göttlichen Gnade gehen keine guten Werke voran, vielmehr bildet erst die Gnade die Voraussetzung für alles Tun guter Werke und zur Erwerbung von Verdiensten. Der ganze kunstvolle Bau der thomistischen Theologie, der in seiner Universalität mit Recht den Namen *Summa theologica* trägt, hat als Bauprinzip den Satz: *Gratia naturam non tollit, sed perficit* (»die Gnade hebt die Natur nicht auf, sondern vollendet sie«).

Entsprechend der Doppelheit der Gottesoffenbarung baut sich auch die thomistische Ethik in einem doppelten Stockwerk auf: über die Ethik der vier Kardinaltugenden (Gerechtigkeit, Tapferkeit, Mäßigkeit, Klugheit) erhebt sich die Ethik der eingegossenen göttlichen oder »theologischen« Tugenden (Glaube, Hoffnung und Liebe). Das Ziel der christlichen Ethik ist die Vollendung der Gottes- und Nächstenliebe. Da die »evangelischen Räte« der Armut, Keuschheit und des Gehorsams die besten »Instrumente« zur Erlangung dieser vollkommenen Liebe bilden, betrachtet Thomas den Mönchsstand, den *status religionis* in überragendem Sinn, als *status perfectionis*.

Im Unterschied von der in Thomas vollendeten rationalen Dominikanertheologie trägt die franziskanische Theologie, wie sie von Bonaventura (1221–74) und Duns Scotus (1266–1308) vertreten wurde, einen affektiv-voluntaristischen Charakter; der Glaube erscheint nicht so sehr als Sache der von Gott erleuchteten Erkenntnis, als des von Gott getriebenen Willens. Das mystische Element, das bei Thomas keineswegs fehlt, ist bei den Franziskanertheologen stärker entfaltet. Nicht Aristoteles, sondern Augustinus weist der franziskanischen Theologie ihre Wege. Duns Scotus, der wegen seines Scharfsinns als *Doctor subtilis* bezeichnet wird, betrachtet als innerstes Prinzip seiner Theologie die unendliche, freie und selbstlose Liebe Gottes. Im Zusammenhang mit der starken Betonung der durch Christus vermittelten vollkommenen Liebe Gottes steht bei Duns Scotus die Hervorhebung der Gottesmutter, weshalb er auch als *Doctor Marianus* bezeichnet wird. Er vertrat die Lehre der *immaculata conceptio*, nach welcher die Gottesmutter vom ersten Augenblick ihres Daseins an vor der allgemeinen menschlichen Erbsünde bewahrt wurde. Neben Thomas von Aquino übte Duns Scotus den stärksten Einfluß auf die mittelalterliche Theologie aus.

Sowohl die thomistische wie die franziskanische Theologie sind eng verbunden mit der Mystik. Die engste Verbindung mit dieser weist die neuplatonische Schule auf (s. S. 443). Von neuplatonischen Ideen besonders des Proclus und des Areopagiten ist auch der größte Denker des ausgehenden Mittelalters bestimmt, Nikolaus von Cues, Bischof von Brixen und römischer Kardinal (1401–64). Im Sinne der Mystik kennzeichnete er Gott als *coincidentia oppositorum* (»Zusammenfallen der Gegensätze«).Die theologische Lehre von der Kirche klärte Nikolaus von Cues durch die scharfe Herausarbeitung des Verhältnisses von Episkopat und päpstlichem Primat. Den kühnsten Weg aber beschritt er, indem er in seiner Schrift *De pace seu concordantia fidei* wie kein anderer mittelalterlicher Geist die Einheit der Religionen ins Licht rückte (s. S. 549).

Die Mystik

Auf dem Untergrund der uralten mystischen Anlagen der indogermanischen Völker entfaltete sich unter dem Einfluß des Mönchtums wie der areopagitischen und augustinischen Theologie auf romanischem wie auf keltischem und germanischem Boden eine reiche, tiefe und zarte mystische Frömmigkeit. Der Benediktinermönch Papst Gregor der Große (590–604) machte die mystischen Grundgedanken Augustins in popularisierter Form im Abendland heimisch. Der neuplatonische Einfluß wurde noch verstärkt durch Johannes Scotus Eriugena (s. S. 437), der das areopagitische Schrifttum durch seine Übersetzung ins Lateinische im Westen verbreitete. Bernhard von Clairvaux (1091–1153) machte das alttestamentliche Hohelied der geschlechtlichen Liebe zum Lehr- und Lesebuch einer affektiven Mystik, welche in den Symbolen der bräutlichen Liebe die Seligkeit der ekstatischen Gotteinigung wie die Trostlosigkeit der zeitweiligen Gottesferne veranschaulicht. Angefeuert durch die Sehnsucht der Kreuzfahrer nach dem Heiligen Land, lenkte Bernhard die ganze Innigkeit seiner mystischen Betrachtung auf den Menschen Jesus, das Kind in der Krippe und den Schmerzensmann auf Golgatha, und wurde so zum Vater der mittelalterlichen Jesus- und Passionsmystik. Hugo von St. Viktor (um 1096–1141) und Richard von St. Viktor (gest. 1173), gleichfalls Vermittler neuplatonischer Ideen, konstruierten als erste im Abendland Skalen des mystischen Aufstiegs zu Gott.

Die mystische Frömmigkeit wurde aber nicht minder gefördert durch heilige Frauen. Hildegard von Bingen (1098–1179), eine Äbtissin von hoher naturwissenschaftlicher und künstlerischer Bildung, schaute das »lebendige Licht« der Gottheit in buntfarbenen Visionen; zugleich griff sie mit männlicher Tatkraft in die kirchlichen und politischen Verhältnisse ihrer Zeit ein. Maria von Oignies (1177–1213) lebte in bräutlicher Liebe mit ihrem Heiland und diente ihm zugleich in ihren aussätzigen Brüdern und Schwestern. Ähnliches tat Elisabeth von Ungarn (1207–31), die Landgräfin von Thüringen, die nach dem Tode ihres Gatten als franziskanische Tertiarenschwester den Armen und Kranken half. Juliana von Lüttich (1193–1258) gab auf Grund einer Vision den Anstoß zur Feier des Fronleichnamsfestes als des Hochfestes des Altarsakramentes. Die höchste schöpferische Kraft entfaltete die Begine Mechthild von Magdeburg (1212–83). Ihrer »Minne« zu Christus gab sie einen sprachgewaltigen Ausdruck in den »Offenbarungen«, die den Titel erhielten »Das fließende Licht der Gottheit«. Die Sprache der mittelalterlichen Mystik ist zum großen Teil ihre Schöpfung. Neben den Bildern des Liebeslebens gebraucht sie viele Bilder aus dem Leben der Natur wie aus dem höfischen Leben mit Musik und Tanz. Ihre Himmels- und Höllenvisionen wurden zu Vorbildern für Dantes *Divina Commedia* (»Göttliche Komödie«). Obgleich die beiden Zisterzienserinnen Mechthild von Hackeborn (1241–99) und Gertrud von Helfta (1256–1302) ihr an Unmittelbarkeit und Schöpferkraft erheblich nachstehen, haben sie durch ihre mystischen Bekenntnisse und Gebete die mittelalterliche Frömmigkeit weit über die Klöster hinaus aufs stärkste beeinflußt. Vor allem verdankt ihnen eine neue Form der Jesusmystik ihre Entstehung: die Andacht zum Herzen Jesu als dem sinnlichen Symbol der Glut der Heilandsliebe. Zugleich aber bricht in Gertrud der mystische Spiritualismus durch, der alle sakramentalen Hilfsmittel letztlich entbehrlich macht. Sie erhielt von Christus die Zusage, daß er jederzeit unmittelbar ihr alle Sakramente spenden könne, besser als irgendein irdischer Priester und Bischof.

Neben dem Benediktinerorden entstanden weitere Zentren der mystischen Frömmigkeit in den neugegründeten Bettelorden der Franziskaner und Dominikaner. Franz von Assisi verwirklichte ein »Leben nach der Form des heiligen Evangeliums«, indem er in den Fußstapfen des demütigen und armen Jesus wandelte. Seine Liebe zum gekreuzigten Jesus steigerte sich bis zum seelisch-körperlichen Mitleiden, dessen Intensität plastischen Ausdruck in seiner Stigmatisation fand. Seine Christusmystik war zugleich Sakramentsmystik: im Wunder der Wandlung von Brot und Wein in Leib und Blut Christi sah er den unendlich großen Gott ständig auf den Altären unendlich klein werden. Mit dieser Passions- und Sakramentsmystik verband Franziskus eine enthusia-

Mausoleum und Tumba der hl. Elisabeth von Thüringen in Marburg

stische Naturmystik; in allen Geschöpfen, in den leblosen Elementen wie in der Pflanzen- und Tierwelt umfing er die Schönheit und Liebe des ewigen Gottes. Dieser schlichte untheologische Fromme war trotz des missionarischen Eifers, der ihn zur Predigt vor dem muslimischen Sultan trieb, durch seine Mystik zu einer so großen Weite des Geistes geführt worden, daß er wie die großen theologischen Lehrer auch in den außerchristlichen Religionen Gottes Offenbarung zu schauen imstande war. Gewohnt, jedes Blatt Papier aufzuheben, um eine Verunehrung eines Stückes der Heiligen Schrift zu verhindern, wurde er eines Tages darauf hingewiesen, daß auf einem solchen Blatt das Wort eines heidnischen Weisen stehe. Er aber erklärte, daß dies nichts ausmache, denn jedes Weisheitswort, möge es von einem Christen oder einem Nichtchristen stammen, habe Gottes Weisheit zur Quelle.

Große Jünger aus dem Orden des Armen von Assisi führten seine mystische Frömmigkeit weiter. Während Bonaventura in mehr theoretischer Form dieser franziskanische »Reise des Geistes zu Gott« (*Itinerarium mentis ad Deum*) beschrieb und David von Augsburg (1200–72) die »Staffeln« des mystischen Gebetes kunstvoll klassifizierte, brachte Jacopone da Todi (1230–1306) die franziskanische Gottes- und Jesusliebe in die klangvollen Verse seiner *Lode* (»Loblieder«).

Den Gipfel erreichte die mittelalterliche Mystik im Dominikanerorden. Neben der aristotelisch orientierten thomistischen Theologie (s. S. 438 f.) entstand auf deutschem Boden eine neuplatonische Theologenschule (Ulrich von Straßburg, Dietrich von Freiberg, Berthold von Moosburg). Aus ihr ging Meister Eckhart (1260–1328) hervor. Während er in seinen lateinischen Schriften seine mystischen Ideen im Gewand der Scholastik darbietet, drückt er in seinen deutschen Predigten die tiefsten Erfahrungen der Mystik in der klangvollen Muttersprache aus. Die Eckhartsche Mystik ist nicht personale Heilands-, Leidens- und Sakramentsmystik, sondern reine Unendlichkeitsmystik, nahe verwandt mit der Unendlichkeitsmystik eines Yājñavalkya, Śaṅkara, Plotin und Dionysius Areopagita. Wie bei diesen, so liegt auch im Gottesbegriff Meister Eckharts der Nachdruck auf der Unerkennbarkeit und Unaussprechlichkeit des Göttlichen. »Was immer einer über Gott sich ausdenken und was für Namen er ihm anheften mag, das alles ist Gott nicht. Gott ist über Name und über Natur.« Den Weg der Verneinung als der sichersten Gottesaussage beschritt Meister Eckhart mit demselben Mut wie jene: »Gott ist ein Nichtgott, Nichtgeist, Nichtperson«, ein »nichtwesendes Wesen«, die »Nichtheit«. Zugleich aber ist dieser jenseitige Gott die Quelle für die Fülle der Erscheinungen. Diese sind freilich nicht durch einen zeitlichen Schöpfungsakt aus Gottes Hand hervorgegangen, sondern fließen aus ihm in einem ewigen Heute; »im ewigen Worte hat Gott gesprochen alle Kreaturen ohn' Anfang und ohn' Ende«. Die Zentrallehre Meister Eckharts ist die Einheit des »Seelengrundes« (»Gemütes«, »Fünkleins«, »Gansterleins«) mit der ewigen Gottheit. Diese Einheit findet ihren Ausdruck in der Identitätsformel, die, seitdem sie zuerst aus dem Munde der *Upaniṣad*-Seher gekommen war, immer wieder von den Mystikern der verschiedenen Religionen gebraucht wurde: »Ich bin Gott.« Wie der *Upaniṣad*-Weise spricht Meister Eckhart von »unserem Herzen«, das mit »seinem (Gottes) Herzen ein Herz« wird. Meister Eckhart kleidet diese Identitätsmystik zumeist in das für christliche Ohren unverfängliche Bild von der »Gottesgeburt in der Seele«. Dabei wird freilich die heilsgeschichtliche Tatsache der Inkarnation zum bloßen Prototyp eines unablässig in der menschlichen Seele sich vollziehenden Geschehens.

> »Die Leute wähnen, daß Gott dort (in Bethlehem) Mensch sei worden. Das ist nicht so. Denn Gott ist ebenso hier Mensch worden wie dort, und um und um ist er Mensch worden, daß er dich gebäre als seinen eingeborenen Sohn und nicht weniger.«

Die ganze Schrift wird für Meister Eckhart zu einem bloßen Bilderbuch, welches das mystische Zentralerlebnis der Gotteinigung in wechselnden Allegorien veranschaulicht. Auch das Hauptsakrament des katholischen Kultes, die Eucharistie, wird zu einem bloßen Hinweis auf die mystische Kommunion, die der Fromme »im geistigen Gebrauch« »tausendmal am Tage und öfter«, »er sei, wo er sei«, empfangen könne. Jener Dualismus zwischen einer Welt des Profanen und des Heiligen, wie er vor allem durch die kultische und monastische Frömmigkeit entstanden war, wird von Eckhart überwunden, der im weltlichsten wie im heiligsten Werk der Einigung mit Gott gewiß ist. Obgleich Meister Eckhart eine letztlich überkirchliche Mystik vertrat, fühlte er sich als treuer Sohn seiner Kirche. Die Hierarchie jedoch, welche die Bedrohung des

Ignatius von Loyola

traditionellen dogmatischen Systems durch die Unendlichkeitsmystik herausfühlte, verurteilte nach seinem Tod eine Reihe seiner Thesen.

Gleichwohl lebte sein Gedankengut in seinen Ordensschülern weiter. Johannes Tauler (1300–61) vereinte mit der stillen Gelassenheit des Mystikers den glühenden Seeleneifer des Volkspredigers. Er entkleidete die Eckhartsche Mystik ihres spekulativen Elements und machte sie durch die Umbiegung ins Praktisch-Seelsorgerliche breiteren Kreisen verständlich. Die »Gottesfreunde«, die in Straßburg ihre Heimat hatten, trugen in einer Zeit des sittlichen Verfalls die Taulersche Frömmigkeit in die deutschen Lande und bildeten eine stille Mystikergemeinde in der großen Weltkirche. Heinrich Seuse (1295–1366) verband die Eckhartsche Unendlichkeitsmystik mit einer freudetrunkenen Naturliebe, einer innigen Passionsbetrachtung und einer zarten Madonnenminne. Nicht mit Unrecht wird er daher als der »schwäbische Franziskus« bezeichnet. Nach der Auffassung mancher Mystikforscher wird Meister Eckhart noch überragt durch den flämischen Mystiker Jan van Ruysbroeck (1293–1381). Obgleich stärker von areopagitischen Gedankengängen bestimmt, vertrat er besonders kraftvoll die Einheit des kontemplativen Lebens mit dem aktiven; der mit Gott Geeinte geht aus, um »alle Dinge in echter Freigebigkeit aus göttlichem Überfluß zu bereichern« und wird durch seine »allumfassende Liebe ein Mittler zwischen Gott und allen Menschen«. Die Grundgedanken der deutschen Dominikanermystik sind zusammengefaßt in dem Büchlein des »Frankfurter Chorherrn«, das Luther als das köstlichste Buch nach der Heiligen Schrift ansah, und dem er den Titel *Theologia deutsch* gab. Eine weit größere Verbreitung fand die den Namen des Thomas von Kempen tragende *Imitatio Christi*, das meistbenutzte Betrachtungs- und Andachtsbuch nicht nur der katholischen, sondern auch eines Teiles der evangelischen Frömmigkeit. Die verschiedenartigen Klänge der mittelalterlichen Mystik – monastische Askese, augustinischer »Gottesgenuß«, bernhardinische Brautminne, franziskanische Jesusnachfolge, Seusesche Passionsbetrachtung, Taulersche Gelassenheit und thomistische Wesensschau – sind hier harmonisch vereint.

Der reiche Strom dieser Mystik ergoß sich in das größte geistliche Gedicht der abendländischen Christenheit, in Dantes *Divina Commedia*, die er selbst »das heilige Lied« nennt, »dran Hand angelegt Himmel und Erde«. Dante verband die feurige Liebesmystik des Franziskanertums mit der intellektuellen Gottesschau des Thomismus. Sein *Paradiso* wird durchflutet von der neuplatonischen Licht- und Emanationsmystik.

Auch in der zweiten Hälfte des Mittelalters haben eine Reihe heiliger Frauen Anteil an der Verbreitung der mystischen Frömmigkeit. Dominikanernonnen haben die Liebe zur Eucharistie, sowohl die häufige Kommunion wie die Andacht vor dem Sakramentshäuschen, in der katholischen Frömmigkeit heimisch gemacht. Birgitta von Schweden (1303–73) und Katharina von Siena (1347–80) verbanden den heimlichen Liebesumgang mit Jesus mit einer kühnen prophetischen Wirksamkeit. In Juliana von Norwich (1340–1413) wie in Katharina von Genua (1447–1510) lebte eine überpersönliche Unendlichkeitsmystik. Nach Juliana ist alles Wirkliche von Gott und gut; auch das Böse ist in den Heilsplan Gottes eingeschlossen; zuletzt wird auf Wegen, die nur Gott kennt, alles gut werden. Auch gebraucht Juliana das Muttersymbol für das göttliche Mysterium. Katharina von Genua drückt dieses Mysterium in impersonalen Bildern – Sonne, Licht, Feuer, Luft, Ozean – oder in abstrakten Wertbezeichnungen – Schönheit, Wahrheit, Güte – aus.

In der nachreformatorischen Zeit erlebte die mittelalterliche Mystik eine Nachblüte in Spanien. Ignatius von Loyola (1491–1556) gab, anknüpfend an die mittelalterliche Betrachtungsweise, in seinen *Exercitia spiritualia* ein äußeres Schema für das meditative Gebet, durch welches der Wille für die praktische Arbeit im Dienste der Kirche gestählt werden soll. In der Meditationstechnik geschult, verstand es die Reformatorin des Karmeliterinnenordens, Teresa von Jesus (1515–82), auch »die Große« genannt, die sublimsten mystischen Erlebnisse mit psychologischer Feinheit zu beschreiben. Sie hat die planmäßige Übung des »inneren Gebets« in weiten Kreisen eingebürgert. Eine noch unmittelbarere Kraft der mystischen Gottesliebe entfaltete ihr Seelenfreund Johannes vom Kreuz (1542–91), der in seiner »dunklen Nacht der Seele« die rätselvollen Abgründe mystischer Gottesnähe und Gottesferne enthüllte. Franz von Sales, Bischof von Genf (1567–1622), trug die Grundgedanken der spanischen Mystik in leicht faßlicher Form in die gebildeten Kreise. Der Spanier Miguel de Molinos (1628–96) verbreitete das mystische Ideal des »Quietismus«, d. h. des inneren Gebets der vollkommenen Ruhe und passiven Ergebung in Gottes Willen. Madame de la Mothe-Guyon (1648–1717) und Bischof Fénelon (1651–1715) milderten den extremen Quietismus zum *»pur amour désinteressé«*. Mit der Verurteilung dieser quietistischen Bewegung durch die Hierarchie begannen die schöpferischen Kräfte der Mystik auf dem Boden des abendländischen Katholizismus zu versiegen. Immerhin starben die mystisch begnadeten Seelen in ihm nicht aus, wie die Gestalten einer Therese vom Kinde Jesus (1873–97), Lucie Christine (1854–1908) und Sorella Maria (Maria Valeria Pignetti, geb. 1876) zeigen.

Die Volksfrömmigkeit

Die hohe Mystik blieb nicht die Besonderheit weniger auserwählter Seelen; die großen katholischen Lehrer vertraten ja die Auffassung, daß die mystische Gotteinigung zum christlichen Gnadenleben an sich gehöre. In der Tat sind viele mystische Motive, zumal die eucharistische Mystik, die Passionsmystik und die Madonnenminne, tief in die katholische Volksfrömmigkeit eingedrungen und haben zur Schaffung neuer Andachtsformen geführt. Aber so stark auch deren Einfluß gewesen sein mag, so erhielt sich doch in der Volksfrömmigkeit die uralte magische Religion des keltischen, romanischen und germanischen Heidentums. Vom frühen Mittelalter an nahm der Kult der Reliquien der Heiligen einen breiten Raum ein. Dieser galt jedoch nicht so sehr der Verehrung ihres religiös-ethischen Heroismus als vielmehr der in den Reliquien eingeschlossenen stofflichen Zauberkraft. Weil es auf die materielle Berührung ankam, wurden vielfach die Knochen der Heiligen in unzählige kleine Splitter zerteilt. Zu den echten und vermeintlichen Überbleibseln der Leiber der Heiligen traten noch andere, wirkliche oder falsche Gegenstände, mit denen Christus und die Heiligen in Berührung gekommen waren, so die Windeln des Jesus-Kindes, die Dornenkrone und das Schmachzepter Christi, der Gürtel und die Kleider der Jungfrau Maria, ja sogar die Treppe vor dem Richthaus des Pilatus, die in Rom verehrt wurde, und das Wohnhaus der Heiligen Familie, das von Engelshänden nach Loreto gebracht worden sein soll. Neben diesen Formen der Kontaktmagie stand die persönliche Anrufung der Heiligen in allen irdischen Nöten. Wie die vorchristlichen Gottheiten erhielten diese ein besonderes Wirkungsgebiet, wobei der magische Grundsatz der Ähnlichkeit maßgebend war. So wurde der Märtyrer Laurentius, der auf einem Rost gebraten worden war, als Helfer in Feuersnot und Fieber, aber auch als Patron der Bäcker angerufen. St. Wendelin und St. Leonhard wurden bei Viehseuchen, St. Ottilia und Klara bei Augenleiden angefleht; St. Petrus wurde zum Wetterheiligen. Die Statuen der Heiligen wurden wie die antiken Götterbilder mit Kuß und Kußhand verehrt. Wie in den heidnischen Heiligtümern wurden auch in den Kirchen Votivgaben aufgehängt, und zwar nach dem Gesetz der Ähnlichkeitsmagie die Nachbildungen der kranken menschlichen Körperteile oder die Figuren der gefährdeten oder gefährdenden Tiere. Die beliebtesten Opfer sind größere oder kleinere Kerzen, die in den Kirchen von Bittenden und Dankenden dargebracht und angezündet werden. Wie eine Reihe von Heiligen an die Stelle keltischer und germanischer Gottheiten getreten sind, so sind uralte Naturheiligtümer, Quellen und Bäume, zu christlichen Wallfahrtsstätten geworden, wobei an den Namen wie Santa Maria Fontana, Maria Birnbaum, Maria-Linden usw. der Zusammenhang mit dem heidnischen Naturkult noch erkennbar ist. In zahlreichen Legenden fand der Glaube an den übernatürlichen Ursprung solcher Heiligtümer und Bilder seinen Niederschlag. In einer Fülle von Legenden wird die von ihnen, aber auch vom Sakrament des Altares ausstrahlende Wunderkraft, desgleichen die gebeterhörende Macht der Heiligen zum Ausdruck gebracht. Neben den Heil- und Hilfewundern stehen jedoch die schreckhaften Blut- und Strafwunder. Die ganze mittelalterliche Frömmigkeit ist erfüllt von einem ausschweifenden Mirakelglauben, dessen wichtigstes Dokument der *Dialogus miraculorum* des Caesarius von Heisterbach ist.

Während viele heidnische Vorstellungen und Übungen nur in der Volksfrömmigkeit fortleben, haben manche vorchristliche Riten sogar Eingang in die kirchliche Liturgie gefunden. An die Stelle der heidnischen Umzüge mit den Götterbildern traten die Flur- und Stadtprozessionen mit den Reliquien der Heiligen, seit dem 13. Jahrhundert mit der den Leib Christi bergenden Monstranz. An die Stelle der heidnischen Weiherosse trat die Segnung der Pferde und der Umritt mit ihnen, an die Stelle heidnischer Opfermahle die Segnung des Osterlammes und des Osterschinkens, an die Stelle des heidnischen Opfertrunkes die Segnung des Weines und das Minnetrinken zu Ehren von Heiligen, z. B. des Apostels Johannes, an die Stelle des heidnischen Kräuterzaubers gegen Krankheit und Gewitter die Kräuterweihe am Fest Mariä Himmelfahrt, an die Stelle des Wodansfeuers am Frühlingsanfang die Weihe des neuentzündeten Feuers am Karsamstag.

Viele heidnische Bräuche, welche weder in der offiziellen Liturgie, insbesondere in den kirchlichen Benediktionen und Weihen, noch auch in der an den kirchlichen Gottesdienst und das Kirchenjahr sich anlehnenden Volksfrömmigkeit Raum finden konnten, lebten neben der Kirche in profaner Weise weiter. Neben den Weihnachts-, Oster-, Pfingst- und Sommersonnwend-Bräuchen, die durch die Jahrhunderte in aller Öffentlichkeit weiter gepflegt wurden, steht das geheime Zauberwesen, das sich zwar beim »Besprechen« christlicher Namen und Formeln wie der Trinität und des Erzengels Michael bedient, das aber wegen seines Zusammenhangs mit den heidnischen Überlieferungen von der Kirche bekämpft wurde. Träger dieses Zauberwesens, mit dem auch ein Wahrsagertum verbunden war, waren vor allem begabte Frauen als Priesterinnen einer untergegangenen Religion. Da die Kirche die heidnischen Götter als Dämonen ansah, mußten diese Priesterinnen, Seherinnen und Zauberinnen ihr als mit dem Teufel verbündete Hexen erscheinen, denen die kirchliche Inquisition in Verbindung mit der Staatsmacht und im Bann gesellschaftlicher Zwänge ein grausames Schicksal bereitete. So lebte das uralte Heidentum in den verschiedensten Formen und Verkleidungen inmitten der christlichen Religion fort. Von ihm gelten die Worte des besten Kenners der antiken Religionsmischung: »Die Frömmigkeit der Massen ist unveränderlich wie das Wasser in den Tiefen des Meeres; sie wird von den Oberströmungen weder mitgerissen noch erwärmt« (Franz Cumont).

Der Kampf gegen die Ketzerei

Schon in den ältesten christlichen Gemeinden bildeten sich Parteien, so in Korinth eine Petrus-, Paulus- und Apollos-Partei (1. Kor. 1,12). Durch die gnostische Bewegung (s. S. 421) wurde dieser Spaltungsprozeß stark begünstigt. Andere Sonderbildungen gingen aus dem Bemühen hervor, die Reinheit, Heiligkeit und charismatische Lebendigkeit der ursprünglichen Gemeinde Christi wiederherzustellen. Gottfried Arnold hat in seiner *Unparteiischen Kirchen- und Ketzerhistorie* (1699/1700) die Entstehung vieler Häresien als eine Erneuerung des urchristlichen Geistes zu begreifen versucht. Während noch die alexandrinische Theologie (s. S. 425 f.) gegenüber diesen Parteiungen eine tolerante Haltung zeigt, hat die Großkirche frühzeitig in ihnen einen Ausdruck des Hochmutes und der Bosheit erblickt und sie in schroffer Weise bekämpft. An die antike Fluchformel des *Anathema sit*, durch welche die Gebannten nicht nur aus der christlichen Liebes- und Sakramentsgemeinschaft ausgeschlossen, sondern förmlich »dem Satan übergeben« (1. Kor. 5,5) wurden, schloß sich ein ganzes Vokabular der Ketzerbeschimpfung an, das reichhaltig und grausig zugleich ist. Schon von dem Märtyrerbischof Polykarp wird erzählt, daß er den Ketzer Marcion bei einer Begegnung mit den Worten anredete: »Ich kenne den Erstgeborenen Satans.« Trotz allem verpönte die alte Kirche die Anwendung äußerer Gewalt; Lactantius erklärte, daß der christliche Glaube *non occidendo, sed moriendo* (»nicht durch Töten, sondern durch Sterben«) zu verteidigen sei. Als der spanische Häretiker Priscillian (385) auf kaiserlichen Befehl hingerichtet wurde, erhob sich laute Entrüstung in der Kirche.

Im Mittelalter trat jedoch ein folgenschwerer Wandel der Anschauung ein. Da die Häresie als fluchwürdiger Frevel galt, forderte die Kirche nunmehr von der staatlichen Gewalt die Verfolgung der Häretiker, die nach den manichäischen Katharern (s. S. 280) den Namen »Ketzer« erhielten. So entstand die Institution der Inquisition, d. h. der Aufspürung der Ketzer, die erstmals 1184 auf diözesaner Grundlage durch das Konzil von Verona beschlossen und durch das vierte Laterankonzil (1215) bestätigt wurde. Papst Gregor IX. schuf 1231 die päpstliche Inquisition, deren Organe vor allem die Dominikaner und Franziskaner waren. Die Verdächtigen wurden durch Folter zu Geständnissen gezwungen und mit Güterkonfiskation, Kerker, bei Hartnäckigkeit mit Verbrennung bestraft und vorher durch Tragen von Spottkleidern und Spottmitren und durch Reiten auf Eseln verhöhnt. Das Inquisitionswesen nahm im 15. Jahrhundert in Spanien, im 16. Jahrhundert in Holland und Italien große Ausmaße an. Die mittelalterliche Theologie billigte diese Institution; selbst der Fürst der Scholastik, Thomas von Aquino, verteidigte sie mit dem Hinweis auf die Tötung von Falschmünzern – schlimmer noch als diese seien ja die Häretiker. Die Hexen, die als Priesterinnen einer untergegangenen Religion (s. S. 447) für Teufelsbräute gehalten wurden, erlitten dasselbe

Schicksal; Papst Innozenz VIII. sanktionierte 1484 die Hexenverbrennungen in seiner Bulle *Summis desiderantes affectibus*. Das System der Inquisition samt der Ketzer- und Hexenverbrennung gehört zu den dunkelsten Flecken des Christentums; von dem Schweizer Theologen Walter Nigg wird es geradezu als die »totale Sonnenfinsternis« des Christentums bezeichnet. Nicht die Reformation, erst Spiritualismus und Aufklärung (s. S. 461) bereiteten diesen Grausamkeiten ein Ende. Doch ließen noch um die Wende des 19. Jahrhunderts Fanatiker mit dem Ruf *»O benedicta rogorum tempora!«* sich vernehmen. Das psychologische Motiv ist in einem übersteigerten christlichen Absolutheitsbewußtsein zu suchen, das auf Jahwes Forderung der Ausrottung der heidnischen Völker (5. Mose 17,1 ff.) und auf die Hinschlachtung der kanaanäischen Baalpriester (1. Kön. 18,40) durch den Propheten Elia sich berufen konnte.

Die vorreformatorischen Widerstandsbewegungen

Die Erstarrung und Verweltlichung des christlichen Lebens durch ein machtverlangendes Herrschertum und Hierarchentum einerseits und seine fortschreitende Paganisierung andererseits riefen immer wieder urchristliche Erneuerungsbewegungen auf den Plan. Diese Erneuerung vollzog sich teils innerhalb von Ordensgemeinschaften (Cluniazenser, Dominikaner, Franziskaner), teils in selbständigen Gemeinschaften, die von der hierarchischen Kirche ausgestoßen und verfolgt wurden. Eine ungeheure geistige Bewegung wurde durch den kalabresischen Zisterzienserabt Joachim von Fiore um die Wende des 12. Jahrhunderts entfesselt. Dieser gewaltige Seher weissagte das Kommen einer neuen Epoche der Heilsgeschichte, des »Dritten Reiches«, nämlich des Reiches des Heiligen Geistes, durch welches das alttestamentliche Reich des Vaters und das neutestamentliche Reich des Sohnes abgelöst werden sollten. Eine neue Kirche sollte an die Stelle der bisherigen hierarchisch-sakramentalen Kirche treten, die *ecclesia spiritualis* (»Geistkirche«), geleitet von Geistträgern, d. h. Mönchen. Dabei sollte die petrinische Nachfolge ersetzt werden durch die johanneische gemäß den Worten des auferstandenen Christus an Petrus in bezug auf den Lieblingsjünger: »So ich will, daß er bleibe, bis ich komme, was geht es dich an?« (Joh. 21,22.)

Diese spiritualistische Bewegung verband sich mit der evangelischen Bewegung, welche die Nachahmung des armen Lebens Jesu als Forderung sowohl an den einzelnen Christen wie an die gesamte Kirche verfocht. Ihr Bahnbrecher war Petrus Valdes von Lyon, der 1176 als Bußprediger auftrat. Er schuf einen Laienorden, dessen Mitglieder die »Armen Christi« oder die »Armen von Lyon« hießen. Gemäß der Aussendungsrede Jesu (Mt. 10) zogen diese als Laienprediger umher. Sie verbreiteten die Bibel in der Volkssprache; auch verwarfen sie Eid, Kriegsdienst und Todesstrafe. Da sie auf die Glaubenspredigt nicht verzichten wollten, wurden sie von der Hierarchie exkommuniziert und in eine Untergrundbewegung gedrängt; sie bildeten eine weitverbreitete Geheimkirche mit eigenen Ämtern (Bischöfen, Priestern und Diakonen). Von diesen »Armen Christi« empfing zweifellos Franz von Assisi den Anstoß zu seiner Bewegung, die in vielem der waldensischen glich. Im Unterschied von diesen war er jedoch auf strenge Unterordnung unter die kirchliche Autorität bedacht; so gelang es ihm, trotz der Beschränkung seines Ideals durch die Hierarchie, den Bruch mit der Kirche zu vermeiden; während Valdes als ein Ketzer in die Kirchengeschichte einging, wurde Franz als Heiliger kanonisiert. Ein Teil seiner Jüngerschaft freilich, die sogenannten

Franziskanerspiritualen, deren hervorragendste Persönlichkeiten Petrus Olivi (1248–98) und Angelo Clareno (1260–1337) waren, wurden schließlich auf die gleiche Bahn der Sekte getrieben. Unter dem Einfluß der joachitischen Prophetie, in der sie das *Evangelium aeternum* erblickten, kämpften sie nicht nur um das franziskanische Armutsideal, sondern um die Verwirklichung der »Geistkirche«. Sie kamen in immer schärferen Gegensatz zu der entarteten »Klerikerkirche«, die ihnen geradezu als die babylonische Hure der Apokalypse erschien: dabei traten sie in die Fußtapfen der Waldenser, die bereits um 1240 die römische Kirche als das »große Tier« der Apokalypse, als die *ecclesia malignantium*, und Papst Silvester wegen der angeblichen Konstantinischen Schenkung als den »ersten Antichrist« gebrandmarkt hatten.
Diese Antichrist-Polemik verschärfte sich bei John Wiclif (1320–84), der die Heilige Schrift als alleinige Autorität anerkannte und in der Verwerfung der Lehre von der Transsubstantiation, der erzwungenen Ohrenbeichte, des Mönchtums und des Priesterzölibats der Reformation vorauseilte. Seine Erneuerungsideen fanden einen lebhaften Widerhall in Böhmen, wo Johannes Hus (1369–1415) sie verbreitete, der dafür auf dem Scheiterhaufen büßen mußte. Dessen Anhänger kämpften mit der Waffe in der Hand für diese Ideen. Während es den Utraquisten um kultische Forderungen, vor allem den Laienkelch (die Kommunion *sub utraque*, d. h. unter beiden Gestalten) ging, suchten die bilderstürmerischen Taboriten dem Gottesreich auf Erden durch eine neue kommunistische Ordnung der Gesellschaft die Bahn zu bereiten.
Neben allen diesen dem Papsttum feindlichen religiösen und theologischen Bewegungen suchte ein Großteil des Episkopats auf den Reformkonzilien zu Konstanz (1414–18) und Basel (1431–39) die päpstliche Macht durch Unterordnung unter das Konzil der Bischöfe einzuengen, dem als dem eigentlichen Repräsentanten der katholischen Kirche die höchste Autorität zukomme.

Das reformatorische Christentum

Martin Luther (1483–1546)

Alle urchristlichen Erneuerungsbewegungen der mittelalterlichen Kirche waren nur Vorboten jener Erneuerung, welche als die Reformation der abendländischen Christenheit schlechthin bezeichnet wird. Sie wurde entfesselt durch einen Augustinermönch und Theologieprofessor, dem in seinen religiösen Anfechtungen und Ängsten das Pauluswort von der *iustitia Dei* (»Gerechtigkeit, die vor Gott gilt«, Röm. 1,17) zur »Pforte des Paradieses« wurde, Martin Luther. Dieses Erlebnis (nach seinem Ort im Wittenberger Kloster »Turmerlebnis« genannt) ist freilich nur der Durchbruch einer Erkenntnis, die sich in einem langwierigen Prozeß angebahnt hatte. Augustins Theologie und die mittelalterliche Mystik, die ihm in Taulers Predigten und in der von ihm selbst herausgegebenen und gerühmten *Theologia deutsch* (s. S. 445) entgegentrat, wiesen ihm den Weg zur *salubris desperatio*, dem heilsamen Verzweifeln an sich selbst und der vollkommenen Hingabe an Gottes Gnade. Der Mensch ist nach Luther durch die Erbsünde »ganz und gar vermaledeit«, unfrei in seinem Willen und unfähig, Gottes Gesetz zu erfüllen. Die göttliche Gnade allein – *sola gratia* – bringt dem Sünder die Gewißheit der Erlösung, und der Glaube allein – *sola fides* – d. h. das unerschütterliche Vertrauen und Bauen auf diese Gnade gibt ihm die Gewißheit des Heils. Der Glaubende sieht Gott ins Herz: für ihn ist Gott nicht mehr der Zürnende, Richtende und Rächende, sondern »ein Abgrund ewiger Liebe«, ein »Meer voller Trost«, ein »Feuerofen und Brunst solcher Liebe, die Himmel und Erde füllet«. Der Blick in Gottes innerstes Wesen aber wird dem Glaubenden nur möglich durch Christus – *solus Christus* —, welcher der »Spiegel des väterlichen Herzens« ist, was allein die heilige Schrift des Alten und Neuen Testamentes bezeugt – *sola scriptura*. Gott, dessen An-sich-Sein für den Menschen ein Flammenmeer ist, hüllt sich in unscheinbare Gestalten und Masken, um dem Menschen erkennbar und vertraubar zu werden: er teilt sich mit im prophetischen Wort der Verheißung; noch deutlicher aber macht er sich erkennbar in dem Kindlein, das in der Krippe liegt, und im Schmerzensmann, der am Kreuze hängt; und er naht fort und fort dem Glaubenden in den unansehnlichen Elementen des Taufwassers wie des Brotes und Weines im Abendmahl. Dieser Glaube an den sich herabneigenden Gott der Liebe ist für Luther eine *unio mystica*; er »vereinigt die Seele mit Christo als eine Braut mit einem Bräutigam« und »macht sie göttlicher Natur teilhaftig«. Die Rechtfertigung ist nicht allein eine »forensische«, d. h. eine »außerhalb der Seele« im himmlischen Gerichtshof vollzogene, sondern die göttliche Liebe strömt in die menschliche Seele ein. Sie wird in ihr freilich nicht zum stehenden Wasser, vielmehr gleicht die Seele einer Röhre, »die oben empfängt und unten wieder ausgibt«, durch welche »der Born göttlicher Güter ohne Unterlaß fließen soll in andere Leute«. Wohl ist es der Glaube allein, der rechtfertigt und beseligt, aber der Glaube ist niemals allein für sich (*sola fides, sed fides nusquam sola*), sondern unlöslich mit den Werken der Liebe verbunden wie »Brennen und Leuchten« mit dem Feuer. »Der Glaube fraget auch nicht, ob gute Werke zu tun sind, sondern ehe man fraget, hat er sie getan und ist immer am Tun.« Nicht um in den Himmel zu gelangen, gilt es gute Werke zu tun, sondern umgekehrt, der Mensch muß »den Himmel haben und schon selig sein«, ehe er

Der junge Martin Luther

Sogenannte Thesentür der Schloßkirche zu Wittenberg

gute Werke tut; »die Werke verdienen nicht den Himmel, sondern wiederum der Himmel, aus lauter Gnade gegeben, tut die guten Werke dahin, ohne Gesuch des Verdienstes, dem Nächsten zu Nutz und Gott zu Ehren«. So wird der Mensch, der die einströmende göttliche Liebe wieder ausströmen läßt, »gegen seinen Nächsten ein Christus, wie ihm Christus worden ist«, ein »Licht und Heiland der ganzen Welt«. Wie der Glaube, so besitzt auch die Liebe zum Nächsten vergottende Kraft. »Gottes Kinder sind wir durch den Glauben, der uns Erben macht aller göttlichen Güter, aber Götter sind wir durch die Liebe, die uns gegen unseren Nächsten wohltätig macht, denn göttliche Natur ist nichts anderes denn eitel Wohltätigkeit.« Aber nicht nur der liebende Mensch, sondern auch der Liebe Empfangende ist ein Stellvertreter des Gottessohnes. Die Worte des messianischen Richters über die Identität aller Hilfsbedürftigen mit ihm selber (Mt. 25) sind Lieblingsworte Luthers. »Vor unserer Tür, auf allen Gassen« begegnet uns Christus in den Armen und Notleidenden. Jeder Liebesdienst an einem Hilfe heischenden Menschen ist Gottesdienst, und »wo Gottesdienst ist, da ist der Himmel. Wenn ich nun meinem Nächsten diene, so bin ich schon im Himmel, denn ich diene Gott. Also machen wir uns selbst ein Paradies und einen Himmel hier auf Erden.« In diesen »zwei Stücken, Gläuben und Lieben« ist für Luther »alle christliche Lehre, Werk und Leben, kurz, klärlich und überflüssig begriffen«.

Im Feuer dieses »Gläubens und Liebens« hat Luther alle christlichen Grundbegriffe umgeschmolzen: 1. das Evangelium ist für ihn die Verkündigung der göttlichen Gnade, »eine süße, gute, gnädige Botschaft, die ein betrübt, erschrocken Herz erfreuet und erhebet«. 2. Die Schrift ist in ihrem Wesen das Buch des Trostes; Kern und Mark derselben sind die klaren Stellen über die allein rechtfertigende Gottesgnade; von ihnen aus müssen alle Texte gedeutet werden. Weil aber in den einzelnen Schriften der Bibel diese Botschaft mit unterschiedlicher Klarheit ausgesprochen ist, staffelt sie Luther nach ihrem Werte. Er sieht in den paulinischen Briefen und in der alttestamentlichen Prophetie vom leidenden Gottesknecht (Jes. 53) ein besseres Evangelium als in den sogenannten Evangelien; er stellt das Johannesevangelium als »das einige, zarte, rechte Hauptevangelium« hoch über die drei ersten Evangelien. Er betrachtet den Römerbrief geradezu als »das rechte Hauptstück des Neuen Testamentes und das allerlauterste Evangelium«, während er umgekehrt den die Werke fordernden Jakobusbrief als »strohene Epistel« abtut. 3. Weil Luthers Blick ganz auf das göttliche Gnadenwirken gerichtet ist, betrachtet er die dogmatische Lehre von den zwei Naturen Christi als »sophistisch«; er sieht in Christus einzig und allein »meinen Heiland und Erlöser, der seine Liebe ausgeschüttet«. 4. Das Gottesreich entkleidet er seines eschatologischen Charakters und erblickt in ihm nur ein »Trostreich und Hilfereich in den Seelen«. 5. Die unsichtbare Kirche ist für ihn die Gemeinschaft aller Seelen, welche die Sündenvergebung empfangen, die sichtbare Kirche die Versammlung, in welcher das »lautere Evangelium« von der Sündenvergebung verkündet und der Gottesdienst gehalten wird, der in der »Predigt des Gotteswortes« besteht. 6. Die Sakramente der Taufe und des Abendmahls sind ihm das »Siegel des Wortes«, d. h. die sinnenfällige Bekräftigung der im Wort mitgeteilten göttlichen Heilszusage. Dabei verficht Luther mit Leidenschaft die wirkliche Gegenwart des Leibes und Blutes Christi in den Elementen von Brot und Wein.

So sind alle christlichen Grundbegriffe Ausdrucksformen für die sündenvergebende Gnade Gottes geworden, und damit ist das Christentum ungeheuer vereinfacht. Dieses vereinfachte Christentum Luthers hat keinen Platz für alle jene Elemente des reichen katholischen Systems, in welchen der Reformator eine Bedrohung des Evangeliums von der allein wirkenden Gottesgnade erblickt. Er wendet sich deshalb 1. gegen die volkstümliche Anrufung der Heiligen und gegen die Verehrung der Gottesmutter als einer Fürsprecherin und Versöhnerin bei Christus sowie gegen die Auffassung der Messe als eines immer erneut vollzogenen Opfers zur Versöhnung Gottes. Er verwirft

2. die vulgäre Gesetzes- und Verdienstreligion. 3. Weil er im Mönchtum nur eine gesteigerte Form der Werkgerechtigkeit erblickt, brandmarkt er dieses als »höllisches Giftküchlein«. 4. Er bekämpft den Papst als »Antichrist«, weil dieser das Gotteswort der Christenheit genommen habe und das Evangelium mit Füßen trete. 5. Er wendet sich auch gegen jede rationale Theologie und alle vernunftmäßige Gotteserkenntnis. Die Vernunft ist ihm die »Erzhure und Teufelsbraut«; Aristoteles, welcher der scholastischen Theologie das philosophische Rüstzeug geliefert, der »blinde, heidnische Meister«, der »mit seinen falschen Worten so viele von den besten Christen irregeführt und genarret« hat. 6. Damit hängt auch zusammen, daß Luther im Heidentum, »da das Evangelium nicht ist«, »eitel Nacht und Finsternis« sieht, keine Vergebung und keine Heiligkeit, keinen Gott, sondern nur einen Götzen. 7. Obgleich Luther selbst durch die Mystik seiner Heilserfahrung näher gebracht worden war, verdammt er die mystische Theologie des Areopagiten (s. S. 426), weil sie für ihn »mehr platonisch als christlich« ist. Immerhin gibt Luther bisweilen zu, daß Gott die Heiden auch auf außerordentlichem Wege, nämlich »inwendig« begnade und daß er deshalb »seine Kirche auch unter den Heiden« habe. In der Polemik gegen all diese vermeintlich unterchristlichen Elemente der katholischen Kirche zeigt Luther eine Einseitigkeit und Schroffheit, wie sie das Kennzeichen aller eifernden Propheten ist. Diese Schroffheit, die sich gegen Ende seines Lebens immer mehr steigerte (vgl. S. 392), richtete sich ebenso gegen die katholischen Scholastiker und Humanisten wie gegen die Vertreter anderer reformatorischer Richtungen, gegen Zwingli, die Täufer und Spiritualisten. Er sieht in ihnen Ketzer, in Zwingli sogar wegen seiner Anerkennung der Heilsmöglichkeit in der außerchristlichen Welt einen Heiden.

Das Luthertum milderte die prophetische Einseitigkeit seines Lehrvaters, indem es eine theologische Scholastik schuf und in der Beibehaltung des liturgischen Erbgutes eine noch konservativere Haltung einnahm als der Reformator. Auf der anderen Seite erstarrte in ihm dessen prophetische Ursprünglichkeit und Lebendigkeit in einem dogmatischen System. Sein grundlegendes Zeugnis, die *Confessio Augustana*, die auf dem Reichstag zu Augsburg (1530) überreichte Bekenntnisschrift, stellt ein Unionsdokument dar, in welchem die Übereinstimmung der lutherischen Lehre mit der katholischen Tradition und der Wille zur Wiederherstellung der zerbrochenen kirchlichen Einheit bekannt wird (s. S. 483). In die lutherische Erbauungsliteratur, die zunächst einen rein biblischen Charakter trug, drang seit der zweiten Hälfte des 16. Jahrhunderts die mystische Gebetsweise der spätmittelalterlichen und jesuitischen Frömmigkeit ein.

Johannes Calvin (1509–64)

Einen völlig anderen Charakter als das Luthertum zeigt der Calvinismus. Obgleich Calvin die lutherischen Grundgedanken der *sola gratia*, der *sola fides*, des *solus Christus* und der *sola scriptura* übernahm, steht im Mittelpunkt seines reformatorischen Denkens nicht die Seligkeit der Heilsgewißheit, sondern die *gloria Dei*, die sich ebenso im Jubel der ewig Beseligten wie in der Qual der ewig Verdammten offenbart – beseligt oder verdammt durch das *decretum aeternum* der doppelten Prädestination. Gottes Reich ist nicht, wie bei Luther, ein innerseelisches Reich des Trostes, sondern es wird Wirklichkeit in der Geschichte, in welcher das Ringen zwischen Gott und Satan zum endgültigen Triumph Gottes führt. Christus ist nicht das liebliche Kindlein in der

Krippe noch das *caput cruentatum* am Kreuz, sondern der majestätische König als Träger der Gottesherrschaft auf Erden, der alle Mächte zu seinen Füßen zwingt, der Weltenrichter. Die Kirche ist die Gemeinde der Erwählten, mit der Gott seinen Bund schließt, die große Kämpferschar, die für ihren Herrn streitet und opfert, das Volk Gottes. Während Luther der Prophet ist, der aus der Fülle seines gotterfüllten Herzens – oft in Widersprüchen – das göttliche Gnadengeheimnis verkündete, ist Calvin der große theologische Denker, der in seiner *Institutio religionis Christianae* ein gewaltiges System errichtet hat. Während Luther die Gestaltung des weltlichen Lebens der Staatsobrigkeit überläßt, sucht Calvin die Herrschaft Gottes auch im politischen Bereich zu verwirklichen. Ist Luther der Prediger und Seelsorger, so ist Calvin der Organisator von Kirche und Staat; während für ersteren die äußere kirchliche Organisation nebensächlich ist, beruht sie für Calvin auf göttlicher Einsicht. Während Luther

Johannes Calvin

die Herrlichkeit des allgemeinen Priestertums verkündet, mißt Calvin dem geistlichen Amt höchsten Wert zu. Die mit dem *ministerium verbi* betraute *vénérable compagnie des pasteurs* hat geistliche Autorität zur Überwachung von Lehre und Disziplin. Während Luther in der Ordnung des Gottesdienstes an die überkommene Tradition bis hin zu den Zeremonien sich anlehnt, zerstört Calvin ebenso die alten Liturgien wie die alten Bilder und schafft auf biblischer Grundlage einen neuen »puritanischen« Kult, durch den Gott »recht« (*rite*) »im Geist und in der Wahrheit« verehrt werden soll. Im Unterschied von Luthers streng realistischer Auffassung von der Gegenwart Christi in Brot und Wein vertritt Calvin im Sinne Augustins eine spiritualistische Auffassung, nämlich einen psycho-physischen Parallelismus zwischen dem leiblichen Genießen der Elemente und der mystischen Einigung mit dem im Himmel erhöhten Herrn, der durch den Heiligen Geist gegenwärtig wird.

Dem calvinischen System der reformatorischen Theologie eignet ebenso Universalität wie Konsequenz, zugleich freilich eine Ausschließlichkeit, welche die Luthers noch überbietet. Diese Ausschließlichkeit zeigt sich gerade in seiner Stellung zum Heidentum. Obgleich Gott in der Heidenwelt trotz ihres Verderbens einige gute Samenkörner ausgestreut hat und so in ihr noch einige Reste der Wahrheit vorhanden sind, ist dem natürlichen Menschen die Gotteserkenntnis völlig verschlossen. Alle schönen Aussprüche antiker Philosophen über Gott schmecken nach »schwindelhafter Eingebung«, aller heidnische Gottesglaube ist »Albernheit«, alle Tugenden der Heiden sind nur »Schminke und Dunst«, alle Humanität ist ein »Greuel vor Gott«. Die Heiden sind fern von Gott, in Finsternis dahingegeben, ein *profanum vulgus*. Die Bibel aus den Worten der Weltweisen zu erhärten suchen, heißt einen Schleier vor die Klarheit legen.

Diese Exklusivität bewies Calvin aber nicht nur in der theologischen Lehre, sondern auch in der politischen Gewalttat. Den spanischen Arzt Servet, der eben dem Kerker der römischen Inquisition entronnen war, ließ er wegen der Leugnung der Trinität in Genf verhaften und zum Tode verurteilen. Servet starb in den Flammen, den Ruf *»misericordia«* auf den Lippen (1553). An der Stelle dieses Scheiterhaufens errichteten Protestanten, die sich als »dankbare Söhne Calvins« bezeichneten, im Jahre 1903 ein Sühnedenkmal.

Trotz aller dogmatischen Enge und Intoleranz, die in der Einseitigkeit von Calvins Biblizismus wurzelt, besitzt sein theologisches System eine nicht zu leugnende Großartigkeit. Calvin übertrifft in manchem Luther an Weite des Blicks; vor allem hat er als Herold eines universalen Protestantismus der ökumenischen Bewegung des 20. Jahrhunderts den Weg gewiesen.

Huldrych Zwingli (1484–1531)

Luther und Calvin waren starke Persönlichkeiten von schöpferischer Originalität; aber ihre Einseitigkeit und Ausschließlichkeit erklärt es, daß ihre mächtigen Bewegungen in orthodoxen Lehrsystemen sich rasch verengten. Ihnen beiden stehen andere reformatorische Persönlichkeiten gegenüber, die in ihrer freieren Haltung die ursprünglichen Impulse des deutschen Reformators folgerichtiger durchführten. An ihrer Spitze steht der Schweizer Reformator Huldrych Zwingli, der aus der Schule der alten Kirchenväter und der Humanisten kam. In seiner kernigen evangelischen Frömmigkeit, die aus der *sola gratia* und *sola fides* lebte, unterschied er sich nicht von Luther. Seine stärker rationale und spiritualistische Eigenart zeigt sich aber in der Abschwächung der Lehre von der Erbsünde, die er nicht als radikale Verderbnis, sondern nur als »Prest« (Gebrechen) ansah. Als Vertreter einer symbolistischen Auffassung des Abendmahls wurde er zu Luthers Widerpart in dem Religionsgespräch zu Marburg (1529), welches der Einigung aller protestantischen Kräfte dienen sollte. Vor allem unterschied er sich von letzterem durch seine Aufgeschlossenheit gegenüber der vorchristlichen Geisteswelt. Die griechischen und lateinischen Klassiker waren seine Lieblingslektüre; besonders begeisterte er sich für Pindar, den er als einen Geistesverwandten Hiobs und der Psalmisten ansah. Kein griechischer Schriftsteller dient nach Zwingli »so trefflich zum Verständnis der Heiligen Schrift wie dieser Mann mit dem unverdorbenen, für das Wahre, Heilige und Gute begeisterten Herzen«. Seneca ist für ihn ein »einzigartiger Säemann der Seelen«. Zwingli bekennt: »Wir nehmen auch gern die Wahrheit an, die von den Heiden verkündet ist, da wir wissen, daß alle Wahrheit von Gott ist, durch wen immer sie auch geoffenbart sein mag.« Alle Heiden, die aus der Quelle der göttlichen Wahrheit geschöpft haben, sind für Zwingli »inspiriert«. Gott hat vor der Erschaffung der Welt in Christo auch Heiden »zur Gerechtigkeit und zum Leben auserwählt und ihnen den Glauben eingegossen, den sie in ihren Werken bewiesen haben«. Eben darum erlangen auch sie die ewige Seligkeit. Der verbreiteten humanistischen Anschauung vom »Heidenhimmel« folgend, kündigte Zwingli dem französischen König in seiner *Auslegung des christlichen Glaubens* an, daß dieser im Himmel neben all den alttestamentlichen Patriarchen und Propheten, den Aposteln und seinen christlichen Ahnen auch alle großen heidnischen Männer treffen werde: »Es hat von Beginn der Welt an nie ein trefflicher Mann gelebt, es wird bis zu ihrem Untergang keinen Menschen heiligen Sinnes und gläubiger Seele geben, den du dort bei Gott nicht sehen wirst.«

Die Spiritualisten

Noch weiter als Zwingli gingen die Spiritualisten, so genannt nach der »Religion des Geistes«, die sie vertraten. Ihr Größter ist Sebastian Franck von Donauwörth (1499–1542), der, verfolgt von der lutherischen Orthodoxie, seinem Pfarrerberuf entsagte, Buchdrucker wurde und ein unstetes Leben führte. Nicht der Jesus der Geschichte, sondern der »Christus in uns«, das »innere Licht«, die »Kraft Gottes«, das »eingepflanzte Wort Gottes« stehen im Mittelpunkt seines religiösen Denkens. Das heilsgeschichtliche Christusdrama (Menschwerdung, Kreuzigung, Auferstehung, Himmelfahrt) muß sich in jeder einzelnen Seele wiederholen. Das Wirken dieses immanenten Christus erkennt Sebastian Franck in der gesamten Menschheit: »Aus diesem Licht und Grund haben geschrieben Platon und Plotin, Seneca, Hiob und alle erleuchteten Heiden«; ja, »Platon und Plotin haben heller von Christo geschrieben als Mose«. Die Kirche dieses inneren Christus reicht darum so weit wie die Menschheit – »ich halte für meinen Bruder, meinen Nächsten, mein Fleisch und Blut alle Menschen, die zu Christus gehören, in allen Sekten, in allen Glaubenslehren und Völkern, die über die ganze Welt zerstreut sind«.

In den Kreisen der Spiritualisten brach sich auch der neuzeitliche Toleranzgedanke Bahn. Ihre Hauptvorkämpfer waren Sebastian Castellio (1515–63) und Jacobus Acontius, der Verfasser der *Stratagemata Satanae* (gest. um 1566), ein Vorläufer der Aufklärung.

Der Spiritualismus schuf sich eine bedeutende, wenn auch zahlenmäßig kleine Gemeinde in den Quäkern (s. S. 488). George Fox (1624–91) war zugleich Mystiker und Prophet. Mit zäher Beharrlichkeit kämpfte er gegen die Veräußerlichung des Christentums in der englischen Staatskirche und in ihrem Klerus – von den Kirchen pflegte er nur ironisch als von den »Turmhäusern« zu sprechen. Wie dem äußeren Kirchentum, so trat Fox auch dem protestantischen Buchstabenglauben entgegen. Nicht der ist für ihn ein Christ, welcher in den Worten der Schrift lebt, sondern nur der, welcher das Leben der Schrift lebt; nicht das äußere Wort ist die Quelle des Heils, sondern das Licht Christi, der in uns ist, der Same Gottes in uns. Der erste große Quäkertheologe, Robert Barclay (1648–98), dessen *Theologiae verae christianae apologia* geradezu symbolisches Ansehen in der Quäkergemeinde erlangte, hat daraus die Folgerungen für die Beurteilung der nichtchristlichen Religionen gezogen. Die Offenbarung Gottes durch seinen Geist ist immer dieselbe gewesen, zur Zeit der Weltschöpfung, unter dem mosaischen Gesetz und im Christentum. Gott hat einem jeden Menschen – er sei Jude oder Heide, Türke oder Skythe – eine gewisse Zeit der Heimsuchung gegeben, in welcher es ihm möglich ist, auf Grund eines gewissen Maßes des inneren Gnadenlichtes slilg zu werden. Wer dieses Licht annimmt, wird erlöst, auch wenn er nichts von Chtisti Leiden und Sterben weiß. Dieses Licht ist ja nicht bloß ein Rest des Guten, der nach dem Fall des Adam den Menschen geblieben ist, sondern Gottes eigenstes Wesen, das in uns Wohnung nimmt.

Jakob Böhme

In den Kreis der selbständigen spiritualistischen Frommen gehört auch der *»philosophus teutonicus«* Jacob Böhme (1576–1624). Von der Mystik kommend, gelangte er durch seine kühne Spekulation zu einem Dualismus des »finsteren Zornwillens« und »feurigen Liebeswillens« Gottes, den er aus dem Kosmos ins innergöttliche Leben zurücktrug. Die Heilsmöglichkeit der Nichtchristen verfocht auch er mit Entschiedenheit:

> »Es liegt nicht daran, ob du einen Christennamen habest, es stecket keine Seligkeit darin; ein Heide und Türke ist Gott so nahe als du unter Christi Namen. So du

aber einen falschen, ungöttlichen Willen in die Tat führest, so bist du so wohl außer Gott ein Heide, der Gottes nicht begehret und den nicht will; und so ein Türke Gott suchet und das mit Ernst, und ob er in der Blindheit wandelt, so ist er doch unter dem Kinderhaufen, welche unverständig sind, und erreichet Gott mit den Kindern, welche nicht wissen, was sie reden; denn es lieget am Willen und nicht am Wissen.«

Obgleich Böhme von der lutherischen Orthodoxie heftig verfolgt wurde, ward seine mystische Philosophie der Sammelpunkt für kleinere Kreise in Deutschland wie in England. Sie fand noch eine starke Nachwirkung in der idealistischen Philosophie des 19. Jahrhunderts.

Während die Spiritualisten Einzelgänger waren und nur kleinere Gruppen um sich sammelten, bildeten die Unitarier als Träger eines rationalen Christentums von Anfang an kirchliche Gemeinschaften (s. S. 491).

Zwischen der lutherischen und calvinischen Orthodoxie einerseits und den freien protestantischen Gruppen andererseits stehen die Wiedertäufer und verwandte Gemeinschaften wie die Mennoniten (s. S. 488). Sie suchten die religiösen und sittlichen Normen der Bibel, insbesondere der Bergpredigt, im sozialen Leben zu verwirklichen. Die jerusalemische Urgemeinde war ihr großes Vorbild. Als Heiligungsgemeinden schieden sie sich scharf nicht nur von der Welt, sondern auch von den verweltlichten und mit dem Staat verketteten protestantischen Großkirchen.

Die Erneuerung der römischen Kirche

Die römische Kirche grenzte sich im Tridentinischen Konzil (1545–63) vom reformatorischen Christentum scharf ab. Auf der Grundlage der Scholastik schuf das Konzil ein Lehrsystem, das zwar dem reformatorischen Gnaden- und Rechtfertigungsgedanken grundsätzlich entgegenkam, aber gleichwohl die verschiedenen Formen der vulgären mittelalterlichen Frömmigkeit (s. S. 447) dogmatisch rechtfertigte. Wie schon das Konzil von Florenz (1438/39) verabsolutierte es in der Sakramentslehre die abendländische Tradition. Als feierliche Bekundung des antireformatorischen Kampfwillens proklamierte das Konzil den erst in der zweiten Hälfte des 13. Jahrhunderts entstandenen Brauch der Fronleichnamsprozession, in welchem »die siegreiche Wahrheit über Lüge und Häresie triumphieren« (Sess. 13 c. 5) sollte. Mit der theologischen Klärung verband das Konzil praktische Maßnahmen zur Reinigung und Festigung des kirchlichen Lebens und führte so seinerseits eine Reformation durch, die wegen ihrer antiprotestantischen Zuspitzung als »Gegenreformation« bezeichnet wird.

Einer der Hauptträger dieser Gegenreformation war der von Ignatius von Loyola (s. S. 446) gegründete Jesuitenorden, welcher die mittelalterliche Exerzitientechnik in den Dienst der Arbeit für Kirche und Papst stellte. Er propagierte gerade jene Frömmigkeitsformen, die dem reformatorischen Empfinden am stärksten widersprachen, die Sakramentsprozessionen und den Marienkult. Auf allen Gebieten des geistigen und religiösen Lebens, der theologischen wie der profanen Wissenschaften, der Erziehung und der Seelsorge, vor allem aber auch der äußeren Mission leistete dieser Orden Hervorragendes, wobei er freilich stets die Festigung und Ausbreitung der hierarchischen Kirche zum Ziele hatte. Die Jesuitenmissionare, u. a. der Indianermissionar

Joseph Franz Lafitau (1681–1764), der Indienmissionar Robert de Nobili (1577–1656) und der Chinamissionar Matteo Ricci (1552–1610), gelangten zu einer hohen Schätzung der heidnischen Religion und Philosophie. Die in China wirkenden Jesuiten trugen viel zum Bekanntwerden der chinesischen Geisteswelt im Westen bei. Gemäß der Methode der »Akkomodation« duldeten sie bei den Bekehrten in China den Kult der Ahnen wie des Kŭng-fu-tzŭ, in Indien die Beobachtung der Kastenvorschriften und anderer religiöser Traditionen. Die Weite der Jesuiten in der Anerkennung nichtchristlicher Religionen zeigt sich besonders bei dem aus dem Jesuitenorden stammenden Kardinal Johann de Lugo (1583–1660), der unter den Augen des ketzerfeindlichen Urban VIII. die Heilsmöglichkeit außerhalb des Christentums vertrat. Die verschiedenen Schulen und religiösen Gemeinschaften in der Menschheit besitzen und vermitteln nach ihm ein Stück göttlicher Wahrheit. Die Seele, die in gutem Glauben Gott sucht, seine Wahrheit und Liebe, konzentriert ihre Aufmerksamkeit unter dem Einfluß der Gnade auf diese Wahrheitselemente, mögen sie nun viele oder wenige sein, die ihr dargeboten werden in den heiligen Büchern, den Unterweisungen, Gottesdiensten und Versammlungen der Kirche, Sekte oder Philosophenschule, in welcher sie aufgewachsen ist; die Seele nährt sich von diesen Elementen, besser gesagt, die göttliche Gnade nährt und erlöst sie unter der Hülle dieser Wahrheitselemente.

Das Christentum der Aufklärungszeit

Den tiefsten Einschnitt in der Geschichte des Christentums bildet nach dem protestantischen Theologen Ernst Troeltsch nicht die Reformation des 16. Jahrhunderts, sondern die in Theologie und Kirche eingegangene Aufklärung des 18. Jahrhunderts. Diese ist vorbereitet einerseits durch den Humanismus und Spiritualismus (s. S. 457), andererseits durch den Pietismus eines Philipp Jakob Spener (1635–1705) und August Hermann Francke (1663–1727), der sich vom dogmatischen Christentum abwandte und die innere Heilserfahrung samt der Bewährung in der Liebesarbeit zum alleinigen Kriterium der Christlichkeit machte. Die Aufklärung, welche den englischen Deismus, den französischen Enzyklopädismus und den deutschen Rationalismus umfaßt, nahm ihren Ausgangspunkt außerhalb der Kirche und Theologie in philosophischen Denkern; sie riß aber rasch die Theologie in ihren Bann, welche die vernunftgemäße Gotteserkenntnis bejahte, jedoch ihre Ergänzung oder Bestätigung durch die Offenbarung forderte. Sie ergriff auch den deutschen Katholizismus, der nicht nur eine aufgeschlossene Haltung gegenüber dem Protestantismus einzunehmen begann, sondern auch der katholischen Vulgärreligion (s. S. 446) kräftig zu Leibe rückte, ja selbst um eine Neugestaltung der überkommenen liturgischen Texte und um die Einführung der deutschen Sprache in den Gottesdienst sich mühte. Die Una-Sancta-Bewegung wie die liturgische Bewegung des 20. Jahrhunderts haben ihre Vorläufer im katholischen Aufklärungschristentum, wie es von Anton Johann Dereser (1757–1827), Philipp Joseph Brunner (1758–1829), Bischof Johann Michael Sailer (1751–1832) und Ignaz Heinrich von Wessenberg (1774–1860) vertreten wurde.
Charakteristisch für die gesamte Aufklärung, die außerkirchliche wie die kirchliche, ist eine Hochschätzung der außerchristlichen Religionen, welche durch die Erschließung fremder Erdteile immer deutlicher in den Gesichtskreis des Abendlandes traten. Die Religionsphilosophie Spinozas (1632–77) erschütterte die Auffassung, daß das Juden-

tum allein Propheten als Offenbarungsträger hervorgebracht habe, und stellte die übergeschichtliche natürliche Religion über die auf die Heilsgeschichte gegründete (s. S. 393). Augustinische und Abälardsche Gedanken (s. S. 438) lebten in Gottfried Wilhelm Leibniz (1646–1716) und Matthew Tindal (*Christianity as old as the creation or the Gospel as republication of nature,* 1730) wieder auf. David Humes (1711–76) *Natural History of Religion* brach der Erkenntnis Bahn, daß der Polytheismus dem Monotheismus entwicklungsgeschichtlich vorausgehe und ihn an Toleranz übertreffe. Gotthold Ephraim Lessing (1729–81) griff den alten patristischen Gedanken der stufenförmigen Erziehung der Menschheit wieder auf, verband aber damit den Gedanken Joachims von Fiore (s. S. 449) von einem Fortschreiten des neutestamentlichen Christentums zu einem Christentum des Geistes. Alle positiven Religionen schienen ihm gleich wahr und gleich falsch; als die beste erschien ihm diejenige, welche die wenigsten konventionellen Zusätze zur natürlichen Religion enthalte. Drei Gestalten wurden für die Aufklärungsphilosophie und -theologie zu mächtigen Symbolen für die Gottesoffenbarung in der außerchristlichen Welt: Sokrates, Konfuzius (s. S. 73 ff.) und Mohammed (s. S. 499 ff.). Die Aufgeschlossenheit kirchlicher Kreise jener Zeit für die außerchristlichen Religionen zeigt sich besonders deutlich an dem Konsistorialrat Friedrich Eberhard Boysen von Quedlinburg, der in der Vorrede zu seiner Übersetzung des Koran (1773) die Preisgabe falscher Vorurteile forderte und den Islam als die vernünftigste Lehre nach der christlichen rühmte.

Die Aufklärung bedeutete einen gewaltigen Fortschritt in der Geschichte der abendländischen Menschheit. Die großen Geister übten eine bemerkenswerte Kritik an den moralischen Entartungserscheinungen, die eine Folge enger religiöser Vorstellungen gewesen waren, so Immanuel Kant, der auf die Geschichte der christlichen Kirche die Dichterworte anwandte: *Tantum religio potuit suadere malorum.* Zahlreiche abergläubische Vorstellungen wurden in der Aufklärungszeit abgestoßen. Religiöse Gewissensfreiheit und Toleranz, die in der mittelalterlichen wie in der reformatorischen Christenheit eine Ausnahmeerscheinung gewesen waren, setzten sich endlich durch. Die Scheiterhaufen, auf denen zahllose vermeintliche Ketzer und Hexen einen grausamen Tod gefunden hatten, hörten auf (in Spanien freilich hoben erst die Napoleonischen Truppen das letzte Inquisitionsgefängnis auf). Die abendländische Christenheit begann, wenn auch zunächst in den fragwürdigen Formen einer gemeinsamen Vernunftreligion, die religiöse Einheit der ganzen Menschheit zu ahnen. Damit war freilich auch oft eine Verflachung des religiösen Lebens und Denkens verbunden.

Die Ideale der Aufklärung wurden bestimmend für das junge große Staatswesen der Neuen Welt, die Vereinigten Staaten von Amerika. Dort hatten sich die um des Gewissens willen in Europa verfolgten Angehörigen freier protestantischer Gruppen wie der Täufer, Schwenckfeldianer, Quäker, englischen Puritaner usw. angesiedelt. Das Wort des Präsidenten Thomas Jefferson (1743–1826) wurde zum Losungswort dieses freiheitsliebenden Volkes: »Ich habe auf Gottes Altar ewige Feindschaft gegenüber jeder Form von Tyrannei über den Geist des Menschen geschworen.« In der Novelle zur Unabhängigkeitserklärung wurde 1791 die religiöse Freiheit ein geschriebenes Gesetz der Vereinigten Staaten.

Das Christentum des 19. Jahrhunderts

Die Unzulänglichkeit des Religionsbegriffes der Aufklärungsphilosophie und -theologie fand eine Korrektur in der religiösen Romantik, deren größter Vertreter Friedrich Schleiermacher (1768–1834) ist. Sein um die Jahrhundertwende veröffentlichtes Werk *Reden über die Religion* führt die Religion aus der Sphäre der bloßen Vernunfterkenntnis und moralischen Handlung zurück in ihren Quellbezirk, ins fromme Gemüt. Doch bei aller Liebe zur Konkretheit der positiven Religion verkündet auch Schleiermacher die umfassende Einheit aller Religionen, die freilich in einer unabsehbaren Mannigfaltigkeit sich ihm darbietet. »Nur in der Totalität aller möglichen Formen kann die ganze Religion wirklich gegeben werden, und sie wird nur in einer unendlichen Sukzession kommender und wieder vergehender Gestalten dargestellt.« »Heilige Blumen duften und prangen in allen Gegenden«; »zu allen Zeiten und unter allen Völkern« lebt die wirkliche Religion. »Der Wunsch, daß es nur eine geben möchte«, ist ein »eitler Wunsch«; der Anspruch, »in der Menschheit alleinherrschend zu sein«, ist Ausdruck eines »Despotismus«, den das wahre Christentum »verschmäht«, weil es »mit Freuden« seine einzelnen Elemente auch als »Mittelpunkt eines Ganzen« in andersartig gruppierten Religionssystemen anschaut. »So wie nichts irreligiöser ist, als Einförmigkeit zu fordern in der Menschheit überhaupt, so ist nichts unchristlicher, als Einförmigkeit zu suchen in der Religion.« Das Christentum ist nur eine von vielen Möglichkeiten der ewigen Religion, und doch wieder einzigartig, gleichsam eine »höhere Potenz der Religion«, weil es als Ziel »eine unendliche Heiligkeit« verfolgt, vor allem aber, weil es seinen vollendeten Ausdruck nicht in einer Lehre gefunden hat, sondern in der lebendigen, vom Bewußtsein der Gottessohnschaft erfüllten Persönlichkeit Jesu. Schleiermachers Anschauung von den außerchristlichen Religionen wurde von einzelnen Laien der Romantik konkret angewandt, zumal im Hinblick auf die indische Religion, so von den Brüdern Schlegel, von Wilhelm von Humboldt und Friedrich Rückert (s. S. 261).

Die geistige Weite der Aufklärung und der Romantik verengte sich wieder im Konfessionalismus des 19. Jahrhunderts, der quer durch die verschiedenen Bekenntnisse ging. Innerhalb der römischen Kirche wuchs nach der Wiederherstellung des Jesuitenordens (1814) der Ultramontanismus empor, dessen schroff antiliberale Haltung ihren stärksten Ausdruck im *Syllabus* des Papstes Pius IX. (1864) fand; hier werden moderne Gesellschaftsideale wie die Gewissensfreiheit und die Trennung von Staat und Kirche ebenso verworfen wie die religiös motivierte Forderung einer Beseitigung des Kirchenstaates. Durch die Verkündigung der primatialen Vollgewalt und Unfehlbarkeit des Papstes in Glaubensentscheidungen auf dem Vatikanischen Konzil (1870) wurden die trennenden Schranken zwischen der römischen Kirche und dem Protestantismus, die in der Aufklärungszeit mehr und mehr zu schwinden schienen, wieder von neuem aufgerichtet. In der anglikanischen Kirche gewann nach anfänglichen heftigen Widerständen die »Oxford-Bewegung« (s. S. 480) und in ihrer Fortsetzung die »anglokatholische Bewegung« immer breiteren Boden, welche die Göttlichkeit des auf apostolischer Sukzession ruhenden kirchlichen Amtes und die Verbindlichkeit der altkirchlichen Dogmen verfocht und deren Anhänger trotz des in der anglikanischen Kirche maßgebenden Episkopalismus der römischen Lehre und Liturgie mehr oder weniger sich näherten. Im Neuluthertum, wie es vor allem August Friedrich Christian Vilmar

(1800–68), Wilhelm Löhe (1808–72) und Theodor Kliefoth (1810–95) vertraten, wurde die Bindung an die lutherischen Bekenntnisschriften des 16. Jahrhunderts gefordert und gleichfalls die göttliche Gründung des kirchlichen Amtes hervorgehoben. Auch im holländischen Calvinismus entstand eine Bewegung, welche gegen die Lehrfreiheit für die Einheit im Bekenntnis eintrat. Desgleichen wurde in Schottland im Zusammenhang mit einer evangelischen Erweckungsbewegung die strenge calvinische Kirchlichkeit erneuert.

In anderer, wenn auch freierer Weise erfolgte eine Rückwendung zum dogmatischen Christentum im deutschen Idealismus. Das christologische Dogma wurde wieder als verbindlich angesehen, freilich nicht im Sinne des historischen Gottmenschen, sondern der Idee der Gottmenschheit. Im Zusammenhang damit trat das Verhältnis des Christentums zu den nichtchristlichen Religionen in neues Licht. Nach Schelling ist das Christentum so alt wie die Welt, nur die »Ausführung des schon in den Verhältnissen des Weltprinzips selbst lebenden Gedankens«. Die Mythologie des Heidentums und die Offenbarung des Christentums sind darum letztlich identisch: das Heidentum ist natürliche, wildwachsende Religion, das Christentum übernatürliche, geistige Religion, im Grunde aber nur »das zurechtgestellte Heidentum«. Christus war schon im Heidentum wirksam, obwohl noch in seiner bloß natürlichen Wirkung; er, der nachher Mensch geworden, war der eigentliche Mittler, das »Licht der Heiden«. Noch stärker tritt die Höchstbewertung des Christentums in der Hegelschen Religionsphilosophie hervor. In einem triadischen Rhythmus bewegt sich die Religion von der Naturreligion

Eröffnung des I. Vatikanischen Konzils

über die Religion der geistigen Individualität zur absoluten Religion, der christlichen, welche die Idee der Gottmenschheit schaut, freilich nur in der bildhaften Vorstellung; sie wird überboten von der absoluten Philosophie, welche diese Idee im reinen Begriff erfaßt.

Die idealistische Philosophie, die in der mythologischen Auflösung der Evangelien durch David Friedrich Strauß (1808–74) und in der psychologischen Auflösung des Gottesglaubens durch Ludwig Feuerbach (1804–72) mündet, wurde abgelöst durch die historisch-kritische Betrachtung von Bibel und Christentum. An die Stelle der abstrakten Idee trat die konkrete Wirklichkeit der historischen Persönlichkeit: das neutestamentliche Christentum mit seiner Vorbereitung im israelitischen Prophetismus und seiner Weiterentwicklung in der Kirchengeschichte enthüllte sich als Kette historischer Bedingtheiten. Die heilige Schrift des Alten und Neuen Testamentes erwies sich der intensiven bibelkritischen Forschung als Sammlung von Literaturwerken, die einen komplizierten Entwicklungsgang durchlaufen hatten, ehe sie ihre jetzige Gestalt annahmen. Aus diesem Entwicklungsprozeß hob sich die Gestalt des Menschen Jesus von Nazareth in ihrer religiösen und sittlichen Lebendigkeit heraus, die freilich rasch in dem halb mythischen, halb rationalistischen Gedankenschema des christologischen Dogmas verblaßt sei. Der protestantische Liberalismus, dessen höchste Leistungen die Leben-Jesu-Forschung und Dogmengeschichte waren, umfing mit einer geradezu religiösen Inbrunst den geschichtlichen Jesus, dessen wundersames Bild er von der christologischen Übermalung befreien zu können glaubte. Adolf von Harnack hat in seinem *Wesen des Christentums* (1900) das klassische Jesusbild des Liberalismus gezeichnet. Diese Jesus-Theologie trug dabei freilich moderne Persönlichkeits- und Kulturideale in die vergangene Geschichte zurück. Jesus aber kehrte aus dem 19. Jahrhundert wieder in seine Zeit zurück und enthüllte sich als der fremdartige Prediger des nahen Endreiches. Albert Schweitzer, der diese »eschatologische« Auffassung des Evangeliums in der modernen Theologie durchsetzte, sah in der Nachfolge Christi das Wesen der Christlichkeit. Dadurch, daß er selbst in seinem ärztlichen Missionsdienst im Urwald ein heroisches Beispiel dieser Nachfolge gab, ist er zum »Heiligen« des modernen Protestantismus geworden.

Die liberale Theologie verfocht die Einzigartigkeit Jesu und den Höchstwert seines Evangeliums; sie verband damit häufig ein mangelndes Verständnis und eine Geringschätzung der nichtchristlichen Religionen, die vor allem in der Schrift Albert Schweitzers, *Das Christentum und die Weltreligionen* (1924), deutlich wird. Dagegen hat die »Religionsgeschichtliche Schule« innerhalb der protestantischen Bibelkritik (besonders Hermann Gunkel, Hugo Greßmann und Alfred Jeremias auf alttestamentlichem, Wilhelm Bousset und Wilhelm Heitmüller auf neutestamentlichem Gebiet) die engen Zusammenhänge der alttestamentlichen Religion mit der altorientalischen, der neutestamentlichen Religion mit dem hellenistisch-orientalischen Synkretismus erhärtet. Der große Systematiker Ernst Troeltsch (1865–1923) zog die Konsequenz dieser Erkenntnis, indem er dem Christentum nur eine »relative Absolutheit« zuerkannte.

Die vergleichende Religionswissenschaft

Die vergleichende Religionswissenschaft rückte das Christentum in das Licht der anderen hohen Religionen des Ostens. Einer ihrer Väter, Friedrich Max Müller

(1823–1900), welcher in einer fünfzigbändigen Sammlung die »heiligen Bücher des Ostens« der abendländischen Geisteswelt zugänglich gemacht hat, kämpfte gegen die weitverbreitete Verachtung der nichtchristlichen Religionen, die besagt, daß »alle Menschen, die vor dem Christentum lebten, eine Art Parias seien, die der himmlische Vater verstoßen habe« – eine Auffassung, die ihm »unchristlicher« erscheint, »als irgend etwas, was in den heiligen Schriften des Heidentums sich findet«. Unter Berufung auf die Kirchenväter vertritt Max Müller die Überzeugung, daß die Religionsgeschichte einen »ununterbrochenen Fortschritt der menschlichen Deutung des Unendlichen« und insofern eine »göttliche Erziehung des Menschengeschlechtes« darstelle. Jede Religion ist für ihn »eine Brücke zum Unendlichen, mag sie noch so roh und mangelhaft gebaut sein«. Trotz aller Liebe zu den nichtchristlichen Religionen läßt Max Müller sich nicht in der Überzeugung beirren, daß das Christentum »die beste, die reinste, die wahrste Religion ist, welche die Welt je gesehen hat«, freilich »die von Christus gelehrte ohne alles spätere kirchliche Beiwerk«.
Der zweite christliche Religionsforscher, der das Verhältnis des Christentums zu den nichtchristlichen Religionen in helles Licht gerückt hat, ist der schwedische lutherische Erzbischof Nathan Söderblom (1866–1931). »Überall, wo religiöse Aufrichtigkeit ist, da ist ein bestimmtes Maß von Gottes Offenbarung.« Noch auf dem Sterbebett bekannte Söderblom: »Gott lebt, ich kann es beweisen aus der Religionsgeschichte.« Gleichwohl hielt auch er daran fest, daß die biblische Religion als prophetische Offenbarungsreligion von den anderen sich deutlich abhebe, und zwar »durch eine Hervorhebung der göttlichen Selbstmitteilung und Aktivität, welche der höheren Mystik der anderen Religionstypen sehr fremd bleibt«.
Der dritte Bahnbrecher vergleichender Religionsbetrachtung im Protestantismus war der Marburger Theologe Rudolf Otto (1869–1937), der als Verfasser des Werkes *Das Heilige* (1917) zum »Schleiermacher redivivus« geworden ist, indem er dessen hochfliegende Konzeption (s. S. 462) religionsgeschichtlich und religionspsychologisch unterbaute. Nach Otto hat die ganze Religionsgeschichte an der Entwicklung des Christentums mitgewirkt; auf diese Weise »erhält die religiöse Idee der »Heilsgeschichte« eine Spannweite, wie sie sie für unsere Väter noch nicht haben konnte«. Aber auch für diesen universalen Theologen ist das Christentum zwar »nicht nach Seiten seiner vielen mannigfaltig anfechtbaren historischen Unzulänglichkeiten, sondern nach seinem spezifischen idealen Gehalt, nach seinem höchst individuellen, typisch charakterisierten Sondergeist den anderen Sonderbildungen der Religionen entscheidend überlegen, nicht wie die Wahrheit der Lüge, sondern wie Plato dem Aristoteles, nicht wie der Herr dem Sklaven, sondern wie der Erstgeborene seinen Brüdern«.

Der Modernismus und Antimodernismus

Unter dem Einfluß der modernen kritischen Bibelkritik und Dogmengeschichte entstand innerhalb der römisch-katholischen Kirche eine Bewegung, welche eine Versöhnung der modernen Wissenschaft mit dem katholischen Glauben erstrebte. Ihr Vater war der französische Bibelforscher Alfred Loisy (1857–1940), der trotz seiner radikalen Bibelkritik in seiner Grundhaltung katholisch war. Sein Werk *Das Evangelium und die Kirche* (1902) stellte in der Auseinandersetzung mit Adolf Harnacks *Wesen des Christentums* eine Rechtfertigung der katholischen Kirche dar, deren Wurzeln Loisy in dem kritisch verstandenen eschatologischen Evangelium Jesu aufzudecken glaubte. Der Exjesuit George Tyrrell (1861–1909) schuf auf dem Boden der Religionspsychologie und der eschatologischen Interpretation des Urchristentums ebenfalls eine glänzende Apologie der Katholizität, vor allem in seinem nachgelassenen Werk *Das Christentum am Scheidewege* (1909). Der Freund der beiden, der Religionsphilosoph Friedrich von Hügel (1852–1925), genannt der »Laienbischof des katholischen Modernismus«, wußte eine scharfsinnige historische und philosophische Kritik mit einer tiefen mystischen Frömmigkeit und einer unerschütterlichen Treue zur römischen Kirche zu vereinen. Sein Werk über »das mystische Element der Religion« (*The Mystical Element of Religion*, 1922) gehört zu den bedeutendsten religionsphilosophischen Werken der Neuzeit. Der italienische Schriftsteller Antonio Fogazzaro (1842–1911) zeichnete in seinem Roman *Il Santo* (1905) eine Heiligengestalt, welche eine Harmonie von tiefer katholischer Frömmigkeit mit einer modernen Geisteshaltung darstellte. Der italienische Kirchenhistoriker Ernesto Buonaiuti (1881–1946) zeigt dasselbe Nebeneinander rückhaltloser historischer Kritik und glühender Liebe zur katholischen Kirche. Durch seine Forschungen wurde die joachitische Idee von der »Kirche des Geistes« (s. S. 449) wieder belebt. Seine Autobiographie *Pellegrino di Roma* (1945) gehört zu den bedeutendsten religiösen Memoiren; sie gibt tiefe Aufschlüsse über das innere Leben der römischen Kirche.

Alle katholischen Modernisten sind eins in der freudigen Anerkennung der Gottesoffenbarung in der gesamten Menschheitsgeschichte. Die Größe und Fruchtbarkeit der katholischen Kirche liegt für sie gerade darin, daß sie in ihrem Schoß die Fülle der religiösen Menschheitserfahrung umschließt. »Es scheint uns, daß das, was der katholischen Kirche so oft zum Vorwurf gemacht wird, ihre mannigfache Berührung mit nichtchristlichen Religionen, mit dem Judentum, dem griechisch-römischen und ägyptischen Heidentum, gerade einer ihrer größten Ruhmestitel und Vorzüge ist. Wir fühlen gern, wie der Saft des großen Lebensbaumes in unseren Adern aus den verborgenen Wurzeln der Menschheit aufwallt. Dies fühlen, sich im letzten Sinn einig wissen mit allen Religionen der Welt, anerkennen, daß sie alle, wie schwach auch immer, erleuchtet sind von dem einen Logoslicht, das heißt katholisch sein, das heißt sich über den Geist enger Abgeschlossenheit und Sektenbildung erheben, ohne irgendwie in Gleichgültigkeit zu verfallen, das heißt der Schüler dessen sein, der, während er glaubte, daß das Heil den Juden gehöre, bei den Samaritern und den Heiden so starken Glauben fand, wie sonst nirgends in Israel« (George Tyrrell). »Wir katholische Christen wollen in der Tat nie die hohe Wahrheit und das hehre Ideal einer religiösen Einheit des Kultes und des Glaubens, einer einzigen weltweiten Kirche aufgeben, aber wir betrachten diesen unseren unvergänglichen Glauben an die religiöse Einheit nur dann als realisierbar, wenn wir fähig und froh sind, die rudimentären, relativen, pädagogischen Wahrheiten und Werte in anderen Religionen als unserer eigenen anzuerkennen – Werte, die wenigstens im Hinblick auf das Judentum und den Hellenismus die römische Kirche nie aufgehört hat zu gebrauchen und zu verkünden. – Die feierliche und überdies endgültige Aufnahme des ganzen jüdischen Alten Testamentes in den katholischen Schriftkanon, die umfassende Verwertung und Eingliederung der griechisch-platonischen Philosophie im vierten Evangelium, in den Werken Justins des Märtyrers und des Clemens von Alexandrien sowie in den noch weitergehenden Entlehnungen aus Proklus durch Dionysius Areopagita und aus Aristoteles durch Thomas von Aquino, die tatsächliche Anklage einer Paganisierung, die so oft gegen die offizielle Kirche erhoben wird, all das beweist diese Anerkennung von Stufen des religiösen Lichtes, Lebens und Liebens. Dieses Prinzip ist tief katholisch, allein voll katholisch« (Friedrich von Hügel).

Der Modernismus verfiel der schroffen Verurteilung durch Papst Pius X. in dem vor allem gegen Loisy gerichteten *Syllabus Lamentabili* und in der Enzyklika *Pascendi* (1907), die führenden Persönlichkeiten, soweit sie nicht Laien waren, der Exkommunikation. Die modernistischen Ideen wirkten aber in den folgenden Jahrzehnten in der römischen Kirche weiter, so daß Pius XII. in einer neuen Enzyklika *Humani generis* (1950), die sich vor allem gegen die Jesuiten Jean Daniélou (1905–74) und Henri de Lubac (geb. 1896) wandte, eine, wenngleich in milderer Form gehaltene Warnung vor »falschen Ansichten« aussprach, »welche die Grundlage der katholischen Lehre zu untergraben drohen«.

Das Papsttum fand im Kampf gegen den modernistischen »Immanentismus«, welcher die Gottesoffenbarung in das religiöse Erlebnis aufzulösen schien, einen Bundesgenossen in der von Karl Barth und Emil Brunner begründeten und von Sören Kierkegaard (1813–55) stark beeinflußten dialektischen Theologie, welche dem »Religionismus« der auf Schleiermacher zurückgehenden liberalen Theologie den Kampf ansagte. Insofern Religion seelisches Erlebnis ist, wird sie als reines Menschenwerk gebrandmarkt, als Sünde und Unglaube, als freventliche Überschreitung der menschlichen Grenze und Griff nach der Gottgleichheit; der Sündenfall besteht in der Entstehung der Religion, Eva ist die erste religiöse Persönlichkeit, die Rede der Schlange im Paradies der Prototyp der Predigt und Seelsorge. Jede Religion, die heidnische wie die christliche, ist verwerflich. Ihr steht gegenüber der unanschauliche Glaube an die objektive Gottesoffenbarung in Gericht und Gnade, die als Senkrechte aus der Transzendenz alles bloß Menschliche trifft und die nirgends in der Welt bezeugt ist als im Alten und Neuen Testament. Diese Offenbarung gilt als die Krisis und das Ende aller Religion. Wie freilich der Sünder durch Gottes Gnade gerechtfertigt wird, so auch die christliche Religion, die dadurch zur allein wahren Religion gegenüber allen anderen erhoben wird. Auf diese Weise wird schließlich die christliche Religion ebenso verabsolutiert wie in der alten dogmatischen Theologie. Diese antireligionistische Betrachtung wurde durch Johannes Witte auf die Beurteilung der nichtchristlichen Religionen angewandt, von Karl Hartenstein (1894–1952) und Hendrik Kraemer (1888–1965) auf die christliche Mission. Diese wird davor gewarnt, christliche Religion zu verbreiten; sie darf nur Zeugnis ablegen von Gottes Offenbarung im Kreuz Christi und von dem Gericht Gottes über alle Religionen. Die dialektische Theologie hat großen Einfluß auf das kirchliche Denken und Leben im Protestantismus ausgeübt, nicht nur in Deutschland und in der Schweiz, sondern auch in anderen Ländern, und den Liberalismus und Kulturprotestantismus auf der ganzen Linie zurückgedrängt. Ihr Einfluß reicht sogar bis in die katholische und anglikanische Theologie hinein. Sie ist freilich innerhalb wie außerhalb der christlichen Theologie auf vielfachen Widerstand gestoßen und hat in ihrer Anwendung auf die christliche Mission lähmend gewirkt. Wegen ihrer Ausschließlichkeit ist sie von zeitgenössischen Religionsphilosophen wie Nikolaj A. Berdjajew und Sarvepalli Radhakrishnan mit großer Entschiedenheit abgelehnt worden.

B. Die christlichen Kirchen der Gegenwart

Die Ostkirche

Der Zusammenhang mit dem christlichen Altertum ist am getreuesten in den Kirchen des Ostens gewahrt. An ihrer Spitze steht die östlich-orthodoxe Kirche, die Erbin der von Konstantin geschaffenen byzantinischen Reichskirche. Sie besitzt ein einheitliches Dogma, eine einheitliche Gottesdienstform und, von unwesentlichen Variationen abgesehen, ein einheitliches kanonisches Recht. Sie gliedert sich aber in eine Mehrzahl von Nationalkirchen, die mit dem jeweiligen Volkstum eng verbunden sind und im Gottesdienst die nationale Sprache gebrauchen, zum Teil in einer älteren Form (Griechisch, Kirchenslawisch, Georgisch), zum Teil in der modernen (Rumänisch, Arabisch, Albanisch, Chinesisch, Englisch usw.). Die völlig selbständigen Kirchen werden als »autokephal« bezeichnet, d. h., sie haben als Haupt einen meist Patriarch genannten Oberbischof, der keinem höheren Kirchenführer, sondern allein Christus verantwortlich ist. Der Vorrang des »ökumenischen Patriarchen« von Konstantinopel ist heute lediglich ein Ehrenvorrang. Den römischen Papst erkennt die östliche Kirche als Vorsitzenden des ökumenischen Konzils an, lehnt jedoch dessen Jurisdiktionsprimat und Lehrunfehlbarkeit entschieden ab. Autokephale Kirchen sind die vier alten griechischen Patriarchate (Alexandrien, Antiochien, Jerusalem und Konstantinopel), ferner die Kirche von Zypern, die georgische, bulgarische, jugoslawische, russische, rumänische, hellenische und albanische Kirche. Eine relative Autonomie kommt den Kirchen von Polen, der Tschechoslowakei, China und Japan zu. Die meisten dieser Kirchen waren jahrhundertelang Staatskirchen, insbesondere die russische, die von der Zeit Peters des Großen bis 1917 von einer Staatsbehörde, dem »heiligen Synod«, geleitet wurde. Die heutige russische Kirche ist zwar vom Staat getrennt, aber auch ein Instrument der sowjetischen Politik.

Das kanonische Recht, eine Schöpfung Kaiser Justinians I., ist ziemlich elastisch, vor allem durch das Prinzip der »Ökonomie«, nach welchem z. B. die Kirche kanonisch ungültige Weihen auf Grund ihrer »Haushaltung« in gültige verwandeln kann. Die höchste Instanz der Kirche ist das ökumenische Konzil der Bischöfe, dessen Beschlüsse jedoch erst dadurch rechtskräftig werden, daß sie vom Kirchenvolk angenommen werden.

Dieselbe Elastizität zeigt die östlich-orthodoxe Kirche auch in dogmatischer Hinsicht. Nur die von den sieben ökumenischen Konzilien verkündeten Lehrsätze haben verpflichtende Kraft; das einzige normative Glaubensbekenntnis ist das nicaeno-konstantinopolitanische (381). Alle anderen Lehren sind bloße theologische Meinungen. Dabei ist außer der Heiligen Schrift die Tradition wegweisend, wie sie in der Liturgie und in den Schriften der Kirchenväter bezeugt wird. Die orthodoxe Christenheit sieht in der Kirche nicht so sehr eine unfehlbare Lehrautorität als vielmehr einen Strom göttlicher Liebe, der durch die Jahrhunderte fließt. Obgleich sie eine Sakramentskirche ist, hat sie über Wesen, Wirkung und Zahl der Sakramente ebensowenig eine verbindliche Lehre formuliert wie über das Wesen der Kirche. Und obgleich sie unablässig die Gottesmutter lobpreisend und bittend anruft, hat sie keinerlei dogmatische Mariologie geschaffen. In der Eschatologie hält sie die altchristliche Vorstellung von einem Zwischenzustand zwischen dem individuellen Tod und einer allgemeinen Auferstehung der Toten fest und lehnt die Lehre vom Fegfeuer ab. Sie ist überhaupt ganz durchdrungen von der Unbegreiflichkeit und Unaussprechlichkeit des göttlichen Seins und Heilsgeheimnisses, das nicht in scholastischen Formeln eingefangen werden kann. »Orthodoxie« (kirchenslaw. *pravoslavie*) bedeutet nicht erstlich den »rechten Glauben«, sondern den »rechten Lobpreis«. In der Theologie hat die Orthodoxie den mystisch-gnostischen Charakter der alexandrinischen Lehrer und kappadokischen Väter bewahrt, wie gerade an den führenden neuzeitlichen Theologen Rußlands, Alexei Chomiakow (1804–60), Wladimir Soloview (1853–1900), Sergej Bulgakow (1871–1944) und Nikolas Arseniew (geb. 1888) erkennbar ist.

Am eindringlichsten zeigt sich dieser pneumatisch-mystische Charakter der Ostkirche in ihrem Gottesdienst. Als Mysterienkirche ist sie die Erbin der antiken Religionen (s. S. 424). Der Kirchenbau, meist ein kuppelgekrönter Zentralbau, ist das Symbol des Himmels auf Erden. Die Ikonen, die in fast unkörperlicher Geistigkeit die himmlischen Gestalten darstellen und durch Sich-Niederwerfen, Küssen und Berühren verehrt werden, ermöglichen einen steten Gebetsverkehr mit Christus, der Gottesmutter, den Engeln und Heiligen. Die Mysterien (Sakramente) begleiten den Menschen von der Wiege bis zum Grabe. Mit der Taufe der Kinder ist die »Versiegelung« oder Salbung aller Sinnesorgane mit dem Myron (Salböl) verbunden, das vom Patriarchen geweiht wird. Die Vergebung der Sünde wird im Sakrament der Buße mitgeteilt. Es besteht im Sündenbekenntnis, in der Lossprechung, welche meist die Form eines Gebetes oder Segens hat, und einer Bußstrafe (*epitimion*), welche nicht genugtuenden, sondern erzieherischen Charakter trägt. Die kirchlichen Ämter werden durch die Chirotonie (Weihe) mitgeteilt, die in der bischöflichen Handauflegung und Herabrufung des Heiligen Geistes besteht. Die Krankenölung, bei welcher die einzelnen Glieder des Körpers gesalbt werden, dient der leiblichen und seelischen Heilung. Die Eheschließung besteht in der feierlichen Bekränzung der Brautleute. Daneben gelten auch die Weihe des Salböls, die Mönchsweihe, die Wasserweihe am Epiphaniasfest und die Totenbestattung als Mysterien.

Das zentrale Sakrament, die Eucharistie, wird vom täglichen Stundengebet umgeben, der mitternächtlichen Mette, dem morgendlichen Lobgebet, den vier kleinen Tagzeiten, dem Abendgottesdienst und dem Nachtgebet. Für die Eucharistie wird zumeist die dem Chrysostomus zugeschriebene Liturgie, an bestimmten Tagen die des Basilius (s. S. 426) gebraucht. Sie wird eingeleitet durch den Rüstakt, in welchem aus den Opferbroten der für die Konsekration bestimmte Teil (»das Lamm«) herausgeschnitten und eine Reihe anderer Stücke dem Gedächtnis der Gottesmutter, der Engel und Heiligen geweiht werden. Der Lesung des Evangeliums geht der »kleine Einzug« (*mikrà eísodos*) des Priesters und seiner Assistenten mit dem Evangelienbuch voraus, das Symbol des Kommens Christi zur Gemeinde im Wort. Die eigentliche Mysterienhandlung (Gläubigenmesse) beginnt mit dem »großen Einzug« (*megálē eísodos*) bei welchem der Priester die verhüllten Elemente von Brot und Wein hereinträgt und die Gemeinde sich auf die Knie wirft – die Veranschaulichung des Kommens Christi im Sakrament. Nach dem großen Dankgebet und dem Dreimal-Heilig werden die Einsetzungsworte vom Priester laut gesungen. Daran schließt sich die »Erinnerung« an alle großen Akte des Heilsgeschehens und die Epiklese, d. h. Herabrufung des Heiligen Geistes auf die Elemente. Dem Gedächtnis der Heiligen folgt das Vaterunser und die Brechung des »Lammes«. Bei der Kommunion wird das in den Wein eingetauchte gesäuerte Brot den Gläubigen mit einem Löffel in den Mund gelegt. Nach Beendigung der Liturgie empfangen auch diejenigen, welche nicht an der Kommunion teilgenommen haben, die nichtkonsekrierten Stücke der Opferbrote als »Ersatzgaben« (*antídōra*) oder »Segensbrote« (Eulogien).

Während in der Eucharistiefeier das ganze Heilsdrama zusammengedrängt ist, wird es in seine einzelnen Akte auseinandergelegt in den Festen des Kirchenjahres. Das Heilsgeschehen der Vergangenheit wird unmittelbare Gegenwart; daher der immer wiederkehrende Ruf »heute« (»heute ist Christus geboren«, »heute ist er ans Kreuz geschlagen«, »heute ist er auferstanden« usw.). Die hohen Feste sind Epiphanien des menschgewordenen Gottessohnes. Der Vorbereitung einzelner Feste dienen die vier Fastenzeiten (Adventsfasten, vierzigtägiges Fasten vor Ostern, Apostel- und Marienfasten). Den Höhepunkt des Kirchenjahres bildet die Karwoche mit der Osternacht; die einzelnen Geschehnisse des Leidens und Sterbens Christi werden in nachahmenden Handlungen dramatisch dargestellt. In der Osternacht wird die Auferstehung Christi nicht nur als Erlösungstat verherrlicht, sondern zugleich als kosmische Verklärung. Die Osterfreude erlangt ihren Gipfelpunkt in der großen Verbrüderung aller Gläubigen, die einander küssen mit dem Rufe: »Christus ist auferstanden« – »er ist wahrhaftig auferstanden«. In der östlichen Kirche ist aber das ganze Jahr Ostern; jeder Sonntag ist ein Osterfest im Kleinen, daher der russische Name für Sonntag *voskresenje* (»Auferstehung«); jede Feier der Eucharistie ist eine Auferstehungsfeier.

Neben den aus der byzantinischen Kirche hervorgegangenen östlichen orthodoxen Kirchen steht eine Reihe von kleineren Nationalkirchen, welche im Kult der orthodoxen Kirche in vielem ähnlich sind, in manchem aber den Zustand einer noch älteren Entwicklungsperiode festhalten. Diese Kirchen sind von der orthodoxen Großkirche durch – allerdings unbedeutende, fast nur terminologische – Unterschiede im christologischen Dogma getrennt. Die ostsyrisch-nestorianische Kirche bekennt sich zur Lehre des Patriarchen Nestorius, welcher den auf dem Konzil zu Ephesus verkündeten Terminus »Gottesmutter« ablehnte. Ehedem eine große Missionskirche, die bis nach Indien und China sich ausdehnte (s. S. 84), zählt sie heute nur noch kleine Reste im Irak und in Nordamerika; in letzterem befindet sich auch ihr Oberhaupt, der »Katholikos« (Universalbischof). Alle übrigen Nationalkirchen wurden wegen ihres Widerstandes gegen die Formel des chalcedonesischen Konzils (451) von den zwei Naturen in Christus als »Monophysiten« (Anhänger der Lehre von nur einer Natur) bezeichnet. Die westsyrische Kirche, deren Patriarchensitz in Antiochien war, wird nach Jakobus Baradai, dem Begründer ihres Episkopates, »jakobitische« Kirche benannt. Die koptische Kirche, deren Leiter der Patriarch von Alexandrien ist, umfaßt die meisten Christen Ägyptens. Ihre Tochterkirche, die äthiopische, an deren Spitze der *Abuna* (»unser Vater«) genannte Metropolit steht, ist die einzige altchristliche Staatskirche, die sich bis in die Gegenwart erhalten hat. Die armenisch-gregorianische Kirche, so benannt nach dem Bekehrer Armeniens, Gregorius »dem Erleuchter«, ist wie in den ältesten christlichen Zeiten eine echte Volkskirche. Sie hat ihr Zentrum in Edschmiadsin, dem Sitz ihres Katholikos. Ein großer Teil ihrer Gläubigen ist heute über Vorderasien und die westlichen Länder zerstreut. Die syrische Kirche in Südindien, deren Gläubige wegen der angeblichen Wirksamkeit des Apostels Thomas in Indien als »Thomaschristen« bezeichnet werden, unterstand seit dem 4. Jahrhundert dem ostsyrischen Katholikos von Babylon. Ein Teil dieser Kirche schloß im 16. Jahrhundert eine

Zwangsunion mit Rom, während ein anderer Teil dem jakobitischen Patriarchen von Antiochien sich unterstellte.
Alle diese Kirchen sind trotz ihrer Kleinheit und äußeren Armut kostbare Reliquien aus der frühchristlichen Zeit. Obgleich sie im Abendland nicht selten als »versteinerte« oder »entartete« Formen des Christentums bezeichnet werden, tragen sie nicht nur in ihrer Liturgie, sondern auch in ihrem Glaubens- und Frömmigkeitsleben urchristliche Kräfte in sich. Sowohl die armenische wie die russische Kirche haben in den großen Verfolgungen die Feuerprobe bestanden.
Die Ostkirche übte seit dem Ersten Weltkrieg eine starke Anziehungskraft auf die westliche Christenheit aus, nicht zuletzt durch große Schriftsteller wie Fjodor M. Dostojewskij und Nikolaj S. Lesskow. Zahlreiche Werke und Zeitschriften zeigen das große Interesse, das heute sowohl die römisch-katholische wie die anglikanische und protestantische Theologie an der Ostkirche nimmt. Ein orthodoxer Theologe, welcher die begeisterten Äußerungen westlicher Christen über die östlich-orthodoxe Kirche sammelte, gab dieser Blütenlese den Titel *Das Heimweh nach der Orthodoxie*. Und ein evangelischer Theologe schloß seine Darstellung der östlichen Kirchen mit dem Ruf einer italienischen Franziskanerin: *»O benedetta Chiesa Orientale!«*

Die römisch-katholische Kirche

Die abendländische Kirche stellte ursprünglich wie die östliche einen Bund selbständiger provinzialer oder nationaler Kirchen dar, die ihre eigene Verfassung und Liturgie besaßen. In einem langwierigen Prozeß trat an ihre Stelle eine zentralistische Einheitskirche. Die stadtrömische Kirche wurde zum Mittelpunkt der ganzen christlichen Westkirche, die schließlich durch die Mission in den überseeischen Ländern zu einer Weltkirche sich ausdehnte. Auf diese Weise wurde die römische Kirche zur zahlenmäßig größten und äußerlich machtvollsten aller christlichen Kirchen.
Die römische Kirche wird monarchisch geleitet vom Papst (s. S. 437), dem das Kardinalskollegium als »aristokratisches« Gremium zur Seite steht. Der Regierung der weltweiten Kirche dient ein riesiger Behördenapparat, der neben dem Staatssekretariat eine Reihe von »Kongregationen« umfaßt. Der Verkehr mit den Regierungen der Staaten wird von päpstlichen Diplomaten (Nuntien) vollzogen. Die Beziehungen zwischen Kirche und Staat sind großenteils vertragsmäßig durch »Konkordate« geregelt. Der »Kirchenstaat«, heute beschränkt auf die *Città del Vaticano*, hat zum Zweck den ungehinderten Austausch des Papstes mit den Bischöfen und Gläubigen der ganzen Welt.
Diese zentralistische Einheitskirche trägt als Erbin des alten römischen Imperiums einen ausgesprochen juridischen Charakter. Für die Regelung aller kirchlichen Angelegenheiten bildet die Norm der 1917 veröffentlichte *Codex iuris canonici*, der als Zusammenfassung der alten kirchlichen Rechtsentscheidungen 2414 *Canones* (»Paragraphen«) umfaßt. Der Papst hat als oberster Lehrer, Leiter und Richter der Kirche unumschränkte Gewalt; er kann jederzeit in die Angelegenheiten jeder Diözese der Welt eingreifen. Die Bischöfe sind ihm völlig untergeordnet; sie werden nicht nur von ihm ernannt, sondern schulden ihm Rechenschaft und können bei Verfehlungen jederzeit von ihm suspendiert und abgesetzt werden. Einen noch geringeren Grad von Selbständigkeit haben die Leiter der Missionsgebiete, »apostolische Vikare« mit

bischöflichem Charakter und »apostolische Präfekten« ohne einen solchen. Bischöfliche und priesterliche Synoden hatten bis zum II. Vatikanum nur eine untergeordnete Bedeutung; sie konnten nur mit Erlaubnis des Papstes tagen und von diesem jederzeit aufgelöst werden. Die Laien waren bisher an der Leitung der Kirche unbeteiligt; jede Verkündigung in der Kirche war ihnen untersagt, selbst wenn sie Mönche waren. Hier sind durch das II. Vatikanum erhebliche Veränderungen eingetreten. Das synodale Element hat auf diözesaner, nationaler und zentraler Ebene in Rom an Bedeutung gewonnen, die Stellung der Bischöfe ist gestärkt und eine stärkere Betonung von Aufgaben und Rechten der Laien im Gange. Im Unterschied von der alten Kirche, die ein Diakonissenamt zu den kirchlichen *ordines* zählte, darf in der heutigen römischen Kirche eine Frau weder ein kirchliches Amt bekleiden noch die Weihe zu einem solchen empfangen. Das Eherecht der römischen Kirche verwirft die Ehescheidung; es kennt nur unter bestimmten Voraussetzungen eine Nichtigkeitserklärung durch das päpstliche Gericht. Mischehen zwischen römischen Katholiken und Andersgläubigen sind nach dem *Codex iuris* kirchlich ungültig, es sei denn, daß sie mit kirchlichem Dispens geschlossen werden; diese wird jedoch abhängig gemacht von der Garantierung der katholischen Erziehung aller aus der Ehe hervorgehenden Kinder und der ausschließlichen Trauung durch einen katholischen Priester. Auch hier sind, zumindest in der Praxis, Veränderungen erfolgt, bis hin zur sogenannten »ökumenischen Trauung« konfessionsverschiedener Partner.

Ebenso durchgebildet wie das kanonische Recht ist die dogmatische Lehre. Die römische Kirche betrachtet sich als die allein wahre, von Christus gestiftete, außer welcher das Heil nicht erlangt werden kann. Ihre offiziellen Kundgebungen, z. B. ein Dekret des Konzils zu Florenz (1438) und verschiedene päpstliche Erklärungen, betonen diese Ausschließlichkeit viel stärker als einzelne theologische Werke (vgl. S. 430). Die katholischen Glaubenslehren gelten als unfehlbar. Ihre Quellen sind die Heilige Schrift und die Tradition; letztere wird jedoch heute nicht mehr wie vom Tridentinischen Konzil als die Weitergabe einer Lehre »von Hand zu Hand« aufgefaßt, sondern als eine dynamische Entwicklung. Dazu tritt nach neuerer Auffassung als weitere Glaubensquelle der »Glaubenssinn« der gegenwärtigen Kirche, welcher Schrift- und Traditionszeugnisse entbehrlich macht, ja, das Bestehen gegenteiliger Traditionszeugnisse nicht ausschließt, wie hinsichtlich der Lehre von der leiblichen Aufnahme Marias in den Himmel. Im Unterschied von der Ostkirche hat die römische Kirche zahlreiche Glaubenswahrheiten ausdrücklich definiert. Entgegen der ostkirchlichen Auffassung kann der Papst auch ohne ein ökumenisches Bischofskonzil Glaubens- und Sittenlehren als jeden Katholiken im Gewissen bindend verkünden. Wenn er als höchster Lehrer der Christenheit *ex cathedra* spricht, sind seine Entscheidungen *ex sese, non ex consensu ecclesiae* unfehlbar und unabänderlich. Wer eine kirchliche Glaubenslehre leugnet, verfällt der Exkommunikation. Zu den von den alten christlichen Konzilien verkündeten Lehren von der Dreieinigkeit und der Gottheit Christi sind in der römischen Kirche die Dogmen des Tridentinischen Konzils (s. S. 459) von der Erbsünde, der Gnade, den sieben Sakramenten, der Heiligenverehrung und vom Fegfeuer sowie die des Vatikanischen Konzils (s. S. 462) von der Vollgewalt und Unfehlbarkeit des Papstes getreten. Dazu kommen die beiden mariologischen Dogmen, das Dogma von der »unbefleckten Empfängnis« der Gottesmutter (1854, vgl. S. 440) und von ihrer leiblichen Aufnahme in die himmlische Glorie (1950). Alle diese

Dogmen sind das Ergebnis einer langwierigen theologischen Entwicklung. In früheren Stadien waren sie noch umstritten; so bestand hinsichtlich der Zählung der Sakramente bis zum 13. Jahrhundert eine große Vielgestaltigkeit (von zwei bis dreißig); noch Thomas von Aquino lehrte, daß Maria in der Erbsünde empfangen sei; und bis zum Ende des 16. Jahrhunderts warnte die römische Kirche in ihren liturgischen Lesungen vor der Lehre von der leiblichen Aufnahme Marias in den Himmel, deren sichere Behauptung sie geradezu als *»aliquid frivolum et apocryphum«* bezeichnete. Für die Entwicklung der römischen Dogmen ist von entscheidender Bedeutung die mittelalterliche Scholastik (s. S. 437 ff.) gewesen. Der thomistische Aristotelismus zeigt sich vor allem im Dogma von der Transsubstantiation, welches die Kategorien der aristotelischen Philosophie zur Erfassung des Wandlungswunders gebraucht: die Substanz von Brot und Wein wird in die Substanz von Leib und Blut Christi verwandelt, während die Akzidentien (Gestalt, Farbe, Geruch, Geschmack) unverändert bleiben.

Wie das kirchliche Recht und Dogma bildet auch der Kult der römischen Kirche eine Einheit. Von den verschiedenen früheren außerrömischen Liturgien des Abendlandes leben die afrikanische, gallische und keltische nur durch den Einfluß weiter, den sie auf die Entwicklung der römischen Liturgie ausgeübt haben. Die noch erhaltenen alten Liturgien, die spanisch-westgotische (»Mozarabische«) und die mailändische (»Ambrosianische«, letztere bereits stark an die römische Liturgie angeglichen) sind auf kleine Kirchengebiete (Toledo und Mailand) beschränkt. Die Sprache der Liturgie ist die lateinische; doch werden bei einzelnen kultischen Handlungen wie bei der Taufe, Eheschließung und Beerdigung einzelne Stücke in der Volkssprache gesprochen; in dieser wurden auch bei den sogenannten Gemeinschaftsmessen Teile der Liturgie von einem Vorbeter rezitiert. Heute wird auch für die eucharistische Liturgie vorwiegend die Volkssprache verwendet. Die Sprache der römisch-lateinischen Liturgie zeigt im Unterschied von den östlichen, aber auch von der gallischen und spanischen Liturgie, jene Knappheit, Nüchternheit und juridische Schärfe, die der lateinischen Ausdrucksweise, gerade der vorchristlichen römischen Sakralsprache, eigen ist.

Die eucharistische Liturgie, die wie die östliche von dem in gleicher Weise eingeteilten Stundengebet umrahmt wird, ist eine Mysterienliturgie. Ihr Höhepunkt ist die Wandlung von Brot und Wein, welche – entsprechend der juristischen Denkweise Roms – durch die vom Priester als dem Stellvertreter Christi wiederholten Worte: »Dies ist mein Leib« usw. bewirkt wird, während nach der östlichen Auffassung diese Worte nur erzählenden Charakter haben und die durch die Geistanrufung (Epiklese, s. S. 469) bewirkte Wandlung nur vorbereiten. Und wie die östliche Kirche das Wandlungsmysterium dadurch zum Ausdruck bringt, daß sie diesen priesterlichen Akt durch die Schließung der »königlichen Pforte« der Bilderwand den Blicken der Gläubigen entzieht, hob es die lateinische Kirche durch das völlige Schweigen von Chor und Gemeinde hervor, währenddessen der Priester die Konsekrationsworte mit leiser Stimme flüstert. Seit der Liturgiereform werden auch die Wandlungsgebete laut gesprochen. Im Unterschied von der östlichen Kirche spendet seit dem 13. Jahrhundert die lateinische Kirche die Kommunion den Laien nur unter der Gestalt des Brotes, das nicht wie im Osten gesäuert, sondern ungesäuert ist und die Form der Hostie trägt.

Auch in der Spendung der anderen Sakramente unterscheidet sich die römische Kirche von der östlichen. Bei der Taufe übt sie nicht mehr die altchristliche Untertauchung, sondern begnügt sich mit der Aufgießung. Die Firmung besteht im Unterschied vom

Osten (s. S. 469) nur in der Handauflegung und der Salbung der Stirne; sie wird nicht, wie dort, den Neugeborenen gleich nach der Taufe vom einfachen Priester gespendet, sondern vom Bischof, und zwar erst im Alter von etwa zehn Jahren. Auch die Erstkommunion der Kinder ist nicht wie dort mit der Taufe verbunden, sondern erfolgt nach Eintritt der Fähigkeit zur Unterscheidung des eucharistischen Brotes vom profanen. Die priesterliche Absolutionsformel ist nicht wie zumeist im Osten ein Segensgebet (s. S. 469), sondern entsprechend der juristischen Denk- und Ausdrucksform Roms indikativ und autoritativ: *»Ego te absolvo.«* Die Krankenölung ist in der römischen Kirche zu einem Sterbesakrament geworden, darum ihr Name »letzte Ölung«. Der sakramentale Charakter der Ehe wird nicht im priesterlichen Akt der Einsegnung erblickt, sondern in der leiblichen Vereinigung der Eheleute, die sich selbst dieses Sakrament spenden. Der Ordinationsritus ist in der westlichen Kirche viel reicher als in der östlichen. Die Grundlage der sieben Weihestufen bilden die vier niederen Weihen (Ostiariat = Türhüteramt, Exorzistat = Beschwöreramt, Lektorat = Vorleseramt, Akolythat = Altardienst); der Subdiakonat wird mit dem Diakonat und Presbyterat (Priesteramt) zu den höheren Weihen gerechnet. Über den sieben *ordines* erhebt sich der Episkopat (Bischofsamt). Die römischen Ordinationsriten entstammen zum größten Teil der fränkischen Kirche. Entsprechend der germanischen Rechtssymbolik werden alle Ämter durch die Überreichung der einzelnen Amtszeichen übertragen (Glocke und Schlüssel, Epistelbuch, Beschwörungsbuch, Leuchter und Kännchen, Evangelienbuch, Kelch mit Patene, Hirtenstab) sowie durch die Bekleidung mit den liturgischen Gewändern. Erst in der jüngsten Zeit wurde sich die römische Hierarchie auf Grund der historischen Einsicht bewußt, daß das Wesen des Weihesakramentes beim Diakonat, Presbyterat und Episkopat nur in der mit der Anrufung des Heiligen Geistes verbundenen bischöflichen Handauflegung besteht.

Das liturgische Jahr der römischen Kirche zeigt denselben Aufbau wie das der östlichen Kirche; doch kommen die einzelnen Feste und Festzeiten in der römischen Liturgie dadurch viel stärker zur Geltung, daß viel mehr variable Gebete für diese bestehen. Die lateinische Karwochen- und Osterliturgie ist nicht minder reich als die ostkirchliche; Christi Einzug in Jerusalem am Palmsonntag, die Fußwaschung am Gründonnerstag, die Aufrichtung des Kreuzes und die Grablegung am Karfreitag werden in sinnigen Zeremonien dramatisiert. Die Osterliturgie, die eingeleitet wird durch die Feuerweihe, die Weihe der Osterkerze und des Taufwassers – Riten, deren Zusammenhang mit der vorchristlichen Religion unverkennbar ist –, hat in der jüngsten Zeit wieder ihren alten beherrschenden Platz in der Osternacht erhalten.

Die sieben großen Sakramente sind in der römischen Kirche umgeben von einem unabsehbar reichen Kranz von »kleinen Sakramenten« (Sakramentalien), Segnungen von Personen wie Abts- und Äbtissinnenweihe, Jungfrauenweihe, Königsweihe, Weihe von Wöchnerinnen, von Tieren und Pflanzen, Speisen und Getränken, von Gegenständen, die für das Frömmigkeitsleben bestimmt sind, wie Statuen, Bilder, Skapuliere und Rosenkränze, von Fahrzeugen (Kraftwagen, Schiffen, Flugzeugen) usw. Eine besondere Bedeutung kommt dem überaus reichen Ritus der Kirchweihe zu, in dem uralte Zeremonien wie die Salbung des Altarsteines und der antike »Alphabetzauber« in verchristlichter Form weiterleben, ebenso die Weihe der Glocken, denen eine gewitterbannende Kraft (*fulgura frango*) durch Salbung und Gebet vermittelt wird. Eine große Rolle spielt im Kult der Kirche wie im täglichen Leben des Katholiken das

Weihwasser, das am Sonntag unter Zumischung von Salz geweiht wird. Auch der antike Exorzismus der Dämonen hat sich erhalten, sowohl als vorbereitender Ritus der Taufe wie als Teil der Wasserweihe und in heute seltenen Fällen vermeintlicher Besessenheit als Teufelsaustreibung.

Sowohl die Mystik (s. S. 441 ff.) wie die Volksfrömmigkeit (s. S. 446 ff.) haben in der römischen Kirche noch stärker auf die Gestaltung des Gottesdienstwesens eingewirkt als in der östlichen Kirche. Auf den Einfluß der Mystik geht neben der wachsenden realistischen Auffassung von Christi Gegenwart im Altarsakrament der im 13. Jahrhundert entstandene »latreutische Kult« der Eucharistie zurück, die fortan nicht wie in den Ostkirchen nur zur Kommunion, besonders Krankenkommunion, sondern auch zur gemeinsamen und privaten Anbetung aufbewahrt wurde. In der Fronleichnamsprozession (vgl. S. 459), die ursprünglich den Charakter einer die Gewitterdämonen bannenden Flurprozession hatte, wird die konsekrierte Hostie in einem Schaugefäß (Monstranz oder Ostensorium) durch Städte, Dörfer und Felder getragen. Die Eucharistie wird verhüllt in der Pyxis (Speisekelch) oder unverhüllt in der Monstranz während und außerhalb der Messe auf dem Altar zur Anbetung ausgesetzt. Auch wird mit beiden den Gläubigen der Segen erteilt. An die aufbewahrte Eucharistie knüpfte sich die in den mittelalterlichen Nonnenklöstern entstandene Tabernakelmystik, für welche der darin aufbewahrte sakramentale Leib Christi das sinnliche Unterpfand der göttlichen Gegenwart ist. Auch eine Reihe von nebenliturgischen Andachten wie die Ölberg-, Kreuzweg-, Kindheit-Jesu- und Herz-Jesu-Andachten verdanken ihren Ursprung der mittelalterlichen Jesus- und Passionsmystik (s. S. 441).

Der Einfluß der Volksfrömmigkeit zeigt sich am stärksten in der Marienverehrung. Nachdem sie vom frühen Mittelalter an sich immer weiter ausgedehnt und unter dem Einfluß des Minnesanges eine gewisse erotische Färbung erfahren hatte, steigerte sie sich noch in der gegenreformatorischen Zeit und insbesondere in den letzten hundert Jahren. Die heutige Zeit wird geradezu als das »marianische Zeitalter« bezeichnet. Im Zusammenhang mit diesem Marianismus stehen nicht nur die Verkündigung der beiden römischen Mariendogmen (s. S. 472) sowie die Forderung der Dogmatisierung auch der Gnadenmittlerschaft und des Königtums Marias, sondern auch die zahlreichen Marienerscheinungen, die in Lourdes und Fatima (Portugal) zur Entstehung förmlicher marianischer Zentren geführt haben. Tausende von Frommen pilgern an diese Stätten, und zahlreiche Kranke glauben, an ihnen Heilung gefunden zu haben.

Durch die große liturgische Bewegung, die in der Aufklärungszeit vorbereitet worden war (s. S. 460) und die in der zweiten Hälfte des 19. Jahrhunderts von den Benediktinerklöstern Solesmes, Beuron und Maria Laach (Abt Ildefons Herwegen) ihren Ausgang nahm, wurden sowohl die mystischen wie die volkstümlichen Andachtsformen zurückgedrängt und weite Volkskreise zum vollen Mitfeiern und Mitbeten der Liturgie erzogen. Die liturgische Bewegung hat auch in theologischer Hinsicht zu einer stärkeren Rückbesinnung auf die Mysterienlehre der Kirchenväter geführt, deren bedeutendster Vertreter der Benediktiner Odo Casel (1886–1948) war.

Die Ethik (Moraltheologie) nimmt in der römischen Kirche einen viel breiteren Raum ein als in der östlichen. Eine der jüdischen und islamischen Ethik verwandte Kasuistik (s. S. 519 ff.) sucht die genaue Befolgung der Gebote Gottes und der Kirche in allen einzelnen Lebensgebieten und -lagen zu sichern, gerade auch auf sexuellem Gebiet; so verwirft die römische Kirche die künstliche Geburtenregelung wie die außereheliche künstliche Befruchtung. Neben der Individualethik kommt der Sozialethik große Bedeutung zu, welche den gesamten Bereich des öffentlichen Lebens (Wirtschaft, Staat, Völkerbeziehungen) umschließt. Die römische Kirche verficht das Recht auf Privateigentum, auf nationale Verteidigung und anerkennt die Autorität des Staates im Umkreis des profanen Lebens in den Grenzen des göttlichen Sittengesetzes.

Eine wichtige Funktion im Leben der römisch-katholischen Kirche hat das Mönchs- und Nonnenwesen, das als »Stand der Vollkommenheit« angesehen wird, weil die drei »evangelischen« Ideale der Armut, Ehelosigkeit und des Gehorsams als die besten »Instrumente« des Vollkommenheitsstrebens gelten. Während im östlichen Mönchtum allgemein die eine Regel des Basilius (s. S. 430) maßgebend ist und daneben jedes einzelne Kloster sein besonderes Statut hat, ist das römische Mönchtum in eine Reihe von Orden gegliedert, von denen jeder eine charakteristische Regel hat. Neben den alten Orden der Augustiner-Chorherren und der Benediktiner (s. S. 434) sowie den mittelalterlichen Bettelorden der Dominikaner und Franziskaner (s. S. 442) stehen die neuzeitlichen Orden der Jesuiten (s. S. 459) und Redemptoristen. Fast alle männlichen Orden haben angeschlossene Frauenorden, welche die Eigenart der ersteren zeigen; daneben bestehen zahlreiche selbständige weibliche Orden und Kongregationen, deren bedeutendster der Krankenpflegeorden der »Barmherzigen Schwestern« ist. Im Unterschied vom östlichen Mönchtum, das kontemplativen Charakter trägt und als höchstes asketisches Ideal das Eremitentum ansieht, verbindet das abendländische Mönchtum mehr oder weniger die *vita contemplativa* mit der *vita activa*. Obgleich es einzelne kontemplative Männer- und Frauenorden gibt wie die Karmeliter und Karmeliterinnen, leisten die meisten Orden intensive Arbeit in der Seelsorge, Jugenderziehung, theologischen Wissenschaft, Mission und Krankenpflege. Während die östliche Kirche den Priestern die Ehe gestattet, die freilich vor dem Empfang der Weihen geschlossen werden muß, hat das Papsttum in der römischen Kirche, obgleich erst nach langen Kämpfen, im frühen Mittelalter den Priesterzölibat durchgesetzt und dadurch dem Klerus einen halbmonastischen Charakter gegeben und ihn so zu einem schlagfertigen Instrument der Hierarchie gemacht.

Während die östliche Kirche, und zwar die russische, nur in beschränktem Maße eine Missionstätigkeit unter heidnischen primitiven Stämmen sowie in China und Japan ausübte, entwickelte sich die römische Kirche frühzeitig zur Missionskirche großen Stils (s. S. 433). Sie dehnte schon im Mittelalter ihre Missionsarbeit bis nach Inner- und Ostasien aus – bereits 1307 wurde in Peking ein römisches Erzbistum errichtet. Durch die Schaffung einer Weltmissionszentrale in der *Congregatio de propaganda fide* (1622) nahm das Missionswesen in allen Erdteilen einen gewaltigen Aufschwung. Durch die jesuitische Missionsmethode der »Akkomodation« (s. S. 460) wurden gerade in den alten asiatischen Kulturländern große Fortschritte erzielt; diese wurden freilich durch das päpstliche Verbot im »Ritenstreit« (1742) wieder hinfällig. Nach dem Verfall am Ende des 18. Jahrhunderts, der zum Teil durch die religiösen Anschauungen der Aufklärungszeit (s. S. 460) bedingt war, nahm das Missionswesen im 19. Jahrhundert einen neuen Aufschwung. Im 20. Jahrhundert wurde der »Europäismus« der Missionsmethode, der mit dem Kolonialismus der europäischen Mächte im Zusammenhang stand, in gewissem Maße durch eine neue Akkomodation an die heimischen Kulturen und Religionen zurückgedrängt. Es entstand ein einheimischer Klerus, größtenteils eine einheimische Hierarchie. Im Kirchenbau, in der liturgischen Gewandung, den Zeremonien und der sakralen Kunst paßte sich die Mission an die nationale Kunst und Religion an. Kirchenbauten im Stil afrikanischer und ozeanischer Hütten, indischer und chinesischer Tempel und islamischer Moscheen legen Zeugnis ab nicht nur von dem Bestreben, durch Anpassung an die heimischen Überlieferungen Seelen zu gewinnen, sondern auch von der katholischen Anerkennung göttlicher Offenbarungselemente in den nichtchristlichen Religionen (s. S. 460). Katholische Missionsausstellungen, wie die im *Anno Santo* (1950) in Rom, geben ein eindrucksvolles Bild von diesem Prozeß einer Ausweitung der Katholizität durch Hereinnahme nichtchristlicher religiöser Überlieferungen. Daneben entstanden auch Versuche einer Einführung der einheimischen Sprachen in den Gottesdienst und der Schaffung einer einheimischen Theologie mit einem vedantischen und buddhistischen Begriffsapparat.

II. Vatikanisches Konzil

Das Geheimnis der Lebenskraft der römisch-katholischen Kirche auch inmitten einer völlig veränderten modernen Welt beruht auf ihrer *complexio oppositorum*, der Verbindung äußerster Exklusivität mit weitestgehender Inklusivität, eines zähen Konservativismus mit einer ständigen Anpassung an die geistige Umwelt, vor allem aber in der Fähigkeit, den verschiedensten Menschentypen religiöse Nahrung zu bieten, dem kindlich gläubigen Menschen aus dem Volk wie dem denkenden Philosophen und dem nach Gotteinigung verlangenden Mystiker, dem weltentsagenden Asketen wie dem weltbejahenden Sozialarbeiter und Staatsmann. So schwer auch die Last der Vergangenheit sein mag, welche diese Kirche mit sich schleppt, so angefochten auch ihre Dogmen von seiten der modernen Philosophie, Anthropologie und Geschichtskritik, so widerstrebend manche ihrer Überwachungsmethoden dem modernen Menschen sein mögen, so konfliktreich und leidvoll auch das Leben vieler ihrer besten Söhne gewesen sein mag, welche eine Versöhnung der römischen Kirche mit anderen Kirchen und mit der modernen Geisteswelt ersehnten, so betrachten doch viele Millionen Menschen die römische Kirche als eine geistige Mutter, in deren Schoß sie im Leben und Sterben sich geborgen wissen. Immer wieder sind auch bedeutende protestantische Theologen von ihr angezogen worden, von John Henry Newman (s. S. 480) bis zu Erik Peterson (1890–1960) und Heinrich Schlier (geb. 1900), desgleichen bedeutende Dichter, von Friedrich Leopold von Stolberg (1750–1819), Friedrich Schlegel und Luise Hensel (1798–1896) bis zu Gertrud von Le Fort (1876–1971) und Werner Bergengruen (1892–1964). Ja selbst Nichtchristen, wie der chinesische Staatsmann Joseph Wu, glaubten in ihr die Vollendung der großen Traditionen ihrer geistigen Heimat zu finden.

Seit dem zweiten Vatikanischen Konzil (1962–65) ist die römisch-katholische Kirche in starke innere Bewegung gekommen, sowohl durch eine Besinnung auf die gemeinsame altkirchliche Substanz des Christentums wie durch eine »Öffnung« zu den Kirchen des Ostens und des Protestantismus und schließlich auch durch eine neue Zuwendung zur nichtchristlichen Religionswelt. Diese innere Bewegung hat in zahlreichen organisatorischen Reformen bis hin zur Spitze der Kirche ihren Niederschlag gefunden. Ferner wurden viele Formen des kultischen und frommen Lebens dadurch beeinflußt und teilweise nicht unbeträchtlich verändert. Die umfassende Einführung der Volkssprachen in die Liturgie und deren Umgestaltung verlieh dem deutlichen Ausdruck, ebenso die Stärkung der Rolle des Laienelements. Der Weitergang dieser Entwicklung, vor allem in der Auseinandersetzung mit der eigenen alten Tradition der römischen Kirche und ihren nach wie vor starken Vertretern, ist noch nicht abzusehen. Deshalb ist es auch nicht sicher, ob und wie sich das Bild des Katholizismus weiterhin verändern wird oder ob etwa rückläufige Bewegungen eintreten. Der Name des kurz regierenden Nachfolgers Papst Pauls VI., Johannes Paulus I., hat eine tiefgehende symbolische und programmatische Bedeutung. Mit seinem Nachfolger Johannes Paulus II. (1978) ist erstmals seit der Reformationszeit ein Nicht-Italiener Papst geworden, der aus einem stark traditionsbestimmten katholischen Land Mitteleuropas stammt, in dem politisch der Marxismus zur Macht gekommen ist. Diese neuartige Situation im Zentrum der römisch-katholischen Welt dürfte nicht ohne Bedeutung für ihre weitere Entwicklung sein.

Die altkatholische Kirche

Die altkatholische Kirche ist die Erbin jener Autonomie, welche im ersten Jahrtausend die alten abendländischen Kirchen gegenüber dem römischen Stuhl besaßen und um deren Wiedererlangung eine Reihe von Bewegungen innerhalb der römischen Kirche kämpften: die konziliare Bewegung im Spätmittelalter (s. S. 450), die gallikanische Bewegung im 16. und 17. Jahrhundert, der Weihbischof von Trier von Hontheim (Febronius), die in der »Emser Punktation« (1786) vereinigten deutschen Erzbischöfe und schließlich der reformfreudige Generalvikar von Konstanz, Ignaz Heinrich von Wessenberg (s. S. 460). Der Gegensatz dieses episkopalistischen Kirchenbegriffes zu dem zentralistisch-papalistischen Kirchenbegriff Roms führte zum erstenmal im 18. Jahrhundert zur Bildung einer von Rom unabhängigen katholischen Kirchengemeinschaft in Holland. Als Rom sich weigerte, die rechtmäßige Wahl des Cornelius Steenhoven zum Erzbischof von Utrecht anzuerkennen, ließ das Domkapitel die Weihe durch den vom Papst suspendierten Missionsbischof Dominicus Varlet (1724) vornehmen. Die Nachfolger Steenhovens pflegten ihre Wahl und Weihe dem päpstlichen Stuhl anzuzeigen und erlitten hierfür regelmäßig die Exkommunikation.

Diese »römisch-katholische Kirche der altbischöflichen Klerisei« in Utrecht wurde zur Metropole jener Kirchengemeinschaften, in denen sich viele die Dogmen des Vatikanischen Konzils vom Jurisdiktionsprimat und der Unfehlbarkeit des römischen Papstes (s. S. 462) ablehnende Katholiken zusammenschlossen. Die Seele des Widerstandes gegen diese Dogmen war der Münchener Kirchenhistoriker Ignaz von Döllinger (1799 bis 1890). Die in Deutschland und in der Schweiz entstandenen »romfreien« katholischen Kirchen wurden nach altchristlichem Vorbild demokratisch ausgebaut; die Bischöfe werden von den aus Priestern und Laien gebildeten Synoden gewählt. Der erste deutsche altkatholische Bischof, Hubert Reinkens, empfing 1873 von einem Bischof der genannten holländischen Kirche die Weihe und weihte seinerseits den ersten »christkatholischen« Bischof der Schweiz, Eduard Herzog (1841–1924).

Die neugebildeten Kirchen suchten Lehre und Gottesdienst der alten ungeteilten Kirche zu erneuern. Sie erkannten nur die Glaubenslehren der sieben ökumenischen Konzile des 1. Jahrtausends an, die Dogmen des Tridentinischen Konzils nur, soweit sie mit der altkirchlichen Lehre übereinstimmten. Auch verwarfen sie die römische Lehre von der unbefleckten Empfängnis Marias. Sie erkannten auch nicht die scholastische Lehre von der Transsubstantiation an (s. S. 473), sondern nur die Realpräsenz Christi in der Eucharistie gemäß der Lehre der alten Väter. Sie hoben den erst spät in der abendländischen Kirche eingeführten Zwang zur Privatbeichte auf, ebenso den obligatorischen Zölibat der Priester. Auch schafften sie viele Formen der katholischen Volksfrömmigkeit ab, wie Ablässe, Reliquienverehrung, Wallfahrten, Sakramentsprozessionen, und vereinfachten die Gottesmutter- und Heiligenverehrung. In die Messe und Sakramentsspendung führten sie die deutsche Muttersprache ein und unterwarfen die Texte des römischen Meßbuches einer Überarbeitung.

Die deutsche und die Schweizer altkatholische Kirche schlossen sich 1889 mit der holländischen in der »Utrechter Konvention« zusammen. Weitere Schwesterkirchen entstanden in Österreich, in der Tschechoslowakei, in Jugoslawien. Vorübergehend gehörte auch die aus einem römisch-katholischen Franziskanerorden hervorgegangene Kirche der polnischen Mariaviten der Utrechter Konvention an. Außerhalb der in ihr vereinigten altkatholischen Kirchen entstanden noch kleinere Gemeinschaften auf ähnlicher Grundlage, sämtliche mit einem auf apostolischer Sukzession beruhenden Episkopat, so die »gallikanische Kirche« und die »apostolische Urkirche« in Frankreich, die »liberalkatholische Kirche«, welche theosophische Elemente in ihre Lehre aufnahm, usw.

Schon 1874/75 knüpften die Altkatholiken auf den Bonner Unionskonferenzen auf die Initiative Döllingers Verbindung mit der östlichen orthodoxen Kirche und mit der anglikanischen Kirche an; mit letzterer schlossen sie 1931 eine förmliche Interkommunion ab. Nach Döllingers Worten ist die altkatholische Kirche berufen, »als Werkzeug und Vermittlungsglied einer künftigen großen Wiedervereinigung der getrennten Christen und Kirchen zu dienen«.

Die anglikanische Kirche

Die anglikanische Kirche ist als reformatorische nationale Kirche entstanden, jedoch durch politische wie religiöse Kräfte zu einer ökumenischen Kirche geworden. Schon im Mittelalter hatte die Kirche Englands eine gewisse Selbständigkeit gegenüber dem römischen Papsttum errungen. Die Reformation begann in ihr unter Heinrich VIII. mit der Abschaffung der päpstlichen Suprematie und der Ausrufung des englischen Königs als des *Supreme Head* der *Church of England*. Dieser politisch bedingten Trennung folgte eine religiöse Erneuerung. Erzbischof Cranmer von Canterbury (1489–1556) bearbeitete ein von evangelischem Geist durchdrungenes gottesdienstliches Gebetbuch, das *Book of Common Prayer*. Im Unterschied von anderen reformatorischen Kirchen blieb bei dieser Erneuerung das dreifache kirchliche Amt bewahrt. Dadurch, daß der erste nach anglikanischem Ritual geweihte Erzbischof von Canterbury, Matthew Parker (1504–75), von einem ehemaligen römischen Bischof geweiht wurde, blieb die apostolische Sukzession erhalten, auf welche die anglikanische Kirche den größten Wert legt. Nach einer vorübergehenden Restauration unter Königin Maria führte Königin Elizabeth die anglikanische Kirche durch Abwehr der römischen wie der puritanischen Strömungen auf die *via media* zurück. Eine hochkirchliche Strömung um die Wende des 16. Jahrhunderts, deren bedeutendster Vertreter Erzbischof William Laud (1573–1645) war, verstärkte das katholische Element. Mit der gesetzlichen Verankerung des revidierten Gebetbuches von 1662 war die Struktur der anglikanischen als einer sowohl katholischen wie reformatorischen Kirche vollendet.

Nach einer Schwächung des kirchlichen Lebens im Zeitalter der Aufklärung wurde die anglikanische Kirche von Grund auf erneuert durch die Oxford-Bewegung, die ihren Namen von den führenden Oxforder Theologenpersönlichkeiten John Henry Newman (1801–90) und Edward Pusey (1800–82) erhielt. Sie rückte vor allem den göttlichen Ursprung des kirchlichen Amtes ins Licht. Obgleich diese Bewegung auf scharfen Widerstand stieß und durch die Konversion Newmans zur römischen Kirche einen schweren Schlag erlitt, gab sie den entscheidenden Anstoß zu einer »katholischen Wiedergeburt« der anglikanischen Kirche. Die ihr parallel laufende, von Londoner Großstadtpfarrern getragene ritualistische Bewegung erkämpfte sich trotz aller kirchlichen und staatlichen Unterdrückung allmählich Anerkennung. Die beiden Bewegungen, die im »Anglokatholizismus« zusammenflossen, gaben der anglikanischen Kirche ein neues Gesicht.

Die Kirche Englands ist bis heute Staatskirche; der Herrscher beruft die Bischöfe durch den Premierminister, während umgekehrt der Episkopat ihm einen sakralen Charakter durch die aus dem Mittelalter stammende Königsweihe gibt. Die geistliche Leitung der Kirche liegt in den Händen der Bischöfe. An der Verwaltung der Kirche sind die drei *convocations* maßgebend beteiligt, das Oberhaus der Bischöfe und die beiden Unterhäuser des Klerus und der Laien. Verfassungsänderungen wie z. B. die Revision des *Prayer Book* stehen dem Parlament zu. Die Tochterkirchen der Church of England sind im Unterschied von der Mutterkirche vom Staat unabhängig, so die Kirchen von Schottland, Irland, Wales und Nordamerika, ferner die Kirchen in den einzelnen Dominien des britischen Weltreiches und in den anglikanischen Missionsgebieten. Jede dieser Kirchen hat ihre eigene demokratische Verfassung, ja ihren eigenen Namen; so heißt die anglikanische Kirche in den Vereinigten Staaten *Protestant Episcopal Church*, in China und Japan »Heilige katholische Kirche«. Sämtliche anglikanischen Bischöfe der Welt sind vereinigt in der *Lambeth Conference*, so genannt nach dem *Lambeth Palace* des Erzbischofs von Canterbury in London, wo sie sich meist alle zehn Jahre versammeln. Diese ökumenische Körperschaft besitzt keinerlei Jurisdiktion über die einzelnen Kirchen, sondern nur eine moralische Autorität. Ihr Vorsitzender, der Erzbischof von Canterbury, besitzt lediglich einen Ehrenprimat. Die anglikanische Kirche ist in Diözesen und Pfarreien gegliedert. Neben ihrem dreifachen Amt hat sie auch das altkirchliche Diakonissenamt erneuert; die Diakonissen, welche vom Bischof mit Handauflegung ordiniert werden, haben das Recht zu taufen, zu predigen und das Stundengebet abzuhalten, in einzelnen Teilkirchen auch den Kelch bei der Kommunion zu reichen.

Wie in der Verfassung hat die anglikanische Kirche im Gottesdienst die Kontinuität mit der alten Kirche bewahrt. Das *Prayer Book* stellt eine evangelische Vereinfachung und Abkürzung des römischen Stundengebetes (*Matins and Even song*) sowie des römischen Meßformulars dar, ebenso des Tauf-, Firmungs-, Trauungs-, Ordinations- und Bestattungsrituals. Es ist zum volkstümlichsten und weitestverbreiteten christlichen Gebetbuch geworden. Die anglokatholische Partei hat mehr und mehr die liturgische Gewandung und das Zeremoniell der römischen Kirche übernommen und mancherorts auch die Gebetstexte der römischen Liturgie angeglichen.

Das *Book of Common Prayer*, das die drei in der römischen Kirche gebräuchlichen Glaubensbekenntnisse enthält (Apostolicum, Nicaenum, Athanasianum), wird auch als die eigentliche dogmatische Urkunde der anglikanischen Kirche angesehen. Die »39 Artikel« des Reformationsjahrhunderts, die auf lutherische und calvinische Vorlagen zurückgehen und auf die sich bis heute die Priester der englischen Staatskirche verpflichten müssen, nicht jedoch die der Tochterkirchen, werden heute zumeist nur noch als ein zeitgeschichtliches Dokument aus dem 16. Jahrhundert angesehen. Der Wandel, der sich in der anglikanischen Kirche in Richtung auf die katholische Tradition vollzogen hat, zeigt sich am deutlichsten in dem Widerspruch zwischen der *»black rubric«* des alten *Prayer Book* von 1548 (hier wird die leibliche Gegenwart Christi im Abendmahl verworfen und die Anbetung der eucharistischen Elemente geradezu als Götzendienst gebrandmarkt) und der Autorisierung ihrer Aufbewahrung im revidierten *Prayer Book* von 1927. Ein Teil der Anglokatholiken hat sogar den ganzen latreutischen Kult der Eucharistie samt der Fronleichnamsprozession und dem sakramentalen Segen (s. S. 475) von der römischen Kirche übernommen.

Das Kennzeichen der anglikanischen Kirche ist ihre *comprehensiveness*, die Weite, mit der sie unter ihrem Dach die verschiedensten kirchlichen und theologischen Richtungen vereinigt: katholische und protestantische, konservative und fortschrittliche. Die einzelnen Richtungen wurden früher als *high, low* und *broad* unterschieden; heute werden sie als anglokatholisch, evangelikal und liberal oder modernistisch bezeichnet. Die Anglokatholiken, die etwa ein Drittel der Gesamtkirche umfassen, pflegen das Studium der Kirchenväter und zeigen vielfach die Tendenz zur Nachahmung römischer Auffassungen und Bräuche. Die Evangelikalen legen den Nachdruck auf die Bibel und auf den reformatorischen Rechtfertigungsglauben. Die Liberalen oder Modernisten, die unter den Einfluß des römischen Modernismus (s. S. 465) gerieten, suchen eine Versöhnung des kirchlichen Glaubens mit der modernen Wissenschaft und Kultur. Ihr hervorragendster Vertreter war der Dean von St. Paul in London, William Ralph Inge (1860–1954). Die heutige anglikanische Kirche gewährt der kritischen theologischen Forschung einen weiten Spielraum. Mit Recht sagt ein amerikanischer Kenner der Konfessionskunde: »Sie erlaubt mehr Mannigfaltigkeit, Individualität, unabhängiges Denken und religiöse Freiheit als die meisten der großen protestantischen Kirchen« (Frank S. Mead).

Im Zusammenhang der anglokatholischen Bewegung ist das Mönchtum und Nonnentum in der anglikanischen Kirche erneuert worden. Neben benediktinischen, franziskanischen und anderen Männerorden bestehen zahlreiche Nonnenorden, die in ihrem Leben wie in ihrer Gewandung von den römischen sich nicht unterscheiden. Die anglikanischen Benediktiner feiern sogar mit bischöflicher Duldung nicht nur das monastische Stundengebet, sondern auch die Messe in lateinischer Sprache, und zwar nach dem *Missale Romanum*.

Die *via media* des Anglikanismus erklärt es, daß die einzelnen Anglikaner teils als Protestanten, teils als Katholiken sich bezeichnen. In den einen Kirchen findet man Flugschriften mit dem Titel *The Anglican Church a Protestant Church*, in anderen solche mit der Aufschrift *The Church of England always Catholic.*

Diese *via media* macht die anglikanische Kirche zu einer Brückenkirche zwischen den getrennten christlichen Kirchen. Während die protestantischen Anglikaner besonders um die Einigung mit den protestantischen Freikirchen bemüht sind, suchen die Anglokatholiken engeren Austausch mit der östlich-orthodoxen Kirche. Das Verhältnis zu letzterer ist ein sehr freundschaftliches; auch haben die orthodoxen Kirchen zum größten Teil die Gültigkeit der anglikanischen Weihen anerkannt. Mit der altkatholischen Kirche hat die anglikanische sogar die offizielle Interkommunion abgeschlossen (s. S. 480). Ein anderer Teil der anglikanischen Kirchenmänner suchte eine Versöhnung mit der römischen Kirche (s. S. 494).

Die anglikanische Kirche von heute stellt einen selbständigen Typus innerhalb der christlichen Kirchen dar. Nathan Söderblom (s. S. 493) hat ihn als den »Erasmischen« Kirchentypus gekennzeichnet im Hinblick auf den Unterschied zwischen dem Reformator Luther und dem Humanisten Erasmus. Nach den Worten eines der hervorragendsten anglokatholischen Bischöfe, Charles Gore (1853–1932), stellt die Anglikanische Kirche einen Katholizismus dar, der »schriftgemäß, freiheitlich gesinnt und allumfassend ist, aber immer katholisch«.

Die lutherischen Kirchen

Luther und seine Jünger hatten die römisch-katholische Kirche nicht verlassen, sondern waren von ihr ausgestoßen worden. Sie haben niemals den Anspruch aufgegeben, Glieder der katholischen, d. h. allgemeinen Kirche zu sein. Auch das Wort katholisch blieb für sie ein Ehrentitel, den sie niemals ihren Widersachern zugestanden. Letztere nannten sie stets nur die »Päpstlichen« (*papistae* oder *pontificii*). Dieses Bewußtsein der Katholizität redet besonders kraftvoll aus jener Unionsschrift, mit welcher die Bekenner des lutherischen Rechtfertigungsglaubens 1530 in Augsburg die entstandene Spaltung wieder zu überwinden versuchten. Sie versichern und begründen im einzelnen, daß »ihre Gemeinden in keinem Glaubensartikel von der katholischen Kirche abweichen, daß sie nur einige wenige Mißbräuche beseitigen, die Neuerungen sind und gegen den Willen der Kirchengesetze durch die Verderbnis der Zeiten Eingang gefunden haben«. Nachdem dieser Versuch gescheitert war, wurde dieses Dokument des Einigungswillens, genannt *Confessio Augustana*, zum Schibboleth der Trennung, zur Symbolschrift des konfessionellen Luthertums, durch welches dieses nicht nur gegenüber Rom, sondern auch gegenüber den hier verurteilten kleineren protestantischen Gruppen sich abgrenzte. Zur *Confessio Augustana* trat hinzu die *Apologie*, in welcher Melanchthon die Gegenschrift (*Confutatio*) der päpstlichen Partei gegen das Augsburgische Bekenntnis im einzelnen widerlegte. Dazu kamen als Zeugnisse des schlichten evangelischen Glaubens der *Große* und *Kleine Katechismus* Martin Luthers sowie die von ihm verfaßten, weit schrofferen *Schmalkaldischen Artikel*, die gegen das Papsttum gerichtet sind, und die viel stärker lehrhafte *Formula Concordiae* (1577), welche die lutherische Lehre gegen die calvinische abgrenzt. Alle diese höchst ungleichartigen Schriften bilden zusammen das gewaltige Corpus des lutherischen Bekenntnisses. Aber durch alle Verschiedenheiten bricht immer wieder das Evangelium von der freien Gnade Gottes durch, die ohne jede Werkgerechtigkeit dem sündigen Menschen die Gewißheit des Heiles schenkt. Das Bewußtsein der Katholizität, das alle diese symbolischen Bücher durchdringt, ist im Luthertum niemals entschwunden; einer der bedeutendsten lutherischen Schultheologen, Johannes Gerhard (1587–1662), betitelte geradezu seine Widerlegung der tridentinischen Lehrsätze als *Confessio Catholica*.
Die frohe Heilsgewißheit durch die Verkündigung des Evangeliums in den Menschenherzen zu wecken und zu stärken, ist der Sinn des lutherischen Gottesdienstes: »es ist alles zu tun um Gottes Wort, daß dasselbe im Schwange gehe und die Seelen immer aufrichte und erquicke«, wie Luther sagt. Auch das Sakrament hat keine andere Aufgabe, es ist nichts anderes als das »Siegel des Wortes Gottes«. Sein Kern ist nicht das äußere Zeichen, sondern die feierliche göttliche Zusage der Vergebung der Sünden. Wohl sind nach lutherischer Auffassung »in, mit und unter« dem Brot und Wein des Abendmahls Leib und Blut Christi »wahrhaftig gegenwärtig«; aber entscheidend sind nicht die äußeren Zeichen, sondern die in den Einsetzungsworten Christi enthaltene Gnadenverkündigung: »Dies ist mein Leib, der für euch gegeben wird«; »dies ist das Neue Testament in meinem Blut, das für euch vergossen wird zur Vergebung der Sünden«. Diese Worte sind im lutherischen Abendmahl nicht eine die Wandlung der Elemente bewirkende Konsekrationsformel, sondern eine machtvolle Predigt, ein »kurzer Begriff des ganzen Evangeliums«; darum werden sie im Unterschied von der römischen Messe (s. S. 473) laut gesungen oder gesprochen. Darum wird auch der ganze

Gottesdienst nicht in der lateinischen Sakralsprache, sondern in der lebendigen Volkssprache gehalten. Der Befehl Christi macht es auch erforderlich, daß das Abendmahl unter beiden Gestalten allen Christen, auch den Laien, gereicht werde.

Der lutherische Gottesdienst folgt in seinem Aufbau der römischen Messe; in ihm ist aber nicht nur alles, was an menschliches Tun und Wirken erinnert, jeder Versuch einer Versöhnung Gottes durch ein neues Opfer ausgetilgt, sondern auch die beibehaltenen Stücke sind so gruppiert und gestaltet, daß alles in Predigt wie Liturgie auf den Trost der göttlichen Vergebung und die Gewißheit der göttlichen Gnade ausgerichtet ist. Das Glaubensgebet und das Glaubenslied der Gemeinde sind das Echo auf diese göttliche Zusage. Neben den von lutherischer Glaubensfreudigkeit neu geprägten Kollektengebeten stehen die lutherischen Kirchenlieder des 16. und 17. Jahrhunderts, in denen Bußfertigkeit wie Zuversicht, Dankbarkeit und Seligkeit einen klangvollen Ausdruck finden. Dieser Gottesdienst kann im Schmuck der reichsten Liturgie, mit Chor und Orgel, Lichtern, Weihrauch und Gewändern gefeiert werden, an Altären, welche den ganzen Reichtum mittelalterlicher Kunst zeigen, aber ebenso im armseligsten Holzkirchlein oder Betsaal vor einem schmucklosen Abendmahlstisch; denn alles äußere Zeremoniell gehört zu den *Adiaphora* (nebensächlichen Dingen). Was dem lutherischen Gottesdienst ebenso wie dem orthodoxen und katholischen seine Fülle verleiht, das ist das Kirchenjahr, in dem das ganze Heilsdrama in Schriftlesung und Predigt, Gebet und Lied an den Augen der Gemeinde vorbeizieht. Doch nicht nur die Herrenfeste feiert das Luthertum, sondern auch die Marien- und Apostelfeste. Die Verehrung der Gottesmutter ist in ihm nie ausgestorben. Schon für Luther war Maria »die größte Frau im Himmel und auf Erden«, »das edelste Kleinod nach Christo in der ganzen Christenheit«; nach der Apologie des Augsburgischen Bekenntnisses ist sie darum *dignissima amplissimis honoribus* (»der allerreichsten Ehren am allerwürdigsten«). Ja selbst die Gedenktage der Heiligen als der Zeugen der göttlichen Gnade haben im Luthertum einen Platz gefunden, zumal im Martyrologium Wilhelm Löhes (s. S. 463).

Neben der Liturgie hat das Luthertum noch eine weitere Gnadenquelle in der Privatbeichte. Getreu dem Grundsatz Luthers, daß »die Beichte aufs allerhöchste zu preisen sei«, hat das Luthertum die »heimliche Beicht«, freilich ohne jeden Zwang, beibehalten. Die Absolution als die feierliche autoritative Zusage der Sündenvergebung im Namen und Auftrag Christi ist für das alte Luthertum neben Taufe und Abendmahl ein drittes Sakrament. Doch wird die allgemeine Beichte in gleicher Weise als Vorbereitung zum Abendmahl anerkannt. Auch ist nach lutherischer Auffassung auf Grund des königlichen Priestertums aller Gläubigen jeder Laie zum Hören der Beichte und zur Verkündigung der Sündenvergebung berechtigt.

Das Luthertum besaß schon im 16. Jahrhundert eine reiche Erbauungsliteratur. Dabei ist auffallend, daß der rein biblisch ausgerichtete Gebetsbuchtypus frühzeitig durch Einflüsse der mystischen katholischen Gebetsliteratur eine Wandlung erfuhr. Besonders weite Verbreitung fanden die Werke des Mystikers Johann Arndt (1555–1621), *Vom wahren Christentum* und *Paradiesgärtlein aller christlichen Tugenden*. Auch die lutherische Schultheologie kam unter den Einfluß der Mystik. Die für das Luthertum zentrale Rechtfertigung aus dem Glauben wird von einzelnen wie Hollazius als *unio mystica substantialis* aufgefaßt. Auf dem Boden des Luthertums ist sogar eine der katholischen verwandte Sakramentsmystik aufgeblüht; so drückt Johannes Gerhard seine innige Liebe zum Altarsakrament in dem Thomas von Aquin zugeschriebenen

Hymnus *Adoro te devote, latens deitas* aus. In der neueren lutherischen Theologie und Frömmigkeit traten diese mystischen Motive wieder stärker zurück.
Obgleich im alten Luthertum das geistliche Amt der Kirche auf göttliche Einsetzung zurückgeführt wird, gehört die Verfassung der Kirche zu den Adiaphora. Für die sichtbare Kirche sind nur die evangelische Verkündigung und die rechte Sakramentsverwaltung wesentlich. Da es der Landesherr war, der die Reformation einführte, wurde er zum *summus episcopus* oder wenigstens zum *nutritius* (Nährvater) der Kirche. Auf diese Weise wurde die lutherische Kirche, zumal im Mutterland der Reformation, zu einer Territorial- und Landeskirche, die geistlichen Leiter der Kirche zu fürstlichen Beamten. Nur dort, wo, wie in den skandinavischen Ländern, das Bischofsamt erhalten blieb, bewahrte die Kirche auch als Staatskirche eine größere Eigenständigkeit. In Schweden wurde auch die apostolische Sukzession der Bischöfe nicht unterbrochen, da der erste lutherische Erzbischof die Weihe von einem römischen Bischof erhalten hatte. Von der schwedischen Kirche empfingen im 20. Jahrhundert die baltischen Kirchen die Sukzession. Die deutschen lutherischen Kirchen führten nach dem Zusammenbruch des Staatskirchentums (1918) das Bischofsamt wieder ein, doch ohne Anknüpfung an die apostolische Sukzession; die Sukzession des Amtsträgers wird wohl als äußeres Symbol der Kontinuität geachtet, doch wird als entscheidend nur die Sukzession der »reinen Lehre« des Evangeliums angesehen.
Die europäischen lutherischen Kirchen fanden Ableger in den Vereinigten Staaten und auf den verschiedenen Gebieten der lutherischen Mission, doch ist ihre Organisation in den Vereinigten Staaten synodal, ja teilweise kongregationalistisch (vgl. S. 488). Die größte der dortigen lutherischen Kirchen ist heute die *United Lutheran Church*, die aus dem Zusammenschluß mehrerer Synoden entstanden ist. Die konservativste jener lutherischen Kirchen ist die der Missouri-Synode, die durch die Betonung der Verbalinspiration der Schrift, der Jungfrauengeburt und leiblichen Auferstehung Christi »fundamentalistischen« Charakter trägt. Fast alle lutherischen Kirchen der verschiedenen Länder sind heute im »Lutherischen Weltbund« organisatorisch zusammengeschlossen.
Auch die lutherische Kirche ist, wenn auch in anderer Hinsicht als die anglikanische, eine Kirche der Mitte. Sie stellt in gewisser Hinsicht eine Synthese der drei Hauptzweige der Christenheit dar, wie dies im Titel eines Werkes des Verfassers des Augsburgischen Bekenntnisses, Philipp Melanchthon, zu lapidarem Ausdruck kommt: *Corpus doctrinae Christianae quae est summa orthodoxi et catholici dogmatis, complectens doctrinam puram et veram Evangelii Jesu Christi secundum divina prophetarum et apostolorum scripta* (»Christliche Glaubenslehre, welche ist die Summe des orthodoxen und katholischen Dogmas, umfassend die reine und wahre Lehre des Evangeliums Jesu Christi gemäß den göttlichen Schriften der Propheten und Apostel«, 1565).

Die reformierten Kirchen

Die Kirche der deutschen Schweiz ist vom Geiste Zwinglis (s. S. 456) und seines Nachfolgers in Zürich Heinrich Bullinger (1504–75) geprägt. Die von letzterem verfaßte *Confessio Helvetica*, welche den Zwinglianismus dem Calvinismus näherbringt, ist von einer Reihe anderer reformierter Kirchen (Pfalz, Polen, Ungarn, Frankreich und Schottland) übernommen worden. Die Schweiz wurde im 19. Jahrhundert eine Stätte der freisinnigen Theologie; nach dem Ersten Weltkrieg gingen von ihr die ersten Vertreter der dialektischen Theologie (s. S. 467) aus. Der Gottesdienst ist ein puritanischer Wortgottesdienst; viele Kirchen haben nicht einmal einen Abendmahlstisch, sondern nur einen Taufstein.

Die calvinische Kirche hat ihren Ausgangspunkt im Genfer Gottesstaat. In Frankreich wurde sie zur Märtyrerkirche; obgleich durch die blutige Bartholomäusnacht (1572) und die starke Emigration sehr geschwächt, blieb die Hugenottenkirche eine religiöse und kulturelle Elite Frankreichs. Getreu der Parole *»Résistez«*, welche eine ihrer Märtyrerinnen, Marie Durand, auf den Boden ihres Kerkers schrieb, hielt sie inmitten einer römisch-katholischen Umgebung das reformatorische Evangelium fest. Im 19. und 20. Jahrhundert gingen aus ihr hervorragende Persönlichkeiten hervor, zumal aus dem Theologengeschlecht Monod, dessen bedeutendste Adolphe Monod (1765–1836) und Wilfred Monod (1867–1943) waren. In Schottland wurde die calvinische (presbyterianische) Kirche Staatskirche, in England Freikirche. Der Calvinismus ließ tiefe Spuren auch in der anglikanischen Kirche zurück (s. S. 481), über die ebenfalls ein Bildersturm hinwegging. In den Niederlanden wurde der Calvinismus die vorherrschende Form des Protestantismus. In Polen und Ungarn entstanden calvinische Kirchen kleineren Ausmaßes. In Deutschland finden wir calvinischen Einfluß in der Pfalz und im Rheinland. Eine mächtige Kirche wurde schließlich die presbyterianische Kirche in den Vereinigten Staaten.

Der Calvinismus brachte zahlreiche Bekenntnisse hervor. Der in den deutschen reformierten Kirchen viel gebrauchte *Heidelberger Katechismus* (1563) nimmt eine vermittelnde Stellung zwischen Calvinismus, Zwinglianismus und Luthertum ein, bekämpft aber um so schärfer die römische Kirche – die katholische Messe bezeichnet er als »vermaledeiten Götzendienst«. Daneben kam eine ganze Reihe anderer Bekenntnisse auf, die alle den Geist Calvins atmen, so die *Confessio Gallicana* in Frankreich, die *Confessio Belgica* in Belgien und in den Niederlanden, die *Confessio Scotica* in Schottland, die *Confessio Hungarica* in Ungarn; die verbreitetste reformierte Bekenntnisschrift wurde schließlich die *Westminster Confession* (1647).

Die originellste Form fand die calvinische Theologie in der Föderal-Lehre des Coccejus (1603–69), welche das Verhältnis von Gott und Mensch als Bundesverhältnis auffaßt, bei dem freilich entsprechend dem Fortgang der Geschichte die jeweils frühere Form des Bundes durch die spätere abgelöst wird; der ursprüngliche Werkbund wird durch den Sündenfall hinfällig, das »Protoevangelium« im Paradies (1. Mose 3,15) wird durch das Neue Testament erfüllt und dieses durch die Endgeschichte. Der denkwürdigste theologische Streit im Calvinismus ging um den »infra- oder supralapsarischen« Sinn der Prädestination; nach ersterer Auffassung prädestinierte Gott die Seelen zur Verdammnis im Hinblick auf den Sündenfall, nach letzterer ohne Rücksicht auf ihn.

Kennzeichnend für den Calvinismus ist ein starkes Bewußtsein für die Größe und Herrlichkeit der Kirche auf Erden, das sich bei aller Gegensätzlichkeit mit dem römischen Kirchenbewußtsein eng berührt. Es ist durchdrungen von dem göttlichen Ursprung des kirchlichen Amtes, das hierarchisch gegliedert ist (Diakonen, Älteste, Lehrer und Hirten). Obgleich die Verfassung der calvinischen Kirche nicht episkopal, sondern presbyterial ist (daher der Name Presbyterianismus), lebt auch in ihr die Idee der apostolischen Nachfolge des geistlichen Amtes. Diesem Kirchenbewußtsein entspricht eine strenge Kirchenzucht.

Am stärksten offenbart sich die calvinische Eigenart im Gottesdienst, der unter der Losung steht: *Soli Deo Gloria!* Der calvinische Gottesdienst dient nicht wie der lutherische dem Gnadentrost der sündigen Seele, sondern stellt einen feierlichen Huldigungsakt der großen Gemeinde an Gottes Majestät dar, die ebenso in der Seligkeit der Begnadeten sich offenbart wie im Wehgeschrei der Verdammten. Die Kultstätte ist der Tempel, in dem Gottes Herrlichkeit wohnt. Über der Tür der Hanauer Hugenottenkirche stand die Inschrift:

»C'est ici le temple de Dieu,
Chrétiens, venez dans ce saint lieu
avec amour, respect et crainte,
l'adorer dedans sa maison sainte.«

Der alttestamentliche und katholische Kultgedanke leben hier wieder auf. Die *Cantiques* der Hugenotten erinnern an die Preisgesänge der alten und der östlichen Kirche.

»Venez, chrétiens, et contemplons
la gloire du roi des rois,
du monarque des cieux. –
Grand Dieu, nous te louons,
nous t'adorons, Seigneur,
et nous voulons chanter une hymne à ton honneur.«

Der gesetzliche Charakter des Calvinismus zeigt sich in der allsonntäglichen Verlesung der Zehn Gebote Gottes, die auch in die anglikanische Liturgie Eingang gefunden hat. In calvinischen wie in älteren anglikanischen Kirchen finden sich als einziger Wandschmuck die mosaischen Gesetzestafeln. Entsprechend dem Dekalog des Alten Testamentes ist alle Symbolik und Bilddarstellung verpönt. Selbst die liturgischen Gebetstexte der alten Kirche sind fast völlig beseitigt; die Gebete sind von einem strengen Biblizismus beherrscht. In manchen calvinischen Kirchen waren sogar geistliche Lieder verpönt, nur die biblischen Psalmen wurden in eintönigen schweren Weisen ohne Orgelbegleitung gesungen. Auch die Abendmahlsfeier zeigt die Geistigkeit des Gottesdienstes. Nicht die Einsetzungsworte mit ihrem Gnadentrost für die Einzelseele, sondern die Worte des johanneischen Jesus vom Lebensbrot und Lebenstrank bestimmen die calvinistische Abendmahlsfrömmigkeit. Auch hier lebt ein starkes Bewußtsein für die Gegenwart Christi, die ähnlich wie in der ostkirchlichen Konsekrationsvorstellung (s. S. 469) durch das Wunder des Gottesgeistes bewirkt wird. Während der kniende Empfang des Abendmahls im Luthertum die Darreichung des individuellen göttlichen Gnadengeschenkes ausdrückt, offenbart das Sitzen in Bänken bei der Austeilung des Abendmahls den Gemeinschaftsgeist des calvinischen Christentums.

Dieser geistige Charakter des calvinischen Gottesdienstes begünstigte auch das Eindringen der katholischen Mystik, und zwar vornehmlich in der Form des Quietismus (s. S. 446). Sie fand ihre bedeutendsten Gestalten in Pierre Poiret (1646–1719) und Gerhard Tersteegen (1697–1769). Kontemplatives und aktives Leben sind in der calvinischen Frömmigkeit in einer ähnlichen Einheit verbunden wie in der katholischen. Calvinische Aktivität hat dem modernen Arbeitsethos ebenso den Weg gebahnt wie die in der Sparsamkeit sich äußernde calvinische »innerweltliche Askese« dem modernen »Kapitalismus«. Während das Luthertum in seiner Glaubensfrömmigkeit und Leidensbereitschaft die bestehenden politischen und sozialen Verhältnisse unangetastet ließ, hat der Calvinismus in seinem Eifer für die Gottesherrschaft auf Erden den Boden für ein in die Welt hinein wirkendes Christentum bereitet.

Die aus dem Protestantismus hervorgegangenen Freikirchen und freien Gemeinschaften

Die *Baptisten* wollen eine Gemeinde der Heiligen darstellen, welche ganz nach den Normen der Bibel leben. Die äußere Bekundung dieses Willens ist die (Wieder-)Taufe der Erwachsenen durch Untertauchen, von der die Baptisten ihren Namen empfangen haben. Von Holland aus fand das Täufertum in England Eingang; die weiteste Verbreitung erlangte es in den Vereinigten Staaten, wo es, obgleich in mehrere Zweige gespalten, die größte aller protestantischen Denominationen bildet. Aus der Täufergemeinde ist eine der größten prophetischen Persönlichkeiten des Protestantismus hervorgegangen, der Kesselflicker John Bunyan (1628–88), dessen Buch »Die Pilgerreise« (*The Pilgrim's progress*) nach der *Imitatio Christi* (s. S. 445) die meistgelesene christliche Erbauungsschrift ist. Eine Abart der Baptisten bilden die an Zahl viel geringeren »Taufgesinnten« oder *Mennoniten*, so genannt nach ihrem Gründer Menno Simons (1496–1561). Sie üben eine strenge Gemeindezucht, verwirklichen das Prinzip der völligen Wehrlosigkeit durch Kriegsdienstverweigerung und verwerfen den Eid. Durchdrungen von der Überzeugung, daß die einzige Waffe des Christen Gottes Wort und die Liebe ist, verkörpern sie den christlichen Toleranzgedanken. In den Vereinigten Staaten gaben sie den Anstoß zur Abschaffung der Sklaverei. Im Unterschied von den Täufern begnügen sie sich bei der Taufe zumeist mit der Begießung oder Besprengung.

Mit den Täufern und Taufgesinnten verwandt sind die *Kongregationalisten*, ursprünglich »Independenten« genannt, die, wie diese Namen besagen, die Unabhängigkeit der Einzelgemeinde von kirchlicher Kontrolle und ihre Autonomie vertreten, nicht nur in der Verwaltung, sondern auch im Glaubensbekenntnis. In England entstanden und nach Holland verpflanzt, fanden sie die größte Ausdehnung in den Vereinigten Staaten, und zwar in Massachusetts und New Haven, wo sie, die ursprünglichen Gegner der englischen Staatskirche, selbst bis zum Beginn des 19. Jahrhunderts eine Art Staatskirchentum bildeten. Sie förderten besonders das Erziehungswerk. Auf ihre Schulen gehen die berühmtesten alten amerikanischen Universitäten Harvard und Yale zurück. In ihrer Stellung zu den anderen christlichen Kirchen zeigen sie eine brüderlich-ökumenische Haltung.

Den Taufgesinnten und Kongregationalisten gleichen in vielem die *Quäker*, die, ebenfalls in der Alten Welt verfolgt, in Nordamerika eine Zufluchtsstätte fanden. Sie unterscheiden sich jedoch von ersteren durch die völlige Ablehnung aller kirchlichen Ämter und aller Sakramente. Getreu der Bergpredigt verweigern sie Wehrdienst und Eid. In ihrem schweigenden Gottesdienst (*silent worship*) lebte wie im ursprünglichen Independententum das urchristliche charismatische Wesen auf: wortlos sitzen die »Freunde« in ihren Versammlungen zusammen und warten, bis der Gottesgeist einen aus ihrer Mitte ergreift und befähigt, als dessen Mundstück ein prophetisches Zeugnis abzulegen und frei aus dem Herzen zu beten. Die Geistestaufe, die sie empfangen, und die geistliche Kommunion mit dem inneren Christus machen die äußeren Sakramente entbehrlich. Da der Geist ebenso Männer wie Frauen zu seinem Sprachrohr erwählt, gelten beide Geschlechter als völlig gleichberechtigt. Trotz ihres radikalen religiösen Individualismus entfalteten die Quäker die größte soziale Wirksamkeit; durch die Hilfe für Hungernde, die Bemühung um die Sklavenbefreiung, das Eintreten für Toleranz und die Arbeit für den Weltfrieden haben die Quäker die Achtung der Christenheit und Menschheit erworben. Ihr unerschütterlicher Glaube an das jedem Menschen leuchtende innere Licht befähigte sie mehr als die meisten christlichen Kirchen zur freudigen Anerkennung der Gottesoffenbarung in den nichtchristlichen Religionen (s. S. 457 f.), insbesondere in der Mystik der christlichen wie nichtchristlichen Welt.

Durch geistige Weite zeichnen sich auch die *Disciples of Christ* aus, eine in den Vereinigten Staaten entstandene ökumenische Gemeinschaft, begründet von dem Presbyterianer Thomas Campbell (1763–1854) und seinem Sohn Alexander (1788–1866). Um den kirchlichen Konfessionalismus zu überwinden, nannten sie sich ganz schlicht »Jünger Christi«. Sie lehnen alle Glaubensbekenntnisse ab, berufen sich allein auf die Bibel, wobei sie das Neue Testament hoch über das Alte stellen. Das Bewußtsein der Bruderschaft bringen sie in dem sonntäglichen Mahl des Herrn zum Ausdruck, das allen Nachfolgern Christi offensteht. Mit den Baptisten stimmen sie in der Auffassung von der Taufe überein, mit den Kongregationalisten in der Anerkennung der Selbständigkeit jeder christlichen Gemeinde.

Ökumenische Weite und pietistische Innigkeit verbindet die *Herrnhuter Brüdergemeine*, eine Schöpfung des Grafen Nikolaus Ludwig von Zinzendorf (1700–60) aus Restbeständen der aus einer hussitischen Gruppe (s. S. 450) hervorgegangenen Böhmischen und Mährischen Brüder, die auf seinen Gütern Aufnahme gefunden und sich dort mit pietistisch gerichteten Christen zusammengetan hatten. Aus seiner Liebe zum gekreuzigten Jesus heraus vermochte er die konfessionellen Grenzen zu überwinden und das Testament des Herrn *Ut omnes unum* in einer brüderlichen Gemeinschaft zu verwirklichen. Das von ihm gedichtete Lied »Herz und Herz vereint zusammen« ist zum unvergänglichen Ausdruck dieser Liebeskirche geworden. Aus dieser überkonfessionellen Gemeinschaft ist der weiteste evangelische Theologe Deutschlands im 19. Jahrhundert, Friedrich Schleiermacher, hervorgegangen (s. S. 462). Obgleich zahlenmäßig sehr klein, hat die Herrnhuter Brüdergemeine einen großen Einfluß auf die gesamte evangelische Christenheit ausgeübt, vor allem durch das Losungsbüchlein, in dem alljährlich ausgeloste Bibelstellen als Meditationstexte für jeden Tag des Jahres dargeboten werden.

Im Zusammenhang mit der Brüdergemeine steht der *Methodismus*, der aus einer großen Erweckungsbewegung hervorwuchs. Die Brüder John Wesley (1703–91) und Charles Wesley (1707–88) empfingen die entscheidenden Impulse nicht nur durch die Herrnhuter Brüdergemeine, sondern auch durch die Lektüre von Schriften Luthers, ersterer von Luthers Auslegung zum Galaterbrief, letzterer aus Luthers Vorrede zur Erklärung des Römerbriefes. Entscheidend ist für den Methodismus das Bekehrungserlebnis. Im Unterschied von Luther legt er größeren Nachdruck auf die Heiligung des Lebens und die Werke der Liebe. Aus einer innerhalb der anglikanischen Kirche entstandenen Erneuerungsbewegung, durch welche die Bekehrten in kleineren Gruppen gesammelt wurden, wuchs der Methodismus zu einer selbständigen Kirchengemeinschaft, die zum Teil die bischöfliche Verfassung beibehalten hat. Die Spaltung des Methodismus in den Vereinigten Staaten, in denen er die zweitgrößte protestantische

Denomination bildet, ist großenteils durch die Bildung einer Vereinigten Methodistischen Kirche (1939) überwunden worden. Weil der Methodismus ein Christentum persönlicher Erfahrung ist, besteht in ihm im allgemeinen Freiheit in der Ausdeutung der Glaubenslehre; Liberale und Konservative arbeiten harmonisch zusammen.
Aus der methodistischen Bekehrungspredigt ist die *Heilsarmee* hervorgewachsen, die von einem früheren Methodisten, William Booth (1829–1912), und seiner Gattin Catherine Mumford Booth (1829–90) begründet worden ist. Ihre Auffassung von der Bekehrung und Heiligung ist die methodistische. Die Erweckung wird durch äußere Mittel (militärische Uniform, Marschmusik, eindringliches Gebet) gefördert. Wie bei den Quäkern ist die Wassertaufe durch die Geisttaufe verdrängt. An die Stelle der kirchlichen Ämter sind militärische Grade getreten. Die Heilsarmee hat gerade unter den am tiefsten gesunkenen Menschen in den Slums der Großstädte überaus segensreich gewirkt und Menschen, an welche die Kirche nicht herankam, nicht nur leiblich gerettet, sondern auch für ein religiöses und sittliches Leben gewonnen.
Zu den Erweckungsgemeinschaften treten die eschatologischen Gruppen, welche Weltende und Wiederkehr Christi in Bälde erwarten. Die *katholisch-apostolische Gemeinde*, nach dem Mitbegründer, dem schottischen Prediger Edward Irving (1792–1834), vielfach irvingianisch genannt, erneuerte im Glauben an Jesu baldige Wiederkunft das Amt der zwölf Apostel. Unter Zuhilfenahme der ostkirchlichen Liturgien (s. S. 469) schuf sie eine reiche Gottesdienstordnung, deren Mittelpunkt die vom Stundengebet umgebene Eucharistiefeier ist. Zugleich gab sie aber freien Raum für das charismatisch-prophetische Zeugnis der während des Gottesdienstes vom Geist Ergriffenen. Aus England verbreitete sich diese Bewegung in Deutschland, wo sich ihr der Marburger evangelische Theologieprofessor Heinrich Thiersch (1817–85) und eine Reihe römisch-katholischer Priester anschlossen. Nach dem Tode des letzten Apostels (1901) begann für sie die »stille Zeit«, in welcher die Versiegelungen (Firmungen) und Ordinationen aufhörten.
Im Gegensatz zu diesen »Altapostolischen« riefen die von ihnen abgespaltenen *Neuapostolischen* weitere Apostel aus. Als höchste Autorität betrachten sie den »Stammapostel«, der an der Spitze des Apostelkollegiums steht. Die Neuapostolischen beseitigten die katholischen Elemente in der Liturgie und entwickelten wiederum einen protestantischen Puritanismus. Als wichtigstes Sakrament gilt die Versiegelung als Geistes- und Feuertaufe.
In der nahen Enderwartung berührt sich mit den apostolischen Gemeinden die »Kirche Jesu Christi der Heiligen der letzten Tage«, genannt *Mormonen*. Der Gründerprophet Joseph Smith (1805–44) gab seiner Gemeinde neben der Bibel ein neues, ebenfalls inspiriertes Buch, »das Buch des Mormon«, angeblich eine Übersetzung von Urkunden, die auf goldenen Platten aufgezeichnet waren und die Offenbarung des ewigen Christus an die Amerikaner enthielten. Seine Anhänger gründeten einen Kirchenstaat stark sozialen Gepräges in Utah mit theokratischer Verfassung, mit Aposteln und Hohenpriestern. Neuerdings üben amerikanische Sendboten eine rege Werbetätigkeit in Europa aus.
Die *Zeugen Jehovas* oder *Ernste Bibelforscher*, früher »Milleniums-Tagesanbruchsleute« genannt, sind eine Gründung des Amerikaners Charles Taze Russell (1852–1916). Sie lehren eine geistige Auferstehung Christi sowie eine geistige und unbemerkte Wiederkunft, d. h. Gegenwart (Parusie) Christi, die Vernichtung der

unverbesserlichen Bösen und die Vollendung, in der »Gott alles in allen« sein wird. Sie entfalten eine große Werbearbeit und nehmen gegenüber den christlichen Kirchen eine scharf polemische Stellung ein. Während der Unterdrückung der Bewegung durch den Nationalsozialismus zeigten sie eine große Bekenntnis- und Leidensfreudigkeit. Trotz gewisser kommunistischer Tendenzen ist diese Gemeinschaft in den sowjetischen Ländern verboten.

Zu den von der Welt sich abschließenden, auf die Wiederkunft Christi wartenden Gruppen gehört auch »die Versammlung«, gewöhnlich *Plymouth-Brüder* oder *Darbysten* genannt nach John Nelson Darby (1800–82). Sie glauben an die wörtliche Inspiration der Bibel und kennen keine berufsmäßigen Prediger. Die Kirche wird nach ihnen sichtbar nur im Abendmahl, das sie allsonntäglich feiern.

Eine besondere Gruppe unter den mannigfachen christlichen Gemeinschaften bildet die *Christian Science* (»Christliche Wissenschaft«), begründet von einer früheren Kongregationalistin, Mary Eddy geb. Baker (1821–90). Getragen von der Überzeugung der alleinigen Wirklichkeit des Geistes, glauben die Scientisten, daß der Mensch durch rechtes Denken Krankheiten heilen könne. Das Gebet ist für sie wortlose Versenkung. In den Gottesdiensten werden außer der Bibel nur die Predigten der Gründerin verlesen, die eine unbegrenzte Autorität genießt.

Im Unterschied von den verschiedenen Heiligungs- und Erweckungskirchen sowie den eschatologisch-apokalyptischen Gemeinschaften stellten die *Unitarier* von Anfang an eine mehr rationalistische Bewegung im Protestantismus dar. Ihren Namen empfingen sie von dem Kampf gegen das Trinitätsdogma, wie ihn im Reformationsjahrhundert Michael Servet (1511–53; s. S. 456), Fausto Sozzini (1539–1604) und Bernardino Occhino (1487–1564) führten. Die Unitarier bildeten in Siebenbürgen und in Polen kirchliche Gemeinschaften; in letzterem Lande waren sie der Verfolgung sowohl von seiten der römischen wie der protestantischen Kirchen ausgesetzt. Obgleich sie im »Rakauer Katechismus« ihre Glaubensgrundsätze formulierten, verwarfen sie jeden dogmatischen Zwang. In ihrer Ablehnung des christologischen Dogmas nahmen sie die Auffassung der liberalen protestantischen Theologie (s. S. 464) vorweg. Im 18. Jahrhundert bildete sich in England unter dem Einfluß der deistischen Philosophie und rationalistischen Theologie eine unitarische Gemeinschaft, ebenso in den Vereinigten Staaten. Das Widerstreben gegen allen Dogmatismus machte die Unitarier frühzeitig aufgeschlossen gegenüber den nichtchristlichen Religionen; ein kleinerer Teil derselben wandte sich sogar am Anfang des 17. Jahrhunderts dem Judentum zu (*Judaizantes*, Sabbatarier). Als Träger eines übernationalen und überkonfessionellen Christentums stehen die heutigen Unitarier mit dem Geistesleben der ganzen Menschheit in Verbindung. Sie sind die stärkste Kraft in der *International Association for Liberal Christianity and Religious Freedom* (s. S. 553). In den Vereinigten Staaten verbanden sich die Unitarier neuerdings mit den *Universalisten*, einer Gemeinschaft, die durch ihren Glauben an den universellen Heilswillen Gottes mit der calvinischen Prädestinationslehre in Konflikt gekommen war und sich deshalb von der presbyterianischen Kirche getrennt hatte. Beide näherten sich den Quäkern dadurch, daß sie immer mehr auf die Sakramente der Taufe und des Abendmahls verzichteten.

Die »jungen Kirchen« (Missionskirchen)

Durch die mittelalterliche und neuzeitliche Mission der römischen Kirche und die seit dem 18. Jahrhundert einsetzende Arbeit von protestantischen Missionsgesellschaften wurden in den alten Kulturgebieten Asiens wie in den dunklen Erdteilen Ableger der abendländischen Kirchen gepflanzt. Der Katechismus, die Form des Gottesdienstes, der Stil der kirchlichen Kunst – alles war westlich; vor allem lag die Leitung dieser Kirchen ausschließlich in westlichen Händen; dem Kolonialismus der abendländischen Staaten lief parallel der »Europäismus« der abendländischen Kirchen in ihrer Missionsarbeit. Die Mission verursachte weithin eine Entfremdung der neubekehrten Christen gegenüber dem geistigen Erbe ihres Heimatlandes. Eine Ausnahme machte lediglich die Jesuitenmission in Indien und China (s. S. 460), die freilich nur eine Episode in der Missionsgeschichte war. Ein Wandel bahnte sich erst in diesem Jahrhundert an. Zwar war noch der geniale Versuch eines Brahmabāndhav Upadhyāya, ein rein indisches Christentum zu schaffen (s. S. 259), zum Scheitern verurteilt. Aber andere indische Christen traten in seine Fußstapfen (s. S. 259). Die römische Mission gab allmählich dem heimischen Element in der Mission Raum (s. S. 476). Verschiedene Filialen der abendländischen protestantischen Kirchen in Indien und anderwärts wandelten sich mehr und mehr in einheitliche Nationalkirchen, deren Verwaltung und Leitung ausschließlich in die Hände einheimischer Priester und Bischöfe gelegt wurde, so die Vereinigte Südindische Kirche und die noch im Aufbau befindlichen Kirchen von Ceylon, von Nordindien und von Pakistan. Auch unter Völkern, die bis vor kurzem als primitive bezeichnet wurden, entstanden früh solche selbständigen Kirchen, wie die Batak-Kirche auf Sumatra. Diese Entwicklung wurde besonders gefördert durch die Weltmissionskonferenzen in Jerusalem (1928), Tambaram (1938), Whitby (1947), Villingen (1952), Achimota in Ghana (1957/58) und Mexiko (1963) sowie durch den 1921 gegründeten Internationalen Missionsrat. Obgleich alle diese Kirchen entsprechend ihrem Ursprung aus der abendländischen Mission noch in hohem Maße westlich beeinflußt sind, vor allem in der Theologie und in den Gottesdienstformen, zeigen einzelne doch die Tendenz, unter Abwerfung europäischen und amerikanischen Ballastes zu einer neuen, unmittelbaren Erfassung des urchristlichen Evangeliums durchzustoßen und das Wiederaufleben der Charismen des neutestamentlichen Zeitalters nicht zu hindern. Wie die älteste Kirche geben sie der Wirksamkeit der Frauen in Verkündigung und Seelsorge Raum. Vor allem bekunden sie gegenüber den Spaltungen der westlichen Christenheit einen starken Willen zur christlichen Einheit und zum missionarischen Zeugnis inmitten einer nichtchristlichen Umwelt. Aus der Zusammenfügung von christlichen und vorchristlichen Elementen mit Befreiungsideen entstanden in den Missionsländern mehrfach kirchenartige, oft stark politisch gefärbte, zumeist kleine, sogenannte »synkretistische« Gebilde, die nach manchmal schnellem Aufblühen teilweise wieder zurückgingen.

Die kirchlichen Einigungsbewegungen

Die jungen Kirchen haben neue Kräfte jener Einheitsbewegung zugeführt, welche in der abendländischen Christenheit zu Beginn des 20. Jahrhunderts entstanden war. Diese Bewegung nahm gerade dort ihren Anfang, wo die Zersplitterung selbst innerhalb der einzelnen Denominationen die weitesten Ausmaße angenommen hatte, in den Vereinigten Staaten Amerikas. Aus der protestantischen Episkopalkirche (s. S. 481) ging die Bewegung für *Faith and Order* (»Glaube und Kirchenverfassung«) hervor, deren bedeutendster Vorkämpfer Bischof Charles Brent (1862–1929) war. Sie fand eine kräftige Unterstützung durch die *Lambeth-Conference* der anglikanischen Bischöfe der ganzen Welt, die in einem Minimum von vier gemeinsamen Punkten, dem *Lambeth Quadriliteral* (Heilige Schrift, Nicaenisches Glaubensbekenntnis, Sakramente der Taufe und des Abendmahls und auf apostolischer Nachfolge ruhendes Bischofsamt) die Einigungsbasis zu finden glaubte. Daneben erfolgte in den Vereinigten Staaten ein loser Zusammenschluß der verschiedenen protestantischen Kirchen zur Verwirklichung sozialethischer Ziele im *Federal Council* (seit 1950 *National Council*). Dieser amerikanische Zweig der Einigungsarbeit verband sich mit jener Bewegung für *Life and Work*

Patriarch Photios von Alexandrien auf der 1. Weltkirchenkonferenz »Life and Work« in Stockholm

(»praktisches Christentum«), die aus der kirchlichen Friedensarbeit des schwedischen lutherischen Erzbischofs Nathan Söderblom während des Ersten Weltkrieges herauswuchs und ihren Höhepunkt in der Weltkirchenkonferenz von Stockholm (1925) erlangte. Sie setzte sich fort in der Weltkirchenkonferenz von Oxford (1937), die ein klares Zeugnis gegen den nationalsozialistischen Totalitarismus ablegte, in der Amsterdamer Weltkonferenz (1948), in welcher auch die »jungen Kirchen« einen wichtigen

Platz einnahmen, und schließlich in der Konferenz von Evanston (1954), welche im Evangelium die Heilung aller Weltnöte erblickte. Die Zusammenarbeit der außerrömischen Kirchen (einschließlich der östlich-orthodoxen) fand in Amsterdam die von Söderblom erstrebte autoritative Zusammenfassung im »Ökumenischen Kirchenrat«. Auch die *Faith and Order*-Bewegung veranstaltete mehrere Weltkonferenzen, welche die Einheit und Verschiedenheit der Kirchen in Glauben, Sakrament und Amt zum Gegenstand hatten, 1927 in Lausanne, 1937 in Edinburgh, 1952 in Lund (Schweden).
Die römische Kirche lehnte beharrlich jede Mitarbeit sowohl an *Faith and Order* wie an *Life and Work* ab und verbot ihren Gliedern jede aktive Teilnahme. Sie gestattete jedoch unter bestimmten Beschränkungen Gespräche kleinerer Kreise über die Gemeinsamkeit und Verschiedenheit der Glaubenslehre. So fanden unter dem Patronat des Mechelner Erzbischofs Kardinal Mercier in den Jahren 1921 bis 1925 Gespräche zwischen anglikanischen und römisch-katholischen Theologen über die Möglichkeit einer Wiedervereinigung der anglikanischen und römischen Kirche statt. Ein ähnliches Gespräch wurde 1934 unter dem Schutz des Berliner Bischofs Nikolaus Bares in Hermsdorf bei Berlin zwischen evangelischen und römischen Theologen abgehalten. Diese Zusammenkunft bildet den Ausgangspunkt der *Una-Sancta*-Gespräche. Sie wurden besonders gefördert durch die *Una-Sancta*-Bewegung, die von dem römisch-katholischen Priester Maximilian Metzger, einem Märtyrer der nationalsozialistischen Kirchenverfolgung (hingerichtet 1944), ins Leben gerufen worden war und die von Matthias Laros und Otto Karrer und von dem Benediktinerkloster Niederaltaich weiter vorangetrieben wurde. Besondere Aufmerksamkeit schenken einzelne römisch-katholische Kreise dem Gespräch mit der östlichen Kirche, so die Benediktiner von Amay (jetzt Chèvetogne in Belgien), die Herausgeber des *Irénicon*.
Die Annäherung der evangelischen Kirchen an die östlich-orthodoxe Kirche einerseits und an die römisch-katholische Kirche andererseits wurde besonders gefördert durch die gottesdienstlichen Reformbewegungen in den Kirchen der Reformation, insbesondere der anglikanischen Kirche (s. S. 481), sodann im Neuluthertum (s. S. 462). An letzteres knüpfte die beim vierhundertjährigen Reformationsjubiläum (1917) entstandene hochkirchliche Bewegung in Deutschland an, welche die Einführung des Bischofsamtes mit apostolischer Sukzession, die zentrale Stellung des Abendmahls im Gottesdienst, die Wiederbelebung der Privatbeichte und des Mönch- und Nonnentums erstrebte. Eine parallele Bewegung in Deutschland ist die 1924 entstandene »Berneuchener Bewegung« mit ihrer Kerntruppe, der »Evangelischen Michaelsbruderschaft«. Ähnliche Bewegungen entstanden, großenteils unter deutschem Einfluß, in den lutherischen Kirchen Skandinaviens und der Vereinigten Staaten wie in den reformierten Kirchen der Schweiz, Frankreichs und Hollands. Die bedeutendsten evangelischen Ordensgemeinschaften sind die der Brüder von Taizé bei Cluny, die der Schwestern von Pomeyrol und die der Marienschwestern in Darmstadt. Trotz der starken Widerstände von seiten des traditionellen Protestantismus konnte der Fortschritt dieser Bewegung, die quer durch die verschiedenen Reformationskirchen geht, nicht aufgehalten werden.

Die Stellung des Christentums in der Religionsgeschichte

Das Christentum weist in der Vielgestaltigkeit seiner Ausprägungen die reichste Entfaltung auf, welche die Religion in der Geschichte der Menschheit gefunden hat. Es ist nicht nur von seiner Ursprungszeit bis in die Gegenwart immer wieder in enge Berührung mit den anderen Religionen getreten; es stellt vielmehr einen Mikrokosmos im religionsgeschichtlichen Makrokosmos dar. Der Reichtum seiner Spielarten beruht vor allem darauf, daß in ihm die beiden Haupttypen der hohen Religion, die mystische Erlösungsreligion und die prophetische Offenbarungsreligion, sich gekreuzt haben. Adolf von Harnack hat in der ihm eigenen intuitiven Kraft erkannt, daß »die Religionsgeschichte in der Sukzession der Erscheinungen« auf christlichem Boden »repetiert und unifiziert« erscheint; er hat deshalb mit einer gewissen Übertreibung erklärt: »Wer diese Religion kennt, der kennt alle.« Diese Universalität, welche die Fülle der religiösen Erscheinungsformen und Entwicklungsstufen umschließt, zeigt sich vor allem in dem umfassenden Offenbarungsbegriff: das Christentum verkündet eine Grundoffenbarung Gottes in der ganzen Schöpfung, sowohl in der Natur wie in der Menschenseele, die Gottes Bild widerspiegelt, eine Geschichtsoffenbarung im Verlauf der gottgelenkten Ereignisse der Welt, eine heilsgeschichtliche Offenbarung in dem Christusdrama, dessen Einzelakte die Inkarnation, der Opfertod und die Auferstehung Christi bilden, und eine Endoffenbarung, welche den Sieg der göttlichen Wahrheit, Gerechtigkeit und Liebe über alle widergöttlichen Mächte bedeutet – »Gott alles in allen« (1. Kor. 15,28). Das Christentum hat darum von seiner Urzeit an die Tendenz, »allen alles zu werden« (1. Kor. 9,22) und so mit allen Nationalcharakteren sich zu verbinden. Und schließlich ist das Christentum trotz aller Tendenz zur Erstarrung in einem Dogmatismus und Biblizismus keine abgeschlossene Religion, sondern besitzt als Religion des Geistes (s. S. 421) unbegrenzte Möglichkeiten.

Zugleich aber ist das Christentum etwas unendlich Einfaches, nämlich die Einheit der Gottes- und Nächstenliebe, die Jesus verkündet hat (Mk. 12,29–31). Die empirische Wirklichkeit des Christentums und der Christen zeigt freilich immer wieder eine Verleugnung dieser Gottes- und Nächstenliebe (s. S. 449). Mit Recht sagt einer der besten Kenner der Kirchengeschichte: »In fast unabsehbarem Umfang ist von den Herrschenden wie von der Masse, von den Lehrern wie von den Zöglingen, von Wissenden und Unwissenden, dieses höchste Gebot nicht verstanden, ignoriert, übertreten worden« (Ignaz von Döllinger).

Trotz aller Entartung besitzt jedoch das Christentum die Kraft zur Läuterung und Selbstkorrektur und ist darum auch imstande, jene Tendenz zur Ausschließlichkeit und Unduldsamkeit, die zu so furchtbaren Entartungen geführt hat (s. S. 448 f.) abzustoßen und aus der Kraft der *Agápē* (Bruderliebe), in der schon seine frühesten Herolde (Joh. 13,34 f.; 1. Kor. 13; 1. Joh. 4) sein Wesen erblickt haben, in eine Religion der Toleranz zu wandeln, die dankbar und freudig die Wahrheitselemente der ganzen Menschheit in sich aufnimmt (s. S. 424). Der Historiker Arnold J. Toynbee erblickt gerade in diesem Wandel die Zukunftsaufgabe des Christentums. Diese ist aber keineswegs etwas Neues, sondern hat eine Tradition hinter sich, die bis in die christliche Urzeit zurückreicht (s. S. 421). Sie hat ihr sinnigstes Symbol in dem aus dem 7. Jahrhundert stammenden Denkmal des syrisch-nestorianischen Christentums in China, dem Stein von Hsi-an-fu (s. S. 85). Die Embleme der drei Religionen Chinas, die Drachen des Konfuzianismus, die Wolken des Taoismus, die Perle und der Lotoskranz des Buddhismus umschließen das christliche Kreuz zum Zeichen dafür, daß alle diese Religionen ihre Erfüllung in dem finden, der in der Bergpredigt von sich gesagt hat: »Glaubet nicht, ich sei gekommen, das Gesetz und die Propheten aufzulösen; ich bin nicht gekommen aufzulösen, sondern zu erfüllen« (Mt. 5,17).

Der Islam

Die abendländische Erforschung des Islam

Unter allen Religionen, mit denen sich das Christentum auseinanderzusetzen hatte, ist der Islam die am meisten angegriffene, am meisten mißverstandene gewesen. Die rund ein Jahrtausend anhaltende Bedrohung des Abendlandes durch islamische Mächte – beginnend von der Einnahme Spaniens durch die Araber zu Beginn des 8. Jahrhunderts, endend mit der Belagerung Wiens durch die Türken 1683 – hat dazu beigetragen, den Islam und seine Bekenner als Erzfeinde des Christentums anzusehen.
Zudem ist der Islam die einzige Weltreligion, die *nach* dem Christentum entstanden ist; und von den frühen byzantinischen Apologeten an bis zu Adolf von Harnack hin ist er deshalb oft als eine Häresie des Christentums hingestellt worden.
Das mittelalterliche Bild des Islam und seines Propheten Muḥammad zeigt ähnliche Züge; die Verzerrung geht so weit, daß man Muḥammad als Obergott ansehen, von der Anbetung seiner goldenen Statuen sprechen konnte – die Vorstellung von den »goldnen Mahomsbildern« hat sich bis in die romantische Dichtung gehalten.
Daß man eine Religion, die jeden Bilderdienst verwirft, deren Prophet sich überdies grundsätzlich nur als Mensch gefühlt hat, so verkennen konnte, beruht z. T. auf den mangelnden Sprachkenntnissen. Die Kenntnis des Arabischen als der kultischen Sprache des Islam wurde erst im späten Mittelalter für wichtig genug gehalten, um eigene Kurse dafür einzurichten – dem christlichen Klerus im islamischen Spanien freilich war die Sprache der Herrscher völlig geläufig gewesen.
1143 war die erste lateinische Koranübersetzung durch Robertus Retenensis angefertigt worden; genau 400 Jahre später erschien, unter Luthers Zureden, ein Druck der lateinischen Übersetzung des heiligen Buches des Islam durch Bibliander in Basel, aus dem dann eine italienische, eine deutsche (1616, Salomon Schweigger) und eine holländische Übersetzung hergestellt wurden. Und in dieser Zeit begann man hie und da, sich auch ohne missionarische Interessen mit dem Arabischen zu befassen.
Trotz der wachsenden Vertrautheit mit der arabischen Geschichte und Sprache brachte das 16. und 17. Jahrhundert – z. T. unter dem Druck der Türkengefahr – weiterhin eine Reihe von Werken scharf polemischen Charakters heraus (abgesehen von den dichterischen Erzeugnissen dieser Art).
Eine neue Auffassung bricht sich in der Aufklärung Bahn, wo Henri de Boulainvilliers zum erstenmal Muḥammad als Prediger einer vernunftgemäßen Religion zeichnete. Die allgemeine Neigung dieser Epoche dürfte wohl Reimarus am besten ausgedrückt haben, wenn er sagt: »Ich bin versichert, daß unter denen, die der türkischen Religion diese und jene Schuld geben, die wenigsten den Alcoran gelesen haben, und daß auch unter denen, die ihn gelesen haben, die wenigsten den Vorsatz gefaßt haben, den Worten einen gesunden Verstand, dessen sie fähig sind, zu geben.«
Das 18. Jahrhundert sah auch die Koranübersetzung des Engländers George Sale (1734), der sachlicher urteilt als seine Vorgänger, und die erste deutsche Übersetzung aus dem Urtext, die auch von Goethe benutzte David Friedrich Megerlins (1772), sowie, ein Jahr später, die Übersetzung Friedrich Eberhard Boysens. Wie es der

unermüdliche Johann Jacob Reiske (gest. 1774), der »Märtyrer der arabischen Literatur«, erstmals unternahm, die islamische Geschichte in die Universalgeschichte einzubauen, so ist die klassische, diese Periode der Auseinandersetzung des Abendlandes mit dem Islam abschließende Stellungnahme in Goethes »Noten und Abhandlungen zum West-östlichen Divan« zu finden, wo er vorsichtig und gerecht das Wesen nicht nur Muḥammads, sondern der islamischen Kultur in ihren Hauptformen, der arabischen und persischen, umschreibt.
Das 19. Jahrhundert kann als Beginn der wissenschaftlichen Orientalistik und Islamkunde gelten. Gotthold Weil versuchte 1843 das Leben des Propheten unter Scheidung der Tatsachen von späteren Legenden darzustellen. William Muir, Aloys Sprenger und D. F. Margoliouth zeigen starke Tendenzen, Muḥammads Bild negativ zu zeichnen; er wird als Hysteriker, Betrüger, bestenfalls als Sozialreformer dargestellt. Erst die grundlegenden Untersuchungen Ignaz Goldzihers über die Entwicklung der Tradition und die scharfsinnige Quellenscheidung, die dieser Gelehrte für die innerislamische Entwicklung einführte, hat neue Möglichkeiten des Verständnisses eröffnet. Auf Goldzihers und Christiaan Snouck-Hurgronjes Forschungen baut die wissenschaftliche Islamkunde auf und versucht, durch das Gewirr der Meinungen und Überlieferungen ein Bild von den Zielen des Propheten zu gewinnen – freilich gilt noch immer das Wort Carl Heinrich Beckers: »Wir wissen zu viel von Muḥammad, um ihn idealisieren, zu wenig, um ihm ganz gerecht werden zu können.«

Arabien vor dem Islam

Südarabien, durch seinen Reichtum berühmt, hatte zur Zeit, da Muḥammad geboren wurde (um 570 n. Chr.) seine Glanzperioden hinter sich. An die Stelle des alten Polytheismus waren jüdische und christliche Einflüsse getreten. Das eigentliche Arabien war noch ein Gebiet typisch primitiver Religion, in dem sich zahlreiche Stammesheiligtümer befanden: Bäume, Grotten und vor allem Steine wurden für heilig und machtgeladen gehalten; der allgemein semitische Steinkult hatte ein Zentrum in Mekka, wo der schwarze Stein in der Südwestecke der Kaʿba das Ziel jährlicher Wallfahrten war. Diese zu bestimmten Zeiten abgehaltenen Wallfahrten brachten der reichen Handelsstadt Mekka durch Messen und Märkte wirtschaftliche Vorteile; hier trafen sich im Schutze der heiligen Monate, in denen Kampf und Mord verboten waren, Vertreter aller arabischen Stämme. Um die Kaʿba wurden in bestimmter Kleidung die vorgeschriebenen Umlaufriten vollzogen.
An sich war das Leben der Araber zu jener Zeit (die vom Islam als *ǧāhilīya*, Unwissenheit, bezeichnet wird) wenig von religiösen Gedanken bestimmt. Die arabische Literatur des ausgehenden 6. Jahrhunderts läßt kaum auf tiefere religiöse Gefühle schließen; sie besingt vielmehr die Tugenden des Beduinen: Tapferkeit, grenzenlose Gastfreundschaft, Rache; das eigentlich erotische Moment tritt im Verhältnis dazu zurück. Die Frauen des Stammes dichteten Klagelieder auf die Gefallenen; die Priester an den Heiligtümern gaben ihre Wahrsagungen in dunkler Reimprosa. Schon zu jener Zeit ist das Arabische erstaunlich ausgebildet: in seiner den Stämmen gemeinsamen dichterischen Hochsprache hat es die Anlagen aller semitischen Sprachen aufs reichste entfaltet. Ein fast unerschöpflicher Wortreichtum verbindet sich mit äußerster syntakti-

scher Knappheit, und bereits damals liegt eine Reihe kunstreicher Metren vor. Die Vollkommenheit der vorislamischen arabischen Dichtung ist kaum je wieder erreicht worden – und die Sprache mit ihren scheinbar grenzenlosen Möglichkeiten war für den Islam vielleicht das Wertvollste, was er seinem arabischen Mutterboden entnehmen konnte. In der altarabischen Dichtung ist hin und wieder die Rede von Wandermönchen, vom Licht in der Eremitenzelle – das zeigt, daß christliche Motive nicht unbekannt waren. Lag doch das Land in den Einflußsphären Ostroms und Persiens, so daß leicht ein Kontakt mit jakobitischen und nestorianischen Christen möglich war. Geschlossene christliche Kolonien dürften im eigentlichen Arabien wohl kaum vorhanden gewesen sein; jüdische Gruppen gab es in der Nähe von Medina. Auch waren die Könige von Saba in Südarabien um 500 zum Judentum übergetreten. Mancherorts fanden sich Männer, die, unzufrieden mit der herrschenden, inhaltslosen Religion, eine höhere Form des Glaubens suchten; die Araber bezeichneten sie als *ḥanīf*. Bei ihnen dürfte der Glaube an einen Hochgott, *Allāh* – der auch sonst in Arabien vorhanden war –, in den Mittelpunkt des Interesses gerückt sein; möglicherweise hatten sie durch Kontakt mit Christen oder Juden ihre Religiosität vertieft. Vielleicht wäre Arabien sogar, um die Wende des 6./7. Jahrhunderts, christlich geworden, wenn nicht Muḥammad aufgetreten wäre.

Muḥammad

Muḥammad war um 570 in Mekka als Angehöriger der Sippe Hāšim, einer Seitengruppe der Quraiš, geboren. Sehr früh verlor er seine Eltern und wurde bei seinem Oheim Abū Ṭālib aufgezogen. Wie die meisten seiner Landsleute widmete er sich dem Handel; bald heiratete er seine um vieles ältere Dienstherrin Khadīǧa, die ihm vier Töchter gebar. Die Tatsache, daß Muḥammad bis zum Tode Khadīǧas (als er selbst etwa 50 Jahre alt war) keine andere Frau geheiratet hat, dürfte gegen die immer wieder wegen seiner zahlreichen späteren Ehen erhobene Anklage übermäßiger Sinnlichkeit sprechen.

Im Alter von etwa 40 Jahren wurde Muḥammad in einer Höhle am Berge Ḥirā, wohin er sich öfters zurückzog, von Visionen überkommen; er rang sich zu der Überzeugung durch, daß ihm hier ein göttlicher Auftrag zuteil werde. In der 96. Sure des Koran wird der an ihn ergangene Auftrag *iqra'*, d. h. »lies, rezitiere«, festgehalten. Khadīǧa stand ihrem Manne in der Krise, die diese Erlebnisse hervorriefen, getreu zur Seite.

Ein Gedanke beherrscht die ersten Verkündigungen Muḥammads: das nahende Endgericht. In jagenden kurzen Zeilen klingender Reimprosa, in sich überstürzenden Bildern wird das Hereinbrechen der Stunde, des Tages der Abrechnung, der Auferstehung angekündigt. Nahe steht diese Stunde bevor, in Kürze wird sie anklopfen und die in irdische Geschäfte verstrickten, Gott vergessenden Menschen aus ihrer Ahnungslosigkeit aufschrecken und Gott gegenüberstellen. Eine Naturkatastrophe wird das Gericht einleiten – Erdbeben, Feuer, Sonnenfinsternis – vielleicht am gewaltigsten geschildert in der 81. Sure:

> »Wenn die Sonne sich verschleiert und die Sterne verblassen,
> Wenn die Berge schwanken, Kamelstuten sind verlassen,

Wenn die wilden Tiere sich rotten, wenn das Meer aufgejagt,
Wenn die Seelen sich paaren, wenn man die getöteten Töchter fragt,
Um welcher Schuld sie ermordet, wenn Rechnung ist vorgebracht,
Wenn der Himmel enthüllt ist, das höllische Feuer entfacht,
Wenn nahe der Paradiesesgarten, dann erkennt die Seele, was sie gemacht ...«
(Übers. von Richard Hartmann)

Zu jener Stunde wird *Isrāfīl* die Trompete blasen, die Toten werden leiblich auferstehen und sich verwirrt über ihr Schicksal fragen; gewisse Prüfungen sind zu überstehen (s. S. 529), bis die Ungläubigen an Stirnlocken und Füßen weggeschleppt werden. In der Schilderung der Höllenstrafen erreicht der Koran nicht die ausschweifende Phantasie christlicher Apokalyptiker; erst spätere Volksfrömmigkeit konnte sich nicht genug tun in der Darstellung jeder Art von Strafen, von Feuerqualen und stinkendem heißem Wasser, von giftigen Bäumen, von körperlichen Züchtigungen. Aber Muḥammad ist nicht nur der Androher und Ermahner, sondern auch der Verkünder froher Botschaft: der Fromme, welcher Gottes Befehlen gemäß lebt, wird ins Paradies eingehen, wo Bäche von Milch und Honig in kühlen duftenden Gärten fließen und jungfräuliche Geliebte ihn erwarten. Auch Frauen und Kinder haben an der Paradiesesseligkeit teil. In den von der christlichen Polemik besonders angegriffenen Paradiesesschilderungen geht der Koran nicht viel über die Farbigkeit ostkirchlicher Predigten hinaus.
Muḥammads Verkündigung wurde von den praktisch denkenden Kaufleuten nicht ernst genommen. Eine leibliche Auferstehung schien ihnen undenkbar und lächerlich – so versuchte der Prophet immer wieder, die Möglichkeit einer solchen zu beweisen: einmal kann es für Gott, der die Welt aus dem Nichts geschaffen hat, nicht schwer sein, die schon vorhandenen Teile wieder zusammenzusetzen; zum zweiten ist eine Wiederbelebung der toten Wüste nach dem Regen ein Symbol für die Wiederbelebung der Menschen; schließlich kann die menschliche Zeugung ein Beispiel für Gottes Schöpfermacht geben. Und was das Endgericht anlangt, so sind die über sündige Völker des Altertums ergangenen Strafgerichte genügend Beweismaterial dafür: die Offenbarungen der zweiten mekkanischen Periode befassen sich viel mit der Geschichte jener Völker, die ihre Propheten verworfen und deshalb ihre eigene Vernichtung heraufbeschworen hatten.
Aus dem Zusammenhang von Schöpfung und Gericht ergibt sich zwangsläufig, daß der Schöpfer und der Herr des Gerichts nur eine Person sein kann: der Glaube an den einen Gott, ohne Nebengötter, steht von früh an im Zentrum der Offenbarung. Die 112. Sure erklärt:

»Sprich: Gott ist einer. Er ist der Ewige. Er ist nicht gezeugt und er hat nicht gezeugt. Ihm gleich ist keiner.«

Die jetzt vor allem gegen das christliche Trinitätsdogma angeführte Sure ist wahrscheinlich zuerst mehr gegen die arabische Vorstellung von »Töchtern Allahs« gerichtet gewesen.
Die Pflicht des Menschen ist es, sich von ganzem Herzen, ganzer Seele und ganzem Gemüte diesem einzigen Gott, dem Allmächtigen, dem Barmherzigen, dem Erbarmer (wie er zu Beginn jedes Korankapitels, und weiterhin zu Beginn jeglicher Tätigkeit angerufen wird) hinzugeben: das Wort Islām meint die völlige Hingabe an den Willen

Gottes, und derjenige, der diese Hingabe zeigt, ist der *Muslim* (die Bezeichnung Mohammedaner wird nicht gern gesehen, da sie nach muslimischer Auffassung eine unrichtige Parallele zu der Selbstbezeichnung der Christen darstellt). Der Muslim, der den *einen* Gott als Schöpfer und Richter anerkennt, weiß sich diesem verantwortlich; er glaubt an seine Bücher (*Tora*, Psalter, Evangelium, Koran), seine Propheten (von Adam über die Erzväter, Mose, Jesus und viele andere bis zu Muḥammad), an seine Engel und an den Jüngsten Tag, und führt in dem Bewußtsein der überall spürbaren Gottesgegenwart sein Leben entsprechend den göttlichen Geboten – die Erfüllung kultischer Pflichten, wie die Ausübung der Barmherzigkeit und Rechtlichkeit stehen als Forderungen Gottes in der Predigt Muḥammads nebeneinander. Aber dem in seinen Reichtum verstrickten, die religiösen Pflichten versäumenden Weltmenschen werden göttliche Strafen angedroht.

Muḥammad fühlte sich speziell als Prophet der Araber, die er warnen sollte, wie die Völker vor ihnen von Propheten gewarnt worden waren. Doch nur ein kleiner Kreis von Anhängern, meist aus niederen Klassen, sammelte sich um ihn. Unter dem Druck der Umstände wanderte ein Teil von ihnen nach dem christlichen Abessinien aus. Die Lage in Mekka verschärfte sich, als Muḥammad im Jahre 619 seine Frau und seinen ihn schützenden Oheim Abū Ṭālib verlor. Schließlich zeigte sich eine neue Möglichkeit: 621 kamen Leute aus dem nördlich gelegenen Jathrib, welche die Botschaft des Propheten vernahmen, und ein Jahr später wanderte er selbst – als letzter nach seinen Getreuen – nach Jathrib aus, das von nun an den Namen *Medina* (die »Stadt« des Propheten) trug.

Mit dieser Auswanderung, der *Hiǧra*, lassen die Muslime zu Recht ihre Zeitrechnung beginnen – denn hier vollzieht sich eine entscheidende Entwicklung der Grundgedanken Muḥammads. Bis dahin hatte der Prophet sich als Fortsetzer der großen prophetischen Religionen, des Judentums und Christentums, gefühlt und war überzeugt gewesen, das gleiche zu predigen, was auch sie lehrten. Biblische Erzählungen finden sich im Koran: so enthält die 12. Sure die Geschichte von Joseph und dem Weibe Potiphars. Doch die Juden lehnten die im Koran befindlichen lückenhaften Darstellungen ab. Das führte Muḥammad zu der Überzeugung, daß die von den Juden vorgebrachten Geschichten gefälscht seien – echt seien allein die ihm offenbarten Worte; sein Glaube sei im Grunde älter als der der Juden: es sei der reine Glaube Abrahams, welcher – über Ismail – als der Stammvater der Araber gilt und dem die Gründung des mekkanischen Zentralheiligtums zugeschrieben wird. Der reine Monotheismus, erstmals von Abraham gegenüber der alten Gestirnreligion vertreten, dann durch Juden und Christen verfälscht, sollte wieder im Islam lebendig werden. Als Folge dieser Erkenntnis änderte Muḥammad die Gebetsrichtung, die bis dahin Jerusalem gewesen war, nach Mekka – und damit war die Gewinnung seiner Heimatstadt wieder zu seinem Ziel geworden. Acht Jahre nach seiner Auswanderung zog er dort im Triumphe ein. Dazwischen lagen kleine Kämpfe, in denen eine gut organisierte muslimische Minderheit die Mekkaner besiegte. Mekka nahm seinen größten Sohn freundlich auf, und er ließ Milde walten. 632 starb er, nach Vollziehung der Wallfahrt, im Hause seiner Lieblingsfrau, der jungen A'iša, deren Vater Abū Bakr zu seinem ersten Nachfolger gewählt wurde.

Die Offenbarungen, die aus den letzten Jahren seines Lebens stammen, sind breiter im Stil, die Reimprosa ist nur noch wenig deutlich, der ursprüngliche eschatologische

Schwung ist verebbt, dafür nehmen kultische und institutionelle Fragen den größten Raum ein. Das ganze Leben ist mit Religion durchtränkt, und wie es keine Trennung zwischen staatlicher und religiöser Instanz gibt, so gibt es im Grunde auch keine profanen Handlungen – jedes Werk soll »im Namen Gottes« angefangen und in Verantwortung vor Gott ausgeführt werden. Der Mensch steht unmittelbar vor Gott; eine Priesterkaste existiert nicht.

Die Ausbreitung des Islam

Der Tod des Propheten stellte die junge Gemeinde vor schwere Probleme. Das Prophetenamt war abgeschlossen; die Offenbarungen sprachen von Muḥammad als dem Siegel, dem letzten der Propheten. So blieb für seine Nachfolger, »Kalifen«, die Leitung der Gemeinde beim Gebet und im Krieg.

Abū Bakr war erfolgreich genug, die gleich nach Muḥammads Tode ausbrechenden Aufstände der freiheitsliebenden Beduinen, denen das islamische Steuersystem nicht gefiel, niederzuwerfen; unter seiner Herrschaft zogen die Heere bis in den südlichen Irak und nach Palästina. Aber erst unter seinem Nachfolger, dem gewaltigen ʿOmar (634–644), kam die Zeit der glänzenden kriegerischen Erfolge: 635 wurde Damaskus erobert, 639–641 Ägypten, 640–644 Persien gewonnen.

Nach der Ermordung ʿOmars führte ʿOthmān ibn ʿAffān die Eroberungszüge weiter; doch begann damals die Begünstigung des altmekkanischen Hauses Omajja, der früheren entschiedenen Gegner Muḥammads. ʿAlī, der Sohn von Muḥammads Oheim Abū Ṭālib und Gatte seiner Tochter Fāṭima, erhob sich mit zwei Gefährten; ʿOthmān wurde 656 bei der Lektüre des Koran, dessen endgültige Redaktion auf ihn zurückgeht, ermordet. Sein Nachfolger wurde ʿAlī. Durch dessen Ermordung (661) war der Weg für Muʿāwiya und die omajjadische Dynastie frei, die, mit Hauptsitz in Syrien, im Geiste altarabischen Herrentums herrschte und unter der die Eroberungen der Araber bis zum Atlantik (691), Byzanz, Südspanien (711), Transoxanien (711) und Sind (711) vorbrandeten.

Beim Regierungsantritt des zweiten omajjadischen Herrschers, Yazīd (680), versuchte der jüngere Sohn ʿAlīs, Ḥusain, noch einmal, die Macht für sein Haus zu gewinnen – war er doch der legitime Enkel des Propheten. Ḥusain und die Seinen wurden bei Kerbela geschlagen – sein Todestag, der 10. Muḥarram (1. Monat des islamischen Mondjahres), ist bis heute bei den Schiiten ein Passionstag, der zahlreiche Dichter zu rührenden Klageliedern, besonders in Persisch und Urdu, bewegt hat.

In Mekka erhob sich ein Gegenkalif, ʿAbdullāh ibn Zubair, der Sohn eines angesehenen Prophetengenossen. Im Irak, wo die Partei ʿAlīs, die Šīʿa, ohnehin am stärksten war, entwickelten sich unter dem Einfluß al-Mukhtārs erstmals Lehren über die Wiederkunft eines jetzt in der Verborgenheit lebenden Nachkommens ʿAlīs. Dort spitzte sich auch das Verhältnis zwischen den arabischen Eroberern und den *Mawālī*, den zum Islam bekehrten und an einen arabischen Stamm als Klienten angeschlossenen Nichtarabern, zu; diese verlangten mit Recht die vom Islam zugesicherte Gleichheit aller Gläubigen.

Diese Strömungen ausnutzend, wuchs eine Bewegung, welche die Kalifenwürde für die Angehörigen der Sippe Muḥammads forderte. Geschickt benutzten ihre Propagandisten die alidenfreundliche Stimmung, um schließlich den Nachkommen eines Oheims des Propheten, ʿAbbās, zum Herrscher auszurufen. Der letzte Omajjadensproß floh nach Spanien, wo er 756 ein Reich gründete, das sich bald ausdehnte und die feinsten Blüten arabischer Kultur in Dichtung und Kunst zeitigte. Das spanisch-omajjadische Reich, das seine höchste Blüte unter ʿAbdurraḥmān III., dem Erbauer der gewaltigen Moschee von Cordova, erreichte, bestand bis 1031. Von den in dieser Zeit entstehenden Kleinstaaten konnte sich einer, das Reich der Banū Aḥmar in Granada, bis 1492 halten; das letzte Werk spanisch-arabischer Kunst ist die Alhambra.

Die abbasidischen Herrscher bemühten sich, den äußeren Anforderungen des Islam gerechter zu werden als ihre Vorgänger. Das von ihnen beherrschte Reich war nun nicht mehr ein arabisches, sondern ein islamisches. Schon die Verlagerung der Hauptstadt von Damaskus nach Kufa und bald nach Bagdad (756) gab persischen Einflüssen Raum, und als die äußere Macht der Kalifen nachließ, waren es türkische Söldner, die das Reich stützten und schließlich eigene Staaten errichteten. Seine Glanzzeit erlebte Bagdad unter Hārūn al-Rašīd (786–809), dem aus den Märchen von 1001 Nacht wohlbekannten Herrscher; unter seinem zweiten Sohn Ma'mūn (813–833) beginnt die Zeit der Übersetzungen griechischer naturwissenschaftlicher und philosophischer Werke, die einen ungeahnten Einfluß auf die Entwicklung der islamischen Wissenschaften ausüben und später wiederum durch Vermittlung der Araber in bereicherter Form dem Westen zugänglich gemacht werden sollten. Aber schon bald machten sich in den Randstaaten die Fürsten selbständig und ließen sich nur noch offiziell vom Kalifen mit ihrem Gebiet belehnen; 932 nannte sich Muʿizz ad-daula, der Gründer des persischen Hauses der Bujiden, erstmalig *Sulṭān*.

In Ägypten ging 969 die Macht an die schiitischen Fatimiden über, die von Nordafrika eindrangen. Im äußersten Osten dehnte Maḥmūd von Ghazna seine Feldzüge nach Nordwestindien aus; kurz zuvor hatte, vor allem dank dem persischen Fürstenhaus der Samaniden in Khorassan, eine neue Blüte des Persischen als Literatursprache begonnen.

Währenddessen drangen türkische Gruppen nach Iran und dem Irak vor, und im Jahre 1055 übernahm der Seldschuke Togrilbek die Vormundschaft über den schwachen Abbasidenkalifen. Damit war die Grundlage für eines der wichtigsten Staatengebilde im Nahen Osten gegeben: das seldschukische Reich, das in Persien eine neue große Periode der Kunst herbeiführte und dann (1071) den Weg nach Anatolien öffnete. Hier bildete sich das Reich der Rumseldschuken, deren prachtvolle Moscheen, Medresen, Grabbauten noch heute in Erzerum, Sivas, Kayseri und vor allem in Konya zu bewundern sind – das letztere war die Residenz dieser Fürsten, deren Reich sich bis zur anatolischen Südküste ausdehnte. Aber der Mongolensturm, der 1258 das Abbasidenreich vernichtete, drang auch nach Anatolien vor, und das rumseldschukische Reich zerfiel; aus den zahlreichen selbständigen Herrschaften erhob sich bald das Geschlecht der Osmanen. 1326 eroberten sie unter dem zweiten Fürsten ihres Hauses, Orhan, das Gebiet von Bursa, das eine Weile kultureller Mittelpunkt ihres Reiches wurde, ehe sie nach Edirne übersiedelten, welches bis zur Eroberung Konstantinopels (1453) ihre Residenz blieb.

Das Mongolenreich und besonders die im 15. Jahrhundert im Osten begründete Herrschaft der Timuriden hatte tiefgehende Wirkungen auf die islamische Geschichte und Kultur; die Residenzen, wie Samarkand und Herat, wurden mit prachtvollen

Bauten geschmückt. In Ägypten war 1171 die fatimidische Dynastie von der kurdischen Familie der Ajjubiden abgelöst worden, deren berühmtester Vertreter, Salāḥaddīn (Saladin) durch seine wichtige Rolle in den Kreuzzügen auch in Europa als gerechter edler Fürst bekannt geworden ist. Eine Heirat der Witwe des letzten Ajjubiden mit ihrem türkischen Heerführer führte 1250 zur Gründung der Mamlukendynastie – der kraftvolle Baybars war es, der 1260 die Mongolen zum Stehen brachte. Während im ersten Teil der Mamlukenherrschaft – bis 1382 – die Krone oft vom Vater auf den Sohn überging, ist in der zweiten Periode fast immer Sultanswahl üblich; der Herrscher ging aus den aus Rußland oder Innerasien eingeführten Militärsklaven (das bedeutet hier *Mamlūk*) hervor, die in einem langen komplizierten Ausleseprozeß durch verschiedene Ämter aufsteigen konnten. Die durch ihre großzügige Bautätigkeit beachtenswerte Mamlukenepoche nahm mit dem Sieg der Osmanen über die syrisch-ägyptischen Heere bei Marǧ Dābiḳ nördlich Haleb 1516 ein Ende.

Wie sich die osmanische Macht einerseits bis Ägypten und zu den heiligen Stätten Mekka und Medina vorschob, so erlebte sie unter Suleymān (gest. 1556) eine weitere Ausdehnung nach Westen, bis vor die Tore Wiens; und in der Hauptstadt Istanbul selbst wurden durch Meister Sinan die vollendetsten Moscheen geschaffen. Auf der anderen Seite setzten sich in Iran die schon seit längerer Zeit bemerkbaren schiitischen Bestrebungen vollends durch, und mit der Thronbesteigung des Safawidenherrschers Ismail im Jahre 1501 wurde die Zwölfer-Šīʿa (s. S. 533) zur Staatsreligion erhoben.

Weiter im Osten begab sich ein Enkel Timurs, Bābur, nach Nordwestindien, wo es schon seit den Einfällen Mahmuds von Ghazna nach 1000 verschiedene muslimische Fürstentümer gab, die sich bis Ostbengalen und dem Dekkan ausdehnten. Bābur überwand die Herrscher von Delhi (1526) und wurde zum Gründer des Moghulreiches, das rund drei Jahrhunderte bestand. Freilich hat erst sein Enkel Akbar (1556–1605) in einer langen und glücklichen Regierung dem Reich seine eigentliche Gestalt gegeben; er ist auch durch seine religiöse Toleranz, seine freie Zusammenarbeit mit Hindus, Christen und Parsen sowie durch seine Förderung künstlerischer Bestrebungen besonders wichtig für die Formung des indischen Islam. Akbars Sohn Ǧahangīr und sein Enkel haben die Toleranzpolitik fortgesetzt; Prinz Dara Šikoh, der Sohn Šah Ǧahāns, hat sich durch sein Interesse für indische religiöse Literatur einen Namen erworben. Die schönsten Baudenkmäler Nordwestindiens, wie der Tāǧ Mahall, das Grabmal der Gemahlin Šah Ǧahāns, stammen aus dieser Periode, die dann freilich durch die starre Politik des orthodoxen Kaisers Aurangzēb (1658–1707) ein Ende fand. Die Einfälle des Perserfürsten Nadir Šāh (1739) und Expeditionen seines Nachfolgers, das Erwachen der Hindus und Sikh, der wachsende Einfluß der Briten führten endlich zum völligen Zusammenbruch (1857). Der Islam jedoch breitete sich im indisch-indonesischen Raum langsam aber sicher aus, auch in Zeiten des politischen Verfalls, und heutzutage lebt etwa die Hälfte aller Muslime in diesem Bereich; von dort aus sind auch die ersten modernistischen Bewegungen im 19. Jahrhundert ausgegangen. Die starke Gruppe zentralasiatischer und chinesischer Muslime, wie das ständige Vordringen des Islam in West- und Ostafrika darf nicht übersehen werden.

Vom 17. bis 19. Jahrhundert läßt sich fast überall eine mit dem politischen Niedergang und wichtigen Gebietsverlusten zusammengehende geistige Stagnation bemerken, in der jedoch Keime einer Neuinterpretation des Islam, erste Versuche zur Selbstidentifikation sichtbar werden. Das 19. Jahrhundert führt einzelne islamische Völker wieder zur tieferen Selbstbesinnung, und mit voller Macht bricht nach dem Ersten Weltkrieg der Nationalismus in der islamischen Welt auf. Er hat bis heute zur Bildung einer Reihe selbständiger Staaten geführt, von denen sich einer »Islamische Republik Pakistan« nennt, während die Türkei absoluten Laizismus zur Grundlage ihres neuen Staatswesens gemacht hat (obgleich das Volk noch völlig muslimisch fühlt).

Der Koran und seine Lehre

Die wichtigste Grundlage dieser Religion ist der Koran, der für den frommen Muslim nicht das Wort eines Propheten, sondern das unverfälschte Wort Gottes ist, das lediglich durch das Instrument Muḥammad in klarer arabischer Sprache vernehmbar wurde. Der Urkoran, der im Himmel auf einer wohlverwahrten Tafel verborgen war, hat sich einmal manifestiert in diesem Buche, das zu berühren nur dem rituell Reinen gestattet ist, und das zu rezitieren die erhebendste und erbaulichste Beschäftigung ist – selbst wenn man, wie es den meisten nicht-arabischen Gläubigen geht, die Worte nicht versteht. Denn da es sich um das göttliche Wort im überragenden Sinn handelt, hält es der Muslim für undenkbar, den Koran in irgendeine Sprache zu übersetzen; noch eine neue englische Übertragung nennt sich *The Meaning of the Glorious Koran*, weil sie nur den Sinn wiederzugeben trachtet. Der Stil des Koran ist nämlich nach islamischer Auffassung unnachahmbar und enthält nicht nur übermenschliche Schönheit und Lösung aller Probleme, sondern auch in der Anordnung seiner Verse, seiner Buchstaben liegen ungeahnte göttliche Geheimnisse beschlossen. Goethe sagt: »Der Stil des Koran ist seinem Inhalt und Zweck gemäß streng, groß, furchtbar, stellenweise wahrhaft erhaben.« Dies gilt besonders für die ältesten Offenbarungstexte. Doch ist die jetzige Anordnung nicht chronologisch; als die heiligen Texte unter dem Kalifen ʿOthman zusammengestellt wurden, ordnete man sie der Länge nach in absteigender Ordnung (die Kapitel werden als *Sūra* bezeichnet). So stehen die kurzen ältesten Gerichtsdrohungen ziemlich am Ende des Koran. Lediglich als Einleitung ist ein kurzes Gebet gewählt worden, die *fātiḥa*, »die Eröffnende«, welche das meistrezitierte, etwa dem christlichen Vaterunser entsprechende Gebet ist:

»Lob sei Gott, dem Herren der Welten,
Dem Barmherzigen, dem Erbarmer,
Dem König des Gerichtstages.
Dich beten wir an, und zu Dir flehen wir um Hilfe,
Führe uns den geraden Weg,
Den Weg derer, denen Du gnädig bist,
Nicht derer, denen Du zürnst, und nicht der Irrenden.«

Nach der Sure des Einheitsbekenntnisses (112) sind zwei abschließende Gebetsformeln gesetzt, in denen um Schutz vor bösen Menschen und Geistern gefleht wird. Die so zustandegekommenen 114 Suren tragen kurze Überschriften (»Die Kuh«, »Der Stern«, »Die Rennenden« usw.), welche jedoch nicht ursprünglich sind. Vor der Rezitation jeder Sure bzw. des einzeln rezitierten Verses ist eine Schutzformel gegen den Satan und die *basmala* (»Im Namen Gottes des Barmherzigen, des Erbarmers«) zu sprechen. Die *Fātiḥa* und eine Reihe der kurzen Suren werden täglich beim Gebet rezitiert; gewissen

Suren werden besondere Kräfte zugeschrieben (so der 36. *Yāsīn*); bestimmte Verse sind besonders zum Schmuck von Moscheen und kunstvoll geschriebenen Tafeln beliebt oder gelten, wie z. B. der Thronvers (2,256), für schutz- und segenbringend:

> »Gott – es gibt keinen Gott außer Ihm, dem Lebendigen, dem Ewigbestehenden! Schlummer und Schlaf ergreifen Ihn nicht. Sein ist, was im Himmel wie auf Erden ist. Wer könnte bei Ihm Fürsprache einlegen ohne Seine Erlaubnis? Er weiß, was vor und hinter ihnen ist, und sie begreifen nichts von Seinem Wissen, außer was Er will. Sein Thron umfaßt Himmel und Erde, und ihre Erhaltung ist keine Last für Ihn. Und Er ist der Hohe, der Erhabene.«

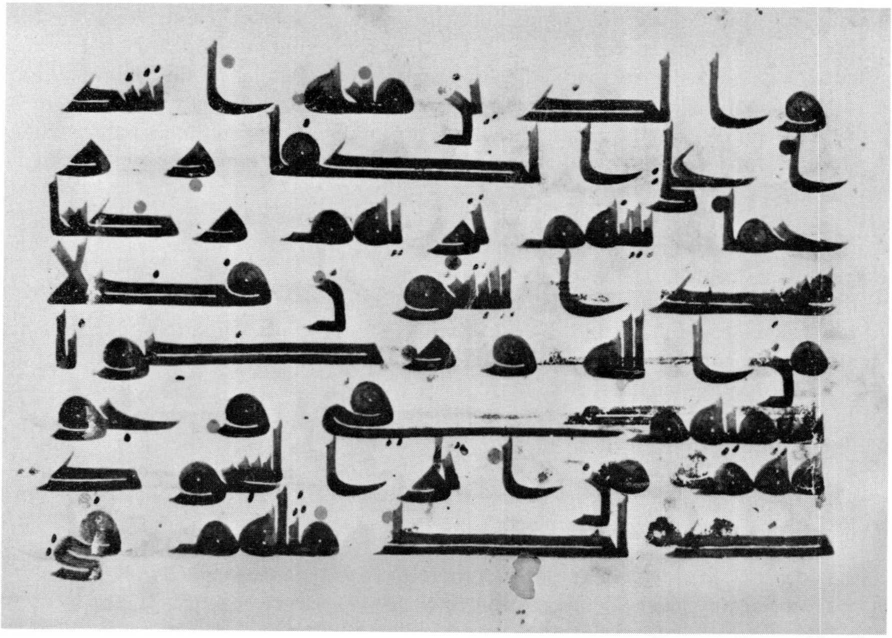

Seite aus einem Koran in Kufi-Schrift

Der einzelne Koranvers wird als *āyat* (»Zeichen«) bezeichnet, da Muḥammad diese Verse als göttliche Wunderzeichen vorwies, als seine Gegner von ihm Wunder verlangten. Einzelne Verse sind durch spätere Offenbarungen überholt, aber trotzdem im Koran stehengeblieben, woraus sich gewisse Widersprüche ergeben.
Die Stellung des Menschen wird im Koran mehrfach umschrieben: einerseits ist er höher als alle Geister – denn Gott befahl am Schöpfungstage den Engeln, sich vor Adam niederzuwerfen, da er diesen zu seinem Statthalter auf Erden machen wollte; der Satan, der sich weigerte, wurde daraufhin gestürzt. Die erste Sünde des Menschen hat

keine ansteckende Wirkung (entgegen der christlichen Erbsündenlehre), der Mensch ist von Natur gut und ändert sich erst durch Umwelteinflüsse. Die absolute Bindung des Menschen an Gott hingegen wird in den schönen Worten der 7. Sure symbolisiert: vor Erschaffung der Welt, in der Urewigkeit, zog Gott die Menschheit einen Augenblick aus den Lenden des noch nicht geschaffenen Adam und fragte sie: »Bin ich nicht euer Herr?« Sie sprachen: »Ja, wir bezeugen es« (7,171). Durch diesen Akt hat die gesamte Menschheit ihren Gehorsam gegen Gottes Befehle ausgedrückt und seine Ratschlüsse im voraus angenommen. Dieser Vers ist zu einem Lieblingsthema mystischer Meditation und Dichtung geworden.

Der Koran, dessen spätere Teile so manche irdischen Befehle, Anordnungen über das

Fliese aus Isfahan um 1600

tägliche Leben und über die staatliche Ordnung enthalten, ist durch die Jahrhunderte das Zentrum aller Studien gewesen. Aus der Beschäftigung mit seiner Sprache entwikkelte sich die Grammatik und Rhetorik, der Glaube an seine Unübersetzbarkeit zwang die den Islam annehmenden Nationen, Arabisch zu lernen oder sich zumindest mit der arabischen Schrift vertraut zu machen – das hatte unvorstellbare Folgen für das Persische, Türkische, die islamischen Sprachen und Literaturen Indiens, Zentralasiens und Afrikas. Koranisches Sprachgut ist bis heute auch den nichtarabischen Völkern in Dichtung und Umgangssprache geläufig. Der Wunsch, den Koran möglichst wohlklingend vorzutragen, führte zur Entwicklung der Koranlesekunst; schon bei der gewöhnlichen Aussprache sind gewisse Feinheiten zu beachten; meist aber wird der Koran in bestimmten Tonfolgen in einer Art psalmodierendem Gesang vorgetragen. Der *Ḥāfiẓ*, der den Koran auswendig kann, ist hochangesehen; Knaben mit schöner Stimme werden gern früh in die Moschee geschickt, um das Heilige Buch auswendig zu lernen. Um der Heiligkeit des Gotteswortes auch sichtbaren Ausdruck zu verleihen, wird es im Hause an einem möglichst hohen Ort aufgestellt oder aufgehängt, so daß kein Buch über ihm stehen kann.

Für den Gläubigen gelten fünf Hauptpflichten, von denen die erste, das Glaubensbekenntnis, eigentlich die Vorbedingung für die übrigen ist – wer die Formel *Lā ilāha illā'llāh, Muḥammad rasūl Allāh* (»Es gibt keinen Gott außer Gott, Muḥammad ist der Gesandte Gottes«) öffentlich ausspricht, hat damit den Islam angenommen. Das Credo findet sich nicht in dieser Form im Koran, nur dem Sinne nach. Ein ausführliches Credo hat sich im Laufe der ersten Jahrhunderte entwickelt, um den Islam gegen die von außen drohenden Entwicklungen abzugrenzen. Darin ist der Glaube an die vorhergehenden Propheten eingeschlossen; Muḥammad ist lediglich der letzte von ihnen, der die abschließende, und damit die früheren Offenbarungen korrigierende Offenbarung gebracht hat. Er selber wollte nur ein »Knecht, dem offenbart ist« sein – doch aus der Andeutung weniger Wunder im Koran (seine nächtliche Himmelfahrt, die Spaltung des Mondes) wurde ein reicher Legendenkranz geschaffen, der Prophet zum »Vollkommenen Menschen« (*insān kāmil*), zum Ziel und Zweck der Schöpfung erklärt. Die fortwährende Nennung seines Namens im Glaubensbekenntnis neben dem Namen Gottes konnte dieser Entwicklung Vorschub leisten.

Neben dem Glaubensbekenntnis sind die Säulen des Islam: das Pflichtgebet, das Almosengeben, das Fasten im Monat Ramaḍān und die Wallfahrt nach Mekka.

Das Almosengeben (*zakāt*) ist eine genau geregelte Steuer, deren Erträgnisse (nach Koran 9,60) zu verwenden sind für Arme, Bedürftige, die Steuern einziehenden Beamten; für solche, deren religiöser Eifer gestärkt werden soll, für Sklaven, die sich selbst freikaufen wollen, für Schuldner, die durch Schulden für ein gutes Werk Not leiden, und *fī sabīl Allāh*, auf dem Wege Gottes, d. h. für verschiedene Zwecke, besonders zur Hilfe an notleidende Reisende. Die *zakāt* ist, wenn sie richtig durchgeführt wird, durch eine gerechte Besteuerung der Reichen und Fürsorge für die Armen, ein Schutzmittel gegen Kapitalismus und Kommunismus, wie es nicht nur moderne muslimische Denker (Sir Muhammad Iqbāl), sondern auch christliche Gelehrte auffassen (Kenneth Cragg).

Das Fasten dürfte heute die am strengsten eingehaltene Glaubenspflicht sein, obgleich es vielleicht die schwerste ist. Während des ganzen Ramaḍān, des 9. Monats des islamischen Mondjahres von 354 Tagen, darf von Morgengrauen bis Sonnenuntergang nicht gegessen, getrunken, geraucht, kein Wohlgeruch genossen, kein Geschlechtsverkehr gepflegt werden. Die Absicht, das Fasten zu halten, muß jeden Morgen vor Sonnenaufgang neu formuliert werden. Reisende, Greise, Schwangere, Säugende und Kranke brauchen das Fasten nicht zu halten, doch haben sie es nachzuholen oder eine entsprechende Sühne (z. B. Speisung von Armen) zu leisten. Da der Ramaḍān durch alle Jahreszeiten wandert, ist die Anstrengung im Sommer besonders groß, wenn in orientalischer Hitze kein Tropfen Wasser gestattet ist. Nach dem Fastenbrechen bei Sonnenuntergang pflegt man gern ein aus 33 *rakʿah* (s. S. 509) bestehendes Gebet (*tarāwīḥ*) zu verrichten; vor Morgengrauen wird in der Regel noch eine Mahlzeit verzehrt. In der Türkei halten heutzutage viele, die kein Gebet verrichten, doch das Fasten, oder bemühen sich wenigstens, einige Tage zu fasten, besonders an dem der *lailat al-qadr* vorausgehenden Tag, einer der letzten fünf ungeraden Nächte, meist am 27. Ramaḍān – in dieser Nacht soll der Koran erstmals offenbart worden sein (Sūra 97). Das Fest des Fastenbrechens beim Erscheinen des Neumonds ist im Volk das am sehnsüchtigsten erwartete Fest, an dem alles neu geschmückt wird.

Für die Pilgerfahrt nach Mekka sind altarabische Riten übernommen worden. Sie ist, wie das Fasten, an bestimmte Zeiten gebunden und findet im letzten Mondmonat statt. Die Pilger legen in bestimmtem Abstand von Mekka ein Pilgergewand aus zwei ungenähten Tüchern an; zu den auszuführenden Riten gehört das Weilen auf dem Hügel ʿArafāt, das Umkreisen der Kaʿba, ein siebenmaliger rascher Lauf zwischen den Hügeln Ṣafā und Marwā u. a.; am 10. des Monats schlachtet jeder Pilger ein Schaf (auch die Daheimgebliebenen tun das) und kann aus dem Weihezustand, in welchem ihm Haarschneiden, Jagd, Kampf und Frauen verboten waren, in den gewöhnlichen Zustand zurückkehren. Die Pilgerfahrt soll nur dann ausgeführt werden, wenn der Betreffende gesund ist und ohne Belastung seiner Familie, ohne Schulden die weite Reise unternehmen kann – ein Zeichen für den Realismus des Islam. Zweifellos trägt das Zusammensein von Muslimen aus aller Herren Länder in Mekka, der gemeinsame Gottesdienst am Zentralheiligtum, viel dazu bei, das Gemeinschaftsgefühl der Muslime zu stärken.

Die für das tägliche Leben wichtigste und das äußere Bild der islamischen Welt am stärksten formende Kraft ist das Pflichtgebet (*ṣalāt, pers.-türk. namāz*). Hat man doch gesagt: »Zwischen Glauben und Unglauben liegt das Aufgeben des Pflichtgebetes.« Es wird fünfmal am Tage verrichtet, die fünf Gebetszeiten verteilen sich von der Stunde vor Sonnenaufgang über Mittag, Nachmittag, nach Sonnenuntergang und Einbruch der Nacht. Der Koran kennt keine Zahl der notwendigen *ṣalāt*, doch dürften auch damals schon die fünf Gebete gebräuchlich gewesen sein, die in Zusammenhang mit Muḥammads nächtlicher Himmelfahrt gebracht werden. Der Koran hebt die Wichtigkeit des nächtlichen Gebets hervor, das sich freilich als Pflicht nicht durchgesetzt hat. Jedes einzelne Gebet beginnt mit der Formulierung der Absicht (*nija*), z. B. das Abendgebet zu verrichten; eine *rakʿah* besteht aus dem Aufrechtstehen und Aussprechen des *Allāhu akbar* (Gott ist groß), der *fātiḥa*, der Beugung des Oberkörpers, Wiederaufrichtung, Niederwerfung, Hocken, nochmaliger Niederwerfung; zum Abschluß des Gebetes, das aus einer bestimmten Anzahl von *rakʿah* (z. B. Morgengebet 4, Nachtgebet 2; alle zusammen 17) besteht, wird in hockender Stellung das Glaubensbekenntnis, der Segen über den Propheten und für die Gläubigen sowie die Absicht zur Beendigung des Gebetes gesprochen. Durch zusätzliche *rakʿahs* kann das Gebet verlängert werden.

Zum Gebet wird vom *Minäret* der Moschee gerufen; in langgedehnten Kadenzen tönt der Ruf, dessen Hauptbestandteil das Glaubensbekenntnis ist, über die Dächer – heute wird er durch Lautsprecher verstärkt. Ist er verklungen, so begibt sich der Gläubige zur Waschung. Er kann das Gebet allein an jedem reinen Ort oder in der Gemeinschaft in der Moschee verrichten; hier wie dort aber ist absolute Reinheit Bedingung. Nach jeder kleinen Verunreinigung (durch aus dem Körper gehende feste, flüssige und gasförmige Stoffe, Schlaf und Ohnmacht) ist die kleine Reinigung erforderlich, bei welcher Gesicht und Vorderkopf, Arme bis zum Ellenbogen, Füße bis zu den Knöcheln unter fließendem Wasser, das noch niemand berührt hat, gewaschen werden. Die Einzelheiten der Waschung, im Laufe der Zeit genau festgelegt, werden vom Aufziehen des Wassers durch die Nase bis zur Fingerhaltung beim Reinigen der Ohren genau beachtet. War der Gläubige zwischen zwei Gebetszeiten keiner der genannten Verunreinigungen ausgesetzt, braucht er die Waschung nicht vorzunehmen. Nach großen Verunreinigungen (Geschlechtsverkehr, Regel der Frau, Wochenbett) ist eine Ganzwaschung erforderlich, bei der, von den Haaren angefangen, kein Fleck des Körpers unbefeuchtet bleiben darf. Erst danach kann das Gebet verrichtet, der Koran berührt werden. Es ist fromme Sitte, vor dem Freitagsgebet, das mittags gemeinsam in der Moschee verrichtet werden soll und zusätzlich zu den Gebeten eine kurze Predigt enthält, eine Ganzwaschung vorzunehmen, auch wenn keine der genannten Verunreinigungen vorliegt.

Das fünfmalige tägliche Gebet wird im Koran als Akt der Demut und der Anbetung gewertet; an seinem Ende kann der Gläubige seine persönlichen Anliegen vortragen.

Muslimischer Frommer, den Rosenkranz betend

Auf Reisen kann das Gebet verkürzt werden; bei Sonnen- und Mondfinsternis, Bitte um Regen und anderen Gelegenheiten ist ein aus 2 *rakʿah* bestehendes Gebet angebracht.
Der Glaube an die reinigende Kraft des Pflichtgebetes ist groß; es wird einem Wasserstrom verglichen, der fünfmal täglich die Sünden des Menschen abwäscht. Wie die pünktliche Einhaltung der Gebetszeit und die Einreihung unter die Gläubigen jedes Standes ein Erziehungsmittel zu Pünktlichkeit, Reinlichkeit und Einfügung in die Gemeinschaft darstellen soll, so kann das Pflichtgebet auch ekstatische Entrückung herbeiführen. Die vollkommene Abgeschiedenheit eines betenden Muslims von seiner ganzen Umwelt zeigt vielleicht am stärksten, woher der Islam seine Lebenskräfte bezieht.

»Als sie im Rufe ›Gott ist groß‹ sich fanden,
Wie Opfer sie von dieser Welt entschwanden.
Der Sinn des ›Gott ist groß‹ ist ›Wir sind hier
Und werden ganz zum Opfer, Herr, vor Dir!‹«
Man spricht dies Wort, wenn man ein Opfer schlachtet –
Ihr sprecht es nun, da ihr euch selbst Ihm brachtet.
(Ǧalāluddīn Rūmī, *Mathnawī* III)

Um das Gebet zu verrichten, genügt ein reiner Platz – sei es auf dem Feld, im Zug, im Auto, im Geschäft. Eine kleine Gebetsmatte sichert die Sauberkeit des Ortes. Jedoch hat man für das gemeinschaftliche Gebet schon zur Zeit Muḥammads eine geräumige Moschee erbaut (arab. *masǧid* »Ort, wo man sich niederwirft«; die große Moschee, in der Freitagsgebet mit Predigt gehalten wird und deren es ursprünglich nur eine in jedem Ort gab, heißt *ǧāmiʿ* »die Versammelnde«). Der Moscheebau ist in allen Zeiten und Ländern zum schönsten Ausdruck islamischer Kunst geworden. Der Säulenwald der Großen Moschee von Cordova (929), die Große Moschee von Samarra, der zeitweiligen Residenz der Abbasiden, die, in 25 Schiffe unterteilt, 100 000 Menschen Raum gab, sind klassische Beispiele der weiträumigen Moscheen. In Verbindung mit dem aus dem Osten kommenden Typ der theologischen Schule tritt später oft an die Stelle des Säulenhofes ein Zellenhof; die Fassaden werden monumental; stalaktitgeschmückte gewaltige Tore finden sich vor allem im türkisch-persischen Gebiet einschließlich des mamlukischen Ägypten und Teilen Indiens. Ihre vollendete Lösung hat die Moschee wohl in der osmanischen Zentralkuppelmoschee gefunden, einem Typ, der, über die Vielkuppel- und Zweikuppelmoschee sich entwickelnd, im Wettstreit mit der Hagia Sophia in Istanbul und Adrianopel die wunderbarsten Lösungen gezeitigt hat. Die Staffelung der Halbkuppeln und die – im Gegensatz zu der aus Kubus und Halbkugel emporwachsenden Moschee – nadelspitz emporragenden Minārets sind wohl einmalig zu nennen. Die Formen der Minārets wechseln: vom quadratischen alten syrischen und dann westislamischen Typ beginnend über das 50 m hohe Spiralmināret von Samarra (850), des unruhig wirkenden mamlukischen reichgezierten Minārets und den persischen schornsteinartigen Rundminārets mit oft kunstreichem Ziegelmosaik bis zum osmanischen Nadelmināret, zu den etwas schwereren indischen Minārets und den landschaftlichen Ausprägungen in Indochina und Ostasien.
Die Ausstattung der Moschee ist denkbar einfach: im Hof befindet sich ein Brunnen, in dem die Waschungen vorgenommen werden; die Richtung nach Mekka wird durch den

Inneres der Al-Aksa-Moschee in Jerusalem

Miḥrāb, eine kleine Nische, angezeigt; diese kann aus Holz, Fayence (besonders die ziemlich flachen seldschukischen *Miḥrāb*), aus Lüsterfliesen, Stein oder Marmor sein und ist meist von Koranversen kunstvoll umflochten. Das Motiv dieser Nische kehrt wieder auf den Gebetsteppichen, die in Persien und der Türkei in immer neuen Variationen dieses Grundmusters seit Jahrhunderten geknüpft werden. Neben der Gebetsnische befindet sich der *Minbar*, der Predigtstuhl, schon seit der Zeit des Propheten bekannt; durch die kleine verhangene Tür steigt der Prediger eine schmale Treppe empor. Der *Minbar* ist oft eine sehr schöne Holzarbeit. Ein geschnitztes Pult für den Koran, manchmal schimmernde Glaslampen, in großen Moscheen ein abgegrenzter Platz für den Herrscher – damit ist die Ausstattung der Moschee vollendet. Bilderschmuck kennt man nicht, lediglich die Schrift, nicht endenwollende Arabeskenranken oder geometrische Figuren dienen zur Ausschmückung.

Der Schrift kommt von allen Kunstzweigen die größte Wichtigkeit zu. Durch sie wird ja das Heilige Buch bewahrt und weitergegeben. Seit ältester Zeit hat man sich bemüht, die Koranexemplare so schön wie möglich zu schreiben. Freilich war die älteste Form der arabischen Schrift, das steile sogenannte *Kufi*, zunächst wenig praktisch, da ihm die diakritischen Punkte fehlten, und somit eine Reihe von verschiedenen Buchstaben nicht zu unterscheiden war. Später setzte man in Handschriften diese Punkte und die Vokale in anderen Farben hinzu. Die schwere, besonders in den breitformatigen Pergamentcodices sehr wirkungsvolle Schrift wurde dann zierlicher gestaltet – auf Rankengrund gesetzt, oder ihre Hasten in Blüten- und Blätterform gebildet, schließlich auch aus diesen höchst kunstvolle geometrische Muster geformt, in denen der Unterschied zwischen Schrift und Ornament fast aufgehoben ist. Andererseits entwickelte sich die kursive Schreibschrift, das *Naskhi*, zunächst in Handschriften (besonders seit man vom 9. Jh. an Papier benutzte), späterhin auch auf Bauinschriften; die großen Bagdader Kalligraphen verfeinerten diese Schrift, die ihre letzte Schönheit in der Hand der türkischen Meister des 16. und 17. Jahrhunderts erhielt. Die Möglichkeiten der arabi-

»Im Namen Gottes«, Inschrift in Flechtkufi

schen Schrift sind fast unerschöpflich. Von einem Bildschmuck des Koran kann, ebenso wie in der Moschee, nie die Rede sein. Zwar gibt es kein koranisches Bilderverbot, aber das eigentliche Gebiet der islamischen Kunstbetätigung ist doch die Ornamentik. Die Arabeske, die Gabelblattranke, die durch ihr Blatt ohne Ende weiterwächst, ist das Zentralmotiv der islamischen Kunst, sei es in mehr geometrischer oder in mehr vegetabilischer Form. Durch Verdoppelung, Halbierung, Gleitspiegelung setzt sich das Muster ins Unendliche fort, zieht den Blick in die Höhe und stellt dem sinnenden Geist die Unendlichkeit und Unerschöpflichkeit Gottes vor Augen; deshalb kann es, im Verein mit der wiederum ins Dekorative verwandelten, Gottes Wort kündenden Schrift, den geeigneten Schmuck für das Heilige Buch und den Heiligen Raum abgeben.

Und wie ein Porträt des Propheten nur in ganz wenigen alten Miniaturen existiert, er sonst, wenn überhaupt, mit verschleiertem Gesicht dargestellt wird, so hat auch hier wieder die Schrift die Rolle des Bildes zu übernehmen. Die Beschreibung des Propheten nach der ältesten Überlieferung wird, kunstvoll geschrieben, beim Schmuck des Hauses anstelle eines Bildes verwendet.

Der Koran ist die Keimzelle für das gesamte islamische Leben, von der Regelung der religiösen Pflichten angefangen bis zu den Fragen der Kunst. Natürlich hat sich im Laufe der Zeit eine ausgedehnte Kommentarwissenschaft gebildet.

Die erste Stufe der Koranauslegung war die philologische Herstellung des Textes.

Die Himmelfahrt des Propheten

Obgleich der Koran als Gottes unerschaffenes Wort aufgefaßt wird, gab es doch in ältester Zeit manche in geringfügigen Kleinigkeiten voneinander abweichende Lesarten.

Die älteste Zeit lehnte eine Koranauslegung ab; es schien die Gefahr des Fabulierens zu groß zu sein. Und auch später ist es nie zu einer absolut einheitlichen Exegese gekommen. Gerade die Möglichkeit, das Heilige Buch in den verschiedensten Arten auszulegen, schien den Beweis für seine übernatürliche Herkunft zu stärken. Offenbar unerschöpflich, hat es bis heute die Geister zahlloser Gelehrter und Frommer beschäftigt. Der erste große Korankommentar stammt von Ṭabarī, dem bekannten Historiker (gest. 935); er umfaßt 30 Bände. Unter dem Einfluß muʿtazilitischer Ideen schuf Zamakhšarī seinen großen Korankommentar (1134), der besonders in philologischer Hinsicht vorzüglich ist; von den späteren großen Kommentatoren sind vor allem im 13. Jahrhundert Baiḍāwī und, im späten 15. Jahrhundert in Ägypten, Suyūṭī zu nennen, im türkischen Bereich im 19. Jahrhundert Elmali.

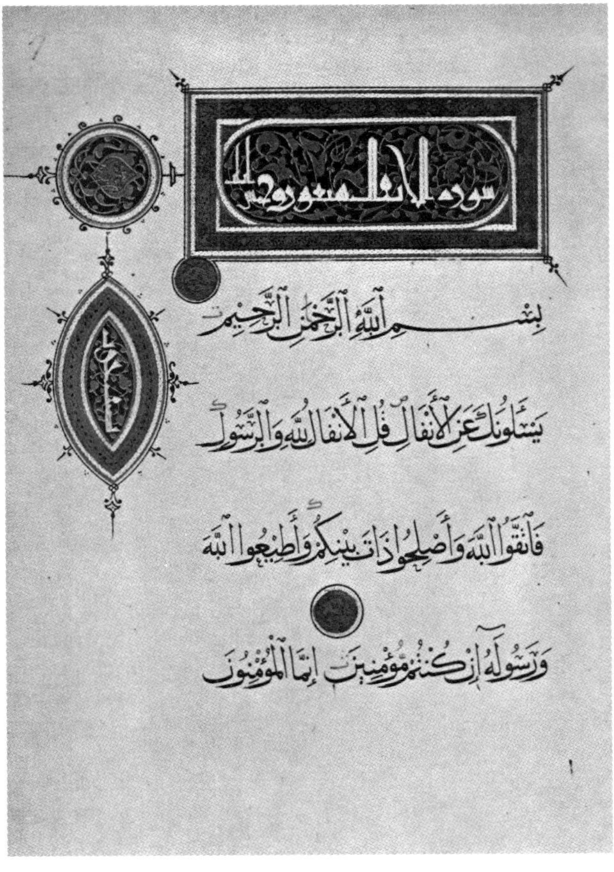

Koranseite im Rihani-Duktus

Selbstverständlich hat sich die Mystik um ein innerlicheres Verständnis des heiligen Textes bemüht; für sie besteht neben dem äußeren Sinn ein tieferer Sinn der Worte, in den man einzudringen strebt. Der umfassende Kommentar des Ibn ʿArabī (gest. 1240) ist ein Beispiel dafür. Auch die schiitischen Gruppen haben, besonders in ihrer bāṭinidischen Ausprägung (s. S. 534), sich immer an den inneren Sinn der Worte gehalten, zu dem sie die Menschen in stufenweiser Einweihung führen wollten. Denn die innere Bedeutung der Worte entspricht dem Geist, der den Leib der Worte belebt.

In moderner Zeit ist die Wissenschaft und Frömmigkeit um ein neues Verständnis des Koran bemüht – da er als die abschließende Offenbarung für alle Zeiten gilt, müssen in ihm auch die wissenschaftlichen Erkenntnisse der Neuzeit enthalten sein. Der ehemalige Rektor der Azhar-Universität in Kairo, Marāghī, hat dazu gesagt: »Wahre Religion kann nicht in Konflikt mit wahrer Wissenschaft kommen, und wenn wir positiv von der Wahrheit irgendeiner wissenschaftlichen Behauptung überzeugt sind, die mit dem Islam unvereinbar scheint, so nur deshalb, weil wir den Koran und die Tradition nicht richtig verstehen. Wir haben eine universale Lehre in unserer Religion, die erklärt, daß, wenn eine apodiktische Wahrheit mit einem geoffenbarten Text im Widerspruch steht, wir den Text allegorisch deuten müssen.«

Man versucht gelegentlich, aus kleinsten Andeutungen naturwissenschaftliche Tatsachen, militärische und soziale Ereignisse unserer Tage im Text vorausgesagt zu finden; die eschatologischen Suren werden ihres Sinnes entkleidet und in Voraussagen über die Entwicklung der Menschheit umgeformt. Demgegenüber hat der indomuslimische Modernist Iqbal immer wieder auf den dynamischen, antiklassischen Geist des Koran hingewiesen und die Unendlichkeit der »Welt des Koran« besungen.

Auch eine kabbalistische Auslegetechnik besteht bis heute und erfreut sich eines gewissen Ansehens (*ǧafr, wifq*: aus der Anzahl der Buchstaben, ihrem Zahlenwert, ihren Gleichklängen usw. ergibt sich ein tieferer Sinn).

Die Tradition

Schon früh erkannte man, daß der Koran nicht alle Erfordernisse des täglichen Lebens genügend klärt; vieles ist nur angedeutet, von manchem ist gar nicht die Rede. Bereits die Gefährten Muḥammads und die Generation nach ihm suchten nach einem Weg, um die vorhandenen Lücken möglichst dem Geiste der Religion treubleibend zu schließen: so hielten sie sich an die Worte und Handlungen des Propheten selbst. Der Wert der Tradition war schon im vorislamischen Arabien sehr groß; wie der Beduine seine verehrten Ahnen nachahmte, so bemühte sich der Gläubige nun, das Beispiel seines geliebten Propheten in allen Einzelheiten nachzuahmen. Heißt es doch im Koran: »Wahrlich, in dem Gesandten Gottes habt ihr ein schönes Vorbild für jeden, der auf Allāh und den Jüngsten Tag hofft und oft Gottes gedenkt!« (54,7.)

Die Gewohnheit des Propheten, die *sunna*, wird in sich selbst zu einer Auslegung des Koran; in diesem nur vage gegebene Andeutungen waren so aufzufassen, wie es Muḥammad getan und durch Wort und Handlung bezeugt hatte. Seine Worte wurden gesammelt und von Generation zu Generation weitergeleitet. Daß sich dabei im Laufe der Zeit eine Unmenge von unechten Traditionen einschob, ist verständlich. Die

Ḥadīthe (»Aussprüche des Propheten«) sind nicht so sehr eine Quelle für die ursprüngliche Lehre Muḥammads, sondern spiegeln z. T. die verschiedenen Strömungen innerhalb des wachsenden Islam wider: jede Richtung verbreitete Ḥadīthe, welche ihre Tendenzen stützten. Bis zum 9. Jahrhundert waren viele Zehntausende von Prophetenworten im Umlauf, und es ist das große Unternehmen des Bukhārī (gest. 870), aus diesen die vertrauenswürdigsten ausgewählt und in seinem gewaltigen *Ḥadīth*-Werk klassifiziert zu haben; die gleiche Arbeit unternahm sein Zeitgenosse Muslim. Die Sammlungen dieser beiden Gelehrten werden als *ṣaḥīḥ*, d. h. »gesund«, in der *Ḥadīth*-Kritik »ohne Mangel« bezeichnet; ihnen stehen die Sammlungen anderer Gelehrter (Abū Dawūd, Nasā'ī, Tirmidhī und Ibn Māğa) an Rang etwas nach. Die Ḥadīth-Kritik geht freilich nach einem dem Abendländer ungewöhnlich scheinenden Kriterium vor sich; jedes Ḥadīth besteht aus dem Text und dem *isnād*, d. h. der Kette derer, die das Wort gehört haben – einer Kette, welche bis zu Muḥammad bzw. einem seiner Gefährten führen muß. Die Aufgabe der *Ḥadīth*-Kritiker beschränkt sich nun darauf, die Zuverlässigkeit der Überlieferer zu prüfen. Wenn eine Kette von Gewährsmännern wirklich alle äußeren Bedingungen erfüllte, so galt das *Ḥadīth* als »gesund« und konnte aufgenommen werden. Trotz der scharfen Sichtung und der Festlegung der zuverlässigsten Ḥadīthe sind im Laufe der Jahrhunderte zahlreiche neue Überlieferungsworte eingeströmt; jüdisches und christliches Gut (so das Gleichnis Mt. 25) und klassische Weisheitssprüche finden sich in islamisiertem Gewande wieder. Wissenschaftliche *Ḥadīth*-Kritik ist noch heute für die meisten Frommen suspekt und wird als irrelevant angesehen. Wenige modernistische Schulen wiederum verwerfen das *Ḥadīth* völlig.

Der Gläubige bemüht sich um eine möglichst getreue *imitatio Muḥammadi*, entsprechend den Einzelheiten, die von ihm überliefert werden. Die Handhaltung beim Gebet, die Art des Anziehens usw., alles wird von der *sunna* des Propheten abgeleitet. »Muḥammad ibn Aṣlam aß keine Melone, weil nicht überliefert war, wie der Prophet sie zu essen pflegte.«

Wohl das typischste Beispiel dafür ist die Beschneidung, die im Türkischen *sünnet* heißt: sie ist nirgendwo im Koran erwähnt, und viele Gelehrte halten auch das Gebet des Unbeschnittenen für gültig – aber im Volk ist die Beschneidung das kennzeichnende Merkmal des muslimischen Mannes, und die Operation, welche bei den Knaben zwischen dem 4. und 10., meist um das 7. Lebensjahr vorgenommen wird, ist ein wichtiges Familienfest. Der Legende nach wurde der Prophet beschnitten geboren – daher ist es *sunna*, ihm zu folgen.

Wiederum nicht aus dem Koran, sondern aus der Überlieferung sind manche andere Volksbräuche zu erklären, vor allem die Feiern der Heiligen Nächte (nach dem Mondjahr gerechnet): am 12. Rabīʿ I wird das Geburtsfest des Propheten gefeiert, eine vom Mittelalter an zu beobachtende Erscheinung; für diesen Zweck sind schon früh hymnische Gedichte geschrieben worden, zu deren bekanntesten das Mevlud des Süleyman Çelebi (gest. 1422) gehört, das in einfachen türkischen Versen die Wunder bei der Geburt des Propheten erzählt und heutzutage in der Türkei bei verschiedenen religiösen Gelegenheiten gesungen wird – vor allem für die Verstorbenen 40 Tage nach ihrem Tode sowie an den Jahrestagen des Todes. Die Rezitation dieses Werkes, die mit Koranlesungen und Gebeten verbunden ist, gilt als verdienstlich und heilbringend.

»Amine sprach: Als die Zeit vollendet ward,
Daß zur Welt kam dieser Menschen Bester zart, ...
Alle Stäubchen in der Welt – mit Freudenschrei
Riefen sie zusammen all: Willkommen sei!
Sei willkommen, hoher Fürst, sei uns gegrüßt!
Sei willkommen, Weisheitsbergschacht, sei gegrüßt!
Sei willkommen, Buchs Geheimnis, sei gegrüßt!
Sei willkommen, Schmerzes Heilung, sei gegrüßt!
Sei willkommen, Gottes Mond- und Sonnenlicht,
Sei willkommen, der von Gott getrennt du nicht!
Sei willkommen, Schönheitsgartens Nachtigall!
Sei willkommen, Freund des Herrn der Mächte all!
Sei willkommen, Zufluchtsort des Volkes dein,
Sei willkommen, der du heilst der Armen Pein!
Sei willkommen, ew'ge Seele, sei gegrüßt,
Sei willkommen, Schenk der Liebenden, gegrüßt!
Sei willkommen, du des Freundes Augenstern,
Sei willkommen, sehr Geliebter du des Herrn!
Sei willkommen, du Erbarmung für die Welt,
Sei willkommen, du der Sünder Fürsprachheld!
Sei willkommen, Fürst der Welten hier und dort,
Nur um dich ward ja geschaffen Sein und Ort ...
Du bist jener Fürst der sämtlichen Propheten,
Licht der Heilgen, Hoffnung aller, die da beten.
O du Siegel auf der Gottessendung Thron!
O du Siegel vom Prophetenpetschaft schon!
Denn dein Licht macht diese Welt zum hellen Tag,
Deine Schönheit macht die Welt zum Rosenhag!
O Freund Gottes, laß uns Hilfe angedeihn,
Deine Huld erquick mein letztes Stündelein!«

Neben dem Geburtstag des Propheten stehen im Volksglauben die *barāt*-Nacht am 15. Šaʿbān, in der die Sünden vergeben werden und das Schicksal festgesetzt wird; die Nacht der Himmelfahrt des Propheten (27. Rağab) und die ersten Nächte des Rağab in besonderem Ansehen.

Das Gesetz

Es zeigte sich, daß auch Koran und Tradition zusammen nicht alle strittigen Probleme, vor allem juristischer und ritueller Art, lösen konnten. Man sah die Notwendigkeit einer Weiterentwicklung ein: entweder stützte man sich nur auf die beiden vorhandenen Quellen, oder führte die Methode des Analogieschlusses ein, oder wandte sich zur Spekulation. Innerhalb eines knappen Jahrhunderts formten sich vier Rechtsschulen, die diese Methoden ausbildeten. Der Vertreter der ältesten Schule ist der Iraker Abū Ḥanīfa (gest. 767), welcher der Spekulation etwas mehr Raum gab als die anderen

Rechtslehrer; seine Richtung hat sich vor allem unter den türkischen Völkern und in Indien verbreitet. Fast gleichzeitig vertrat Mālik ibn Anās in Medina die streng traditionalistischen Tendenzen dieser Stadt, die sich als Hüterin der prophetischen Überlieferung fühlte. Māliks Schule herrscht vor allem im westlichen Islam. Ein Schüler der beiden genannten Lehrer ist Šāfiʿī (gest. 820), der den ersten Schritt zu einer Systematisierung getan hat und dessen Anhänger vor allem in Ägypten, Syrien und Indonesien Bedeutung haben. Reiner Traditionalist ist Aḥmad ibn Ḥanbal (gest. 855), dessen unversöhnliche Haltung im Kampf gegen die Muʿtazila (s. S. 527) in der Frage, ob der Koran erschaffen sei, ihm einen Ehrenplatz in der islamischen Orthodoxie sichert. Seine Anhänger, strengstens an das Wort von Koran und Tradition gebunden, haben sich in Innerarabien halten können; die Schule in ihrem ganzen Rigorismus ist im 18. Jahrhundert neu belebt worden: Die Wahhābiten unter dem Schutz der Familie Saʿūd in Zentralarabien sind seit jener Zeit die Vertreter eines konzessionslosen Hanbalismus, der alle Neuerungen, wie Heiligenverehrung, Mystik, aber auch Rauchen, ablehnt.

Neben diesen vier Rechtsschulen (*madhhab*), welche gleichberechtigt nebeneinander stehen, hat es in früherer Zeit noch andere Richtungen gegeben, die jedoch in den größeren aufgegangen sind. Besonders die wegen ihrer am äußeren Wortsinn hängenden Nachfolger Muḥammad ibn Dā'ūds, die Ẓāhiriten, zogen einzelne vorzügliche Literaten und Mystiker an. Man hat nie versucht, die Rechtsschulen zu vereinigen – ein Ḥadīth sagt: »Die Meinungsverschiedenheit in meiner Gemeinde ist ein Zeichen göttlicher Barmherzigkeit.«

Ohnehin sind die Unterschiede minimal: z. B. verursacht nach Šāfiʿī die Berührung der Haut einer Frau (Händedruck) die kleine Verunreinigung und macht eine Waschung nötig, nach Abū Ḥanīfa jedoch nicht.

In den großen theologischen Schulen, den Medresen, gab es oft Unterrichtsräume für alle Richtungen. Hieß es doch in der Überlieferung: »Meine Gemeinde wird nie in einem Irrtum übereinstimmen.« Damit ist die Wichtigkeit der Übereinstimmung, des *consensus* (*iǧmāʿ*), angedeutet. Die Übereinstimmung der Gemeinde bzw. der Gelehrten ist neben Koran, Tradition und Analogieschluß die vierte Quelle für die Rechtsprechung. Sie garantiert die Authentizität von Koran und Tradition. »Theoretisch kann der *iǧmāʿ* keinen Traditionstext abrogieren, aber er kann, nach Ansicht der Juristen, anzeigen, daß der dort genannte Brauch nicht mehr geübt wird.« Santillana hat es treffend formuliert: »Wenn die muslimische Gemeinschaft einer religiösen Praktik oder Glaubensregel zustimmt, so ist sie gewissermaßen durch Gott geleitet und inspiriert und unfehlbar zur Wahrheit geführt – kraft einer besonderen Gnade, die Gott der Gemeinschaft der Gläubigen verliehen hat.«

Die Gesetzesgelehrten (*ʿulamā*) werden so zu Hütern der Tradition. Der *iǧmāʿ* war zunächst schöpferisch; er gab die Möglichkeit zu neuen Entwicklungen, zur Aufnahme neuer Sitten. Aber schon im 10. und 11. Jahrhundert erstarrte er und wurde nun, statt dem Fortschritt zu dienen, zu einem Hemmschuh. Man sprach des Gelehrten das Recht der freien Forschung in Koran und Tradition zum Zweck der Rechtsfindung ab (*iǧtihād*): was einmal durch *iǧmāʿ* bestimmt war, hatte so zu bleiben. Dadurch sind viele mittelalterliche Bräuche und Anschauungen weitervererbt worden. Die Modernisten in Indien, Ägypten und der Türkei haben deshalb versucht, die starre Mauer des *iǧmāʿ* zu durchbrechen und, zurückgehend auf Koran und Tradition, durch neue Interpretation der Quellen den Islam aus seiner Verknöcherung zu lösen.

Das ganze Leben des Muslims ist in das Gefüge der *šarīʿa* eingebaut. Die *šarīʿa*, das Gesetz, ist zu bezeichnen als die Gesamtheit der auf die Handlungen des Menschen bezüglichen Vorschriften Allāhs. Ja, man hat sagen können, die koranische Offenbarung habe nur Gottes Gesetz mitgeteilt, nicht aber Gott selbst offenbart.

Die Wissenschaft, welche sich mit der *šarīʿa* befaßt, ist der *fiḳh*. Da der Islam grundsätzlich alle Lebensverhältnisse religiös wertet, umfaßt die *šarīʿa* die religiöse Pflichtenlehre, kultische Vorschriften, juridische und politische Regeln. Man unterscheidet dabei zwischen *farḍ al-ʿayn*, der Pflicht, die jeder einzelne auszuführen gehalten ist (z. B. Pflichtgebet), und *farḍ al-kifāya*, die durch das Zusammenwirken einer genügenden Anzahl von Menschen ausgeführt wird (z. B. das Freitagsgebet in der Moschee, der Heilige Krieg). Außerdem wird genau festgelegt, wer mit der Ausführung dieser oder jener Pflicht »belastet« (*mukallaf*) ist (z. B. der gesunde, volljährige Mann, oder das zur Unterscheidung fähige Kind). Jedoch ist man sich unter den Muslimen darüber klargewesen, daß eine Durchführung der *šarīʿa* im vollen Umfang praktisch unmöglich ist.

Die *šarīʿa* ist nicht kodifiziert worden; sie, die »den praktischen Aspekt von Muḥammads religiöser Doktrin« bildet, ist durch die Jahrhunderte von Generation zu Generation weitergegeben worden. Der geistliche Richter, der *Ḳāḍī*, hatte über ihre Ausführung zu wachen, der Mufti Gutachten (*fatwā*) über die religiöse Zulässigkeit gewisser Handlungen zu geben. Das letztere Amt hat vor allem unter den Osmanen eine besondere Rolle gespielt. In Städten und Gebieten, wo mehrere Rechtsschulen vertreten waren, urteilten Ḳāḍīs jeder Schule selbständig. Daß sich neben dem islamischen religiösen Recht in den weit auseinanderliegenden Teilen der islamischen Welt auch das alte Recht der verschiedenen Völker hielt (*ʿādat, ʿurf*, Gewohnheitsrecht), ist nicht verwunderlich; mit seiner Hilfe wurden auch in der *šarīʿa* nicht genannte Probleme gelöst. Erstmals ist der rechtliche Teil der *šarīʿa* 1869 im Osmanischen Reich in der sogenannten *Meğelle* kodifiziert worden.

Alle Handlungen werden in fünf Kategorien eingeteilt: obligatorisch, empfohlen, gleichgültig, unerwünscht, verboten. Die Waschung vor dem Gebet z. B. ist obligatorisch; dabei mit der rechten Seite zu beginnen ist empfohlen; ob kaltes oder warmes Wasser benutzt wird, ist gleichgültig; daß jemand das Wasser vorher berührt, ist verboten. Außerdem werden die Handlungen (neben dieser ihrer religiösen Wertung) danach beurteilt, ob sie gültig oder ungültig sind.

In der juristischen Seite der *šarīʿa* zieht vor allem ein höchst kompliziertes Erbrecht die Aufmerksamkeit auf sich; gegenüber der altarabischen Praxis, nach der nur die männlichen Verwandten erbten, gab Muḥammad der Frau gewisse Rechte. Doch erhalten die Töchter des Erblassers noch immer einen geringeren Erbanteil als die Söhne, da ihnen neben dem Erbe auch eine Aussteuer zusteht. Das Eherecht gestattet dem Mann bis zu vier legitime Frauen; außerdem beliebig viele Konkubinen. Wenn eine Sklavin ihrem Herrn ein Kind geboren hat, wird sie beim Tode des Herrn frei. Die Polygamie kommt jedoch praktisch längst nicht in dem Ausmaße vor, wie man glauben möchte. Die Auflage, daß alle Frauen in jeder Weise gleichmäßig zu behandeln sind, erschwert ihre Durchführung, nach Ansicht mancher Modernisten bedeutet die Forderung völlig gerechter Behandlung schon eine Absage an die Polygamie; denn niemand außer Gott, so schließen sie, kann ganz gerecht sein. Allein die Frage des standesgemäßen Unterhaltes stellt für den Mittelstand ein fast unlösbares Problem dar. Bei Kinderlosigkeit oder Krankheit der ersten Frau, oder – besonders auf dem Lande – zur Erleichterung der Arbeit, wird eine zweite oder dritte Frau genommen. Gegenüber der vorislamischen Rechtsunsicherheit der Frau bedeutet die Haltung des Islam einen gewaltigen Fortschritt; so steht der Frau (zumindest dem Gesetz nach) das Recht zu, ihr eingebrachtes Vermögen selbst zu verwalten. In frühislamischer Zeit war die Stellung der Frau nicht

Hagia Sophia (Aya Sofya). Ansicht von Süden

schlecht; erst im Laufe der Jahrhunderte wurde sie mehr und mehr völlig ins Innere des Hauses, in die Verschleierung, gedrängt, wo sie wenig Gelegenheit mehr hatte, ihre intellektuellen Fähigkeiten zu entwickeln, und sich oft ihrer Rechte nicht mehr bewußt ist. Aber die Islamgeschichte zeigt – angefangen von der klugen Aʿiša, der Lieblingsfrau Muḥammads, über die große Mystikerin Rābiʿa bis zu den Traditionslehrerinnen des Mittelalters und den Herrscherinnen des indischen Staates Bhopal im 19. Jahrhundert – eine ganze Reihe von Frauen, die sich durch kluges und selbständiges Handeln ausgezeichnet haben.

Zur Verheiratung bedarf die Frau eines Vormundes. Die Scheidung kann ohne nähere Erklärung vom Manne ausgesprochen werden; doch kann er die Frau vor Ablauf der gesetzlichen Wartefrist (drei Regelperioden) wieder zu sich nehmen. Dreifaches Aussprechen der Scheidungsformel (*ṭalāq*) macht die Trennung endgültig.

Die Sklaverei hat Muḥammad nicht aufheben können. Doch wird immer wieder die gute Behandlung der Sklaven eingeschärft; so haben sie gesetzlichen Anspruch auf Unterhalt im Krankheitsfalle. Es gilt als besonders verdienstlich, die Sklaven freizulassen; auch kann sich ein Sklave mit dem Geld, das er in eigenen Geschäften verdient hat, selbst freikaufen; dabei soll ihm möglichst ein Teil der Kaufsumme erlassen werden. Da nur Kinder von Sklaven oder nichtmuslimische Kriegsgefangene wieder Sklaven werden können, nie aber freigeborene Muslime, ist die Sklaverei theoretisch zum Aussterben verurteilt. Daß Sklaven bis zu den höchsten Ämtern aufsteigen konnten, zeigt die gesamte Islamgeschichte. Das gilt vor allem für die Kriegssklaven.

Im Strafrecht unterscheidet man vier Arten der Strafe: 1. die *talio*, wobei der Schuldige getötet oder verstümmelt werden kann, wenn die Schuld – widerrechtliche vorsätzliche Tötung – im Gerichtsverfahren bewiesen ist; 2. falls von Tötung abgesehen wird, hat er das Blutgeld zu zahlen, das für eine Frau die Hälfte, für Christen und Juden ein Drittel vom Blutgeld des freien männlichen Muslim beträgt; außerdem muß der Schuldige eine Sühne leisten, da er nicht nur menschliches, sondern auch göttliches Recht verletzt hat. 3. Für bestimmte Verbrechen gibt es gesetzlich festgelegte Strafen, z. B. Abschlagen der rechten Hand bei Diebstahl. 4. Schließlich kann der Richter nach menschlichem Ermessen Strafen festsetzen, wobei wiederum unterschieden wird, ob das Recht Gottes oder das Recht eines Menschen verletzt worden ist. Es wird empfohlen, möglichst kein Zeugnis zuungunsten eines Menschen abzulegen und Barmherzigkeit walten zu lassen.

Ein besonderes Problem ist der staatsrechtliche Teil der *šarīʿa*, der sich vor allem mit der Frage des Kalifates befaßt. Der Kalif, der Nachfolger Muḥammads als Führer der Gemeinde beim Gebet und im Kampf, hat zunächst keine besondere religiöse Autorität. Daß der Kalif zumindest vom Stamme Quraiš sein müsse, hat auch die sunnitische Orthodoxie anerkannt; doch trifft das z. B. für die osmanischen Kalifen in keiner Weise zu.

Die Kalifen verloren um die Mitte des 10. Jahrhunderts ihre Macht. In der folgenden Zeit, während aufstrebende Gaufürsten die weltliche Macht in die Hand bekamen, blieb dem Kalifen kaum mehr als das Recht, seinen Namen im Gebet der Freitagspredigt erwähnen zu lassen und Münzen in seinem Namen zu prägen. Gleichzeitig entstand in Spanien das Gegenkalifat der dortigen Omajjaden (929), und in Nordafrika, von dort nach Ägypten ausströmend, das fatimidische Kalifat, das sich von Muḥammads Tochter Fāṭima herzuleiten behauptete. Als das Bagdader Kalifat 1258 durch den

Mongolensturm hinweggefegt wurde, rettete sich ein angeblicher Nachkomme des letzten Kalifen nach Ägypten. Der Letzte dieser Reihe wurde bei der osmanischen Eroberung 1517 nach Istanbul geführt. Die osmanischen Herrscher fühlten sich stets als Kalifen. Bei der Abtretung der Krim im Vertrag von Küçük Kaynarca (1774) wurde dem Kalifen als »Oberkalifen der Muḥammadaner« eine religiöse Bedeutung gegeben. Diese Konstruktion wurde von Sultan Abdulhamid II. für seine panislamische Politik ausgenutzt. Als 1922 das Sultanat in der Türkei abgeschafft wurde, blieb das Kalifat zunächst noch bestehen – damit war es ganz auf das religiöse Gleis abgeschoben. Doch ergab es sich im Zuge der Reformmaßnahmen Kemal Atatürks, daß es ebenfalls anderthalb Jahre später aufgehoben wurde. Damit scheiterte auch die nach dem Ersten Weltkrieg in Indien aktive Kalifatsbewegung, eine erste Freiheitsbewegung der indischen Muslime.

Die *šarīʿa* umfaßt auch die Haltung des Muslim gegenüber den Nichtmuslimen. Die Anschauung, daß sich der Islam mit Feuer und Schwert seinen Weg gebahnt habe, kann nicht aufrechterhalten werden. Freilich schien es für eine Weile, als solle der Glaubenskrieg (*ǧihād*) die sechste Säule des Islam werden; doch hat sich dieser Gedanke nicht durchsetzen können. Heißt es doch im Koran »Kein Zwang im Glauben« (2,257). Nun existiert aber die Koranaussage, daß Muḥammad *raḥmatan lilʿālamīn*, »als Barmherzigkeit für die Welten«, gesandt worden sei (21,107). Muḥammad fühlte sich zunächst als Prophet der Araber und trat erst später mit dem Anspruch auf, die verfälschten Teile der jüdischen und christlichen Religion zu verbessern, was ohne weiteres einen missionarischen Anspruch einschließt. In einigen zu Medina geoffenbarten Suren wird das Problem des Glaubenskrieges behandelt, doch zunächst als Kampf gegen Angreifer und vom rechten Glauben Abgefallene. Dann heißt es jedoch:

> »Bekämpfet diejenigen, welche nicht an Gott und den Jüngsten Tag glauben und welche nicht für verboten halten, was Gott und sein Gesandter verboten haben, und welche nicht die wahre Religion bekennen, nämlich die Schriftbesitzer, bis sie die *ǧizya* zahlen persönlich und in Erniedrigung.« (9,29)

Die »Schriftbesitzer«, d. h. die Juden und Christen, zu denen später noch die Zoroastrier und Sabier gerechnet wurden, sollen also nicht getötet oder zwangsweise bekehrt werden, sondern eine bestimmte Steuer zahlen. (In Indien wurde dies auf die Hindus ausgedehnt, um die Verwaltung überhaupt zu ermöglichen.) Dadurch haben sie Anspruch auf den Schutz der Muslime; sie werden als *dhimmī* (»der unter dem Schutz [*dhimma*] steht«) bezeichnet. Die Heiden hingegen, d. h. die Polytheisten, die keine heilige Schrift vorweisen können, sind bis zur Vernichtung zu bekämpfen, es sei denn, daß sie den Islam annehmen. Die Scheidung zwischen Buchreligion und Götzendienst ist eine religionsgeschichtlich besonders wichtige Tat Muḥammads.

Die Notwendigkeit, die Nichtmuslime zu bekämpfen, führte zur Einteilung der Welt in *dār al-Islām*, das islamische Gebiet, und *dār al-ḥarb*, das Kriegsgebiet, d. h. das noch nicht unter islamischer Herrschaft stehende Land. Wird ein Gebiet ohne Kampf durch Unterwerfung der Bewohner unter die Muslime gewonnen, so können die Einwohner Besitzer ihres Landes bleiben und Tribut zahlen; wird es im Kampf genommen, so ist es Eigentum der Sieger.

Die *dhimmī* hatten außer der genannten Kopfsteuer (*ǧizya*) noch eine Grundsteuer zu zahlen; sie mußten sich meist von den Gläubigen in der Kleidung unterscheiden; vor

Gericht und bei der Verehelichung werden bestimmte Unterschiede gemacht. Ein Muslim darf nach hanifitischem Recht eine Frau von den »Schriftbesitzern« heiraten, nicht jedoch eine »Götzendienerin«; dagegen darf eine muslimische Frau keinen Andersgläubigen heiraten. Grundsätzlich wird der *dhimmī* von den muslimischen Behörden geschützt, obgleich er kein Zeugnisrecht hat; er darf auch vorhandene Kirchen wiederherstellen, doch soll er keine neuen errichten. Jede nichtmuslimische Gemeinde verwaltet sich selbst unter ihrem verantwortlichen Oberhaupt (Rabbiner, Bischof).

Zwangsweise Übertritte sind sehr selten und wurden auch in alter Zeit nicht unbedingt gewünscht; denn die Steuern der *dhimmī* waren eine willkommene Bereicherung der Staatskasse. Dagegen sind Übertritte aus praktischen Gründen oft vorgekommen. Doch bestand grundsätzlich kein Berufsverbot für Nichtmuslime; viele von ihnen hatten hohe Stellungen bei Hofe, vor allem die christlichen Ärzte. Auch die Verwaltungsarbeiten wurden oft von den in dieser Sparte erfahrenen Christen übernommen, so daß man dem Propheten einen Ausspruch zuschrieb, wonach die Kopten den Gläubigen zur Frömmigkeit helfen sollten, indem sie ihnen die weltlichen Arbeiten abnehmen.

Schwere Strafe steht auf Abfall vom Glauben. »Der *murtadd* (›Abtrünnige‹) hat den Zorn Gottes und schwere Strafen zu gewärtigen«, heißt es im Koran. In zahlreichen Ḥadīthen wird die Todesstrafe gefordert, in der Rechtswissenschaft Tod durch das Schwert. Jedoch ist eine Milderung der Strafe zulässig, falls der Abfall unter Zwang geschah.

Die Theologie und Philosophie

Die Auseinandersetzung zwischen Islam und Christentum spiegelt sich in zahlreichen Disputen und apologetischen Werken auf beiden Seiten wider. Gerade die Tatsache, daß der Koran eine Anzahl von Berichten über Jesu Leben enthält, die selbstverständlich von den Muslimen – als Gottes Wort – für unwiderleglich gehalten werden, ob sie auch den christlichen Glaubenswahrheiten widersprechen mögen, hat die Spannung zwischen den Religionen verschärft. Die jungfräuliche Geburt Jesu wird im Koran anerkannt; er ist das Wort, das Gott in Maria legte. Aber das besagt nicht, daß er als Gottes Sohn bezeichnet werden darf – er ist der letzte große Prophet vor Muḥammad, ein Musterbild der Armut und Bescheidenheit, dem es fernlag, göttliche Ehren zu beanspruchen. Maria ist gewissermaßen das dritte Glied der Trinität. Sie ist, nach islamischer Anschauung, eine der vier besten Frauen, die je auf Erden geweilt haben, und ist nicht wie andere Kinder vom Satan berührt worden. Die wunderbare Schilderung von Mariae Verkündigung im *Mathnawī* (III 3700 ff.), dem großen mystischen Lehrgedicht Ǧalāluddīn Rūmīs, ließe sich den schönsten christlichen Mariendichtungen an die Seite stellen.

Jesu Leben wird im Koran nur andeutungsweise erzählt. Eingewoben werden hier und in späteren Traditionen apokryphe Erzählungen, wie die Belebung der Tonvögel durch seinen Atem (daher das in der Dichtung ungezählte Male gebrauchte Bild vom belebenden Atem Jesu). Aber die Kreuzigung Jesu wird nicht angenommen:

»Und wenn sie sprechen: Wir haben den Messias Jesus, den Sohn der Maria, den Gesandten Allahs, ermordet – sie ermordeten ihn doch nicht, noch töteten sie ihn am Kreuze, sondern es erschien ihnen nur so. Vielmehr erhöhte ihn Allah zu sich, und Allah ist allmächtig und weise.« (4,157 f.)

Die zentrale Stellung von Kreuz und Auferstehung wird von keinem Muslim anerkannt oder auch nur verstanden, das Kruzifix wird als bedrückendes Symbol empfunden. Nach einer sektiererischen Lehre ist Jesus in Kaschmir begraben.
Die moderne Bibelkritik wird von gebildeten Muslimen als ein Beweis der Wahrheit des Koran aufgefaßt, der ja Veränderungen im Alten und Neuen Testament behauptet. Aus verschiedenen Stellen der Bibel werden Weissagungen über das Kommen Muḥammads gelesen, insbesondere die Verheißung des Paraklet ist zu allen Zeiten als ein Hinweis auf Muḥammad, den »sehr Gepriesenen« (*pericletos*, Sure 61,6), der die Fülle der Offenbarung bringen werde, verstanden worden.
Das Problem der Natur Christi, das die altkirchliche Dogmatik besonders bewegte, hat auch auf die Entwicklung des islamischen Dogmas Einfluß gehabt: Christi Stellung als Logos, als »Wort« Gottes, hat auf islamischer Seite die Theorie von der Unerschaffenheit des Koran als des wahren Wortes Gottes befruchtet: was die Person Christi für das Christentum ist, das ist der Koran für den Islam. Harry A. Wolfson hat daher von *Inlibration* gegenüber der christlichen *Inkarnation* gesprochen. Muḥammad ist *ummī* »des Lesens unkundig«, weil er ein reines Gefäß für das Gotteswort sein mußte, so wie Maria Jungfrau war. Die zentrale Stellung des Korans spiegelt sich in einem Gebet wider:

»O Herr, schmücke uns mit dem Schmuck des Koran,
und begnade uns durch die Gnade des Koran,
Und ehre uns durch die Ehre des Koran,
Und kleide uns mit dem Ehrengewand des Koran,
Und laß uns ins Paradies eingehen durch die Fürsprache des Koran,
Und befreie uns von allem Übel der Welt und der Qual des Jenseits um der Ehre des Koran willen . . .
O Herr, mach uns den Koran in dieser Welt zum Gefährten
Und im Grab zum Vertrauten,
Und bei der Auferstehung zum Freunde,
Und auf der Brücke zum Licht,
Und im Paradies zum Genossen,
Und zu einem Schleier und Schutz vor dem Feuer,
Und zu einem Führer zu allen guten Werken,
Durch Deine Gnade und Güte und Huld.«

Die Frage nach dem Wesen des Koran führt uns bereits in die wichtigsten Probleme der islamischen Dogmatik. Das erste Problem, mit dem man sich auseinandersetzte, war dem Charakter des Islam entsprechend ein religiös-politisches: die nach dem rechten *Imām*. Die Parteien, die sich nach der Schlacht von Ṣiffīn (657) trennten, brachten die Frage auf, wieweit die Persönlichkeit des Leiters der Gemeinde durch seine ethischen Qualitäten bestimmt werde. Damit war grundsätzlich die Frage nach dem Verhältnis von Glaube und Werken gegeben. Die *Khāriǧiten*, welche gegen ihren ehemaligen

Führer ʿAlī Stellung nahmen, weil er sich nicht ausschließlich auf Gottes Entscheidung verlassen habe, können als ethische Maximalisten bezeichnet werden: sie erkennen keinen Glauben ohne Werke an und behaupten, der Glaube könne durch gute Werke zunehmen. Kulthandlungen seien nicht nur im Zustand äußerlicher Reinheit, sondern auch der Gewissensreinheit auszuführen. Jeder, der eine große Sünde begehe, sei kein Muslim mehr und verdiene ewige Höllenstrafe. (Unter die schweren Sünden fallen z. B. Abgötterei, Zauberei, Mord, Veruntreuung des Eigentums der Waisen, Wucher, Fahnenflucht, Schändung gläubiger Frauen.)

So bildete sich eine kleine, jede gegnerische Ansicht scharf bekämpfende Gruppe heraus, die einen völligen Nonkonformismus vertrat und die Würde des Kalifen nur dem religiös Makellosen – »sei es auch ein abessinischer Sklave« – übertragen wollte; sie spaltete sich von der Allgemeinheit ab und hielt sich deshalb vor allem in Randgebieten der islamischen Welt.

Was die Haltung der islamischen Öffentlichkeit zu dieser wie zu anderen Gruppen angeht, so hat Gibb treffend formuliert: »Das *Sunna*-Prinzip war, die Grenzen der Tolerierung so weit wie möglich zu ziehen. Keine große religiöse Gemeinschaft hat jemals den katholischen Geist voller besessen oder ist bereiter gewesen, ihren Mitgliedern die weitestgehende Freiheit zu erlauben, vorausgesetzt, daß diese die Mindestforderungen des Glaubens annahmen. Keine Gruppe religiöser Sektierer ist jemals von der orthodoxen islamischen Gemeinschaft ausgeschlossen worden außer denen, die einen solchen Ausschluß wünschten und sich so selbst ausschlossen.«

Dieses Prinzip läßt sich schon in der ältesten Zeit deutlich erkennen. Vor allem eine Gruppe, deren Anschauungen denen der Khāriǧiten entgegengesetzt war, vertrat es; das sind die *Murǧiten* (»Aufschiebende«) Benannten, deren Ansicht war, man habe das Urteil über einen Menschen Gott zu überlassen; der Glaube sei nicht durch Werke zu vermehren oder zu vermindern, sondern sei in erster Linie eine Herzensangelegenheit. Auch sei derjenige, welcher eine schwere Sünde begangen habe, kein Ungläubiger und verdiene deshalb nicht die ewige Höllenstrafe.

Da Muḥammad Prophet und nicht Theologe war, finden sich Probleme dieser Art im Koran nicht systematisch behandelt, und jede Gruppe konnte ihren Anschauungen gemäße Koransprüche oder Ḥadīthe finden. Das gilt besonders für eine Frage, die bis heute die Gemüter bewegt: die Vorherbestimmung. Ist der Mensch frei, oder ist jede seiner Taten vorherbestimmt? Der Koran sagt einerseits:

> »Und wer immer den Lohn dieser Welt begehrt, dem geben wir von ihm,
> und wer immer den Lohn des Jenseits begehrt, dem geben wir von ihm,
> und wahrlich, wir belohnen die Dankbaren!« (3,145)

Und andererseits:

> »Also beläßt Allah im Irrtum, wen er will, und er leitet recht, wen er will!«
> (74,31 u. a.)

So schlossen sich die *Ǧabriten* (von *ǧabr* »Zwang«) den letztgenannten Koranworten an und hielten alles bis ins kleinste für vorausbestimmt – ihre Richtung war bei den omajjadischen Herrschern beliebt, da durch sie auch politisch mißliebige Taten befriedigend erklärt werden konnten. Ihnen gegenüber standen die *Qadariten*, die dem Menschen die Möglichkeit zugaben, seine Werke nach eigenem Willen zu tun und dadurch in weiterem Sinne für sie verantwortlich zu sein. Zwischen den Khāriğiten und den Murğiten entwickelten sich die Anschauungen der *Muʿtazila*, der »sich Abtrennenden«, die zunächst in der Frage nach dem religiösen Status eines, der eine große Sünde begangen hat, eine Zwischenstellung einnahmen: nach ihrer Meinung ist dieser weder Gläubiger noch Ungläubiger.

Man hat die *Muʿtazila* früher als Freidenker des Islam bezeichnet – das ist als unrichtig nachgewiesen worden. Im Gegenteil, ihr Anliegen ist echt religiös und sehr ernst. Sie stehen auf seiten der *Qadarīya*, geben also den freien Willen des Menschen zu; sie versuchen, den Islam gegen von Persien einströmende dualistische Einflüsse abzuschirmen, und weisen in der Diskussion der Vernunft eine wichtige Rolle zu. Die Arbeit, welche die Muʿtazila in ihren vielfältigen Verzweigungen vom 8. bis Anfang des 10. Jahrhunderts leistete, war sehr bedeutsam – galt es doch, die einfache, in Medina beheimatete Tradition mit den Erfordernissen einer verfeinerten, von hellenistischer Tradition beeinflußten Zivilisation in Übereinstimmung zu bringen, wie sie jetzt durch die Berührung mit den unterworfenen Völkern bekannt wurde. Das machte es notwendig, die schlichten Glaubenssätze in dogmatische, philosophisch annehmbare Formen zu bringen.

Die erste große Gefahr, die sich im islamischen Bereich zu Beginn der Abbasidenzeit zeigte, war der iranische Dualismus. Die Jahre 783–786 brachten eine Verfolgung der als *zindīḳ* bezeichneten Ketzer, bei denen auch manichäische Infiltrationsversuche zu beobachten waren. Aus diesem Grunde legte die *Muʿtazila* Wert auf schärfste Formulierung des *tauḥīd*, des Einheitsbekenntnisses. Das besagte für sie, daß es unmöglich eine Ähnlichkeit zwischen Gott und Schöpfung geben könne (im Gegensatz zum naiven Anthropomorphismus der Traditionsschulen, welche Koranaussagen wie »Gott steigt herab« durchaus wörtlich nahmen). Solche Anthropomorphismen im Koran seien allegorisch zu deuten; was die göttlichen Attribute angehe, so seien sie mit dem göttlichen Wesen identisch. Neben Gott könne nichts Gleich-Ewiges bestehen, das wäre eine Beeinträchtigung seiner Einzigkeit. Daraus ergibt sich, daß sein Hören, Sehen, Sprechen usw. nicht urewig sein können, da dann neben ihm etwas bestünde, und daß infolgedessen auch der Koran nicht das ungeschaffene Wort Gottes, sondern eine geschaffene Wesenheit ist. An diesem Postulat entzündete sich der heftige Kampf der Muʿtazila mit der Orthodoxie. – Der zweite wichtige Punkt der muʿtazilitischen Lehre ist die Gerechtigkeit Gottes: Gott *muß* gerecht handeln, er kann dem Menschen nicht Gutes mit Bösem vergelten; selbst Tiere müssen im Jenseits für erlittenes Unrecht entschädigt werden. Dabei wird »Gerechtigkeit« nach dem menschlichen Verstand beurteilt; so besteht die Gefahr, daß dem freien Menschen ein durch seine Gerechtigkeit unfreier Gott gegenübergestellt wird. Der Kalif Ma'mūn nahm 827 die muʿtazilitischen Lehren offiziell an, und sie blieben unter den folgenden beiden Kalifen weiter in Kraft. Die altgläubige Orthodoxie, als deren berühmtester Vertreter Aḥmad ibn Ḥanbal zu nennen ist, wurde verfolgt, die primitive Frömmigkeit des Volkes verachtet, ja, diejenigen, welche die muʿtazilitischen Glaubenssätze nicht verstanden und annahmen, geradezu als Ungläubige behandelt. Erst unter Mutawakkil wurde die Herrschaft des muʿtazilitischen Dogmas gebrochen und die Lehre vom Erschaffensein des Koran streng verboten.

Die schweren geistigen Kämpfe zwischen den beiden Richtungen wurden zunächst einigermaßen überwunden durch al-Ašʿarī (gest. 935), der, aus der Muʿtazila hervorgegangen, seine alte Schule mit deren eigenen Mitteln bekämpfte, d. h. das scholastische Denken auch in die altgläubigen Kreise einführte. Im Osten leistete Maturīdī eine ähnliche Arbeit. Der Glaube an die Unerschaffenheit des Koran hatte sich durchgesetzt: was zwischen den beiden Einbanddeckeln des Heiligen Buches steht, ist Gottes unerschaffenes Wort; unsere Aussprache davon ist geschaffen.

Al-Ašʿarīs Lehre ist eine typische Vermittlungstheologie. Sie lehrt, daß Gott nicht den menschlichen Kategorien des Denkens entsprechend vorzustellen ist, daß seine Hände, sein Angesicht, seine im Koran erwähnten Bewegungen »ohne Wie« zu verstehen sind, daß der Mensch weder ganz frei noch ganz unfrei ist, sondern seine ihm bestimmten Taten »erwirbt« und sie sich so zu eigen macht. Was uns als logische Folge von Ursache und Wirkung erscheint, ist nur die seit langem eingespielte, aus gleichen Ursachen gleiche Wirkungen hervorbringende göttliche Gewohnheit; wird dieser Ablauf unterbrochen, so entsteht ein Wunder (*khāriq ul-ʿāda* »was die Gewohnheit unterbricht«). Typisch dafür ist die Erzählung von dem persischen Frommen, der gegen einen Feueranbeter beweisen wollte, daß Feuer nur auf jedesmal neuen Befehl Gottes Brandwunden verursachen kann: er durchschritt in Trance einen brennenden Scheiterhaufen, ohne sich mehr als eine Wunde am Fuß zuzuziehen, als er aus der Versenkung zu sich kam – für uns eine Darstellung ekstatischer Kräfte, für die Frommen des 10. Jahrhunderts ein Beweis für das »Durchbrechen der Gewohnheit« Gottes.

In der Entwicklung des orthodoxen Systems spiegeln sich religiöse und politische Gefahren, denen ausgewichen werden mußte, deutlich wider; gleichzeitig ist eine immer stärkere Erstarrung der Formen der Bekenntnisse und eine schärfere scholastische Begriffsbildung festzustellen. Diese Denkweise, in der sich noch heute der gebildete Muslim bewegt, wenn es sich darum handelt, die Rationalität seines Glaubens zu beweisen, macht es einem dieser Denkgewohnheit fremden Europäer schwer, in eine Diskussion über religiöse Probleme einzutreten.

Das Glaubensbekenntnis, das – als Säule des Islam – nur die Anerkenntnis der Einheit Gottes und das Prophetentum Muḥammads besagt, ist in der heute allgemein auswendig gelernten Form, gegründet auf koranische Aussagen wie Sure 2,285, im *Fiḳh Akbar* des Abū Ḥanīfa enthalten und lautet:

> »Ich glaube an Allah und seine Engel, seine Bücher und seine Gesandten, an den Jüngsten Tag, die Auferstehung nach dem Tode, die Vorherbestimmung seitens Allah – die gute wie die schlimme –, an das Gericht, die Waage, das Paradies und das Höllenfeuer – das alles ist Wahrheit.«

Der Glaube an die Propheten umfaßt alle Gesandten von Adam über Abraham, Moses, Jesus bis zu Muḥammad; ihre Zahl wird verschieden angegeben; im Koran nicht namentlich aufgeführte Propheten können anerkannt werden. Die geoffenbarten Schriften beschränken sich nach koranischer Auffassung auf die Tora, den Psalter, das Evangelium und den Koran.

Der Glaube an die Engel spielt eine bedeutende Rolle in der islamischen Theologie und noch mehr im Volksglauben; er stützt sich auf zahlreiche Aussagen des Koran. Die wichtigste Stellung unter den Engeln nimmt Gabriel ein (auch als »Heiliger Geist« oder »Vertrauenswürdiger Geist« bezeichnet), welcher den Propheten die Offenbarungen überbringt. Neben ihm steht Michael, dem nach dem Volksglauben die Naturkräfte und das Zumessen der Nahrung unterstehen. Gewaltig ist, wie die beiden Vorgenannten, auch Isrāfīl, dessen Haupt bis an den göttlichen Thron reicht, während seine Füße unter der siebenten Erde stehen. Er hat vier Flügel, und wenn vor dem Tage des Gerichtes alle Wesen, einschließlich der Engel, sterben, so wird Isrāfīl als erster erweckt, damit er die Posaune des Jüngsten Gerichtes blasen kann. Furchtbarer als alle Engel und Mächte aber ist ʿAzrāʾīl, der Todesengel, in seiner kosmischen Größe, mit seinen 4000 mit Zungen und Augen besetzten Flügeln. Sobald auf der Tafel des göttlichen Ratschlusses der Tod einer Person verzeichnet ist, entreißt er dem Menschen die Seele, grausam, wenn es sich um einen Ungläubigen handelt, vorsichtig bei den Gläubigen. Im Grabe begegnen dem Menschen dann die beiden Frageengel Munkar und Nakīr, die ihn auf seinen Glauben prüfen und, wenn es not tut, strafen; damit der Tote die rechte Antwort gibt, wird ihm in der letzten Stunde seines Lebens von seinen Angehörigen das Glaubensbekenntnis vorgesprochen. Aber auch bei Lebzeiten ist der Mensch von Engeln beschützt, man spricht manchmal von zwei, manchmal von vier Schutzengeln, gelegentlich auch von einer ganzen Schar. Auf seiner rechten und linken Schulter sitzt je ein Schreiberengel – der zur Rechten schreibt die Guttaten, der zur Linken die Übeltaten auf; dieser jedoch nicht sofort, sondern erst, wenn der Mensch innerhalb einer bestimmten Zeitspanne nicht bereut.

Neben den mit dem Gang der Welt und dem Schutz der Menschheit beschäftigten, aber immer nur entsprechend Gottes Befehlen handelnden Engeln stehen die ungezählten Scharen, die sich nur dem Lobpreis Gottes widmen – sie werden oftmals klassenweise entsprechend den sieben Himmeln eingeteilt, bis zu den höchsten vier himmlischen Wesen, welche Gottes Thron tragen. Doch ist der Aufgabenbereich der Engel beschränkt, jeder kennt von Ewigkeit zu Ewigkeit nur *eine* Gebetshaltung, nur *eine* Lobpreisformel. 19 Engel werden als Höllenwächter vorgestellt. Muḥammad lehnte es ab, den Engeln ein Geschlecht zuzusprechen und wandte sich besonders gegen die Vorstellung der Mekkaner von den Engeln als Töchtern Gottes. Im allgemeinen wird angenommen, daß Engel aus Licht geschaffen sind und aus einer unzusammengesetzten, daher unverderblichen feinsten Substanz bestehen. Sie wissen nur, was Gott sie wissen läßt, und haben im Grunde keine Entwicklungsmöglichkeit.

Neben dem Glauben an die Engel steht im Islam der an die *ǧinn*, Geistwesen unbestimmten Charakters, dem Guten zugänglich, gelegentlich auch den Islam annehmend. Das alte Arabien kannte die *ǧinn* als Naturgeister sowie als Inspiratoren der Seher und Dichter, auch als Verursacher der Besessenheit (*maǧnūn* »verrückt« bedeutet »vom *ǧinn* besessen«). Unter diesen Wesen gibt es mehrere Klassen, u. a. die oft in Tiergestalt erscheinenden weiblichen Wüstengeister (*ghūl*). Der Islam erkennt die Existenz der *ǧinn* gesetzlich an und gibt sogar die Möglichkeit von Ehen zwischen Menschen und *ǧinn* zu.

Iblīs, der Teufel, wird als gefallener Engel betrachtet; da er sich weigerte, vor Adam niederzufallen und ihn anzubeten, wurde er aus dem Himmel verstoßen. Seine Weigerung wird in der Regel auf seinen Stolz zurückgeführt, da er Gott schon seit Urewigkeiten gedient habe, und da er aus Feuer, Adam aber aus Lehm geschaffen sei. Manche Mystiker sehen allerdings in seiner Weigerung einen Ausdruck seines überspitzten Einheitsbekenntnisses: ihm schien es unmöglich, ein anderes Wesen neben Gott zu verehren. So wird er in einer mystischen Schule zum leidenden Liebenden. *Iblīs* erscheint aber stets, wie man ihn auch ursprungsmäßig einordnet, als Feind des

Menschen, der noch immer in gewisser Beziehung zu Gott steht, nicht aber als absolute widergöttliche Macht; d. h. die alte hebräische, aus dem Hiobbuch vertraute Auffassung ist im Islam beibehalten worden.

Die Taten des Menschen werden durch Gottes Macht auf einer ungeheuren Waage gewogen, deren Gewichte Senfkörner sind. Das Buch der Taten wird dem Menschen in die Rechte oder Linke gegeben, oder auch gewogen. Über den Rücken der Hölle ist die Brücke geschlagen, die schärfer als ein Schwert ist und dünner als ein Haar; die Füße der Ungläubigen gleiten darauf aus, und sie fallen ins Feuer, aber die Füße der Gläubigen stehen fest darauf, und sie gelangen hinüber in die ewige Heimat. Beim Gericht werden Unterschiede gemacht zwischen den Menschen. Mit einigen wird scharf abgerechnet, anderen wird Mitleid gezeigt, einige endlich – in erster Linie die Märtyrer – treten ohne Abrechnung ins Paradies ein. Gott fragt, wen er will von den Propheten über die Ausrichtung seiner Botschaft, und wen er will von den Ungläubigen über die Ablehnung seiner Botschaft, er wird die Neuerer über die Sunna befragen und die Muslime über ihre Werke. Die Bekenner von Gottes Einheit werden aus dem Feuer gebracht werden, nachdem sie für ihre üblen Taten gebüßt haben, so daß kein Bekenner von Gottes Einheit in der Hölle verbleiben wird. Für die Übeltäter werden Fürsprache einlegen die Propheten, dann die Gelehrten, dann die Blutzeugen, dann die anderen Gläubigen. Wer aber keinen Fürsprecher hat, der soll aus reiner Gnade Gottes aus der Hölle gerettet werden. Wer nur ein einziges Körnchen von Glauben in seinem Herzen hat, wird aus ihr gerettet werden.

Die Vorstellungen von den Jenseitsstrafen sind das Ergebnis einer langen Entwicklung. Als grundlegend kann Sure 11,108 gelten:

> »Die Verdammten kommen ins Feuer ... und bleiben darin, solange Himmel und Erde bestehen, wenn Gott es nicht etwa anders beschließt.«

Früh entwickelt sich der Glaube, daß die um der Religion willen Gefallenen ohne Befragung durch die Grabesengel ins Paradies eingehen und dort die Auferstehung erwarten.

Über die Ewigkeit der Höllenstrafen waren die Ansichten geteilt. In den meisten frühen Schulen werden sie als Realität angesehen; die Muʿtaziliten hielten sie als logischen Ausfluß von Gottes Gerechtigkeit für notwendig, während Asʿarī ihnen vorwarf, durch diese Anschauung den Menschen die Hoffnung auf Gottes Barmherzigkeit zu rauben. Während Abu Ḥanīfa Himmel und Hölle für Realitäten ansah, die nicht verschwinden werden, hielt ihm Ḳastallāni das Wort entgegen, daß »alles vergehe, außer dem Angesicht Gottes« (55,26).

Langsam hat sich die mildere Anschauung durchgesetzt, zu der vor allem die Vorstellung beitrug, daß der Prophet die Seinen, auch die größten Sünder, durch seine Fürsprache retten werde. Und viele Fromme haben in einem angeblichen Prophetenspruch Trost gefunden, der verheißt, es werde ein Tag kommen, da die Tore der Hölle schlammig sind und Kresse auf ihrem Boden wächst. Die Mystiker und Philosophen haben freilich die im Volk in glühendsten Farben ausgemalten Bilder von Paradies und Hölle vergeistigt und sie meist als Zustände der Seele erklärt.

Die theologischen Auseinandersetzungen der verschiedenen Schulen sowie Berührungen mit den Fremdreligionen, die im Maße der Eroberungen immer ausgedehnter wurden, haben im 10. und 11. Jahrhundert eine Reihe von wertvollen arabischen

Schriften entstehen lassen, die sich mit den Eigenheiten der verschiedenen religiösen Strömungen befassen: so das Werk al-Aš'arīs, die eingehenden Studien des Spaniers Ibn Ḥazm und des Persers Šahrastānī über die verschiedenen Sekten und Religionen. Bīrūnī (gest. 1048) wandte den indischen Religionen sein besonderes Interesse zu und schrieb erstmals ein objektives, auf gründlichem Studium beruhendes Buch über Indien. Bīrūnī ist überhaupt einer der bedeutendsten Vertreter der islamischen Wissenschaft, die vom frühen 9. Jahrhundert an auf allen Gebieten große Fortschritte zu verzeichnen hatte.
Einerseits ist es die Philosophie, die in der Entwicklungsphase ihre ersten Versuche unternahm, griechische Überlieferung und islamisches Dogma logisch zu vereinigen. Die Mu'tazila hatte auf diesem Gebiet vorgearbeitet, und zwischen dieser religiösen Richtung und dem »Philosophen der Araber«, al-Kindī (gest. 870), sind Beziehungen festzustellen. Kindī war exakter Naturforscher; er legte erstmals die Betonung auf die Welt der Vernunft, in der allein es Freiheit und Unsterblichkeit gibt; auch übernahm er die neuplatonische Lehre von der Emanation der Einzelseelen aus der Weltseele, die wiederum dem göttlichen Prinzip entstammt.
Charakteristisch für die frühislamische Philosophie ist der Glaube an die grundsätzliche Übereinstimmung von Plato und Aristoteles. Diese Anschauung ist stark ausgeprägt bei dem ersten großen Kommentator des Aristoteles, dem Zentralasiaten Fārābī (gest. 950 in Halab). Er behauptete, wie auch seine Nachfolger, die Einheit von Philosophie und islamischer Offenbarung und lehrte, daß Gott die Welt durch sein Denken schaffe.
Ibn Sīnā, Arzt und Philosoph, im Abendland als Avicenna berühmt (gest. 1037), führte die Gedanken seiner Vorgänger weiter; Gott ist die prima causa, und alles möglicherweise Existierende hat im Wissen Gottes seine wesenhafte Vorexistenz. Gegen diese Lehre, die eine Ewigkeit der Welt postulierte (da sie grundsätzlich in Gottes Denken uranfänglich vorhanden sei), sowie gegen die Leugnung der individuellen Unsterblichkeit hat sich die Orthodoxie, besonders der große Denker Ghazzālī, scharf gewendet.
Die Lehre von der Übereinstimmung philosophischer Erkenntnis und göttlicher Offenbarung ist am poetischsten ausgedrückt in dem Roman *Ḥayy ibn Yaqẓān* des Ibn Ṭufail (gest. 1185), Wesir und Hofarzt bei den nordafrikanischen Almohaden. Dieser Roman schildert die Entwicklung eines auf einsamer Insel ausgesetzten Kindes, das sich in Entwicklungsstufen von je sieben Jahren langsam durch alle Stadien menschlichen Lebens wandelt und schließlich zur Höhe reiner Betrachtung gelangt – ein Vergleich der von ihm gefundenen Wahrheiten mit denjenigen, die im Nachbarlande von Propheten verkündigt sind, ergibt die völlige Übereinstimmung beider.
Der Nachfolger Ibn Ṭufails am Almohadenhofe war Ibn Rušd, im Westen als Averroes bekannt (gest. 1198), welcher die Lehre von der grundlegenden Übereinstimmung von Philosophie und Offenbarung weiter ausbaute: die Philosophie muß die Wahrheit der Prophetie in höherer Form wiedergeben, und die Menschen müssen je nach ihrem Verständnis in dieser oder jener Weise unterwiesen werden: eine Lehre, die durch falsche Übersetzung als Lehre von der doppelten Wahrheit bekannt und verrufen geworden ist. Gegen die früheren Philosophen lehrt Averroes die Anfangslosigkeit der Materie; Schöpfung besteht nicht in einem einmaligen Übergang aus der Potentialität in die Aktualität, sondern geschieht jeden Augenblick. Das Ziel des Menschen ist die Vereinigung des materiellen Intellekts mit dem aktiven Urintellekt; durch diesen bei

den Größten der Geistesgeschichte zu beobachtenden Akt wird die Unsterblichkeit gesichert.
Unter den späteren muslimischen Denkern muß der Name des Ibn Khaldūn genannt werden (gest. 1406), der als »erster Soziologe« nicht nur im Islam, sondern überhaupt bezeichnet worden ist; seine Grundkonzeption der *ʿaṣabiyya*, des Esprit de corps, Gemeinsinns, Parteigeistes – wie immer man es übersetzen mag – bedeutet einen höchst bedeutungsvollen sozialpsychologischen Faktor, der, in Zusammenhang mit religiösem Eifer, ein Volk zum Siege über andere Staaten führen kann.
Unter den islamischen Herrschern haben besonders Naturwissenschaft und Medizin eine bedeutende Stellung eingenommen. Die wissenschaftlichen Leistungen der islamischen Völker sind vor allem deshalb beachtenswert, weil sie, nach Neufassung und Erweiterung der griechischen Quellen, in weitem Maßstab die Grundlagen für die exakten Wissenschaften gelegt haben – sei es in der Mathematik, in der Medizin, in der Chemie (in der Form der Alchemie) oder in der Optik und verwandten Gebieten. Gerade auf diesen Gebieten gewann Europa dann den bis heute sichtbaren gewaltigen Vorsprung vor dem Osten, der die arabischen Reformer zu der Auffassung führt, daß die neuen Naturwissenschaften nicht äußerlich nachgeahmt, sondern, wie es im Mittelalter geschehen war, innerlich selbständig angeeignet und den islamischen Ländern wiederum zu eigen gemacht werden müssen.

Schia und Sektenwesen

Die Schlacht von Ṣiffīn bildet nicht nur den Ausgangspunkt für die Entwicklung der islamischen Dogmatik (s. S. 525), sondern auch für das islamische Sektenwesen, ja die Spaltung des islamischen Gemeinwesens in zwei Hauptzweige.
Die engen Parteigänger ʿAlīs bildeten die *šīʿat ʿAlī*, die Gruppe ʿAlīs. Zu dem allgemein-islamischen Glauben an Allah, Muḥammad, seine Botschaft und den unerschaffenen Koran tritt der Glaube an den *Imām* als rechten Führer der Gläubigen und wahren Interpreten des Koran – hat doch Muḥammad, nach schiitischer Lehre, kurz vor seinem Tode ʿAlī in die inneren Geheimnisse des Glaubens eingeweiht und dieser sein esoterisches Wissen in seiner Familie weitervererbt. Die Vorstellung, welcher Art die Auszeichnung der Familie ʿAlīs ist, zeigt sich freilich in verschiedener Stärke: von der einfachen Bevorzugung eines Nachkommens ʿAlīs als *Imām*, wie es bei den Zaiditen der Fall ist, über den Glauben an eine göttliche Lichtsubstanz bis hin zur Lehre von der Inkarnation der Gottheit in ʿAlī und seinen Nachkommen. Es wird berichtet, daß ʿAlī selbst schon von einigen Anhängern zu seinem Mißfallen geradezu religiös verehrt worden sei. Er wird in der Überlieferung der Krieger und Heilige schlechthin, der innige Vertraute Muḥammads; um seinetwillen hat die Sonne stillgestanden, wie ihm denn überhaupt später mehr denn tausend Wunder zugeschrieben worden sind; zahlreiche Sprüche und Lebensregeln tragen seinen Namen; er ist der Freund Gottes, der *walī Allāh*, wie es die Schiiten noch der üblichen zweiteiligen Formel des Glaubensbekenntnisses zufügen.
Der Tod Ḥusains, des jüngeren Sohnes von ʿAlī und Fāṭima, bei Kerbela am 10. Muḥarram 680, bereicherte die schiitischen Anschauungen um das fruchtbare Passionsmotiv: Dichtung und Prosa sind erfüllt von Klagen um das Schicksal des

Prophetenenkels, und sein Tod, wie der, den später noch andere Aliden durch Verfolgungen erlitten, steigerte das tragische Gefühl der *Šīʿa*. Merkwürdigerweise bildeten sich die ersten typisch schiitischen Lehren nicht um ʿAlī selbst oder einen seiner beiden Söhne von der Fāṭima (also die echten Prophetenenkel), sondern um seinen Sohn von einer anderen Frau, Muḥammad ibn al-Ḥanafīya, der 684 starb. Dessen Anhänger Mukhtār verbreitete die Nachricht, daß er nicht gestorben sei, sondern in der Verborgenheit im Gebirge lebe und am Jüngsten Tage als *Mahdī* wiederkommen werde, »um die Erde mit Gerechtigkeit zu füllen, wie sie jetzt mit Ungerechtigkeit gefüllt ist«. Der Parusieglaube wurde bald von Muḥammad ibn al-Ḥanafīya auf die übrigen Angehörigen des Hauses ʿAlīs, richtiger: auf den jeweils als letzten des Geschlechtes angesehenen – 5., 7., 12. – Imām übertragen.
Zunächst konzentrierte sich das Interesse der *Šīʿat ʿAlī* auf die Nachkommen des in Kerbela getöteten Ḥusain; er hinterließ einen Sohn Zayn alʿābidīn, dieser wiederum mehrere Söhne, von denen Zaid, der fünfte in der mit ʿAlī beginnenden Imām-Reihe, 740 getötet wurde. Auf diesen führt sich die Gruppe der Zaidīya zurück, die dem sunnitischen Islam sehr nahe steht. Sie legt keinen besonderen Wert darauf, ob der Imām aus der Nachkommenschaft Ḥasans oder Ḥusains stammt. Bis vor kurzem konnten sich zaiditische Herrscher im Jemen halten.
Die übrigen Schiiten erkennen nicht Zaid, sondern seinen Bruder Muḥammad al-Bāqir als fünften Imām an, dessen Sohn Ǧaʿfar aṣ-Ṣādiq als Gründer der von den Zwölfer-Schiiten vertretenen Rechtsschule angesehen wird und auch in der Entwicklung der Mystik eine Rolle spielt. Bei den Söhnen Ǧaʿfars teilen sich die Gruppen wiederum – während die heute im Iran herrschenden Zwölfer-Schiiten über Mūsā al-Kāẓim die Reihe bis zum 12. Imām, dem angeblich als Kind in die Verborgenheit entrückten Muḥammad al-Mahdī (874) führen, hat die sogenannte Siebener-Šīʿa Mūsā's Bruder Ismāʿīl anerkannt und wird daher in ihrer Hauptausprägung als Ismailīya bezeichnet.
Die Zwölfer-Šīʿa ist seit 1501 Staatsreligion in Persien; sie stützt sich auf den Glauben an den verborgenen *Imām*, den Lenker der Zeit. Doch ist es nicht richtig, zu behaupten, daß die *Šīʿa* die *sunna*, die Überlieferung des Propheten, ablehne; sie erkennt – in mancher Hinsicht noch strenger als die Sunniten – die Tradition sehr wohl an, legt natürlich stärkeres Gewicht auf alidisch gefärbte Überlieferungsworte. Dogmatisch steht die Zwölfer-Šīʿa oder *Imāmīya* der *Muʿtazila* in vielen Punkten nahe. In manchen Punkten ist sie fanatischer als die Sunniten (der Ungläubige gilt als unrein; erlaubt ist die Ehe auf bestimmte Zeit). Der *Imām* enthält, nach ihrem Glauben, eine göttliche Lichtsubstanz, die sich forterbt; doch ist die Frage offen, ob der Vater den Sohn, in welchem sich dieses Licht zeigt, als Nachfolger einsetzt, oder ob es automatisch auf den ältesten Sohn übergeht. Die Gräber der *Imāme* (besonders Kerbela, Neǧef, Ḳum) sind vielbesuchte Wallfahrtsorte und bevorzugte Begräbnisstätten. Der Einfluß der Šīʿa in Indien war sowohl in den Dekkan-Staaten (Golkonda) als in Awadh (Lucknow) sehr stark und hat die dortige Literatur wie den Lebensstil beeinflußt; auch in Pakistan existiert eine beachtliche schiitische Bevölkerung.
Die sogenannte Siebener-Šīʿa, die sich auf den 765 verstorbenen Ismāʿīl stützt, hat während des Mittelalters die islamische Welt zeitweise sehr beunruhigt. Auch hier sind verschiedene Gruppen zu unterscheiden: die nach ihrem Initiator Ḥamdān Ḳarmāṭ als Karmaten bezeichneten Ismailiten lassen als letzten *Imām* den Sohn Ismāʿīls, Muḥammad, gelten. Im 9. Jahrhundert begann die karmatische Propaganda, die u. a. eine Art

religiösen Kommunismus lehrte; von Kufa aus wurde ihr Schwerpunkt in die arabische Wüste, nach Aḥṣā, verlegt. 930 gelang es den Karmaten, den schwarzen Stein der Kaʿba zu entführen, so daß für 22 Jahre, bis zu seiner Rückgabe, der Pilgerverkehr ruhen mußte. Ein Karmaten-Staat bestand in Multan. Die Karmaten lehren eine aufsteigende Erkenntnis der göttlichen Wahrheiten durch Initiation und stufenweise Entwicklung; sie verbinden die islamischen Grundbegriffe mit neuplatonischen und gnostischen Ideen, lehren eine Evolution des Menschen, der als Mikrokosmos aufgefaßt wird, aus dem göttlichen Wesen in der absteigenden Folge vom universellen Intellekt über die Weltseele, die menschlichen Intelligenzen und das »dunkle Licht«. Das jenseitige Leben, in dem der Mensch endlich von den Einflüssen der Natur und der Sphären gelöst ist, wird als Resultat des Erdenwandels vorgestellt: die Guten leben in einer wonnigen Sphäre der Reinheit, die Bösen schweifen unstet unterhalb der Mondsphäre einher.

Es ist selbstverständlich, daß eine derart ausgerichtete Gruppe den Koran nicht im Wortsinn auffaßte; nicht zu Unrecht nennt man die Karmaten ebenso wie die übrigen Siebener-Schiiten auch *Bāṭinīya*, die Leute des »inneren Sinnes«, weil sie mit einer komplizierten Auslegungsmethode die Adepten schrittweise in die inneren Wahrheiten des Heiligen Buches einführten. Der größte Vertreter der ismailitischen Philosophie, der persische Schriftsteller Nāṣir-i Khosrau (gest. um 1072), hat diese »innerliche« Auslegung des islamischen Gesetzes sehr schön charakterisiert:

> »Die äußere Bedeutung des Gebetes (*ṣalāt*) ist, Gott mit den Körperhaltungen anzubeten, indem man seinen Körper nach der Gebetsrichtung der Leiber ausrichtet, welche die Kaʿba ist, das in Mekka gelegene Heiligtum des Höchsten. Die geistige Auslegung des inneren Sinnes des Gebetes aber ist, Gott mit seiner denkenden Seele anzubeten, indem man sich, um die Wissenschaft vom Heiligen Buch und vom göttlichen Gesetz zu erlangen, der Gebetsrichtung der Geister zuwendet, welche das Haus Gottes ist – jenes Haus, in welchem die göttliche Erkenntnis wohnt, und das ist der Imām der Wahrheit, über ihn der Friede.«

Aus ismailitischen Strömungen entstand die Bewegung der Fatimiden, die, zu Beginn des 10. Jahrhunderts von Nordafrika aufbrechend, im Jahre 969 Ägypten eroberte und dort ein zwei Jahrhunderte dauerndes Reich aufbaute. Unter den fatimidischen Herrschern ist vor allem der – wahrscheinlich geistig nicht ganz normale – Ḥākim zu nennen, der 1021 auf geheimnisvolle Weise verschwand, nachdem seine Anhänger ihn schon zuvor (1017) als Inkarnation Gottes erklärt hatten. Ein Hauptpropagandist dieser Ideen war, neben dem schriftstellerisch tätigen Perser Ḥamza, Ismāʿīl ad-Darazī. Nach ihm nennen sich noch heute die im Libanon und Hauran lebenden Druzen, welche an die Wiederkunft des göttlichen Kalifen Ḥākim glauben, sich aber äußerlich möglichst den herrschenden Religionsformen angepaßt haben (die Verheimlichung des Glaubens bei Gefahr gehört zu den Eigenheiten schiitischer Ethik). Die fatimidische Linie spaltete sich nach dem Tode des Kalifen Mustanṣir 1094, als das ägyptische Volk sich seinem Sohn Mustaʿlī anschloß, während der eigentliche Thronerbe Nizār flüchten mußte. Er und sein kleiner Sohn wurden von Ḥasan-i Sabbāḥ in der Felsenburg Alāmūt in Persien geschützt; von dort nahm die Bewegung der Assassinen ihren Ausgang, jener Männer, die, dem Meister blind ergeben, politische Morde vollbrachten und sich dabei meist selbst aufopferten. Der Name Assassinen ist entstellt aus *Ḥaššāšīyūn*, Haschisch-Esser. Sie spielten auch in den Kreuzzügen eine Rolle; der geheimnisvolle »Alte vom Berge«, der seinen Sitz in Nordsyrien hatte, hat durch seine Getreuen manchmal in die Kämpfe eingegriffen. Erst 1256 wurde Alāmūt von den Mongolen, 1272 die letzten syrischen Stützpunkte der geheimnisumwitterten Gruppe durch die Mamluken eingenommen.

Verschiedene Zweige der Ismailiya verbreiteten sich in Jemen und Indien; dort gewannen die Missionare zahlreiche Hindus durch Adaptation an hinduistische Mythologie (z. B. ʿAlī als zehnter *avatar* Vishnus). Die religiöse Literatur (*ginan*) ähnelt der mystischen Poesie in den indischen Landessprachen.

Aus der Linie der Nizārī, über die nach dem Fall von Alāmūt wenig bekannt ist, stammt der Agha Khan, der im 19. Jahrhundert von Iran nach Indien kam. Der verstorbene Agha Khan hat seine Gemeinde, die Khodjas, zu einer modernen, sozial engagierten Gruppe umgeformt, die ihr Zentrum in Karachi haben; doch finden sich Splittergruppen auch in Hunza, Turkestan, Ostafrika. Die Mustaʿlī-Gruppe der Bohoras ist gleichfalls wirtschaftlich erfolgreich in Indien.

Am Ende des 14. Jahrhunderts erscheint die Richtung der *Ḥurūfī*, als deren Gründer Faḍlallāh von Astarābād gilt. Er verband schiitische Ideen mit einer Art kabbalistischer Lehren über die tiefere Bedeutung von Zahlen und Buchstaben, wie sie unter den Mystikern üblich waren; seine Spekulationen leben teilweise in türkischen Derwischorden weiter, vor allem unter den Bektāšī, die stark schiitische Tendenzen zeigen – die sehr reizvolle, in volkstümlicher Form geschriebene Bektāšī-Lyrik der Türkei weist viele Loblieder auf ʿAlī und seine Familie auf, deren Namen oft in bildhafter Kalligraphie dargestellt werden. Die *Ḥurūfī-Sekte* hat einen ihrer bedeutendsten Vertreter in dem grausam hingerichteten türkischen Dichter Nesīmī (gest. 1417). Später haben sich teilweise ḥurufische Tendenzen mit dem *ǧafr* verbunden, dem angeblichen Geheimwissen der Prophetenfamilie, mit dessen Hilfe man in kunstreichen Deutungen des Buchstaben- und Zahlenwesens von Koranversen usw. die Zukunft ergründen kann.

Allen Schiiten eigen ist die Ablehnung der ersten drei Kalifen, die, nach Ansicht der ʿAlī-Getreuen, Usurpatoren waren, da das Kalifat ohne jeden Zweifel ʿAlī zugedacht war. Daher werden ihre Namen in schiitischen Gebieten nicht verwendet. Die Zaiditen, als gemäßigte Richtung, sehen von der bei den übrigen Schiiten üblichen Schmähung Abū Bakrs, ʿOmars und ʿOthmāns ab.

In Persien entwickelte sich aus der *Šīʿa* eine neue Strömung, die sich zunächst auf eine von der Schule der Schaikhis vertretene Theorie stützt. Es ist der Bābismus, so genannt, weil sich der Begründer dieser Richtung, Muḥammad ʿAlī von Tābriz, im Jahre 1826 als *Bāb*, die »Pforte« (durch welche der Gläubige zu Gott eingeht), erklärte. Die *Bābī*-Bewegung wurde im Iran heftig verfolgt, der Bāb und seine getreuen Anhänger, darunter die begabte junge Dichterin Ṭāhira, hingerichtet. Der Bābismus, welcher der Zahl 19 einen besonderen Wert beimißt, weil in dieser der Zahlenwert von *wāḥid* »Einer« enthalten ist, legt vor allem Wert auf die sittliche Haltung. Aber während er sich doch noch einigermaßen im Rahmen der schiitischen Anschauungen hielt, hat sich unter dem Nachfolger des Bāb, Bahāullāh (gest. 1892), die Richtung der Bahāi herausgebildet, die zum Islam stehen wie das Christentum zum Judentum: sie heben das islamische Gesetz auf und propagieren die Gleichheit aller Menschen.

Mystik und Ordenswesen

In dem feinen Netz dogmatischer Unterscheidungen und scholastischer Methoden, in den von Jahr zu Jahr zunehmenden äußerlichen gesetzlichen Vorschriften hätte das innere Leben des Islam ersticken können, wenn nicht eine neue Strömung aufgetreten wäre. Die Mystik ist es, die dem Islam in weiten Gebieten eine besondere Prägung verliehen hat. Diese Mystik wird als Sufismus (*taṣawwuf*), von *ṣūf* »Wolle« abgeleitet, bezeichnet; das weist auf ihren ursprünglich asketischen Charakter hin; denn ähnlich manchen christlichen Asketen des Nahen Ostens trugen auch einzelne Asketen das dunkle Wollgewand.
Schon bald nach Muḥammads Tod zeigte sich die Spannung zwischen den welterobernden Herrschern und jenen Frommen, die tief von der koranischen Gerichtsdrohung beeinflußt waren. Ḥasan al-Baṣrī (gest. 728), der von den meisten theologischen Richtungen als Zeuge angerufen wird, hat diese Gerichtsangst immer wieder hervorgehoben:

> »O Menschenkind, du wirst allein sterben und allein in das Grab eingehen und allein auferweckt werden, und allein mit dir wird abgerechnet werden. O Menschenkind, du bist gemeint, auf dich ist es abgesehen.«

Aus seiner Nachfolge stammen die ersten bekannten Asketen des irakisch-syrischen Raums, die sich so weit wie möglich dem nächtlichen Gebet widmeten, weit über die gebotene Zeit hinaus fasteten und sich nicht nur des Verbotenen oder Verpönten, sondern auch des Erlaubten oder Zweifelhaften strikt enthielten. Sie führten den Kampf gegen die Triebseele (*nafs*), der in einem berühmten Ausspruch als der »größere heilige Krieg« bezeichnet wird, und die ständige Kontrolle aller seelischen Regungen wurde von ihnen zu einer feinen Wissenschaft ausgebaut. Asketische Bewegungen finden sich nicht nur im Zweistromland, sondern noch mehr in Ostiran, Khorassan, wo Einflüsse buddhistischer Ideale nicht auszuschließen sind: der erste große Asket des Ostens, Ibrāhīm ibn Adham (gest. um 780), stammte aus Balkh im alten Baktrien; auf ihn ist ein Motiv der Buddha-Legende (der Prinz, der in die Heimatlosigkeit zieht) übertragen worden. Für ihn und seine Landsleute war das wichtigste Ziel das absolute Gottvertrauen (*tawakkul*), das weit über den praktischen Rat des Propheten: »Erst binde dein Kamel an, und dann vertrau auf Gott!«, hinausging: völliger Verzicht auf Wegzehrung, auf medizinische Hilfe, selbst auf Speise, die nicht direkt gesandt wurde – die Heiligenviten berichten groteske Auswüchse dieses Gottvertrauens. Für die späteren Sufis blieb *tawakkul* eine ethische Forderung, wurde aber nicht in dieser übertriebenen Weise praktiziert. Einer der wichtigen Zentralbegriffe der Frühzeit, die bis heute gültig sind, ist *faqr* »Armut«. Beruhend auf einem Prophetenwort *faqrī fakhrī* »Meine Armut ist mein Stolz«, wurde zunächst der Verzicht auf Besitz gefordert, wie er sich lange als sufisches Ideal gehalten hat. Doch wie »Gottvertrauen« wird auch »Armut« verinnerlicht: es ist das Gefühl des Armseins vor dem sich selbst genügenden, ewig reichen Gott und das Bewußtsein, nichts selbst zu besitzen: irdische Güter sind zeitlich begrenzt, und der dankbare Reiche, der sich in jedem Moment seines Reichtums entäußern kann, steht ebenso hoch wie der geduldige Arme. Als Aufgeben aller weltlichen Bindung wird *faqr* dann fast gleichbedeutend mit *fanā*, dem »Entwerden«, wie es ein vom 12. Jahrhundert an oft zitierter persischer Spruch sagt: »Wenn Armut vollkommen wird, ist es

Gott« – d. h., der Mensch entwird dann ganz in dem Ewig-Reichen. Im ständigen Kampf gegen die Triebseele spielen nicht nur Armut und Fasten, Wachen und oft auch Schweigen eine Rolle, sondern eine genaue Beobachtung der seelischen Regungen; denn schlimmer als alles andere sind Hochmut, Selbstgefälligkeit und Suchen nach dem Lob der Menschen. »Die Triebseele hat einen Rosenkranz in der einen, einen Dolch in der anderen Hand«, sagt Rūmī, um auf die Gefahr hinzuweisen, daß man sich an seinem eigenen frommen Wesen, dem Ruf der Heiligkeit, freut. Lieber nach außen sündigen und den Zorn der Menschen auf sich ziehen als sie durch Frömmigkeit begeistern – das war die Ansicht der *malāmātīya* »jener, die Tadel (*malām*) auf sich ziehen«, wie eine Gruppe im 10. Jahrhundert genannt wurde. Auch ihr Tun ist jedoch nicht vollkommen, denn solange sich der Sufi noch um Lob oder Tadel der Menschen kümmert, hat er seinen eigentlichen Weg noch nicht gefunden. Das Ziel ist zunächst *riḍā* »Zufriedenheit« – Dankbarkeit für alles, was kommt. Eine Geschichte aus dem 10. Jahrhundert verdeutlicht diesen Begriff.

> »Ein Mystiker sagte in seinem Gebet: ›O Gott, bist du damit zufrieden, daß ich mit dir zufrieden bin?‹ Da vernahm er eine Stimme: ›Du Lügner, wenn du mit Mir zufrieden wärest, so würdest du Meine Zufriedenheit nicht suchen!‹«

Die asketische Lebensführung blieb nicht lange Selbstzweck; in der Mitte des 8. Jahrhunderts werden erste Ansätze zu einer echten Liebesmystik sichtbar, die ihre klassische Vertreterin in Rābiʿa von Basra (gest. 801) fand. Zahlreich sind die Legenden, die sich um die erste große Heilige des Islam ranken, am bekanntesten wohl diese:

> »Man sah sie in den Straßen von Basra, eine Fackel in einer, einen Eimer in der anderen Hand tragend; und auf die Frage nach dem Sinn ihres Tuns antwortete sie: ›Ich will Feuer ins Paradies werfen und Wasser in die Hölle gießen, damit diese beiden Schleier verschwinden und niemand mehr Gott anbetet aus Sehnsucht nach dem Paradies oder aus Höllenfurcht, sondern einzig und allein aus Liebe zu Ihm.‹«

Diese absolute Liebe, die nicht mehr nach Jenseitsstrafen und -belohnungen fragt, wird zu einem Zentralthema der mystischen Poesie bis heute.

Die Orthodoxie lehnte es jedoch ab, den Begriff »Liebe« für das Verhältnis von Mensch und Gott zu verwenden; Liebe, so sagte man, sei Liebe zu Gottes Geboten und daher strikter Gehorsam. Doch das starke Liebeselement ließ sich nicht verdrängen; und die Mystiker konnten sich stets auf Sūre 5,59 berufen: »Er liebt sie, und sie lieben Ihn«, wodurch die Möglichkeit der wechselseitigen, von Gott ausgehenden Liebe bewiesen werden konnte.

In den auf Rābiʿas Tod folgenden anderthalb Jahrhunderten wurden diese Theorien weiter ausgearbeitet. In ihrem irakischen Heimatland findet sich eine ganze Reihe von Mystikern, in deren Aussprüchen neue Definitionen der Liebe wie auch der anderen mystischen Zustände und Stationen zu finden sind. Daneben steht ein Psychologe wie Muḥāsibī (gest. 857), nach seiner nüchternen intensiven Selbsterforschung (*muḥāsaba*) benannt; und ein tiefgründiger Geist wie Kharrāz, dessen Wichtigkeit für die Formulierung des mystischen Einheitsbekenntnisses erst langsam deutlich wird – er war es, der den Ausspruch tat, daß »Nur Gott das Recht hat, Ich zu sagen«, und damit der Ausweitung des Glaubensbekenntnisses zu seiner späteren umfassenden mystischen

Form »Es gibt nichts Existierendes als Gott« vorbereitete. Gleichzeitig finden wir in Ägypten Dhū'n-Nūn (gest. 859) von nubischer Abkunft; von Wundergeschichten umgeben und als einer der ersten, die über *ma'rifa* »Gnosis« sprachen, berühmt, war er es, der wieder die Natur als Zeugin Gottes entdeckte und ihr, anders als die welthassenden Asketen, einen eigenen Wert beilegte, da ja alles Geschaffene Gott lobt:

> »O Gott, nie habe ich auf den Laut eines Tieres oder auf das Rauschen eines Baumes, auf das Murmeln eines Wassers oder den Gesang eines Vogels gelauscht, nicht auf die Erquickung eines Schattens oder das Säuseln eines Windhauchs oder das Krachen des Donners, ohne diese alle zu erkennen als Zeugen Deiner alleinigen Einheit, die darauf hindeuten, daß nichts Dir gleich ist und daß Du der Überwinder bist, der nicht zu überwinden ist, der Gerechte, der kein Unrecht tut, der Wissende, der keine Unwissenheit kennt, der Milde, der niemals betrügt, der Wahrhaftige, der niemals lügt.«

Mit solchen psalmgleichen Gebeten hat Dhū'n-Nūn die spätere mystische Dichtung eingeleitet, die in allen Blumen das Lob Gottes vernahm.

Ein weiterer Zeitgenosse der beiden Genannten ist der Perser Bāyezīd Bisṭāmī (gest. 874), dessen einsame und seltsame Gestalt in der Überlieferung sprichwörtlich geworden ist. Sein Ausruf *Subḥānī* »Preis sei mir! Wie groß ist meine Majestät!« ist von den All-Einheitsmystikern gern als Ausdruck der Vergottung des Menschen verstanden worden. Bāyezīd hat erstmals das Motiv der Himmelfahrt auf das mystische Erleben angewendet und in merkwürdigen Bildern seine Sehnsucht nach Entwerden, aber auch seine unerklärliche scheinbare Enttäuschung geschildert. Seine Betonung des *fanā* »Entwerden« ist auf indische Einflüsse zurückgeführt worden; doch ist diese Theorie abzulehnen.

fanā ist zunächst ein ethischer Begriff: das Entwerden von den menschlichen Eigenschaften und die langsame Vergeistigung; es hat nichts mit dem indischen Nirvāṇa-Begriff zu tun, da ja keine Erlösung aus einem qualvollen Kreislauf der Geburten angestrebt wird, sondern das Zurückgehen des Menschen zu dem Zustand, »wie er war, als er noch nicht war«. Diese Formulierung stammt von dem größten Meister des frühen Sufismus, Ǧunaid von Bagdad (gest. 910), dem »Pfau der Armen«, auf den sich alle späteren Sukzessionsketten zurückführen, um dann zu 'Alī oder Abū Bakr und zum Propheten selbst zu reichen. Ǧunaid war der große Vertreter der mystischen »Nüchternheit« im Gegensatz zur ekstatischen Berauschtheit; sein Einfluß überschattete die gesamte geistige Szene im Irak, in der auch poetischere, Menschen- und Gottesliebe vereinende Mystiker zu finden waren. Ǧunaid wußte um die Gefahr, die Lehren des mystischen Einheitsbekenntnisses allzu deutlich auszusprechen – hatten doch die ersten Prozesse gegen Sufis in Bagdad schon stattgefunden. So lehrte er sein Wissen in verschlüsselter, schwer zu entziffernder Form und sagte einem seiner Schüler ein böses Ende voraus, als dieser die Lehre von der Verinnerlichung des Islam und seiner Pflichten zu deutlich predigte. Dieser Schüler aber wurde zum Helden der mystischen Dichtung, zum Modell des kühnen Liebenden, der das Geheimnis der Einigung von Mensch und Gott (oder, wie es spätere Mystiker sahen, der allumfassenden Einheit) in seinem Wort ausdrückte: »Ich bin die Wahrheit«, *anā'l-ḥaqq*. Ḥallāǧ, aus dem persischen Irak stammend und durch seine fast übermenschliche Askese berühmt, hat dieses Wort nicht in der Ekstase ausgerufen; es ist die Quintessenz seiner

Lehre von der Schöpfung Adams nach dem Bilde der in Gott vorhandenen menschlichen Natur und der Möglichkeit, daß der ungeschaffene göttliche Geist sich in seltenen Momenten dem geschaffenen menschlichen Geist vereinen kann. Ḥallāğ durchwanderte das östliche islamische Gebiet; im Jahre 905 erreichte er das Indus-Tal. Seine Schüler lebten überall von Turkestan bis Mekka, seine Korrespondenz wurde von der Polizei beschlagnahmt, als er 913 festgenommen und gefangengesetzt wurde. Es war nicht so sehr seine mystische Lehre, die allerdings auch vielen seiner mystischen Kollegen suspekt war, sondern es waren politische Motive, die ihn als gefährlich für den Staat erscheinen ließen; man warf ihm – z. T. wegen seiner Reise – Kontakte zu den Karmaten in Multan vor sowie revolutionäre Pläne. In der Tat rief er die Muslime zum inneren Verständnis ihrer Religion auf, wußte aber, daß er damit den Herrschenden entgegenhandelte, und zahlreiche Gebete zeigen ihn, um seinen Tod bittend, damit seine Glaubensgenossen ein gutes Werk vollbringen, er aber von dem Schleier des Ich, das zwischen ihm und dem sich überall manifestierenden Gott steht, befreit werde. Am 26. März 922 wurde er grausam hingerichtet. Seine Gedichte sind die innigsten Andeutungen mystischer Liebe, die die arabische Sprache kennt, und in seinem *Kitāb aṭ-ṭawāsīn* hat er erstmals das Gleichnis vom Falter, der sich in die Flamme stürzt, um mit ihr eins zu werden, verwendet, ein Gleichnis, das ein Lieblingsthema der persischen Poesie wurde und durch sie Goethe erreicht und zur »Seligen Sehnsucht« inspiriert hat. Mit seiner willigen Übernahme des Leidens, das sich in seinem Wort ausdrückt: »Wohltat kommt von Gott, aber das Leiden ist Er selbst«, hat Ḥallāğ das Motiv des liebenden Leidens in die islamische Mystik eingeführt.

Ḥallāğs Tod wurde für die späteren Sufis das Modell des Liebestodes; sein Name – oft sein Vatername Manṣūr »Siegreich« – ist ein fester Begriff in der mystischen Poesie der östlichen islamischen Welt, und sein Wort »Ich bin die Wahrheit« wurde im persischen Bereich mit »Ich bin Gott« übersetzt, da *ḥaqq* dort zu einer Bezeichnung für Gott geworden ist. Bis in die moderne sozialistische Dichtung der islamischen Länder wird der kühne Mystiker gepriesen, der für seine Ideale sein Leben opferte. Nur die »nüchternen« Orden stehen ihm kritisch gegenüber.

Mit Ḥallāğ endet die erste Periode des Sufismus. In den folgenden anderthalb Jahrhunderten wird die Systematisierung stärker; das war auch wegen der wachsenden Fremdeinflüsse (Neuplatonismus, christliche, später zentralasiatische und indische Techniken) notwendig. Zahlreiche Werke in Arabisch und im 11. Jahrhundert auch in Persisch werden verfaßt, um die Vereinbarkeit der Mystik mit der Orthodoxie zu beweisen; in der Tat stehen alle frühen Mystiker auf dem Boden des Gesetzes, das sie verinnerlichten und dessen Vorschriften sie überaus ernst nahmen. Denn nur aus diesem Hauptweg, *šarīʿa*, kann der enge Pfad, die *ṭarīqa*, abzweigen, auf der die wenigen Auserwählten wandeln. Das Werk der Systematisierung erreicht seinen Höhepunkt in dem *Iḥyā ʿulūm ad-dīn* des Abū Ḥāmid al-Ghazzālī (gest. 1111), eines persischen Gelehrten, der nach einer sehr erfolgreichen Karriere als Theologieprofessor an der besten Hochschule seiner Zeit sich der Mystik zuwandte. Seine Autobiographie *al-munqidh min aḍ-ḍalāl* (»Der Retter aus dem Irrtum«) zeigt seine Auseinandersetzung mit den verschiedenen geistigen Strömungen seiner Zeit, Philosophie, Scholastik, und Bāṭinīya. Die religiöse Erfahrung in der Mystik rettete ihn aus seinen Zweifeln, und sein genanntes Hauptwerk zielt auf die »Wiederbelebung der Wissenschaft von der Religion«, d. h., es führt den Gläubigen in ein gottgefälliges Leben ein. Das bedeutet für den Muslim sufischer Prägung *iḥsān* »Gott zu dienen, als ob man ihn sähe«, d. h. das Bewußtsein der ständigen Gottesgegenwart. Dieses umfaßt auch die profansten Handlungen, und so enthält das *Iḥyā* in seinen ersten drei Teilen Anweisungen über das rechte Benehmen in Handeln und Wandel, Ehe und Gebet und wendet sich erst im vierten Teil den eigentlich mystischen Problemen wie Armut und Geduld, Gottvertrauen, Sehnsucht, Liebe, Gnosis zu, um im 40. Kapitel die Haltung des Frommen zum Tode zu beschreiben: hier liegt das Ziel des ganzen Werkes, das wegen seiner Lesbarkeit zu einem Standardwerk gemäßigter orthodoxer Mystik geworden ist. In seiner »Lichter-Nische« (*miškāt al anwār*) betritt Ghazzālī allerdings bereits das Feld illuministischer Lichtmystik, wie sie ein knappes Jahrhundert später in den faszinierenden Theorien Suhrawardī 'Maḳtūl's (hingerichtet 1191) ihren Höhepunkt erreichte. Ghazzālīs jüngerer Bruder Aḥmad (gest. 1126) war nicht wie er an der Ethik des Normal-Muslims interessiert, sondern verfaßte das zarteste Werk über mystische Liebe in der klassischen persischen Literatur.

Kurz nach Ghazzālīs Tode setzt eine neue Periode des Sufismus ein, nämlich die Bildung von Bruderschaften und Orden. Die früheren Mystiker hatten sich wohl um einen Meister geschart, der oftmals im Hauptberuf einem Handwerk nachging; mit 'Abdul Qādir Gīlānī (gest. 1166) setzt ein Prozeß ein, der die ganze Kulturlandschaft verändern sollte: 'Abdul Qādir selbst, hanbalitischer Prediger, dachte wohl kaum an eine Ordensgründung, doch seine Anhänger organisierten sich, und bald folgten der ersten so entstandenen Bruderschaft andere. Es ist vermutet worden, daß die Ausrottung der aktiven Ismaili-Gruppen, die dem Volk mancherlei geistige Hilfe gaben, eine Lücke hinterließ, die nun von den Orden geschlossen wurde. Hier konnten die Frommen jene mehr emotionale Religiosität pflegen, für die im orthodoxen Islam kein Raum war; gemeinsames Gebet, oftmals musikalische Veranstaltungen – die persönliche Betreuung wurde geboten und zog viele in ihren Bann. Der Scheich oder Pīr hatte praktisch unbeschränkte Gewalt über den Jünger, *murīd*, der durch einen Initiationsakt in die bis zum Propheten zurückführende geistige Kette aufgenommen wurde. Absoluter Gehorsam wurde gefordert; der Meister überwachte die Entwicklung des Jüngers sorgfältig, sandte ihn in die einsame Klausur, die in der Regel vierzig Tage währte, und gab ihm die rechte *dhikr*-Formel. Denn seit langem hatten die Mystiker die Wichtigkeit des ständigen Gedenkens an Gott, *dhikr*, erkannt. Sie konnten sich auf koranische Aussagen stützen, in denen es hieß: »Wahrlich, durch das Gedenken an Gott werden die Herzen ruhig« (Sure 13,28), oder die den Menschen aufrufen, Gottes oft zu gedenken. Die regelmäßige Wiederholung bestimmter Formeln – wie des Glaubensbekenntnisses, des Wortes Allah oder eines der 99 Schönsten Namen Gottes – wurde schon früh geübt und entwickelte sich in den Orden zu einer zentralen Technik. Der *dhikr* konnte entweder laut oder leise vollzogen werden; in den großen Orden ist der gemeinsame Vollzug des lauten *dhikr* ein wichtiges ekstaseförderndes Mittel. Doch gilt der leise *dhikr* als vorzüglicher; verbunden mit im Laufe der Zeit immer genauer definierter Atemtechnik, ist er eine zentrale Pflicht des Ordensmitgliedes. Stets obliegt es dem Meister, jedem Jünger den seinem Zustand entsprechenden *dhikr* zu geben; denn die göttlichen Namen, Tausende von Malen wiederholt, können, wenn falsch angewandt, verderbliche psychologische Wirkungen haben.

Je länger, je mehr entwickelte sich der Sufismus unter der Führung der Orden zu einer Massenbewegung, in der nicht nur die eigentlichen Mitglieder, sondern auch unzählige lose affiliierte Anhänger teilnahmen und sich beim *'urs*, dem Gedenktag des Todes des Stifters, zu Gebet und Feier versammelten. Durch die Orden erreichte das Glaubensgut des Islam, vor allem die Liebe zu Gott und zum Propheten, weite Kreise, die sonst kaum mit der offiziellen Theologie in Berührung kamen oder sie vielleicht auch nicht verstanden hätten.

Der Ordengründung 'Abdul Qādir Gīlānīs folgten andere, wenngleich die Qādirīya bis heute der am weitesten – von Westafrika bis Indonesien – verbreitete Orden ist. (Ihm gehörte der Moghulprinz Dārā Šikōh an, hingerichtet 1659, der die Upaniṣaden ins Persische übertrug und die »Vereinigung der beiden Meere«, Islam und Hinduismus anstrebte.) Die Rifā'īs sind als »Heulende Derwische« bekannt, weil ihr lauter *dhikr* ein eigentümliches Geräusch verursacht; ihnen werden auch Selbstverstümmelungen usw. zugeschrieben. Um 1200 erscheint mit der Suhrawardīya ein hochkultivierter Orden, der besonders in Indien (Bahā'uddīn Zakarīya von Multan) Wurzeln schlug; gleichzeitig entsteht in Zentralasien die Kubrāwīya, deren Gründer Nağmuddīn Kubrā wohl die psychologisch interessanteste Einführung in seine mystischen Erfahrungen gegeben hat. In Ägypten bildet sich der auf dieses Land beschränkte Orden Aḥmad al-Badawīs, in dem manche vorislamische Elemente (Feiern nach dem Sonnenjahr) erhalten sind; aber auch die Šādhilīya wird dort in der Mitte des 13. Jahrhunderts gegründet, deren nüchterne Theologie auf der alten Bagdader Schule beruht. Ihre modernen Ausprägungen in Nordafrika haben in letzter Zeit eine ganze Reihe von Europäern angezogen; auch in Ägypten ist der Orden noch erfolgreich aktiv. Seine Literatur ist bestimmt durch die sprachlich wunderbaren arabischen *Ḥikam* (»Weisheitsworte«) des Ibn'Atā'ullāh (gest. 1309); und das Schutzgebet des Gründers, *ḥizb al-baḥr*, war bis nach Indien als wichtiger Segen bekannt. Zur gleichen Zeit entsteht in Anatolien die Mevlevīya nach dem Vorbilde Maulānā Ǧalāluddīn Rūmīs – im Westen bekannt als die »Tanzenden Derwische« wegen ihres kreisenden Reigens, der zu hinreißender Musik getanzt wird. Während die Mevlevīya im Osmanischen Reich in erster Linie die Künstler und den Hof ansprach, war die fast gleichzeitig in Anatolien entstandene Bektaschīya ein einfacher Orden, der zahlreiche schiitische Elemente in sich aufgenommen hatte und sich mit der Elitetruppe des Osmanischen Reiches, den Janitscharen, zusammentat. Die schlichte, kräftige Bektaschi-Lyrik gehört zu den interessantesten Zeugnissen türkischer Poesie. Zahlreiche Anschuldigungen gegen den Libertinismus der Bektaschis wurden von der Orthodoxie erhoben; mit dem Fall der Janitscharen 1826 verloren sie zumindest äußerlich an Macht. – Mevlevīya und Bektaschīya blühten nur im Osmanischen Reich; in Indien war die Čištīya ebenfalls auf den Subkontinent beschränkt. Ihr Gründer, Mu'īnuddīn Čištī (gest. 1236), kam aus der Suhrawardī-Linie; von seinem Sitz in Ajmer in Rajasthan breitete sich der Orden schnell bis nach Südindien aus und gehört bis heute zu den aktivsten Orden Indiens. Wie die Mevlevīya zeichnet sich auch die Čištīya durch ihre Pflege der Musik und Poesie aus.

Das 13. Jahrhundert war ohnehin – trotz der Katastrophe des Mongolensturms – die hohe Zeit des Sufismus. Aus Spanien kam der Große Meister, Ibn 'Arabī (gest. 1240), dessen System in den folgenden Jahrhunderten praktisch die gesamte mystische Literatur beherrschen sollte, und selbst jene, die seine Lehre der *waḥdat al-wujūd*, der Einheit alles Seienden, nicht akzeptierten, konnten sich doch seinem sprachlichen und denkerischen Einfluß schwer entziehen. Ibn 'Arabī ist von vielen seiner Kritiker in Ost und West als Pantheist bezeichnet worden, doch seine modernen Jünger versuchen zu beweisen, daß er stets an der Transzendenz Gottes festgehalten hat. Gottes Essenz bleibt unerkennbar und unberührt; er manifestiert sich durch seine Namen, seine Attribute und sieht sich selbst in dem Spiegel, der die Welt ist. Ibn 'Arabī, wie viele seine Vorgänger, beruft sich auf das göttliche, außerkoranische Wort (*ḥadīth ḳudsī*):

> »Ich war ein verborgener Schatz und wünschte erkannt zu werden, so erschuf ich die Welt.«

Die Welt existiert nur, sofern sie von Gott abhängig ist, und so kann Ibn 'Arabī sagen:

> »Wir selbst sind die Attribute, durch welche wir Gott beschreiben, unsere Existenz ist eine Objektivierung Seiner Existenz. Gott ist uns notwendig, damit wir existieren können, während wir für Ihn notwendig sind, damit Er sich manifestieren kann.«

Ibn 'Arabī hat sein kompliziertes System in zahllosen Werken niedergelegt, unter denen die *Futūḥāt al-makkīya*, die »Mekkanischen Eröffnungen«, das umfangreichste ist, während die Quintessenz seiner Gedanken in den *Fuṣūṣ al-ḥikam*, den »Ringsteinen der Weisheit«, niedergelegt ist. In diesem vom Propheten selbst inspirierten Werk behandelt er in 29 Kapiteln die mystische Prophetologie, die in Muḥammad gipfelt, der hier als der Vollkommene Mensch gesehen wird, in dem die Fülle der göttlichen Manifestationen erkennbar ist. Er ist der Erstgeschaffene Gottes, der Archetyp aller geschaffenen Dinge – Gedanken, die sich im Ansatz schon in der frühen Mystik (so bei Ḥallāğ) finden.

Während Ibn 'Arabī's Systematisierung offenbar einem Bedürfnis seiner Zeitgenossen entgegenkam, wurde das dichterische Werk des etwas jüngeren Ğalāluddīn Rūmī für Jahrhunderte zur Schatzkammer aller mystischen Inspiration. Der arabische Raum hatte nach den verhältnismäßig kurzen, anmutigen mystischen Versen der Frühzeit kaum wichtige Poesie religiöser Art hervorgebracht; Ibn 'Arabī selbst schrieb eine Sammlung von Liebesgedichten, die er später mystisch interpretierte, doch zu seiner Zeit zeichnete sich nur das an Umfang geringe dichterische Werk des Ibn al-Fāriḍ durch besondere Schönheit aus. In Versen von feinster sprachlicher Eleganz im Stile klassischer Liebesdichtung hat dieser Ägypter das Geheimnis der mystischen Liebe besungen, und seine *Tā'yyiat al-kubrā* beschreibt in 768 Versen den Weg des Menschen zu Gott.

Das eigentliche Heimatgebiet mystischer Dichtung aber war Iran. Nach den kurzen Gebeten und Versen des Herater Mystikers 'Abdallāh-i Anṣārī (gest. 1089) begegnet uns in Sanā'ī von Ghazna im östlichen Afghanistan der erste persische Dichter (gest. um 1131), der ein *Mathnavī*, ein didaktisches Gedicht in Doppelversen, über Themen der Mystik schrieb. Seine *Ḥadīḳat al-ḥaḳīka*, der »Garten der Wahrheit«, obschon an sich nicht allzu schwungvoll, wurde das Modell aller späteren Dichter. Auch als Lyriker hat Sanā'ī eine Reihe tiefgefühlter religiöser Gedichte hinterlassen. Seine Tradition wurde übernommen von Fariduddīn 'Aṭṭār (gest. 1220 in Nischapur), dem wohl bedeutendsten mystischen Epiker Irans. Seine gründliche Kenntnis der Geschichte der Mystik ist aus seinen – freilich romantisch ausgeschmückten – Heiligenviten, der *Tadhkirat ul-auliyā* zu sehen; sein erzählerisches Talent zeigt sich in seinen Epen, unter denen das *Manṭiq uṭ-ṭair*, die »Vogelgespräche«, besonders berühmt geworden sind. Der Dichter schildert hier die Reise der Seele unter dem Bild der Seelenvögel zu ihrem Fürsten: Nachdem die dreißig Vögel die Höhen und Täler des schwierigen Pfades durchwandert haben, erreichen sie den Sīmurgh und erkennen, daß sie, die dreißig Vögel (pers. *sī murgh*), mit dem *Sīmurgh* identisch sind ... In einem anderen Epos, dem *Muṣībatnāma*, projiziert ʿAṭṭār die seelischen Stadien des Novizen während der vierzigtägigen Klausur in poetische Mythen: Der Sucher fragt Winde und Sonne, Engel und Tiere nach dem Wege zu Gott, wird jeweils von seinem Meister belehrt und findet am Ende Gott »im Meer der Seele«.

ʿAṭṭār soll kurz vor seinem Tode noch Ǧalāluddīn Rūmī gesehen haben, der, 1207 in Balkh geboren, mit seinem Vater (einem bekannten mystischen Theologen) vor den anrückenden Mongolen geflohen war und endlich in Kleinasien in Konya (Iconium) seinen Wohnsitz nahm, wo der Hof der Seldschuken eine Zuflucht für Künstler und Gelehrte aus den verwüsteten Ostgebieten war. Nach dem Tode des Vaters von einem seiner Schüler in der Mystik unterwiesen, erfuhr Ǧalāluddīn das Erlebnis der mystischen Liebe zu einem Menschen durch die Begegnung mit Šamsuddīn von Tabriz, einem wandernden Derwisch, der behauptete, die Stufe des mystischen Geliebten erreicht zu haben. Šamsuddīn mußte vor der Familie und den Schülern Rūmīs fliehen, wurde aber nach einiger Zeit von Rūmīs ältestem Sohn zurückgebracht, um nach einem weiteren Aufenthalt spurlos zu verschwinden – ermordet von der eifersüchtigen Gruppe um Ǧalāluddīn. Der Trennungsschmerz – schon bei der ersten Trennung – verwandelte den Theologen Rūmī in einen Dichter, und die mehr als 30 000 Verse, die aus dieser Liebe entstanden und den Namen des mystischen Freundes tragen, gehören zu den hinreißendsten Schöpfungen der persischen Literatur – aus dem drehenden Tanz geboren, sind sie stark rhythmisch betont und umfassen in ihrer Bildersprache alle Erscheinungen der Welt, so daß sie den Hörer nicht nur in die höchste Sphäre der Entrückung führen, sondern ihm auch ein Bild vom Leben im Konya des 13. Jahrhunderts geben. Nach Šamsuddīns Verschwinden fand Rūmī Ruhe in der Freundschaft zu dem Goldschmied Ṣalāḥuddīn Zarkūb, dann neigte er sich seinem Schüler Ḥusāmuddīn zu, auf dessen Bitte er die etwa 26 000 Verse seines mystischen Lehrgedichtes, des *Mathnavī*, verfaßte, das eine Enzyklopädie aller bis 1270 vorhandenen mystischen Ideen, aber auch ein Schatzhaus volkstümlicher Erzählungen ist – allerdings kein Handbuch der mystischen Dogmatik. Dazu kommen Briefe und Prosaschriften und eine beachtliche soziale Aktivität. Nach Rūmīs Tode 1273 wurde sein *Mathnavī*, »der Koran in persischer Zunge«, zur wichtigsten Lektüre in der persisch beeinflußten Welt; Kommentare und Übersetzungen in Persisch, Türkisch und den Landessprachen Indiens liegen vor, und bis heute hat sich kaum ein Dichter dieser Zone dem Einfluß von Rūmīs Poesie entziehen können.

Die spätere Geschichte Irans und der Türkei nennt die Namen zahlreicher mystischer Dichter, wie den anmutigen ʿIrāḳī, der zu Rūmīs Lebzeiten in Multan dichtete; später den vielseitigen, doch abstrakteren Ǧāmī von Herat (gest. 1492). Die Rolle der Mystik in der Entwicklung der Literatur in den verschiedenen Landessprachen kann nicht hoch genug eingeschätzt werden: Die türkische Bektaschi-Poesie gehört ebenso hierher wie die Anfänge des Urdu im Dekkan. Sindhi und Pandschabi sind erfüllt von mystischer Poesie; man kann sagen, daß die mystische Volksdichtung dieser pakistanischen Provinzen zum Schönsten gehört, was der Islam an religiöser Dichtung hervorgebracht hat – ob man an die kräftige, leidenschaftliche Sprache Bullhē Šāhs im Pandschab oder die kunstvolle, musikalische Poesie seines Zeitgenossen Šāh 'Abdul Laṭīf in Sind (gest. 1752) denkt, an die ekstatischen Sindhi-Verse Sačals oder die ernste und tiefe Lyrik des Pashto-Mystikers Raḥman Bābā (gest. um 1710); hier liegen noch ungeahnte Schätze, und die Querverbindungen zur volkstümlichen Hindu-Mystik sind noch zu erforschen.

Zu dieser Poesie gehört auch die Verherrlichung des Propheten. Er, der nur ein Mensch sein wollte, dem geoffenbart ward, war schon früh in höhere Sphären erhoben worden, und wenn die Mystiker in der Nachfolge Ibn 'Arabīs ihn mit immer neuen erhabenen Attributen schmückten und immer neue Formen des Propheten-Lobliedes im Arabischen (Būṣīrī, gest. 1298, und sein Mantelgedicht, *burda*), Persischen und den übrigen Islamsprachen bis zum Suaheli erfanden, so ist er für die Sänger der Volkslieder in erster Linie der Fürbitter am Tage des Gerichtes, der Geliebte Gottes, zu dem man sich vertrauensvoll wenden kann, weil Gott ihm seine Bitte nicht abschlagen wird. In solcher Poesie wird der Einfluß der Mystik auf die breiten Massen ebenso sichtbar, wie er sich in der Bewahrung der Etikette zeigt, die seit dem Mittelalter von den Sufis ausgearbeitet worden war und noch immer, auf dem Beispiel des Propheten und seiner Nachfolger beruhend, grundlegend für den zwischenmenschlichen Verkehr ist. So reicht der Raum der islamischen Mystik von höchsten metaphysischen Spekulationen bis in die Welt der einfachen Dorfbewohner fernab der theologisch gelehrten Welt.

Die Heiligenverehrung

Der Islam, der grundsätzlich keinen Mittler zwischen Mensch und Gott kennt, hat in der Heiligenverehrung eine bemerkenswerte Veränderung durchgemacht – es ist typisch, daß die strenge hanbalitische Schule und ihr folgend die Wahhabiten die Mystik, und als ihren Auswuchs die Heiligenverehrung, strikt ablehnen; sie stehen damit dem Urislam am nächsten. Die ersten systematischen Schriften über die Hierarchie der Heiligen, die im *quṭb* (»Pol«) gipfelt, stammen aus dem späten 9. Jahrhundert und bilden die Grundlage für spätere Theorien.

Der Heilige ist der *walī*, der Freund Gottes, der begnadet ist mit der Fähigkeit, Wunder zu wirken; doch werden seine Wunder als *Karāmāt* (Charismen) bezeichnet und sind von geringerem Range als die von den Propheten gewirkten Wunder (*mu'ǧiza*). Es ist speziell der mystische Lehrer, der Scheich, der in den Rang eines Heiligen erhoben wird – der Gehorsam gegen ihn gehört zu den Grundregeln jedes Ordens und ist bereits im Anfang der islamischen Mystik zu bemerken. »Wer keinen geistlichen Führer hat, dessen Führer ist der Teufel.«

So wichtig zweifellos eine behutsame geistige Führung ist, so gefährlich ist das Autoritätswesen, das aus solchen Anschauungen hervorgeht. Ohne Zweifel gibt es begnadete Seelenführer, aber ein großer Teil der sogenannten Scheiche versteht es, unter geschickter Ausnutzung gewisser okkulter Fähigkeiten, die sich als Begleiterscheinungen auf dem mystischen Pfade zeigen, und unter Anwendung mystischer Redensarten, das Volk an sich zu fesseln und auch auszunutzen – von diesem Gesichtspunkt aus ist es verständlich, daß in der Türkei 1925 die Derwischklöster geschlossen wurden, da Atatürk dem Einfluß solcher angeblicher Heiligen auf das

glaubenseifrige Volk entgegenwirken wollte. Die politische Rolle der geistlichen Führer verdient besondere Beachtung.
Der Heiligenkult hat sich mit vorislamischen Vorstellungen vermischt, alte Lokalgottheiten leben weiter in Heiligen, deren Namen man z. T. gar nicht kennt; das gilt vor allem für den Grabkult. Manche christliche Stätten werden auch im Islam heilig gehalten (Khiḍr – St. Georg – Elias). Für die verschiedensten Leiden gibt es Helfer; ihnen werden Gelübde dargebracht, Votivgaben gespendet. Die Heiligengräber liegen oft an Quellen, Höhlen oder besonderen Bäumen; sie sind vielfach mit kleinen Stoffetzen behängt, und von dem Besen, welcher der Moschee des Stadtheiligen von Ankara, Hağği Bayram, gelobt wird, bis zum Schafopfer, zum Anzünden von Kerzen, zum Geloben von Fasttagen oder einer bestimmten Anzahl von Gebeten finden sich alle Typen des Gelübdes. Ein besonders fruchtbarer Boden für die Heiligenverehrung ist Nordafrika, das eine reiche vorislamische Vergangenheit hat. In Indien sind auch alte Hindu-Heiligtümer umgewandelt worden; an einer Reihe von Grabstätten feiern Hindus und Muslims. Vom Krokodil-Heiligtum nahe Karatschi bis zum stillen Marmorgrab in exquisiter Moghul-Architektur ist jede Schattierung der Frömmigkeit ausgedrückt.
Viele Bräuche, die an den Heiligengräbern geübt werden, grenzen an Magie, und in der Tat gehört es auch zu den Aufgaben der Scheichs, Amulette verschiedener Art herzustellen. Gegen Krankheit, schwere Geburt, Feuer usw. gibt es bestimmte Amulette (unser Wort kommt von arab. *ḥamā'il*). Bestimmte Koranverse haben bestimmte Wirkungen, die Rezitierung gewisser Gebete schützt vor Gefahr, ein Miniaturkoran dient gern als Talisman. Oft wird bei Krankheiten das Besprechen geübt, und gegen den gefürchteten bösen Blick helfen im ganzen Orient blaue Perlen, sei es, daß man sie den Kindern auf der Schulter anheftet, am Kühler des Omnibusses anhängt oder sie versteckt in den Teppich einwebt.

Die neuere Entwicklung des Islam

Obgleich man meist von einer Erstarrung des Islam nach dem 16. Jahrhundert spricht, zeichnen sich doch bereits im 18. Jahrhundert die ersten Ansätze zu einer Neuinterpretierung ab, sei es politische Kritik im Osmanischen Reich, sei es die neue Religionsphilosophie von Šāh Walīullāh in Delhi (gest. 1762), der auch eine persische Koranübersetzung verfaßte, um die Massen dem Koran wieder näherzubringen. Gleichzeitig setzt eine starke Rückbesinnung auf die Rolle des Propheten ein; die *ṭarīqa muḥammadīya*, der »Muḥammad-Pfad«, wurde nicht nur in den indischen Freiheitskämpfen des frühen 19. Jahrhunderts, sondern auch in Nordafrika wichtig.
Das 19. Jahrhundert brachte in der gesamten islamischen Welt neue Bewegungen hervor. Die Bekanntschaft der arabischen Welt mit dem Westen, wie sie durch die sich ausdehnende britische Herrschaft in Indien und die Expedition Napoleons nach Ägypten einsetzte, stellte den Islam vor unerwartete Probleme.
Eine Rückkehr zum Urislam versuchte die Gruppe der Wahhābiten (sie selbst nennen sich »Einheitsbekenner«, *Muwaḥḥidun*), von ʿAbdul Wahhāb in der Mitte des 18. Jahrhunderts in Zentralarabien gegründet. Die auf streng ḥanbalitischer Grundlage stehende Gruppe verband sich mit dem Hause Sa'ūd und eroberte 1803–06 Mekka und

Medina, wo sie alle Spuren von Heiligen- und Gräberverehrung rigoros vernichtete. Mit Mühe schlugen ägyptische Truppen sie zurück; doch erlebte die Bewegung nach dem Ersten Weltkrieg einen neuen Aufschwung, als das Haus Saʿūd an die Herrschaft kam und damit die strengen Lehren der Wahhābiten auf der gesamten arabischen Halbinsel zur Geltung gebracht wurden. Getreu dem Stifter der ḥanbalitischen Richtung verwerfen die Wahhābiten jede andere Rechts- und Glaubensquelle als Koran und Überlieferung und suchen diese beiden neu zu interpretieren, nicht gebunden an den Konsensus der Rechtsgelehrten, die seit Jahrhunderten der freien Forschung hinderlich gewesen sind.

In ihrem Zurückgehen auf Koran und Tradition als einzige Quellen für die Forschung und Entwicklung treffen sich die Ḥanbaliten mit der breiten Strömung, die als *Salafīya* (von *salaf* »Altvordern«) bezeichnet wird und sich besonders in Ägypten zeigte. Der große Islam-Propagandist Ǧamāladdīn Afġānī (gest. 1897), der vielleicht unter dem Einfluß indischer modernistischer Strömungen stand und das Ideal eines Panislamismus predigte, kam im Laufe seiner Wanderungen auch nach Ägypten, wo vor allem Muḥammad ʿAbdūh (gest. 1905) als »Modernist« hervorragte. Dieser, wie sein Nachfolger Muḥammad Rašīd Riḍā (gest. 1935), vertrat den Grundsatz, daß das System der Rechtsschulen mit ihren seit dem Mittelalter festgelegten Entscheidungen endgültig veraltet sei und daß jedem Theologen das Recht der freien Forschung in den Quellen zugestanden werden müsse. Die Zeitschrift *Manār* (Kairo) war das Organ dieser Gruppe, die glaubt, daß der Islam sich der neuen Zivilisation ohne weiteres anpassen kann; nur eine neue Auslegung von Koran und Überlieferung sei erforderlich, um darin alle gegenwärtigen Probleme zu finden. Die Anhänger dieser Auffassung haben sich (nicht nur in Ägypten, sondern auch in Indien und in der Türkei) teilweise sehr geschickt, teilweise in verständlicher Übertreibung des Entdeckerstolzes, bemüht, die moderne Kultur bis hin zur Atomspaltung im Koran zu entdecken.

Die Emanzipierung der Frau, ihre Eingliederung in den Wirtschaftsprozeß bildet eines der wichtigsten Kapitel in der Erneuerungsbewegung des Islam. Die Polygamie war einer Entwicklung der Frau hinderlich, aber nicht wenige Modernisten interpretieren die Forderung des Korans, den Frauen gegenüber gerecht zu sein, als eine implizite Mahnung zur Einehe. Wenn man auf den Urislam zurückgeht, so wird man ohnehin eine verhältnismäßig freiere Stellung der Frau bemerken als in den durch soziale Veränderungen beeinflußten späteren Jahrhunderten, in welchen strengste Verschleierung und Abschließung der Frau zur Regel wurden. Aber auch abgesehen von der Türkei, die verfassungsmäßig ein laizistischer Staat ist, in welchem der Frau alle Rechte zustehen und alle Berufe offen sind, ist es bemerkenswert, daß in dem ausdrücklich als Islamische Republik bezeichneten Pakistan weibliche Botschafter, Provinzgouverneure usw. zu finden sind: vielleicht der beste Beweis für die Wandlungsfähigkeit des Islam auch in seinen denggläubigsten Gebieten. Ohnehin ist Indien in der modernistischen Bewegung immer führend gewesen. Durch die Einwirkung englischer Kultur zeigte sich im 19. Jahrhundert eine stark vom kulturpolitischen Interesse bewegte Neuinterpretation; es galt, den Engländern zu beweisen, daß der Islam zu einer Verbindung mit dem modernen Leben nicht weniger fähig sei als das Christentum. Sir Sayyid Aḥmed Khan (gest. 1898) hat die Notwendigkeit westlicher Schulung für die Muslime in der Gründung des Anglo-Muslim College (später Universität) Aligarh manifestiert. Syed Ameer Alis *Spirit of Islam* leitet die modernistische Muḥammad-Biographie ein.

Andererseits hat sich dort die Bewegung der *Aḥmadīya* herausgebildet, welche durch ihre ausgedehnte Missionstätigkeit auch in Europa recht bekannt geworden ist. Mirza Ghulām Aḥmad (gest. 1908) ist 1891 als *Mahdī* aufgetreten; d. h., er hat sich, wie so viele andere, als den »Rechtgeleiteten« ausgegeben, der am Ende der Zeiten aus dem Hause Muḥammads erstehen wird (gleichzeitig fand der Aufstand des berühmten Mahdī im Sudan statt, der von Gordon blutig niedergeschlagen wurde); Mirza Ghulām Aḥmad leugnete die Notwendigkeit des religiösen Krieges und versuchte die friedliche Ausbreitung des Islam zu befürworten. Nach seiner Ansicht ist Jesus, an dessen Stelle laut koranischer Aussage ja ein anderer gekreuzigt worden ist, nach Indien gekommen und in Śrīnagar begraben worden. Die *Aḥmadīya* spaltete sich 1914 in zwei Zweige; der Lahore-Zweig wird in der Errichtung von Moscheen in Deutschland, England, Japan usw. erfolgreich und verbreitete auch Koranübersetzungen in der jeweiligen Landessprache. Da sie über die Finalität des Prophetenamtes zweifelhafte Aussagen gemacht hat, endete der seit langem schwelende Streit in Pakistan (der auch sozial bedingt war) 1974 mit der Erklärung der Aḥmadīya als nichtislamische Minderheit.
Aus Indien stammt auch der wohl bedeutendste Denker, den der moderne Islam aufzuweisen hat: Sir Muḥammad Iḳbāl (1877–1938). Im Gegensatz zu anderen Reformatoren, deren Schwäche es ist, daß sie europäische Sprache und Kultur nicht oder nur mangelhaft kennen, hat er in England Philosophie studiert, in München mit einer Arbeit über die Entwicklung der persischen mystischen Philosophie promoviert und sich gründlich in Hegelsche Philosophie, in Bergson, Nietzsche, Goethe, Einstein usw. eingearbeitet. Die Ideen dieser Gelehrten mit dem islamischen Ideal zu verbinden, war für Iḳbāl das wichtigste Anliegen. Denn er sah die Grundlage des Islam in seinem Dynamismus, in seinem Gegensatz zum hellenistisch-klassischen Denken. Dieser Dynamismus sei durch die Jahrhunderte von erstarrtem und lähmendem Dogmatismus, von einschläfernder pantheistischer Mystik überdeckt worden. Der Koran sei eine Lehre zur Weiter- und Höherentwicklung; der Mensch, als Statthalter Gottes auf Erden, sei gehalten, seine Persönlichkeit in stetem Kampf mit den Mächten des Bösen zu entfalten und sich zum vollkommenen Menschen zu entwickeln. Hier sind die Lehren der islamischen Mystik ebenso entwickelt wie die Nietzschesche Forderung nach dem Übermenschen – freilich ist dieser Iḳbālsche Idealmensch nicht fern von Gott, sondern existiert nur in der Bezogenheit auf Gott, als Gottes Diener: das ist die höchste Stufe der Freiheit, da auch der Prophet sich nur als »Sein Diener« bezeichnet hat.
Aus der Philosophie des Ego, der fortwährenden Entfaltung aller schöpferischen Kräfte des Ich, wie sie Iḳbāl verkündete, entwickelte sich bei ihm die Staatslehre: auch der Staat muß alle seine inneren Möglichkeiten ausnutzen und entfalten; nur so kann er – wie auch der Einzelmensch – Toleranz üben; denn Toleranz ist die Haltung des Starken gegenüber dem Ich des geachteten Partners. Der Islam ist für ihn die Grundlage des idealen Staatswesens, da er allein den Monotheismus und die wahre Brüderlichkeit aller Gläubigen pflege. In seinen *Six Lectures on the Reconstruction of Islam*, welche Iḳbāl 1928 in verschiedenen indischen Universitäten hielt, hat er seine Islam-Vorstellung philosophisch gründlich untermauert. Anziehender noch sind seine Gedanken dargelegt in zahlreichen dichterischen Werken, die teils im heimatlichen Urdu, teils, um der weiteren Wirkung willen, in Persisch geschrieben sind. Sein *Payām-i Mašriq*, die Botschaft des Ostens, ist eine Antwort auf Goethes *West-östlichen Divan*, wie über-

haupt starker Einfluß Goethes in seinen Gedichten und Anschauungen zu erkennen ist. In seinem vielleicht schönsten Werk, dem *Ǧāvīdnāme*, wird der Aufstieg der Seele durch die Sphären geschildert. Der Führer auf diesem Himmelsweg ist Maulānā Ǧalāluddīn Rūmī, der in fast sämtlichen Werken Iḳbāls als sein geistiger Führer auftritt. Denn in seinem Werk sieht er (freilich im Gegensatz zu anderen Bewunderern Rūmīs) den von ihm vertretenen klassischen personalen Gottesbegriff vorherrschen und erkennt die unendliche Liebe, die den Menschen zur höchsten Entwicklung beflügelt. Das gewaltige, die schlummernden Lebenskräfte des Islam wiedererweckende System des Dichters und Philosophen Iḳbāl hat sich darin bewährt, daß auf seine grundlegenden Anregungen hin das heutige Pakistan gegründet worden ist, welches ihn als seinen geistigen Vater verehrt.

Das Jahrzehnt nach dem Zweiten Weltkrieg hat das Gesicht der islamischen Welt mehr verändert, als die vorhergehenden Jahrhunderte es vermochten. Pakistan und Libyen, Indonesien und die Goldküste haben sich zu selbständigen Staatengebilden entwickelt, die arabischen Staaten eine Schlüsselstellung in der Weltpolitik eingenommen. So beginnt der Islam wieder jenem Koranwort Wichtigkeit beizumessen, das für eine grundlegende Wandlung die Richtschnur bildet: »Wahrlich, Gott ändert nicht das Geschick eines Volkes, wenn dieses sich nicht selbst ändert« (13,10).

Wie aber ändert sich der Mensch? Indem er sich der Führung Gottes anvertraut, der sich im Wort des Koran geoffenbart hat, und aus der Gleichförmigkeit mit dem göttlichen Willen heraus schafft, jederzeit bereit, die Allherrschaft und Unbegreiflichkeit Gottes anzuerkennen und zu loben:

> »Er ist Allah, außer dem es keinen Gott gibt, der Kenner des Unsichtbaren und des Sichtbaren! Er ist der Allerbarmer, der Allbarmherzige. Er ist Gott, außer dem es keinen Gott gibt, der König, der Heilige, der Friedensspender, der Getreue, der Beschützer, der Allmächtige, der Starke, der Hocherhabene!
> Preis sei Gott (erhaben ist Er) ob dem, was sie Ihm zugesellen. Er ist Gott, der Erschaffer, der Bildner! Sein sind die schönsten Namen! Ihn preist, was in den Himmeln und auf Erden ist, und Er ist der Allmächtige, der Weise!«

Versuche einer Synthese der Religionen und einer neuen Menschheitsreligion

Die Begegnung von Menschen und Völkern verschiedener Religionen hat seit alter Zeit zur Entstehung von Mischformen geführt. Die größte Ausdehnung erlangte diese Religionsmischung im hellenistisch-orientalischen Synkretismus der Zeitenwende (s. S.327). Auch in der Geschichte des Christentums fand auf mannigfache Weise eine Verbindung des evangelischen Glaubens mit den verschiedenen hohen wie niederen religiösen Formen der vorchristlichen Welt statt (s. S. 410). Die christliche Theologie rang immer wieder um eine Synthese mit der griechischen Philosophie (s. S. 424).
Noch erstaunlicher ist es, daß einer der größten christlichen Denker des ausgehenden Mittelalters, Nikolaus von Cues (s. S. 440), eine Vereinigung der Religionen erstrebte und in einer eigenen Schrift *De pace seu concordantia fidei* (1453) begründete. Die verschiedenen Religionen sind für ihn nur verschiedene Ausdrucksweisen des ewigen Logos (*quaedam locutiones Verbi*) und deshalb einer Harmonisierung fähig. Durch ein Religionsgespräch in Jerusalem sollte diese Einheit herausgestellt und die Bahn zu ihrer praktischen Verwirklichung beschritten werden. Mit diesem Gedanken einer Lösung der zwischen den Religionen schwebenden Probleme auf dem Wege des Gesprächs waren ihm einige andere weitschauende Theologen des Mittelalters bereits vorausgegangen.
Ein Jahrhundert später bemühte sich in Indien der Mogulkaiser Akbar (1542–1605) getreu seinem Wahlspruch »Friede mit allen« um dasselbe Ziel. Muslim sufistischer Prägung, zeigte er große Toleranz gegenüber andersgläubigen Untertanen. Er selbst stand unter dem Einfluß jainistischer und zoroastrischer Lehrer (s. S. 504). Er begeisterte sich für den mazdayasnischen Feuerkult und stand in engem Austausch mit Jesuitenmissionaren, ja besuchte ihre Kapelle und küßte die heiligen Bücher und Bilder. Um der Einheit der Religionen näher zu kommen, ließ er ein »Gottesdiensthaus« errichten, in dem allwöchentlich Gespräche von Vertretern verschiedener Religionen stattfanden. Er schuf sogar 1582 eine eigene überkonfessionelle Religion, die er die »Religion Gottes« (*dīn-i ilāhi*) oder »göttlichen Monotheismus« (*tauḥīd-i ilāhi*) nannte. Seine Ermordung machte seinen Einigungsbemühungen ein jähes Ende.
Mehrere Jahrhunderte später entstand auf indischem Boden eine neue solche Gemeinschaft mit einem ähnlichen Namen, die »Gottesgemeinde« (*Brāhma-Samāj*), von welcher sich die »Gottesgemeinde des Neuen Bundes« (*Nava-Vidhāna-Brāhma-Samāj*) loslöste (s. S. 257). Im Gottesdienst dieser Gemeinden findet die Einheit der Religionen ihren lebendigen Ausdruck in der Verlesung ihrer verschiedenen heiligen Schriften. Auch Gāndhīs *Āśram* stellte eine solche überkonfessionelle Gemeinschaft dar, deren Gottesdienste in der Verlesung der heiligen Schriften wie im Gesang der Lieder der verschiedenen Religionen bestanden.
Während es sich bei diesen Gründungen nur um kleinere Gruppen handelte, in denen eine Elite religiös hochgebildeter Menschen sich sammelte, erwuchs aus der auf dem Boden des Islam entstandenen *Bahāi*-Bewegung eine ökumenische Kirche. Sie ging aus dem Babismus hervor, so genannt nach dem Beinamen *Bāb* (»Pforte zum Verborgenen«), den Mirza Ali Mohammed aus Schiraz sich gab. Er hielt sich ähnlich wie einst

Mohammed für den letzten Propheten und betrachtete seine Schriften als göttliche Offenbarung. Seine Lehre verbindet eine spiritualistische Umdeutung des Jenseitsglaubens mit einer hohen Ethik (Gewaltlosigkeit, Verbot aller Narkotika und Gleichberechtigung der Geschlechter). Er wurde auf Betreiben der persischen Mollah 1852 hingerichtet. Tausende teilten in den folgenden Jahren sein Schicksal. Sein Werk wurde fortgeführt durch Mirza Husain Ali (1817–92), der den Namen *Bahā-Ullāh* (»Glanz Gottes«) empfing. Er wurde 1852 ins Gefängnis geworfen und dann in das unwirtliche Akka verbannt. Von seinem Exil aus leitete er durch Sendschreiben seine Gemeinde. Nach seinem Tode übernahm sein Sohn Abbas Efendi, der sich *Abdul-bahā* (»Knecht des Glanzes«) nannte, die Führung. Er wurde 1908 aus der Verbannung befreit und starb 1921. Er und seine Anhänger entfalteten eine starke Missionstätigkeit in Europa und in den Vereinigten Staaten; in Wilmette bei Chicago wurde ein prachtvoller Tempel errichtet. Die Bahāi-Gemeinde erkennt Mose, Buddha, Jesus und Mohammed als Propheten an, stellt aber über sie alle Bahā-Ullāh als *mażhar-i ilāhi* (»Erscheinungsort Gottes«).
Die Bahāi-Religion verficht folgende zwölf Grundsätze: 1. Die Menschen sollen die religiöse Wahrheit selbständig erforschen; 2. sie sollen Vorurteile jeder Art ablegen; 3. die ganze Menschheit muß als Einheit betrachtet werden; 4. der Weltfriede muß verwirklicht werden; 5. alle Religionen haben dieselbe Grundlage; 6. die Religion muß die Ursache der Einheit und Eintracht der Menschen sein; 7. die Religion muß mit Wissenschaft und Vernunft übereinstimmen; 8. die Religion soll nicht mit politischen Fragen sich befassen; 9. die Gleichheit der Menschen muß vom Gesetz anerkannt werden; 10. es muß gleiches Recht für Mann und Frau hinsichtlich der Erziehung und Ausbildung bestehen; 11. die soziale Frage muß gelöst werden; 12. die Macht des Heiligen Geistes ist es, welche die geistige Entwicklung herbeiführt. Entsprechend diesen Grundsätzen will die Bahāi-Gemeinde die Menschen ihren bisherigen Religionsgemeinschaften nicht entfremden. In der Höchstwertung der Person des Bahā-Ullāh wie in der straffen Organisation, an deren Spitze ein *wāli ji'amr* (»Verwalter des Befehls«) steht, liegt freilich die Tendenz zur Verfestigung einer neuen Theokratie.
Noch jüngeren Ursprungs ist die ebenfalls aus dem sufistischen Islam hervorgegangene *Sufi Society*, die von Pir-o-Murshid Inayat Khan (gest. 1927) gegründet ist und ihr Zentrum in Suresnes bei Paris hat. Inayat Khan wollte die Angehörigen der verschiedenen Religionen einander näherbringen, doch ohne sie von ihrer Gemeinschaft loszulösen, sie vielmehr in die Tiefe ihres angestammten Glaubens führen. In den Gottesdiensten der Sufi Society liegen auf dem Altar die heiligen Bücher der verschiedenen Religionen, denen die Lesungen entnommen werden. Zu Beginn des Gottesdienstes werden sieben auf dem Altar stehende Kerzen entzündet, von denen sechs die Religionen der Hindu, Buddhisten, Zoroastrier, der Juden, Christen und Muslime symbolisieren, während die siebte denen geweiht ist, die, bekannt oder unbekannt, das Licht der Wahrheit hochgehalten haben.
Die jüngste und zugleich zahlenmäßig stärkste von allen überkonfessionellen Gemeinschaftsbildungen ist die *Cao-Dai*-Kirche in Vietnam. Sie hat ihren Ursprung in spiritistischen Sitzungen, in denen der eine Gott unter dem Namen *Cao Dai* (»hoher Palast«) sich geoffenbart haben soll. Auf Grund einer solchen Offenbarung übernahm ein vom weltlichen Leben bekehrter Mandarin Lê-văn-Trung (gest. 1934) die Führung. Diese pflanzte sich dann fort auf »seine Heiligkeit« Hô Phâp Phạm-Công-Tắc. Die

Cao-Dai-Kirche sucht die fünf Religionen Vietnams zu verbinden, Ahnenverehrung, Konfuzianismus, Taoismus, Buddhismus und Christentum. Sie hat aber auch kabbalistische (s. S. 405 ff.) und śaktische (s. S. 251 f.). Elemente in sich aufgenommen. Sie will sich nicht auf den Fernen Osten beschränken, sondern in der ganzen Welt eine »Synthese der Religionen« darstellen, »eine Theosophie, die frei ist von allem künstlichen Theosophismus«. Die buddhistischen Elemente überwiegen, weshalb die Cao-Dai-Kirche auch als »erneuerten Buddhismus« sich bezeichnet. Der Gottesbegriff ist mystisch: Cao-Dai ist der Namenlose, Unendliche, der Jahwe Israels, der *En soph* der jüdischen Kabbala. Er ist mit einer weiblichen Kraft, einer »geheimnisvollen Gottheit« verbunden, die der hinduistisch-buddhistischen *Śakti* entspricht. Neben den »drei Heiligen« K'ung-fu-tzŭ, Lao-tzŭ und Buddha steht Christus. Zu den göttlich verehrten Persönlichkeiten gehört auch Victor Hugo. Die ethische Botschaft der Cao-Dai-Kirche lautet »Leben, Liebe, Wahrheit«. Auf Grund der Lehre von der Seelenwanderung predigt sie die Bruderschaft aller Menschen und fordert zugleich Liebe zu allen Tieren und Pflanzen. Nach buddhistischem Muster kennt sie fünf sittliche Gebote: Nichttöten der Lebewesen, Freiheit von Macht und Besitzbegierde, Vermeidung von Alkoholgenuß und Unzucht und der Sünde durch das Wort. Die Cao-Dai-Kirche hat eine ausgedehnte Hierarchie mit vielen Dignitären nach dem Muster der römischen Kirche geschaffen, Priester, Bischöfe, Erzbischöfe, Kardinäle; an der Spitze steht ein papstähnlicher Würdenträger. Dabei sind die Frauen den Männern völlig gleichgestellt. Die Würdenträger besitzen eine liturgische Tracht mit einer besonderen Farbensymbolik. Die Cao-Dai-Kirche hat prächtige Tempel, darunter das Zentralheiligtum, den »heiligen Stuhl« in Tay ninh. Sie feiert einen reichen Kult mit Hymnen, sakramentalen Anrufungsformeln und Weihrauchdarbringung; sie kennt vier liturgische »Tagzeiten«: Morgen-, Mittag-, Abend- und Nachtgottesdienst, und hält Totengottesdienste. Die Cao-Dai-Kirche, von der sich mehrere Sekten abgespalten haben, zählte etwa eine Million Anhänger.

Neben diesen konkreten Versuchen einer Synthese der hohen Religionen in einer wenn auch teilweise losen kirchlichen Gemeinschaft stehen die mannigfachen Visionen, in welchen einzelne Persönlichkeiten das Bild einer die alten Religionen ablösenden Zukunftsreligion sich entworfen haben. Sie haben einen Vorläufer in den Prophetien Joachims von Fiore vom Kommen einer Kirche des Geistes ohne Hierarchie und Sakramente (s. S. 449), die lange fortlebten und von Lessing und Schelling wieder aufgegriffen wurden (s. S. 463). Auch die ethische Vernunftreligion der Aufklärer (s. S. 461) gehört in die Reihe dieser Zukunftspläne. Als Künder einer *religion de l'humanité* trat Auguste Comte (1798–1857) auf. Er sah in der ganzen Menschheit das anbetungswürdige *grand être*, während die Erde ihm als *grand fétiche* und der Kosmos als *grand milieu* sich darstellte. Die Comtesche Humanitätsreligion erfuhr eine mystische Vertiefung durch Alfred Loisy (s. S. 465). Dieser sah in der Menschheit den »ewigen Christus, den allezeit Leidenden, allezeit Sterbenden, allezeit Auferstehenden« und die »wahre Kirche des Geistes«. Ein ähnliches Ideal schwebte der Verfasserin der *Memoiren einer Idealistin*, Malvida von Meysenbug (1810–1903), vor, die davon überzeugt war, daß »die alten Religionen sich abgelebt haben und die Welt einer neuen Religion bedürfe«, und daß diese eine »Religion der menschlichen Würde« und der »ewigen Selbsterlösung« sein werde. Auch der Philosoph Eduard von Hartmann (1842–1906) trat als Künder einer monistisch-pantheistischen Religion auf, in welcher

die altkirchliche Lehre der Gottmenschheit von der Person Jesu abgelöst ist und jeder Mensch als ein mit dem Weltgrund sich eins fühlender Gottmensch angesehen wird.
Die verschiedenartigen Versuche sowohl einer Verbindung der hohen Religionen als auch einer ganz neuen Zukunftsreligion haben immer wieder in einzelnen Menschen die Hoffnung auf eine Vereinigung aller Religionen erweckt. Auf dem »Weltkongreß für Freies Christentum und religiösen Fortschritt in Berlin« (1910) erklärte der indische Professor Vasvani: »Die Weltreligionen sind nicht Konkurrenten, sondern sie sind Brüder. Warum schließen wir uns nicht zusammen und bilden eine Familie des Glaubens zur Ehre des Vaters, der in ihnen allen wirksam ist? ... – In meinen Träumen sehe ich schon den Tag, an dem die getrennten Weltreligionen in *einer* Kirche sich vereinigen, in der freien allgemeinen Kirche der Harmonie. In dieser Harmonie werden alle Töne der einzelnen Kirchen zusammenklingen: vom Hinduismus die Immanenz Gottes und die Solidarität des Menschengeschlechtes, vom Christentum die Vaterliebe Gottes und der Weg des Kreuzes, vom Islam die Erhabenheit und transzendente Einheit Gottes, vom Buddhismus der ethische Idealismus und die Erfüllung des Willens Gottes im Dienst am Nächsten, vom Zoroastrismus die Reinheit Gottes in Gedanken, Worten und Werken. Aus allen diesen Tönen zusammen wird eine neue Harmonie erklingen, welche die Welt noch nicht kennt, aber nach der sie sich sehnt, welche die Söhne und Töchter des Ostens und Westens zu hohen Taten der Liebe begeistern und der Welt den Frieden bringen wird – die Harmonie des Neuen Bundes. – Wir träumen von dem Tage, da die Völker des Westens das Wesen des neuen Bundes der göttlichen Gnade erfassen und diese Botschaft annehmen werden, die Botschaft von der einen Religion, die allen Religionen zugrunde liegt, von dem einen Logos, der durch alle Propheten geredet hat, von dem einen Wort, das in allen Kirchen gepredigt wird, von dem einen Geist, der aus allen heiligen Schriften spricht, von dem einen Vater, der in der gesamten Menschheit gegenwärtig und wirksam ist. An dem Tage werden die brennenden Fragen ihrer Kultur gelöst sein und eine neue Epoche in der Weltgeschichte beginnen. Dann, ja dann werden die Segnungen, die auf den Völkern des Westens ruhen, erneuert werden, und Orient und Okzident werden in Brudergemeinschaft miteinander leben als Glieder der einen Familie Gottes. Dann wird die Verheißung erfüllt sein: ›Siehe, ich mache alles neu.‹«
Aber nicht nur östliche Künder der Religion, sondern auch westliche wurden von der Gewalt dieses Zukunftstraumes erfaßt. Hyacinthe Loyson, ein ehemaliger römischer Karmelitermönch und späterer altkatholischer Pfarrer, erklärte auf dem gleichen Kongreß: »Wir träumten mit Ignaz Döllinger (s. S. 479) von der Vereinigung der christlichen Kirchen; wir suchen jetzt, da wir praktisch weiser geworden sind, die Annäherung und Allianz aller dieses Namens würdigen Religionen. ›Wir sind Christen‹ – sagen wir, indem wir ein altes Wort ein wenig verändern. ›Wir sind Christen, nichts Religiöses ist uns fremd.‹ Die wirkliche Kirche umfaßt alle Menschen. Von ihr hat Jesus gesagt: ›Es werden viele vom Abend und Morgen kommen, vom Mittag und von Mitternacht, und mit den Patriarchen und Propheten zu Tisch sitzen im Gottesreich.‹ ... Ich gehe weiter. Die wahre Kirche umfaßt alle Welten. ... Wenn es im Sirius und in einer anderen Sternenregion Wesen gibt, die begabt sind mit Freiheit, Liebe und Vernunft, so haben sie mit uns eine Religion, eine Kirche.«
Schon vor Loyson hat der bahnbrechende Religionsforscher Max Müller (s. S. 464 f.) diese Einigung der verschiedenen Religionen oder richtiger einer Elite von Angehörigen

derselben als eine Frucht der religionsgeschichtlichen Forschung vorauszusehen geglaubt. »Ich hoffe, es kommt die Zeit, wo die menschliche Religion, soweit sie uns noch verborgen und dunkel ist, uns immer verständlicher wird, und wo die Religionswissenschaft, die wir jetzt als ein Wollen, eine Saat bezeichnen können, zur Erfüllung und zu einer reichen Ernte führt. Wenn diese Zeit der Ernte gekommen ist, wenn die tiefsten Wurzeln aller Religionen der Welt freigelegt und wiederhergestellt sind – wer weiß, ob dann nicht gerade diese Wurzeln, gleich den Katakomben oder Krypten unserer Kathedralen, die Gemeinde derer um sich sammeln werden, die, bis dahin irgendeiner Glaubensgemeinschaft zugehörig, nach etwas Besserem, Reinerem, Älterem und Wahrhaftigerem Verlangen tragen, als sie in den überkommenen Opfern, Gottesdiensten und Predigten finden können, zu deren Zeugen und Teilnehmern sie ihre Geburt gemacht hatte ... Jeder Gläubige mag in diese stille Krypta hinab mit sich nehmen, was ihm das Liebste, seine kostbare Perle ist – der Hindu den ihm angeborenen Unglauben an das Irdische, seinen willigen Glauben an eine andere Welt, der Buddhist seine Vorstellung vom ewigen Gesetz, seinen Gehorsam dagegen, seine Freundlichkeit, sein Mitgefühl, der Muslim, wenn nichts anderes, seine Nüchternheit, der Jude sein inniges Festhalten in guten und bösen Tagen an dem einen Gott, dessen Name ist ›Ich bin‹, der Christ das Beste von allem, woran niemand zweifeln wird, der es erfahren hat: unsere Liebe zu Gott, nennen wir ihn wie wir wollen, den Unsichtbaren, den Ewigen, den Vater, das höchste Selbst, der sich offenbart in unserer Liebe zu den Menschen, zu den lebenden wie den abgeschiedenen, in unserer lebendigen und unvergänglichen Liebe.«

Diese Hoffnungen von Religionskündern und Religionsforschern blieben nicht unerfüllt. Es entstanden auch im Abendland Organisationen, die der ersehnten Einheit der Religionen den Weg bereiten sollten, freilich nicht in einer willkürlichen Vermischung, sondern in einem wechselseitigen Austausch und in einer brüderlichen Zusammenarbeit im Hinblick auf die höchsten sittlichen Fragen der Menschheit. Unter diesen Bewegungen haben drei größere Bedeutung erlangt: 1. der *Religiöse Menschheitsbund*, der von dem Marburger Theologen Rudolf Otto (s. S. 465) 1921 gegründet worden ist und der die lebendige Fühlungnahme und den Austausch sowie die Zusammenarbeit der Religionen in ethischen Fragen zur Aufgabe sich setzte; 2. der *World Congress of Faiths*, der von dem früheren Oberst Sir Francis Younghusband, dem Leiter der englischen militärischen Tibetexpedition, 1938 ins Leben gerufen worden war und der ebenfalls diesen wechselseitigen Austausch fördern wollte; ersterer wurde 1956 neu belebt und als *Deutscher Zweig des Weltbundes der Religionen* dem *World Congress* eingegliedert; 3. die *International Association for Liberal Christianity and Religious Freedom*, die 1958 auf dem Kongreß zu Chicago das Thema behandelte: »World's religions can meet the needs of the world«. Auf den Tagungen des *World Congress* wie auf denen des *Weltbundes für freies Christentum* wurden auch gemeinsame Gottesdienste der Bekenner verschiedener Religionen abgehalten. In der Krypta des Domes zu Bremen sammelte sich eine solche Gemeinde, wie sie Max Müller in seinen Zukunftsträumen vorgeschwebt hatte. Ähnliche Ziele verfolgen das *World Parliament of Religions*, die *Universal Religious Alliance*, das in Indien entstandene *Vishva Dharma Sammelan* (*Union of All Religions*) und die von dem in der Schweiz lebenden Perser Hussain Kazamzadeh Iranschähr gegründete *Weltharmonie der Religionen.*

Das Streben nach Verständnis und Liebe zu anderen Religionen ist aber nur die eine

Seite der Begegnung der Religionen, die heute bei dem Fortschritt der großen politischen und kulturellen Weltorganisationen (UNO und UNESCO) unausweichbar ist. Die Eigenart und der Wahrheitsanspruch der verschiedenen hohen Religionen, der mystischen Erlösungs- wie der prophetischen Offenbarungsreligionen, fordert zugleich auch eine ernsthafte Auseinandersetzung, ein Herausstellen des unverlierbaren Sondergeistes der einzelnen Religionen, ein unbefangenes Abwägen ihrer Werte, Lücken und Mängel, also ein fruchtbares geistiges Ringen. Diese Form der Begegnung hat Rudolf Otto mit derselben Klarheit vorausgesehen wie Max Müller und andere die Vereinigung der Religionen. »Ein Riesenringen bereitet sich vor. Seine große Zeit wird es vielleicht erst haben, wenn einmal im Politischen und Sozialen die Menschheit zu Ruhezuständen gekommen ist ... Das wird der höchste, feierlichste Moment der Geschichte der Menschheit werden, wenn nicht mehr politische Systeme, nicht wirtschaftliche Gruppen, nicht soziale Interessen, wenn die Religionen der Menschheit gegeneinander aufstehen werden, und wenn nach den Vor- und Scheingefechten um die mythologischen und dogmatischen Krusten und Hüllen, um die historischen Zufälligkeiten und gegenseitigen Unzulänglichkeiten zuletzt einmal der Kampf den hohen Stil erreichen wird, wo endlich Geist auf Geist, Ideal auf Ideal, Erlebnis auf Erlebnis trifft, wo jeder ohne Hülle sagen muß, was er Tiefstes, was Echtes hat, und ob er was hat. ... Wie immer, wer könnte wünschen oder wagen, solchen Entwicklungen mit vorzeitiger ›Universalreligion‹ und mit nützlichen Ratschlägen dazu in den Arm zu fallen. ... ›Herr‹ ist, wer über Herren siegen kann, und keine Religion möge sterben, bevor sie nicht ihr Letztes und Tiefstes sagen konnte.«

Ein solcher Kampf der Religionen kann jedoch nur geführt werden auf der Basis der Erkenntnis ihrer letzten Einheit und kann nur diese zum Ziele haben. Die tiefsten Kenner des Religiösen im 19. Jahrhundert haben diese Einheit laut verkündet. Schleiermacher (s. S. 462) sagt in seinen *Reden über die Religion*: »Je weiter ihr fortschreitet in der Religion, desto mehr muß euch die ganze religiöse Welt als ein unteilbares Ganzes erscheinen. Mystiker und Physiker in der Religion, Theisten und Pantheisten, die, welche sich zur systematischen Ansicht des Universums erhoben haben, und die, welche es nur noch in den Elementen oder im dunklen Chaos anschauen, ... ein Band umschließt sie alle, und sie können nur gewaltsam und willkürlich getrennt werden.«

Max Müller erklärte: »Es gibt nur eine ewige und universale Religion, die über, unter und hinter allen Religionen steht, der alle angehören oder angehören können.«

Joseph Görres, der katholische Darsteller der *Christlichen Mystik* (1836–42), erklärte: »*Eine* Gottheit nur wirkt im ganzen Weltall. *Eine* Religion nur herrscht in ihm, *ein* Dienst und *eine* Weltanschauung in der Wurzel, *ein* Gesetz und *eine* Bibel durch alle. Alle Propheten sind *ein* Prophet; aus *einem* Grund haben sie gesprochen, *eine* Sprache, obgleich in verschiedenen Dialekten, nur geredet. Wie die großen Kulturformen aller Zeiten dieselben sind, Entfaltungen *eines* Lebens, so sind auch die großen mythischen Elemente allerwärts dieselben, und die ganze religiöse Genesis ein einziges Gewächs, das Gottes Geist selbst gepflanzt hat und das, von ihm getränkt mit Himmelslicht und Erdenfeuchte, freudig durch alle Zeiten sich entfaltet.«

Dieses tiefe Bewußtsein von der Einheit der Religionen, aus dem ihr Wettstreit hervorgeht und in dem er wieder enden muß, hat schon vor fünf Jahrhunderten ein großer deutscher Denker, der Philosoph, Theologe, Mystiker und Kirchenmann in einer Person war, Kardinal Nikolaus von Cues, in seiner Schrift *De pace seu concordan-*

tia fidei in der Form eines Gebetes ausgesprochen: »Herr und König des Weltalles, ... komme zu Hilfe, der du allein helfen kannst. Dieser Wettstreit geht um dich, den allein die Menschen unter der Hülle dessen verehren, was sie zu verehren scheinen. Denn niemand erstrebt in allem, was er zu erstreben scheint, etwas anderes als das Gute, das du bist; noch sucht jemand in aller geistigen Erörterung etwas anderes als das Wahre, das du bist. Was sucht der Lebende anderes als zu leben, was der Seiende anderes als zu sein? Du also, der du der Spender des Seins und Lebens bist, du bist es, der in den verschiedenen Kultformen [*ritibus*] auf verschiedene Weise gesucht und mit verschiedenen Namen benannt wird, weil du bleibst, wie du bist, allen unerkannt und unaussprechlich. Denn der du die unendliche Kraft bist, du bist nicht etwas, was du geschaffen hast, noch kann die Kreatur sich von deiner Unendlichkeit einen Begriff machen, weil zwischen Endlichem und Unendlichem keine Entsprechung besteht. Du aber, o allmächtiger Gott, der du unsichtbar bist für jeden Geist, du kannst dich auf faßliche Weise erkennbar zeigen, wem du willst. So verbirg dich nicht länger, o Herr! Sei gnädig und zeige dein Antlitz, und Heil wird widerfahren allen Völkern, welche die Lebensader und ihre noch zu wenig gekostete Süßigkeit nicht mehr verlassen können. Denn niemand verläßt dich, außer weil er dich nicht kennt. Wenn du gnädiglich so tun wirst, dann werden aufhören das Schwert und der neidvolle Haß und alle Übel, und alle werden erkennen, wie nur *eine* Religion ist in der Mannigfaltigkeit der religiösen Bräuche [*nonnisi una religio est in rituum varietate*]. Sollte aber diese Verschiedenheit der Bräuche nicht aufgehoben werden können, oder sollte es nicht dazu beitragen, daß die Verschiedenheit die Erhöhung der Gottesverehrung bewirke, insofern jedes Land dir durch seine Bräuche, gleich als seien sie dir als dem König angenehmer, einen um so unermüdlicheren Dienst erweisen wird, dann möge wenigstens, wie du *einer* bist, *eine* Religion sein und *ein* anbetender Dienst [*una religio et unus latriae cultus*].«

Bibliographie

Allgemeines

Bianchi, Ugo: Probleme di storia delle religioni. Rom 1958. – Dt.: Probleme der Religionsgeschichte. Übers. von Elisabeth Serelmann-Küchler. Göttingen 1964.

Elsas, Christoph: Religion. Ein Jahrhundert theologischer, philosophischer, soziologischer und psychologischer Interpretationsansätze. München 1975.

Goldammer, Kurt: Religionen, Religion und christliche Offenbarung. Ein Forschungsbericht zur Religionswissenschaft. Stuttgart 1965.

International Bibliography of the history of religions. Ausgew. von Henriette Boas. Leiden 1952 ff.

Lurker, Manfred (Hrsg.): Bibliographie zur Symbolik, Ikonographie und Mythologie. Baden-Baden 1968 ff.

Mensching, Gustav: Geschichte der Religionswissenschaft. Bonn 1948.

Pinard de la Boullaye, Henry: L'étude comparée des religions. 3 Bde. Paris [3]1929–31.

Schlette, Heinz Robert: Einführung in das Studium der Religionen. Freiburg i. Br. 1971.

Schlunk, Martin / Quiring, Horst (Hrsg.): Karte der Religionen und Missionen der Erde. Stuttgart [4]1966.

Söderblom, Nathan: Natürliche Theologie und allgemeine Religionsgeschichte. Leipzig 1914.

Waardenburg, Jean-Jacques: Classical Approaches to the Study of Religion. 2 Bde. Den Haag 1973/74.

Wach, Joachim: The comparative study of religions. New York 1958. – Dt.: Vergleichende Religionsforschung. Stuttgart 1962.

Quellen

Bertholet, Alfred (Hrsg.): Religionsgeschichtliches Lesebuch. 17 Hefte. Tübingen [2]1926–32.

Cranmer Byng, J. L. (Hrsg.): The Wisdom of the East. London 1931 ff.

Jockel, Rudolf (Hrsg.): Götter und Dämonen. Mythen der Völker. Darmstadt/Genf 1953.

– (Hrsg.): Die lebenden Religionen. Texte und Einführungen. Berlin 1958.

Lehmann, Edvard / Haas, Hans (Hrsg.): Textbuch zur Religionsgeschichte. Leipzig [2]1922.

Mensching, Gustav (Hrsg.): Das lebendige Wort. Texte aus den Religionen der Völker. Darmstadt 1952.

– (Hrsg.): Die Söhne Gottes. Aus den heiligen Schriften der Menschheit. München 1958.

Müller, F. Max (Hrsg.): The Sacred Books of the East. 50 Bde. London 1879–1910.

Otto, Walter F. (Hrsg.): Religiöse Stimmen der Völker. Jena 1915 ff.

Quellen der Religionsgeschichte. Hrsg. von der Göttinger Gesellschaft der Wissenschaften. 15 Bde. Göttingen 1909–27.

Religion ist Einheit. Eine Anthologie aus den heiligen Schriften der lebenden Religionen. Zsgest. von Edith B. Schnapper. Zürich 1954.

Tuxen, Paul / Marcus, Aage (Hrsg.): Verdensreligionernes hovedvaerker i oversaettelse. 12 Bde. Kopenhagen [2]1950–54.

Nachschlagewerke

Anwander, Anton: Wörterbuch der Religion. Würzburg [2]1962.

Bächthold-Stäubli, Hanns (Hrsg.): Handwörterbuch des deutschen Aberglaubens. 10 Bde. Berlin 1927–42.

Bertholet, Alfred: Wörterbuch der Religionen. Stuttgart 1952. 3. Aufl. bearb. von Kurt Goldammer. Ebd. 1976.

Gunkel, Hermann / Zscharnak, Leopold (Hrsg.): Die Religion in Geschichte und Gegenwart. 5 Bde. Tübingen ²1927–32. 3. Aufl. hrsg. von Kurt Galling. Ebd. 1957–65.
Hastings, James (Hrsg.): Encyclopedia of Religion and Ethics. 12 Bde. und Index-Bd. New York 1908–26 [u. ö.]. 13 Bde. ill. Ebd. 1955. [Letzte Aufl. 1971.]
Haussig, Hans Wilhelm (Hrsg.): Wörterbuch der Mythologie. Stuttgart 1965 ff.
Höfer, Josef / Rahner, Karl (Hrsg.): Lexikon für Theologie und Kirche. 10 Bde. Freiburg i. Br. ²1957-68.
Klauser, Theodor (Hrsg.): Reallexikon für Antike und Christentum. Leipzig 1941 ff. Stuttgart 1950 ff.
König, Franz: Religionswissenschaftliches Wörterbuch. Freiburg i. Br. 1956.
Krause, Gerhard / Müller, Gerhard (Hrsg.): Theologische Realenzyklopädie. Berlin 1977 ff.
Nölle, Wilfried: Wörterbuch der Religionen. München 1960.
Zaehner, Robert Charles (Hrsg.): The concise Encyclopedia of living Faiths. London 1959.

Sammlung von Monographien

Annales du Musée Guimet. Bibliothèque d'études. Paris. 1880–1962.
Clemen, Carl (Hrsg.): Untersuchungen zur allgemeinen Religionsgeschichte. Bonn 1927 ff. N. F. hrsg. von Gustav Mensching. Ebd. 1956 ff.
Dieterich, Albrecht / Wünsch, Richard (Hrsg.): Religionsgeschichtliche Versuche und Vorarbeiten. Leipzig 1903 ff. Fortgef. von Ludwig Deubner, Ludolf Malten, Otto Weinreich. Ebd. 1916 ff.
Heiler, Friedrich (Hrsg.): Christentum und Fremdreligionen. 8 Bde. München 1925–39.
Waardenburg, Jean-Jacques (Hrsg.): Religion and Reason. Method and Theory in the Study and Interpretation of Religion. Den Haag 1971 ff.

Gesamtdarstellungen

Anwander, Anton: Die Religionen der Menschheit. Freiburg i. Br. ²1949.
Asmussen, Jes Peter [u. a.] (Hrsg.): Handbuch der Religionsgeschichte. 3 Bde. Göttingen 1971–75.
Bertholet, Alfred / Lehmann, Edvard (Hrsg.): Lehrbuch der Religionsgeschichte. Begr. von Pierre Daniel Chantepie de la Saussaye. 2 Bde. Tübingen ⁴1925.
Brillant, Maurice / Aigrain, René (Hrsg.): Histoire des religions. 5 Bde. Paris 1953–56.
Clemen, Carl (Hrsg.): Die Religionen der Erde, ihr Wesen und ihre Geschichte. München 1927. ²1949.
Diehl, Carl Gustav / Edsman, C.-M. / Ringgren, Helmer: Världreligionernas renässans. Stockholm 1957.
Ferm, Virgilius (Hrsg.): Forgotten Religions. New York 1950.
– (Hrsg.): Religion in the twentieth century. New York 1947.
Finegan, Jack: The Archeology of World Religions. Princeton 1952.
Fuchs, Walter [u. a.] (Hrsg.): Die großen nichtchristlichen Religionen unserer Zeit in Einzeldarstellungen. Stuttgart 1954.
Glasenapp, Helmuth von: Die fünf großen Religionen. Bd. 1: Der Brahmanismus oder Hinduismus. Der Buddhismus. Der chinesische Universismus. Bd. 2: Das Christentum. Der Islam. Düsseldorf 1951/52. ⁴1975.
– Die nichtchristlichen Religionen. Frankfurt a. M. 1957.
– Die Religionen der Menschheit. Ihre Gegensätze und Übereinstimmungen. Wien 1954.
Gorce, Maxime / Mortier, Raoul (Hrsg.): Histoire générale des religions. 5 Bde. Paris 1942–51.
Haas, Hans (Hrsg.): Bilderatlas zur Religionsgeschichte. 20 Bde. Leipzig/Erlangen 1924–34.
Herrmann, Ferdinand (Hrsg.): Symbolik der Religionen. Stuttgart 1958 ff.

Huby, Joseph: Christus. Manuel d'histoire des religions. Paris 1944.
Hume, Robert Ernst: The world's living religions. Edinburg 1925.
Jurji, Edward (Hrsg.): The great religions of the modern world. Princeton 1946.
König, Franz (Hrsg.): Christus und die Religionen der Erde. Handbuch der Religionsgeschichte. 3 Bde. Freiburg i. Br. 1951. ^{2}1956.
Landis, Benson Young: A brief guide to the principal beliefs and teachings of the religions of the world and to the statistics of original religion. New York. 1957.
Mana. Indroduction à l'histoire des religions. Paris 1944 ff.
Pettazzoni, Raffaele (Hrsg.): Storia delle religioni. Bologna 1922 ff.
Ringgren, Helmer / Ström, Åke V.: Religionerna i historia och nutid. – Dt.: Die Religionen der Völker. Grundriß der allgemeinen Religionsgeschichte. Übers. von Inga Ringgren und Christel Matthias Schröder. Stuttgart 1959.
Rohrbach, Paul: Aufgang der Menschheit. Der Gottesglaube in der Welt. Stuttgart 1953.
Schimmel, Annemarie: Die Religionen der Erde. Wiesbaden 1951.
Schoeps, Hans Joachim: Religionen. Wesen und Geschichte. Gütersloh 1961.
Schröder, Christel Matthias (Hrsg.): Die Religionen der Menschheit. Stuttgart 1960 ff.
Söderblom, Nathan: Der lebendige Gott im Zeugnis der Religionsgeschichte. Hrsg. von Friedrich Heiler. München 1942. ^{2}1966.
Tacchi-Venturi, Pietro: Storia delle religioni. 2 Bde. Turin ^{4}1954.
Tiele, Cornelius Petrus / Söderblom, Nathan: Kompendium der Religionsgeschichte. Berlin 1880. ^{6}1931.
Tucci, Giuseppe: Le civiltà dell'Oriente. Storia, Letteratura, religioni, filosofia, scienze e arte. Bd. 3: Religioni – filosofias – scienze. Rom 1958.
Turchi, Nicola (Hrsg.): Le religioni del mondo. Rom 1946. ^{2}1951.
Vereno, Matthias: Religionen des Ostens. Weisheit und Glauben alter Kulturvölker. Freiburg i. Br. 1960.
Vroklage, Bernardus P.: De godsdiensten der menschheit. Tilburg 1952 ff.

Zeitschriften

Revue de l'histoire des religions. Paris 1880 ff.
Archiv für Religionswissenschaft. 35 Bde. Leipzig 1898–1942.
Eranos-Jahrbuch. Hrsg. von Olga Fröbe-Kaptein. Zürich 1933 ff.
The Review of Religions. New York 1936 ff.
Zeitschrift für Religions- und Geistesgeschichte. Hrsg. von Ernst Benz und Hans Joachim Schoeps. Leiden 1948 ff.
World Faiths [früher: Forum]. Hrsg. vom World Congress of Faiths. London 1948 ff.
Numen. Hrsg. von Raffaele Pettazzoni. Leiden 1954 ff.
Religionen und Konfessionen. Zürich 1959 ff.

Die Erscheinungsformen (Phänomenologie) der Religion

Bertholet, Alfred: Grundformen der Erscheinungswelt der Gottesverehrung. Tübingen 1953.
Bleeker, Claas Juoco: Op zoek naar het geheim van de godsdienst. Inleidning tot de godsdienstwetenschap. Amsterdam ^{2}1961.
Burtt, Edwin Arthur: Man seeks the divine. A study in the history and comparison of religions. New York 1957.
Caillois, Roger: L'homme et le sacré. Paris 1939.
Eliade, Mircea: Traité d'histoire des religions. Paris 1953. – Dt.: Die Religionen und das Heilige. Übers. von M. Rassem und Inge Köck. Salzburg 1953. Nachdr. Darmstadt 1976.

Glasenapp, Helmut von: Glaube und Ritus der Hochreligionen. Frankfurt a. M. 1960.
Goldammer, Kurt: Die Formenwelt des Religiösen. Stuttgart 1960.
Graneris, Giuseppe: La vita della religione nella storia delle religioni. Torino 1960.
Heiler, Friedrich: Erscheinungsformen und Wesen der Religion. Stuttgart 1961.
Kirchgässner, Alfons: Die mächtigen Zeichen. Ursprünge, Formen und Gesetze des Kultus. Freiburg i. Br. 1959.
Kristensen, W. Brede: The meaning of religion. Lectures in the phenomenology of religions. Den Haag 1960.
Leeuw, Gerardus van der: Phänomenologie der Religion. Tübingen 1933. [4]1977.
Mensching, Gustav: Die Religion. Erscheinungsformen, Strukturtypen und Lebensgesetze. Stuttgart 1959.
Müller, Max: Anthropologische Religion. Leipzig 1894.
– Chips from a German Workshop. 4 Bde. London 1867. [3]1875. – Dt.: Essays. Bd. 1: Beiträge zur vergleichenden Religionswissenschaft. Bd. 2: Beiträge zur vergleichenden Mythologie und Etymologie. Leipzig 1869. [2]1879.
– Einleitung in die vergleichende Religionswissenschaft. Straßburg [2]1876.
– Leben und Religion. Stuttgart 1906.
– Natürliche Religion. Leipzig 1890.
– Physische Religion. Leipzig 1892.
– Theosophie oder psychologische Religion. Leipzig 1895.
– Vorlesungen über den Ursprung und die Entwicklung der Religion. Straßburg 1880.

Der heilige Gegenstand

Burckhardt, Titus: Vom Wesen heiliger Kunst in den Weltreligionen. Zürich 1955.
Dieterich, Albrecht: Mutter Erde. Leipzig 1905. [3]1923. Nachdr. Darmstadt 1967.
Eisler, Robert: Weltenmantel und Himmelszelt. München 1910.
Leeuw, Gerardus van der: Vom Heiligen in der Kunst. Gütersloh 1957.
Lurker, Manfred: Der Baum in Glauben und Kunst. Straßburg 1960.
– (Hrsg.): Wörterbuch der Symbolik. Stuttgart 1979.
Müller, Werner: Die heilige Stadt. Stuttgart 1961.
Rosenberg, Alfons: Die christliche Bildmeditation. München-Planegg 1955.

Heiliger Raum, heilige Zeit, heilige Zahl

Eliade, Mircea: Der Mythos der ewigen Wiederkehr. Düsseldorf 1953.
Endres, Franz Carl: Die Zahl in Mystik und Glaube der Kulturvölker. Zürich 1935.
Kötting, Bernhard: Peregrinatio religiosa. Wallfahrten in der Antike und das Pilgerwesen in der alten Kirche. Münster 1950.
Mensch und Zeit. Eranos-Jahrbuch 20. Zürich 1951.

Die heilige Handlung

Bammel, Fritz: Das heilige Mahl im Glauben der Völker. Gütersloh 1950.
Fehrle, Eugen: Die kultische Keuschheit im Altertum. Gießen 1910.
Loisy, Alfred: Essai historique sur le sacrifice. Paris 1920.
Schjelderup, Kristian: Die Askese. Berlin 1928.
Will, Robert: Le culte. 3 Bde. Straßburg/Paris 1925–35.

Das heilige Wort

Caillois, Roger: Le mythe et l'homme. Paris 1938.
Heiler, Friedrich: Das Gebet. München 1918. [5]1923. Nachdr. 1969.
Mensching, Gustav: Das heilige Schweigen. Gießen 1926.
– Das heilige Wort. Bonn 1937.
Pettazzoni, Raffaele: La confessione dei peccati. 3 Bde. Bologna 1929–36.

Die heilige Schrift

Bertholet, Alfred: Die Macht der Schrift in Glauben und Aberglauben. Berlin 1949.
Braden, Charles Samuel: The scriptures of mankind. New York 1952.
Hackmann, Heinrich: Religionen und heilige Schriften. Berlin 1914.
Lanczkowski, Günter: Heilige Schriften. Stuttgart 1956.
Leipoldt, Johannes / Morenz, Siegfried: Heilige Schriften. Leipzig 1953.

Der heilige Mensch

Bleeker, Claas Jouco (Hrsg.): Anthropologie religieuse. Leiden 1955.
Festugière, André-Jean: La sainteté. Paris 1949.
Heiler, Friedrich: Die Frau in den Religionen der Menschheit. Berlin 1977.
Horneffer, August: Der Priester. 2 Bde. Jena 1912.
James, Edwin Oliver: The nature and function of priesthood. London 1955. – Dt.: Das Priestertum. Wesen und Funktion. Übers. von August Fröschle. Wiesbaden 1959.
Leeuw, Gerardus van der: Der Mensch und die Religion. Basel 1941.
Lippert, Julius: Allgemeine Geschichte des Priestertums. 2 Bde. Berlin 1883/84.
Saborin, Leopold: Priesthood. A comparative study. Leiden 1973.
The Sacral Kingship. Contributions to the central theme of the 8th International Congress for History of Religions. Leiden 1959.

Die heilige Gemeinschaft

Fürstenberg, Friedrich: Religionssoziologie. Berlin 1964.
Hasenfuß, Josef: Religionssoziologie. Aschaffenburg 1964.
– Der Soziologismus in der modernen Religionswissenschaft. Würzburg 1955.
– Weltreligionen als sozial-kulturelle Gestaltungsmächte. Würzburg 1955.
Honigsheim, Paul: Sociology of religions. New York 1957.
James, Edwin Oliver: The social function of religion. London 1940.
Mensching, Gustav: Die Religionen und die Welt. Bonn 1947.
– Soziologie der Religion. Bonn 1947. [2]1968.
– Toleranz und Wahrheit in der Religion. Heidelberg 1955.
Rüsch, Ernst Gerhard: Toleranz. Zollikon-Zürich 1955.
Savramis, Demosthenes: Religionssoziologie. München 1968.
Schilling, Werner: Religion und Recht. Stuttgart 1957.
Stark, Werner: Grundriß der Religionssoziologie. Freiburg i. Br. 1974.
Wach, Joachim: Sociology of Religion. Chicago 1946. – Dt.: Religionssoziologie. Übers. von Helmut Schoeck. Tübingen 1951.
Weber, Max: Gesammelte Aufsätze zur Religionssoziologie. 3 Bde. Tübingen 1920–23.
Yinger, John Milton: Sociology looks at religion. New York 1964.

Die Vorstellungswelt der Religion

Addison, James Thayer: Life beyond death in the beliefs of mankind. London 1933.
Bertholet, Alfred: Das Geschlecht der Gottheit. Tübingen 1934.
– Götterspaltung und Göttervereinigung. Tübingen 1933.
Huxley, Aldous: Himmel und Hölle. München 1957.
James, Edwin Oliver: Concept of deity. A comparative and historical study. London 1950.
– The ancient gods. The history and diffusion of religion in the ancient Near East and the Eastern Mediterranean. New York 1960.
Mariscotti de Görlitz, Ana Maria: Pachamama Santa Tierra. Berlin 1978.
Mensching, Gustav: Gut und Böse im Glauben der Völker. Stuttgart ²1950.
– Die Idee der Sünde. Leipzig 1931.
– Das Wunder im Glauben und Aberglauben der Völker. Leiden 1957.
Mörner, Birger: Tinara. Die Vorstellungen der Naturvölker vom Jenseits. Jena 1924.
Neumann, Erich: Die große Mutter. Der Archetyp des großen Weiblichen. Zürich 1953.
Pettazzoni, Raffaele: L'onniscienza di Dio. Turin 1955. – Dt.: Der allwissende Gott. Frankfurt a. M. 1960.
Preuß, Konrad Theodor: Tod und Unsterblichkeit im Glauben der Naturvölker. Tübingen 1930.
Roskoff, Gustav: Geschichte des Teufels. Leipzig 1869.
Sierksma, Fokke: De mens en zijn goden. – Dt.: Götter, Götzen und Dämonen. Übers. von Fred Purley. Hannover/Basel/Wien 1959.
Söderblom, Nathan: Das Werden des Gottesglaubens. Leipzig ²1926.

Die Erlebniswelt der Religion

Albrecht, Carl: Das mystische Erkennen. Bremen 1958.
– Psychologie des mystischen Bewußtseins. Bremen 1951.
Hauer, Jakob W.: Das religiöse Erlebnis auf den unteren Stufen. Stuttgart 1923.
Hellpach, Willy: Grundriß der Religionspsychologie [...]. Stuttgart 1951.
James, William: The varieties of religious experience. Cambridge (Mass.) 1902. – Dt.: Die religiöse Erfahrung in ihrer Mannigfaltigkeit. Übers. von Georg Wobbermin. Leipzig 1907. ⁴1925. Nachdr. Darmstadt 1980.
Jelke, Robert: Grundzüge der Religionspsychologie. Heidelberg 1948.
Radakovic, Konstantin: Das religiöse Erlebnis. Graz 1951.
Schubart, Walter: Religion und Eros. München ³1952.
Spranger, Eduard: Die Magie der Seele. Tübingen 1947.
Sundén, Hjalmar: Gott erfahren. Das Rollenangebot der Religionen. Gütersloh 1975.
– Die Religion und die Rollen. Eine psychologische Untersuchung der Frömmigkeit. Berlin 1966.
Underhill, Evelyn: Mysticism. London 1911. ¹⁰1924. – Dt.: Mystik. Übers. von Helene Meyer-Franck und Heinrich Meyer-Benfey. München 1928.
Wach, Joachim: Types of religious experience, christian and non-christian. London 1951.
Walther, Gerda: Phänomenologie der Mystik. Freiburg i. Br. ²1955.
Wiesenhütter, Eckart: Religion und Tiefenpsychologie. Gütersloh 1977.

Das Wesen der Religion

Farmer, Herbert: Revelation and religion. London 1954.
Feuerbach, Ludwig: Das Wesen der Religion (1845). Stuttgart 1938 [u. ö.]. Heidelberg ³1977.
Hessen, Johannes: Religionsphilosophie. 2 Bde. München 1948. ²1955.
Holm, Sören: Religionsphilosophie. Stuttgart 1960.
Hügel, Friedrich von: The mystical element of religion. 2 Bde. London 1908. Gotha ²1923.

Otto, Rudolf: Das Gefühl des Überweltlichen. Aufsätze, das Numinose betreffend. München [5/6]1932.
– Das Heilige. Breslau 1917. München [35-40]1971.
– Sünde und Urschuld. München 1932.
Schleiermacher, Friedrich: Über die Religion. Reden an die Gebildeten unter ihren Verächtern. Neu hrsg. von Rudolf Otto. Göttingen 1899. [6]1967. – Hrsg. von Hans-Joachim Rothert. Hamburg 1970. – Nachw. von C. H. Ratschow. Stuttgart 1977. (Reclams Universal-Bibliothek. Nr. 8313 [3].)
Weischedel, Wilhelm: Der Gott der Philosophen. 2 Bde. Darmstadt 1972.

Religion in prähistorischer Zeit

Bandi, Hans-Georg / Maringer, Johannes: Kunst der Eiszeit. Basel 1952.
Behm-Blanke, Günther: Höhlen, Heiligtümer, Kannibalen. Leipzig 1962.
Clemen, Carl: Vorgeschichtliche Religion. 2 Bde. Bonn 1932/33.
Dawson, Christopher: The age of the Gods. A study in the origins of culture in prehistoric Europe and the ancient East. London 1928.
Eggers, Hans Jürgen: Einführung in die Vorgeschichte. München 1974.
Felgenhauer, Fritz: Einführung in die Urgeschichtsforschung. Freiburg i. Br. 1973.
Franz, Leonhard: Religion und Kunst der Vorzeit. Prag/Leipzig 1937.
James, Edwin Oliver: Prehistoric religion. A study in prehistoric archaeology. London 1957. – Dt.: Religionen der Vorzeit. Übers. von Karl-Otto von Czernicki. Köln 1960.
Jankuhn, Herbert (Hrsg.): Vorgeschichtliche Heiligtümer und Opferplätze. Göttingen 1970.
Kühn, Herbert: Erwachen und Aufstieg der Menschheit. Frankfurt a. M. 1966.
– Die Felsbilder Europas. Stuttgart 1952.
– Wenn Steine reden. Die Sprache der Felsbilder. Wiesbaden 1966.
Mainage, Thomas Lucien: Les religions de la préhistoire. Paris 1921.
Müller-Karpe, Hermann: Einführung in die Vorgeschichte. München 1975.
– Das vorgeschichtliche Europa. Baden-Baden 1968.
Narr, Karl: Urgeschichte der Kultur. Stuttgart 1961.
– (Hrsg.): Handbuch der Urgeschichte. Bern/München 1966 ff.
Les religions de la préhistoire. Valcamonica Symposium 1972. Publ. sous la direction de Emmanuel Anati. Brescia 1975.
Trauwitz-Hellwig, Joachim von: Totenverehrung, Totenabwehr und Vorgeschichte. München 1935.
– Urmensch und Totenglaube. München 1929.
Winthuis, Josef: Mythos und Kult der Steinzeit. Stuttgart 1935.

Religiosität der schriftlosen Völker der Neuzeit

Bertholet, Alfred: Dynamismus und Personalismus in der Seelenauffassung. Tübingen 1930.
Beth, Karl: Religion und Magie. Berlin [2]1927.
Boccassino, Renato: Etnologia religiosa. Turin 1958.
Cain, Horst: Aitu. Eine Untersuchung zur autochthonen Religion der Samoaner. Wiesbaden 1979.
Crawford, John Richard: Witchcraft and sorcery in Rhodesia. London 1967.
Cuisinier, Jeanne: Sumangat. L'âme et son Culte en Indochine et en Indonésie. Paris 1951.
Damann, Ernst: Die Religionen Afrikas. Stuttgart 1963.
Deschamps, Hubert: Les religions de l'Afrique noire. Paris 1954.

Deursen, Arie van: Der Heilbringer [...] bei den nordamerikanischen Indianern. Diss. Groningen 1931.
Dupré, Wilhelm: Religion in primitive cultures. A study in ethno-philosophy. Den Haag 1975.
Durkheim, Émile: Les formes élémentaires de la vie religieuse. Le système totémique en Australie. Paris 1912. ⁴1960.
Eliade, Mircea: Schamanismus und archaische Ekstasetechnik. Zürich 1957.
Evans-Pritchard, Edward Evan: Theories of primitive religion. Oxford 1965.
Findeisen, Hans: Der Schamanismus. Stuttgart 1957.
– Sibirisches Schamanentum und Magie. Augsburg 1958.
Frazer, James George: The golden bough. A study in magic and religion. 12 Bde. London 1911–15. ⁹1949. – Gekürzt dt.: Der Goldene Zweig. Übers. von Helen von Bauer. Leipzig 1928. Köln/Berlin ²1968. – 2 Bde. Frankfurt a. M. 1977.
– Totemism and exogamy. 5 Bde. London 1910–37.
Garnier, Christine / Fralon, Jean: Le fétichisme en Afrique noire. Paris 1951.
Graebner, Fritz: Das Weltbild der Primitiven. München 1924.
Handy, Edward Smith Craighill: Polynesian religion. London 1927.
Harva, Uno: Die religiösen Vorstellungen der altaischen Völker. Leipzig 1938.
Hermann, Ferdinand: Symbolik in den Religionen der Naturvölker. Stuttgart 1961.
Hoffmann, Helmut: Symbolik der tibetischen Religionen und des Schamanismus. Stuttgart 1967.
Howells, William: The heathens. Primitive man and his religions. New York 1950.
Jensen, Adolf Ellegard: Mythos und Kult bei den Naturvölkern. Wiesbaden 1951.
Leeuw, Gerardus van der: De primitive mensch en de religie. Groningen 1952.
Lehmann, Friedrich Rudolf: Mana. Leipzig ²1922.
– Die polynesischen Tabusitten. Leipzig 1930.
Lévy-Bruhl, Lucien: L'âme primitive. Paris 1927. – Dt.: Die Seele der Primitiven. Übers. von Else Baronin Werkmann. Düsseldorf/Köln 1956.
– Les fonctions mentales dans les sociétés inférieurs. Paris 1910. ⁹1951. – Dt.: Das Denken der Naturvölker. Übers. von Paul Friedländer. Wien ²1926.
– La mentalité primitive. Paris 1925. – Dt.: Die geistige Welt der Primitiven. Übers. von Margarete Hamburger. Düsseldorf/Köln 1959. (Nachdr. der Ausg. 1926.)
Middleton, John (Hrsg.): Witchcraft and sorcery in East Africa. London 1963.
Mtibi, John S.: Afrikanische Religion und Weltanschauung. Berlin 1974.
Müller, Werner: Die Religionen der Waldlandindianer Nordamerikas. Berlin 1956.
Nilsson, Martin P.: Primitive Religion. Tübingen ²1923.
Parrinder, Geoffrey: West African psychology. London 1951.
– West African religion. London 1949.
– Witchcraft. European and African. New York 1963.
Paulson, Ivar / Hultkrantz, Åke / Jettmar, Karl: Die Religionen Nordeurasiens und der amerikanischen Arktis. Stuttgart 1962.
Paulson, Ivar: Die primitiven Seelenvorstellungen der nordeurasischen Völker. Stockholm 1958.
– Schutzgeister und Gottheiten des Wildes, der Jagdtiere und Fische in Nordeurasien. Uppsala 1961.
Pettazzoni, Raffaele: Dio. Formazione e sviluppo del monoteismo nella storia delle religioni. Bd. 1: L'essere celeste nelle credenze dei popoli primitivi. Rom 1922.
Pettersson, Olaf: Chiefs and gods. London 1953.
Petzoldt, Leander (Hrsg.): Magie und Religion. Darmstadt 1978.
Radcliffe-Brown, Alfred Reginald: Taboo. Cambridge 1939.
Radin, Paul: Gott und Mensch in der primitiven Welt. Zürich 1953.
Ratschow, Carl-Heinz: Magie und Religion. Gütersloh 1947.
Ruud, Jörgen: Taboo. Oslo/London 1960.
Schmidt, Wilhelm: Der Ursprung der Gottesidee. 12 Bde. Münster 1912. ²1926–55.

Schmitz, Carl August (Hrsg.): Religionsethnologie. Frankfurt a. M. 1964.
Sidler, Nikolaus: Zur Universalität des Inzest-Tabu. Stuttgart 1971.
Smith, Edwin W.: African ideas of God. London 1950.
Studies in Primitive Religion. Stockholm 1956.
Sundkler, Bengt G. M.: Bantu prophets in South Africa. London 1948.
Thurnwald, Richard: Des Menschengeistes Erwachen, Wachsen und Irren. Versuch einer Paläontologie der Naturvölker. Berlin 1951.
Webster, William: Taboo. A sociological study. Stanford (Cal.) 1942.

Die Religionen der vorkolumbischen Hochkulturen

Gesamtdarstellungen

Disselhoff, Hans-Dietrich: Geschichte der altamerikanischen Kulturen. München 1953. 2., erw. Aufl. München/Wien 1967.
Haebler, Konrad: Die Religion des mittleren Amerika. Münster 1899.
Handbook of South American Indians. 6 Bde. Washington 1946–50.
Krickeberg, Walter / Trimborn, Hermann / Müller, Werner / Zerries, Otto: Die Religionen des alten Amerika. Stuttgart 1961.
Seler, Eduard: Gesammelte Abhandlungen zur Amerikanischen Sprach- und Altertumskunde. 4 Bde. Berlin 1902–23.
Trimborn, Hermann: Das alte Amerika. Stuttgart ^{2}1959.

Azteken

Caso, Alfonso: El pueblo del sol. Mexico ^{2}1962. – Engl.: The Aztecs, people of the sun. Transl. by Lowell Dunham. Oklahoma 1958.
Danzel, Theodor-Wilhelm: Mexiko. 2 Bde. Hagen/Darmstadt 1922.
Hvidtfeldt, Arild: Teotl and Ixiptlatli. Some central conceptions in ancient Mexican religion. Kopenhagen 1958.
Joyce, Thomas Athol: Mexican Archaeology. London 1914.
Lord Kingsborough, Edward King: Antiquities of Mexiko. 9 Bde. London 1930–48.
Krickeberg, Walter: Altmexikanische Kulturen. Berlin Neuaufl. 1975.
Lanczkowski, Günter: Aztekische Sprache und Überlieferung. Berlin / Heidelberg / New York 1970.
Lehmann, Walter: Aus den Pyramidenstädten in Alt-Mexiko. Berlin 1933.
– Die Geschichte der Königreiche von Colhuacan und Mexiko. Text mit Übers. Stuttgart ^{2}1974.
Schultze-Jena, Leonhard: Wahrsagerei, Himmelskunde und Kalender der alten Azteken. Altaztekische Gesänge. Stuttgart 1950. ^{2}1957.
Seler, Eduard: Einige Kapitel aus dem Geschichtswerk des Fray Bernardino de Sahagún. Aus dem Aztekischen übers. von E. S. [Mit aztekischem Text.] Stuttgart 1927.
Soustelle, Jacques: So lebten die Azteken am Vorabend der spanischen Eroberung. Stuttgart ^{2}1957.

Maya

Anders, Ferdinand: Das Pantheon der Maya. Graz 1963.
Gann, Thomas William Francis / Thompson, J. Eric: The History of the Maya, from the earliest time to the present day. New York 1931 [u. ö.].
Landa, Diego de: Relación de las cosas de Yucatan. Ins Engl. übers. von Alfred M. Tozzer. Cambridge (Mass.) 1941.

Morley, Sylvanus G.: The ancient Maya. Stanford (Cal.) [3]1958.
Popol Vuh. Das Heilige Buch der Quiché Indianer von Guatemala. Nach einer wiedergefundenen, alten Handschrift neu übers. von Leonhard Schultze-Jena. Stuttgart 1944. 2., verm. Aufl. 1972.
Popol Vuh. Das Buch des Rates. Mythos und Geschichte der Maya. Aus dem Quiché übertr. und erl. von Wolfgang Cardan. Düsseldorf/Köln 1973.
Schellhas, Paul: Die Göttergestalten der Mayahandschriften. Berlin 1904.
Seler, Eduard: Popol Vuh. Übers. von E. S. Berlin 1975.
Thompson, J. Eric: The Civilization of the Mayas. 2 Bde. Chicago 1932.

Inka

De Avila, Francisco: Dämonen und Zauber im alten Inkareich. Übers. und eingel. von Hermann Trimborn und Antje Kelm. Berlin 1967.
Baudin, Louis: Die Inka von Peru. Essen 1967.
– So lebten die Inkas vor dem Untergang des Reiches. Stuttgart 1957.
– Der sozialistische Staat der Inka. Hamburg 1959.
Karsten, Rafael: Das altperuanische Inkareich. Leipzig 1949.
Krickeberg, Walter: Alt-Peru. Berlin 1949.
Leòn, Pedro Cieza de: Segunda parte de la cronica del Perú. Neuausg. Madrid 1880.
Molina, Cristobal de: Fábulas y ritos de los Inca. Neuausg. Lima 1943.
Ubbelohde-Doering, Heinrich: Auf den Königsstraßen der Inka. Berlin 1941.
Zerries, Otto: Die Erben des Inkareiches und die Indianer der Wälder. o. O. 1944.

Die Religion der Chinesen

Quellen

Grill, Julius: Lao-tszes Buch vom höchsten Wesen und vom höchsten Gut (Tao-te-king). Tübingen 1910.
Lao-tse: Tao-tê-king. Übers. von Günther Debon. Stuttgart 1961 [u. ö.]. (Reclams Universal-Bibliothek. Nr. 6798 [2].)
Legge, James: The Chinese Classics. 5 Bde. London 1861–72.
– The Sacred Books of China. The texts of Confucianism. Übers. T. 1–4. Oxford 1876–85.
– The texts of Taoism. Oxford 1884.
Lin Yutang: Laotse. Übers. von Gerolf Coudenhove. Frankfurt a. M. / Hamburg 1955.
Rousselle, Erwin: Lau-Dse. Führung und Kraft aus der Ewigkeit (Dau-Dö-Ging). Wiesbaden 1952.
Stange, Hans O.: Gedanken und Gespräche des Konfuzius, Lun-Yü. München 1953.
Wieger, Léon (Hrsg.): Taoisme T. 1. 2. (Lao-tzu, Lieh-tzu, Chuang-tzu, chin. und frz.) Hokien-fu 1911–13.
Wilhelm, Richard: Frühling und Herbst des Lü Bu We. Jena 1928.
– I ging. Das Buch der Wandlungen. Jena 1924.
– Kungfutse. Gespräche (Lun-Yü). Jena 1910.
– Laotse: Tao te king. Das Buch des Alten vom Sinn und Leben. Jena 1911.
– Li Gi [Li-chi]. Das Buch der Sitte des älteren und jüngeren Dai. Jena 1930.
– Mong dsi. Jena 1916.

Gesamtdarstellungen

Bredon, Juliet / Mitrophanow, Igor: The moon year. Shanghai 1927. – Dt.: Das Mondjahr. Chinesische Sitten, Bräuche und Feste. Aus dem Engl. übers. von Richard Hoffmann. Wien 1953.
Bush, Richard C., jr.: Religion in Communist China. Nashville 1970.
Chan, Wing-tsit: Religious trends in modern China. New York 1953. – Dt.: Religiöses Leben im heutigen China. Übers. von Otto Wilhelm Barth. München-Planegg 1955.
Day, Clarence Burton: Chinese peasant cults. Shanghai 1940.
Doré, Henri: Recherches sur les superstitions en Chine. 18 Bde. Shanghai 1911–38.
Dumoulin, Heinrich (Hrsg.): Buddhismus der Gegenwart. Freiburg i. Br. 1970.
Eichhorn, Werner: Kulturgeschichte Chinas. Stuttgart 1964.
– Die Religionen Chinas. Stuttgart 1973.
Forke, Alfred: Die Gedankenwelt des chinesischen Kulturkreises. München 1927.
– Geschichte der alten chinesischen Philosophie. Hamburg 1927.
– Geschichte der mittelalterlichen chinesischen Philosophie. Hamburg 1934.
Giles, Herbert Allen: Religions of ancient China. London 1905.
Granet, Marcel: La religion des Chinois. Paris 1922. ^{2}1951.
De Groot, Jan Jakob Maria: The religious system of China. Leyden 1892–1910.
– Universism: a key to the study of Taoism and Confucianism. New York / London 1912. – Dt.: Universismus. Die Grundlage der Religion und Ethik, des Staatswesens und der Wissenschaften Chinas. Berlin 1918.
Hackmann, Heinrich: Chinesische Philosophie. München 1927.
Hentze, Carl: Tod, Auferstehung, Weltordnung. Das mythische Bild im ältesten China [...]. 2 Bde. Zürich 1955.
Hughes, Ernest Richard: Religion in China. London 1950.
Karlgren, Bernhard: Legends and cults in Ancient China. Stockholm 1946.
Koester, Hermann: Symbolik des chinesischen Universismus. Stuttgart 1958.
Schilling, Werner: Einst Konfuzius, heute Mao Tse-tung. Weilheim 1971.
Schindler, Bruno: The development of Chinese conceptions of supreme Beings. London 1923.
Soothill, William Edward: The three religions of China. London ^{3}1930.
Waley, Arthur David: Three ways of thought in ancient China. London 1939. – Dt.: Lebensweisheit im Alten China. Übers. von Eva Franziska Meister-Weidner. Hamburg 1947.
Werner, Edward Theodore Chalmers: A Dictionary of Chinese Mythology. Shanghai 1932.
Wieger, Leon: Histoire des croyances religieuses et des opinions philosophiques en Chine depuis l'origine jusqu'à nos jours. Paris 1917. ^{3}1927.
Wilhelm, Richard: Geschichte der chinesischen Kultur. München 1928.
– Die Seele Chinas. Berlin 1926.
Zenker, Ernst Viktor: Geschichte der chinesischen Philosophie. 2 Bde. Reichenberg 1926/27.

Konfuzianismus

Greel, H. C.: Confucius, the man and the myth. New York 1949.
Johnston, Sir Reginald Fleming: Confucianism and modern China. London 1934.
Kaizuka, Shigeki: Confucius. Übers. von Geoffrey Bownas. London / New York 1956.
Rygaloff, Alexis: Confucius. Paris 1946.
Schmitt, Erich: Konfuzius. Sein Leben und seine Lehre. Berlin 1925.
Shryock, John Knight: Origin and development of the State Cult of Confucius. New York 1932.
Wilhelm, Richard: Kung-Tse. Leben und Werk. Stuttgart 1925.
– K'ungtse und der Konfuzianismus. Berlin/Leipzig 1928.
Wu-Chi, Liu: Confucius, his life and time. New York 1955.
Youn, L. Eul Son: Le Confucianisme en Corée. Paris 1939.

Taoismus

Ching-Schun, Jang: Der chinesische Philosoph Laudse und seine Lehre. Übers. von Gerhard Kahlenbach. Berlin 1955.
Welch, Holmes: The Parting of the way. Lao tzu and the Taoist movement. London 1958.
Wilhelm, Richard: Lao-tse und der Taoismus. Stuttgart 1925.
Zenker, Ernst Viktor: Der Taoismus der Frühzeit. Die alt- und gemeinchinesische Weltanschauung. Wien 1942.

Mo Ti

David, Alexandra: Socialisme chinois. Le philosophe Meh-ti et l'idée de solidarité. Londres 1907.
Forke, Alfred: Mê Ti, des Sozialethikers und seiner Schule philosophische Werke. Berlin 1922.
Geisser, Franz: Mo Ti, der Künder der allgemeinen Menschenliebe. Bern 1947.

Christentum

Rosenkranz, Gerhard: Die älteste Christenheit in China [...]. Berlin-Steglitz [2]1939.
Saeki, P. Yoshio: The Nestorian documents and relics in China. Tokio 1937.

Die Religion der Japaner

Quellen

Benl, Oscar / Hammitzsch, Horst (Hrsg.): Japanische Geisteswelt. Vom Mythus zur Gegenwart. Texte ausgew. und eingel. Baden-Baden 1956.
Chamberlain, Basil Hall: Translation of »Ko-ji-ki« or »Records of ancient matters«. Kobe [2]1932.
Florenz, Karl: Die historischen Quellen der Shinto-Religion. Aus dem Altjapan. und Chines. übers. und erkl. Göttingen/Leipzig 1919.
– Japanische Annalen A. D. 592–697. Nihongi von Suiko-Tennō bis Jitō-Tennō (Buch 22–30). Tokio [2]1903.
– Japanische Mythologie. Nihongi, »Zeitalter der Götter«, nebst Ergänzungen aus anderen alten Quellenwerken. Tokio 1901.
Hass, Paul / Matsuoka, Binko (Hrsg.): Geschichten und Erzählungen aus Japan. Leipzig 1941.

Bibliographie

Kato, Genchi / Reitz, Karl / Schiffer, Wilhelm: A bibliography of Shinto in western languages from the oldest times till 1952. Tokio 1953.

Darstellungen

Anesaki, Masaharu: History of Japanese religion. London 1930.
Asmussen, Jes Peter / Loesse, Jorgen (Hrsg.): Handbuch der Religionsgeschichte. Bd. 3. Göttingen 1973.
Aston, William George: Shinto. The way of the gods. London 1905.
Bairy, Maurice A.: Japans neue Religionen in der Nachkriegszeit. Bern 1953.
Bunce, William K.: Religions in Japan. Buddhism, Shinto, Christianity. Rutland/Tokio 1955.
Eder, Matthias: Figürliche Darstellungen in der japanischen Volksreligion. Peking 1951.
Gerlitz, Peter: Die Religionen und die neue Moral. München 1971.

Gundert, Wilhelm: Japanische Religionsgeschichte. Stuttgart 1935.
– Der Shintoismus im japanischen Nô-Drama. Tokio 1925.
Hall, John Whitney: Das japanische Kaiserreich. Frankfurt a. M. 1968.
Holtom, Daniel Clarence: Modern Japan and Shinto nationalism. A Study of present-day trends in Japanese religions. Chicago (Ill.) 1947.
Kishimoto, Hideo: Japanese religion in the Meiji era. Übers. von John F. Howes. Tokio 1956.
Lanczkowski, Günter: Die neuen Religionen. Frankfurt a. M. 1974.
Laube, Johannes: Oyagami. Die heutige Gottesvorstellung der Tenrikyō. Wiesbaden 1978.
Lüth, Paul: Die japanische Philosophie. Versuch einer Gesamtdarstellung unter Berücksichtigung der Anfänge in Mythus und Religion. Tübingen 1944.
Muccioli, Marcello: Lo Shintoismo, la religione nazionale del Giappone. Mailand 1938.
Nambara, Minoru: Religion und Geist im Nachkriegsjapan. In: Zeitschrift für Religions- und Geistesgeschichte 9/4 (1957) S. 309–318.
Nitobé, Inazo: Lectures on Japan. An outline of the development of the Japanese people and their culture. Tokio 1936.
Offner, Clark B. / Straelen, Henry van: Modern Japanese religions. Leiden 1963.
Pettazzoni, Raffaele: Religioni di Giappone, lo Shintoismo. Bologna 1929.
Rochedieu, Edmond: Der Schintoismus und die neuen Religionen Japans. Genf 1973.
Schiller, Emil: Shinto, die Volksreligion Japans. Berlin-Schöneberg 1911.
Straelen, Henry van: The religion of Divine Wisdom. Japan's most powerful religious movement. Tokio 1954.
Tamaru, Noriyoshi: Die geistige Situation des modernen Japan. Frankenau 1957.
Tsudzumi, Tsuneyoshi: Japan, das Götterland. Vom Verfasser in deutscher Sprache geschrieben. Leipzig 1936.
Underwood, Alfred Clair: Shintoism. The indegenous religion of Japan. London 1934.
Visser, Marinus Willem de: Shintō en Taoisme in Japan. Amsterdam 1930.

Die Religion der alten Ägypter

Quellen

Anthes, Rudolf: Lebensregeln und Lebensweisheit der alten Ägypter. Leipzig 1933.
Erman, Adolf: Die Literatur der Ägypter. Leipzig 1923. Nachdr. Hildesheim / New York 1971.
Gardiner, Alan H.: The Admonitions of an Egyptian sage from a Hieratic papyrus in Leiden. Leipzig 1909. Nachdr. Hildesheim 1969.
Hornung, Erik: Das Totenbuch der Ägypter. Zürich/München 1979.
Junker, Hermann: Die Götterlehre von Memphis. Berlin 1940.
Lange, Hans Ostenfeldt: Das Weisheitsbuch des Amenemope. Kopenhagen 1925.
Roeder, Günther: Die ägyptische Religion in Texten und Bildern. 4 Bde. Zürich 1959–61.
– Urkunden zur Religion des alten Ägypten. Jena 1915. Nachdr. Düsseldorf 1970.
Scharff, Alexander: Der historische Abschnitt der Lehre für König Merikare. München 1936.
Sethe, Kurt: Übersetzung und Kommentar zu den altägyptischen Pyramidentexten. 5 Bde. Glückstadt/Hamburg 1935–62.
Speleers, Louis: Textes des cercueils du Moyen Empire égyptien. Brüssel 1946.
Vogelsang, Friedrich: Kommentar zu den Klagen des Bauern. Leipzig 1913.

Darstellungen

Bell, Sir Harold Idris: Cults and creeds in Graeco-Roman Egypt. New York 1953. Liverpool 1954.
Bonnet, Hans: Reallexikon der ägyptischen Religionsgeschichte. Berlin ²1971.

Breasted, James Henry: Development of religion and thought in Ancient Egypt. London 1926.
Budge, E. A. Wallis: From Fetish to God in ancient Egypt. London 1934.
Erman, Adolf: Die Religion der Ägypter. Nachdr. mit einem Nachw. von Eberhard Otto. Berlin 1968.
Junker, Hermann: Die Geisteshaltung der Ägypter in der Frühzeit. Wien/Köln 1961.
– Pyramidenzeit. Das Wesen der altägyptischen Religion. Einsiedeln 1949.
Kees, Hermann: Der Götterglaube im alten Ägypten. Berlin [3]1971.
– Totenglauben und Jenseitsvorstellungen der alten Ägypter. Berlin [3]1977.
Lanczkowski, Günter: Altägyptischer Prophetismus. Wiesbaden 1960.
Mercer, Samuel A. B.: The religion of Ancient Egypt. London 1949.
Morenz, Siegfried: Ägyptische Religion. Stuttgart [2]1977.
Moret, Alexandre: Du caractère religieux de la royauté pharaonique. Paris 1902.
Otto, Eberhard: Das Verhältnis von Ritus und Mythus im Ägyptischen. Heidelberg 1958.
– Der Vorwurf an Gott. Zur Entstehung der ägyptischen Auseinandersetzungsliteratur. Hildesheim 1951.
Schäfer, Heinrich: Amarna in Religion und Kunst. Leipzig 1931.
Schott, Siegfried: Mythe und Mythenbildung im alten Ägypten. Leipzig 1945.
Schweitzer, Ursula: Das Wesen des Ka im Diesseits und Jenseits der alten Ägypter. Glückstadt/Hamburg 1956.
Spiegel, Joachim: Die Idee vom Totengericht in der ägyptischen Religion. Glückstadt/Hamburg 1935.
– Soziale und weltanschauliche Reformbewegungen im alten Ägypten. Heidelberg 1950.
Vandier, Jacques: La religion égyptienne. Paris 1949.

Die Religionen der vorderasiatischen Kulturen

Quellen

Falkenstein, Adam / Soden, Wolfram von: Sumerische und akkadische Hymnen und Gebete. Eingel. und übertr. von A. F. und W. v. S. Zürich 1953.
Friedrich, Johannes: Aus dem hethitischen Schrifttum. Leipzig 1925.
Furlani, Giuseppe: Il poema della creazione. Bologna 1934.
Götze, Albrecht: Die Pestgebete des Mursilis. Leipzig 1929. München [3]1974.
Harper, Robert Francis: Hammurabi, King of Babylonia. The Code of Hammurabi. Chicago 1904.
Kramer, Samuel Noah: Sumerian Mythology. Philadelphia 1944.
Labat, René: Le poème babylonien de la création. Paris 1935.
Langdon, Stephen Herbert: The Babylonian Epic of Creation restored from the recently recovered tablets of Aššur. Oxford 1923.
Otten, Heinrich: Mythen vom Gotte Kumarbi. Berlin 1950.
Schmökel, Hartmut: Das Gilgamesch-Epos. Stuttgart [3]1974.
Schott, Albert: Das Gilgamesch-Epos. Erg. von Wolfram von Soden. Stuttgart 1958 [u. ö.]. (Reclams Universal-Bibliothek. Nr. 7235 [2].)
Ungnad, Arthur: Die Religion der Babylonier und Assyrer. Jena 1921.

Darstellungen

Bottéro, Jean: La religion Babylonienne. Paris 1952.
Brandenstein, Carl Georg von: Hethitische Götter nach Bildbeschreibungen in Keilschrifttexten. Leipzig 1949.

Furlani, Giuseppe: La religione babilonese e assira. 2 Bde. Bologna 1928/29.
– La religione degli Hittiti. Bologna 1936.
Götze, Albrecht: Hethiter, Churriter und Assyrer. Oslo 1936.
– Kleinasien. München ²1957.
Gurney, Oliver Robert: The Hittites. Melbourne 1925. London 1952 [u. ö.]. – Dt.: Die Hethiter. Übers. von Inez Bernhardt. Dresden 1969.
Hrozny, Bedřich: Die älteste Geschichte Vorderasiens. Prag 1940.
Jastrow, Morris: Die Religion Babyloniens und Assyriens. 3 Tle. Gießen 1905–12.
Meissner, Bruno: Babylonien und Assyrien. 2 Bde. Heidelberg 1920–25.
Moortgat, Anton: Tammuz. Der Unsterblichkeitsglaube in der altorientalischen Bildkunst. Berlin 1949.
Otten, Heinrich: Hethitische Totenrituale. Berlin 1960.
Schmökel, Hartmut: Das Land Sumer. Die Wiederentdeckung der ältesten Hochkultur der Menschheit. Stuttgart ³1962.
– Ur, Assur, Babylon. Stuttgart ⁶1962.
Tallquist, Knut Leonard: Der assyrische Gott. Helsinki 1932.
Zimmern, Heinrich: Das Babylonische Neujahrsfest. Leipzig 1926.

Die Religion der Etrusker

Clemen, Carl: Die Religion der Etrusker. Bonn 1936.
Grenier, Albert: Les religions étrusque et romaine [...]. Paris 1948.
Herbig, Gustav: Religion und Kultus der Etrusker. Breslau 1922.
Heurgon, Jacques: La Vie quotidienne chez les Étrusques. – Dt.: Die Etrusker. Übers. von Irmgard Rauthe-Welsch. Stuttgart 1971. ²1977.
Müller, Karl Otfried: Die Etrusker. 2 Bde. Breslau 1828–31. 2., neu bearb. Aufl. von Wilhelm Deecke. Stuttgart 1877.
Pallottino, Massimo: Etruscologia. Mailand ³1955.
Pfiffig, Ambros Josef: Religio Etrusca. Graz 1975.
Thulin, Carl Olof: Die etruskische Disziplin. Darmstadt ²1968.
Vacano, Otto-Wilhelm von: Die Etrusker. Werden und geistige Welt. Stuttgart 1955.
– Die Etrusker in der Welt der Antike. Hamburg 1957.

Die indoeuropäische Religion

Dumézil, Georges: Les dieux des Indoeuropéens. Paris 1952.
– L'héritage indoeuropéen à Rome. Paris 1949.
– Naissance d'archanges. Paris 1945.
– Ouranós – Váruna. Étude de mythologie comparée indoeuropéenne. Paris 1934.
– Rituels indoeuropéens à Rome. Paris 1955.
Schröder, Leopold von: Arische Religion. 2 Bde. Leipzig 1914–16. ²1923.
Zenker, Ernst Viktor: Religion und Kult der Urarier. Berlin 1935.

Die indoiranische Religion

Wikander, Oscar Stig: Vayu. Texte und Untersuchungen zur indo-iranischen Religionsgeschichte. Uppsala 1941.

Die vorarische Religion Indiens

Gokhale, Balkrishna Govind: Ancient India. History and culture. Bombay/Kalkutta 1952.
Gordon, Douglas H.: The pre-historic background of Indian culture. Bombay 1958.
Mackay, Ernst: Die Induskultur. Aus dem Engl. von Max Müller. Leipzig 1938.
Marshall, Sir John Hubert: Mohenjo Daro and the Indus civilization. London 1931.
Mode, Heinz: Indische Frühkulturen und ihre Beziehungen zum Westen. Basel 1944.
Piggott, Stuart: Prehistoric India. Harmondsworth 1950.
Wheeler, Sir Mortimer: The Indus civilization. Cambridge 1953.

Die indischen Religionen

Gesamtdarstellungen

The Cultural Heritage of India. 5 Bde. Kalkutta 1937. ²1953 ff.
Dasgupta, Surendranath: A History of Indian Philosophy. 5 Bde. Cambridge 1937–55. Nachdr. 1952–55.
Deussen, Paul: Allgemeine Geschichte der Philosophie. Bd. 1,1–3.Leipzig 1894 ff. ⁵1922. 2 Bde. ebd. 1907–17.
Farquhar, John Nicol: An outline of the religious literature of India. Oxford 1920. Nachdr. Delhi 1967.
Frauwallner, Erich: Geschichte der indischen Philosophie. 2 Bde. Salzburg 1953–56.
Garbe, Richard: Indien und das Christentum. Tübingen 1914.
Glasenapp, Helmuth von: Entwicklungsstufen des indischen Denkens. Halle 1940.
– Heilige Stätten Indiens. Die Wallfahrtsorte der Hindus, Jainas und Buddhisten, ihre Legenden und ihr Kultus. München 1928.
– Die Literaturen Indiens von ihren Anfängen bis zur Gegenwart. Potsdam 1929. Stuttgart ²1961.
– Die Philosophie der Inder. Stuttgart 1949. ³1974.
– Die Religionen Indiens. Stuttgart 1943. ²1956.
Gonda, Jan (Hrsg.): A History of Indian Literature. Wiesbaden 1973 ff.
Konow, Sten / Tuxen, Poul: The religions of India. Kopenhagen 1949.
Poggi, Alberto: Misteri e religioni dell' India. Milano 1929.
Radhakrishnan, Sarvepalli: Indian Philosophy. 2 Bde. London 1923. ²1929–31. Nachdr. 1951. – Dt.: Indische Philosophie. 2 Bde. Darmstadt 1956.
Renou, Louis / Filliozat, Jean: L'Inde classique. 2 Bde. Paris 1947–53.
Strauss, Otto: Indische Philosophie. München 1925.
Winternitz, Moritz: Geschichte der indischen Litteratur. 3 Bde. Leipzig 1908–23.

Die Vedische Religion

Quellen

[Atharva-Veda:] Hundert Lieder des Atharva-Veda. Übers. von Julius Grill. Stuttgart 1888.
Bodewitz, H. W.: The Daily Evening and Morning offering (Agnihotra) according to the Brāhmaṇas. Leiden 1976.
Geldner, Karl Friedrich: Vedismus und Brahmanismus. Tübingen 1928.
Mylius, Klaus: Älteste indische Dichtung und Prosa. Vedische Hymnen, Legenden, Zauberlieder, philosophische und ritualistische Lehren. Leipzig 1978.

Panikkar, Raymond: The Vedic Experience. Mantramañjarī. An Anthology of the Vedas. London 1977.
Der Rigveda. Aus dem Sanskrit ins Dt. übers. von Karl Friedrich Geldner. 4 Tle. Cambridge (Mass.) 1951–57.
Varenne, Jean (Hrsg.): Le Veda. Premier livre sacré de l'Inde. 2 Bde. Paris 1967.

Darstellungen

Bodewitz, H. W. (Hrsg.): Brāhmaṇas. Jaiminīyabrāhmaṇa I, 1–65. Transl. and comm. with a study: Agnihotra and Prāṇāgnihotra. Leiden 1973.
Dowson, John: A classical dictionary of Hindu mythology and religion. London 1879. [9]1957.
Gonda, Jan: Die Religionen Indiens. Bd. 1: Veda und alter Hinduismus. Stuttgart 1960.
Heesterman, Johannes Cornelis: The ancient indian royal consecration. Den Haag 1957.
Hillebrandt, Alfred: Rituallliteratur. Vedische Opfer und Zauber. Straßburg 1897.
– Vedische Mythologie. 3 Bde. Breslau 1891–1902. [2]1927–29. Nachdr. 2 Bde. Hildesheim 1965.
Keith, Arthur Berriedale: The religion and philosophy of the Veda and Upanishads. Cambridge (Mass.) 1925.
Lévi, Sylvain: La doctrine du sacrifice dans les Brāhmaṇas. Paris 1898. [2]1966.
Lommel, Hermann: Die alten Arier. Von Art und Adel ihrer Götter. Frankfurt a. M. 1935.
Macdonell, Arthur Anthony: The Vedic Mythology. Straßburg 1897. Varanasi [2]1971.
Martin, E. Osborn: The gods of India. London 1914.
Mehta, Phirozshah Dorabij: Early Indian religious thought. London 1956.
Oldenberg, Hermann: Die Religion des Veda. Berlin 1894. Darmstadt [5]1970.
– Vorwissenschaftliche Wissenschaft. Die Weltanschauung der Brāhmaṇa-Texte. Göttingen 1919.
Otto, Rudolf: Gottheit und Gottheiten der Arier. Gießen 1932.
Renou, Louis: La civilisation de l'Inde ancienne d'après les textes sanscrits. Paris 1950.
Shende, N. J.: The religion and philosophy of the Atharva-Veda. Poona 1952.

Die Erlösungsmystik der Upaniṣaden

Deussen, Paul: Die Geheimlehre des Veda. Ausgewählte Texte der Upanishad's. Leipzig 1907. [6]1921.
– Sechzig Upanishad's des Veda. Leipzig 1897. [3]1921.
Heiler, Friedrich: Die Mystik in den Upanishaden. München-Neubiberg 1925.
Hillebrandt, Alfred: Aus Brāhmaṇas und Upaniṣaden. Jena 1921. Neudr. Düsseldorf/Köln 1973.
Mukhopadhyaya, Govindagopal: Studies in the Upaniṣads. Kalkutta 1960.
Varenne, Jean: La Mahā Nārāyaṇa Upaniṣad. 2 Bde. Paris 1960.

Yoga und Sāṃkhya

Eliade, Mircea: Patañjali et le Yoga. Paris 1962.
– Yoga. Essai sur les origines de la mystique indienne. Paris/Bukarest 1936.
– Le Yoga, immortalité et liberté. Paris 1954. – Dt.: Yoga. Unsterblichkeit und Freiheit. Übers. von Inge Köck. Frankfurt a. M. 1977.
Garbe, Richard: Die Sānkhya-Philosophie. Leipzig 1894. [2]1917.
Hauer, Jakob Wilhelm: Die Anfänge der Yogapraxis im alten Indien. Berlin 1922.
– Der Yoga. Ein indischer Weg zum Selbst. (2., umgearb. und erw. Aufl. von »Yoga als Heilsweg«, 1932.) Stuttgart 1958.

Das klassische Yoga-Lehrbuch Indiens, Haṭha-Yoga Pradīpikā. Aus dem Sanskrit mit Komm. und 12 Zeichnungen von Hans-Ullrich Rieker. Zürich/Stuttgart 1957.
Lindquist, Sigurd: Die Methoden des Yoga. Lund 1932.
Patañjali: Die Wurzeln des Yoga. Die Yoga-Sutren des Patañjali mit einem Komm. von P. Y. Deshpande. Bern/München 1976.
Upanishads du Yoga. Trad. du Sanskrit et annotés par Jean Varenne. Paris 1971.

Der Jainismus

Alsdorf, Ludwig: Les études Jaina état présent et tâches futures. Paris 1965.
Basham, Arthur Llewellyn: History and doctrines of the Ājīvikas. London 1951.
Caillat, Colette: Les expiations dans le rituel ancien des religieux Jaina. Paris 1965.
Glasenapp, Helmuth von: Der Jainismus. Eine indische Erlösungsreligion. Berlin 1925. Nachdr. Hildesheim 1964.
Guérinot, Armand Albert: La religion Jaina, histoire, doctrine, culte, coutumes, institutions. Paris 1926.
Jain, Mukherjee, U. K.: Jaina sects and schools. Delhi 1975.
Kirfel, Willibald: Symbolik des Hinduismus und Jainismus. Stuttgart 1959. – Dazu Tafel-Bd. Stuttgart 1974.
Mehta, Mohan Lal: Jaina Philosophy. Varanasi 1971.
Schubring, Walter: Die Jainas. Tübingen 1927.
– Die Lehre der Jainas. Nach alten Quellen dargest. Berlin/Leipzig 1935.
– Worte Mahāvîras. Krit. Übers. aus dem Kanon der Jaina. Göttingen/Leipzig 1926.
Williams, Robert Hamilton Blair: Jaina Yoga. A Survey of the mediaeval Śravakācāras. London 1962.
Winternitz, Moritz: Geschichte der indischen Litteratur. Bd. 2,2: Die heiligen Texte der Jainas. Leipzig 1920.

Der Buddhismus

Bibliographie

Hanayama, Shinsho: Bibliography of Buddhism. Tokio 1961.

Enzyklopädie

Malalasekera, George Peiris (Hrsg.): Encyclopaedia of Buddhism. Ceylon 1961 ff.

Texte in Übersetzung. Anthologien

Beyer, Stephan: The Buddhist Experience. Sources and Interpretations. Encino 1974.
Buddhistische Geisteswelt. Vom historischen Buddha zum Lamaismus. Texte ausgew. und eingel. von Gustav Mensching. Darmstadt 1955.
Conze, Edward: Buddhist texts through the ages. Transl. from the original Pāli, Sanskrit, Chinese, Tibetan, Japanese and Apabhramsa. Oxford 1954.
Dahlke, Paul: Buddha. Die Lehre des Erhabenen. Ausw. aus dem Pāli-Kanon. Übers. Berlin 1921. Neuausg. München 1966.
Dutoit, Julius: Das Leben des Buddha. Eine Zusammenstellung alter Berichte. Aus dem Pāli übers. Leipzig 1906.

Glasenapp, Helmuth von (Hrsg.): Der Pfad zur Erleuchtung. Grundtexte der buddhistischen Heilslehre. Übers. von H. v. G. Düsseldorf/Köln 1956. Neuausg. 1974.
Oldenberg, Hermann: Reden des Buddha. Lehre, Verse, Erzählungen. Übers. München 1922.
Seidenstücker, Karl: Pāli-Buddhismus in Übersetzungen. Breslau 1911. München-Neubiberg ²1923.
Waldschmidt, Ernst: Die Legende vom Leben des Buddha. In Auszügen aus dem Sanskrit, Pāli, Chinesischen übers. Berlin 1929.
Warren, Henry Clarke: Buddhism in translations. Cambridge (Mass.) 1896. ⁸1922.
Winternitz, Moritz: Der ältere Buddhismus. Nach Texten des Tipiṭaka übers. Tübingen 1929.

Einzeltexte des Hīnayāna

Davids, Thomas William Rhys: Buddhist Suttas. Transl. from the Pāli. Oxford 1881.
– The questions of King Milinda. Übers. aus dem Pāli. London 1890. Nachdr. Delhi 1965.
– / Oldenberg, Hermann: Vinaya texts. Übers. aus dem Pāli. T. 1–3. Oxford 1881–85. Nachdr. Delhi 1965.
Fausböll, Viggo: The Suttanipāta. Übers. aus dem Pāli. Oxford 1885–94. ²1898.
Franke, Rudolf Otto: Dhamma-Worte – Dhammapada. Übers. Jena 1923.
– Dīghanikāya. Das Buch der langen Texte des buddhistischen Kanons. In Ausw. übers. Göttingen/Leipzig 1913.
Geiger, Wilhelm: Saṃyutta-Nikāya. Die in Gruppen geordnete Sammlung aus dem Pāli-Kanon übertr. 2 Bde. München 1925–30.
Lüders, Else: Buddhistische Märchen aus dem alten Indien. Ausgew. und übers. Jena 1921. Düsseldorf/Köln 1974.
Müller, Friedrich Max: The Dhammapadam. Transl. from Pāli. Oxford 1898.
Neumann, Karl Eugen: Die letzten Tage Gotamo Buddho's. Mahāparinibbāna-suttam des Pāli-Kanons. Übers. München 1911. Zürich ³1956.
– Die Lieder der Mönche und Nonnen Gotamo Buddho's. Aus den Theragāthā und Therīgāthā übers. Berlin 1899. Zürich ³1956.
– Die Reden Gotamo Buddho's aus der längeren Sammlung Dīghanikāyo des Pāli-Kanons. 3 Bde. München 1907. Zürich ³1957.
– Die Reden Gotamo Buddho's. Aus der Mittleren Sammlung Majjhimanikāyo des Pāli-Kanons. 3 Bde. Leipzig 1896–1902. Zürich ⁴1956/57.
– Die Reden Gotamo Buddho's. Aus der Sammlung der Bruchstücke – Suttanipāto – des Pāli-Kanons übers. München 1905. Zürich ³1956.
Nikam, Narayanrao Appurao / McKeon, Richard: The Edicts of Asoka. Ed. and Transl. Chicago 1958.
Nyānaponika: Satipaṭṭhāna. Der Heilsweg buddhistischer Geistesschulung. Übers. Konstanz 1950.
Nyānatiloka, Bhikkhu [A. Gueth]: Buddhaghosa, Visuddhimagga oder der Weg zur Reinheit. Aus dem Pāli übers. München 1931. Konstanz ³1975.
– Die Fragen des Milindo. Aus dem Pāli übers. Bd. 1. Leipzig 1919. Bd. 2. München 1924.
– Die Lehrreden des Buddha aus der angereihten Sammlung Anguttara-Nikāyo. Aus dem Pāli-Kanon übers. 2 Bde. Leipzig 1908–12. 5 Bde. Köln ³1969.
Radhakrishnan, Sarvepalli: The Dhammapada. Engl. transl. London 1950. Nachdr. 1958.
Schmidt, Kurt: Die Sammlung der Mittleren Texte des buddhistischen Pāli-Kanons. Übertr. Hamburg 1961.
Schrader, Friedrich Otto: Die Fragen des Königs Menandros. Aus dem Pāli übers. Berlin 1905.
Schröder, Leopold von: Worte der Wahrheit – Dhammapadam – in dt. Übers. Leipzig 1892.
Seidenstücker, Karl: Ittivuttaka. Übers. Leipzig 1922.
– Khuddaka-Pāṭho. Kurze Texte aus dem Pāli. Übers. Breslau 1910.
– Udāna. Das Buch der feierlichen Worte des Erhabenen. Übers. München 1920.

Sanskrit-Texte

Les Avadānas. Contes et apologues indiennes inconnu [...]. Trad. de Julien Stanislas. Paris 1860. – Dt.: Die Avadānas. Indische Erzählungen und Fabeln. Übertr. von Albert Schnell. Rostock 1903.

Cappeller, Carl: Buddhas Wandel. Açvaghoshas Buddhacarita. Frei übertr. Jena 1922.

Schmidt, Richard: Buddhas Leben. Aśvaghoṣa's Buddhacaritam. Ins Dt. übertr. Hannover 1923. Neudr. o. J.

Zimmer, Heinrich: Karman. Ein buddhistischer Legendenkranz (Divyāvadāna). Übers. München 1925.

Gesamtdarstellungen

Bapat, Purushottam Vishvannath (Hrsg.): 2500 Years of Buddhism. Delhi 1956. ^{2}1959.

Berval, René de (Hrsg.): Présence du bouddhisme. Saigon 1959.

Conze, Edward: Buddhism. Its essence and development. Oxford 1951. Nachdr. 1959. – Dt.: Der Buddhismus. Wesen und Entwicklung. Stuttgart 1953. ^{6}1977.

De Bary, Theodore: The Buddhist Tradition in India, China and Tibet. In collaboration of Yoshito Hakeda and Philip Yampolsky. New York 1972.

Dumoulin, Heinrich (Hrsg.): Buddhismus der Gegenwart. Freiburg i. Br. 1970.

Eliot, Sir Charles: Hinduism and Buddhism. 3 Bde. London 1921. Nachdr. ^{2}1957.

Glasenapp, Helmuth von: Der Buddhismus in Indien und im fernen Osten. Berlin/Zürich 1936. ^{3}1972.

Kirfel, Willibald: Symbolik des Buddhismus. Stuttgart 1959.

Lamotte, Etienne: Histoire du Bouddhisme indien des origines à l'ère Śaka. Louvain 1958.

Morgan, Kenneth William (Hrsg.): The path of the Buddha. Buddhism interpreted by Buddhists. New York 1956.

Pratt, James Bissett: The pilgrimage of Buddhism and a Buddhist pilgrimage. New York 1928.

Sangharakshita, Bhikshu: A survey of Buddhism. Bangalore 1957. ^{2}1959.

Schlingloff, Dieter: Die Religion des Buddhismus. 2 Bde. Berlin 1962/63.

Thomas, Edward Joseph: History of Buddhist thought. London 1933. Nachdr. 1963.

Winternitz, Moritz: Geschichte der indischen Litteratur Bd. 2,1: Die buddhistische Litteratur. Leipzig 1913. Nachdr. Stuttgart 1968.

Hīnayāna-Buddhismus

Bareau, André: L'absolu en philosophie bouddhique. Paris 1953.

– Les premiers conciles bouddhiques. Paris 1955.

– Les sectes bouddhiques du Petit Véhicule. Saigon 1955.

Beckh, Hermann: Buddhismus. Buddha und seine Lehre. 2 Bde. Berlin/Leipzig 1916. Stuttgart ^{4}1958.

Brodrick, Alan Houghton: Little Vehicle, Cambodia and Laos. London 1948.

Conze, Edward: Buddhist meditation. London 1956.

Coomaraswamy, Ananda: Buddha and the gospel of Buddhism. New York 1916. Bombay ^{3}1964.

Davids, Caroline Augusta Rhys: The birth of Indian psychology and its development in Buddhism. London 1936.

Davids, Thomas William Rhys: Buddhism, its history and literature. London 1890. New York ^{2}1904. – Dt.: Der Buddhismus. Leipzig 1899.

Dutt, Sukamar: Early Buddhist monachism, 600 b. C. – 100 b. C. London 1924. Rev. ed. Bombay 1960.

Foucher, Alfred: La vie du Bouddha d'après les textes et les monuments de l'Inde. Paris 1949.

Frauwallner, Erich: The earliest Vinaya and the beginnings of Buddhist literature. Rom 1956.
Glasenapp, Helmuth von: Entwicklungsstufen des indischen Denkens. Untersuchungen über die Philosophie der Brahmanen und Buddhisten. Halle 1940.
– Vedānta und Buddhismus. Mainz/Wiesbaden 1950.
– Die Weisheit des Buddha. Baden-Baden 1946.
Gokhale, Balkrishna Govind: Buddhism and Asoka. Baroda 1948.
Günther, Herbert: Der Buddha und seine Lehre. Nach der Überlieferung der Theravādins. Zürich 1956.
Heiler, Friedrich: Die Buddhistische Versenkung. München 1918. [2]1922.
Horner, Isaline Blew: Women under primitive Buddhism, laywomen and almswomen. London 1930.
Keith, Arthur Berriedale: Buddhist philosophy in India and Ceylon. Oxford 1923.
Kern, Fritz: Aśoka, Kaiser und Missionar. Hrsg. von Willibald Kirfel. Bern 1956.
Law, Bimala Charan: Geography of early Buddhism. Kalkutta 1932.
Lester, Robert C.: Theravāda Buddhism in Southeast Asia. Ann Arbor 1973.
Macphail, James M.: Asoka. Kalkutta 1918.
Masson, Joseph: La religion populaire dans le canon bouddhique Pāli. Louvain 1942.
Nyānatiloka: Buddhistisches Wörterbuch. Konstanz 1952. [2]1976.
Oldenberg, Hermann: Buddha. Sein Leben, seine Lehre, seine Gemeinde. Berlin 1881. Stuttgart [14]1961.
– Die Lehre der Upanishaden und die Anfänge des Buddhismus. Göttingen 1915. [2]1923.
Pande, Govind Chandra: Studies in the origins of Buddhism. Allahabad 1957.
Pischel, Richard: Leben und Lehre des Buddha. Leipzig 1906. [4]1926.
Rāhula, Walpola: History of Buddhism in Ceylon. The Anuradhapura period. Colombo 1956.
Ranasinghe, C. P.: The Buddha's explanation of the universe. Colombo 1957.
Ray, Nihar-Ranjan: An introduction to the study of Theravāda-Buddhism in Burma. Kalkutta 1946.
– Sanskrit Buddhism in Burma. Amsterdam 1936.
Schmidt, Kurt: Buddhas Lehre. Leipzig 1917. Konstanz [2]1946.
– Buddhistische Heilige. Charakterbilder. Konstanz 1947.
Stcherbatsky, Fedor Ippolitovic: The central conception of Buddhism. London 1923. [4]1970.
– The conception of Buddhist Nirvāṇa. Leningrad 1927.
Strauss, Otto: Buddhistische Philosophie. München 1925.
Tāranātha's Geschichte des Buddhismus in Indien. Aus dem Tibet. übers. von Anton Schiefner. St. Petersburg 1869.
Thomas, Edward Joseph: The life of Buddha as legend and history. London 1927. [3]1952.
Vallée Poussin, Louis de la: Bouddhisme. Opinions sur l'histoire de la dogmatique. Paris 1909. [4]1925.
– Les conciles bouddhiques. London 1905.
– Le dogme et la philosophie du Bouddhisme. Paris 1930.
– La morale bouddhique. Paris 1927.
– Nirvāna. Paris 1925.
– The way to Nirvāna. Cambridge 1917.
Waldschmidt, Ernst: Die Überlieferung vom Lebensende des Buddha. 2 Bde. Göttingen 1944–48.
Walleser, Max: Die philosophischen Grundlagen des älteren Buddhismus. Heidelberg 1904. [2]1925.
– Die Sekten des alten Buddhismus. Heidelberg 1927.
Wells, Kenneth E.: Thai Buddhism, its rites and activities. Bangkok 1939. Nachdr. 1960.

Mahāyāna-Buddhismus. Texte in Übersetzung

Açvaghoṣa: The awakening of faith in the Mahāyāna doctrine (Śraddhotpādaśāstra). Transl. by Timothy Richard. Shanghai 1907. London 1961.
Açvaghosha's Discourse on the awakening of faith in the Mahāyāna (Śraddhotpādaśāstra). Transl. from the Chines. by Daisetz Teitaro Suzuki. Chicago 1900.
Asanga: Mahāyāna-sūtrālaṃkāra. Ed. et trad. par Sylvain Lévi. T. 2. Paris 1911.
Bi-yän-lu. Meister Yüan-wu's Niederschrift von der Smaragdenen Felswand. Übers. und erl. von Wilhelm Gundert. 3 Bde. München 1960–73.
Chavannes, Edouard: Cinq cents contes et apologues. Extraits du Tripitaka chinois. Trad. 4 Bde. Paris 1910–34.
– Contes et légendes du Bouddhisme chinois. Paris 1921.
Cowell, Edward Byles / Müller, Friedrich Max / Takakusu, Junjirō: Buddhist Mahāyāna texts. Aus dem Sanskrit übers. Oxford 1894.
Dhyana. Meditationsanweisungen des chinesischen Meisters Chi-Chi aus Tien-Tai. [Orig. frz.] Übers. von Ursula von Mangoldt. München-Planegg 1960.
Evans-Wentz, Walter Yeeling: The Tibetan Book of the Dead [. . .] according to Lama Kazi Dawa-Samdup's English rendering. London 1927. [4]1971.– Dt.: Das tibetanische Totenbuch. Übers. von Louise Göpfert-March. Zürich 1935 [u. ö.]. Freiburg i. Br. [8]1973.
– The Tibetan Book of the great liberation. London 1954. [2]1968. – Dt.: Das tibetische Buch der großen Befreiung. Übers. von Alterego [d. i. Fritz Werle]. München 1955.
– Tibetan Yoga and secret doctrines or Seven Books of wisdom of the great path. London 1935. [2]1967. – Dt.: Yoga und Geheimlehren Tibets. Übers. von Ursula von Mangoldt. München-Planegg 1937. [2]1951.
Fo p'u, Hsüan: Guide to Buddhahood, being a standard manual of Chinese Buddhism. Transl. by Timothy Richard. Shanghai 1907.
Groot, Johann J. M. de: Le code du Mahāyāna en Chine. Amsterdam 1893.
Haas, Hans: »Amida Buddha unsere Zuflucht«. Urkunden zum Verständnis des japanischen Sukhāvatī-Buddhismus. Leipzig 1910.
Härtel, Herbert: Karmavācanā. Formulare für den Gebrauch im buddhistischen Gemeindeleben aus ostturkistanischen Sanskrit-Handschriften. Berlin 1956.
Hattori, Masaaki: Dignāga – On Perception – Being the Pratyakṣa-pariccheda of Dignāga's Pramāṇasamuccaya. Cambridge (Mass.) 1968.
Hermanns, Matthias: Schöpfungs- und Abstammungsmythen der Tibeter. Freiburg (Schweiz) 1949.
Hoffmann, Helmut: Quellen zur Geschichte der tibetischen Bon-Religion. Hrsg. und übers. Mainz 1950.
[Hsuan-Tsang:] The life of Hsuan-Tsang [. . .]. Compiled by Monk Hui-li. Transl. by Li Yung-shi. Peking 1959.
Jih-hsiu, Wang: Laienbuddhismus in China. Das Lung shu Ching t'u wên. Aus dem Chines. übers. von Heinrich Hackmann. Gotha 1924.
Kanai, Tada: The praises of Amida, seven Buddhist sermons. Transl. from the Japan. by Arthur Lloyd. Yokohama 1893. [2]1907.
Le Lalita vistara. Développement des jeux. Trad. du Sanskrit par Philipp Eduard Foucaux. 6 Bde. Paris 1884–92.
Lamotte, Étienne: La somme du Grand Véhicule. Asanga's Mahāyāna-Sangraha. Louvain 1938.
Lévi, Sylvain: Un système de philosophie bouddhique. Matériaux pour l'étude du système Vijñaptimātra. Paris 1932.
Muralt, Raoul von (Hrsg.): Tripitaka. Meditationssutras des Mahāyāna-Buddhismus. Zürich 1956. [2]1973.

Rockhill, William Woodville: The life of the Buddha and the early history of his order. Derived from Tibetan works transl. London 1907.
The Saddharmapuṇḍarīka or the lotus of the true law. Transl. by Henrik Kern. Oxford 1884.
Saddharmapuṇḍarīkasūtra. Le lotus de la bonne foi. Trad. du Sanskrit par Eugène Burnouf. Paris 1852. Nachdr. 1973.
Sāntideva: Bodhicaryāvatāra. Introduction à la pratique des futurs bouddhas. Trad. par Louis de la Vallée Poussin. Paris 1907.
– The path of light. Bodhicaryāvatāra. London 1909. – Dt.: Der Eintritt in den Wandel der Erleuchtung (Bodhi-caryāvatāra). Aus dem Sanskrit übers. von Richard Schmidt. Paderborn 1923. Neudr. Osnabrück 1970.
– Śikshā-samuccaya. A compendium of Buddhist doctrine. Transl. from the Sanskrit by Cecil Bendall and William Henry Denham Rouse. London 1922. Nachdr. 1957.
Schmithausen, Lambert: Der Nirvāna-Abschnitt in der Viniścayasaṃgrahaṇī der Yogācārabhūmiḥ. Wien 1969.
Soothill, William Edward: The Lotus of the wonderful law or the Lotus Gospel Saddharmapuṇḍarīka Sūtra. Oxford 1930.
Steinkellner, Ernst (Hrsg.): Dharmakīrti's Hetubinduḥ. Wien 1967.
Suzuki, Daisetz Teitaro: Lankāvatāra-Sūtra. Transl. from the Sanskrit. London 1932. ⁴1968.
– Studies in the Lankāvatāra-Sūtra. London 1930.
Tucci, Giuseppe: Il libro tibetano dei morti. Milano 1949.
Vallée Poussin, Louis de la: Vijñaptimātratāsiddhi. La Siddhi de Hiuan tsang. Trad. Paris 1928.
Vetter, Tilmann: Dharmakīrti. Pramāṇaviniścayaḥ, Kap. 1: Pratyakṣam. Übers. Wien 1960.
Walleser, Max: Die mittlere Lehre des Nāgārjuna. Übers. 2 Bde. Heidelberg 1911/12.
– Prajñāpāramitā. Die Vollkommenheit der Erkenntnis. Nach ind., tibet. und chines. Quellen. Göttingen 1914.
Wieger, Léon: Bouddhisme chinois. Extraits du Tripitaka. 2 Bde. Paris 1910–13. ²1951.
Winternitz, Moritz: Der Mahāyāna-Buddhismus. Nach Sanskrit- und Prakrittexten. Tübingen 1930.
Die Zen-Lehre des chinesischen Meisters Huang-Po. Übers. von Ursula von Mangoldt. Weilheim 1960.

Mahāyāna-Buddhismus. Darstellungen

Dayal, Har: The Bodhisattva doctrine in Buddhist Sanskrit literature. London 1932.
Dutt, Nalinaksha: Aspects of Mahāyāna Buddhism. London 1930. Durchges. Ausg. 1977.
Getty, Alice: The gods of northern buddhism. Oxford 1914. Rutland ²1962.
Kitayama, Jungyu: Metaphysik des Buddhismus. Stuttgart/Berlin 1934.
Krause, Friedrich Ernst August: Ju-Tao-Fo. Die religiösen und philosophischen Systeme Ostasiens. München 1924.
MacGovern, William Montgomery: An introduction to Mahāyāna Buddhism. London 1922.
Mallmann, Marie Thérèse de: Introduction à l'étude d'Avalokiteçvara. Paris 1948. ²1967.
Masuda, Jiryo: Der individualistische Idealismus der Yogācāra-Schule. Heidelberg 1926.
Mitra, Rupendra Coomar: The decline of Buddhism in India. Visabharato 1954.
Murti, Tirupattur Ramaseshayyer Venkatachala: The central philosophy of Buddhism. A Study of the Mādhyamika system. London 1955.
Rosenberg, Otto: Die Probleme der buddhistischen Philosophie. Aus dem Russ. übers. Heidelberg 1924.
– Die Weltanschauung des modernen Buddhismus im fernen Osten. Aus dem Russ. übers. Heidelberg 1924.
Ruegg, David Seyfort: La Theorie du Tathāgatagarbha et du Gotra. Paris 1969.

Schmithausen, Lambert: Spirituelle Praxis und Philosophische Theorie im Buddhismus. In: Zeitschrift für Missionswissenschaft und Religionswissenschaft 57/3 (1973) S. 161–186.
Schulemann, Günther: Die Botschaft des Buddha vom Lotus des guten Gesetzes. Freiburg i. Br. 1937.
Steinkellner, Ernst: On the Interpretation of the Svabhāvahetuḥ. In: Wiener Zeitschrift für die Kunde Südasiens 18 (1974) S. 117–129.
– Wirklichkeit und Begriff bei Dharmakīrti. In: Wiener Zeitschrift für die Kunde Südasiens 15 (1971) S. 179–211.
Suzuki, Beatrice Lane: Mahāyāna Buddhism. London 1938. ³1959.
Suzuki, Daisetz Teitaro: Outlines of Mahāyāna Buddhism. London 1907.
Vetter, Tilman: Erkenntnisprobleme bei Dharmakīrti. Wien 1964.

Vajrayāna

Bhattacharya, Benoytosh: Buddhist Esoterism. London 1932.
Dasgupta, Shastri Bhoshan: Introduction to Tantric Buddhism. Kalkutta 1950. ²1958.
Glasenapp, Helmuth von: Buddhistische Mysterien. Die geheimen Lehren und Riten des Diamant-Fahrzeugs. Stuttgart 1940.
Guenther, Herbert V.: The Life and Teaching of Naropa. Transl. from the Tibetan. Oxford 1963.
– The Royal Song of Saraha. Transl. Seattle 1969.
Snellgrove, David Llewellyn (Hrsg.): Hevajra Tantra. With a critical study. 2 Bde. London 1959.
Lessing, Ferdinand Diederich / Wayman, Alexander: mkhas-grub-rje's. Fundamentals of the Buddhist Tantras. Den Haag 1968.
Wayman, Alexander: The Buddhist Tantras. New York 1973.

Der Buddhismus in China

Bagchi, Prabodh Chandra: Le canon Bouddhique en Chine. 2 Bde. Paris 1927–38.
Beal, Samuel: Buddhism in China. London 1884.
Chen-Chi, Chang: The practice of Zen. London 1959. ²1970.
Dumoulin, Heinrich / Fuller-Sasaki, Ruth: The development of Chinese Zen. New York 1953.
Edkins, Joseph: Chinese Buddhism. London 1893. Nachdr. New York 1968.
Groot, Johann J. M. de: Der Thūpa. Das heiligste Heiligtum des Buddhismus in China. Berlin 1919.
Hackmann, Heinrich: Die Schulen des chinesischen Buddhismus. Berlin 1911.
Johnston, Reginald Fleming: Buddhist China. London 1913.
Reichelt, Karl Ludwig: Der chinesische Buddhismus. Aus dem Norweg. übers. Basel 1926.
Soothill, William Edward: The three religions of China. London 1930. ³1951.
Welch, Holmes: Buddhism under Mao. Cambridge (Mass.) 1972.
Wright, Arthur Frederik: Buddhism in Chinese history. Stanford 1959.
Zürcher, Erik: The Buddhist conquest of China. The spread and adaptation of Buddhism in early medieval China. 2 Bde. Leiden 1959.

Der Buddhismus in Korea und Japan

Anesaki, Masaharu: Nichiren, the Buddhist prophet. Cambridge 1916. ²1949.
Armstrong, Robert Cornell: Buddhism and Buddhists in Japan. London 1927.
Benoît, Hubert: La doctrine suprême. 2 Bde. Paris 1951/52. ²1959. – Dt.: Die hohe Lehre. Der Zen-Buddhismus als Grundlage psychologischer Betrachtung. Übers. von Marcella Rodewig und Inge Vielhauer. München-Planegg 1958.
Bunce, William K.: Religions in Japan – Buddhism, Shinto, Christianity. Rutland 1955.

Coates, Harper Havelock / Ishizuka, Ryugaku: Hōnen, the Buddhist saint. Kyoto 1925. ²1949.
Dumoulin, Heinrich: Der Erleuchtungsweg des Zen im Buddhismus. Frankfurt a. M. 1976.
– Zen. Geschichte und Gestalt. Bern 1959.
Eliot, Sir Charles: Japanese Buddhism. London 1935. ²1959.
Gundert, Wilhelm: Japanische Religionsgeschichte. Stuttgart 1935. ²1943.
Haas, Hans: Annalen des japanischen Buddhismus. Tokio 1908.
– Der heilige Kanon des Buddhismus in Japan. Tokio 1904.
– Die kontemplativen Schulen des japanischen Buddhismus. Tokio 1905.
– Die Sekten des japanischen Buddhismus. Heidelberg 1905.
Humphreys, Christmas: Zen-Buddhism. London 1949. – Dt.: Zen-Buddhismus. München 1951.
Kishimoto, Hideo: Japanese religion in the Meiji era. Transl. by John F. Howes. Tokio 1956.
Kono, Chisan: Soto Zen. Kyoto 1956.
Lévi, Sylvain: Matériaux japonais pour l'étude du bouddhisme. Tokio 1927.
Lubac, Henri de: Amida. Paris 1955.
Merton, Thomas: Mystics and Zen Masters. New York 1969.
Nanjio, Bunyiu: A short history of the twelve Japanese Buddhist sects. Tokio 1886.
Nukariya, Kaiten: The religion of the Samurai. London 1913.
Ogata, Sohaku: Zen for the West. London 1959.
Ôhasama, Schûej: Zen. Der lebendige Buddhismus in Japan. Ausgewählte Stücke des Zen-Textes. Übers. Hrsg. von August Faust. Gotha 1925. Neudr. Tokio 1967.
Reischauer, August Karl: Studies in Japanese Buddhism. New York 1925.
Shibayama, Zenkei: Comment in the Mumonkan. New York 1974.
Shōjun, Bandō (Hrsg.): A Bibliography on Japanese Buddhism. Tokio 1958.
Starr, Frederick: Korean Buddhism. History, condition, art. Boston 1918.
Steinilber-Oberlin, Émile: Les sectes bouddhiques japonaises. Paris 1930.
Suzuki, Daisetz Teitaro: Essays in Zen Buddhism. 3 Bde. London 1927–34.
– An Introduction to Zen Buddhism. London 1934. ³1972. – Dt.: Die große Befreiung. Einführung in den Zen-Buddhismus. Leipzig 1939. Neudr. Frankfurt a. M. 1975.
– Living by Zen. London ²1950. – Dt.: Leben aus Zen. München 1955.
– Manual of Zen Buddhism. London 1935. ²1950.
– Studies in Zen. London ²1955.
– Zen Buddhism and its influence on japanese culture. London 1938. ²1960. – Dt.: Zen und die Kultur Japans. Stuttgart/Berlin 1941. Hamburg ²1958.
– The Zen Doctrine of no-mind. The significance of the Sutra of Hui-Nēng. London 1949. ³1972. – Dt.: Die Zen-Lehre vom Nicht-Bewußtsein. Die Bedeutung des Sutra von Hui-Nēng. Übers. von Emma von Pelet. München-Planegg 1957.
Waley, Arthur: Zen Buddhism and its relation to art. London 1922.
Watts, Alan Wilson: The spirit of Zen. A way of life, work and art in the Far East. London ³1958. – Dt.: Vom Geist des Zen. Übertr. von Julius Schwabe. Basel 1956.

Der Buddhismus in Tibet

Bell, Sir Charles: The religion of Tibet. Oxford 1931. Nachdr. 1968.
Beyer, Stephan: The Cult of Tārā. Magic and Ritual in Tibet. Berkeley 1973.
Bleichsteiner, Robert: Die gelbe Kirche. Wien 1937.
Dalai Lama: Das Auge der Weisheit. Grundzüge der buddhistischen Lehre für den westlichen Leser. Bern/München/Wien 1975.
Dargyay, Eva: The Rise of Esoteric Buddhism in Tibet. Delhi 1977.
David-Neel, Alexandra: Initiations lamaiques. Des theories, des pratiques, des hommes. Paris 1930. ³1957. – Dt.: Meister und Schüler. Die Geheimnisse der lamaistischen Weihen. Leipzig 1934.

– Mystiques et magiciens du Thibet. Paris 1929. – Dt.: Heilige und Hexer. Glaube und Aberglaube im Lande des Lamaismus. Leipzig 1931.
– / Yongdon, Lama: La connaissance transcendante d'après le Texte (Prajnāpāramitā) et les commentaires tibetains. Paris 1958.
Demiéville, Paul: Le concile de Lhasa. Une controverse sur le quiétisme entre bouddhistes de l'Inde et de la Chine au VIIIe siècle. Paris 1952.
Evans-Wentz, Walter Yeeling: Tibet's great yogi Milarepa. London 1928. ²1969. – Dt.: Milarepa, Tibets großer Yogi. München-Planegg 1937.
– Yoga und Geheimlehren Tibets. München 1937. ²1951.
Filchner, Wilhelm: Kumbum Dschamba Ling. Das Kloster der hunderttausend Bilder Maitreyas. Leipzig 1933.
Ganhar, Prem Nath: Buddhism in Kashmir and Ladakh. Delhi 1956.
Govinda, Anagarika: Foundations of Tibetan Mysticism. London 1957. ⁴1969. – Dt.: Grundlagen tibetischer Mystik. Zürich 1957. ⁴1975.
Grünwedel, Albert: Mythologie des Buddhismus in Tibet und in der Mongolei. Leipzig 1900.
Guenther, Herbert V. (Hrsg.): The Jewel Ornament of Liberation. By sGam-po-pa ⟨1079–1153⟩. Berkeley 1971. ³1974.
– (Hrsg.): Kindly Bent to Ease Us. klong-chen rab-'byams-pa: Ngalgso skor-gsum. 3 Bde. Emeryville 1975.
Gyatso, Tenzin: The Buddhism of Tibet and the Key to the Middle Way. London 1975.
Hoffmann, Helmut: Geschichte Tibets. München 1954.
– Quellen zur Geschichte der tibetischen Bon-Religion. Hrsg. und übers. Mainz 1950.
– Die Religionen Tibets. Freiburg i. Br. / München 1956.
– Symbolik der tibetischen Religionen und des Schamanismus. Stuttgart 1967.
Hopkins, Jeffrey / Rinpoche, Lati / Klein, Anne: Nāgārjuna and the Seventh Dalai Lama: The Precious Garland and the Song of the Four Mindfulness. London 1975.
Huth, Georg: Geschichte des Buddhismus in der Mongolei. Aus dem Tibet. übers. 2 Bde. Straßburg 1892–96.
Kvaerne, Per: Aspects of the Origin of the Buddhist Tradition in Tibet. In: Numen 19 (1972) S. 22–40.
Lalou, Marcelle: Les religions du Tibet. Paris 1957.
Ribbach, Samuel Heinrich: Drogpa Namgyal. Ein Tibeterleben. München 1940.
Ruegg, David Seyfort: The Life of Bu-ston Rin-po-che. Rom 1966.
Schulemann, Günther: Geschichte der Dalai-Lamas. Heidelberg 1911. ²1958.
Snellgrove, David Llewellyn: Buddhist Himalaya. Travels and studies in quest of the origins and nature of Tibetan religion. Oxford 1957.
– Four Lamas of Dolpo. 2 Bde. Oxford 1967.
– The Nine Ways of Bon. London 1967.
Söpa, Geshe Lhündub / Hopkins, Jeffrey: Practice and Theory of Tibetan Buddhism. London 1976. – Dt.: Der tibetische Buddhismus. Übers. von Burckhard Quessel. Düsseldorf/Köln 1977.
Tucci, Giuseppe / Heissig, Walther: Die Religionen Tibets und der Mongolei. Stuttgart 1970.
Waddell, Laurence Austine: The Buddhism of Tibet or Lamaism. London 1895. Nachdr. Cambridge 1959.
– Lhasa and its mysteries. London 1905. ³1906.

Buddhistische Kunst

Bhattacharya, Benoytosh: Indian Buddhist iconography. London 1925. Kalkutta ²1958.
Foucher, Alfred: L'iconographie bouddhique de l'Inde. Paris 1900–05.
Gordon, Antoinette K.: The Iconography of Tibetan Lamaism. New York 1939. Rutland ³1960.

Groslier, Bernard-Philippe: Angkor. Hommes et pierres. Paris 1956. – Dt.: Angkor. Eine versunkene Kultur im indochinesischen Dschungel. Köln 1956.
Grünwedel, Albert: Buddhistische Kunst in Indien. Berlin 1893. [3]1932.
Hummel, Siegbert: Geschichte der tibetischen Kunst. Leipzig 1953.
Kirfel, Willibald: Symbolik des Buddhismus. Stuttgart 1959.
Le Coq, Albert von: Die buddhistische Spätantike in Mittelasien. 3 Bde. Berlin 1922–24.
Lommel, Andreas: Kunst des Buddhismus. Zürich 1974.
Nebesky-Wojkowitz, René de: Oracles and demons of Tibet. The cult and iconography of the Tibetan protective deities. Den Haag 1956.
Schlingloff, Dieter: Kalyānakārin's Adventures – the Identification of an Ajanta Painting. In: Artibus Asiae 38/1 (1976) S. 5–28.
Seckel, Dietrich: Buddhistische Kunst Ostasiens. Stuttgart 1957.
Silva-Vigier, Anil de: Das Leben des Buddha. Nach den alten Legenden und im Spiegel der Kunst. London 1956.
Tibet. Kunst des Buddhismus. Katalog zur Ausstellung »Tibetische Kunst«. München, Haus der Kunst, 6. August – 16. Oktober 1977.
Zimmer, Heinrich: Kunstform und Yoga im indischen Kultbild. Berlin 1926. Neuaufl. Frankfurt a. M. 1976.

Der Buddhismus im Abendland

Bertholet, Alfred: Buddhismus im Abendland der Gegenwart. Tübingen 1928.
Dahlke, Paul: Buddhismus als Religion und Moral. Leipzig 1914. München-Neubiberg [2]1923.
– Buddhismus als Wirklichkeitslehre und Lebensweg. Karlsruhe 1928.
Doelger, Franz: Der griechische Barlaam-Roman. Ettal 1953.
Dumoulin, Heinrich: Östliche Meditation und christliche Mystik. Freiburg i. Br. / München 1966.
Glawe, Walther: Buddhistische Strömungen der Gegenwart. Berlin-Lichterfelde 1913.
Grimm, Georg: Das Glück. Die Botschaft des Buddha. München 1933. [3]1960.
– Die Lehre des Buddha. Die Religion der Vernunft und der Meditation. München 1915. Baden-Baden [15]1957.
Humphreys, Christmas: Buddhism. London 1954. [3]1962.
Hungerleider, Fritz / Hohenberger, Siegfried: Gespräch eines Buddhisten mit einem Christen. Zur Frage der Toleranz. Weilheim 1969.
Lubac, Henri de: La rencontre du bouddhisme et de l'occident. Paris 1952.
Schweinitz, Hellmut von: Buddhismus und Christentum. München/Basel 1955.
Slepčevič, Pero: Buddhismus in der deutschen Literatur. Wien 1920.
Yāna. Zeitschrift für Altbuddhismus und religiöse Kultur. Utting (Ammersee) 1948 ff.

Die nachbuddhistischen Religionen Indiens (Der Hinduismus)

Abs, Josef Maria: Indiens Religion. Der Sanātana-Dharma. Eine Darstellung des Hinduismus. Bonn 1923.
Bouquet, Alan Coates: Hinduism. New York 1948. [2]1962.
Brunton, Paul: A search in secret India. London 1934. – Dt.: Yogis. Verborgene Weisheit Indiens. Übertr. von Margret von Bismarck. Berlin 1937.
Crooke, William: The popular religion and folklore of Northern India. 2 Bde. London 1896. Oxford [2]1926.
Diehl, Carl Gustav: Instrument and purpose. Studies on rites and rituals in South India. Lund 1956.
Domont, Louis: Homo Hierarchicus. Essai sur le système des castes. Paris 1966.

Eliot, Sir Charles: Hinduism and Buddhism. 3 Bde. London 1921. ²1957.
Filchner, Wilhelm / Marâthe, Shrîdar: Hindustan im Festgewand. Celle 1953.
Glasenapp, Helmuth von: Der Hinduismus. Religion und Gesellschaft im heutigen Indien. München 1922. Nachdr. 1976.
– Indische Geisteswelt. Eine Auswahl von Texten in dt. Übers. Bd. 1: Glaube und Weisheit der Hindus. Baden-Baden 1958.
Gonda, Jan: Die Religionen Indiens. Bd. 2: Der jüngere Hinduismus. Stuttgart 1963.
– Visnuism and Śivaism. A Comparison. London 1970.
Herbert, Jean: Spiritualité hindou. Paris 1947.
Hopkins, Edward Washburn: Epic Mythology. Straßburg 1915. Nachdr. Delhi 1974.
Hutton, John Henry: Caste in India. Its nature, function and origins. Cambridge 1946. London ³1961.
Kane, Pandurang Vaman: History of Dharmaśāstra. 5 Bde. Poona 1962 ff.
Kirfel, Willibald: Die Kosmographie der Inder. Bonn/Leipzig 1920.
Klostermaier, Klaus: Hinduismus. Köln 1965.
O'Malley, Lewis Sidney Steward: Popular Hinduism. The religion of the masses. Cambridge 1935.
Morgan, Kenneth William: The Religion of the Hindus. New York 1953.
Nikhilananda, Swamin: Essence of Hinduism. Boston 1948.
– Hinduism. Its meaning for the liberation of the spirit. London 1959. – Dt.: Der Hinduismus. Seine Bedeutung für die Befreiung des Geistes. Übers. von Leopold Voelker. Berlin 1960.
Oman, John Campbell: The mystics, ascetics and saints of India. London 1903.
Pandey, Ray Bali: Hindu saṃskāras. A socio-religious study of the Hindu sacraments. Benares 1949. Delhi ²1969.
Radhakrishnan, Sarvepalli: The Hindu view of life. London 1926. ¹⁰1960. – Dt.: Die Lebensanschauung der Hindu. Übers. von Hilko Wiardo Schomerus. Leipzig 1928. Baden-Baden 1961.
Schmidt, Richard: Fakire und Fakirtum im alten und modernen Indien. Berlin 1908.
Schrader, Friedrich Otto: Der Hinduismus. Tübingen 1930.
Senart, Émile: Les castes dans l'Inde. Les faits et le système. Paris 1896. ²1927.
Shastri, S. M. Natesa: Hindu feasts, fasts and ceremonies. Madras 1903.
Smith, Bardwell Leith (Hrsg.): Hinduism. New essays in the history of religions. Leiden 1976.
– (Hrsg.): Religion and social conflict in South Asia. Leiden 1976.
Stevenson, Margret [»Mrs. Sinclair«]: The rites of the twiceborn. London 1920.
Tondriau, Julien: Du yoga au fakirisme. Brüssel 1960.
Zaehner, Robert Charles: Hinduism. London 1962. – Dt.: Der Hinduismus. Übers. von Gerald Frodl. München 1964.

Hinduistische Kunst

Banerjea, Jitendra Nath: The development of Hindu iconography. Kalkutta 1941. ²1956.
Boner, Alice: Principles of composition in Hindu sculpture. Cave temple period. Leiden 1962.
Cohn, William: Indische Plastik. Berlin 1921. ³1923.
Coomaraswamy, Ananda: History of indian and indonesian art. London 1927. New York ²1965. – Dt.: Geschichte der indischen und indonesischen Kunst. Übers. von Hermann Götz. Leipzig 1927. Stuttgart ²1965.
Fischer, Klaus: Schöpfungen indischer Kunst. Von den frühesten Bauten und Bildern bis zum mittelalterlichen Tempel. Köln 1959.
Götz, Hermann: Indien. Fünf Jahrtausende indischer Kunst. Baden-Baden 1959.
Kirfel, Willibald: Symbolik des Hinduismus und Jinismus. Stuttgart 1959. – Dazu Tafel-Bd. von Volker Moeller. Stuttgart 1974.
Kramrisch, Stella: The Hindu Temple. Kalkutta 1946.

– Indische Kunst. Traditionen in Skulptur, Malerei und Architektur. London 1955.
– Indische Plastik. London 1933.
Rao, T. A. Gopinātha: Elements of Hindu iconography. 4 Bde. Madras 1914. Nachdr. New York 1968.
Rau, Heimo: Die Kunst Indiens bis zum Islam. Stuttgart 1958.
Zimmer, Heinrich: The Art of Indian Asia. 2 Bde. New York 1959.
– Maya, der indische Mythos. Stuttgart/Berlin 1936. Zürich [3]1978.
– Myths and symbols in Indian art and civilization. New York 1946. [3]1953. – Dt.: Mythen und Symbole in indischer Kunst und Kultur. Zürich 1951. Neuausg.: Indische Mythen und Symbole. Düsseldorf/Köln 1972.

Bhakti

Avalon, Arthur [Sir John Woodroffe]: The Mahāparinirvāṇatantra. London 1913. [3]1953.
– The principles of Tantra. 2 Bde. London 1914–16.
– Shakti and Shakta. Essays and adresses. London 1920. Madras [8]1975.
– Tantric texts. London 1914 ff.
Avalon, Arthur and Ellen: Hymns to the Goddess. Transl. from the Sanskrit. London 1913. [2]1952.
Dasgupta, Surendra Nath: Hindu Mysticism. Chicago/London 1927. New York 1959.
Deleury, G.-A.: Toukaram. Psaumes du pèlerin. Trad., introd. et comm. Paris 1956.
Deussen, Paul / Strauss, Otto: Vier philosophische Texte des Mahābhāratam. Aus dem Sanskrit übers. Leipzig 1906. [2]1922.
Dhavamony, Mariasusai: Love of God according to Śaiva Siddhānta. Oxford 1971.
Eidlitz, Walther: Der Glaube und die heiligen Schriften der Inder. Freiburg i. Br. 1957.
– Die indische Gottesliebe. Freiburg i. Br. 1955.
Garbe, Richard: Die Bhagavadgīta. Aus dem Sanskrit übers. Leipzig 1905. [2]1921.
Götz, Hermann / Munk-Götz, Rose-Ilse: Gedichte der indischen Liebesmystik des Mittelalters (Krishna und Rādhā). Leipzig 1925.
Keay, Frank Ernest: Kabir and his followers. London 1931.
Lauenstein, Diether: Das Erwachen der Gottesmystik in Indien. Die Entwicklung des Bhakti-Begriffes innerhalb der älteren religiösen Vorstellungen der Inder. München 1943.
Lehmann, Arno: Die Hymnen des Tayumanavar. Texte zur Gottesmystik des Hinduismus. Aus dem Tamil übers. Gütersloh 1935.
Macnicol, Nicol: Psalms of the Marāṭhā saints. London 1909.
Otto, Rudolf: Der Sang des Hehr-Erhabenen. Die Bhagavad-Gītā. Übertr. und erl. Stuttgart 1935.
– Vischnu-Nārāyana. Texte zur indischen Gottesmystik. Aus dem Sanskrit übertr. Jena 1917. [2]1932.
Pope, George Uglow: The Tiruvāçagam or Sacred Utterances of [. . .] Mānikka Vāçagar. Text with engl. transl. Oxford 1900.
Pradhan, Vitthal Ganesh: Jnāneshvari. Transl. from the Marathi. 2 Bde. London 1967–69.
Radhakrishnan, Sarvepalli: The Bhagavadgītā. Sanskrittext and Engl. transl. London 1948. [4]1956. – Dt. Übers. Baden-Baden 1958.
Schomerus, Hilko Wiardo: Die Hymnen des Māṇikka-Vāśaga. Aus dem Tamil übers. Jena 1923.
Schröder, Leopold von: Bhagavadgītā. Des Erhabenen Sang. Jena 1922. Düsseldorf [2]1955.
Shastri, Kumar: The Bhakti cult in ancient India. Kalkutta 1922.
Tagore, Rabindranath / Underhill, Evelyn: One hundred poems of Kabir. Transl. London 1915. Nachdr. London 1961.
Tulsī Dās. The holy lake of the acts of Rāma. Engl. transl. of Tulasī Dās's Rāmacaritamānasa by W. Douglas Hill. London 1952.

Vaudeville, Charlotte: L'invocation. Le Haripāṭh de Dñyāndev. Paris 1969.
Westcott, George Herbert: Kabīr and the Kabīr Panth. Cawnpore 1907. Kalkutta ²1953.
Zaehner, Robert Charles: The Bhagavad-Gītā. With a Commentary based on the Original Sources. Oxford 1969.

Die theologischen Schulen

Bhandarkar, Rāmakṛṣna Gopāla: Vaiṣṇavism, Śaivism and minor religious systems. Straßburg 1913.
Carpenter, Joseph Estlin: Theism in medieval India. London 1921.
Chatterji, Jagadish Chandra: Kashmir Shaivism. Srinagar 1914.
Deussen, Paul: Die Sūtras des Vedānta. Leipzig 1887. ²1920.
– Das System des Vedānta. Leipzig 1883. ²1906.
Esnoul, Anne-Marie: Ramanuja et la mystique vishnouite. Paris 1964.
Ghate, Vinayak Sakharam: Le Vedānta. Étude sur les Brahma-Sūtras et leurs cinq commentaires. Paris 1918.
Glasenapp, Helmuth von: Madhva's Philosophie des Vishnu-Glaubens. Bonn/Leipzig 1923.
– Der Stufenweg zum Göttlichen. Shankaras Philosophie der All-Einheit. Baden-Baden 1948.
Gnoli, Raniero (Hrsg.): Abhinavagupta, Rajanaka: Luce delle sacre scritture (Tantrāloka).Turin 1972.
Gonda, Jan: Aspects of early Viṣṇuism. Utrecht 1954.
Lacombe, Olivier: L'Absolu selon le Védânta. Paris 1966.
Martin-Dubost, P.: Çankara et le Védānta. Paris 1973.
Otto, Rudolf: Dīpikā des Nivāsa. Eine indische Heilslehre. Aus dem Sanskrit übers. Tübingen 1916.
– Siddhānta des Rāmānuja. Aus dem Sanskrit übers. Jena 1917. ²1923.
– West-östliche Mystik. Gotha 1926. München ³1971.
Paranjoti, Violet: Śaiva Siddhānta. London 1938. ²1954.
Pereira, José: Hindu Theology. A Reader. New York 1976.
Radhakrishnan, Sarvepalli: The Brahma Sūtra, the philosophy of spiritual life. London 1960.
Rajagopala, Chariar T.: The Vaishnavite reformers of India. Madras 1909.
Raychandhuri, Hemchandra: Materials for the study of the early history of the Vaishnava Sect. Kalkutta 1920.
Schomerus, Hilko Wiardo: Der Çaiva-Siddhānta, eine Mystik Indiens. Nach den tamulischen Quellen bearb. Leipzig 1912.
Silburn, Lilian: Études sur le Śivaisme du Kaśmīr. La Bhakti. Le Stavacintāmaṇi de Bhaṭṭanārāyaṇa. Trad. Paris 1964.
– Hymnes de Abhinavagupta. Trad. Paris 1970 [u. ö.].
– Le Paramārthasāra. Trad. Paris 1957.
Singh, Jaideva: Pratyabhijñahṛdayam. Sanskrit text with engl. transl. Delhi 1963.
Sukthankar, Vishnu Sitaram: The teachings of Vedanta according to Rāmānuja. Wien 1908.
Walleser, Max: Der ältere Vedānta. Heidelberg 1910.

Der Hinduismus unter islamischem Einfluß

Archer, John Clark: The Sikhs in relation to Hindus, Moslems, Christians and Ahmadiyyas. A study in comparative religion. Princeton 1946.
Chand, Tara: Influence of Islam on Indian Culture. Allahabad 1954.
Hollister, John Norman: The Shi'a of India. London 1953.
Kabir ⟨15. Jh.⟩: Au cabaret de l'amour. Trad. par Charlotte Vaudeville. Paris 1959. Oxford ²1974.

Macauliffe, Max Arthur (Hrsg.): The Sikh Religion. Symposium. Kalkutta 1958.
– The Sikh Religion, its Gurus, Sacred Writings and Authors. 6 Bde. Oxford 1909.
Selections from the sacred writings of the Sikhs. Transl. London 1960.
Singh, Kushuwend: The Sikhs. London 1953.
Trumpp, Ernst: The Ādi Granth or the holy scriptures of the Sikhs. Transl. London 1877. Nachdr. 1974.
– Die Religion der Sikhs. Leipzig 1881.

Der Hinduismus unter christlichem Einfluß

Andrews, Charles Freer (Hrsg.): Mahatma Gandhi, his own story. New York 1930. – Dt.: Mahatma Gandhi: Mein Leben. Übers. von Hans Reisiger. Leipzig 1930.
– Mahatma Gandhi. His own story continued. New York 1931.
– Mahatma Gandhi's ideas, including selections from his writings. London 1929. [2]1930.
– Sadhu Sundar Singh. A personal memoir. London 1934.
Appasamy, Aiyadurai Jesudasen: Sundar Singh. A Biography. London 1958. – Dt.: Sundar Singh. Übertr. von Greta Barth und Ida Frohmeyer. Basel 1961.
Aurobindo, Srī: Flammenworte. Pondicherry/Zollikon 1953.
– The foundations of Indian culture. Pondicherry 1959.
– The ideal of human unity. Madras 1919. Pondicherry [2]1950.
– Der integrale Yoga. Mit einem Essay »Zum Verständnis des Werkes« und einer Bibliogr. von Otto Wolff. Hamburg 1957. [2]1974.
– The life divine. New York 1951. – Dt.: Das göttliche Leben. Übertr. von Heinz Kappes. 3 Bde. Gladenbach 1974.
– On the Veda. Pondicherry 1956.
– On Yoga. The synthesis of Yoga. Pondicherry 1955. – Dt.: Die Synthese des Yoga. Übers. von Heinz Kappes. Gladenbach 1972.
– The problem of rebirth. Pondicherry 1952.
– The riddle of this world. Kalkutta 1933. – Dt.: Das Rätsel dieser Welt. München-Planegg 1951. [2]1960.
Farquhar, John Nicol: Modern religious movements in India. New York 1919.
Gambhirananda, Svami: History of the Ramakrishna Math and Mission. Kalkutta 1957.
– Holy mother Shri Sarada Devi. Madras 1955.
Glasenapp, Helmuth von: Religiöse Reformbewegungen im heutigen Indien. Leipzig 1928.
Heiler, Friedrich: Christlicher Glaube und indisches Geistesleben. Rabindranath Tagore, Mahatma Gandhi, Brahmabandhav Upadhyaya, Sādhu Sundar Singh. München 1926.
– Die Mission des Christentums in Indien. Gotha 1931.
– Sādhu Sundar Singh. Ein Apostel des Ostens und Westens. München 1924. [4]1925.
Krämer, Adelheid: Christus und Christentum im Denken des modernen Hinduismus. Bonn 1958.
Maitra, Susil Kumar: The meeting of the East and the West in Sri Aurobindo's philosophy. Pondicherry 1956.
Müller, Friedrich Max: Ramakrishna. His life and sayings. London 1898. Kalkutta [2]1951.
Murdoch, James: The Brahma Samaj and other modern eclectic systems of religion in India. Madras 1890.
Otto, Rudolf: Rabindranath Tagores Bekenntnis. Tübingen 1931.
Rai, Lajpat: The Arya Samāj. London 1915.
Rolland, Romain: Mahatma Gandhi. – Dt. Zürich 1923. [3]1925.
– La vie de Ramakrishna. Paris 1929. – Dt.: Das Leben des Ramakrishna. Zürich/Leipzig 1929. [2]1931.
– La vie de Vivekananda et l'évangile universel. Paris 1930. – Dt.: Das Leben des Vivekananda. Zürich/Leipzig 1930. Neugest. Ges.-Ausg. 1965.

Sen, Keshub Chunder: The Brahmo Samaj. The new dispensation or the religion of harmony. Kalkutta 1903.
Sen, Prosanto Kumar: Biography of a new faith. 2 Bde. Kalkutta 1933. ²1950–54.
Sri Sarada Devi, the holy mother. Being the life and teachings of one whose mission it was to reveal the Motherhood of God. Mylapore/Madras 1940. ²1949.
[Svami Vivekananda:] The complete works of Svami Vivekananda. 8 Bde. Kalkutta ¹⁰1957.
– The life of Svami Vivekananda by Eastern and Western disciples. Kalkutta ⁸1955.
Tagore, Rabindranath: The Religion of Man. London 1931. ³1967. – Dt.: Die Religion des Menschen. Übers. von Emil Engelhardt. Freiburg i. Br. 1962.
– Sādhanā. The realisation of life. London 1913. – Dt.: Sādhanā. Der Weg zur Vollendung. Übers. von Helene Meyer-Franck. München 1921.
Vyāsa, Mukunda: Männer und Mächte in Indien. Heidelberg 1942.
Winslow, John Copley: The indian mystic. Some thoughts in Indian's contribution to Christianity. London 1926.
– Narayan Vaman Tilak, the Christian poet of Maharashtra. Kalkutta 1923. ²1930.
Winternitz, Moritz: Rabindranath Tagore. Religion und Weltanschauung des Dichters. Prag 1936.
Wolff, Otto: Indiens Beitrag zum neuen Menschenbild. Rāmakrishna, Gāndhī, Srī Aurobindo. Hamburg 1957.
Zacharias, Hans Conrad Ernest: Renascent India. From Rammohan Roy to Mohandas Gandhi. London 1933.

Indien und das Abendland

Alsdorf, Ludwig: Deutsch-indische Geistesbeziehungen. Heidelberg 1942.
Cuttat, Jacques Albert: Expérience chrétienne et Spiritualité Orientale. Paris 1967. – Dt.: Asiatische Gottheit – Christlicher Gott. Übers. von Karla Mertens. Einsiedeln 1971.
Glasenapp, Helmuth von: Das Indienbild deutscher Denker. Stuttgart 1960.
Leifer, Walter: Indien und die Deutschen. 500 Jahre Begegnung und Partnerschaft. Tübingen/Basel 1969.
Le Saux, Henri: Sagesse hindoue, mystique chrétienne. Paris 1965.
Müller, Friedrich Max: India, what can it teach us? London 1883. ²1892. Nachdr. 1919. – Dt.: Indien in seiner weltgeschichtlichen Bedeutung. Leipzig 1884.
Panikkar, Raimundo: The unknown Christ of Hinduism. London 1964. – Dt.: Christus, der Unbekannte im Hinduismus. Übers. von Paul Kretz. Luzern 1965.
– Kerygma und Indien. Zur heilsgeschichtlichen Problematik der christlichen Begegnung mit Indien. Hamburg 1967.
– Kultmysterium im Hinduismus und Christentum. Freiburg i. Br. 1964.
Schwab, Raymond: La renaissance orientale. Paris 1950.
Yoga. Zeitschrift für Yoga-Synthese und Vedanta. Büdingen/Gettenbach 1954 ff.

Die Religion der alten Iranier

Quellen

Bartholomae, Christian: Die Gathas des Awesta. Zarathustra's Verspredigten. Übers. Straßburg 1905.
Benveniste, Émile: The Persian Religion according to the chief Greek Texts. Paris 1929.
Clemen, Carl: Fontes historiae religionis persicae. Bonn 1920.
– Die griechischen und lateinischen Nachrichten über die persische Religion. Gießen 1920.

Geldner, Karl F.: Avesta. Die heiligen Bücher der Parsen. 3 Bde. Stuttgart 1885–95.
– Die zoroastrische Religion (Das Avesta). Tübingen ²1926.
Humbach, Helmut: Die Gathas des Zarathustra. Text, Übers. und Komm. 2 Bde. Heidelberg 1959.
Kent, Roland G.: Old Persian, Grammar, Texts, Lexicon. New Haven 1950. [Neueste Übers. der Keilinschriften der Achämeniden.]
Wolff, Fritz: Avesta. Die heiligen Bücher der Parsen übers. auf der Grundlage von Christian Bartholomaes Altiran. Wörterbuch. Straßburg 1910. Neudr. [mit Ausnahme der Gathas] Berlin/ Leipzig 1924.

Darstellungen

Bartholomae, Christian: Zarathustra's Leben und Lehre. Heidelberg 1924.
Bausani, Alessandro: Persia religiosa da Zaratustra a Bahâ'u'lláh. Mailand 1959.
Bianchi, Ugo: Zaman i Ōhrmazd. Lo Zoroastrismo nelle sue origini e nella sua essenza. Turin 1958 [u. ö.].
Dhalla, Maneckji Nusservanji: History of Zoroastrism. New York 1938.
Duchesne-Guillemin, Jacques: The Western response to Zoroaster. Oxford 1958.
– Zoroastre. Etude critique avec une traduction des Gāthā. Paris 1948.
Erdmann, Knut: Das iranische Feuerheiligtum. Leipzig 1941.
Henning, Walter Bruno: Zoroaster politician or witch-doctor? London 1951.
Herzfeld, Ernst: Zoroaster and his world. Princeton 1947.
Hinz, Walter: Zarathustra. Stuttgart 1961.
Jackson, Abraham Valentine Williams: Zoroaster the Prophet of Ancient Iran. New York 1919.
Lehmann, Edvard: Zarathustra. En bog om Persernes gamle tro. Kopenhagen 1899–1902.
Lommel, Hermann: Die Religion Zarathustras nach dem Avesta dargestellt. Tübingen 1930.
Menant, Delphine: Les Parsis. Histoires des communautés zoroastriennes de l'Inde. Paris 1898.
Messina, Giuseppe: Der Ursprung der Magier. Rom 1930.
Moulton, James Hope: Early Zoroastrianism. London 1913.
Nyberg, Henrik Samuel: Irans fortida religioner. Uppsala 1937. – Dt.: Die Religionen des alten Iran. Übers. von Hans Heinrich Schaeder. Leipzig 1938.
Söderblom, Nathan: Les Fravashis. Paris 1899.
– Religion als Kampf gegen das Böse, Zarathustra. In: Der lebendige Gott im Zeugnis der Religionsgeschichte. Hrsg. von Friedrich Heiler. München 1942. S. 162–224.
– La vie future d'après le Mazdéisme. Paris 1901.
Widengren, Geo: Die Religionen Irans. Stuttgart 1965.
Wikander, Stig: Feuerpriester in Kleinasien und Iran. Lund 1946.
Zaehner, Robert Charles: The dawn and twilight of Zoroastrianism. London 1961.

Der Manichäismus

Quellen

Adam, Alfred: Texte zum Manichäismus. Berlin 1954.
Alfaric, Prosper: Les écritures manichéennes. Paris 1918.
Allbery, C. R. C. (Hrsg.): A Manichaean Psalmbook II (Manichaean Manuscripts in the Chester Beatty Collection). Stuttgart ²1938.
Andreas, Friedrich Carl / Henning, Walter: Mitteliranische Manichaica aus Chinesisch-Turkestan. 3 Bde. Berlin 1932/34.
Bang, Willy: Manichäische Laien-Beichtspiegel. In: Le Muséon 36 (1923) S. 114–147. 37 (1925) S. 1–55.

Boyce, Mary: The Manichaean Hymn-Cycles in Parthian. London 1954.
Flügel, Gustav: Mani, seine Lehre und seine Schriften. Aus dem Fihrist. Leipzig 1862.
Polotsky, Hans Jacob (Hrsg.): Manichäische Handschriften der Sammlung A. Chester Beatty. Bd. 1: Manichäische Homilien. Stuttgart 1934.
Säve-Söderbergh, Torgny: Studies in the Coptic Manichaean Psalm-Book. Uppsala 1949.
Schmidt, Carl (Hrsg.): Manichäische Handschriften der Staatlichen Museen Berlin. Bd. 1: Kephalaia. Bearb. von Hans Jacob Polotsky und A. Böhlig. Stuttgart 1940.
Waldschmidt, Ernst / Lentz, Wolfgang: Manichäische Dogmatik aus chinesischen und iranischen Texten. Berlin 1933.
Zycha, Joseph (Hrsg.): Sancti Aureli Augustini de utilitate credendi [...]. Accedunt Evodii di fide contra Manicheos et commonitorium Augustini [...]. ⟨Die antimanichäischen Schriften des Augustinus.⟩ Wien 1891. (Corpus Scriptorum Ecclesiasticorum Latinorum. Bd. 25.)

Darstellungen

Baur, Ferdinand Christian: Das manichäische Religionssystem nach den Quellen neu untersucht. Tübingen 1831. Neudr. Göttingen 1928.
Burkitt, Francis Crawford: The Religion of the Manichees. Cambridge 1925.
Cumont, Franz: Recherches sur le Manichéisme. 2 Bde. Brüssel 1908–12.
Klima, Otakar: Manis Zeit und Leben. Prag 1962.
Puech, Henri-Charles: Le Manichéisme, son fondateur, sa doctrine. Paris 1949.
Wesendonk, Otto Günther von: Die Lehre des Mani. Leipzig 1922.
Widengren, Geo: Mani und der Manichäismus. Stuttgart 1961.
– Mesopotamian Elements in Manichaeism. Uppsala/Leipzig 1946.

Zum Fortleben des Manichäismus

Borst, Arno: Die Katharer. Stuttgart 1953.
Obolensky, Dmitry: The Bogomils. A Study in Balcan Neo-Manichaeism. Cambridge 1948.
Runciman, Steven: The Medieval Manichee. A Study in the Christian Dualist Heresy. Cambridge 1947.
Söderberg, Hans: La religion des Cathares. Uppsala 1949.
Wild, Georg: Bogumiten und Katharer in ihrer Symbolik. Wiesbaden 1970.

Die Religion der Mandäer

Brandt, August Johann Heinrich Wilhelm: Die mandäische Religion, ihre Entwicklung und geschichtliche Bedeutung. Utrecht 1889.
Drower, Ethel Stefania: The Book of Zodiac. London 1950.
– The Canonical Prayer Book of the Mandaeans. London 1959.
– The Mandaeans of Iraq and Iran, their cults, customs, magic, legends, and folklore. Oxford 1937.
Lidzbarski, Mark: Ginzā. Der Schatz oder Das Große Buch der Mandäer. Übers. und erkl. Göttingen/Leipzig 1925.
– Das Johannesbuch der Mandäer. 2 Tle. Text und Einl., Übers., Komm. Gießen 1905–15.
– Mandäische Liturgien. Mitget., übers. und erkl. Berlin 1920.
Rudoph, Kurt: Die Mandäer. Bd. 1: Das Mandäerproblem. Bd. 2: Der Kult. Göttingen 1960/61.
– Theogonie, Kosmogonie und Anthropogonie in den mandäischen Schriften. Göttingen 1965.
Widengren, Geo: Die Mandäer. In: Handbuch der Orientalistik. Bd. 1,8,2. Leiden 1961. S. 83–101.

Die Religion der Griechen

Arbesmann, Rudolf: Das Fasten bei den Griechen und Römern. Gießen 1929.
Bevan, Edwyn: Later Greek religion. London 1927.
Bianchi, Ugo: The Greek Mysteries. Leiden 1976.
Brendel, Otto Johannes: Symbolism of the sphere. A contribution to the history of earlier Greek philosophy. Leiden 1977.
Burkert, Walter: Griechische Religion der archaischen und klassischen Epoche. Stuttgart 1977.
Greene, William Chase: Moira. Fate, good and evil in Greek thought. Cambridge 1944.
Grønbech, Vilhelm: Hellas, kultur og religion. 4 Bde. Kopenhagen 1940–45.
Gruppe, Otto: Griechische Mythologie und Religionsgeschichte. München 1906.
Guthrie, William Keith Chambers: The Greeks and their gods. London 1950.
Habicht, Christian: Gottmenschentum und griechische Städte. München [2]1970.
Herzog-Hauser, Gertrud: De godsdienst der Grieken. Roermond 1952.
Hunger, Herbert: Lexikon der griechischen und römischen Mythologie. Wien 1959.
Jaeger, Werner: Die Theologie der frühen griechischen Denker. Stuttgart 1953.
Kerényi, Karl: Antike Religion. München 1971.
– Apollon. Studien über antike Religion und Humanität. Düsseldorf 1953.
– Hermes der Seelenführer. Das Mythologem vom männlichen Lebensursprung. Zürich 1944.
– Die Heroen der Griechen. Zürich 1958.
– Die Jungfrau und Mutter der griechischen Religion. Eine Studie über Pallas Athene. Zürich 1952.
– Die Mythologie der Griechen. 2 Bde. Darmstadt 1968.
– Niobe. Neue Studien über antike Religion und Humanität. Zürich 1949.
– Prometheus. Das griechische Mythologem von der Existenz. Zürich 1946.
– Die Religion der Griechen und Römer. München 1962.
– Töchter der Sonne. Betrachtungen über griechische Gottheiten. Zürich 1954.
– Umgang mit dem Göttlichen. Über Mythologie und Religionsgeschichte. Göttingen 1955.
– Zeus und Hera. Vorbild des Vaters, des Gatten und der Frau. Leiden 1972.
Kern, Otto: Die griechischen Mysterien der klassischen Zeit. Berlin 1927.
Knight, William Francis Jackson: Elysion. On ancient Greek and Roman beliefs concerning a life after death. London 1970.
Latte, Kurt: Kleine Schriften zu Religion, Recht, Literatur und Sprache der Griechen und Römer. München 1968.
Méautis, Georges: Les dieux de la Grèce et les mystères d'Eleusis. Paris 1959.
Muray, Gilbert: Five Stages of Greek religion. New York 1925. Nachdr. Westport 1972.
Nestle, Wilhelm: Griechische Religiosität von Homer bis Proklos. 3 Bde. Berlin 1930–34.
Nilsson, Martin P.: Geschichte der griechischen Religion. 2 Bde. München [3]1967–74.
– Greek popular religion. New York [2]1947.
– The Mycenean origin of Greek mythology. New York 1963.
Otto, Walter F.: Die Götter Griechenlands. Frankfurt a. M. [4]1956. Nachdr. Darmstadt 1970.
– Theophania. Der Geist der altgriechischen Religion. Hamburg 1956.
Persson, Axel von: Die Mysterien von Eleusis. Zürich 1962.
– The religion of Greece in prehistoric times. Cambridge 1942.
Peterich, Eckart: Götter und Helden der Griechen. Kleine Mythologie. Olten / Freiburg i. Br. [4]1956.
– Die Theologie der Hellenen. Leipzig 1938.
Pettazzoni, Raffaele: La religione nella Grecia antica fino al Alessandro. Turin 1953.
Philippson, Paula: Griechische Gottheiten in ihren Landschaften. Oslo 1939.
Picard, Charles: Les religions préhelléniques. Paris 1948.
Radermacher, Ludwig: Mythos und Sage bei den Griechen. Brünn/München/Wien [2]1938.
Rahner, Hugo: Griechische Mythen in christlicher Deutung. Zürich 1966.

Rohde, Erwin: Psyche. Seelenkult und Unsterblichkeitsglaube der Griechen. 2 Bde. Freiburg i. Br. 1890. ²1898. Nachdr. Darmstadt 1974.
Roscher, Wilhelm Heinrich: Ausführliches Lexikon der griechischen und römischen Mythologie. 6 Bde. Leipzig 1884–1937.
Rose, Herbert Jenning: Ancient Greek religions. London 1948.
– Griechische Mythologie. Ein Handbuch. München ⁵1978.
Schnaufer, Albrecht: Frühgriechischer Totenglaube. Untersuchungen zum Totenglauben der mykenischen und homerischen Zeit. Hildesheim 1970.
Schrade, Hubert: Götter und Menschen Homers. Stuttgart 1952.
Simon, Erika: Die Götter der Griechen. München 1969.
Stengel, Paul: Griechische Kultusaltertümer. München ³1920.
– Opferbräuche der Griechen. Berlin/Leipzig 1910. Nachdr. Stuttgart 1972.
Taeger, Fritz: Charisma. Studien zur Geschichte des antiken Herrscherkultes. 2 Bde. Stuttgart 1957–60.
Tripp, Edward: Reclams Lexikon der antiken Mythologie. Stuttgart ²1974.
Uxküll, Woldemar von: Die eleusinischen Mysterien. Büdingen 1957.
Wilamowitz-Moellendorff, Ulrich von: Der Glaube der Hellenen. 2 Bde. Berlin 1931/32. Nachdr. Darmstadt 1973.
Ziegler, Konrat / Sontheimer, Walther (Hrsg.): Der kleine Pauly. Lexikon der Antike auf der Grundlage von Pauly's Realencyclopädie der classischen Altertumswissenschaft [...]. 5 Bde. Stuttgart 1964–75.

Die Religion der Römer

Altheim, Franz: Aus Spätantike und Christentum. Tübingen 1951.
– Die Krise der Alten Welt. 3 Bde. Bd. 3: Götter und Kaiser. Berlin 1943.
– Römische Religionsgeschichte. 2 Bde. Berlin ²1956.
– Terra Mater. Gießen 1931.
Aufstieg und Niedergang der römischen Welt. Hrsg. von Hildegard Temporini [u. a.]. Berlin 1972 ff.
Bayet, Jean-Alexis: Histoire politique et psychologique de la religion romaine. Paris 1957.
Burriss, Eli Edward: Taboo, magic, spirits. A study of primitive elements in Roman religion. New York 1931. Nachdr. Westport 1972.
David, Maurice: La religion romaine. Paris 1948.
Domaszewski, Alfred von: Abhandlungen zur römischen Religion. Leipzig/Berlin 1909.
Fowler, W. Ward: The religious experience of the Roman people, from the earliest times to the age of Augustus. London 1911.
Grant, Frederick C.: Ancient Roman Religion. New York 1957.
Grenier, Albert: Le génie romain dans la religion, la pensée et l'art. Paris 1925.
Koch, Carl: Der römische Juppiter. Frankfurt a. M. 1937. Nachdr. Darmstadt 1968.
Koeves-Zulauf, Thomas: Reden und Schweigen. Römische Religion bei Plinius Maior. München 1972.
Latte, Kurt: Römische Religionsgeschichte. München ²1967.
Radke, Gerhard: Die Götter Altitaliens. Münster 1965.
Rose, Herbert Jenning: Ancient Roman Religion. London 1948.
Scholz, Udo Werner: Studien zum altitalischen und altrömischen Marskult und Marsmythos. Heidelberg 1970.
Toutain, Jules: Les cultes païens dans l'empire Romain. 20 Bde. Paris 1906–20.
Turchi, Nicola: Storia delle religioni. Bd. 2: I misteri. La religione dei Romani. La religione degli Etruschi. [...] Rom 1954.
Wagenvoort, Hendrik: Studies in Roman literature, culture and religion. Leiden 1956.

Wissowa, Georg: Religion und Kultus der Römer. München ²1912.
Wlosok, Antonie (Hrsg.): Römischer Kaiserkult. Darmstadt 1978.

Die Religionen des orientalisch-hellenistischen Synkretismus

Bianchi, Hugo (Hrsg.): Le origini dello gnosticismo. Colloquio di Messina 13–18 Aprile 1966. Testi i discussioni. Leiden 1967.
Böcher, Otto: Dämonenfurcht und Dämonenabwehr. Stuttgart 1970.
Carcopino, Jérôme: Aspects mystiques de la Rome païenne. Paris 1941.
Cumont, Franz: Lux Perpetua. Paris 1949.
– Die Mysterien des Mithra. Darmstadt ⁴1963.
– Die orientalischen Religionen im römischen Heidentum. Leipzig/Berlin ³1931.
Eltester, Walter (Hrsg.): Christentum und Gnosis. Berlin / New York 1969.
Festugière, André Jean: Hermétisme et mystique païenne. Paris 1967.
Foerster, Werner: Die Gnosis. 2 Bde. Zürich 1969–71.
Gandillac, Maurice de: La sagesse de Plotin. Paris 1952.
Geffcken, Johannes: Der Ausgang des griechisch-römischen Heidentums. Heidelberg ²1929.
Haardt, Robert: Die Gnosis. Wesen und Zeugnisse. Salzburg 1967.
Jonas, Hans: Gnosis und spätantiker Geist, Bd. 1. Göttingen 1934. ³1964.
Katz, Joseph: Plotin's search for the good. New York 1950.
Kroll, Josef: Die Lehren des Hermes Trismegistos. Münster 1914.
Leisegang, Hans: Die Gnosis. Stuttgart 1924. ²1955.
Merlan, Philip: From Platonism to Neoplatonism. Den Haag 1953.
Peterson, Erik: Frühkirche, Judentum und Gnosis. Studien und Untersuchungen. Freiburg i. Br. 1959.
Picard, Gilbert Charles: Les religions de l'Afrique antique. Paris 1954.
Pistorius, Philippus Villiers: Plotinus and Neoplatonism. Cambridge 1952.
Preisker, Herbert: Neutestamentliche Zeitgeschichte. Berlin 1937.
Prümm, Karl: Religionsgeschichtliches Handbuch für den Raum der altchristlichen Umwelt. Freiburg i. Br. 1943. Rom ²1954.
Quispel, Gilles: Gnosis als Weltreligion. Zürich 1951.
Reitzenstein, Richard: Poimandres. Leipzig 1904.
Rudolph, Kurt: Die Gnosis. Wesen und Geschichte einer spätantiken Religion. Göttingen 1978.
– (Hrsg.): Gnosis und Gnostizismus. Darmstadt 1975.
Völker, Walter: Quellen zur Geschichte der christlichen Gnosis. Tübingen 1932. Neudr. 1960.
Whittaker, Thomas: The Neoplatonists. Cambridge ²1928.

Die Religion der Germanen

Achterberg, Herbert: Interpretatio Germana. Verkleidete Glaubensgestalten der Germanen auf deutschem Boden. Leipzig 1930.
Baetke, Walter: Die Götterlehre der Snorra-Edda. Berlin 1952.
– Das Heilige im Germanischen. Tübingen 1942.
– Die Religion der Germanen in Quellenzeugnissen. Frankfurt a. M. ²1938.
– Vom Geist und Erbe Thules. Göttingen 1944.
Beck, Heinrich: Germanische Menschenopfer in der literarischen Überlieferung. In: Vorgeschichtliche Heiligtümer und Opferplätze. Hrsg. von Herbert Jankuhn. Göttingen 1970.
Branston, Brian: The lost Gods of England. London 1958.
Clemen, Carl: Altgermanische Religionsgeschichte. Bonn 1934.

Derolez, René Lodewyk Maurits: De godsdienst der Germanen. Roermond 1959. – Dt.: Götter und Mythen der Germanen. Übers. von Julie von Wattenwyl. Einsiedeln 1963.
Dumézil, Georges: Les dieux des Germains. Essai sur la formation de la religion scandinave. Paris 1959.
Gehl, Walter: Der germanische Schicksalsglaube. Berlin 1939.
Grimm, Jacob: Deutsche Mythologie. 4. Ausg. bes. von Elard Hugo Meyer. Berlin 1875.
Groenbech, Vilhelm: Kultur und Religion der Germanen. Aus dem Dän. übers. von Ellen Hoffmeyer. 2 Bde. Hamburg 1937–39. 7. Aufl. hrsg. von Otto Höfler. Darmstadt 1976.
Helm, Karl: Altgermanische Religionsgeschichte. 2 Bde. Heidelberg 1913–53.
Höfler, Otto: Germanisches Sakralkönigtum. Bd. 1. Köln 1952.
– Kultische Geheimbünde der Germanen. Frankfurt a. M. 1934.
Ljungberg, Helge: Die nordische Religion und das Christentum in der Wikingerzeit. Gütersloh 1940.
Mittner, Ladislaus: Wurd. Das Sakrale in der altgermanischen Epik. Bern 1955.
Mogk, Eugen: Germanische Religionsgeschichte und Mythologie. Berlin ³1927.
Nebel, Gerhard: Die Not der Götter. Welt und Mythos der Germanen. Hamburg 1957.
Ninck, Martin: Wodan und germanischer Schicksalsglaube. Darmstadt 1967.
Peterich, Eckart: Kleine Mythologie. Die Götter und Helden der Germanen. Frankfurt a. M. 1938.
Philippson, E. Alfred: Die Genealogie der Götter in germanischer Religion, Mythologie und Theologie. Urbana (Ill.) 1953.
– Germanisches Heidentum bei den Angelsachsen. Leipzig 1929. Nachdr. 1966.
Schmidt, Kurt Dietrich: Germanischer Glaube und Christentum. Einzeldarstellungen aus dem Umbruch der deutschen Frühgeschichte. Göttingen 1948.
Schneider, Hermann (Hrsg.): Edda, Skalden, Saga. Festschrift zum 70. Geburtstag von Felix Genzmer. Heidelberg 1952.
– (Hrsg.): Germanische Altertumskunde. München 1938.
– Die Götter der Germanen. Tübingen 1938.
Ström, Åke V. / Biezais, Haralds: Germanische und Baltische Religion. Stuttgart 1975.
Stumpfl, Robert: Kultspiele der Germanen als Ursprung des mittelalterlichen Dramas. Berlin 1936.
Volkmann, Hans: Germanische Seherinnen in römischen Diensten. Krefeld 1964.
Vries, Jan de: Altgermanische Religionsgeschichte. 2 Bde. Berlin 1935–37. ³1970.

Die Religion der Kelten

Alcock, J. P.: Celtic Water Cults in Roman Brittany. London 1965.
d'Arbois de Jubainville, Henri: Les Druids et les dieux celtiques a forme d'animaux. Paris 1906. Nachdr. 1969.
Brogan, Olwen: Roman Gaule. London 1953.
Chadwick, Nora K.: The Druids. Cardiff 1967.
Déchelette, Joseph: Manuel d'archéologie préhistorique Celtique et Gallo-Romaine. 4 Bde. Paris 1908–14.
Duval, Paul-Marie: Les dieux de la Gaule. Paris 1957.
– Die Kelten. München 1978. (Universum der Kunst. Bd. 25.)
– Die Kelten. Entwicklung und Geschichte einer europäischen Kultur. Freiburg i. Br. 1979.
Filip, Jan: Keltische Kultplätze und Heiligtümer in Böhmen. In: Vorgeschichtliche Heiligtümer und Opferplätze. Hrsg. von Herbert Jankuhn. Göttingen 1970.
– Die keltische Zivilisation und ihr Erbe. Prag 1961.
Hamel, Antonius Gerardus van: Aspects of Celtic mythology. London 1934.

Hartmann, Hans: Der Totenkult in Irland. Heidelberg 1952.
Kendrick, Thomas Downing: The Druids. A study in Celtic Prehistory. London 1966.
Macbain, Alexander: Celtic mythology and religion. Stirling 1917.
MacCulloch, John Arnott: The Celtic and Scandinavian religions. London 1948.
– The religion of the ancient Celts. Edinburgh 1911.
Markale, Jean: Les Celtes et la civilisation celtique. Mythe et histoire. Paris 1969.
Moreau, Jacques: Die Welt der Kelten. Stuttgart 1958.
Pisani, Vittore: Le religioni dei Celti e dei Balto-Slavi nell' Europa precristiana. Mailand 1950.
Pobé, Marcel / Roubier, Jean: Kelten–Römer. 1000 Jahre Kunst und Kultur in Gallien. Olten / Freiburg i. Br. 1958.
Powell, Thomas George Eyre: The Celts. London 1958.
Sjoestedt, Marie-Louise: Dieux et héros des Celtes. Paris 1940.
Varagnac, André / Derolez, René Lodewyk Maurits: Les Celtes et les Germains. Paris 1967.
Vries, Jan de: Keltische Religion. Stuttgart 1961.
Zwicker, Johannes: Fontes historiae religionis Celticae. Berlin 1934.

Die Religion der Slawen und Balten

Biezais, Haralds: Baltische Religion. In Åke V. Ström / H. B.: Germanische und Baltische Religion. Stuttgart 1975.
– Die Gottesgestalt der lettischen Volksreligion. Uppsala 1961.
– Die Hauptgöttinnen der alten Letten. Uppsala 1955.
– Die himmlische Götterfamilie der alten Letten. Uppsala 1972.
– Lichtgott der alten Letten. Stockholm 1976.
– Die Religionsquellen der baltischen Völker und die Ergebnisse der bisherigen Forschungen. Uppsala 1954.
Diels, Paul: Die Slaven. Leipzig/Berlin 1920.
Franz, Leonhard: Falsche Slavengötter. Brünn/München [2]1943.
Haase, Felix: Volksglaube und Brauchtum der Ostslaven. Breslau 1939.
Honko, Lauri: Religion der slawischen Völker. In: Handbuch der Religionsgeschichte. Hrsg. von Carsten Colpe. Göttingen 1971.
Johansons, Andrejs: Der Wassergeist und der Sumpfgeist. Untersuchungen volkstümlicher Glaubensvorstellungen bei den Völkern des ostbaltischen Raumes und bei den Ostslaven. Stockholm 1968.
Krauß, Friedrich S.: Volksglaube und religiöser Brauch bei den Südslaven. Münster 1890.
Leger, Louis: La mythologie Slave. Paris 1901.
Mannhardt, Wilhelm: Letto-preußische Götterlehre. Riga 1936.
Mansikka, Viljo Johannes: Die Religion der Ostslaven. Helsinki 1922.
Niederle, Lubor: Manuel de l'antiquité slave. 2 Bde. Paris 1923–26.
Reiter, Norbert: Mythologie der Alten Slaven. In: Wörterbuch der Mythologie. Hrsg. von Hans Wilhelm Haussig, Bd. 2: Götter und Mythen im Alten Europa. Stuttgart 1973.
Vyncke, Frans: De godsdienst der Slaven. Roermond 1969.
Wienecke, Erwin: Untersuchungen zur Religion der Westslawen. Leipzig 1940.

Die israelitisch-jüdische Religion in vorchristlicher Zeit

Allgemeines

Alt, Albrecht: Kleine Schriften zur Geschichte des Volkes Israel. 3 Bde. München [4]1968.
Baumgärtel, Friedrich: Die Eigenart der alttestamentlichen Frömmigkeit. Schwerin i. M. 1932.

Fohrer, Georg: Geschichte der israelitischen Religion. Berlin 1969.
Noth, Martin: Die Welt des Alten Testaments. Berlin [4]1962.
Pedersen, Johannes Peder Ejler: Israel. 4 Bde. London 1926–40.
Rad, Gerhard von: Theologie des Alten Testaments. 2 Bde. München [5.6]1968/69.
Zimmerli, Walther: Grundriß der alttestamentlichen Theologie. Stuttgart 1972.

Die frühisraelitische Religion

Fohrer, Georg: Altes Testament – »Amphiktyonie« und »Bund«? In: Theologische Literaturzeitung 91/11–12 (1966) Sp. 802–816; 893–904.
– Überlieferung und Geschichte des Exodus. Berlin 1964.
Greßmann, Hugo: Mose und seine Zeit. Göttingen 1913.
Maier, Johannes: Das altisraelitische Ladeheiligtum. Berlin 1965.
Noth, Martin: Das System der zwölf Stämme Israels. Stuttgart 1930.
Smend, Rudolf: Die Bundesformel. Zürich 1963.
Vaux, Roland de: Die Patriarchenerzählungen und die Geschichte. Stuttgart 1965.
Weippert, Manfred: Die Landnahme der israelitischen Stämme. Göttingen 1967.

Israelitische und kanaanäische Religion

Beyerlin, Walter: Religionsgeschichtliches Textbuch zum Alten Testament. Göttingen 1975.
Fohrer, Georg: Die wiederentdeckte kanaanäische Religion. In: Theologische Literaturzeitung 78/4 (1953) Sp. 193–200.
Maier, Johannes: Die Gottesvorstellung Altisraels und die kanaanäische Religion. In: Bibel und zeitgemäßer Glaube. Klosterneuburg 1965.
Pritchard, James Bennett: Ancient Near Eastern texts relating to the Old Testament. Princeton [2]1955.
Schmidt, Werner H.: Königtum Gottes in Ugarit und Israel. Berlin [2]1966.

Staatenbildung und Königtum

Bernhardt, Karl-Heinz: Das Problem der altorientalischen Königsideologie im Alten Testament. Leiden 1961.
Engnell, Karl Ivan Alexander: Studies in divine kingship in the Ancient Near East. Oxford [2]1967.
Kraus, Hans-Joachim: Die Königsherrschaft Gottes im Alten Testament. Tübingen 1951.
Mowinckel, Sigmund Olaf Plytt: He that cometh. Oxford 1956.
Schreiner, Joseph: Sion – Jerusalem, Jahwes Königssitz. München 1963.
Soggin, Jan Alberto: Das Königtum in Israel. Berlin 1967.
Widengren, Geo: Sakrales Königtum im Alten Testament und im Judentum. Stuttgart 1952.
Wolff, Hans Walter: Das Kerygma des Jahwisten. In: H. W. W.: Gesammelte Studien zum Alten Testament. München 1964.

Vorläufer der Propheten

Fohrer, Georg: Elia. Zürich [2]1968.
Gunkel, Hermann: Elias, Jahwe und Baal. Tübingen 1906.
Weiser, Arthur: Samuel. Göttingen 1962.

Propheten

Duhm, Bernhard: Israels Propheten. Tübingen 1916.
Fohrer, Georg: Die Propheten des Alten Testaments. 7 Bde. Gütersloh 1974–77.

Gunkel, Hermann: Die Propheten. Göttingen 1917.
Hempel, Johannes: Worte der Propheten. Berlin 1949.
Koch, Klaus: Die Profeten. Stuttgart 1978.
Kuhl, Curt: Israels Propheten. München 1956.
Mowinckel, Sigmund Olaf Plytt: Die Erkenntnisse Gottes bei den alttestamentlichen Propheten. Oslo 1941.
Scharbert, Josef: Die Propheten Israels. 2 Bde. Köln 1965–67.

Restaurative Bewegungen

Perlitt, Lothar: Bundestheologie im Alten Testament. Neukirchen 1969.
Rad, Gerhard von: Deuteronomium-Studien. Göttingen ²1948.
– Das Gottesvolk im Deuteronomium. In: G. v. R.: Gesammelte Studien zum Alten Testament II. München 1973.
Wolff, Hans Walter: Das Kerygma des deuteronomistischen Geschichtswerks. In: H. W. W.: Gesammelte Studien zum Alten Testament. München 1964.

Schwerpunkte israelitischer Frömmigkeit

Fichtner, Johannes: Die altorientalische Weisheit in ihrer israelitisch-jüdischen Ausprägung. Gießen 1933.
Fohrer, Georg: Messiasfrage und Bibelverständnis. Tübingen 1957.
Galling, Kurt: Die Erwählungstraditionen Israels. Gießen 1928.
Gunkel, Hermann / Begrich, Joachim: Einleitung in die Psalmen. Göttingen 1933.
Hempel, Johannes: Das Ethos des Alten Testaments. Berlin ²1964.
Knierim, Rolf: Die Hauptbegriffe für Sünde im Alten Testament. Gütersloh 1965.
Koehler, Ludwig: Der hebräische Mensch. Tübingen 1953.
Kraus, Hans Joachim: Gottesdienst in Israel. München ²1962.
Noth, Martin: Die Gesetze im Pentateuch. In: M. N.: Gesammelte Studien zum Alten Testament. München 1957. ³1966.
Rad, Gerhard von: Die Priesterschrift im Hexateuch. Stuttgart/Berlin 1934.
Rendtorff, Rolf: Die Gesetze in der Priesterschrift. Göttingen 1954.
Schmid, Hans Heinrich: Wesen und Geschichte der Weisheit. Berlin 1966.
Wächter, Ludwig: Der Tod im Alten Testament. Stuttgart 1967.
Westermann, Claus (Hrsg.): Das Loben Gottes in den Psalmen. Göttingen ⁴1968.
Zimmerli, Walther: Ort und Grenze der Weisheit im Rahmen der alttestamentlichen Theologie. In: W. Z.: Gottes Offenbarung. München 1963. ²1969.
– Die Weisheit des Predigers Salomo. Berlin 1936.

Die Frömmigkeit des (nach)exilischen Judentums

Baltzer, Klaus: Das Ende des Staates Juda und die Messias-Frage. In: Festschrift für Gerhard von Rad. Neukirchen 1961.
Fohrer, Georg: Studien zum Buche Hiob. Gütersloh 1963.
Galling, Kurt: Die Krise der Aufklärung in Israel. Mainz 1952.
Greßmann, Hugo: Der Messias. Göttingen 1929.
Janssen, Enno: Juda in der Exilszeit. Göttingen 1956.
Jepsen, Alfred: Das Buch Hiob und seine Deutung. Stuttgart 1963.
Noth, Martin: Das Geschichtsverständnis der alttestamentlichen Apokalyptik. In: M. N.: Gesammelte Studien zum Alten Testament. München 1957. ³1966.
Plöger, Otto: Theokratie und Eschatologie. Neukirchen ²1962.

Rad, Gerhard von: Das Geschichtsbild des chronistischen Werkes. Stuttgart 1930.
Rost, Leonhard: Die Vorstufen von Kirche und Synagoge im Alten Testament. Stuttgart 1938.
Zimmerli, Walther: Die Weisheit des Predigers Salomo. Berlin 1936.

Die Qumran-Gemeinschaft

Bardtke, Hans: Die Handschriftenfunde am Toten Meer. 2 Bde. Berlin 1948. Bd. 1. ²1953.
Burchard, Christoph: Bibliographie zu den Handschriften vom Toten Meer. 2 Bde. Berlin 1959–65. Bd. 1. ²1959.
Burrows, Millar: Mehr Klarheit über die Schriftrollen. München 1957.
– Die Schriftrollen vom Toten Meer. München ³1956.
Schubert, Kurt: Die Gemeinde vom Toten Meer. München/Basel 1958.

Das Judentum in nachchristlicher Zeit

Nachschlagewerke

Encyclopaedia Judaica. 10 Bde. Berlin 1928–34.
Encyclopaedia Judaica. 16 Bde. Jerusalem 1971/72.
The Encyclopaedia of the Jewish Religion. Jerusalem / Tel Aviv 1966.
The Jewish Encyclopedia. Ed. Isidore Singer. 12 Bde. New York / London 1901–06.
Jüdische Geisteswelt. Zeugnisse aus zwei Jahrtausenden. Hrsg. von Hans Joachim Schoeps. Darmstadt 1953.
Jüdisches Lexikon. Hrsg. von Georg Hertitz und Bruno Kirschner. 5 Bde. Berlin 1927–35.
Lexikon des Judentums. Hrsg. von John F. Oppenheimer. Gütersloh 1967.
The New Standard Jewish Encyclopedia. Ed. Cecil Roth and Geoffrey Wigoder. Garden City ⁴1970.
The Standard Jewish Encyclopedia. Ed. Cecil Roth. Jerusalem / Tel Aviv 1959.
Universal Jewish Encyclopedia. 10 Bde. New York 1939–43.

Bibliographien

Berlin, Charles: Index to festschriften in Jewish studies. Cambridge (Mass.) 1971.
Delling, Gerhard (Hrsg.): Bibliographie zur jüdisch-hellenistischen und intertestamentarischen Literatur 1900–1965. Berlin 1969 [u. ö.].
Maier, Johann: Das Judentum. Von der biblischen Zeit bis zur Moderne. München 1973. ²1977. S. 879 ff.
– / Schreiner, Josef (Hrsg.): Literatur und Religion des Frühjudentums. Würzburg/Gütersloh 1973. S. 439 ff.
Schwab, Moïse: Index of articles relating to Jewish history and literature published in periodicals from 1665 to 1900. New York 1971.

Allgemeine Darstellungen und Geschichte

Avi-Yonah, Michael: Geschichte des Heiligen Landes. Frankfurt a. M. 1971.
Baeck, Leo: Aus drei Jahrtausenden. Wissenschaftliche Untersuchungen und Abhandlungen zur Geschichte des jüdischen Glaubens. Tübingen 1958.
– Epochen der jüdischen Geschichte. Hrsg. von Hans J. Bach. Stuttgart 1974.
Bamberger, Bernard Jacob: The story of Judaism. New York 1964.
Baron, Salo Wittmayer: A social and religious history of the Jews. 8 Bde. New York ²1952–58.

Ben-Sasson, Haim Hillel / Ettinger, Samuel (Hrsg.): Jewish society through the ages. London / New York 1972.
Blau, Joseph Leon: Modern varieties of Judaism. New York 1966.
Bloch, Jochanan: Das anstößige Volk. Über die weltliche Glaubensgemeinschaft der Juden. Heidelberg 1964.
Böhm, Franz / Dirks, Walter (Hrsg.): Judentum, Schicksal, Wesen und Gegenwart. 2 Bde. Wiesbaden 1965.
Buber, Martin: Israel und Palästina. Zur Geschichte einer Idee. München 1968.
Caro, Georg: Sozial- und Wirtschaftsgeschichte der Juden im Mittelalter und der Neuzeit. 2 Bde. Frankfurt a. M. Bd. 1. ²1924. Bd. 2. 1920. Nachdr. Hildesheim 1964.
Cohen, Arthur Allen: The natural and the supernaturel Jew. London 1967. – Dt.: Der natürliche und der übernatürliche Jude. Übers. von Hans Schmidthüs. Freiburg i. Br. 1966.
Dirks, Walter (Hrsg.): Judentum. 2 Bde. Wiesbaden 1965.
Dubnow, Simon: Weltgeschichte des jüdischen Volkes. Übers. von A. Steinberg. 10 Bde. Berlin 1925–29.
Eckert, Willehad Paul [u. a.] (Hrsg.): Jüdisches Land – gelobtes Land. Berlin 1970.
Ehrlich, Ernst Ludwig: Geschichte der Juden in Deutschland. Düsseldorf 1957.
Elbogen, Ismar: A century of Jewish life. Philadelphia 1944.
– Geschichte des Judentums seit dem Untergang des jüdischen Staates. Leipzig 1919. ²1920.
– Ein Jahrhundert Wissenschaft des Judentums. Berlin 1922.
– / Sterling, Eleonore: Die Geschichte der Juden in Deutschland. Berlin 1935. Frankfurt a. M. 1966.
Epstein, Isidor: Judaism. Baltimore 1959.
Finkelstein, Louis (Hrsg.): The Jews, their history, culture and religion. 2 Bde. New York ³1960. 3 Bde. New York ⁴1970 ff.
Friedländer, Michael: Die jüdische Religion. Frankfurt a. M. ³1936. Nachdr. Basel 1971.
Gamm, Hans Jochen: Judentumskunde. München 1964.
Geis, Robert Raphael: Gottes Minorität. Beiträge zur jüdischen Theologie und zur Geschichte der Juden in Deutschland. München 1971.
– Vom unbekannten Judentum. Freiburg i. Br. / Basel / Wien ²1975.
Glatzer, Nahum Norbert: Sendung und Schicksal. Köln 1969.
Goldschmidt, Hermann Levin: Das Vermächtnis des deutschen Judentums. Frankfurt a. M. ³1965.
Goldstein, Morris: Thus religion grows. The Story of Judaism. New York 1936.
Graetz, Heinrich: Geschichte der Juden. 11 Bde. 1853–75. Leipzig ²⁻⁵1923.
Heman, Friedrich: Geschichte des jüdischen Volkes seit der Zerstörung Jerusalems. Stuttgart ²1927.
Horkheimer, Max: Über die deutschen Juden. Ein Vortrag. Köln 1961.
Kastein, Josef: Sabbatei Zewi, der Messias von Izmir. Berlin 1930.
Köhler, Hans: Die Wirkung des Judentums auf das abendländische Geistesleben. Berlin 1952.
Laurie, Magnus: The Jews in the Christian era from the first to the eighteenth century and their contribution to its civilisation. London 1929.
Lisowsky, Gerhard: Kultur- und Geistesgeschichte des jüdischen Volkes. Von Abraham bis Ben Gurion. Stuttgart 1968.
Maier, Johann: Geschichte der jüdischen Religion. Von der Zeit Alexanders des Großen bis zur Aufklärung mit einem Ausblick auf das 19./20. Jahrhundert. Berlin / New York 1972.
– Das Judentum. Von der biblischen Zeit bis zur Moderne. München ²1977.
Moore, George Foot: Judaism in the first centuries of the Christian era. 3 Bde. Cambridge (Mass.) 1927–32. Neudr. New York ³1971.
Müller, Samuel: Der Weg in die jüdische Neuzeit. Jüdische Geschichte von Moses Mendelssohn bis zur Gegenwart in Charakterbildern dargestellt. Ludwigshafen 1936.

Narkiss, Bezalel [u. a.]. (Hrsg.): Geschichte der jüdischen Kultur in Bildern. Aus dem Engl. übers. von Luise Kaufmann. Zürich/Köln 1973.
Noveck, Simon (Hrsg.): Große Gestalten des Judentums. 2 Bde. Zürich 1972.
Philippson, Martin: Die neueste Geschichte des jüdischen Volkes. 3 Bde. Frankfurt a. M. ^{2}1922–30.
Rivkin, Ellis: The shaping of Jewish history. New York 1971.
Roth, Cecil: A history of the Jews in England. London ^{2}1949.
– The Jewish book of days. A day by day Almanac of events from the settlement of the Jews in Europe to the Balfour declaration. New York ^{2}1966.
– A short history of the Jewish People. London 1953. – Dt.: Geschichte der Juden von den Anfängen bis zum neuen Staat Israel. Übertr. von Kurt und Mirjam Blaukopf. Teufen 1954.
Sachar, Abram Leon: A history of the Jews. New York ^{4}1953.
Schilling, Konrad: Monumenta Judaica. 2000 Jahre Geschichte und Kultur der Juden am Rhein. [Ausstellungskatalog und Handbuch.] 2 Bde. Köln 1963. ^{2}1964.
Schoeps, Hans Joachim: Barocke Juden, Christen, Judenchristen. Bern/München 1965.
Schürer, Emil: Geschichte des jüdischen Volkes im Zeitalter Jesu Christi. 3 Bde. Leipzig 1886. Bd. 1. ^{5}1920. Bd. 2. ^{4}1907. Bd. 3. ^{4}1909. Nachdr. Hildesheim 1963.
Seligmann, Caesar: Geschichte der jüdischen Reformbewegung von Mendelssohn bis zur Gegenwart. Frankfurt a. M. 1922.
Straus, Richard: Die Juden in Wirtschaft und Gesellschaft. Frankfurt a. M. 1964.
Thieme, Karl: Dreitausend Jahre Judentum. Paderborn 1960.
Trepp, Leo: Eternal faith, eternal people, a journey into Judaism. New York 1962.
– Judaism, development and life. Belmont 1966. – Dt.: Das Judentum. Geschichte und lebendige Gegenwart. Übers. von Karl-Heinz Laier. Hamburg 1969.
Weltsch, Robert: Deutsches Judentum. Aufstieg und Krise. Stuttgart 1953.
Wiener, Max: Jüdische Religion im Zeitalter der Emanzipation. Berlin 1933.
Wilhelm, Kurt (Hrsg.): Jüdischer Glaube. Eine Auswahl aus zwei Jahrtausenden. Bremen 1961.
Wischnitzer, Mark: A history of Jewish crafts and guilds. New York 1965.

Frühjudentum im hellenistischen Zeitalter

Bertram, Georg: Zur Bedeutung der Religion der Septuaginta in der hellenistischen Welt. In: Theologische Literaturzeitung 92 (1967) Sp. 245–250.
Braun, Herbert: Wie man über Gott nicht denken soll. Dargelegt an den Gedankengängen Philos von Alexandria. Tübingen 1971.
Goodenough, Erwin Ramsdell: Jewish symbols in the Greco-Roman period. 13 Bde. New York 1952–68.
Heinemann, Isaak: Philons griechische und jüdische Bildung. Breslau 1932. Nachdr. Hildesheim 1973.
Hengel, Martin: Judentum und Hellenismus. Studien zu ihrer Begegnung unter besonderer Berücksichtigung Palästinas bis zur Mitte des 2. Jh. v. Chr. Tübingen ^{2}1973.
Leipold, Johannes / Grundmann, Walter (Hrsg.): Umwelt des Urchristentums. 3 Bde. Berlin 1965. Bd. 1. ^{4}1975. Bd. 2. ^{3}1972. Bd. 3. ^{3}1973.
Lewy, Hans: Philo. Oxford 1946.
Maier, Johann / Schreiner, Josef (Hrsg.): Literatur und Religion des Frühjudentums. Würzburg/Gütersloh 1973.
Safrai, Samuel / Stern, M. (Hrsg.): The Jewish people in the first century. Historical geography, political history, social, cultural and religious life and institutions. Bd. I, 1.2. Assen 1974–76.

Mischna und Talmud

Albeck, Chanoch: Einführung in die Mischna. Berlin 1971.
Avi-Yona, Michael: Geschichte der Juden im Zeitalter des Talmud. Berlin 1962.
The Babylonian Talmud. Transl. under the editorship of Rabbi Isidor Epstein. 34 Bde. London 1948–53.
Der babylonische Talmud. Übers. von Lazarus Goldschmidt. 12 Bde. Berlin 1930–36.
Chajes, Zebi Hirsch: The student's guide through the Talmud. Transl. by Jacob Shachter. London 1952 [u. ö.].
Danby, Herbert (Hrsg.): The Mishnah. Transl. by H. D. London 1938. Nachdr. 1967.
Glatzer, Nahum Norbert: Geschichte der talmudischen Zeit. Berlin 1937.
Goldstein, Isaak: Worte des Talmud. Ausgew. und eingel. von Rabbi Goldstein. Tübingen 1963.
Kaplan, Julius: The redaction of the Babylonian Talmud. New York 1932.
Krauss, Samuel: Talmudische Archäologie. 3 Bde. Leipzig 1910–12. Nachdr. Hildesheim 1966.
– Synagogale Altertümer. Berlin/Wien 1922. Nachdr. Hildesheim 1966.
Mayer, Reinhold (Hrsg.): Der babylonische Talmud. Ausgew., übers. und erkl. von R. M. München 1963.
Neusner, Jacob: A history of the Jews in Babylonia. 5 Bde. Leiden 1965–70.
Rengstorf, Karl Heinrich / Rost, Leonhard (Hrsg.): Die Mischna. Text, Übers. und ausführliche Erkl. Berlin 1960 ff.
Stemberger, Günter: Das klassische Judentum. Kultur und Geschichte der rabbinischen Zeit. München 1979.
Strack, Hermann Ludwig: Einleitung in Talmud und Midrasch. Berlin [5]1921. Neudr. München [5]1961.
Le Talmud de Jérusalem. Trad. Moïse Schwab. 11 Bde. Paris [3]1932. Neudr. Paris 1964.
Winter, Jacob / Wünsche, August: Die jüdische Literatur seit Abschluß des Kanons. 2 Bde. Trier 1894–96.
Zobel, Moritz: Gottes Gesalbter. Der Messias und die messianische Zeit in Talmud und Midrasch. Berlin 1938.

Spätere Literatur

Altmann, Alexander: Saadya Gaon. Oxford 1946.
Heinemann, Isaak: Jehuda Halevi. Oxford 1946.
Höxter, Julius: Quellenbuch zur jüdischen Geschichte und Literatur. 5 Bde. Frankfurt a. M. 1927–30.
Karpeles, Gustav: Geschichte der jüdischen Literatur. 2 Bde. Berlin 1909. [3]1920. Neudr. Graz [4]1963.
Klausner, Josef: Geschichte der neuhebräischen Literatur. Aus dem Russ. übers. und hrsg. von Hans Kohn. Berlin 1921.
Rosenthal, Gilbert S.: Maimonides. His wisdom for our time. New York 1969.
Waxmann, Meyer: A history of Jewish Literature from the close of the Bible to our own days. 3 Bde. New York 1930–36. [2]1960.

Glaube und Frömmigkeit

Bin Gorion, Micha Josef: Der Born Juda. Legenden, Märchen und Erzählungen. Leipzig 1916 ff. [3]1924 ff.
Bousset, Wilhelm: Die Religion des Judentums im späthellenistischen Zeitalter. Hrsg. von Hugo Greßmann. Tübingen [3]1926. Neudr. [4]1966.
Cohon, Samuel Solomon: Jewish Theology. Assen 1971.

Dalbert, Peter: Die Theologie der hellenistisch-jüdischen Missionsliteratur. Hamburg-Volksdorf 1954.
Fohrer, Georg: Glaube und Leben im Judentum. Heidelberg 1979.
Friedländer, Michael: Die jüdische Religion. Frankfurt a. M. [3]1936.
Ginzberg, Louis: The legends of the Jews. 7 Bde. Philadelphia 1938–46. Neudr. 1954–59.
Goldschmidt, Hermann Levin: Die Botschaft des Judentums. Frankfurt a. M. 1960.
Jacobs, Louis: Principles of the Jewish faith. An analytical study. London 1964.
Klausner, Joseph: The messianic ideal in Israel. New York 1955.
Kohler, Kaufmann: Grundrisse einer systematischen Theologie des Judentums. Leipzig 1910.
Scholem, Gershom: Über einige Grundbegriffe des Judentums. Frankfurt a. M. 1970.
Schubert, Kurt: Gesetz und Erlösung in der jüdischen Theologie. In: Judaica 7 (1951) S. 136–157.
– Die Religion des nachbiblischen Judentums. Freiburg i. Br. / Wien 1955.
Schultz, Hans Jürgen (Hrsg.): Mein Judentum. Stuttgart 1978.
Thieberger, Friedrich: Die Glaubensstufen des Judentums. Stuttgart 1952.
Weber, Ferdinand: Jüdische Theologie aufgrund des Talmud und verwandter Schriften. Hrsg. von Franz Delitzsch und Georg Schnedermanns. Leipzig 1892. [2]1897.
Weigl, Joseph: Das Judentum. Berlin [2]1924.

Gottesdienst

Adler, Leo: Die Bedeutung der jüdischen Festtage. Zürich 1962.
Berger, Max / Häusler, Wolfgang / Lessing, Erich: Judaica. Kult und Kultur des europäischen Judentums. Wien 1978.
Billerbeck, Paul: Ein Tempelgottesdienst in Jesu Tagen. In: Zeitschrift für die neutestamentliche Wissenschaft und die Kunde der älteren Kirche 55 (1964) S. 1–17.
Ehrlich, Ernst Ludwig: Die Kultsymbolik im Alten Testament und im nachbiblischen Judentum. Stuttgart 1959.
Elbogen, Ismar: Der jüdische Gottesdienst in seiner geschichtlichen Entwicklung. Leipzig 1913. Frankfurt a. M. [3]1931. Neudr. Hildesheim 1962.
Epstein, Isidor: The faith of Judaism. An interpretation for our times. London 1954.
Halevi, Jehuda ⟨12. Jh.⟩: 92 Hymnen und Gedichte. Dt. von Franz Rosenzweig. Berlin [2]1928.
Hruby, Kurt: Die Synagoge. Geschichtliche Entwicklung einer Institution. Zürich 1971.
Idelsohn, Abraham Zebi: Jewish liturgy and its development. New York 1932. Neudr. ebd. 1967.
Krüger, Renate: Die Kunst der Synagoge. Einführung in die Probleme von Kunst und Kult des Judentums. Leipzig [2]1969.
Munk, Elie: Die Welt der Gebete. [Orig.-Titel translit.:] Olam hatefilot. Komm. zu den Werktags- und Sabbat-Gebeten nebst Übers. Basel 1962.
Otten, Karl (Hrsg.): Schofar. Lieder und Legenden jüdischer Dichter. Neuwied/Berlin-Spandau 1962.
Roth, Cecil: Die Kunst der Juden. 2 Bde. Frankfurt a. M. 1963/64.
Saminsky, Lazare: Music of the Ghetto and the Bible. New York 1934.
Scheele, Paul-Werner (Hrsg.): Halleluja-Amen. Gebete Israels aus drei Jahrtausenden. Paderborn 1974.
Schönberg, Jakob: Die traditionellen Gesänge des israelitischen Gottesdienstes in Deutschland. Nürnberg 1927.
Schubert-Christaller, Else: Der Gottesdienst der Synagoge. Sein Aufbau und sein Sinn. Mit ausgew. Gebeten. Gießen 1927.
Wischnitzer-Bernstein, Rachel: Symbole und Gestalten der jüdischen Kunst. Berlin 1935.
Zobel, Moritz: Das Jahr der Juden in Brauch und Liturgie. Berlin 1936.
Zunz, Leopold: Die gottesdienstlichen Vorträge der Juden historisch entwickelt. Berlin [2]1892. Nachdr. Hildesheim 1966.

– Literaturgeschichte der synagogalen Poesie. Berlin 1865. Nachdr. Hildesheim 1966.
– Die synagogale Poesie des Mittelalters. Die Ritus des synagogalen Gottesdienstes geschichtlich entwickelt. [2 Bde. in 1 Bd.] Berlin 1859. Frankfurt a. M. 21920. Nachdr. Hildesheim 1967.

Philosophie

Guttmann, Julius: Die Philosophie des Judentums. München 1933.
Schoeps, Hans Joachim: Geschichte der jüdischen Religionsphilosophie in der Neuzeit. Berlin 1935.

Mystik

Bréhier, Émile: Les idées philosophiques et religieuses de Philon d'Alexandrie. Paris 31950.
Buber, Martin: Die chassidische Botschaft. Heidelberg 1952.
– Die chassidischen Brüder. Berlin 21931.
– Die Erzählungen der Chassidim. Zürich 1949.
Dubnow, Simon: Geschichte des Chassidismus. 2 Bde. Berlin 1931/32.
Goodenough, Erwin Ramsdell: By light, light. The Mystic Gospel of Hellenistic Judaism. New Haven 1935.
Heinemann, Isaak: Philo als Vater der mittelalterlichen Philosophie. In: Theologische Zeitschrift 6 (1950) S. 99–114.
Heschel, Abraham: Gott sucht den Menschen. Eine Philosophie des Judentums. Neukirchen 1980.
Müller, Ernst: Der Sohar und seine Lehre. Einleitung in die Gedankenwelt der Kabbala. Wien/Leipzig 21923.
Rosenberg, Alfons: So spricht die Kabbala. München-Planegg 1954.
Safran, Alexander: Die Kabbala. Gesetz und Mystik in der jüdischen Tradition. Bern/München 1966.
Scholem, Gershom: Jewish Gnosticism. Merkaba, Mysticism, and Talmudic Tradition. New York 21965.
– Judaica. 3 Bde. Frankfurt a. M. 1968–72.
– Die jüdische Mystik in ihren Hauptströmungen. Frankfurt a. M. 1957. 21967.
– Ursprung und Anfänge der Kabbala. Berlin 1962.
– Von der mystischen Gestalt der Gottheit. Frankfurt a. M. 1973.
– Zur Kabbala und ihrer Symbolik. Zürich 1960.
Schubert, Kurt: Problem und Wesen der jüdischen Gnosis. In: Kairos 3 (1961) S. 2–15.
Windisch, Hans: Die Frömmigkeit Philos und ihre Bedeutung für das Christentum. Leipzig 1909.
Wolfson, Harry Austryn: Philo. Foundations of religious philosophy in Judaism, Christianity, and Islam. 2 Bde. Cambridge (Mass.) 21948.
Ysander, Torsten: Studien zum Beštschen Hasidismus in seiner religionsgeschichtlichen Sonderart. Uppsala 1933.

Karäer

Fürst, Julius: Geschichte des Karäerthums. 3 Bde. Leipzig 1868.
Nemoy, Leon: Karaite Anthology. New Haven 1952.

Modernes Judentum

Baeck, Leo: Das Evangelium als Urkunde der jüdischen Glaubensgeschichte. Berlin 1938.
– Die Grundlagen der jüdischen Ethik. Berlin 1920.

– Von Moses Mendelssohn zu Franz Rosenzweig. Typen jüdischen Selbstverständnisses in den letzten beiden Jahrhunderten. Stuttgart 1958.
– Dieses Volk. Jüdische Existenz. Frankfurt a. M. 1957.
– Wege ins Judentum. Aufsätze und Reden. Berlin 1933.
– Das Wesen des Judentums. Berlin 1905. Frankfurt a. M. [6]1932. Köln 1960.
Ben-Chorim, Schalom: Jüdischer Glaube. Tübingen 1975.
– Der unbekannte Gott. Berlin 1963.
Bloch, Jochanan: Das anstößige Volk. Über die weltliche Glaubensgemeinschaft der Juden. Heidelberg 1964.
– Judentum in der Krise. Emanzipation, Sozialismus und Zionismus. Göttingen 1966.
Buber, Martin: An der Wende. Reden über das Judentum. Köln/Olten 1952.
– Begegnung. Autobiographische Fragmente. Stuttgart 1960.
– Hinweise. Zürich 1953.
– Der Jude und sein Judentum. Gesammelte Aufsätze und Reden. Köln 1963.
– Die jüdische Bewegung. Gesammelte Aufsätze und Ansprachen 1900–1915. Berlin 1916.
– Kampf um Israel. Reden und Schriften 1921–1932. Berlin 1933.
– Reden über das Judentum. Berlin [3]1932.
– Reden und Schriften. Berlin 1933.
– Die Schrift. Verdeutscht von Martin Buber gemeinsam mit Franz Rosenzweig. 4 Bde. Köln 1953–62.
– Vom Geist des Judentums. Leipzig 1916.
– Werke. 3 Bde. München/Heidelberg 1962–64.
– Zwei Glaubensweisen. Zürich 1950.
– Zwischen Gesellschaft und Staat. Heidelberg 1952.
Cohen, Hermann: Religion der Vernunft aus den Quellen des Judentums. Leipzig 1919. Köln [3]1959.
Elbogen, Ismar: Ein Jahrhundert jüdischen Lebens. Die Geschichte des neuzeitlichen Judentums. Frankfurt a. M. 1967.
Freudenfeld, Burghard: Israel. Experiment einer nationalen Wiedergeburt. München 1959.
Glatzer, Nahum Norbert: Franz Rosenzweig. His life and thought. New York 1953.
Graupe, Heinz Mosche: Die Entstehung des modernen Judentums. Geistesgeschichte des deutschen Judentums 1650–1942. Hamburg 1969.
Lindeskog, Gösta: Die Jesusfrage im neuzeitlichen Judentum. Leipzig 1938.
Maier, Johann: Jüdische Presse im 19. Jahrhundert. Aachen 1967.
Pallière, Aimée: Israël et l'humanité. Paris 1916.
Rosenzweig, Franz: Briefe. Berlin 1935.
– Kleinere Schriften. Berlin 1937.
– Der Stern der Erlösung. Frankfurt a. M. 1921. Heidelberg [3]1954.
Scholem, Gershom: Judaica. 3 Bde. Frankfurt a. M. 1968–72.
Sontheimer, Kurt: Israel. Politik, Gesellschaft, Wirtschaft. München 1968.
Trepp, Leo: Moderne jüdische Theologie. Ein kritischer Überblick. Heidelberg 1975.
Weltsch, Robert: An der Wende des modernen Judentums. Tübingen 1972.
Wilhelm, Kurt: Wissenschaft des Judentums im deutschen Sprachbereich. 2 Bde. Tübingen 1967.

Judentum und Christentum/Antisemitismus

Aring, Paul Gerhard: Urchristliche Judenmission. Ihre Geschichte und Problematik dargestellt und untersucht am Beispiel des evangelischen Rheinlandes. Neukirchen 1980.
Baeck, Leo: Judaism and Christianity. Philadelphia [3]1964.
Browe, Peter: Die Judenmission im Mittelalter und die Päpste. Rom 1942.

Döllinger, Ignaz von: Die Juden in Europa. In: I. v. D.: Akademische Vorträge. Bd. 1. Nördlingen 1888. ²1890. S. 209–241.
Eckert, Willehad Paul / Ehrlich, Ernst Ludwig (Hrsg.): Judenhaß – Schuld der Christen? Essen 1964.
– / Levinson, Nathan Peter / Stöhr, Martin (Hrsg.): Die biblischen Landverheißungen als Problem des jüdischen Selbstverständnisses und der christlichen Theologie. München 1970.
Flannery, Edward H.: The anguish of the Jews – 23 centuries of Antisemitism. New York 1960.
Goldschmidt, Dietrich / Kraus, Hans Joachim (Hrsg.): Der ungekündigte Bund. Neue Begegnung von Juden und christlicher Gemeinde. Stuttgart 1962.
Gollwitzer, Helmut (Hrsg.): Abhandlungen zum christlich-jüdischen Dialog. Bd. 1. München 1967.
– / Sterling, Eleonore (Hrsg.): Das gespaltene Gottesvolk. Stuttgart/Berlin 1966.
Gordis, Robert: Judaism in a christian world. New York 1966.
Greenberg, Louis: The Jews in Russia. 2 Bde. New Haven 1944–51.
Guttmann, Jakob: Die Scholastik des 13. Jahrhunderts in ihren Beziehungen zum Judenthum und zur jüdischen Literatur. Breslau 1902.
Heer, Friedrich: Gottes erste Liebe. 2000 Jahre Judentum und Christentum. München 1967.
Holmio, Armas Kustaa Ensio: The Lutheran reformation and the Jews. Hancock (Mich.) 1949.
Hruby, Kurt: Die Stellung der jüdischen Gesetzeslehrer zur werdenden Kirche. Zürich 1971.
Kisch, Guido: The Jews in mediaeval Germany. Chicago 1949.
Klesse, Max: Vom alten zum neuen Israel. Ein Beitrag zur Genese der Judenfrage und des Antisemitismus. Frankfurt a. M. 1965.
Kraus, Hans Joachim / Geis, Robert Raphael (Hrsg.): Versuche des Verstehens. Dokumente jüdisch-christlicher Begegnung aus den Jahren 1918–1933. München 1966.
Kremers, Heinz: Judenmission heute? Neukirchen 1979.
Lapide, Pinchas E.: Hebräisch in den Kirchen. Neukirchen 1975.
– Ökumene aus Christen und Juden. Neukirchen 1972.
– / Moltmann, Jürgen: Jüdischer Monotheismus – Christliche Trinitätslehre. München 1979.
Lehr, Stefan: Antisemitismus – religiöse Motive im sozialen Vorurteil. Aus der Frühgeschichte des Antisemitismus in Deutschland 1870–1914. München 1974.
Marcus, Jakob Rader: The Jew in the Medieval World. A source book 315–1791. Cincinnati 1938.
Marsch, Wolf Dieter / Thieme, Karl: Christen und Juden. Mainz/Göttingen 1961.
Maurer, Wilhelm: Kirche und Synagoge. Stuttgart 1953.
Mayer, Reinhold: Christentum und Judentum in der Schau Leo Baecks. Stuttgart 1961.
– Franz Rosenzweig. Eine Philosophie der dialogischen Erfahrung. München 1973.
Parkes, James: Antisemitismus. Aus dem Engl. übers. von Arno Dohm. München 1964.
Pearlson, Gustav: Twelve centuries of Jewish persecution. Hull 1927.
Rendtorff, Rolf: Israel und sein Land. München 1975.
– (Hrsg.): Arbeitsbuch Christen und Juden. Zur Studie des Rates der Evangelischen Kirche in Deutschland. Gütersloh 1979.
Rengstorf, Karl Heinrich / Kortzfleisch, Siegfried von: Kirche und Synagoge. 2 Bde. Stuttgart 1968–70.
Schedl, Claus: Talmud, Evangelium, Synagoge. Innsbruck/Wien/München 1969.
Schmid, Herbert: Die christlich-jüdische Auseinandersetzung um das Alte Testament in hermeneutischer Sicht. Zürich 1971.
Schoeps, Hans Joachim: Israel und Christenheit. Jüdisch-christliches Religionsgespräch in 19 Jahrhunderten. Frankfurt a. M. ³1961.
Simon, Marcel: Verus Israel. Études sur les relations entre chrétiens et juifs dans l'Empire Romain. Paris 1948.
Stöhr, Martin: Erinnern, nicht vergessen. Zugänge zum Holocaust. München 1979.
Trachtenberg, Joshua: The devil and the Jews. The medieval conception of the Jew and its relation to modern antisemitism. New Haven 1943.
Veit, Otto: Christlich-jüdische Koexistenz. Frankfurt a. M. 1965.

Westphalen, Ludger Graf von: Geschichte des Antisemitismus in Deutschland im 19. und 20. Jahrhundert. Stuttgart 1962.
Wilde, Robert: The treatment of the Jews in the Greek Christian writers of the first three centuries. Washington 1949.
Willi-Plein, Ina / Willi, Thomas: Glaubensdolch und Messiasbeweis. Die Begegnung von Judentum, Christentum und Islam im 13. Jahrhundert in Spanien. Neukirchen 1979.
Wilpert, Paul (Hrsg.): Beiträge zum christlich-jüdischen Gespräch. Berlin 1966.

Das Christentum

Nachschlagewerke

Amann, Émile (Hrsg.): Dictionnaire de Théologie Catholique. Begr. von A. Vancant und E. Mangenot. Paris 1909 ff.
Brunotte, Heinz / Weber, Otto (Hrsg.): Evangelisches Kirchenlexikon. 3 Bde. Göttingen 1956–59.
Buchberger, Michael (Hrsg.): Lexikon für Theologie und Kirche. 10 Bde. Freiburg i. Br. [2]1957–65.
Cabrol, Fernand / Leclerq, Henri (Hrsg.): Dictionnaire d'Archéologie chrétienne et de Liturgie. Paris 1907 ff.
Fries, Heinrich (Hrsg.): Handbuch theologischer Grundbegriffe. 2 Bde. München 1962/63.
Jacquemet, G. Abbé (Hrsg.): Catholicisme hier – aujourd'hui – demain. Encyclopédie. 7 Bde. Paris 1948 ff.
Keller, Hiltgard L. (Hrsg.): Reclams Lexikon der Heiligen und der biblischen Gestalten. Stuttgart 1968. [4]1979.
Klauser, Theodor (Hrsg.): Reallexikon für Antike und Christentum. Stuttgart 1941 ff. 1950 ff.
Koch, Klaus [u. a.] (Hrsg.): Reclams Bibellexikon. Stuttgart 1978. [2]1979.
Littell, Franklin H. / Walz, Hans Hermann (Hrsg.): Weltkirchenlexikon. Handbuch der Ökumene. Stuttgart 1959.
Lurker, Manfred: Wörterbuch biblischer Bilder und Symbole. München 1973.
Rahner, Karl / Darlapp, Karl (Hrsg).: Sacramentum Mundi. Theologisches Lexikon für die Praxis. 4 Bde. Freiburg i. Br. 1967–69.
Reicke, Bo / Rost, Leonhard (Hrsg.): Biblisch-Historisches Handwörterbuch. 4 Bde. Göttingen 1962–79.
Viller, Marcel [u. a.].: (Hrsg.): Dictionnaire de spiritualité ascétique et mystique. Paris 1932 ff.

Urchristentum

Adam, Karl: Jesus Christus. Düsseldorf 1933. [8]1949.
Barnes, Ernest William: The rise of Christianity. London 1945.
Bornkamm, Günther: Jesus von Nazareth. Stuttgart 1956. [11]1977.
Bousset, Wilhelm: Kyrios Christos. Geschichte des christlichen Glaubens von den Anfängen des Christentums bis Irenäus. Göttingen 1914. [2]1921.
Bultmann, Rudolf: Das Evangelium des Johannes. Göttingen 1941. [20]1978.
– Theologie des Neuen Testamentes. Tübingen 1953. 7. Aufl. hrsg. von Otto Merk. Ebd. 1977.
– Das Urchristentum im Rahmen der antiken Religionen. Zürich 1949. [3]1963.
Dibelius, Martin: Jesus. Berlin 1939. [4]1966.
– Paulus. Hrsg. von Werner Georg Kümmel. Berlin 1951. [4]1970.
Friedrich, Gerhard / Stuhlmacher, Peter (Hrsg.): Das Neue Testament Deutsch. Neues Göttinger Bibelwerk. 11 Bde. Göttingen 1950–54. 1960 ff.
Goguel, Maurice: L'église primitive. Paris 1947.
Grass, Hans: Ostergeschehen und Osterberichte. Neukirchen [4]1970.

Guignebert, Charles: Jésus. Paris 1947.
Hennecke, Edgar: Neutestamentliche Apokryphen in dt. Übers. Hrsg. von Wilhelm Schneemelcher. 2 Bde. Tübingen [4]1968–71.
Klausner, Joseph: Jesus von Nazareth. Jerusalem [3]1952.
– Von Jesus zu Paulus. Jerusalem 1950.
Kümmel, Werner: Das Neue Testament. Geschichte der Erforschung seiner Probleme. Freiburg i. Br. / Münster [2]1970.
Lagrange, Marie Joseph: L'évangile de Jésus Christ. Paris 1930. – Dt.: Das Evangelium von Jesus Christus. Übertr. von Otto Kuss. Heidelberg 1949.
Leipoldt, Johannes: Vom Jesusbild der Gegenwart. Leipzig [2]1925.
Loisy, Alfred: La naissance du christianisme. Paris 1933.
– Le quatrième Evangile. Paris 1903. [2]1921.
Otto, Rudolf: Reich Gottes und Menschensohn. Ein religionsgeschichtlicher Versuch. München 1933. [3]1954.
Pfannmüller, Gustav: Jesus im Urteil der Jahrhunderte. Berlin [2]1939.
Raschke, Hermann: Das Christusmysterium. Wiedergeburt des Christentums aus dem Geiste der Gnosis. Bremen 1954.
Schell, Hermann: Christus. Mainz 1903.
Schweitzer, Albert: Geschichte der Leben-Jesu-Forschung. Tübingen 1906. [6]1951.
– Die Mystik des Apostels Paulus. Tübingen [2]1954.
[Tillmann, Fritz:] Die heilige Schrift des Neuen Testamentes. Übers. und erkl. von F. T. 12 Bde. Bonn 1930–50.
Vielhauer, Philipp: Geschichte der urchristlichen Literatur. Berlin / New York 1975.
Weiß, Johannes (Hrsg.): Die Schriften des Neuen Testamentes. Neu übers. und für die Gegenwart erkl. 2 Bde. Göttingen 1907.
Wikenhauser, Alfred: Die Christusmystik des Apostels Paulus. Freiburg i. Br. [2]1956.

Kirchengeschichte

Bihlmeyer, Karl: Kirchengeschichte. Hrsg. von Hermann Tüchle. 3 Bde. Paderborn [14]1955.
Buonaiuti, Ernesto: Storia del cristianesimo. 3 Bde. Mailand 1942. – Dt.: Geschichte des Christentums. Übers. von Hans Markum. Bern 1948–57.
Dumeige, Gervais / Bacht, Heinrich (Hrsg.): Geschichte der ökumenischen Konzilien. Mainz 1978 ff.
Fliche, Augustin / Martin, Victor (Hrsg.): Histoire de l'église. Paris 1934 ff.
Hauck, Albert: Kirchengeschichte Deutschlands. 5 Bde. Leipzig 1887–1920. [6-8]1952–54.
Hermelink, Heinrich: Das Christentum in der Menschheitsgeschichte von der Französischen Revolution bis zur Gegenwart. 3 Bde. Stuttgart 1951–55.
Jedin, Hubert (Hrsg.): Handbuch der Kirchengeschichte. 7 Bde. und Atlas-Bd. Freiburg i. Br. [1-3]1970–79.
Kottje, Raymund / Moeller, Bernd (Hrsg.): Ökumenische Kirchengeschichte. 3 Bde. Mainz/ München 1970–74.
Lietzmann, Hans: Geschichte der alten Kirche. 4 Bde. Berlin 1934–44. [3]1953. Nachdr. 1975.
Lortz, Joseph: Geschichte der Kirche in ideengeschichtlicher Betrachtung. Münster [22-23]1965.
Moeller, Bernd (Hrsg.): Die Kirche in ihrer Geschichte. Ein Handbuch. Begr. von Kurt Dietrich Schmidt. 4 Bde. Göttingen 1963 ff.
Rogier, Ludwig / Aubert, Roger / Knowles, M. D. (Hrsg.): Geschichte der Kirche. 5 Bde. Einsiedeln 1963–77.
Schmidt, Kurt Dietrich: Grundriß der Kirchengeschichte. Göttingen [7]1978.
Schubert, Hans von: Grundzüge der Kirchengeschichte. Hrsg. von Erich Dinkler. Tübingen [11]1950.

Dogmen- und Theologiegeschichte

Bardenhewer, Otto: Geschichte der altchristlichen Literatur. 5 Bde. Freiburg i. Br. ²1913–32.
– / Schermann, Theodor / Waymann, Karl (Hrsg.): Bibliothek der Kirchenväter. 61 Bde. München 1911–31. 2. Reihe. 20 Bde. 1932–38.
Fries, Heinrich: Die Religionsphilosophie Newmans. Stuttgart 1948.
– / Schwaiger, Georg (Hrsg.): Katholische Theologen Deutschlands im 19. Jahrhundert. 3 Bde. München 1975.
Gilson, Étienne Henri: Le thomisme. Paris ⁶1948.
Grabmann, Martin: Geschichte der katholischen Theologie seit dem Ausgang der Väterzeit. Freiburg i. Br. 1933.
– Thomas von Aquino. München ⁷1946.
Harnack, Adolf von: Dogmengeschichte. 3 Bde. Tübingen 1886–89. ⁴1909.
Köhler, Walter: Dogmengeschichte als Geschichte des christlichen Selbstbewußtseins. Zürich/Leipzig 1938.
Lohse, Bernhard: Epochen der Dogmengeschichte. Stuttgart ⁴1978.
Loofs, Friedrich: Leitfaden zum Studium der Dogmengeschichte. 2 Bde. Halle 1889. 5. Aufl. hrsg. von Kurt Aland. Ebd. 1950. Nachdr. Tübingen 1959.
Nédoncelle, Maurice: La philosophie religieuse de John Henry Newman. Straßburg 1946.
Nigg, Walter: Das Buch der Ketzer. Zürich 1949. ⁵1970.
Oberman, Heiko Augustinus [u. a.] (Hrsg.): Kirchen- und Theologiegeschichte in Quellen. Neukirchen 1977 ff.
Reuter, Hermann: Augustinische Studien. Gotha 1887.
Schmaus, Michael [u. a.] (Hrsg.): Handbuch der Dogmengeschichte. Freiburg i. Br. 1951 ff.
Schneider, Carl: Geistesgeschichte des antiken Christentums. 2 Bde. München 1954.
Schoeps, Hans Joachim: Geschichte und Theologie des Judenchristentums. Tübingen 1949.
Schwaiger, Georg (Hrsg.): Kirche und Theologie im 19. Jahrhundert. Göttingen 1974.
Seeberg, Reinhold: Lehrbuch der Dogmengeschichte. 4 Bde. Basel 1895–98. ⁵1953/54.
Sertillanges, Antonin Gilbert Dalmace: Saint Thomas d'Aquin. 2 Bde. Paris 1940. – Dt: Der heilige Thomas von Aquin. Übers. von Robert Grosche. Köln/Olten ²1954.
Ward, Wilfried Philip: The life of John Henry Newman. 2 Bde. London 1912. ³1927.
Werner, Martin: Die Entstehung des christlichen Dogmas problemgeschichtlich dargest. Bern/Leipzig 1941. ²1955.

Gottesdienstgeschichte

Baumstark, Anton: Liturgie comparée. Chevetogne 1939. ³1954.
– Vom geschichtlichen Werden der Liturgie. Freiburg i. Br. ³1923.
Birnbaum, Walter: Das Kultusproblem und die liturgischen Bewegungen des 20. Jahrhunderts. 2 Bde. Tübingen 1966–70.
Casel, Odo [u. a.] (Hrsg.): Jahrbuch für Liturgiewissenschaft. Münster 1922 ff.
– Das christliche Kultmysterium. Regensburg 1932. ⁴1960.
Dix, Dom Gregory: The shape of the liturgy. Westminster 1947.
Duchesne, Louis: Origines du culte chrétien. Paris ⁵1925.
Eisenhofer, Ludwig: Handbuch der katholischen Liturgie. 2 Bde. Freiburg i. Br. 1932/33. ²1942.
Goldammer, Kurt: Kultsymbolik des Protestantismus. Stuttgart 1960. – Dazu Tafel-Bd. Stuttgart 1967.
Guardini, Romano: Vom Geist der Liturgie. Freiburg i. Br. 1918. ¹⁷1951.
Jungmann, Josef A.: Symbolik der katholischen Kirche. Stuttgart 1960. – Dazu Tafel-Bd. Stuttgart 1966.
Klauser, Theodor: Kleine abendländische Liturgiegeschichte. Bonn 1965.

Lengeling, Emil (Hrsg.): Die neue Ordnung der Eucharistiefeier. Allgemeine Einführung in das römische Meßbuch. Endgültiger lateinischer und deutscher Text. Münster [4]1972.
Lietzmann, Hans: Messe und Herrenmahl. Berlin 1926. [4]1967.
Müller, Karl Ferdinand / Blankenburg, Walter (Hrsg.): Leiturgia. Handbuch des evangelischen Gottesdienstes. Kassel 1954 ff.
Trapp, Waldemar: Vorgeschichte und Ursprung der liturgischen Bewegung. Regensburg 1940.
Underhill, Evelyn: Worship. London 1937.

Marien- und Heiligenverehrung

Algermissen, Konrad (Hrsg.): Lexikon der Marienkunde. Regensburg 1957 ff.
Beinert, Wolfgang: Heute von Maria reden? Kleine Einführung in die Mariologie. Freiburg i. Br. [3]1975.
Cecchelli, Carlo: Mater Christi. 4 Bde. Rom 1946–53.
Heiler, Friedrich (Hrsg.): Die Gottesmutter. München 1931.
– Das neue Mariendogma im Lichte der historischen Kritik und im Urteil der Ökumene. 2 Bde. München 1951/52.
Jugie, Martin: La mort et l'assomption de la Sainte Vierge. Etude critico-doctrinale. Vatikanstadt 1944.
Lucius, Ernst: Die Anfänge des Heiligenkults in der christlichen Kirche. Tübingen 1904.
Maria im Kult. Hrsg. von der Deutschen Arbeitsgemeinschaft für Mariologie. Essen 1964.
Nigg, Walter: Große Heilige. Zürich 1946. [9]1974.
Paul VI.: Apostolisches Mahnschreiben »Marialis Cultus« über die Marienverehrung. Hrsg. von den Liturgischen Instituten in Salzburg/Trier/Zürich 1974.
Schimmelpfennig, Reintraud: Die Geschichte der Marienverehrung im deutschen Protestantismus. Paderborn 1952.
Straeter, Paul: Katholische Marienkunde. 3 Bde. Paderborn 1947–51.
Wimmer, Otto: Handbuch der Namen der Heiligen. Innsbruck [2]1959.

Kunst

Heinz-Mohr, Gerd: Lexikon der Symbole. Bilder und Zeichen der christlichen Kunst. Düsseldorf [4]1976.
Kirschbaum, Engelbert / Braunfels, Wolfgang (Hrsg.): Lexikon der christlichen Ikonographie. 8 Bde. Freiburg i. Br. 1968–76.
Künstle, Karl: Ikonographie der christlichen Kunst: 2 Bde. Freiburg i. Br. 1928.
Réau, Louis: Iconographie de l'art chrétien. 6 Bde. Paris 1955–59.

Soziologie

Berger, Peter Ludwig: The noise of solemn assemblees. New York 1961.
– The social reality of religion. London 1969.
Heiler, Friedrich: Fortleben und Wandlungen des antiken Gottkönigtums im Christentum. In: The Sacral Kingship. Leiden 1959. S. 543–580.
Luckmann, Thomas: Das Problem der Religion in der modernen Gesellschaft. Freiburg i. Br. 1963.
Matthes, Joachim: Einführung in die Religionssoziologie. 2 Bde. Reinbek 1967–69.
Maurer, Wilhelm: Die Kirche und ihr Recht. Gesammelte Aufsätze zum evangelischen Kirchenrecht. Tübingen 1976.
Nigg, Walter: Das ewige Reich: Geschichte einer Hoffnung. Zürich [2]1954.
Troeltsch, Ernst: Soziallehren der christlichen Kirchen und Gruppen. Tübingen 1912. [3]1923.

Mönchtum

Balthasar, Hans Urs von (Hrsg.): Die großen Ordensregeln. Einsiedeln 1974.
Benz, Ernst: Ecclesia spiritualis. Kirchenidee und Geschichtstheologie der franziskanischen Reformation. Stuttgart 1934. ²1965.
Böhmer, Heinrich: Die Jesuiten. Leipzig 1904. ⁵1957.
Butler, Cuthbert: Benedictine Monachism. London 1919. – Dt.: Benediktinisches Mönchtum. Autor. Übers. St. Ottilien 1929.
Cuthbert, P., O. M. Cap.: Life of St. Francis of Assisi. London / New York 1912 [u. ö.]. – Dt.: Der heilige Franz von Assisi. Übers. von Justinian Widlöchner. Stuttgart 1931. ²1944.
Fehringer, Alfons: Leitbild klösterlichen Lebens. Grundfragen der Ordensreform. Limburg ²1969.
Fischer, Hugo: Die Geburt der westlichen Zivilisation aus dem Geist des romanischen Mönchtums. München 1969.
Fülöp-Miller, René: Macht und Geheimnis der Jesuiten. Berlin 1929. ²1951.
Gemelli, Agostino OFM: Il francescanesimo. Mailand 1932. ⁷1956. – Dt.: Das Franziskanertum. Übers. von Hugo Dausend. Leipzig 1936. ²1943.
Heimbucher, Max: Die Orden und Kongregationen der katholischen Kirche. 2 Bde. Paderborn ³1932–34.
Herwegen, Ildefons: Der heilige Benedikt. Düsseldorf ⁴1951.
Hilpisch, Stephanus: Das Benediktinertum im Wandel der Zeiten. St. Ottilien 1950.
– Geschichte des benediktinischen Mönchtums. Freiburg i. Br. 1929.
Lippert, Peter: Zur Psychologie des Jesuitenordens. Kempten 1912. ³1956.
Nigg, Walter: Vom Geheimnis der Mönche. Zürich 1953.
Prinz, Friedrich (Hrsg.): Mönchtum und Gesellschaft im Frühmittelalter. Darmstadt 1976.
Sabatier, Paul: Vie de St. François d'Assise. Paris 1893. ²1931. – Dt.: Leben des Heiligen Franz von Assisi. Übers. von Margarete Lisco. Zürich ⁵1935.
Salvatorelli, Luigi: San Benedetto e l'Italia del suo tempo. – Dt.: Benedikt, der Abt des Abendlandes. Übertr. von Gertrud Kühl-Claassen. Hamburg/Leipzig 1937.
Schnitzer, Joseph: Savonarola. 2 Bde. München 1924.
Smolitsch, Igor: Russisches Mönchtum. Würzburg 1953.

Papsttum und römischer Katholizismus

Bernhart, Joseph: Der Vatikan als Weltmacht. Geschichte und Gestalt des Papsttums. München 1930. ²1951.
Caspar, Erich: Geschichte des Papsttums. 2 Bde. Tübingen 1930–33.
Cullmann, Oscar: Petrus, Jünger – Apostel – Märtyrer. Zürich 1952.
Denzler, Georg (Hrsg.): Papsttum – heute und morgen. Eine Umfrage. Regensburg 1975.
– (Hrsg.): Das Papsttum in der Diskussion. Regensburg 1974.
– [u. a.]: Zum Thema Petrusamt und Papsttum. Stuttgart 1970.
Haller, Johannes: Das Papsttum. Idee und Wirklichkeit. Neuausg. 5 Bde. Urach/Stuttgart 1950–53.
Heiler, Friedrich: Altkirchliche Autonomie und päpstlicher Zentralismus. München 1941.
Koch, Hugo: Cyprian und der römische Primat. Leipzig 1910.
Kraemer, Konrad (Hrsg.): Papst Paul VI. an die Welt. Ansprachen und Botschaften 1963–1969. Osnabrück 1970.
Mirbt, Carl: Quellen zur Geschichte des Papsttums und des römischen Katholizismus. Bd. 1. Tübingen ⁶1967. Bd. 2. Hrsg. von Kurt Aland. Ebd. 1972.
Pastor, Ludwig: Geschichte der Päpste seit dem Ausgang des Mittelalters. 16 Bde. Freiburg i. Br. 1886–1933.

Ratzinger, Josef (Hrsg.): Dienst an der Einheit. Zum Wesen und Auftrag des Petrusamtes. Düsseldorf 1978.
Schmidlin, Joseph: Papstgeschichte der neuesten Zeit. 4 Bde. München 1933–39.
Seppelt, Xaver: Geschichte der Päpste. München 1931 ff. [2]1954 ff.

Mystik

Bardy, Gustave: La vie spirituelle d'après les pères des trois premiers siècles. Paris 1935.
Bremond, Henri: L'histoire littéraire du sentiment religieux en France. 10 Bde. Paris 1916–36.
Buber, Martin: Ekstatische Konfessionen gesammelt. Jena 1909.
Butler, Cuthbert: Western Mysticism. The teaching of SS. Augustine, Gregory and Bernhard on contemplation and contemplative life. London 1922. [2]1951.
Heiler, Anne Marie: Mystik deutscher Frauen im Mittelalter. Übertr. und erl. Berlin 1929.
Holl, Karl: Enthusiasmus und Bußgewalt im griechischen Mönchtum. Eine Studie zu Symeon dem Neuen Theologen. Leipzig 1898.
Hügel, Friedrich von: The Mystical Element of religion as studied in St. Catherine of Genova. London [2]1923.
Knowles, David: The English mystical tradition. London 1961. – Dt.: Englische Mystik. Übers. von Karl-Dieter Ulke. Düsseldorf 1967.
Lieske, Aloisius: Die Theologie der Logosmystik bei Origines. Münster 1938.
Lüers, Grete: Die Sprache der deutschen Mystik des Mittelalters im Werke der Mechthild von Magdeburg. München 1926.
Mommaers, Paul: Was ist Mystik? Aus dem Fläm. von Franz Theunis. Frankfurt a. M. 1979.
Neuwinger, Rudolf: Die deutsche Mystik mit besonderer Berücksichtigung des »Cherubinischen Wandersmanns« Johann Schefflers. Bleicherode 1937.
Nigg, Walter: Große Heilige. Zürich 1946. [9]1974.
– Heimliche Weisheit. Mystisches Leben in der evangelischen Christenheit. Zürich 1959. [3]1977.
Underhill, Evelyn: Mysticism. London 1911. [8]1918. – Dt.: Mystik. München 1928.
Viller, Marcel / Rahner, Karl: Aszese und Mystik in der Väterzeit. Freiburg i. Br. 1950.
Völker, Walther: Das Vollkommenheitsideal des Origenes. Eine Untersuchung zur Geschichte der Frömmigkeit und zu den Anfängen christlicher Mystik. Tübingen 1931.
Wentzlaff-Eggebert, Friedrich Wilhelm: Deutsche Mystik zwischen Mittelalter und Neuzeit. Tübingen [2]1947.

Volksfrömmigkeit

Kriss, Rudolf: Die Wallfahrtsorte Europas. München 1950.
Rumpf, Max: Religiöse Volkskunde. Stuttgart 1933.
Schreiber, Georg: Wallfahrt und Volkstum in Geschichte und Leben. Düsseldorf 1934.
Veit, Andreas: Volksfrommes Brauchtum und Kirche im deutschen Mittelalter. Freiburg i. Br. 1936.

Protestantismus

Althaus d. Ä., Paul: Forschungen zur evangelischen Gebetsliteratur. Gütersloh 1927.
Andrae, Tor: Nathan Söderblom. Berlin [2]1957.
Bainton, Roland H.: Martin Luther. Göttingen [7]1980.
Die Bekenntnisschriften der evangelisch-lutherischen Kirche. 2 Bde. Göttingen 1930. [6]1967.
Böhm, Benno: Sokrates im 18. Jahrhundert. Leipzig 1929.
Boehmer, Heinrich: Der junge Luther. Leipzig 1925. 6. Aufl. hrsg. von Heinrich Bornkamm. Ebd. 1954.

– Luther im Lichte der neueren Forschung. Leipzig 1906. ³1918.
Bornkamm, Heinrich: Luther im Spiegel der deutschen Geistesgeschichte. Heidelberg 1955. ²1970.
– Luther. Gestalt und Wirkungen. Gütersloh 1975.
– Luther in der Mitte seines Lebens. Göttingen 1979.
Deppermann, Klaus: Melchior Hoffmann. Soziale Unruhen und apokalyptische Visionen im Zeitalter der Reformation. Göttingen 1979.
Doumerge, Émile: Jean Calvin. 7 Bde. Lausanne 1899–1927.
Harnack, Adolf von: Das Wesen des Christentums. Leipzig 1900. 74.–77. Tsd. hrsg. von Rudolf Bultmann. Stuttgart/Leipzig 1950. Nachdr. Gütersloh 1977.
Harnack, Theodosius: Luthers Theologie. 2 Bde. Erlangen 1862–86. Neuausg. München 1927.
Herte, Adolf: Das katholische Lutherbild im Banne der Luther-Kommentare des Cochläus. 3 Bde. Münster 1943.
Hessen, Johannes: Luther in katholischer Sicht. Bonn 1947.
Hirsch, Emanuel: Geschichte der neueren evangelischen Theologie. 5 Bde. Gütersloh 1949–54. ³1975.
Holsten, Walter: Christentum und nichtchristliche Religion nach der Auffassung Luthers. Gütersloh 1932.
Imbart de la Tour, Pierre: Calvin et l'institution chrétienne. Paris o. J. – Dt.: Calvin, der Mensch – die Kirche – die Zeit. Übers. von Eugen Gottlob Winkler. München 1936.
– Les origines de la reforme. 4 Bde. Paris 1905–35.
Kampschulte, Franz Wilhelm: Johannes Calvin, seine Kirche, sein Staat. 2 Bde. Leipzig 1869–99.
Köhler, Walter: Huldrych Zwingli. Stuttgart ²1952.
Kohls, Ernst Wilhelm: Die deutsche Lutherforschung. Berlin 1977.
– Die Theologie des Erasmus. 2 Bde. Basel 1966.
Leese, Kurt: Die Religion des protestantischen Menschen. München 1938. ²1949.
Locher, Gottfried Wilhelm: Die Theologie Huldrych Zwinglis im Lichte seiner Christologie. Zürich 1952.
– Die Zwinglische Reformation im Rahmen der europäischen Kirchengeschichte. Göttingen 1979.
Lortz, Joseph: Die Reformation in Deutschland. 2 Bde. Freiburg i. Br. 1938/39. ³1949.
Martin, Alfred von (Hrsg.): Luther in ökumenischer Sicht. Stuttgart 1928.
Maurer, Wilhelm: Historischer Kommentar zur Confessio Augustana. 2 Bde. Gütersloh 1976–78.
– Kirche und Geschichte. Gesammelte Aufsätze. 2 Bde. Göttingen 1970.
– Der junge Melanchthon. Zwischen Humanismus und Reformation. 2 Bde. Göttingen 1967–69.
Meissinger, Karl August: Der katholische Luther. München 1952.
Niesel, Wilhelm: Die Theologie Calvins. München 1938. ²1957.
Nigg, Walter: Geschichte des religiösen Liberalismus. Zürich 1939.
Peukert, Will Erich: Sebastian Franck, ein deutscher Sucher. München 1943.
Pfister, Rudolf: Die Seligkeit erwählter Heiden bei Zwingli. Zollikon 1952.
Rathje, Johannes: Die Welt des freien Protestantismus [...]. Dargest. an Leben und Werk von Martin Rade. Stuttgart 1952.
Scheel, Otto: Martin Luther. Vom Katholizismus zur Reformation. 2 Bde. Tübingen 1915–17. ³1921–30.
Schweitzer, Albert: Denken und Tat. Zsgetr. und dargest. von Rudolf Grabs. Hamburg 1950.
Seeberg, Erich: Luthers Theologie. 2 Bde. Göttingen 1929–37.
Stephan, Horst: Geschichte der evangelischen Theologie seit dem deutschen Idealismus. Berlin 1938. ³1973.
Strohl, Henri: L'épanouissement de la pensée religieuse de Luther de 1515 à 1520. Straßburg 1924.
Will, Robert: La liberté chrétienne. Etude sur le principe de la piété chez Luther. Straßburg 1922.
Zahn-Harnack, Agnes von: Adolf von Harnack. Berlin ²1951.

Reformkatholizismus und Modernismus

Buonaiuti, Ernesto: Il modernismo cattolico. Rom 1943.
– Pellegrino di Roma. Rom 1945.
Heiler, Friedrich: Der Vater des katholischen Modernismus, Alfred Loisy. München 1947.
Heinsius, Wilhelm: Krisen katholischer Frömmigkeit und Konversionen zum Protestantismus. Berlin 1925.
Hügel, Friedrich von: Religion als Ganzheit. Aus seinen Werken ausgew. und übers. von Maria Schlüter-Hermkes. Düsseldorf 1948.
Mensching, Gustav (Hrsg.): Der Katholizismus, sein Stirb und Werde. Von katholischen Theologen und Laien. Leipzig 1937.
Nédoncelle, Maurice: La pensée religieuse de Friedrich von Hügel. Paris 1935.
Schell, Hermann: Der Katholizismus als Prinzip des Fortschritts. Würzburg 1897.
Schnitzer, Joseph: Der Modernismus. Berlin 1912.
Schwaiger, Georg (Hrsg.): Aufbruch ins 20. Jahrhundert. Zum Streit um Reformkatholizismus und Modernismus. Göttingen 1977.
Trippen, Norbert: Theologie und kirchliches Lehramt im Konflikt. Freiburg i. Br. 1976.
Tyrrell, George: Christianity at the cross-roads. London 1910. – Dt.: Das Christentum am Scheidewege. Hrsg. von Friedrich Heiler. Übers. von Ernst Erasmi. München 1959.
– Through Scylla and Charybdis. London / New York 1907. – Dt.: Zwischen Scylla und Charybdis. Übers. von Emil Wolff. Jena 1907.
Vidler, Alec R.: The Modernist movement in the Roman Church. Cambridge 1934.

Die christlichen Kirchen

Adam, Karl: Das Wesen des Katholizismus. Düsseldorf 1924. [12]1949.
Algermissen, Konrad: Konfessionskunde. Paderborn 1939. [7]1957.
Appasamy, Aiyādurai Jēsudāsan: The Gospel and India's heritage. London/Madras 1942.
Arseniew, Nikolaus von: Ostkirche und Mystik. München 1924. [2]1943.
Benz, Ernst: Geist und Leben der Ostkirche. Hamburg 1957.
– Die Ostkirche im Lichte der protestantischen Geschichtsschreibung von der Reformation bis zur Gegenwart. Freiburg i. Br. 1952.
Bell, George Kennedy Allen: A brief sketch of the Church of England. London 1929.
Bornkamm, Heinrich [u. a.] (Hrsg.): Kirche und Konfession. Veröffentlichungen des konfessionskundlichen Instituts des Evangelischen Bundes. Göttingen 1962 ff.
Brilioth, Yngve: The Anglican Revival. Studies in the Oxford Movement. London 1925.
Clarke, William Kemp Lowther (Hrsg.): Liturgy and Worship. A companion to the Prayer Books of the Anglican Communion. London 1932.
Elert, Werner: Morphologie des Luthertums. 2 Bde. München [2]1952.
Harms, Hans Heinrich / Sigg, Ferdinand / Wolf, Hans-Heinrich (Hrsg.): Die Kirchen der Welt. Stuttgart 1964 ff.
Heiler, Friedrich: Der Katholizismus. Seine Idee und seine Erscheinung. München 1923.
– Urkirche und Ostkirche. München 1937.
Hermelink, Jan: Die Kirchen der Welt. Berlin 1959.
Lehmann, Arno: Die Kunst der jungen Kirchen. Berlin 1955.
Löwenich, Walter von: Der moderne Katholizismus. Witten 1955.
Mead, Frank S.: Handbook of Denominations. New York 1955.
Moss, Claude Beaufort: The old Catholic Movement, its origins and history. London 1948.
Mulert, Hermann: Konfessionskunde. Gießen 1937. [2]1958.
Onasch, Konrad: Einführung in die Konfessionskunde der orthodoxen Kirchen. Berlin 1962.
Schaefer, Paula: Die katholische Wiedergeburt der anglikanischen Kirche. München 1933.

Siegmund-Schultze, Friedrich (Hrsg.): Ekklesia. Eine Sammlung von Selbstdarstellungen der christlichen Kirchen. Gotha 1934 ff.
Thureau-Dangin, Paul: La renaissance catholique en Angleterre. 3 Bde. Paris 1923.
Tisserant, Eugène: Eastern Christianity in India. A history of the Syro-Malabar church from the earliest time to the present day. London 1957.

Römischer Katholizismus nach dem Zweiten Vaticanum

Apostolisches Lehrschreiben »Evangelica Testa« über die Erneuerung des Ordenslebens. Komm. von Albert Schneider. Trier 1972.
Fehringer, Alfons: Satzungsreform. Überlegungen zu methodischen und juristischen Problemen bei der Erneuerung des Ordenslebens mit den Ausführungsbestimmungen zum Ordensdekret. Limburg ²1968.
Feiner, Johannes / Löhrer, Magnus (Hrsg.): Mysterium Salutis. Grundriß heilsgeschichtlicher Dogmatik. 5 Bde. Einsiedeln 1965–76.
Instruktionen über die zeitgemäße Erneuerung der Ausbildung zum Ordensleben. Komm. von Albert Schneider. Trier 1970.
Das katholische Schrifttum. Ein systematisches Verzeichnis für Wissenschaft und Praxis. Ges.-Ausg. Stuttgart 1977.
Krämer-Badoni, Rudolf: Revolution in der Kirche. Lefèbvre und Rom. München 1980.
Küng, Hans: Christ sein. München ⁹1977.
– Unfehlbar? Einsiedeln ⁵1975.
Lehmann, Karl (Hrsg.): Rechenschaft des Glaubens. Karl-Rahner-Lesebuch. Einsiedeln 1979.
Lexikon für Theologie und Kirche. Das Zweite Vatikanische Konzil. Konstitutionen, Dekrete und Erklärungen. 3 Bde. Freiburg i. Br. 1967/68.
Neufeld, Karl H. / Bleistein, Roman (Hrsg.): Rahner-Register. Ein Schlüssel zu Karl Rahners »Schriften zur Theologie« [. . .]. Einsiedeln 1974.
Rahner, Karl: Schriften zur Theologie. 13 Bde. Einsiedeln 1954. ⁸1967 ff.
Ratzinger, Joseph: Das Fest des Glaubens. Versuche zur Theologie des Gottesdienstes. Einsiedeln 1981.
Vorgrimler, Herbert / Gucht, Robert van der (Hrsg.): Bilanz der Theologie im 20. Jahrhundert. 3 Bde. Freiburg i. Br. / Basel / Wien 1969/70.
Zehn Jahre Vaticanum II. Hrsg. im Auftrage des Fachbereichs Katholische Theologie der Kirchlichen Gesamthochschule Eichstätt von Andreas Bauch, Alfred Gläser und Michael Seybold. (Mit Beiträgen von Julius Döpfner, Franz König, Hans Maier, Klaus Mörsdorf, Joseph Ratzinger, Johannes Willebrands.) Regensburg 1976.

Die kirchlichen Einigungsbewegungen

Congar, Yves Marie Joseph: Chrétiens désunis. Principes d'un écuménisme catholique. Paris 1937.
The Ecumenical Review. Publ. by the World Council of Churches. Genf 1948 ff.
Gerken, Leo [u. a.] (Hrsg.): Internationale ökumenische Bibliographie. 11 Bde. Mainz/München 1962–72.
Heiler, Friedrich: Evangelische Katholizität. München 1926.
– (Hrsg.): Eine heilige Kirche. München 1934 ff.
– Im Ringen um die Kirche. München 1930.
Irénicon. Prieuré Bénédictine d'Amay. 1933 ff.
Laros, Matthias: Schöpferischer Friede der Konfessionen. Die Una-Sancta-Bewegung, ihr Ziel und ihre Arbeit. Recklinghausen 1950.
Lüpsen, Focko (Hrsg.): Neu Delhi Dokumente. Berichte und Reden der Weltkirchenkonferenz in Neu Delhi 1961. Witten 1962.

Oekumenische Rundschau. Stuttgart 1952 ff.
Pesch, Otto Hermann (Hrsg.): Einheit der Kirche – Einheit der Menschheit. Göttingen 1978.
Rouse, Ruth / Neill, Stephen Charles (Hrsg.): A history of the oecumenical movement 1517–1948. Philadelphia 1954. – Dt.: Geschichte der ökumenischen Bewegung. Hrsg. von Günther Grassmann. Übers. von Dorothea Benes [u. a.]. 3 Bde. Göttingen 1957–74.
Sartory, Thomas: Die ökumenische Bewegung und die Einheit der Kirche. Meitingen 1955.
Schütte, Heinz: Um die Wiedervereinigung im Glauben. Essen [2]1959.
Söderblom, Nathan: Christliche Einheit. Berlin 1928.
– Einigung der Christenheit. Halle 1926.
Una Sancta. Zeitschrift für interkonfessionelle Begegnung. Meitingen 1946 ff.

Das Christentum und die Religionen

Allen, Edgar Leonhard: Christianity among the religions. London 1960.
Anwander, Anton: Die Brücke zwischen Himmel und Erde. Das Christentum im Kranz der Religionen. Würzburg 1948.
– Gloria Dei. Die religiösen Werte in religionsvergleichender Schau. Würzburg 1941.
Benkart, Paul (Hrsg.): Religion und christlicher Glaube. Festg. Lorenz Jäger. Paderborn 1962.
Benz, Ernst: Ideen zu einer Theologie der Religionsgeschichte. Mainz 1960.
Bouquet, Alan Coates: The Christian faith and non-christian religions. Welwyn 1958.
Brandenburg, Albert (Hrsg.): Papst Paul VI., Apostolisches Schreiben über die Evangelisierung in der Welt von heute. Trier 1976.
Brunner, Peter [u. a.] (Hrsg.): Theologie der Religionen und anderes. Göttingen 1969.
Bürkle, Heinz: Einführung in die Theologie der Religionen. Darmstadt 1977.
Evers, Georg: Mission – nichtchristliche Religionen – Weltliche Welt. Münster 1947.
Hartenstein, Karl: Die Mission als theologisches Problem. Berlin 1933.
Heiler, Friedrich: Die Mission des Christentums in Indien. Gotha 1931.
Hübner, Friedrich (Hrsg.): Die Religionen in der Sicht von Neu-Delhi und anderes. Berlin/Hamburg 1966.
Instruktionen über die Evangelisation der Völker. Komm. von Josef Glazik. Trier 1970.
Karrer, Otto: Das Religiöse in der Menschheit und das Christentum. Freiburg i. Br. 1939. [4]1954.
Kraemer, Hendrik: Die christliche Botschaft in der nichtchristlichen Welt. Zürich 1940.
– Religion and the christian faith. London 1951. – Dt.: Religion und christlicher Glaube. Übers. von Arno Lehmann. Göttingen 1959.
Möllers, Hermann: Kirche und Religion im Widerspruch. Witten 1970.
Panikkar, Raimund: Die vielen Götter und der eine Herr. Weilheim 1963.
Philipp, Wolfgang: Die Absolutheit des Christentums und die Summe der Anthropologie. Heidelberg 1959.
Ratschow, Carl Heinz (Hrsg.): Der christliche Glaube und die Religionen. Berlin 1967.
Rosenkranz, Gerhard: Der christliche Glaube angesichts der Weltreligionen. München 1967.
– Evangelische Religionskunde. Tübingen 1950.
– Religionswissenschaft und Theologie. München 1964.
Schlette, Heinz Robert: Die Religionen als Thema der Theologie. Freiburg i. Br. 1963.
Schütte, Johannes: Mission nach dem Konzil. Mainz 1967.
Toynbee, Arnold Joseph: Christianity among the religions of the world. London 1958. – Dt.: Das Christentum und die Religionen der Welt. Übers. von Franziska Meister-Weidner. Gütersloh 1959.
– An historian's approach to religion. London 1956. – Dt.: Wie stehen wir zur Religion? Die Antwort eines Historikers. Übers. von Jürgen von Kempski. Zürich 1958.
Troeltsch, Ernst: Die Absolutheit des Christentums und die Religionsgeschichte. Tübingen 1902. [2]1929.

Vereno, Matthias: Menschheitsüberlieferung und Heilsgeschichte. Zum Verständnis der geistigen Begegnung zwischen Asien und dem Abendland. Salzburg 1960.

Der Islam

Allgemeines

Encyclopedia of Islam. 4 Bde. Leiden 1906–37. Neue Ausg. 1954 ff.
Handwörterbuch des Islam. Hrsg. von Arent Jan Wensinck und Johannes Hendrik Kramers. Leiden 1941.
Lexikon der islamischen Welt. Hrsg. von Klaus Kreiser, Werner Diem und Hans Georg Majer. 3 Bde. Stuttgart 1974.
Pfannmüller, Gustav: Handbuch der Islamliteratur. Berlin 1925.

Einführungen in den Koran

Ali, A. Yusuf: The Holy Qur-an. New edition. Lahore 1977.
Arberry, Arthur Jones: The Koran interpreted. 2 Bde. London 1955.
Bell's Introduction to the Qur'an. Completely revised and enlarged by W. Montgomery Watt. Edinburg 1970.
Le Coran. Traduction intégrale et notes du Muhammad Hamidullah. Paris 1959.
Le Coran. Traduction nouvelle par Regis Blachère. 3 Bde. Paris 1947–51.
Der Koran. Übertr. von Max Henning. Einl. und Anm. von Annemarie Schimmel. Stuttgart 1960 [u. ö.].
Paret, Rudi (Hrsg.): Der Koran. Kommentar und Konkordanz. Stuttgart 1971.
Pickthall, Marmaduke: The Meaning of the Glorious Koran. New York 1953 [u. ö.].

Zur Geschichte des Islam

'ABD AL-Raḥmān Ibn Muhammad, called Ibn Khaldūn: The Muqaddimah. An introduction to history. Transl. by Franz Rosenthal. 3 Bde. London 1958.
Ahmad, Aziz: Studies in Islamic Culture in the Indian Environment. Oxford 1964.
Ali, Syed Ameer: The Spirit of Islam. Durchges. Ausg. London 1922 [u. ö.].
Andrae, Tor: Muhammad. Göttingen 1932.
– I myrtenträdgården. Stockholm 1947. – Dt.: Islamische Mystiker. Übers. von Helmhart Kanus-Credé. Stuttgart 1960.
– Die Person Muhammads in Glauben und Lehre seiner Gemeinde. Stockholm 1918.
– Der Ursprung des Islams und das Christentum. Stockholm 1923.
Arberry, Arthur Jones: Aspects of Islamic Civilisation. Ann Arbor 1967.
– Sufism. London 1950.
– (Hrsg.): Religion in the Middle East. 2 Bde. Cambridge 1969.
Arnold, Sir Thomas: The Caliphate. Oxford 1924.
– The Preaching of Islam. London 1898. Nachdr. 1952.
Bausani, Alessandro: Persia Religiosa. Mailand 1959.
Birge, John Kingsley: The Bektashi Order of Dervishes. London 1937.
Bousquet, Georges Henri: Ghazālī. Ih'ya 'ouloum ed-din ou Vivification des Sciences de la Foi. Analyse und Index. Paris 1955.
– Les grandes pratiques rituelles de l'Islam. Paris 1949.
Bürgel, Johann Christoph / Alleman, Franz: Symbolik des Islam. Tafel-Bd. Stuttgart 1972.

Buhl, Frants P. William: Muhammeds Liv. Kopenhagen 1903. – Dt.: Das Leben Muhammeds. Übers. von Hans Heinrich Schaeder. Heidelberg 1955.
Calverley, Edwin Elliott: Worship in Islam. London 1947. Durchges. Ausg. 1957.
Corbin, Henri: L'imagination créatrice dans le Soufisme d'Ibn Arabi. Paris 1958.
Cragg, Kenneth: The Call of the Minaret. New York 1956.
Donaldson, Dwight M.: The Shi'ite Religion. London 1933.
Gardet, Louis / Anawati, Marcel M.: Introduction à la théologie musulmane. Paris 1948.
Gaudefroy-Demombynes, Jean: La pélerinage à la Mekke. Paris 1923.
Geertz, Clifford: Islam Observed. New Haven 1968.
Gibb, Sir Hamilton A. R.: Modern Trends in Islam. Chicago 1947.
– Mohammedism. London / New York / Toronto 1953.
Goldziher, Ignaz: Muhammedanische Studien. 2 Bde. Halle 1889/90.
– Vorlesungen über den Islam. Heidelberg 1910.
Gramlich, Richard: Die schiitischen Derwischorden Persiens. 2 Bde. Wiesbaden 1965–76.
Grunebaum, Gustav Edmund von: Der Islam im Mittelalter. Zürich 1962.
– Muhammadan Festivals. New York 1951.
Hamidullah, Muhammed: Le Prophête de l'Islam. 2 Bde. Paris 1959.
Hartmann, Richard: Die Religion des Islam. Berlin 1944.
Hodgson, Marshall: The Venture of Islam. 3 Bde. Chicago 1975.
Hollister, John Norman: The Shi'a of India. London 1953.
Hurgronje, Ch. Snouck: Mekka. 2 Bde. Den Haag 1888/89.
– Verspreide Geschriften. 6 Bde. Bonn/Leiden 1921–27.
Iqbal, Sir Muhammad: Six Lectures on the Reconstruction of Religious Thought in Islam. Lahore 1930 [u. ö.].
Ishāq, Ibn Muhammad ⟨834⟩: Das Leben Mohammeds. Dt. von Gernot Rotter. Tübingen 1976.
Islam und westliche Welt. Hrsg. von Michael Fitzgerald, Adel-Theodor Khoury und Werner Wanzura. Graz/Wien/Köln 1976 ff. [Bisher 3 Bde.]
Jäschke, Gotthard: Der Islam in der neuen Türkei. Leiden 1951.
Juynboll, Theodor Wilhelm: Handbuch des islamischen Gesetzes. Leiden 1910.
Keedie, Nikki R. (Hrsg.): Scholars, Saints and Sufis. Muslim religious institution since 1500. Berkeley 1972.
Lewis, Bernard (Hrsg.): Islam and the Arab World. New York 1976.
– The Origins of Isma'ilism. Cambridge/Toronto 1940.
MacCarthy, R.: The Theology of al-Ash'arī. Beirut 1953.
McDonald, Duncan Black: The Religious Attitude and Life in Islam. Chicago 1909.
Massignon, Louis: La Passion d'al-Hosayn ibn Mansūr al-Hallāj, martyre mystique de l'Islam. 2 Bde. Paris 1922. 3 Bde. Paris [2]1976.
Meier, Fritz: Abū Sa'īd-'Abū l-Ḫair. Leiden 1976.
– Die fawā'iḥ al-ǧamāl wa fawātiḥ al-ǧalāl des Naǧm ud-dīn al Kubrā. Wiesbaden 1957.
Molé, Marijan: Les Mystiques Musulmans. Paris 1965.
Morgan, Kenneth: Islam. The Straight Path. Islam interpreted by Muslims. New York 1958.
Nasr, Seyyid Hoseyn: Islam. Ideals and Realities. London 1966.
Nicholson, Reynold A.: Edition and translation of Jalāluddīn Rūmī's Mathnawī-yi ma 'nawi. 8 Bde. London 1925–40.
– Studies in Islamic Mysticism. Cambridge 1921.
Nöldeke, Theodor: Geschichte des Korans. Leipzig 1860. 2. Aufl. hrsg. von Friedrich Schwally. Mit Erg. von Gotthelf Bergsträsser und Otto Pretzl. 2 Bde. Leipzig 1909–38. Nachdr. Hildesheim 1961.
Padwick, Constance E.: Muslim Devotions. London 1960.
Pereja, F. M.: Islamologia. Rom 1951.

Rahbar, Daud: God of Justice. A Study in the Ethical Doctrine of Islam. Leiden 1960.
Rahman, Fazlur: Islam. London 1966.
Ritter, Helmut: Das Meer der Seele. Mensch, Welt und Gott in den Geschichten des Farid ud-din 'Attar. Leiden 1955.
Schacht, Joseph: The Origins of Muhammadan Jurisprudence. Oxford 1950.
Schimmel, Annemarie: Gabriel's Wing. A study into the religious ideas of Sir Muhammad Iqbal. Leiden 1963.
– Islamic Calligraphy. Leiden 1970.
– Mystical Dimensions of Islam. Chapek Hill (N. C.) 1975.
– The Triumphal Sun. A Study of Maulana Jalāloddin Rumi's Work. London 1977.
Smith, W. Cantwell: Islam in Modern History. Princeton 1957.
Trimingham, J. Spencer: The Sufi Orders in Islam. Oxford 1971.
Watt, W. Montgomery: Free Will and Predestination in early Islam. London 1948.
– Mohammad at Mecca. Oxford 1953.
– Mohammad at Medina. Oxford 1956.
Wellhausen, Julius: Reste arabischen Heidentums. Berlin 1897.
Wensinck, Arent Jan: A Handbook of Early Muhammadan Tradition. Leiden 1927.

Versuche einer Synthese der Religionen

Bahā' U'llah. Das Buch der Gewißheit. Frankfurt a. M. 1958. [2]1969. [Kitāb-i-Iqān. Deutsch.]
Balyuzi, H. M.: Bahá' u'lláh, the king of glory. Kidlington 1980.
Binyon, Laurence: Akbar. London 1932.
Browne, Edgar G.: Materials for the study of the Babi religion. Cambridge 1918.
Comte, Auguste: Catéchisme positiviste. Paris 1852. [2]1891.
– Système de politique positive, ou traité de sociologie, instituant la religion de l'humanité. 4 Bde. Paris 1851–54. – Condensé par Christian Cherfils. Paris 1912.
Cues, Nikolaus von: De pace fidei [...] (1453). Ed. Raymundus Klibansky et Hildebrandus Bascour. Hamburg 1959. [2]1970. – Dt.: Über den Frieden im Glauben. Übers. von Ludwig Mohler. Leipzig 1943.
Diez, Ernst: Akbar. Gottsucher und Kaiser. Wien 1961.
Garbe, Richard: Kaiser Akbar von Indien. Ein Lebens- und Kulturbild aus dem 16. Jahrhundert. Leipzig 1909.
Gobron, Gabriel: Histoire et philosophie du Caodaisme. Bouddhisme rénové, spiritisme vietnamien, religion nouvelle en Eurasie. Paris 1949.
Heiler, Friedrich: Christlicher Glaube und indisches Geistesleben. München 1926.
– Einheit und Zusammenarbeit der Religionen. In: Zeitschrift Gemeinschaft und Politik 12/5 (1957) S. 1–19.
– How can Christian and non-Christian religions co-operate? Marburg 1954. – Dt.: Um die Zusammenarbeit der Christenheit mit den nichtchristlichen Religionsgemeinschaften. In: Mitteilungen des Instituts für Auslandsbeziehungen 5 (1955) H. 1/2.
Hoyack, Louis: Die Botschaft von Inayat Khan. Aus dem Holl. übers. von M. Hudig-Frey. Zürich 1958.
Inayat Khan, Hazrat: The unity of religious ideals. Deventer (Holl.) 1949.
Kāẓim Zāda Iranschähr, Husain: Mensch und Kultur im kommenden Zeitalter. Zürich 1939.
Lemaitre, Solange: Une grande figure de l'unité: Abdul Baha. Paris 1952.
Meysenbug, Malvida von: Memoiren einer Idealistin. Stuttgart [4]1899.
Otto, Rudolf: Das Gesetz der Parallelen in der Religionsgeschichte. In: Vischnu-Nārāyana. Texte zur indischen Gottesmystik. Jena [2]1923.

Radhakrishnan, Sarvepalli: East and West. Some reflections. London 1955.
– East and West in religion. London 1933. ²1949.
– Eastern religions and Western thought. London 1940. – Dt.: Die Gemeinschaft des Geistes. Übers. von Franz Thierfelder. Darmstadt 1952.
– Occasional Speeches and Writings. Delhi 1956. ²1957.
– Recovery of faith. London 1956. – Dt.: Erneuerung des Glaubens aus dem Geist. Übers. von Eva Gärtner. Frankfurt a. M. 1959.
Roemer, Hermann: Die Bābī-Behā'ī. Die jüngste mohammedanische Sekte. Potsdam 1912.
Schaefer, Udo: Der Bahá'í in der modernen Welt. Strukturen eines neuen Glaubens. Hofheim-Langenheim 1978.
Schatz, Oskar (Hrsg.): Hat die Religion Zukunft? Graz 1971.
Schleicher, Berta von: Malvida von Meysenbug. Berlin ²1917.
Wellesz, Emmy: Akbar's religious thought reflected in Mogul painting. London 1952.
Weltkongreß für Freies Christentum und religiösen Fortschritt. Protokoll der Verhandlungen. Berlin 1910.
The World Parliament of Religions. Ed. Henry Barrows. 2 Bde. Chicago 1893.

Abbildungsnachweis

(Soweit nicht anders vermerkt, handelt es sich um Fotos der Religionskundlichen Sammlung Marburg, Lahn.)

39 Wildpferd mit Einschüssen (zu magischen Zwecken?). Höhle von Montespan, Haute-Garonne. Nach: Herbert Kühn: Die Felsbilder Europas. Stuttgart 1952. Taf. 34.

41 Altsteinzeitliche Kultszene(?). Gespeerter Bison, fallender Mensch (Beschwörer in Ekstase?), Vogel auf Stange (Schamanenstandarte?). Höhle von Lascaux bei Montignac. Nach: Herbert Kühn: Die Felsbilder Europas. Stuttgart 1952. Taf. 29.

56 Uli-Figur aus Neu-Mecklenburg (Neu-Irland). Hoher Ahne, doppelgeschlechtig, mit kleinen Repliken des gleichen Motivs auf den Schultern, aus dem Zusammenhang des Totenkultes. Solche Figuren wurden, als Kultobjekte eingewickelt, in den Männerhäusern aufgestellt. Bremer Überseemuseum (früher Leihgabe an die Religionskundliche Sammlung Marburg, Lahn).

61 Afrikanische Tieropferung. Neuzeitliche abessinische Malerei: Tötung des Tieres, dessen Gedärme wohl zu magischen Zwecken um den Baum gewunden werden. Kultische Musik und rituelle Tänze als zauberkräftige Begleithandlung. Religionskundliche Sammlung Marburg, Lahn.

67 Älteste bekannte Tempelpyramide des Maya-Bereiches. Uaxactun, Guatemala. Nach: Hans-Dietrich Disselhoff: Geschichte der amerikanischen Kulturen. München 1953. Taf. 11.

70 Der Hohepriester der Inka (links) verrichtet ein Brandopfer; nach der alten Handschrift des Felipe Huaman Poma Ayala. Nach: Raphael Karsten: Das altperuanische Inkareich und seine Kultur. Leipzig 1949. S. 197.

77 Der Lao-tzŭ reitet auf dem Büffel nach Westen. Tuschzeichnung. Religionskundliche Sammlung Marburg, Lahn.

82 Ahnentafel für einen Heiligen des Taoismus. Inschrift: »Sitz der Seele des erhabenen hohen Herrn, des höchsten Heiligen der tausendfachen Lehre«. Religionskundliche Sammlung Marburg, Lahn (aus dem Nachlaß von Richard Wilhelm).

85 Nestorianertafel von Hsi-an-fu. Ein Gedenkstein der nestorianischen Kirche über die Einführung der christlichen Religion in China, der im Jahre 781 errichtet und um 1625 bei der Stadt Hsi-an-fu wieder ausgegraben wurde. Er trägt eine Inschrift in chinesischer und syrischer Sprache. Im Kopf des Steines die Symbole der drei Religionen Chinas: die Drachen für die ursprüngliche Volksreligion, die Perle für den Buddhismus und das christliche Kreuz. Aufnahme nach dem Abguß des Steines der Königlichen Bibliothek von Kopenhagen in der Religionskundlichen Sammlung Marburg, Lahn.

93 Modell eines Shintō-Tempels (Honden). Religionskundliche Sammlung Marburg, Lahn.

109 Der hundsgestaltige Totengott Anubis, auf einem bemalten und vergoldeten Holzschrein. Aus dem Grab des König Tutanchamun. Museum, Kairo. Foto Hirmer.

110 Echnaton und seine Familie bei der Verehrung Atons. Relieffragment von einer Balustrade der Rampe des Aton-Tempels in Tell el Amarna. Museum, Kairo. Foto Hirmer.

115 Osiris als Totenrichter. Nach: Kurt Lange: Ägypten. Landschaft und Kunst. Berlin 1943. Abb. 24.

119 Ziegenbock mit Lebensbaum. Vom Königsfriedhof in Ur. 1. Dynastie, um 2500 v. Chr. British Museum, London. Foto Hirmer.

120 Prozessionsstraße und Ischtartor der babylonischen Zikkurat zur Zeit Nebukadnezars II. (Modell). 6. Jh. v. Chr. Nach: Hartmut Schmökel: Ur, Assur, Babylon. Stuttgart 1955. Taf. 114.

122 Drei Beterfiguren aus Tell Asmar, Mari und Chafadja. 4./3. Jt. v. Chr. Irakisches Museum, Bagdad; Archäologisches Museum, Damaskus; Irakisches Museum, Bagdad. Foto Hirmer.

126 Assyrischer Großer im Gebet vor Assur. Schmelztiegelgemälde. Nach: Hartmut Schmökel: Ur, Assur, Babylon. Stuttgart 1955. Taf. 88.
129 Muttergöttin aus Tell Halaf, Mesopotamien. 9. Jh. v. Chr. Original 1943 in Berlin zerstört. Gipsabguß in der Religionskundlichen Sammlung Marburg, Lahn.
130 Der Wettergott Teschup. Basaltrelief. Um 850 v. Chr. Archäologisches Institut, Istanbul. Foto Hirmer.
133 Bemalter Tonsarkophag aus Cerveteri. Um 520 v. Chr. Villa Giulia, Rom. Foto Deutsches Archäologisches Institut, Rom.
143 Der Sonnengott Sūrya. Relief an der Westseite des Sonnentempels in Konarak, Orissa. Foto D. G. Archeology in India (Government of India, Archaeological Survey of India).
154 Asket oder Yogi aus dem Felsenrelief Arjunas Buße in Mahabalipuram, Südindien. 7. Jh. Foto D. G. Archeology in India (Government of India, Archaeological Survey of India).
157 Mahāvīra, der Religionsstifter des Jainismus. Indische Alabasterstatue. Religionskundliche Sammlung Marburg, Lahn. Foto Marburg.
169 Stehender Buddha in varada-mudrā (wunschgewährende Geste der rechten Hand). Sandsteinfigur aus Sarnath. Etwa 5. Jh. v. Chr. Sarnath, Museum. Foto American Institute of Indian Studies, Varanasi, U. P. (Mit Genehmigung des Museums.)
175 Buddha in Lehrhaltung mit Heiligenschein. Wei-Dynastie, 5./6. Jh. Foto Marburg.
201 Bodhidharma (P'u-t'i-ta-mo) überschreitet einen Fluß. Rollbild, Tusche. Foto Marburg.
204 Kuan-yin mit Kind. Bronze. 15. Jh. Bremer Überseemuseum (früher Leihgabe an die Religionskundliche Sammlung Marburg, Lahn).
206 Zwei Lo-han (Arhat), Jünger Buddhas. Holz, vergoldet. 17. Jh. Religionskundliche Sammlung Marburg, Lahn.
213 Prinz Shōtoku Taishi, Regent in Japan 593–621. Japanische Holzschnitzerei des 20. Jh.s. Religionskundliche Sammlung Marburg, Lahn. Foto Marburg.
220 Buddha Amida (Amitābha). Holz, vergoldet. 12./13. Jh. Religionskundliche Sammlung Marburg, Lahn.
223 Buddhistischer Priester. Holz, bemalt. 17. Jh. Religionskundliche Sammlung Marburg, Lahn.
234 Liṅgam und Yoni, Embleme des Śiva und seiner Gattin. Alabaster, bemalt. Religionskundliche Sammlung Marburg, Lahn.
237 Schlafender Viṣṇu auf der Weltenschlange. Relief, Gubla-Tempel, Deogarh. Foto D. G. Archeology in India (Government of India, Archaeological Survey of India).
238 Der ewige Tanz. Krishna und die Hirtinnen. Indischer Wandbehang. Baumwolle, bemalt. Religionskundliche Sammlung Marburg, Lahn.
239 Tanzender Śiva, Südindien. Bronze. 11. Jh. Museum Rietberg, Zürich. (Mit Genehmigung des Museums.)
240 Indische Madonna. Holz. Religionskundliche Sammlung Marburg, Lahn. Foto Marburg.
241 Kālī, auf Śiva tanzend. Bronze, bemalt. Modern. Religionskundliche Sammlung Marburg, Lahn.
263 Śiva Dakṣiṇāmūrti, Meister der Weisheit. Victoria and Albert Museum, London. Museumsfoto.
269 Behistun, das Symbol Ahura Mazdāhs. Nach: Hans Henning von der Osten: Die Welt der Perser. Stuttgart 1956. Taf. 46.
288 Weibliche Idole in charakteristischer Haltung (Arme unter den Brüsten verschränkt) aus Teké bei Knossos und Kumasa, Kreta. 3. Jt. v. Chr. Vielleicht Mutter- und Fruchtbarkeitsgottheiten. Louvre, Paris. Foto Hirmer.
293 Weihrelief eines Mannes (Lyrinakides) mit Bein, das eine Krampfader zeigt. Gefunden am Fuße der Akropolis von Athen. 4. Jh. v. Chr. Nationalmuseum, Athen. Foto Marburg.
295 Statuette von Varvakion. Kopie der Athenā Parthenos des Phidias vom Parthenon zu Athen, 438 v. Chr. Mit Ägis (schlangenbedecktem apotropäischem Schulterkragen), Schild, chthoni-

scher Schlange und Nike (Siegesgöttin). Nationalmuseum, Athen. Foto Deutsches Archäologisches Institut, Athen.

299 Aussendung des Triptolemos durch Demeter und Persephone-Kore. Eleusinisches Weihrelief. Römische Kopie nach griechischem Werk, um 450–440 v. Chr., im Athener Nationalmuseum. Metropolitan Museum, New York. Foto Kurt Goldammer.

300 Die Fahrt des Dionysos. Rotfigurige Schale des Exekias. 5. Jh. Staatliche Antikensammlung und Glyptothek, München. Foto C. H. Krüger-Moessner.

301 Tanzende Mänade aus bacchischem Festzug. Relief. Vatikanische Sammlungen, Rom. Foto Deutsches Archäologisches Institut, Rom.

312 Praeneste (Palestrina bei Rom). Terrasse der Tempelanlage der Fortuna Primigenia, Kultzentrum einer alten Muttergottheit von Latium mit Orakel, in republikanischer Zeit beträchtlich erweitert. Foto Kurt Goldammer.

316 Vornehmer Römer, in den Händen Ahnenbüsten (*imagines maiorum*) tragend, die als Andachtsobjekte im Hause aufbewahrt wurden. Konservatorenpalast, Rom. Foto Kurt Goldammer.

318 Larenaltar (Nische) in einem Hause in Ostia bei Rom. Die Einrichtung ist bestimmt zur Aufnahme kleiner Kultbilder, vor denen das häusliche Opfer dargebracht wurde. Foto Kurt Goldammer.

319 Rom, Forum Romanum. Im Vordergrund Atrium Vestae (Hof der klosterartigen Wohnanlage für die Vestalinnen mit deren Standbildern; links davon – im Bilde nicht sichtbar – der kleine runde Vesta-Tempel mit dem heiligen Staatsfeuer), im Hintergrund links Tempel der Kaiserin Faustina und des Antoninus Pius (2. Jh. n. Chr.), rechts vor der Kirche SS. Cosma e Damiano der Rundtempel des Divus Romulus, eines Sohnes des Kaisers Maxentius, von 298. Später vorübergehend vom Senat dem Kaiser Konstantin geweiht. Foto Kurt Goldammer.

320 Dioskur mit Pferd, Schutzgottheit der Seefahrt, Schlachtenhelfer. Kolossalstatue am Aufgang zum Kapitol, Rom (ursprünglich an anderem Standort). Foto Kurt Goldammer.

322 Altar, der Magna Mater und der Navisalvia geweiht. Anspielung auf die Einführung des Kybele-Kultus und des Bildes der Magna Mater im Jahre 204 v. Chr. aus Kleinasien auf einem Schiff, das auf dem Tiber in Rom ankommt. Rechts eine Vestalin in Amtstracht (oder eine Frauenfigur der Kultlegende?). Kapitolinische Museen, Rom. Foto Deutsches Archäologisches Institut, Rom.

324 Kaiser Commodus (180–192 n. Chr.) als Herakles mit Löwenmaske, Keule und Äpfeln aus den Gärten der Hesperiden, darunter Aegis mit Adlerköpfen, Füllhörnern der Fortuna Imperii, Amazonen (für die unterworfenen Provinzen) und Sternenglobus mit dem Tierkreis: Sinnbilder der Göttlichkeit und kosmischen Herrschaft des Kaisers. Konservatorenpalast, Rom. Foto Deutsches Archäologisches Institut, Rom.

325 Helios auf der Sonnenquadriga von der Mainzer Juppitersäule. Um 60 n. Chr. Mittelrheinisches Landesmuseum, Mainz. Museumsfoto.

329 Attis-Heiligtum in Ostia bei Rom. Hinter der gelagerten Figur des Attis vor der Kultnische nochmals der Heros auf einem Löwen reitend. Vorn Satyrfiguren. Foto Fototeca Unione, Rom.

330 Büste eines Gallus (kastrierten Priesters) der Atargatis in Rede-, Verkündigungs- oder Weissagungsgestus (in Ekstase?) mit Halsschmuck (dem gallischen *torques*, an dem ein Medaillonbild der Göttin hängt) und einem Kultgerät (Modell eines Kultbildes, Heiligtums?) in der Linken. 3. Jh. n. Chr. Kapitolinische Museen, Rom. Foto Kurt Goldammer.

332 Unterirdisches Mithras-Heiligtum hinter und unter der Kirche San Clemente in Rom. In der Mitte Kultbild des den Stier tötenden Mithras, in der Kultnische im Hintergrund die Geburt des Gottes aus dem Felsen. An den Seiten des Grottenheiligtums die Steinbänke für die Lagerung zum Kultmahl. Foto Kurt Goldammer.

333 Schmalseite und Rückwand des Klinensarkophages in San Lorenzo, Rom. Eroten und Tiere (darunter Pfau und Ziegenbock) bei der Weinlese. Zwickel links oben: Adler als Sieger über

Schlange. Unsterblichkeits- und Lebenssymbolik des dionysisch-orphischen Mysterienglaubens der Kaiserzeit. Foto Kurt Goldammer.

342 Gott Aphlad in militärischer Tracht mit Kultstandarte auf Greifen, daneben Priester beim Weihrauchopfer. Sonnengott von Anath am Euphrat, Abart des syrischen Hadad. Kultrelief aus dem ihm geweihten Tempel in Dura am Euphrat. 2./3. Jh. n. Chr. Yale University Art Gallery, New Haven. Foto Kurt Goldammer.

343 Zeus Megistos oder Kyrios als Baal Schamēn mit Verehrer, der einen Widder darbringt. Interpretatio Graeca lokaler semitischer Himmelsgötter. Relief aus Dura am Euphrat. 2./3. Jh. n. Chr. Yale University Art Gallery, New Haven. Foto Kurt Goldammer.

345 Weihung einer kultischen Hochzeit mit Axt; kultischer Koitus mit Pfeilschützen. Hvitlycke, Ksp. Tanum, Bohuslän, und Varlös, Ksp. Tanum, Schweden. Felszeichnungen. Nach: Jan de Vries: Altgermanische Religionsgeschichte. Bd. 1. Berlin ²1956. S. 106, Abb. 2b und 2c.

348 Sonnenwagen von Trundholm (rituell verwendetes Modell eines Kultwagens?). Nationalmuseum, Kopenhagen. Museumsfoto.

353 Reitende Epona, keltische Pferdegöttin, mit Fruchtschale. Römische Zeit. Pronvinzial-Museum, Trier. Foto Marburg.

354 Drei keltische Muttergottheiten mit Früchten bzw. Vogel im Schoß. Römische Zeit. Provinzial-Museum, Trier. Foto Marburg.

357 Rosmerta, mit »Mercurius« verbundene wichtige Göttin, vielleicht Variante der Mutter Erde, Patronin von Fruchtbarkeit und Fülle. Römische Bronze (Südgallien?), Anfang des 2. Jh.s n. Chr., gefunden in Finthen bei Mainz. Mittelrheinisches Landesmuseum, Mainz. Museumsfoto.

363 Götterfiguren (Mann und Frau). Eisenzeitlich. Höhe 2,75 m und 2,27 m. Aus dem Aukamper Moor bei Braak, Krs. Eutin. Schleswig-Holsteinisches Museum für Vor- und Frühgeschichte, Schleswig. Museumsfoto.

384 Höhle 4 in Qumran. Foto Johannes Lehmann.

386 Titusbogen in Rom (Innenseite). Triumphzug des Kaisers Titus nach 70 n. Chr. Unter den Beutestücken befindet sich der siebenarmige Leuchter aus dem Jerusalemer Tempel. Foto Alinari.

395 Beschneidungsszene. Nach: N. Peter Levinson: Die Kultsymbolik im Alten Testament und im nachbiblischen Judentum. Stuttgart 1972. (Symbolik der Religionen. Bd. 17.) S. 117.

397 Modell des herodianischen Tempels in Jerusalem. Foto Holy Land Corporation, Jerusalem.

399 Fragment eines jüdisch-dionysischen Sarkophages mit Öllampen auf den sieben Armen des Leuchters. Thermenmuseum, Rom. Foto Kurt Goldammer.

400 Juden in Gebetstracht und mit einer Mezuzā beim Gebet an der Klagemauer in Jerusalem. Foto Johannes Lehmann.

402 Jüdische Kultgeräte: Gewürzbüchse aus Silber, 17. Jh. Zinnschüssel für Mazzen und bittere Kräuter zum Passah-Fest. Sabbath-Becher, Kiddush, aus Serpentin. Hand (Jad) als Lesezeichen für Tora-Rollen. Bayerisches Nationalmuseum, München. Foto Marburg.

412 Taufe Christi im Jordan durch Johannes den Täufer, Kreis der Apostel. Baptisterium der Orthodoxen, Kuppel, Ravenna. 5. Jh. Foto Kurt Goldammer.

413 Christus als Lehrer bei der Auferweckung des Lazarus, der Heilung eines Blinden und der Blutflüssigen; Ankündigung der Verleugnung an Petrus. Sogenannter Claudianus-Sarkophag: Ausschnitt der Front. 4. Jh. Thermenmuseum, Rom. Foto Kurt Goldammer.

415 Himmelfahrt Christi in Verbindung mit Auferstehungsszenen und dem Heiligen Grab (Anastasis) in Jerusalem. Elfenbein. 4. Jh. Bayerisches Nationalmuseum, München. Museumsfoto.

417 Grabeskirche in Jerusalem, sogenannte Anastasis (Stätte des Grabes und der Auferstehung Christi) unter der Kuppel, gesehen aus dem Katholikon der Orthodoxen. Foto Jörg Zink.

422 Seite aus dem Codex Syro-Sinaiticus, einer Bibelhandschrift des 5. Jh.s, die das Neue und Teile des Alten Testaments und anderer Schriften enthält. 1844 von Tischendorf im Sinai-Kloster entdeckt. Foto St.-Katharinen-Kloster, Sinai.

428 Johannes-Basilika in Ephesos (6. Jh.), der nach der Tradition mit dem Apostel Johannes verbundenen Stadt Kleinasiens, Wohn- und Sterbeort der Gottesmutter Maria, in der 431 auf dem 2. Ökumenischen Konzil das Dogma von Maria als Theotokos (Gottesgebärerin) formuliert wurde. Wichtige altkirchliche Metropole. Foto Heinrich Reclam.
435 Lateranpalast und Kirche San Giovanni in Rom. Sitz und Kathedralkirche der Päpste im Mittelalter, hervorgegangen aus einer Schenkung Kaiser Konstantins an die Kirche um 313, mit dem Baptisterium des 4. Jh.s (von Norden). Nach: Ciampini: De sacris aedificiis (1693).
436 Mittelalterliche Basilika St. Peter in Rom. Der konstantinische Kirchenbau über der überlieferten Grabstätte (*tropaion*) des Apostels mit dem großen Atrium und späteren An- und Zubauten. Rekonstruktion nach: Antonio de Waal: Roma Sacra. München 1905.
439 Kardinal Nikolaus Krebs von Cues (Cusanus). Ausschnitt aus dem Epitaph in San Pietro in Vincoli in Rom, der Titelkirche des Kardinals (gest. 1464), von Andrea Bregno. Foto Gebr. Metz, Tübingen.
442 Mausoleum und Tumba der hl. Elisabeth von Thüringen (gest. 1231) in der Elisabethkirche in Marburg mit der Darstellung ihres Todes, Christus, Maria, Heiligen, Deutschordensmeister; umgeben von Szenen aus dem Leben Elisabeths. Mitte des 13. Jh.s. Foto Kurt Goldammer.
444 Ignatius von Loyola. Statue in der Universitätskirche von Sevilla, um 1625/26, von Juan Martinez Montanez. Gesicht nach seiner Totenmaske gebildet. Foto Marburg.
451 Der junge Martin Luther. Kupferstich von Lucas Cranach d. Ä., 1520.
452 Sogenannte Thesentür (Stätte des Anschlags der Thesen Luthers 1517) der Schloßkirche zu Wittenberg. Foto Marburg.
455 Johannes Calvin. Plakette, 1552. Foto Marburg.
458 Jakob Böhme. Gemälde im Rathaus zu Kamenz, Sachsen. Künstler unbekannt. Nach: Jakob Böhmes Schriften. Ausgew. von Friedrich Schulze-Maizier. Leipzig 1938.
463 I. Vatikanisches Konzil. Feierliche Eröffnung durch Papst Pius IX. Einzug der Bischöfe und hoher kirchlicher Würdenträger in die »Konzilsaula« am 8. Dezember 1869. Ullstein Bilderdienst.
477 II. Vatikanisches Konzil. Eröffnungssitzung in der Peterskirche am 11. Oktober 1962. Foto Bernhard Moosbrugger.
493 1. Weltkirchenkonferenz »Life and Work« in Stockholm. Patriarch Photios von Alexandrien mit Gefolge in der Prozession der Teilnehmer zur Eröffnung.
506 Seite aus einem Koran (Sure 48) in Kufi-Schrift. Um 900. Staatsbibliothek Stiftung Preußischer Kulturbesitz, Berlin. Bibliotheksfoto.
507 Fliese mit dem vierfach wiederholten Glaubensbekenntnis »Es gibt keinen Gott als Gott« und vierfachem Hu (»Er«). Isfahan, um 1600. The Art Institute of Chicago, Logan-Patten-Ryerson Collection. Institutsfoto.
510 Muslimischer Frommer, den Rosenkranz betend. Foto G. Malik, Dacca.
512 Inneres der Al-Aksa-Moschee auf dem Tempelplatz in Jerusalem. 6. Jh. Gebetsnische in Richtung auf Mekka und Minbar (»Kanzel«) des 12. Jh.s. Foto Archiv Kurt Goldammer.
513 »Im Namen Gottes«, Inschrift in Flechtkufi am Grab des Iltutmisch. Delhi, um 1236. Foto Archiv Annemarie Schimmel.
514 Die Himmelfahrt des Propheten. Persien, 16. Jh. Art Museum Worcester, Worcester, Mass. Museumsfoto.
515 Koranseite (Sure 8) im Rihani-Duktus. Ägypten, 14. Jh. Britisches Museum, London. Foto The British Library.
521 Hagia Sophia (Aya Sofya). Ansicht von Süden, im Vordergrund ein Minarett und Revaks der Sultan-Ahmet-Moschee sowie die Medrese. Foto Werner Neumeister, München.

Zur Religionsstatistik

Genaue Angaben zur Religionsstatistik der Erde sind nicht möglich, schon weil in dem bei etwa 40 Prozent der Weltbevölkerung liegenden, statistisch schwer erfaßbaren Teil der Menschheit natürlich auch eine nicht genau bekannte Zahl von Bekennern oder Anhängern der Religionen enthalten ist. Schwierig sind vor allem auch Einblicke in die Anhängerzahl des östlich-orthodoxen Christentums in jenen Ländern, die keine Religionsfreiheit gewähren, ferner des Buddhismus in Hinterindien und Ostasien sowie der sogenannten naturvolklichen Religionen (ehedem »schriftloser« Völker oder Kulturen). Auch sind die Methoden der Zählung verschieden.
Für die Mitte der siebziger Jahre verteilen sich prozentual die Anteile der Angehörigen der großen Religionen unter Zugrundelegung von Angaben in *Meyers Enzyklopädischem Lexikon* (Band 19, 1977) und in der *Brockhaus Enzyklopädie* (Band 20, 1974) etwa folgendermaßen:

Katholische Christen	etwa 22 –23 %
Protestantische Christen	etwa 12 –14 %
Östlich-orthodoxe Christen	etwa 4 – 4,5 %
Muslime	etwa 20 –23 %
Hinduisten	etwa 18 –22 %
Buddhisten	etwa 10 –11 %
Shintoisten	etwa 2 – 3 %
Juden	etwa 0,5– 0,6 %

Über Anhänger des Konfuzianismus und des Taoismus in China lassen sich keine genauen Zahlenvorstellungen gewinnen.
Für die statistische Entwicklung der großen Religionen, insbesondere für das Verhältnis der Zahlenanteile des Christentums und der anderen Religionen zueinander seit der Erhebung von Statistiken, ist auch das unterschiedliche Wachstum der Bevölkerung in den verschiedenen Kulturgebieten der Welt mit traditionell hohen Anteilen der dort vertretenen Religionen maßgebend.

Zur Aussprache

Allgemeine Regeln für die Aussprache der in lateinischer Umschrift wiedergegebenen Wörter aus *asiatischen* Sprachen:

c und ch = tsch, j = dsch,
s = stimmloses s, sh = sch,
v = w, y = j, z = stimmhaftes s.

Ein Strich über dem Vokal bezeichnet die Länge: ā, ī, ū.

Sonderregeln: Im *Chinesischen* bezeichnet der Apostroph eine aspirierte Aussprache des Konsonanten, z. B. ch'; j = französisches j, hs = ch + s; ê ist ein getrübtes kurzes e, ih ein getrübtes kurzes i; u nach Konsonant und vor Vokal = w, i nach Konsonant und vor Vokal = j.
Im *Japanischen* bleibt w nach k und g stumm.
Im *Indischen* ist ś palatales sch, ṣ cerebrales sch; ṅ, ñ und ṃ werden nasal gesprochen. Die aspirierten Konsonanten (bh usw.) werden mit deutlich nachklingendem Hauch gesprochen.
Im *Avestischen* klingen aē und ao wie deutsches ai und au; th und dh sind wie stimmloses bzw. stimmhaftes englisches th zu sprechen; kh entspricht deutschem ch (in »Loch«) und gh der stimmhaften Form davon.
Im *Arabischen* ist č = tsch, ǧ = dsch, š = sch, ḥ ein hartes h; ' bezeichnet einen deutlichen Stimmabsatz.
In den *mittel-* und *südamerikanischen* Sprachen (Aztekisch, Mayadialekte und Quechua) ist

c vor e und i = stimmloses s,
c vor a, o, u = k,
ç vor a, o, u = stimmloses s,
ch = tsch,
gu vor e und i = g,
h ist im Aztekischen stumm,
j = ch (wie in »ach«),
ll = lj (im Quechua),
qu = k, x = sch, z = s (im Aztekischen stimmlos).

Im *Tibetischen* deutet der Spiritus lenis ' vor einem Vokal oder Konsonanten eine leichte hörbare Öffnung der Stimmritze vor dem folgenden Laut an, z. B. 'am-ban,'khor. Der Spiritus asper ' nach einem Konsonanten bezeichnet die Aspirierung desselben. In tibetischen Namen bleibt der kleine Buchstabe vor einem folgenden großen stumm.

Register

Reclams Bibellexikon

Herausgegeben von Klaus Koch, Eckart Otto, Jürgen Roloff und Hans Schmoldt. 2. verbesserte Auflage. 581 Seiten. Mit 132 Abbildungen und 6 Karten.

»Nicht nur in erster Linie an den historisch und theologisch vorgebildeten Fachmann wendet sich dieses Bibellexikon, sondern an einen weiteren Kreis bibellesender Gemeindemitglieder, aber auch an kirchlich fernstehende Bibelleser, sogar an Urlauber in biblische Länder. Deswegen wurden Knappheit und Klarheit der Darstellung angestrebt. Man wird dem Lexikon bestätigen, daß dies ausgezeichnet gelungen ist. Das war für die geographischen und geschichtlichen Angaben leichter. Aber mit Genugtuung stellt man fest, daß dies auch für die systematischen, theologischen Stichworte gelungen ist, und zwar ohne zu simplifizieren. Auferstehung, Entmythologisierung, Gott, Mythos, Rechtfertigung, Wunder, um nur einige zu nennen, sind mit wenigen Worten so dicht und meist so richtig dargestellt, daß man überrascht ist. Der Katholik wird manches anders sehen – groß sind die Unterschiede nicht. Die Literaturangaben weisen immer auf Werke erster Qualität hin. Rechtschreibung und Transkription richten sich nach dem ›Ökumenischen Verzeichnis der biblischen Eigennamen nach den Loccumer Richtlinien‹. Das ist zu bedenken, wenn man ein Stichwort, vor allem aus dem Alten Testament, sucht, das besonders dem Katholiken mehr in der Schreibweise der Vulgata bekannt ist. Es gehört zu den erfreulichen Zeichen des christlichen Lebens von heute, daß ein so gründliches und solides Lexikon zu erscheinen vermag, dem man ungeteilt zuzustimmen vermag.« *Rheinischer Merkur*

»Reclams Bibellexikon ist ein erfreuliches Werk. Erfreulich wegen der Weite seines Blickfelds, wegen der Ausgewogenheit seines wissenschaftlichen Standpunkts, wegen der Knappheit und Verständlichkeit seiner Darstellung.« *Bibelreport*